핵심을 꿰뚫는 명쾌한 강의와 함께하는

KBS 한국어 능력시험 4주완성
▶ 동영상 강의 ▶

민상윤 교수

서울대학교 사범대졸업
前 중앙 LNC 재수학원 국어강사
前 이리온, 수능 국어영역 강사
現 아나키 – 특강, 수능 국어영역 강사
現 앤써 입시, 수능 국어영역 강사
미라오마 수능 블로그 운영

"올바른 한국어 사용의 능력을 기를 수 있는 기틀을 제공합니다"

"생생한 부가설명과 함께 최신경향을 파악합니다"

방대한 이론을 명쾌하게 정리하여 핵심만을 짚어줌	높은 등급을 받을 수 있는 출제경향 분석 및 문제풀이를 완벽하게 대비	국어를 아름답게 가꾸어 보전할 수 있는 "국어 교양"을 높임

동영상 강의 커리큘럼

민상윤 교수님의
동영상 강의 커리큘럼

※ 강의 목차는 추후 변경될 가능성이 있습니다.

기관

GS홈쇼핑, KBS, 경찰청, 국민건강보험공단, 국민체육진흥공단, 국악방송, 근로복지공단, 농수산 홈쇼핑, 농심기획, 도로교통공단, 동작구청, 마포구청, 머니투데이, 서울신문사, 세계일보, 스포츠서울, 우리은행, 전주방송JTV, 파워킹시스템, 한겨레신문, 한국고전번역원, 한국교육방송공사, 한국남동발전, 한국농촌경제연구원, 한국농촌공사, 한국생산성본부, 한국석유관리원, 한국수자원공사, 한국일보, 한국자산공사, 한국전력, 한국지도자육성장학, 해외한국어방송인턴십 등

국방부

간부사관, 민간부사관, 여군부사관, 헌병부사관, 법무부사관, 군종부사관, 군악부사관, 현역부사관, 학사사관, 여군사관, 육군부사관 등

대학교

경기대, 경인교대, 경희대, 공주영상대, 군산대, 대구가톨릭대, 대구대, 대진대, 덕성여대법학과, 동신대, 서울대, 성균관대, 순천향대, 신라대, 아주대대학원, 안양대, 위덕대, 전주대, 청주대, 춘천교육대, 한국외대, 한양대 등

 본서에 수록된 내용은 KBS 한국어능력시험 홈페이지를 참고하였습니다. 추후 변경 가능성이 있으므로 반드시 확인 바랍니다.

KBS
한국어능력시험
기본서 4주완성

상권

배성일 편저 | 이평천 · 주용춘 감수

KBS 한국어 능력시험

기본서 4주완성 상권

인쇄일 2021년 4월 20일 7판 1쇄 인쇄	**발행처** 시스컴 출판사
발행일 2021년 4월 25일 7판 1쇄 발행	**발행인** 송인식
등 록 제17-269호	**편저자** 배성일
판 권 시스컴2021	**감수자** 이평천 · 주용춘

ISBN 979-11-6215-733-6 13320

정 가 30,000원

주소 서울시 금천구 가산디지털 1로 225, 514호(가산포휴) | **홈페이지** www.siscom.co.kr
E-mail master@siscom.co.kr | **전화** 02)866-9311 | **Fax** 02)866-9312

PREFACE

한 나라의 국민으로서 모국어를 정확하게 이해하고 사용하는 것은 매우 중요한 능력이다. 이러한 이유에서 한국어 사용 능력을 평가하는 다양한 시험들이 시행되고 있으며, 그 가운데 KBS 한국어능력시험은 가장 고급의 한국어 사용 능력을 평가하는 시험이라고 볼 수 있다. 따라서 다른 시험들에 비해 KBS 한국어능력시험은 수험생의 많은 노력과 학습이 요구된다.

KBS 한국어능력시험은 한국어의 정확한 이해 능력과 사용 능력을 객관적으로 평가하기 위해 시행되고 있으며 언어 사용의 기본 영역인 듣기, 말하기, 읽기, 쓰기 영역과 함께 한국어 사용의 토대가 되는 어휘, 어법 영역과 창조적인 언어 사용 능력을 평가하는 창안 능력, 한국어와 관련된 기본교양을 평가하는 국어 문화 영역 등을 아울러 평가하고 있다.

본서가 지닌 특징과 장점은 다음과 같다.

첫째, 현행 KBS 한국어능력시험에서 출제되고 있는 영역의 평가에 대비할 수 있도록 KBS 한국어능력시험의 평가 영역에 기초하여 구성하였다.
둘째, 출제 문항을 연습하는 것에 그치지 않고 문제 해결의 바탕이 되는 이론과 배경지식을 함께 수록하여 보다 깊이 있는 학습이 이루어질 수 있다.

본서가 KBS 한국어능력시험을 준비하는 수험생들에게 모국어에 대한 보다 깊이 있는 이해를 바탕으로 한국어 사용 능력을 높이는 길잡이가 되기를 바란다.

시험 안내

1. 시험 주관

| 주최 : KBS | 주관 : KBS한국어진흥원 | 실시 : 전국 15개 도시 |

2. 시험 개요

KBS 한국어능력시험은 국어를 정확하고 교양(敎養)있게 사용하여 국어를 아름답게 가꾸어 보전(保全)해야 할 선도적 사명과 책임이 있는 KBS가 궁극적으로 국민의 국어 사용 능력을 높이고 국어 문화를 발전시키는 데 기여하기 위해 시행하는 시험입니다.

3. 시험 특징

① 국가공인의 검정시험

㉠ 자격기본법 제19조(민간자격의 공인) 제1항에 근거한 민간자격 국가공인 취득
㉡ 국어기본법에 시행에 근거한 시험
㉢ 국립국어원이 공공성을 인정하고 지원하는 시험

② 정밀한 언어 수행 능력 측정을 목표로 하는 시험

㉠ 다양한 언어 사용 영역을 총체적으로 평가하는 시험
㉡ 실제 언어 사용 환경을 적극 반영한 실용성 높은 시험

③ 등급제 반영으로 실제 언어 수행 능력을 측정할 수 있는 시험

㉠ 실제 언어 수행 능력을 반영한 등급제 시스템(특허)을 보유한 시험
㉡ 과학적인 결과 분석 시스템을 갖춘 시험

④ 등급표 (※국가공인 자격증은 1급에서 4+급까지 발급)

등급	검정 기준
1급	전문가 수준의 뛰어난 한국어 사용 능력을 가지고 있음
2+급	일반인으로서 매우 뛰어난 수준의 한국어 사용 능력을 가지고 있음
2-급	일반인으로서 뛰어난 수준의 한국어 사용 능력을 가지고 있음
3+급	일반인으로서 보통 수준 이상의 한국어 사용 능력을 가지고 있음
3-급	국어 교육을 정상적으로 이수한 일정 수준 이상의 한국어 사용 능력을 가지고 있음
4+급	국어 교육을 정상적으로 이수한 수준의 한국어 사용 능력을 가지고 있음
4-급	고교 교육을 이수한 수준의 한국어 사용 능력을 가지고 있음
무급	국어 사용 능력을 위해 노력해야 함

4. 시험 출제 방향

① 시험 구성

- ㉠ 효과성과 유창성 : 국민이 다양한 교육과 경험을 통하여 습득한 듣기, 말하기, 읽기, 쓰기 등의 우리말 사용 능력을 범교과적인 제재를 활용하여 측정합니다.
- ㉡ 정확성 : 유창한 언어 사용과 창의적 언어 사용의 기반이 되는 정확한 언어 사용을 측정하기 위해 문법(어휘, 어법) 영역 측정의 비중을 높였습니다.
- ㉢ 창의성 : 외국어능력시험보다 한 단계 더 높은 창의적 언어 능력과 우리 언어문화에 대한 교양적인 능력을 측정하기 위해 구성된 영역입니다.

② 출제 기준

- ㉠ 출제 방식 : 5지 선다형, 80~100문제
- ㉡ 출제 배점 : 문항마다 균일 배점이 원칙이나 필요시 차등 배점
- ㉢ 출제 수준 : 한국의 고교 수준의 국어교육을 정상적으로 받은 사람이 풀 수 있는 수준
- ㉣ 시험 시간 : 10:00~12:00(120분간, 쉬는 시간 없음)
  - 듣기 · 말하기 시험 : 25분(10:00~10:25)
  - 읽기 시험 : 95분(10:25~12:00)
- ㉤ 성적 유효기간 : 2년

③ 출제 영역

- ㉠ 문법 능력(어휘, 어법) : 말하기, 듣기, 읽기, 쓰기 능력의 기초가 되는 능력입니다. 고유어, 한자어, 외래어에 대한 이해 및 표현 능력을 측정하며, 4대 어문 규정에 대한 이해 능력을 측정합니다. 또한 외국어가 범람하는 오늘날의 언어 현실을 반영하여 순화어 관련 문항과 한자(漢字)에 대한 이해 및 사용 능력도 측정하고 있습니다.
- ㉡ 이해 능력(듣기, 읽기)
  - 듣기 능력 : 인간의 의사소통에서 가장 기본이 되는 듣기 능력을 평가하기 위해 강의, 강연, 뉴스, 토론, 대화, 인터뷰 자료 등 다양한 구어 담화를 듣고 문제를 해결하는 방식으로 구성되어 있습니다.
  - 읽기 능력 : 문예, 학술, 실용 텍스트를 제시하고 글에 대한 사실적 이해, 추론적 이해, 비판적 이해 능력을 측정합니다.

구분	문예 텍스트	학술 텍스트	실용 텍스트
종류	문학, 정서 표현의 글	인문, 사회, 과학, 예술 등	기사문, 보고서, 설명서, 편지글, 다매체 텍스트
평가 요소	추리 · 상상적 이해력	논리 · 비판적 이해력	사실 · 분석적 이해력

ⓒ 표현 능력(쓰기, 말하기)
- 쓰기 능력 : 다양한 글을 쓸 때 거치는 '주제 선정 → 자료 수집 → 개요(outline)작성 → 집필 → 퇴고'의 과정을 잘 이해하고 실습해 본 사람이면 누구나 풀 수 있도록 쓰기 과정별로 문항이 구성되어 있습니다.
- 말하기 능력 : 발표, 토론, 협상, 설득, 논증, 표준화법(언어 예절, 호칭어와 지칭어 사용 등) 등의 다양한 말하기 상황과 관련된 능력을 평가하며, 정확한 발음의 사용 능력 평가를 위한 표준발음법 관련 문항도 포함되어 있습니다.

ⓔ 창안 능력(창의적 언어 능력) : 창의적인 표어를 제작하거나, 글을 읽고 감동적이거나 인상적인 제목을 만들거나 추출할 수 있는 능력, 기타 창의적 사고력을 기반으로 각종 언어 사용에서 아이디어를 창안하는 능력, 비유법과 관련한 창의적 수사법, 고사 성어(故事成語)와 속담(俗談) 등을 활용한 표현 능력 등을 측정합니다.

ⓜ 국어문화 능력(국어 교과의 교양적 지식) : 기존 국어 시험들에서 배제되어 온 국어와 관련된 교양 상식에 대한 이해 능력과 국문학에 대한 지식들을 평가 · 측정합니다.

출제 영역	검정 수준
문법 (어휘 · 어법)	한글 맞춤법, 표준어 규정, 외래어 표기법, 로마자 표기법 등
이해 (듣기 · 읽기)	어휘력, 사실적 이해 능력, 추리 · 상상적 이해 능력, 비판적 이해 능력, 논리적 이해 능력 등
표현 (쓰기 · 말하기)	보고서 작성 및 발표 · 토론 능력, 협상 및 대인 설득 능력, 표준화법 등
창안 (창의적 언어 능력)	창의적 표어 제작, 제목 추출, 아이디어 창안, 수사법, 고사 성어, 속담 활용 능력 등
국어 문화 (국어 교과서의 교양 지식)	국어 상식 및 국어 문화에 대한 교양적 · 이해 능력

5. 원서접수 안내

① 시험 접수
KBS 한국어능력시험 홈페이지(www.klt.or.kr)

② 응시 대상
㉠ 대한민국 국적을 가진 국민
㉡ 외국인등록증 또는 국내거소신고증 중 한 가지를 소지하고 있는 외국인

③ 응시 지역
서울, 인천, 수원, 고양, 부산, 울산, 창원, 대구, 광주, 전주, 대전, 청주, 춘천, 강릉, 제주 등 15개 권역에서 실시되며, 접수 시 고사장을 선택해야 합니다.

④ 응시료 및 발급 수수료
㉠ 응시료 : 33,000원
㉡ 자격증 발급 수수료 : 5,000원(등기우편)
㉢ 성적표 발급 수수료 : 4,000원(등기우편), 2,000원(일반우편)

⑤ 접수기간
접수 시작일 00:00부터 접수마감일 22:00까지이며 일정은 KBS 한국어능력시험 홈페이지에서 확인 가능합니다.

6. 응시 절차

지원서 작성
(고사장 선택) ▶ 응시료 결제
(지원서 제출) ▶ 수험표 출력 ▶ 응시 ▶ 성적 발표

※ 응시 절차는 변동 가능하므로 반드시 KBS 한국어능력시험 홈페이지(www.klt.or.kr)를 확인하시기 바랍니다.

구성 및 특징

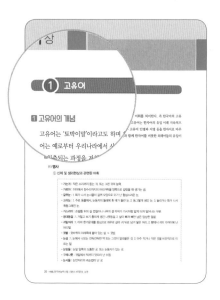

핵심 이론

KBS 한국어능력시험 1등급 달성을 위해 반드시 알아두어야 할 핵심내용들로만 체계적으로 정리하여 학습의 효율성을 높였습니다.

핵심 이론

KBS 한국어능력시험 1등급 달성을 위해 반드시 알아두어야 할 핵심내용들로만 체계적으로 정리하여 학습의 효율성을 높였습니다.

더 알고가기

본문의 흐름과 내용을 이해하는 데 참고가 되는 자료를 정리하여 수록하였습니다.

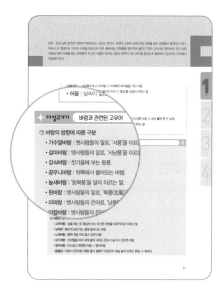

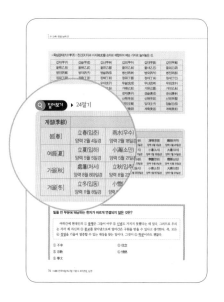

짚어보기

본문에서 반드시 필요한 보충설명이나 참고사항을 별도로 정리하여 수험생들이 심화된 내용을 학습할 수 있도록 하였습니다.

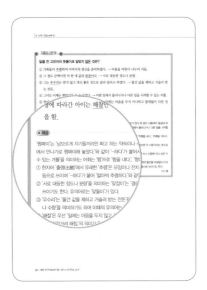

상세한 해설

매 문제마다 상세한 해설을 달아 혼자서도 쉽게 문제를
해결 할 수 있습니다.

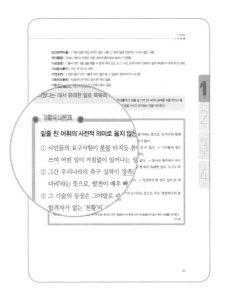

기출유사문제·예상문제

출제기준에 맞추어 시험에서 출제빈도가 높은 유형들을
엄선하여 과목별로 기출유사문제와 예상문제를 수록하였
습니다.

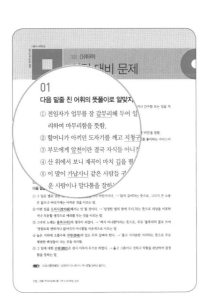

실전 대비 문제

기본 유형 익히기에 한 단계 더 나아가 고득점을 달성하
기 위한 보다 심화된 문제들을 수록했습니다.

목 차

구분	학습 내용	학습 예상일	학습일	학습 시간
1주	KBS 한국어능력시험 개요 상권 1장　어휘력1. 고유어(1)			
	상권 1장　어휘력1. 고유어(2)			
	상권 1장　어휘력1. 고유어(3)			
	상권 1장　어휘력2. 한자어(1)			
	상권 1장　어휘력2. 한자어(2)			
	상권 1장　어휘력3. 고사 성어/한자성어(1)			
	상권 1장　어휘력3. 고사 성어/한자성어(2)			
	상권 1장　어휘력4. 속담(1)			
	상권 1장　어휘력4. 속담(2) 　　　　　어휘력5. 관용어			
	상권 1장　어휘력6. 외래어 · 순화어 　　　　　어휘력 실전 대비 문제			
2주	상권 2장　문법 능력1. 어문규정[1] 한글 맞춤법(1)			
	상권 2장　문법 능력1. 어문규정[1] 한글 맞춤법(2)			
	상권 2장　문법 능력1. 어문규정[1] 한글 맞춤법(3) 　　　　　맞춤법 실전 대비 문제			
	상권 2장　문법 능력1. 어문규정[2] 표준어 규정			
	상권 2장　문법 능력1. 어문규정[3] 표준 발음법			
	상권 2장　문법 능력1. 어문규정[4], [5] 　　　　　문법 능력2. 말소리			
	상권 2장　문법 능력3. 단어(1)			
	상권 2장　문법 능력3. 단어(2)			
	상권 2장　문법 능력4. 문장(1)			
	상권 2장　문법 능력4. 문장(2) 　　　　　문법 능력5. 의미(1)			
	상권 2장　문법 능력5. 의미(2) 　　　　　문법 능력 실전 대비 문제			

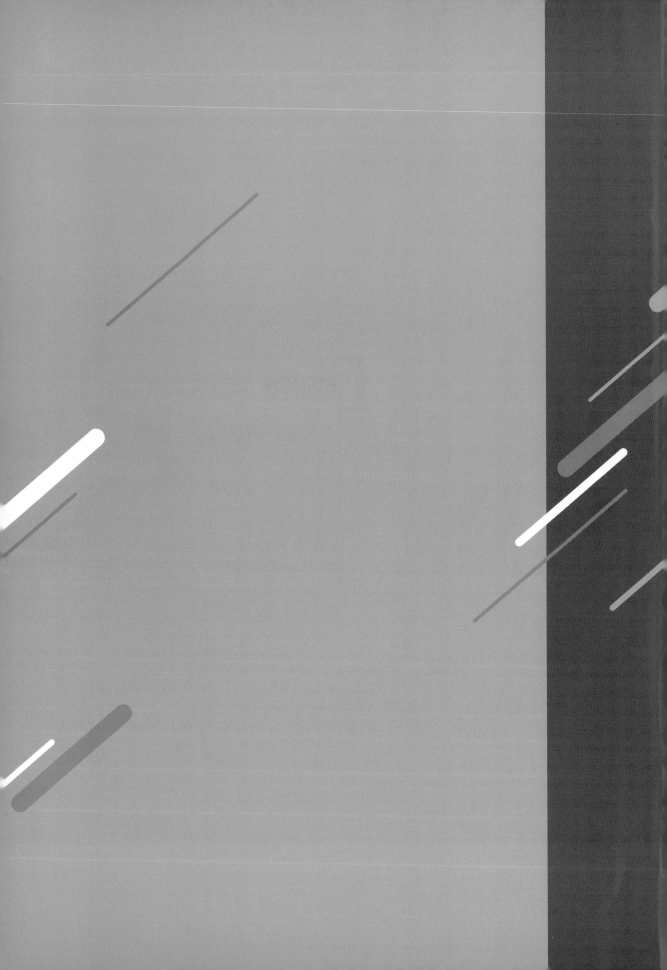

1편

어휘·문법 능력

KBS 한국어능력시험기본서 4주완성

1장 어휘력

① 고유어

◼ 고유어의 개념

고유어는 '토박이말'이라고도 하며 한 나라에서 본래부터 쓰이던 어휘를 의미한다. 즉 한국어의 고유어는 예로부터 우리나라에서 사용되어 온 어휘들이다. 하지만 고유어는 한자어의 유입 이래 지속적으로 위축되는 과정을 거쳐 왔으며 특히 신라의 경덕왕 대 이후 고유어 인명과 지명 등을 한자어로 바꾸면서 크게 위축되었다. 근대 이후에는 새로운 문물의 유입과 함께 한자어를 비롯한 외래어들의 유입이 증가하면서 더욱 위축되었다.

◼ 주제별 고유어

(1) 명사

① 신체 및 생리현상과 관련된 어휘

- **가는귀** : 작은 소리까지 듣는 귀. 또는 그런 귀의 능력.
- **가르마** : 이마에서 정수리까지의 머리카락을 양쪽으로 갈랐을 때 생기는 금.
- **갈퀴눈** : 1. 화가 나서 눈시울이 갈퀴 모양으로 모가 난 험상스러운 눈.
- **고리눈** : 1. 주로 동물에서, 눈동자의 둘레에 흰 테가 둘린 눈. 2. 동그랗게 생긴 눈. 3. 놀라거나 화가 나서 휘둥그레진 눈.
- **거스러미** : 손발톱 뒤의 살 껍질이나 나무의 결 따위가 가시처럼 얇게 터져 일어나는 부분.
- **광대등걸** : 1. 거칠고 보기 흉하게 생긴 나뭇등걸. 2. 살이 빠져 뼈만 남은 앙상한 얼굴.
- **귀밑머리** : 1. 이마 한가운데를 중심으로 좌우로 갈라 귀 뒤로 넘겨 땋은 머리. 2. 뺨에서 귀의 가까이에 난 머리털.
- **귓불** : 귓바퀴의 아래쪽에 붙어 있는 살. ≒ 귓밥.
- **눈곱** : 1. 눈에서 나오는 진득진득한 액 또는 그것이 말라붙은 것. 2. 아주 적거나 작은 것을 비유적으로 이르는 말.
- **눈망울** : 눈알 앞쪽의 도톰한 곳. 또는 눈동자가 있는 곳.
- **구레나룻** : 귀밑에서 턱까지 잇따라 난 수염.
- **눈시울** : 눈언저리의 속눈썹이 난 곳.

어휘·문법 능력 영역의 어휘력 부분에서는 고유어, 한자어, 외래어, 순화어 등에 관한 이해를 묻는 문항들이 출제되고 있다. 따라서 이 장에서는 의미와 쓰임을 중심으로 자주 출제되는 어휘들을 정리하여 놓았다. 특히 고유어와 한자어의 경우 어휘 자체에 대한 이해를 묻는 문항뿐만 아니라 적절한 어휘의 사용과 문맥적 의미 파악을 중심으로 출제되고 있으므로 유의해서 학습해야 한다.

- **더벅머리** : 1. 더부룩하게 난 머리털. 2. 더부룩한 머리털을 가진 사람.
- **덩저리** : 1. 좀 크게 뭉쳐서 쌓인 물건의 부피. 2. '몸집'을 낮잡아 이르는 말.
- **모두숨** : 한 번에 크게 몰아쉬는 숨.
- **몸피** : 몸통의 굵기.
- **몽구리** : 바싹 깎은 머리.
- **콧방울** : 코를 양쪽으로 둥글게 방울처럼 내민 부분.
- **활개** : 1. 사람의 어깨에서 팔까지 또는 궁둥이에서 다리까지의 양쪽 부분. 2. 새의 활짝 편 두 날개.
- **허우대** : 겉으로 드러난 체격. 주로 크거나 보기 좋은 체격을 이르는 말.
- **허울** : 실속이 없는 겉모양.

➕ 더알고가기   바람과 관련된 고유어   ≡

㉠ 바람의 방향에 따른 구분
- **가수알바람** : 뱃사람들의 말로, '서풍'을 이르는 말. = 갈바람.
- **갈마바람** : 뱃사람들의 말로, '서남풍'을 이르는 말.
- **강쇠바람** : 첫가을에 부는 동풍.
- **꽁무니바람** : 뒤쪽에서 불어오는 바람.
- **높새바람** : '동북풍'을 달리 이르는 말.
- **된바람** : 뱃사람들의 말로, '북풍(北風)'을 이르는 말.
- **마파람** : 뱃사람들의 은어로, '남풍(南風)'을 이르는 말.
- **마칼바람** : 뱃사람들의 은어로, '서북풍'을 이르는 말.
- **샛바람** : 뱃사람들의 은어로, '동풍'을 이르는 말.
- **왜바람** : 방향이 없이 이리저리 함부로 부는 바람.
- **하늬바람** : 서쪽에서 부는 바람.

㉡ 바람의 성격에 따른 구분
- **고추바람** : 살을 에는 듯 매섭게 부는 차가운 바람을 비유적으로 이르는 말.
- **날파람** : 빠르게 날아가는 결에 일어나는 바람.
- **노대바람** : 풍력 계급 10의 몹시 강한 바람.
- **내기바람** : 산비탈을 따라 세게 불어 내리는 온도가 높거나 건조한 바람.
- **명주바람** : 보드랍고 화창한 바람. = 명지바람.
- **용올림** : 바람이 한곳에서 뱅뱅 돌아 깔때기 모양으로 하늘 높이 오르는 현상. 늑 회오리.

② 행위나 행동과 관련된 어휘

- **가오리흥정** : 흥정 중에 잘못하여 도리어 값을 올리게 된 흥정.
- **가위춤** : 가위를 자꾸 벌렸다 오므렸다 하는 일을 비유적으로 이르는 말.
- **가탈** : 1. 일이 순조롭게 나아가는 것을 방해하는 조건. 2. 이리저리 트집을 잡아 까다롭게 구는 일.
- **각다귀판** : 서로 남의 것을 뜯어먹으려고 덤비는 판을 비유적으로 이르는 말.
- **갈무리** : 1. 물건 따위를 잘 정리하거나 간수함. 2. 일을 처리하여 마무리함.
- **꼼수** : 쩨쩨한 수단이나 방법.
- **내친걸음** : 1. 이왕 나선 걸음. 2. 이왕에 시작한 일.
- **너스레** : 수다스럽게 떠벌려 늘어놓는 말이나 짓.
- **넉장거리** : 네 활개를 벌리고 뒤로 벌렁 나자빠짐.
- **당조짐** : 정신을 차리도록 단단히 단속하고 조임.
- **덤터기** : 1. 남에게 넘겨씌우거나 남에게서 넘겨받은 허물이나 걱정거리. 2. 억울한 누명이나 오명.
- **더부살이** : 1. 남의 집에서 먹고 자면서 일을 해 주고 삯을 받는 일. 또는 그런 사람. 2. 남에게 얹혀사는 일.
- **떠세** : 재물이나 힘 따위를 내세워 젠체하고 억지를 씀. 또는 그런 짓.
- **뒷갈망** : 일의 뒤끝을 맡아서 처리함. ≒ 뒷감당.
- **뒷배** : 겉으로 나서지 않고 뒤에서 보살펴 주는 일.
- **드난** : 임시로 남의 집 행랑에 붙어 지내며 그 집의 일을 도와줌. 또는 그런 사람.
- **뜬벌이** : 고정된 일자리가 아닌 어쩌다 생긴 일자리에서 닥치는 대로 일을 하고 돈 따위를 버는 일.
- **마수걸이** : 1. 맨 처음으로 물건을 파는 일. 2. 맨 처음으로 부딪는 일.
- **말미** : 일정한 직업이나 일 따위에 매인 사람이 다른 일로 말미암아 얻는 겨를.
- **모꼬지** : 놀이나 잔치 또는 그 밖의 일로 여러 사람이 모이는 일.
- **몽짜** : 음흉하고 심술궂게 욕심을 부리는 짓. 또는 그런 사람.
- **무릎맞춤** : 두 사람의 말이 서로 어긋날 때, 제삼자를 앞에 두고 전에 한 말을 되풀이하여 옳고 그름을 따짐.
- **봉죽** : 일을 꾸려 나가는 사람을 곁에서 거들어 도와줌.
- **봉충걸음** : 한쪽이 짧은 다리로 절뚝거리며 걷는 걸음.
- **선걸음** : 이미 내디뎌 걷고 있는 그대로의 걸음.
- **소걸음** : 소처럼 느릿느릿 걷는 걸음.
- **소드락질** : 남의 재물 따위를 빼앗는 짓.
- **아귀다툼** : 각자 자기의 욕심을 채우고자 서로 헐뜯고 기를 쓰며 다투는 일.
- **아람치** : 개인이 사사로이 차지하는 몫.
- **앙감질** : 한 발은 들고 한 발로만 뛰는 짓.
- **앞짧은소리** : 1. 장래성이 없거나 장래의 불행을 뜻하게 된 말마디. 2. 앞으로 하지 못할 일을 하겠다고 섣불리 하는 말.
- **어둑서니** : 어두운 밤에 아무것도 없는데, 있는 것처럼 잘못 보이는 것.
- **엉너리** : 남의 환심을 사기 위하여 어벌쩡하게 서두르는 짓.
- **옴니암니** : 다 같은 이인데 자질구레하게 어금니 앞니 따진다는 뜻으로, 아주 자질구레한 것을 이르는 말.
- **옴살** : 매우 친밀하고 가까운 사이.

- **우격다짐** : 억지로 우겨서 남을 굴복시킴. 또는 그런 행위.
- **임질** : 물건 따위를 머리 위에 이는 일.
- **짜깁기** : 1. 직물의 찢어진 곳을 그 감의 올을 살려 본디대로 흠집 없이 짜서 깁는 일. 2. 기존의 글이나 영화 따위를 편집하여 하나의 완성품으로 만드는 일.
- **잰걸음** : 보폭이 짧고 빠른 걸음.
- **주전부리** : 때를 가리지 아니하고 군음식을 자꾸 먹음. 또는 그런 입버릇.
- **죽살이** : 죽고 사는 것을 다투는 정도의 고생.
- **지청구** : 1. 꾸지람. 2. 까닭 없이 남을 탓하고 원망함.
- **품** : 1. 어떤 일에 드는 힘이나 수고. 2. 삯을 받고 하는 일.
- **하리** : 남을 헐뜯어 윗사람에게 일러바치는 일.
- **한동자** : 끼니를 마친 후 새로 밥을 짓는 일.
- **해찰** : 마음에 썩 내키지 아니하여 물건을 부질없이 이것저것 집적거려 해침. 또는 그런 행동.
- **허드렛일** : 중요하지 아니하고 허름한 일.

기출유사문제

밑줄 친 단어의 쓰임이 적절하지 않은 것은?

① 그때 내 말을 <u>국으로</u> 살았다면 지금 저 상황은 아니었을 텐데.

② 아들이 무사하다는 소식에 그는 <u>댓바람으로</u> 뛰쳐나갔다.

③ 기회가 있을 때 <u>잡도리</u>를 못하면 더 다루기 힘들어질 것이다.

④ 늘 우산을 잃어버린다고 아내에게 <u>지청구</u>를 듣는다.

⑤ 그녀는 언제나 숨기지 않고 <u>흰소리</u>를 하는 소탈한 사람이다.

해설

터무니없이 자랑으로 떠벌리는 말에 해당하는 '흰소리'와 문맥상 '소탈한 사람'과는 어울리지 않는다.
① 국으로 : 제 생긴 그대로 또는 자기 주제에 맞게.
② 댓바람 : 서슴지 않고 그냥.
③ 잡도리 : 잘못되지 않도록 단단히 주의하여 단속하는 일.
④ 지청구 : 꾸지람.

정답 ❺

③ 성격 · 심리 · 관계 등과 관련된 어휘

- **가납사니** : 1. 쓸데없는 말을 지껄이기 좋아하는 수다스러운 사람. 2. 말다툼을 잘하는 사람.
- **가달** : 몹시 사나운 사람을 이르는 말.
- **가르친사위** : 창조성이 없이 무엇이든지 남이 가르치는 대로만 하는 사람을 낮잡아 이르는 말.
- **가시버시** : '부부'를 낮잡아 이르는 말.
- **갈가위** : 인색하여 제 욕심만을 채우려는 사람.
- **결김** : (주로 '결김에' 꼴로 쓰여) 1. 화가 난 나머지. 2. 정신이 없거나 바쁜 중에 별안간.
- **고명딸** : 아들 많은 집의 외딸.
- **깜냥** : 스스로 일을 헤아림. 또는 헤아릴 수 있는 능력.
- **꼭두각시** : 1. 꼭두각시놀음에 나오는 여러 가지 인형. 2. 남의 조종에 따라 움직이는 사람이나 조직을 비유적으로 이르는 말.
- **꼼바리** : 마음이 좁고 지나치게 인색한 사람을 낮잡아 이르는 말.
- **늦깎이** : 나이가 많이 들어서 어떤 일을 시작한 사람.
- **달랑쇠** : 침착하지 못하고 몹시 담방거리는 사람.
- **따라지** : 보잘것없거나 하찮은 처지에 놓인 사람이나 물건을 속되게 이르는 말.
- **대갈마치** : 온갖 어려운 일을 겪어서 아주 아무진 사람을 비유적으로 이르는 말.
- **두루뭉수리** : 말이나 행동이 분명하지 아니한 상태나 사람.
- **뚱딴지** : 1. 완고하고 우둔하며 무뚝뚝한 사람을 놀림조로 이르는 말. 2. 행동이나 사고방식 따위가 너무 엉뚱한 사람을 놀림조로 이르는 말.
- **뜨내기** : 일정한 거처가 없이 떠돌아다니는 사람.
- **띠앗** : 형제나 자매 사이의 우애심.
- **마당발** : 1. 볼이 넓고 바닥이 평평하게 생긴 발. 2. 인간관계가 넓어서 폭넓게 활동하는 사람.
- **만무방** : 1. 염치가 없이 막된 사람. 2. 아무렇게나 생긴 사람.
- **망석중** : 1. 나무로 다듬어 만든 인형의 하나. 2. 남이 부추기는 대로 따라 움직이는 사람을 비유적으로 이르는 말.
- **머드러기** : 1. 과일이나 채소, 생선 따위의 많은 것 가운데서 다른 것들에 비해 굵거나 큰 것. 2. 여럿 가운데서 가장 좋은 물건이나 사람을 비유적으로 이르는 말.
- **몽니** : 정당한 대우를 받지 못할 때 권리를 주장하기 위하여 심술을 부리는 성질.
- **모도리** : 조금도 빈틈없이 아주 여무진 사람.
- **샘바리** : 샘이 많아서 안달하는 사람.
- **솔봉이** : 나이가 어리고 촌스러운 티를 벗지 못한 사람.
- **안다니** : 무엇이든지 잘 아는 체 하는 사람.
- **오그랑이** : 마음씨가 바르지 못한 사람을 비유적으로 이르는 말.
- **우렁잇속** : 품은 생각을 모두 털어놓지 아니하는 의뭉스러운 속마음을 비유적으로 이르는 말.
- **자린고비** : 다라울 정도로 인색한 사람을 낮잡아 이르는 말.
- **주니** : (주로 '나다', '내다'와 함께 쓰여) 1. 몹시 지루함을 느끼는 싫증. 2. 두렵거나 확고한 자신이 없어서 내키지 아니하는 마음.

- **쭉정이** : 1. 껍질만 있고 속에 알맹이가 들지 아니한 곡식이나 과일 따위의 열매. 2. 쓸모없게 되어 사람 구실을 제대로 하지 못하는 사람을 비유적으로 이르는 말.
- **지체** : 어떤 집안이나 개인이 사회에서 차지하고 있는 신분이나 지위.
- **트레바리** : 이유 없이 남의 말에 반대하기를 좋아함. 또는 그런 성격을 지닌 사람.
- **흔들비쭉이** : 변덕스러워 걸핏하면 성을 내거나 심술을 부리는 사람.

➕ 더 알고가기   직업과 관련된 고유어   ☰

- **갖바치** : 예전에 가죽신을 만드는 일을 직업으로 하던 사람.
- **공징이** : 죽은 아이 귀신이 내려 이상한 휘파람 소리를 내면서 점을 치는 여자 점술가.
- **동산바치** : 원예사.
- **또드락장이** : 금박(金箔) 세공업자를 낮잡아 이르는 말.
- **마름** : 지주를 대리하여 소작권을 관리하는 사람.
- **망나니** : 예전에 사형을 집행할 때 죄인의 목을 베던 사람.
- **모가비** : 사당패 또는 산타령패 따위의 우두머리.
- **불목하니** : 절에서 밥을 짓고 물을 긷는 일을 맡아서 하는 사람.
- **비바리** : 바다에서 해산물을 채취하는 일을 하는 처녀.
- **쇠살쭈** : 장에서 소를 팔고 사는 것을 흥정 붙이는 사람.
- **수할치** : 매를 부리면서 매사냥을 지휘하는 사람.
- **시겟장수** : 곡식을 말이나 소에 싣고 이곳저곳으로 다니면서 파는 사람.
- **신기료장수** : 헌 신을 꿰매어 고치는 일을 직업으로 하는 사람.
- **심마니** : 산삼을 캐는 것을 업으로 삼는 사람.
- **여리꾼** : 상점 앞에 서서 손님을 끌어들여 물건을 사게 하고 주인에게 삯을 받는 사람.

④ 동식물과 관련된 어휘

- **가라말** : 털빛이 온통 검은 말.
- **간자말** : 이마와 뺨이 흰 말.
- **고갱이** : 1. 풀이나 나무의 줄기 한가운데에 있는 연한 심. 2. 사물의 중심이 되는 부분을 비유적으로 이르는 말.
- **고라말** : 등에 검은 털이 난 누런 말.
- **구렁말** : 털 빛깔이 밤색인 말.
- **귀다래기** : 귀가 작은 소
- **까막까치** : 까마귀와 까치를 아울러 이르는 말.
- **나남치** : 쇠살쭈들의 은어로, 함경남도 나남 지방에서 나는, 다리가 짧고 몸집이 큰 비육우를 이르는 말.
- **남새** : 채소.

- **노고지리** : '종다리'의 옛말.
- **도래솔** : 무덤가에 죽 둘러선 소나무.
- **담가라말** : 털빛이 거무스름한 말. ≒ 담가라.
- **돗총이** : 몸의 털빛이 검푸른 말.
- **먹총이** : 검은 털과 흰 털이 섞여 난 말.
- **멧나물** : 산나물.
- **멱부리** : 턱 밑에 털이 많은 닭.
- **보늬** : 밤이나 도토리 따위의 속껍질.
- **불강아지** : 몸이 바싹 여읜 강아지.
- **불암소** : 털빛이 누르스름하고 붉은 암소.
- **서리병아리** : 1. 이른 가을에 깬 병아리. 2. 힘이 없고 추레한 사람을 비유적으로 이르는 말.
- **센둥이** : 털빛이 흰 강아지를 귀엽게 이르는 말.
- **엇부루기** : 아직 큰 소가 되지 못한 수송아지.
- **영각** : 소가 길게 우는 소리.
- **워낭** : 마소의 귀에서 턱 밑으로 늘여 단 방울. 또는 마소의 턱 아래에 늘어뜨린 쇠고리.
- **자귀** : 짐승의 발자국.
- **푸새** : 산과 들에 저절로 나서 자라는 풀을 통틀어 이르는 말.
- **푸성귀** : 사람이 가꾼 채소나 저절로 난 나물 따위를 통틀어 이르는 말.
- **하릅강아지** : 나이가 한 살 된 강아지.

➕ 더 알고가기   동물의 새끼를 이르는 고유어   ≡

- **가사리** : 돌고기의 새끼.
- **개호주** : 범의 새끼.
- **굼벵이** : 딱정벌레목의 애벌레.
- **노가리** : 명태의 새끼.
- **동어** : 숭어의 새끼를 이르는 말.
- **며루** : 각다귀의 애벌레.
- **모쟁이** : 숭어의 새끼.
- **부룩소** : 작은 수소.
- **애돝** : 한 살이 된 돼지.

- **간자미** : 가오리의 새끼.
- **고도리** : 고등어의 새끼.
- **꺼병이** : 꿩의 어린 새끼.
- **능소니** : 곰의 새끼.
- **마래미** : 방어의 새끼.
- **모롱이** : 웅어의 새끼.
- **발강이** : 잉어의 새끼.
- **송치** : 암소 배 속에 든 새끼.
- **풀치** : 갈치의 새끼.

⑤ 구체적 사물과 관련된 어휘

- **검부러기** : 검불의 부스러기.
- **골갱이** : 식물이나 동물의 고기 따위의 속에 있는 단단하거나 질긴 부분.
- **길품삯** : 남이 갈 길을 대신 가주고 받는 삯.
- **깁** : 명주실로 바탕을 조금 거칠게 짠 비단.
- **꿰미** : 물건을 꿰는 데 쓰는 끈이나 꼬챙이 따위. 또는 거기에 무엇을 꿴 것.
- **너럭바위** : 넓고 평평한 큰 돌.
- **도롱이** : 짚, 띠 따위로 엮어 허리나 어깨에 걸쳐 두르는 비옷.
- **동강글** : 매우 짤막한 글.
- **마고자** : 저고리 위에 덧입는 웃옷.
- **마병** : 오래된 헌 물건.
- **모가치** : 몫으로 돌아오는 물건.
- **바자** : 대, 갈대, 수수깡, 싸리 따위로 발처럼 엮거나 결어서 만든 물건.
- **베잠방이** : 베로 지은 짧은 남자용 홑바지.
- **벼락틀** : 산짐승을 잡으려고 설치하는 덫의 하나.
- **벼리** : 1. 그물의 위쪽 코를 꿰어 놓은 줄. 2. 일이나 글의 뼈대가 되는 줄거리.
- **보람줄** : 책 따위에 표지를 하도록 박아 넣은 줄.
- **사금파리** : 사기그릇의 깨어진 작은 조각.
- **사북** : 접었다 폈다 하는 부채의 아랫머리나 가위다리의 교차된 곳에 박아 돌쩌귀처럼 쓰이는 물건.
- **삯** : 일한 데 대한 품값으로 주는 돈이나 물건.
- **살피** : 1. 땅과 땅 사이의 경계선을 간단히 나타낸 표. 2. 물건과 물건 사이를 구별 지은 표.
- **삿자리** : 갈대를 엮어서 만든 자리.
- **세간** : 집안 살림에 쓰는 온갖 물건.
- **알천** : 1. 가진 것 가운데 가장 값나가는 물건. 2. 음식 가운데서 제일 맛있는 음식.
- **우수리** : 1. 물건 값을 제하고 거슬러 받는 잔돈. 2. 일정한 수나 수량에 차고 남는 수나 수량.
- **자리끼** : 밤에 자다가 마시기 위하여 잠자리의 머리맡에 준비하여 두는 물.
- **잠방이** : 가랑이가 무릎까지 내려오도록 짧게 만든 홑바지. 반바지.
- **핫것** : 솜을 두어서 만든 옷이나 이불 따위를 통틀어 이르는 말.
- **허방다리** : 함정(陷穽).
- **화톳불** : 한데다가 장작 따위를 모으고 질러 놓은 불.
- **휘추리** : 가늘고 긴 나뭇가지.
- **희나리** : 덜 마른 장작.

+ **더 알고가기** 별과 관련된 고유어 ≡

- **개밥바라기** : 저녁에 서쪽 하늘에 보이는 금성.
- **까막별** : 빛을 내지 않는 별.
- **꼬리별, 살별** : 혜성.
- **늑대별** : 시리우스.
- **닻별** : 카시오페이아자리.
- **미리내** : 은하수의 방언(제주).
- **별똥별** : 유성을 일상적으로 이르는 말.
- **붙박이별** : 항성.
- **샛별** : 새벽에 동쪽 하늘에서 반짝이는 금성.
- **여우별** : 궂은날에 잠깐 떴다가 숨는 별.
- **잔별** : 작은 별.

⑥ 공간 및 장소와 관련된 어휘

- **가을마당** : 1. 추수를 하는 마당. 2. 가을걷이를 하고 낟알을 털어 내는 마당.
- **가풀막** : 몹시 가파르게 비탈진 곳.
- **갈피** : 1. 겹치거나 포갠 물건의 하나하나의 사이. 또는 그 틈. 2. 일이나 사물의 갈래가 구별되는 어름.
- **개골창** : 수채물이 흐르는 작은 도랑 .
- **개어귀** : 강물이나 냇물이 바다로 들어가는 어귀.
- **고샅** : 1. 시골 마을의 좁은 골목길. 또는 골목 사이. 2. 좁은 골짜기의 사이.
- **기스락** : 1. 기슭의 가장자리. 2. 초가의 처마 끝.
- **너덜겅** : 돌이 많이 흩어져 있는 비탈.
- **노루막이** : 산의 막다른 꼭대기.
- **노루목** : 1. 노루가 자주 다니는 길목. 2. 넓은 들에서 다른 곳으로 이어지는 좁은 지역.
- **도랫굽이** : 산이나 바위를 안고 돌아가도록 되어 있는 굽이.
- **더기** : 고원의 평평한 땅.
- **두메** : 도회에서 멀리 떨어져 사람이 많이 살지 않는 변두리나 깊은 곳.
- **둔치** : 1. 물가의 언덕. 2. 강, 호수 따위의 물이 있는 곳의 가장자리.
- **들머리** : 1. 들어가는 맨 첫머리. 2. 들의 한쪽 옆이나 한쪽 가장자리.
- **멧부리** : 산등성이나 산봉우리의 가장 높은 꼭대기.
- **모롱이** : 산모퉁이의 휘어 둘린 곳.
- **모래톱** : 모래사장.
- **발치** : 1. 누울 때 발이 가는 쪽. 2. 사물의 꼬리나 아래쪽이 되는 끝 부분.
- **버덩** : 높고 평평하며 나무는 없이 풀만 우거진 거친 들.

- **배래** : 육지에서 멀리 떨어진 바다 위.
- **벌** : 아주 넓은 들판. 벌판.
- **산기슭** : 산의 비탈이 끝나는 아랫부분.
- **산등성이** : 산의 등줄기.
- **산마루** : 산등성이의 가장 높은 곳.
- **산자락** : 밋밋하게 비탈져 나간 산의 밑부분.
- **산허리** : 산 둘레의 중턱.
- **서덜** : 냇가와 강가의 돌이 많은 곳.
- **실골목** : 폭이 좁은 긴 골목.
- **언저리** : 1. 둘레의 가 부분. 2. 어떤 나이나 시간의 전후. 3. 어떤 수준이나 정도의 위아래.
- **에움길** : 굽은 길. 또는 에워서 돌아가는 길.
- **자드락** : 나지막한 산기슭의 비탈진 땅.
- **잿길** : 재에 난 길. 또는 언덕바지에 난 길.
- **틈서리** : 틈이 난 부분의 가장자리.
- **한참갈이** : 소로 잠깐이면 갈 수 있는 작은 논밭의 넓이.

✚ 더 알고가기　눈 또는 서리와 관련된 고유어 ≡

- **그믐치** : 음력 그믐께에 비나 눈이 내림. 또는 그 비나 눈.
- **길눈** : 한 길이 될 만큼 많이 쌓인 눈.
- **눈구멍** : 눈이 많이 쌓인 가운데. ≒ 눈구덩이.
- **눈꽃** : 나뭇가지 따위에 꽃이 핀 것처럼 얹힌 눈.
- **도둑눈** : 밤사이에 사람들이 모르게 내린 눈. ≒ 도적눈.
- **마른눈** : 비가 섞이지 않고 내리는 눈.
- **무서리** : 늦가을에 처음 내리는 묽은 서리.
- **상고대** : 나무나 풀에 내려 눈처럼 된 서리.
- **싸라기눈** : 빗방울이 갑자기 찬 바람을 만나 얼어 떨어지는 쌀알 같은 눈.
- **서리꽃** : 유리창 따위에 서린 김이 얼어서 꽃처럼 엉긴 무늬.
- **성에** : 기온이 영하일 때 유리나 벽 따위에 수증기가 허옇게 얼어붙은 서릿발.
- **자국눈** : 겨우 발자국이 날 만큼 적게 내린 눈.
- **마른눈** : 비가 섞이지 않고 내리는 눈.
- **잣눈** : 많이 쌓인 눈.
- **풋눈** : 초겨울에 들어서 조금 내린 눈.
- **함박눈** : 굵고 탐스럽게 내리는 눈.

기출유사문제

밑줄 친 고유어의 뜻풀이로 알맞지 않은 것은?

① 가족들이 <u>추렴</u>하여 아버지의 생신을 준비하였다. → 비용을 여럿이 나누어 거둠.

② 그 정도 금액이면 차 한 대 값과 <u>맞잡이</u>다. → 서로 대등한 정도나 분량.

③ 그는 <u>우수리</u>는 받지 않고 대신 좋은 것으로 골라 달라고 하였다. → 물건 값을 제하고 거슬러 받는 잔돈.

④ 그녀도 이제는 <u>짬짜미</u>를 볼 수 있었다. → 어떤 일에서 물러나거나 다른 일을 시작할 수 있는 겨를.

⑤ 장에 따라간 아이는 <u>해찰</u>만 부리고 다녔다. → 일에는 마음을 두지 아니하고 쓸데없이 다른 짓을 함.

해설

'짬짜미'는 '남모르게 자기들끼리만 짜고 하는 약속이나 수작'을 의미한다. '분명 그들은 짬짜미가 있다.'와 같이 사용되며 '동생과 밖에서 만나기로 짬짜미해 놓았다.'와 같이 '-하다'가 붙어서 동사로 쓰이기도 한다. 한편 '어떤 일에서 물러나거나 다른 일을 시작할 수 있는 겨를'을 의미하는 어휘는 '짬'으로 '짬을 내다.', '짬이 나다.' 등으로 쓰인다.

① 한자어 '출렴(出斂)'에서 유래한 '추렴'은 모임이나 잔치 등의 비용을 나누어 거두는 것을 의미하며 '추렴을 내다.', '추렴을 거두다.' 등으로 쓰이며 '-하다'가 붙어 '얼마씩 추렴하다.'와 같이 쓰이기도 한다.

② '서로 대등한 정도나 분량'을 의미하는 '맞잡이'는 '결승에서 맞잡이끼리 붙었다.'와 같이 '서로 힘이 비슷한 두 사람'이라는 뜻으로 쓰이기도 한다. 유의어로는 '맞들이'가 있다.

③ '우수리'는 '물건 값을 제하고 거슬러 받는 잔돈'을 의미하는 말로 유의어로 '우수'가 있다. 또한 '일정한 수나 수량에 차고 남은 수나 수량'을 의미하기도 하며 이때의 유의어는 '단수(端數)'이다.

⑤ '해찰'은 우선 '일에는 마음을 두지 않고 쓸데없이 다른 짓을 함.'이라는 의미와 '마음에 썩 내키지 아니하여 물건을 부질없이 이것저것 집적거려 해침.'의 의미가 있다. '-하다'가 붙어서 '그 녀석은 한눈팔고 해찰하기 일쑤다.'와 같이 동사로 쓰이기도 한다.

정답 ❹

(2) 동사

- **가루다** : 1. 자리 따위를 함께 나란히 하다. 2. 맞서서 견주다.
- **가물다** : 땅의 물기가 바싹 마를 정도로 오랫동안 계속하여 비가 오지 않다.
- **가스러지다** : 1. 잔털 따위가 좀 거칠게 일어나다. 2. 성질이 온순하지 못하고 좀 거칠어지다.
- **가위눌리다** : 자다가 무서운 꿈에 질려 몸을 마음대로 움직이지 못하고 답답함을 느끼다.
- **갈마들다** : 서로 번갈아들다.
- **고러고러다** : 1. 다 그렇게 하거나 잇따라 그렇게 하다. 2. 잇따라 그렇게 말하다.
- **곧추서다** : 꼿꼿이 서다.
- **궁굴리다** : 1. 이리저리 돌려서 너그럽게 생각하다. 2. 좋은 말로 구슬리다.
- **꾀다** : 그럴듯한 말이나 행동으로 남을 속이거나 부추겨서 자기 생각대로 끌다.
- **내떨다** : 1. 몸 따위를 심하게 떨다. 2. 어떤 행동을 매우 경망스럽게 또는 요란스럽게 자꾸 하거나 어떤 성질을 겉으로 심하게 나타내다.
- **뇌까리다** : 아무렇게나 되는대로 마구 지껄이다.
- **느즈러지다** : 1. 꼭 졸라맨 줄이나 끈 따위가 느슨하게 되다. 2. 기한이 밀리다. 3. 긴장이 풀려 느긋하게 되다.
- **능갈치다** : 교묘하게 잘 둘러대다.
- **닦아세우다** : 꼼짝 못하게 휘몰아 나무라다.
- **더위잡다** : 1. 높은 곳에 오르려고 무엇을 끌어 잡다. 2. 의지가 될 수 있는 든든하고 굳은 지반을 잡다.
- **돌라내다** : 남의 물건을 슬쩍 빼돌려 내다.
- **돌려세우다** : 1. 방향을 바꾸게 하다. 2. 생각을 바꾸게 하다.
- **돌아치다** : 나대며 여기저기 다니다.
- **되바라지다** : 1. 그릇이 운두가 낮고 위가 벌어져 쉽사리 바닥이 드러나 보이다. 2. 튀어져 나오고 벌어져서 아늑한 맛이 없다. 3. 사람됨이 남을 너그럽게 감싸 주지 아니하고 적대적으로 대하다. 4. 차림이 얌전하지 않아 남의 눈에 잘 띄다.
- **듣보다** : 듣기도 하고 보기도 하며 알아보거나 살피다.
- **말보다** : 업신여기어 깔보다.
- **모지라지다** : 물건의 끝이 닳아서 없어지다.
- **바루다** : 비뚤어지거나 구부러지지 않도록 바르게 하다.
- **바르집다** : 파서 헤치거나 벌려 놓다.
- **버금가다** : 으뜸의 바로 아래가 되다.
- **서그러지다** : 마음이 너그럽고 서글서글하게 되다.
- **소수나다** : 땅의 농산물 소출이 늘다.
- **소쿠라지다** : 1. 급히 흐르는 물이 굽이쳐 용솟음치다. 2. 물이 세찬 기세로 솟아오른 채로 얼다.
- **아롱지다** : 아롱아롱한 점이나 무늬가 생기다.
- **앙당그리다** : 1. 춥거나 겁이 나서 몸을 옴츠리다. 2. 이를 조금 사납게 드러내다.
- **애끊다** : 몹시 슬퍼서 창자가 끊어질 듯하다.
- **앵돌아지다** : 1. 노여워서 토라지다. 2. 확 틀려 돌아가다. 3. 날씨가 끄물끄물해지다.
- **어긋막히다** : 서로 엇갈리게 놓이다.

- **어리비치다** : 어떤 현상이나 기운이 은근하게 드러나 보이다.
- **얼넘기다** : 일을 대충 얼버무려서 넘기다.
- **에두르다** : 1. 에워서 둘러막다. 2. 바로 말하지 않고 짐작하여 알아듣도록 둘러대다. ≒ 에둘러대다, 에둘러치다.
- **움키다** : 1. 손가락을 우그리어 물건 따위를 놓치지 않도록 힘 있게 잡다. 2. 새나 짐승 따위가 발가락으로 무엇을 꽉 잡다.
- **웅숭그리다** : 춥거나 두려워 몸을 궁상맞게 몹시 웅그리다.
- **이지러지다** : 1. 한쪽 귀퉁이가 떨어져 없어지다. 2. 달 따위가 한쪽이 차지 않다. 3. 불쾌한 감정 따위로 얼굴이 일그러지다. 4. 성격, 생각, 행동 따위가 바르지 못하고 비뚤어지다.
- **줄나다** : 생산물이 표준 수량보다 덜 나다.
- **지릅뜨다** : 1. 고개를 수그리고 눈을 치올려서 뜨다. 2. 눈을 크게 부릅뜨다.
- **추서다** : 1. 병을 앓거나 몹시 지쳐서 허약하여진 몸이 차차 회복되다. 2. 떨어졌던 원기나 기세 따위가 회복되다.
- **켕기다** : 1. 단단하고 팽팽하게 되다. 2. 마음속으로 겁이 나고 탈이 날까 불안해하다.
- **탑새기주다** : 남의 일을 방해하여 망치다.
- **티격나다** : 서로 뜻이 맞지 아니하여 사이가 벌어지다.
- **풍기다** : 1. 냄새가 나다. 또는 냄새를 퍼뜨리다. 2. (비유적으로) 어떤 분위기가 나다. 또는 그런 것을 자아내다. 3. 겨, 검불, 먼지 따위가 날리다. 또는 그런 것을 날리다.
- **하비다** : 1. 손톱이나 날카로운 물건 따위로 조금 긁어 파다. 2. 남의 결점을 드러내어 헐뜯다. 3. 마음을 자극하다.
- **해바라지다** : 어울리지 아니하게 넓게 바라지다.

➕ 더 알고가기   비·안개와 관련된 고유어

- **가랑비** : 가늘게 내리는 비. 이슬비보다는 좀 굵다.
- **개부심** : 장마로 큰물이 난 뒤, 한동안 쉬었다가 다시 퍼붓는 비가 명개(갯가에 앉은 검고 고운 흙)를 부시어 냄. 또는 그 비.
- **건들장마** : 초가을에 비가 오다가 금방 개고 또 비가 오다가 다시 개고 하는 장마.
- **고치장마** : 초여름에 치는 누에가 오를 무렵에 오는 장맛비.
- **꿀비** : 곡식이 꿀처럼 달게 받아먹을 바라는 뜻으로, 농작물이 자라는 데 필요한 때에 맞추어 내리는 비.
- **누리** : 큰 물방울들이 공중에서 갑자기 찬 기운을 만나 얼어 떨어지는 얼음덩어리. ≒ 우박.
- **는개** : 안개보다는 조금 굵고 이슬비보다는 가는 비.
- **달무리** : 달 언저리에 둥그렇게 생기는 구름 같은 허연 테.
- **먼지잼** : 비가 겨우 먼지나 날리지 않을 정도로 조금 옴.
- **물마** : 비가 많이 와서 사람이 다니기 어려울 만큼 땅 위에 넘쳐흐르는 물.
- **못비** : 모를 다 낼 만큼 충분히 오는 비.
- **보슬비** : 바람이 없는 날 가늘고 성기게 조용히 내리는 비.
- **실비** : 실같이 가늘게 내리는 비.
- **악수** : 물을 퍼붓듯이 세게 내리는 비.

- **여우비** : 볕이 나 있는 날 잠깐 오다가 그치는 비.
- **웃비** : 아직 우기(雨氣)는 있으나 좍좍 내리다가 그친 비.
- **작달비** : 장대처럼 굵고 거세게 좍좍 내리는 비. = 장대비.
- **채찍비** : 채찍을 내리치듯이 굵고 세차게 쏟아져 내리는 비.
- **해미** : 바다 위에 낀 아주 짙은 안개.

(3) 형용사

① 성격 · 태도와 관련된 어휘

- **가즈럽다** : 가진 것도 없으면서 가진 체하며 뻐기는 티가 있다.
- **간살맞다** : 매우 간사스럽게 아양을 떠는 태도가 있다.
- **감때사납다** : 1. 사람이 억세고 사납다. 2. 사물이 험하고 거칠다.
- **강파르다** : 1. 몸이 야위고 파리하다. 2. 성질이 까다롭고 괴팍하다. 3. 인정이 메마르고 야박하다.
- **곰살맞다** : 몹시 부드럽고 친절하다.
- **곱살스럽다** : 얼굴이나 성미가 예쁘장하고 얌전한 데가 있다.
- **공변되다** : 행동이나 일 처리가 사사롭거나 한쪽으로 치우치지 않고 공평하다.
- **괄괄스럽다** : 보기에 성질이 세고 급한 데가 있다.
- **다부지다** : 1. 벅찬 일을 견디어 낼 만큼 굳세고 야무지다. 2. 생김새가 옹골차다. 3. 일을 해내는 솜씨나 태도가 빈틈이 없고 야무진 데가 있다.
- **덩거칠다** : 사람의 생김새나 행동 따위가 매우 거칠다.
- **도탑다** : 서로의 관계에 사랑이나 인정이 많고 깊다.
- **뒤웅스럽다** : 생김새가 뒤웅박처럼 보기에 미련하다.
- **들차다** : 뜻이 굳세고 몸이 튼튼하다.
- **맵짜다** : 1. 음식의 맛이 맵고 짜다. 2. 바람 따위가 매섭게 사납다. 3. 성미가 사납고 독하다. 4. 성질 따위가 야무지고 옹골차다.
- **맵차다** : 1. 맵고 차다. 2. 옹골차고 야무지다.
- **모나다** : 1. 사물의 모습이나 일에 드러난 표가 있다. 2. 말이나 짓 따위가 둥글지 못하고 까다롭다. 3. 물건이 쓰이는 데 유용한 구석이 있다.
- **머줍다** : 동작이 느리고 굼뜨다.
- **몰강스럽다** : 인정이 없이 억세며 성질이 악착같고 모질다.
- **무람없다** : 예의를 지키지 않으며 삼가고 조심하는 것이 없다.
- **물색없다** : 말이나 행동이 형편에 맞거나 조리에 닿지 아니하다.
- **미쁘다** : 믿음성이 있다.
- **미욱스럽다** : 매우 어리석고 미련한 데가 있다.
- **바지런스럽다** : 놀지 아니하고 하는 일에 꾸준한 데가 있다.
- **설피다** : 1. 짜거나 엮은 것이 거칠고 성기다. 2. 솜씨가 거칠고 서투르다. 3. 언행이 덜렁덜렁하고 거칠다.
- **소사스럽다** : 보기에 행동이 좀스럽고 간사한 데가 있다.

- **습습하다** : 마음이나 하는 짓이 활발하고 너그럽다.
- **실팍지다** : 사람이나 물건 따위가 보기에 매우 실한 데가 있다.
- **아금받다** : 1. 야무지고 다부지다. 2. 무슨 기회든지 재빠르게 붙잡아 이용하는 소질이 있다.
- **암상궂다** : 몹시 남을 시기하고 샘을 잘 내는 마음이나 태도가 있다.
- **암팡스럽다** : 몸은 작아도 야무지고 다부진 면이 있다.
- **야멸치다** : 1. 남의 사정은 돌보지 아니하고 자기만 생각하다. 2. 태도가 차고 야무지다.
- **어험스럽다** : 1. 짐짓 위엄이 있어 보이는 듯하다. 2. 굴이나 구멍 따위가 텅 비고 우중충한 데가 있다.
- **엄전하다** : 태도나 행실이 정숙하고 점잖다.
- **열없다** : 1. 좀 겸연쩍고 부끄럽다. 2. 담이 작고 겁이 많다.
- **옹골지다** : 실속이 있게 속이 꽉 차 있다.
- **옹글다** : 1. 물건 따위가 조각나거나 손상되지 아니하고 본디대로 있다. 2. 조금도 축가거나 모자라지 아니하다. 3. 매우 실속 있고 다부지다.
- **의뭉하다** : 겉으로 보기에는 어리석어 보이나 속으로는 엉큼하다.
- **찬찬스럽다** : 보기에 성질, 솜씨, 행동 따위가 꼼꼼하고 자상한 데가 있다.
- **츱츱스럽다** : 보기에 너절하고 염치없는 데가 있다.
- **헌걸스럽다** : 풍채가 좋고 의기가 당당한 듯하다.
- **협협하다** : 활발하고 융통성이 있으며 대범하다.

➕ 더 알고가기　　**음식과 관련된 고유어**　　　　　　　　　　　　　**☰**

- **가보** : 민어의 부레 속에 쇠고기, 두부, 오이 따위의 소를 넣고, 끝을 실로 잡아매어 삶은 다음 둥글게 썬 음식.
- **감투밥** : 그릇 위까지 수북하게 담은 밥.
- **강조밥** : 좁쌀만으로 지은 밥.
- **고두밥** : 아주 되게 지어져 고들고들한 밥.
- **까치밥** : 수확기에 높은 나무 위의 과일을 전부 따지 않고 몇 개 남겨 놓은 것을 말함.
- **단술** : 엿기름을 우린 물에 밥알을 넣어 식혜처럼 삭혀서 끓인 음식.
- **대궁** : 먹다가 그릇에 남긴 밥.
- **댕기풀이** : 관례나 혼인을 하고 나서 동무들에게 한턱내는 일을 가리키는 말.
- **도루묵** : '은어'를 가리키는 말.
- **떡무거리** : 떡을 만들기 위하여 빻은 곡식 가루를 체에 쳐 고운 가루를 빼고 남은, 거칠고 굵은 가루.
- **맏물** : 과일, 푸성귀, 해산물 따위에서 그해의 맨 처음에 나는 것.
- **머슴밥** : 수북하게 많이 담은 밥.
- **못밥** : 모내기를 하면서 들에서 먹는 밥.
- **반지기** : 쌀에 다른 이물질이 섞여 있는 것을 나타내는 말.
- **벼락김치** : 무나 배추를 간장에 절여 당장 먹을 수 있도록 만든 김치.
- **비웃** : 청어(靑魚)를 식료품으로 이르는 말.
- **비지** : 두부를 만들 때 나오는 부산물.

- **새참** : 일을 하다가 잠깐 쉬면서 먹는 음식.
- **소금엣밥** : 소금을 반찬으로 차린 밥이라는 뜻으로, 반찬이 변변하지 못한 밥을 이르는 말.
- **아람** : 밤이나 상수리 따위가 충분히 익은 상태 또는 그 열매.
- **암죽** : 곡식의 가루나 밤의 가루로 쑨 죽.
- **첫국밥** : 아이를 낳은 뒤에 산모가 처음으로 먹는 국과 밥. 주로 미역국과 흰밥을 먹음.
- **한동자** : 끼니를 마친 후에 새로 밥을 짓는 일.
- **한밥** : 끼니때가 지난 뒤에 차리는 밥.
- **홀아비김치** : 무나 배추 한 가지로만 담근 김치.

② 심리와 관련된 어휘

- **가풀막지다** : 눈앞이 아찔하며 어지럽다.
- **같잖다** : 1. 하는 짓이나 꼴이 제격에 맞지 않고 눈꼴사납다. 2. 말하거나 생각할 거리도 못 되다.
- **거추장스럽다** : 일 따위가 성가시고 귀찮다.
- **계면쩍다** : 쑥스럽거나 미안하여 어색하다.
- **고깝다** : 섭섭하고 야속하여 마음이 언짢다.
- **구쁘다** : 배 속이 허전하여 자꾸 먹고 싶다.
- **귀살스럽다** : 일이나 물건 따위가 마구 얼크러져 정신이 뒤숭숭하거나 산란(散亂)한 느낌이 있다.
- **기껍다** : 마음속으로 은근히 기쁘다.
- **노엽다** : 화가 날 만큼 분하고 섭섭하다.
- **눈꼴사납다** : 보기에 아니꼬워 비위에 거슬리게 밉다.
- **느껍다** : 어떤 느낌이 마음에 북받쳐서 벅차다.
- **뒤넘스럽다** : 주제넘게 행동하여 건방진 데가 있다.
- **뜨악하다** : 마음이 선뜻 내키지 않아 꺼림칙하고 싫다.
- **맥쩍다** : 1. 심심하고 재미가 없다. 2. 열없고 쑥스럽다.
- **멋쩍다** : 1. 하는 짓이나 모양이 격에 어울리지 않다. 2. 어색하고 쑥스럽다.
- **버겁다** : 물건이나 세력 따위가 다루기에 힘에 겹거나 거북하다.
- **삼삼하다** : 잊히지 않고 눈에 보이는 듯 또렷하다.
- **설면하다** : 1. 자주 만나지 못하여 낯이 좀 설다. 2. 사이가 정답지 아니하다.
- **시름없다** : 1. 근심과 걱정으로 맥이 없다. 2. 아무 생각이 없다.
- **쏠쏠하다** : 품질이나 수준, 정도 따위가 웬만하여 괜찮거나 기대 이상이다.
- **알싸하다** : 어떤 냄새의 자극으로 조금 알알한 느낌이 있다.
- **애꿎다** : 1. 아무런 잘못 없이 억울하다. 2. 그 일과는 아무런 상관이 없다.
- **조마롭다** : 매우 조마조마하거나 조마조마한 데가 있다.
- **청승궂다** : 궁상스럽고 처량하여 보기에 언짢다.
- **친친하다** : 축축하고 끈끈하여 불쾌한 느낌이 있다.
- **헛헛하다** : 1. 배 속이 빈 듯한 느낌이 있다. 2. 채워지지 아니한 허전한 느낌이 있다.

＋ 더 알고가기   때(시간)와 관련된 고유어   ≡

- **나절** : 하룻낮의 절반쯤 되는 동안.
- **달구리** : 이른 새벽의 닭이 울 때.
- **들마** : 가게 문을 닫을 무렵.
- **미명** : 날이 채 밝지 않음. 또는 그런 때.
- **해거름** : 해가 서쪽으로 넘어가는 일. 또는 그런 때.
- **해넘이** : 해가 막 넘어가는 때. 또는 그런 현상.
- **해포** : 한 해가 조금 넘는 동안.

- **날포** : 하루가 조금 넘는 동안.
- **달포** : 한 달이 조금 넘는 기간.
- **땅거미** : 해가 진 뒤 어스레한 상태.
- **어스름** : 조금 어둑한 상태. 또는 그런 때.
- **해거리** : 한 해를 거름. 또는 그런 간격.
- **해동갑** : 해가 질 때까지의 동안.
- **해포** : 한 해가 조금 넘는 동안.

③ 상황 또는 상태, 외양과 관련된 어휘

- **가년스럽다** : 보기에 가난하고 어려운 데가 있다.
- **가량스럽다** : 조촐하지 못하여 격에 조금 어울리지 아니한 데가 있다.
- **가멸다** : 재산이나 자원 따위가 넉넉하고 많다.
- **가뭇없다** : 1. 보이던 것이 전혀 보이지 않아 찾을 곳이 감감하다. 2. 눈에 띄지 않게 감쪽같다.
- **가없다** : 끝이 없다.
- **간데없다** : 1. 갑자기 자취를 감추어 사라지거나 어디로 갔는지 알 수가 없다. 2. 영락없다.
- **간잔지런하다** : 1. 매우 가지런하다. 2. 졸리거나 술에 취하여 위아래 두 눈시울이 서로 맞닿을 듯하다.
- **값없다** : 1. 물건 따위가 너무 흔하여 가치가 별로 없다. 2. 물건이 값을 칠 수 없을 정도로 아주 귀하고 가 치가 높다. 3. 보람이나 대가 따위가 없다.
- **거방지다** : 1. 몸집이 크다. 2. 하는 짓이 점잖고 무게가 있다. 3. 매우 푸지다.
- **괴괴하다** : 쓸쓸한 느낌이 들 정도로 아주 고요하다.
- **깔밋하다** : 모양새나 차림새가 깔끔하다.
- **난데없다** : 갑자기 불쑥 나타나 어디서 왔는지 알 수 없다.
- **남우세스럽다** : 남에게 놀림과 비웃음을 받을 듯하다. ≒ 남사스럽다 · 남세스럽다 · 우세스럽다.
- **녹녹하다** : 촉촉한 기운이 약간 있다.
- **느물스럽다** : 말이나 행동이 능글맞은 데가 있다.
- **다함없다** : 그지없이 크거나 많다.
- **대근하다** : 견디기가 어지간히 힘들고 만만치 않다.
- **대중없다** : 1. 짐작을 할 수가 없다. 2. 어떤 표준을 잡을 수가 없다.
- **도담하다** : 탐스럽고 아담하다.
- **마뜩잖다** : 마음에 들 만하지 아니하다.
- **메케하다** : 연기나 곰팡이 따위의 냄새가 맵고 싸하다.
- **몽실하다** : 통통하게 살이 쪄서 보드랍고 야들야들한 느낌이 있다.
- **부산스럽다** : 보기에 급하게 서두르거나 시끄럽게 떠들어 어수선한 데가 있다.

- **새살궂다** : 성질이 차분하지 못하고 가벼워 말이나 행동이 실없고 부산하다.
- **새삼스럽다** : 1. 이미 알고 있는 사실에 대하여 느껴지는 감정이 갑자기 새로운 데가 있다. 2. 하지 않던 일을 이제 와서 하는 것이 보기에 두드러진 데가 있다.
- **성기다** : 1. 물건의 사이가 뜨다. 2. 반복되는 횟수나 도수(度數)가 뜨다. 3. 관계가 깊지 않고 서먹하다.
- **스산스럽다** : 어수선하고 쓸쓸한 분위기가 있다.
- **시금떨떨하다** : 맛이나 냄새 따위가 조금 시면서도 떫다.
- **실팍하다** : 보기에 매우 실하다.
- **앙상스럽다** : 1. 꼭 짜이지 아니하여 어울리지 아니하고 어설픈 듯하다. 2. 살이 빠져서 뼈만 남아 바짝 마른 듯하다. 3. 나뭇잎이 지고 가지만 남아서 스산한 듯하다.
- **어금지금하다** : 서로 엇비슷하여 정도나 수준에 큰 차이가 없다. ≒ 어금버금하다.
- **어줍다** : 1. 말이나 행동이 익숙지 않아 서투르고 어설프다. 2. 몸의 일부가 자유롭지 못하여 움직임이 자연스럽지 않다. 3. 어쩔 줄을 몰라 겸연쩍거나 어색하다.
- **영절스럽다** : 아주 그럴듯하다.
- **옴팡지다** : 1. 보기에 가운데가 좀 오목하게 쏙 들어가 있다. 2. 아주 심하거나 지독한 데가 있다.
- **일없다** : 1. 소용이나 필요가 없다. 2. 걱정하거나 개의할 필요가 없다.
- **자차분하다** : 1. 자질구레하다. 2. 잘고 아담하게 차분하다.
- **잗다랗다** : 1. 꽤 잘다. 2. 아주 자질구레하다. 3. 볼만한 가치가 없을 정도로 하찮다.
- **좀스럽다** : 1. 사물의 규모가 보잘것없이 작다. 2. 도량이 좁고 옹졸한 데가 있다.
- **주체스럽다** : 처리하기 어려울 만큼 짐스럽고 귀찮은 데가 있다.
- **질펀하다** : 1. 땅이 넓고 평평하게 펼쳐져 있다. 2. 주저앉아 하는 일 없이 늘어져 있다. 3. 질거나 젖어 있다.
- **찹찹하다** : 1. 포개어 쌓은 물건이 엉성하지 아니하고 차곡차곡 가지런하게 가라앉아 있다. 2. 마음이 들뜨지 아니하고 차분하다.
- **초름하다** : 1. 넉넉하지 못하고 조금 모자라다. 2. 마음에 차지 않아 내키지 않다.
- **추레하다** : 겉모양이 깨끗하지 못하고 생기가 없다.
- **충충하다** : 물이나 빛깔 따위가 맑거나 산뜻하지 못하고 흐리고 침침하다.
- **케케묵다** : 1. 물건 따위가 아주 오래되어 낡다. 2. 일, 지식 따위가 아주 오래되어 시대에 뒤떨어진 데가 있다.
- **텁텁하다** : 1. 입안이 시원하거나 깨끗지 못하다. 2. 날씨가 몹시 후터분하다.
- **푼푼하다** : 모자람이 없이 넉넉하다.
- **해끔하다** : 얼굴 빛깔이 조금 하얀 듯하다.
- **허수롭다** : 짜임새나 단정함이 없이 느슨한 데가 있다.
- **헌칠하다** : 키나 몸집 따위가 보기 좋게 어울리도록 크다.
- **헤식다** : 1. 바탕이 단단하지 못하여 헤지기 쉽다. 또는 차진 기운이 없이 푸슬푸슬하다. 2. 맺고 끊는 데가 없이 싱겁다. 3. 일판이나 술판 따위에서 흥이 깨어져 서먹서먹하다.
- **훌치다** : 1. 촛불이나 등잔불 따위의 불꽃이 바람에 쏠리다. 2. 물체가 바람 따위를 받아서 휘우듬하게 쏠리다.
- **훗훗하다** : 훈훈하여 조금 갑갑할 정도로 덥다.

＋ 더 알고가기   **잠과 관련된 고유어**   **≡**

- **개잠** : 개처럼 머리와 팔다리를 오그리고 옆으로 누워 자는 잠.
- **겉잠** : 1. 깊이 들지 않은 잠. 2. 겉으로만 눈을 감고 자는 체하는 일.
- **괭이잠** : 깊이 들지 못하고 자주 깨면서 자는 잠.
- **귀잠** : 아주 깊이 든 잠.
- **그루잠** : 깨었다가 다시 든 잠.
- **꽃잠** : 1. 깊이 든 잠. 2. 결혼한 신랑 신부가 처음으로 함께 자는 잠.
- **꿀잠** : 아주 달게 자는 잠.
- **나비잠** : 갓난아이가 두 팔을 머리 위로 벌리고 자는 잠.
- **노루잠** : 깊이 들지 못하고 자꾸 놀라 깨는 잠.
- **도둑잠** : 자야 할 시간이 아닌 때에 남의 눈에 띄지 않도록 몰래 자는 잠.
- **돌껏잠** : 한자리에 누워 자지 아니하고 이리저리 굴러다니면서 자는 잠.
- **두벌잠** : 한 번 들었던 잠이 깨었다가 다시 드는 잠.
- **등걸잠** : 옷을 입은 채 아무것도 덮지 아니하고 아무 데나 쓰러져 자는 잠.
- **말뚝잠** : 꼿꼿이 앉은 채로 자는 잠.
- **발칫잠** : 남의 발이 닿는 쪽에서 불편하게 자는 잠.
- **새우잠** : 새우처럼 등을 구부리고 자는 잠. 주로 모로 누워 불편하게 자는 잠을 이르는 말.
- **선잠** : 깊이 들지 못하거나 흡족하게 이루지 못한 잠.
- **이승잠** : '이승에서 자는 잠'이라는 뜻으로, 병중(病中)에 정신없이 계속해서 자는 잠을 이르는 말.
- **일잠** : 저녁에 일찍 자는 잠.
- **쪽잠** : 짧은 틈을 타서 불편하게 자는 잠.
- **초대잠** : 몸을 꼿꼿하게 세우고 앉아서 자는 잠을 비유적으로 이르는 말.
- **통잠** : 한 번도 깨지 아니하고 푹 자는 잠.
- **풋잠** : 잠든 지 얼마 안 되어 깊이 들지 못한 잠.
- **한뎃잠** : 한데에서 자는 잠.
- **한잠** : 잠시 자는 잠.
- **헛잠** : 거짓으로 자는 체하는 잠.

(4) 부사

① 첩어

- **가동가동** : 어린아이의 겨드랑이를 치켜들고 올렸다 내렸다 하며 어를 때에, 아이가 자꾸 다리를 오그렸다 폈다 하는 모양.
- **가들막가들막** : 신이 나서 잘난 체하며 얄미울 정도로 자꾸 버릇없이 행동하는 모양.
- **가랑가랑** : 1. 액체가 많이 담기거나 괴어서 가장자리까지 찰 듯한 모양. 2. 눈에 눈물이 넘칠 듯이 가득 괸 모양. 3. 건더기는 적고 국물이 많은 모양. 4. 물을 많이 마셔서 배 속이 가득 찬 듯한 느낌.
- **가리가리** : 여러 가닥으로 갈라지거나 찢어진 모양.
- **가분가분** : 1. 들기 좋을 정도로 여럿이 다 또는 매우 가벼운 모양. 2. 말이나 행동 따위가 여럿이 다 또는 매우 가벼운 모양.
- **가붓가붓** : 여럿이 다 조금 가벼운 듯한 느낌.
- **가슬가슬** : 1. 살결이나 물건의 거죽이 매끄럽지 않고 가칠하거나 빳빳한 모양. 2. 성질이 보드랍지 못하고 매우 까다로운 모양.
- **가칫가칫** : 1. 살갗 따위에 조금씩 닿아 자꾸 걸리는 모양. 2. 순조롭지 못하게 자꾸 조금 방해가 되는 모양.
- **간닥간닥** : 작은 물체가 가로로 자꾸 조금씩 흔들리는 모양.
- **간들간들** : 1. 바람이 가볍고 부드럽게 살랑살랑 부는 모양. 2. 사람이 간드러진 태도로 조금 되바라지게 행동하는 모양. 3. 작은 물체가 이리저리 자꾸 가볍게 흔들리는 모양.
- **갈근갈근** : 목구멍에 가래 따위가 걸려 간지럽게 자꾸 가치작거리는 모양.
- **감실감실** : 사람이나 물체, 빛 따위가 먼 곳에서 자꾸 아렴풋이 움직이는 모양.
- **개신개신** : 1. 게으르거나 기운이 없어 나릿나릿 자꾸 힘없이 행동하는 모양. 2. 좀스럽게 눈치를 보며 자꾸 반기지 않는 데를 찾아다니는 모양.
- **거든거든** : 1. 다루기에 여럿이 다 또는 매우 거볍고 간편하거나 손쉬운 상태. 2. 여럿이 다 또는 매우 마음이 후련하고 상쾌한 느낌.
- **거치적거치적** : 거추장스럽게 여기저기 자꾸 걸리거나 닿는 모양.
- **고분고분** : 말이나 행동이 공손하고 부드러운 모양.
- **고시랑고시랑** : 못마땅하여 군소리를 좀스럽게 자꾸 하는 모양.
- **곰실곰실** : 작은 벌레 따위가 한데 어우러져 조금씩 자꾸 굼뜨게 움직이는 모양.
- **기웃기웃** : 1. 무엇을 보려고 고개나 몸 따위를 이쪽저쪽으로 조금씩 자꾸 기울이는 모양. 2. 남의 것을 탐내는 마음으로 슬금슬금 자꾸 넘겨다보는 모양.
- **깨죽깨죽** : 1. 자꾸 불평스럽게 종알거리는 모양. 2. 자꾸 음식을 먹기 싫은 듯이 되씹는 모양.
- **껄떡껄떡** : 1. 목구멍으로 물 따위를 힘겹게 자꾸 삼키는 소리. 또는 그 모양. 2. 숨이 자꾸 끊어질 듯 말 듯 하는 소리. 또는 그 모양. 3. 엷고 빳빳한 물체의 바닥이 자꾸 뒤집히거나 뒤틀리는 소리. 또는 그 모양. 4. 매우 먹고 싶거나 갖고 싶어 입맛을 연방 다시거나 안달하는 모양.
- **나긋나긋** : 1. 매우 보드랍고 연한 모양. 2. 사람을 대하는 태도가 매우 상냥하고 부드러운 모양. 3. 글이 알기 쉽고 멋이 있는 느낌.
- **남실남실** : 1. 물결 따위가 보드랍게 자꾸 굽이쳐 움직이는 모양. 2. 보드랍고 가볍게 자꾸 움직이는 모양. 3. 해 따위가 좀 솟아오르는 모양. 4. 액체가 가득 차서 잇따라 넘칠 듯 말 듯 하게 흔들리는 모양. 5. 어떤 기운이 넘칠 듯이 가득 어린 모양.

- **녹신녹신** : 질기거나 차진 물체가 여럿이 다 또는 매우 무르고 보드라운 모양.
- **뉘엿뉘엿** : 1. 해가 곧 지려고 산이나 지평선 너머로 조금씩 차츰 넘어가는 모양. 2. 속이 몹시 메스꺼워 자꾸 토할 듯한 상태.
- **닝큼닝큼** : 머뭇거리지 않고 잇따라 빨리.
- **다독다독** : 1. 흩어지기 쉬운 물건을 모아 자꾸 가볍게 두드려 누르는 모양. 2. 남의 약한 점을 따뜻이 어루만져 거듭 감싸고 달래는 모양.
- **다문다문** : 1. 시간적으로 잦지 아니하고 좀 드문 모양. 2. 공간적으로 배지 아니하고 사이가 좀 드문 모양.
- **다붓다붓** : 여럿이 다 매우 가깝게 붙어 있는 모양.
- **닥지닥지** : 1. 때나 먼지 따위가 많이 끼어 있는 모양. 2. 작은 것들이 빽빽이 있는 모양.
- **달막달막** : 말할 듯이 입술이 자꾸 가볍게 열렸다 닫혔다 하는 모양.
- **담상담상** : 드물고 성긴 모양.
- **당글당글** : 작고 둥근 것이 단단하고 탄력 있는 모양.
- **데걱데걱** : 크고 단단한 물건이 잇따라 가볍게 부딪치거나 부러지는 소리.
- **데면데면** : 1. 사람을 대하는 태도가 친밀감이 없이 예사로운 모양. 2. 성질이 꼼꼼하지 않아 행동이 신중하거나 조심스럽지 않은 모양.
- **동강동강** : 긴 물체가 여러 작은 토막으로 잇따라 잘라지거나 끊어지는 모양.
- **둥싯둥싯** : 굼뜨고 거추장스럽게 잇따라 움직이는 모양.
- **모람모람** : 이따금씩 한데 몰아서.
- **몰큰몰큰** : 냄새 따위가 자꾸 풍기는 듯한 모양.
- **몽긋몽긋** : 나아가는 시늉만 하면서 앉은 자리에서 자꾸 머뭇거리는 모양.
- **몽실몽실** : 1. 통통하게 살이 쪄서 매우 보드랍고 야들야들한 느낌이 있는 모양. 2. 구름이나 연기 따위가 동글동글하게 뭉쳐서 가볍게 떠 있거나 떠오르는 듯한 모양.
- **미적미적** : 1. 무거운 것을 조금씩 앞으로 자꾸 내미는 모양. 2. 자꾸 꾸물대거나 망설이는 모양.
- **민숭민숭** : 1. 몸에 털이 있어야 할 곳에 털이 없어 번번한 모양. 2. 산에 나무나 풀이 우거지지 않아 번번한 모양. 3. 술을 마시고도 취하지 않아 정신이 멀쩡한 모양.
- **배죽배죽** : 언짢거나 비웃거나 울려고 할 때 소리 없이 입을 내밀고 샐룩거리는 모양.
- **벌씸벌씸** : 코 따위 탄력 있는 물체가 자꾸 크게 벌어졌다 우므러졌다 하는 모양.
- **봉곳봉곳** : 1. 군데군데 여러 곳이 다 조금 도도록하게 나오거나 높직이 솟아 있는 모양. 2. 맞붙여 놓은 물건이 군데군데 여러 곳이 약간씩 들떠 있는 모양.
- **부석부석** : 마른 물건이 잇따라 가볍게 부스러지는 소리. 또는 그 모양.
- **북덕북덕** : 한곳에 많은 사람이 모여 매우 수선스럽게 뒤끓는 모양.
- **비금비금** : 견주어 보아서 서로 비슷한 모양.
- **비실비실** : 1. 흐느적흐느적 힘없이 자꾸 비틀거리는 모양. 2. 비굴하게 눈치를 보며 행동하는 모양.
- **빵싯빵싯** : 입을 예쁘게 벌리며 소리 없이 가볍고 보드랍게 살짝살짝 자꾸 웃는 모양.
- **산들산들** : 1. 사늘한 바람이 가볍고 보드랍게 자꾸 부는 모양. 2. 바람에 물건이 가볍고 보드랍게 자꾸 흔들리는 모양.
- **산뜩산뜩** : 1. 갑자기 사늘한 느낌이 자꾸 드는 모양. 2. 갑자기 놀라서 마음에 사늘한 느낌이 자꾸 드는 모양.

- **살근살근** : 1. 물체가 서로 맞닿아 매우 가볍게 스치며 자꾸 비벼지는 모양. 2. 힘을 들이지 않고 살그머니 가볍게 행동하는 모양.
- **서걱서걱** : 1. 벼, 보리, 밀 따위를 잇따라 벨 때 나는 소리. 2. 눈이 내리거나 눈 따위를 밟을 때 잇따라 나는 소리.
- **서슴서슴** : 말이나 행동을 선뜻 결정하지 못하고 자꾸 머뭇거리는 모양.
- **설핏설핏** : 1. 짜거나 엮은 것이 여럿이 다 거칠고 성긴 모양. 2. 잠깐잠깐 나타나거나 떠오르는 모양. 3. 잠깐잠깐 풋잠이나 얕은 잠에 빠져드는 모양.
- **소복소복** : 1. 쌓이거나 담긴 물건이 여럿이 다 볼록하게 많은 모양. 2. 식물이나 털 따위가 여기저기 촘촘하고 길게 나 있는 모양.
- **송골송골** : 땀이나 소름, 물방울 따위가 살갗이나 표면에 잘게 많이 돋아나 있는 모양.
- **스멀스멀** : 벌레가 살에 자꾸 기는 것처럼 근질근질한 느낌.
- **스적스적** : 물건이 서로 맞닿아 자꾸 비벼지는 소리. 또는 그 모양.
- **슴벅슴벅** : 1. 눈꺼풀을 움직이며 눈을 자꾸 감았다 떴다 하는 모양. 2. 눈이나 살 속이 찌르듯이 자꾸 시근시근한 모양.
- **실긋실긋** : 물체가 자꾸 한쪽으로 비뚤어지거나 기울어지는 모양.
- **실쭉샐쭉** : 1. 어떤 감정을 나타내면서 입이나 눈이 자꾸 실그러졌다 샐그러졌다 하며 움직이는 모양. 2. 마음에 차지 아니하여서 좀 고까워하는 태도를 자꾸 나타내는 모양.
- **싱숭생숭** : 마음이 들떠서 어수선하고 갈팡질팡하는 모양.
- **씨엉씨엉** : 시원시원한 걸음걸이로 기운차게 걷는 모양.
- **아귀아귀** : 음식을 욕심껏 입 안에 넣고 마구 씹어 먹는 모양.
- **아늘아늘** : 1. 빠르고 가볍게 춤추듯이 잇따라 흔들리는 모양. 2. 천이나 살갗 따위가 매우 얇고 부드러운 모양.
- **아등바등** : 무엇을 이루려고 애를 쓰거나 우겨대는 모양.
- **아롱다롱** : 여러 가지 빛깔의 작은 점이나 줄 따위가 고르지 아니하고 촘촘하게 무늬를 이룬 모양.
- **아름아름** : 1. 말이나 행동을 분명히 하지 못하고 우물쭈물하는 모양. 2. 일을 적당히 하고 눈을 속여 넘기는 모양.
- **언뜻언뜻** : 1. 지나는 결에 잇따라 잠깐씩 나타나는 모양. 2. 생각이나 기억 따위가 잇따라 문득문득 떠오르는 모양.
- **우중우중** : 몸을 일으켜 서거나 걷는 모양.
- **움찔움찔** : 깜짝 놀라 갑자기 몸을 잇따라 움츠리는 모양.
- **워석버석** : 얇고 뻣뻣한 물건이나 풀기가 센 옷 따위가 부스러지거나 서로 크게 스치는 소리. 또는 그 모양.
- **잔득잔득** : 1. 녹진하고 차져 끈적끈적하게 자꾸 달라붙는 모양. 2. 조금 검질겨서 자꾸 끊으려 해도 잘 끊어지지 아니하는 모양. 3. 성질이나 행동이 꽤 검질기게 끈기가 있는 모양.
- **주전주전** : 때를 가리지 아니하고 군음식을 점잖지 아니하게 자꾸 먹는 모양.
- **지금지금** : 음식에 섞인 잔모래나 흙 따위가 거볍게 자꾸 씹히는 소리. 또는 그 모양.
- **지분지분** : 자꾸 짓궂은 말이나 행동으로 남을 귀찮게 하는 모양.
- **지척지척** : 힘없이 다리를 끌면서 억지로 걷는 모양.
- **질금질금** : 1. 액체 따위가 조금씩 자꾸 새어 흐르거나 나왔다 그쳤다 하는 모양. 2. 물건 따위를 조금씩 자꾸 흘리는 모양.

- **쭈뼛쭈뼛** : 1. 물건의 끝이 다 차차 가늘어지면서 삐쭉삐쭉하게 솟은 모양. 2. 무섭거나 놀라서 머리카락이 자꾸 꼿꼿하게 일어서는 듯한 느낌. 3. 어줍거나 부끄러워서 자꾸 주저주저하거나 머뭇거리는 모양.
- **초롱초롱** : 1. 눈이 정기가 있고 맑은 모양. 2. 별빛이나 불빛 따위가 밝고 또렷한 모양. 3. 정신이 맑고 또렷한 모양. 4. 목소리가 맑고 또렷한 모양.
- **추근추근** : 성질이나 태도가 검질기고 끈덕진 모양.
- **추적추적** : 1. 비나 진눈깨비가 자꾸 축축하게 내리는 모양. 2. 자꾸 물기가 축축하게 젖어 드는 모양.
- **카랑카랑** : 1. 목소리가 쇳소리처럼 매우 맑고 높은 모양. 2. 하늘이 맑고 밝으며 날씨가 몹시 찬 모양.
- **토실토실** : 보기 좋을 정도로 살이 통통하게 찐 모양.
- **해끔해끔** : 군데군데 조금 하얗고 깨끗한 모양.
- **해죽해죽** : 만족스러운 듯이 자꾸 귀엽게 살짝 웃는 모양.
- **허전허전** : 1. 주위에 아무것도 없어서 몹시 또는 계속 공허한 느낌. 2. 무엇을 잃거나 의지할 곳이 없어진 것같이 몹시 또는 계속 서운한 느낌. 3. 몹시 또는 계속 느즈러져 안정감이 없는 느낌. 4. 다리에 힘이 아주 없어 자꾸 쓰러질 것 같은 모양.
- **허청허청** : 다리에 힘이 없어 잘 걷지 못하고 자꾸 비틀거리는 모양. '허정허정'보다 거센 느낌을 줌.

기출유사문제

01 밑줄 친 고유어의 쓰임이 적절하지 않은 것은?

① 가족들이 솔밭에서 <u>두런두런</u> 대화를 나누는 모습이 보기 좋았다.

② 그녀는 <u>바작바작</u> 마음을 졸이며 남편이 돌아오기를 기다리고 있었다.

③ 오랜만에 술을 마시니 금세 <u>알근알근</u> 달아오르기 시작했다.

④ 넉넉하지는 않았지만 작은 가게를 운영하며 <u>즈런즈런</u> 살아왔다.

⑤ 퇴근시간이 다가오자 직원들이 <u>할금할금</u> 상사의 눈치를 살피고 있었다.

● 해설

'즈런즈런'은 '살림살이가 넉넉하여 풍족한 모양'을 의미한다. 앞의 '넉넉하지 않았지만'을 고려할 때 '즈런즈런'은 모순된 어휘 사용이다.
① 두런두런 : 여럿이 나지막한 목소리로 서로 조용히 이야기하는 소리. 또는 그 모양.
② 바작바작 : 마음이 매우 안타깝게 죄어드는 모양.
③ 알근알근 : 1. 매워서 입 안이 매우 알알한 느낌 2. 술이 취하여 정신이 매우 어렴풋한 느낌
⑤ 할금할금 : 곁눈으로 살그머니 계속 할겨 보는 모양.

정답 ❹

02 밑줄 친 고유어의 쓰임이 적절하지 않은 것은?

① 봄이 오자 공원의 꽃들이 <u>아롱다롱</u> 아름답게 피어 있었다.

② 이번에 구입한 옷은 <u>부들부들</u>하여 촉감이 매우 좋았다.

③ 힘겨운 하루 일과가 끝나자 그는 몸을 <u>질근질근</u> 끌고 집으로 향했다.

④ 어머니는 딸아이의 머리카락을 <u>가닥가닥</u> 나누어 땋아 주었다.

⑤ 나뭇잎들이 바람에 몸을 맡긴 채 <u>너붓너붓</u> 춤을 추고 있었다.

● 해설

'질근질근'은 '단단히 자꾸 졸라 매거나 동이는 모양, 새끼나 노 따위를 느릿느릿 꼬는 모양, 질깃한 물건을 자꾸 씹는 모양, 물기가 많은 흙이 잘 이겨지는 모양'이라는 뜻을 가진 어휘이다. 따라서 어떤 대상을 끌고 가는 행위와는 어울릴 수 없는 말이다.

① 아롱다롱 : 여러 가지 빛깔의 작은 점이나 줄 따위가 고르지 아니하고 촘촘하게 무늬를 이룬 모양.

② 부들부들 : 살갗에 닿는 느낌이 매우 부드러운 모양.

④ 가닥가닥 : 여러 가닥으로 갈라진 모양.

⑤ 너붓너붓 : 엷은 천이나 종이 따위가 나부끼어 자꾸 흔들리는 모양.

정답 ❸

② 기타 부사어

- **가르랑** : 목구멍에 가래 따위가 걸려 숨을 쉴 때 가치작거리는 소리.
- **거슴츠레** : 졸리거나 술에 취하여서 눈이 정기가 풀리고 흐리멍덩하며 거의 감길 듯한 모양. ≒ 게슴츠레.
- **걱실걱실히** : 성질이 너그러워 말과 행동을 시원스럽게 하는 모양.
- **겅성드뭇** : 많은 수효가 듬성듬성 흩어져 있는 모양. ≒ 겅성드뭇이.
- **곰비임비** : 물건이 거듭 쌓이거나 일이 계속 일어남을 나타내는 말.
- **나부시** : 1. 작은 사람이 매우 공손하게 머리를 숙여 절하는 모양. 2. 작은 사람이나 물체가 천천히 땅 쪽으로 내리거나 차분하게 앉는 모양.
- **내리** : 1. 위에서 아래로. 2. 잇따라 계속. 3. 사정없이 마구.
- **너부시** : 1. 큰 사람이 매우 공손하게 머리를 숙여 절하는 모양. 2. 큰 사람이나 물체가 천천히 땅 쪽으로 내리거나 차분하게 앉는 모양.
- **들떼놓고** : 꼭 집어 바로 말하지 않고.
- **따따부따** : 딱딱한 말씨로 따지고 다투는 소리. 또는 그 모양.
- **모로** : 바로 서거나 앉지 않고 약간 옆으로 비스듬히.
- **무턱대고** : 잘 헤아려 보지도 아니하고 마구.
- **미주알고주알** : 아주 사소한 일까지 속속들이. ≒ 고주알미주알.

- **바투** : 1. 두 대상이나 물체의 사이가 썩 가깝게. 2. 시간이나 길이가 아주 짧게.
- **부스스** : 머리카락이나 털 따위가 몹시 어지럽게 일어나거나 흐트러져 있는 모양.
- **사부자기** : 별로 힘들이지 않고 가볍게.
- **시나브로** : 모르는 사이에 조금씩 조금씩.
- **아슴푸레** : 1. 빛이 약하거나 멀어서 조금 어둑하고 희미한 모양. 2. 또렷하게 보이거나 들리지 아니하고 희미하고 흐릿한 모양. 3. 기억이나 의식이 분명하지 못하고 조금 희미한 모양.
- **앙가조촘** : 1. 앉지도 서지도 아니하고 몸을 반쯤 굽히고 있는 모양. 2. 이러지도 저러지도 못하고 조금 망설이는 모양.
- **애면글면** : 몹시 힘에 겨운 일을 이루려고 갖은 애를 쓰는 모양.
- **애오라지** : 1. '겨우'를 강조하여 이르는 말. 2. '오로지'를 강조하여 이르는 말.
- **어뜩비뚝** : 1. 행동이 바르거나 단정하지 못한 모양. 2. 모양이나 자리가 이리저리 어긋나고 비뚤어져 한 줄에 고르게 놓이지 못한 모양.
- **어슴푸레** : 1. 빛이 약하거나 멀어서 어둑하고 희미한 모양. 2. 또렷하게 보이거나 들리지 아니하고 희미하고 흐릿한 모양. 3. 기억이나 의식이 분명하지 못하고 희미한 모양.
- **어슷비슷** : 1. 큰 차이가 없이 서로 비슷비슷한 모양. 2. 이리저리 쏠리어 가지런하지 아니한 모양.
- **어정버정** : 1. 하는 일 없이 이리저리 천천히 걷는 모양. 2. 어색하고 부자연스럽게 행동하는 모양.
- **오목조목** : 1. 고르지 아니하게 군데군데 동그스름하게 패거나 들어간 모양. 2. 자그마한 것이 모여서 아무진 느낌을 주는 모양.
- **재우** : 매우 재게.
- **짐짓** : 1. 마음으로는 그렇지 않으나 일부러 그렇게. 2. 과연.
- **짜장** : 과연 정말로.
- **티격태격** : 서로 뜻이 맞지 아니하여 이러니저러니 시비를 따지며 가리는 모양.
- **판달리** : 아주 다르게.
- **푸시시** : 불기가 있는 물건이 물 따위에 닿을 때에 나는 소리.
- **함초롬** : 젖거나 서려 있는 모습이 가지런하고 차분한 모양. ≒ 함초롬히.
- **함함하다** : 1. 털이 보드랍고 반지르르하다. 2. 소담하고 탐스럽다.
- **해사하다** : 1. 얼굴이 희고 곱다랗다. 2. 표정, 웃음소리 따위가 맑고 깨끗하다. 3. 옷차림, 자태 따위가 말끔하고 깨끗하다.
- **흔전만전** : 1. 매우 넉넉하고 흔한 모양. 2. 돈이나 물건 따위를 조금도 아끼지 아니하고 함부로 쓰는 듯한 모양.
- **흠씬** : 1. 아주 꽉 차고도 남을 만큼 넉넉한 상태. 2. 물에 푹 젖은 모양. 3. 매 따위를 심하게 맞는 모양.
- **흠칫** : 몸을 움츠리며 갑작스럽게 놀라는 모양.

✚ 더알고가기   고유어 접두사/접미사   ≡

㉠ 접두사

- **군–** : 1. '쓸데없는'의 뜻을 더하는 접두사. 예 군것/군글자/군말/군살. 2. '가외로 더한', '덧붙은'의 뜻을 더하는 접두사. 예 군사람/군식구.
- **날–** : '말리거나 익히거나 가공하지 않은'의 뜻을 더하는 접두사. 예 날것/날고기/날장작.
- **선–** : '서툰' 또는 '충분치 않은'의 뜻을 더하는 접두사. 예 선무당/선웃음/선잠.
- **핫–** : 1. '짝을 갖춘'의 뜻을 더하는 접두사. 예 핫아비/핫어미. 2. '솜을 둔'의 뜻을 더하는 접두사. 예 핫것/핫바지/핫옷/핫이불.

㉡ 접미사

- **–가웃** : 수량을 나타내는 표현에 사용된 단위의 절반 정도 분량의 뜻을 더하는 접미사. 예 자가웃/말가웃/되가웃.
- **–감** : '느낌'의 뜻을 더하는 접미사. 예 우월감/책임감/초조감.
- **–결** : '지나가는 사이', '도중'의 뜻을 더하는 접미사. 예 꿈결/무심결/잠결.
- **–새** : '모양', '상태', '정도'의 뜻을 더하는 접미사. 예 걸음새/모양새/생김새/짜임새.

● 기출유사문제 ●

밑줄 친 어휘의 쓰임이 적절하지 <u>않은</u> 것은?

① 면도를 제대로 하지 않아 수염이 <u>담상담상</u> 남아있었다.

② 그때만 생각하면 마음이 <u>우럭우럭</u> 뻗질러 올라 견딜 수가 없다.

③ 딸아이가 <u>엉기정기</u> 벌여 놓은 물건들로 거실이 엉망이다.

④ 온몸의 힘이 빠져 몸이 <u>흐슬부슬</u> 흐무러질 것 같았다.

⑤ 그가 트집을 잡아 그녀의 심기를 건드렸지만, 그녀는 <u>티적티적</u> 모르는 체했다.

● 해설

'티적티적'은 '남의 흠이나 트집을 잡으면서 자꾸 비위를 거스르는 모양'을 의미한다. 그러므로 문맥상 '그가 티적티적 트집을 잡아'와 같이 사용해야 적절하다.

① 담상담상 : 드물고 성긴 모양.

② 우럭우럭 : 1. 불기운이 세차게 일어나는 모양. 2. 술기운이 얼굴에 나타나는 모양. 3. 병세가 점점 더하여 가는 모양. 4. 심술이나 화가 점점 치밀어 오르는 모양.

③ 엉기정기 : 질서 없이 여기저기 벌여 놓은 모양.

④ 흐슬부슬 : 차진 기가 없고 부스러져 헤어질 듯한 모양.

정답 ❺

② 한자어

❶ 한자어의 개념

한자어는 중국에서 들어온 한자(漢字)를 바탕으로 형성된 어휘들을 일컫는다. 우리가 쓰고 있는 한자어는 중국의 어휘를 그대로 차용한 경우도 있고, 한자를 바탕으로 우리 민족이 만들어낸 어휘들도 있다. 우리 민족의 경우 문자 창제 이전부터 오랜 세월 동안 한자어를 활용하여 왔기 때문에 우리의 문화 깊숙이 한자어가 자리 잡게 되었다. 현재 한자어는 우리의 어휘 체계에서 그 비중이 50%가 넘을 정도로 매우 큰 영역을 차지하고 있다.

> **+ 더 알고가기** ┃ 한자어의 분류 ┃ ☰
>
> 한자어란 한자로 적을 수 있는 어휘들을 말한다. 한자어를 적는 수단인 한자는 한국 고유의 것이 아니지만 한자어의 발음은 토착화된 한국식으로 한다. 일반적으로 고유어는 일상적인 언어 생활에서, 한자어는 격식을 차려야 하는 상황에서 많이 사용되고 있다.
> • 일본에서 들어온 한자어 : 일제 강점기에 많이 유입되었으며, 근대 서구에서 들어온 개념들을 일본어로 번역하는 과정에서 생겨난 것이 많다. ◉ 기차(汽車), 야구(野球), 사진(寫眞) 등
> • 한국에서 생겨난 한자어 : ◉ 감기(感氣), 편지(便紙), 자가용(自家用)

(1) 한자의 표현

한자는 사물의 모양을 본떠서 만든 글자이기 때문에 각 글자마다 어떤 뜻을 내포하고 있는 표의문자(表意文字)이다.

(2) 한자의 3요소

한자는 형(形 ; 모양), 음(音 ; 소리), 의(義 ; 뜻)의 3가지 요소로 만들어져 있다. 즉, 뜻이 있어 말로 표현하고 이를 형태로 나타내게 된 것인데, 한자는 이 3가지가 삼위일체(三位一體)로 구성된 문자이다.

① **모양(形)** : 한자와 한자가 각각 시각적으로 구분되는 요소로, 한자가 지니고 있는 자체의 글자 형태이다.

② **소리(音)** : 한자를 읽는 음을 말하며, 한자도 1자 1음이 원칙이기는 하나, 우리의 한글과 달리 1자 2음 또는 1자 3음의 예도 있다.

③ **뜻(義)** : 한자가 지니고 있는 의미를 말하는데, 한자의 뜻을 우리말로 새긴 것을 훈(訓)이라고 한다.

(3) 한자어의 구조

① 병렬관계(竝列關係)

㉠ 유사관계 : 뜻이 같거나 비슷한 글자들이 결합하여 본래의 뜻을 더욱 확대시키거나 분명하게 한다.

　예 土地, 家屋, 海洋, 敎育, 英雄, 販賣, 繁盛, 明朗

㉡ 대립관계 : 뜻이 서로 반대되는 글자끼리 결합하여 복합어를 만든다.

　예 天地, 男女, 左右, 黑白, 開閉, 問答, 往來, 晝夜

㉢ 대등관계 : 대등한 뜻의 글자들이 서로 맞서 독립된 뜻을 나타내며 나열된 구조를 갖는다.

　예 仁義, 忠孝, 言行, 草木

㉣ 첩어관계 : 같은 뜻을 가진 글자들을 결합시켜서 뜻을 강조한다.

　예 時時, 年年, 家家, 方方, 堂堂, 處處, 汲汲, 翩翩

㉤ 융합관계 : 서로 전혀 다르거나 관계가 없는 두 개의 글자가 결합하여 새로운 뜻을 가진다.

　예 春秋, 光陰, 矛盾

② 수식관계(修飾關係) : '수식어 + 피수식어'로 짝지어진 관계이다.

㉠ 형용사 + 명사 : A한 B　예 美人, 白雪, 靑山, 高山, 大門, 明月, 野獸, 韓屋

㉡ 부사 + 동사 : A하게 B하다.　예 必勝, 晩成, 徐行

㉢ 부사 + 형용사 : A하게 B한　예 至當, 至高, 極大, 最長

③ 주술관계(主述關係) : '주어 + 서술어'로 짝지어진 관계이다.

　예 月明, 春來, 日出, 日沒, 年少, 雪白, 水明

④ 술목관계(述目關係) : '서술어 + 목적어'로 짝지어진 관계이다.

　예 讀書, 愛國, 治國, 修身, 乘車, 脫衣, 植木, 成功, 敬老, 犯法

⑤ 술보관계(述補關係) : '서술어 + 보어'로 짝지어진 관계이다.

　예 入學, 入室, 歸家, 下車, 非常, 未知, 無識, 出戰, 有名, 登山

(4) 육서(六書)

한자가 만들어진 원리나 짜임새에 대한 이론을 육서라고 하며, 상형(象形), 지사(指事), 회의(會意), 형성(形聲), 전주(轉注), 가차(假借)의 6가지로 분류된다.

Q 짚어보기 ▶ 육서(六書)

㉠ 유래 : 후한(後漢)의 허신(許愼)이라는 사람이 그 당시 사용하던 9,353자의 구성원칙을 밝히고 한 글자 한 글자의 풀이를 해 놓은 《설문해자》란 저서에서 비롯되었다.

㉡ 육서(六書) 한자의 원리

- 기본 생성(글자의 창조 원리) : 상형(象形), 지사(指事)
- 결합 생성(글자의 결합 원리) : 회의(會意), 형성(形聲)
- 운용 파생(글자의 운용 원리) : 전주(轉注), 가차(假借)

2 한자어의 활용

(1) 익혀두어야 할 한자어

ㄱ

가식(假飾) : 1. 말이나 행동 따위를 거짓으로 꾸밈. 2. 임시로 장식함.

각성(覺醒) : 1. 깨어 정신을 차림. 2. 깨달아 앎.

각축(角逐) : 서로 이기려고 다투며 덤벼듦.

간과(看過) : 큰 관심 없이 대강 보아 넘김.

간성(干城) : '방패와 성'이라는 뜻으로, 나라를 지키는 믿음직한 군대나 인물을 이르는 말.

간주(看做) : 상태, 모양, 성질 따위가 그와 같다고 봄. 또는 그렇다고 여김.

간헐(間歇) : 얼마 동안의 시간 간격을 두고 되풀이하여 일어났다 쉬었다 함.

개전(改悛) : 행실이나 태도의 잘못을 뉘우치고 마음을 바르게 고쳐먹음.

객수(客愁) : 객지에서 느끼는 쓸쓸함이나 시름.

게시(揭示) : 여러 사람들에게 알리기 위하여 내붙이거나 내걸어 두루 보게 함.

견문(見聞) : 1. 보고 들음. 2. 보거나 듣거나 하여 깨달아 얻은 지식.

경색(梗塞) : 1. 소통되지 못하고 막힘. 2. 혈액 속에 떠다니는 혈전(血栓) 따위의 물질이 혈관을 막는 일. 이로 인하여 혈액 순환이 잘되지 않아 영양 공급이 중단되며 그 부위의 세포 조직이 죽게 됨.

경시(輕視) : 대수롭지 않게 보거나 업신여김.

경원(敬遠) : 1. 공경하되 가까이하지는 않음. 2. 겉으로는 공경하는 체하면서 실제로는 꺼리어 멀리함.

경주(傾注) : 1. 물 따위를 기울여 붓거나 쏟음. 2. 힘이나 정신을 한곳에만 기울임.

경질(硬質) : 단단하고 굳은 성질.

계륵(鷄肋) : '닭의 갈비'라는 뜻으로 그다지 소용은 없으나 버리기에는 아까운 것을 이르는 말.

계시(啓示) : 1. 깨우쳐 보여 줌. 2. 사람의 지혜로서는 알 수 없는 진리를 신(神)이 가르쳐 알게 함.

고갈(枯渴) : 1. 물이 말라서 없어짐. 2. 어떤 일의 바탕이 되는 돈이나 물자, 소재, 인력 따위가 다하여 없어짐. 3. 느낌이나 생각 따위가 다 없어짐.

고루(固陋) : 낡은 관념이나 습관에 젖어 고집이 세고 새로운 것을 잘 받아들이지 아니함.

고배(苦杯) : 1. 쓴 술이 든 잔. 2. 쓰라린 경험을 비유적으로 이르는 말.

고언(古諺) : 예부터 전해 내려오는 속담.

고역(苦役) : 몹시 힘들고 고되어 견디기 어려운 일.

고혹(蠱惑) : 아름다움이나 매력 같은 것에 홀려서 정신을 못 차림.

골계(滑稽) : 익살을 부리는 가운데 어떤 교훈을 주는 일.

골자(骨子) : 말이나 일의 내용에서 중심이 되는 줄기를 이루는 것.

공모(公募) : 일반에게 널리 공개하여 모집함.

공약(公約) : 정부, 정당, 입후보자 등이 어떤 일에 대하여 국민에게 실행할 것을 약속함.

공황(恐慌) : 근거 없는 두려움이나 공포로 갑자기 생기는 심리적 불안 상태.

과시(過時) : 때가 지남.

관건(關鍵) : 1. 문빗장과 자물쇠를 아울러 이르는 말. 2. 어떤 사물이나 문제 해결의 가장 중요한 부분.

광음(光陰) : 빛과 그늘, 즉 낮과 밤이라는 뜻으로 시간이나 세월을 이름.

괴리(乖離) : 서로 어그러져 동떨어짐.

괴멸(壞滅) : 조직이나 체계 따위가 모조리 파괴되어 멸망함.

괴벽(怪癖) : 괴이한 버릇.

교란(攪亂) : 마음이나 상황 따위를 뒤흔들어서 어지럽고 혼란하게 함.

구가(謳歌) : 1. 여러 사람이 입을 모아 칭송하여 노래함. 2. 행복한 처지나 기쁜 마음 따위를 거리낌 없이 나타냄. 또는 그런 소리.

구각(舊殼) : 낡은 껍질이라는 뜻으로, 시대에 맞지 않는 옛 제도나 관습 따위를 이르는 말.

구황(救荒) : 흉년 따위로 기근이 심할 때 빈민들을 굶주림에서 벗어나도록 도움.

구휼(救恤) : 사회적 또는 국가적 차원에서 재난을 당한 사람이나 빈민에게 금품을 주어 구제함.

권면(勸勉) : 알아듣도록 권하고 격려하여 힘쓰게 함.

궤변(詭辯) : 상대편을 이론으로 이기기 위하여 상대편의 사고(思考)를 혼란시키거나 감정을 격앙시켜 거짓을 참인 것처럼 꾸며 대는 논법.

귀감(龜鑑) : 거울로 삼아 본받을 만한 모범.

귀추(歸趨) : 일이 되어 가는 형편.

규탄(糾彈) : 잘못이나 옳지 못한 일을 잡아내어 따지고 나무람.

균열(龜裂) : 1. 거북의 등에 있는 무늬처럼 갈라져 터짐. 2. 친하게 지내는 사이에 틈이 남.

근황(近況) : 요즈음의 상황.

금자탑(金字塔) : 1. '金'자 모양의 탑이라는 뜻으로, 피라미드를 이르던 말. 2. 길이 후세에 남을 뛰어난 업적을 비유적으로 이르는 말.

기린아(麒麟兒) : 지혜와 재주가 썩 뛰어난 사람.

기아(飢餓) : 굶주림.

기우(杞憂) : 앞일에 대해 쓸데없는 걱정을 함. 또는 그 걱정.

기제(機制) : 인간의 행동에 영향을 미치는 심리의 작용이나 원리.

기지(機智) : 경우에 따라 재치 있게 대응하는 지혜.

기치(旗幟) : 1. 예전에 군에서 쓰던 깃발. 2. 일정한 목적을 위하여 내세우는 태도나 주장.

기탄(忌憚) : 어렵게 여겨 꺼림.

➕ 더 알고가기   나이를 이르는 한자어   ≡

• 15세 : 지학(志學). 《논어》 〈위정(爲政)〉 편에서 공자가 열다섯에 학문에 뜻을 두었다고 한 데서 유래함.
• 20세 : 약관(弱冠). 《논어》 〈위정(爲政)〉 편에서 공자가 스무 살에 관례를 한다고 한 데서 유래함.
• 30세 : 이립(而立). 《논어》 〈위정(爲政)〉 편에서 공자가 서른 살에 자립했다고 한 데서 유래함.
• 40세 : 불혹(不惑). 《논어》 〈위정(爲政)〉 편에서 공자가 마흔 살부터 세상일에 미혹되지 않았다고 한 데서 유래함.
• 48세 : 상년(桑年). '桑'의 속자인 '桒'을 분해하여 보면 '十'자가 넷이고 '八'자가 하나인 데서 유래함.
• 50세 : 지천명(知天命). 《논어》 〈위정(爲政)〉 편에서 공자가 쉰 살에 하늘의 뜻을 알았다고 한 데서 유래함.
• 60세 : 이순(耳順). 《논어》 〈위정(爲政)〉 편에서 공자가 예순 살부터 생각하는 것이 원만하여 어떤 일을 들으면 곧 이해가 된다고 한 데서 유래함.

- 61세 : 환갑(還甲), 회갑(回甲), 육십갑자의 '갑(甲)'으로 되돌아온다는 뜻.
- 62세 : 진갑(進甲), 환갑이 지나 새로운 '갑(甲)'으로 나아간다는 뜻.
- 70세 : 종심(從心), 《논어》의 〈위정(爲政)〉 편에서 공자가 칠십이 되면 욕망하는 대로 해도 도리에 어긋남이 없다고 한 데서 유래함.
- 70세 : 고희(古稀), 두보(杜甫)의 〈곡강시(曲江詩)〉에서 70세를 사는 것은 예부터 드물었다고 한 데서 유래함.
- 71세 : 망팔(望八), '여든'을 바라본다는 뜻.
- 77세 : 희수(喜壽), '喜'를 초서(草書)로 쓸 때 '七十七'처럼 쓰는 데서 유래함.
- 81세 : 망구(望九), 사람의 나이가 아흔을 바라본다는 뜻.
- 88세 : 미수(米壽), '米'자를 풀어 쓰면 '八十八'이 되는 데서 유래함.
- 91세 : 망백(望百), 사람의 나이가 백세를 바라본다는 뜻.
- 99세 : 백수(白壽), '百'에서 '一'을 빼면 99가 되고, '白'자가 되는 데서 유래함.

Q 집어보기 ▶ 기린아(麒麟兒)

'기린(麒麟)'은 상상의 동물로 '기(麒)'는 수컷을 '린(麟)'은 암컷을 의미한다. '기린(麒麟)'은 출현하면 성왕이 출현한다고 믿을 만큼 좋은 징조로 여기던 동물이며, 기린아(麒麟兒)는 그러한 걸출한 인물을 비유하는 뜻으로 쓰인다.

ㄴ

나락(奈落) : 1. 불교에서 말하는 지옥. 2. 벗어나기 어려운 절망적인 상황을 비유적으로 이르는 말.

낙오(落伍) : 1. 대오에서 쳐져 뒤떨어짐. 2. 사회나 시대의 진보에 뒤떨어짐.

낙인(烙印) : 1. 쇠붙이로 만들어 불에 달구어 찍는 도장. 2. 다시 씻기 어려운 불명예스럽고 욕된 판정이나 평판을 이르는 말.

난만(爛漫) : 1. 꽃이 활짝 많이 피어 화려함. 2. 광채가 강하고 선명함. 3. 주고받는 의견이 충분히 많음.

난항(難航) : 1. 폭풍우와 같은 나쁜 조건으로 배나 항공기가 몹시 어렵게 항행함. 2. 여러 가지 장애 때문에 일이 순조롭게 진행되지 않음을 비유적으로 이르는 말.

날인(捺印) : 도장을 찍음.

날조(捏造) : 사실이 아닌 것을 사실인 것처럼 거짓으로 꾸밈.

남상(濫觴) : 사물의 처음이나 기원을 이르는 말.

내력(來歷) : 1. 지금까지 지내온 경로나 경력. 2. 일정한 과정을 거치면서 이루어진 까닭.

노독(路毒) : 먼 길에 지치고 시달려서 생긴 피로나 병.

노익장(老益壯) : 늙었지만 의욕이나 기력은 점점 좋아짐.

노정(路程) : 목적지까지의 거리. 또는 목적지까지 걸리는 시간.

녹피(鹿皮) : 사슴의 가죽.

농성(籠城) : 1. 적에게 둘러싸여 성문을 굳게 닫고 성을 지킴. 2. 어떤 목적을 이루기 위하여 한자리를 떠나지 않고 시위함.

농후(濃厚) : 1. 맛, 빛깔, 성분 따위가 매우 짙음. 2. 어떤 경향이나 기색 따위가 뚜렷함.

뇌쇄(惱殺) : 애가 타도록 몹시 괴로워함. 또는 그렇게 괴롭힘. 특히 여자의 아름다움이 남자를 매혹하여 애가 타게 함을 이름.

누항(陋巷) : 1. 좁고 지저분하며 더러운 거리. 2. 자기가 사는 거리나 동네를 겸손하게 이르는 말.

눌변(訥辯) : 더듬거리는 서툰 말솜씨.

능욕(陵辱) : 남을 업신여겨 욕보임.

+ 더알고가기   반의 한자   ≡

- 乾 (하늘 건) ↔ 坤 (땅 곤)
- 强 (강할 강) ↔ 弱 (약할 약)
- 去 (가다 거) ↔ 來 (오다 래)
- 慶 (경사 경) ↔ 弔 (조상하다 조)
- 輕 (가볍다 경) ↔ 重 (무겁다 중)
- 貧 (가난하다 빈) ↔ 富 (넉넉하다 부)
- 勤 (부지런하다 근) ↔ 怠 (게으르다 태)
- 濃 (짙다 농) ↔ 淡 (엹다 담)
- 同 (같다 동) ↔ 異 (다르다 이)
- 冷 (차갑다 냉) ↔ 炎 (뜨겁다 염)
- 早 (이르다 조) ↔ 晩 (늦다 만)
- 問 (묻다 문) ↔ 答 (대답하다 답)
- 逢 (만나다 봉) ↔ 別 (헤어지다 별)
- 喜 (기쁘다 희) ↔ 悲 (슬프다 비)
- 生 (살다 생) ↔ 死 (죽다 사)
- 興 (흥하다 흥) ↔ 亡 (망하다 망)
- 送 (보내다 송) ↔ 迎 (맞이하다 영)
- 乘 (오르다 승) ↔ 降 (내리다 강)
- 優 (뛰어나다 우) ↔ 劣 (못하다 열)
- 新 (새롭다 신) ↔ 舊 (오래되다 구)
- 仰 (우러르다 앙) ↔ 俯 (구부리다 부)
- 凹 (오목하다 요) ↔ 凸 (볼록하다 철)
- 陰 (그늘 음) ↔ 陽 (볕 양)
- 雌 (암컷 자) ↔ 雄 (수컷 웅)
- 尊 (높다 존) ↔ 卑 (낮다 비)
- 衆 (많은 사람 중) ↔ 寡 (적다 과)
- 眞 (참 진) ↔ 僞 (거짓 위)
- 集 (모이다 집) ↔ 散 (흩어지다 산)
- 添 (더하다 첨) ↔ 削 (깍다 삭)
- 取 (취하다 취) ↔ 捨 (버리다 사)
- 吉 (길하다 길) ↔ 凶 (흉하다 흉)

- 卓 (높다 탁) ↔ 低 (낮다 저)
- 開 (열다 개) ↔ 閉 (닫다 폐)
- 京 (서울 경) ↔ 鄕 (시골 향)
- 曲 (굽다 곡) ↔ 直 (곧다 직)
- 貴 (귀하다 귀) ↔ 賤 (천하다 천)
- 禽 (날짐승 금) ↔ 獸 (길짐승 수)
- 難 (어렵다 난) ↔ 易 (쉽다 이)
- 貸 (대여하다 대) ↔ 借 (빌리다 차)
- 得 (얻다 득) ↔ 失 (잃다 실)
- 利 (이익 이) ↔ 害 (손해 해)
- 賣 (팔다 매) ↔ 買 (사다 매)
- 美 (아름답다 미) ↔ 醜 (추하다 추)
- 浮 (뜨다 부) ↔ 沈 (가라앉다 침)
- 賞 (상주다 상) ↔ 罰 (죄주다 벌)
- 盛 (성하다 성) ↔ 衰 (쇠하다 쇠)
- 損 (줄다 손) ↔ 益 (늘다 익)
- 首 (머리 수) ↔ 尾 (꼬리 미)
- 勝 (이기다 승) ↔ 敗 (패하다 패)
- 授 (주다 수) ↔ 受 (받다 수)
- 深 (깊다 심) ↔ 淺 (얕다 천)
- 愛 (사랑하다 애) ↔ 憎 (미워하다 증)
- 隱 (숨다 은) ↔ 現 (나타나다 현)
- 因 (연유 인) ↔ 果 (결과 과)
- 淨 (깨끗하다 정) ↔ 汚 (더럽다 오)
- 縱 (세로 종) ↔ 橫 (가로 횡)
- 遲 (늦다 지) ↔ 速 (빠르다 속)
- 進 (나아가다 진) ↔ 退 (물러나다 퇴)
- 着 (붙다 착) ↔ 脫 (벗다 탈)
- 淸 (맑다 청) ↔ 濁 (흐리다 탁)
- 豊 (풍성하다 풍) ↔ 凶 (흉하다 흉)
- 禍 (불행 화) ↔ 福 (복 복)

- 彼 (저 피) ↔ 此 (이 차)
- 冷 (차다 냉) ↔ 溫 (따뜻하다 온)
- 廣 (넓다 광) ↔ 狹 (좁다 협)
- 苦 (괴롭다 고) ↔ 樂 (즐겁다 락)
- 死 (죽다 사) ↔ 活 (살다 활)
- 物 (물건 물) ↔ 心 (마음 심)
- 主 (주인 주) ↔ 客 (손님 객)
- 祖 (조상 조) ↔ 孫 (자손 손)
- 遠 (멀다 원) ↔ 近 (가깝다 근)
- 厚 (두텁다 후) ↔ 薄 (엷다 박)
- 自 (스스로 자) ↔ 他 (남 타)
- 教 (가르치다 교) ↔ 學 (배우다 학)
- 先 (먼저 선) ↔ 後 (뒤 후)
- 動 (움직이다 동) ↔ 靜 (고요하다 정)
- 始 (시작하다 시) ↔ 終 (끝나다 종)
- 安 (편안하다 안) ↔ 危 (위태롭다 위)
- 好 (좋아하다 호) ↔ 惡 (미워하다 오)
- 明 (밝다 명) ↔ 暗 (어둡다 암)
- 初 (처음 초) ↔ 末 (끝 말)
- 消 (사라지다 소) ↔ 現 (나타나다 현)
- 哀 (슬프다 애) ↔ 歡 (기뻐하다 환)
- 玉 (옥 옥) ↔ 石 (돌 석)
- 主 (주인 주) ↔ 從 (좇다 종)
- 出 (나다 출) ↔ 納 (거두다 납)
- 解 (풀다 해) ↔ 約 (맺다 약)
- 存 (있다 존) ↔ 廢 (폐하다 폐)
- 經 (날실 경) ↔ 緯 (씨실 위)
- 叔 (아재비 숙) ↔ 姪 (조카 질)
- 昇 (오르다 승) ↔ 降 (내리다 강)
- 當 (맡다 당) ↔ 落 (떨어지다 락)
- 集 (모이다 집) ↔ 配 (나누다 배)
- 呼 (내쉬다 호) ↔ 吸 (들이쉬다 흡)
- 需 (쓰이다 수) ↔ 給 (줄다 급)
- 喜 (기쁘다 희) ↔ 怒 (성내다 노)
- 榮 (성하다 영) ↔ 辱 (욕되다 욕)
- 疏 (성기다 소) ↔ 密 (빽빽하다 밀)

- 寒 (차다 한) ↔ 暖 (따뜻하다 난)
- 虛 (비다 허) ↔ 實 (차다 실)
- 老 (늙다 노) ↔ 少 (어리다 소)
- 晝 (낮 주) ↔ 夜 (밤 야)
- 內 (안 내) ↔ 外 (밖 외)
- 古 (옛 고) ↔ 今 (이제 금)
- 長 (길다 장) ↔ 短 (짧다 단)
- 心 (마음 심) ↔ 身 (몸 신)
- 功 (공로 공) ↔ 過 (허물 과)
- 本 (근본 본) ↔ 末 (끝 말)
- 着 (붙다 착) ↔ 發 (떠나다 발)
- 加 (더하다 가) ↔ 減 (감하다 감)
- 甘 (달다 감) ↔ 苦 (쓰다 고)
- 順 (따르다 순) ↔ 逆 (거스르다 역)
- 離 (떼놓다 이) ↔ 合 (합하다 합)
- 高 (높다 고) ↔ 低 (낮다 저)
- 將 (장수 장) ↔ 卒 (군사 졸)
- 正 (바르다 정) ↔ 誤 (그릇하다 오)
- 緩 (느리다 완) ↔ 急 (급하다 급)
- 往 (가다 왕) ↔ 來 (오다 래)
- 恩 (은혜 은) ↔ 怨 (원망하다 원)
- 眞 (참되다 진) ↔ 假 (거짓 가)
- 增 (더하다 증) ↔ 減 (줄다 감)
- 寒 (차다 한) ↔ 暑 (덥다 서)
- 伸 (펴다 신) ↔ 縮 (오그라들다 축)
- 起 (일어나다 기) ↔ 伏 (엎드리다 복)
- 朔 (초하루 삭) ↔ 望 (보름 망)
- 今 (이제 금) ↔ 昔 (옛 석)
- 賢 (어질다 현) ↔ 愚 (어리석다 우)
- 表 (겉 표) ↔ 裏 (속 리)
- 斷 (끊다 단) ↔ 續 (잇다 속)
- 贊 (돕다 찬) ↔ 反 (뒤집다 반)
- 公 (공변되다 공) ↔ 私 (사사롭다 사)
- 晴 (개다 청) ↔ 雨 (비 우)
- 抑 (누르다 억) ↔ 揚 (오르다 양)

Q 짚어보기 ▶ 남상(濫觴)

'넘치다'라는 뜻을 가진 남(濫)과 '잔'이라는 뜻의 상(觴)으로 이루어진 한자어이다. 본래 '양쯔강과 같이 큰 강도 시작은 겨우 잔을 띄울만한 시내에서 시작된다.'라는 뜻을 가진 말로 사물의 시작이라는 의미로 쓰이게 되었다.

ㄷ

다담(茶啖) : 손님을 대접하기 위하여 내놓은 다과(茶菓) 따위. ≒ 차담(茶啖).

단말마(斷末魔) : 1. 임종(臨終)을 달리 이르는 말. 2. 숨이 끊어질 때의 모진 고통.

담수(淡水) : 짠맛이 없는 맑은 물. 단물.

담합(談合) : 1. 서로 의논하여 합의함. 2. 경쟁 입찰을 할 때에 입찰 참가자가 서로 의논하여 미리 입찰 가격이나 낙찰자 따위를 정하는 일.

당면(當面) : 바로 눈앞에 당함.

도야(陶冶) : 훌륭한 사람이 되도록 몸과 마음을 닦아 기름을 비유적으로 이르는 말.

도원경(桃源境) : 이 세상이 아닌 무릉도원처럼 아름다운 경지. = 이상향.

도외시(度外視) : 상관하지 아니하거나 무시함.

동요(動搖) : 1. 물체 따위가 흔들리고 움직임. 2. 생각이나 처지가 확고하지 못하고 흔들림. 3. 어떤 체제나 상황 따위가 혼란스럽고 술렁임.

두찬(杜撰) : 1. 전거나 출처가 확실하지 못한 저술. 2. 틀린 곳이 많은 작품.

등용문(登龍門) : 어려운 관문을 통과하여 크게 출세하게 됨. 또는 그 관문을 이르는 말.

＋ 더 알고가기   한자 융합합성어

- 갈등(葛藤) : [칡 + 등나무] = 서로 적대시하거나 충돌함.
- 강산(江山) : [강 + 산] = 자연.
- 고취(鼓吹) : [북 + 불다(피리)] = 의견이나 사상 따위를 열렬히 주장하여 불어넣음.
- 광음(光陰) : [빛 + 그늘] = 시간, 세월.
- 금슬(琴瑟) : [거문고 + 비파] = 부부간의 정.
- 모순(矛盾) : [창 + 방패] = 말의 앞뒤가 맞지 않음.
- 사직(社稷) : [토지 신 + 곡식 신] = 나라 또는 조정.
- 산수(山水) : [산 + 물] = 자연.
- 세월(歲月) : [해 + 달] = 흘러가는 시간.
- 연세(年歲) : [해 + 해] = 나이를 높여 부르는 말.
- 주야(晝夜) : [밤 + 낮] = 늘, 항상.
- 풍수(風水) : [바람 + 물] = 집이나 무덤의 자리가 사람의 화복(禍福)과 관계된다는 학설.
- 춘추(春秋) : [봄 + 여름] = 나이.
- 회자(膾炙) : [회 + 구운고기] = 칭찬을 받으며 입에 자주 오르내림.
- 흑백(黑白) : [검다 + 희다] = 옳고 그름.

기출유사문제

밑줄 친 한자어의 쓰임이 적절하지 않은 것은?

① 그는 입사 서류를 회사에 <u>접수(接受)</u>했다.

② 자신에게 <u>부여(附與)</u>된 임무를 성실히 수행해야 한다.

③ 그 물품을 빨리 <u>인수(引受)</u>하지 못하면 일에 차질이 생깁니다.

④ 그의 논리적인 <u>반증(反證)</u>으로 결론이 뒤집혔다.

⑤ 타인의 건물을 <u>임차(賃借)</u>하는 경우 계약서를 잘 확인해야 합니다.

해설

"접수(接受)"는 어떤 물건이나 서류 등을 받아서 거둔다는 뜻이다. 문맥상 입사서류를 내는 것이므로 '제출(提出)'이 쓰이는 것이 적절하다.

② 부여(附與) : 사람에게 권리·명예·임무 따위를 지니도록 해 주거나, 사물이나 일에 가치·의의 따위를 붙여 줌.

③ 인수(引受) : 물건이나 권리를 건네받음.

④ 반증(反證) : 1. 어떤 사실이나 주장이 옳지 아니함을 그에 반대되는 근거를 들어 증명함. 또는 그런 증거. 2. 어떤 사실과 모순되는 것 같지만, 오히려 그것을 증명한다고 볼 수 있는 사실.

⑤ 임차(賃借) : 돈을 내고 남의 물건을 빌려 씀. ↔ 임대.

정답 ❶

ㅁ

마모(磨耗) : 마찰 부분이 닳아서 없어짐.

망중한(忙中閑) : 바쁜 가운데 잠깐 얻어 낸 틈.

매몰(埋沒) : 보이지 않게 파묻히거나 파묻음.

매진(邁進) : 어떤 일을 전심전력을 다하여 해 나감.

맹아(萌芽) : 1. 움. 2. 사물의 시초가 되는 것.

명맥(命脈) : 1. 맥(脈)이나 목숨이 유지되는 근본. 2. 어떤 일의 지속에 필요한 최소한의 중요한 부분.

명멸(明滅) : 1. 불이 켜졌다 꺼졌다 함. 2. 먼 곳에 있는 것이 보였다 안 보였다 함. 3. 나타났다 사라졌다 함.

모순(矛盾) : 앞뒤가 맞지 않음. 혹은 그런 말.

몰각(沒却) : 1. 아주 없애 버림. 2. 무시해 버림.

몽상(夢想) : 1. 꿈속의 생각. 2. 실현성이 없는 헛된 생각을 함.

몽진(蒙塵) : 먼지를 뒤집어쓴다는 뜻으로, 임금이 난리를 피하여 안전한 곳으로 떠남.

묘령(妙齡) : 스무 살 안팎의 여자 나이.

묘연(杳然) : 1. 그윽하고 멀어서 눈에 아물아물함. 2. 오래되어 기억이 흐름. 3. 소식이나 행방 따위를 알 길이 없음.

무단(無斷) : 사전에 허락이 없음. 또는 아무 사유가 없음.

무산(霧散) : 안개가 걷히듯 흩어져 없어짐. 또는 그렇게 흐지부지 취소됨.

묵수(墨守) : 제 의견이나 생각, 또는 옛날 습관 따위를 굳게 지킴을 이르는 말.

문경(刎頸) : 1. 목을 벰. 2. 해고 또는 해직을 비유적으로 이르는 말.

문외한(門外漢) : 1. 어떤 일에 직접 관계가 없는 사람. 2. 어떤 일에 전문적인 지식이 없는 사람.

묵인(默認) : 모르는 체하고 하려는 대로 내버려 둠으로써 슬며시 인정함.

미궁(迷宮) : 1. 들어가면 나올 길을 찾을 수 없게 되어 있는 곳. 2. 사건, 문제 따위가 얽혀서 쉽게 해결하지 못하게 된 상태.

미상불(未嘗不) : 아닌 게 아니라 과연.

미연(未然) : 1. 어떤 일이 아직 그렇게 되지 않은 때. 2. 앞일이 정하여지지 아니함.

미증유(未曾有) : 지금까지 한 번도 있어 본 적이 없음.

미흡(未洽) : 아직 흡족하지 못하거나 만족스럽지 않음.

🔍 짚어보기 ▶ 묵수(墨守)

'묵적지수(墨翟之守)'라고도 한다. 중국 춘추 시대 송나라의 묵자(墨子)가 성을 잘 지켜 초나라의 공격을 아홉 번이나 물리쳤다는 데서 유래한 말로 묵묵히 자신의 생각이나 의견, 옛 습관 등을 지키고 유지하는 것을 의미한다.

⬤ 기출유사문제 ⬤

밑줄 친 어휘의 사전적 의미로 옳지 <u>않은</u> 것은?

① 시민들의 요구사항이 <u>봇물</u> 터지듯 쏟아져 나왔다. → '보에 괸 물'이라는 뜻으로 '터지다'와 함께 쓰여 어떤 일이 거침없이 일어나는 상황을 비유하여 쓰이는 경우가 많다.

② 그간 우리나라의 축구 실력이 <u>장족(長足)</u>의 발전을 거듭했음을 알 수 있다. → '기다랗게 생긴 다리'라는 뜻으로, 발전이 매우 빠르게 이루어지는 상황을 비유한다.

③ 그 기술의 등장은 그야말로 <u>파천황(破天荒)</u>의 상황이나 다름이 없다. → 당나라 형주에서 과거 합격자가 없는 '천황'의 사태를 유세라는 사람이 합격하여 이를 깬 데서 유래한 말로 '누구도 하지 못한 일을 처음으로 해냄'을 이른다.

④ 오늘 벌어진 사태는 건국 이래 <u>미증유(未曾有)</u>의 수난이었다. → '지금까지 한 번도 있어 본 적이 없음'의 뜻으로 주로 '의'와 결합하여 쓰인다.

⑤ 그들은 <u>어안</u>이 벙벙하여 말을 잇지 못했다. → '물고기의 눈'이라는 뜻으로 주로 '벙벙하다'와 함께 쓰여 어리둥절하여 얼이 빠진 상태를 의미한다.

⬤ 해설

'어안'은 '어이가 없어 말을 못하고 있는 혀 안'이라는 뜻으로 주로 '벙벙하다'와 함께 쓰여 어리둥절하여 얼이 빠진 상태를 의미한다.

정답 ⑤

ㅂ

박빙(薄氷) : 1. 살얼음. 2. 근소한 차이를 비유적으로 이르는 말.

박탈(剝奪) : 남의 재물이나 권리, 자격 등을 빼앗음.

반박(反駁) : 어떤 의견, 주장, 논설 따위에 반대하여 말함.

반추(反芻) : 1. 한번 삼킨 먹이를 다시 게워 내어 씹음. 2. 어떤 일을 되풀이하여 음미하거나 생각함.

발췌(拔萃) : 책, 글 따위에서 필요하거나 중요한 부분을 가려 뽑아냄. 또는 그런 내용.

발탁(拔擢) : 여러 사람 가운데서 쓸 사람을 뽑음.

발호(跋扈) : 권세나 세력을 제멋대로 부리며 함부로 날뜀.

방기(放棄) : 내버리고 아예 돌아보지 아니함.

방조(傍助) : 곁에서 도와줌.

백미(白眉) : '흰 눈썹'이란 뜻으로, 여럿 가운데서 가장 뛰어난 사람이나 훌륭한 물건을 비유적으로 이르는 말.

백승(百乘) : 백 대의 수레.

백안시(白眼視) : 남을 업신여기거나 무시하는 태도로 흘겨봄.

변별(辨別) : 1. 사물의 옳고 그름이나 좋고 나쁨을 가림. 2. 세상에 대한 경험이나 식견에서 나오는 생각이나 판단.

병치(倂置) : 두 가지 이상의 것을 한곳에 나란히 두거나 설치함.

보수(保守) : 1. 보전하여 지킴. 2. 새로운 것이나 변화를 반대하고 전통적인 것을 옹호하며 유지하려 함.

보전(保全) : 온전하게 보호하여 유지함.

부고(訃告) : 사람의 죽음을 알림. 또는 그런 글. = 부음(訃音).

부득이(不得已) : 마지못하여 하는 수 없이.

부상(浮上) : 1. 물 위로 떠오름. 2. 어떤 현상이 관심의 대상이 되거나 어떤 사람이 훨씬 좋은 위치로 올라섬.

부상(扶桑) : 해가 뜨는 동쪽 바다.

부양(浮揚) : 가라앉은 것이 떠오름. 또는 가라앉은 것을 떠오르게 함.

부유(浮游) : 1. 물 위나 물속, 또는 공기 중에 떠다님. 2. 행선지를 정하지 아니하고 이리저리 떠돌아다님.

부토(腐土) : 썩은 흙.

불후(不朽) : 썩지 아니함이라는 뜻으로, 영원토록 변하거나 없어지지 아니함을 비유적으로 이르는 말.

비견(比肩) : 앞서거나 뒤서지 않고 어깨를 나란히 한다는 뜻으로, 낫고 못할 것이 정도가 서로 비슷하게 함을 이르는 말.

비관(悲觀) : 1. 인생을 어둡게만 보아 슬퍼하거나 절망스럽게 여김. 2. 앞으로의 일이 잘 안될 것이라고 봄.

비단(非但) : 부정하는 말 앞에서 '다만', '오직'의 뜻으로 쓰이는 말.

비등(沸騰) : 1. 액체가 끓어오름. 2. 물이 끓듯 떠들썩하게 일어남.

비유(比喩) : 어떤 현상이나 사물을 직접 설명하지 아니하고 다른 비슷한 현상이나 사물에 빗대어서 설명하는 일.

비호(庇護) : 편들어서 감싸 주고 보호함.

비화(飛火) : 1. 튀어 박히는 불똥. 2. 어떠한 일의 영향이 직접 관계가 없는 다른 데에까지 번짐.

빙자(憑藉) : 1. 남의 힘을 빌려서 의지함. 2. 말막음을 위하여 핑계로 내세움.

+ 더 알고가기   한자 유의어

- 가공(架空) = 허구(虛構)
- 가벌(家閥) = 문벌(門閥)
- 간난(艱難) = 고초(苦楚)
- 간주(看做) = 치부(恥部)
- 강박(强迫) = 겁박(劫迫)
- 개전(改悛) = 반성(反省)
- 격조(隔阻) = 적조(積阻)
- 고무(鼓舞) = 고취(鼓吹)
- 과격(過激) = 급진(急進)
- 교란(攪亂) = 요란(擾亂)
- 구속(拘束) = 속박(束縛)
- 귀감(龜鑑) = 모범(模範)
- 기아(飢餓) = 기근(饑饉)
- 낙담(落膽) = 실망(失望)
- 대가(大家) = 거성(巨星)
- 망각(忘却) = 망기(忘棄)
- 명석(明晳) = 총명(聰明)
- 모반(謀反) = 반역(反逆)
- 민첩(敏捷) = 신속(迅速)
- 범상(凡常) = 심상(尋常)
- 산책(散策) = 소요(逍遙)
- 수척(瘦瘠) = 초췌(憔悴)
- 시조(始祖) = 비조(鼻祖)
- 연혁(沿革) = 변천(變遷)
- 위엄(威嚴) = 위신(威信)
- 은닉(隱匿) = 은폐(隱蔽)
- 일치(一致) = 합치(合致)
- 재능(才能) = 기량(器量)
- 진퇴(進退) = 거취(去就)
- 차제(次第) = 순서(順序)
- 천지(天地) = 건곤(乾坤)
- 타계(他界) = 영면(永眠)
- 풍정(風情) = 정취(情趣)
- 횡사(橫死) = 비명(非命)

- 가권(家眷) = 권솔(眷率)
- 가정(苛政) = 패정(悖政)
- 간병(看病) = 간호(看護)
- 갈등(葛藤) = 알력(軋轢)
- 강탈(强奪) = 늑탈(勒奪)
- 개제(皆濟) = 완료(完了)
- 결재(決裁) = 재가(裁可)
- 공명(共鳴) = 수긍(首肯)
- 광정(匡正) = 확정(廓正)
- 교사(敎唆) = 사주(使嗾)
- 구축(驅逐) = 구출(驅出)
- 귀향(歸鄕) = 귀성(歸省)
- 기질(氣質) = 성격(性格)
- 남상(濫觴) = 효시(嚆矢)
- 독점(獨占) = 전유(專有)
- 매료(魅了) = 매혹(魅惑)
- 명함(名銜) = 명판(名判)
- 목도(目睹) = 목격(目擊)
- 발췌(拔萃) = 선택(選擇)
- 불후(不朽) = 불멸(不滅)
- 선철(先哲) = 선현(先賢)
- 시사(示唆) = 암시(暗示)
- 알선(斡旋) = 주선(周旋)
- 영원(永遠) = 영구(永久)
- 유명(有名) = 고명(高名)
- 일률(一律) = 획일(劃一)
- 일호(一毫) = 추호(秋毫)
- 저가(低價) = 염가(廉價)
- 질곡(桎梏) = 속박(束縛)
- 창공(蒼空) = 벽공(碧空)
- 초옥(草屋) = 모옥(茅屋)
- 표변(豹變) = 돌변(突變)
- 피력(披瀝) = 고백(告白)
- 후락(朽落) = 퇴락(頹落)

- 가련(可憐) = 측은(惻隱)
- 각축(角逐) = 축록(逐鹿)
- 간신(奸臣) = 요신(妖臣)
- 감시(瞰視) = 부감(俯瞰)
- 개량(改良) = 개선(改善)
- 검약(儉約) = 절약(節約)
- 결핍(缺乏) = 부족(不足)
- 공헌(公憲) = 기여(寄與)
- 괴수(魁首) = 원흉(元兇)
- 교섭(交涉) = 절충(折衷)
- 구획(區劃) = 경계(境界)
- 기대(企待) = 촉망(囑望)
- 나태(懶怠) = 태만(怠慢)
- 달변(達辯) = 능변(能辯)
- 등한(等閑) = 소홀(疏忽)
- 매진(邁進) = 맥진(驀進)
- 모두(冒頭) = 허두(虛頭)
- 미연(未然) = 사전(事前)
- 백미(白眉) = 출중(出衆)
- 사려(思慮) = 분별(分別)
- 쇄도(殺到) = 답지(遝至)
- 시정(市井) = 여염(閭閻)
- 압박(壓迫) = 위압(威壓)
- 요서(夭逝) = 요절(夭折)
- 유미(唯美) = 탐미(耽美)
- 일족(一族) = 일문(一門)
- 자부(自負) = 자신(自信)
- 전심(專心) = 몰두(沒頭)
- 질책(叱責) = 문책(問責)
- 천부(天賦) = 천품(天稟)
- 최고(最高) = 지상(至上)
- 풍부(豊富) = 윤택(潤澤)
- 하자(瑕疵) = 결함(缺陷)
- 힐난(詰難) = 지탄(指彈)

Q 짚어보기 ▶ 백미(白眉)/백승(百乘)

- **백미(白眉)** : 중국 촉한(蜀漢) 때 마량(馬良)이란 사람에게 다섯 형제가 있었는데 모두 재주가 있었다. 그러나 그중에서도 눈썹 속에 흰 털이 난 량(良)이 가장 뛰어났다는 데서 유래한 말로 여럿 가운데 뛰어난 사람을 비유적으로 일컫는 말이다.
- **백승(百乘)** : '승(乘)'은 수레를 세는 단위이다. 그러므로 백승(百乘)은 '백 대의 수레'를 일컫는다. 일반적으로 '백승(百乘)', '천승(千乘)', '만승(萬乘)'으로 쓰이는데 '백승(百乘)'과 '천승(千乘)'은 제후국을 의미하고, '만승(萬乘)'은 천자의 권력을 의미한다.

기출유사문제

다음 밑줄 친 한자어의 뜻을 바르게 풀이하지 못한 것은?

① 이번 사안이 <u>초미</u>의 관심사로 부각되었다. → '꼬리에 불이 붙었다.'라는 뜻으로, '많은 사람들의 주목을 받음'을 이른다.

② 그녀는 부모님의 <u>슬하</u>를 떠나 상경하였다. → '무릎의 아래'라는 뜻으로, '부모나 조부모 등의 보호를 받는 테두리 안'을 이른다.

③ 지금도 그때 생각만 하면 <u>모골</u>이 송연하다. → '털과 뼈를 아울러 이르는 말'로, '송연하다'와 결합하여 '끔찍스럽다'는 의미로 쓰인다.

④ 형의 끊임없는 노력은 형설지공에 <u>비견</u>될 만하다. → '어깨를 나란히 하다.'라는 뜻으로, '낮고 못할 것이 없이 정도가 서로 비슷함'을 이른다.

⑤ 약속을 어겨 그를 대할 <u>면목</u>이 없다. → '얼굴의 생김새 혹은 낯'이라는 뜻으로, '없다'와 결합하여 '부끄러워 남을 대할 용기가 나지 않다.'라는 의미로 쓰인다.

● 해설

'초미(焦眉)'는 눈썹에 불이 붙었다는 뜻으로 매우 급박한 상황을 비유한 말이다.
② 슬하(膝下) : 무릎 슬(膝), 아래 하(下)
③ 모골(毛骨) : 터럭 모(毛), 뼈 골(骨)
④ 비견(比肩) : 견줄 비(比), 어깨 견(肩)
⑤ 면목(面目) : 낯 면(面), 눈 목(目)

● 어휘

- 송연하다 : 두려워 몸을 옹송그릴 정도로 오싹 소름이 끼치는 듯함.
- 형설지공(螢雪之功) : 반딧불·눈과 함께 하는 노력이라는 뜻으로 고생을 하면서 부지런하고 꾸준하게 공부하는 자세를 이르는 말.

정답 ❶

사갈시(蛇蝎視) : 어떤 대상을 몹시 싫어하다. 뱀이나 전갈을 보듯이 한다는 뜻에서 나온 말.

사숙(私淑) : 직접 가르침을 받지는 않았으나 마음속으로 그 사람을 본받아서 도나 학문을 닦음.

사자후(獅子吼) : 1. 사자의 우렁찬 울부짖음. 2. 크게 부르짖어 열변을 토하는 연설. 3. 불교의 위엄 있는 설법.

삭망(朔望) : 음력 초하룻날과 보름날을 아울러 이르는 말.

상쇄(相殺) : 상반되는 것이 서로 영향을 주어 효과가 없어지는 일.

생경(生梗) : 두 사람 사이에 불화가 생김.

서거(逝去) : 죽어서 세상을 떠남을 높이는 말.

서한(書翰) : 편지.

선망(羨望) : 부러워하여 바람.

선회(旋回) : 1. 둘레를 빙글빙글 돎. 2. 항공기가 곡선을 그리듯 진로를 바꿈.

섭렵(涉獵) : 물을 건너 찾아다닌다는 뜻으로, 많은 책을 널리 읽거나 여기저기 찾아다니며 경험함을 이르는 말.

소강(小康) : 1. 병이 조금 나아진 기색이 있음. 2. 소란이나 분란, 혼란 따위가 그치고 조금 잠잠함.

소개(疏開) : 1. 땅을 파서 물이 흐르도록 함. 2. 공습이나 화재 따위에 대비하여 한곳에 집중되어 있는 주민이나 시설물을 분산함. 3. 주로 적의 포격으로부터의 피해를 줄이고자, 전투 대형의 거리나 간격을 넓히는 일.

소급(遡及) : 과거에까지 거슬러 올라가서 미치게 함.

쇄도(殺到) : 1. 전화, 주문 따위가 한꺼번에 세차게 몰려듦. 2. 어떤 곳을 향하여 세차게 달려듦.

쇄신(刷新) : 나쁜 폐단이나 묵은 것을 버리고 새롭게 함.

수결(手決) : 예전에, 자기의 성명이나 직함 아래에 도장 대신에 자필로 글자를 직접 쓰던 일. 또는 그 글자.

수긍(首肯) : 옳다고 인정함.

수렴(收斂) : 1. 돈이나 물건 따위를 거두어들임. 2. 의견이나 사상 따위가 여럿으로 나뉘어 있는 것을 하나로 모아 정리함.

수성(守成) : 조상들이 이루어 놓은 일을 이어서 지킴.

수심(愁心) : 매우 근심함. 또는 그런 마음.

수인사(修人事) : 1. 인사를 차림. 2. 사람으로서 할 수 있는 일을 다 함.

수작(酬酌) : 1. 술잔을 서로 주고받음. 2. 서로 말을 주고받음. 3. 남의 말이나 행동, 계획을 낮잡아 이르는 말.

수택(手澤) : 1. 손이 자주 닿았던 물건에 손때가 묻어서 생기는 윤기. 2. 물건에 남아 있는 옛사람의 흔적.

숙맥(菽麥) : 1. 콩과 보리를 아울러 이르는 말. 2. 사리 분별을 못하고 세상 물정을 잘 모르는 사람.

순치(馴致) : 1. 짐승을 길들임. 2. 목적한 상태로 차차 이르게 함.

슬하(膝下) : 무릎의 아래라는 뜻으로, 어버이나 조부모의 보살핌 아래.

시사(示唆) : 어떤 것을 미리 간접적으로 표현해 줌.

시의적절(時宜適切) : 그 당시의 사정이나 요구에 아주 알맞음.

시정(市井) : 인가가 모인 곳.

신산(辛酸) : 1. 맛이 맵고 심. 2. 세상살이가 힘들고 고생스러움을 비유적으로 이르는 말.

신예(新銳) : 새롭고 기세나 힘이 뛰어남. 또는 그런 사람.

심안(心眼) : 사물을 살펴 분별하는 능력. ≒ 마음눈.

+ 더 알고가기　한자 반의어

- 가결(可決) ↔ 부결(否決)
- 간헐(間歇) ↔ 지속(持續)
- 강고(强固) ↔ 박약(薄弱)
- 객체(客體) ↔ 주체(主體)
- 걸작(傑作) ↔ 졸작(拙作)
- 경솔(輕率) ↔ 신중(愼重)
- 계람(繫纜) ↔ 해람(解纜)
- 고아(高雅) ↔ 비속(卑俗)
- 공용(共用) ↔ 전용(專用)
- 교묘(巧妙) ↔ 졸렬(拙劣)
- 근면(勤勉) ↔ 태타(怠惰)
- 급행(急行) ↔ 완행(緩行)
- 긴밀(緊密) ↔ 소원(疏遠)
- 길조(吉兆) ↔ 흉조(凶兆)
- 낭독(朗讀) ↔ 묵독(默讀)
- 노회(老獪) ↔ 순진(純眞)
- 능멸(凌蔑) ↔ 추앙(推仰)
- 도심(都心) ↔ 교외(郊外)
- 둔탁(鈍濁) ↔ 예리(銳利)
- 모두(冒頭) ↔ 말미(末尾)
- 박무(薄霧) ↔ 농무(濃霧)
- 보수(保守) ↔ 혁신(革新)
- 비범(非凡) ↔ 평범(平凡)
- 수리(受理) ↔ 각하(却下)
- 쌍리(雙利) ↔ 편리(片利)
- 억제(抑制) ↔ 촉진(促進)
- 영겁(永劫) ↔ 편각(片刻)
- 우연(偶然) ↔ 필연(必然)
- 유사(類似) ↔ 상위(相違)
- 이례(異例) ↔ 통례(通例)
- 정착(定着) ↔ 표류(漂流)
- 직계(直系) ↔ 방계(傍系)
- 치졸(稚拙) ↔ 세련(洗練)
- 하락(下落) ↔ 앙등(仰騰)
- 활용(活用) ↔ 사장(死藏)

- 간선(幹線) ↔ 지선(支線)
- 감퇴(減退) ↔ 증진(增進)
- 개방(開放) ↔ 폐쇄(閉鎖)
- 거부(拒否) ↔ 승인(承認)
- 경박(輕薄) ↔ 중후(重厚)
- 경직(硬直) ↔ 유연(柔軟)
- 고답(高踏) ↔ 세속(世俗)
- 곤란(困難) ↔ 용이(容易)
- 관목(灌木) ↔ 교목(喬木)
- 구심(求心) ↔ 원심(遠心)
- 근소(僅少) ↔ 과다(過多)
- 기결(旣決) ↔ 미결(未決)
- 긴장(緊張) ↔ 해이(解弛)
- 낙관(樂觀) ↔ 비관(悲觀)
- 내포(內包) ↔ 외연(外延)
- 농후(濃厚) ↔ 희박(稀薄)
- 단축(短縮) ↔ 연장(延長)
- 동요(動搖) ↔ 안정(安定)
- 득의(得意) ↔ 실의(失意)
- 모방(模倣) ↔ 창조(創造)
- 박토(薄土) ↔ 옥토(沃土)
- 부상(扶桑) ↔ 함지(咸池)
- 상술(詳述) ↔ 약술(略述)
- 수절(守節) ↔ 훼절(毀節)
- 애호(愛好) ↔ 혐오(嫌惡)
- 엄격(嚴格) ↔ 관대(寬大)
- 영전(榮轉) ↔ 좌천(左遷)
- 우회(迂廻) ↔ 첩경(捷徑)
- 융기(隆起) ↔ 함몰(陷沒)
- 임대(賃貸) ↔ 임차(賃借)
- 조객(弔客) ↔ 하객(賀客)
- 질서(秩序) ↔ 혼돈(混沌)
- 편파(偏頗) ↔ 공평(公平)
- 할인(割引) ↔ 할증(割增)
- 횡단(橫斷) ↔ 종단(縱斷)

- 간섭(干涉) ↔ 방임(放任)
- 강건(剛健) ↔ 유약(柔弱)
- 개연(蓋然) ↔ 필연(必然)
- 건조(乾燥) ↔ 습윤(濕潤)
- 경상(經常) ↔ 임시(臨時)
- 경화(硬化) ↔ 연화(軟化)
- 고상(高尚) ↔ 저속(低俗)
- 공명(共鳴) ↔ 반박(反駁)
- 관철(貫徹) ↔ 좌절(挫折)
- 균점(均霑) ↔ 독점(獨占)
- 급성(急性) ↔ 만성(慢性)
- 기립(起立) ↔ 착석(着席)
- 긴축(緊縮) ↔ 완화(緩和)
- 낙천(樂天) ↔ 염세(厭世)
- 노마(駑馬) ↔ 준마(駿馬)
- 눌변(訥辯) ↔ 달변(達辯)
- 담천(曇天) ↔ 청천(晴天)
- 둔감(鈍感) ↔ 민감(敏感)
- 만조(滿潮) ↔ 간조(干潮)
- 밀집(密集) ↔ 산재(散在)
- 백발(白髮) ↔ 홍안(紅顔)
- 비번(非番) ↔ 당번(當番)
- 세모(歲暮) ↔ 연두(年頭)
- 심야(深夜) ↔ 백주(白晝)
- 양수(讓受) ↔ 양도(讓渡)
- 역경(逆境) ↔ 순경(順境)
- 요절(夭折) ↔ 장수(長壽)
- 원양(遠洋) ↔ 근해(近海)
- 이단(異端) ↔ 정통(正統)
- 정산(精算) ↔ 개산(槪算)
- 조악(粗惡) ↔ 정교(精巧)
- 참신(斬新) ↔ 진부(陳腐)
- 폐지(廢止) ↔ 존속(存續)
- 호전(好轉) ↔ 악화(惡化)

아성(牙城): 1. 아기(牙旗)를 세운 성이라는 뜻으로, 주장(主將)이 거처하는 성을 이르던 말. 2. 아주 중요한 근거지를 비유적으로 이르는 말.

아집(我執): 자기중심의 좁은 생각에 집착하여 다른 사람의 의견이나 입장을 고려하지 아니하고 자기만을 내세우는 것.

알력(軋轢): 수레바퀴가 삐걱거린다는 뜻으로, 서로 의견이 맞지 아니하여 사이가 안 좋거나 충돌하는 것을 이르는 말.

알선(斡旋): 남의 일이 잘되도록 주선하는 일.

압권(壓卷): 1. 여러 책이나 작품 가운데 제일 잘된 책이나 작품. 2. 하나의 책이나 작품 가운데 가장 잘된 부분. 3. 여럿 가운데 가장 뛰어난 것.

야합(野合): 1. 부부가 아닌 남녀가 서로 정을 통함. 2. 좋지 못한 목적 밑에 서로 어울림.

어폐(語弊): 1. 적절하지 아니하게 사용하여 일어나는 말의 폐단이나 결점. 2. 남의 오해를 받기 쉬운 말.

억측(臆測): 이유와 근거가 없이 짐작함. 또는 그런 짐작.

여과(濾過): 1. 거름종이나 여과기를 써서 액체 속에 들어 있는 침전물이나 입자를 걸러 내는 일. 2. 주로 부정적인 요소를 걸러 내는 과정을 비유적으로 이르는 말.

여론(輿論): 사회 대중의 공통된 의견.

여반장(如反掌): 손바닥을 뒤집는 것 같다는 뜻으로, 일이 매우 쉬움.

여파(餘波): 1. 큰 물결이 지나간 뒤에 일어나는 잔물결. 2. 어떤 일이 끝난 뒤에 남아 미치는 영향.

역량(力量): 어떤 일을 해낼 수 있는 힘.

역조(逆調): 일의 진행이 나쁜 방향으로 되어 가는 상태.

열반(涅槃): 모든 번뇌의 얽매임에서 벗어나고 진리를 깨달아 불생불멸의 법을 체득한 경지. = 입적, 해탈.

염세(厭世): 세상을 괴롭고 귀찮은 것으로 여겨 비관함.

엽기(獵奇): 비정상적이고 괴이한 일이나 사물에 흥미를 느끼고 찾아다님.

영결(永訣): 죽은 사람과 산 사람이 서로 영원히 헤어짐.

영달(榮達): 지위가 높고 귀하게 됨.

영전(榮轉): 전보다 더 좋은 자리나 직위로 옮김.

예봉(銳鋒): 1. 날카로운 창끝이나 칼 끝. 2. 날카로운 기세. 3. 날카로운 논조나 표현.

오열(嗚咽): 목메어 욺. 또는 그런 울음.

오인(誤認): 잘못 보거나 잘못 생각함.

올연(兀然): 홀로 우뚝한 모양.

와전(訛傳): 사실과 다르게 전함.

왜곡(歪曲): 사실과 다르게 해석하거나 그릇되게 함.

왜소(矮小): 몸뚱이가 작고 초라함.

외경(畏敬): 공경하면서 두려워함. = 경외(敬畏).

우려(憂慮): 근심하거나 걱정함. 또는 그 근심과 걱정.

운운(云云): 1. 글이나 말을 인용하거나 생략할 때에, 이러이러하다고 말함의 뜻으로 쓰는 말. 2. 여러 가지의 말.

위계(位階): 지위나 계층 따위의 등급.

위항(委巷): 좁고 지저분한 거리.

위해(危害): 위험한 재해를 아울러 이르는 말.

유예(猶豫): 1. 망설여 일을 결행하지 아니함. 2. 일을 결행하는 데 날짜나 시간을 미룸.

유착(癒着) : 1. 사물들이 서로 깊은 관계를 가지고 결합하여 있음. 2. 서로 분리되어 있어야 할 생물체의 조직면이 섬유소나 섬유 조직 따위와 연결되어 붙어 버리는 일.

응대(應待) : 부름이나 물음 또는 요구 따위에 응하여 상대함.

이반(離反) : 인심이 떠나서 배신함.

이완(弛緩) : 1. 바짝 조였던 정신이 풀려 늦추어짐. 2. 잘 조성된 분위기 따위가 흐트러져 느슨해짐. 3. 굳어서 뻣뻣하게 된 근육 따위가 원래의 상태로 풀어짐.

익명(匿名) : 이름을 숨김. 또는 숨긴 이름이나 그 대신 쓰는 이름.

인멸(湮滅) : 자취도 없이 모두 없어짐. 또는 그렇게 없앰.

인습(因襲) : 이전부터 전하여 내려오는 습관.

일체(一切) : 1. 모든 것 2. 전부, 완전히.

일탈(逸脫) : 1. 정하여진 영역 또는 본디의 목적이나 길, 사상, 규범, 조직 따위로부터 빠져 나감. 2. 사회적인 규범으로부터 벗어나는 일.

잉여(剩餘) : 쓰고 난 후 남은 것

➕ 더 알고가기 　우리말로 착각하기 쉬운 한자어 ☰

• 귤(橘)	• 급기야(及其也)
• 급히(急—)	• 기특하다(奇特——)
• 도대체(都大體)	• 도저히(到底—)
• 무려(無慮)	• 물론(勿論)
• 방금(方今)	• 별안간(瞥眼間)
• 부득이(不得已)	• 부탁(付託)
• 산적(蒜炙)	• 솔직하다(率直——)
• 심지어(甚至於)	• 순식간(瞬息間)
• 시방(時方)	• 악착같이(齷齪——)
• 약간(若干)	• 양말(洋襪)
• 어중간(於中間)	• 어차피(於此彼)
• 여간하다(如干——)	• 역시(亦是)
• 욕(辱)	• 잠시(暫時)
• 조만간(早晚間)	• 조심(操心)
• 졸지(猝地)	• 지금(只今)
• 창피(猖披)	• 총각(總角)
• 하여간(何如間)	• 하필(何必)

기출유사문제

밑줄 친 한자어의 뜻풀이가 바르지 않은 것은?

① 우리 선수들이 구기 종목에서 <u>두각</u>을 드러내고 있다. → '짐승의 머리에 있는 뿔[頭角]'이라는 뜻으로, '뛰어난 학식이나 재능'을 비유하는 말이다.

② 한국은 세계 <u>유수</u>의 도시들과 어깨를 나란히 하게 되었다. → '빠르게 흐르는 물[流水]'이라는 뜻으로, '빠르게 성장함'을 비유적으로 이른다.

③ 그 분야는 그의 <u>아성</u>이라고 할 만하다 . → '아기를 세운 성[牙城]'이라는 뜻으로 '아주 중요한 근거지'를 비유하는 말이다.

④ 형의 <u>비위</u>를 맞추는 것은 정말 어려운 일이다. → '지라와 위를 통틀어 이르는 말[脾胃]'로, 일상적으로는 '음식물을 삭여 내거나 아니꼽고 싫은 것을 견디어 내는 성미'라는 의미로 쓰인다.

⑤ 남편은 아내의 말이라면 <u>사족</u>을 못 쓴다. → '짐승의 네 발 또는 사지(四肢)를 속되게 이르는 말[四足]'로 흔히 '못 쓰다'와 만나 '어떤 일에 반하거나 꼼짝하지 못한다.'라는 의미로 쓰인다.

● 해설
'유수(流水)'는 '흐르는 물'을 의미하는 말로 문맥상 '유수(有數)'를 써야 한다.

● 어휘
• 아기(牙旗) : 임금이나 대장이 거처하는 곳에 세우던 기.
• 유수(有數) : 손꼽을 만큼 두드러지거나 훌륭함.
• 지라 : 척추동물의 림프 계통 기관. 위의 왼쪽이나 뒤쪽에 있음.

정답 ❷

ㅈ

자문(諮問) : 어떤 일을 좀 더 효율적이고 바르게 처리하려고 그 방면의 전문가나, 전문가들로 이루어진 기구에 의견을 물음.

자웅(雌雄) : 1. 암수. 2. 승부, 우열, 강약 따위를 비유적으로 이르는 말.

잔재(殘滓) : 1. 쓰고 남은 찌꺼기. 2. 과거의 낡은 사고방식이나 생활 양식의 찌꺼기.

재고(再考) : 어떤 일이나 문제 따위에 대해 다시 생각함.

재고(在庫) : 창고 따위에 쌓여 있음.

쟁쟁(錚錚) : 쇠붙이 따위가 맞부딪쳐 맑게 울리는 소리.

저간(這間) : 그 동안. 요즈음.

전말(顚末) : 처음부터 끝까지 일이 진행되어 온 경과.

전복(顚覆) : 1. 차나 배 따위가 뒤집힘. 2. 사회 체제가 무너지거나 정권 따위를 뒤집어엎음.

전철(前轍) : 앞에 지나간 수레바퀴 자국이라는 뜻으로, 이전 사람의 그릇된 일이나 행동의 자취.

제고(提高) : 쳐들어 높임.

조락(凋落) : 1. 초목의 잎 따위가 시들어 떨어짐. 2. 차차 쇠하여 보잘것없이 됨.

조력(助力) : 힘을 써 도와줌.

조예(造詣) : 학문이나 예술, 기술 따위의 분야에 대한 지식이나 경험이 깊은 경지에 이른 정도.

졸고(拙稿) : 1. 내용이 보잘것없는 원고. 2. 자기나 자기와 관련된 사람의 원고를 겸손하게 이르는 말.

종언(終焉) : 1. 없어지거나 죽어서 존재가 사라짐. 2. 계속하던 일이 끝장이 남.

종지부(終止符) : 마침표.

주구(走狗) : 1. '달음질하는 개'라는 뜻으로, 사냥할 때 부리는 개를 이르는 말. 2. 남의 앞잡이.

주도(主導) : 주동적인 처지가 되어 이끎.

주술(呪術) : 불행이나 재해를 막으려고 주문을 외거나 술법을 부리는 일. 또는 그 술법.

준설(浚渫) : 1. 못이나 개울 따위의 밑바닥에 멘 것을 파냄. 2. 물의 깊이를 깊게 하여 배가 잘 드나들 수 있도록 하천이나 항만 등의 바닥에 쌓인 모래나 암석을 파내는 일.

지략(智略) : 어떤 일이나 문제든지 명철하게 포착하고 분석 또는 평가하여 해결 대책을 능숙하게 세우는 뛰어난 슬기와 계략.

지척(咫尺) : 아주 가까운 거리.

질곡(桎梏) : 1. 옛 형구인 차꼬*와 수갑을 아울러 이르는 말. 2. 몹시 속박하여 자유를 가질 수 없는 고통의 상태를 비유적으로 이르는 말.

◀)) 어휘풀이

- **차꼬** : 죄수를 가두어 둘 때 쓰던 형구(刑具). 두 개의 기다란 나무토막을 맞대어 그 사이에 구멍을 파서 죄인의 두 발목을 넣고 자물쇠를 채우게 되어 있음.

ㅊ ㅌ

찰나(刹那) : 어떤 일이나 사물 현상이 일어나는 바로 그때.

참척(慘慽) : 자손이 부모나 조부모보다 일찍 죽음.

창궐(猖獗) : 못된 세력이나 전염병 따위가 세차게 일어나 걷잡을 수 없이 퍼짐.

척결(剔抉) : 1. 살을 도려내고 뼈를 발라냄. 2. 나쁜 부분이나 요소들을 깨끗이 없애 버림.

천거(薦擧) : 어떤 일을 맡아 할 수 있는 사람을 그 자리에 쓰도록 소개하거나 추천함.

천명(闡明) : 진리나 사실, 입장 따위를 드러내어 밝힘.

천추(千秋) : 오래고 긴 세월. 또는 먼 미래.

천착(穿鑿) : 1. 구멍을 뚫음. 2. 어떤 원인이나 내용 따위를 따지고 파고들어 알려고 하거나 연구함. 3. 억지로 이치에 닿지 아니한 말을 함.

촌탁(忖度) : 남의 마음을 미루어서 헤아림.

청운(靑雲) : 1. 푸른 구름. 2. 높은 지위나 벼슬을 비유적으로 이르는 말.

체읍(涕泣) : 눈물을 흘리며 슬피 욺.

초야(草野) : '풀이 난 들'이라는 뜻으로, 궁벽한 시골을 이르는 말.

추상(秋霜) : 가을의 찬 서리. 또는 그토록 매서운 기세를 비유적으로 이르는 말.

추앙(推仰) : 높이 받들어 우러러 봄.

추이(推移) : 일이나 형편이 시간의 경과에 따라 변하여 나감. 또는 그런 경향.

추풍선(秋風扇) : 1. 가을 부채라는 뜻으로 철이 지나서 쓸모없음. 2. 이성의 사랑을 잃은 사람을 비유적으로 이르는 말.

추호(秋毫) : 1. 가을철에 털갈이하여 새로 돋아난 짐승의 가는 털. 2. 매우 적거나 조금인 것을 비유적으로 이르는 말.

치적(治績) : 잘 다스린 공적. 또는 정치상의 업적.

췌언(贅言) : 쓸데없는 군더더기 말.

칩거(蟄居) : 나가서 활동하지 아니하고 집 안에만 틀어박혀 있음.

타산(打算) : 자신에게 도움이 되는지를 따져 헤아림.

퇴고(推敲) : 글을 지을 때 여러 번 생각하여 고치고 다듬음. 또는 그런 일.

투영(投影) : 1. 물체의 그림자를 어떤 물체 위에 비추는 일. 2. 어떤 일을 다른 일에 반영하여 나타냄을 비유적으로 이르는 말.

기출유사문제

'추풍선(秋風扇)'의 의미와 가장 유사한 속담은?

① 마디에 옹이   ② 가게 기둥에 입춘

③ 주먹 맞은 감투   ④ 중의 빗

⑤ 약방에 감초

● **해설**

'추풍선(秋風扇)'은 그대로 풀이하면 '가을 부채'를 뜻하며, '철이 지나 쓸모가 없음'이라는 의미를 지닌 한자어이다. '중의 빗' 역시 삭발을 한 중에게 빗은 아무런 소용이 없는 것이므로 '추풍선(秋風扇)'과 유사한 의미이다.

① 마디에 옹이 : 나무 마디에 옹이까지 박혔다는 뜻으로 어려운 일이 겹침을 뜻한다.

② 가게 기둥에 입춘 : 추하고 보잘것없는 가겟집 기둥에 '입춘대길(立春大吉)'이라 써 붙인다는 뜻으로, 제격에 맞지 않음을 뜻한다.

③ 주먹 맞은 감투 : 잘난 체하다가 핀잔을 듣고 무안하여 아무 말 없이 있는 사람을 비유적으로 이르는 말이다.

⑤ 약방에 감초 : 한약에 감초를 넣는 경우가 많아 한약방에 감초가 반드시 있다는 데서 유래한 것으로 어떤 일에나 빠짐없이 끼어 드는 사람 또는 꼭 있어야 할 물건을 뜻한다.

● **어휘**

• 감투 : 1. 예전에, 머리에 쓰던 의관(衣冠)의 하나. 2. 벼슬이나 직위를 속되게 이르는 말.

• 옹이 : 1. 나무의 몸에 박힌 가지의 밑 부분. 2. '굳은살'을 비유적으로 이르는 말. 3. 가슴에 맺힌 감정 따위를 비유적으로 이르는 말.

정답 ❹

Q 짚어보기 ▶ 퇴고(推敲)

> 당나라의 시인 가도(賈島)가 '僧推月下門'이란 시구를 지을 때 '推'를 '敲'로 바꿀까 말까 망설이다가 한유(韓愈)를 만나 그의 조언으로 '敲'로 결정하였다는 데에서 유래한 말로 글을 지을 때 여러 번 생각하여 고치고 다듬는 것을 의미한다.

ㅍ

파락호(擺落戶) : 재산이나 세력이 있는 집안의 자손으로서 집안의 재산을 몽땅 털어먹는 난봉꾼을 이르는 말.

파천황(破天荒) : 이전에 아무도 하지 못한 일을 처음으로 해냄.

판별(判別) : 옳고 그름이나 좋고 나쁨을 판단하여 구별함.

판촉(販促) : 여러 가지 방법을 써서 수요를 불러일으키고 자극하여 판매가 늘도록 유도하는 일.

패권(覇權) : 1. 어떤 분야에서 우두머리나 으뜸의 자리를 차지하여 누리는 공인된 권리와 힘. 2. 국제 정치에서, 어떤 국가가 경제력이나 무력으로 다른 나라를 압박하여 자기의 세력을 넓히려는 권력.

편력(遍歷) : 1. 이곳저곳을 돌아다님. 2. 여러 가지 경험을 함.

편협(偏狹) : 1. 한쪽으로 치우쳐 도량이 좁고 너그럽지 못함. 2. 땅 따위가 좁음.

폄하(貶下) : 가치를 깎아내림.

포폄(褒貶) : 옳고 그름이나 선하고 악함을 판단하여 결정함.

폭주(暴注) : 1. 비가 갑작스럽게 많이 쏟아짐. 2. 어떤 일이 처리하기 힘들 정도로 한꺼번에 몰림.

풍문(風聞) : 바람처럼 떠도는 소문.

풍자(諷刺) : 1. 남의 결점을 다른 것에 빗대어 비웃으면서 폭로하고 공격함. 2. 문학 작품 따위에서, 현실의 부정적 현상이나 모순 따위를 빗대어 비웃으면서 씀.

피상적(皮相的) : 본질적인 현상은 추구하지 아니하고 겉으로 드러나 보이는 현상에만 관계하는 것.

피폐(疲弊) : 지치고 쇠약하여짐.

필경(畢竟) : 끝장에 가서는.

핍박(逼迫) : 1. 형세가 절박함. 2. 바싹 죄어서 몹시 괴롭게 굶.

Q 짚어보기 ▶ 파천황(破天荒)

> 《북몽쇄언(北夢瑣言)》에 나오는 말로, 중국 당나라의 형주(荊州) 지방에서 과거의 합격자가 없어 천지가 아직 열리지 않은 혼돈한 상태라는 뜻으로 천황(天荒)이라고 불리었는데 유세(劉蛻)라는 사람이 처음으로 합격하여 천황을 깼다는 데서 유래한 말이다.

기출유사문제

밑줄 친 한자어의 사전적 풀이가 옳지 <u>않은</u> 것은?

① 어느덧 독립의 <u>서광</u>이 비쳐오고 있음을 보았다. → '서쪽에서 비치는 빛'이라는 뜻으로, '오랫동안 진행해 오던 것이 끝나게 될 징조'를 비유적으로 이른다.

② 당사자의 개입 여부가 이번 판결의 <u>관건</u>이다. → '문빗장과 자물쇠'를 아울러 이르는 말로, 일상적으로 '문제 해결의 가장 중요한 부분'의 뜻으로 쓰인다.

③ 그들의 품었던 <u>풍운</u>의 꿈은 좌절되었다. → '바람과 구름'을 아울러 이르는 말로, 주로 '풍운의 뜻'의 꼴로 쓰여 '바람과 구름을 타고 큰 일을 이룩하려는 기운'의 의미를 지닌다.

④ 그가 보여준 신기한 기술은 두고두고 <u>회자</u>되었다. → '회와 구운 고기'라는 뜻으로 '칭찬을 받으며 사람의 입에 자주 오르내림'을 이른다.

⑤ 이번 축제의 <u>백미</u>는 화려한 불꽃놀이였다. → '흰 눈썹'이라는 뜻으로, '여럿 가운데 가장 뛰어난 사람이나 물건'을 비유적으로 이른다.

해설

'서광(曙光)'은 새벽녘에 해가 뜰 무렵의 빛을 의미하며 기대하는 일에 대하여 나타난 희망의 징조를 비유하는 말이다.
② 관건(關鍵) : 관계할 관(關), 자물쇠 건(鍵)
③ 풍운(風雲) : 바람 풍(風), 구름 운(雲)
④ 회자(膾炙) : 회 회(膾), 구울 자(炙)
⑤ 백미(白眉) : 흰 백(白), 눈썹 미(眉)

정답 ❶

67

ㅎ

학발(鶴髮) : 두루미의 깃털처럼 희다는 뜻으로, 하얗게 센 머리 또는 그런 사람을 이르는 말.

할거(割據) : 땅을 나누어 차지하고 굳게 지킴.

함구(緘口) : 입을 다문다는 뜻으로, 말하지 아니함을 이르는 말.

함양(涵養) : 1. 능력이나 품성을 기르고 닦음. 2. 포화대에 물을 보급함. 또는 그런 여러 과정.

해이(解弛) : 긴장이나 규율 따위가 풀려 마음이 느슨함.

향수(鄕愁) : 고향을 그리워하는 마음이나 시름.

혈안(血眼) : 기를 쓰고 달려들어 독이 오른 눈.

형극(荊棘) : 1. 나무의 온갖 가시. 2. 고난을 비유적으로 이르는 말.

호도(糊塗) : 풀을 바른다는 뜻으로, 명확하게 결말을 내지 않고 일시적으로 감추거나 흐지부지 덮어 버림을 비유적으로 이르는 말.

홀대(忽待) : 소홀히 대접함. 탐탁하지 않은 대접.

홀연(忽然) : 뜻하지 아니하게 갑자기.

확정(廓正) : 잘못을 바로잡음.

확정(確定) : 일을 확실하게 정함.

환기(喚起) : 주의나 여론, 생각 따위를 불러일으킴.

환대(歡待) : 반갑게 맞아 정성껏 후하게 대접함.

회동(會同) : 일정한 목적으로 여러 사람이 한데 모임.

회자(膾炙) : 회와 구운 고기라는 뜻으로, 칭찬을 받으며 사람의 입에 자주 오르내림을 이르는 말.

효시(嚆矢) : 어떤 사물이나 현상이 시작되어 나온 맨 처음을 비유적으로 이르는 말.

휘하(麾下) : 장군의 지휘 아래. 또는 그 지휘 아래에 딸린 군사.

흡사(恰似) : 거의 같을 정도로 비슷한 모양.

힐난(詰難) : 트집을 잡아 거북할 만큼 따지고 듦.

힐책(詰責) : 잘못된 점을 따져 나무람.

🔍 **짚어보기** ▶ **효시(嚆矢)**

'울다'의 뜻을 가진 효(嚆)와 '화살'이라는 의미의 시(矢)가 합쳐진 말로 글자 그대로 해석하면 '우는 화살'이라는 말이다.
이는 《장자》의 〈재유편(在宥篇)〉에 나오는 말로, 전쟁을 시작할 때 우는 화살을 먼저 쏘았다는 데에서 유래한 말이다.

기출유사문제

밑줄 친 한자어의 쓰임이 적절하지 않은 것은?

① 아내가 <u>힐문(詰問)</u>을 시작하자 남편은 괴로운 표정을 지었다.

② 예상했던 대로 결국 <u>사단(事端)</u>이 나고 말았다.

③ 김 박사의 <u>탁견(卓見)</u>에 대해 전문가들도 감탄하였다.

④ 이번 경기로 스포츠 강국의 <u>면모(面貌)</u>를 과시하였다.

⑤ 그는 아버지의 <u>채근(菜根)</u>을 두려워하여 피해 다녔다.

해설

'사단(事端)'은 일의 단서나 실마리를 의미하며, '사고나 탈'을 의미하는 것은 '사달'인데 흔히 '사단'으로 잘못 사용하고 있다.
① 힐문(詰問) : 트집을 잡아서 물음.
③ 탁견(卓見) : 두드러진 의견이나 견해.
④ 면모(面貌) : 사람이나 사물의 겉모습.
⑤ 채근(菜根) : 1. 어떤 일의 내용, 원인, 근원 따위를 캐어 알아냄. 2. 어떻게 행동하기를 따지어 독촉함. 3. 남에게 받을 것을 달라고 독촉함.

정답 ❷

(2) 구별해야 할 한자어

- **각출(各出)** : 1. 각각 나옴. 2. 각각 내놓음.
- **갹출(醵出)** : 같은 목적을 위하여 여러 사람이 돈을 나누어 냄.

- **강점(強點)** : 남보다 우세하거나 더 뛰어난 점.
- **장점(長點)** : 좋거나 잘하거나 긍정적인 점.

- **개발(開發)** : 토지나 천연자원, 지식이나 재능 따위를 발달하게 함.
- **계발(啓發)** : 슬기나 재능, 사상 따위를 일깨워 줌.

- **갱신(更新)** : 이미 있던 것을 새롭게 함. [다시 갱]
- **경신(更新)** : 기록경기 따위에서 종전의 기록을 깨뜨림. [고칠 경]

- **게시(揭示)** : 여러 사람에게 알리기 위하여 내붙이거나 내걸어 두루 보게 함.
- **계시(啓示)** : 깨우쳐 보여 줌. 사람의 지혜로서는 알 수 없는 진리를 신이 가르쳐 알게 함.

- **결제(決濟)** : 1. 일을 처리하여 끝을 냄. 2. 증권 또는 대금을 주고받아 매매 당사자 사이의 거래 관계를 끝맺는 일.
- **결재(決裁)** : 결정할 권한이 있는 상관이 부하가 제출한 안건을 검토하여 허가함.

- **고려(考慮)** : 생각하고 헤아려 봄.
- **사려(思慮)** : 여러 가지 일에 대하여 깊게 생각함.

- **고시(告示)** : 글로 게시하여 널리 알림.
- **공시(公示)** : 일정한 내용을 공개적으로 게시하여 일반에게 널리 알림.

- **곤욕(困辱)** : 심한 모욕이나 참기 힘든 일.
- **곤혹(困惑)** : 곤란한 일을 당하여 어찌할 바를 모름.

- **공표(公表)** : 여러 사람에게 널리 드러내어 알림.
- **공포(公布)** : 일반 대중에게 알림.

- **괴멸(壞滅)** : 조직이나 체계 따위가 모조리 파괴되어 멸망함.
- **궤멸(潰滅)** : 무너지거나 흩어져 없어짐.

- **구명(究明)** : 사물의 본질, 원인 따위를 깊이 연구하여 밝힘.
- **구명(救命)** : 사람의 목숨을 구함.
- **규명(糾明)** : 어떤 사실을 자세히 따져서 바로 밝힘.

- **구별(區別)** : 성질이나 종류에 따라 차이가 남. 또는 성질이나 종류에 따라 갈라놓음.
- **구분(區分)** : 일정한 기준에 따라 전체를 몇 개로 갈라 나눔.
- **식별(識別)** : 분별하여 알아봄.

- **방적(紡績)** : 1. 동식물의 섬유나 화학 섬유를 가공하여 실을 뽑는 일. 2. 섬유 원료로 실을 뽑아 피륙을 짜 내기까지의 모든 일.
- **방직(紡織)** : 1. 실을 뽑아서 천을 짬. 2. 실을 뽑고 천을 짜고 물을 들이는 일을 통틀어 이르는 말.

- **배상(賠償)** : 남의 권리를 침해한 사람이 그 손해를 물어 주는 일.
- **변상(辨償)** : 1. 남에게 진 빚을 갚음. 2. 남에게 끼친 손해를 물어 줌. 3. 재물에 내어 지은 죄과를 갚음.
- **보상(報償)** : 1. 남에게 진 빚 또는 받은 물건을 갚음. 2. 어떤 것에 대한 대가로 갚음.

- **보호(保護)** : 위험이나 곤란 따위가 미치지 아니하도록 잘 보살펴 돌봄.
- **비호(庇護)** : 편들어서 감싸 주고 보호함.

- **아집(我執)** : 자기중심의 좁은 생각에 집착하여 다른 사람의 입장을 고려하지 않고 자기만을 내세움.
- **독단(獨斷)** : 남과 상의하지도 않고 혼자서 판단하거나 결정함.

- **유착(癒着)** : 사물들이 서로 깊은 관계를 가지고 결합하여 있음.
- **밀착(密着)** : 1. 빈틈없이 단단히 붙음. 2. 서로의 관계가 매우 가깝게 됨.

- **유입(流入)** : 1. 물이 어떤 곳으로 흘러듦. 2. 재화나 문화, 사상 따위가 들어옴.
- **도입(導入)** : 기술, 방법, 물자 따위를 끌어 들임.

- **응시(凝視)** : 눈을 모아 한 곳을 똑바로 바라봄.
- **주시(注視)** : 1. 어떤 목표물에 주의를 집중하여 봄. 2. 어떤 일에 온 정신을 모아 자세히 살핌.

- **주요(主要)** : 주되고 중요함.
- **중요(重要)** : 귀중하고 요긴함.

- **작렬(炸裂)** : 1. 포탄 따위가 터져서 쫙 퍼짐. 2. 박수나 공격 따위가 격렬하게 터져 나오는 것을 비유함.
- **작열(灼熱)** : 1. 불 따위가 이글이글 뜨겁게 타오름. 2. 몹시 흥분하거나 하여 이글거리듯 들끓음을 비유적으로 이름.

- **재연(再演)** : 1. 연극이나 영화 따위를 다시 상연함. 2. 한 번 하였던 행위나 일을 다시 되풀이함.
- **재현(再現)** : 다시 나타남. 또는 다시 나타냄.

- **지향(志向)** : 어떤 목표로 뜻이 쏠리어 향함. 또는 그 방향이나 그 쪽으로 쏠리는 의지.
- **지양(止揚)** : 더 높은 단계로 오르기 위해 어떠한 것을 하지 아니함.

- **혼돈(混沌)** : 마구 뒤섞여 있어 갈피를 잡을 수 없음.
- **혼동(混同)** : 구별하지 못하고 뒤섞어서 생각함.
- **혼효(混淆)** : 여러 가지 것을 뒤섞음. 또는 여러 가지 것이 뒤섞임.

(3) 동음이의어(同音異義語)

- **가계(家系)** : 대대로 이어 내려온 한 집안의 계통.
  가계(家計) : 한 집안 살림의 수입과 지출의 상태.

- **가공(加工)** : 원자재를 인공적으로 처리하여 새로운 제품을 만들거나 제품의 질을 높임.
  가공(架空) : 이유나 근거가 없이 꾸며 냄.

- **가교(架橋)** : 1. 다리를 놓음. 2. 서로 떨어져 있는 것을 이어 주는 사물이나 사실.
  가교(假橋) : 임시로 놓은 다리.

- **가설(加設)** : 덧붙이거나 추가하여 설치함.
  가설(架設) : 전깃줄이나 전화선, 교량 따위를 공중에 건너질러 설치함.
  가설(假說) : 어떤 사실이나 이론을 설명하거나 연역하기 위해 설정한 가정.
  가설(假設) : 1. 임시로 설치함. 2. 실제로 없는 것을 있는 것으로 침.

- **감상(感想)** : 마음속에서 일어나는 느낌이나 생각.
  감상(感傷) : 하찮은 일에도 쓸쓸하고 슬퍼져서 마음이 상함.
  감상(感賞) : 마음에 깊이 느끼어 칭찬함.
  감상(鑑賞) : 주로 예술 작품을 이해하여 즐기고 평가함.

- **개량(改良)** : 나쁜 점을 보완하여 더 좋게 고침.
  개량(改量) : 다시 측량함.

- **개정(改正)** : 주로 문서의 내용 따위를 바르게 함.
  개정(改定) : 이미 정하였던 것을 고쳐 다시 정함.
  개정(改訂) : 글자나 글의 틀린 곳을 고쳐 바로잡음.
  개정(開廷) : 법정을 열어 재판을 시작함.

- **결의(決意)** : 뜻을 정하여 굳게 마음을 먹음.

  결의(決議) : 회의에서 결정된 사항.

  결의(結義) : 남남끼리 형제, 자매, 남매, 부자 따위 친족의 의리를 맺음.

- **공분(公憤)** : 1. 공중이 다 같이 느끼는 분노. 2. 공적인 일로 느끼는 분노.

  공분(共分) : 여럿이 함께 나누거나 나누어 맡음.

- **공용(公用)** : 1. 공공의 목적으로 씀. 2. 공적인 용무.

  공용(共用) : 함께 씀. 또는 그런 물건.

- **과정(過程)** : 일이 되어 가는 경로.

  과정(課程) : 일정한 기간에 교육하거나 학습하여야 할 과목의 내용과 분량.

- **교정(敎正)** : 가르쳐서 바르게 함.

  교정(校定) : 출판물의 글자나 글귀를 검토하여 바르게 정하는 일.

- **구상(構想)** : 앞으로 이루려는 일에 대하여 그 일의 내용이나 규모, 실현 방법 따위를 어떻게 정할 것인지 이리저리 생각함. 또는 그 생각.

  구상(具象) : 사물, 특히 예술 작품 따위가 직접 경험하거나 지각할 수 있도록 일정한 형태와 성질을 갖춤.

- **기술(技術)** : 사물을 잘 다룰 수 있는 방법이나 능력.

  기술(記述) : 대상이나 과정의 내용과 특징을 있는 그대로 열거하거나 기록하여 서술함.

  기술(旣述) : 이미 앞서 기술함.

- **단상(壇上)** : 교단이나 강단 따위의 위.

  단상(斷想) : 1. 생각나는 대로의 단편적인 생각. 2. 생각을 끊음.

- **대결(代決)** : 남을 대신하여 결재함.

  대결(對決) : 양자가 맞서서 우열이나 승패를 가림.

- **대치(代置)** : 다른 것으로 바꾸어 놓음.

  대치(對置) : 마주 놓음.

  대치(對峙) : 서로 맞서서 버팀.

- **매도(罵倒)** : 심하게 욕하며 나무람.

  매도(賣渡) : 값을 받고 물건의 소유권을 다른 사람에게 넘김.

- **매수(買收)** : 물건을 사들임.

  매수(買受) : 물건을 사서 넘겨받음.

- **무고(無告)** : 괴로운 처지를 하소연할 곳이 없음.

  무고(誣告) : 사실이 아닌 일을 거짓으로 꾸미어 해당 기관에 고소하거나 고발하는 일.

  무고(無故) : 1. 아무런 까닭이 없음. 2. 사고 없이 평안함.

- **방조(傍助)** : 곁에서 도와줌.

방조(防潮) : 높이 밀려드는 조수의 피해를 막음.

- 사의(謝意) : 1. 감사하게 여기는 뜻. 2. 잘못을 비는 뜻.

  사의(謝儀) : 상대편에게 고마움의 뜻으로 보내는 물품.

  사의(辭意) : 맡아보던 일자리를 그만두고 물러날 뜻.

  사의(事宜) : 이치에 맞아 일이 마땅함.

- 사전(事典) : 여러 가지 사항을 모아 일정한 순서로 배열하고 그 각각에 해설을 붙인 책.

  사전(辭典) : 어떤 범위 안에서 쓰이는 낱말을 모아서 일정한 순서로 배열하여 싣고 그 각각의 발음, 의미, 어원, 용법 따위를 해설한 책.

- 사실(事實) : 실제로 있었던 일이나 현재에 있는 일.

  사실(史實) : 역사에 실제로 있는 사실.

- 사후(事後) : 일이 끝난 뒤. 또는 일을 끝낸 뒤.

  사후(死後) : 죽고 난 이후.

- 소요(騷擾) : 여럿이 떠들썩하게 들고 일어남. 또는 그런 술렁거림과 소란.

  소요(所要) : 필요로 하거나 요구되는 바.

  소요(逍遙) : 자유롭게 이리저리 슬슬 거닐며 돌아다님.

- 역설(逆說) : 1. 어떤 주의나 주장에 반대되는 이론이나 말. 2. 논리적 모순을 일으키는 논증.

  역설(力說) : 자기의 뜻을 힘주어 말함.

- 예지(叡智) : 사물의 이치를 꿰뚫어 보는 지혜롭고 밝은 마음.

  예지(豫知) : 1. 어떤 일이 일어나기 전에 미리 앎. 2. 미래의 일을 지각하는 초감각적 지각.

- 연습(演習) : 실지로 하는 것처럼 하면서 익힘.

  연습(練習) : 학문이나 기예 따위를 익숙하도록 되풀이하여 익힘.

- 우선(于先) : 어떤 일에 앞서서.

  우선(優先) : 딴 것에 앞서 특별하게 대우함.

- 정밀(靜謐) : 고요하고 편안함.

  정밀(精密) : 아주 정교하고 치밀하여 빈틈이 없고 자세함.

- 정의(正意) : 바른 뜻 또는 올바른 생각.

  정의(正義) : 진리에 맞는 올바른 도리.

  정의(定議) : 어떤 말이나 사물의 뜻을 명백히 밝혀 규정함.

  정의(情義) : 따뜻한 마음과 참된 의사를 통틀어 이르는 말.

- 출연(出演) : 연기, 공연 따위를 위해 무대나 연단에 나감.

  출연(出捐) : 금품을 내어 도와줌.

- 파문(破門) : 사제의 의리를 끊고 문하에서 내쫓음.

파문(波文) : 1. 수면에 이는 물결. 2. 물결 모양의 무늬. 3. 어떤 일이 다른 데에 미치는 영향.

- 편재(偏在) : 한곳에 치우쳐 있음.
  편재(遍在) : 널리 퍼져 있음.

- 필수(必修) : 반드시 학습하거나 이수하여야 함.
  필수(必須) : 꼭 있어야 하거나 하여야 함.

- 행사(行使) : 1. 부려서 씀. 2. 행동이나 하는 짓.
  행사(行事) : 어떤 일을 시행함.

(4) 동자이음어(同字異音語)

- 간편(簡便)[편할 편] / 변소(便所)[똥오줌 변]
- 강우(降雨)[내릴 강] / 항복(降服)[항복할 항]
- 갱신(更新)[다시 갱] / 경신(更新)[고칠 경]
- 거마(車馬)[수레 거] / 차량(車輛)[수레 차]
- 견문(見聞)[볼 견] / 알현(謁見)[뵈올 현]
- 귀감(龜鑑)[거북 귀] / 균열(龜裂)[터질 균]
- 다과(茶菓)[차 다] / 차례(茶禮)[차 차]
- 단심(丹心)[붉은 단] / 모란(牡丹) [정성스러울 란]
- 댁내(宅內)[댁 댁] / 주택(住宅)[집 택]
- 독서(讀書)[읽을 독] / 구두점(句讀點)[구절 두]
- 동리(洞里)[고을 동] / 통찰(洞察)[밝을 통]
- 비율(比率)[비율 율] / 통솔(統率)[거느릴 솔]
- 낙원(樂園)[즐거울 락] / 음악(音樂)[음악 악] / 요산(樂山)[좋아할 요]
- 반성(反省)[살필 성] / 생략(省略)[덜 생]
- 회복(回復)[돌이킬 복] / 부활(復活)[다시 부]
- 남북(南北)[북녘 북] / 패배(敗北)[달아날 배]
- 상태(狀態)[형상 상] / 상장(賞狀)[문서 장]
- 요새(要塞)[변방 새] / 폐색(閉塞)[막힐 색]
- 용이(容易)[쉬울 이] / 교역(交易)[바꿀 역]
- 사색(思索)[찾을 색] / 삭막(索寞)[쓸쓸할 삭]
- 설득(說得)[배풀 설] / 유세(遊說)[달랠 세]
- 제도(制度)[법도 도] / 촌탁(忖度)[헤아릴 탁]
- 반성(反省)[살필 성] / 생략(省略)[덜 생]
- 악행(惡行)[악할 악] / 증오(憎惡)[미워할 오]
- 무역(貿易)[바꿀 역] / 난이(難易)[쉬울 이]
- 회자(膾炙)[구울 자] / 산적(蒜炙)[구울 적]

- 풍자(諷刺)[찌를 자] / 척살(刺殺)[찌를 척]
- 살생(殺生)[죽일 살] / 상쇄(相殺)[빠를 쇄]
- 식사(食事)[밥 식] / 단사(簞食)[밥 사]
- 절단(切斷)[끊을 절] / 일체(一切)[온통 체]
- 개척(開拓)[넓힐 척] / 탁본(拓本)[박을 탁]
- 추진(推進)[밀 추] / 퇴고(推敲)[밀 퇴]
- 피혁(皮革)[가죽 피] / 녹비(鹿皮)[가죽 비]
- 법칙(法則)[법칙 칙] / 연즉(然則)[곧 즉]
- 행진(行進)[다닐 행] / 항렬(行列)[항렬 항]
- 화가(畵家)[그림 화] / 획순(畵順)[그을 획]
- 확대(廓大)[클 확] / 윤곽(輪廓)[둘레 곽]
- 원활(圓滑)[미끄러울 활] / 골계(滑稽)[익살스러울 골]

➕ 더 알고가기   천간(天干) / 지지(地支) / 육십갑자(六十甲子)   ☰

- **천간(天干)** : 육십갑자의 위 단위를 이루는 요소.
- **지지(地支)** : 육십갑자의 아래 단위를 이루는 요소.

천간(天干)	십이지(十二支)	동물	시간	방위
갑(甲)	자(子)	쥐	오후 11시~오전 1시	북
을(乙)	축(丑)	소	오전 1시~오전 3시	북동
병(丙)	인(寅)	호랑이	오전 3시~오전 5시	동동북
정(丁)	묘(卯)	토끼	오전 5시~오전 7시	동
무(戊)	진(辰)	용	오전 7시~오전 9시	동동남
기(己)	사(巳)	뱀	오전 9시~오전 11시	남남동
경(庚)	오(午)	말	오전 11시~오후 1시	남
신(辛)	미(未)	양	오후 1시~오후 3시	남남서
임(壬)	신(申)	원숭이	오후 3시~오후 5시	서서남
계(癸)	유(酉)	닭	오후 5시~오후 7시	서
	술(戌)	개	오후 7시~오후 9시	서서북
	해(亥)	돼지	오후 9시~오후 11시	북북서

• 육십갑자(六十甲子) : 천간(天干)과 지지(地支)를 순차로 배합하여 예순 가지로 늘어놓은 것

갑자(甲子)	갑술(甲戌)	갑신(甲申)	갑오(甲午)	갑진(甲辰)	갑인(甲寅)
을축(乙丑)	을해(乙亥)	을유(乙酉)	을미(乙未)	을사(乙巳)	을묘(乙卯)
병인(丙寅)	병자(丙子)	병술(丙戌)	병신(丙申)	병오(丙午)	병진(丙辰)
정묘(丁卯)	정축(丁丑)	정해(丁亥)	정유(丁酉)	정미(丁未)	정사(丁巳)
무진(戊辰)	무인(戊寅)	무자(戊子)	무술(戊戌)	무신(戊申)	무오(戊午)
기사(己巳)	기묘(己卯)	기축(己丑)	기해(己亥)	기유(己酉)	기미(己未)
경오(庚午)	경진(庚辰)	경인(庚寅)	경자(庚子)	경술(庚戌)	경신(庚申)
신미(辛未)	신사(辛巳)	신묘(辛卯)	신축(辛丑)	신해(辛亥)	신유(辛酉)
임신(壬申)	임오(壬午)	임진(壬辰)	임인(壬寅)	임자(壬子)	임술(壬戌)
계유(癸酉)	계미(癸未)	계사(癸巳)	계묘(癸卯)	계축(癸丑)	계해(癸亥)

Q 짚어보기 ▶ 24절기

계절(季節)	절기(節氣)					
봄[春]	立春(입춘) 양력 2월 4일경	雨水(우수) 양력 2월 18일경	驚蟄(경칩) 양력 3월 5일경	春分(춘분) 양력 3월 21일경	淸明(청명) 양력 4월 5일경	穀雨(곡우) 양력 4월 20일경
여름[夏]	立夏(입하) 양력 5월 5일경	小滿(소만) 양력 5월 21일경	芒種(망종) 양력 6월 6일경	夏至(하지) 양력 6월 21일경	小暑(소서) 양력 7월 7(8)일경	大暑(대서) 양력 7월 24일경
가을[秋]	處暑(처서) 양력 8월 8(9)일경	立秋(입추) 양력 8월 23일경	白露(백로) 양력 9월 8일경	秋分(추분) 양력 9월 23일경	寒露(한로) 양력 10월 8일경	霜降(상강) 양력 10월 23일경
겨울[冬]	立冬(입동) 양력 11월 8일경	小雪(소설) 양력 11월 22(23)일경	大雪(대설) 양력 12월 8일경	冬至(동지) 양력 12월 22(23)일경	小寒(소한) 양력 1월 6(7)일경	大寒(대한) 양력 1월 20일경

● **기출유사문제** ●

밑줄 친 부분에 해당하는 한자가 바르게 연결되지 <u>않은</u> 것은?

> 여하간에 현대인의 ① 불행은 그들이 아무 ② 신념도 가지지 못했다는 데 있다. 그러므로 우리
> 는 각각 제 자신의 ③ 종교를 찾아냄으로써 얼마간은 구원을 받을 수 있다고 생각한다. 즉, 모든
> ④ 정열을 기울여 열중할 수 있는 대상을 찾는 일이다. 그것이 ⑤ 학문이라도 괜찮다.

① 不幸   ② 信念

③ 宗敎   ④ 情熱

⑤ 學文

學文 → 學問 : 일반적으로 '학문'에 해당하는 한자는 '學問'이다. '學文'은 유교에서 《주역》과 《춘추》, 《사서육경》 등을 배우는 것을 일컫는 말이다.

① 불행(不幸)　　　　② 신념(信念)　　　　③ 종교(宗敎)　　　　④ 정열(情熱)

정답 ⑤

---

③ 고사성어/한자성어

■ '고사성어(故事成語)'와 '한자성어(漢字成語)'의 개념

고사성어(故事成語)와 한자성어(漢字成語)는 우리 언어생활에서 큰 비중을 차지하고 있다. 상황에 대한 압축적인 전달뿐만 아니라 우회적 표현을 비롯하여 문제의 본질을 꿰뚫는 통찰력을 보여주는 언어 표현에 이르기까지 한자성어와 고사성어는 우리의 언어생활을 보다 풍부하게 하는 어휘 요소이다. 더욱이 각종 시험에서 자주 출제되어 필수적으로 익혀 두어야 할 어휘 영역이기도 하다. 한편 한자성어와 고사성어는 동일한 개념이 아니다. 고사성어는 '고사(故事)', 즉 옛 이야기에서 유래된 말이므로 그 어휘와 관련된 배경이야기를 알아야 이해할 수 있다. 반면 한자성어는 말 그대로 한자로 이루어진 어휘이며 우리 속담을 한자로 바꾸어 놓은 것을 포함하여 한자로 이루어져 하나의 어휘처럼 쓰이는 것들을 모두 포괄한다.

■ 익혀두어야 할 고사성어/한자성어

가 ~ 객

가급인족(家給人足) : 집집마다 먹고사는 것에 부족함이 없이 넉넉함.

가렴주구(苛斂誅求) : 세금을 가혹하게 거두어들이고, 무리하게 재물을 빼앗음.

가서만금(家書萬金) : 가서는 만금의 값어치가 있다는 뜻으로, 자기 집에서 온 편지의 반갑고 소중함을 이르는 말.

가인박명(佳人薄命) : 미인은 불행하거나 병약하여 요절하는 일이 많음. ≒ 미인박명.

가정맹어호(苛政猛於虎) : 가혹한 정치는 호랑이보다 무섭다는 뜻으로, 혹독한 정치의 폐가 큼을 이르는 말.

각고면려(刻苦勉勵) : 어떤 일에 고생을 무릅쓰고 몸과 마음을 다하여, 무척 애를 쓰면서 부지런히 노력함.

각골난망(刻骨難忘) : 남에게 입은 은혜가 뼈에 새길 만큼 커서 잊히지 아니함.

각골통한(刻骨痛恨) : 뼈에 사무칠 만큼 원통하고 한스러움. 또는 그런 일.

각자도생(各自圖生) : 제각기 살아 나갈 방법을 꾀함.

각자무치(角者無齒) : 뿔이 있는 짐승은 이가 없다는 뜻으로, 한 사람이 여러 가지 재주나 복을 다 가질 수 없다는 말.

간난신고(艱難辛苦) : 몹시 힘들고 어려우며 고생스러움.

간담상조(肝膽相照) : 서로 속마음을 털어놓고 친하게 사귐.

갈이천정(渴而穿井) : 목이 마른 자가 우물을 판다는 뜻으로 절실하거나 필요한 사람이 일을 하게 되어 있다는 뜻.

갈충보국(竭忠報國) : 충성을 다하여서 나라의 은혜를 갚음. = 진충보국.

감언이설(甘言利說) : 귀가 솔깃하도록 남의 비위를 맞추거나 이로운 조건을 내세워 꾀는 말.

감탄고토(甘呑苦吐) : 달면 삼키고 쓰면 뱉는다는 뜻으로, 자신의 비위에 따라서 사리의 옳고 그름을 판단함을 이르는 말.

갑남을녀(甲男乙女) : 갑이란 남자와 을이란 여자라는 뜻으로, 평범한 사람들을 이르는 말.

갑론을박(甲論乙駁) : 여러 사람이 서로 자신의 주장을 내세우며 상대편의 주장을 반박함.

강호연파(江湖煙波) : 강이나 호수 위에 안개처럼 보얗게 이는 기운. 또는 그 수면의 잔물결.

개과천선(改過遷善) : 지난날의 잘못이나 허물을 고쳐 올바르고 착하게 됨.

개관사정(蓋棺事定) : 시체를 관에 넣고 뚜껑을 덮은 후에야 일을 결정할 수 있다는 뜻으로, 사람이 죽은 후에야 비로소 그 사람에 대한 평가가 제대로 됨을 이르는 말.

개권유익(開卷有益) : 책을 펼쳐서 읽으면 그 속에 반드시 유익함이 있음을 이르는 말.

개문납적(開門納賊) : 문을 열어 도둑이 들어오게 한다는 뜻으로, 제 스스로 화를 불러들임을 이르는 말.

객반위주(客反爲主) : 손이 도리어 주인 노릇을 한다는 뜻으로, 부차적인 것을 주된 것보다 오히려 더 중요하게 여김을 이르는 말.

➕ 더 알고가기   주제별 한자성어 : 편안하고 태평한 세월   ≡

- 강구연월(康衢煙月) : 번화한 큰 길거리에서 달빛이 연기에 은은하게 비치는 모습을 나타내는 말로, 태평한 세상의 평화로운 풍경을 이르는 말.
- 고복격양(鼓腹擊壤) : 태평한 세월을 즐김을 이르는 말. 중국 요 임금 때 한 노인이 배를 두드리고 땅을 치면서 요 임금의 덕을 찬양하고 태평성대를 즐겼다는 데서 유래함.
- 요순시절(堯舜時節) : 요임금과 순임금이 덕으로 천하를 다스리던 태평한 시대. 치세(治世)의 모범으로 삼음.
- 태평성대(太平聖代) : 어진 임금이 잘 다스리어 태평한 세상이나 시대.
- 함포고복(含哺鼓腹) : 잔뜩 먹고 배를 두드린다는 뜻으로, 먹을 것이 풍족하여 즐겁게 지냄을 이르는 말.

🔍 짚어보기   ▶ 각주구검(刻舟求劍)

《여씨춘추》의 〈찰금편(察今篇)〉에 나오는 말로 초나라 사람이 배에서 칼을 물속에 떨어뜨렸는데 배가 움직이는 것은 생각하지 않고 칼이 떨어진 위치를 뱃전에 표시하여 칼을 찾으려 했다는 데서 유래한 말이다. ≒ 각선구검(刻舟求劍).

거 · 계

거두절미(去頭截尾) : 머리와 꼬리를 잘라 버린다는 말로 어떤 일의 요점만 간단히 말함.

거안사위(居安思危) : 편안한 상황에 처했을 때, 위태로움을 생각해야 함을 이르는 말.

거안제미(擧案齊眉) : 밥상을 눈썹과 가지런하도록 공손히 들어 남편 앞에 가지고 간다는 뜻으로, 남편을 깍듯이 공경함을 이르는 말.

건곤일척(乾坤一擲) : 주사위를 던져 승패를 건다는 뜻으로, 운명을 걸고 단판걸이로 승부를 겨룸을 이르는 말.

격물치지(格物致知) : 실제 사물의 이치를 연구하여 지식을 완전하게 함.

격화소양(隔靴搔癢) : 신을 신고 발바닥을 긁는다는 뜻으로, 성에 차지 않거나 철저하지 못한 안타까움을 이르는 말.

견강부회(牽强附會) : 이치에 맞지 않는 말을 억지로 끌어 붙여 자기에게 유리하게 함.

견리망의(見利忘義) : 눈앞의 이익을 보면 의리를 잊음.

견리사의(見利思義) : 눈앞의 이익을 보면 의리를 먼저 생각함.

견마지로(犬馬之勞) : 개나 말 정도의 하찮은 힘이라는 뜻으로, 윗사람에게 충성을 다하는 자신의 노력을 낮추어 이르는 말.

견문발검(見蚊拔劍) : 모기를 보고 칼을 뺀다는 뜻으로, 사소한 일에 크게 성내어 덤빔을 이르는 말.

견물생심(見物生心) : 어떠한 실물을 보게 되면 그것을 가지고 싶은 욕심이 생김.

견위치명(見危致命) : 나라가 위태로울 때 자기의 몸을 나라에 바침.

견인불발(堅忍不拔) : 굳게 참고 견디어 마음이 흔들리지 않음.

결자해지(結者解之) : 맺은 사람이 풀어야 한다는 뜻으로, 자기가 저지른 일은 자기가 해결해야 함을 이르는 말.

결초보은(結草報恩) : 풀을 맺어 은혜를 갚는다는 뜻으로 죽은 뒤에라도 은혜를 잊지 않고 갚음을 이르는 말.

겸양지덕(謙讓之德) : 겸손한 태도로 남에게 양보하거나 사양하는 아름다운 마음씨나 행동.

겸인지용(兼人之勇) : 혼자서 능히 몇 사람을 당해 낼 만한 용기.

경거망동(輕擧妄動) : 경솔하여 생각 없이 망령되게 행동함.

경경고침(耿耿孤枕) : 근심에 싸여 있는 외로운 잠자리.

경천근민(敬天勤民) : 하늘을 공경하고 백성을 위하여 부지런히 일함.

계구우후(鷄口牛後) : 닭의 주둥이와 소의 꼬리라는 뜻으로, 큰 단체의 꼴찌보다는 작은 단체의 우두머리가 되는 것이 오히려 나음을 이르는 말.

계란유골(鷄卵有骨) : 달걀에도 뼈가 있다는 뜻으로, 운수가 나쁜 사람은 모처럼 좋은 기회를 만나도 역시 일이 잘 안됨을 이르는 말.

계명구도(鷄鳴狗盜) : 비굴하게 남을 속이는 하찮은 재주 또는 그런 재주를 가진 사람을 이르는 말.

＋ 더 알고가기   주제별 한자성어 : 아름다운 미인   ≡

- **경국지색(傾國之色)** : 임금이 혹하여 나라가 기울어져도 모를 정도의 미인이라는 뜻으로, 뛰어나게 아름다운 미인을 이르는 말.
- **단순호치(丹脣皓齒)** : 붉은 입술과 하얀 치아라는 뜻으로, 아름다운 여자를 이르는 말.
- **설부화용(雪膚花容)** : 눈처럼 흰 살갗과 꽃처럼 고운 얼굴이라는 뜻으로, 미인의 용모를 이르는 말.
- **화용월태(花容月態)** : 아름다운 여인의 얼굴과 맵시를 이르는 말.

집어보기 ▶ 결초보은(結草報恩)

중국 춘추 시대에, 진나라의 위과(魏顆)가 아버지가 세상을 떠난 후에 서모를 개가시켜 순사(殉死)하지 않게 하였더니, 그 뒤 싸움터에서 그 서모 아버지의 혼이 적군의 앞길에 풀을 묶어 적을 넘어뜨려 위과가 공을 세울 수 있도록 하였다는 고사에서 유래한다. ≒ 결초(結草).

고 ~ 교

고관대작(高官大爵) : 지위가 높고 훌륭한 벼슬. 또는 그런 위치에 있는 사람.

고군분투(孤軍奮鬪) : 도움을 받지 못하게 된 군사가 많은 수의 적군과 잘 싸움을 뜻하는 말로 남의 도움을 받지 않고 일을 잘해 나가는 것을 비유적으로 이르는 말.

고금무쌍(古今無雙) : 고금을 통틀어도 비교할 만한 짝이 없을 만큼 뛰어남.

고담준론(高談峻論) : 뜻이 높고 바르며 엄숙하고 날카로운 말.

고두사죄(叩頭謝罪) : 머리를 조아리며 잘못을 빎.

고량진미(膏粱珍味) : 기름진 고기와 좋은 곡식으로 만든 맛있는 음식.

고립무원(孤立無援) : 고립되어 구원을 받을 데가 없음.

고성낙일(孤城落日) : '외딴 성과 서산에 지는 해'라는 뜻으로, 세력이 다하고 남의 도움이 없는 매우 외로운 처지를 이르는 말.

고식지계(姑息之計) : 우선 당장 편한 것만을 택하는 꾀나 방법. 한때의 안정을 얻기 위하여 임시로 둘러맞추어 처리하거나 이리저리 주선하여 꾸며 내는 계책을 이르는 말.

고육지책(苦肉之策) : 자기 몸을 상해 가면서까지 꾸며 내는 계책이라는 뜻으로, 어려운 상태를 벗어나기 위해 어쩔 수 없이 꾸며 내는 계책을 이르는 말.

고장난명(孤掌難鳴) : 외손뼉만으로는 소리가 울리지 아니한다는 뜻으로, 혼자의 힘만으로 어떤 일을 이루기 어려움을 이르는 말.

고침안면(高枕安眠) : 베개를 높이 하여 편안히 잔다는 뜻으로, 근심 없이 편안히 지냄을 이르는 말.

곡학아세(曲學阿世) : 바른 길에서 벗어난 학문으로 세상 사람에게 아첨함.

골육지정(骨肉之情) : 가까운 혈족 사이의 의로운 정.

과유불급(過猶不及) : 정도를 지나침은 미치지 못함과 같음을 이르는 말.

관포지교(管鮑之交) : 관중과 포숙의 사귐이란 뜻으로, 우정이 아주 돈독한 친구 관계를 이르는 말.

관후장자(寬厚長者) : 너그럽고 후하며 점잖은 사람.

괄목상대(刮目相對) : 눈을 비비고 상대편을 본다는 뜻으로, 남의 학식이나 재주가 놀랄 만큼 부쩍 늚을 이르는 말.

교각살우(矯角殺牛) : 소의 뿔을 바로잡으려다가 소를 죽인다는 뜻으로, 잘못된 점을 고치려다 그 방법이나 정도가 지나쳐 오히려 일을 그르침을 이르는 말.

교언영색(巧言令色) : 아첨하는 말과 알랑거리는 태도.

교왕과직(矯枉過直) : 굽은 것을 바로잡으려다가 정도에 지나치게 곧게 한다는 뜻으로, 잘못된 것을 바로잡으려다가 너무 지나쳐서 오히려 나쁘게 됨을 이르는 말.

교토삼굴(狡兎三窟) : 교활한 토끼는 세 개의 숨을 굴을 파 놓는다는 뜻으로, 사람이 교묘하게 잘 숨어 재난을 피함을 이르는 말.

기출유사문제

다음 〈보기〉의 밑줄 친 한자성어와 바꿔 쓸 수 <u>없는</u> 것은?

> 상황이 급하다 보니 동족방뇨(凍足放尿)식으로 일을 처리할 수밖에 없었다.

① 고식지계(姑息之計)　　　　② 하석상대(下石上臺)
③ 임시방편(臨時方便)　　　　④ 미봉책(彌縫策)
⑤ 초미지급(焦眉之急)

● 해설

'초미지급(焦眉之急)'은 눈썹에 불이 붙었다는 뜻으로 매우 급박한 상황을 비유한 말이다. 따라서 잠시 동안만 효력이 있을 뿐 효력이 바로 사라짐을 뜻하는 '동족방뇨(凍足放尿)'와는 바꿔 쓸 수 없다.

① 고식지계(姑息之計) : 우선 당장 편한 것만을 택하는 꾀나 방법. 한때의 안정을 얻기 위하여 임시로 둘러맞추어 처리하거나 이리 저리 주선하여 꾸며 내는 계책을 이름.
② 하석상대(下石上臺) : 아랫돌 빼서 윗돌 괴고 윗돌 빼서 아랫돌 괸다는 뜻으로, 임시변통으로 이리저리 둘러맞춤을 이르는 말.
③ 임시방편(臨時方便) : 갑자기 터진 일을 우선 간단하게 둘러맞추어 처리함.
④ 미봉책(彌縫策) : 눈가림만 하는 일시적인 계책을 이르는 말.

정답 ❺

+ 더 알고가기　　주제별 한자성어 : 우정(友情)

- **금란지교(金蘭之交)** : 황금과 같이 단단하고 난초 향기와 같이 아름다운 사귐이라는 뜻으로 친구 사이의 매우 두터운 정을 이르는 말.
- **막역지우(莫逆之友)** : 서로 거스름이 없는 친구라는 뜻으로 허물이 없이 아주 친한 친구를 이르는 말.
- **문경지교(刎頸之交)** : 서로를 위해서라면 목이 잘린다 해도 후회하지 않을 정도의 사이라는 뜻으로 생사를 같이 할 수 있는 벗을 이르는 말.
- **수어지교(水魚之交)** : 물이 없으면 살 수 없는 물고기와 물의 관계라는 뜻으로, 아주 친밀하여 떨어질 수 없는 사이를 이르는 말.
- **죽마고우(竹馬故友)** : 대말을 타고 놀던 벗이라는 뜻으로, 어릴 때부터 같이 놀며 자란 벗을 이르는 말.

Q 짚어보기　▶ 관포지교(管鮑之交)

《사기(史記)》에 전해지는 중국 제나라 때 '관중'과 '포숙'의 우정을 이르는 말로, 포숙의 도움으로 재상에 오른 관중이 후에 "나를 낳아준 이는 부모이지만 나를 진정으로 알아준 사람은 포숙이다."라고 말했다고 전한다.

구~금

구년지수(九年之水) : 오랫동안 계속되는 큰 홍수.

구사일생(九死一生) : 아홉 번 죽을 뻔하다 한 번 살아난다는 뜻으로, 죽을 고비를 여러 차례 넘기고 겨우 살아남음을 이르는 말.

구상유취(口尙乳臭) : 입에서 아직 젖내가 난다는 뜻으로, 말이나 행동이 유치함을 이르는 말.

구세제민(救世濟民) : 어지러운 세상을 구원하고 고통받는 백성을 구제함.

구우일모(九牛一毛) : 아홉 마리의 소 가운데 박힌 하나의 털이란 뜻으로, 매우 많은 것 가운데 극히 적은 수를 이르는 말.

구이지학(口耳之學) : 들은 것을 자기 생각 없이 그대로 남에게 전하는 것이 고작인 학문.

구절양장(九折羊腸) : 아홉 번 꼬부라진 양의 창자라는 뜻으로, 꼬불꼬불하며 험한 산길을 이르는 말.

구중심처(九重深處) : 밖으로 잘 드러나지 않는 깊숙한 곳.

군맹무상(群盲撫象) : 사물을 좁은 소견과 주관으로 잘못 판단함을 이르는 말.

군웅할거(群雄割據) : 여러 영웅이 각기 한 지방씩 차지하고 위세를 부리는 상황을 이르는 말.

궁여지책(窮餘之策) : 궁한 나머지 생각다 못하여 짜낸 계책.

권모술수(權謀術數) : 목적 달성을 위하여 수단과 방법을 가리지 아니하는 온갖 모략이나 술책.

권불십년(權不十年) : 권세는 십 년을 가지 못한다는 뜻으로, 아무리 높은 권세라도 오래가지 못함을 이르는 말.

귤화위지(橘化爲枳) : 회남의 귤을 회북에 옮겨 심으면 탱자가 된다는 뜻으로, 환경에 따라 사람이나 사물의 성질이 변함을 이르는 말.

극기복례(克己復禮) : 자기의 욕심을 누르고 예의범절을 따름.

근묵자흑(近墨者黑) : 먹을 가까이하는 사람은 검어진다는 뜻으로, 나쁜 사람과 가까이 지내면 나쁜 버릇에 물들기 쉬움을 비유적으로 이르는 말.

금과옥조(金科玉條) : 금이나 옥처럼 귀중히 여겨 꼭 지켜야 할 법칙이나 규정.

금상첨화(錦上添花) : 비단 위에 꽃을 더한다는 뜻으로, 좋은 일 위에 또 좋은 일이 더하여짐을 비유적으로 이르는 말.

금석지감(今昔之感) : 지금과 옛날의 차이가 너무 심하여 생기는 느낌.

금옥만당(金玉滿堂) : 금관자나 옥관자를 붙인 높은 벼슬아치들이 방 안에 가득함. 현명한 신하가 조정에 가득함.

금의야행(錦衣夜行) : 비단옷을 입고 밤길을 다닌다는 뜻으로, 자랑삼아 하지 않으면 생색이 나지 않음을 이르는 말.

금의환향(錦衣還鄉) : 비단옷을 입고 고향에 돌아온다는 뜻으로, 출세를 하여 고향에 돌아가거나 돌아옴을 비유적으로 이르는 말.

+ 더 알고가기   주제별 한자성어 : 여럿 가운데 가장 뛰어남

- **계군일학(鷄群一鶴)** : 닭의 무리 가운데에서 한 마리의 학이란 뜻으로, 많은 사람 가운데서 뛰어난 인물을 이르는 말.
  = 군계일학.
- **백미(白眉)** : 흰 눈썹이라는 뜻으로, 여럿 가운데에서 가장 뛰어난 사람이나 훌륭한 물건을 비유적으로 이르는 말.
- **철중쟁쟁(鐵中錚錚)** : 여러 쇠붙이 가운데서도 유난히 맑게 쟁그랑거리는 소리가 난다는 뜻으로, 같은 무리 가운데서도 가장 뛰어난 사람을 이르는 말.
- **태산북두(泰山北斗)** : 세상 사람들로부터 존경받는 사람을 비유적으로 이르는 말.

집어보기 ▶ 권토중래(捲土重來)

중국 당나라 두목의 〈오강정시(烏江亭詩)〉에 나오는 말로, 항우가 유방과의 결전에서 패하여 오강(烏江) 근처에서 자결한 것을 탄식한 데에서 유래한다.

낙 ~ 능

낙담상혼(落膽喪魂) : 몹시 놀라거나 마음이 상해서 넋을 잃음.

낙양지가(洛陽紙價) : 훌륭한 글을 서로 필사하느라고 낙양 땅의 종이 값이 치솟는다는 말로 훌륭한 문장이나 글을 칭송하여 이르는 말.

낙화유수(落花流水) : 떨어지는 꽃과 흐르는 물이라는 뜻으로, 가는 봄의 경치를 이르는 말.

난공불락(難攻不落) : 공격하기가 어려워 쉽사리 함락되지 아니함.

난형난제(難兄難弟) : 누구를 형이라 하고 누구를 아우라 하기 어렵다는 뜻으로, 두 사물이 비슷하여 낫고 못함을 정하기 어려움을 이르는 말.

남부여대(男負女戴) : 남자는 지고 여자는 인다는 뜻으로, 가난한 사람들이 살 곳을 찾아 이리저리 떠돌아다님을 비유적으로 이르는 말.

남선북마(南船北馬) : 중국의 남쪽은 강이 많아서 배를 이용하고 북쪽은 산과 사막이 많아서 말을 이용한다는 뜻으로, 늘 쉬지 않고 여기저기 여행을 하거나 돌아다님을 이르는 말.

낭중지추(囊中之錐) : 주머니 속의 송곳이라는 뜻으로, 재능이 뛰어난 사람은 숨어 있어도 저절로 사람들에게 알려짐을 이르는 말.

내우외환(內憂外患) : 나라 안팎의 여러 가지 어려움.

노류장화(路柳墻花) : 아무나 쉽게 꺾을 수 있는 길가의 버들과 담 밑의 꽃이라는 뜻으로, 기생을 비유적으로 이르는 말.

노승발검(怒蠅拔劍) : 성가시게 구는 파리를 보고 화가 나서 칼을 뺀다는 뜻으로, 사소한 일에 화를 내거나 또는 작은 일에 어울리지 않게 커다란 대책을 세움을 비유적으로 이르는 말.

노심초사(勞心焦思) : 몹시 마음을 쓰며 애를 태움.

녹양방초(綠楊芳草) : 푸른 버드나무와 향기로운 풀.

논공행상(論功行賞) : 공적의 크고 작음 따위를 논의하여 그에 알맞은 상을 줌.

농와지경(弄瓦之慶) : 딸을 낳은 즐거움을 이르는 말.

능소능대(能小能大) : 모든 일에 두루 능함.

➕ 더 알고가기　　**주제별 한자성어 : 인생의 덧없음**　　　　　　　　　　　≡

• **남가일몽(南柯一夢)** : 꿈과 같이 헛된 한때의 부귀영화를 이르는 말.

• **여옹침(呂翁枕)** : 인생의 덧없음과 영화의 헛됨을 비유적으로 이르는 말.

• **일장춘몽(一場春夢)** : 한바탕의 봄꿈이라는 뜻으로, 헛된 영화나 덧없는 일을 비유적으로 이르는 말.

• **일취지몽(一炊之夢)** : 인생이 덧없고 영화(榮華)도 부질없음을 비유적으로 이르는 말. = 황량일취몽(黃粱一炊夢), 황량몽(黃粱夢).

• **한단지몽(邯鄲之夢)** : 인생과 영화의 덧없음을 이르는 말. = 노생지몽(老生之夢).

Q 짚어보기 ▶ 낙양지가(洛陽紙價)

중국 진나라 때 문인 좌사(左思)가 쓴 글이 인기가 좋아서 이를 필사하기 위하여 사람들이 종이를 사들였고 이로 인하여 종이의 값이 뛰었다는 데서 유래하였다. 이로 인해 '낙양의 지가를 올린다.'라는 말은 결국 사람들이 많이 읽는 명문장을 의미하게 되었다.

다 ~ 대

다기망양(多岐亡羊) : 갈림길이 많아 잃어버린 양을 찾지 못한다는 뜻으로, 두루 섭렵하기만 하고 전공하는 바가 없어 끝내 성취하지 못함을 이르는 말.

다다익선(多多益善) : 많으면 많을수록 더욱 좋음.

다사다난(多事多難) : 여러 가지 일도 많고 어려움이나 탈도 많음.

단금지계(斷金之契) : 쇠라도 자를 만큼의 굳은 약속이라는 뜻으로, 매우 두터운 우정을 이르는 말. = 단금지교(斷金之交).

단기지계(斷機之戒) : 학문을 중도에서 그만두면 짜던 베의 날을 끊는 것처럼 아무 쓸모 없음을 경계한 말.

당구풍월(堂狗風月) : 서당에서 기르는 개가 풍월을 읊는다는 뜻으로, 그 분야에 대하여 경험과 지식이 전혀 없는 사람이라도 오래 있으면 얼마간의 경험과 지식을 가짐을 이르는 말.

당동벌이(黨同伐異) : 일의 옳고 그름은 따지지 않고 뜻이 같은 무리끼리는 서로 돕고 그렇지 않은 무리는 배척함. = 동당벌이(同黨伐異).

당랑거철(螳螂拒轍) : 제 역량을 생각하지 않고, 강한 상대나 되지 않을 일에 덤벼드는 무모한 행동거지를 비유적으로 이르는 말.

대경실색(大驚失色) : 몹시 놀라 얼굴빛이 하얗게 질림.

대기만성(大器晩成) : 큰 그릇을 만드는 데는 시간이 오래 걸린다는 뜻으로, 크게 될 사람은 늦게 이루어짐을 이르는 말.

대동소이(大同小異) : 큰 차이 없이 거의 같음.

➕ 더 알고가기 │ 주제별 한자성어 : 소박하고 욕심 없는 삶 ≡

- **단사표음(簞食瓢飮)** : 대나무로 만든 밥그릇에 담은 밥과 표주박에 든 물이라는 뜻으로, 청빈하고 소박한 생활을 이르는 말.
- **단표누항(簞瓢陋巷)** : 누항에서 먹는 한 그릇의 밥과 한 바가지의 물이라는 뜻으로, 선비의 청빈한 생활을 이르는 말.
- **빈이무원(貧而無怨)** : 가난하지만 세상을 원망하지 않는다는 뜻으로 소박한 삶을 이르는 말.
- **안분지족(安分知足)** : 편안한 마음으로 제 분수를 지키며 만족할 줄 앎.
- **안빈낙도(安貧樂道)** : 가난한 생활을 하면서도 편안한 마음으로 도를 즐겨 지킴.

Q 짚어보기 ▶ 단기지계(斷機之戒)

《후한서》의 〈열녀전(列女傳)〉에 나오는 것으로, 맹자가 수학(修學) 도중에 집에 돌아오자, 그의 어머니가 짜던 베를 끊어 그를 훈계하였다는 데서 유래한다.

도~등

도청도설(道聽塗說) : 길에서 듣고 길에서 말한다라는 뜻으로, 길거리에 퍼져 돌아다니는 뜬소문을 이르는 말. = 가담항설(街談巷說).

독서삼매(讀書三昧) : 다른 생각은 전혀 아니하고 오직 책 읽기에만 골몰하는 경지.

동가홍상(同價紅裳) : 같은 값이면 다홍치마라는 뜻으로, 같은 값이면 좋은 물건을 가짐을 이르는 말.

동고동락(同苦同樂) : 괴로움도 즐거움도 함께함.

동병상련(同病相憐) : 같은 병을 앓는 사람끼리 서로 가엾게 여긴다는 뜻으로, 어려운 처지에 있는 사람끼리 서로 가엾게 여김을 이르는 말.

동상이몽(同床異夢) : 같은 자리에 자면서 다른 꿈을 꾼다는 뜻으로, 겉으로는 같이 행동하면서도 속으로는 각각 딴생각을 하고 있음을 이르는 말.

동분서주(東奔西走) : 동쪽으로 뛰고 서쪽으로 뛴다는 뜻으로, 사방으로 이리저리 몹시 바쁘게 돌아다님을 이르는 말.

두문불출(杜門不出) : 집에만 있고 바깥출입을 아니함.

득롱망촉(得隴望蜀) : 농(隴)을 얻고서 촉(蜀)까지 취하고자 한다는 뜻으로, 만족할 줄을 모르고 계속 욕심을 부리는 경우를 비유적으로 이르는 말.

등고자비(登高自卑) : 높은 곳에 오르려면 낮은 곳에서부터 오른다는 뜻으로, 일을 순서대로 해야 함을 이르는 말.

등하불명(燈下不明) : '등잔 밑이 어둡다'라는 뜻으로, 가까이에 있는 물건이나 사람을 잘 찾지 못함을 이르는 말.

등화가친(燈火可親) : 등불을 가까이할 만하다는 뜻으로, 서늘한 가을밤은 등불을 가까이 하여 글 읽기에 좋음을 이르는 말.

➕ 더 알고가기   주제별 한자성어 : 나라의 인재

- **고굉지신(股肱之臣)** : '다리와 팔'같이 중요한 신하라는 뜻으로, 임금이 가장 신임하는 신하를 이르는 말.
- **동량지재(棟梁之材)** : 기둥과 들보로 쓸 만한 재목이라는 뜻으로, 한 집안이나 한 나라를 떠받치는 중대한 일을 맡을 만한 인재를 이르는 말.
- **사직지신(社稷之臣)** : 나라의 안위(安危)와 존망(存亡)을 맡은 중신(重臣).
- **주석지신(柱石之臣)** : 나라에 중요한 구실을 하는 신하.

🔍 짚어보기   ▶ 득롱망촉(得隴望蜀)

중국 후한(後漢)의 광무제가 농(隴) 지방을 평정한 후에 다시 촉(蜀) 지방까지 원하였다는 데에서 유래한다. ≒ 망촉(望蜀)/평롱망촉(平弄望蜀).

마 ~ 망

마부위침(磨斧爲針) : 도끼를 갈아 바늘을 만든다는 뜻으로 아무리 힘든 일이라도 끝까지 열심히 하다보면 결실을 맺을 수 있음을 이르는 말.

마이동풍(馬耳東風) : 동풍이 말의 귀를 스쳐간다는 뜻으로, 남의 말을 귀담아듣지 아니하고 지나쳐 흘려버림을 이르는 말.

만경창파(萬頃蒼波) : 만 이랑의 푸른 물결이라는 뜻으로, 한없이 넓고 넓은 바다를 이르는 말.

만고풍상(萬古風霜) : 아주 오랜 세월 동안 겪어 온 많은 고생.

만단정회(萬端情懷) : 온갖 정과 회포.

만면수색(滿面愁色) : 얼굴에 가득 찬 근심의 빛.

만사휴의(萬事休矣) : 모든 것이 헛수고로 돌아감을 이르는 말.

만시지탄(晩時之歎) : 시기에 늦어 기회를 놓쳤음을 안타까워하는 탄식.

망국지성(亡國之聲) : 나라를 망하게 할 음악이란 뜻으로, 저속하고 잡스러운 음악을 이르는 말. = 망국지음(亡國之音).

망양보뢰(亡羊補牢) : 양을 잃고 우리를 고친다는 뜻으로, 이미 어떤 일을 실패한 뒤에 뉘우쳐도 아무 소용이 없음을 이르는 말.

망양지탄(亡羊之歎) : 갈림길이 매우 많아 잃어버린 양을 찾을 길이 없음을 탄식한다는 뜻으로, 학문의 길이 여러 갈래여서 한 갈래의 진리도 얻기 어려움을 이르는 말.

망연자실(茫然自失) : 멍하니 정신을 잃음.

망중한(忙中閑) : 바쁜 가운데 잠깐 얻어 낸 틈.

➕ 더 알고가기   주제별 한자성어 : 부모에 대한 마음   ☰

- **노래지희(老萊之戱)** : 중국 주(周)나라의 노래자(老萊子)가 나이가 칠십이 넘어서도 부모님 앞에서 색동옷을 입고 재롱을 부려 부모님을 기쁘게 해 드렸다는 말로 변함 없는 효(孝)를 의미하는 말.
- **망운지정(望雲之情)** : 자식이 객지에서 고향에 계신 어버이를 생각하는 마음.
- **반포지효(反哺之孝)** : 까마귀 새끼가 자라서 늙은 어미에게 먹이를 물어다 주는 효(孝)라는 뜻으로, 자식이 자란 후에 어버이의 은혜를 갚는 효성을 이르는 말.
- **풍수지탄(風樹之嘆)** : 효도를 다하지 못한 채 어버이를 여읜 자식의 슬픔을 이르는 말.
- **호천망극(昊天罔極)** : 어버이의 은혜가 넓고 큰 하늘과 같이 다함이 없음을 이르는 말.

맥 ~ 미

맥수지탄(麥秀之嘆) : 고국의 멸망을 한탄함을 이르는 말.

면목가증(面目可憎) : 얼굴 생김생김이 남에게 미움을 살 만한 데가 있음.

멸사봉공(滅私奉公) : 사욕을 버리고 공익을 위하여 힘씀.

명경지수(明鏡止水) : 맑은 거울과 고요한 물.

명불허전(名不虛傳) : 명성이나 명예가 헛되이 퍼진 것이 아니라는 뜻으로, 이름날 만한 까닭이 있음을 이르는 말.

명약관화(明若觀火) : 불을 보듯 분명하고 뻔함.

명재경각(命在頃刻) : 거의 죽게 되어 곧 숨이 끊어질 지경에 이름.

명철보신(明哲保身) : 총명하고 사리에 밝아 일을 잘 처리하여 자기 몸을 보존함.

모수자천(毛遂自薦) : 자기가 자기를 추천함.

목불식정(目不識丁) : 아주 간단한 글자인 '丁'자를 보고도 그것이 '고무래'인 줄을 알지 못한다는 뜻으로, 아주 까막눈임을 이르는 말.

목불인견(目不忍見) : 눈앞에 벌어진 상황 따위를 눈 뜨고는 차마 볼 수 없음.

무릉도원(武陵桃源) : '이상향'이나 '별천지'를 비유적으로 이르는 말.

무변광대(無邊廣大) : 넓고 커서 끝이 없음. = 광대무변(廣大無邊).

무념무상(無念無想) : 무아의 경지에 이르러 일체의 상념을 떠남.

무위도식(無爲徒食) : 하는 일 없이 놀고먹음.

무위자연(無爲自然) : 사람의 힘을 더하지 않은 그대로의 자연. 또는 그런 이상적인 경지.

무장공자(無腸公子) : 창자가 없는 동물(게)이라는 뜻으로 기개나 담력이 없는 사람을 놀림조로 이르는 말.

무주공산(無主空山) : 임자 없는 빈산.

무지몽매(無知蒙昧) : 아는 것이 없고 사리에 어두움.

문일지십(聞一知十) : 하나를 듣고 열 가지를 미루어 안다는 뜻으로, 지극히 총명함을 이르는 말.

문전걸식(門前乞食) : 이 집 저 집 돌아다니며 빌어먹음.

문전옥답(門前沃畓) : 집 가까이에 있는 기름진 논.

문전성시(門前成市) : 찾아오는 사람이 많아 집 문 앞이 시장을 이루다시피 함을 이르는 말.

물아일체(物我一體) : 외물(外物)과 자아, 객관과 주관, 또는 물질계와 정신계가 어울려 하나가 됨. = 물심일여(物心一如).

물외한인(物外閑人) : 세상사에 관계하지 않고 한가롭게 지내는 사람.

미관말직(微官末職) : 지위가 아주 낮은 벼슬. 또는 그런 위치에 있는 사람.

미사여구(美辭麗句) : 아름다운 말로 듣기 좋게 꾸민 글귀.

➕ 더 알고가기 주제별 한자성어 : 겉과 속이 다름

- 경이원지(敬而遠之) : 공경하되 가까이하지는 않음.
- 구밀복검(口蜜腹劍) : 입에는 꿀이 있고 배 속에는 칼이 있다는 뜻으로, 말로는 친한 듯하나 속으로는 해칠 생각이 있음을 이르는 말.
- 면종복배(面從腹背) : 겉으로는 복종하는 체하면서 내심으로는 배반함.
- 양두구육(羊頭狗肉) : 양의 머리를 걸어 놓고 개고기를 판다는 뜻으로, 겉보기만 그럴듯하게 보이고 속은 변변하지 아니함을 이르는 말.
- 이율배반(二律背反) : 서로 모순되어 양립할 수 없는 두 개의 명제.
- 표리부동(表裏不同) : 마음이 음흉하고 불량하여 겉과 속이 다름.

Q 짚어보기 ▶ 맥수지탄(麥秀之嘆)

기자(箕子)가 은(殷)나라가 망한 뒤에도 보리만은 잘 자라는 것을 보고 한탄하였다는 데서 유래한다. 기자가 조국 은나라를 떠나며 읊었다는 노래를 '맥수가(麥秀歌)'라고 한다.

박 ~ 백

박람강기(博覽强記) : 여러 가지의 책을 널리 많이 읽고 기억을 잘함.

박장대소(拍掌大笑) : 손뼉을 치며 크게 웃음.

반근착절(盤根錯節) : 구부러진 뿌리와 울퉁불퉁한 마디라는 뜻으로, 처리하기가 매우 어려운 사건을 이르는 말.

반면교사(反面敎師) : 사람이나 사물 따위의 부정적인 면에서 얻는 깨달음이나 가르침을 주는 대상을 이르는 말.

발본색원(拔本塞源) : 좋지 않은 일의 근본 원인이 되는 요소를 완전히 없애 버려서 다시는 그러한 일이 생길 수 없도록 함.

방약무인(傍若無人) : 곁에 사람이 없는 것처럼 아무 거리낌 없이 함부로 말하고 행동하는 태도가 있음.

백골난망(白骨難忘) : 죽어서 백골이 되어도 잊을 수 없다는 뜻으로, 남에게 큰 은덕을 입었을 때 고마움의 뜻으로 이르는 말.

백면서생(白面書生) : 한갓 글만 읽고 세상일에는 전혀 경험이 없는 사람.

백사여의(百事如意) : 모든 일이 마음먹은 대로 이루어짐.

백아절현(伯牙絕絃) : 자기를 알아주는 참다운 벗의 죽음을 슬퍼함.

백안시(白眼視) : 남을 업신여기거나 무시하는 태도로 흘겨봄.

백절불굴(百折不屈) : 어떠한 난관에도 결코 굽히지 않음. = 백절불요(百折不撓).

백중지세(伯仲之勢) : 서로 우열을 가리기 힘든 형세.

Q 짚어보기 ▶ 백아절현(伯牙絕絃)

중국 춘추 시대에 백아(伯牙)는 거문고를 매우 잘 탔고, 그의 벗 종자기(鍾子期)는 그 거문고 소리를 잘 들었는데, 종자기가 죽어 그 거문고 소리를 들을 사람이 없게 되자 백아가 절망하여 거문고 줄을 끊어 버리고 다시는 거문고를 타지 않았다는 데서 유래한다.

기출유사문제

다음 〈보기〉의 밑줄 친 부분과 바꿔 쓸 수 없는 한자성어는?

그 사람은 배움이 짧아 낫 놓고 기역자도 모르는 사람이다.

① 어로불변(漁魯不辨)　　② 일문불통(一文不通)

③ 진언부지(眞言不知)　　④ 목불식정(目不識丁)

⑤ 방약무인(傍若無人)

해설

'방약무인(傍若無人)'은 곁에 사람이 없는 것처럼 아무 거리낌 없이 함부로 말하고 행동하는 태도가 있음을 의미하는 말이다.
①, ②, ③, ④ 아주 무식함을 비유적으로 이르는 말들이다.

어휘

- 일문불통(一文不通) : 한 글자도 읽을 수 없음을 이르는 말.
- 진언부지(眞諺不知) : 진서(眞書)나 언문(諺文)을 다 알지 못한다는 뜻으로, 무식하여 잘 모름을 이르는 말.

정답 ❺

변 ~ 빙

변화무쌍(變化無雙) : 비할 데 없이 변화가 심함.

별유건곤(別有乾坤) : 좀처럼 볼 수 없는 아주 좋은 세상. 또는 딴 세상.

복마전(伏魔殿) : 마귀가 숨어 있는 집이나 굴이라는 뜻으로 비밀리에 나쁜 일을 꾸미는 무리들이 모이거나 활동하는 곳을 비유적으로 이르는 말.

부중생어(釜中生魚) : 솥 안에 물고기가 생긴다는 뜻으로, 매우 가난하여 오랫동안 밥을 짓지 못함을 이르는 말.

부창부수(夫唱婦隨) : 남편이 주장하고 아내가 이에 잘 따름. 또는 부부 사이의 그런 도리.

부화뇌동(附和雷同) : 줏대 없이 남의 의견에 따라 움직임.

북창삼우(北窓三友) : 거문고, 술, 시(詩)를 아울러 이르는 말.

분골쇄신(粉骨碎身) : 뼈를 가루로 만들고 몸을 부순다는 뜻으로, 정성으로 노력함을 이르는 말.

불가항력(不可抗力) : 사람의 힘으로는 저항할 수 없는 힘.

불문곡직(不問曲直) : 옳고 그름을 따지지 아니함.

불언가지(不言可知) : 아무 말을 하지 않아도 능히 알 수가 있음.

불요불굴(不撓不屈) : 한번 먹은 마음이 흔들리거나 굽힘이 없음.

불원천리(不遠千里) : 천 리 길도 멀다고 여기지 않음.

불철주야(不撤晝夜) : 어떤 일에 몰두하여 조금도 쉴 사이 없이 밤낮을 가리지 아니함.

불치하문(不恥下問) : 손아랫사람이나 지위나 학식이 자기만 못한 사람에게 모르는 것을 묻는 일을 부끄러워하지 아니함.

불편부당(不偏不黨) : 아주 공평하여 어느 쪽으로도 치우침이 없음.

붕성지통(崩城之痛) : 성이 무너질 만큼 큰 슬픔이라는 뜻으로, 남편이 죽은 슬픔을 이르는 말.

붕정만리(鵬程萬里) : 아주 양양한 장래를 비유적으로 이르는 말.

비분강개(悲憤慷慨) : 슬프고 분하여 의분이 북받침.

비옥가봉(比屋可封) : 집집마다 덕행이 있어 모두 표창할 만하다는 뜻으로, 나라에 어진 사람이 많음을 비유적으로 이르는 말.

비육지탄(髀肉之嘆) : 재능을 발휘할 때를 얻지 못하여 헛되이 세월만 보내는 것을 한탄함을 이르는 말.

비익연리(比翼連理) : 비익조와 연리지라는 뜻으로, 부부가 아주 화목함을 이르는 말.

비일비재(非一非再) : 같은 현상이나 일이 한두 번이나 한둘이 아니고 많음.

빈천지교(貧賤之交) : 가난하고 천할 때 사귄 사이. 또는 그런 벗.

빙자옥질(氷姿玉質) : 얼음같이 맑고 깨끗한 살결과 구슬같이 아름다운 자질.

＋ 더 알고가기 　**주제별 한자성어 : 매우 좋지 않은 사이**　　　　　≡

- 견원지간(犬猿之間) : 개와 원숭이의 사이라는 뜻으로, 사이가 매우 나쁜 두 관계를 비유적으로 이르는 말.
- 빙탄지간(氷炭之間) : 얼음과 숯불의 사이처럼 서로 화합할 수 없는 사이를 비유하여 이르는 말.
- 불구대천(不俱戴天) : 하늘을 함께 이지 못한다는 뜻으로, 이 세상에서 같이 살 수 없을 만큼 큰 원한을 가짐을 비유적으로 이르는 말. ≒ 대천지수·대천지원수.

Q 짚어보기 ▶ **비익연리(比翼連里)**

'비익조(比翼鳥)'는 암컷과 수컷의 눈과 날개가 하나씩이어서 짝을 짓지 아니하면 날지 못한다는 전설의 새이고, '연리지(連理枝)'는 두 나무의 가지가 맞닿아서 서로 결이 통한 것을 말한다. 이들은 모두 비유적으로 화목한 남녀나 부부 사이를 의미한다.

사 ~ 삼

사고무친(四顧無親) : 의지할 만한 사람이 아무도 없음.

사발통문(沙鉢通文) : 호소문이나 격문 따위를 쓸 때에 누가 주모자인가를 알지 못하도록 서명에 참여한 사람들의 이름을 사발 모양으로 둥글게 삥 돌려 적은 통문.

사분오열(四分五裂) : 여러 갈래로 갈기갈기 찢어짐.

사상누각(砂上樓閣) : 모래 위에 세운 누각이라는 뜻으로, 기초가 튼튼하지 못하여 오래 견디지 못할 일이나 물건을 이르는 말.

사생취의(捨生取義) : 목숨을 버리고 의를 좇는다는 뜻으로, 목숨을 버릴지언정 옳은 일을 함을 이르는 말.

사필귀정(事必歸正) : 모든 일은 반드시 바른길로 돌아감.

산계야목(山鷄野鶩) : 산 꿩과 들오리라는 뜻으로, 성질이 사납고 거칠어서 제 마음대로만 하며 다잡을 수 없는 사람을 비유적으로 이르는 말.

산자수명(山紫水明) : 산은 자줏빛이고 물은 맑다는 뜻으로, 경치가 아름다움을 이르는 말.

산해진미(山海珍味) : 산과 바다에서 나는 온갖 진귀한 물건으로 차린 맛이 좋은 음식.

살신성인(殺身成仁) : 자기의 몸을 희생하여 인(仁)을 이룸.

삼고초려(三顧草廬) : 인재를 맞아들이기 위하여 참을성 있게 노력함.

삼삼오오(三三五五) : 서너 사람 또는 대여섯 사람이 떼를 지어 다니거나 무슨 일을 함. 또는 그런 모양.

삼수갑산(三水甲山) : 우리나라에서 가장 험한 산골이라 이르던 삼수와 갑산. 조선 시대 귀양지의 하나.

삼순구식(三旬九食) : 삼십 일 동안 아홉 끼니밖에 먹지 못한다는 뜻으로, 몹시 가난함을 이르는 말.

삼인성호(三人成虎) : 세 사람이 짜면 거리에 범이 나왔다는 거짓말도 꾸밀 수 있다는 뜻으로, 근거 없는 말이라도 여러 사람이 말하면 곧이듣게 됨을 이르는 말.

＋ 더 알고가기　　주의해서 써야 할 한자성어

- 삼수갑산(三水甲山) (○) / 산수갑산 (×)
- 야반도주(夜半逃走) (○) / 야밤도주 (×)
- 주야장천(晝夜長川) (○) / 주구장창 (×)
- 혈혈단신(孑孑單身) (○) / 홀홀단신 (×)

- 아연실색(啞然失色) (○) / 아연질색 (×)
- 절체절명(絕體絕命) (○) / 절대절명 (×)
- 풍비박산(風飛雹散) (○) / 풍지박산 (×)

Q 짚어보기　▶ 사면초가(四面楚歌)

《사기》의 〈항우본기(項羽本紀)〉에 나오는 말로 초나라의 항우가 사면을 둘러싼 한나라 군사 쪽에서 들려오는 초나라의 노랫소리를 듣고 초나라 군사가 이미 항복한 줄 알고 놀랐다는 데서 유래한 말이다.

상 ～ 송

상전벽해(桑田碧海) : 뽕나무밭이 변하여 푸른 바다가 된다는 뜻으로, 세상일의 변천이 심함을 비유적으로 이르는 말.

새옹지마(塞翁之馬) : 인생의 길흉화복은 변화가 많아서 예측하기가 어렵다는 말.

색즉시공(色卽是空) : 현실의 물질적 존재는 모두 인연에 따라 만들어진 것으로서 불변하는 고유의 존재성이 없음을 이르는 말.

생면부지(生面不知) : 서로 한 번도 만난 적이 없어서 전혀 알지 못하는 사람. 또는 그런 관계.

서시빈목(西施矉目) : 무조건 남의 흉내를 내어 웃음거리가 됨을 비유적으로 이르는 말.

선견지명(先見之明) : 어떤 일이 일어나기 전에 미리 앞을 내다보고 아는 지혜.

선공후사(先公後私) : 공적인 일을 먼저 하고 사사로운 일은 뒤로 미룸.

선남선녀(善男善女) : 성품이 착한 남자와 여자란 뜻으로, 착하고 어진 사람들을 이르는 말.

설상가상(雪上加霜) : 눈 위에 서리가 덮인다는 뜻으로, 난처한 일이나 불행한 일이 잇따라 일어남을 이르는 말.

설왕설래(說往說來) : 서로 변론을 주고받으며 옥신각신함. 또는 말이 오고 감.

섬섬옥수(纖纖玉手) : 가냘프고 고운 여자의 손을 이르는 말.

세한삼우(歲寒三友) : 추운 겨울철의 세 벗이라는 뜻으로, 추위에 잘 견디는 소나무·대나무·매화나무를 통틀어 이르는 말.

소장지변(蕭牆之變) : 밖에서 남이 들어와 일으킨 것이 아니라 내부에서 일어난 변란.

소탐대실(小貪大失) : 작은 것을 탐하다가 큰 것을 잃음.

속수무책(束手無策) : 손을 묶은 것처럼 어찌할 도리가 없어 꼼짝 못함.

솔선수범(率先垂範) : 남보다 앞장서서 행동해서 몸소 다른 사람의 본보기가 됨.

송구영신(送舊迎新) : 묵은해를 보내고 새해를 맞음.

Q 짚어보기 ▶ 새옹지마(塞翁之馬)/서시빈목(西施矉目)

- **새옹지마(塞翁之馬)** : 중국 《회남자》의 '인간훈(人間訓)'에서 유래한 말이다. 옛날에 새옹이 자신이 기르던 말이 오랑캐 땅으로 달아나서 낙심하였는데, 그 후에 달아났던 말이 준마를 한 필 끌고 와서 그 덕분에 훌륭한 말을 얻게 되었다. 그러나 새옹의 아들이 그 준마를 타다가 떨어져서 다리가 부러졌으므로 다시 낙심하였는데, 그로 인하여 아들이 전쟁에 끌려 나가지 아니하고 죽음을 면할 수 있었다는 이야기이다. 이를 통해 인생의 길흉화복은 예측하기 어려움을 알 수 있다.
- **서시빈목(西施矉目)** : 월나라의 미인 서시가 속병이 있어 눈을 찌푸리자 이것을 본 못난 여자들이 눈을 찌푸리면 아름답게 보이는 줄 알고 따라서 눈을 찌푸리니 더욱 못나게 보였다는 데서 유래한 말이다.

수 ~ 십

수간모옥(數間茅屋) : 몇 칸 안 되는 작은 초가.

수구초심(首丘初心) : 여우가 죽을 때에 머리를 자기가 살던 굴 쪽으로 둔다는 뜻으로, 고향을 그리워하는 마음을 이르는 말.

수기치인(修己治人) : 자신의 몸과 마음을 닦은 후에 남을 다스림.

수서양단(首鼠兩端) : 구멍에서 머리를 내밀고 나갈까 말까 망설이는 쥐라는 뜻으로, 머뭇거리며 진퇴나 거취를 정하지 못하는 상태를 이르는 말.

수원수구(誰怨誰咎) : 누구를 원망하고 누구를 탓하겠냐는 뜻으로, 남을 원망하거나 탓할 것이 없음을 이르는 말.

수청무대어(水淸無大魚) : 물이 너무 맑으면 큰 고기가 없다는 뜻으로, 사람이 지나치게 똑똑하거나 엄하면 남이 가까이하기 어려움을 이르는 말.

순망치한(脣亡齒寒) : 입술이 없으면 이가 시리다는 뜻으로, 서로 이해관계가 밀접한 사이에 어느 한쪽이 망하면 다른 한쪽도 그 영향을 받아 온전하기 어려움을 이르는 말.

시도지교(市道之交) : 시장과 길거리에서 이루어지는 교제라는 뜻으로, 단지 이익만을 위한 교제를 이르는 말.

시시비비(是是非非) : 옳고 그름을 따지며 다툼.

시종여일(始終如一) : 처음부터 끝까지 변함없이 한결같음. = 시종일관(始終一貫).

식자우환(識字憂患) : 학식이 있는 것이 오히려 근심을 사게 됨.

신변잡기(身邊雜記) : 자신의 주변에서 일어나는 여러 가지 일을 적은 수필체의 글.

신상필벌(信賞必罰) : 공이 있는 자에게는 반드시 상을 주고, 죄가 있는 사람에게는 반드시 벌을 준다는 뜻으로, 상과 벌을 공정하고 엄중하게 하는 일을 이르는 말.

신언서판(身言書判) : 인물을 선택하는 데 표준으로 삼던 조건. 곧 신수, 말씨, 문필, 판단력의 네 가지를 이른다.

실사구시(實事求是) : 사실에 토대를 두어 진리를 탐구하는 일.

실천궁행(實踐躬行) : 실제로 몸소 이행함.

심기일전(心機一轉) : 어떤 동기가 있어 이제까지 가졌던 마음가짐을 버리고 완전히 달라짐.

심사숙고(深思熟考) : 깊이 잘 생각함.

십벌지목(十伐之木) : 열 번 찍어 베는 나무라는 뜻으로, 열 번 찍어 안 넘어가는 나무가 없음을 이르는 말.

십시일반(十匙一飯) : 밥 열 술이 한 그릇이 된다는 뜻으로, 여러 사람이 조금씩 힘을 합하면 한 사람을 돕기 쉬움을 이르는 말.

＋ 더 알고가기 | 주제별 한자성어 : 융통성이 없고 어리석은 사람 | ≡

- 각주구검(刻舟求劍) : 융통성 없이 현실에 맞지 않는 낡은 생각을 고집하는 어리석음을 이르는 말.
- 백년하청(百年河淸) : 중국의 황허 강(黃河江)이 늘 흐려 맑을 때가 없다는 뜻으로, 아무리 오랜 시일이 지나도 어떤 일이 이루어지기 어려움을 이르는 말.
- 수주대토(守株待兎) : 한 가지 일에만 얽매여 발전을 모르는 어리석은 사람을 비유적으로 이르는 말.
- 연목구어(緣木求魚) : 나무에 올라가서 물고기를 구한다는 뜻으로, 도저히 불가능한 일을 굳이 하려 함을 비유적으로 이르는 말.
- 우이독경(牛耳讀經) : '쇠귀에 경 읽기'라는 뜻으로 아무리 가르치고 일러 주어도 알아듣지 못함을 이르는 말.
- 육지행선(陸地行船) : 육지에서 배를 저으려 한다는 뜻으로, 안되는 일을 억지로 하려고 함을 비유적으로 이르는 말.

🔍 짚어보기 ▶ 순망치한(脣亡齒寒)

중국 춘추전국 시대에 진(晉)나라가 괵나라를 치기 위해서 두 나라 사이에 있던 우(虞)나라에 길을 터 달라고 요청하자 우나라의 궁지기가 이를 반대하며 한 말이다. 결국 궁지기의 말을 듣지 않은 우나라는 진나라에 정복당했다.

아 ~ 영

아비규환(阿鼻叫喚) : 아비지옥과 규환지옥을 아울러 이르는 말로 비참한 지경에 빠져 울부짖는 참상을 비유적으로 이르는 말.

악전고투(惡戰苦鬪) : 매우 어려운 조건을 무릅쓰고 힘을 다하여 고생스럽게 싸움.

안하무인(眼下無人) : 눈 아래에 사람이 없다는 뜻으로, 방자하고 교만하여 다른 사람을 업신여김을 이르는 말.

암중모색(暗中摸索) : 은밀한 가운데 일의 실마리나 해결책을 찾아내려 함.

애이불비(哀而不悲) : 슬프지만 겉으로는 슬픔을 나타내지 아니함.

야반도주(夜半逃走) : 남의 눈을 피하여 한밤중에 도망함.

양금택목(良禽擇木) : 좋은 새는 나무를 가려서 깃들인다는 뜻으로, 훌륭한 사람은 좋은 군주를 가려서 섬김을 비유적으로 이르는 말.

양상군자(梁上君子) : 들보 위의 군자라는 뜻으로, 도둑을 완곡하게 이르는 말.

양약고구(良藥苦口) : '좋은 약은 입에 쓰다'라는 뜻으로, 충언(忠言)은 귀에 거슬리나 자신에게 이로움을 이르는 말.

양자택일(兩者擇一) : 둘 중에서 하나를 고름.

어불성설(語不成說) : 말이 조금도 사리에 맞지 아니함.

언어도단(言語道斷) : 말할 길이 끊어졌다는 뜻으로, 어이가 없어서 말하려 해도 말할 수 없음을 이르는 말.

언행일치(言行一致) : 말과 행동이 하나로 들어맞음. 또는 말한 대로 실행함.

엄동설한(嚴冬雪寒) : 눈 내리는 깊은 겨울의 심한 추위. = 동빙한설(凍氷寒雪).

역지사지(易地思之) : 처지를 바꾸어서 생각하여 봄.

연도일할(鉛刀一割) : 납으로 만든 칼도 한 번은 자를 힘이 있다는 뜻으로, 자기의 힘이 없음을 겸손하게 이르는 말.

연리지(連理枝) : 두 나무의 가지가 맞닿아서 결이 서로 통한다는 뜻으로 화목한 부부나 남녀 사이를 비유적으로 이르 는 말.

연비어약(鳶飛魚躍) : 솔개가 날고 물고기가 뛴다는 뜻으로, 온갖 동물이 생을 즐김을 이르는 말.

연연불망(戀戀不忘) : 그리워서 잊지 못함.

연하고질(煙霞痼疾) : 자연의 아름다운 경치를 몹시 사랑하고 즐기는 성벽(性癖). = 천석고황(泉石膏肓).

연하일휘(煙霞日輝) : 안개와 노을과 빛나는 햇살이라는 뜻으로, 아름다운 자연 경치를 비유적으로 이르는 말.

영고성쇠(榮枯盛衰) : 인생이나 사물의 번성함과 쇠락함이 서로 바뀜.

+ 더 알고 가기　주제별 한자성어 : 엉뚱한 사람이 이득을 봄　≡

- 견토지쟁(犬兔之爭) : 개와 토끼의 다툼이라는 뜻으로, 두 사람의 싸움에 제삼자가 이익을 봄을 이르는 말.
- 방휼지쟁(蚌鷸之爭) : 도요새가 조개와 다투다가 다 같이 어부에게 잡히고 말았다는 데서 나온 말로, 대립하는 두 세력
  이 다투다가 결국은 구경하는 다른 사람에게 득을 주는 싸움을 비유적으로 이르는 말.
- 어부지리(漁父之利) : 두 사람이 이해관계로 서로 싸우는 사이에 엉뚱한 사람이 애쓰지 않고 가로챈 이익을 이르는 말.
  = 어인지공(漁人之功).

Q 짚어보기　▶ 염화시중(拈華示衆)

꽃을 따서 대중에게 보였다는 말로 부처님이 진언(眞言)을 듣기 위해 모인 대중 앞에서 아무 말도 하지 않았는데 한참이
지난 후 꽃 한 송이를 들어보이시고는 미소를 지었고, 이를 알아들은 '가섭존자'만이 미소를 지었다고 한 데서 유래한 말
이다.

오 ~ 우

오리무중(五里霧中) : 오 리나 되는 짙은 안개 속에 있다는 뜻으로, 무슨 일에 대하여 방향이나 갈피를 잡을 수 없음을 이
르는 말.

오매불망(寤寐不忘) : 자나 깨나 잊지 못함.

오비이락(烏飛梨落) : 까마귀 날자 배 떨어진다는 뜻으로, 아무 관계도 없이 한 일이 공교롭게도 때가 같아 억울하게 의심
을 받거나 난처한 위치에 서게 됨을 이르는 말.

오상고절(傲霜孤節) : 서릿발이 심한 속에서도 굴하지 아니하고 외로이 지키는 절개라는 뜻으로, 국화(菊花)를 이르는 말.

오월동주(吳越同舟) : 서로 적의를 품은 사람들이 한자리에 있게 된 경우나 서로 협력하여야 하는 상황을 비유적으로 이
르는 말.

오합지졸(烏合之卒) : 까마귀가 모인 것처럼 질서가 없이 모인 병졸이라는 뜻으로, 임시로 모여들어서 규율이 없고 무질서
한 병졸 또는 군중을 이르는 말.

옥야천리(沃野千里) : 끝없이 넓은 기름진 들판.

온고지신(溫故知新) : 옛것을 익히고 그것을 미루어서 새것을 앎.

외유내강(外柔內剛) : 겉으로는 부드럽고 순하게 보이나 속은 곧고 굳셈.

외화내빈(外華內貧) : 겉은 화려하나 속은 빈곤함.

요산요수(樂山樂水) : 산수(山水)의 자연을 즐기고 좋아함.

욕속부달(欲速不達) : 일을 빨리 하려고 하면 도리어 이루지 못함.

용두사미(龍頭蛇尾) : 용의 머리와 뱀의 꼬리라는 뜻으로, 처음은 왕성하나 끝이 부진한 현상을 이르는 말.

용사비등(龍蛇飛騰) : 용이 살아 움직이는 것같이 아주 활기 있는 필력을 비유적으로 이르는 말.

용호상박(龍虎相搏) : 용과 범이 서로 싸운다는 뜻으로, 강자끼리 서로 싸움을 이르는 말.

우공이산(愚公移山) : 우공이 산을 옮긴다는 뜻으로, 어떤 일이든 끊임없이 노력하면 반드시 이루어짐을 이르는 말.

우수마발(牛溲馬勃) : 소의 오줌과 말의 똥이라는 뜻으로, 가치 없는 말이나 글 또는 품질이 나빠 쓸 수 없는 약재 따위를 이르는 말.

우순풍조(雨順風調) : 비가 때맞추어 알맞게 내리고 바람이 고르게 분다는 뜻으로, 농사에 알맞게 기후가 순조로움을 이르는 말.

우여곡절(迂餘曲折) : 뒤얽혀 복잡하여진 사정.

우후죽순(雨後竹筍) : 비가 온 뒤에 여기저기 솟는 죽순이라는 뜻으로, 어떤 일이 한때에 많이 생겨남을 비유적으로 이르는 말.

Q 짚어보기 ▶ 오월동주(吳越同舟)/우공이산(愚公移山)

• 오월동주(吳越同舟) : 《손자(孫子)》의 〈구지편(九地篇)〉에 나오는 말로 중국 춘추전국 시대에, 서로 적대 관계인 오나라의 왕 부차(夫差)와 월나라의 왕 구천(句踐)이 같은 배를 탔으나 풍랑을 만나서 서로 단합하여야 했다는 데서 유래한다.

• 우공이산(愚公移山) : 《열자(列子)》의 〈탕문편(湯問篇)〉에 나오는 말로 우공(愚公)이라는 노인이 집을 가로막은 산을 옮기려고 대대로 산의 흙을 파서 나르겠다고 하여 이에 감동한 하느님이 산을 옮겨 주었다는 데서 유래한다.

기출유사문제

다음 〈보기〉의 상황을 표현하기에 적절한 고사성어는?

① 연목구어(緣木求魚)　　② 마부위침(磨斧爲針)

③ 오월동주(吳越同舟)　　④ 각주구검(刻舟求劍)

⑤ 간담상조(肝膽相照)

해설

도끼를 갈아서 바늘로 만들고자 하는 그림이 제시되어 있다. 이는 '아무리 힘들어도 끊임없는 노력과 끈기 있는 인내로 성공하고야 만다'라는 뜻을 가진 '마부위침(磨斧爲針)'과 의미가 통한다.

정답 ❷

원 ~ 이

원화소복(遠禍召福) : 화를 물리치고 복을 불러들임.

유구무언(有口無言) : 입은 있어도 말은 없다는 뜻으로, 변명할 말이 없거나 변명을 못함을 이르는 말.

유명무실(有名無實) : 이름만 그럴듯하고 실속은 없음.

유방백세(流芳百世) : 꽃다운 이름이 후세에 길이 전함.

유아독존(唯我獨尊) : 세상에서 자기 혼자 잘났다고 뽐내는 태도.

유유자적(悠悠自適) : 속세를 떠나 아무 속박 없이 조용하고 편안하게 삶.

유취만년(遺臭萬年) : 더러운 이름을 후세에 오래도록 남김.

은반위수(恩反爲讐) : 은혜를 베푼 것이 도리어 원수가 됨. = 은반위구(恩反爲仇).

은인자중(隱忍自重) : 마음속에 감추어 참고 견디면서 몸가짐을 신중하게 행동함.

음풍농월(吟風弄月) : 맑은 바람과 밝은 달을 대상으로 시를 짓고 흥취를 자아내어 즐겁게 놂.

읍참마속(泣斬馬謖) : 큰 목적을 위하여 자기가 아끼는 사람을 버림을 이르는 말.

의려지망(倚閭之望) : 자녀나 배우자가 돌아오기를 초조하게 기다리는 마음.

이여반장(易如反掌) : 손바닥을 뒤집는 것과 같이 쉬움.

이전투구(泥田鬪狗) : 자기의 이익을 위하여 비열하게 다툼을 비유적으로 이르는 말.

이해타산(利害打算) : 이해관계를 이모저모 모두 따져 봄. 또는 그런 일.

이현령비현령(耳懸鈴鼻懸鈴) : '귀에 걸면 귀걸이 코에 걸면 코걸이'라는 뜻으로, 어떤 사실이 이렇게도 저렇게도 해석됨을 이르는 말.

＋ 더 알고가기 ｜ **주제별 한자성어 : 마음이 통함** ☰

- 불립문자(不立文字) : 불도의 깨달음은 마음에서 마음으로 전하는 것이므로 말이나 글에 의지하지 않는다는 말.
- 염화시중(拈華示衆) : 말로 통하지 아니하고 마음에서 마음으로 전하는 일을 의미하는 말. = 염화미소(拈華微笑).
- 이심전심(以心傳心) : 마음과 마음으로 서로 뜻이 통함.

Q 짚어보기 ▶ 읍참마속(泣斬馬謖)

《삼국지》의 〈마속전(馬謖傳)〉에 나오는 말로, 중국 촉나라의 제갈량이 군령을 어기어 가정(街亭) 싸움에서 패한 마속을 눈물을 머금고 참형에 처하였다는 데서 유래한다.

인 ~ 입

인면수심(人面獸心): 사람의 얼굴을 하고 있으나 마음은 짐승과 같다는 뜻으로, 마음이나 행동이 몹시 흉악함을 이르는 말.

인모난측(人謀難測): 사람의 마음이 간사함은 헤아리기 어려움.

인산인해(人山人海): 사람이 산을 이루고 바다를 이루었다는 뜻으로, 사람이 수없이 많이 모인 상태를 이르는 말.

인자무적(仁者無敵): 어진 사람은 모든 사람이 사랑하므로 세상에 적이 없음.

인자요산(仁者樂山): 어진 사람은 의리에 만족하여 몸가짐이 무겁고 덕이 두터워 그 마음이 산과 비슷하므로 자연히 산을 좋아함.

인지상정(人之常情): 사람이면 누구나 가지는 보통의 마음.

일거양득(一擧兩得): 한 가지 일을 하여 두 가지 이익을 얻음.

일도양단(一刀兩斷): 칼로 무엇을 대번에 쳐서 두 도막을 낸다는 뜻으로 어떤 일을 머뭇거리지 않고 선뜻 결정함을 비유적으로 이르는 말.

일망무제(一望無際): 한눈에 바라볼 수 없을 정도로 아득하게 멀고 넓어서 끝이 없음.

일모도원(日暮途遠): 날은 저물고 갈 길은 멀다는 뜻으로, 늙고 쇠약한데 앞으로 해야 할 일은 많음을 이르는 말.

일언지하(一言之下): 한 마디로 잘라 말함. 또는 두말할 나위 없음.

일엽지추(一葉知秋): 하나의 나뭇잎을 보고 가을이 옴을 안다는 뜻으로, 조그마한 일을 가지고 장차 올 일을 미리 짐작함.

일엽편주(一葉片舟): 한 척의 조그마한 배.

일용범백(日用凡百): 날마다 쓰는 여러 가지 물건.

일취월장(日就月將): 나날이 다달이 자라거나 발전함.

일필휘지(一筆揮之): 글씨를 단숨에 죽 내리 씀.

일희일비(一喜一悲): 한편으로는 기뻐하고 한편으로는 슬퍼함.

임갈굴정(臨渴掘井): 목이 말라야 우물을 판다는 뜻으로, 평소에 준비 없이 있다가 일을 당하여 허둥지둥 서두름을 이르는 말.

임기응변(臨機應變): 그때그때 처한 사태에 맞추어 즉각 그 자리에서 결정하거나 처리함.

입도선매(立稻先賣): 아직 논에서 자라고 있는 벼를 미리 돈을 받고 팖.

입립신고(粒粒辛苦): 낟알 하나하나가 모두 농부의 피땀이 어린 결정체라는 뜻으로, 곡식의 소중함을 이르는 말.

입신양명(立身揚名): 출세하여 이름을 세상에 알림.

입화습률(入火拾栗): 불 속에 들어가서 밤을 줍는다는 뜻으로, 사소한 이익을 얻기 위하여 큰 모험을 하는 어리석음을 이르는 말.

자~점

자가당착(自家撞着) : 같은 사람의 말이나 행동이 앞뒤가 서로 맞지 아니하고 모순됨.

자강불식(自强不息) : 스스로 힘써 몸과 마음을 가다듬어 쉬지 아니함.

자수성가(自手成家) : 물려받은 재산이 없이 자기 혼자의 힘으로 집안을 일으키고 재산을 모음.

자승자박(自繩自縛) : 자기의 줄로 자기 몸을 옭아 묶는다는 뜻으로, 자기가 한 말과 행동에 자기 자신이 옭혀 곤란하게 됨을 비유적으로 이르는 말.

자중지란(自中之亂) : 같은 편끼리 하는 싸움.

자포자기(自暴自棄) : 절망에 빠져 자신을 스스로 포기하고 돌아보지 아니함.

자화자찬(自畵自讚) : 자기가 그린 그림을 스스로 칭찬한다는 뜻으로, 자기가 한 일을 스스로 자랑함을 이르는 말.

작심삼일(作心三日) : 단단히 먹은 마음이 사흘을 가지 못한다는 뜻으로, 결심이 굳지 못함을 이르는 말.

적반하장(賊反荷杖) : 도둑이 도리어 매를 든다는 뜻으로, 잘못한 사람이 아무 잘못도 없는 사람을 나무람을 이르는 말.

적수공권(赤手空拳) : 맨손과 맨주먹이라는 뜻으로, 아무것도 가진 것이 없음을 이르는 말.

전광석화(電光石火) : 번갯불이나 부싯돌의 불이 번쩍거리는 것과 같이 매우 짧은 시간이나 매우 재빠른 움직임 따위를 비유적으로 이르는 말.

전대미문(前代未聞) : 이제까지 들어 본 적이 없음.

전도유망(前途有望) : 앞으로 잘될 희망이 있음.

전전긍긍(戰戰兢兢) : 몹시 두려워서 벌벌 떨며 조심함.

전전반측(輾轉反側) : 누워서 몸을 이리저리 뒤척이며 잠을 이루지 못함.

절치부심(切齒腐心) : 몹시 분하여 이를 갈며 속을 썩임.

절해고도(絕海孤島) : 육지에서 아주 멀리 떨어져 있는 외딴섬.

점입가경(漸入佳境) : 들어갈수록 점점 재미가 있음. 또는 시간이 지날수록 더욱 꼴불견임을 비유적으로 이르는 말.

＋ 더 알고가기 ▌ **주제별 한자성어 : 실패를 딛고 회복함**

• **권토중래(捲土重來)** : 땅을 말아 일으킬 것 같은 기세로 다시 온다는 뜻으로, 한 번 실패하였으나 힘을 회복하여 다시 쳐들어옴을 이르는 말.

• **와신상담(臥薪嘗膽)** : 불편한 섶에 몸을 눕히고 쓸개를 맛본다는 뜻으로, 원수를 갚거나 마음먹은 일을 이루기 위하여 온갖 어려움과 괴로움을 참고 견딤을 비유적으로 이르는 말.

• **절차탁마(切磋琢磨)** : 옥이나 돌 따위를 갈고 닦아서 빛을 낸다는 뜻으로, 부지런히 학문과 덕행을 닦음을 이르는 말.

정 ~ 주

정문일침(頂門一鍼) : 정수리에 침을 놓는다는 뜻으로, 따끔한 충고나 교훈을 이르는 말.

제행무상(諸行無常) : 우주의 모든 사물은 늘 돌고 변하여 한 모양으로 머물러 있지 아니함.

조령모개(朝令暮改) : 아침에 명령을 내렸다가 저녁에 다시 고친다는 뜻으로, 법령을 자꾸 고쳐서 갈피를 잡기가 어려움을 이르는 말.

조변석개(朝變夕改) : 아침저녁으로 뜯어고친다는 뜻으로, 계획이나 결정 따위를 일관성이 없이 자주 고침을 이르는 말.

조삼모사(朝三暮四) : 간사한 꾀로 남을 속여 희롱함을 이르는 말.

조족지혈(鳥足之血) : 새 발의 피라는 뜻으로, 매우 적은 분량을 비유적으로 이르는 말.

존망지추(存亡之秋) : 존속과 멸망. 또는 생존과 사망이 결정되는 아주 절박한 경우나 시기.

종두득두(種豆得豆) : 콩을 심으면 반드시 콩이 나온다는 뜻으로, 원인에 따라 결과가 생김을 이르는 말.

종횡무진(縱橫無盡) : 자유자재로 행동하여 거침이 없는 상태.

좌고우면(左顧右眄) : 이쪽저쪽을 돌아본다는 뜻으로, 앞뒤를 재고 망설임을 이르는 말.

좌불안석(坐不安席) : 앉아도 자리가 편안하지 않다는 뜻으로, 마음이 불안하거나 걱정스러워서 한군데에 가만히 앉아 있지 못하고 안절부절못하는 모양을 이르는 말.

주객일체(主客一體) : 주체와 객체가 하나가 됨.

주객전도(主客顛倒) : 주인과 손의 위치가 서로 뒤바뀐다는 뜻으로, 사물의 경중·선후·완급 따위가 서로 뒤바뀜을 이르는 말.

주경야독(晝耕夜讀) : 낮에는 농사짓고, 밤에는 글을 읽는다는 뜻으로, 어려운 여건 속에서도 꿋꿋이 공부함을 이르는 말.

주마가편(走馬加鞭) : 달리는 말에 채찍질한다는 뜻으로, 잘하는 사람을 더욱 장려함을 이르는 말.

주마간산(走馬看山) : 말을 타고 달리며 산천을 구경한다는 뜻으로, 자세히 살피지 아니하고 대충대충 보고 지나감을 이르는 말.

주지육림(酒池肉林) : 술로 연못을 이루고 고기로 숲을 이룬다는 뜻으로, 호사스러운 술잔치를 이르는 말.

➕ 더 알고가기   주제별 한자성어 : 편협한 사고를 가진 사람   ≡

- **이관규천(以管窺天)** : '대나무 구멍으로 하늘을 바라본다.'라는 뜻으로 편협하고 좁은 소견을 비유하여 이르는 말. = 통관규천(通管窺天).
- **정저지와(井底之蛙)** : '우물 안의 개구리'라는 뜻으로 세상물정을 모르고 좁은 소견을 가진 사람을 비유하여 이르는 말.
- **좌정관천(坐井觀天)** : '우물 속에 앉아서 하늘을 본다.'라는 뜻으로, 사람의 견문(見聞)이 매우 좁음을 이르는 말.

🔍 짚어보기   ▶ 조삼모사(朝三暮四)

중국 송나라 때 저공(狙公)의 고사로, 먹이를 아침에 세 개, 저녁에 네 개씩 주겠다는 말에는 원숭이들이 적다고 화를 내더니 아침에 네 개, 저녁에 세 개씩 주겠다는 말에는 좋아하였다는 데서 유래한다.

죽 ~ 진

죽장망혜(竹杖芒鞋) : 대지팡이와 짚신이란 뜻으로, 먼 길을 떠날 때의 아주 간편한 차림새를 이르는 말.

중과부적(衆寡不敵) : 적은 수효로 많은 수효를 대적하지 못함.

중구난방(衆口難防) : 뭇사람의 말을 막기가 어렵다는 뜻으로, 막기 어려울 정도로 여럿이 마구 지껄임을 이르는 말.

중구삭금(衆口鑠金) : 뭇사람의 말은 쇠도 녹인다는 뜻으로, 여론의 힘이 큼을 이르는 말.

중상모략(中傷謀略) : 중상과 모략을 아울러 이르는 말.

중언부언(重言復言) : 이미 한 말을 자꾸 되풀이함. 또는 그런 말.

중인환시(衆人環視) : 여러 사람이 둘러싸고 지켜봄. = 중목환시(衆目環視).

지기지우(知己之友) : 자기의 속마음을 참되게 알아주는 친구. = 지기(知己)/지음(知音).

지란지교(芝蘭之交) : 지초(芝草)와 난초(蘭草)의 교제라는 뜻으로, 벗 사이의 맑고도 고귀한 사귐을 이르는 말.

지록위마(指鹿爲馬) : 사슴을 가리켜 말이라고 한 데서 유래한 말로 윗사람을 농락하여 권세를 마음대로 함을 이르는 말.

지리멸렬(支離滅裂) : 이리저리 흩어지고 찢기어 갈피를 잡을 수 없음.

지행합일(知行合一) : 지식과 행동이 서로 맞음.

지호지간(指呼之間) : 손짓하여 부를 만큼 가까운 거리.

진충보국(盡忠報國) : 충성을 다하여서 나라의 은혜를 갚음. = 갈충보국(竭忠報國).

➕ 더 알고가기 **주제별 한자성어 : 이러지도 저러지도 못함** ☰

- **기호지세(騎虎之勢)** : 호랑이를 타고 달리는 형세라는 뜻으로, 이미 시작한 일을 중도에서 그만둘 수 없는 경우를 비유적으로 이르는 말.
- **사면초가(四面楚歌)** : 아무에게도 도움을 받지 못하는, 외롭고 곤란한 지경에 빠진 형편을 이르는 말.
- **진퇴양난(進退兩難)** : 이러지도 저러지도 못하는 어려운 처지.
- **진퇴유곡(進退維谷)** : 이러지도 저러지도 못하고 꼼짝할 수 없는 궁지.

🔍 짚어보기 ▶ **지록위마(指鹿爲馬)**

중국 진(秦)나라의 조고(趙高)가 자신의 권세를 시험하여 보고자 황제 호해(胡亥)에게 사슴을 가리키며 말이라고 한 데서 유래한다.

천 ~ 쾌

천고마비(天高馬肥) : 하늘이 높고 말이 살찐다는 뜻으로, 하늘이 맑아 높푸르게 보이고 온갖 곡식이 익는 가을철을 이르는 말.

천려일실(千慮一失) : 천 번 생각에 한 번 실수라는 뜻으로, 슬기로운 사람이라도 여러 가지 생각 가운데에는 잘못된 것이 있을 수 있음을 이르는 말.

천붕지통(天崩之痛) : 하늘이 무너지는 것 같은 아픔이라는 뜻으로, 제왕이나 아버지의 죽음을 당한 슬픔을 이르는 말.

천신만고(千辛萬苦) : 천 가지 매운 것과 만 가지 쓴 것이라는 뜻으로, 온갖 어려운 고비를 다 겪으며 심하게 고생함을 이르는 말.

천양지차(天壤之差) : 하늘과 땅 사이와 같이 엄청난 차이.

천우신조(天佑神助) : 하늘이 돕고 신령이 도움. 또는 그런 일.

천인공노(天人共怒) : 하늘과 사람이 함께 노한다는 뜻으로, 누구나 분노할 만큼 증오스럽거나 도저히 용납할 수 없음을 이르는 말.

천인단애(千仞斷崖) : 천 길이나 되는 높은 낭떠러지.

천장지구(天長地久) : 하늘과 땅은 영원함을 이르는 말.

천재일우(千載一遇) : 천 년 동안 단 한 번 만난다는 뜻으로, 좀처럼 만나기 어려운 좋은 기회를 이르는 말.

천태만상(千態萬象) : 천 가지 모습과 만 가지 형상이라는 뜻으로, 세상 사물이 한결같지 아니하고 각각 모습·모양이 다름을 이르는 말.

천편일률(千篇一律) : 여럿이 개별적 특성이 없이 모두 엇비슷한 현상을 비유적으로 이르는 말.

청운지지(靑雲之志) : 높은 지위에 오르고자 하는 욕망.

청출어람(靑出於藍) : 쪽에서 뽑아낸 푸른 물감이 쪽보다 더 푸르다는 뜻으로, 제자나 후배가 스승이나 선배보다 나음을 비유적으로 이르는 말.

청풍명월(淸風明月) : 맑은 바람과 밝은 달.

초근목피(草根木皮) : 풀뿌리와 나무껍질이라는 뜻으로, 맛이나 영양 가치가 없는 거친 음식을 비유적으로 이르는 말.

초지일관(初志一貫) : 처음에 세운 뜻을 끝까지 밀고 나감.

촌철살인(寸鐵殺人) : 한 치의 쇠붙이로도 사람을 죽일 수 있다는 뜻으로, 간단한 말로도 남을 감동하게 하거나 남의 약점을 찌를 수 있음을 이르는 말.

취사선택(取捨選擇) : 여럿 가운데서 쓸 것은 쓰고 버릴 것은 버림.

취생몽사(醉生夢死) : 술에 취하여 자는 동안에 꾸는 꿈 속에 살고 죽는다는 뜻으로, 한평생을 아무 하는 일 없이 흐리멍덩하게 살아감을 비유적으로 이르는 말.

치국안민(治國安民) : 나라를 잘 다스리고 백성을 평안하게 함.

칠종칠금(七縱七擒) : 마음대로 잡았다 놓아주었다 함을 이르는 말.

침소봉대(針小棒大) : 작은 일을 크게 불리어 떠벌림.

쾌도난마(快刀亂麻) : 잘 드는 칼로 마구 헝클어진 삼 가닥을 자른다는 뜻으로, 어지럽게 뒤얽힌 사물을 강력한 힘으로 명쾌하게 처리함을 이르는 말.

＋ 더 알고가기   주제별 한자성어 : 평범한 사람   ≡

- **우부우부(愚夫愚婦)** : 어리석은 남자와 어리석은 여자를 아울러 이르는 말.
- **장삼이사(張三李四)** : '장씨(張氏)의 셋째 아들과 이씨(李氏)의 넷째 아들'이라는 뜻으로, 이름이나 신분이 특별하지 아니한 평범한 사람들을 이르는 말.
- **초동급부(樵童汲婦)** : '땔나무를 하는 아이와 물을 긷는 아낙네'라는 뜻으로, 평범한 사람을 이르는 말.
- **필부필부(匹夫匹婦)** : 평범한 남녀.

Q 짚어보기 ▶ 칠종칠금(七縱七擒)

중국 촉나라의 제갈량이 맹획(孟獲)을 일곱 번이나 사로잡았다가 일곱 번 놓아주었다는 데서 유래한다.

타 ~ 필

타산지석(他山之石) : 다른 산의 나쁜 돌이라도 자신의 산의 옥돌을 가는 데에 쓸 수 있다는 뜻으로, 본이 되지 않는 남의 말이나 행동도 자신의 지식과 인격을 수양하는 데에 도움이 될 수 있음을 비유적으로 이르는 말.

탁상공론(卓上空論) : 현실성이 없는 허황한 이론이나 논의.

탐화봉접(探花蜂蝶) : 꽃을 찾아다니는 벌과 나비라는 뜻으로, 사랑하는 여자를 그리워하여 찾아가는 남자를 비유적으로 이르는 말.

토사구팽(兎死狗烹) : 토끼가 죽으면 토끼를 잡던 사냥개도 필요 없게 되어 주인에게 삶아먹히게 된다는 뜻으로, 필요할 때는 쓰고 필요 없을 때는 야박하게 버리는 경우를 이르는 말.

토포악발(吐哺握發) : 민심을 수람하고 정무를 보살피기에 잠시도 편안함이 없음을 이르는 말.

파사현정(破邪顯正) : 사견(邪見)과 사도(邪道)를 깨고 정법(正法)을 드러내는 일.

파안대소(破顔大笑) : 매우 즐거운 표정으로 활짝 웃음.

파죽지세(破竹之勢) : 대를 쪼개는 기세라는 뜻으로, 적을 거침없이 물리치고 쳐들어가는 기세를 이르는 말.

평사낙안(平沙落雁) : 모래펄에 날아와 앉은 기러기를 뜻하는 말로 잘된 문장이나 아름다운 여인을 비유하여 이르는 말.

평지풍파(平地風波) : 평온한 자리에서 일어나는 풍파라는 뜻으로, 뜻밖에 분쟁이 일어남을 비유적으로 이르는 말.

폐포파립(弊袍破笠) : 해어진 옷과 부서진 갓이란 뜻으로, 초라한 차림새를 비유적으로 이르는 말.

포의지사(布衣之士) : 베옷을 입은 선비라는 뜻으로, 벼슬을 하지 아니한 가난한 선비를 이르는 말.

풍찬노숙(風餐露宿) : 바람을 먹고 이슬에 잠잔다는 뜻으로, 객지에서 많은 고생을 겪음을 이르는 말.

풍비박산(風飛雹散) : 사방으로 날아 흩어짐.

필마단기(匹馬單騎) : 혼자 한 필의 말을 탐. 또는 그렇게 하는 사람.

＋ 더 알고가기 ｜ 주제별 한자성어 : 매우 위태로운 상태

- 간두지세(竿頭之勢) : 대막대기 끝에 선 형세라는 뜻으로, 매우 위태로운 형세를 이르는 말.
- 누란지세(累卵之勢) : 층층이 쌓아 놓은 알의 형세라는 뜻으로, 몹시 위태로운 형세를 비유적으로 이르는 말. ＝ 누란지위(累卵之危).
- 백척간두(百尺竿頭) : 백 자나 되는 높은 장대 위에 올라섰다는 뜻으로, 몹시 어렵고 위태로운 지경을 이르는 말.
- 여리박빙(如履薄氷) : 살얼음을 밟는 것과 같다는 뜻으로, 아슬아슬하고 위험한 일을 비유적으로 이르는 말.
- 일촉즉발(一觸卽發) : 한 번 건드리기만 해도 폭발할 것같이 몹시 위급한 상태.
- 초미지급(焦眉之急) : 눈썹에 불이 붙었다는 뜻으로, 매우 급함을 이르는 말. ＝ 초미(焦眉).
- 풍전등화(風前燈火) : 바람 앞의 등불이라는 뜻으로, 사물이 매우 위태로운 처지에 놓여 있음을 비유적으로 이르는 말.

하 ~ 혈

하석상대(下石上臺) : 아랫돌 빼서 윗돌 괴고 윗돌 빼서 아랫돌 괸다는 뜻으로, 임시변통으로 이리저리 둘러맞춤을 이르는 말.

하해지은(河海之恩) : 큰 강이나 바다와 같이 넓고 큰 은혜.

학수고대(鶴首苦待) : 학의 목처럼 목을 길게 빼고 간절히 기다림.

한강투석(漢江投石) : 한강에 돌 던지기라는 뜻으로, 지나치게 미미하여 아무런 효과를 미치지 못함을 이르는 말.

함구무언(緘口無言) : 입을 다물고 아무 말도 하지 아니함.

함흥차사(咸興差使) : 심부름을 가서 오지 아니하거나 늦게 온 사람을 이르는 말.

행운유수(行雲流水) : 떠가는 구름과 흐르는 물을 아울러 이르는 말.

허송세월(虛送歲月) : 하는 일 없이 세월만 헛되이 보냄.

허심탄회(虛心坦懷) : 품은 생각을 터놓고 말할 만큼 아무 거리낌이 없고 솔직함.

허장성세(虛張聲勢) : 실속은 없으면서 큰소리치거나 허세를 부림.

현모양처(賢母良妻) : 어진 어머니이면서 착한 아내.

현하지변(懸河之辯) : 물이 거침없이 흐르듯 잘하는 말.

혈혈단신(孑孑單身) : 의지할 곳이 없는 외로운 홀몸.

＋ 더 알고가기 ｜ 주제별 한자성어 : 학문(독서)에 매진함

- 수불석권(手不釋卷) : 손에서 책을 놓지 아니하고 늘 글을 읽음.
- 오거서(五車書) : 다섯 수레에 실을 만한 책이란 뜻으로, 많은 장서(藏書)를 이르는 말.
- 위편삼절(韋編三絶) : 공자가 《주역》을 즐겨 읽어 책의 가죽끈이 세 번이나 끊어졌다는 뜻으로, 책을 열심히 읽음을 이르는 말.
- 한우충동(汗牛充棟) : 짐으로 실으면 소가 땀을 흘리고, 쌓으면 들보에까지 찬다는 뜻으로, 가지고 있는 책이 매우 많음을 이르는 말.
- 형설지공(螢雪之功) : 반딧불·눈과 함께 하는 노력이라는 뜻으로, 고생을 하면서 부지런하고 꾸준하게 공부하는 자세를 이르는 말.

Q 짚어보기 ▶ 함흥차사(咸興差使)

조선 태조 이성계가 왕위를 물려주고 함흥에 있을 때에, 태종이 보낸 차사를 죽이거나 잡아 가두어 돌려보내지 아니하였던 데서 유래한다.

호 ~ 흥

호가호위(狐假虎威) : 남의 권세를 빌려 위세를 부림.

호각지세(互角之勢) : 역량이 서로 비슷비슷한 위세.

호리천리(毫釐千里) : 처음에는 근소한 차이 같지만 나중에는 아주 큰 차이가 됨.

호사다마(好事多魔) : 좋은 일에는 흔히 방해되는 일이 많음. 또는 그런 일이 많이 생김.

호사유피(虎死留皮) : 호랑이는 죽어서 가죽을 남긴다는 뜻으로, 사람은 죽어서 명예를 남겨야 함을 이르는 말.

호시탐탐(虎視耽耽) : 범이 눈을 부릅뜨고 먹이를 노려본다는 뜻으로, 남의 것을 빼앗기 위하여 형세를 살피며 가만히 기회를 엿봄. 또는 그런 모양.

호언장담(豪言壯談) : 호기롭고 자신 있게 말함. 또는 그 말.

호의호식(好衣好食) : 좋은 옷을 입고 좋은 음식을 먹음.

혹세무민(惑世誣民) : 세상을 어지럽히고 백성을 미혹하게 하여 속임.

혼정신성(昏定晨省) : 밤에는 부모의 잠자리를 보아 드리고 이른 아침에는 부모의 밤새 안부를 묻는다는 뜻으로, 부모를 잘 섬기고 효성을 다함을 이르는 말.

화룡점정(畵龍點睛) : 무슨 일을 하는 데에 가장 중요한 부분을 완성함을 비유적으로 이르는 말.

화사첨족(畵蛇添足) : 뱀을 다 그리고 나서 있지도 아니한 발을 덧붙여 그려 넣는다는 뜻으로, 쓸데없는 군짓을 하여 도리어 잘못되게 함을 이르는 말. = 사족(蛇足).

화이부동(和而不同) : 남과 사이좋게 지내기는 하나 무턱대고 어울리지는 아니함.

화조월석(花朝月夕) : 꽃 피는 아침과 달 밝은 밤이라는 뜻으로, 경치가 좋은 시절을 이르는 말.

환골탈태(換骨奪胎) : 뼈대를 바꾸어 끼고 태를 바꾸어 쓴다는 뜻으로, 고인의 시문의 형식을 바꾸어서 그 짜임새와 수법이 먼저 것보다 잘되게 함을 이르는 말.

환부작신(換腐作新) : 썩은 것을 싱싱한 것으로 바꿈.

환해풍파(宦海風波) : 벼슬살이에서 겪는 온갖 험한 일.

활인지방(活人之方) : 사람의 목숨을 구하여 주는 방법.

회자정리(會者定離) : 만난 자는 반드시 헤어짐.

후생가외(後生可畏) : 젊은 후학들을 두려워할 만하다는 뜻으로, 후진들이 선배들보다 젊고 기력이 좋아, 학문을 닦음에 따라 큰 인물이 될 수 있으므로 가히 두렵다는 말.

후회막급(後悔莫及) : 이미 잘못된 뒤에 아무리 후회하여도 다시 어찌할 수가 없음.

흥진비래(興盡悲來) : 즐거운 일이 다하면 슬픈 일이 닥쳐온다는 뜻으로, 세상일은 순환되는 것임을 이르는 말.

Q 짚어보기 ▶ 화사첨족(畫蛇添足)

초나라의 귀족이 제사 후 땅 위에 뱀 그리기 시합을 하여 먼저 그리는 사람이 술을 마시기로 하였는데, 그중 한 사람이 가장 먼저 뱀을 그렸으나 으스대느라 뱀의 발을 그려 넣기 시작하였다. 이를 본 다른 사람이 뱀은 원래 발이 없으므로 자신이 내기에서 이겼으므로 술을 마시겠다고 하였다. 여기에서 유래하여 쓸데없는 군짓을 화사첨족(畫蛇添足) 또는 사족(蛇足)이라고 하였다.

④ 속담

1 속담의 개념

속담이란 예로부터 민간에 전해져 내려오는 격언이나 잠언 등을 일컫는 말로 그 속에는 선인들의 지혜가 담겨 있다. 속담은 비교적 간결하고 비유적으로 쓰이는 경우가 많아서 이를 활용하면 언어를 효율적으로 사용할 수 있다는 장점이 있다. 속담은 내용 면에서 비판이나 교훈을 전달하는 속담과 삶의 경험을 바탕으로 한 속담, 그리고 유희적 성격이 강한 속담으로 나누어진다. 문장 구조 역시 간결하고 대조나 대구를 활용하는 경우가 많다.

2 속담의 활용

속담의 뜻만 묻기보다 유사한 의미의 한자성어(漢字成語)와 연관 짓거나 유사한 의미의 다른 속담을 연관 짓는 문항들이 주로 출제되고 있으므로 이 점에 유의하여 학습해야 한다.

■ 간다 간다 하면서 아이 셋 낳고 간다

　1. 그만두겠다고 늘 말은 하면서도 정작 그만두지 못하고 질질 끄는 경우를 비유적으로 이르는 말. 2. 어떤 일을 하겠다고 늘 말을 하면서도 실행하지 못함을 비유적으로 이르는 말.

■ 가게 기둥에 입춘

　추하고 보잘것없는 가겟집 기둥에 '입춘대길(立春大吉)'이라 써 붙인다는 뜻으로, 제격에 맞지 않음을 비유적으로 이르는 말. ≒ 개발에 주석 편자

■ 가까운 무당보다 먼 데 무당이 영하다

　흔히 사람은 자신이 잘 알고 가까이 있는 것보다는 잘 모르고 멀리 있는 것을 더 좋은 것인 줄로 생각한다는 말.

■ 가난도 비단 가난

　아무리 가난하여도 몸을 함부로 가지지 않고, 본래의 지체와 체통을 더럽히지 않는다는 말.

■ 가난이 소 아들이라

　소처럼 죽도록 일해도 가난에서 벗어날 수 없음을 이르는 말.

■ 가난한 양반 씻나락 주무르듯

　가난한 양반이 털어먹자니 앞날이 걱정스럽고 그냥 두자니 당장 굶는 일이 걱정되어서 볍씨만 한없이 주무르고 있다는 뜻으로, 어떤 일에 닥쳐 우물쭈물하기만 하면서 선뜻 결정을 내리지 못하고 있는 모양을 이르는 말. = 우유부단

■ 가난한 양반 향청에 들어가듯

　1. 가난한 양반이 주눅이 들어 향청에 들어갈 때처럼, 행색이 떳떳하지 못하고 머뭇거리면서 쩔쩔매는 모습을 비유적으로 이르는 말. 2. 하기 싫은 일을 마지못하여 기운 없이 함을 비유적으로 이르는 말. ≒ 울며 겨자먹기, 억지 춘향

■ 가난한 집 제사 돌아오듯

　가난한 집에 제삿날이 자꾸 돌아와서 그것을 치르느라 매우 어려움을 겪는다는 뜻으로, 힘든 일이 자주 닥침을 비유적으로 이르는 말.

■ 가난할수록 기와집 짓는다

　당장 먹을 것이나 입을 것이 넉넉지 못한 가난한 살림일수록 기와집을 짓는다는 뜻으로, 실상은 가난한 사람이 남에게 업신여김을 당하기 싫어서 허세를 부리려는 심리를 비유적으로 이르는 말.

■ 가는 날이 장날

　일을 보러 가니 공교롭게 장이 서는 날이라는 뜻으로, 어떤 일을 하려고 하는데 뜻하지 않은 일을 공교롭게 당함을 비유적으로 이르는 말.

■ 가는 말에 채찍질

　1. 열심히 하는데도 더 빨리 하라고 독촉함을 비유적으로 이르는 말. 2. 형편이나 힘이 한창 좋을 때라도 더욱 힘써야 함을 비유적으로 이르는 말.

■ 가는 방망이 오는 홍두깨

　1. 이쪽에서 방망이로 저쪽을 때리면 저쪽에서는 홍두깨로 이쪽을 때린다는 뜻으로, 자기가 한 일보다 더 가혹한 갚음을 받게 되는 경우를 비유적으로 이르는 말. 2. 남을 해치려고 하다가 제가 도리어 더 큰 화를 입게 됨을 비유적으로 이르는 말. ≒ 되로 주고 말로 받는다

■ 가랑니가 더 문다

　같잖고 시시한 것이 더 괴롭히거나 애를 먹임을 비유적으로 이르는 말.

■ 가랑비에 옷 젖는 줄 모른다

　가늘게 내리는 비는 조금씩 젖어 들기 때문에 여간해서도 옷이 젖는 줄을 깨닫지 못한다는 뜻으로, 아무리 사소한 것이라도 그것이 거듭되면 무시하지 못할 정도로 크게 됨을 비유적으로 이르는 말.

■ 가랑잎이 솔잎더러 바스락거린다고 한다

　더 바스락거리는 가랑잎이 솔잎더러 바스락거린다고 나무란다는 뜻으로, 자기의 허물은 생각하지 않고 도리어 남의 허물만 나무라는 경우를 비유적으로 이르는 말.

■ 가루는 칠수록 고와지고 말은 할수록 거칠어진다

　가루는 체에 칠수록 고와지지만 말은 길어질수록 시비가 붙을 수 있고 마침내는 말다툼까지 가게 되니 말을 삼가라는 말.

■ 가물 끝은 있어도 장마 끝은 없다

　가뭄은 아무리 심하여도 얼마간의 거둘 것이 있지만 큰 장마가 진 뒤에는 아무것도 거둘 것이 없다는 뜻으로, 가뭄에 의한 재난보다 장마로 인한 재난이 더 무서움을 비유적으로 이르는 말. ≒ 가물 그루터기는 있어도 장마 그루터기는 없다

■ 가물에 단비

　가뭄이 들어 곡식이 다 마를 때에 기다리던 비가 온다는 뜻으로, 기다리고 바라던 일이 마침내 이루어짐을 이르는 말.

■ 가물에 콩 나듯

　가뭄에는 심은 콩이 제대로 싹이 트지 못하여 드문드문 난다는 뜻으로, 어떤 일이나 물건이 어쩌다 하나씩 드문드문

있는 경우를 비유적으로 이르는 말.

- **가시나무에 연줄 걸리듯**
  인정에 걸리어 이러지도 저러지도 못함을 비유적으로 이르는 말.

- **가을 메는 부지깽이도 덤벙인다**
  가을에 메는 용도가 많아 부지깽이도 메로 쓰인다는 뜻으로, 어떤 물건이 자주 쓰이어 그와 비슷한 것까지 마구 대용됨을 이르는 말. ≒ 가을철에는 죽은 송장도 꿈지럭한다

- **가자니 태산이요, 돌아서자니 숭산이라**
  앞에도 높은 산이고 뒤에도 높은 산이라는 뜻으로, 이러지도 저러지도 못할 난처한 지경에 이름을 비유적으로 이르는 말. = 진퇴양란

- **가재는 게 편**
  모양이나 형편이 서로 비슷하고 인연이 있는 것끼리 서로 잘 어울리고, 사정을 보아주며 감싸 주기 쉬움을 비유적으로 이르는 말. ≒ 가재는 게 편이요 초록은 한빛이라

- **가지 많은 나무에 바람 잘 날이 없다**
  가지가 많고 잎이 무성한 나무는 살랑거리는 바람에도 잎이 흔들려서 잠시도 조용한 날이 없다는 뜻으로, 자식을 많이 둔 어버이에게는 근심, 걱정이 끊일 날이 없음을 비유적으로 이르는 말.

- **간에 붙었다 쓸개에 붙었다 한다**
  자기에게 조금이라도 이익이 되면 지조 없이 이편에 붙었다 저편에 붙었다 함을 비유적으로 이르는 말.

- **갈고리 맞은 고기**
  갈고리를 맞아 놀라 헐떡거리며 어쩔 줄 모르는 고기와 같다는 뜻으로, 매우 위급한 경우를 당하여 어찌할 바를 모름을 비유적으로 이르는 말.

- **갈수록 태산이라**
  갈수록 더욱 어려운 지경에 처하게 되는 경우를 비유적으로 이르는 말. ≒ 산 넘어 산이다, 갈수록 수미산이다

- **갈치가 갈치 꼬리 문다**
  동류(同類)나 친척들 간의 싸움을 이르는 말. ≒ 망둥이 제 동무 잡아먹는다

- **감기 고뿔도 남을 안 준다**
  감기까지도 남에게 주지 않을 만큼 지독하게 인색하다는 말. = 자린고비

- **감나무 밑에 누워도 삿갓 미사리를 대어라**
  감나무 밑에 누워서 절로 떨어지는 감을 얻어먹으려 하여도 그것을 받기 위하여서는 삿갓 미사리를 입에 대고 있어야 한다는 뜻으로, 의당 자기에게 올 기회나 이익이라도 그것을 놓치지 않으려는 노력이 필요함을 이르는 말.

- **감나무 밑에 누워서 홍시 떨어지기를 기다린다**
  아무런 노력도 아니 하면서 좋은 결과가 이루어지기만 바람을 비유적으로 이르는 말.

- **값도 모르고 싸다 한다**
  일의 속사정은 잘 알지도 못하면서 경솔하게 이러니저러니 말함을 이르는 말. ≒ 값도 모르고 쌀자루 내민다, 금도 모르면서 싸다 한다, 남의 처녀 나이도 모르고 숙성하다고 한다

- **갓 사러 갔다가 망건 산다**
  1. 사려고 하던 물건이 없어 그와 비슷하거나 전혀 쓰임이 다른 것을 사는 경우를 비유적으로 이르는 말. 2. 제 목적을 바꾸어 남의 권고에 따름을 비유적으로 이르는 말.

- **갓 쓰고 망신한다**
  한껏 점잔을 빼고 있는데 뜻하지 아니한 망신을 당하여 더 무참하게 되었음을 비유적으로 이르는 말.

- **강물도 쓰면 준다**

  굉장히 많은 강물도 쓰면 준다는 뜻으로, 풍부하다고 하여 함부로 헤프게 쓰지 말라는 말.

- **강원도 포수냐**

  산이 험한 강원도에서는 사냥을 떠나면 돌아오지 못하는 수가 많았다는 데서, 한 번 간 후 다시 돌아오지 않거나, 매우 늦게야 돌아오는 사람을 비유적으로 이르는 말. ≒ 지리산 포수

- **갗에서 좀 난다**

  1. 가죽을 쏠아 먹는 좀이 가죽에서 생긴다는 뜻으로, 화근이 그 자체에 있음을 비유적으로 이르는 말. 2. 가죽에 좀이 나서 가죽을 다 먹게 되면 결국 좀도 살 수 없게 된다는 뜻으로, 형제간이나 동류끼리의 싸움은 양편에 다 해로울 뿐임을 비유적으로 이르는 말.

- **같은 값이면 다홍치마**

  값이 같거나 같은 노력을 한다면 품질이 좋은 것을 택한다는 말. ≒ 같은 값이면 껌정소 잡아먹는다

- **개 꼬리 삼 년 묵어도 황모 되지 않는다**

  본바탕이 좋지 아니한 것은 어떻게 하여도 그 본질이 좋아지지 아니함을 비유적으로 이르는 말.

- **개 머루 먹듯**

  1. 참맛도 모르면서 바삐 먹어 치우는 것을 이르는 말. 2. 내용이 틀리거나 말거나 일을 건성건성 날려서 함을 비유적으로 이르는 말. ≒ 처삼촌 묘에 벌초하듯

- **개 못된 것은 들에 가서 짖는다**

  개는 집을 지키며 집에서 짖는 짐승인데 못된 개는 쓸데없이 들판에 나가 짖는다는 뜻으로, 제가 마땅히 해야 할 일은 하지 아니하고 아무 소용도 없는 데 가서 잘난 체하고 떠드는 행동을 이르는 말.

- **개 발에 주석 편자**

  옷차림이나 지닌 물건 따위가 제격에 맞지 아니하여 어울리지 않음을 비유적으로 이르는 말. ≒ 가게 기둥에 입춘

- **개구리 낯짝에 물 붓기**

  물에 사는 개구리의 낯에 물을 끼얹어 보았자 개구리가 놀랄 일이 아니라는 뜻으로, 어떤 자극을 주어도 그 자극이 조금도 먹혀들지 아니하거나 어떤 처사를 당하여도 태연함을 이르는 말.

- **개구리 올챙이 적 생각 못한다**

  형편이나 사정이 전에 비하여 나아진 사람이 지난날의 미천하거나 어렵던 때의 일을 생각지 아니하고 처음부터 잘난 듯이 뽐냄을 비유적으로 이르는 말.

- **개구리도 옴쳐야 뛴다**

  뛰기를 잘하는 개구리도 뛰기 전에 옴츠려야 한다는 뜻으로, 아무리 급하더라도 일을 이루려면 그 일을 위하여 준비할 시간이 있어야 함을 이르는 말.

- **개도 나갈 구멍을 보고 쫓아라**

  개를 쫓되 살길은 터 주어야 피해를 입지 아니한다는 뜻으로, 어떤 대상을 호되게 몰아치는 경우에 궁지에서 빠져나갈 여지를 주어야지 그렇지 아니하면 오히려 저항에 부딪히게 됨을 이르는 말.

- **개도 무는 개를 돌아본다**

  같은 개끼리도 사나운 개를 두려워하듯이, 사람 사이에서도 영악하고 사나운 사람에게는 해를 입게 될 것을 두려워하여 도리어 잘 대함을 비유적으로 이르는 말.

- **개똥도 약에 쓰려면 없다**

  평소에 흔하던 것도 막상 긴하게 쓰려고 구하면 없다는 말.

- **개똥밭에 굴러도 이승이 좋다**

아무리 천하고 고생스럽게 살더라도 죽는 것보다는 사는 것이 나음을 이르는 말.

■ 개미구멍이 둑을 무너뜨린다

작은 결점이라 하여 등한히 하면 그것이 점점 더 커져서 나중에는 큰 결함을 가져오게 됨을 비유적으로 이르는 말.

■ 개밥에 도토리

개는 도토리를 먹지 아니하기 때문에 밥 속에 있어도 먹지 아니하고 남긴다는 뜻에서, 따돌림을 받아서 여럿의 축에 끼지 못하는 사람을 비유적으로 이르는 말.

■ 개장수도 올가미가 있어야 한다

무슨 일을 하든지 거기에 필요한 준비와 도구가 있어야 함을 비유적으로 이르는 말.

■ 개천에서 용 난다

미천한 집안이나 변변하지 못한 부모에게서 훌륭한 인물이 나는 경우를 이르는 말.

■ 거북의 털

거북은 털이 없다는 뜻으로 도저히 구할 수 없는 물건을 비유적으로 이르는 말.

■ 거지가 도승지를 불쌍타 한다

도승지는 아무리 추운 때라도 새벽에 궁궐에 가야 하기 때문에 거지가 그것을 불쌍하게 여긴다는 뜻으로, 불쌍한 처지에 놓여 있는 사람이 도리어 자기보다 나은 사람을 동정한다는 말.

■ 거지가 말 얻은 격

1. 자기 몸 하나도 돌보기 어려운 거지가 건사하기 힘든 말까지 가지게 되었다는 뜻으로, 괴로운 중에 더욱 괴로운 일이 생겼음을 이르는 말. 2. 자기 분수에 넘치는 것을 얻어 가지고 자랑함을 비웃는 말. ≒ 비렁뱅이 비단 얻은 격

■ 걸음새 뜬 소가 천 리를 간다

소는 비록 걸음이 뜨기는 하지만 한결같이 꾸준히 걸어가 마침내는 천 리를 간다는 뜻으로, 꾸준히 인내하면 큰 성과를 낼 수 있음을 비유적으로 이르는 말.

■ 겉 다르고 속 다르다

1. 겉으로 드러나는 행동과 마음속으로 품고 있는 생각이 서로 달라서 사람의 됨됨이가 바르지 못함을 이르는 말. 2. 마음속으로는 좋지 않게 생각하면서 겉으로는 좋은 것처럼 꾸며서 행동한다는 말.

■ 겨 묻은 개가 똥 묻은 개를 나무란다

결점이 있기는 마찬가지이면서, 조금 덜한 사람이 더한 사람을 흉볼 때에 변변하지 못하다고 지적하는 말.

■ 겨울이 다 되어야 솔이 푸른 줄 안다

푸른 것이 다 없어진 한겨울에야 솔이 푸른 줄 안다는 뜻으로, 위급하거나 어려운 고비를 당하고 보아야 비로소 그 사람의 진가를 알 수 있음을 비유적으로 이르는 말.

■ 경주 돌이면 다 옥석인가

1. 좋은 일 가운데 궂은일도 섞여 있다는 말. 2. 사물을 평가할 때, 그것이 나는 곳이나 그 이름만을 가지고서 판단할 수 없다는 말.

■ 곁가마가 먼저 끓는다

끓어야 할 원래의 가마솥은 끓지 않고 곁에 있는 가마솥이 끓는다는 뜻으로, 당사자는 가만히 있는데 옆 사람이 오히려 신이 나서 떠들거나 참견하는 경우를 비유적으로 이르는 말.

■ 계란에도 뼈가 있다

늘 일이 잘 안되던 사람이 모처럼 좋은 기회를 만났건만, 그 일마저 역시 잘 안됨을 이르는 말.

■ 고기 맛본 중

금지된 쾌락을 뒤늦게 맛보고 재미를 붙인 사람을 비유적으로 이르는 말.

- 고기는 씹어야 맛이요, 말은 해야 맛이라

  고기의 참맛을 알려면 겉만 핥을 것이 아니라 자꾸 씹어야 하듯이, 하고 싶은 말이나 해야 할 말은 시원히 다 해 버려야 좋다는 말.

- 고기도 먹어 본 사람이 많이 먹는다

  무슨 일이든지 늘 하던 사람이 더 잘한다는 말.

- 고래 싸움에 새우 등 터진다

  강한 자들끼리 싸우는 통에 아무 상관도 없는 약한 자가 중간에 끼어 피해를 입게 됨을 비유적으로 이르는 말.

- 고슴도치도 제 새끼는 함함하다고 한다

  1. 털이 바늘같이 꼿꼿한 고슴도치도 제 새끼의 털이 부드럽다고 옹호한다는 뜻으로, 자기 자식의 나쁜 점은 모르고 도리어 자랑으로 삼는다는 말. 2. 어버이 눈에는 제 자식이 다 잘나고 귀여워 보인다는 말.

- 고양이 목에 방울 달기

  실행하기 어려운 것을 공연히 의논함을 이르는 말.

- 고양이는 발톱을 감춘다

  재주 있는 사람은 그것을 깊이 감추고서 함부로 드러내지 아니한다는 말.

- 고양이한테 생선을 맡기다

  고양이한테 생선을 맡기면 고양이가 생선을 먹을 것이 뻔한 일이란 뜻으로, 어떤 일이나 사물을 믿지 못할 사람에게 맡겨 놓고 마음이 놓이지 않아 걱정함을 비유적으로 이르는 말.

- 고인 물이 썩는다

  흐르지 못하고 한곳에 고여 있는 물은 썩는다는 뜻으로, 사람은 부지런히 일하고 자기 자신을 발전시켜야지 그저 가만히 있으면 제자리에 머물러 있거나 남보다 뒤떨어지기 마련임을 비유적으로 이르는 말.

- 곤달걀 지고 성 밑으로 못 가겠다

  이미 다 썩은 달걀을 지고 성 밑으로 가면서도 성벽이 무너져 달걀이 깨질까 두려워 못 간다는 뜻으로, 무슨 일을 지나치게 두려워하며 걱정함을 비유적으로 이르는 말.

- 공교하기는 마디에 옹이라

  나무의 마디에 공교롭게도 또 옹이가 박혔다는 뜻으로, 일이 순조롭게 진행되지 않고 이러저러한 장애가 공교롭게 겹침을 이르는 말. ≒ 마디에 옹이, 흉년에 윤달, 기침에 재채기

- 공든 탑이 무너지랴

  공들여 쌓은 탑은 무너질 리 없다는 뜻으로, 힘을 다하고 정성을 다하여 한 일은 그 결과가 반드시 헛되지 아니함을 비유적으로 이르는 말.

- 공중에 나는 기러기도 길잡이는 한 놈이 한다

  무슨 일을 하든지 오직 한 사람의 지휘자가 이끌고 나가야 여러 사람들이 제각기 나서서 길잡이 노릇을 하려고 해서는 안 된다는 말. ≒ 사공이 많으면 배가 산으로 간다

- 곶감 꼬치에서 곶감 빼 먹듯

  애써 알뜰히 모아 둔 재산을 조금씩 조금씩 헐어 써 없앰을 비유적으로 이르는 말.

- 관 옆에서 싸움한다

  상갓집에서 관을 옆에 두고 서로 싸움질을 한다는 뜻으로, 예의도 모르고 무엄한 짓을 함을 비유적으로 이르는 말.

- 관청에 잡아다 놓은 닭

  영문도 모르고 낯선 곳으로 끌려와서 어리둥절해 있는 사람을 비유적으로 이르는 말.

- 광에서 인심 난다

내 살림이 넉넉해야 비로소 남을 도울 수 있다. ≒ 쌀독에서 인심 난다

- **구관이 명관이다**

  1. 무슨 일이든 경험이 많거나 익숙한 이가 더 잘하는 법임을 비유적으로 이르는 말. 2. 나중 사람을 겪어 봄으로써 먼저 사람이 좋은 줄을 알게 된다는 말.

- **구더기 무서워 장 못 담글까**

  다소 방해되는 것이 있다 하더라도 마땅히 할 일은 하여야 함을 비유적으로 이르는 말. ≒ 장마가 무서워 호박을 못 심겠다

- **구르는 돌은 이끼가 안 낀다**

  부지런하고 꾸준히 노력하는 사람은 침체되지 않고 계속 발전한다는 말.

- **구복이 원수라**

  1. 입으로 먹고 배를 채우는 일이 원수 같다는 뜻으로, 먹고살기 위하여 괴로운 일이나 아니꼬운 일도 참아야 한다는 말. 2. 먹고살기 위하여 어쩔 수 없이 잘못을 저질렀음을 이르는 말. ≒ 목구멍이 포도청이라

- **구부러진 송곳**

  있기는 있으되 쓸모없게 된 것을 비유적으로 이르는 말. ≒ 끈 떨어진 뒤웅박(망석중)

- **구슬이 서 말이라도 꿰어야 보배라**

  아무리 훌륭하고 좋은 것이라도 다듬고 정리하여 쓸모 있게 만들어 놓아야 값어치가 있음을 비유적으로 이르는 말.

- **군불에 밥 짓기**

  어떤 일에 곁따라 다른 일이 쉽게 이루어지거나 또는 다른 일을 해냄을 비유적으로 이르는 말.

- **굳은 땅에 물이 괸다**

  1. 헤프게 쓰지 않고 아끼는 사람이 재산을 모으게 됨을 비유적으로 이르는 말. ≒ 단단한 땅에 물이 괸다 2. 무슨 일이든 마음을 굳게 먹고 해야 좋은 결과를 얻게 됨을 비유적으로 이르는 말.

- **굴뚝 보고 절한다**

  빚에 쪼들리어 한밤중이나 이른 새벽에 도망가는 사람이 이웃 사람에게 인사는 할 수 없어 하는 수 없이 굴뚝을 보고 절하고서 도망간다는 뜻으로, 무엇을 피하여 몰래 달아남을 비유적으로 이르는 말.

- **굴러 온 돌이 박힌 돌 뺀다**

  외부에서 들어온 지 얼마 안 되는 사람이 오래전부터 있던 사람을 내쫓거나 해치려 함을 비유적으로 이르는 말.

- **굼벵이도 구르는 재주가 있다**

  1. 아무런 능력이 없는 사람이 남의 관심을 끌 만한 행동을 함을 놀림조로 이르는 말. 2. 무능한 사람도 한 가지 재주는 있음을 비유적으로 이르는 말.

- **굿 못하는 무당 장구 타박한다**

  자기의 재간이 모자라는 것은 생각하지 아니하고 객관적인 조건만 탓함을 비유적으로 이르는 말.

- **굿이나 보고 떡이나 먹지**

  남의 일에 쓸데없는 간섭을 하지 말고 되어 가는 형편을 보고 있다가 이익이나 얻도록 하라는 말.

- **궁지에 빠진 쥐가 고양이를 문다**

  막다른 지경에 이르게 되면 약한 자도 마지막 힘을 다하여 반항함을 비유적으로 이르는 말.

- **귀에 걸면 귀걸이 코에 걸면 코걸이**

  1. 어떤 원칙이 정해져 있는 것이 아니라 둘러대기에 따라 이렇게도 되고 저렇게도 될 수 있음을 비유적으로 이르는 말. 2. 어떤 사물은 보는 관점에 따라 이렇게도 될 수 있고 저렇게도 될 수 있음을 비유적으로 이르는 말. = 이현령비현령(耳懸鈴鼻懸鈴)

- 귀한 것은 상량문

  모든 것이 다 구비되어 있는데 한 가지 부족한 것을 비유적으로 이르는 말. ≒ 옥에 티

- 귀한 그릇 쉬 깨진다

  1. 흔히 물건이 좋고 값진 것일수록 쉬 망가진다는 말. 2. 귀하게 태어난 사람이나 재주가 비상한 사람이 일찍 죽게 됨을 비유적으로 이르는 말.

- 그 나물에 그 밥

  서로 격이 어울리는 것끼리 짝이 되었을 경우를 두고 이르는 말.

- 그릇도 차면 넘친다

  어떤 것이든 한도가 넘으면 다시 되돌아가게 된다는 뜻. ≒ 달도 차면 기운다

- 긁어 부스럼

  아무렇지도 않은 일을 공연히 건드려서 걱정을 일으킨 경우를 비유적으로 이르는 말.

- 금강산도 식후경

  아무리 재미있는 일이라도 배가 불러야 흥이 나지 배가 고파서는 아무 일도 할 수 없음을 비유적으로 이르는 말.

- 급하면 바늘허리에 실 매어 쓸까

  일에는 일정한 순서가 있고 때가 있는 것이므로, 아무리 급해도 순서를 밟아서 일해야 함을 비유적으로 이르는 말. ≒ 천리 길도 한걸음부터

- 긴 병에 효자 없다

  무슨 일이거나 너무 오래 끌면 그 일에 대한 성의가 없어서 소홀해짐을 비유적으로 이르는 말.

- 길 아래 돌부처도 돌아앉는다

  아무리 온순한 사람일지라도 자기의 권리나 이익을 침해당할 경우에는 가만있지 않음을 비유적으로 이르는 말.

- 길고 짧은 것은 대어 보아야 안다

  크고 작고, 이기고 지고, 잘하고 못하는 것은 실지로 겨루어 보거나 겪어 보아야 알 수 있다는 말. ≒ 길든 짧든 대보아야 한다

- 길로 가라니까 뫼로 간다

  1. 편하고 유리한 방법을 가르쳐 주었는데도 굳이 자기 고집대로만 함을 이르는 말. 2. 타인의 지시나 윗사람의 명령을 어김을 이르는 말.

- 까기 전에 병아리 세지 마라

  일이 성사되기도 전에 일에서 생길 이익을 따지는 것은 좋지 아니하다는 말.

- 까마귀 날자 배 떨어진다

  아무 관계없이 한 일이 공교롭게도 때가 같아 어떤 관계가 있는 것처럼 의심을 받게 됨을 비유적으로 이르는 말.

- 까마귀 미역 감듯

  1. 까마귀는 미역을 감아도 그냥 검다는 데서, 일한 자취나 보람이 드러나지 않음을 비유적으로 이르는 말. 2. 일을 처리함에 있어 세밀하지 못하고 거친 것을 비유적으로 이르는 말.

- 깨어진 그릇 이 맞추기

  한번 그릇된 일은 다시 본래대로 돌리려고 애써도 돌릴 수 없음을 비유적으로 이르는 말. ≒ 엎질러진 물이요 쏘아 놓은 화살이다

- 꼬리가 길면 밟힌다

  나쁜 일을 아무리 남모르게 한다고 해도 오래 두고 여러 번 계속하면 결국에는 들키고 만다는 것을 비유적으로 이르는 말.

■ 꽃 본 나비

1. 남녀 간에 정이 깊어 떨어지지 못하는 즐거움을 비유적으로 이르는 말. 2. 사랑하는 사람을 만나서 기뻐하는 모습을 비유적으로 이르는 말. ≒ 물 본 기러기

■ 꾸어다 놓은 보릿자루

여럿이 모여 이야기하는 자리에서 아무 말도 하지 않고 한옆에 가만히 있는 사람을 비유적으로 이르는 말.

■ 꿀 먹은 벙어리

속에 있는 생각을 나타내지 못하는 사람을 비유적으로 이르는 말.

■ 꿈보다 해몽이 좋다

하찮거나 언짢은 일을 그럴듯하게 돌려 생각하여 좋게 풀이함을 비유적으로 이르는 말.

■ 꿩 구워 먹은 자리

어떠한 일의 흔적이 전혀 없음을 비유적으로 이르는 말.

■ 꿩 대신 닭

꼭 적당한 것이 없을 때 그와 비슷한 것으로 대신하는 경우를 비유적으로 이르는 말.

■ 꿩 먹고 알 먹는다

한 가지 일을 하여 두 가지 이상의 이익을 보게 됨을 비유적으로 이르는 말.

🔍 짚어보기 ▶ 같은 의미의 속담과 한자성어

- 가게 기둥에 입춘 = 하로동선(夏爐冬扇)*
- 가난한 양반 씨나락 주무르듯 = 우유부단(優柔不斷), 수서양단(首鼠兩端)
- 가난할수록 기와집 짓는다 = 허장성세(虛張聲勢)
- 가는 날이 장날 = 오비이락(烏飛梨落), 과전불납리(瓜田不納履)
- 가는 말에 채찍질 = 주마가편(走馬加鞭)
- 가랑잎이 솔잎더러 바스락거린다고 한다 = 적반하장(賊反荷杖)
- 가물에 단비 = 구한감우(久旱甘雨)
- 가물에 콩 나듯 = 한시태출(旱時太出)
- 가자니 태산이요, 돌아서자니 숭산이라 = 진퇴양난(進退兩難), 진퇴유곡(進退維谷), 사면초가(四面楚歌)
- 가재는 게 편 = 초록동색(草綠同色), 유유상종(類類相從), 비불외곡(臂不外曲)*
- 간에 붙었다 쓸개에 붙었다 한다 = 감탄고토(甘呑苦吐), 교언영색(巧言令色)
- 갈고리 맞은 고기 = 초미지급(焦眉之急), 풍전등화(風前燈火)
- 갈수록 태산이라 = 설상가상(雪上加霜)
- 감나무 밑에 누워서 홍시 떨어지기를 기다린다 = 수주대토(守株待兎)
- 강물도 쓰면 준다 = 적소성대(積小成大)
- 강원도 포수냐 = 함흥차사(咸興差使)
- 갓바치 내일 모레 = 차일피일(此日彼日)
- 같은 값이면 다홍치마 = 동가홍상(同價紅裳)
- 개구리도 옴쳐야 뛴다 = 척확지굴(尺蠖之屈)*
- 개구멍에 망건 치기 = 석지실목(惜枝失木)*, 소탐대실(小貪大失)

- 개천에서 용 난다 = 평지돌출(平地突出)
- 거지가 도승지를 불쌍타 한다 = 걸인연천(乞人憐天)*
- 건너다보니 절터라 = 좌견천리(坐見千里)
- 걸음새 뜬 소가 천 리를 간다 = 우공이산(愚公移山), 마부위침(磨斧爲針)
- 검둥개 멱 감기듯 = 도로무공(徒勞無功), 도로무익(徒勞無益), 노이무공(勞而無功)
- 겉 다르고 속 다르다 = 표리부동(表裏不同), 양두구육(羊頭狗肉), 면종복배(面從腹背), 구밀복검(口蜜腹劍), 양질호피(羊質虎皮)*, 양봉음위(陽奉陰違)*
- 계란에도 뼈가 있다 = 계란유골(鷄卵有骨)
- 고래 싸움에 새우 등 터진다 = 경전하사(鯨戰蝦死), 간어제초(間於齊楚)*
- 고려공사 사흘 = 조령모개(朝令暮改), 조변석개(朝變夕改)
- 고양이 목에 방울 달기 = 탁상공론(卓上空論), 묘두현령(猫頭懸鈴), 묘항현령(猫項懸鈴)
- 곤달걀 지고 성 밑으로 못 가겠다 = 기우(杞憂), 기인우천(杞人憂天), 기인지우(杞人之憂), 배중사영(杯中蛇影)*, 의심암귀(疑心暗鬼)*
- 공교하기는 마디에 옹이라 = 낙정하석(落穽下石)*, 설상가상(雪上加霜), 하정투석(下穽投石)
- 구 년 홍수에 볕 기다리듯 = 학수고대(鶴首苦待)
- 구부러진 송곳 = 추풍선(秋風扇)
- 구슬이 서 말이라도 꿰어야 보배라 = 관주위보(貫珠爲寶)
- 굴뚝 보고 절한다 = 야반도주(夜半逃走)
- 굴러 온 돌이 박힌 돌 뺀다 = 객반위주(客反爲主), 주객전도(主客顚倒)
- 귀한 그릇 쉬 깨진다 = 가인박명(佳人薄命)
- 그 나물에 그 밥 = 유유상종(類類相從), 초록동색(草綠同色)
- 긁어 부스럼 = 타초경사(打草驚蛇)*, 숙호충본(宿虎衝本)*
- 급하면 바늘허리에 실 매어 쓸까 = 등고자비(登高自卑), 거재마전(車在馬前)*
- 까기 전에 병아리 세지 마라 = 새옹지마(塞翁之馬)
- 까마귀 날자 배 떨어진다 = 오비이락(烏飛梨落)
- 까마귀 미역 감듯 = 금의야행(錦衣夜行), 야행피수(夜行被繡)*
- 깨어진 그릇 이 맞추기 = 복배지수(覆杯之水)*, 복수불반분(覆水不返盆)*
- 꿀 먹은 벙어리 = 유구무언(有口無言)
- 꿩 먹고 알 먹는다 = 일석이조(一石二鳥), 일거양득(一擧兩得)

*하로동선(夏爐冬扇) : 여름 화로와 겨울 부채.

*비불외곡(臂不外曲) : 팔은 밖으로 굽지 않음.

*척확지굴(蚇蠖之屈) : 자벌레가 움츠리는 것은 그 다음에 몸을 피고자 함이라는 뜻.

*석지실목(惜枝失木) : 가지를 지키려다 나무를 잃음.

*걸인연천(乞人憐天) : 걸인이 하늘을 불쌍히 여김.

*양질호피(羊質虎皮) : 양의 몸에 호랑이 가죽을 걸침.

*양봉음위(陽奉陰違) : 보는 앞에서 순종하고 속으로는 딴 생각을 함.

*간어제초(間於齊楚) : 제나라와 초나라 사이에 끼어 있음.

*배중사영(杯中蛇影) : 술잔에 비친 뱀의 그림자. (쓸데없는 의심을 품으면 탈이 난다.)

*의심암귀(疑心暗鬼) : 쓸데없는 의심을 하면 귀신이 생김.

*낙정하석(落穽下石) : 함정에 빠진 사람에게 돌까지 던짐.

*타초경사(打草驚蛇) : 공연히 화를 자초하거나 변죽을 울려 적의 정체가 드러나게 함을 의미함.

*숙호충본(宿虎衝本) : 자는 범 코침주기.

*거재마전(車在馬前) : 경험이 없는 말이 수레를 끌게 하려면 먼저 다른 말들을 따라 다니게 해야 함.

*야행피수(夜行被繡) : 수놓은 옷을 입고 밤길을 거님.

*복배지수(覆杯之水) : 엎질러진 물.

*복수불반분(覆水不返盆) : 엎질러진 물을 다시 담을 수 없음.

ㄴ

■ 나귀는 샌님만 섬긴다

보잘것없는 사람이라도 자기가 지닌 지조를 지키는 경우를 비유적으로 이르는 말.

■ 나는 바담 풍(風) 해도 너는 바람 풍 해라

옛날 어느 서당에서 선생님이 '바람 풍(風)'자를 가르치는데 혀가 짧아서 '바담 풍'으로 발음하니 학생들도 '바담 풍'으로 외운 데서 나온 말로, 자신은 잘못된 행동을 하면서 남보고는 잘하라고 요구하는 말.

■ 나는 새도 깃을 쳐야 날아간다

1. 무슨 일이든지 순서를 밟아 나가야 그 목적을 이룰 수 있음을 비유적으로 이르는 말. 2. 아무리 재능이 많아도 노력을 하지 않으면 그 재능을 발휘할 수 없음을 비유적으로 이르는 말.

■ 나무도 쓸 만한 것이 먼저 베인다

1. 능력 있는 사람이 먼저 뽑혀 쓰임을 비유적으로 이르는 말. 2. 능력 있는 사람이 일찍 죽음을 비유적으로 이르는 말.

■ 나무라도 고목이 되면 오던 새도 아니 온다

한 때 좋던 것도 보잘것없고 초라한 신세가 되면 거들떠보지도 않음을 이르는 말.

■ 나무에서 고기를 찾는다

어떤 일이 이루어질 가망이 없는 곳에서 결과를 기대하고 있음을 비유하는 말.

■ 나무에 오르라 하고 흔드는 격

남을 꾀어 위험한 곳이나 불행한 처지에 빠지게 함을 비유적으로 이르는 말.

■ 나중 난 뿔이 우뚝하다

나중에 생긴 것이 먼저 것보다 훨씬 나음을 비유적으로 이르는 말. ≒ 뒤에 난 뿔이 우뚝하다

■ 낙락장송도 근본은 종자

1. 아무리 훌륭한 사람이라도 처음에는 보통 사람과 다름이 없었음을 비유적으로 이르는 말. 2. 대단한 일도 그 처음 시작은 아주 보잘것없었음을 비유적으로 이르는 말.

■ 낙숫물은 떨어지던 데 또 떨어진다

한 번 버릇이 들면 고치기 어려움을 비유적으로 이르는 말.

■ 낙숫물이 댓돌을 뚫는다

작은 힘이라도 꾸준히 계속하면 큰일을 이룰 수 있음을 비유적으로 이르는 말.

■ 날 잡은 놈이 자루 잡은 놈을 당하랴

처음부터 월등하게 유리한 입장에 있는 사람을 상대로 해서는 도저히 이길 수 없음을 비유적으로 이르는 말.

- 남의 다리 긁는다

  1. 기껏 한 일이 결국 남 좋은 일이 됨을 비유적으로 이르는 말. 2. 자기가 해야 할 일을 모른 채 엉뚱하게 다른 일을 함을 비유적으로 이르는 말.

- 남의 떡에 설 쇤다

  남의 덕택으로 거저 이익을 보게 됨을 비유적으로 이르는 말.

- 남의 염병이 내 고뿔만 못하다

  남의 괴로움이 아무리 크다고 해도 자기의 작은 괴로움보다는 마음이 쓰이지 아니함을 비유적으로 이르는 말. ≒ 남의 생손은 제 살의 티눈만도 못하다

- 남의 집 제사에 절하기

  상관없는 남의 일에 참여하여 헛수고만 함을 비유적으로 이르는 말.

- 남이 서울 간다니 저도 간단다

  자기 주견이 없이 남이 한다고 덩달아 따라 함을 비유적으로 이르는 말. ≒ 남이 장 간다고 하니 거름 지고 나선다

- 낫 놓고 기역 자도 모른다

  기역 자 모양으로 생긴 낫을 보면서도 기역 자를 모른다는 뜻으로, 아주 무식함을 비유적으로 이르는 말.

- 낮말은 새가 듣고 밤말은 쥐가 듣는다

  1. 아무도 안 듣는 데서라도 말조심해야 한다는 말. ≒ 밤말은 쥐가 듣고 낮말은 새가 듣는다 2. 아무리 비밀스럽게 한 말이라도 반드시 남의 귀에 들어가게 된다는 말.

- 내 배가 부르니 종의 배고픔을 모른다

  자기만 만족하면 남의 곤란함을 모르고 돌보아 주지 아니함을 비유적으로 이르는 말.

- 내 코가 석 자

  내 사정이 급하고 어려워서 남을 돌볼 여유가 없음을 비유적으로 이르는 말.

- 냉수 먹고 이 쑤시기

  잘 먹은 체하며 이를 쑤신다는 뜻으로, 실속은 없으면서 무엇이 있는 체함을 이르는 말.

- 넉 달 가뭄에도 하루만 더 개었으면 한다

  1. 오래 가물어서 아무리 기다리던 비일지라도 무슨 일을 치르려면 그 비 오는 것을 싫어한다는 말. 2. 사람은 날씨에 대하여 항상 자기중심으로 생각함을 비유적으로 이르는 말.

- 넘어지면 코 닿을 데

  매우 가까운 거리를 이르는 말.

- 노루 꼬리가 길면 얼마나 길까

  보잘것없는 재주를 지나치게 믿음을 비웃는 말.

- 녹비에 가로왈

  사슴 가죽에 쓴 가로왈(曰) 자는 가죽을 잡아당기는 대로 일(日) 자도 되고 왈(曰) 자도 된다는 뜻으로, 사람이 일정한 주견이 없이 남의 말을 좇아 이랬다저랬다 함을 비유적으로 이르는 말.

- 누운 소 타기

  어떤 일이 하기에 매우 수월함을 뜻하는 말. ≒ 누워서 떡 먹기

- 누울 자리 봐 가며 발을 뻗어라

  1. 어떤 일을 할 때 그 결과가 어떻게 되리라는 것을 생각하여 미리 살피고 일을 시작하라는 말. 2. 시간과 장소를 가려 행동하라는 말.

- 누워서 침 뱉기

남을 해치려고 하다가 도리어 자기가 해를 입게 된다는 것을 비유적으로 이르는 말.

- **누이 좋고 매부 좋다**

  어떤 일에 있어 서로 다 이롭고 좋음을 비유적으로 이르는 말. ≒ 도랑치고 가재잡는다

- **눈 가리고 아웅**

  1. 얕은 수로 남을 속이려 한다는 말. 2. 실제로 보람도 없을 일을 공연히 형식적으로 하는 체하며 부질없는 짓을 함을 비유적으로 이르는 말.

- **눈 뜨고 도둑맞는다**

  번번이 알면서도 속거나 손해를 본다는 말.

- **눈먼 고양이 달걀 어르듯**

  제게 소중한 것인 줄 알고 애지중지함을 비유적으로 이르는 말.

- **눈썹에 불이 붙는다**

  뜻밖에 큰 걱정거리가 닥쳐 매우 위급하게 된 것을 비유적으로 이르는 말.

- **눈은 있어도 망울이 없다**

  1. 있기는 있는데 가장 중요한 것이 빠져서 없는 것과 마찬가지라는 말. 2. 사물을 바로 분별하거나 꿰뚫어 볼 줄 모름을 비유적으로 이르는 말.

- **느릿느릿 걸어도 황소걸음**

  비록 느리지만 꾸준히 실수 없이 하여 행동하는 모습을 이르는 말.

- **늦바람이 용마름을 벗긴다**

  늦게 불기 시작한 바람이 초가집 지붕마루에 얹은 용마름을 벗겨 갈 만큼 세다는 뜻으로, 사람도 늙은 후에 한번 바람이 나기 시작하면 걷잡을 수 없음을 비유적으로 이르는 말.

- **늙은 소 흥정하듯**

  1. 늙은 소는 잘 팔리지 않기 때문에 흥정하는 데 시간이 오래 걸린다는 뜻으로, 일을 빨리 끝내지 못하고 질질 끎을 비유적으로 이르는 말. 2. 행동이 느림을 비유적으로 이르는 말.

🔍 짚어보기 ▶ 같은 의미의 속담과 한자성어

- 나귀는 샌님만 섬긴다 = 오상고절(傲霜孤節), 독야청청(獨也靑靑), 세한고절(歲寒孤節), 일편단심(一片丹心)
- 나무라도 고목이 되면 오던 새도 아니 온다 = 염량세태(炎凉世態), 감탄고토(甘呑苦吐)
- 나무에서 고기를 찾는다 = 연목구어(緣木求魚), 백년하청(百年河淸), 여호모피(與虎謀皮)*
- 나무에 오르라 하고 흔드는 격 = 등루거제(登樓去梯)
- 나중 난 뿔이 우뚝하다 = 후생가외(後生可畏), 청출어람(靑出於藍)
- 낙숫물이 댓돌을 뚫는다 = 수적천석(水滴穿石), 점적천석(點滴穿石), 적토성산(積土成山), 적소성대(積小成大), 수적성연(水積成淵)
- 남의 떡에 설 쇤다 = 어부지리(漁父之利), 어인득리(漁人得利), 견토지쟁(犬兎之爭)
- 남이 서울 간다니 저도 간단다 = 부화뇌동(附和雷同), 부화수행(附和隨行), 한단지보(邯鄲之步)*
- 낫 놓고 기역 자도 모른다 = 목불식정(目不識丁), 어로불변(漁撈不辨)*, 숙맥불변(菽麥不辨)*, 일자무식(一字無識)
- 내 코가 석 자 = 오비삼척(吾鼻三尺)
- 냉수 먹고 이 쑤시기 = 허장성세(虛張聲勢)
- 녹비에 가로왈 = 반복무상(反覆無常)
- 누운 소 타기 = 이여반장(易如反掌)

- 누워서 침 뱉기 = 자승자박(自繩自縛), 자업자득(自業自得)

- 누이 좋고 매부 좋다 = 일석이조(一石二鳥), 일거양득(一擧兩得)

- 눈 가리고 아웅 = 엄이도령(掩耳盜鈴)*, 엄이투령(掩耳偸鈴)

- 눈 먹던 토끼 얼음 먹던 토끼가 제각각 = 각인각색(各人各色)

- 눈썹에 불이 붙는다 = 초미지급(焦眉之急), 연미지급(燃眉之急)

*여호모피(與虎謀皮) : 호랑이에게 가죽 내 놓으라고 한다는 뜻으로 가망이 없는 일.

*한단지보(邯鄲之步) : 자신의 분수를 알지 못하고 덩달아 날뛰다 모두 잃게 됨.

*어로불변(漁撈不辨) : '어'자와 '로'자를 구별하지 못하는 무식함.

*숙맥불변(菽麥不辨) : '콩'과 '보리'를 구별하지 못하는 무식함.

*엄이도령(掩耳盜鈴) : 제 귀를 막고 방울을 훔침.

기출유사문제

다음 〈보기〉의 속담과 의미가 통하지 **않는** 것은?

> 낫 놓고 기역자도 모른다

① 숙맥불변(菽麥不辨)　　　　② 어로불변(魚魯不辨)

③ 목불식정(目不識丁)　　　　④ 진언부지(眞諺不知)

⑤ 호가호위(狐假虎威)

해설

'낫 놓고 기역자도 모른다'는 아주 무식함을 비유한 말이다. ⑤의 호가호위(狐假虎威)는 남의 권세를 등에 업고 위세를 부리는 상황을 의미하는 말로 보기와 의미가 통하지 않는다.
① '콩'과 '보리'를 구별하지 못하는 어리석음을 의미한다.
② '어(魚)'와 '로(魯)'자를 구별하지 못하는 어리석음을 말한다.
③ '정(丁)'자도 식별하지 못하는 어리석음을 말한다.
④ 진서(眞書)*나 언문(諺文)을 모두 알지 못하는 어리석은 자를 말한다.

어휘

- 진서(眞書) : 예전에 언문(諺文)과 대비하여 한자를 이르던 말.

정답 ⑤

ㄷ

■ 다 된 죽에 코 풀기

　1. 거의 다 된 일을 망쳐버리는 주책없는 행동을 비유적으로 이르는 말. 2. 남의 다 된 일을 악랄한 방법으로 방해하는 것을 비유적으로 이르는 말.

■ 다람쥐 쳇바퀴 돌듯

앞으로 나아가거나 발전하지 못하고 제자리걸음만 함을 비유적으로 이르는 말.

■ 달걀도 굴러가다 서는 모가 있다

  1. 어떤 일이든 끝날 때가 있다는 말. 2. 좋게만 대하는 사람도 화를 낼 때가 있음을 비유적으로 이르는 말.

■ 달리는 말에 채찍질

  1. 기세가 한창 좋을 때 더 힘을 가한다는 말. 늑 닫는 말에도 채를 친다 2. 힘껏 하는데도 자꾸 더 하라고 한다는 말.

■ 달면 삼키고 쓰면 뱉는다

  옳고 그름이나 신의를 돌보지 않고 자기의 이익만 꾀함을 비유적으로 이르는 말.

■ 달밤에 삿갓 쓰고 나온다

  가뜩이나 미운 사람이 더 미운 짓만 함을 비유적으로 이르는 말.

■ 닭 소 보듯, 소 닭 보듯

  서로 아무런 관심도 두지 않고 있는 사이임을 비유적으로 이르는 말.

■ 닭 쫓던 개 지붕 쳐다보듯

  개에게 쫓기던 닭이 지붕으로 올라가자 개가 쫓아 올라가지 못하고 지붕만 쳐다본다는 뜻으로, 애써 하던 일이 실패로 돌아가거나 남보다 뒤떨어져 어찌할 도리가 없이 됨을 비유적으로 이르는 말. 늑 닭 쫓던 개 울타리 넘겨다보듯, 닭 쫓던 개의 상

■ 닭의 갈비 먹을 것 없다

  형식만 있고 내용이 보잘것없음을 비유적으로 이르는 말.

■ 닭의 볏이 될지언정 소의 꼬리는 되지 마라

  크고 훌륭한 자의 뒤를 쫓아다니는 것보다는 차라리 작고 보잘것없는 데서 남의 우두머리가 되는 것이 낫다는 말.

■ 당장 먹기엔 곶감이 달다

  1. 당장 먹기 좋고 편한 것은 그때 잠시뿐이지 정작 좋고 이로운 것은 못 된다는 말. 2. 나중에 가서야 어떻게 되든지 당장 하기 쉽고 마음에 드는 일을 잡고 시작함을 비유적으로 이르는 말.

■ 대문 밖이 저승이라

  사람은 언제 죽을지 모른다는 뜻으로, 사람의 목숨이 덧없음을 비유적으로 이르는 말.

■ 대장이 집에 식칼이 논다

  칼을 만드는 대장장이의 집에 오히려 식칼이 없다는 뜻으로, 어떠한 물건이 흔하게 있을 듯한 곳에 의외로 많지 않거나 없음을 비유적으로 이르는 말.

■ 대추나무에 연 걸리듯

  여기저기에 빚을 많이 진 것을 비유적으로 이르는 말.

■ 대한 끝에 양춘이 있다

  1. 어렵고 괴로운 일을 겪고 나면 즐겁고 좋은 일도 있음을 비유적으로 이르는 말. 2. 세상의 일은 돌고 도는 것임을 비유적으로 이르는 말.

■ 대한 칠 년 비 바라듯

  칠 년이나 계속되는 큰 가뭄에 비 오기를 바란다는 뜻으로, 몹시 간절히 바람을 비유적으로 이르는 말.

■ 더운죽에 혀 데기

  1. 더운죽에 혀를 대면 덴다는 것을 뻔히 알면서도 어리석게 혀를 댄다는 뜻으로, 그르칠 것이 뻔한 일을 하는 것을 비유적으로 이르는 말. 2. 대단치 않은 일에 낭패를 보아 비록 짧은 동안이나마 어찌할 바를 모르는 것을 비유적으로 이르는 말.

■ 덕석이 멍석인 듯

약간 비슷함을 빙자하여 그 실물인 것처럼 자처함을 비유적으로 이르는 말.

■ 도끼가 제 자루 못 찍는다

자기의 허물을 자기가 알아서 고치기 어려움을 비유적으로 이르는 말. ≒ 중이 제 머리 못 깎는다

■ 도둑이 제 발 저리다

지은 죄가 있으면 자연히 마음이 조마조마하여짐을 비유적으로 이르는 말.

■ 도둑질은 내가 하고 오라는 네가 져라

나쁜 짓을 해서 이익은 자기가 차지하고 그것에 대한 벌은 남보고 받으라는 경우를 비유적으로 이르는 말.

■ 도토리 키 재기

1. 정도가 고만고만한 사람끼리 서로 다툼을 이르는 말. 2. 비슷비슷하여 견주어 볼 필요가 없음을 이르는 말.

■ 돈만 있으면 개도 멍첨지라

천한 사람도 돈만 있으면 다른 사람들이 귀하게 대접함을 비유적으로 이르는 말.

■ 돌부처보고 아이 낳아 달란다

도저히 실현되지 않을 대상이나 사물에게 무리한 것을 소망하는 어리석은 일을 비유적으로 이르는 말.

■ 동냥자루도 마주 벌려야 들어간다

1. 무슨 일이나 조건이 되어 있지 아니하면 일정한 결과를 바랄 수 없음을 비유적으로 이르는 말. 2. 간단한 일이라도 서로 협조하여야 잘됨을 비유적으로 이르는 말.

■ 돼지에 진주 목걸이

값어치를 모르는 사람에게는 보물도 아무 소용없음을 비유적으로 이르는 말.

■ 두 손뼉이 맞아야 소리가 난다

1. 무슨 일이든지 두 편에서 서로 뜻이 맞아야 이루어질 수 있다는 말. ≒ 도둑질을 해도 손발이 맞아야 한다. 2. 서로 똑같기 때문에 말다툼이나 싸움이 된다는 말.

■ 두꺼비 파리 잡아먹듯

어떤 일을 쉽게 쉽게 행하는 모습을 비유하여 이르는 말.

■ 뒤웅박 팔자

입구가 좁은 뒤웅박 속에 갇힌 팔자라는 뜻으로, 일단 신세를 망치면 거기서 헤어 나오기가 어려움을 비유적으로 이르는 말.

■ 듣기 좋은 육자배기도 한두 번

듣기 좋은 이야기도 늘 들으면 싫다는 뜻.

■ 들고 나니 초롱꾼

초롱을 들고 나서면 초롱꾼이 된다는 뜻으로, 사람은 어떤 일이고 다 할 수 있다는 말.

■ 등잔 밑이 어둡다

대상에서 가까이 있는 사람이 도리어 대상에 대하여 잘 알기 어렵다는 말.

■ 땅 짚고 헤엄치기

1. 일이 매우 쉽다는 말. 2. 일이 의심할 여지가 없이 확실하다는 말.

■ 떡 본 김에 제사 지낸다

우연히 운 좋은 기회에, 하려던 일을 해치운다는 말.

■ 떡 줄 사람은 꿈도 안 꾸는데 김칫국부터 마신다

해 줄 사람은 생각지도 않는데 미리부터 다 된 일로 알고 행동한다는 말.

■ 똥 묻은 개가 겨 묻은 개 나무란다

자기는 더 큰 흉이 있으면서 도리어 남의 작은 흉을 본다는 말.

■ 뚝배기보다 장맛이 좋다

겉모양은 보잘것없으나 내용은 훨씬 훌륭함을 이르는 말.

Q 짚어보기 ▶ 같은 의미의 속담과 한자성어

- 달리는 말에 채찍질 = 주마가편(走馬加鞭)
- 달면 삼키고 쓰면 뱉는다 = 감탄고토(甘呑苦吐)
- 닭의 갈비 먹을 것 없다 = 계륵(鷄肋)
- 닭 잡아 겪을 나그네 소 잡아 겪는다 = 사배공반(事倍功半)*
- 닭 쫓던 개 지붕 쳐다보듯 = 만사휴의(萬事休矣), 망연자실(茫然自失)
- 대감 죽은 데는 안 가도 대감 말 죽은 데는 간다 = 염량세태(炎凉世態), 부염기한(附炎棄寒)*
- 대문 밖이 저승이라 = 인명재천(人命在天)
- 대한 끝에 양춘이 있다 = 고진감래(苦盡甘來)
- 대한 칠 년 비 바라듯 = 학수고대(鶴首苦待)
- 도토리 키 재기 = 오십보백보(五十步百步), 대동소이(大同小異), 호리지차(毫釐之差)*
- 돌부처보고 아이 낳아 달란다 = 백년하청(百年河淸), 하청난사(河淸難俟)*
- 두 손뼉이 맞아야 소리가 난다 = 고장난명(孤掌難鳴)
- 등잔 밑이 어둡다 = 등하불명(燈下不明)

*사배공반(事倍功半) : 처음에 소홀히 하여 결국 공을 들이고도 손해를 봄.

*부염기한(附炎棄寒) : 권세가 있을 때는 가까이 하다가 권세가 다하면 버리고 떠남.

*호리지차(毫釐之差) : 아주 근소한 차이.

*하청난사(河淸難俟) : 황허강의 물이 맑아지기를 기다림. (가망성이 없는 기다림)

기출유사문제

다음 〈보기〉의 속담을 활용하기에 가장 적절한 상황은?

당장 먹기에는 곶감이 달다.

① 앞으로 어떻게 될지는 생각지 않고 당장 입맛에 맞는 일만 하는 경우

② 타인의 충고를 무시하고 자기 멋대로 일을 고집하는 경우

③ 일의 전후를 생각하지 않고 뒤죽박죽 뒤섞어 어렵게 된 경우

④ 쉬운 일부터 차근차근 계획을 잡아 실행해 나가는 경우

⑤ 다양한 경험을 하지 않고 일에 착수하여 낭패를 본 경우

● 해설

'당장 먹기에는 곶감이 달다'라는 속담은 나중의 일은 생각하지 않고 당장 쉽고 입맛에 맞는 것만 하는 경우를 비꼬는 말이다.

정답 ❶

- **마른나무를 태우면 생나무도 탄다**

  안 되는 일도 대세를 타면 잘될 수 있음을 비유적으로 이르는 말.

- **마른논에 물 대기**

  일이 매우 힘들거나 힘들여 해 놓아도 성과가 없는 경우를 이르는 말.

- **마음 없는 염불**

  하고 싶지 아니한 일을 마지못하여 하는 것을 이르는 말. ≒ 억지춘향

- **마파람에 게 눈 감추듯**

  음식을 매우 빨리 먹어 버리는 모습을 비유적으로 이르는 말. ≒ 남양 원님 굴회 마시듯, 두꺼비 파리 잡아먹듯

- **말 갈 데 소 간다**

  1. 안 갈 데를 간다는 말. 2. 남이 할 수 있는 일이면 나도 할 수 있다는 말.

- **말로 온 동네 다 겪는다**

  1. 음식이나 물건으로는 힘이 벅차서 많은 사람을 다 대접하지 못하므로 언변으로나마 잘 대접한다는 말. 2. 말로만 남을 대접하는 체한다는 말.

- **말 많은 집은 장맛도 쓰다**

  1. 집안에 잔말이 많으면 살림이 잘 안 된다는 말. 2. 입으로는 그럴듯하게 말하지만 실상은 좋지 못하다는 말.

- **말이 씨가 된다**

  늘 말하던 것이 마침내 사실대로 되었을 때를 이르는 말.

- **말 타면 경마 잡히고 싶다**

  사람의 욕심이란 한이 없다는 말.

- **말 한마디에 천 냥 빚도 갚는다**

  말만 잘하면 어려운 일이나 불가능해 보이는 일도 해결할 수 있다는 말.

- **맑은 물에 고기 안 논다**

  물이 너무 맑으면 고기가 모이지 않는다는 뜻으로 사람이 너무 강직하여 융통성이 없으면 다른 사람들과 어울리기 어려움을 이르는 말.

- **망건 쓰고 세수한다**

  망건을 먼저 쓰고 세수를 한다는 뜻으로, 일의 순서를 바꾸어 함을 놀림조로 이르는 말.

- **맥도 모르고 침통 흔든다**

  제대로 알지도 못하면서 일을 하려고 함을 이르는 말.

- **먹다가 보니 개떡**

  멋도 모르고 그저 좋아하다가, 알고 보니 의외로 하찮은 것이어서 실망함을 이르는 말.

- **멍석 구멍에 생쥐 눈 뜨듯**

  겁이 나서 몸을 숨기고 바깥을 살피는 모양을 비유적으로 이르는 말.

- **모기 보고 칼 뽑기**

  1. 시시한 일로 소란을 피움을 비유적으로 이르는 말. 2. 보잘것없는 작은 일에 어울리지 않게 엄청나게 큰 대책을 씀을 이르는 말.

- **모로 가도 서울만 가면 된다**

  옆으로 가도 서울에만 가면 그만이라는 뜻으로 과정이야 어떠하든 결과만 좋으면 됨을 이르는 말.

- 모르면 약이요 아는 게 병

  아무것도 모르면 차라리 마음이 편하여 좋으나, 무엇이나 좀 알고 있으면 걱정거리가 많아 도리어 해롭다는 말.

- 목마른 놈이 우물 판다

  제일 급하고 일이 필요한 사람이 그 일을 서둘러 하게 되어 있다는 말. ≒ 갑갑한 놈이 송사한다

- 못된 송아지 엉덩이에 뿔이 난다

  되지못한 것이 엇나가는 짓만 한다는 말.

- 못 먹는 감 찔러나 본다

  제 것으로 만들지 못할 바에야 남도 갖지 못하게 못쓰게 만들자는 뒤틀린 마음을 이르는 말.

- 묵은 낙지 꿰듯

  일이 아주 쉬움을 이르는 말.

- 문어 제 다리 뜯어먹는 격

  1. 제 패거리끼리 서로 헐뜯고 비방함을 비유적으로 이르는 말. 2. 자기의 밑천이나 재산을 차츰차츰 까먹음을 비유적으로 이르는 말.

- 물 밖에 난 고기

  1. 제 능력을 발휘할 수 없는 처지에 몰린 사람을 이르는 말. 2. 운명이 이미 결정 나 벗어날 수 없음을 비유적으로 이르는 말.

- 물에 빠지면 지푸라기라도 움켜쥔다

  위급한 때를 당하면 무엇이나 닥치는 대로 잡고 늘어지게 됨을 이르는 말.

- 물에 빠진 놈 건져 놓으니까 망건값 달라 한다

  남에게 은혜를 입고서도 그 고마움을 모르고 생트집을 잡음을 이르는 말. ≒ 물에 빠진 놈 건져 놓으니까 내 봇짐 내라 한다

- 물은 건너 보아야 알고 사람은 지내보아야 안다

  사람은 겉만 보고는 알 수 없으며, 서로 오래 겪어 보아야 알 수 있음을 이르는 말.

- 물이 깊을수록 소리가 없다

  덕이 높고 생각이 깊은 사람은 겉으로 떠벌리고 잘난 체하거나 뽐내지 않는다는 말. ≒ 벼는 익을수록 고개를 숙인다

- 미꾸라지 용 됐다

  미천하고 보잘것없던 사람이 크게 되었음을 비유적으로 이르는 말.

- 미꾸라지 한 마리가 한강 물을 다 흐리게 한다

  미꾸라지 한 마리가 흙탕물을 일으켜서 웅덩이의 물을 온통 다 흐리게 한다는 뜻으로, 한 사람의 좋지 않은 행동이 그 집단 전체나 여러 사람에게 나쁜 영향을 미침을 비유적으로 이르는 말.

- 미꾸라짓국 먹고 용트림한다

  1. 시시한 일을 해 놓고 큰일을 한 것처럼 으스대는 것을 비유적으로 이르는 말. 2. 하잘것없는 사람이 잘난 체하는 것을 비유적으로 이르는 말.

- 미친개 범 물어 간 것 같다

  성가시게 굴거나 괴롭게 굴던 미친개를 범이 잡아가서 몹시 시원하다는 뜻으로, 성가시게 굴던 것이 없어져서 매우 시원함을 비유적으로 이르는 말.

- 믿는 나무에 곰이 핀다

  잘되리라고 믿고 있던 일에 생각지 못한 변화가 생김을 비유적으로 이르는 말. ≒ 믿는 도끼에 발등 찍힌다

- 밀밭만 지나가도 주정한다

술을 먹지 않고 술을 만드는 재료인 밀을 심은 밭만 지나가도 주정한다는 뜻으로, 성미가 급하여 일을 서두름을 비유적으로 이르는 말. ≒ 우물가서 숭늉 찾는다

- 밑돌 빼서 윗돌 고인다

  기껏 한다는 짓이 밑에 있는 돌을 뽑아서 위에다 고여 나간다는 뜻으로, 일한 보람이 없이 어리석은 짓을 하는 경우를 비유적으로 이르는 말.

- 밑 빠진 독에 물 붓기

  밑 빠진 독에 아무리 물을 부어도 독이 채워질 수 없다는 뜻으로, 아무리 힘이나 밑천을 들여도 보람 없이 헛된 일이 되는 상태를 비유적으로 이르는 말.

Q 짚어보기 ▶ 같은 의미의 속담과 한자성어

- 마른논에 물 대기 = 사배공반(事倍功半)
- 말이 씨가 된다 = 농가성진(弄假成眞)*
- 맑은 물에 고기 안 논다 = 수청무어(水淸無魚)
- 모기 보고 칼 뽑기 = 견문발검(見蚊拔劍), 노승발검(怒蠅拔劍)
- 모르면 약이요 아는 게 병 = 식자우환(識字憂患)
- 목마른 놈이 우물 판다 = 갈이천정(渴而穿井), 임갈굴정(臨渴掘井)
- 문어 제 다리 뜯어먹는 격 = 자중지란(自中之亂)
- 물에 빠진 놈 건져 놓으니까 망건값 달라 한다 = 적반하장(賊反荷杖), 은반위수(恩反爲讐)
- 미꾸라지 한 마리가 한강 물을 다 흐리게 한다 = 일어탁수(一魚濁水)
- 미꾸라짓국 먹고 용트림한다 = 허장성세(虛張聲勢)
- 밑구멍으로 호박씨 깐다 = 표리부동(表裏不同), 면종복배(面從腹背)
- 밑돌 빼시 윗돌 고인다 = 하석상대(下石上臺), 고식지계(姑息之計), 미봉책(彌縫策)

*농가성진(弄假成眞) : 농담으로 한 말이 참말이 됨.

◯ 기출유사문제 ◯

다음 〈보기〉의 속담을 사용하기에 적절한 상황은?

> 마른 나무를 태우면 생나무도 탄다.

① 아무 뜻 없이 한 일인데 큰 성과를 거둘 때

② 막막하던 일이 대세를 타고 순조롭게 진행될 때

③ 좋은 일과 나쁜 일이 구별 없이 진행될 때

④ 생각지도 못했던 결과가 발생하여 당혹스러울 때

⑤ 좋지 않은 일이 거듭하여 계속 발생할 때

'마른 나무를 태우면 생나무도 탄다'는 안 되는 일이라도 대세를 타면 잘될 수 있음을 비유적으로 이르는 말이다. 따라서 이에 해당하는 상황은 ②이다.

정답 **②**

ㅂ

■ 바늘 가는 데 실 간다

바늘이 가는 데 실이 항상 뒤따른다는 뜻으로, 사람의 긴밀한 관계를 비유적으로 이르는 말.

■ 바늘구멍으로 하늘 보기

조그만 바늘구멍으로 넓디넓은 하늘을 본다는 뜻으로, 전체를 포괄적으로 보지 못하는 매우 좁은 소견이나 관찰을 비꼬는 말. ≒ 댓구멍으로 하늘을 본다, 우물 안 개구리

■ 바늘구멍으로 황소바람 들어온다

추울 때에는 바늘구멍 같은 작은 구멍에도 엄청나게 센 찬 바람이 들어온다는 뜻으로, 작은 것이라도 때에 따라서는 소홀히 하여서는 안 됨을 비유적으로 이르는 말.

■ 바늘 도둑이 소도둑 된다

바늘을 훔치던 사람이 계속 반복하다 보면 결국은 소까지도 훔친다는 뜻으로, 작은 나쁜 짓도 자꾸 하게 되면 큰 죄를 저지르게 됨을 비유적으로 이르는 말.

■ 바늘로 찔러도 피 한 방울 안 난다

1. 사람이 매우 단단하고 야무지게 생겼음을 비유적으로 이르는 말. 2. 사람의 성격이 빈틈이 없거나 융통성이 없음을 비유적으로 이르는 말. 3. 지독한 구두쇠를 비유적으로 이르는 말.

■ 바닷속의 좁쌀알 같다

넓고 넓은 바닷속에 뜬 조그만 좁쌀알만 하다는 뜻으로, 그 존재가 대비도 안 될 만큼 보잘것없거나 매우 작고 하찮은 경우를 비유적으로 이르는 말.

■ 바람 따라 돛을 단다

1. 바람이 부는 형세를 보아 가며 돛을 단다는 뜻으로, 때를 잘 맞추어서 일을 벌여 나가야 성과를 거둘 수 있음을 비유적으로 이르는 말. 2. 일정한 신념과 주견이 없이 기회나 형편을 엿보다가 조건이 좋은 쪽을 따라 이리저리 흔들리는 모양을 비꼬는 말.

■ 바람도 올바람이 낫다

다 같은 바람이라 하여도 일찍 부는 바람이 그래도 덜 차고 피해도 적다는 뜻으로, 이왕 겪어야 할 바에는 아무리 어렵고 괴롭더라도 남보다 먼저 겪는 것이 나음을 비유적으로 이르는 말.

■ 밤눈 어두운 말이 워낭 소리 듣고 따라간다

밤눈이 어두운 말이 자기 턱 밑에 달린 쇠고리의 소리를 듣고 따라간다는 뜻으로, 맹목적으로 남이 하는 대로 따라함을 비유적으로 이르는 말.

■ 배 먹고 이 닦기

배를 먹으면 이까지 하얗게 닦아진다는 뜻으로, 한 가지 일에 두 가지 이로움이 있음을 비유적으로 이르는 말.

■ 백미에 뉘 섞이듯

많은 것 가운데 썩 드물어서 좀처럼 얻어 보기 어려움을 비유적으로 이르는 말.

■ 백장이 버들잎 물고 죽는다

1. 고리백장은 죽을 때 제가 늘 쓰던 버들잎을 물고 죽는다는 뜻으로, 사람은 죽는 날까지 늘 하던 짓을 버리지 못함을 이르는 말. 2. 죽을 때를 당하여도 자기의 근본을 잊지 않음을 비유적으로 이르는 말.

■ 배 주고 속 빌어먹는다

자기의 배를 남에게 주고 다 먹고 난 그 속을 얻어먹는다는 뜻으로, 자기의 큰 이익은 남에게 주고 거기서 조그만 이익만을 얻음을 비유적으로 이르는 말.

■ 백지장도 맞들면 낫다

쉬운 일이라도 협력하여 하면 훨씬 쉽다는 말.

■ 뱁새가 황새를 따라가면 다리가 찢어진다

힘에 겨운 일을 억지로 하면 도리어 해만 입는다는 말.

■ 번갯불에 콩 볶아 먹겠다

1. 번쩍하는 번갯불에 콩을 볶아서 먹을 만하다는 뜻으로, 행동이 매우 민첩함을 이르는 말. 2. 하는 짓이 번갯불에 콩을 볶아 먹을 만큼 급하게 군다는 뜻으로, 어떤 행동을 당장 해치우지 못하여 안달하는 조급한 성질을 이르는 말.

■ 범도 새끼 둔 골을 두남둔다

범과 같이 모진 짐승도 제 새끼를 두고 온 골은 힘써 도와주고 끔찍이 여긴다는 뜻으로, 비록 악인이라도 제 자식의 일은 늘 마음에 두고 생각하며 잘해 준다는 것을 비유적으로 이르는 말.

■ 범 무서워 산에 못 가랴

아무리 범이 무섭다고 한들 산에 못 갈 것 없다는 뜻으로, 어떤 장애가 있더라도 그 어려움을 물리치고 해야 할 일은 반드시 해야 함을 비유적으로 이르는 말.

■ 범에게 날개

힘이 세고 사나운 범이 날개까지 돋쳐 하늘을 날게 되었으니 아무것도 무서울 것이 없게 되었다는 뜻으로, 힘이나 능력이 있는 사람이 더욱 힘을 얻게 된 경우를 비유적으로 이르는 말.

■ 범은 그려도 뼈다귀는 못 그린다

1. 비록 범은 그릴 수 있으나 가죽 속에 있는 범의 뼈는 그릴 수 없다는 뜻으로, 겉모양이나 형식은 쉽게 파악할 수 있어도 그 속에 담긴 내용은 알기가 어려움을 비유적으로 이르는 말. 2. 사람의 겉만 보고 그 사람의 속마음을 알 수 없음을 비유적으로 이르는 말.

■ 범 잡은 포수

뜻한 바를 이루어 의기양양한 사람을 비유적으로 이르는 말.

■ 벙어리 냉가슴 앓듯

말을 할 수 없어 안타까운 마음을 하소연할 길이 없이 속만 썩이듯 한다는 뜻으로, 답답한 사정이 있어도 남에게 말하지 못하고 혼자만 괴로워하며 걱정하는 경우를 비유적으로 이르는 말. ≒ 우황 든 소 앓듯

■ 벙어리 재판

말 못하는 이를 대상으로 재판을 한다는 뜻으로, 옳고 그름을 판단하기 매우 어렵거나 곤란한 경우를 비유적으로 이르는 말.

■ 베주머니에 의송 들었다

보기에는 허름한 베주머니에 기밀한 서류가 들었다는 뜻으로, 사람이나 물건이 외모를 보아서는 허름하고 못난 듯하나 실상은 비범한 가치와 훌륭한 재질을 지녔음을 비유적으로 이르는 말.

■ 벼룩도 낯짝이 있다

매우 작은 벼룩조차도 낯짝이 있는데 하물며 사람이 체면이 없어서야 되겠느냐는 말.

■ 병 주고 약 준다

남을 해치고 나서 약을 주며 그를 구원하는 체한다는 뜻으로, 교활하고 음흉한 자의 행동을 비유적으로 이르는 말.

■ 병풍에 그린 닭이 홰를 치거든

도저히 불가능한 일이어서 기약할 수 없음을 비유적으로 이르는 말.

■ 보기 좋은 떡이 먹기도 좋다

1. 내용이 좋으면 겉모양도 반반함을 비유적으로 이르는 말. 2. 겉모양새를 잘 꾸미는 것도 필요함을 비유적으로 이르는 말.

■ 봄비가 잦으면 마을 집 지어미 손이 크다

봄비가 자주 오면 풍년이 들 것으로 생각하기 때문에 부인들의 인심이 후해진다는 뜻으로, 아무 소용없고 도리어 해롭기만 함을 비유적으로 이르는 말.

■ 봉사 단청 구경

1. 눈먼 사람이 단청을 구경한다는 뜻으로, 사물의 참된 모습을 깨닫지 못함을 비유적으로 이르는 말. 2. 아무리 보아도 그 진미(眞美)를 알아볼 능력이 없는 경우를 비유적으로 이르는 말. ≒ 봉사 굿 보기, 소경 관등 가듯

■ 부뚜막의 소금도 집어넣어야 짜다

가까운 부뚜막에 있는 소금도 넣지 아니하면 음식이 짠맛이 날 수 없다는 뜻으로, 아무리 좋은 조건이 마련되었거나 손쉬운 일이라도 힘을 들이어 이용하거나 하지 아니하면 안 됨을 비유적으로 이르는 말. ≒ 구슬이 서 말이라도 꿰어야 보배

■ 부엉이 셈 치기

부엉이가 수를 셀 때 반드시 짝으로 하므로 하나가 없어지는 것은 알아도 짝으로 없어지는 것은 모른다는 데서 나온 말로, 세상에 몹시 어두운 사람의 셈을 비유적으로 이르는 말.

■ 부지런한 물방아는 얼 새도 없다

물방아는 쉬지 아니하고 돌기 때문에 추워도 얼지 아니한다는 뜻으로, 무슨 일이든 쉬지 아니하고 부지런히 하여야 실수가 없고 순조롭게 이루어짐을 비유적으로 이르는 말.

■ 불난 데 풀무질한다

남의 재앙을 점점 더 커지도록 만들거나 성난 사람을 더욱 성나게 함을 비유적으로 이르는 말.

■ 비단옷 입고 밤길 가기

비단옷을 입고 밤길을 걸으면 아무도 알아주지 않는다는 뜻으로, 생색이 나지 않는 공연한 일에 애쓰고도 보람이 없는 경우를 비유적으로 이르는 말.

■ 비 오는 날 나막신 찾듯

몹시 아쉬워서 찾는 모양을 비유적으로 이르는 말.

■ 뻐꾸기도 유월이 한철이라

뻐꾸기도 음력 유월이 한창 활동할 시기라는 뜻으로, 누구나 한창 활동할 수 있는 시기는 얼마 되지 아니하니 그때를 놓치지 말라는 말. ≒ 메뚜기도 유월이 한철이다

■ 뿌리 없는 나무가 없다

1. 모든 나무가 다 뿌리가 있듯이 무엇이나 그 근본이 있음을 비유적으로 이르는 말. 2. 원인이 없이 결과만 있을 수 없음을 이르는 말. ≒ 아니 땐 굴뚝에 연기 나랴

Q 짚어보기 ▶ 같은 의미의 속담과 한자성어

- 바늘 가는 데 실 간다 = 부창부수(夫唱婦隨), 막역지우(莫逆之友)
- 바늘구멍으로 하늘 보기 = 통관규천(通管窺天), 이관규천(以管窺天), 좌정관천(坐井觀天), 정저지와(井底之蛙)
- 바닷속의 좁쌀알 같다 = 창해일속(滄海一粟), 구우일모(九牛一毛), 대해일적(大海一滴)*
- 밤눈 어두운 말이 워낭 소리 듣고 따라간다 = 부화뇌동(附和雷同), 추우강남(追友江南)
- 배 먹고 이 닦기 = 일석이조(一石二鳥)
- 백지장도 맞들면 낫다 = 십시일반(十匙一飯)
- 번갯불에 콩 볶아 먹겠다 = 전광석화(電光石火)
- 범 본 놈 창구멍을 틀어막듯 = 천방지방(天方地方), 오우천월(吳牛喘月)
- 범은 그려도 뼈다귀는 못 그린다 = 화호난화골(畫虎難畫骨)
- 범 잡은 포수 = 득의만면(得意滿面)
- 벙어리 냉가슴 앓듯 = 전전긍긍(戰戰兢兢)
- 보기 좋은 떡이 먹기도 좋다 = 동가홍상(同價紅裳)
- 봉사 단청 구경 = 맹완단청(盲玩丹靑)
- 비단옷 입고 밤길 가기 = 금의야행(錦衣夜行)

*대해일적(大海一滴) : 큰 바다의 물방울 하나.

人

■ 사공이 많으면 배가 산으로 간다

여러 사람이 저마다 제 주장대로 배를 몰려고 하면 결국에는 배가 물로 못 가고 산으로 올라간다는 뜻으로, 주관하는 사람 없이 여러 사람이 자기주장만 내세우면 일이 제대로 되기 어려움을 비유적으로 이르는 말.

■ 사나운 개 콧등 아물 날이 없다

성질이 사나운 사람은 늘 싸움만 하여 상처가 미처 나을 사이가 없음을 비유적으로 이르는 말.

■ 사또 떠난 뒤에 나팔 분다

사또 행차가 다 지나간 뒤에야 악대를 불러다 나팔을 불리고 북을 치게 한다는 뜻으로, 제때 안 하다가 뒤늦게 대책을 세우며 서두름을 핀잔하는 말. ≒ 행차 뒤에 나팔

■ 사람은 죽으면 이름을 남기고 범은 죽으면 가죽을 남긴다

호랑이가 죽은 다음에 귀한 가죽을 남기듯이 사람은 죽은 다음에 생전에 쌓은 공적으로 명예를 남기게 된다는 뜻으로, 인생에서 가장 중요한 것은 생전에 보람 있는 일을 해놓아 후세에 명예를 떨치는 것임을 비유적으로 이르는 말.

■ 사모에 갓끈 영자

끈이 필요 없는 사모에 갓끈이나 영자를 달았다는 뜻으로, 차림새가 제격에 어울리지 아니함을 비유적으로 이르는 말. ≒ 가게 기둥에 입춘, 개발에 주석편자

■ 산 입에 거미줄 치랴

거미가 사람의 입 안에 거미줄을 치자면 사람이 아무것도 먹지 않아야 한다는 뜻으로, 아무리 살림이 어려워 식량이 떨어져도 사람은 그럭저럭 죽지 않고 먹고 살아가기 마련임을 비유적으로 이르는 말. ≒ 하늘이 무너져도 솟아날 구멍이 있다

■ 산 까마귀 염불한다

산에 있는 까마귀가 산에 있는 절에서 염불하는 것을 하도 많이 보고 들어서 염불하는 흉내를 낸다는 뜻으로, 무엇을 전혀 모르던 사람도 오랫동안 보고 듣노라면 제법 따라 할 수 있게 됨을 비유적으로 이르는 말.

■ 산지기가 놀고 중이 추렴을 낸다

1. 놀기는 산지기가 놀았는데 그 값은 중이 문다는 뜻으로, 아무런 관련도 없는 남의 일로 부당하게 대가를 치름을 비유적으로 이르는 말. 2. 산지기가 산을 안 지키고 민간에 내려가서 행음을 하고 중이 불공은 안 드리고 술추렴을 한다는 뜻으로, 부당하거나 엉뚱한 짓을 함을 비유적으로 이르는 말.

■ 산호 기둥에 호박 주추다

귀한 산호로 기둥을 세우고 귀한 호박으로 주춧돌을 놓았다는 뜻으로, 매우 사치스럽고 호화롭게 꾸미고 사는 삶을 비유적으로 이르는 말.

■ 삼 년 벌던 논밭도 다시 돌아보고 산다

삼 년 동안이나 제가 일구던 논밭도 제가 사게 되니 다시 이것저것 따져 보고서야 사게 된다는 뜻으로, 이미 잘 알고 있는 일이라도 정작 제가 책임을 맡게 되면 다시 한 번 이것저것 따져 보게 됨을 비유적으로 이르는 말. ≒ 돌다리도 두들겨 보고 건너라

■ 삼밭에 쑥대

삼밭에 쑥을 심으면 쑥이 삼을 닮아 곧게 자란다는 뜻으로 좋은 환경에서 자라게 되면 좋은 사람이 될 수 있음을 비유적으로 이르는 말.

■ 생나무 휘어잡기

휘어지지 아니하는 생나무를 억지로 휘어잡는다는 뜻으로, 되지 아니할 일을 억지로 하려고 무모하게 행동함을 비유적으로 이르는 말.

■ 생초목에 불붙는다

1. 시퍼렇게 살아 있는 나무와 풀에 불이 붙어 탄다는 뜻으로, 뜻밖에 재난을 당함을 비유적으로 이르는 말. 2. 시퍼렇게 젊은 아까운 사람이 갑자기 죽었음을 비유적으로 이르는 말.

■ 서 발 막대 거칠 것 없다

1. 서 발이나 되는 긴 막대를 휘둘러도 아무것도 거치거나 걸릴 것이 없다는 뜻으로, 가난한 집안이라 세간이 아무 것도 없음을 비유적으로 이르는 말. ≒ 횅한 빈 집에서 서 발 막대 거칠 것 없다 2. 주위에 조심스러운 사람도 없고 아무것도 거리낄 것이 없음을 비유적으로 이르는 말.

■ 서투른 무당이 장구만 나무란다

자기 기술이나 능력이 부족한 것은 생각하지 않고 애매한 도구나 조건만 가지고 나쁘다고 탓함을 비꼬는 말.

■ 선무당이 사람 잡는다

의술에 서투른 사람이 치료해 준다고 하다가 사람을 죽이기까지 한다는 뜻으로, 능력이 없어서 제구실을 못하면서 함부로 하다가 큰일을 저지르게 됨을 비유적으로 이르는 말.

■ 세 사람만 우겨대면 없는 호랑이도 만들어 낼 수 있다

1. 셋이 모여 우겨대면 누구나 곧이듣게 된다는 뜻으로, 여럿이 힘을 합치면 안되는 일이 없음을 비유적으로 이르는 말. 2. 여럿이 떠들어 소문내면 사실이 아닌 것도 사실처럼 됨을 비유적으로 이르는 말.

■ 세전 토끼라

태어나서 첫 번째 설을 쇠기 전의 어린 토끼는 늘 같은 길로만 다닌다는 뜻으로, 융통성이 전혀 없음을 비유적으로 이르는 말.

■ 소경이 코끼리 만지고 말하듯

코끼리를 보지 못하는 사람이 큰 코끼리의 어느 한 부위를 만지고서 전체를 평하여 말한다는 뜻으로, 객관적 현실을 잘 모르면서 일면만 보고 해석하는 경우를 비유적으로 이르는 말.

■ 소도 언덕이 있어야 비빈다

언덕이 있어야 소도 가려운 곳을 비비거나 언덕을 디뎌 볼 수 있다는 뜻으로, 누구나 의지할 곳이 있어야 무슨 일이든 시작하거나 이룰 수가 있음을 비유적으로 이르는 말. ≒ 도깨비도 수풀이 있어야 모인다

■ 소문난 잔치에 먹을 것 없다

떠들썩한 소문이나 큰 기대에 비하여 실속이 없거나 소문이 실제와 일치하지 아니하는 경우를 비유적으로 이르는 말.

■ 소 잃고 외양간 고친다

소를 도둑맞은 다음에서야 빈 외양간의 허물어진 데를 고치느라 수선을 떤다는 뜻으로, 일이 이미 잘못된 뒤에는 손을 써도 소용이 없음을 비꼬는 말.

■ 손바닥으로 하늘 가리기

가린다고 가렸으나 가려지지 아니한다는 말. ≒ 눈 가리고 아웅하기

■ 손톱 밑의 가시

손톱 밑에 가시가 들면 매우 고통스럽고 성가시다는 뜻으로, 늘 마음에 꺼림칙하게 걸리는 일을 이르는 말.

■ 송충이가 갈잎을 먹으면 죽는다

1. 솔잎만 먹고 사는 송충이가 갈잎을 먹게 되면 땅에 떨어져 죽게 된다는 뜻으로, 자기 분수에 맞지 않는 짓을 하다가는 낭패를 봄을 비유적으로 이르는 말. 2. 제 할 일은 안 하고 딴마음을 먹었다가는 낭패를 봄을 비유적으로 이르는 말.

■ 쇠귀에 경 읽기

소의 귀에 대고 경을 읽어 봐야 단 한 마디도 알아듣지 못한다는 뜻으로, 아무리 가르치고 일러 주어도 알아듣지 못하거나 효과가 없는 경우를 이르는 말.

■ 쇠뿔도 단김에 빼랬디

든든히 박힌 소의 뿔을 뽑으려면 불로 달구어 놓은 김에 해치워야 한다는 뜻으로, 어떤 일이든지 하려고 생각했으면 한창 열이 올랐을 때 망설이지 말고 곧 행동으로 옮겨야 함을 비유적으로 이르는 말.

■ 쇠뿔 잡다가 소 죽인다

어떤 것 또는 어떤 사람의 결점이나 흠을 고치려다 그 정도가 지나쳐서 도리어 그 사물이나 사람을 망치는 경우를 비유적으로 이르는 말.

■ 수박 겉 핥기

맛있는 수박을 먹는다는 것이 딱딱한 겉만 핥고 있다는 뜻으로, 사물의 속 내용은 모르고 겉만 건드리는 일을 비유적으로 이르는 말.

■ 술 받아 주고 뺨 맞는다

술을 받아서 대접해 주고는 오히려 뺨을 맞는다는 뜻으로, 남을 잘 대접하고 나서 오히려 그에게 해를 입는 경우를 비유적으로 이르는 말.

■ 술에 술 탄 듯 물에 물 탄 듯

1. 주견이나 주책이 없이 말이나 행동이 분명하지 않음을 비유적으로 이르는 말. ≒ 물에 물 탄 듯 술에 술 탄 듯 2. 아무리 가공을 하여도 본바탕은 조금도 변하지 않는 상태를 비유적으로 이르는 말.

■ 술 익자 체 장수 간다

술이 익어 체로 걸러야 할 때에 마침 체 장수가 지나간다는 뜻으로, 일이 공교롭게 잘 맞아 감을 비유적으로 이르는 말.

- 시작이 반이다

  무슨 일이든지 시작하기가 어렵지 일단 시작하면 일을 끝마치기는 그리 어렵지 아니함을 비유적으로 이르는 말.

- 신선놀음에 도낏자루 썩는 줄 모른다

  어떤 나무꾼이 신선들이 바둑 두는 것을 정신없이 보다가 제정신이 들어보니 세월이 흘러 도낏자루가 다 썩었다는 데서, 아주 재미있는 일에 정신이 팔려서 시간 가는 줄 모르는 경우를 비유적으로 이르는 말.

🔍 짚어보기 ▶ 같은 의미의 속담과 한자성어

- 사공이 많으면 배가 산으로 간다 = 작사도방(作舍道傍), 중구난방(衆口難防)
- 사또 떠난 뒤에 나팔 분다 = 사후약방문(死後藥方文), 망양보뢰(亡羊補牢)
- 사람은 죽으면 이름을 남기고 범은 죽으면 가죽을 남긴다 = 호사유피(虎死留皮), 인사유명(人死遺名)
- 산 까마귀 염불한다 = 당구풍월(堂狗風月)
- 산호 기둥에 호박 주추다 = 주지육림(酒池肉林)*, 육산포림(肉山脯林)*
- 삼 년 벌던 논밭도 다시 돌아보고 산다 = 심사숙고(深思熟考)
- 서 발 막대 거칠 것 없다 = 삼순구식(三旬九食), 계옥지탄(桂玉之嘆)*
- 세 사람만 우겨대면 없는 호랑이도 만들어 낼 수 있다 = 삼인성호(三人成虎)
- 세전 토끼라 = 수주대토(守株待兎)
- 소경이 코끼리 만지고 말하듯 = 군맹무상(群盲撫象)
- 솔 심어 정자라 = 식송망정(植松望亭)
- 쇠귀에 경 읽기 = 우이독경(牛耳讀經), 우이송경(牛耳誦經), 마이동풍(馬耳東風)
- 쇠뿔 잡다가 소 죽인다 = 교각살우(矯角殺牛), 교왕과직(矯枉過直), 소탐대실(小貪大失)
- 수박 겉 핥기 = 주마간산(走馬看山)
- 술에 술 탄 듯 물에 물 탄 듯 = 우유부단(優柔不斷), 수서양단(首鼠兩端)
- 술 익자 체 장수 간다 = 금상첨화(錦上添花)

*주지육림(酒池肉林) : 술이 연못을 이루고 고기가 숲을 이룸.

*육산포림(肉山脯林) : 고기가 산을 이루고 말린 고기로 숲을 이룸.

*계옥지탄(桂玉之嘆) : 식량 구하기가 계수나무 구하듯이 어렵고, 땔감을 구하기가 옥을 구하기만큼 어려움.

ㅇ

- 아니 땐 굴뚝에 연기 날까

  1. 원인이 없으면 결과가 있을 수 없음을 비유적으로 이르는 말. 2. 실제 어떤 일이 있기 때문에 말이 남을 비유적으로 이르는 말.

- 아닌 밤중에 홍두깨

  별안간 엉뚱한 말이나 행동을 함을 비유적으로 이르는 말.

- 알기는 칠월 귀뚜라미

  온갖 일을 다 아는 체하는 사람을 비꼬는 말.

- 약방에 감초

  한약에 감초를 넣는 경우가 많아 한약방에 감초가 반드시 있다는 데서, 어떤 일에나 빠짐없이 끼어드는 사람 또는 꼭 있어야 할 물건을 비유적으로 이르는 말.

- **약빠른 고양이 밤눈이 어둡다**

  약빨라 실수가 없을 듯한 사람도 부족한 점은 있음을 비유적으로 이르는 말.

- **얌전한 고양이가 부뚜막에 먼저 올라간다**

  겉으로는 얌전하고 아무것도 못할 것처럼 보이는 사람이 딴짓을 하거나 자기 실속을 다 차리는 경우를 비유적으로 이르는 말.

- **양반은 물에 빠져도 개헤엄은 안 한다**

  아무리 위급한 때라도 체면을 유지하려고 노력한다는 말. ≒ 양반은 죽어도 겻불은 쬐지 않는다

- **어느 구름에서 비가 올지**

  일의 결과는 미리 짐작할 수 없다는 말.

- **어물전 망신은 꼴뚜기가 시킨다**

  지지리 못난 사람일수록 같이 있는 동료를 망신시킨다는 말. ≒ 과실 망신은 모과가 시킨다

- **언 발에 오줌 누기**

  언 발을 녹이려고 오줌을 누어 봤자 효력이 별로 없다는 뜻으로, 임시변통은 될지 모르나 그 효력이 오래가지 못할 뿐만 아니라 결국에는 사태가 더 나빠짐을 비유적으로 이르는 말.

- **얼음에 박 밀듯**

  말이나 글을 거침없이 줄줄 내리읽거나 내리외는 모양을 비유적으로 이르는 말.

- **업은 아이 삼 년 찾는다**

  무엇을 몸에 지니거나 가까이 두고도 까맣게 잊어버리고 엉뚱한 데에 가서 오래도록 찾아 헤매는 경우를 비유적으로 이르는 말.

- **없는 꼬리를 흔들까**

  아무리 뜻이 있다 해도 물질적으로 뒷받침이 안 된다면 할 수 없음을 비유적으로 이르는 말.

- **엎드려 절 받기**

  상대편은 마음에 없는데 자기 스스로 요구하여 대접을 받는 경우를 비유적으로 이르는 말.

- **여럿의 말이 쇠도 녹인다**

  여러 사람이 함께 모여 의견을 합치면 쇠도 녹일 만큼 무서운 힘을 낼 수 있음을 비유적으로 이르는 말.

- **여우가 죽으니까 토끼가 슬퍼한다**

  같은 부류의 슬픔이나 괴로움 따위를 동정함을 비유적으로 이르는 말.

- **열두 가지 재주에 저녁거리가 없다**

  재주가 여러 방면으로 많은 사람은 한 가지 재주만 가진 사람보다 성공하기 어렵다는 말.

- **열 번 찍어 아니 넘어가는 나무 없다**

  아무리 뜻이 굳은 사람이라도 여러 번 권하거나 꾀고 달래면 결국은 마음이 변한다는 말.

- **오뉴월 품앗이도 먼저 갚으랬다**

  시일이 많이 남아 있다고 오래 끌지 말고 갚을 것을 미리미리 갚아야 한다는 말.

- **오는 말이 고와야 가는 말이 곱다**

  1. 상대편이 자기에게 말이나 행동을 좋게 하여야 자기도 상대편에게 좋게 한다는 말. 2. 말은 누구에게나 점잖고 부드럽게 하여야 한다는 말.

- **오 리를 보고 십 리를 간다**

  1. 사소한 일도 유익하기만 하면 수고를 아끼지 아니한다는 말. 2. 장사하는 사람은 한 푼도 못 되는 적은 돈이라도

벌 수만 있다면 고생을 무릅쓴다는 뜻으로, 장사꾼의 돈에 대한 집착을 조롱조로 이르는 말.

- **오리 홰 탄 것 같다**

  1. 제가 있을 곳이 아닌 높은 데에 있어 위태로운 모양을 비유적으로 이르는 말. 2. 자리와 거기 있는 사람이 서로 어울리지 아니하는 경우를 비유적으로 이르는 말. 3. 엉뚱한 일을 하는 경우를 비유적으로 이르는 말.

- **오초의 흥망이 내 알 바 아니다**

  1. 주변에서 무슨 일이 일어나도 자기는 상관하지 않겠다는 말. 2. 세상에 무슨 일이 있더라도 자기는 자기가 맡은 일이나 충실히 하겠다는 말.

- **우물 안 개구리**

  1. 넓은 세상의 형편을 알지 못하는 사람을 비유적으로 이르는 말. 2. 견식이 좁아 저만 잘난 줄로 아는 사람을 비꼬는 말.

- **우물에 가 숭늉 찾는다**

  모든 일에는 질서와 차례가 있는 법인데 일의 순서도 모르고 성급하게 덤빔을 비유적으로 이르는 말.

- **우물을 파도 한 우물을 파라**

  일을 너무 벌여 놓거나 하던 일을 자주 바꾸어 하면 아무런 성과가 없으니 어떠한 일이든 한 가지 일을 끝까지 하여야 성공할 수 있다는 말.

- **울려는 아이 뺨 치기**

  아이가 울려고 할 때 잘 달래지는 않고 뺨을 치면 울음은 크게 터진다는 뜻으로, 일이 좀 틀어져 가려고 할 때 오히려 더 충동하여 더욱 큰 분란을 일으키게 됨을 비유적으로 이르는 말.

- **울며 겨자 먹기**

  맵다고 울면서도 겨자를 먹는다는 뜻으로, 싫은 일을 억지로 마지못하여 함을 비유적으로 이르는 말.

- **원수는 외나무다리에서 만난다**

  1. 꺼리고 싫어하는 대상을 피할 수 없는 곳에서 공교롭게 만나게 됨을 비유적으로 이르는 말. 2. 남에게 악한 일을 하면 그 죄를 받을 때가 반드시 온다는 말.

- **원숭이도 나무에서 떨어진다**

  아무리 익숙하고 잘하는 사람이라도 간혹 실수할 때가 있음을 비유적으로 이르는 말.

- **원숭이 이 잡아먹듯**

  1. 샅샅이 뒤지는 모양을 비유적으로 이르는 말. 2. 원숭이가 늘 이를 잡는 것 같지만 실제로는 잡는 것이 아닌 것처럼, 사람이 무슨 일을 하는 체하면서 실제로는 아무것도 하지 않는 경우를 비유적으로 이르는 말.

- **윗물이 맑아야 아랫물이 맑다**

  윗사람이 잘하면 아랫사람도 따라서 잘하게 된다는 말.

- **은행나무도 마주 서야 연다**

  1. 은행나무의 수나무와 암나무가 서로 바라보고 서야 열매가 열린다는 뜻으로, 사람이 마주 보고 대하여야 더 인연이 깊어짐을 이르는 말. 2. 남녀가 결합하여야 집안이 번영한다는 말.

- **은혜를 원수로 갚는다**

  감사로써 은혜에 보답해야 할 자리에 도리어 해를 끼침을 이르는 말.

- **임자 잃은 논밭에 돌피 성하듯**

  일정한 관리나 감시, 통제가 없어 못된 것이 무성하게 된 경우를 비유적으로 이르는 말.

- **입에 쓴 약이 병에는 좋다**

  자기에 대한 충고나 비판이 당장은 듣기에 좋지 아니하지만 그것을 달게 받아들이면 자기 수양에 이로움을 이르는 말.

- **입은 비뚤어져도 말은 바로 해라**

상황이 어떻든지 말은 언제나 바르게 하여야 함을 이르는 말. ≒ 입은 비뚤어져도 주라는 바로 불어라

■ 입추의 여지가 없다

송곳 끝도 세울 수 없을 정도라는 뜻으로, 발 들여놓을 데가 없을 정도로 많은 사람들이 꽉 들어찬 경우를 비유적으로 이르는 말. ≒ 송곳 하나 꽂을 곳이 없다

Q 짚어보기 ▶ 같은 의미의 속담과 한자성어

- 약빠른 고양이 밤눈이 어둡다 = 각자무치(角者無齒)
- 어린애 친하면 코 묻은 밥 먹는다 = 근묵자흑(近墨者黑), 근주자적(近朱者赤)
- 언 발에 오줌 누기 = 동족방뇨(凍足放尿), 임기응변(臨機應變), 하석상대(下石上臺)
- 업은 아이 삼 년 찾는다 = 등하불명(燈下不明)
- 여럿의 말이 쇠도 녹인다 = 중구삭금(衆口鑠金)
- 여우가 죽으니까 토끼가 슬퍼한다 = 동병상련(同病相憐)
- 열 번 찍어 아니 넘어가는 나무 없다 = 십벌지목(十伐之木)
- 오 리를 보고 십 리를 간다 = 잔두지련(棧豆之戀)*
- 오초의 흥망이 내 알 바 아니다 = 오불관언(吾不關焉)
- 우물 안 개구리 = 좌정관천(坐井觀天), 정저지와(井底之蛙)
- 우물을 파도 한 우물을 파라 = 초지일관(初志一貫), 일이관지(一以貫之)
- 울며 겨자 먹기 = 궁여지책(窮餘之策)
- 윗물이 맑아야 아랫물이 맑다 = 상탁하부정(上濁下不淨)
- 은혜를 원수로 갚는다 = 은반위수(恩反爲讐)
- 입에 쓴 약이 병에는 좋다 = 양약고어구(良藥苦於口), 충언역이(忠言逆耳)

*잔두지련(棧豆之戀) : 얼마 되지 않는 콩에 미련이 남아 마굿간을 떠나지 못한다는 뜻으로 작은 이익에 연연하는 어리석음을 비유하여 이르는 말.

기출유사문제

다음 〈보기〉의 속담과 의미가 통하지 않는 것은?

> 언 발에 오줌 누기

① 비육지탄(髀肉之嘆) ② 동족방뇨(凍足放尿)
③ 임기응변(臨機應變) ④ 미봉책(彌縫策)
⑤ 고식지계(姑息之計)

● 해설
'비육지탄(髀肉之嘆)'은 '허송세월을 탄식한다.'라는 뜻의 한자성어이다.
② 동족방뇨(凍足放尿)는 '언 발에 오줌 누기'라는 뜻으로 잠시 동안만 효력이 있을 뿐 효력이 바로 사라짐을 비유적으로 이르는 말이다.

③ 임기응변(臨機應變)은 '처한 상황에 맞추어 일을 처리한다.'라는 뜻이다.
④ 미봉책(彌縫策)는 일시적으로 처리해 놓은 계책을 의미한다.
⑤ 고식지계(姑息之計)는 일시적인 편리를 위해 이끌어낸 계책을 의미한다.

정답 ❶

ㅈ · ㅊ

■ 자라 보고 놀란 가슴 솥뚜껑 보고 놀란다

어떤 사물에 몹시 놀란 사람은 비슷한 사물만 보아도 겁을 냄을 이르는 말. 늑 뜨거운 물에 덴 놈 숭늉 보고도 놀란다, 불에 놀란 놈이 부지깽이만 보아도 놀란다

■ 자루 속의 송곳

송곳은 자루에 있어도 밖으로 삐져나와 송곳의 위치를 알 수 있다는 뜻으로, 아무리 숨기려 하여도 숨길 수 없고 그 정체가 드러나는 경우를 비유적으로 이르는 말.

■ 자빠져도 코가 깨진다

일이 안되려면 하는 모든 일이 잘 안 풀리고 뜻밖의 큰 불행도 생긴다는 말.

■ 작은 고추가 더 맵다

몸집이 작은 사람이 큰 사람보다 재주가 뛰어나고 야무짐을 비유적으로 이르는 말.

■ 잘 자랄 나무는 떡잎부터 안다

잘될 사람은 어려서부터 남달리 장래성이 엿보인다는 말.

■ 종로에서 뺨 맞고 한강에서 눈 흘긴다

1. 욕을 당한 자리에서는 아무 말도 못 하고 뒤에 가서 불평함을 비유적으로 이르는 말. 2. 노여움을 애매한 다른 데로 옮김을 비유적으로 이르는 말.

■ 죽은 나무에 꽃이 핀다

보잘것없던 집안에 영화로운 일이 생기게 된 경우를 비유적으로 이르는 말.

■ 죽은 자식 나이 세기

이왕 그릇된 일을 자꾸 생각하여 보아야 소용없다는 말.

■ 지네 발에 신 신긴다

발 많은 지네 발에 신을 신기려면 힘이 드는 것처럼, 자식을 많이 둔 사람이 애를 쓴다는 말.

■ 지성이면 감천

정성이 지극하면 하늘도 감동하게 된다는 뜻으로, 무슨 일에든 정성을 다하면 아주 어려운 일도 순조롭게 풀리어 좋은 결과를 맺는다는 말.

■ 짚신도 제짝이 있다

보잘것없는 사람도 제짝이 있다는 말.

■ 찬물도 위아래가 있다

무엇에나 순서가 있으니, 그 차례를 따라 하여야 한다는 말.

■ 참나무에 곁낫걸이

단단한 참나무에다 대고 곁낫질을 한다는 뜻으로, 도저히 당하여 낼 수 없는 대상한테 멋도 모르고 주제넘게 덤벼듦을 비유적으로 이르는 말. 늑 하룻강아지 범 무서운 줄 모른다

- 책력 보아 가며 밥 먹는다

  매일 밥을 먹을 수가 없어 책력을 보아 가며 좋은 날만을 택하여 밥을 먹는다는 뜻으로, 가난하여 끼니를 자주 거른다는 말.

- 처삼촌 뫼에 벌초하듯

  일에 정성을 들이지 아니하고 마지못하여 건성으로 함을 비유적으로 이르는 말.

- 천 리 길도 한 걸음부터

  무슨 일이나 그 일의 시작이 중요하다는 말. ≒ 첫술에 배부르랴

- 초록은 동색

  풀색과 녹색은 같은 색이라는 뜻으로, 처지가 같은 사람들끼리 한패가 되는 경우를 비유적으로 이르는 말. ≒ 가재는 게 편

- 치마가 열두 폭인가

  남의 일에 쓸데없이 간섭하고 참견함을 비꼬는 말.

🔍 짚어보기 ▶ 같은 의미의 속담과 한자성어

- 자라 보고 놀란 가슴 솥뚜껑 보고 놀란다 = 상궁지조(傷弓之鳥), 오우천월(吳牛喘月)*
- 자루 속의 송곳 = 낭중지추(囊中之錐), 군계일학(群鷄一鶴)
- 죽은 자식 나이 세기 = 망자계치(亡子計齒)
- 찬물도 위아래가 있다 = 장유유서(長幼有序)
- 책력 보아 가며 밥 먹는다 = 삼순구식(三旬九食), 불폐풍우(不蔽風雨)*
- 처삼촌 뫼에 벌초하듯 = 주마간산(走馬看山)
- 천 리 길도 한 걸음부터 = 등고자비(登高自卑)
- 치마가 열두 폭인가 = 왈리왈률(曰梨曰栗)*

*오우천월(吳牛喘月) : 오나라의 소가 더위를 두려워하여 밤에 달을 보고도 헐떡거린다는 뜻.

*불폐풍우(不蔽風雨) : 비바람을 가리지 못한다는 뜻으로 몹시 가난함을 이르는 말.

*왈리왈률(曰梨曰栗) : (남의 잔치에) 배 놓아라 감 놓아라 한다는 뜻으로 쓸데없는 참견을 이르는 말.

ㅋ ㅌ ㅍ

- 콩 심은 데 콩 나고 팥 심은 데 팥 난다

  모든 일은 근본에 따라 거기에 걸맞은 결과가 나타나는 것임을 비유적으로 이르는 말.

- 태산이 평지 된다

  자연이나 사회의 변화가 몹시 심함을 비유적으로 이르는 말.

- 토끼가 제 방귀에 놀란다

  남몰래 저지른 일이 염려되어 스스로 겁을 먹고 대수롭지 아니한 것에도 놀람을 비유적으로 이르는 말. ≒ 노루가 제 방귀에 놀라듯

- 티끌 모아 태산

  아무리 작은 것이라도 모이고 모이면 나중에 큰 덩어리가 됨을 비유적으로 이르는 말.

- 팔자는 독에 들어가서도 못 피한다

운명은 아무리 피하려고 하여도 피할 수 없다는 말.

■ 평안 감사도 저 싫으면 그만이다

아무리 좋은 일이라도 당사자의 마음이 내키지 않으면 억지로 시킬 수 없음을 비유적으로 이르는 말.

■ 핑계 없는 무덤이 없다

어떤 일이라도 반드시 그에 해당하는 핑계는 있기 마련임을 이르는 말. = 처녀가 아이를 낳아도 할 말이 있다

🔍 짚어보기 ▶ 같은 의미의 속담과 한자성어

- 콩 심은 데 콩 나고 팥 심은 데 팥 난다 = 종두득두(種豆得豆), 종과득과(種瓜得瓜)
- 태산이 평지 된다 = 상전벽해(桑田碧海), 창상지변(滄桑之變)
- 티끌 모아 태산 = 적소성대(積小成大), 진적위산(塵積爲山), 수적천석(水滴穿石), 점적천석(點積穿石), 적토성산(積土成山), 수적성연(水積成淵)

ㅎ

■ 하나를 듣고 열을 안다

한마디 말을 듣고도 여러 가지 사실을 미루어 알아낼 정도로 매우 총기가 있다는 말.

■ 하늘 보고 손가락질한다

상대가 되지도 아니하는 보잘것없는 사람이 건드려도 꿈쩍도 아니할 대상에게 무모하게 시비를 걸며 욕함을 비유적으로 이르는 말. ≒ 하늘에 돌 던지는 격, 계란으로 바위 치기

■ 하늘을 쓰고 도리질한다

1. 세력을 믿고 기세등등하여 아무것도 거리낌 없이 제 세상인 듯 교만하고 방자하게 거들먹거림을 비꼬는 말. 2. 터무니없는 것을 믿는 어리석음을 조롱하는 말.

■ 하루가 여삼추라

하루가 삼 년과 같다는 뜻으로, 짧은 시간이 매우 길게 느껴짐을 비유적으로 이르는 말.

■ 하룻강아지 범 무서운 줄 모른다

철없이 함부로 덤비는 경우를 비유적으로 이르는 말.

■ 한솥밥 먹고 송사한다

한집안 또는 아주 가까운 사이에 다투는 경우를 이르는 말.

■ 한 입으로 온 까마귀질 한다

말이 이랬다저랬다 하는 사람을 두고 이르는 말.

■ 함정에 든 범

빠져나올 수 없는 곤경에 처하여서 마지막 운명만을 기다리고 있는 처지를 비유적으로 이르는 말.

■ 혀가 짧아도 침은 길게 뱉는다

제 분수에 비하여 지나치게 있는 체함을 비유적으로 이르는 말.

■ 혀 아래 도끼 들었다

말을 잘못하면 재앙을 받게 되니 말조심을 하라는 말.

■ 호랑이 개 어르듯

1. 속으로 해칠 생각만 하면서 겉으로는 슬슬 달래서 환심을 사려고 함을 비유적으로 이르는 말. 2. 상대편으로 하여

금 넋을 잃게 만들어 놓고 마음대로 놀리는 모양을 비유적으로 이르는 말.

■ 호랑이도 제 말 하면 온다

1. 깊은 산에 있는 호랑이조차도 저에 대하여 이야기하면 찾아온다는 뜻으로, 어느 곳에서나 그 자리에 없다고 남을 흉보아서는 안 된다는 말. 2. 다른 사람에 관한 이야기를 하는데 공교롭게 그 사람이 나타나는 경우를 이르는 말.

■ 혹 떼러 갔다 혹 붙여 온다

자기의 부담을 덜려고 하다가 다른 일까지도 맡게 된 경우를 비유적으로 이르는 말.

■ 황소 뒷걸음치다가 쥐 잡는다

어쩌다 우연히 이루거나 알아맞힘을 비유적으로 이르는 말.

Q 짚어보기 ▶ 같은 의미의 속담과 한자성어

• 하나를 듣고 열을 안다 = 문일지십(聞一知十), 일거반삼(一擧反三)
• 하늘 보고 손가락질한다 = 한강투석(漢江投石), 이란투석(以卵投石)
• 하늘을 쓰고 도리질한다 = 안하무인(眼下無人), 방약무인(傍若無人)
• 하루가 여삼추라 = 일각여삼추(一刻如三秋)
• 하룻강아지 범 무서운 줄 모른다 = 당랑거철(螳螂拒轍)*
• 한 입으로 온 까마귀질 한다 = 조령모개(朝令暮改), 조변석개(朝變夕改)
• 함정에 든 범 = 사면초가(四面楚歌)
• 혀 아래 도끼 들었다 = 농가성진(弄假成眞)
• 호랑이 개 어르듯 = 구밀복검(口蜜腹劍), 양두구육(羊頭狗肉)

*당랑거철(螳螂拒轍) : 사마귀가 앞발로 수레를 막으려 한다는 뜻으로 분수도 모르고 덤벼드는 모습을 비유하여 이르는 말.

⑤ 관용어

1 관용어의 개념

관용어란 두 개 이상의 단어들이 결합하여 이루어진 말로 그 자체만으로는 의미를 구성하지 못하는 특징을 갖는다. 속담이 비교적 온전한 문장의 형식을 띠는 반면 관용어는 문장의 형식보다는 구의 형식으로 존재하며 단어들 간의 연관성이 매우 강해 중간에 다른 말을 끼워 넣을 수 없다는 특성도 지닌다.

2 관용어의 활용

ㄱ

■ 가닥이 잡히다

분위기, 상황, 생각 따위를 이치나 논리에 따라 바로 잡게 함.

- 가려운 곳을 긁어 주듯

  남에게 꼭 필요한 것을 잘 알아서 그 욕구를 시원스럽게 만족시켜 줌을 비유적으로 이르는 말.

- 가리(를) 틀다*

  잘되어 가는 일을 안 되도록 방해함.

- 가시(가) 돋다

  공격의 의도나 불평불만이 있음.

- 가시 먹은 것 같다

  남에게서 받거나 얻어먹은 것이 마음에 걸려 꺼림칙함.

- 가재(를) 치다

  가재가 뒷걸음질을 잘 친다는 뜻으로, 샀던 물건을 도로 무르는 것을 비유적으로 이르는 말.

- 간도 모르다

  일의 내막을 짐작도 하지 못함을 이르는 말.

- 감정(을) 사다

  남의 감정을 언짢게 만듦.

- 감투(를) 쓰다*

  벼슬자리나 높은 지위에 오름을 속되게 이르는 말.

- 개가를 올리다*

  큰 성과를 거둠.

- 개 발에 땀 나다

  땀이 잘 나지 아니하는 개 발에 땀이 나듯이, 해내기 어려운 일을 이루기 위하여 부지런히 움직임을 이르는 말.

- 개살구 먹은 뒷맛

  씁쓸하고 떨떠름한 뒷맛.

- 거북을 타다

  일하는 동작이 남보다 매우 굼뜸.

- 검은 마수를 뻗치다*

  사람을 속여 이용하거나 해치려고 음흉하고 흉악한 속셈으로 접근함.

- 격(을) 두다

  사람과 사람 사이에 일정한 간격을 둠.

- 견련(을) 보다*

  1. 서로가 속으로 은근히 꺼리거나 겁냄. 2. 서로가 원수같이 미워함.

- 결(이) 바르다

  성미가 곧고 바름.

- 경종을 울리다*

  잘못이나 위험을 미리 경계하여 주의를 환기시킴.

- 곁눈(을) 주다

  남이 모르도록 곁눈질로 상대편에게 어떤 뜻을 알림.

- 곁다리(를) 들다

  당사자가 아닌 사람이 참견하여 말함.

- 고래 등 같다

주로 집이 덩그렇게 높고 큼을 이르는 말.

■ 고배를 들다*

패배, 실패 따위의 쓰라린 일을 당함.

■ 고삐(가) 풀리다

얽매이지 않거나 통제를 받지 않음.

■ 고삐를 늦추다

경계심이나 긴장을 누그러뜨림.

■ 고양이 낯짝만 하다

매우 좁음을 비유적으로 이르는 말.

■ 고추 먹은 소리

못마땅하게 여겨 씁쓸해하는 말.

■ 고황에 들다*

병이 고치기 힘들게 몸속 깊이 듦.

■ 골(을) 박다

제한된 범위 밖을 나가지 못하게 함.

■ 골이 깊어지다

관계가 악화되거나 멀어짐.

■ 공기(를) 놀리다

어떤 일이나 사람을 제멋대로 수월하게 다루거나 농락함.

■ 공이 넘어가다

결정권이 상대편이나 다른 곳으로 감.

■ 구미가 당기다*

욕심이나 관심이 생김.

■ 구색(을) 맞추다*

여러 가지가 고루 갖추어지게 함.

■ 구석이 비다

1. 일을 처리하는 데에 빈틈이나 부족한 점이 있음. 2. 말의 앞뒤가 맞지 않거나 논리적으로 모순이 있음.

■ 국물도 없다

돌아오는 몫이나 이득이 아무것도 없음.

■ 군살을 빼다

반드시 있지 않아도 될 것을 덜어 냄.

■ 굴레(를) 쓰다

일이나 구속에 얽매여 벗어나지 못하게 됨.

■ 궐(을) 잡다*

제때에 제자리에 없는 것을 세어 두거나 적어 둠.

■ 귀(를) 주다

남의 말을 엿들음.

■ 귀가 열리다

세상 물정을 알게 됨.

- 귀를 씻다

  세속의 더러운 이야기를 들은 귀를 씻는다는 뜻으로, 세상의 명리를 떠나 깨끗한 삶을 비유적으로 이르는 말.

- 귀 밖으로 듣다

  남의 말을 성의 있게 듣지 않고 듣는 둥 마는 둥 함.

- 귀에 못이 박히다

  같은 말을 여러 번 들음.

- 귓등으로 듣다

  듣고도 들은 체 만 체 함.

- 그림의 떡

  아무리 마음에 들어도 이용할 수 없거나 차지할 수 없는 경우를 이르는 말.

- 근사(를) 모으다*

  부지런히 힘을 쓰는 일을 오랫동안 계속하여 공을 들임.

- 금(을) 치다

  물건값을 어림잡아 부름.

- 기갈(이) 들다*

  몹시 굶주려서 간절히 음식을 탐냄.

- 기러기 한평생

  철새처럼 떠돌아다녀 고생이 장차 끝이 없을 생애를 비유적으로 이르는 말.

- 기름(을) 짜다

  '착취하다'를 비유적으로 이르는 말.

- 기미를 보다*

  임금에게 올리는 수라나 탕제 같은 것을 상궁이 먼저 먹어 보아 독이 들어 있는지 알아봄.

- 기지개를 켜다

  서서히 활동하는 상태에 듦.

- 길눈(이) 어둡다

  가 본 길을 잘 찾아가지 못할 만큼 길을 잘 기억하지 못함.

- 깨어진 그릇

  다시 본래대로 바로잡거나 돌이킬 수 없는 일을 비유적으로 이르는 말.

- 꼬리(를) 감추다

  자취를 감춤을 이르는 말.

- 꼬리(를) 내리다

  상대편에게 기세가 꺾여 물러서거나 움츠러듦.

- 꼬리가 밟히다

  행적이 드러남.

- 꼭뒤(를) 누르다*

  세력이나 힘이 위에서 누름.

- 꽁무니(를) 빼다

  슬그머니 피하여 물러남.

◀)) 어휘풀이

- **가리** : '가리새'의 준말. 일의 갈피와 조리.
- **감투(敢鬪)** : 예전에 머리에 쓰던 의관의 하나로 벼슬이나 직위를 속되게 이르는 말.
- **개가(凱歌)** : 이기거나 큰 성과가 있을 때의 큰 함성.
- **견련(牽聯)** : 서로 얽히어 관계를 가지게 됨.
- **경종(警鐘)** : 잘못된 일이나 위험한 일에 대하여 경계하여 주는 주의나 충고를 비유적으로 이르는 말.
- **고배(苦杯)** : 1. 쓴 술이 든 잔. 2. 쓰라린 경험을 비유적으로 이르는 말.
- **고황(膏肓)** : 심장과 횡격막의 사이. '고'는 심장의 아랫부분이고, '황'은 횡격막의 윗부분으로, 이 사이에 병이 생기면 낫기 어렵다고 함.
- **구미(口味)** : 입맛.
- **구색(具色)** : 여러 가지 물건을 고루 갖춤. 또는 그런 모양새.
- **궐(闕)** : 1. 마땅히 해야 할 일을 빠뜨림. 2. 참여해야 할 모임 따위에 빠짐. 3. 여러 자리 가운데 일부 자리가 비거나 차례가 빠짐.
- **근사(勤事)** : 일에 공들임. 또는 그 일.
- **기갈(飢渴)** : 배고픔과 목마름을 아울러 이르는 말.
- **기미(氣味)** : 냄새와 맛을 아울러 이르는 말.
- **꼭뒤** : 뒤통수의 한가운데.
- **마수(魔手)** : 음험하고 흉악한 손길.

ㄴ

- **낙동강 오리알**
  무리에서 떨어져 나오거나 홀로 소외되어 처량하게 된 신세를 비유적으로 이르는 말.
- **난장을 치다***
  함부로 마구 떠듦.
- **날개(가) 돋치다**
  1. 상품이 시세를 만나 빠른 속도로 팔려 나감. 2. 의기가 치솟음. 3. 소문 같은 것이 먼 데까지 빨리 퍼져 감. 4. 돈 같은 것이 빨리 불어남.
- **남대문 구멍 같다**
  (비유적으로) 구멍이 매우 큼.
- **너울을 쓰다***
  속이나 진짜 내용은 그렇지 않으면서 그럴듯하게 좋은 명색을 내걸음.
- **노루 꼬리만 하다**
  매우 짧음.
- **노문(을) 놓다***
  1. 노문을 보냄. 2. 미리 알림.
- **녹(을) 먹다***
  벼슬아치가 되어 녹봉을 받음.

- 논두렁(을) 베다

   빈털터리가 되어 처량하게 죽음.

- 놓아기른 망아지(놀듯)

   '들에 풀어 놓고 기른 말 새끼 또는 그 노는 모양'이라는 뜻으로, 교양이 없고 막돼먹은 사람 또는 그런 행동을 비유적으로 이르는 말.

- 눈(이) 시다

   하는 짓이 거슬려 보기에 아니꼬움.

- 눈독(을) 들이다

   욕심을 내어 눈여겨 봄.

- 눈동냥 귀동냥

   주위나 곁에서 지식 따위를 얻어 보고, 얻어 들어 갖게 되는 일.

- 눈 밖에 나다

   신임을 잃고 미움을 받게 됨.

- 눈에 밟히다

   잊히지 않고 자꾸 눈에 떠오름.

- 눈 위에 혹

   몹시 미워 눈에 거슬리는 사람을 비유적으로 이르는 말.

- 뉘 골라내듯*

   많은 것들 중에서 꼼꼼히 골라냄.

- 느루 가다

   양식이 일정한 예정보다 더 오래감.

- 느루 잡다*

   1. 손에 잡은 것을 느슨하게 가짐. 2. 시일이나 날짜를 느직하게 예정함.

🔊 어휘풀이

- **난장(一場)** : 정해진 장날 외에 특별히 며칠간 더 여는 장.
- **너울** : 예전에, 여자들이 나들이할 때 얼굴을 가리기 위하여 쓰던 물건. 얇은 검정 깁으로 만듦. (겉모습을 비유적으로 이르는 말.)
- **노문(路文)** : 조선 시대에, 공무로 지방에 가는 벼슬아치의 도착 예정일을 미리 그곳 관아에 알리던 공문.
- **녹봉(祿俸)** : 벼슬아치에게 일 년 또는 계절 단위로 나누어 주던 금품을 통틀어 이르는 말. 쌀, 보리, 명주, 베, 돈 따위.
- **뉘** : 쓿은쌀 속에 등겨가 벗겨지지 않은 채로 섞인 벼 알갱이.
- **느루** : 한꺼번에 몰아치지 아니하고 오래도록.

ㄷ

- 닭 물 먹듯

   무슨 일이든 그 내용도 모르고 건성으로 넘기는 모양을 비유적으로 이르는 말.

- 대한의 운예(雲霓)*

대한에 비가 올 징조를 기대한다는 뜻으로, 어떤 일이 일어나기를 갈망함을 이르는 말.

- **대포(를) 놓다**

  허풍을 치거나 터무니없는 거짓말을 함.

- **덜미가 잡히다**

  죄가 드러남.

- **도마 위에 오르다**

  어떤 사물이 비판의 대상이 됨.

- **돌(을) 던지다**

  남의 잘못을 비난함.

- **돗자리 말듯 하다**

  무슨 일을 시원스럽게 해치움.

- **동(을) 달다***

  말을 덧붙여서 시작함.

- **동곳(을) 빼다***

  (비유적으로) 힘이 모자라서 복종함.

- **된서리를 맞다***

  1. 되게 내리는 서리를 맞음. 2. 모진 재앙이나 억압을 당함.

- **두부모(를) 베듯**

  1. 어떤 요구를 여지없이 거절함을 비유적으로 이르는 말. 2. 모가 나게 자신의 입장이나 태도를 밝힘을 비유적으로
  이르는 말.

- **뒤(가) 나다**

  자기의 잘못이나 약점으로 뒤에 가서 좋지 않은 일이 생길 것 같아 마음이 놓이지 않음.

- **뒤가 든든하다**

  1. 먹은 것이 있어서 허전하지 않고 힘이 있음. 2. 뒤에서 받쳐 주는 세력이나 사람이 있음.

- **뒷손(을) 쓰다**

  은밀히 대책을 강구하거나 뒷수습을 함.

- **등(을) 돌리다**

  뜻을 같이하던 사람이나 단체와 관계를 끊고 배척함.

- **등을 떠밀다**

  일을 억지로 시키거나 부추김.

- **딴 주머니를 차다**

  1. 다른 속셈을 가지거나 일을 꾀함. 2. 돈을 빼서 따로 보관함.

- **떡 주무르듯 하다**

  저 하고 싶은 대로 마음대로 다룸.

- **뜸(을) 들이다**

  일이나 말을 할 때에, 쉬거나 여유를 갖기 위해 서둘지 않고 한동안 가만히 있는 경우를 비유적으로 이르는 말.

🔊 어휘풀이

- **동** : 1. 사물과 사물을 잇는 마디. 또는 사물의 조리(條理). 2. 언제부터 언제까지의 동안. 또는 어디서 어디까지의 사이.
- **동곳** : 상투를 튼 뒤에 그것이 다시 풀어지지 아니하도록 꽂는 물건.
- **된서리** : 늦가을에 아주 되게 내리는 서리.
- **운예(雲霓)** : 구름과 무지개를 아울러 이르는 말.

기출유사문제

밑줄 친 단어의 사전적 의미로 적절하지 <u>않은</u> 것은?

① 탐사 1년 만에 대원들이 <u>개가</u>를 올리고 돌아왔다. → '이기거나 큰 성과가 있을 때의 환성'을 뜻하는 말로 '올리다'와 함께 쓰여 '큰 성과를 거두다.'라는 뜻으로 쓰인다.

② 뛰어난 인물이 <u>고황</u>에 들어 안타깝기만 하구나 → 사물의 중요한 부분이나 관건(關鍵)을 말할 때 쓰인다.

③ 전에는 <u>노문</u>을 놓지 않고 고위 관리들이 감사를 나오곤 하였다 → 조선 시대에 공무로 지방에 가는 벼슬아치의 도착 예정일을 미리 그곳 관아에 알리던 공문으로 '놓다'와 함께 쓰여 '도착 예정을 미리 알리다.'라는 뜻으로 쓰인다.

④ 숨겨진 장부를 찾기 위해 <u>뉘</u> 골라내듯 살피기 시작했다. → '쌀 속에 등겨가 벗겨지지 않은 채로 섞인 벼 알갱이'를 뜻하는 말로 '뉘를 고르다'는 '많은 것들 중에서 꼼꼼히 골라내다.'라는 뜻이다.

⑤ 쌀을 좀 더 <u>느루</u> 먹기 위해 보리를 섞어서 밥을 지었다. → '한꺼번에 몰아치지 아니하고 오래도록'이라는 뜻으로 '느루 먹다'는 '좀 더 오래 먹다.'라는 뜻이다.

● **해설**

'고황 들다'에서의 '고황(膏肓)'은 '심장과 횡경막의 사이'를 뜻하며 '고황 들다'는 '병이 고치기 힘들게 몸속에 깊이 들다.'라는 의미로 쓰인다.

정답 **❷**

■ **마각을 드러내다***
말의 다리로 분장한 사람이 자기 모습을 드러낸다는 뜻으로, 숨기고 있던 일이나 정체를 드러냄을 이르는 말.

■ **마른벼락을 맞다**
갑자기 뜻밖의 재난을 당함.

■ **막차를 타다**
끝나갈 무렵에 뒤늦게 뛰어듦.

■ **말(을) 내다**
어떤 이야기로 말을 시작함.

- **말곁(을) 달다**

  남이 말하는 옆에서 덩달아 말함.

- **말곁(을) 채다***

  남이 말하는 가운데서 어떤 말을 꼬투리로 삼아 말함.

- **말뚝(을) 박다**

  1. 어떤 지위에 오랫동안 머무름. 2. (속되게) 의무병으로 입대한 군인이 복무 기한을 마치고도 계속 남아서 직업 군인이 됨.

- **말밥에 오르다**

  좋지 아니한 화제의 대상으로 됨.

- **말을 바꾸어 타다**

  사람, 일 따위를 바꾸거나 변경함.

- **말허리를 자르다**

  상대방이 말하는 도중에 말을 중지시킴 ≒ 말머리를 자르다

- **망조가 들다***

  망해 가는 징조가 생기거나 보임.

- **맥(도) 모르다**

  내막이나 까닭 따위를 알지도 못함.

- **맺힌 데가 없다**

  1. 성격이 꽁하지 않음. 2. 사람 됨됨이가 꽉 짜인 데가 없음.

- **멍석을 깔다**

  하고 싶은 대로 할 기회를 주거나 마련함.

- **모골이 송연하다***

  끔찍스러워서 몸이 으쓱하고 털끝이 쭈뼛해짐.

- **모과나무 심사(心思)**

  모과나무처럼 뒤틀려서 심술궂고 순순하지 못한 마음씨를 이르는 말.

- **무관의 제왕**

  왕관이 없는 임금이라는 뜻으로, '언론인'을 달리 이르는 말.

- **무릎(을) 치다**

  갑자기 어떤 놀라운 사실을 알게 되었거나 희미한 기억이 되살아날 때, 또는 몹시 기쁠 때 무릎을 탁 침을 이르는 말.

- **문턱을 낮추다**

  쉽고 편하게 접할 수 있게 만듦.

- **물 찬 제비**

  1. 물을 차고 날아오른 제비처럼 몸매가 아주 매끈하여 보기 좋은 사람을 비유하여 이르는 말. 2. 동작이 민첩하고 깔끔하여 보기 좋은 행동을 함을 비유적으로 이르는 말.

- **미립이 트이다***

  경험에 의하여 묘한 이치를 깨닫게 됨.

어휘풀이

- **마각(馬脚)** : 1. 말의 다리. 2. 가식하여 숨긴 본성이나 진상(眞相).
- **말곁** : 남이 말하는 옆에서 덩달아 참견하는 말.
- **망조(亡兆)** : 망할 징조.
- **모골(毛骨)** : 털과 뼈를 아울러 이르는 말.
- **미립** : 경험을 통하여 얻은 묘한 이치나 요령
- **송연(悚然)하다** : 두려워 몸을 옹송그릴 정도로 오싹 소름이 끼치는 듯함.

ㅂ

- 바닥(을) 긁다

  생계가 곤란함.

- 바람(을) 넣다

  남을 부추겨서 무슨 행동을 하려는 마음이 생기게 만듦.

- 바람(을) 잡다

  1. 허황된 짓을 꾀하거나 그것을 부추김. 2. 마음이 들떠서 돌아다님. 3.이성에 대한 들뜬 생각을 함.

- 바람(이) 들다

  1. 무 따위가 얼었다 녹았다 하는 바람에 물기가 빠져 푸석푸석하게 됨. 2. 다 되어 가는 일에 탈이 생김.

- 바람을 일으키다

  1. 사회적으로 많은 사람에게 영향을 미침. 2. 사회적 문제를 만들거나 소란을 일으킴.

- 발(을) 끊다

  오가지 않거나 관계를 끊음.

- 발(이) 넓다

  사귀어 아는 사람이 많아 활동하는 범위가 넓음.

- 발(이) 묶이다

  몸을 움직일 수 없거나 활동할 수 없는 형편이 됨.

- 발(이) 짧다

  먹는 자리에 남들이 다 먹은 뒤에 나타남.

- 발뒤축을 물다

  은혜를 베풀어 준 상대에게 해를 입힘. ≒ 발꿈치를 물다

- 발등을 밟히다

  자기가 하려는 일을 남이 앞질러서 먼저 함.

- 발목(을) 잡히다

  1. 어떤 일에 꽉 잡혀서 벗어나지 못함. 2. 남에게 어떤 약점이나 단서(端緒)를 잡힘.

- 발 벗고 나서다

  적극적으로 나섬.

- 발을 달다

  끝난 말이나 이미 있는 말에 말을 덧붙임.

■ 밥(을) 벌다

일정한 노력을 들여서 먹을 것이나 대가를 얻음.

■ 밥알이 곤두서다

아니꼽거나 비위에 거슬림.

■ 배(를) 내밀다

1. 남의 요구에 응하지 아니하고 버팀. 2. 자기밖에 없는 듯 몹시 우쭐거림.

■ 배(를) 두드리다

생활이 풍족하거나 살림살이가 윤택하여 안락하게 지냄.

■ 배부른 흥정

되면 좋고 안 돼도 크게 아쉽다거나 안타까울 것이 없는 흥정을 이르는 말.

■ 배포(가) 유(柔)하다

서두르거나 조급하게 굴지 않고 성미가 유들유들함.

■ 백기(를) 들다

굴복하거나 항복함.

■ 백지 한 장의 차이

아주 근소한 차이를 비유적으로 이르는 말.

■ 뱀을 보다

잘못 대하다가 크게 봉변을 당함.

■ 뱃가죽이 두껍다

염치가 없어 뻔뻔스럽거나 배짱이 셈.

■ 벌집을 건드리다

건드려서는 안 될 것을 공연히 건드려 큰 화근을 만듦.

■ 변덕이 죽 끓듯 하다

말이나 행동을 몹시 이랬다저랬다 함.

■ 변죽(을) 울리다*

바로 집어 말을 하지 않고 둘러서 말을 함.

■ 보따리(를) 풀다

1. 숨은 사실을 폭로함. 2. 계획했던 일을 실제로 하기 시작함.

■ 복정(을) 안기다*

남에게 억지로 부담을 지움.

■ 봄풀 자라듯

걱정, 공상 따위가 꼬리를 물고 자꾸 일어나는 모양을 비유적으로 이르는 말.

■ 부레가 끓다*

몹시 성남.

■ 북새(를) 놀다*

여러 사람이 부산하게 법석임.

■ 불(을) 받다

남에게 큰 모욕을 당하거나 재해를 입음.

■ 붓을 꺾다

1. 문필 활동을 그만둠. 2. 글을 쓰는 문필 활동에 관한 희망을 버리고 다른 일을 함.

■ 비단 방석에 앉다

매우 훌륭하고 보람 있는 지위나 자리를 차지함.

■ 빙산의 일각(一角)*

대부분이 숨겨져 있고 외부로 나타나 있는 것은 극히 일부분에 지나지 아니함을 비유적으로 이르는 말.

■ 뿌리(를) 뽑다

어떤 것이 생겨나고 자랄 수 있는 근원을 없애 버림.

🔊 어휘풀이

- **변죽(邊–)** : 그릇이나 세간, 과녁 따위의 가장자리.
- **부레** : 경골어류의 몸속에 있는 얇은 혁질의 공기 주머니.
- **북새** : 많은 사람이 야단스럽게 부산을 떨며 법석이는 일.
- **복정(卜定)** : 일이나 물건을 정하고서 그 실행을 강요함.
- **일각(一角)** : 한 귀퉁이. 또는 한 방향.

■ 사개(가) 맞다*

말이나 사리의 앞뒤 관계가 빈틈없이 딱 들어맞음.

■ 사시나무 떨듯

몸을 몹시 떠는 모양을 비유적으로 이르는 말.

■ 사이(가) 뜨다

사람 사이의 관계가 친밀하지 않거나 벌어짐.

■ 사정(을) 두다

남의 형편을 헤아려 생각함.

■ 사족(을) 못 쓰다*

무슨 일에 반하거나 혹하여 꼼짝 못함.

■ 사타구니를 긁다

알랑거리며 남에게 아첨함.

■ 산통(을) 깨다*

다 잘되어 가던 일을 이루지 못하게 뒤틀음.

■ 살얼음을 밟다

위태위태하여 마음이 몹시 불안함.

■ 살이 끼다

1. 사람이나 물건 따위를 해치는 불길한 기운이 들러붙음. 2. 띠앗 없게 하는 기운이 들러붙음.

■ 삼단 같은 머리*

숱이 많고 긴 머리를 이르는 말.

■ 삿갓(을) 씌우다

손해를 입히거나 책임을 지움.

■ **상승 가도를 달리다**

상승하는 기세를 몰아 계속 나아감.

■ **색안경을 끼고 보다**

주관이나 선입견에 얽매여 좋지 아니하게 봄.

■ **생나무 꺾듯**

아무 고려도 없이 어떤 말이나 의견을 잘라 버림을 비유적으로 이르는 말.

■ **서리(를) 맞다**

권력이나 난폭한 힘 따위에 의하여 큰 타격이나 피해를 입음.

■ **서슬이 시퍼렇다***

권세나 기세 따위가 아주 대단함.

■ **석벌의 집***

몹시 엉성한 물건을 비유적으로 이르는 말.

■ **선불(을) 걸다**

1. 어설프게 건드림. 2. 상관없는 일에 참견하다 해를 입음.

■ **성금(을) 세우다***

명령 따위의 효력(效力)이 나게 함.

■ **성미(가) 마르다**

도량이 좁고 성질이 급함.

■ **셈을 차리다**

일이나 사정을 잘 분별하여 점잖게 대함.

■ **소(가) 뜨물 켜듯이**

물 같은 것을 한꺼번에 많은 양을 들이켜는 모양을 비유적으로 이르는 말.

■ **소매를 두르다**

아무것도 가진 것이 없음.

■ **소 잡아먹다**

아주 음흉한 일을 함.

■ **속(을) 주다**

마음속에 있는 것을 숨김없이 드러내 보임.

■ **손(을) 거치다**

1. 어떤 사람을 경유함. 2. 어떤 사람의 노력으로 손질됨.

■ **손(을) 끊다**

교제나 거래 따위를 중단함.

■ **손(을) 떼다**

1. 하던 일을 그만둠. 2. 하던 일을 끝마치고 다시 손대지 않음.

■ **손(을) 씻다**

1. 부정적인 일이나 찜찜한 일에 대하여 관계를 청산함. 2. 본전을 모두 잃음.

■ **손(이) 맑다**

1. 재수가 없어 생기는 것이 없음. 2. 인색하여 남에게 물건을 주는 품이 후하지 못함.

- 손바닥(을) 뒤집듯

  1. 태도를 갑자기 또는 노골적으로 바꾸기를 아주 쉽게. 2. 일하기를 매우 쉽게.

- 손사래(를) 치다*

  거절이나 부인을 하며 손을 펴서 마구 휘저음.

- 손이 나다

  어떤 일에서 조금 쉬거나 다른 것을 할 틈이 생김.

- 쉬파리 끓듯

  무질서하고 복잡하게 모여 있는 경우를 비유적으로 이르는 말.

- 시치미(를) 떼다*

  자기가 하고도 하지 아니한 체하거나 알고 있으면서도 모르는 체함.

- 식은 죽 먹듯

  거리낌 없이 아주 쉽게 예사로 하는 모양을 이르는 말.

- 쑥국을 먹다

  어떤 일에 크게 실패하여 골탕을 먹음.

- 쓸개(가) 빠지다

  하는 짓이 사리에 맞지 아니하고 줏대가 없음.

- 씨가 마르다

  어떤 종류의 것이 모조리 없어짐.

- 씨알이 먹다

  말이나 행동이 조리에 맞고 실속이 있음.

🔊 어휘풀이

- **사개** : 1. 상자 따위의 모퉁이를 끼워 맞추기 위하여 서로 맞물리는 끝을 들쭉날쭉하게 파낸 부분. 또는 그런 짜임새. 2. 모서리에서 여러 갈래의 장부를 각지 끼듯이 맞추려고 가공한 것 3. 사방의 보나 도리가 기둥 위에서 맞춰지도록 기둥머리를 네 갈래로 파낸 것.
- **사족(四足)** : 1. 짐승의 네발. 또는 네발 가진 짐승. 2. '사지(四肢)'를 속되게 이르는 말.
- **산통(算筒)** : 맹인(盲人)이 점을 칠 때 쓰는, 산가지를 넣는 통.
- **삼단** : 삼을 묶은 단.
- **서슬** : 1. 쇠붙이로 만든 연장이나 유리 조각 따위의 날카로운 부분. 2. 강하고 날카로운 기세.
- **석벌(石-)** : 바위틈에 집을 짓고 사는 벌. 이 벌이 친 꿀을 '석청'이라고 함.
- **성금** : 1. 말이나 일의 보람이나 효력. 2. 꼭 지켜야 할 명령.
- **손사래** : 어떤 말이나 사실을 부인하거나 남에게 조용히 하라고 할 때 손을 펴서 휘젓는 일.
- **시치미** : 매의 주인을 밝히기 위하여 주소를 적어 매의 꽁지 속에다 매어 둔 네모꼴의 뿔.

ㅇ

- 아귀(가) 맞다*

  1. 앞뒤가 빈틈없이 들어맞음. 예 그의 이야기는 앞뒤 아귀가 맞는다. 2. 일정한 수량 따위가 들어맞음. 예 아귀가 맞는 돈.

■ 아닌 밤중에

    1. 뜻하지 않은 밤중에. 2. 뜻밖의 때에.

■ 아귀(를) 짓다*

    일이나 말을 끝마무리함.

■ 악머구리 끓듯*

    많은 사람이 모여서 시끄럽게 마구 떠드는 모양을 비유적으로 이르는 말.

■ 안개를 피우다

    어떤 사실을 숨기기 위해 교묘한 수단을 씀.

■ 안고 돌아가다

    맡은 일을 제대로 하지 못하고 질질 끎.

■ 안면(을) 바꾸다

    잘 알고 지내던 사람을 일부러 모른 체함.

■ 암상이 돋치다*

    몹시 암상스러운 기색이 나타남.

■ 앞뒤가 막히다

    융통성이 없고 답답함.

■ 앞을 닦다

    자기 할 일을 잘하고 행동을 바르게 함.

■ 앞자락이 넓다

    1. 비위가 매우 좋음. 2. 관심을 가지는 분야가 매우 넓음.

■ 앞 짧은 소리

    앞일을 짧게 내다보고 하는 소리라는 뜻으로, 앞일을 제대로 내다보지 못하고 하는 말을 뜻함.

■ 야비다리(를) 치다*

    교만한 사람이 일부러 겸손한 체함.

■ 약을 치다

    (속되게) 뇌물을 줌.

■ 얌생이 몰다

    남의 물건을 조금씩 슬쩍슬쩍 훔쳐 냄.

■ 양가죽을 쓰다

    흉악한 본성을 숨기기 위하여 겉으로 순하고 착한 것처럼 꾸밈.

■ 어깨를 나란히 하다

    1. 나란히 서거나 나란히 서서 걸음. 2. 서로 비슷한 지위나 힘을 가짐. 3. 같은 목적으로 함께 일함.

■ 어안이 벙벙하다*

    뜻밖에 놀랍거나 기막힌 일을 당하여 어리둥절함.

■ 언질(을) 주다

    어떤 일이나 현상 따위의 결과를 예측할 수 있는 단서를 제공함.

■ 얼굴이 선지 방구리가 되다

    몹시 흥분하여 얼굴이 시뻘겋게 됨.

■ 얼을 먹다

남의 잘못 때문에 해를 당함.

■ **엎친 데 덮치다**

어렵거나 나쁜 일이 겹치어 일어남.

■ **연막(을) 치다**

어떤 수단을 써서 교묘하게 진의를 숨김.

■ **연밥(을) 먹이다**

살살 구슬려 꼬드김.

■ **염불 외듯**

알아듣지 못할 소리로 중얼거리는 경우를 비유적으로 이르는 말.

■ **엿장수 마음대로**

엿장수가 엿을 마음대로 늘이듯이 무슨 일을 자기 마음대로 이랬다저랬다 하는 모양을 비유적으로 이르는 말.

■ **오금(을) 박다**

1. 큰소리치며 장담하던 사람이 그와 반대되는 말이나 행동을 할 때에, 장담하던 말을 빌미로 삼아 몹시 논박함. 2. 다른 사람에게 함부로 말이나 행동을 하지 못하게 단단히 이름.

■ **오금을 못 쓰다**

몹시 마음이 끌리거나 두려워 꼼짝 못함.

■ **오뉴월 써렛발 같다**

사물이 드문드문하게 있음.

■ **오지랖(이) 넓다***

1. 쓸데없이 지나치게 아무 일에나 참견하는 면이 있음. 2. 염치없이 행동하는 면이 있음.

■ **온실 속의 화초**

어려움이나 고난을 겪지 아니하고 그저 곱게만 자란 사람을 비유적으로 이르는 말.

■ **옷깃을 여미다**

경건한 마음으로 옷을 가지런하게 하여 자세를 바로잡음.

■ **외로 틀다**

일이나 의견 따위에 동의하지 아니하고 어긋나감.

■ **왼새끼(를) 꼬다**

1. 일이 꼬여 어떻게 될지 몰라 애를 태움. 2. 심히 우려하거나 조심하여 말하고 행동함. 3. 비비 꼬아서 말하거나 비아냥거림. 4. 속으로 딴마음을 먹거나 은근히 딴 꾀를 꾸밈.

■ **요원의 불길***

매우 빠르게 번지는 벌판의 불길이라는 뜻으로, 무서운 기세로 퍼져 가는 세력 따위를 비유적으로 이르는 말.

■ **우레(와) 같은 박수**

많은 사람이 치는 매우 큰 소리의 박수를 비유적으로 이르는 말.

■ **우물가 공론**

여자들이 우물가에서 물을 긷거나 빨래 따위를 하며 주고받는 세상 이야기나 소문을 이르는 말.

■ **우이(를) 잡다***

1. 어떤 모임 또는 동맹의 우두머리나 간부가 됨. 2. 자기 마음대로 일을 좌지우지함.

■ **웃짐을 치다**

1. 마소에다 웃짐을 실음. 2. 본래의 것에 덧붙임.

■ 의가 나다

사이가 나빠짐.

■ 이(가) 빠지다

1. 그릇의 가장자리나 칼날의 일부분이 떨어져 나감. 2. 갖추어져야 할 것 가운데서 어떤 부분이 빠져서 온전하지 못함.

■ 이 잡듯이

샅샅이 뒤지어 찾는 모양을 비유적으로 이르는 말.

■ 일소에 부치다

대수롭지 않게 여겨 무시해 버림.

■ 임자(를) 만나다

어떤 사물이나 사람이 적임자와 연결되어 능력이나 기능을 제대로 발휘할 수 있게 됨.

■ 입맛(을) 다시다

1. 무엇인가를 갖고 싶어 함. 2. 일이 마음대로 되지 아니하여 귀찮아하거나 난처해함.

■ 입방아(를) 찧다

말을 방정맞게 자꾸 함.

■ 입 안의 소리

남이 알아듣지 못하게 입속에서 웅얼거리는 작은 말소리를 뜻함.

■ 입에 거미줄 치다

가난하여 먹지 못하고 오랫동안 굶음.

■ 입에 풀칠하다

근근이 살아감.

■ 입이 도끼날 같다

바른말을 매우 날카롭게 거침없이 함.

🔊 어휘풀이

- **아귀** : 사물의 갈라진 부분.
- **아퀴** : 1. 일을 마무르는 끝매듭. 2. 일이나 정황 따위가 빈틈없이 들어맞음을 이르는 말.
- **악머구리** : 1. 잘 우는 개구리라는 뜻으로, '참개구리'를 이르는 말. 2. 아주 시끄럽게 소리를 내는 것을 비유적으로 이르는 말.
- **암상** : 남을 시기하고 샘을 잘 내는 마음. 또는 그런 행동.
- **야비다리** : 보잘것없는 사람이 제 딴에는 가장 만족하여 부리는 교만.
- **어안** : 어이없어 말을 못하고 있는 혀 안.
- **오지랖** : 웃옷이나 윗도리에 입는 겉옷의 앞자락.
- **요원(燎原)** : 불타고 있는 벌판.
- **우이(牛耳)** : 1. 쇠귀. 2. 우두머리.

기출유사문제

밑줄 친 단어에 대한 설명으로 적절하지 못한 것은?

① 너를 보고 있으면 <u>부레</u>가 끓어 못 살겠다. → '부레'는 '어류의 몸속에 있는 얇은 공기 주머니'를 의미하는 말로 '부레가 끓는다'는 '몹시 화가 나다.'라는 뜻이다.

② 오늘은 누가 뭐라고 해도 <u>아퀴</u>를 지어야겠다. → '아퀴'는 '일의 끝맺음'을 의미하는 말로 '아퀴를 짓다'는 '일이나 말을 끝맺음'을 의미한다.

③ 그녀가 실수를 하는 바람에 <u>산통</u>이 깨지고 말았다. → '산통(算筒)'은 맹인들이 점을 칠 때 쓰는 산가지를 넣는 통으로 '산통이 깨지다'는 잘 되어가는 일이 뒤틀어지는 경우를 의미한다.

④ 그의 말을 듣고 나서 우리는 <u>어안</u>이 벙벙하여 말을 잇지 못했다. → '어안'은 '어이없어 말을 못 하고 있는 혀 안'이라는 뜻으로 '어안이 벙벙하다'는 '뜻밖에 놀랍거나 기막힌 일을 당하여 어리 둥절하다.'라는 뜻이다.

⑤ 그들은 어느새 <u>마각</u>을 드러내고 있었다. → '마각(魔角)'은 '마귀나 잡귀의 다리'라는 뜻으로 '마 각을 드러내다'는 '남을 해하려는 악한 본성을 드러내다.'라는 뜻이다.

● 해설

'마각(馬脚)'은 '말의 다리' 또는 '가식하여 숨긴 진실'이라는 뜻으로 '마각을 드러내다'는 숨기고 있던 일이나 정체를 드러냄을 이르는 말이다.

정답 ❺

ㅈ

- **자개바람이 일다***
  (비유적으로) 힘이 솟고 매우 빠르게 움직임.

- **자라목(이) 되다**
  사물이나 기세 따위가 움츠러듦.

- **잠자리 날개 같다**
  천 따위가 속이 비칠 만큼 매우 얇고 고움을 비유적으로 이르는 말.

- **재를 뿌리다**
  일, 분위기 따위를 망치거나 훼방을 놓음.

- **적을 두다**
  소속으로 되어 있음.

- **젖비린내가 나다**
  정신적으로나 육체적으로 성숙하지 못한 태도나 기색이 보임을 이르는 말.

- **제 눈에 안경**
  보잘것없는 물건이라도 제 마음에 들면 좋게 보인다는 뜻.

- 좀이 쑤시다

  마음이 들뜨거나 초조하여 가만히 있지 못함.

- 죽 끓듯 하다

  화나 분통 따위의 감정을 참지 못하여 마음속이 부글부글 끓어오름.

- 죽 떠먹은 자리

  조금 덜어 내어도 흔적이 나지 아니하는 경우를 비유적으로 이르는 말.

- 쥐 잡듯

  꼼짝 못하게 하여 놓고 잡는 모양을 비유적으로 이르는 말.

- 직성(이) 풀리다*

  제 성미대로 되어 마음이 흡족함.

- 진(을) 치다

  자리를 차지함.

🔊 어휘풀이

- **자개바람** : 요란한 소리를 내며 빠르게 일어나는 바람.
- **직성(直星)** : 사람의 타고난 성미.

- 찬물을 끼얹다

  잘되어 가고 있는 일에 뛰어들어 분위기를 흐리거나 공연히 트집을 잡아 헤살을 놓음.

- 채(를) 잡다

  주도적인 역할을 하거나 주도권을 잡고 조종함.

- 책상머리나 지키다

  현실과 부딪치며 책임감을 가지고 일하지 아니하고 사무실에서만 맴돌거나 문서만 보고 세월을 보냄.

- 철퇴를 가하다*

  호되게 처벌하거나 큰 타격을 줌.

- 첫 단추를 잘못 끼우다

  시작을 잘못함.

- 첫 삽을 들다

  건설 사업이나 그 밖에 어떤 일을 처음으로 시작함.

- 청(을) 넣다

  직접 또는 간접으로 사람을 넣어 특별히 청을 함.

- 촉각을 곤두세우다

  정신을 집중하고 신경을 곤두세워 즉각 대응할 태세를 취함.

- 추렴(을) 들다*

  1. 추렴하는 데에 낌. 2. 남들이 말하는 데 한몫 끼어 말함.

- 출사표를 던지다*

  경기, 경쟁 따위에 참가 의사를 밝힘. ≒ 출사표를 내다

- 칼자루(를) 잡다

  어떤 일에 실제적인 권한을 가짐. ≒ 도낏자루를 쥐다

- 코(가) 빠지다

  근심에 싸여 기가 죽고 맥이 빠짐.

- 코가 납작해지다

  몹시 무안을 당하거나 기가 죽어 위신이 뚝 떨어짐.

- 코(를) 빠뜨리다

  못 쓰게 만들거나 일을 망침.

- 코 아래 진상

  뇌물이나 먹을 것을 바치는 일.

- 코에 걸다

  무엇을 자랑삼아 내세움.

- 콩나물 박히듯

  무엇이 빼곡히 들어선 모양을 비유적으로 이르는 말.

🔊 어휘풀이

- **철퇴(鐵槌)** : 쇠몽둥이.
- **추렴** : 모임이나 놀이 또는 잔치 따위의 비용으로 여럿이 각각 얼마씩의 돈을 내어 거둠.
- **출사표(出師表)** : 1. 중국 삼국 시대에, 촉나라의 재상 제갈량이 출병하면서 후왕에게 적어 올린 글. 2. 출병할 때에 그 뜻을 적어서 임금에게 올리던 글.

🅔 🅟

- 탄력을 받다

  점차 증가하거나 많아짐.

- 탯줄 잡듯 하다

  무엇을 잔뜩 붙잡음.

- 토(를) 달다*

  어떤 말끝에 그 말에 대하여 덧붙여 말함.

- 퇴박(을) 놓다*

  마음에 들지 아니하여 물리치거나 거절함.

- 트집(을) 잡다

  조그만 흠집을 들추어내거나 없는 흠집을 만듦.

- 파김치(가) 되다

  몹시 지쳐서 기운이 아주 느른하게 됨.

- 파리 목숨

  남에게 손쉽게 죽음을 당할 만큼 보잘것없는 목숨을 이르는 말.

- 판에 박은 듯하다

  사물의 모양이 같거나 똑같은 일이 되풀이됨.

- 팔뚝을 뽐내다

  팔뚝을 드러내어 힘을 자랑함.

- 포문을 열다

  1. 대포를 쏨. 2. 상대편을 공격하는 발언을 시작함.

- 풀(이) 죽다

  풀기가 빠져서 뻣뻣하지 아니하게 됨.

- 피도 눈물도 없다

  조금도 인정이 없음.

- 피를 말리다

  몹시 괴롭히거나 애가 타게 만듦.

- 피를 빨다

  재산이나 노동력 따위를 착취함.

- 핏대(를) 세우다

  목의 핏대에 피가 몰려 얼굴이 붉어지도록 화를 내거나 흥분함.

🔊 어휘풀이

- **토** : 1. 조사. 2. 한문의 구절 끝에 붙여 읽는 우리말 부분.
- **퇴박(退−)** : 마음에 들지 아니하여 물리치거나 거절함.

ㅎ

- 하늘을 지붕 삼다

  1. 한데서 기거함. 2. 정처 없이 떠돌아다님.

- 학을 떼다*

  괴롭거나 어려운 상황을 벗어나느라고 진땀을 빼거나, 그것에 거의 질려 버림.

- 한술 더 뜨다

  1. 이미 어느 정도 잘못되어 있는 일에 대하여 한 단계 더 나아가 엉뚱한 짓을 함. 2. 남이 생각하고 있는 것을 미리 헤아려 거기에 대처할 계획을 세움.

- 한 우물(을) 파다

  한 가지 일에 몰두하여 끝까지 함.

- 허두를 떼다*

  글이나 말의 첫머리를 시작함.

- 허리띠를 늦추다

  1. 생활의 여유가 생김. 2. 안심이 되어 긴장을 풀고 마음을 편안하게 놓음.

- 허방(을) 짚다*

  1. 발을 잘못 디디어 허방에 빠짐. 2. 잘못 알거나 잘못 예산하여 실패함.

- 허울 좋다*

  실속은 없으면서 겉으로는 번지르르함.

- 혀(가) 굳다

놀라거나 당황하여 말을 잘하지 못함.
- 혀를 내두르다

  몹시 놀라거나 어이없어서 말을 못함.
- 혈안이 되다*

  어떠한 일에 광분함.
- 호리를 다투다*

  매우 적은 분량도 아껴 쓰고 아까워함.
- 홍역(을) 치르다

  몹시 애를 먹거나 어려움을 겪음.
- 홀으로 보다

  (주로 부정하는 말과 함께 쓰여) 대수롭지 아니하게 봄. 또는 얕잡아 봄.
- 화촉을 밝히다*

  혼례식을 올림.
- 활개(를) 치다

  1. 힘차게 두 팔을 앞뒤로 어긋나게 흔들며 걸음. 2. 의기양양하게 행동함. 또는 제 세상인 듯 함부로 거들먹거리며 행동함. 3. 부정적인 것이 크게 성행함. 4. 새가 날개를 펼쳐서 퍼덕임.
- 황천객이 되다

  사람이 죽음을 비유적으로 이르는 말.
- 회가 동하다*

  구미가 당기거나 무엇을 하고 싶은 마음이 생김.
- 후박을 두다*

  후하게 대하는 사람과 박하게 대하는 사람의 차별을 둠.
- 흉물(을) 떨다

  음흉한 속셈으로 짐짓 의뭉한 짓을 함.
- 흥타령(을) 부르다

  1. 무사태평하고 안일하게 늑장을 부림. 2. 배부른 소리를 하며 그다지 긴하게 여기지 아니하거나 가격을 낮추려 듦. 3. 남의 급한 사정을 대수롭지 아니하게 생각하며 건들건들 자기 일이나 함.
- 흰 눈으로 보다

  업신여기거나 못마땅하게 여김.

🔊 어휘풀이

- **학(瘧)** : 말라리아.
- **허방** : 땅바닥이 움푹 패어 빠지기 쉬운 구덩이.
- **허울** : 실속이 없는 겉모양.
- **허두(虛頭)** : 글이나 말의 첫머리.
- **호리(毫釐)** : 1. 자나 저울눈의 호(毫)와 이(釐). 2. 매우 적은 분량을 비유적으로 이르는 말.
- **화촉(華燭)** : 빛깔을 들인 밀초. 흔히 혼례 의식에 씀.
- **회(蛔)** : 회충.
- **혈안(血眼)** : 기를 쓰고 달려들어 독이 오른 눈.
- **후박(厚薄)** : 1. 두꺼움과 얇음. 2. 많고 넉넉함과 적고 모자람. 3. 후하게 구는 일과 박하게 구는 일.

기출유사문제

밑줄 친 단어에 대한 설명으로 적절하지 못한 것은?

① 백성들 사이에서 일어난 민란은 점차 <u>요원</u>의 불길이 되어가고 있었다. → '불타고 있는 벌판'이라는 뜻으로 '요원의 불길'은 매우 빠르게 번지는 세력 따위를 비유적으로 이르는 말이다.

② 그의 기술은 그 분야에서 <u>우이</u>를 잡고 있다. → '남보다 뛰어나게 우수함'이라는 뜻으로 '잡다'와 함께 쓰이면 '남보다 우수하고 뛰어나다.'라는 뜻이 된다.

③ 많은 청년들이 <u>청운</u>의 뜻을 품고 상경을 결심하였다. → '푸른 구름'이라는 뜻으로 높은 지위나 벼슬을 비유적으로 이르는 말이다.

④ 어느새 <u>허방</u>을 짚었다는 사실을 알게 된 그는 기세가 꺾이고 말았다. → '땅이 움푹 패어 빠지기 쉬운 구덩이'를 의미하는 말로 '짚다'와 함께 쓰여 비유적으로 '계획하였던 일이 실패하다.'라는 뜻으로 쓰인다.

⑤ 그는 규모를 짜내고 <u>호리</u>를 다투어 지금의 부를 이루었다. → 자나 저울 눈금의 '호(毫)'와 '이(釐)'를 뜻하는 말로 '매우 적은 분량'을 비유하는 말이다.

해설

'우이를 잡다'에서 '우이(牛耳)'는 '소의 귀'라는 뜻으로 비유적으로 '우두머리'를 의미한다. '잡다'와 함께 쓰이면 어떤 집단이나 분야에서 '우두머리나 간부가 되다.'라는 뜻으로 쓰인다. '남보다 뛰어나게 우수함'이라는 뜻을 가진 단어는 '우이(優異)'이다.

정답 ❷

---

⑥ 외래어 · 순화어

◼ 외래어

외래어는 우리말에 존재하지 않는 개념이나 사물을 지칭하기 위해 또는 다른 필요에 의해 차용했다가 우리말로 정착된 어휘들이다. 이러한 외래어는 외국어와 달리 우리말화 되는 과정에서 우리말의 음운 변동 규칙에 적용을 받거나 본래의 외국어와는 다른 형태로 정착하는 경우가 많다. 이렇게 정착된 외래어는 우리말의 빈자리를 채우거나 고유어 및 한자어와 유의어 체계를 이루면서 우리의 어휘 체계를 보다 풍부하게 만들고 있다.

(1) 외국어와 외래어

① **외국어** : 국어에 아직 동화되지 않은 다른 나라말을 뜻한다.
　　예 닥터, 딕셔너리, 템포 등

② **외래어** : 외국에서 들어왔으나 우리나라의 순수한 토박이말로 바꾸어 쓸 수 있는 외국어에 비해 외래어는 들어온 그대로 쓰이는 말을 의미하며 귀화어와 차용어로 분류할 수 있다.

　　㉠ **귀화어** : 차용된 뒤에 오랫동안 쓰임에 따라 고유어처럼 쓰이는 외래어를 말한다.
　　　㉮ 붓, 먹, 종이, 담배 등

　　㉡ **차용어** : 아직 고유어로 익지 않아 외국어라는 의식이 남아 있는 외래어를 말한다.
　　　㉮ 타이어, 텔레비전, 컴퓨터 등

(2) 귀화어

귀화어란 외래어로서 우리말에 차용되어 들어왔으나 오랜 기간 동안 쓰이면서 점차 우리말에 동화되어 현재는 마치 우리말과 같이 인식되고 있는 어휘들이다. 따라서 이들은 현재 외래어라는 인식이 거의 없는 어휘들이다.

[귀화어의 분류]

구분	예시
중국어에서 온 어휘	붓, 먹, 종이, 짐승, 마냥, 고약, 김치, 배추, 고추, 상추, 호주머니, 호떡, 차반, 어차피, 급기야, 하필, 당연, 도대체, 심지어, 무려, 무진장, 순식간, 별안간 등
여진어에서 온 어휘	두만, 수수, 메주, 가위, 호미, 가마니 등
몽골어에서 온 어휘	가라말(흑마), 구렁말(밤색말), 보라매, 송골매, 수라 등
일본어에서 온 어휘	고구마, 냄비, 구두, 낭만주의 등
범어에서 온 어휘	부처, 미륵, 찰나, 달마, 절, 중, 만다라, 불타, 석가, 보살, 사리, 아미타, 열반, 탑, 바라문 등
서구어에서 온 어휘	빵, 고무, 남포, 담배, 가방 등

기출유사문제

밑줄 친 단어 중 귀화어가 아닌 것은?

① 남부지방은 <u>고구마</u>로 만든 음식들이 많다.

② 노인은 <u>벼루</u>에 먹을 갈면서 깊은 생각에 **빠**졌다.

③ 아침에는 간단히 **빵**으로 식사를 대신한다.

④ 우리가 일어서려는 <u>찰나</u> 그 사건이 터졌다.

⑤ 우리가 <u>곡두</u>를 본 것이 분명하다.

● **해설**

'곡두'는 환영(幻影)을 의미하는 고유어이다.
① '고구마'는 일본어에서 온 귀화어이다.
② '벼루'는 중국의 한자어에서 온 귀화어이다.
③ '빵'은 포르투갈어에서 온 귀화어이다.
④ '찰나'는 범어에서 온 귀화어이다.

정답 ❺

② 순화어

우리말 다듬기(국어 순화)는 국어의 순수성을 회복하고 민족 정신의 확립, 민족 문화의 발전, 사회의 정화, 국어의 개량 및 언어생활을 개선한다는 목적을 가지고 있다.

＋ 더 알고가기　우리말 다듬기　☰

- 들어온 말과 외국어를 가능한 한 고유어로 재정리함.
- 비속한 말이나 틀린 말을 고운 말, 표준말로 바르게 함.
- 어려운 말을 쉬운 말로 고침.

---

(1) 영어 순화어

우리말을 두고도 불필요하게 외국어를 사용한다면 민족 문화와 정신의 근간을 이루는 우리말의 위상은 점점 낮아질 것이다. 따라서 외국어나 외래어는 꼭 필요한 경우에만 사용해야 하며, 가능하다면 좋은 한글로 바꿔 쓰는 노력을 아끼지 말아야 한다.

순화 대상어	순화어	순화 대상어	순화어
가드레일	보호 난간	램프	진입로/들목
가이드북	안내 책자	러닝머신	달리기틀
개런티	출연료	러닝타임	상영시간
게놈	유전체	러시	봇물/붐빔
게스트	손님/특별 출연자	레시피	요리법
그라운드	운동장	레임덕	권력 누수(현상)
깁스	석고 붕대	렌터카	임대차/빌림차
내러티브	줄거리	로그아웃	접속 해지
넘버원	으뜸	로그인	접속
네일아트	손톱관리	로드맵	(단계별) 이행안
노하우	비법/비결	로열티	사용료/인세
다운되다	멈추다/정지하다	로커 룸	탈의실/대기실
다운로드	내려 받기	로펌	법률회사
다이어리	비망록/일기장	론칭	출시
듀얼	양/이중	롤 모델	본보기
디테일	부분/세부	롤플레잉 게임	가상 역할 게임
딜레마	궁지/진퇴양난	르포	보고 기사
라벨	상표	리더	지도자
라이벌	맞수/경쟁자	리더십	지도력/통솔력
라이선스	사용권	리드하다	이끌다/주도하다
라인	선/줄/금	리메이크	개작/재제작
래프팅	급류타기	리모델링	구조 변경
랜드마크	표지물	리모트 컨트롤	(원격) 조정기

순화 대상어	순화어	순화 대상어	순화어
리뷰	비평/평론	브리핑	요약 보고
리셉션	축하연/피로연	블랙리스트	감시 대상
리셋	재시동	블루칩	우량주
리스크	위험	빈티지	중고풍
리스트	목록/명단	빌트인	설치형/붙박이
리조트	휴양지	사이버머니	전자 화폐
리퀘스트	신청/요청	서바이벌 게임	생존 게임
리플	댓글/답글	서포터즈	응원단/후원자
리필	되채우기	스캔들	추문
리허설	예행연습	셋톱박스	위성(방송) 수신기
립싱크	입술연기	셔틀버스	순환 버스
링크	연결	소호몰	가상 가게
마스터하다	통달하다	쇼윈도	진열장
마인드	개념/인식	쇼핑몰	상가
마인드 컨트롤	심리 통제/조절	쇼핑 카트	(장보기)밀차/수레
멀티미디어	다중/복합 매체	쇼호스트	방송 판매자
메이커	제작자/제조업체	스킨십	피부 접촉
메이크업	화장	스타일	맵시/품/형
메이킹 필름	제작편	스토커	과잉 접근자
메카	요람/중심지	스티커	붙임 딱지/부착지
멘토	스승/지도자	스파	온천
모니터링	감시/검색	스폰서	후원자/광고주
모닝콜	깨우기 전화	슬럼프	부진/침체
모델 하우스	본보기집	시너지 효과	상승 효과
모바일	이동 통신	시리얼 넘버	(제조)일련 번호
미디어플레이어	매체 재생기	시뮬레이션	모의 실험
바코드	막대표시	시이오(CEO)	최고 경영자
발레파킹	대리 주차	신드롬	증후군/선풍
배너 광고	막대/띠 광고	아바타	(가상)분신
버전	판	아웃소싱	외주/외부 용역
벤처 기업	개척/모험 기업	아이템	소재/품목
벤치마킹	견주기/성능시험	애널리스트	(증시)분석가
보너스	상여금	애니메이션	만화 영화
보이콧	거절/불참	애드리브	즉흥 대사/연기
부스	칸	액세서리	장식물/노리개
부킹	예약	앤티크풍	고풍
북마크	바로찾기	어닝 시즌	실적 발표 기간
붐	대유행/성황	어필하다	호소/항의 하다
브랜드	상표	업그레이드	상향/향상

순화 대상어	순화어	순화 대상어	순화어
업데이트	갱신	커넥션	결탁/연계
에이전시	대행사	커닝	부정 행위
에이전트	대리인/대행인	커미션	수수료/중개료
엑소더스	탈출/대이동	커버 스토리	표지 기사
엠블럼	상징(표)	커서	깜박이/반디
M&A	기업 인수 합병	커트라인	합격선/한계선
오너 드라이버	손수 운전자	커플	쌍/짝/부부
오디션	심사/검사	커플링	짝/연인 반지
오프 더 레코드	비보도(기자회견)	컨디션	조건/상태/기분
오픈베타	공개 시험	컨버터	변환기
옵션	선택(품목)	컨설턴트	상담사
와인	포도주	컨설팅	자문/상담
워크북	익힘책	컨소시엄	연합체
워크아웃	기업 개선 작업	컴백	복귀
원룸	통집/통방집	코너 워크	회전 기술
웨딩 플래너	결혼 설계사	코멘트	평/논평
웨이트 트레이닝	근력(강화) 훈련	코스튬플레이	의상 연출/연기
윈윈 전략	상생 전략	콜 서비스	호출 지원
유턴	되돌(리)기/선회	콜센터	전화 상담실
이노베이션	(기술) 혁신	쿠폰	교환권/이용권
이니셜	머리글자	쿼터제	할당제
이머징 마켓	신흥시장	큐레이터	전시 기획자
이슈	쟁점/관심사	크랭크인	촬영 개시
인스턴트 식품	즉석 식품	크로스오버	넘나들기
인테리어	실내 장식	크루즈 관광	순항 관광
인트라넷	내부 전산망	클리닉	진료소/진료실
인프라	기반 시설	클릭	딸깍
임플란트	인공 치아(이식)	키워드	핵심어
재테크	재산 관리	키친 타월	종이 행주
점프	도약	타이틀 곡	표제곡/주제곡
채널	경로/통로	터닝포인트	전환점
채팅	대화	테마 송	주제가/주제곡
카메오	단역	테이크아웃	사 가기
카운트다운	초읽기	템포	박자/속도
카탈로그	목록/상품안내서	템플 스테이	절/사찰 체험
카풀	함께 타기	토크 쇼	이야기/환담
칼럼	시사평론/시평	투어	순회
캐릭터	등장인물	트레이드	선수교환
캐시백	적립금(환급)	트레이드마크	등록 상표

순화 대상어	순화어	순화 대상어	순화어
트렌드	유행/경향	피크 타임	절정기/한창(때)
티저 광고	호기심 유발 광고	피트니스센터	건강 센터
티저포스터	예고 포스터	하이라이트	강조, 주요 부분
팀워크	협동	하이브리드	혼합형
파워 게임	힘 겨루기	하이 패스	(고속도로)주행 카드
파트타임	시간제 근무	하이테크	첨단 기술
팜 파탈	요부	하이힐	뾰족구두
패널	토론자	해커	헤살꾼/무단침입자
패닉 상태	공황 상태	해프닝	웃음거리/우발사건
패밀리 레스토랑	가족 식당	핸디캡	약점/단점
패키지	꾸러미/묶음	허브 사이트	굴대 사이트
펀드 매니저	투자 관리자	헤드라인	표제/제목
페이지 뷰	쪽보기/방문자 수	헤드 헌팅	인력 중개(인)
페이퍼 컴퍼니	유령 회사	헬멧	안전모
펜션	고급 민박	헬스	(기구)운동
포털 사이트	들머리 사이트	호러	공포(물)
포퓰리즘	대중 (영합)주의	홈 뱅킹	안방 은행/거래
푸드코트	먹을거리 장터	홈 쇼핑	안방 구매
퓨전	혼합/융합	홈스테이	민박
프랜차이즈	연쇄점/가맹점	홈시어터	안방 극장
프로모션	흥행사	화이트보드	백판/흰칠판
프리랜서	자유계약자	히트 상품	인기 상품
플래카드	현수막	홈페이지	둥지/누리집
피켓	손팻말		

(2) 일본어 순화어

우리나라는 광복 직후부터 일본어 잔재를 우리말로 다듬는 데 많은 노력을 기울여 왔다. 그 이유는 상당수의 일본어가 일제의 민족 말살 정책에 의해 일방적·강제적으로 유입되었으며 이 과정에서 순수한 우리말이 일본어에 밀려 났기 때문이다. 우리는 손상된 국어의 자긍심을 회복하기 위해 꾸준히 국어 순화 노력을 펼쳐왔지만 아직까지도 일상 언어 생활은 물론 전문 기술 분야, 학술 분야 등 사회의 여러 부문에서 일본어와 일본어투가 남아있다.

➕ 더 알고가기　　**순화 대상 일본어**　　≡

- 일본을 거쳐 들어온 서구 외래어 : 다스 → 열두 개, 다시 → 줄표, 바케쓰 → 양동이, 밤바 → 완충기
- 일본에서 만든 영어 약어 : 난닝구 → 러닝셔츠, 도란스 → 변압기, 스뎅 → 스테인리스
- 일본에서 직접 만든 영어 : 올드미스 → 노처녀, 백미러 → 뒷거울
- 일본어와 서구 외래어가 뒤섞인 말 : 가라오케 → 노래방

순화 대상어	순화어	순화 대상어	순화어
가감	더하고 빼기	다대기	다진 양념
가다(型)	틀	다반사	예삿일
가라	가짜	다이(臺)	대
가리	임시	단도리	채비/단속
가오	얼굴/체면	닭도리탕	닭볶음탕
가처분	임시처분	담합	짬짜미
간수	교도관	대금	값, 돈
거래선	거래처	대절	전세
건폐율	대지 건물 비율	대하	큰새우
검사역	검사인, 검사원	대합실	기다림방
검침원	(계량기) 조사원	도비라	속표지
견습	수습	도합	모두, 합계
견양	서식, 보기	돈까스	돼지고기튀김
견출지	찾음표	떼깡	생떼
결석계	결석 신고(서)	레자	인조 가죽
계주	이어달리기	레지	(다방)종업원
고데	인두(질)	마호병	보온병
고수부지	둔치, 강턱	만땅	가득(채움)
고지	알림	매립	메움
고참	선임(자)	매물	팔 물건
곤로	풍로, 화로	매상	판매, 팔기
곤색	감색, 진남색	매점(賣店)	가게
구좌	계좌	맥고모자	밀짚모자
궐석재판	결석재판	멸실	없어짐
급사	사환	명도	내어줌/넘겨줌
기도	문지기	명일	내일
기라성	빛나는 별	모찌	찹쌀떡
기스	흠/상처	몸뻬	일바지, 왜바지
기지	천	무데뽀	막무가내
기합	얼차례, 기넣기	미싱	재봉틀
꼬붕	부하	백묵	분필
낑깡	금귤	백 미러	뒷거울
납기일	내는 날	부락	마을
납득	이해	부지(敷地)	터, 대지
내역	명세	불하	매각
노가다	노동자, 막일꾼	빤찌	(자름)집게
노견	갓길	삐끼	끌기
노깡	토관/하수도관	사라	접시
노임	품삯	사물함	개인 보관함

순화 대상어	순화어	순화 대상어	순화어
사바사바	속닥속닥	입장	처지
사시미	생선회	입하	들어옴, 들여옴
사양서	설명서, 시방서	입회	참여, 참관
상신	여쭘, 알림	잉여	나머지
생애	일생	잔고	잔액, 나머지
석식	저녁(밥)	잔반	남은 밥
선착장	나루(터)	잔업	시간 외 일
세대	가구, 집	적립	모음, 모아 쌓음
세면	세수	적조	붉은 조류
소하물	잔짐	전기다마	전구
쇼부	흥정/결판	절상	올림
수당	별급	절수	물 아낌
수주	주문	절취	자름, 자르기
시다	보조원	절하	내림
식상	싫증남	제본	책 매기
신병인수	사람 넘겨받음	조달	대어 줌, 마련함
실인	도장, 인장	조립	짜기, 짜 맞추기
십장	감독/반장	종지부	마침표
십팔번	단골 장기/단골 노래	중매인	거간, 거간꾼
아나고	붕장어/바다장어	지라시	선전지, 낱장 광고
아다리	수, 적중	지리	싱건탕
약정서	다짐글	지분	몫
언도	선고	지불	지급, 치름
오뎅	어묵	지참	지니고 옴
오야붕	우두머리	지양	삼감
오지	두메(산골)	집중 호우	작달비, 장대비
와쿠	틀/테두리	짬뽕	초마면, 뒤섞기
와사비	고추냉이	차압	압류
요지	이쑤시개	차출	뽑아냄
우동	가락국수	청부	도급
우라	안(감)	체적	부피
유도리	융통, 여유	추월	앞지르기
유휴지	노는 땅	축제	축전, 잔치
육교	구름다리	출구	나가는 곳, 날 목
이서	뒷보증	출산	해산
인상	(값) 올림	출하	실어 내기
임금	(품)삯	취급	다룸
임차	세냄	취소	무름/말소
입구	어귀, 들목	카라	(옷)깃

순화 대상어	순화어	순화 대상어	순화어
타부	금기, 터부	할당	몫 나누기/벼름/배정
타이야	바퀴	할인	덜이
택배	집 배달/문 앞 배달	할증료	웃돈/추가금
투망	던짐 그물	함바	현장 식당
팔부 바지	팔 푼 바지	행선지	가는 곳
평영	개구리헤엄	호조	순조
품절	(물건) 없음	호출	부름
하락세	내림세	혹성	행성
하명	명령/지시	홈	플랫폼
하물	짐	화이바	안전모
하시	젓가락	후라이	튀김/부침
하시라	기둥	후불	후지급
하중	짐무게	흑판	칠판
하청	아래 도급	히마리	맥
한소데	반소매		
한천	우무/우뭇가사리		

기출유사문제

01 밑줄 친 말의 순화어로 적절하지 않은 것은?

① 선생님께서는 백묵(→ 분필)으로 크게 교훈을 쓰셨다.

② 음식물을 먹고 난 후 잔반(→ 음식 찌꺼기)을 잘 처리해야 한다.

③ 그녀는 곤색(→ 감색) 바지를 입고 약속 장소에 나왔다.

④ 그는 집을 지을 부지(→ 터)를 사기 위해 동분서주하였다.

⑤ 그의 행동은 도저히 납득(→ 수긍)하기 어려웠다.

● 해설

'납득(納得)'은 '다른 사람의 말이나 행동, 형편 따위를 잘 알아서 긍정하고 이해한다.'라는 뜻을 가진 말로 '이해(理解)'로 순화해야 한다. '수긍(首肯)'은 '옳게 여김'으로 순화해야 한다.

정답 ❺

02 밑줄 친 말의 순화어로 적절하지 <u>않은</u> 것은?

① 운동회의 가장 큰 관심은 400미터 <u>계주</u>(→ 이어달리기)였다.

② 한강의 <u>고수부지</u>(→ 둔치)에서 즐거운 한 때를 보냈다.

③ 허가 과정에 필요한 <u>제반</u>(→ 모든) 서류를 갖추어야 한다.

④ 그는 기념식 행사 일정을 알리기 위해 <u>회람</u>(→ 안내문)을 돌렸다.

⑤ 우리는 <u>저간</u>(→ 요즈음)의 일들에 대해 매우 우려하고 있다.

● 해설

'회람(回覽)'은 '글 따위를 여러 사람이 차례로 돌려 봄. 또는 그 글'을 의미하는 말로 '돌려 보기'로 순화해야 한다. '안내문'은 '어떤 내용을 소개하여 알려 주는 글'을 의미한다.

정답 ❹

1장 어휘력
실전 대비 문제

01

다음 밑줄 친 어휘의 뜻풀이로 알맞지 않은 것은?

① 전임자가 업무를 잘 <u>갈무리</u>해 두어 일이 수월하다. → 물건 따위를 잘 정리하거나 간수함 또는 일을 처리하여 마무리함을 뜻함.

② 할머니가 아끼던 도자기를 깨고 <u>지청구</u>를 들어야 했다. → '꾸지람'을 뜻함.

③ 부모에게 <u>알천</u>이란 결국 자식들 아니겠는가. → 늘 보살펴야 하는 것을 의미함.

④ 산 위에서 보니 계곡이 마치 <u>깁</u>을 펼쳐 놓은 듯 하다. → '명주실로 조금 거칠게 짠 비단'을 말함.

⑤ 이 말이 <u>가납사니</u> 같은 사람들 귀에 들어가면 낭패다. → 쓸데없는 말을 지껄이기를 좋아하는 수다스러운 사람이나 말다툼을 잘하는 사람을 일컫는 말.

해설 ● '알천'은 '재산 가운데 가장 값나가는 물건'을 뜻한다.

02

다음 밑줄 친 어휘의 뜻풀이가 바르지 않은 것은?

① 그 일은 별로 남는 것도 없어서 <u>계륵(鷄肋)</u>이나 마찬가지다. → '닭의 갈비라는 뜻으로, 그다지 큰 소용은 없으나 버리기에는 아까운 것을 이르는 말.

② 이번 일을 <u>도외시(度外視)</u>해서는 안 될 것이다. → '일정한 범위 밖에 두다.'라는 뜻으로 대상을 비호하거나 두둔할 생각으로 예외를 두는 것을 이르는 말.

③ 그녀의 노래는 <u>불후(不朽)</u>의 명곡이 되었다. → '썩지 아니함'이라는 뜻으로, 주로 '불후의'의 꼴로 쓰여 '영원토록 변하거나 없어지지 아니함'을 비유적으로 이르는 말.

④ 높은 지위에 오를수록 <u>위항(委巷)</u>의 일도 두루 살펴야 한다. → '좁고 지저분한 거리라는 뜻으로 주로 평범한 백성들이 사는 곳을 의미함.

⑤ 그 일에 대한 <u>포폄(褒貶)</u>은 잠시 미루어 두기로 하였다. → 옳고 그름이나 선하고 악함을 판단하여 결정함을 뜻하는 말.

해설 ● '도외시(度外視)'는 '상관하지 아니하거나 무시함'을 뜻하는 말이다.

03

다음 밑줄 친 어휘의 쓰임이 적절하지 않은 것은?

① 곰실곰실 : 죽은 줄 알았던 벌레가 <u>곰실곰실</u> 움직이고 있었다.

② 남실남실 : 잔에 부은 술이 <u>남실남실</u> 넘쳤다.

③ 씨엉씨엉 : 첫 출근하는 날 그는 <u>씨엉씨엉</u> 집을 나섰다.

④ 송골송골 : 매운 음식을 먹었더니 코에 땀이 <u>송골송골</u> 돋는다.

⑤ 허청허청 : 그는 합격했다는 기쁨에 <u>허청허청</u> 집으로 향했다.

> **해설 ⊙** '허청허청'은 '다리에 힘이 없어 잘 걷지 못하고 자꾸 비틀거리는 모양'을 뜻하므로 쓰임이 적절하지 않다.

04

밑줄 친 한자어의 쓰임이 적절하지 않은 것은?

① 우리는 점심값을 <u>갹출(醵出)</u>하였다.

② 구청에서는 새로운 주소명을 <u>공포(公布)</u>하였다.

③ 그는 멍하니 하늘만 <u>주시(注視)</u>하고 있었다.

④ 그는 꿈과 현실 사이에서 <u>혼동(混同)</u>을 일으켰다.

⑤ 적들은 내분으로 스스로 <u>궤멸(潰滅)</u>하였다.

> **해설 ⊙** '주시(注視)'는 '어떤 목표물에 주의를 집중하여 보거나 어떤 일에 온 정신을 모아 자세히 살핀다.'라는 뜻이다. 따라서 앞의 '멍하니'라는 부사와는 호응할 수 없는 어휘이다.

◀» 어휘풀이

- **갹출(醵出)** : 같은 목적을 위하여 여러 사람이 돈을 나누어 냄.
- **공포(公布)** : 일반 대중에게 널리 알림.
- **혼동(混同)** : 1. 구별하지 못하고 뒤섞어서 생각함. 2. 서로 뒤섞이어 하나가 됨.
- **궤멸(潰滅)** : 무너지거나 흩어져 없어짐. 또는 그렇게 만듦.

정답 01 ③   02 ②   03 ⑤   04 ③

05

㉠~㉢에 들어갈 한자로 바르게 묶인 것은?

- 그녀는 섬세하여 종종 감상(㉠)에 빠지곤 하였다.
- 그가 예술품을 감상(㉡)하는 동안 우리는 주변을 둘러보았다.
- 일기에 하루의 감상(㉢)을 적는 시간은 하루를 되돌아보는 시간이기도 하다.

㉠	㉡	㉢		㉠	㉡	㉢
① 감상(感傷)	− 감상(感想)	− 감상(鑑賞)		② 감상(鑑想)	− 감상(鑑賞)	− 감상(感傷)
③ 감상(鑑賞)	− 감상(感想)	− 감상(感傷)		④ 감상(感想)	− 감상(感傷)	− 감상(鑑賞)
⑤ 감상(感傷)	− 감상(鑑賞)	− 감상(感想)				

해설 • 감상(感傷) : 하찮은 일에도 쓸쓸하고 슬퍼져서 마음이 상함.
• 감상(鑑賞) : 주로 예술 작품을 이해하여 즐기고 평가함.
• 감상(感想) : 마음속에서 일어나는 느낌이나 생각.

06

다음 밑줄 친 어휘의 뜻풀이가 바르지 않은 것은?

① 그는 대중 앞에서 <u>악어의 눈물</u>을 흘렸다. → 악어가 먹잇감을 먹기 전에 눈에서 소화액을 분비하는 것이 눈물과 같음에서 유래하여 거짓으로 눈물을 흘리는 것을 비유하여 이르는 말이다.

② 그녀는 <u>대한(大旱)의 운예(雲霓)</u>와 같이 합격소식을 기다렸다. → '대한(大旱)'은 큰 가뭄을, '운예(雲霓)'는 구름과 무지개를 뜻하는 말로 '대한의 운예'는 가능성이 없는 일을 막연하게 기다리는 어리석음을 비유하여 이르는 말이다.

③ 그의 정곡을 찌르는 질타에 갑자기 <u>모골(毛骨)이 송연(悚然)</u>해졌다. → '모골(毛骨)'은 털과 뼈를, '송연(悚然)하다'는 '두려워 몸을 옹송그릴 정도로 오싹 소름이 끼치는 듯 함'을 뜻하는 말로 '모골이 송연하다'는 끔찍스러워 몸이 으쓱하고 털끝이 주뼛해짐을 이르는 말이다.

④ 사정기관의 <u>서슬</u>이 시퍼렇게 살아있어 공직자들은 숨을 죽여야 했다. → '서슬'은 쇠붙이로 만든 연장이나 유리 조각 따위의 날카로운 부분을 가리키는 말로 '서슬이 시퍼렇다'는 권세나 기세 따위가 아주 대단함을 비유하여 이르는 말이다.

⑤ 그의 제안에 그녀는 은근히 <u>회가 동하고</u> 있었다. → '회'는 '회충'을 뜻하는 말로 '회가 동하다'는 '구미가 당기거나 무엇을 하고 싶은 마음이 생김'을 이르는 말이다.

해설 '대한(大旱)'은 큰 가뭄을, '운예(雲霓)'는 구름과 무지개를 뜻하는 말로 '대한의 운예'는 어떤 일이 일어나기를 갈망함을 비유적으로 이르는 말이다.

07

다음 중 '갈고리 맞은 고기'와 의미가 통하지 <u>않는</u> 것은?

① 풍전등화(風前燈火)　　　　　② 부중생어(釜中生魚)

③ 초미지급(焦眉之急)　　　　　④ 간두지세(竿頭之勢)

⑤ 여리박빙(如履薄氷)

해설 ○
- '갈고리 맞은 고기' : '갈고리를 맞아 놀라서 헐떡거리며 어쩔 줄 모르는 고기와 같다.'라는 뜻으로 매우 위급한 경우를 당하여 어찌 할 바를 모름을 비유하는 말이다.
- 부중생어(釜中生魚) : 《후한서》에 나오는 말로 '솥 안에 물고기가 생긴다.'라는 뜻으로, 매우 가난하여 오랫동안 밥을 짓지 못함을 이르는 말이다.
  ① 풍전등화(風前燈火) : '바람 앞의 등불'이라는 뜻으로, 사물이 매우 위태로운 처지에 놓여 있음을 비유적으로 이르는 말이다.
  ③ 초미지급(焦眉之急) : '눈썹에 불이 붙었다.'라는 뜻으로, 매우 급함을 이르는 말이다.
  ④ 간두지세(竿頭之勢) : '대막대기 끝에 선 형세'라는 뜻으로, 매우 위태로운 형세를 이르는 말이다.
  ⑤ 여리박빙(如履薄氷) : '살얼음을 밟는 것과 같다.'라는 뜻으로, 아슬아슬하고 위험한 일을 비유적으로 이르는 말이다.

08

다음 밑줄 친 말에 해당하는 순화어로 적절하지 <u>않은</u> 것은?

① 어머니가 새로 산 <u>곤색</u> 치마에 얼룩이 묻었다. → 감색

② 국에 <u>다대기</u>를 좀 더 넣어야 맛이 날 것 같다. → 다진 양념

③ 우리는 새로운 <u>거래선</u>을 찾기 위해 최선을 다했다. → 거래처

④ 아침에 일어나면 <u>세면</u>부터 하는 것이 순서이다. → 세수

⑤ 각각의 보고서에 <u>견출지</u>를 붙여 구분해 두어야 합니다. → 묶음표

해설 ○ '견출지'의 순화어는 '찾음표'이다.

09

다음 밑줄 친 어휘의 뜻풀이가 바르지 <u>않은</u> 것은?

① 손님 모셔다 드리고 <u>선걸음</u>으로 돌아오너라. → '조심하여 걷는 모양'을 의미함.

② 그 남자와 그 여자는 <u>가시버시</u>였다. → '가시'는 '아내' 또는 '아내의 친정'이라는 뜻을 더하는 접두사로 '가시버시'는 '부부'를 낮잡아 이르는 말이다.

③ 덫은 <u>노루목</u>에 놓아야 제 몫을 한다. → '노루가 자주 다니는 길목'이라는 뜻으로 '넓은 들에서 다른 곳으로 이어지는 좁은 지역'을 의미한다.

④ 말뚝으로 <u>살피</u>를 대신 놓았다. → '땅과 땅의 경계선을 간단히 나타낸 표'를 의미한다.

⑤ <u>보람줄</u>을 보니 책은 얼마 읽지도 않았구나. → '보람'은 다른 물건과 구별하거나 잊지 않기 위하여 표를 해 두는 것으로 '보람줄'은 책 따위에 표지를 하도록 박아 넣은 줄을 의미한다.

해설 '선걸음'은 주로 '선걸음에', '선걸음으로'의 꼴로 쓰여 '이미 내디뎌 걷고 있는 그대로의 걸음'을 의미한다.

10

다음 밑줄 친 어휘의 쓰임이 적절하지 <u>않은</u> 것은?

① 그는 <u>헌칠한</u> 키에 잘생긴 미남이었다.

② 그녀는 우리 앞에서 <u>물색없는</u> 소리를 하여 눈총을 받았다.

③ 그는 은근히 화가 났는지 나에게 <u>걱실걱실히</u> 덤벼들었다.

④ 그것들은 그녀가 <u>애면글면</u> 모아 온 것들이었다.

⑤ 그는 <u>어험스럽게</u> 아이들을 타일렀다.

해설 '걱실걱실'은 '성질이 너그러워 말과 행동을 시원스럽게 하는 모양'을 의미한다.

어휘풀이

- **헌칠하다** : 키나 몸집 따위가 보기 좋게 어울리도록 큼.
- **물색없다** : 말이나 행동이 형편에 맞거나 조리에 닿지 아니함.
- **애면글면** : 몹시 힘에 겨운 일을 이루려고 갖은 애를 쓰는 모양.
- **어험스럽다** : 1. 짐짓 위엄이 있어 보이는 듯함. 2. 굴이나 구멍 따위가 텅 비고 우중충한 데가 있음.

11

다음 밑줄 친 어휘의 뜻풀이가 바르지 않은 것은?

① 고향에 돌아왔으나 사람들이 백안시(白眼視)하지 않아 좋았다. → 《진서(晉書)》에 나온 말로, 죽림칠현의 한 사람인 완적(阮籍)이 반갑지 않은 손님은 백안(白眼)으로 대하였다는 데서 유래하여 남을 업신여기거나 무시하는 태도로 흘겨봄을 의미함.

② 그 정도 일은 그에게 여반장(如反掌)이다. → '손바닥을 뒤집는 것 같다.'라는 뜻으로, 일이 매우 쉬움을 이르는 말.

③ 새로운 시대의 맹아(萌芽)가 싹트고 있었다. → '아주 힘찬 기세로 솟아나는 싹'이라는 뜻으로 어떤 일의 핵심적인 동력이나 추진력이 되는 대상을 이르는 말.

④ 부모님의 학발(鶴髮)을 보니 눈물이 절로 났다. → '두루미의 깃털처럼 희다.'라는 뜻으로, 하얗게 센 머리 또는 그런 사람을 이르는 말.

⑤ 두 나라 간의 알력(軋轢)으로 세계 정세가 위태로워졌다. → '수레바퀴가 삐걱거린다.'라는 뜻으로, 서로 의견이 맞지 아니하여 사이가 안 좋거나 충돌하는 것을 이르는 말.

해설 '맹아(萌芽)'는 '움'을 뜻하는 말로 사물의 시초가 되는 것을 의미하는 말이다.

12

다음 밑줄 친 어휘의 쓰임이 적절하지 않은 것은?

① 사장님은 김부장을 한참 닦아세우고 계셨다.

② 그는 이번 기회에 옹골지게 돈을 벌어볼 요량이었다.

③ 그는 계약서도 없이 물건을 넘겨 줄 만큼 미욱스러운 사람이다.

④ 그는 매사에 의뭉하여 언제나 일처리가 완벽했다.

⑤ 가파른 언덕을 오르려니 입을 벌리기도 대근하였다.

해설 '의뭉하다'는 '겉으로는 어리석은 것처럼 보이면서 속으로는 엉큼하다.'라는 뜻이다.

🔊 어휘풀이

- **닦아세우다** : 꼼짝 못하게 휘몰아 나무람을 이르는 말.
- **옹골지다** : 실속이 있게 속이 꽉 차 있음.
- **미욱스럽다** : 매우 어리석고 미련한 데가 있음.
- **대근하다** : 견디기가 어지간히 힘들고 만만하지 않음.

정답 09 ① 10 ③ 11 ③ 12 ④

13

다음 중 한자를 잘못 병기한 것은?

① 그는 자신의 신념을 지키기 위해 형극(荊棘)의 길을 택했다.

② 선배가 범한 과오의 전철(前轍)을 다시 밟지는 말아야 한다.

③ 이번 축제는 예산 부족으로 무산(霧散)되었다.

④ 그녀는 위기의 순간에 놀라운 기지(旣知)를 발휘하였다.

⑤ 그녀의 뇌쇄(惱殺)적인 눈빛에 모두 넋을 잃었다.

해설
- 기지(旣知) : 이미 앎.
- 기지(奇智) : 특별하고 뛰어난 지혜.

어휘풀이
- **뇌쇄(惱殺)** : 애가 타도록 몹시 괴로워함. 또는 그렇게 괴롭힘. 특히 여자의 아름다움이 남자를 매혹하여 애가 타게 함을 이르는 말.
- **무산(霧散)** : 안개가 걷히듯 흩어져 없어짐. 또는 그렇게 흐지부지 취소됨.
- **전철(前轍)** : 앞에 지나간 수레바퀴의 자국이라는 뜻으로, 이전 사람의 그릇된 일이나 행동의 자취를 이르는 말.
- **형극(荊棘)** : 나무의 온갖 가시라는 뜻으로 '고난'을 비유적으로 이르는 말.

14

밑줄 친 부분의 한자가 틀린 것은?

① 그 책은 역사에 대한 뛰어난 통찰(洞察)을 보여준다.

② 그는 자신의 권리를 행사(行事)하였다.

③ 그 식물에 대한 정보를 사전(事典)에서 찾아보았다.

④ 그는 우리를 무고(誣告)한 죄로 벌금을 냈다.

⑤ 이 운동시설은 공용(公用) 물품이므로 함부로 훼손해서는 안 됩니다.

해설
- 행사(行事) : 어떤 일을 시행함. 또는 그 일.
- 행사(行使) : 부려서 씀. 또는 권리의 내용을 실현함.

어휘풀이
- **공용(公用)** : 1. 공공의 목적으로 씀. 또는 그런 물건. 2. 공적인 용무. 3. 공공 단체에서 공적으로 쓰는 비용.
- **무고(誣告)** : 사실이 아닌 일을 거짓으로 꾸미어 해당 기관에 고소하거나 고발하는 일.
- **사전(事典)** : 여러 가지 사항을 모아 일정한 순서로 배열하고 그 각각에 해설을 붙인 책.
- **통찰(洞察)** : 예리한 관찰력으로 사물을 꿰뚫어 봄.

15

㉠~㉣에 들어갈 한자가 바르게 묶인 것은?

> • 요즘 옷들은 남녀의 (㉠)이 없는 경우가 많다.
> • 서정시와 서사시의 (㉡)은 극히 상대적일 뿐이다.
> • 짙은 안개로 다가오는 물체를 (㉢)하기 어려웠다.
> • 그의 진심이 무엇인가 (㉣)하기 어려웠다.

| | ㉠ | ㉡ | ㉢ | ㉣ |

① 區分 − 判別 − 區別 − 識別

② 區別 − 識別 − 區分 − 判別

③ 區別 − 區分 − 識別 − 判別

④ 判別 − 區別 − 區分 − 識別

⑤ 區分 − 識別 − 區別 − 判別

해설 • 구별(區別) : 성질이나 종류에 따라 차이가 남.
  • 구분(區分) : 일정 기준에 따라 전체를 몇 개로 갈라 나눔.
  • 식별(識別) : 분별하여 알아봄.
  • 판별(判別) : 옳고 그름이나 좋고 나쁨을 판단하여 구분함.

16

다음 중 '구운 게도 다리를 떼고 먹는다'라는 속담과 의미가 통하는 한자성어는?

① 호사다마(好事多魔)　　　　② 임갈굴정(臨渴掘井)

③ 교토삼굴(狡兔三窟)　　　　④ 수구초심(首丘初心)

⑤ 만사휴의(萬事休矣)

해설 • 구운 게도 다리를 떼고 먹는다 : 틀림없는 듯하더라도 만일의 경우를 생각하여 세심한 주의를 기울여야 낭패가 없음을 이르는 말이다.
  • 교토삼굴(狡兔三窟) : '교활한 토끼는 세 개의 숨을 굴을 파 놓는다'라는 뜻으로, 사람이 교묘하게 잘 숨어 재난을 피함을 이르는 말이다.
  ① 호사다마(好事多魔) : 좋은 일에는 흔히 방해되는 일이 많음을 이르는 말이다.
  ② 임갈굴정(臨渴掘井) : '목마른 사람이 우물을 판다.'라는 뜻을 이르는 말이다.
  ④ 수구초심(首丘初心) : '여우도 죽을 때는 제 고향 쪽으로 머리를 향한다.'라는 뜻을 이르는 말이다.
  ⑤ 만사휴의(萬事休矣) : '모든 것이 헛수고로 돌아갔다.'라는 뜻을 의미한다.

정답 13 ④　14 ②　15 ③　16 ③

17

다음 중 〈보기〉의 속담과 뜻이 통하지 않는 것은?

─────── 보기 ───────

곤달걀 지고 성 밑으로 못 간다.

① 고성낙일(孤城落日)　　　　　　② 기우(杞憂)

③ 배중사영(杯中蛇影)　　　　　　④ 의심암귀(疑心暗鬼)

⑤ 기인우천(杞人憂天)

> **해설** ●
> • 곤달걀 지고 성 밑으로 못 간다 : 이미 다 썩은 달걀을 지고 성 밑으로 가면서도 성벽이 무너져 달걀이 깨질까 두려워 못 간다라는
>   뜻으로, 무슨 일을 지나치게 두려워하며 걱정함을 비유적으로 이르는 말이다.
> • 고성낙일(孤城落日) : '외딴 성과 서산에 지는 해'라는 뜻으로, 세력이 다하고 남의 도움이 없는 매우 외로운 처지를 이르는 말로 제
>   시된 속담과는 거리가 멀다.
> ② 기우(杞憂) : 앞일에 대해 쓸데없는 걱정을 함을 이르는 말이다.
> ③ 배중사영(杯中蛇影) : 술잔에 비친 뱀의 그림자라는 뜻으로 쓸데없는 의심을 품으면 탈이 남을 이르는 말이다.
> ④ 의심암귀(疑心暗鬼) : 쓸데없는 의심을 하면 귀신이 생김을 이르는 말이다.
> ⑤ 기인우천(杞人憂天) : '기(杞)나라 사람이 하늘이 무너질까 걱정한다.'라는 말로 쓸데없는 걱정을 의미한다.

18

다음 중 밑줄 친 말을 순화한 것으로 적절하지 않은 것은?

① 정부는 기업들의 담합을 철저히 조사하였다. → 짬짜미

② 1,000미터 계주에서 우리 팀이 우승을 하였다. → 이어달리기

③ 철수는 선생님께 백묵을 가져다 드렸다. → 분필

④ 이번 물품 구입의 명세를 제출해 주셔야 합니다. → 영수증

⑤ 이제는 대하를 먹기에 좋은 계절이 되었다. → 큰새우

> **해설** ● '명세'는 '내역'을 순화한 말이다.

19

다음 중 귀화어로만 묶인 것이 아닌 것은?

① 김치, 열반, 빵

② 부처, 탑, 두만강

③ 빵, 남포, 송골매

④ 붓, 호미, 도투락

⑤ 고무, 수라, 고구마

> **해설** '도투락'은 어린 여자아이가 드리는 자줏빛 댕기를 이르는 고유어이다.

20

다음 중 한자어가 아닌 것은?

① 내가 여기에 온 것은 <u>부득이</u>한 사정 때문이다.

② <u>물론</u> 네가 그곳에 가기는 힘들 것이다.

③ 모든 사람이 그를 말렸고 <u>심지어</u> 어린 아들까지도 울며 매달렸다.

④ 우리가 <u>도대체</u> 왜 여기에 있어야 하는지 모르겠다.

⑤ 너도 <u>오죽</u> 했으면 그렇게 했겠느냐.

> **해설** '오죽'은 '얼마나'라는 뜻을 나타내는 우리말이다.
> ① 부득이(不得已)
> ② 물론(勿論)
> ③ 심지어(甚至於)
> ④ 도대체(都大體)

2장 문법 능력

① 어문규정

1 한글 맞춤법

(1) 한글 맞춤법의 역사와 특징

'한글 맞춤법'은 일제 강점기를 거치면서 일정한 규범 없이 사용되어 오던 우리말의 표기를 보다 체계적으로 규범화함으로써 우리말을 지키고 발전시키고자 한 노력의 결실이다. 초기의 맞춤법은 1930년 '한글 학회'의 전신인 '조선어 학회'에서 결의되어 1933년 확정되었고, 같은 해 10월 29일에 공포되었다. 이후 '한글 맞춤법'은 여러 차례의 개정을 거쳐 지금에 이르게 되었다. 현재의 맞춤법은 1987년 4월 〈한글맞춤법 개정안〉이 마련되고 심의를 거쳐 1989년 3월 1일부터 시행된 것이다.

(2) 한글 맞춤법의 주요 규정

제1장 총 칙

> 제1항 | 한글 맞춤법은 표준어를 소리대로 적되, 어법에 맞도록 함을 원칙으로 한다.

총칙에서는 한글 맞춤법의 기본 원칙이 제시되어 있다. 우선 1항을 살펴보면 한글 맞춤법은 표준어를 대상으로 하고 있음을 명시하고 있어 한글 맞춤법에서 방언이나 외래어 등에 대한 표기는 다루지 않음을 알 수 있다. 또한 '소리대로 적되'라는 규정은 한글 맞춤법의 기본 원칙이라고 할 수 있다. 즉 표음주의 원칙을 따르고 있는 것이다. 그러나 표음주의 원칙만으로 우리말을 표기할 경우 의미 파악이 어려워져 언어생활의 효율이 떨어질 수 있기 때문에 '어법에 맞도록 함'이라는 보완 규정을 추가하였다. 이는 단어의 원형을 밝혀 적는 형태주의적 표기 원칙을 반영한 것인데 우리말의 맞춤법이 어렵게 느껴지는 것은 이처럼 표음주의와 형태주의 표기가 혼용되고 있기 때문이다. 또한 '어법에 맞게'라는 말은 우리말의 음운 변동이나 어원 등을 충분히 고려하여 합리적인 표기법을 선택하여야 함을 의미한다. 따라서 한글 맞춤법은 국어의 전통과 문법 규정 및 단어의 의미 등을 종합적으로 고려하여 '소리대로' 표기하는 '표음주의'와 '어법에 맞게' 표기하는 '형태주의' 가운데 합리적인 표기법을 택하여 규정하고 있는 것이라고 할 수 있다.

본 장에서 다룰 내용은 4대 어문규정과 주요 문법 요소와 관련된 내용이다. KBS 한국어능력시험에서 출제 비중과 출제 가능성이 높아 반드시 학습해 두어야 할 내용이며, 학습 과정에서 암기해야 할 내용도 비교적 많기 때문에 충분한 시간을 가지고 꼼꼼하게 알아 두어야 한다. 본 장에서는 각 어문규정에서 필수적인 항목을 정리하여 제시하였고, 이와 함께 필수적인 문법 요소에 대한 내용을 보충하였다

➕ 더 알고가기 ｜ 한글 맞춤법의 표기 원리 ☰

<u>소리대로 적되</u> + <u>어법에 맞도록</u> = 형태음소적 표기
표음주의적 표기 　형태주의적 표기

제2항 ｜ 문장의 각 단어는 띄어 씀을 원칙으로 한다.

단어는 독립된 의미를 지니고 있기 때문에 띄어쓰기를 하는 것이 의미를 파악하는 데 효율적이다. 다만, 조사는 단어임에도 불구하고 붙여 써야 한다. 조사는 단어와 단어의 문법적 관계를 나타낼 뿐 그 자체가 독립된 실질적 의미를 갖지 않고 자립하여 쓰일 수도 없기 때문이다.

제3항 ｜ 외래어는 '외래어 표기법'에 따라 적는다.

제 2 장 자 모

제4항 ｜ 한글 자모의 수는 스물넉 자로 하고, 그 순서와 이름은 다음과 같이 정한다.

ㄱ(기역)	ㄴ(니은)	ㄷ(디귿)	ㄹ(리을)	ㅁ(미음)
ㅂ(비읍)	ㅅ(시옷)	ㅇ(이응)	ㅈ(지읒)	ㅊ(치읓)
ㅋ(키읔)	ㅌ(티읕)	ㅍ(피읖)	ㅎ(히읗)	
ㅏ(아)	ㅑ(야)	ㅓ(어)	ㅕ(여)	ㅗ(오)
ㅛ(요)	ㅜ(우)	ㅠ(유)	ㅡ(으)	ㅣ(이)

[붙임 1] 위의 자모로써 적을 수 없는 소리는 두 개 이상의 자모를 어울러서 적되, 그 순서와 이름은 다음과 같이 정한다.

ㄲ(쌍기역)	ㄸ(쌍디귿)	ㅃ(쌍비읍)	ㅆ(쌍시옷)	ㅉ(쌍지읒)	
ㅐ(애)	ㅒ(얘)	ㅔ(에)	ㅖ(예)	ㅘ(와)	ㅙ(왜)
ㅚ(외)	ㅝ(워)	ㅞ(웨)	ㅟ(위)	ㅢ(의)	

[붙임 2] 사전에 올릴 적의 자모 순서는 다음과 같이 정한다.

자음: ㄱ ㄲ ㄴ ㄷ ㄸ ㄹ ㅁ ㅂ ㅃ ㅅ ㅆ ㅇ ㅈ ㅉ ㅊ ㅋ ㅌ ㅍ ㅎ

모음: ㅏ ㅐ ㅑ ㅒ ㅓ ㅔ ㅕ ㅖ ㅗ ㅘ ㅙ ㅚ ㅛ ㅜ ㅝ ㅞ ㅟ ㅠ ㅡ ㅢ ㅣ

한글 자모의 명칭은 최세진의 《훈몽자회》에 제시된 내용을 바탕으로 규정된 것이다. 《훈몽자회》에서는 현행 한글 자모 순서의 골격 또한 완성되었다. 자음의 명칭은 우선 첫 글자에서 해당 자음이

초성으로 쓰일 때의 용례를 보여주고 두 번째 글자에서는 종성으로 쓰일 때의 용례를 보여주는 형식으로 되어 있다. 즉 'ㄷ'의 경우 첫소리에 쓰일 때는 '디'와 같이 사용하고 종성에 쓰일 때는 '귿'과 같이 사용하라는 것이다. 그러나 《훈몽자회》가 쓰여질 당시에는 8종성법, 즉 종성으로 'ㄱ, ㄴ, ㄷ, ㄹ, ㅁ, ㅂ, ㅅ, ㅇ'만 쓸 수 있었기 때문에 지금과는 차이가 있다. 예를 들면 'ㅊ'의 경우 종성에 쓰일 수 없었으므로 초성의 용례인 '치'를 명칭으로 삼았던 것이다. 하지만 현대 국어에서는 초성의 자음을 종성에 모두 쓸 수 있기 때문에 '치읓'과 같은 명칭이 사용될 수 있다. 모음 역시 음가가 없는 'ㅇ'을 붙여 놓았는데 모음은 그 음가가 곧 명칭이라고 볼 수 있다. 이러한 한글 자모의 명칭은 1933년 〈한글마춤법 통일안〉이 발표되면서 확정되었고, 1988년 개정을 거쳐 지금의 모습으로 정착되었다.

＋ 더 알고가기 《훈몽자회(訓蒙字會)》 ≡

조선 중기 최세진이 편찬한 한자 학습서이다. 《훈민정음》에는 한글 자모의 창제원리와 특성 등이 체계적으로 정리되어 있지만 실제 한글 자모의 명칭은 제시되어 있지 않았으나 《훈몽자회》에서는 한글 자모의 명칭을 한자로 표기하여 제시하였으며 순서 또한 오늘날의 그것과 크게 다르지 않다. 따라서 국어학에서 매우 중요한 자료로 평가되고 있다.

Q 짚어보기 ▶ 주의해야 할 자음의 명칭

• ㄱ(기역)/ㅋ(키읔)
• ㄷ(디귿)/ㅌ(티읕)
• ㅅ(시옷)/ㅈ(지읒)

*이들 자음의 명칭은 종래의 발음 관습을 고려하여 정해진 것이다.

제 3 장 소리에 관한 것
제1절 된소리

제5항 | 한 단어 안에서 뚜렷한 까닭 없이 나는 된소리는 다음 음절의 첫소리를 된소리로 적는다.

1. 두 모음 사이에서 나는 된소리

소쩍새	어깨	오빠	으뜸	아끼다	기쁘다
깨끗하다	어떠하다	해쓱하다*	가끔	거꾸로	부썩*	어찌	이따금

2. 'ㄴ, ㄹ, ㅁ, ㅇ' 받침 뒤에서 나는 된소리

산뜻하다	잔뜩	살짝	훨씬
담뿍	움찔	몽땅	엉뚱하다

다만, 'ㄱ, ㅂ' 받침 뒤에서 나는 된소리는, 같은 음절이나 비슷한 음절이 겹쳐 나는 경우가 아니면 된소리로 적지 아니한다.

국수	깍두기	딱지	색시	싹둑(~싹둑)
법석	갑자기	몹시		

5항에서 가장 중요한 것은 '까닭 없이 나는'이라는 말이다. 이 말은 곧 현대 국어의 음운규칙으로 설

명할 수 없다는 의미이다. 국어의 된소리되기의 경우 무성자음과 무성자음이 만나서 이루어지는 음운 변동 현상인데 5항에 제시된 단어들은 이러한 음운환경이 아닌 '두 모음 사이'나 '유성 받침 뒤'에서 나는 것이므로 된소리되기로 설명할 수 없는 것이다. 물론 두 모음 사이에서 된소리가 날 경우 '엇개'와 같이 역사적으로 'ㅅ' 받침을 가진 음절과 자음을 첫소리로 가진 음절이 만나 된소리가 되었다고 볼 수도 있지만 현대국어에서 단어가 발음될 때 'ㅅ' 받침이 발음되지 않으며(발음이 된다면 [언깨]와 같이 발음되어야 한다.) 된소리 역시 두 음운이 아니라 한 음운인데 표기만 자음을 겹쳐 쓸 뿐이므로 이를 분리할 수는 없는 것이다. 더욱이 이들의 원형을 밝혀 적는다고 해도 의미 파악이 수월해지는 것은 아니므로 소리 나는 대로 적는 것이 합리적이다. 다만 'ㄱ, ㅂ' 받침 뒤에서 나는 된소리는 예외 없이 된소리로 소리 나며, 된소리되기로 설명할 수 있어 언중이 발음으로부터 원형을 충분히 유추할 수 있으므로 독해의 효율성을 높이기 위해 된소리로 적지 않기로 한 것이다.

🔊 어휘풀이

• **부석** : 마른 것이 가볍게 부서지는 소리나 모양.
• **해쓱하다** : 얼굴에 생기가 없어 창백함.

➕ 더 알고 가기 　발음에 따라 구별해서 적어야 할 말 　☰

깜박/깜빡, 꼼작/꼼짝, 방긋/방끗, 번득/번뜩, 번듯/번뜻
번적/번쩍, 생긋/생끗, 싱긋/싱끗, 흘긋/흘끗, 흘깃/흘낏

🔍 짚어보기 ▸ 된소리 표기의 요약

• **한 단어 안에서 유성음 뒤에서 나는 된소리** : 소리 나는 대로 적는다.
• **한 단어 안에서 'ㄱ, ㅂ' 뒤에서 나는 된소리** : 된소리로 적지 않는다.

제2절 구개음화

제6항 | 'ㄷ, ㅌ'받침 뒤에 종속적 관계를 가진 '-이(-)'나 '-히-'가 올 적에는, 그 'ㄷ, ㅌ'이 'ㅈ, ㅊ'으로 소리 나더라도 'ㄷ, ㅌ'으로 적는다. (ㄱ을 취하고, ㄴ을 버림.)

ㄱ	ㄴ	ㄱ	ㄴ
맏이	마지	훑이다	할치다
해돋이	해도지	걷히다	거치다
굳이	구지	닫히다	다치다
같이	가치	묻히다	무치다
끝이	끄치		

제3절 'ㄷ' 소리 받침

제7항 | 'ㄷ'으로 소리나는 받침 중에서 'ㄷ'으로 적을 근거가 없는 것은 'ㅅ'으로 적는다.

덧저고리	돗자리	엇셈*	웃어른	핫옷*	무릇	사뭇
얼핏	자칫하면	뭇[衆]	옛	첫	헛	

우리말에서 'ㄷ'과 'ㅅ'은 받침으로 쓰일 때 중화되어 발음이 같다. 따라서 받침으로 사용될 때 혼동이 있을 수 있다. 7항의 규정은 이러한 경우 'ㄷ'으로 적어야 할 이유가 없다면 'ㅅ'으로 적도록 하고 있다. 굳이 'ㅅ'으로 통일한 이유를 분명히 설명하기는 어렵다. 다만, 처음 맞춤법을 제정할 때 종전의 표기를 따르기로 했기 때문에 'ㅅ'으로 적는 관습을 유지하게 된 것이다.

하지만 'ㄷ'으로 적을 근거가 있는 경우는 'ㅅ'으로 적을 수 없다. 예를 들어 '걷다', '듣다'와 같은 용언은 활용할 때 모음으로 시작되는 어미 앞에서는 'ㄷ'이 'ㄹ'로 발음된다. 이는 'ㄷ'과 'ㄹ'이 소리 나는 자리는 같지만 소리 내는 방법이 다르기 때문이다. 즉 'ㄹ'을 발음하기 위해서는 혀끝을 떨어야 하는데 모음 뒤에서는 이것이 쉬워 'ㄹ'로 발음될 수 있지만 자음 뒤에서는 쉽지 않아 'ㄷ'으로 발음되는 것이다. 결국 '걷다', '듣다'의 받침에 쓰인 'ㄷ'은 이처럼 'ㄷ'을 써야 하는 음운론적 이유가 있으므로 'ㄷ'으로 적어야 한다.

또한 우리말에서 'ㄹ'과 'ㄷ'은 앞에서 밝힌 것과 같은 이유로 자주 넘나드는 현상을 보이는데 이를 '호전현상'이라고 한다. 따라서 '이틀 + 날 〉 이튿날'과 같이 어원적으로는 'ㄹ'인데 'ㄷ'으로 소리 나는 경우도 'ㄷ'으로 적을 근거가 있는 것이므로 'ㄷ'으로 적어야 한다.

◀ 어휘풀이

- **엇셈** : 서로 주고받을 것을 비겨 없애는 셈. 예 물건 값 대신에 옥수수로 엇셈을 하다.
- **핫옷** : 솜으로 지은 옷.

제4절 모 음

제8항 | '계, 례, 몌, 폐, 혜'의 'ㅖ'는 'ㅔ'로 소리 나는 경우가 있더라도 'ㅖ'로 적는다. (ㄱ을 취하고, ㄴ을 버림.)

ㄱ	ㄴ	ㄱ	ㄴ
계수(桂樹)	게수	혜택(惠澤)	헤택
사례(謝禮)	사레	계집	게집
연몌(連袂)*	연메	핑계	핑게
폐품(廢品)	페품	계시다	게시다

다만, 다음 말은 본음대로 적는다.

게송(偈頌)*　게시판(揭示板)　휴게실(休憩室)

'계, 례, 몌, 폐, 혜'의 이중 모음 'ㅖ'는 우리말의 관습상 실제로는 '게, 레, 메, 페, 헤'와 같이 단모음으로 발음되고 있다. 하지만 이들을 모두 발음대로 적을 경우에는 이중 모음을 가진 어휘와 단모음을 가진 어휘들이 구별되지 않아 부득이하게 표기가 동일한 어휘들이 많이 늘어날 수 있으며 이로 인해 독해의 효율성을 떨어뜨릴 수 있기 때문에 '계, 례, 몌, 폐, 혜'로 적도록 규정하고 있는 것이다. 다만, '게송, 게시판, 휴게실'의 경우 한자의 본음이 '게'이며 발음도 '게'로 나기 때문에 구별하여 적도록 규정하였다.

🔊 어휘풀이

- **게송(偈頌)** : 불경의 내용을 이해하기 쉽게 노래로 만들어 부르는 노래.
- **연몌(連袂)** : 나란히 서서 함께 가거나 옴. 행동을 같이 함.

➕ 더 알고가기   주의할 단어 : 으레/케케묵다   ☰

'으례, 켸켸묵다'는 표준어 규정에서 단모음화한 형태를 취했으므로 '으레, 케케묵다'로 적어야 한다.

> **제9항 |** '의'나 자음을 첫소리로 가지고 있는 음절의 'ㅢ'는 'ㅣ'로 소리 나는 경우가 있더라도 'ㅢ'로 적는다. (ㄱ을 취하고 ㄴ을 버림.)

ㄱ	ㄴ	ㄱ	ㄴ
의의(意義)	의이	닁큼*	닝큼
본의(本意)	본이	띄어쓰기	띠어쓰기
무늬[紋]	무니	씌어	씨어
보늬*	보니	틔어	티어
오늬*	오니	희망(希望)	히망
하늬바람*	하니바람	희다	히다
늴리리*	닐리리	유희(遊戲)	유히

우리말에서 'ㅢ'는 다양한 발음을 허용하고 있다. 하지만 단어의 첫 음절에 오는 경우 '의자, 의도'를 '이자, 이도'로 적을 수 없는 것에서 볼 수 있듯이 분명한 변별적 자질을 유지하고 있다. 또한 우리말에서 'ㄴ'은 'ㅣ'가 선행하는 모음(ㅑ, ㅕ, ㅛ, ㅠ)이나 'ㅣ'모음 뒤에서 필연적으로 구개음화가 일어나는데 9항에서 예로 든 '무늬, 늴리리'는 구개음화되지 않은 것이다. 따라서 '주머니, 다니다'에서의 구개음화된 '니'와는 변별적으로 발음된다. 대신 단어의 첫 음절에 쓰인 '의'나 자음 뒤에 쓰인 '의'는 관용대로 [의]로 발음하도록 규정한 것이다.

◀)) **어휘풀이**

- **닐리리** : 퉁소, 나발 피리 따위 관악기의 소리를 흉내 낸 소리.
- **닁큼** : 앞뒤 생각할 것 없이 빨리.
- **보늬** : 밤이나 도토리 속의 얇은 껍질.
- **오늬** : 화살의 머리를 시위에 끼도록 에어 낸 부분.
- **하늬바람** : 주로 농촌이나 어촌에서 이르는 말로 서쪽에서 부는 바람.

🔍 **짚어보기** ▶ 다양한 'ㅢ'의 발음

'민주주의의 의의'를 원음 그대로 발음하려고 하면 오히려 발음이 어렵고 어색해진다. 따라서 'ㅢ'의 다양한 발음을 허용하고 있다. 즉 '민주주의의 의의'는 [민주주이에 의이]로 발음할 수 있도록 허용한 것이다. 이를 정리해 보면 아래와 같다.

- **어말에서 [이] 발음을 허용** : 고의[고이]
- **조사 '의'의 [에] 발음 허용** : 바람의 아들[바람에 아들]

제5절 두음 법칙

> **제10항 |** 한자음 '녀, 뇨, 뉴, 니'가 단어 첫머리에 올 적에는 두음 법칙에 따라 '여, 요, 유, 이'로 적는다.(ㄱ을 취하고 ㄴ을 버림.)
>
> | ㄱ | ㄴ | ㄱ | ㄴ |
> |---|---|---|---|
> | 여자(女子) | 녀자 | 유대(紐帶) | 뉴대 |
> | 연세(年歲) | 년세 | 이토(泥土) | 니토 |
> | 요소(尿素) | 뇨소 | 익명(匿名) | 닉명 |
>
> 다만, 다음과 같은 의존 명사에서는 '냐, 녀' 음을 인정한다.
>
> 냥(兩)　　　　　냥쭝(兩─)　　　　　년(年)(몇 년)
>
> **[붙임 1]** 단어의 첫머리 이외의 경우에는 본음대로 적는다.
>
> 남녀(男女)　　　　당뇨(糖尿)　　　　결뉴(結紐)　　　　은닉(隱匿)
>
> **[붙임 2]** 접두사처럼 쓰이는 한자가 붙어서 된 말이나 합성어에서, 뒷말의 첫소리가 'ㄴ' 소리로 나더라도 두음 법칙에 따라 적는다.
>
> 신여성(新女性)　　　공염불(空念佛)　　　남존여비(男尊女卑)
>
> **[붙임 3]** 둘 이상의 단어로 이루어진 고유 명사를 붙여 쓰는 경우에도 붙임 2에 준하여 적는다.
>
> 한국여자대학　　　대한요소비료회사

10항은 두음 법칙에 관한 규정이다. 한자어 본음에서 'ㄴ'을 첫소리로 가지고 있는 경우 그것이 단어의 첫음절에 올 때는 이를 'ㅇ'으로 바꾸어 발음하게 되는 것이다. (우리말에서 첫소리의 'ㅇ'은 의미가 없으므로 탈락이라고 볼 수도 있다.) 그러나 이 규정에서 유의해야 할 것은 '두음 법칙'이란 말 그대로 첫 음절에서만 일어나므로 두 번째 음절 이하에서는 적용되지 않는다는 것이다. 즉, '여자(女子)'라고 쓸 수는 있지만 '남여(男女)'로 쓸 수는 없고 '남녀(男女)'로 써야 한다는 것이다.

다만, 'ㄴ'으로 시작하는 의존 명사는 그 성격상 독립적으로 쓰이는 경우가 거의 없으므로 첫 음절로 보기 어렵다는 인식 때문에 '냐, 녀'를 인정하고 있으며 이와 달리 [붙임 2]와 [붙임 3]에서는 둘 이상의 단어가 결합하는 경우 그 단어들이 독립된 단어로 쓰일 수 있다면 두음 법칙을 적용하도록 규정하고 있다. 가령 '설립'과 '연도'가 결합될 경우 '설립'과 '연도'를 독립된 의미로 볼 수 있으므로 둘째 음절 이하라도 '설립연도'로 적어야 하는 것이다.

➕ 더 알고가기   두음 법칙   ≡

⊙ 두음 법칙을 적용하는 경우
- 단어의 첫소리
- 접두사처럼 쓰이는 한자어와 결합할 때
- 둘 이상의 고유 명사를 붙여 쓰는 경우

ⓛ 두음 법칙을 인정하지 않는 경우 : 단어의 첫소리가 아닐 경우
- 의존명사 : '냥', '년'

제11항 | 한자음 '랴, 려, 례, 료, 류, 리'가 단어의 첫머리에 올 적에는 두음 법칙에 따라 '야, 여, 예, 요, 유, 이'로 적는다. (ㄱ을 취하고 ㄴ을 버림.)

ㄱ	ㄴ	ㄱ	ㄴ
양심(良心)	량심	용궁(龍宮)	룡궁
역사(歷史)	력사	유행(流行)	류행
예의(禮儀)	례의	이발(理髮)	리발

다만, 다음과 같은 의존 명사는 본음대로 적는다.

- **리(里)** : 몇 리냐?
- **리(理)** : 그럴 리가 없다.

[붙임 1] 단어의 첫머리 이외의 경우에는 본음대로 적는다.

개량(改良)	선량(善良)	수력(水力)	협력(協力)
사례(謝禮)	혼례(婚禮)	와룡(臥龍)	쌍룡(雙龍)
하류(下流)	급류(急流)	도리(道理)	진리(眞理)

다만, 모음이나 'ㄴ' 받침 뒤에 이어지는 '렬', '률'은 '열', '율'로 적는다. (ㄱ을 취하고 ㄴ을 버림.)

ㄱ	ㄴ	ㄱ	ㄴ
나열(羅列)	나렬	분열(分裂)	분렬
치열(齒列)	치렬	선열(先烈)	선렬
비열(卑劣)	비렬	진열(陳列)	진렬
규율(規律)	규률	선율(旋律)	선률
비율(比率)	비률	전율(戰慄)	전률
실패율(失敗率)	실패률	백분율(百分率)	백분률

[붙임 2] 외자로 된 이름을 성에 붙여 쓸 경우에도 본음대로 적을 수 있다.

신립(申砬)	최린(崔麟)	채륜(蔡倫)	하륜(河崙)

[붙임 3] 준말에서 본음으로 소리 나는 것은 본음대로 적는다.

국련(국제 연합)　　　　한시련(한국 시각 장애인 연합회)

[붙임 4] 접두사처럼 쓰이는 한자가 붙어서 된 말이나 합성어에서, 뒷말의 첫소리가 'ㄴ' 또는 'ㄹ' 소리로 나더라도 두음 법칙에 따라 적는다.

역이용(逆利用)　　　연이율(年利率)　　　열역학(熱力學)　　　해외여행(海外旅行)

[붙임 5] 둘 이상의 단어로 이루어진 고유 명사를 붙여 쓰는 경우나 십진법에 따라 쓰는 수(數)도 붙임 4에 준하여 적는다.

서울여관　　　　　신흥이발관　　　　육천육백육십육(六千六百六十六)

11항 역시 본음에서 'ㄹ'을 첫소리로 가진 경우 두음 법칙을 적용한다는 규정으로 10항의 내용과 크게 다르지 않다. 다만 '렬/열', '률/율'의 구분에는 유의할 필요가 있다.

🔍 짚어보기 ▶ '렬/열', '률/율'의 구분

사용 환경	음	예
ㄴ을 제외한 자음, 외래어 다음	렬	격렬, 결렬, 극렬, 멸렬, 병렬, 열렬, 용렬, 정렬, 졸렬, 행렬
모음, ㄴ 받침 다음	열	계열, 균열, 대열, 반열, 분열, 선열, 우열, 치열
ㄴ을 제외한 자음, 외래어 다음	률	결합률, 굴절률, 법률, 생률, 성공률, 음률, 출석률
모음, ㄴ 받침 다음	율	규율, 백분율, 분해율, 불문율, 선율, 실패율, 전율, 참가율, 평균율

➕ 더 알고가기　　**원자량/구름양/모르핀 양**　　≡

두음 법칙에서 유의할 것 중의 하나가 '량(量)'의 표기이다. '량(量)'이 결합하는 단어의 성격에 따라 표기가 달라지기 때문이다. 우선 고유어나 외래어와 결합할 때는 '량(量)'이 한자어이므로 독립된 하나의 단어로 볼 수 있기 때문에 두음 법칙을 적용하여 '구름양', '모르핀 양'과 같이 '양'으로 적는다. 하지만 한자어와 결합할 때는 '량'이 마치 접미사처럼 쓰여 각기 독립된 단어로 보는 데 어려움이 있으므로 '원자량(原子量)'과 같이 두음 법칙을 적용하지 않고 '량'으로 적어야 한다.

제12항 | 한자음 '라, 래, 로, 뢰, 루, 르'가 단어의 첫머리에 올 적에는 두음 법칙에 따라 '나, 내, 노, 뇌, 누, 느'로 적는다. (ㄱ을 취하고 ㄴ을 버림.)

ㄱ	ㄴ	ㄱ	ㄴ
낙원(樂園)	락원	뇌성(雷聲)	뢰성
내일(來日)	래일	누각(樓閣)	루각
노인(老人)	로인	능묘(陵墓)	릉묘

[붙임 1] 단어의 첫머리 이외의 경우는 본음대로 적는다.

쾌락(快樂)　　　극락(極樂)　　　거래(去來)　　　왕래(往來)
부로(父老)　　　연로(年老)　　　지뢰(地雷)　　　낙뢰(落雷)
고루(高樓)　　　광한루(廣寒樓)　　동구릉(東九陵)　　가정란(家庭欄)

[붙임 2] 접두사처럼 쓰이는 한자가 붙어서 된 단어는 뒷말을 두음 법칙에 따라 적는다.

내내월(來來月)　　상노인(上老人)　　중노동(重勞動)　　비논리적(非論理的)

12항 역시 11항에서 규정되지 않은 '랴, 럐, 료, 뢰, 루, 르'에 관한 규정으로 10항이나 11항의 내용과 크게 다르지 않다.

예상문제

다음 중 정서법이 모두 옳은 것은?

① 칠흑 – 끗발 – 화투 – 가자미식해 – 굼벵이

② 끝발 – 굼뱅이 – 실낙원 – 텃세 – 시래기

③ 칠흙 – 돌멩이 – 호두 – 고기국 – 시나브로

④ 화토 – 호도 – 실락원 – 고깃국 – 두더지

⑤ 가자미식혜 – 텃새 – 씨래기 – 두더쥐 – 칠흑

해설

'칠흑, 끗발, 화투, 가자미식해, 굼벵이'는 모두 바른 표기이다.

- 칠흑(漆黑) : 옻칠처럼 검고 광택이 있음. 또는 그런 빛깔.
- 끗발 : '끗'은 화투나 투전과 같은 노름 따위에서, 셈을 치는 점수를 나타내는 단위를 말한다. 또한 '끗발'은 노름 따위에서 좋은 끗수가 잇따라 나오는 기세 또는 아주 당당한 권세나 기세를 이른다.
- 화투(花鬪) : 48장으로 된 놀이용 딱지. 또는 그것으로 행하는 오락이나 노름.
- 식해(食醢) : 생선에 약간의 소금과 밥을 섞어 숙성시킨 식품. ≒ 생선젓
  - 예 가자미식해 : 가자미를 삭혀서 만든 함경도 고유의 젓갈.
- 굼벵이 : 매미, 풍뎅이, 하늘소와 같은 딱정벌레목의 애벌레. 또는 동작이 굼뜨고 느린 사물이나 사람.
② 끝발 → 끗발, 굼뱅이 → 굼벵이
③ 칠흙 → 칠흑, 고기국 → 고깃국
  고기국은 [고기꾹], [고긷꾹]으로 소리가 나므로 사이시옷을 받쳐 적는다.
④ 화토 → 화투, 호도 → 호두, 실락원 → 실낙원
  '실낙원'은 '낙원'에 '실'이 결합된 말로, '樂園'의 본음이 '락원'이지만 '실'을 빼고 어근의 첫음절로 두음 법칙이 적용되어 '낙원'으로 쓰는 것이 바른 표기이다.
⑤ 가자미식혜 → 가자미식해, 씨래기 → 시래기, 두더쥐 → 두더지
- 식혜(食醯) : 우리나라 전통 음료의 하나. 엿기름을 우린 웃물에 쌀밥을 말아 독에 넣어 더운 방에 삭히면 밥알이 뜨는데, 거기에 설탕을 넣고 끓여 차게 식혀 먹음.
- 텃세(-勢) : 먼저 자리를 잡은 사람이 뒤에 들어오는 사람에 대하여 가지는 특권 의식.
- 텃세(-貰) : 터를 빌려 쓰고 내는 세.
- 텃새 : 철을 따라 자리를 옮기지 아니하고 거의 한 지방에서만 사는 새.

정답 ❶

제6절 겹쳐 나는 소리

제13항 | 한 단어 안에서 같은 음절이나 비슷한 음절이 겹쳐 나는 부분은 같은 글자로 적는다. (ㄱ을 취하고 ㄴ을 버림.)

ㄱ	ㄴ	ㄱ	ㄴ
딱딱	딱닥	꼿꼿하다	꼿곳하다
쌕쌕	쌕색	놀놀하다*	놀롤하다

씩씩	씩식	눅눅하다	눙눅하다
똑딱똑딱	똑닥똑닥	밋밋하다*	민밋하다
쓱싹쓱싹	쓱삭쓱삭	싹싹하다	싹삭하다
연연불망(戀戀不忘)*	연련불망	쌉쌀하다	쌉살하다
유유상종(類類相從)	유류상종	씁쓸하다	씁슬하다
누누이(屢屢—)	누루이	짭짤하다	짭잘하다

13항은 비슷한 음절이 겹쳐 나는 경우 같은 형태로 적도록 규정함으로써 독해의 효율을 높이도록 한 것이다. 가령 '쌕쌕'과 '쌕색'이 발음상 같다 하더라도 이는 사실상 같은 음절이 겹쳐 나는 것으로 볼 수 있으므로 '쌕쌕'이라고 적는 것이 의미 파악에 효과적이다.

주의할 점은 '연연불망, 유유상종, 누누이'는 11항과 12항에 규정된 두음 법칙과는 모순되는 표기라는 점이다. 하지만 이들의 실제 발음이 '연년불망, 유류상종, 누루이'가 아니라 '연연불망, 유유상종, 누누이'로 난다는 점에서 실제 발음에 따라 적도록 한 것이다. 반면 '열렬하다'는 같은 글자로 적을 수 없는데 이는 실제 발음이 '열렬'이기 때문이며, '늠름하다'의 경우는 발음이 '늠늠'으로 나더라도 음운동화에 따라 뒤의 'ㄹ'이 'ㄴ'으로 바뀐 것이기 때문에 역시 같은 글자로 적을 수 없다.

🔊 **어휘풀이**

- **놀놀하다** : 털이나 풀 따위가 노르스름하다.
- **밋밋하다** : 1. 생김새가 미끈하게 곧고 길다. 2. 경사나 굴곡이 심하지 않고 평평하고 비스듬하다. 3. 생긴 모양 따위가 두드러진 특징이 없이 평범하다.
- **연연불망(戀戀不忘)** : 그리워서 잊지 못함.

제 4 장 형태에 관한 것
제1절 체언과 조사

제14항 | 체언은 조사와 구별하여 적는다.

떡이	떡을	떡에	떡도	떡만
손이	손을	손에	손도	손만
팔이	팔을	팔에	팔도	팔만
밤이	밤을	밤에	밤도	밤만
집이	집을	집에	집도	집만
옷이	옷을	옷에	옷도	옷만
콩이	콩을	콩에	콩도	콩만
낮이	낮을	낮에	낮도	낮만
꽃이	꽃을	꽃에	꽃도	꽃만
밭이	밭을	밭에	밭도	밭만
앞이	앞을	앞에	앞도	앞만

밖이	밖을	밖에	밖도	밖만
넋이	넋을	넋에	넋도	넋만
흙이	흙을	흙에	흙도	흙만
삶이	삶을	삶에	삶도	삶만
여덟이	여덟을	여덟에	여덟도	여덟만
곬이	곬을	곬에	곬도	곬만
값이	값을	값에	값도	값만

제2절 어간과 어미

제15항 | 용언의 어간과 어미는 구별하여 적는다.

먹다	먹고	먹어	먹으니
신다	신고	신어	신으니
믿다	믿고	믿어	믿으니
울다	울고	울어	(우니)
넘다	넘고	넘어	넘으니
입다	입고	입어	입으니
웃다	웃고	웃어	웃으니
찾다	찾고	찾아	찾으니
좇다	좇고	좇아	좇으니
같다	같고	같아	같으니
높다	높고	높아	높으니
좋다	좋고	좋아	좋으니
깎다	깎고	깎아	깎으니
앉다	앉고	앉아	앉으니
많다	많고	많아	많으니
늙다	늙고	늙어	늙으니
젊다	젊고	젊어	젊으니
넓다	넓고	넓어	넓으니
훑다	훑고	훑어	훑으니
읊다	읊고	읊어	읊으니
옳다	옳고	옳아	옳으니
없다	없고	없어	없으니
있다	있고	있어	있으니

[붙임 1] 두 개의 용언이 어울려 한 개의 용언이 될 적에, 앞말의 본뜻이 유지되고 있는 것은 그 원형을 밝히어 적고, 그 본뜻에서 멀어진 것은 밝히어 적지 아니한다.

(1) 앞말의 본뜻이 유지되고 있는 것

넘어지다   늘어나다   늘어지다   돌아가다   되짚어가다

들어가다	떨어지다	벌어지다	엎어지다	접어들다
틀어지다	흩어지다			

(2) 본뜻에서 멀어진 것

　　드러나다　　　　사라지다　　　　쓰러지다

[붙임 2] 종결형에서 사용되는 어미 '-오'는 '요'로 소리 나는 경우가 있더라도 그 원형을 밝혀 '오'로 적는다. (ㄱ을 취하고 ㄴ을 버림.)

ㄱ	ㄴ
이것은 책이오.	이것은 책이요.
이리로 오시오.	이리로 오시요.
이것은 책이 아니오.	이것은 책이 아니요.

[붙임 3] 연결형에서 사용되는 '이요'는 '이요'로 적는다. (ㄱ을 취하고 ㄴ을 버림.)

ㄱ	ㄴ
이것은 책이요, 저것은 붓이요,	이것은 책이오, 저것은 붓이오,
또 저것은 먹이다.	또 저것은 먹이다.

15항에서는 용언의 어간과 어미를 구별하여 적도록 규정하고 있다. 어간은 의미를 가진 <u>실질 형태소</u>이고 어미는 문법적 관계를 나타내는 <u>형식 형태소</u>이므로 구별하여 적는 것이 단어의 의미나 문법적 성격을 보다 명확히 할 수 있기 때문이다. 그러나 (2)와 같은 경우 이미 본뜻에서 멀어져 어간과 어미를 구별하더라도 의미 파악에 도움을 줄 수 없으므로 소리 나는 대로 적도록 규정하고 있다.

[붙임 2]와 [붙임 3]에서는 종결형에서는 '오'로 적고 연결형에서는 '요'로 적도록 규정하고 있다. 종결어미인 '오'는 선행하는 '이'와 결합하면 동화되어 '요'로 발음되는데 이를 표기에 반영한다면 'ㅣ' 모음 뒤에서는 '요'를 쓰고, 그 외에는 '오'를 구별하여 써야 함으로 형태소가 늘어나는 비효율적인 문제가 발생한다. 따라서 종결형은 '오'로 통일하고 '요'로 발음되는 것은 'ㅣ'모음 동화로 처리하는 것이 효율적인 것이다. 아울러 상대높임법에 쓰이는 조사 '요'와의 구별을 명확하게 하는 이점도 있다. 반면 연결어미인 '요'는 항상 '이' 뒤에 쓰여 '요'로 소리 나므로 '요'로 표기하도록 하는 것이 훨씬 효율적이므로 '이요'로 통일하는 것이 합리적이다.

＋ 더 알고가기　　용언의 어간과 어미

- **어간** : 용언에서 실질적 의미를 지닌 부분(실질 형태소)
- **어미** : 용언에서 문법적 의미를 지닌 부분(형식 형태소)
  예 가(어간) + 다(어미)

＋ 더 알고가기   '요'와 '오'의 구분   ☰

- **연결형 : '–요'**

  ㉮ 이것은 책이요, 저것은 붓이다.

- **종결형 : '–오'**

  ㉮ 이것은 꽃이오.

🔍 짚어보기 ▶ 조사 '요'

우리말에서 '했어요', '보여요' 등과 같이 상대높임법(해요체)에 사용되는 '요'는 종결어미가 아니라 조사이다. 가령 앞에 예로 든 '했어요'의 경우 '요'를 제외하고 '했어'(해체)만으로도 독립적인 의미를 가지기 때문에 뒤에 결합된 '요'를 어미로 볼 수 없다. 따라서 상대높임법(해요체)에 사용된 '요'는 종결어미 뒤에 붙는 조사로 보아야 하는 것이다.

제16항 | 어간의 끝음절 모음이 'ㅏ, ㅗ'일 때에는 어미를 '– 아'로 적고, 그 밖의 모음일 때에는 '– 어'로 적는다.

1. '–아'로 적는 경우

나아	나아도	나아서
막아	막아도	막아서
얇아	얇아도	얇아서
돌아	돌아도	돌아서
보아	보아도	보아서

2. '–어'로 적는 경우

개어	개어도	개어서
겪어	겪어도	겪어서
되어	되어도	되어서
베어	베어도	베어서
쉬어	쉬어도	쉬어서
저어	저어도	저어서
주어	주어도	주어서
피어	피어도	피어서
희어	희어도	희어서

제17항 | 어미 뒤에 덧붙는 조사 '요'는 '요'로 적는다.

읽어	읽어요
참으리	참으리요
좋지	좋지요

제18항 | 다음과 같은 용언들은 어미가 바뀔 경우, 그 어간이나 어미가 원칙에 벗어나면 벗어나는 대로 적는다.

1. 어간의 끝 'ㄹ'이 줄어질 적

• 갈다 :	가니	간	갑니다	가시다	가오
• 놀다 :	노니	논	놉니다	노시다	노오
• 불다 :	부니	분	붑니다	부시다	부오
• 둥글다 :	둥그니	둥근	둥급니다	둥그시다	둥그오
• 어질다 :	어지니	어진	어집니다	어지시다	어지오

[붙임] 다음과 같은 말에서도 'ㄹ'이 준 대로 적는다.

마지못하다	마지않다	(하)다마다
(하)자마자	(하)지 마라	(하)지 마(아)

2. 어간의 끝 'ㅅ'이 줄어질 적

• 긋다 :	그어	그으니	그었다
• 낫다 :	나아	나으니	나았다
• 잇다 :	이어	이으니	이었다
• 짓다 :	지어	지으니	지었다

3. 어간의 끝 'ㅎ'이 줄어질 적

• 그렇다 :	그러니	그럴	그러면	그러오
• 까맣다 :	까마니	까말	까마면	까마오
• 동그랗다 :	동그라니	동그랄	동그라면	동그라오
• 퍼렇다 :	퍼러니	퍼럴	퍼러면	퍼러오
• 하얗다 :	하야니	하얄	하야면	하야오

4. 어간의 끝 'ㅜ, ㅡ'가 줄어질 적

• 푸다 :	퍼	펐다		• 뜨다 :	떠	떴다
• 끄다 :	꺼	껐다		• 크다 :	커	컸다
• 담그다 :	담가	담갔다		• 고프다 :	고파	고팠다
• 따르다 :	따라	따랐다		• 바쁘다 :	바빠	바빴다

5. 어간의 끝 'ㄷ'이 'ㄹ'로 바뀔 적

• 걷다[步] :	걸어	걸으니	걸었다
• 듣다[聽] :	들어	들으니	들었다
• 묻다[問] :	물어	물으니	물었다
• 싣다[載] :	실어	실으니	실었다

6. 어간의 끝 'ㅂ'이 'ㅜ'로 바뀔 적

• 깁다 :	기워	기우니	기웠다
• 굽다[炙] :	구워	구우니	구웠다
• 가깝다 :	가까워	가까우니	가까웠다
• 괴롭다 :	괴로워	괴로우니	괴로웠다
• 맵다 :	매워	매우니	매웠다

- **무겁다** : 무거워   무거우니   무거웠다
- **밉다** : 미워   미우니   미웠다
- **쉽다** : 쉬워   쉬우니   쉬웠다

다만, '돕-, 곱-'과 같은 단음절 어간에 어미 '-아'가 결합되어 '와'로 소리나는 것은 '-와'로 적는다.

- **돕다[助]** : 도와   도와서   도와도   도왔다
- **곱다[麗]** : 고와   고와서   고와도   고왔다

7. '하다'의 활용에서 어미 '-아'가 '-여'로 바뀔 적

- **하다** : 하여   하여서   하여도   하여라   하였다

8. 어간의 끝 음절 '르' 뒤에 오는 어미 '-어'가 '-러'로 바뀔 적

- **이르다[至]** : 이르러   이르렀다
- **노르다** : 노르러   노르렀다
- **누르다** : 누르러   누르렀다
- **푸르다** : 푸르러   푸르렀다

9. 어간의 끝 음절 '르'의 '—'가 줄고, 그 뒤에 오는 어미 '-아/-어'가 '-라/-러'로 바뀔 적

가르다 : 갈라	갈랐다		**부르다** : 불러	불렀다
거르다 : 걸러	걸렀다		**오르다** : 올라	올랐다
구르다 : 굴러	굴렀다		**이르다** : 일러	일렀다
벼르다 : 별러	별렀다		**지르다** : 질러	질렀다

제3절 접미사가 붙어서 된 말

제19항 | 어간에 '-이'나 '-음/-ㅁ'이 붙어서 명사로 된 것과 '-이'나 '-히'가 붙어서 부사로 된 것은 그 어간의 원형을 밝히어 적는다.

1. '-이'가 붙어서 명사로 된 것

길이	깊이	높이	다듬이	땀받이	달맞이
먹이	미닫이	벌이	벼훑이	살림살이	쇠붙이

2. '-음/-ㅁ'이 붙어서 명사로 된 것

걸음	묶음	믿음	얼음	엮음	울음
웃음	졸음	죽음	앎		

3. '-이'가 붙어서 부사로 된 것

같이	굳이	길이	높이	많이	실없이
좋이	짓궂이				

4. '-히'가 붙어서 부사로 된 것

밝히	익히	작히

다만, 어간에 '-이'나 '-음'이 붙어서 명사로 바뀐 것이라도 그 어간의 뜻과 멀어진 것은 그 원형을 밝히어 적지 아니한다.

굽도리*	다리[髢]*	목거리(목병)	무녀리*
코끼리	거름[비료]	고름[膿]	노름(도박)

[붙임] 어간에 '-이'나 '-음' 이외의 모음으로 시작된 접미사가 붙어서 다른 품사로 바뀐 것은 그 어간의 원형을 밝히어 적지 아니한다.

(1) 명사로 바뀐 것

귀머거리	까마귀	너머	뜨더귀*	마감	마개
마중	무덤	비렁뱅이	쓰레기	올가미	주검

(2) 부사로 바뀐 것

거뭇거뭇*	너무	도로	뜨덤뜨덤	바투*
불긋불긋	비로소	오긋오긋*	자주	차마

(3) 조사로 바뀌어 뜻이 달라진 것

나마	부터	조차

'-이'나 '-음/-ㅁ'이 붙어서 명사로 파생되거나 '-이'나 '-히'가 붙어서 부사로 파생되는 것은 파생의 일반적인 방법이다. 따라서 소리와 표기가 다르더라도 언중은 이를 쉽게 인식할 수 있으며 표기에 큰 어려움을 겪지 않는다. 가령 '길이'가 [기리]로 소리 나더라도 사람들은 일반적인 명사 파생 과정을 떠올려 '길다'의 어간 '길-'과 접미사 '-이'가 붙어서 된 어휘라는 점을 쉽게 인식할 수 있고 이를 표기에 반영하여 '길이'로 적을 수 있는 것이다.

하지만 '-이'나 '-음' 이외의 접미사가 붙은 경우는 일반적인 접미사가 아니기 때문에 쉽게 그 원형을 유추하기 어렵다. 이러한 경우 원형을 밝혀 적는다면 기억해야 할 형태소의 수효가 늘어나게 된다. 이를 감안하여 '-이'나 '-음' 이외의 접미사가 붙어서 파생된 단어는 소리 나는 대로 적도록 규정하고 있는 것이다. 가령 '마개'의 경우는 '막다'의 어간 '막-'과 접미사 '-애'가 결합하여 형성된 말이다. 발음이 [마개]인데 이 경우 '-애'는 일반적으로 쓰이는 접미사가 아니므로 이것이 접미사라는 점을 따로 기억하고 이를 '막 + 애'로 분석해야 하는 것이다. 따라서 효율적인 언어사용 면에서 볼 때, 널리 쓰여서 언중이 일반적으로 인식하고 있는 접미사의 경우 원형을 밝혀 적도록 하고 그 외의 특수한 접미사들은 기억 부담을 줄이기 위해 소리 나는 대로 적도록 정한 것으로 볼 수 있다.

또한 '-이'나 '-음'이 붙어서 명사로 바뀐 것이라도 원뜻에서 멀어진 경우 소리 나는 대로 적도록 하고 있는데 이는 원형을 밝혀 적는 이유가 의미를 명확히 하고 독해의 효율을 고려한 것이라는 점과 관계가 있다. 즉 원뜻에서 멀어진 경우 원형을 밝혀 적더라도 의미를 명확히 할 수 없고 문법적으로도 뚜렷한 이점이 없어 원형을 밝혀 적는 의의를 찾을 수 없기 때문이다. 즉 '코끼리'를 '코낄 + 이'로 분석하더라도 '코가 길다.'라는 원래의 의미를 확인하기 어려울 뿐만 아니라 '코끼리'의 뜻이 '코가 긴 것'이라는 의미와는 차이가 있으므로 소리 나는 대로 적는 것이 합리적이다. '노름'도 마찬가지이다. '노름'이 '놀다'에서 파생된 것임을 알 수 있지만 '놀음'으로 원형을 밝혀 적더라도 '노는 행위'와 '도박'의 의미는 거리가 있으므로 일반적으로 인식하고 있는 '노는 행위'에 해당하는 '놀음'과 구별하여 소리 나는 대로 '노름'으로 표기하는 것이 보다 합리적인 것이다.

◀)) 어휘풀이

- **거뭇거뭇** : 군데군데 거무스름한 모양.
- **굽도리** : 방 안 벽의 밑부분.
- **다리(髢)** : 예전에 여자들의 머리숱이 많아보이도록 한 일종의 가발.
- **뜨더귀** : 갈가리 찢거나 조각조각 뜯어내는 짓이나 그 조각.
- **무녀리** : 한 배의 새끼 중 제일 먼저 태어난 새끼.
- **바투** : 두 물체의 사이가 썩 가깝거나 시간이 매우 짧게.
- **오긋오긋** : 여럿이 다 안으로 조금 오그라진 듯한 모양.

Q 짚어보기 ▶ 접미사 '-이', '-음/ㅁ' 결합 시의 표기 원리

㉠ 원형을 밝혀 적는 경우
- 어간 + '-이', '-음/ㅁ' → 명사 예 길이, 걸음
- 어간 + '-이', '-히' → 부사 예 굳이, 익히

㉡ 원형을 밝혀 적지 않는 경우
- '이', '-음/ㅁ' 이외의 접미사가 결합된 것 예 마개
- 원뜻에서 멀어진 것 예 노름, 너머

제20항 | 명사 뒤에 '-이'가 붙어서 된 말은 그 명사의 원형을 밝히어 적는다.

1. 부사로 된 것

| 곳곳이 | 낱낱이 | 몫몫이 | 샅샅이 | 앞앞이 | 집집이 |

2. 명사로 된 것

| 곰배팔이 | 바둑이 | 삼발이 | 애꾸눈이 | 육손이 | 절뚝발이/절름발이 |

[붙임] '-이' 이외의 모음으로 시작된 접미사가 붙어서 된 말은 그 명사의 원형을 밝히어 적지 아니한다.

| 꼬락서니 | 끄트머리 | 모가치* | 바가지 | 바깥 | 사타구니 |
| 싸라기* | 이파리 | 지붕 | 지푸라기 | 짜개* | |

명사 뒤에 붙어서 부사나 명사로 파생시키는 접미사 '-이'는 널리 쓰이고 있는 접미사이고 언중들역시 일반적으로 의식하고 있는 접미사이므로 원형을 밝혀 적어 의미나 문법적 관계를 명확히 하는것이 합리적인 방법이다. 하지만 '-이' 이외의 접미사들, 즉 쓰임이 한정적인 접미사들은 모두 암기해야 하는 부담을 줄이기 위해 원형을 밝히지 않고 소리 나는 대로 쓰도록 규정하였다.

◀)) 어휘풀이

- **모가치** : 제 몫으로 돌아오는 물건.
- **싸라기** : 쌀의 부스러기.
- **짜개** : 콩이나 팥 등을 둘로 쪼갰을 때의 한 쪽.

🔍 짚어보기 ▶ 접미사 '–이' 결합 시의 표기 원리

㉠ 원형을 밝혀 적는 경우
- 명사 + '–이' → 부사 例 집집이
- 명사 + '–이' → 명사 例 바둑이

㉡ 원형을 밝혀 적지 않는 경우
- 명사 + '–이' 이외의 모음으로 시작되는 접미사 例 지붕

제21항 | 명사나 혹은 용언의 어간 뒤에 자음으로 시작된 접미사가 붙어서 된 말은 그 명사나 어간의 원형을 밝히어 적는다.

1. 명사 뒤에 자음으로 시작된 접미사가 붙어서 된 것

| 값지다 | 홑지다 | 넋두리 | 빛깔 | 옆댕이* | 잎사귀 |

2. 어간 뒤에 자음으로 시작된 접미사가 붙어서 된 것

낚시	늙정이*	덮개	뜯게질
갉작갉작하다	갉작거리다	뜯적거리다	뜯적뜯적하다
굵다랗다	굵직하다	깊숙하다	넓적하다
높다랗다	늙수그레하다	얽죽얽죽하다*

다만, 다음과 같은 말은 소리대로 적는다.

(1) 겹받침의 끝소리가 드러나지 아니하는 것

널따랗다	널찍하다	말끔하다	말쑥하다	할짝거리다*
말짱하다	실쭉하다*	실큼하다	얄따랗다	얄팍하다
짤따랗다	짤막하다	실컷

(2) 어원이 분명하지 아니하거나 본뜻에서 멀어진 것

| 넙치 | 올무* | 골막하다* | 납작하다 |

명사나 용언의 어간 뒤에 자음으로 시작된 접미사가 붙을 경우 자음으로 시작하기 때문에 연음이 되지 않으며 자음의 발음이 분명히 나타나게 된다. 따라서 이런 경우 원형을 밝혀 적는 것이 합리적이다. 한편 '핥다', '넓다', '맑다', '싫다', '얇다', '짧다' 등의 경우 접미사와 결합할 때 겹받침의 마지막 자음은 발음이 되지 않는다. 이런 경우 발음도 되지 않는 자음을 굳이 표기에 반영할 필요는 없다고 판단하여 표기에 반영하지 않도록 규정한 것이다.

한편 어원이 분명하지 않은 경우나 본뜻에서 멀어진 것은 의미가 그 원형과 상당한 거리가 있을 뿐만 아니라 원형을 파악하는 것도 쉽지 않기 때문에 원형을 밝혀 적지 않고 소리 나는 대로 적는 것이 합리적이다.

🔊 어휘풀이

- **골막하다** : 담긴 것이 가득 차지 아니하고 조금 모자란 듯함.
- **늙정이** : '늙은이'를 속되게 이르는 말.
- **얽죽얽죽하다** : 얼굴에 잘고 굵은 것이 섞이어 깊이 얽은 자국이 생김.
- **옆댕이** : '옆'을 속되게 이르는 말.
- **실쭉하다** : 어떤 감정을 나타내면서 입이나 눈이 한쪽으로 약간 실그러지게 움직임.
- **올무** : 1. 새나 짐승을 잡는 덫. 2. 사람을 유인하는 잔꾀.
- **할짝거리다** : 혀끝으로 잇따라 가볍게 핥음.
- **홑지다** : 복잡하지 않고 단순함.

➕ 더 알고가기 '뜯게질'과 '뜨개질' ≡

'뜯게질'은 낡거나 해져서 입지 못하게 된 옷의 솔기를 뜯어내는 일을 뜻한다. 한편 '뜨개질'은 털실 따위로 옷이나 장갑, 목도리 등을 만드는 일을 의미한다. 따라서 이 두 단어는 구별해서 적어야 한다. 특히 '뜯게질'은 '게'를 사용하고 '뜨개질'은 '개'를 사용한다는 것도 유의해야 한다.

🔍 짚어보기 ▶ 명사 및 용언의 어간 표기

㉠ 원형을 밝혀 적는 경우 : 명사/어간 + 자음으로 시작되는 접미사 ⑩ 빛깔

㉡ 원형을 밝혀 적지 않는 경우
- 겹받침의 발음이 드러나지 않는 경우 ⑩ 알따랗다
- 어원이 불분명하거나 본뜻에서 멀어진 것 ⑩ 넙치

제22항 | 용언의 어간에 다음과 같은 접미사들이 붙어서 이루어진 말들은 그 어간을 밝히어 적는다.

1. '-가-, -리-, -이-, -하-, -구-, -우-, -추-, -으카-, -이키-, -애-'가 붙는 것

맡기다	옮기다	웃기다	쫓기다	뚫리다	울리다
낚이다	쌓이다	핥이다	굳히다	굽히다	넓히다
앉히다	얽히다	잡히다	돋구다	솟구다	돋우다
갖추다	곧추다	맞추다	일으키다	돌이키다	없애다

다만, '-이-, -하-, -우-'가 붙어서 된 말이라도 본뜻에서 멀어진 것은 소리대로 적는다.

도리다(칼로~)	드리다(용돈을~)	고치다	바치다(세금을~)
부치다(편지를~)	거두다	미루다	이루다

2. '-치-, -뜨리-, -트리-'가 붙는 것

놓치다	덮치다	떠받치다	받치다
받치다	부딪치다	뻗치다	엎치다

부딪뜨리다/부딪트리다	쏟뜨리다/쏟트리다	젖뜨리다/젖트리다
찢뜨리다/찢트리다	흩뜨리다/흩트리다	

> **[붙임]** '-업-, -읍-, -브-'가 붙어서 된 말은 소리대로 적는다.
> 미덥다*   우습다   미쁘다*

용언의 어간에 1과 같은 접미사들이 붙는 경우 사동사나 피동사가 된다. 사동사와 피동사는 원동사의 의미와 밀접하게 관계가 있으며, 원형을 밝혀 적을 경우 단어의 문법적 특성이 분명히 드러나는 효과가 있으므로 원형을 밝혀 적는 것이 합리적이다. 반면 '도리다'와 같이 원뜻에서 멀어진 단어들은 굳이 원형을 밝혀 적을 필요가 없으므로 소리 나는 대로 적도록 규정하였다.

한편 2에 제시된 접미사들은 문법적 성격을 지닌 것은 아니지만 의미를 강조하는 접미사로서 비교적 생산적으로 사용되고 있으므로 1과 같이 원형을 밝혀 적는 것을 합리적으로 볼 수 있다.

하지만 '-업-, -읍-, -브-'와 같은 접미사가 붙는 말들은 어간을 구분하기가 어렵다. 가령 '고달프다'의 경우 이를 어근을 밝혀 '고닳브다'로 적을 때 '고닳'을 하나의 어근으로 볼 수 있을지 의문이 생긴다. 따라서 '-업-', '-읍-', '-브-'의 접미사가 붙어서 된 단어는 소리 나는 대로 적도록 규정하고 있는 것이다.

◀» 어휘풀이

• **미덥다** : 믿음성이 있다.

• **미쁘다** : 믿음성이 있다.

➕ 더 알고가기 　 '깨뜨리다'와 '깨트리다'　　　　　　　　　　　　　　≡

현행 표준어 규정에서는 '깨뜨리다'와 '깨트리다'를 모두 표준어로 인정하고 있다. (복수표준어) 따라서 어느 쪽으로 써도 무방하다.

***주의할 단어** : 받치다, 부딪치다, 미덥다, 미쁘다

Q 짚어보기 ▶ 접미사가 결합할 경우 용언 어간의 표기 원리

㉠ 원형을 밝혀 적는 경우
• 용언 어간 + 사동/피동 접미사 예 웃기다, 쫓기다
• 용언 어간 + '-차-', '-뜨리-', '-트리-' 예 놓치다, 깨트리다

㉡ 원형을 밝혀 적지 않는 경우
• 원뜻에서 멀어진 경우 예 거두다, 미루다
• 용언 어간 + '-업-, -읍-, -브-' 예 미덥다, 우습다, 미쁘다

> **제23항** | '-하다'나 '-거리다'가 붙는 어근에 '-이'가 붙어서 명사가 된 것은 그 원형을 밝히어 적는다. (ㄱ을 취하고, ㄴ을 버림.)

ㄱ	ㄴ	ㄱ	ㄴ
깔쭉이*	깔쭈기	살살이	살사리
꿀꿀이	꿀꾸리	쌕쌕이	쌕쌔기
눈깜짝이	눈깜짜기	오뚝이	오뚜기
더펄이*	더퍼리	코납작이	코납자기
배불뚝이	배불뚜기	푸석이*	푸서기
삐죽이	삐주기	홀쭉이	홀쭈기

[붙임] '-하다'나 '-거리다'가 붙을 수 없는 어근에 '-이'나 또는 다른 모음으로 시작되는 접미사가 붙어서 명사가 된 것은 그 원형을 밝히어 적지 아니한다.

개구리	귀뚜라미	기러기	깍두기	꽹과리
날라리	누더기	동그라미	두드러기	딱따구리
매미	부스러기	뻐꾸기	얼루기	칼싹두기*

'꿀꿀이', '오뚝이' 등은 원형을 밝혀 적음으로써 원형인 '꿀꿀하다', '오뚝하다'와의 의미적 연관을 쉽게 파악할 수 있다. 하지만 이를 일률적으로 적용할 경우 '개구리', '귀뚜라미' 등을 '개굴이', '귀뚤아미'로 적어야 하는 문제가 발생한다. 이렇게 무리한 확대 적용을 막고 원형을 밝혀 적어야 할 것과 소리 나는 대로 적어야 할 것을 구별하는 명확한 기준이 이들 어근에 '하다'나 '거리다'가 붙을 수 있는가의 여부이므로 이를 기준으로 하여 붙을 수 있는 것은 원형을 밝혀 적고 그렇지 않은 것은 소리 나는 대로 적도록 규정 하고 있다.

🔊 **어휘풀이**

- **깔쭉이** : 가장자리를 톱니처럼 파 깔쭉깔쭉하게 만든 주화(鑄貨)를 속되게 이르는 말.
- **더펄이** : 침착하지 못하고 덜렁대는 사람.
- **칼싹두기** : 밀가루 반죽을 방망이로 밀어서 굵직굵직하고 조각 지게 썰어서 물에 끓인 음식.
- **푸석이** : 1. 거칠고 단단하지 못해 부스러지기 쉬운 물건. 2. 옹골차지 못하고 아주 무르게 생긴 사람.

🔍 **짚어보기** ▶ '-하다', '-거리다'가 붙는 어근과 접미사 결합 시의 표기 원리

- 원형을 밝혀 적는 경우 : 어근 + 하다/거리다(가능), 어근 + '-이' → 명사 예 꿀꿀이
- 원형을 밝혀 적지 않는 경우 : 어근 + 하다/거리다(불가능), 어근 + '-이'/모음으로 시작되는 접미사 → 명사 예 딱다구리

제24항 | '-거리다'가 붙을 수 있는 시늉말 어근에 '-이다'가 붙어서 된 용언은 그 어근을 밝히어 적는다. (ㄱ을 취하고, ㄴ을 버림.)

ㄱ	ㄴ	ㄱ	ㄴ
깜짝이다	깜짜기다	속삭이다	속사기다
꾸벅이다	꾸버기다	숙덕이다	숙더기다
끄덕이다	끄더기다	울먹이다	울머기다
뒤척이다	뒤처기다	움직이다	움지기다
들먹이다	들머기다	지껄이다	지꺼리다
망설이다	망서리다	퍼덕이다	퍼더기다
번득이다	번드기다	허덕이다	허더기다
번쩍이다	번쩌기다	헐떡이다	헐떠기다

제25항 | '-하다'가 붙는 어근에 '-히'나 '-이'가 붙어서 부사가 되거나, 부사에 '-이'가 붙어서 뜻을 더하는 경우에는 그 어근이나 부사의 원형을 밝히어 적는다.

1. '-하다'가 붙는 어근에 '-히'나 '-이'가 붙는 경우

급히	꾸준히	도저히	딱히	어렴풋이	깨끗이

[붙임] '-하다'가 붙지 않는 경우에는 소리대로 적는다.

갑자기	반드시(꼭)	슬며시

2. 부사에 '-이'가 붙어서 역시 부사가 되는 경우

곰곰이*	더욱이	생긋이	오뚝이	일찍이	해죽이*

25항에서 군이 '-하다'가 붙는 어근을 따로 규정한 것은 '-하다'가 붙어서 용언이 된 경우 원형을 밝혀 적도록 하고 있기 때문이다. 즉, '-하다'가 붙어서 용언이 되는 경우와 '-히', '-이'가 붙어서 부사가 되는 경우의 통일성을 유지하기 위한 것이다. 가령, 예로 제시된 '급하다'의 경우 '그파다'로 적지 않고 원형을 밝혀 적고 '-히'가 붙는 '급히' 역시 원형을 밝혀 적음으로써 통일성을 유지하여 독해의 효율성을 높이고자 한 것이다. 또한 부사에 '-이'가 붙는 경우도 원래 부사의 원형을 밝혀 적음으로써 독해의 효율성을 높이도록 한 것이다.

◀)) 어휘풀이

- **곰곰** : 여러모로 깊이 생각하는 모양. ≒ 곰곰이
- **해죽** : 마음이 흐뭇하여 귀엽게 지그시 웃는 모양. ≒ 해죽이

➕ 더 알고가기   '반듯이'와 '반드시'   ≡

- **반듯이** : 작은 물체 또는 생각이나 행동 따위가 비뚤어지거나 기울거나 굽지 아니하고 바르게.
- **반드시** : 틀림없이 꼭. ≒ 기필코.

Q 짚어보기 ▶ 원형을 밝혀 적는 경우

• 어근 + 하다/거리다(가능), 어근 + '-히'/-이' → 부사 예 꾸준히
• 부사 + '-이' → 부사 예 곰곰이

제26항 | '-하다'나 '-없다'가 붙어서 된 용언은 그 '-하다'나 '-없다'를 밝히어 적는다.

1. '-하다'가 붙어서 용언이 된 것

　딱하다　　　숱하다*　　　착하다　　　텁텁하다*　　　푹하다*

2. '-없다'가 붙어서 용언이 된 것

　부질없다　　상없다*　　　시름없다　　　열없다*　　　하염없다

26항의 규정 역시 25항과 같이 표기의 통일성을 위한 규정이라고 볼 수 있다. '-하다'나 '-없다'가 붙어서 된 용언의 경우 이들이 붙는 어근의 원형을 밝혀 적는다고 해도 특별히 의미를 명확히 하거나 독해의 효율성을 가져다주는 것은 아니다. 하지만 관습적으로 '-하다'와 '-없다'를 밝혀 적고 있기 때문에 원형을 밝혀 적기로 한 것이다.

◀) 어휘풀이

• **상없다** : 보통의 이치에서 벗어나 막되고 상스러움.
• **숱하다** : 아주 많거나 흔함.
• **열없다** : 1. 겸연쩍고 부끄러움. 2. 담이 작고 겁이 많음.
• **텁텁하다** : 입맛이나 음식 맛이 시원하거나 깨끗하지 못함.
• **푹하다** : 겨울 날씨가 퍽 따뜻함.

제4절 합성어 및 접두사가 붙은 말

제27항 | 둘 이상의 단어가 어울리거나 접두사가 붙어서 이루어진 말은 각각 그 원형을 밝히어 적는다.

국말이	꺾꽂이	꽃잎	끝장	물난리
밑천	부엌일	싫증	옷안	웃옷
젖몸살	첫아들	칼날	팥알	헛웃음
홀아비	홑몸	흙내		
값없다*	겉늙다	굶주리다	낮잡다	맞먹다
받내다	벋놓다	빗나가다	빛나다	새파랗다
샛노랗다	시꺼멓다	싯누렇다	엇나가다	엎누르다
엿듣다	옻오르다	짓이기다	헛되다	

[붙임 1] 어원은 분명하나 소리만 특이하게 변한 것은 변한 대로 적는다.

　할아버지　　　할아범

[붙임 2] 어원이 분명하지 아니한 것은 원형을 밝히어 적지 아니한다.

골병	골탕	끌탕*	며칠
아재비	오라비	업신여기다	부리나케

[붙임 3] '이[齒, 虱]'가 합성어나 이에 준하는 말에서 '니' 또는 '리'로 소리가 날 때에는 '니'로 적는다.

간니*	덧니	사랑니	송곳니	앞니
어금니	윗니	젖니	톱니	틀니
가랑니	머릿니			

27항의 요점은 합성어와 파생어를 적을 때 그 원형을 밝혀 적음으로써 독해의 능률을 높이려는 것으로 볼 수 있다. 합성어와 파생어를 소리 나는 대로 적을 경우 결합된 각 단어의 의미가 파악이 되지 않아 독해의 능률이 떨어질 수 있기 때문이다.

[붙임 1]에서는 소리만 특이하게 변한 경우 변한 대로 적도록 규정하고 있다. '할아버지'의 경우 어원적으로 '크다'의 뜻을 지닌 '한'과 '아버지'가 결합한 것으로 볼 수 있지만 '할아버지'로 발음하게 된 것이다. 하지만 이를 설명할 수 있는 음운 규칙은 없다. 따라서 이런 경우 원형을 밝혀 적더라도 음운 규칙으로 설명할 수 없어 혼란이 생기거나 아니면 새로운 문법 규정을 만들어야 하는 비효율적인 상황이 발생하게 되는 것이다. 따라서 이와 같은 단어들은 소리 나는 대로 적는 것이 합리적이므로 소리 나는 대로 적도록 한 것이다.

[붙임 2]의 단어들은 어원이 분명하지 않은 것들이다. 따라서 이들은 소리 나는 대로 적도록 규정하였다.

[붙임 3]에서는 치아를 뜻하는 '이'가 '니'나 '리'로 소리 날 때 '니'로 적도록 하였다. 이는 '이'의 형태 때문인데 '이'가 주격조사 '이'와 혼동될 수 있기 때문이다. 가령 '송곳니'를 원형을 밝혀 적어 '송곳이'로 적는다면 '송곳이 날카롭다'에서의 주어 '송곳이'와 구별이 어렵게 된다. 따라서 이러한 혼란을 막기 위해 예외적으로 소리 나는 대로 적도록 규정한 것이다.

◀)) 어휘풀이

- **간니** : 젖니가 빠지고 나는 이.
- **값없다** : 1. 물건 따위가 너무 흔하여 가치가 별로 없음. 2. 물건이 값을 칠 수 없을 정도로 아주 귀하고 가치가 높음. 3. 보람이나 대가 따위가 없음.
- **끌탕** : 속을 태우는 걱정.

짚어보기 ▶ 합성어와 파생어의 표기에서 원형을 밝혀 적지 않는 경우

- 어원은 분명하지만 소리만 특이하게 변한 경우 예 할아버지
- 어원이 분명하지 않은 경우 예 오라비
- '이[齒, 虱]'가 '니', '리'로 소리 나는 경우 예 사랑니

제28항 | 끝소리가 'ㄹ'인 말과 딴 말이 어울릴 적에 'ㄹ' 소리가 나지 아니하는 것은 아니 나는 대로 적는다.

다달이(달-달-이)	따님(딸-님)	마되(말-되)

마소(말—소)　　　무자위(물—자위)*　　바느질(바늘—질)

부삽(불—삽)　　　부손(불—손)*　　　싸전(쌀—전)*

여닫이(열—닫이)　　우짖다(울—짖다)　　화살(활—살)

우리말에서 'ㄹ'은 'ㄴ, ㄷ, ㅅ, ㅈ' 앞에서 탈락하는 경우가 많다. 이것은 이들 음운이 소리 나는 자리가 유사하여 'ㄹ'이 제대로 발음되지 않기 때문이다. 하지만 이 'ㄹ'을 굳이 밝혀 적음으로써 얻게 되는 뚜렷한 이익이 없다면 실제 발음에 충실하게 표기하는 것이 현실적이므로 'ㄹ'을 밝혀 적지 않기로 정한 것이다.

🔊 **어휘풀이**

- **무자위** : 물을 높은 곳으로 끌어 올리는 기계. ≒ 물푸개.
- **부손** : 화로에 꽂아 두고 쓰는 작은 부삽.
- **싸전** : 쌀과 그 밖의 곡식을 파는 가게.

🔍 **짚어보기** ▶ 한자어 '불(不)'에서의 'ㄹ'탈락

한자어 '불(不)' 역시 위의 항목과 유사한 적용을 받는다. 이에 따라 '불발(不發), 불치(不恥), 불가(不可)' 등에서는 [불]로 발음되어 '불'로 적지만 '부재(不在), 부도덕(不道德)'과 같이 'ㄷ, ㅈ' 앞에서는 [부]로 발음되고 '부'로 적는다.

제29항 | 끝소리가 'ㄹ'인 말과 딴 말이 어울릴 적에 'ㄹ' 소리가 'ㄷ' 소리로 나는 것은 'ㄷ'으로 적는다.

반짇고리(바느질∼)　　사흗날(사흘∼)　　　삼짇날(삼질∼)

섣달(설∼)　　　　　숟가락(술∼)　　　　이튿날(이틀∼)

잗주름(잘∼)　　　　푿소(풀∼)*　　　　　섣부르다(설∼)

잗다듬다(잘∼)*　　　잗다랗다(잘∼)*

우리말에서 'ㄹ'과 'ㄷ'은 소리 나는 자리는 같고 소리 내는 방법만 다르다. 이러한 음성적 유사성으로 인해 'ㄹ'과 'ㄷ'은 서로 넘나드는 경향이 있다. 물론 'ㄷ'소리가 나는 것은 역사적 이유에서 보자면 'ㅅ'에서 온 것이지만 관습적으로 'ㄷ'으로 적어 왔고 'ㄹ'과 'ㄷ'이 넘나드는 현상이 있었으므로 이를 고려하여 'ㄷ'으로 적도록 규정한 것이다.

🔊 **어휘풀이**

- **잗다듬다** : 잘고 곱게 다듬음.
- **잗다랗다** : 1. 꽤 잘다. 2. 아주 자질구레하다. 3. 볼만한 가치가 없을 정도로 하찮다.
- **푿소** : 여름에 생물만 먹고 사는 소.

> **+ 더 알고가기   숟가락**   ≡
>
> 밥의 양을 표현할 때, '한 술, 두 술'과 같이 표현한다. 하지만 '술'과 '가락'이 결합하는 겨우 '숟가락'이 된다. 원래 음은 'ㄹ'
> 이지만 'ㄷ'으로 소리 나므로 '숟'과 같이 적는 것이다.
>
> ***주의할 단어** : 반짇고리, 사흗날, 푿소, 섣부르다, 잗다랗다

제30항 | 사이시옷은 다음과 같은 경우에 받치어 적는다.

1. 순 우리말로 된 합성어로서 앞말이 모음으로 끝난 경우

(1) 뒷말의 첫소리가 된소리로 나는 것

고랫재*	귓밥	나룻배	나뭇가지	냇가
댓가지	뒷갈망	맷돌	머릿기름	모깃불
못자리	바닷가	뱃길	볏가리*	부싯돌
선짓국	쇳조각	아랫집	우렁잇속*	잇자국
잿더미	조갯살	찻집	쳇바퀴	킷값
핏대	햇볕	혓바늘		

(2) 뒷말의 첫소리 'ㄴ, ㅁ' 앞에서 'ㄴ' 소리가 덧나는 것

멧나물	아랫니	텃마당	아랫마을	뒷머리
잇몸	깻묵	냇물	빗물	

(3) 뒷말의 첫소리 모음 앞에서 'ㄴㄴ'소리가 덧나는 것

도리깻열*	뒷윷*	두렛일*	뒷일	뒷입맛
베갯잇	욧잇	깻잎	나뭇잎	댓잎

2. 순 우리말과 한자어로 된 합성어로서 앞말이 모음으로 끝난 경우

(1) 뒷말의 첫소리가 된소리로 나는 것

귓병	머릿방	뱃병	봇둑	사잣밥*
샛강	아랫방	자릿세	전셋집	찻잔
찻종	촛국	콧병	탯줄	텃세
핏기	햇수	횟가루	횟배*	

(2) 뒷말의 첫소리 'ㄴ, ㅁ' 앞에서 'ㄴ' 소리가 덧나는 것

곗날	제삿날	훗날	툇마루	양칫물

(3) 뒷말의 첫소리 모음 앞에서 'ㄴㄴ'소리가 덧나는 것

가욋일	사삿일	예삿일	훗일

3. 두 음절로 된 다음 한자어

곳간(庫間)	셋방(貰房)	숫자(數字)	찻간(車間)	툇간(退間)	횟수(回數)

사잇소리 현상에 관한 규정이다. 사잇소리 현상에서 주의해야 할 점은 '사이시옷'이 사잇소리 현상
자체가 아니라 사잇소리 현상 중의 일부 현상이라는 점이다. 즉 사잇소리 현상이 일어나는 경우 중
30항에서 규정된 것들은 특별히 'ㅅ'을 붙여 적는다는 것이다. 따라서 사잇소리 현상에 대해 먼저
정리해야 할'필요가 있다.

사잇소리 현상은 합성어를 이루는 경우 앞말의 끝음이 유성자음(ㄴ, ㄹ, ㅁ, ㅇ)이나 모음(모든 모음은 유성음이므로)으로 끝날 때, 뒷말의 첫소리가 된소리가 되거나, 'ㄴ' 또는 'ㄴㄴ'이 덧생기는 경우를 말한다. 이러한 사잇소리 현상은 합성되는 두 단어 중 적어도 하나는 우리말이어야 가능하다. 그런데 사잇소리 현상이 일어나는 단어들 가운데 앞말이 모음으로 끝나는 경우 'ㅅ'을 붙여 적도록 규정하고 있다. 여기서 주의할 점은 'ㅅ'(사이시옷)이 붙어서 된소리가 되거나 'ㄴ' 또는 'ㄴㄴ'이 덧붙여 발음되는 것이 아니라 그 반대라는 것이다. 즉, 사이시옷은 음운이라기보다는 음운 현상이 일어나는 것에 대한 부호의 의미가 더 강하다.

한편, 한자어로만 이루어진 단어에서는 사이시옷을 사용하지 않는데 예외적으로 두 음절로 된 여섯 단어만 인정하고 있다. 이들 단어는 'ㅅ'을 적지 않으면 실제 발음과 아주 멀어질 뿐만 아니라 다른 단어와 혼동될 가능성이 있어 예외로 인정한 것이다.

🔊 어휘풀이

- **고랫재** : 방고래(방 구들장 밑으로 나 있는 불길과 연기가 통하여 나가는 길)에 모여 쌓은 재.
- **도릿깻열** : 도리깨 장부에 달려 곡식 이삭을 후려치는 가늘고 긴 가지.
- **두렛일** : 여러 사람이 두레를 짜서 하는 농사일.
- **뒷갈망** : 일의 뒤끝을 맡아서 처리함. = 뒷감당.
- **뒷윷** : 윷판에서 뒷밭의 네 번째 자리.
- **볏가리** : 벼를 베어서 가려 놓거나 볏단을 차곡차곡 쌓은 더미.
- **사잣밥** : 초상집에서 죽은 사람의 넋을 부를 때에 염라부의 사자에게 대접하는 밥.
- **우렁잇속** : 내용이 복잡하여 헤아리기 어려운 일을 비유적으로 이르는 말.
- **횟배** : 회충으로 인한 배앓이. ≒ 거위배.

➕ 더 알고가기   사잇소리 현상이 일어나는 조건   ☰

- 합성어일 것.
- 앞말의 끝소리가 유성음(모음, ㄴ, ㄹ, ㅁ, ㅇ)일 것.
- 안울림 예사소리였던 뒷말의 첫소리가 된소리가 될 것 또는 뒷말에 'ㄴ' 또는 'ㄴㄴ' 소리가 덧나는 것.
- 적어도 둘 중 하나는 고유어일 것.

🔍 짚어보기   ▶ 사이시옷에 따른 의미 분화

사잇소리 현상은 필연적 규칙이 아니라 임의적(수의적) 규칙이다. 따라서 경우에 따라서는 사잇소리 현상이 일어나기도 하고 일어나지 않기도 한다. 이런 경우 사잇소리 현상이 일어나는가 그렇지 않은가에 따라 의미가 분화되기도 한다. 가령 '나무집'은 '나무로 만든 집'을 의미하지만, '나뭇집'은 '나무를 파는 집'이 된다. 또한 '고기배'는 '고기의 배(복부)'를 의미하지만 '고깃배'는 '고기 잡는 배'를 의미한다.

기출유사문제

〈보기〉의 ㉠ ~ ㉤에 해당하는 예가 아닌 것은?

───── 보기 ─────

한글 맞춤법 제30항에 따라 사이시옷은 다음과 같은 경우에 받치어 적는다.
1. 순 우리말로 된 합성어로서 앞말이 모음으로 끝난 경우
　(1) 뒷말의 첫소리가 된소리로 나는 것 ·················· ㉠
　(2) 뒷말의 첫소리 'ㄴ, ㅁ' 앞에서 'ㄴ' 소리가 덧나는 것 ········· ㉡
　(3) 뒷말의 첫소리 모음 앞에서 'ㄴㄴ' 소리가 덧나는 것 ········· ㉢
2. 순우리말과 한자어로 된 합성어로서 앞말이 모음으로 끝난 경우
　(1) 뒷말의 첫소리가 된소리로 나는 것 ·················· ㉣
　(2) 뒷말의 첫소리 'ㄴ, ㅁ' 앞에서 'ㄴ' 소리가 덧나는 것 ········· ㉤
　(3) 뒷말의 첫소리 모음 앞에서 'ㄴㄴ' 소리가 덧나는 것

① ㉠ 갓길　　　　　　　　　　② ㉡ 빗물
③ ㉢ 냇물　　　　　　　　　　④ ㉣ 전셋집
⑤ ㉤ 제삿날

● 해설

'냇물'은 '내'+'물'로 분석되고 발음은 [낸물]이므로 ㉢처럼 'ㄴㄴ'이 덧나는 경우에 해당하는 것이 아니라 'ㄴ'이 덧나는 ㉡의 경우에 해당한다.
① '갓길'은 '가'+'길'로 분석되며 [가낄]로 소리가 나므로 ㉠에 해당하는 예이다.
② '빗물'은 '비'+'물'로 분석할 수 있고 [빈물]로 발음되므로 ㉡의 사례에 해당한다.
④ '전셋집'은 '전세(傳貰)'+'집'으로 분석되고 [전세찝]으로 소리나므로 한자어와 고유어의 합성어 중 뒷말의 첫소리가 된소리로 나는 ㉣의 사례에 해당한다.
⑤ '제삿날'은 '제사(祭祀)'+'날'로 분석되며 [제산날]로 소리 나므로 ㉤의 사례에 해당한다.

정답 ❸

제31항 | 두 말이 어울릴 적에 'ㅂ' 소리나 'ㅎ' 소리가 덧나는 것은 소리대로 적는다.

1. 'ㅂ' 소리가 덧나는 것

댑싸리(대ㅂ싸리)	멥쌀(메ㅂ쌀)	볍씨(벼ㅂ씨)
입때(이ㅂ때)	입쌀(이ㅂ쌀)	접때(저ㅂ때)
좁쌀(조ㅂ쌀)	햅쌀(해ㅂ쌀)	

2. 'ㅎ' 소리가 덧나는 것

머리카락(머리ㅎ가락)	살코기(살ㅎ고기)	수캐(수ㅎ개)
수컷(수ㅎ것)	수탉(수ㅎ닭)	안팎(안ㅎ밖)
암캐(암ㅎ개)	암컷(암ㅎ것)	암탉(암ㅎ닭)

언어는 역사적으로 변화를 겪는다. 이 과정에서 과거의 음운이 탈락하거나 변형되기도 하는데 간혹

과거에 사용되던 음운의 관습이 되살아나는 경우도 있다. 31항이 그러한 예에 해당한다. 1의 'ㅂ'소리는 앞의 단어 때문에 나타나는 것은 아니다. 중세 국어에서 'ㅄ', 'ㅴ', 'ㅺ', 'ㅵ'로 표기되던 단어들이 변화를 겪으면서 'ㅂ'이 탈락하고 '싸리, 쌀, 씨, 때'로 변화했는데 현대 국어에서 특정 단어와 결합할 때 역사적으로 소멸했던 'ㅂ'이 되살아난 것이다. 2는 이른바 'ㅎ종성체언'으로 불리는 어휘들인데 중세 국어에서 'ㅎ'을 종성으로 가지고 있던 것들이다. 이들 역시 현대 국어에 와서 특정한 단어와 결합할 때 소멸했던 'ㅎ'이 되살아나 뒷말의 예사소리와 결합하여 거센소리로 나게 되는 것이다. 그런데 이러한 현상은 널리 나타나는 현상이 아니라 일부 합성명사에서만 나타나므로 발음 현실을 고려하여 소리 나는 대로 적도록 하였다.

🔍 **짚어보기** ▸ '암'과 '수'의 'ㅎ'

'암'과 '수'는 중세 국어에서 'ㅎ'을 종성으로 갖는 단어들이었다. 따라서 이 'ㅎ'의 흔적이 살아나 뒤의 예사소리와 결합하여 거센소리가 되는 것이다. 이 규정에 따르면 위에 소개된 단어들 외에 다음과 같은 단어들도 역시 이와 같이 적어야 한다. 이는 '암'과 '수'에 모두 적용된다.
예 수 + 병아리 = 수평아리, 수 + 돼지 = 수퇘지, 수 + 당나귀 = 수탕나귀

⚙ **기출유사문제** ⚙

밑줄 친 말의 표기가 잘못된 것은?

① 그는 <u>씁쓸한</u> 미소를 지으며 서 있었다.

② 할아버지께서는 안방에서 <u>덧저고리</u>를 찾고 계셨다.

③ 어제부터 <u>환율</u>이 급등하여 많은 손해를 보았다.

④ 그 이야기의 <u>촛점</u>이 어디에 있는지 잘 생각해 보아라.

⑤ 우리는 <u>수탕나귀</u>가 지나가는 것을 보았다.

● **해설**

한글 맞춤법 규정 제30항에 따르면 한자어로만 이루어진 단어에서는 사이시옷을 쓸 수 없으므로 '초점(焦點)'으로 적어야 한다. 따라서 '촛점'은 틀린 표기이다.
① 한 단어 안에서 같은 음절이나 비슷한 음절이 겹쳐나는 경우는 같은 글자로 적어야 하므로 '씁쓸한'으로 적어야 한다.
② 'ㄷ'으로 적을 근거가 없는 것은 'ㅅ'으로 적도록 하였으므로 '덧저고리'와 같이 적어야 한다.
③ 'ㄴ'이나 모음 뒤에서는 '열/율'로 적어야 하므로 '환율'과 같이 적어야 한다.
⑤ '암'과 '수'는 다른 단어들과 결합할 때 'ㅎ'이 덧나는 단어이다. 따라서 '수'와 '당나귀'가 결합할 경우 'ㅎ'이 덧나므로 'ㄷ'과 축약하여 '수탕나귀'로 적어야 한다.

정답 ❹

제5절 준말

제32항 | 단어의 끝모음이 줄어지고 자음만 남은 것은 그 앞의 음절에 받침으로 적는다.

본말	준말
기러기야	기럭아
어제그저께	엊그저께
어제저녁	엊저녁
가지고, 가지지	갖고, 갖지
디디고, 디디지	딛고, 딛지

제33항 | 체언과 조사가 어울려 줄어지는 경우에는 준 대로 적는다.

본말	준말
그것은	그건
그것이	그게
그것으로	그걸로
나는	난
나를	날
너는	넌
너를	널
무엇을	뭣을/무얼/뭘
무엇이	뭣이/무에

제34항 | 모음 'ㅏ, ㅓ'로 끝난 어간에 '-아/-어, -았-/-었-'이 어울릴 적에는 준 대로 적는다.

본말	준말	본말	준말
가아	가	가았다	갔다
나아	나	나았다	났다
타아	타	타았다	탔다
서어	서	서었다	섰다
켜어	켜	켜었다	켰다
펴어	펴	펴었다	폈다

[붙임 1] 'ㅐ, ㅔ' 뒤에 '-어, -었-'이 어울려 줄 적에는 준 대로 적는다.

본말	준말	본말	준말
개어	개	개었다	갰다
내어	내	내었다	냈다
베어	베	베었다	벴다
세어	세	세었다	셌다

[붙임 2] '하여'가 한 음절로 줄어서 '해'로 될 적에는 준 대로 적는다.

본말	준말	본말	준말
하여	해	하였다	했다
더하여	더해	더하였다	더했다
흔하여	흔해	흔하였다	흔했다

제35항 | 모음 'ㅗ, ㅜ'로 끝난 어간에 '-아/-어, -았-/-었-'이 어울려 'ㅘ/ㅝ, 퐈/퉜'으로 될 때에는 준 대로 적는다.

본말	준말	본말	준말
꼬아	꽈	꼬았다	꽜다
보아	봐	보았다	봤다
쏘아	쏴	쏘았다	쐈다
두어	둬	두었다	뒀다
쑤어	쒀	쑤었다	쒔다
주어	줘	주었다	줬다

[붙임 1] '놓아'가 '놔'로 줄 적에는 준 대로 적는다.

[붙임 2] 'ㅚ' 뒤에 '-어, -었-'이 어울려 'ㅙ, ㅙㅆ'으로 될 적에도 준 대로 적는다.

본말	준말	본말	준말
괴어	괘	괴었다	괬다
되어	돼	되었다	됐다
뵈어	봬	뵈었다	뵀다
쇠어	쇄	쇠었다	쇘다
씌어	쐐	씌었다	쐤다

35항은 준말에 대한 규정이다. 여기서 주의할 것은 [붙임 2]의 단어들이다. 이 가운데서 특히 주의할 것은 '되어'의 준말인 '돼'이다. '돼'는 종종 '되'와 혼동되는 경우가 많다. 하지만 '돼'는 분명히 '되어'의 준말이므로 '되어'가 쓰일 수 있는 자리에서만 쓸 수 있다.

🔍 **짚어보기** ▶ **'돼'와 '되'의 구분**

'돼'를 써야 할지 '되'를 써야 할지 혼동될 때가 많다. 이 경우 '되어'의 준말이 '돼'이므로 '되어'가 들어갈 자리인지 살펴보는 것이 좋다. 하지만 이들을 구별하는 다른 방법도 있다. 즉 '하'가 들어갈 자리라면 '되'를 쓰고 '해'가 들어갈 자리면 '돼'를 쓰는 것이다.

예를 들어 '일이 그렇게 되지만 않았다면 좋았을 텐데.'라는 문장에서 '되지만'인지 '돼지만'인지 구별하기 위해서 '하'와 '해'를 넣어 보자. '하'를 넣어보면 '하지만'이 되어 말이 된다. 하지만 '해'를 넣어보면 '해지만'이 되어 어색해진다. 그렇다면 여기서는 '되지만'이 맞는 것이다. 한편 '그렇게 하면 돼요.'라는 문장에서 '돼요'가 맞는지 '되요'가 맞는지 구분해 보자. 우선 '하'를 넣어보면 '하요'가 되어 어색하다. 하지만 '해'를 넣어 '해요'가 되면 어색하지 않다. 따라서 여기서는 '돼요'를 쓰는 것이 옳다.

기출유사문제

밑줄 친 부분이 어법에 맞지 않는 것은?

① 오늘은 모처럼 바깥바람을 쐤다.

② 외출할 옷을 살펴보니 다림질이 돼어 있었다.

③ 옛날에는 사랑방에 모여 밤새 새끼를 꽜다.

④ 설을 쇠려고 모두들 고향으로 향하고 있었다.

⑤ 어제는 몸이 편찮으신 아버님을 찾아 뵀다.

● 해설

모음의 준말(축약)과 관련된 문제이다. 'ㅗ', 'ㅜ'로 끝난 어간에 'ㅏ', 'ㅓ'가 결합하여 'ㅘ', 'ㅝ'가 되면 준 대로 쓸 수 있다고 하였다. 이는 우리말의 음운변동 중 모음축약에 해당한다. 밑줄 친 말의 기본형은 '되다'이므로 '되(다) + 어'로 분석해야 한다. 따라서 '되어' 또는 '돼'로 써야 하고 '돼어'는 틀린 표기이다.

① '쐤다'는 '쐬(다) + 었 + 다'로 분석할 수 있고 따라서 축약하면 '쐤다'가 되므로 맞는 표기이다.

③ '꼬(다) + 았 + 다'에서 '오'와 '았'이 줄어 '왔'이 된 것이므로 '꽜다'가 맞는 표기이다.

④ '쇠(다) + 려고'로 분석할 수 있으므로 '쇠려고'가 맞는 표기이다.

⑤ '뵈(다) + 었 + 다'로 분석되며 이 경우 '뵈었다' 혹은 '뵀다'가 맞는 표기이다.

정답 ❷

제36항 | 'ㅣ' 뒤에 '−어'가 와서 'ㅕ'로 줄 적에는 준 대로 적는다.

본말	준말	본말	준말
가지어	가져	가지었다	가졌다
견디어	견뎌	견디었다	견뎠다
다니어	다녀	다니었다	다녔다
막히어	막혀	막히었다	막혔다
버티어	버텨	버티었다	버텼다
치이어	치여	치이었다	치였다

제37항 | 'ㅏ, ㅕ, ㅗ, ㅜ, ㅡ'로 끝난 어간에 '−이−'가 와서 각각 'ㅐ, ㅖ, ㅚ, ㅟ, ㅢ'로 줄 적에는 준 대로 적는다.

본말	준말	본말	준말
싸이다	쌔다	누이다	뉘다
펴이다	폐다	뜨이다	띄다
보이다	뵈다	쓰이다	씌다

제38항 | 'ㅏ, ㅗ, ㅜ, ㅡ' 뒤에 '-이어'가 어울려 줄어질 적에는 준 대로 적는다.

본말	준말	본말	준말
싸이어	쌔어, 싸여	뜨이어	띄어
보이어	뵈어, 보여	쓰이어	씌어, 쓰여
쏘이어	쐬어, 쏘여	트이어	틔어, 트여
누이어	뉘어, 누여		

제39항 | 어미 '-지' 뒤에 '않-'이 어울려 '-잖-'이 될 적과 '-하지' 뒤에 '않-'이 어울려 '-찮-'이 될 적에는 준 대로 적는다.

본말	준말	본말	준말
그렇지 않은	그렇잖은	만만하지 않다	만만찮다
적지 않은	적잖은	변변하지 않다	변변찮다

제40항 | 어간의 끝음절 '하'의 'ㅏ'가 줄고 'ㅎ'이 다음 음절의 첫소리와 어울려 거센소리로 될 적에는 거센소리로 적는다.

본말	준말	본말	준말
간편하게	간편케	다정하다	다정타
연구하도록	연구토록	정결하다	정결타
가하다	가타	흔하다	흔타

[붙임 1] 'ㅎ'이 어간의 끝소리로 굳어진 것은 받침으로 적는다.

않다	않고	않지	않든지
그렇다	그렇고	그렇지	그렇든지
아무렇다	아무렇고	아무렇지	아무렇든지
어떻다	어떻고	어떻지	어떻든지
이렇다	이렇고	이렇지	이렇든지
저렇다	저렇고	저렇지	저렇든지

[붙임 2] 어간의 끝음절 '하'가 아주 줄 적에는 준 대로 적는다.

본말	준말	본말	준말
거북하지	거북지	넉넉하지 않다	넉넉지 않다
생각하건대	생각건대	못하지 않다	못지않다
생각하다 못해	생각다 못해	섭섭하지 않다	섭섭지 않다
깨끗하지 않다	깨끗지 않다	익숙하지 않다	익숙지 않다

[붙임 3] 다음과 같은 부사는 소리대로 적는다.

결단코	결코	기필코	무심코	아무튼	요컨대
정녕코	필연코	하마터면	하여튼	한사코	

40항에서 반드시 구별해 두어야 할 것은 본 항의 내용과 [붙임 2]의 내용이다. 본 항에서는 끝음절 '하'의 'ㅏ'가 줄고 'ㅎ'이 다음 음절의 첫소리와 어울려 거센소리로 될 적에는 거센소리로 적는다고 하였고 [붙임 2]에서는 어간의 끝음절 '하'가 아주 줄 적에는 준 대로 적는다고 하였다.

여기서 중요한 것은 끝음절의 '하'에서 'ㅏ'만 주는 경우와 '하'가 주는 경우를 구별하는 것이다. 제시된 단어들을 살펴보면 결국 '다정하다'처럼 유성자음 뒤에 '하'가 온 경우는 'ㅏ'만 줄고 '생각하다'처럼 무성자음 뒤에 '하'가 온 경우는 '하'가 준다는 것을 알 수 있다. 따라서 'ㅏ'만 줄어서 뒤의 자음을 거센소리로 써야 하는 경우는 유성자음이 앞에 온 경우이고, '하'가 줄어서 준 대로 적는 것은 무성자음이 앞에 온 경우이다.

[붙임 3]은 활용형이 부사로 굳어진 경우이다. 그런데 이들은 원뜻에서 이미 멀어져 그 연관성이 약해졌을 뿐만 아니라 이러한 활용 형태가 단어로 굳어진 경우가 다수 있기 때문에 소리 나는 대로 적도록 규정하였다.

기출유사문제

밑줄 친 말의 표기가 올바른 것은?

① 어머니께서는 <u>넉넉찮은</u> 살림에도 살림을 잘 꾸려나가셨다.
② 그런 실력으로 네가 나를 <u>당할소냐?</u>
③ 조금만 기다려 내가 곧 <u>갈께.</u>
④ 내가 나중에 <u>섭섭잖게</u> 사례를 하마.
⑤ 이 옷은 앞뒤가 모두 <u>틔여</u> 시원하다.

해설

'섭섭잖게'는 '섭섭하지 않게'의 준말이고 어근인 '섭섭'이 무성자음으로 끝났으므로 '하'가 완전히 줄어 '섭섭잖게'가 되므로 맞는 표기이다.
① '넉넉찮다'는 '넉넉하지 않다'의 준말이다. 이 경우 어근인 '넉넉-'이 무성음으로 끝났으므로 '하'가 완전히 줄어든 '넉넉잖다'가 맞는 표기이다.
② 의문형 어미의 경우 된소리가 나는 것은 된소리로 적어야 하므로 '당할쏘냐?'와 같이 적는 것이 맞다.
③ '갈께'는 의문형 어미가 아니므로 '갈게'로 써야 맞다.
⑤ '트이어'의 준말은 '틔어'나 '트여'로 써야 맞다.

정답 ④

제 5 장 띄어쓰기
제1절 조사

제41항 | 조사는 그 앞말에 붙여 쓴다.

꽃이	꽃마저	꽃밖에	꽃에서부터	꽃으로만
꽃이나마	꽃이다	꽃입니다	꽃처럼	어디까지나
거기도	멀리는	웃고만		

조사는 자립적인 명사와 달리 자립성이 없기 때문에 다른 말에 의존해서만 나타날 수 있다. 조사의 역할은 그것이 결합하는 체언의 문법적 기능을 표시하는 것이기 때문에 띄어 쓰지 않는다.

제2절 의존 명사, 단위를 나타내는 명사 및 열거하는 말 등

제42항 | 의존 명사는 띄어 쓴다.

아는 **것**이 힘이다.   나도 할 **수** 있다.

먹을 **만큼** 먹어라.   아는 **이**를 만났다.

네가 뜻한 **바**를 알겠다.   그가 떠난 **지**가 오래다.

의존 명사란 명사이지만 자립해서 쓰일 수 없고 관형어의 수식을 받아야만 하는 단어를 말한다. 자립해서 쓰이기 어렵다는 점에서 명사로 보기 어렵다고 생각할 수 있지만 관형어의 수식을 받는다는 점을 고려할 때 단어로 인정하는 것이 보다 합리적이므로 명사로 분류하는 것이다. 따라서 의존 명사를 띄어 쓰는 것은 '모든 단어는 띄어 쓴다.'라는 맞춤법 규정에 부합하는 것이다.

➕ 더 알고가기　　　　**의존 명사**　　　　　　　　　　　　　　　　　　　≡

의존 명사는 명사이지만 홀로 쓰이지 못하고 반드시 관형어의 수식을 동반해야 하는 명사이다. 의존 명사는 자립성은 약하지만 분리성이 강하기 때문에 명사로 분류되며 이에 따라 반드시 띄어 써야 한다. 이러한 의존 명사에는 다음과 같은 것들이 있다.

- **보편성 의존 명사** : 것, 분, 이, 데, 바, 따위 등
- **주어성 의존 명사** : 지, 수, 리, 나위 등
- **서술성 의존 명사** : 터, 뿐, 때문, 따름 등
- **부사성 의존 명사** : 대로, 만큼, 줄, 듯, 양, 둥, 뻔, 만 등
- **단위성 의존 명사** : 마리, 명, 송이, 권, 자루 등

🔍 짚어보기　▶ 의존 명사와 조사의 구별

보통 의존 명사는 조사와 구별이 어려운 경우가 많다. 이는 의존 명사와 조사의 형태가 같기 때문이다. 그러나 의존 명사는 띄어 써야 하며, 조사는 붙여 써야 하기 때문에 이들을 구분해야 띄어쓰기를 바르게 할 수 있다.

- 관형어의 수식을 받고 있으면 의존 명사이다.
  예 나도 할 **만큼** 했다. (띄어 써야 한다.)
- 체언과 연결되면 조사이다.
  예 나도 너**만큼** 한다. (붙여 써야 한다.)

● 기출유사문제 ●

01 밑줄 친 부분의 띄어쓰기가 옳지 않은 것은?

① 네가 <u>원하는 대로</u> 일이 진행되지는 않을 것이다.

② 그 일이 얼마나 <u>급하든 간</u>에 일단 중단해라.

③ 그는 아침 일찍 <u>떠났는 데</u> 아직 소식이 없다.

④ 문제를 푸는데 어려움이 많은 <u>만치</u> 쾌감도 크다.

⑤ 아기가 걸음마를 <u>시작한 지</u> 한 달이 넘었다.

● 해설

'떠나(어간) + 았(과거시제 선어말 어미) + 는데(연결 어미)'로 분석된다. '-는데'는 다음에 올 말을 강조하기 위해 상반된 사실을 앞서
진술하는 경우 쓰이는 연결어미이다. '어미'는 붙여 써야 하므로 '떠났는데'로 써야 맞다. 의존 명사로 쓰이는 '데'는 '어디 좋은 데가
없을까?'와 같이 '장소'나 '상황', '일'을 의미한다.
①, ②, ④ '대로', '간', '만치'는 모두 관형어의 수식을 받는 의존 명사이므로 띄어쓰는 것이 맞다.
⑤ 의존 명사로 쓰이는 '지'는 '어떤 행위가 시작된 뒤로 현재까지의 시간'을 의미한다. 따라서 '시작한 지'와 같이 띄어 써야 한다.

정답 ❸

02 밑줄 친 말의 띄어쓰기가 모두 옳은 것은?

① 우리는 그 일을 <u>마치는데</u> 꼬박 이틀이 걸렸다.

　집을 <u>나서는∨데</u> 마침 전화가 걸려 왔다.

② 그가 길을 <u>떠난지도</u> 어느덧 3년이 지났다.

　우리가 그 일을 꼭 <u>해야할∨지</u> 생각해 보자.

③ 그는 <u>집∨밖에서</u> 한참을 기다렸다.

　이제 남은 것은 <u>그것밖에</u> 없다.

④ 우리는 <u>생각나는대로</u> 말을 주고 받았다.

　그들은 <u>그들∨대로</u> 해결 방법을 찾고 있었다.

⑤ 그는 밥을 <u>먹을뿐</u> 아무런 대꾸도 하지 않았다.

　우리에게 남은 것은 오직 <u>믿음∨뿐</u>이다.

● 해설

'집∨밖에서'의 경우 앞의 '집'이 명사지만 '집의 밖'처럼 뒤의 '밖'을 꾸며주는 관형어의 역할을 하고 있고 '밖에'가 어떤 공간의 외부
라는 의미를 지니고 있으므로 띄어 쓰는 것이 맞다. 하지만 두 번째 문장에서 사용된 '밖에'는 '그것 말고는'의 의미를 지닌 조사이므
로 붙여 써야 한다.
① 첫 번째 문장의 '마치는데'는 관형어 '마치는'의 수식을 받는 의존 명사 '데'가 쓰였으므로 '마치는∨데'와 같이 띄어 쓴다. 두 번째
　문장의 '나서는∨데'에서 '-는데'는 어미이므로 붙여서 '나서는데'와 같이 써야 한다.
② 첫 번째 문장의 '지'는 시간의 의미를 갖는 의존 명사이므로 띄어 써야 하며 두 번째 문장의 '해야할∨지'는 '-는지'가 어미이므로
　'해야할지'와 같이 붙여 써야 한다.

④ 첫 번째 문장의 '생각나는대로'에서 '대로'는 앞의 '생각나는'이라는 관형어의 수식을 받는 의존 명사이므로 띄어 써야 한다. 두 번째 문장의 '그들∨대로'에서 '대로'는 앞의 '그들'이 대명사이므로 붙여 쓴다.

⑤ '먹을뿐'은 앞의 '먹을'이 관형어이고 뒤에 온 '뿐'은 의존 명사이므로 띄어 써야 맞다. 반면 두 번째 문장의 '믿음∨뿐이다'는 앞에 '믿음'이라는 명사가 있으므로 붙여 써야 한다.

정답 ❸

제43항 | 단위를 나타내는 명사는 띄어 쓴다.

한 개	차 한 대	금 서 돈
소 한 마리	옷 한 벌	열 살
조기 한 손	연필 한 자루	버선 한 죽
집 한 채	신 두 켤레	북어 한 쾌

다만, 순서를 나타내는 경우나 숫자와 어울리어 쓰이는 경우에는 붙여 쓸 수 있다.

두시 삼십분 오초	제일과	삼학년	육층
1446년 10월 9일	2대대	16동 502호	제1실습실
80원	10개	7미터	

43항은 단위 명사를 띄어 쓰도록 규정하고 있다. 단위 명사는 그 자체의 의미는 독립적이지만 반드시 수량을 나타내는 관형사와 함께 쓰이기 때문에 붙여 쓰는 오류를 범하기 쉽다. 하지만 단위 명사 역시 명사에 해당하므로 띄어 쓰는 것이 원칙에 맞다. 하지만 숫자와 어울리는 경우는 붙여 쓸 수 있다고 예외를 두었다.

＋ 더 알고가기   차례를 나타내는 '제-'의 띄어쓰기   ☰

• 제∨차 회담(원칙) : '제-'는 접두사이므로 뒤에 오는 말에 붙여 써야 하며, '차'는 단위를 나타내는 의존 명사이므로 앞 말과 띄어 써야 한다.

• 제1차 회담 (허용) : 아라비아 숫자가 올 경우 다음의 단위 명사는 붙여 쓸 수 있다.

• 제∨1차 회담(잘못)

제44항 | 수를 적을 적에는 '만(萬)' 단위로 띄어 쓴다.

십이억 삼천사백오십육만 칠천팔백구십팔
12억 3456만 7898

수를 적을 때의 규정으로 '만(萬)'이 띄어쓰기 단위임을 규정하고 있다. 이 규정을 유추하여 적용하면 다음에 띄어 쓰는 단위는 '억(億)'임을 알 수 있다. 이와 같이 정한 이유는 십단위나 백단위 등으로 띄어 쓸 경우 독해의 능률이 저하될 수 있기 때문이다.

제45항 | 두 말을 이어 주거나 열거할 적에 쓰이는 다음의 말들은 띄어 쓴다.

국장 겸 과장　　　　　열 내지 스물　　　　　청군 대 백군

책상, 걸상 등이 있다.　　이사장 및 이사들　　　사과, 배, 귤 등등

사과, 배 등속　　　　　부산, 광주 등지

두 말을 이어 주거나 열거할 때 쓰이는 말들을 띄어 쓰도록 하고 있다. 이는 곧 독해의 능률을 위한 것이다.

제46항 | 단음절로 된 단어가 연이어 나타날 적에는 붙여 쓸 수 있다.

좀더 큰것　　　　　　이말 저말　　　　　　한잎 두잎

원칙적으로 위에 제시된 단어들은 모두 띄어 써야 한다. 즉 '좀 더 큰 것', '이 말 저 말', '한 잎 두 잎'으로 써야 원칙인 것이다. 그러나 짧은 어구에서 띄어쓰기가 자주 반복되면 의미 파악이나 표기의 효율성이 떨어지므로 예외적으로 붙여 쓸 수 있도록 허용한 것이다. 허용 규정이므로 반드시 붙여 써야 하는 것은 아니다.

제3절 보조 용언

제47항 | 보조 용언은 띄어 씀을 원칙으로 하되, 경우에 따라 붙여 씀도 허용한다. (ㄱ을 취하고 ㄴ을 허용함.)

ㄱ	ㄴ
불이 꺼져 간다.	불이 꺼져간다.
내 힘으로 막아 낸다.	내 힘으로 막아낸다.
어머니를 도와 드린다.	어머니를 도와드린다.
그릇을 깨뜨려 버렸다.	그릇을 깨뜨려버렸다.
비가 올 듯하다.	비가 올듯하다.
그 일은 할 만하다.	그 일은 할만하다.
일이 될 법하다.	일이 될법하다.
비가 올 성싶다.	비가 올성싶다.
잘 아는 척한다.	잘 아는척한다.

다만, 앞말에 조사가 붙거나 앞말이 합성 용언인 경우, 그리고 중간에 조사가 들어갈 적에는 그 뒤에 오는 보조 용언은 띄어 쓴다.

잘도 놀아만 나는구나!　　　　　책을 읽어도 보고…

네가 덤벼들어 보아라.　　　　　이런 기회는 다시없을 듯하다.

그가 올 듯도 하다.　　　　　　잘난 체를 한다.

실질적 의미를 지니고 사용된 용언을 본용언이라 하고, 본용언의 의미를 강화하거나 보조하는 용언을 보조 용언이라고 한다. 본용언이나 보조 용언 모두 하나의 단어이므로 원칙적으로는 띄어 써야

한다. 하지만 본용언과 보조 용언을 붙여 쓰는 경우도 허용한 것이다. 주의할 점은 독해의 능률을 위해 반드시 띄어 써야 하는 경우인데 정리해 보면 첫째, 앞말(본용언)에 조사가 붙은 경우와 둘째, 앞말(본용언)이 합성 동사인 경우이다.

Q 짚어보기 ▶ **본용언과 보조 용언의 띄어쓰기**

㉠ 본용언 + 보조 용언 : 띄어쓰기 (원칙), 붙여쓰기 (허용)
㉡ 반드시 본용언과 보조 용언을 띄어 써야 하는 경우
- 본용언에 조사가 결합할 때 : 읽어도 보고
- 본용언이 합성동사일 때 : 떠내려가 버렸다.

제4절 고유 명사 및 전문 용어

제48항 | 성과 이름, 성과 호 등은 붙여 쓰고, 이에 덧붙는 호칭어, 관직명 등은 띄어 쓴다.

김양수(金良洙)	서화담(徐花潭)	채영신 씨
최치원 선생	박동식 박사	충무공 이순신 장군

다만, 성과 이름, 성과 호를 분명히 구분할 필요가 있을 경우에는 띄어 쓸 수 있다.

남궁억/남궁 억	독고준/독고 준	황보지봉(皇甫芝峰)/황보 지봉

제49항 | 성명 이외의 고유 명사는 단어별로 띄어 씀을 원칙으로 하되, 단위별로 띄어 쓸 수 있다. (ㄱ을 원칙으로 하고, ㄴ을 허용함.)

ㄱ	ㄴ
대한 중학교	대한중학교
한국 대학교 사범 대학	한국대학교 사범대학

제50항 | 전문 용어는 단어별로 띄어 씀을 원칙으로 하되, 붙여 쓸 수 있다. (ㄱ을 원칙으로 하고, ㄴ을 허용함.)

ㄱ	ㄴ
만성 골수성 백혈병	만성골수성백혈병
중거리 탄도 유도탄	중거리탄도유도탄

제6장 그 밖의 것

제51항 | 부사의 끝음절이 분명히 '이'로만 나는 것은 '-이'로 적고, '히'로만 나거나 '이'나 '히'로 나는 것은 '-히'로 적는다.

1. '이'로만 나는 것

가붓이*	깨끗이	나붓이*	느긋이	둥긋이*

따뜻이	반듯이	버젓이	산뜻이	의젓이
가까이	고이	날카로이	대수로이	번거로이
많이	적이	헛되이		
겹겹이	번번이	일일이	집집이	틈틈이

2. '히'로만 나는 것

극히	급히	딱히	속히	작히
족히	특히	엄격히	정확히	

3. '이, 히'로 나는 것

솔직히	가만히	간편히	나른히	무단히*
각별히	소홀히	쓸쓸히	정결히	과감히
꼼꼼히	심히	열심히	급급히	답답히
섭섭히	공평히	능히	당당히	분명히
상당히	조용히	간소히	고요히	도저히

접미사인 '−이'나 '−히'가 붙어서 부사가 된 단어들의 발음에 따른 표기를 규정한 것이다. 중요한 것은 '이'로만 나는 경우인데 이러한 경우는 다음의 네 가지이다. 첫째, '−하다'가 붙는 어근의 끝소리가 'ㅅ'인 경우, 둘째, 'ㅂ'불규칙 형용사의 어간인 경우, 셋째, 규칙적인 활용을 하는 형용사의 어간인 경우, 넷째, 같은 말이 겹쳐진 첩어로 뒤에 '−하다'가 오지 못하는 경우이다. 반면 '이, 히'로 소리 나는 경우는 모두 '−하다'가 붙는 어근 다음에서인데 물론, 끝소리가 'ㅅ'인 경우는 '이'로만 소리 나므로 제외된다.

◀》 어휘풀이

- **가붓이** : 조금 가벼운 듯하게.
- **나붓이** : 작은 것이 좀 넓고 평평하게.
- **둥긋이** : 둥근 듯하게.
- **무단히** : 사전에 허락 없이 함부로. 아무 사유가 없이.

Q 짚어보기 ▶ '이', '히'의 표기 원리

㉠ '이'로만 나는 것 → 이
- 어근 + '−하다'(가능), 어근의 끝소리가 'ㅅ' : 깨끗(하다) + 이 → 깨끗이
- 'ㅂ'불규칙 형용사의 어간 : 가깝(다) + 이 → 가까이
- 규칙활용을 하는 형용사의 어간 : 많(다) + 이 → 많이
- 첩어 + '−하다'(불가능) : 겹겹(첩어) + 이 → 겹겹이

㉡ '이'/'히'로 나는 것 → 히
- 어근 + '−하다'(가능) : 솔직(하다) + 히 → 솔직히

제52항 | 한자어에서 본음으로도 나고 속음으로도 나는 것은 각각 그 소리에 따라 적는다.

본음으로 나는 것	속음으로 나는 것
승낙(承諾)	수락(受諾), 쾌락(快諾), 허락(許諾)
만난(萬難)	곤란(困難), 논란(論難)
안녕(安寧)	의령(宜寧), 회령(會寧)
분노(忿怒)	대로(大怒), 희로애락(喜怒哀樂)
토론(討論)	의논(議論)
오륙십(五六十)	오뉴월, 유월(六月)
목재(木材)	모과(木瓜)
십일(十日)	시방정토(十方淨土), 시왕(十王), 시월(十月)
팔일(八日)	초파일(初八日)

'속음'이란 한자어에서 본래의 음과는 달리 언중이 관습적으로 사용하는 음을 말한다. 예를 들어 '승낙(承諾)'의 '낙(諾)'은 '락(落)'과는 달리 본음이 '낙'이지만 관습적으로 '락'으로 발음하는 단어들이 있으므로 종래의 관습을 존중하여 이를 속음인 '락'으로 적는 것을 허용한 것이다. 이러한 단어들은 본음으로 나는 것이 있고, 속음으로 나는 것이 있으므로 구별하여 적어야 한다.

제53항 | 다음과 같은 어미는 예사소리로 적는다. (ㄱ을 취하고, ㄴ을 버림.)

ㄱ	ㄴ
-(으)ㄹ거나	-(으)ㄹ꺼나
-(으)ㄹ걸	-(으)ㄹ껄
-(으)ㄹ게	-(으)ㄹ께
-(으)ㄹ세	-(으)ㄹ쎄
-(으)ㄹ세라	-(으)ㄹ쎄라
-(으)ㄹ수록	-(으)ㄹ쑤록
-(으)ㄹ시	-(으)ㄹ씨
-(으)ㄹ지	-(으)ㄹ찌
-(으)ㄹ지니라	-(으)ㄹ찌니라
-(으)ㄹ지라도	-(으)ㄹ찌라도
-(으)ㄹ지어다	-(으)ㄹ찌어다
-(으)ㄹ지언정	-(으)ㄹ찌언정
-(으)ㄹ진대	-(으)ㄹ찐대
-(으)ㄹ진저	-(으)ㄹ찐저
-올시다	-올씨다

다만, 의문을 나타내는 다음 어미들은 된소리로 적는다.

-(으)ㄹ까? -(으)ㄹ꼬? -(스)ㅂ니까? -(으)리까? -(으)ㄹ쏘냐?

53항은 어미에 관한 규정으로 된소리로 소리가 나더라도 예사소리로 적어야 하는 경우와 발음대로 된소리로 적어야 하는 경우를 구별하고 있다. 이들 간의 차이는 결국 의문형 어미인가 아닌가이다. 따라서 의문형 어미는 된소리로 적지만 의문형 어미가 아닌 경우는 예사소리로 적어야 하는 것이다.

제54항 | 다음과 같은 접미사는 된소리로 적는다. (ㄱ을 취하고 ㄴ을 버림.)

ㄱ	ㄴ	ㄱ	ㄴ
심부름꾼	심부름군	귀때기	귓대기
익살꾼	익살군	볼때기	볼대기
일꾼	일군	판자때기	판잣대기
장꾼	장군	뒤꿈치	뒷굼치
장난꾼	장난군	팔꿈치	팔굼치
지게꾼	지겟군	이마빼기	이맛배기
때깔	땟갈	코빼기	콧배기
빛깔	빛갈	객쩍다*	객적다
성깔	성갈	겸연쩍다*	겸연적다

54항에서는 된소리로 나는 접미사들은 된소리로 적도록 규정하고 있다. 이 때 유의할 점은 '-배기'와 '-빼기'를 구별하여 적는 것인데, 5항의 규정에 따라 'ㄱ, ㅂ' 받침 뒤에서 나는 된소리는 '-배기'로 적고, 그 외의 경우에는 '-빼기'로 적어야 한다. (단, [배기]로 발음되는 경우는 '배기'로 적는다.)

◀)) 어휘풀이

- **객쩍다** : 말이나 행동이 쓸데없고 싱겁음.
- **겸연쩍다** : 쑥스럽거나 미안하여 어색함.

➕ 더 알고가기   -박이/-배기/-빼기   ≡

ⓐ **-박이** : 무엇이 박혀 있는 사람, 짐승, 사물, 장소 등을 나타내는 접미사 예) 덧니박이, 점박이, 토박이, 붙박이, 오이소박이
ⓑ **-배기**
- 그 나이를 먹은 아이. 예) 한 살배기, 다섯 살배기
- 어떤 것이 꽉 차 있음. 예) 알배기, 나이배기
- 어떤 명사 뒤에 붙어 그런 물건의 뜻을 더하는 접미사 예) 공짜배기, 진짜배기
ⓒ **-빼기** : 그런 특성이 있는 사람이나 물건의 뜻을 더하는 접미사 예) 이마빼기, 고들빼기, 곱빼기, 코빼기

제55항 | 두 가지로 구별하여 적던 다음 말들은 한 가지로 적는다. (ㄱ을 취하고, ㄴ을 버림.)

ㄱ	ㄴ
맞추다(입을 맞춘다. 양복을 맞춘다.)	마추다
뻗치다(다리를 뻗친다. 멀리 뻗친다.)	뻐치다

제56항 | '–더라, –던'과 '–든지'는 다음과 같이 적는다.

1. 지난 일을 나타내는 어미는 '–더라, –던'으로 적는다. (ㄱ을 취하고 ㄴ을 버림.)

ㄱ	ㄴ
지난겨울은 몹시 춥더라.	지난겨울은 몹시 춥드라.
깊던 물이 얕아졌다.	깊든 물이 얕아졌다.
그렇게 좋던가?	그렇게 좋든가?
그 사람 말 잘하던데!	그 사람 말 잘하든데!
얼마나 놀랐던지 몰라.	얼마나 놀랐든지 몰라.

2. 물건이나 일의 내용을 가리지 아니하는 뜻을 나타내는 조사와 어미는 '(–)든지'로 적는다. (ㄱ을 취하고 ㄴ을 버림.)

ㄱ	ㄴ
배든지 사과든지 마음대로 먹어라.	배던지 사과던지 마음대로 먹어라.
가든지 오든지 마음대로 해라.	가던지 오던지 마음대로 해라.

56항의 내용을 간단히 정리해 보면 회상의 의미를 가지고 있을 때는 '–더라', '–던'으로 적고, 선택의 의미를 지닐 때는 '–든지'로 적는다는 것이다.

제57항 | 다음 말들은 각각 구별하여 적는다.

가름	둘로 가름.
갈음	새 책상으로 갈음하였다.

거름	풀을 썩힌 거름.
걸음	빠른 걸음.

거치다	영월을 거쳐 왔다.
걷히다	외상값이 잘 걷힌다.

걷잡다	걷잡을 수 없는 상태.
겉잡다	겉잡아서 이틀 걸릴 일.

그러므로(그러니까)	그는 부지런하다. 그러므로 잘 산다.
그럼으로(써)	그는 열심히 공부한다. 그럼으로(써) 은혜에 보답한다.
(그렇게 하는 것으로)	

노름	노름판이 벌어졌다.
놀음(놀이)	즐거운 놀음.

느리다	진도가 너무 느리다.
늘이다	고무줄을 늘인다.
늘리다	수출량을 더 늘린다.

다리다	옷을 다린다.
달이다	약을 달인다.
다치다	부주의로 손을 다쳤다.
닫히다	문이 저절로 닫혔다.
닫치다	문을 힘껏 닫쳤다.
마치다	벌써 일을 마쳤다.
맞히다	여러 문제를 더 맞혔다.
목거리	목거리가 덧났다.
목걸이	금목걸이, 은목걸이.
바치다	나라를 위해 목숨을 바쳤다.
받치다	우산을 받치고 간다./책받침을 받친다.
받히다	쇠뿔에 받혔다.
밭치다	술을 체에 밭친다.
반드시	약속은 반드시 지켜라.
반듯이	고개를 반듯이 들어라.
부딪치다	차와 차가 마주 부딪쳤다.
부딪히다	마차가 화물차에 부딪혔다.
부치다	힘이 부치는 일이다.
	편지를 부치다.
	논밭을 부친다.
	빈대떡을 부친다.
	식목일에 부치는 글.
	회의에 부치는 안건.
	인쇄에 부치는 원고.
	삼촌 집에 숙식을 부친다.
붙이다	우표를 붙이다.
	책상을 벽에 붙였다.
	흥정을 붙인다.
	불을 붙인다.
	감시원을 붙인다.
	조건을 붙인다.
	취미를 붙인다.
	별명을 붙인다.
시키다	일을 시킨다.
식히다	끓인 물을 식히다.

아름	세 아름 되는 둘레.
알음	전부터 알음이 있는 사이.
앎	앎이 힘이다.
안치다	밥을 안친다.
앉히다	윗자리에 앉힌다.
어름	두 물건의 어름에서 일어난 현상.
얼음	얼음이 얼었다.
이따가	이따가 오너라.
있다가	돈은 있다가도 없다.
저리다	다친 다리가 저린다.
절이다	김장 배추를 절인다.
조리다	생선을 조린다. 통조림, 병조림.
졸이다	마음을 졸인다.
주리다	여러 날을 주렸다.
줄이다	비용을 줄인다.
하노라고	하노라고 한 것이 이 모양이다.
하느라고	공부하느라고 밤을 새웠다.
−느니보다(어미)	나를 찾아오느니보다 집에 있거라.
−는 이보다(의존 명사)	오는 이가 가는 이보다 많다.
−(으)리만큼(어미)	나를 미워하리만큼 그에게 잘못한 일이 없다.
−(으)ㄹ 이만큼(의존 명사)	찬성할 이도 반대할 이만큼이나 많을 것이다.
−(으)러(목적)	공부하러 간다.
−(으)려(의도)	서울 가려 한다.
−(으)로서(자격)	사람으로서 그럴 수는 없다.
−(으)로써(수단)	닭으로써 꿩을 대신했다.
−(으)므로(어미)	그가 나를 믿으므로 나도 그를 믿는다.
(−ㅁ, −음)으로(써)(조사)	그는 믿음으로(써) 산 보람을 느꼈다.

이들 단어를 이렇게 별도의 항목으로 규정한 이유는 각 단어들의 어원이 다를 뿐만 아니라 원뜻에서 멀어진 말들이 많아 혼동을 일으킬 경우 독해의 효율성을 떨어뜨리기 때문이다. 이와 같은 단어를 구분하는 기본적인 원칙은 원뜻을 유지하는 경우 기본형을 밝혀 적는 것이다. 가령, '우표를 붙이다'의 경우 '붙다'라는 접착이나 근접의 의미를 가지고 있으므로 '붙이다'로 적은 것이고, '편지를

부치다'의 경우 '붙다'의 의미를 지니고 있지 않고 설령 '붙다'가 어원에 해당하더라도 원뜻에서 밀어진 상황이므로 군이 원형을 밝혀 적을 필요 없이 소리 나는 대로 적는 것이다.

●━ 기출유사문제 ━●

'부치다'의 의미로 옳지 <u>않은</u> 것은?

① 그 일은 내게 힘이 <u>부치는</u> 일이다. (→ 모자라다)

② 그 안건을 투표에 <u>부쳤다</u>. (→ 대결하다)

③ 어제 그녀의 짐을 <u>부쳤다</u>. (→ 보내다)

④ 그는 시골에서 논밭을 <u>부치고</u> 산다. (→ 경작하다)

⑤ 그는 삼촌 집에서 숙식을 <u>부치고</u> 있었다. (→ 의탁하다)

● 해설

'그 안건을 투표에 부쳤다.'에서 '부치다'는 '다른 곳이나 다른 기회에 넘기어 맡기다.' 즉, '회부(回附)하다'의 의미를 가지고 있다. 따라서 '대결하다'의 의미로는 볼 수 없다.

정답 ❷

부록 : 문장부호 (2015년 1월 1일 시행)

1. 마침표(.)

(1) 서술, 명령, 청유 등을 나타내는 문장의 끝에 쓴다.

젊은이는 나라의 기둥입니다.

제 손을 꼭 잡으세요.

집으로 돌아갑시다.

가는 말이 고와야 오는 말이 곱다.

[붙임 1] 직접 인용한 문장의 끝에는 쓰는 것을 원칙으로 하되, 쓰지 않는 것을 허용한다.(ㄱ을 원칙으로 하고, ㄴ을 허용함.)

ㄱ. 그는 "지금 바로 떠나자."라고 말하며 서둘러 짐을 챙겼다.

ㄴ. 그는 "지금 바로 떠나자"라고 말하며 서둘러 짐을 챙겼다.

[붙임 2] 용언의 명사형이나 명사로 끝나는 문장에는 쓰는 것을 원칙으로 하되, 쓰지 않는 것을 허용한다.(ㄱ을 원칙으로 하고, ㄴ을 허용함.)

ㄱ. 목적을 이루기 위하여 몸과 마음을 다하여 애를 씀.

ㄴ. 목적을 이루기 위하여 몸과 마음을 다하여 애를 씀

ㄱ. 결과에 연연하지 않고 끝까지 최선을 다하기.

ㄴ. 결과에 연연하지 않고 끝까지 최선을 다하기

ㄱ. 신입 사원 모집을 위한 기업 설명회 개최.

ㄴ. 신입 사원 모집을 위한 기업 설명회 개최

ㄱ. 내일 오전까지 보고서를 제출할 것.

ㄴ. 내일 오전까지 보고서를 제출할 것

다만, 제목이나 표어에는 쓰지 않음을 원칙으로 한다.

> 압록강은 흐른다
>
> 꺼진 불도 다시 보자
>
> 건강한 몸 만들기

(2) 아라비아 숫자만으로 연월일을 표시할 때 쓴다.

> 1919. 3. 1.   10. 1.~10. 12.

(3) 특정한 의미가 있는 날을 표시할 때 월과 일을 나타내는 아라비아 숫자 사이에 쓴다.

> 3.1 운동   8.15 광복

[붙임] 이때는 마침표 대신 가운뎃점을 쓸 수 있다.

> 3 · 1 운동   8 · 15 광복

(4) 장, 절, 항 등을 표시하는 문자나 숫자 다음에 쓴다.

> 가. 인명   ㄱ. 머리말
>
> Ⅰ. 서론   1. 연구 목적

[붙임] '마침표' 대신 '온점'이라는 용어를 쓸 수 있다.

2. 물음표(?)

(1) 의문문이나 의문을 나타내는 어구의 끝에 쓴다.

> 점심 먹었어?
>
> 이번에 가시면 언제 돌아오세요?
>
> 제가 부모님 말씀을 따르지 않을 리가 있겠습니까?
>
> 남북이 통일되면 얼마나 좋을까?
>
> 다섯 살짜리 꼬마가 이 멀고 험한 곳까지 혼자 왔다?
>
> 지금?   뭐라고?   네?

[붙임 1] 한 문장 안에 몇 개의 선택적인 물음이 이어질 때는 맨 끝의 물음에만 쓰고, 각 물음이 독립적일 때는 각 물음의 뒤에 쓴다.

너는 중학생이냐, 고등학생이냐?

너는 여기에 언제 왔니? 어디서 왔니? 무엇하러 왔니?

[붙임 2] 의문의 정도가 약할 때는 물음표 대신 마침표를 쓸 수 있다.

도대체 이 일을 어쩐단 말이냐.

이것이 과연 내가 찾던 행복일까.

다만, 제목이나 표어에는 쓰지 않음을 원칙으로 한다.

역사란 무엇인가

아직도 담배를 피우십니까

(2) 특정한 어구의 내용에 대하여 의심, 빈정거림 등을 표시할 때, 또는 적절한 말을 쓰기 어려울 때 소괄호 안에 쓴다.

> 우리와 의견을 같이할 사람은 최 선생(?) 정도인 것 같다.
>
> 30점이라, 거참 훌륭한(?) 성적이군.
>
> 우리 집 강아지가 가출(?)을 했어요.

(3) 모르거나 불확실한 내용임을 나타낼 때 쓴다.

최치원(857~?)은 통일 신라 말기에 이름을 떨쳤던 학자이자 문장가이다.

조선 시대의 시인 강백(1690?~1777?)의 자는 자청이고, 호는 우곡이다.

+ 더알고가기   수사의문문

반어의문문과 같은 말이다. 수사의문문은 물음의 형식을 나타내고 있기 때문에 의문문에 속한다. 그러나 의문의 목적이 답변이 아니라는 점에 차이가 있다. 즉 특정한 답변을 요구하지 않는 의문문인 것이다. 예를 들어 '제가 감히 거역할 리가 있습니까?'는 거역할 이유가 있는가, 없는가를 묻는 것이 아니라 '거역하지 않을 것이다.'라는 강한 긍정의 의미를 내포하고 있는 것이다. 이처럼 의문문임에도 불구하고 답변을 요구하지 않고 강한 긍정의 의미 등을 내포하는 것을 수사의문문 이라고 한다.

---

3. 느낌표(!)

(1) 감탄문이나 감탄사의 끝에 쓴다.

이거 정말 큰일이 났구나!

어머!

[붙임] 감탄의 정도가 약할 때는 느낌표 대신 쉼표나 마침표를 쓸 수 있다.

어, 벌써 끝났네.

날씨가 참 좋군.

(2) 특별히 강한 느낌을 나타내는 어구, 평서문, 명령문, 청유문에 쓴다.

청춘! 이는 듣기만 하여도 가슴이 설레는 말이다.

이야, 정말 재밌다!

지금 즉시 대답해!

앞만 보고 달리자!

(3) 물음의 말로 놀람이나 항의의 뜻을 나타내는 경우에 쓴다.

이게 누구야!   내가 왜 나빠!

(4) 감정을 넣어 대답하거나 다른 사람을 부를 때 쓴다.

네!   네, 선생님!

흥부야!   언니!

---

4. 쉼표(,)

(1) 같은 자격의 어구를 열거할 때 그 사이에 쓴다.

근면, 검소, 협동은 우리 겨레의 미덕이다.

충청도의 계룡산, 전라도의 내장산, 강원도의 설악산은 모두 국립 공원이다.

집을 보러 가면 그 집이 내가 원하는 조건에 맞는지, 살기에 편한지, 망가진 곳은 없는지 확인해 야 한다.

5보다 작은 자연수는 1, 2, 3, 4이다.

다만,

(가) 쉼표 없이도 열거되는 사항임이 쉽게 드러날 때는 쓰지 않을 수 있다.

　　아버지 어머니께서 함께 오셨어요.

　　네 돈 내 돈 다 합쳐 보아야 만 원도 안 되겠다.

(나) 열거할 어구들을 생략할 때 사용하는 줄임표 앞에는 쉼표를 쓰지 않는다.

　　광역시: 광주, 대구, 대전……

(2) 짝을 지어 구별할 때 쓴다.

　　닭과 지네, 개와 고양이는 상극이다.

(3) 이웃하는 수를 개략적으로 나타낼 때 쓴다.

　　5, 6세기　　　　　　　　　　　　　　6, 7, 8개

(4) 열거의 순서를 나타내는 어구 다음에 쓴다.

　　첫째, 몸이 튼튼해야 한다.

　　마지막으로, 무엇보다 마음이 편해야 한다.

(5) 문장의 연결 관계를 분명히 하고자 할 때 절과 절 사이에 쓴다.

　　콩 심은 데 콩 나고, 팥 심은 데 팥 난다.

　　저는 신뢰와 정직을 생명과 같이 여기고 살아온바, 이번 비리 사건과는 무관하다는 점을 분명히 밝힙니다.

　　떡국은 설날의 대표적인 음식인데, 이걸 먹어야 비로소 나이도 한 살 더 먹는다고 한다.

＋ 더 알고가기　　대등절과 종속절

- **대등절** : 두 개의 문장이 이어진 문장에서 앞의 절과 뒤의 절이 대등하게 이어진 경우, 앞의 절과 뒤의 절을 대등절이라 한다. 예) 철수는 밥을 먹고, 영희는 국을 먹는다. → 대등하게 이어진 문장(대등절)
- **종속절** : 두 절의 내용이 종속적으로 이어진 문장에서 중심이 되는 절의 이유나 근거, 조건 등이 되는 절을 종속절이라고 한다. 예) 철수는 배가 고파서 밥을 먹었다. → 종속적으로 이어진 문장

---

(6) 같은 말이 되풀이되는 것을 피하기 위하여 일정한 부분을 줄여서 열거할 때 쓴다.

　　여름에는 바다에서, 겨울에는 산에서 휴가를 즐겼다.

(7) 부르거나 대답하는 말 뒤에 쓴다.

　　지은아, 이리 좀 와 봐.

　　네, 지금 가겠습니다.

(8) 한 문장 안에서 앞말을 '곧', '다시 말해' 등과 같은 어구로 다시 설명할 때 앞말 다음에 쓴다.

　　책의 서문, 곧 머리말에는 책을 지은 목적이 드러나 있다.

　　원만한 인간관계는 말과 관련한 예의, 즉 언어 예절을 갖추는 것에서 시작된다.

　　호준이 어머니, 다시 말해 나의 누님은 올해로 결혼한 지 20년이 된다.

　　나에게도 작은 소망, 이를테면 나만의 정원을 가졌으면 하는 소망이 있어.

⑼ 문장 앞부분에서 조사 없이 쓰인 제시어나 주제어의 뒤에 쓴다.

　　돈, 돈이 인생의 전부이더냐?

　　열정. 이것이야말로 젊은이의 가장 소중한 자산이다.

　　지금 네가 여기 있다는 것, 그것만으로도 나는 충분히 행복해.

　　저 친구, 저러다가 큰일 한번 내겠어.

　　그 사실, 넌 알고 있었지?

⑽ 한 문장에 같은 의미의 어구가 반복될 때 앞에 오는 어구 다음에 쓴다.

　　그의 애국심, 몸을 사리지 않고 국가를 위해 헌신한 정신을 우리는 본받아야 한다.

⑾ 도치문에서 도치된 어구들 사이에 쓴다.

　　이리 오세요, 어머님.

　　다시 보자, 한강수야.

⑿ 바로 다음 말과 직접적인 관계에 있지 않음을 나타낼 때 쓴다.

　　갑돌이는, 울면서 떠나는 갑순이를 배웅했다.

　　철원과, 대관령을 중심으로 한 강원도 산간 지대에 예년보다 일찍 첫눈이 내렸습니다.

⒀ 문장 중간에 끼어든 어구의 앞뒤에 쓴다.

　　나는, 솔직히 말하면, 그 말이 별로 탐탁지 않아.

　　영호는 미소를 띠고, 속으로는 화가 치밀어 올라 잠시라도 견딜 수 없을 만큼 괴로웠지만, 그들을 맞았다.

[붙임 1] 이때는 쉼표 대신 줄표를 쓸 수 있다.

나는 — 솔직히 말하면 — 그 말이 별로 탐탁지 않아.

영호는 미소를 띠고 — 속으로는 화가 치밀어 올라 잠시라도 견딜 수 없을 만큼 괴로웠지만 — 그들을 맞았다.

[붙임 2] 끼어든 어구 안에 다른 쉼표가 들어 있을 때는 쉼표 대신 줄표를 쓴다.

이건 내 것이니까 — 아니, 내가 처음 발견한 것이니까 — 절대로 양보할 수가 없다.

⒁ 특별한 효과를 위해 끊어 읽는 곳을 나타낼 때 쓴다.

　　내가, 정말 그 일을 오늘 안에 해낼 수 있을까?

　　이 전투는 바로 우리가, 우리만이, 승리로 이끌 수 있다.

⒂ 짧게 더듬는 말을 표시할 때 쓴다.

　　선생님, 부, 부정행위라니요? 그런 건 새, 생각조차 하지 않았습니다.

[붙임] '쉼표' 대신 '반점'이라는 용어를 쓸 수 있다.

➕ 더 알고가기　　쉼표에 의한 중의성 해소　　≡

앞에서 살펴본 바와 같이 쉼표를 써서 문장의 중의성을 해소할 수 있는데, 이때 서술어의 주체가 누구냐에 따라 쉼표의 위치가 달라질 수 있다.

　　영희가 웃으면서 들어오는 손님에게 인사를 했다.

위 문장의 경우 '웃으면서'의 주체가 누구인지 모호하다. 이 경우 쉼표의 위치에 따라 중의성이 해소될 수 있다.

> ㄱ. '영희가, 웃으면서 들어오는 손님에게 인사를 했다.'
> ㄴ. '영희가 웃으면서, 들어오는 손님에게 인사를 했다.'

ㄱ의 경우 '웃으면서'의 주체는 손님이 된다. 따라서 웃으면서 들어오는 손님에게 영희가 인사를 한 것이다. 반면 ㄴ의 경우 '웃으면서'의 주체는 '영희'이다. 따라서 들어오는 손님에게 영희가 웃으면서 인사를 한 것이다. 이처럼 쉼표의 위치에 따라 문장의 의미가 달라질 수 있으므로 쉼표를 쓸 때 유의해야 한다.

● 기출유사문제 ●

쉼표의 사용이 올바르지 <u>않은</u> 것은?

① 철수야, 잠시 쉬어라.

② 어쨌든, 우리는 그 일을 끝냈다.

③ 사랑, 그것은 인생의 참된 가치이다.

④ 우리는 국가와 민족과, 가족을 지켜야 한다.

⑤ 쌀은 시장에서, 반찬은 백화점에서 샀다.

● 해설

사실 나열이 될 경우 반점은 접속조사 '와'의 기능을 하므로 '와'가 쓰인 다음에 반점을 쓸 필요는 없다.

정답 ❹

5. 가운뎃점(·)

(1) 열거할 어구들을 일정한 기준으로 묶어서 나타낼 때 쓴다.

민수 · 영희, 선미 · 준호가 서로 짝이 되어 윷놀이를 하였다.

지금의 경상남도 · 경상북도, 전라남도 · 전라북도, 충청남도 · 충청북도 지역을 예부터 삼남이라 일러 왔다.

(2) 짝을 이루는 어구들 사이에 쓴다.

한(韓) · 이(伊) 양국 간의 무역량이 늘고 있다.

우리는 그 일의 참 · 거짓을 따질 겨를도 없었다.

하천 수질의 조사 · 분석

빨강 · 초록 · 파랑이 빛의 삼원색이다.

다만, 이때는 가운뎃점을 쓰지 않거나 쉼표를 쓸 수도 있다.

한(韓) 이(伊) 양국 간의 무역량이 늘고 있다.

우리는 그 일의 참 거짓을 따질 겨를도 없었다.

하천 수질의 조사, 분석

빨강, 초록, 파랑이 빛의 삼원색이다.

(3) 공통 성분을 줄여서 하나의 어구로 묶을 때 쓴다.

상 · 중 · 하위권   금 · 은 · 동메달   통권 제54 · 55 · 56호

[붙임] 이때는 가운뎃점 대신 쉼표를 쓸 수 있다.

상, 중, 하위권   금, 은, 동메달   통권 제54, 55, 56호

6. 쌍점(:)

(1) 표제 다음에 해당 항목을 들거나 설명을 붙일 때 쓴다.

　　문방사우: 종이, 붓, 먹, 벼루

　　일시: 2014년 10월 9일 10시

　　흔하진 않지만 두 자로 된 성씨도 있다.(예: 남궁, 선우, 황보)

　　올림표(#): 음의 높이를 반음 올릴 것을 지시한다.

(2) 희곡 등에서 대화 내용을 제시할 때 말하는 이와 말한 내용 사이에 쓴다.

　　김 과장: 난 못 참겠다.

　　아들: 아버지, 제발 제 말씀 좀 들어 보세요.

(3) 시와 분, 장과 절 등을 구별할 때 쓴다.

　　오전 10:20(오전 10시 20분)

　　두시언해 6:15(두시언해 제6권 제15장)

(4) 의존명사 '대'가 쓰일 자리에 쓴다.

　　65:60(65 대 60)

　　청군:백군(청군 대 백군)

[붙임] 쌍점의 앞은 붙여 쓰고 뒤는 띄어 쓴다. 다만, (3)과 (4)에서는 쌍점의 앞뒤를 붙여 쓴다.

7. 빗금(/)

(1) 대비되는 두 개 이상의 어구를 묶어 나타낼 때 그 사이에 쓴다.

　　먹이다/먹히다

　　남반구/북반구

　　금메달/은메달/동메달

　　( )이/가 우리나라의 보물 제1호이다.

(2) 기준 단위당 수량을 표시할 때 해당 수량과 기준 단위 사이에 쓴다.

　　100미터/초　　　　　　　　　　　　　　1,000원/개

(3) 시의 행이 바뀌는 부분임을 나타낼 때 쓴다.

　　산에 / 산에 / 피는 꽃은 / 저만치 혼자서 피어 있네

다만, 연이 바뀜을 나타낼 때는 두 번 겹쳐 쓴다.

　　산에는 꽃 피네 / 꽃이 피네 / 갈 봄 여름 없이 / 꽃이 피네 // 산에 / 산에 / 피는 꽃은 / 저만치

　　혼자서 피어 있네

[붙임] 빗금의 앞뒤는 (1)과 (2)에서는 붙여 쓰며, (3)에서는 띄어 쓰는 것을 원칙으로 하되 붙여 쓰는 것을 허용한다. 단, (1)에서 대비되는 어구가 두 어절 이상인 경우에는 빗금의 앞뒤를 띄어 쓸 수 있다.

8. 큰따옴표(" ")

(1) 글 가운데서 직접 대화를 표시할 때 쓴다.

"어머니, 제가 가겠어요."

"아니다. 내가 다녀오마."

(2) 말이나 글을 직접 인용할 때 쓴다.

나는 "어, 광훈이 아니냐?" 하는 소리에 깜짝 놀랐다.

밤하늘에 반짝이는 별들을 보면서 "나는 아무 걱정도 없이 가을 속의 별들을 다 헬 듯합니다."
라는 시구를 떠올렸다.

편지의 끝머리에는 이렇게 적혀 있었다.

"할머니, 편지에 사진을 동봉했다고 하셨지만 봉투 안에는 아무것도 없었어요."

더 알고가기 — 직접인용과 간접인용

직접인용이란 큰따옴표를 사용하여 남의 말이나 생각을 그대로 옮기는 것이고, 간접인용은 인용의 어미를 사용하여 남의 말이나 생각을 간접적으로 옮기는 것이다.

예 철수가 "바람이 분다."라고 말했다. (직접인용)

철수가 바람이 분다고 말했다. (간접인용)

9. 작은따옴표(' ')

(1) 인용한 말 안에 있는 인용한 말을 나타낼 때 쓴다.

그는 "여러분! '시작이 반이다.'라는 말 들어 보셨죠?"라고 말하며 강연을 시작했다.

(2) 마음속으로 한 말을 적을 때 쓴다.

나는 '일이 다 틀렸나 보군.' 하고 생각하였다.

'이번에는 꼭 이기고야 말겠어.' 호연이는 마음속으로 몇 번이나 그렇게 다짐하며 주먹을 불끈
쥐었다.

더 알고가기 — 강조의 의미로 사용된 작은따옴표

문장에서 특별히 강조할 필요가 있는 어휘나 구절에 작은따옴표를 사용하여 이를 강조하기도 한다.

아무리 '고된' 훈련이라도 꼭 참아야 한다.

10. 소괄호(( ))

(1) 주석이나 보충적인 내용을 덧붙일 때 쓴다.

니체(독일의 철학자)의 말을 빌리면 다음과 같다.

2014. 12. 19.(금)

문인화의 대표적인 소재인 사군자(매화, 난초, 국화, 대나무)는 고결한 선비 정신을 상징한다.

  (2) 우리말 표기와 원어 표기를 아울러 보일 때 쓴다.

      기호(嗜好), 자세(姿勢)

      커피(coffee), 에티켓(étiquette)

  (3) 생략할 수 있는 요소임을 나타낼 때 쓴다.

      학교에서 동료 교사를 부를 때는 '선생(님)'이라는 말을 덧붙인다.

      광개토(대)왕은 고구려의 전성기를 이끌었던 임금이다.

  (4) 희곡 등 대화를 적은 글에서 동작이나 분위기, 상태를 드러낼 때 쓴다.

      현우: (가쁜 숨을 내쉬며) 왜 이렇게 빨리 뛰어?

      "관찰한 것을 쓰는 것이 습관이 되었죠. 그러다 보니, 상상력이 생겼나 봐요." (웃음)

  (5) 내용이 들어갈 자리임을 나타낼 때 쓴다.

      우리나라의 수도는 (　)이다.

      다음 빈칸에 알맞은 조사를 쓰시오.

      민수가 할아버지(　) 꽃을 드렸다.

  (6) 항목의 순서나 종류를 나타내는 숫자나 문자 등에 쓴다.

      사람의 인격은 (1) 용모, (2) 언어, (3) 행동, (4) 덕성 등으로 표현된다.

      (가) 동해, (나) 서해, (다) 남해

11. 중괄호({ })

  (1) 같은 범주에 속하는 여러 요소를 세로로 묶어서 보일 때 쓴다.

      주격 조사 { 이 / 가 }

      국가의 성립 요소 국민 { 영토 / 국민 / 주권 }

  (2) 열거된 항목 중 어느 하나가 자유롭게 선택될 수 있음을 보일 때 쓴다.

      아이들이 모두 학교{에, 로, 까지} 갔어요.

12. 대괄호([ ])

  (1) 괄호 안에 또 괄호를 쓸 필요가 있을 때 바깥쪽의 괄호로 쓴다.

      어린이날이 새로 제정되었을 당시에는 어린이들에게 경어를 쓰라고 하였다.[윤석중 전(1988), 70쪽 참조]

      이번 회의에는 두 명[이혜정(실장), 박철용(과장)]만 빼고 모두 참석했습니다.

  (2) 고유어에 대응하는 한자어를 함께 보일 때 쓴다.

      나이[年歲] 낱말[單語] 손발[手足]

  (3) 원문에 대한 이해를 돕기 위해 설명이나 논평 등을 덧붙일 때 쓴다.

      그것[한글]은 이처럼 정보화 시대에 알맞은 과학적인 문자이다.

신경준의 《여암전서》에 "삼각산은 산이 모두 돌 봉우리인데, 그 으뜸 봉우리를 구름 위에 솟아 있다고 백운(白雲)이라 하며 [이하 생략]"

그런 일은 결코 있을 수 없다.[원문에는 '업다'임.]

13. 겹낫표(『 』)와 겹화살괄호(《 》)

책의 제목이나 신문 이름 등을 나타낼 때 쓴다.

우리나라 최초의 민간 신문은 1896년에 창간된 『독립신문』이다.

『훈민정음』은 1997년에 유네스코 세계 기록 유산으로 지정되었다.

《한성순보》는 우리나라 최초의 근대 신문이다.

윤동주의 유고 시집인 《하늘과 바람과 별과 시》에는 31편의 시가 실려 있다.

[붙임] 겹낫표나 겹화살괄호 대신 큰따옴표를 쓸 수 있다.

우리나라 최초의 민간 신문은 1896년에 창간된 "독립신문"이다.

윤동주의 유고 시집인 "하늘과 바람과 별과 시"에는 31편의 시가 실려 있다.

14. 홑낫표(「 」)와 홑화살괄호(〈 〉)

소제목, 그림이나 노래와 같은 예술 작품의 제목, 상호, 법률, 규정 등을 나타낼 때 쓴다.

「국어 기본법 시행령」은 「국어 기본법」에서 위임된 사항과 그 시행에 필요한 사항을 규정함을 목적으로 한다.

이 곡은 베르디가 작곡한 「축배의 노래」이다.

사무실 밖에 「해와 달」이라고 쓴 간판을 달았다.

〈한강〉은 사진집 《아름다운 땅》에 실린 작품이다.

백남준은 2005년에 〈엄마〉라는 작품을 선보였다.

[붙임] 홑낫표나 홑화살괄호 대신 작은따옴표를 쓸 수 있다.

사무실 밖에 '해와 달'이라고 쓴 간판을 달았다.

'한강'은 사진집 "아름다운 땅"에 실린 작품이다.

15. 줄표(—)

제목 다음에 표시하는 부제의 앞뒤에 쓴다.

이번 토론회의 제목은 '역사 바로잡기 — 근대의 설정 —'이다.

'환경 보호 — 숲 가꾸기 —'라는 제목으로 글짓기를 했다.

다만, 뒤에 오는 줄표는 생략할 수 있다.

이번 토론회의 제목은 '역사 바로잡기 — 근대의 설정'이다.

'환경 보호 — 숲 가꾸기'라는 제목으로 글짓기를 했다.

[붙임] 줄표의 앞뒤는 띄어 쓰는 것을 원칙으로 하되, 붙여 쓰는 것을 허용한다.

다음 중 문장 부호 규정에 대한 설명과 예시가 적절하지 <u>않은</u> 것은?

	규정	예시
①	소제목, 그림이나 노래와 같은 예술 작품의 제목, 상호, 법률, 규정 등을 나타낼 때 겹낫표(「 」)를 쓴다.	이 곡은 베르디가 작곡한 「축배의 노래」이다.
②	제목 다음에 표시하는 부제의 앞뒤에 줄표(—)를 쓴다.	이번 토론회의 제목은 '역사 바로잡기 — 근대의 설정 —'이다.
③	두 개 이상의 어구가 밀접한 관련이 있음을 나타내고자 할 때 붙임표(-)를 쓴다.	드디어 서울—북경의 항로가 열렸다.
④	괄호 안에 또 괄호를 쓸 필요가 있을 때 바깥쪽의 괄호로 대괄호([ ])를 쓴다.	이번 회의에는 두 명[이혜정(실장), 박철용(과장)]만 빼고 모두 참석했습니다.
⑤	희곡 등 대화를 적은 글에서 동작이나 분위기, 상태를 드러낼 때 소괄호(( ))를 쓴다.	현우: (가쁜 숨을 내쉬며) 왜 이렇게 빨리 뛰어?

● 해설

홑낫표(「 」)와 홑화살괄호(〈 〉)에 대한 설명이다. 겹낫표(「 」)와 겹화살괄호(《 》)는 책의 제목이나 신문 이름 등을 나타낼 때 쓴다.

정답 ❶

---

16. 붙임표(-)

(1) 차례대로 이어지는 내용을 하나로 묶어 열거할 때 각 어구 사이에 쓴다.

멀리뛰기는 도움닫기–도약–공중 자세–착지의 순서로 이루어진다.

김 과장은 기획–실무–홍보까지 직접 발로 뛰었다.

(2) 두 개 이상의 어구가 밀접한 관련이 있음을 나타내고자 할 때 쓴다.

드디어 서울–북경의 항로가 열렸다.

원–달러 환율

남한–북한–일본 삼자 관계

---

17. 물결표(~)

기간이나 거리 또는 범위를 나타낼 때 쓴다.

9월 15일~9월 25일

김정희(1786~1856)

서울~천안 정도는 출퇴근이 가능하다.

이번 시험의 범위는 3~78쪽입니다.

[붙임] 물결표 대신 붙임표를 쓸 수 있다.

9월 15일–9월 25일

김정희(1786–1856)

서울–천안 정도는 출퇴근이 가능하다.

이번 시험의 범위는 3–78쪽입니다.

+ 더 알고가기 | **붙임표와 형태소의 경계** ☰

사전이나 문법 서적에서 합성어나 파생어를 분석할 때 사용하는 문장부호가 붙임표이다. 이 붙임표는 합성되거나 파생된 단어들을 어근과 어근, 또는 어근과 접사로 구분하여 단어의 형성과정을 이해하는 데 도움을 준다.

예 돌–다리(합성어), 차–솟대(파생어), 먹–이(파생어)

---

18. 드러냄표(˙)와 밑줄(_)

문장 내용 중에서 주의가 미쳐야 할 곳이나 중요한 부분을 특별히 드러내 보일 때 쓴다.

글의 본디 이름은 훈민정음이다.

중요한 것은 왜 사느냐가 아니라 어떻게 사느냐이다.

지금 필요한 것은 지식이 아니라 실천입니다.

다음 보기에서 명사가 아닌 것은?

[붙임] 드러냄표나 밑줄 대신 작은따옴표를 쓸 수 있다.

한글의 본디 이름은 '훈민정음'이다.

중요한 것은 '왜 사느냐'가 아니라 '어떻게 사느냐'이다.

지금 필요한 것은 '지식'이 아니라 '실천'입니다.

다음 보기에서 명사가 '아닌' 것은?

---

19. 숨김표(○, ×)

(1) 금기어나 공공연히 쓰기 어려운 비속어임을 나타낼 때, 그 글자의 수효만큼 쓴다.

배운 사람 입에서 어찌 ○○○란 말이 나올 수 있느냐?

그 말을 듣는 순간 ×××란 말이 목구멍까지 치밀었다.

(2) 비밀을 유지해야 하거나 밝힐 수 없는 사항임을 나타낼 때 쓴다.

1차 시험 합격자는 김○영, 이○준, 박○순 등 모두 3명이다.

육군 ○○ 부대 ○○○ 명이 작전에 참가하였다.

그 모임의 참석자는 김×× 씨, 정×× 씨 등 5명이었다.

---

20. 빠짐표(□)

(1) 옛 비문이나 문헌 등에서 글자가 분명하지 않을 때 그 글자의 수효만큼 쓴다.

大師爲法主□□賴之大□薦

(2) 글자가 들어가야 할 자리를 나타낼 때 쓴다.

훈민정음의 초성 중에서 아음(牙音)은 □□□의 석 자다.

21. 줄임표(……)

(1) 할 말을 줄였을 때 쓴다.

"어디 나하고 한번……." 하고 민수가 나섰다.

(2) 말이 없음을 나타낼 때 쓴다.

"빨리 말해!"

"……."

(3) 문장이나 글의 일부를 생략할 때 쓴다.

'고유'라는 말은 문자 그대로 본디부터 있었다는 뜻은 아닙니다. …… 같은 역사적 환경에서 공동의 집단생활을 영위해 오는 동안 공동으로 발견된, 사물에 대한 공동의 사고방식을 우리는 한국의 고유 사상이라 부를 수 있다는 것입니다.

(4) 머뭇거림을 보일 때 쓴다.

"우리는 모두…… 그러니까…… 예외 없이 눈물만…… 흘렸다."

[붙임 1] 점은 가운데에 찍는 대신 아래쪽에 찍을 수도 있다.

"어디 나하고 한번......" 하고 민수가 나섰다.

"실은...... 저 사람...... 우리 아저씨일지 몰라."

[붙임 2] 점은 여섯 점을 찍는 대신 세 점을 찍을 수도 있다.

"어디 나하고 한번…." 하고 민수가 나섰다.

"실은… 저 사람… 우리 아저씨일지 몰라."

[붙임 3] 줄임표는 앞말에 붙여 쓴다. 다만, (3)에서는 줄임표의 앞뒤를 띄어 쓴다.

➕ **더 알고가기** **숨김표와 빠짐표** ☰

- **숨김표** : 알고 있지만 의도적으로 해당하는 단어나 구절을 숨기고자 할 때 사용하게 된다. 이유는 검열을 피하기 위한 방법으로, 사회적으로 용인되지 않는 내용인 경우, 또는 특정인이나 단체의 신분을 보호해야 하는 경우 등 다양하다.
- **빠짐표** : 자리를 비워 둠을 의미한다. 빠짐표를 사용하는 이유는 우선 해당 어휘나 구절을 알 길이 없을 경우, 또는 문제 등을 위해 빈칸으로 두어야 하는 경우 등이다.

2장 문법 능력/한글 맞춤법
실전 대비 문제

01

다음 중 밑줄 친 부분이 맞춤법에 어긋난 것은?

① 밤새 얼굴이 <u>해슥해져서</u> 보기에 안쓰럽다.

② 밖에 나갔다 오면 손발을 <u>깨끗이</u> 씻어라.

③ 길섶에는 가을꽃들이 <u>잔다랗게</u> 피어있었다.

④ 그가 보낸 것들은 쓰기에 너무 <u>짤따랗다.</u>

⑤ 그 일이 그리 <u>만만치는</u> 않을 것이다.

해설 '해쓱해져서'가 맞는 표기이다. '맞춤법 제5항의 1'을 참고하면 '해쓱하다'의 경우 뚜렷한 이유 없이 한 단어 안에서 나는 된소리이므로 된소리로 표기하는 것이 바른 표기이다.

02

다음 중 밑줄 친 부분이 맞춤법에 어긋난 것은?

① 그가 놀라는 바람에 유리병을 <u>깨뜨렸다.</u>

② 무슨 일이든 <u>꾸준히</u> 해 나가는 것이 성공의 지름길이다.

③ 몇 사람의 <u>모가치만</u> 남기고 나머지 물건들은 처분하였다.

④ 이 글은, <u>요컨데</u> 새 술은 새 부대에 담으라는 것이다.

⑤ 그들은 <u>셋방을</u> 얻어 신혼살림을 시작하였다.

해설 '요컨대'가 맞는 표기이다. '맞춤법 제40항의 붙임 3'을 참고하여 '요컨대'로 써야 한다.

정답 01 ①   02 ④

03

다음 중 밑줄 친 부분이 맞춤법에 어긋난 것은?

① 그 이론은 <u>열력학</u> 이론에 위배된다.

② 그는 실패할 때마다 <u>오뚝이</u>처럼 다시 일어섰다.

③ 상인들은 <u>쇠고기</u> 판매량을 속여 탈세를 자행하고 있다.

④ 그녀의 남편은 새로 <u>전셋집</u>을 구했다.

⑤ 그래도 그보다 더한 <u>무녀리</u>는 아마 없을 것이다.

해설 '열역학'이 맞는 표기이다. '맞춤법 제11항의 붙임 4'를 참고하면 '열역학'의 '역학'은 2음절 이하이므로 두음 법칙을 적용할 수 없지만 접두사처럼 쓰이는 단어와 결합한 경우이므로 2음절에서도 두음 법칙을 적용하여 '열역학'으로 적는 것이 바른 표기이다.

🔊 **어휘풀이**

- **무녀리** : 1. 한 태에 낳은 여러 마리 새끼 가운데 가장 먼저 나온 새끼. 2. 말이나 행동이 좀 모자란 듯이 보이는 사람을 비유적으로 이르는 말.

04

다음 밑줄 친 활용형 중 한글 맞춤법에 맞는 것은?

① 민희야, 너무 많이 먹지 <u>말아라</u>.

② 영민이는 화가 나서 방문을 <u>잠가</u> 버렸다.

③ 얼음으로 조각상을 <u>만듬</u>.

④ 요즘 실력이 부쩍 <u>늘은</u> 것 같아요.

⑤ 그녀는 해진 치마를 <u>기어</u> 입었다.

해설 ③ 만듬 → 만듦
④ 늘은 → 는
⑤ 기어 → 기워

05

다음 중 밑줄 친 부분이 맞춤법에 어긋난 것은?

① 농악대는 <u>꽹과리</u> 소리를 요란하게 울리며 행진하고 있었다.

② 우리는 그에게 발뒤꿈치를 물린 <u>셈</u>이었다.

③ 그녀는 이야기의 <u>초점</u>을 자꾸만 흐렸다.

④ 그것을 <u>백분율</u>로 나타내면 상황이 좀 달라질 것이다.

⑤ 모두가 <u>넉넉치</u> 못했던 시절에도 훈훈한 마음은 가지고 있었다.

> **해설** ⊙ '넉넉지'가 맞는 표기이다. '맞춤법 제40항 붙임 2'를 참고할 때 '넉넉지'는 '넉넉하지'의 준말에 해당하는데 이 경우 '넉넉'의 종성이 안 울림예사소리인 'ㄱ'이므로 줄 때 '하'가 줄어 '넉넉지'로 표기해야 바른 표기이다.

06

다음 중 밑줄 친 부분이 맞춤법에 어긋난 것은?

① 그가 밥을 <u>먹든지</u> 말든지 그녀는 상관하지 않았다.

② 어머니는 우리에게 <u>자장면</u>을 사 주셨다.

③ 이번 사태가 발생한 원인을 <u>곰곰이</u> 따져보았다.

④ 마당에는 <u>수평아리</u> 대여섯 마리가 돌아다니고 있었다.

⑤ 내일은 <u>구름량</u>이 오늘보다 많을 것 같다.

> **해설** ⊙ '구름양'이 맞는 표기이다. '맞춤법 제11항'에 따르면 두음 법칙은 첫 음절에서만 적용하는 것이 맞다. 하지만 '량(量)'의 경우 고유어나 외래어와 결합할 경우에는 독립된 하나의 단어로 보아 '양'을 쓰지만 한자어와 결합할 때는 접미사처럼 쓰여 독립된 단어로 인정하기 어려우므로 '원자량(原子量)'과 같이 두음 법칙을 적용하지 않는다.
> ② '자장면'의 경우 원래는 '자장면'만 맞는 표기였지만 2011년 8월 31일 국립국어원에서 발표한 수정 내용에서 '짜장면'도 맞는 표기로 인정하게 되었다.

07

다음 중 밑줄 친 말이 적절하게 사용되지 않은 것은?

① 고무줄을 <u>늘이다</u>.

② 약을 <u>달이다</u>.

③ 고개를 반듯이 <u>들어라</u>.

④ 식목일에 <u>붙이는</u> 글

⑤ 멸치를 간장에 <u>조린다</u>.

> **해설** ⊙ 글의 제목이나 부제(副題)에 많이 쓰이는 경우이므로 '붙이는'을 '부치는'으로 고쳐야 한다.

08

다음 중 밑줄 친 부분이 맞춤법에 어긋난 것은?

① 꿈속에서 쌍룡이 승천하는 것을 보았다.

② 누군가 그들의 이야기를 엿듣고 있었다.

③ 그는 자신이 심부름꾼에 불과하다고 주장하였다.

④ 정곡을 찌르는 그의 질문에 나는 잠시 움질하였다.

⑤ 그는 공책에 개발새발 글씨를 써내려가기 시작했다.

해설 '움찔하였다'가 맞는 표기이다. '맞춤법 제5항의 2'를 참고하면 '움찔'은 뚜렷한 까닭 없이 한 단어 안에서 나는 된소리이므로 '움찔'로 표기하는 것이 바른 표기이다.

09

다음 중 밑줄 친 부분이 맞춤법에 어긋난 것은?

① 경기가 갑자기 중단되자 관중석은 야단법석이었다.

② 그는 겸연쩍게 웃으며 내게 사과하였다.

③ 네가 애써 만든 음식이니까 잘 먹을께.

④ 밤이 깊어지자 부나비들이 등불 주위로 몰려들었다.

⑤ 솔직히 말하면 나는 그 일에서 손을 뗄 생각이다.

해설 '먹을게'가 맞는 표기이다. '맞춤법 제53항'을 참고하면 의문형 어미가 아닌 경우 예사소리로 적어야 한다. '먹을게'는 의문형이 아니라 평서형이므로 예사소리로 적는 것이 바른 표기이다.

10

다음 중 밑줄 친 부분의 띄어쓰기가 바르지 않은 것은?

① 아쉽지만 그는 떠난지가 오래되었다.

② 큰아버지가 위독하시다는 소식을 듣고 아버지께서는 곧장 병원으로 향하셨다.

③ 집중 호우로 소중한 물건들이 강물에 떠내려가 버렸다.

④ 이 물건은 이십삼만 삼천 원입니다.

⑤ 그는 잘 모르는 분야인데도 자꾸만 아는 척한다.

해설 '떠난 지'와 같이 띄어 써야 한다. '맞춤법 제42항'을 참고하면 '지'가 어떤 일이 일어난 이후로의 시간을 의미하는 경우 의존 명사이므로 띄어 쓰는 것이 맞다. 참고로 '그가 그것을 먹을지 모른다.'와 같이 시간의 의미가 없는 경우는 '-ㄹ지'가 하나의 어미이므로 붙여 쓰는 것이 맞다.

11

다음 중 밑줄 친 부분의 띄어쓰기가 옳지 않은 것은?

① 철수, 네가 <u>그럴 수가</u> 있느냐?

② 우리는 동생이 오기 전에 빵을 모두 <u>먹어 버렸다</u>.

③ 음식은 충분히 마련해 두었으니 <u>먹을 만큼</u> 먹어라.

④ 이번에 필요한 인원은 <u>열 내지 스물</u>이다.

⑤ 친구의 돌잔치에 <u>금 서돈</u>을 선물하였다.

> **해설** ● '금 서 돈'으로 띄어 써야 한다. '맞춤법 제43항'을 참고하면 단위를 나타내는 명사는 띄어 써야 하는데 '돈'은 금과 같은 물건의 수량을 나타내는 단위 명사이므로 띄어쓰는 것이 맞다.

12

다음 중 밑줄 친 부분의 띄어쓰기가 옳지 않은 것은?

① 그는 아니라고 하지만, 사실 <u>그럴 지도</u> 모른다.

② 어쨌든 나는 <u>나대로</u> 할 일을 하겠다.

③ 우리는 <u>그때 그곳에서</u> 목격한 상황을 진술해야 했다.

④ 내가 믿는 것은 오직 <u>너뿐이다</u>.

⑤ 그녀는 <u>그 때부터</u> 줄곧 1등을 놓치지 않았다.

> **해설** ● '그럴지도'와 같이 붙여 써야 한다. '맞춤법 제42항'을 참고하면 '지'가 어떤 일이 일어난 후의 시간을 의미하는 경우 의존 명사이므로 띄어 써야 하지만 '그럴지도'는 시간을 의미하는 말이 아니고 '-ㄹ지도'가 하나의 어미이므로 붙여 써야 한다.

13

다음 중 밑줄 친 어휘의 쓰임이 바르지 못한 것은?

① 상황이 <u>걷잡을</u> 수 없이 번져가고 있었다.

② 그녀는 노란 우산을 <u>받치고</u> 길을 가고 있었다.

③ 짙은 안개 때문에 차와 차가 마주 <u>부딪쳤다</u>.

④ 그나마 그가 <u>하느라고</u> 한 것이 이 모양이다.

⑤ 화가 난 그녀는 문을 힘껏 <u>닫쳤다</u>.

> **해설** ● '하노라고'가 맞다. '맞춤법 제57항'을 참고하면 '하느라고'는 이유나 원인에 해당하는 말이고, '하노라고'는 '한다고 한 것이'의 의미이다.

정답 08 ④　09 ③　10 ①　11 ⑤　12 ①　13 ④

14

다음 중 밑줄 친 어휘의 쓰임이 바르지 못한 것은?

① 어머니는 부엌에서 밥을 <u>안치고</u> 계셨다.

② 옛날 어른들은 정성스런 마음으로 약을 <u>달이셨다</u>.

③ 낡은 책상을 새 책상으로 <u>갈음</u>하였다.

④ 그는 이번 회의에 <u>붙이는</u> 안건을 공개하였다.

⑤ 그들은 점심때가 되기도 전에 일을 <u>마쳤다</u>.

> **해설** '부치는'이 맞다. '붙이다'는 '우표를 붙이다, 벽에 붙이다, 흥정을 붙이다, 감시원을 붙이다, 취미를 붙이다, 조건을 붙이다, 별명을 붙이다'와 같이 접착 또는 근접의 의미를 지닌 경우에 사용하고 '부치다'는 '힘에 부치다, 편지를 부치다, 논밭을 부치다, 전을 부치다, 회의에 부치다, 인쇄에 부치다, 숙식을 부치다'와 같이 사용한다.

15

다음 중 밑줄 친 한자어의 표기가 옳지 않은 것은?

① 그는 무엇보다 <u>숫자(數字)</u> 개념이 뛰어나다.

② 야합이란 인상을 주는 방법은 가장 <u>졸렬(拙劣)</u>한 방법이다.

③ <u>운률(韻律)</u>에 맞추어 시를 낭송하다.

④ 무장한 군인들의 <u>행렬(行列)</u>이 지나갔다.

⑤ 쌀가마를 <u>곳간(庫間)</u>에 쟁이다.

> **해설** 한자어 '률, 렬'은 모음이나 'ㄴ' 받침 뒤에 올 때는 '율, 열'로 적는다. 따라서 '운율(韻律)'이 바른 표기이다.

16

다음 중 밑줄 친 어휘의 쓰임이 바르지 못한 것은?

① 그는 소리를 얼마나 질렀던지 <u>목거리</u>가 덧났다.

② 아버지의 수술실 앞에서 우리는 마음을 <u>졸이고</u> 있었다.

③ 오래 걸었더니 다리가 <u>절여왔다</u>.

④ 그녀는 우표 수집에 취미를 <u>붙였다</u>.

⑤ 너희들은 <u>이따가</u> 오도록 해라.

> **해설** '저려왔다'가 맞다. '절이다'는 '배추를 소금에 절이다.'와 같이 '절다'의 사동표현에 해당하고, '저리다'는 '뼈마디나 몸의 일부가 오래 눌려서 피가 잘 통하지 못하여 감각이 둔하고 아리다.'라는 뜻이다.

17

다음 중 밑줄 친 어휘의 쓰임이 바르지 못한 것은?

① 새들이 <u>날갯짓</u>을 힘차게 하고 있었다.

② 방 안에는 매케한 <u>내음</u>이 가득하였다.

③ 그는 매서운 <u>눈초리</u>로 우리를 노려보았다.

④ 따뜻한 봄날 뜰을 거닐고 있으면 마음이 <u>흐뭇</u>해진다.

⑤ 그는 시선을 <u>떨군</u> 채 말이 없었다.

해설◉ '내음'은 '냄새'와 유사한 뜻이지만 '향기롭거나 나쁘지 않은 냄새'로 그 쓰임이 제한된다.

18

다음 중 문장 부호의 쓰임이 바르지 못한 것은?

① 1919. 3. 1

② 개구리가 나온 것을 보니, 봄이 오긴 왔구나.

③ 3 · 1 운동

④ "여러분! 침착해야 합니다. '하늘이 무너져도 솟아날 구멍이 있다.'고 합니다."

⑤ 문방사우: 붓, 먹, 벼루, 종이

해설◉ 년, 월, 일을 쓸 경우 온점은 끝까지 표기해야 한다. → 1919. 3. 1.

19

다음 중 문장 부호의 쓰임이 바르지 못한 것은?

① 이름이 뭐지?

② 커피(coffee)는 기호 식품이다.

③ 너는 언제 왔니, 어디서 왔니?

④ 김 과장: 난 못 참겠다.

⑤ 육군 ○○ 부대 ○○○ 명이 작전에 참가하였다.

해설◉ 서로 다른 물음일 때는 물음표를 물음마다 표기해야 한다. → 너는 언제 왔니? 어디서 왔니?

정답 14 ④   15 ③   16 ③   17 ②   18 ①   19 ③

20

다음 중 문장 부호의 쓰임이 바르지 못한 것은?

① 지금 필요한 것은 '지식'이 아니라 '실천'입니다.

② 닭과 지네, 개와 고양이는 상극이다.

③ 그것 참 훌륭한(?) 태도야.

④ 우리는 나이(年歲)를 묻지 않았다.

⑤ 남북통일이 되면 얼마나 좋을까?

> **해설** 우리말과 한자의 발음이 일치하지 않을 때는 대괄호를 써야 한다. → 나이[年歲]

21

다음 단어 중 사이시옷의 용법이 바르지 않은 것은?

① 횟수(回數) ② 셋방(貰房)

③ 찻간(車間) ④ 숫자(數字)

⑤ 냇과(內科)

> **해설** '내과(內科)'는 한자와 한자 결합의 일반적 예에 해당하기 때문에 사이시옷을 넣지 않는다.
> ①, ②, ③, ④ 사잇소리 현상이 일어날지라도 한자와 한자 사이에는 사이시옷을 넣지 않는다. 그러나 '곳간, 찻간, 툇간, 횟수, 숫자, 셋방' 6개 한자어는 예외로 하여 사이시옷을 표기한다.

22

낱말 '받치다'를 어법에 맞게 사용한 것은?

① 아가씨들이 양산을 받쳐 들고 길을 걸어간다.

② 고추 백 근을 시장 상인에게 받쳐도 옷 한 벌 사기가 힘들다.

③ 마을 이장이 소에게 받쳐서 꼼짝하지 못한다.

④ 휠체어를 탄 여학생이 길을 건너다 승용차에 받쳐서 다쳤다.

⑤ 이 분을 위해서라면 몸과 마음을 받쳐야 된다는 생각뿐이었다.

> **해설** 세 동사 '받치다, 받히다, 바치다'의 구분 능력을 알아보는 문제이다. '받치다'는 '받다'에 접미사 '-치'가 결합한 형태로 '어떤 물건의 밑이나 안에 다른 물체를 대다, 우산이나 양산 등을 펴 들다.'라는 뜻으로 사용된다.
> ② 받쳐도 → 바쳐도 : '도매상에서 소매상에게 단골로 물품을 대어 주다.'라는 뜻을 가진 '바치다'를 사용하는 것이 적절하다.
> ③ 받쳐서 → 받혀서 : '세차게 부딪음을 당하다.'의 의미인 '받다'의 피동형인 '받히다'를 쓰는 것이 적절하다.
> ④ 받쳐 → 받혀서 : '세차게 부딪음을 당하다.'의 의미는 '받다'의 피동형인 '받히다'를 쓰는것이 적절하다.
> ⑤ 받쳐야 → 바쳐야 : '무엇을 위해 아낌없이 내놓거나 쓰다.'라는 의미는 '바치다'로 써야 한다.

23

다음 중 밑줄 친 부분의 띄어쓰기가 옳은 것은?

① 마을 사람들은 어느 말을 믿어야 <u>옳은 지</u> 몰라서 두 사람의 입만 쳐다보고 있었다.

② 강아지가 집을 나간 지 <u>사흘만에</u> 돌아왔다.

③ 그냥 모르는 척 <u>살만도</u> 한데 말이야.

④ 듣고 보니 <u>좋아할만 한</u> 이야기이다.

⑤ 도대체 이게 <u>얼마 만인가</u>.

> **해설** '도대체 이게 얼마 만인가'에서 '–만'은 '동안이 얼마간 계속되었음'을 나타내는 의존 명사로 띄어 쓰는 것이 원칙이다.
> ① 옳은 지 → 옳은지 : '지'는 의존 명사일 때 앞말과 띄어 쓰는 것이 맞지만 '–ㄴ지/–ㄹ지'와 같이 '추측'이나 '짐작'을 나타낼 때에는 붙여 쓰는 것을 원칙으로 한다.
> ② 사흘만에 → 사흘 만에 : '사흘만에'에서 '–만'은 기간이 얼마간 계속되었음을 나타내는 의존 명사이므로 띄어 쓰는 것이 맞는 표현이다.
> ③ 살만도 → 살 만도 : '살만도'에서 '–만'은 의존 명사이므로 띄어 쓰는 것이 맞다.
> ④ 좋아할만 한 → 좋아할 만한 : '만한'은 '만하다'라는 보조 용언의 어간에 관형사형 어미 'ㄴ'이 붙은 형태로 앞 말과 띄어 쓰는 것을 원칙으로 한다.

24

다음 중 밑줄 친 부분의 맞춤법 표기가 맞는 것은?

① 벌레 한 마리 때문에 학생들이 <u>법썩</u>을 떨었다.

② <u>실낱같은</u> 희망을 버리지 않고 있다.

③ <u>오뚜기</u> 정신으로 위기를 헤쳐 나가야 한다.

④ <u>더우기</u> 몹시 무더운 초여름 날씨를 예상한다.

⑤ 어릴 적 할머니의 <u>반짓고리</u>는 보물상자였다.

> **해설** '실낱'은 '실의 하나하나'로 '실의 올'을 말한다. '실낱같다'는 말은 목숨이나 희망 따위가 미미하여 끊어지거나 사라질 듯하다.'라는 뜻이다.
> ① 법썩 → 법석 : 'ㄱ, ㅂ' 받침 뒤에서 나는 된소리는, 같은 음절이나 비슷한 음절이 겹쳐 나는 경우가 아니면 된소리로 적지 아니한다.
> ③ 오뚜기 → 오뚝이 : '오뚜기'는 '오뚝하다'에서 '–이'가 붙어서 명사가 가능한 경우이다.
> ④ 더우기 → 더욱이 : 부사접미사 '–이'와 '–히'는 밝혀 적는 것을 원칙으로 한다.
> ⑤ 반짓고리 → 반짇고리 : 끝소리가 'ㄹ'인 말과 딴 말이 어울릴 적에 'ㄹ'소리가 'ㄷ'소리로 나는 것은 'ㄷ'으로 적는다.

❷ 표준어 규정

(1) 표준어 규정의 이해

'표준어 규정'은 표준어 사정의 원칙과 표준 발음법을 체계화한 규정이다. 1936년 조선어 학회에서 사정하여 공표한 〈조선어 표준말 모음〉을 크게 보완하고 합리화하여 1988년 1월에 문교부가 고시하였다.

➕ 더 알고가기 　표준어의 기능　　　　　　　　　　　　　　　　　　　　　　　　　　　　 ☰

- **통일(統一)의 기능** : 모든 국민의 언어 생활을 통일하여 누구와도 의사소통이 잘 되도록 하는 역할을 한다.
- **준거(準據)의 기능** : 어문 규정 역시 교육 및 행정 등의 분야에서 준수되어야 할 규정이다. 표준어는 이를 지키게 함으로써 준법정신을 길러 주는 역할을 한다.
- **교양 형성의 기능** : 공적인 의사소통을 하는 데 필요한 기본적 토대를 제공한다.

🔍 짚어보기 　▶ 북한의 '문화어'

남과 북은 오랜 세월에 걸친 분단 상황과 이념의 차이로 언어의 이질화가 심화되어 왔다. 현재 남한의 공통어를 '표준어'라고 하며, 북한의 공통어를 '문화어'라고 한다.

㉠ 음운 면에서의 차이
- 표준어는 두음 법칙을 인정하지만 문화어는 인정하지 않는다.
  - 예) 남한 : 노동신문, 북한 : 로동신문
- 표준어는 자음동화를 인정하지만 문화어는 인정하지 않는다.
  - 예) 남한 : 강릉[강능], 북한 : 강릉[강릉]

㉡ 문법 면에서의 차이
- 문화어는 복수 접미사 '들'을 많이 사용하며, 표준어에 없는 특이한 구문을 사용한다.
- 표준어는 부드럽게 말하지만, 문화어는 단어나 어절을 끊어서 말하는 경향이 있다.
- 표준어에서는 대체로 낮은 억양으로 말하는 데 비해 문화어에서는 높은 데서 낮은 데로 떨어지는 억양을 반복한다.

㉢ 맞춤법에서의 차이
- 문화어는 붙여쓰기를 위주로 한다.
- 문화어의 한글 자모 차례와 명칭은 표준어와 다르다.
- 문화어는 사이시옷을 쓰지 않고, 두음 법칙을 인정하지 않는다.

(2) 표준어 사정 원칙

제 1 장 총 칙

> 제1항 | 표준어는 교양 있는 사람들이 두루 쓰는 현대 서울말로 정함을 원칙으로 한다.
> 제2항 | 외래어는 따로 사정한다.

제1항의 규정에는 표준어의 조건이 제시되어 있다. 여기서 제시된 표준어의 조건은 크게 <u>계층적 조건</u>, <u>시대적 조건</u>, <u>지역적 조건</u>의 세 가지이다. 우선 표준어를 '교양 있는 사람들'이 쓰는 말로 제한하여 계층조건을 제시하고 있는데 이는 표준어가 공용어인 점을 감안하여 교양 있는 언어 사용을 유도할 수 있도록 한 것이다. '현대'라는 시대적 조건은 표준어가 현대인들의 언어 생활과 관련된 것이기 때문이며, 과거의 역사적 표기 형태를 표준어의 범위에서 제외시킴으로써 표준어 사용의 현실성과 실용성을 높이고 있다. 끝으로 '서울말'이라는 지역적 조건을 명시하고 있는데 서울이 역사적으로 오랫동안 정치, 사회, 문화의 중심지였다는 점과 현재 인구 구성 면에서도 최다성을 보이고 있다는 점을 고려한 것이며, 이를 통해 방언이나 외래어 등을 표준어에서 제외함으로써 공용어 사용의 혼란을 막고 있다.

제 2 장 발음 변화에 따른 표준어 규정
제1절 자음

제3항 | 다음 단어들은 거센소리를 가진 형태를 표준어로 삼는다. (ㄱ을 표준어로 삼고, ㄴ을 버림.)

ㄱ	ㄴ	비고
끄나풀	끄나불	
나팔-꽃	나발-꽃	
녘	녁	동~, 들~, 새벽~, 동틀~
부엌	부억	
살-쾡이	삵-괭이	
칸	간	1. ~막이, 빈~, 방 한~ 2. '초가삼간, 윗간'의 경우에는 '간'임.*
털어-먹다	떨어-먹다	재물을 다 없애다.

제2장에서는 어원을 고려하더라도 그 변화가 두드러져 종래의 형태를 그대로 인정할 수 없는 경우 새로운 형태를 표준어로 삼도록 하고 있다. 가령, '살쾡이'의 경우 역사적으로 '삵'이 원형이었으나 현실 발음이 '살쾡이'로 굳어져 이를 되돌릴 수 없기 때문에 '살쾡이'를 표준어로 삼고 '삵'은 어원의식을 고려하여 제 26항에서 복수 표준어로 규정하고 있는 것이다.

🔍 **짚어보기** ▶ '간'을 쓰는 경우

- **대하천간(大廈千間)**: 천 칸의 큰 집을 이르는 말.
- **윗간(-間)**: 온돌방에서 아궁이로부터 먼 부분. 굴뚝에 가까움.
- **초가삼간(草家三間)**: '세 칸밖에 안 되는 초가'라는 뜻으로, 아주 작은 집을 이르는 말. ＝삼간초가(三間草家)

제4항 | 다음 단어들은 거센소리로 나지 않는 형태를 표준어로 삼는다. (ㄱ을 표준어로 삼고, ㄴ을 버림.)

ㄱ	ㄴ	비고
가을—갈이	가을—카리	
거시기	거시키	
분침	푼침	

제5항 | 어원에서 멀어진 형태로 굳어져서 널리 쓰이는 것은, 그것을 표준어로 삼는다. (ㄱ을 표준어로 삼고, ㄴ을 버림.)

ㄱ	ㄴ	비고
강낭—콩	강남—콩	
고삿	고샅	겉~, 속~
사글—세	삭월—세	'월세'는 표준어임.
울력—성당	위력—성당	떼를 지어서 으르고 협박하는 일.

다만, 어원적으로 원형에 더 가까운 형태가 아직 쓰이고 있는 경우에는, 그것을 표준어로 삼는다. (ㄱ을 표준어로 삼고, ㄴ을 버림.)

ㄱ	ㄴ	비고
갈비	가리	~구이, ~찜, 갈빗—대
갓모	갈모	1. 사기 만드는 물레 밑 고리. 2. '갈모'는 갓 위에 쓰는, 유지로 만든 우비.
굴—젓	구—젓	
말—곁	말—겻	
물—수란	물—수랄	
밀—뜨리다	미—뜨리다	
적이	저으기	적이—나, 적이나—하면
휴지	수지	

제5항은 어원이 뚜렷하지만 이미 언중들이 어원에서 멀어진 형태로 발음하고 있는 것을 인정하여 표준어로 인정한 경우이다. 다만, 어원 의식이 남아 그 형태가 널리 쓰이고 있는 것들은 어원을 고려하여 어원에 따른 말을 표준어로 삼고 있다. '적이'의 경우 '적다'와는 의미적으로 거리가 있으나 '적다'와의 관계를 완전히 부정하기 어렵다는 점을 감안하여 '적이'를 표준어로 삼고 있다.

◀)) **어휘풀이**

- **고삿** : 초가지붕을 일 때 쓰는 새끼.
- **말곁** : 남이 말하는 옆에서 덩달아 참견하는 말.
- **물수란** : 달걀을 깨뜨려 그대로 끓는 물에 넣어 반쯤 익힌 음식.

사글세의 어원은 '삭월세'이다. '삭월(朔月)'은 달을 뜻하는 '삭(朔)'과 '월(月)'이 합쳐져 이루어진 말로 결국 다달이 내는 세를 의미하는 말이었다. 그러나 현실 발음이 '사글세'로 굳어지면서 '삭월세'를 버리고 '사글세'를 표준어로 삼은 것이다. 표준어 중에는 이처럼 원래 어원을 고려하여 적는 것이 말의 뜻을 이해하는 데 훨씬 효율적임에도 불구하고 현실 발음을 존중하여 발음대로 표기하도록 정한 것들이 있다. '강낭콩' 역시 그러한 예이다. 어원적으로 보면 중국 '강남(江南)'지방에서 재배되던 것이 우리나라로 들어왔기 때문에 '강남(江南)콩'이었으나 이 역시 언중의 현실 발음을 중시하여 '강낭콩'으로 표기하도록 한 것이다.

제6항 | 다음 단어들은 의미를 구별함이 없이, 한 가지 형태만을 표준어로 삼는다. (ㄱ을 표준어로 삼고, ㄴ을 버림.

ㄱ	ㄴ	비고
돌	돐	생일, 주기.
둘–째	두–째	'제2, 두 개째'의 뜻.
셋–째	세–째	'제3, 세 개째'의 뜻.
넷–째	네–째	'제4, 네 개째'의 뜻.
빌리다	빌다	1. 빌려주다, 빌려 오다. 2. '용서를 빌다'는 '빌다'임.

다만, '둘째'는 십 단위 이상의 서수사에 쓰일 때에는 '두째'로 한다.

ㄱ	ㄴ	비고
열두–째		열두 개째의 뜻은 '열둘째'로 함.
스물두–째		스물두 개째의 뜻은 '스물둘째'로 함.

제6항에 제시된 어휘들은 그동안 용법상 차이를 인정하여 두 형태를 구별하여 써 왔던 말들이다. 가령, '돌'은 '생일'을, '돐'은 주기를 의미하는 말로 구분하여 써 왔던 것인데 이들의 의미 구분에 실용성이 떨어져 '돌'로 통일한 것이다. '빌다'역시 '빌리다와 의미를 구분하여 써 오던 것을 '빌려 오다', '빌려 주다'와 같이 '빌리다로 형태를 통일하도록 규정하고 있다. 다만, 차례를 나타내는 '열두째, 스물두째, 서른두째' 등의 말은 앞에 다른 수가 올 경우 받침 'ㄹ'이 탈락하는 경향이 뚜렷하므로 종래의 구분대로 구별하여 표기하도록 하였다.

제7항 | 수컷을 이르는 접두사는 '수–'로 통일한다. (ㄱ을 표준어로 삼고, ㄴ을 버림.)

ㄱ	ㄴ	비고
수–꿩	수–퀑/숫–꿩	'장끼'도 표준어임.
수–나사	숫–나사	
수–놈	숫–놈	
수–사돈	숫–사돈	

수-소 수-은행나무	숫-소 숫-은행나무	'황소'도 표준어임.

다만 1. 다음 단어에서는 접두사 다음에서 나는 거센소리를 인정한다. 접두사 '암-'이 결합되는 경우에도 이에 준한다. (ㄱ을 표준어로 삼고, ㄴ을 버림.)

ㄱ	ㄴ	비고
수-캉아지	숫-강아지	
수-캐	숫-개	
수-컷	숫-것	
수-키와	숫-기와	
수-탉	숫-닭	
수-탕나귀	숫-당나귀	
수-톨쩌귀	숫-돌쩌귀	
수-퇘지	숫-돼지	
수-평아리	숫-병아리	

다만 2. 다음 단어의 접두사는 '숫-'으로 한다. (ㄱ을 표준어로 삼고, ㄴ을 버림.)

ㄱ	ㄴ	비고
숫-양	수-양	
숫-염소	수-염소	
숫-쥐	수-쥐	

'수'의 경우는 사잇소리 현상과 연관되어 '숫'과 그 형태에 대한 논란이 있을 수 있다. 하지만 본 항에서는 '수'로 통일하여 그러한 혼란을 없애고 하나의 형태로 고정시킴으로써 언어생활의 효율성을 기하고 있다. 다만, '숫양', '숫염소', '숫쥐'의 경우 사잇소리 경향을 인정하여 '숫'의 형태를 쓸 수 있도록 인정하였다. '암'은 '수'에 준하므로 '암' 역시 위의 규정에 따라 써야 한다.

한편, 역사적으로 '암'과 '수'는 'ㅎ종성체언'으로 뒷말과 결합할 때 'ㅎ'이 덧나는 대표적인 어휘였다. 이러한 역사적 관습이 남아 현재에도 '암/수'와 예사소리가 결합할 때에는 거센소리로 소리 나는 경향이 뚜렷하다. 하지만 이것을 어디까지 인정할 것인가는 논란의 여지가 있다. 따라서 본 항에서는 '암', '수' 뒤에서 'ㅎ'과 결합하여 거센소리로 나는 것을 인정하여 표기하되 '다만 1'에 제시된 단어들로 국한하였다.

＋ 더 알고가기   ㅎ종성체언(ㅎ곡용어)   ☰

체언과 조사가 결합할 때 특정한 상황에서 'ㅎ'이 덧생기는 체언들이 있었다. 이러한 체언들을 'ㅎ종성체언' 또는 'ㅎ곡용어'라고 한다. 중세 국어의 '바룰[海], 위[上], 내[川], 돌[石]' 등의 많은 단어들이 이에 속했으나 현대 국어로 오면서 이러한 현상은 사라졌다. 그러나 몇몇 단어에는 흔적이 남아 특정 어휘와 결합할 때 이러한 현상이 나타나는 경우가 있다. '암', '수' 외에도 '머리'는 '가락'과 결합할 때 '머리카락'이 되고 '살'이 '고기'와 결합할 때 '살코기'가 되는 경우가 그것이다. 결국 과거에 사라졌던 어휘의 특성이 언중의 의식 속에 남아 있다가 특정 어휘들 속에서 그 흔적이 드러나는 것이다.

제2절 모음

제8항 | 양성 모음이 음성 모음으로 바뀌어 굳어진 다음 단어는 음성 모음 형태를 표준어로 삼는다. (ㄱ을 표준어로 삼고, ㄴ을 버림.)

ㄱ	ㄴ	비고
깡충 – 깡충	깡총 – 깡총	큰말은 '껑충껑충'임.
– 둥이	– 동이	← 童–이. 귀–, 막–, 선–, 쌍–, 검–, 바람–, 흰–.
발가 – 숭이	발가 – 송이	센말은 '빨가숭이', 큰말은 '벌거숭이, 뻘거숭이'임.
보퉁이	보통이	
봉죽	봉족	← 奉足. ∼꾼, ∼들다.
뻗정–다리	뻗장 – 다리	
아서, 아서라	앗아, 앗아라	하지 말라고 금지하는 말.
오뚝 – 이	오똑 – 이	부사도 '오뚝–이'임.
주추	주초	← 柱礎. 주춧 – 돌

다만, 어원 의식이 강하게 작용하는 다음 단어에서는 양성 모음 형태를 그대로 표준어로 삼는다. (ㄱ을 표준어로 삼고, ㄴ을 버림.)

ㄱ	ㄴ	비고
부조(扶助)	부주	∼금, 부좃 – 술
사돈(査頓)	사둔	밭∼, 안∼
삼촌(三寸)	삼춘	시∼, 외∼, 처∼

역사적으로 국어는 모음조화(母音調和)를 지켜왔으며 아직까지 체언과 조사의 결합이나 어간과 어미의 결합, 일부 음성 상징어에서 유지되고 있다. 하지만 모음조화는 역사 속에서 지속적으로 문란해졌고 현실 발음 사이에서 적지 않은 괴리가 존재해 왔다. 이에 본 항에서는 모음조화가 지켜지지 않는 말들에 대해서 언어 현실을 받아들여 표기하도록 규정하고 있다. 대표적인 예가 '깡충깡충'인데 모음조화를 고려하면 '깡총깡총'이 맞는 표기이지만 언어 현실상 '깡충깡충'이 널리 쓰이고 있음을 감안하여 모음조화가 지켜지지 않은 '깡충깡충'을 표준어로 삼고 있는 것이다. '쌍둥이, 오뚝이'도 이러한 규정에 해당하는 단어들이다. 특히 '아서, 아서라'는 원래 '빼앗는다'는 의미에서 온 '앗아, 앗아라'로 써 왔으나 이미 원뜻에서는 멀어져 '빼앗는다'의 의미가 희박해졌으므로 언어 현실에 따라 '아서, 아서라'의 형태로 쓰도록 하였다. 다만 '부조, 삼촌, 사돈'은 '부주, 사둔, 삼춘'이 널리 쓰이고 있는 것이 현실이지만 아직 어원 의식이 아직 강하게 남아 있다고 판단하여 음성 모음으로 바꾸는 것을 허용하지 않았다.

+ 더 알고가기 | **'모음조화'의 역사** ☰

훈민정음 창제 당시에는 모음조화가 매우 철저히 지켜졌다. 당시 양성 모음은 'ㅏ, ㅑ, ㅗ, ㅛ, ·'이고 음성 모음은 'ㅓ, ㅕ, ㅜ, ㅠ, ㅡ'였으며 'ㅣ'는 중성 모음이었다. 따라서 말이 어울릴 때는 이들 모음의 성격이 같은 것끼리 어울리는 경향이 있었고 이는 한 단어 안에서뿐만 아니라 조사가 결합할 때, 어미가 결합할 때 등 매우 광범위하게 적용되던 규칙이었다. 예를 들어 목적격 조사의 경우 선행 모음이 양성이냐 음성이냐에 따라 '올/을', '롤/를'이 선택적으로 결합되었다. 하지만 모음조화는 점차 문란해지다가 임진왜란 이후 근대 국어 시기가 되면서 '·'의 소실과 더불어 급격히 문란해지게 된다. 현대 국어에서는 일부 어간과 어미의 결합이나 음성 상징어에만 남아 있을 뿐이다.

Q 짚어보기 ▶ 모음조화가 지켜지지 않는 어휘

- **첩어** : 깡충깡충, 오순도순*, 보슬보슬, 소근소근, 꼼질꼼질, 몽실몽실, 산들산들, 반들반들, 남실남실, 자글자글, 대굴대굴, 생글생글, 아웅다웅(아옹다옹), 맨숭맨숭/맹숭맹숭(맨송맨송), 바둥바둥(바동바동)*
- **ㅂ불규칙 용언** : 용언의 어간 끝소리로 'ㅂ'을 가진 어휘의 경우 활용할 때 'ㅂ'이 탈락하고 '오/우'가 덧생기는 경우가 있다. 이를 'ㅂ불규칙 활용'이라고 한다. 이는 중세 국어에서 받침의 'ㅂ'이 어미의 첫소리로 이어적기 되면서 'ㅸ'으로 바뀌었다가 'ㅸ'이 '오/우'로 바뀐 것이다. 이 흔적이 남아 현대 국어에서도 'ㅂ불규칙 용언'들은 어미 '–아/–어'와 결합할 때 '–와/–워'가 되는데 2음절 이하에서 이들은 모음조화를 철저히 지켜 '고와, 주워'처럼 사용되었다. 그러나 3음절 이상에서는 '고마워, 반가워, 아름다워'처럼 모음조화와 상관없이 '워'로 통일하였다.
- **기타 어휘** : 오뚝이, 막둥이

*오순도순'의 경우 2011년 추가된 표준어에서는 모음조화가 적용된 '오손도손'도 포함되어 있다.
*아웅다웅, 맨숭맨숭, 맹숭맹숭, 바둥바둥'은 원래 모음조화를 지켜서 표기하였으나 2011년 추가된 표준어에서 모음조화가 지켜지지 않은 표기도 인정하도록 한 경우이다.

● **기출유사문제** ●

다음 중 밑줄 친 말이 표준어가 아닌 것은?

① <u>머시</u>, 그 때 우리 만났던 사람 있잖아.

② <u>아서라</u>, 그런다고 문제가 해결될 것 같으냐?

③ <u>얼씨구</u>, 이제 한 술 더 뜨는구나.

④ <u>애고</u>, 앞으로 우리는 어찌 살아갈까?

⑤ <u>하먼</u>, 정말이지, 내 말만 믿어라.

● **해설**

'하먼'은 '아무렴'에 해당하는 방언이다.
① 말하는 도중에 어떤 사람이나 사물의 이름이 얼른 떠오르지 않거나 또는 그것을 밝혀 말하기 곤란할 때 쓰는 말로 '무엇이'의 준말이다.
② 그렇게 하지 말라고 금지할 때 하는 말이다.
③ 보기에 아니꼬워서 조롱할 때 내는 소리이다.
④ 감탄사 '아이고'의 준말이다.

정답 ❺

제9항 ㅣ'ㅣ' 역행동화 현상에 의한 발음은 원칙적으로 표준 발음으로 인정하지 아니하되, 다만 다음 단어들은 그러한 동화가 적용된 형태를 표준어로 삼는다. (ㄱ을 표준어로 삼고, ㄴ을 버림.)

ㄱ	ㄴ	비고
-내기	-나기	서울-, 시골-, 신출-, 풋-
냄비	남비	
동댕이-치다	동당이-치다	

[붙임 1] 다음 단어는 'ㅣ' 역행 동화가 일어나지 아니한 형태를 표준어로 삼는다. (ㄱ을 표준어로 삼고, ㄴ을 버림.)

ㄱ	ㄴ	비고
아지랑이	아지랭이	

[붙임 2] 기술자에게는 '-장이', 그 외에는 '-쟁이'가 붙는 형태를 표준어로 삼는다. (ㄱ을 표준어로 삼고, ㄴ을 버림.)

ㄱ	ㄴ	비고
미장이	미쟁이	
유기장이	유기쟁이	
멋쟁이	멋장이	
소금쟁이	소금장이	
담쟁이-덩굴	담장이-덩굴	
골목쟁이	골목장이	
발목쟁이	발목장이	

'ㅣ'모음 역행동화란 '아기'를 '애기'로 발음하는 것과 같이 'ㅏ'와 같은 앞의 후설모음이 뒤에 오는 전설모음 'ㅣ'의 영향을 받아 'ㅐ'와 같은 전설모음으로 바뀌는 현상이다. 하지만 이러한 음운현상은 필연적으로 일어나는 것도 아니고 '아기'와 같은 형태를 발음할 수 없거나 어원적으로 쓰지 못할 이유도 없기 때문에 'ㅣ'모음 역행동화의 경우 표준어로 인정하지 않는 것이다. 다만 9항에서는 예외적으로 언어 현실상 'ㅣ'모음 역행동화가 일어난 형태가 굳어져 'ㅣ'모음 역행동화가 일어난 형태를 표준어로 삼는 단어들을 제시하고 있다. 다만, '아지랑이'는 이전 표준어 규정에서 현실 발음을 인정하여 '아지랭이'를 표준어로 규정하였던 것을 현실 발음의 변화에 따라 원래의 형태로 되돌린 것이다. 끝으로 '쟁이'와 '장이'는 '기술자'와 그 외의 경우를 구별하여 적도록 규정함으로써 일종의 타협을 이루고 있다.

➕ 더 알고가기   'ㅣ'모음 역행동화(전설모음화)   ≡

'ㅣ'모음 역행동화는 후행하는 'ㅣ'모음의 영향으로 선행하는 모음이 변화하였기 때문에 동화의 방향을 고려하여 붙여진 이름이고, '전설모음화'는 후행하는 전설모음 'ㅣ'의 영향을 받아 선행하는 후설모음(ㅡ, ㅓ, ㅏ, ㅜ, ㅗ)이 전설모음(ㅣ, ㅔ, ㅐ, ㅟ, ㅚ)으로 변화하기 때문에 붙여진 이름이다. 특히 우리말에서 'ㅣ'모음 역행동화는 표준어나 표준 발음으로 인정되지 않기 때문에 위에 제시된 어휘들을 제외하고는 표기나 발음에 유의해야 한다.

Q 짚어보기 ▶ 표준어로 인정하는 모음동화

- 'ㅣ' 모음 역행동화가 일어나 굳어진 형태를 표준어로 인정하는 경우
  예 냄비, 담쟁이덩굴, 댕기다, 동댕이치다, 서울내기, 시골내기, 신출내기, 재미, 풋내기
- 기술자에게는 '-장이', 그 외에는 '-쟁이'가 붙는 형태를 표준어로 삼음.
  - 장이 : 가구장이, 가칠장이, 간판장이, 대장장이, 땜장이, 미장이, 양복장이, 염장이, 옹기장이, 칠장이, 통장이
  - 쟁이 : 가살쟁이, 갓쟁이, 개구쟁이, 거짓말쟁이, 게으름쟁이, 고집쟁이, 골목쟁이, 깍쟁이, 꼼꼼쟁이, 멋쟁이
- 이중 모음이 된 단어를 표준 발음으로 허용하는 경우
  예 되어[되어/되여], 피어[피어/피여], 이오[이오/이요], 아니오[아니오/아니요]

제10항 | 다음 단어는 모음이 단순화한 형태를 표준어로 삼는다. (ㄱ을 표준어로 삼고, ㄴ을 버림.)

ㄱ	ㄴ	비고
괴팍-하다	괴퍅-하다/괴팩-하다	
-구먼	-구면	
미루-나무	미류-나무	← 美柳~
미륵	미력	← 彌勒. ~보살. ~불, 돌~.
여느	여늬	
온-달	왼-달	만 한 달.
으레	으례	
케케-묵다	켸켸-묵다	
허우대	허위대	
허우적-허우적	허위적-허위적	허우적-거리다.

이중 모음을 단모음으로 발음하거나 복잡한 모음을 보다 단순한 모음으로 바꿔 발음하는 것은 일부 방언에서 볼 수 있는 현상이었다. 하지만 10항에 제시된 단어들은 비록 원형 자체가 '미류(美柳)~', '의례(依例)'등과 같이 이중 모음을 가진 것이지만 이미 언어 현실상 이중 모음으로 발음하지 않게 되었을 뿐만 아니라 서울지역에서 모음이 단순화된 형태로 발음되고 있으므로 이러한 현실을 고려하여 모음이 단순화된 형태를 표준어로 삼도록 하고 있다.

제11항 | 다음 단어에서는 모음의 발음 변화를 인정하여, 발음이 바뀌어 굳어진 형태를 표준어로 삼는다. (ㄱ을 표준어로 삼고, ㄴ을 버림.)

ㄱ	ㄴ	비고
-구려	-구료	
깍쟁이	깍정이	1. 서울~, 알~, 찰~ 2. 도토리, 상수리 등의 받침은 '깍정이'임.
나무라다	나무래다	
미수	미시	미숫-가루.
바라다	바래다	'바램[所望]'은 비표준어임.

상추	상치	~쌈.
시러베–아들	실업의–아들	
주책	주착	← 主着. ~망나니, ~없다
지루–하다	지리–하다	← 支離
튀기	트기	
허드레	허드래	허드렛–물, 허드렛–일
호루라기	호루루기	

11항에 제시된 단어들은 8항~10항의 규정에서 설명하기 어려운 것들을 모아 규정하고 있다. '구려' 와 '구료'는 의미 구분이 명확치 않다고 판단하여 '구려'만 인정하였고 '깍쟁이'는 원 단어가 '깍정이' 인 점을 고려하면 'ㅣ'모음 역행동화를 인정하더라도 '깍쟁이'가 되어야겠지만 현실적으로 '깍쟁이'가 사용되고 있어 9항에서 제외하여 본 항에서 다루고 있는 것이다. 다만 '도토리', '상수리' 등에서 사용하는 '깍정이'는 그대로 인정하였다. 한편, '나무래다', '바래다'는 방언으로 보아 '나무라다', '바라다'를 표준어로 삼도록 하였다. 따라서 '누가 우리 아들을 나무래.'에서 '나무래'나 '우리의 바램은 통일'에서 '바램' 등은 모두 '누가 우리 아들을 나무라.', '우리의 바람은 통일'과 같이 써야 한다. 한편 '미싯가루'나 '상치'는 'ㅅ', 'ㅊ' 뒤에서 'ㅣ'모음화가 일어난 것으로 보아 원래 형태인 '미수'와 '상추'를 표준어로 삼은 것이다. 반면, '튀기'와 '트기'의 경우 모음이 단순화한 형태를 표준어로 삼을 수도 있으나 원형이 아직 쓰이고 있다고 보아 '튀기'를 표준어로 삼았다. 반대로 '주책'과 '지루하다'는 한자 어의 어원을 인식할 수 있으나 현실 발음을 존중하여 표준어로 삼은 것이며 '시러베아들', '허드레', '호루라기' 역시 현실 발음을 받아들여 표준어로 삼은 것이다.

기출유사문제

다음 중 밑줄 친 단어가 표준어가 아닌 것은?

① 누나는 늘 문제만 생기면 나만 <u>타박</u>해서 싫다.
② 이제 이곳 생활도 <u>이골</u>이 나서 그리 힘겹지 않다.
③ 회사가 <u>쫄딱</u> 망하자 그는 얼이 나갔다.
④ 우리가 힘겹게 해온 일이 <u>얼추</u> 끝나가고 있었다.
⑤ 모두가 그 일은 <u>애저녁</u>에 그만두었어야 했다고 말했다.

해설

'애저녁'은 주로 '애저녁에'의 형태로 쓰이고 있으나 방언일 뿐 표준어가 아니다. → 초저녁.
① 타박 : 허물이나 결함을 나무라거나 핀잔함.
② 이골 : 아주 길이 들어서 몸에 푹 밴 버릇. ('이력'은 '많이 겪어 보아서 얻게 된 슬기'를 뜻한다.)
③ 쫄딱 : 더할 나위 없이 아주.
④ 얼추 : 어지간한 정도로 대충.

정답 ❺

제12항 | '웃–' 및 '윗–'은 명사 '위'에 맞추어 '윗–'으로 통일한다. (ㄱ을 표준어로 삼고, ㄴ을 버림.)

ㄱ	ㄴ	비고
윗–넓이	웃–넓이	
윗–눈썹	웃–눈썹	
윗–니	웃–니	
윗–당줄	웃–당줄	
윗–덧줄	웃–덧줄	
윗–도리	웃–도리	
윗–동아리	웃–동아리	준말은 '윗동'임.
윗–막이	웃–막이	
윗–머리	웃–머리	
윗–목	웃–목	
윗–몸	웃–몸	～ 운동.
윗–바람	웃–바람	
윗–배	웃–배	
윗–벌	웃–벌	
윗–변	웃–변	수학 용어.
윗–사랑	웃–사랑	
윗–세장	웃–세장	
윗–수염	웃–수염	
윗–입술	웃–입술	
윗–잇몸	웃–잇몸	
윗–자리	웃–자리	
윗–중방	웃–중방	

다만 1. 된소리나 거센소리 앞에서는 '위–'로 한다. (ㄱ을 표준어로 삼고, ㄴ을 버림.)

ㄱ	ㄴ	비고
위–짝	웃–짝	
위–쪽	웃–쪽	
위–채	웃–채	
위–층	웃–층	
위–치마	웃–치마	
위–턱	웃–턱	～구름[上層雲].
위–팔	웃–팔	

다만 2. '아래, 위'의 대립이 없는 단어는 '웃–'으로 발음되는 형태를 표준어로 삼는다. (ㄱ을 표준어로 삼고, ㄴ을 버림.)

ㄱ	ㄴ	비고
웃–국	윗–국	
웃–기	윗–기	

웃–돈	윗–돈	
웃–비	윗–비	~걷다.
웃–어른	윗–어른	
웃–옷	윗–옷	

12항에서는 '웃'과 '윗'의 혼란을 없애기 위해 '윗'을 표준어로 삼고 있다. 이는 '우'와 '위' 중 '위'가 표준어임을 감안하여 '윗'을 표준어로 삼은 것이므로 합리적인 선택이라고 볼 수 있다. 또한 거센소리 앞에서는 사잇소리가 일어날 수 있는 조건이 아니므로 '다만 1'과 같이 '위'를 쓰도록 하고 있다. 단지, '웃'이 현실 발음으로 굳어져 버린 경우에 대해서는 현실 발음을 존중하되 그러한 경우를 '아래'와 '위'의 대립 여부로 제한함으로써 언어 생활의 효율성을 꾀하고 있다. 따라서 '웃어른'처럼 '아랫어른'이 없는 경우와 같이 '아래', '위'의 대립이 없는 경우 '웃'으로 쓰도록 규정하여 '웃'과 '윗'의 혼란을 최소화하는 것이다.

✚ 더 알고가기 **'웃옷'과 '윗옷'** ☰

'웃옷'은 그에 대응하는 '아래옷'이 없다는 의미이다. 따라서 이 '웃옷'은 '겉옷'의 의미로 쓰인 것이고 대립하는 말은 '속옷'이 된다. 반면 '윗옷'은 '아래옷'이 있다는 의미이고 이 경우 '하의(下衣)'와 대립하여 '상의(上衣)'에 해당하는 말이 된다.

🔍 짚어보기 ▶ '위, 윗, 웃'의 구별

- **위–** : 뒤에 거센소리나 된소리가 오는 경우 ⑩ 위층, 위쪽
- **윗–** : 뒤의 자음이 된소리로 나거나 'ㄴ'이 첨가되는 경우(사잇소리현상이 일어나는 경우) ⑩ 윗사람, 윗니
- **웃–** : 아래, 위의 대립이 없는 경우 ⑩ 웃어른, 웃돈

제13항 | 한자 '구(句)'가 붙어서 이루어진 단어는 '귀'로 읽는 것을 인정하지 아니하고, '구'로 통일한다. (ㄱ을 표준어로 삼고, ㄴ을 버림.)

ㄱ	ㄴ	비고
구법(句法)	귀법	
구절(句節)	귀절	
구점(句點)	귀점	
결구(結句)	결귀	
경구(警句)	경귀	
경인구(警人句)	경인귀	
난구(難句)	난귀	
단구(短句)	단귀	
단명구(短命句)	단명귀	
대구(對句)	대귀	~법(對句法).
문구(文句)	문귀	
성구(成句)	성귀	~어(成句語).

시구(詩句)	시귀	
어구(語句)	어귀	
연구(聯句)	연귀	
인용구(引用句)	인용귀	
절구(絶句)	절귀	

다만, 다음 단어는 '귀'로 발음되는 형태를 표준어로 삼는다. (ㄱ을 표준어로 삼고, ㄴ을 버림.)

ㄱ	ㄴ	비고
귀-글	구-글	
글-귀	글-구	

13항에서는 혼동이 심했던 '귀'와 '구'를 '구'로 통일하여 언어 생활의 효율성을 기하고 있다. 다만 '句'의 경우 '글귀 구'로 훈과 음을 사용하고 있으므로 이를 반영하여 '귀글', '글귀'와 같이 예외를 인정하였다.

<h2 style="text-align:center">제3절 준말</h2>

제14항 | 준말이 널리 쓰이고 본말이 잘 쓰이지 않는 경우에는, 준말만을 표준어로 삼는다. (ㄱ을 표준어로 삼고, ㄴ을 버림.)

ㄱ	ㄴ	비고
귀찮다	귀치 않다	
김	기음	~매다
똬리	또아리	
무	무우	~강즙, ~말랭이, ~생채, 가랑~, 갓~, 왜~, 총각~.
미다	무이다	1. 털이 빠져 살이 드러나다. 2. 찢어지다.
뱀	배암	
뱀-장어	배암-장어	
빔*	비음	설~, 생일~.
샘	새암	~바르다. ~바리.
생-쥐	새앙-쥐	
솔개	소리개	
온갖	온-가지	
장사-치	장사-아치*	

14항에서는 본말을 충분히 인식하고 있으나 본말의 형태가 현실에서 거의 쓰이지 않고 준말의 형태가 널리 쓰이고 있는 경우 준말을 표준어로 쓰도록 함으로써 언어 생활의 효율성을 높이고 있다.

◀)) **어휘풀이**

- **빔** : 명절이나 잔치 때에 새 옷을 차려입음. 또는 그 옷을 뜻하는 말.
- **아치** : 어떤 일에 종사하는 사람을 뜻하는 접미사.

╋ **더 알고가기** **'무'와 '무우'** ≡

원래 '무'의 고어는 '무수'이다. 여기에서 'ㅿ'이 탈락하고 'ㅇ'으로 바뀌면서 '무우'의 형태가 쓰이던 것인데 고어의 형태와 연관된 '무우'보다 '무'가 널리 쓰이게 되자 '무우'를 버리고 '무'를 표준어로 삼게 되었다.

제15항 | 준말이 쓰이고 있더라도, 본말이 널리 쓰이고 있으면 본말을 표준어로 삼는다. (ㄱ을 표준어로 삼고, ㄴ을 버림.)

ㄱ	ㄴ	비고
경황–없다	경–없다	
궁상–떨다	궁–떨다	
귀이–개	귀–개	
낌새	낌	
낙인–찍다	낙–하다/낙–치다	
내왕–꾼	냉–꾼	
돗–자리	돗	
뒤웅–박	뒹–박	
뒷물–대야	뒷–대야	
마구–잡이	막–잡이	
맵자–하다	맵자다	모양이 제격에 어울리다.
모이	모	
벽–돌	벽	
부스럼	부럼	정월 보름에 쓰는 '부럼'은 표준어임.
살얼음–판	살–판	
수두룩–하다	수둑–하다	
암–죽	암	
어음	엄	
일구다	일다	
죽–살이	죽–살	
퇴박–맞다*	퇴–맞다	
한통–치다*	통–치다	

[붙임] 다음과 같이 명사에 조사가 붙은 경우에도 이 원칙을 적용한다. (ㄱ을 표준어로 삼고, ㄴ을 버림.)

ㄱ	ㄴ	비고
아래–로	알–로	

15항은 14항과 반대로 준말보다 본말이 널리 쓰이고 있는 경우 본말만을 표준어로 삼는다는 규정이다. 이 경우 준말이 쓰인다고 하더라도 제한적이고 그 형태 또한 교양이 느껴지지 않기 때문에 준말을 버리고 본말만을 표준어로 삼게 된 것이다. 이는 [붙임]에서와 같이 명사와 조사의 결합에서도 적용하도록 하고 있다.

◀) 어휘풀이

- **퇴박맞다** : 마음에 들지 아니하여 거절당하거나 물리침을 받음.
- **한통치다** : 나누지 아니하고 한곳에 합침.

● 기출유사문제 ●

밑줄 친 단어 중 표준어가 아닌 것은?

① 그의 <u>꼼수</u>를 모두가 눈치챘다.

② 거리를 쏘다니는 그의 모습은 정말 <u>볼쌍사나웠다</u>.

③ 이번에 그에게 <u>본때</u>를 보여 주고 싶다.

④ 혼자만 보내기가 <u>께름칙했지만</u> 어쩔 수 없는 노릇이었다.

⑤ 그들은 심상치 않은 <u>낌새</u>를 느끼고 달아났다.

● 해설

'어떤 사람이나 사물의 모습이 보기에 역겹다.'라는 뜻을 가진 표준어는 '볼썽사납다'이다.
① 꼼수 : 쩨쩨한 수단이나 방법.
③ 본때 : 어떠한 동작이나 버릇의 됨됨이.
④ 께름칙하다 : 마음에 걸려서 언짢고 싫은 느낌이 꽤 있다.
⑤ 낌새 : 어떤 일을 알아차릴 수 있는 눈치. 또는 일이 되어 가는 야릇한 분위기.

정답 ❷

제16항 | 준말과 본말이 다 같이 널리 쓰이면서 준말의 효용이 뚜렷이 인정되는 것은, 두 가지를 다 표준어로 삼는다. (ㄱ은 본말이며, ㄴ은 준말임.)

ㄱ	ㄴ	비고
거짓-부리	거짓-불	작은말은 '가짓부리, 가짓불'임.
노을	놀	저녁~
막대기	막대	
망태기*	망태*	
머무르다	머물다	모음 어미가 연결될 때에는 준말의 활용형을 인정하지 않음.
서두르다	서둘다	
서투르다	서툴다	
석새-삼베	석새-베	

시-누이	시-뉘/시-누	
오-누이	오-뉘/오-누	
외우다	외다	외우며, 외워 : 외며, 외어.
이기죽-거리다*	이죽-거리다*	
찌꺼기	찌끼	'찌꺽지'는 비표준어임.

16항에서 제시된 단어들은 앞의 14, 15항과는 달리 본말과 준말이 함께 쓰이고 있다고 판단하여 양쪽 모두를 표준어로 삼고 있다. 특히 '외우다'와 '외다'는 원래 '외다'가 쓰이다가 본말인 '외우다'가 살아난 경우이다. 하지만 '개다'와 '개이다'는 이와는 달리 '개이다'를 잘못된 것으로 보고 '개다'만을 표준어로 인정한 경우이다. 한편 비고에서는 모음의 어미가 연결될 때 준말의 활용형을 인정하지 않는다고 규정하여 준말의 활용을 인정하지 않고 있다. 즉, '머무르다, 서두르다, 서투르다'의 활용형인 '머물러, 서둘러, 서툴러'와 같이 쓰도록 한 것이다.

🔊 **어휘풀이**

- **망태기/망태** : 물건을 담아 들거나 어깨에 메고 다닐 수 있도록 만든 그릇.
- **이기죽거리다/이죽거리다** : 자꾸 밉살스럽게 지껄이며 짓궂게 빈정거리다.

제4절 단수 표준어

제17항 | 비슷한 발음의 몇 형태가 쓰일 경우, 그 의미에 아무런 차이가 없고 그중 하나가 더 널리 쓰이면, 그 한 형태만을 표준어로 삼는다. (ㄱ을 표준어로 삼고, ㄴ을 버림.)

ㄱ	ㄴ	비고
거든-그리다	거둥-그리다	1. 거든하게 거두어 싸다. 2. 작은말은 '가든-그리다'임. 사람이 한 군데에서만 지내다.
구어-박다	구워-박다	
귀-고리	귀엣-고리	
귀-띔	귀-틤	
귀-지	귀에-지	
까딱-하면	까땍-하면	
꼭두-각시	꼭둑-각시	
내색	나색	감정이 나타나는 얼굴빛.
내숭-스럽다	내흉-스럽다	
냠냠-거리다	얌냠-거리다	냠냠-하다.
냠냠-이	얌냠-이	
너[四]	네	~돈, ~말, ~발, ~푼.
넉[四]	너/네	~냥, ~되, ~섬, ~자.
다다르다	다닫다	
댑-싸리	대-싸리	
더부룩-하다	더뿌룩-하다/듬뿌룩-하다	

263

–던	–든	선택, 무관의 뜻을 나타내는 어미는 '–든'임. 가–든(지) 말–든(지), 보–든(가) 말–든(가).
–던가	–든가	
–던걸	–든걸	
–던고	–든고	
–던데	–든데	
–던지	–든지	
–(으)려고	–(으)ㄹ려고/–(으)ㄹ라고	
–(으)려야	–(으)ㄹ려야/–(으)ㄹ래야	
망가–뜨리다	망그–뜨리다	
멸치	며루치/메리치	
반빗–아치	반비–아치	'반빗' 노릇을 하는 사람. 찬비(饌婢). '반비'는 밥 짓는 일을 맡은 계집종.
보습	보십/보섭	
본새	뽄새	
봉숭아	봉숭화	'봉선화'도 표준어임.
뺨–따귀	뺨–따귀/뺨–따구니	'뺨'의 비속어임.
뼈개다[斫]	뼈기다	두 조각으로 가르다.
뼈기다[誇]	뼈개다	뽐내다.
사자–탈	사지–탈	
상–판대기	쌍–판대기	
세[三]	세/석	~돈, ~말, ~발, ~푼.
석[三]	세	~냥, ~되, ~섬, ~자
설령(設令)	서령	
–습니다	–읍니다	먹습니다, 갔습니다, 없습니다, 있습니다, 좋습니다. 모음 뒤에는 'ㅂ니다'임.
시름–시름	시늠–시늠	
씀벅–씀벅*	썸벅–썸벅	
아궁이	아궁지	
아내	안해	
어–중간	어지–중간	
오금–팽이	오금–탱이	
오래–오래	도래–도래	돼지 부르는 소리.
–올시다	–올습니다	
옹골–차다*	공골–차다	
우두커니	우두머니	작은말은 '오도카니'임.
잠–투정	잠–투세/잠–주정	
재봉–틀	자봉–틀	발~, 손~
짓–무르다	짓–물다	
짚–북데기	짚–북세기	'짚북더기'도 비표준어임.
쪽	짝	편(便). 이~, 그~, 저~. 다만, '아무–짝'은 '짝'임.

천장(天障)	천정	'천정부지(天井不知)'는 '천정'임.
코–맹맹이	코–맹녕이	
흉–업다	흉–헙다	

17항은 두 단어의 의미 차이가 없는 경우 한쪽이 널리 쓰인다면 널리 쓰이는 쪽을 표준어로 삼는다는 지극히 합리적인 규정이다. 이 규정에서는 비고의 내용을 고려하여 주의해야 할 단어들이 많이 제시되어 있으므로 유의해야 한다.

🔊 **어휘풀이**

• **씀벅씀벅** : 눈꺼풀을 움직이며 눈을 자꾸 감았다 떴다 하는 모양.
• **옹골차다** : 매우 실속이 있게 속이 꽉 차 있다.

➕ **더 알고가기**   '천정'과 '천장'   ☰

'천장(天障)'은 원래 '천장(天障)'으로 쓰이던 것이 일본말의 영향을 받아 '천정(天井)'으로 쓰였다. 이에 따라 표준어 규정 17항에서 이를 다시 '천장(天障)'으로 되돌린 것이다.

🔍 **짚어보기** ▶ 주의해야 할 단어

• 봉선화(○), 봉숭아(○), 봉숭화(×)
• '넉(석)'과 '너(서)'
  – 넉(석) 되, 넉(석) 자, 넉(석) 냥, 넉(석) 섬
  – 너(서) 말, 너(서) 돈, 너(서) 푼, 너(서) 발

제5절 복수 표준어

제18항 | 다음 단어는 ㄱ을 원칙으로 하고, ㄴ도 허용한다.

ㄱ	ㄴ	비고
네	예	
쇠–	소–	–가죽, –고기, –기름, –머리, –뼈
괴다	고이다	물이 ~, 밑을 ~.
*꾀다	꼬이다	어린애를 ~, 벌레가 ~.
쐬다	쏘이다	바람을~.
죄다	조이다	나사를~.
쬐다	쪼이다	볕을~.

* '꾀다'를 속되게 이르는 말인 '꼬시다'도 표준어로 인정함.

18항에서는 일반적으로 두 형태가 다 널리 쓰이고 있는 경우 양쪽 모두를 표준어로 삼도록 규정하고 있다. '네'와 '예'의 경우 종전에는 '예'만이 표준어였지만 '네'가 널리 쓰이고 특히 서울말에서 '네'가

더 보편적으로 쓰이자 '예'와 '네'를 모두 표준어로 인정한 것이다. '쇠'와 '소'의 경우도 '쇠고기'와 같이 '쇠'가 역사적으로 널리 쓰이던 말이지만 '소'도 널리 쓰이고 있으므로 모두 표준어로 삼고 있다.

＋ 더 알고가기   쇠고기   ≡

'쇠고기'는 어원상 '소의 고기'에서 온 말이다. 옛말에서 '~의'를 뜻하는 조사로 'ㅣ'를 사용하기도 하였는데 '소의'를 뜻하는 '소 + ㅣ'가 '쇠'로 쓰이면서 '쇠고기'의 형태가 나타난 것이다.

제19항 | 어감의 차이를 나타내는 단어 또는 발음이 비슷한 단어들이 다 같이 널리 쓰이는 경우에는, 그 모두를 표준어로 삼는다. (ㄱ, ㄴ을 모두 표준어로 삼음.)

ㄱ	ㄴ	비고
거슴츠레-하다	게슴츠레-하다	
고까	꼬까	~신. ~옷.
고린-내	코린-내	
교기(驕氣)	갸기	교만한 태도.
구린-내	쿠린-내	
꺼림-하다	께름-하다	
나부랭이	너부렁이	

우리말에서는 예사소리보다는 거센소리나 된소리가 더 강한 어감을 주는 소리이다. 따라서 어감의 차이가 있다는 것은 다른 단어로 볼 수 있다. 가령 '캄캄하다'에 비해 '컴컴하다'는 좀 더 큰 말이고, '깜깜하다'는 어감이 더 강하기 때문에 사전에서는 이들을 다른 단어로 취급하고 있는 것이다. 하지만 19항에 제시된 단어들의 경우 어원 자체가 동일하고 그 어감의 차이 또한 뚜렷하지 않다는 점을 고려하여 복수 표준어로 규정하고 있다. '나부랭이'와 견주어 볼 때 '너부랭이'가 아니고 '너부렁이'를 표준어로 삼은 점은 유의해야 한다.

＋ 더 알고가기   어감의 차이   ≡

우리말은 모음이나 자음의 성격에 따라 어감의 차이가 분화되는 경우가 많다. 우선 자음의 경우 예사소리보다는 된소리가 어감이 크고, 그보다는 거센소리가 어감이 크다. 한편 모음의 경우 양성 모음보다는 음성 모음의 어감이 크다. 특히 양성 모음의 경우 밝고, 경쾌하고, 가볍고, 빠르고, 날카롭고, 작은 느낌을 주는 반면 음성 모음은 어둡고, 무겁고, 크고, 둔하고, 느린 느낌을 주는 것이 일반적이다.

제 3 장 어휘 선택의 변화에 따른 표준어 규정
제1절 고어

제20항 | 사어(死語)가 되어 쓰이지 않게 된 단어는 고어로 처리하고, 현재 널리 사용되는 단어를 표준어로 삼는다. (ㄱ을 표준어로 삼고, ㄴ을 버림.)

ㄱ	ㄴ	비고
난봉	봉	
낭떠러지	낭	
설거지-하다	설겆다	
애달프다	애닯다	
오동-나무	머귀-나무	
자두	오얏	

20항에서는 언어 현실상 널리 쓰이지 않게 된 사어(死語)들을 고어로 처리하여 표준어에서 배제하고 있다. 특히 '설거지-하다'의 경우 이 말이 '설겆-'이 어간이라는 점을 인식하기도 어렵기 때문에 이를 사어(死語)로 처리하고 '설거지'를 하나의 명사로 처리하고 있다. '애달프다' 역시 '애닯으니', '애닯아서', '애닯은'과 같은 형태로 활용할 수 없다는 점에서 이를 고어로 처리하고 널리 쓰이고 있는 '애달프다'를 표준어로 삼은 것이다. 한편 '오얏'은 자두의 일종이며, '오얏 리(李)'를 제외하고는 잘 쓰이지 않음을 감안하여 '자두'를 표준어로 삼고 있다.

➕ **더 알고 가기** '설거지'의 어원 ≡

문헌에 따르면 '설거지'는 원래 '설다'와 '걷다'가 합쳐진 말에 다시 접미사 '-이'가 결합된 어휘로 볼 수 있다. '설다'는 원래 '수습하다. 정리하다'라는 뜻을 가진 말이었고, '걷다' 역시 이와 유사한 의미로 사용되던 말로 예상된다. 이것이 후대에는 '수습하다. 정리하다'의 말이 한자어로 대치되면서 '음식을 먹은 후 뒷정리를 하는 것'의 의미로 현재까지 남아 쓰이고 있는 것이다.

제2절 한자어

제21항 | 고유어 계열의 단어가 널리 쓰이고 그에 대응되는 한자어 계열의 단어가 용도를 잃게 된 것은, 고유어 계열의 단어만을 표준어로 삼는다. (ㄱ을 표준어로 삼고, ㄴ을 버림.)

ㄱ	ㄴ	비고
가루-약	말-약	
구들-장	방-돌	
길품-삯	보행-삯	
까막-눈	맹-눈	
꼭지-미역*	총각-미역	
나뭇-갓*	시장-갓	
늙-다리	노닥다리	
두껍-닫이	두껍-창	
떡-암죽	병-암죽	
마른-갈이	건-갈이	
마른-빨래	건-빨래	
메-찰떡	반-찰떡	

박달―나무	배달―나무	
밥―소라	식―소라	큰 놋그릇.
사래*―논	사래―답	묘지기나 마름이 부쳐 먹는 땅.
사래―밭	사래―전	
삯―말	삯―마	
성냥	화곽	
솟을―무늬	솟을―문(〜紋)	
외―지다	벽―지다	
움―파*	동―파	
잎―담배	잎―초	
잔―돈	잔―전	
조―당수	조―당죽	
죽데기	피―죽	'죽더기'도 비표준어임.
지겟―다리	목―발	지게 동발의 양쪽 다리.
짐―꾼	부지―군(負持―)	
푼―돈	분―전/푼―전	
흰―말	백―말/부루―말	'백마'는 표준어임.
흰―죽	백―죽	

21항에서는 고유어와 한자어 가운데 고유어가 더 널리 쓰이는 경우, 한자어가 그 용도를 잃은 것으로 판단하여 한자어를 버리고 고유어를 표준어로 삼도록 하고 있다.

◀» **어휘풀이**

- **꼭지미역** : 한 줌 안에 들어올 만큼을 모아서 잡아맨 미역.
- **나뭇갓** : 나무를 가꾸는 말림갓.
- **사래** : 이랑의 길이.
- **움파** : 1. 겨울에 움 속에서 자란, 빛이 누런 파. 2. 베어 낸 줄기에서 다시 줄기가 나온 파.

제22항 | 고유어 계열의 단어가 생명력을 잃고 그에 대응되는 한자어 계열의 단어가 널리 쓰이면, 한자어 계열의 단어를 표준어로 삼는다. (ㄱ을 표준어로 삼고, ㄴ을 버림.)

ㄱ	ㄴ	비고
개다리―소반*	개다리―밥상	
겸―상	맞―상	
고봉―밥	높은―밥	
단―벌	홑―벌	
마방―집	마바리―집	馬房〜
민망―스럽다/면구―스럽다	민주―스럽다	
방―고래	구들―고래	
부항―단지*	뜸―단지	

산–누에	멧–누에
산–줄기	멧–줄기/멧–발
수–삼*	무–삼
심–돋우개	불–돋우개
양–파	둥근–파
어질–병	어질–머리
윤–달	군–달
장력–세다	장성–세다
제–석	젯–돗
총각–무	알–무/알타리–무
칫–솔	잇–솔
포수	총–댕이

22항은 21항과는 반대로 한자어가 더 널리 쓰이면서 고유어의 용도가 사라진 것으로 보고 한자어를 표준어로 삼은 경우이다.

◀))) 어휘풀이

- **개다리–소반** : 상다리 모양이 개의 다리처럼 휜 막치 소반.
- **부항단지** : 부항을 붙이는 데 쓰는 작은 단지.
- **수삼** : 말리지 아니한 인삼.

+ 더 알고가기   '산(山)'과 '멧'   ≡

'멧누에, 멧줄기' 등에 나타나는 '메(멧)'는 '산(山)'의 옛말이다. 따라서 이러한 경우 '메'와 '산' 중 널리 쓰이는 것을 표준어로 삼은 것이다. 하지만 '메/멧'을 모두 '산'으로 바꿔야 하는 것은 아니다. '멧돼지', '멧부리' 등은 아직 표준어로 인정되고 있는 어휘들이기 때문이다.

제3절 방언

> **제23항 |** 방언이던 단어가 표준어보다 더 널리 쓰이게 된 것은, 그것을 표준어로 삼는다. 이 경우, 원래의 표준어는 그대로 표준어로 남겨 두는 것을 원칙으로 한다. (ㄱ을 표준어로 삼고, ㄴ도 표준어로 남겨 둠.)
>
> | ㄱ | ㄴ | 비고 |
> |---|---|---|
> | 멍게 | 우렁쉥이 | |
> | 물–방개 | 선두리 | |
> | 애–순 | 어린–순 | |

23항은 방언이던 말들이 점차 널리 쓰이게 되어 표준어보다 많이 쓰이게 되는 경우 표준어를 그대로 둔 채 널리 쓰이는 방언 역시 표준어로 삼는다는 규정이다. 예를 들어 '우렁쉥이'가 표준어지만

'멍게'가 이보다 널리 쓰이고 있으므로 이를 표준어로 삼기로 한 것이다. 이 경우 방언을 표준어로 인정하되 기존의 표준어는 그대로 표준어로 두었으므로 결국 복수 표준어가 되는 셈이다.

➕ 더 알고가기   방언과 표준어   ☰

현행 표준어 규정에서는 '서울말'로 표준어의 범위를 제한하여 방언을 제외시키고 있다. 하지만 서울말 역시 한 때는 방언이었으며 방언의 가치가 서울말보다 떨어지는 것은 아니다. 인구 구성 면이나 지리적, 역사적 조건을 고려하여 서울 지역의 말을 표준어로 삼았을 뿐 그것이 영구불변한 조건은 아니기 때문이다. 따라서 방언 중에서도 표준어보다 널리 쓰인다면 표준어로 인정될 수 있는 가능성은 열려 있다. 이는 지역 방언에만 국한된 것은 아니라 특수 계층에서 사용하는 계층 방언에도 마찬가지로 해당되는 이야기이다. 특정 계층에서 주로 쓰이던 말이 보편적으로 널리 쓰이게 된다면 표준어가 될 수 있는 것이다. 하지만 한때 널리 쓰인다고 해서 곧바로 표준어로 인정한다면 표준어의 안정성이 떨어지고 혼란이 가중될 수밖에 없다. 따라서 방언들이 표준어가 되기까지는 상당한 시일이 필요하다.

제24항 | 방언이던 단어가 널리 쓰이게 됨에 따라 표준어이던 단어가 안 쓰이게 된 것은, 방언이던 단어를 표준어로 삼는다. (ㄱ을 표준어로 삼고, ㄴ을 버림.)

ㄱ	ㄴ	비고
귀밑-머리*	귓-머리	
까-뭉개다	까-무느다	
막상	마기	
빈대-떡	빈자-떡	
생인-손*	생안-손	준말은 '생-손'임.
역-겹다	역-스럽다	
코-주부	코-보	

24항에서는 23항과 달리 방언이던 단어가 널리 쓰이게 되는 과정에서 표준어의 용도가 사라졌다고 보고 널리 쓰이게 된 방언만을 표준어로 삼도록 하고 있다.

🔊 어휘풀이

- **귀밑머리** : 1. 이마 한가운데를 중심으로 좌우로 갈라 귀 뒤로 넘겨 땋은 머리. 2. 뺨에서 귀의 가까이에 난 머리털.
- **생인손** : 손가락 끝에 종기가 나서 곪는 병.

➕ 더 알고가기   민간 어원설   ☰

'빈대떡'은 중국의 '빙자떡'에서 온 말로 보는 견해가 유력하다. 혹자는 이를 '빈자(貧者)' 즉, 가난한 사람들이 먹는 떡에서 왔다고 말하기도 한다. 그러나 이는 근거가 희박한 민간 어원설(民間語源說)에 불과하다. 이러한 민간 어원설의 대표적인 예로 '행주치마'가 있다. 민간 어원설에서는 '행주치마'의 '행주'가 임진왜란 때 '행주산성'에서 부녀자들이 돌을 나르던 데서 왔다고 생각하지만 실제 문헌에는 임진왜란 이전에 이미 '힝즈쵸마'라는 말이 있어 임진왜란 이전에 이미 존재하였던 말임을 알 수 있다. 따라서 '행주치마'의 '행주'는 고어인 '힝즈'가 음운의 변동을 일으켜 우연히 '행주산성'의 '행주'와 표기가 같아진 것이다.

제4절 단수 표준어

제25항 | 의미가 똑같은 형태가 몇 가지 있을 경우, 그중 어느 하나가 압도적으로 널리 쓰이면, 그 단어만을 표준어로 삼는다. (ㄱ을 표준어로 삼고, ㄴ을 버림.)

ㄱ	ㄴ	비고
–게끔	–게시리	
겸사–겸사	겸지–겸지/겸두–겸두	
고구마	참–감자	
고치다	낫우다	병을 ∼.
골목–쟁이	골목–자기	
광주리	광우리	
괴통	호구	자루를 박는 부분.
국–물	멀–국/말–국	
군–표	군용–어음	
길–잡이	길–앞잡이	'길라잡이'도 표준어임.
까치–발	까치–다리	선반 따위를 받치는 물건.
꼬창–모	말뚝–모	꼬챙이로 구멍을 뚫으면서 심는 모.
나룻–배	나루	'나루[津]'는 표준어임.
납–도리	민–도리	
농–지거리	기롱–지거리	다른 의미의 '기롱지거리'는 표준어임.
다사–스럽다	다사–하다	간섭을 잘하다.
다오	다구	이리 ∼.
담배–꽁초	담배–꼬투리/담배–꽁치/담배–꽁추	
담배–설대	대–설대	
대장–일*	성냥–일	
뒤져–내다	뒤어–내다	
뒤통수–치다	뒤꼭지–치다	
등–나무	등–칡	
등–때기	등–떠리	'등'의 낮은 말.
등잔–걸이	등경–걸이	
떡–보	떡–충이	
똑딱–단추	딸꼭–단추	
매–만지다	우미다	
먼–발치	먼–발치기	
며느리–발톱*	뒷–발톱	
명주–붙이	주–사니	
목–메다	목–맺히다	
밀짚–모자	보릿짚–모자	
바가지	열–바가지/열–박	

바람–꼭지	바람–고다리	튜브의 바람을 넣는 구멍에 붙은, 쇠로 만든 꼭지.
반–나절	나절–가웃	
반두	독대	그물의 한 가지.
버젓–이	뉘연–히	
본–받다	법–받다	
부각*	다시마–자반	
부끄러워–하다	부끄리다	
부스러기	부스럭지	
부지깽이	부지팽이	
부항–단지	부항–항아리	부스럼에서 피고름을 빨아내기 위하여 부항을 붙이는 데 쓰는, 자그마한 단지.
붉으락–푸르락	푸르락–붉으락	
비켜–덩이	엎–사리미	김맬 때에 흙덩이를 옆으로 빼내는 일. 또는 그 흙덩이.
빙충–이*	빙충–맞이	작은말은 '뱅충이'.
빠–뜨리다	빠–치다	'빠트리다'도 표준어임.
뻣뻣–하다	왜긋다	
뽐–내다	느물다	
사로–잠그다	사로–채우다	자물쇠나 빗장 따위를 반 정도만 걸어 놓다.
살–풀이*	살–막이	
상투–쟁이	상투–꼬부랑이	상투 튼 이를 놀리는 말.
새앙–손이*	생강–손이	
샛–별	새벽–별	
선–머슴	풋–머슴	
섭섭–하다	애운–하다	
속–말	속–소리	국악 용어 '속소리'는 표준어임.
손목–시계	팔목–시계/팔뚝–시계	
손–수레	손–구루마	'구루마'는 일본어임.
쇠–고랑	고랑–쇠	
수도–꼭지	수도–고동	
숙성–하다	숙–지다	
순대	골집	
술–고래	술–꾸러기/술–부대/술–보/술–푸대	
식은–땀	찬–땀	
신가–롭다	신가–스럽다	'신기하다'도 표준어임.
쌍동–밤	쪽–밤	
쏜살–같이	쏜살–로	
아주	영판	
안–걸이	안–낚시	씨름 용어.
안다미–씌우다	안다미–시키다	제가 담당할 책임을 남에게 넘기다.
안쓰럽다*	안–슬프다	

안절부절–못하다	안절부절–하다	
앉은뱅이–저울	앉은–저울	
알–사탕	구슬–사탕	
암–내	곁땀–내	
앞–지르다	따라–먹다	
애–벌레	어린–벌레	
얕은–꾀	물탄–꾀	
언뜻	펀뜻	
언제나	노다지	
얼룩–말	워라–말	
열심–히	열심–으로	
입–담	말–담	
자배기*	너벅지	
전봇–대	전선–대	
쥐락–펴락	펴락–쥐락	
–지만	–지만서도	← –지마는.
짓고–땡*	지어–땡/짓고–땡이	
짧은–작*	짜른–작	
찹–쌀	이–찹쌀	
청대–콩	푸른–콩	
칡–범	갈–범	

의미가 같은 두 형태가 쓰이고 있지만 이 중에 어느 한쪽이 압도적으로 많이 쓰인다면 언어 사용의 혼란을 막기 위해 한 형태만을 표준어로 삼는다는 규정이다. 대체로 제시된 단어들 가운데 널리 쓰이지 않는 단어들은 눈에 익지 않으므로 널리 쓰이는 형태를 구별하는데 크게 어려움은 없다. 다만, '붉으락푸르락/푸르락붉으락', '안절부절못하다/안절부절하다'의 경우는 혼동하기 쉬우므로 유의해야 한다.

◀)) 어휘풀이

- **대장일** : 대장간에서 쇠붙이를 다루어 기구(器具)를 만드는 일.
- **며느리발톱** : 사람의 새끼발톱 바깥쪽에 붙은 작은 발톱이나, 새 또는 길짐승의 뒷발톱.
- **부각** : 다시마를 기름에 튀긴 반찬.
- **빙충이** : 똑똑하지 못하고 어리석게 수줍어하기만 하는 사람.
- **살풀이** : 타고난 살(煞)을 미리 막는 굿.
- **새앙손이** : 손가락의 모양이 새앙처럼 생긴 사람.
- **안쓰럽다** : 손아랫사람이나 형편이 넉넉지 못한 사람에게 폐를 끼치거나 도움을 받아 썩 미안하고 딱함.
- **자배기** : 운두가 과히 높지 않고 아가리가 둥글넓적한 질그릇.
- **짓고땡** : 노름 방식의 하나.
- **짧은작** : 기장이 짧은 화살.

+ 더 알고가기   '안절부절 못하다'   ≡

'안절부절'은 '마음이 초조하고 불안하여 어찌할 바를 모르는 모양'의 의미를 지닌 부사어이다. 이 경우에는 '안절부절하다'나 '안절부절못하다'나 의미상 큰 차이가 없이 받아들일 수 있다. 하지만 이것 역시 '안절부절못하다'가 더 널리 쓰이므로 이를 표준어로 삼게 되었다.

🔍 짚어보기   ▶ '-롭다/-스럽다/-답다'

'-롭다'는 모음으로 끝나는 일부 어근 뒤에 붙어서 '그러함' 또는 '그럴 만함'의 뜻을 더하고 형용사를 만드는 접미사이다. 그리고 '-스럽다'는 일부 명사 뒤에 붙어서 '그러한 성질이 있음'의 뜻을 더하고 형용사를 만드는 접미사이다. 마지막으로 '-답다'는 일부 명사 뒤에 붙어서 성질이나 특성이 있음'의 뜻을 더하고 형용사를 만드는 접미사이다. 즉 '-롭다', '-스럽다', '-답다'는 의미의 차이가 크게 없는 접미사들이다. '-롭다'는 모음으로 끝나는 일부 어근 뒤에 붙는다는 조건이 있어 구별이 어느 정도 가능하지만 '-답다'와 '-스럽다'를 구별하는 일은 쉽지 않다. 그러나 용법상 차이가 나는 점은 있다.

우선 '-답다'는 일부 명사 뒤에 붙어 '그런 성질이나 특성이 있음'의 뜻을 더하고 형용사를 만드는 접미사다. "겨울은 추워야 겨울답고 여름은 더워야 여름답다."처럼 '-답다'가 설명하는 주어는 '-답다' 앞에 오는 명사와 동일해야 잘 어울린다. 특히 '-답다' 앞의 명사가 사람일 경우 '~의 자격이 있다.' '~의 신분이나 특성에 잘 어울린다.'라는 뜻을 나타낸다. '남자답다' '어른답다' 등이 그 예이다.

'-스럽다'도 일부 명사 뒤에 붙어 '그러한 성질이 있음'의 뜻을 더하고 형용사를 만드는 접미사다. '-스럽다'의 주어가 '-스럽다' 앞 명사의 성질이나 느낌이 배어 있음을 나타낸다. 여기까지 봐서는 '-답다'와 '-스럽다'를 구별하기가 어렵다. 하지만 '-답다'와 달리 '-스럽다'라는 술어가 설명하는 주어는 '-스럽다' 앞에 오는 명사와 그 종류가 다른 경우에 쓰인다.

– 중앙일보 우리말 바루기 2007. 1. 16. 인용

제5절 복수 표준어

제26항 | 한 가지 의미를 나타내는 형태 몇 가지가 널리 쓰이며 표준어 규정에 맞으면, 그 모두를 표준어로 삼는다.

복수표준어	비고
가는-허리/잔-허리	
가락-엿/가래-엿	
가뭄/가물	
가엾다/가엽다	가엾어/가여워, 가엾은/가여운.
감감-무소식/감감-소식	
개수-통/설거지-통	'설겆다'는 '설거지하다'로.
개숫-물/설거지-물	
갱-엿/검은-엿	
-거리다/-대다	가물-, 출렁-.
거위-배/횟-배	
것/해	내 ~, 네 ~, 뉘 ~.
게을러-빠지다/게을러-터지다	
고깃-간/푸줏-간	'고깃-관, 푸줏-관, 다림-방'은 비표준어임.

곰곰/곰곰–이	
관계–없다/상관–없다	
교정–보다/준–보다	
구들–재/구재	
귀퉁–머리/귀퉁–배기	'귀퉁이'의 비어임.
극성–떨다/극성–부리다	
기세–부리다/기세–피우다*	
기승–떨다/기승–부리다*	
갓–저고리/배내–옷/배냇–저고리	
꼬까/때때/고까	~신, ~옷.
꼬리–별/살–별	
꽃–도미/붉–돔	
나귀/당–나귀	
날–걸/세–뿔	윷판의 쨀밭 다음의 셋째 밭.
내리–글씨/세로–글씨	
넝쿨/덩굴	'덩쿨'은 비표준어임.
넉/쪽	동~, 서~.
눈–대중/눈–어림/눈–짐작	
느리–광이/느림–보/늘–보	
늦–모/마냥–모	← 만이앙–모.
다기–지다/다기–차다*	
다달–이/매–달	
–다마다/–고말고	
다박–나룻/다박–수염*	
닭의–장/닭–장	
댓–돌/툇–돌	
덧–창/겉–창	
독장–치다/독판–치다	
동자–기둥/쪼구미*	
돼지–감자/뚱딴지	
되우/된통/되게	
두동–무니/두동–사니	윷놀이에서, 두 동이 한데 어울려 가는 말.
뒷–갈망/뒷–감당	
뒷–말/뒷–소리	
들락–거리다/들랑–거리다	
들락–날락/들랑–날랑	
딴–전/딴–청	
땅–콩/호–콩	
땔–감/땔–거리	
–뜨리다/–트리다	깨–, 떨어–, 쏟–.

뜬-것/뜬-귀신*	
마룻-줄/용총-줄	돛대에 매어 놓은 줄. '이어줄'은 비표준어임.
마-파람/앞-바람*	
만장-판/만장-중(滿場中)	
만큼/만치	
말-동무/말-벗	
매-갈이/매-조미*	
매-통/목-매*	
먹-새/먹음-새	'먹음-먹이'는 비표준어임.
멀찌감치/멀찌가니/멀찍이	
멱통/산-멱/산-멱통*	
면-치레/외면-치레*	
모-내다/모-심다	모-내기, 모-심기.
모쪼록/아무쪼록	
목판-되/모-되	
목화-씨/면화-씨	
무심-결/무심-중	
물-봉숭아/물-봉선화	
물-부리/빨-부리	
물-심부름/물-시중	
물추리-나무/물추리-막대	
물-타작/진-타작*	
민둥-산/벌거숭이-산	
밑-층/아래-층	
바깥-벽/밭-벽	
바른/오른[右]	~손, ~쪽, ~편.
발-모가지/발-목쟁이	'발목'의 비속어임.
버들-강아지/버들-개지	
벌레/버러지	'벌거지, 벌러지'는 비표준어임.
변덕-스럽다/변덕-맞다	
보-조개/볼-우물	
보통-내기/여간-내기/예사-내기	'행-내기'는 비표준어임.
볼-따구니/볼-퉁이/볼-때기	'볼'의 비속어임.
부침개-질/부침-질/지짐-질	'부치개-질'은 비표준어임.
불똥-앉다/등화-지다/등화-앉다*	
불-사르다/사르다	
비발/비용(費用)	
뽀두라지/뽀루지	
살-쾡이/삵	삵-피.
삽살-개/삽사리	

상두–꾼/상여–꾼	'상도–꾼, 향도–꾼'은 비표준어임.
상–씨름/소–걸이	
생/새앙/생강	
생–뿔/새앙–뿔/생강–뿔	'쇠뿔'의 형용.
생–철/양–철	1. '서양철'은 비표준어임. 2. '生鐵'은 '무쇠'임.
서럽다/섫다	'설다'는 비표준어임.
서방–질/화냥–질	
성글다/성기다	
–(으)세요/–(으)셔요	
송이/송이–버섯	
수수–깡/수숫–대	
술–안주/안주	
–스레하다/–스름하다	거무–, 발그–.
시늉–말/흉내–말	
시새/세사(細沙)	
신/신발	
신주–보/독보(櫝褓)	
심술–꾸러기/심술–쟁이	
씁쓰레–하다/씁쓰름–하다	
아귀–세다/아귀–차다*	
아래–위/위–아래	
아무튼/어떻든/어쨌든/하여튼/여하튼	
앉음–새/앉음–앉음	
알은–척/알은–체	
애–갈이/애벌–갈이	
애꾸눈–이/외눈–박이	'외대–박이, 외눈–퉁이'는 비표준어임.
양념–감/양념–거리	
어금버금–하다/어금지금–하다	
어기여차/어여차	
어림–잡다/어림–치다	
어이–없다/어처구니–없다	
어저께/어제	
언덕–바지/언덕–배기	
얼렁–뚱땅/엄벙–뗑	
여왕–벌/장수–벌	
여쭈다/여쭙다	
여태/입때	'여직'은 비표준어임.
여태–껏/이제–껏/입때–껏	'여직–껏'은 비표준어임.
역성–들다/역성–하다	'편역–들다'는 비표준어임.
연–달다/잇–달다	

엿-가락/엿-가래	
엿-기름/엿-길금	
엿-반대기/엿-자박	
오사리-잡놈/오색-잡놈	'오합-잡놈'은 비표준어임.
옥수수/강냉이	~떡, ~묵, ~밥, ~튀김.
왕골-기직/왕골-자리	
외겹-실/외올-실/홑-실	'홑겹-실, 올-실'은 비표준어임.
외손-잡이/한손-잡이	
욕심-꾸러기/욕심-쟁이	
우레/천둥	우렛-소리, 천둥-소리
우지/울-보	
을러-대다/을러-메다	
의심-스럽다/의심-쩍다	
-이에요/-이어요	
이틀-거리/당-고금	학질의 일종임.
일일-이/하나-하나	
일찌감치/일찌거니	
입찬-말/입찬-소리*	
자리-옷/잠-옷	
자물-쇠/자물-통	
장가-가다/장가-들다	'서방-가다'는 비표준어임.
재롱-떨다/재롱-부리다	
제-가끔/제-각기	
좀-처럼/좀-체	'좀-체로, 좀-해선, 좀-해'는 비표준어임.
줄-꾼/줄-잡이	
중신/중매	
짚-단/짚-못	
쪽/편	오른~, 왼~.
차차/차츰	
책-씻이/책-거리*	
척/체	모르는 ~, 잘난 ~.
천연덕-스럽다/천연-스럽다	
철-따구니/철-딱서니/철-딱지	'철-때기'는 비표준어임.
추어-올리다/추어-주다	
축-가다/축-나다	
침-놓다/침-주다	
통-꼭지/통-젖	통에 붙은 손잡이.
파자-쟁이/해자-쟁이	점치는 이.
편지-투/편지-틀*	
한턱-내다/한턱-하다	

해웃–값/해웃–돈*	'해우–차'는 비표준어임.
혼자–되다/홀로–되다	
흠–가다/흠–나다/흠–지다	

본 항은 같은 의미를 지닌 둘 이상의 단어가 양쪽 모두 널리 쓰일 경우 양쪽 모두를 표준어로 삼도록 규정하고 있다. 양쪽 모두 표준어로 인정하는 어휘들이므로 특히 유의해야 한다.

◀)) 어휘풀이

- **기세부리다/기세피우다(氣勢~)** : 남에게 자기의 기운과 세력을 드러내 보이다.
- **기승떨다/기승부리다(氣勝~)** : 성미가 억척스러워 남에게 굽히지 않는 성질을 부리다.
- **다기지다/다기차다(多氣~)** : 보기보다 당차서 좀처럼 겁을 내지 아니하다.
- **다박나룻/다박수염** : 다보록하게 난 수염.
- **동자기둥(童子~)/쪼구미** : 들보 위에 세워 다른 들보를 받쳐 주는 짧은 기둥.
- **뜬것/뜬귀신** : 떠돌아다니는 못된 귀신.
- **마파람/앞바람** : 남쪽에서 불어오는 바람.
- **매갈이/매조미(~造米)** : 겉벼를 매통으로 겉꺼풀만 벗긴 쌀.
- **매통/목매** : 둥근 통나무 두 짝으로 만든 나무매로, 곡식의 겉꺼풀을 벗길 때 쓰는 기구.
- **멱통/산멱/산멱통** : 살아 있는 동물의 목구멍.
- **면치레/외면치레(外面~)** : 속은 어떻든 겉으로만 꾸며 체면을 닦는 일.
- **물타작/진타작(~打作)** : 벼를 베어 채 마르기도 전에 떠는 일.
- **불똥앉다/등화앉다(燈火~)** : 촛불이나 등잔불의 심지 끝에 엉긴 덩어리가 빨갛게 타다.
- **아귀세다/아귀차다** : 마음이 꿋꿋하여 남에게 잘 꺾이지 아니하다.
- **입찬말/입찬소리** : 분수를 헤아리지 아니하고 희떱게 장담하는 소리.
- **책씻이/책거리(冊~)** : 글방에서 읽던 책을 다 떼었을 때 스승과 동접들에게 한턱을 내는 일.
- **편지투/편지틀(便紙~)** : 편지를 쓸 때에 참고하도록 모범적인 편지를 모은 책.
- **해웃값/해웃돈** : 술좌석에서 치르는 화대(花代).

➕ 더 알고가기   '우뢰'와 '우레'   ≡

'우레'는 고유어로 '울게'에서 온 말이다. 이것이 음운변화를 거쳐 '우레'가 되었다. 하지만 사람들이 이를 한자어 '우뢰'로 혼동하여 쓰는 경우가 많았다. 그러나 표준어 규정에서는 이를 원래의 어형대로 '우레'로 되돌린 것이다. 따라서 '우뢰와 같은 박수'가 아니라 '우레와 같은 박수'와 같이 적어야 한다.

Q 짚어보기 ▶ 주의해야 할 어휘

가뭄/가물, 가엾다/가엽다, 곰곰/곰곰–이, 꼬까/때때/고까, 넝쿨/덩굴, 되우/된통/되게, 뒷–갈망/뒷–감당, –뜨리다/–트리다, 멀찌감치/멀찌가니/멀찍이, 버들–강아지/버들–개지, 벌레/버러지, 살–쾡이/삵, 서럽다/섧다, 성글다/성기다, 어금버금–하다/어금지금–하다, 여태/입때, 오사리–잡놈/오색–잡놈, 옥수수/강냉이, 우레/천둥, 한턱–내다/한턱–하다

기출유사문제

밑줄 친 단어가 표준어가 아닌 것은?

① 그렇게 <u>줄창</u> 앉아만 있는다고 떠난 사람이 돌아오겠니?

② 그런 허황된 말은 <u>작작</u> 좀 해라.

③ 그는 이번에 아버지께 <u>된통</u> 혼이 났다.

④ 아이가 <u>하도</u> 졸라서 어쩔 수 없었다.

⑤ 만나보지도 않고 <u>지레</u> 겁만 먹으면 어떻게 해.

● 해설

'줄창'은 '줄곧'의 뜻을 가진 말로 표준어가 아니다.
② 작작 : 너무 지나치지 아니하게 적당히. 남이 하는 짓을 말릴 때에 쓰는 말이다.
③ 된통 : '아주 몹시'라는 뜻으로 '되우', '되게'와 같이 표준어이다.
④ 하도 : 정도가 매우 심하거나 큼을 강조하여 '아주', '몹시'의 뜻을 나타내는 '하'를 강조하여 이르는 말이다.
⑤ 지레 : '어떤 일이 일어나기 전' 또는 '어떤 기회나 때가 무르익기 전에 미리'라는 뜻이다.

정답 ❶

예상문제

다음의 설명에 부합하지 않는 것은?

> 한 가지 의미를 나타내는 형태 몇 가지가 널리 쓰이며 표준어 규정에 맞으면, 그 모두를 표준어로 삼는다.

① 고깃간 – 푸줏간　　　　　　② 가락엿 – 가래엿

③ 벌레 – 버러지　　　　　　　④ 돼지감자 – 뚱딴지

⑤ 샛별 – 새벽별

● 해설

의미가 똑같은 형태가 몇 가지 있을 때, 그 중 어느 하나가 압도적으로 널리 쓰이면, 그 단어만을 표준어로 삼는 단수 표준어로 '샛별'만 표준어이다.
①, ②, ③, ④ 복수 표준어에 해당하는 단어들이다.

정답 ❺

2장 문법 능력/표준어 규정
실전 대비 문제

01

다음 밑줄 친 부분이 표준어가 <u>아닌</u> 것은?

① 그들은 깊은 산 속에 <u>초가삼간</u>을 짓고 살았다.

② 그들은 바짝 약이 올랐던지 나를 <u>울력성당</u>으로 몰아붙였다.

③ 그는 겉으로 드러내지는 않았지만 <u>저으기</u> 동생이 걱정되는 모양이었다.

④ 어린 아들은 벽에 <u>개발새발</u> 낙서를 해 놓았다.

⑤ 그가 키우는 것은 <u>수소</u>라서 새끼를 기대하기는 어렵다.

해설 ◉ '저으기'는 비표준어이며 '적이'가 표준어이다. 어원적으로 의미상 원형에 가까운 '적이'가 아직 쓰이고 있는 경우이므로 '적이'를 표준어로 삼은 것이다.
① '간'은 '칸'으로 통일되어 쓰이지만 '초가삼간'은 예외적으로 표준어로 인정한다.
② '울력성당'은 '떼 지어 으르고 협박함'의 뜻을 지닌 표준어이다.
④ 종전에는 '개발괴발'만이 표준어였으나 '개발새발'도 추가적으로 표준어로 인정하였다.
⑤ '수놈'과 같이 '암', '수'의 '수'는 '수'로 통일하였으므로 '수소'가 표준어이다.

02

다음 밑줄 친 부분이 표준어가 <u>아닌</u> 것은?

① <u>앗어라</u>, 그러다가 다치면 어쩌려고 그러니?

② 오랜만에 가족들이 모여 <u>오손도손</u> 이야기를 나누고 있었다.

③ 그는 다 읽은 편지를 바닥에 <u>동댕이쳤다</u>.

④ 그의 성격이 <u>괴팍하다</u>는 것은 다 아는 사실이었다.

⑤ 아버지께서는 오늘도 <u>케케묵은</u> 이야기를 다시 꺼내셨다.

해설 ◉ '앗어라'는 '아서라'로 써야 한다.
② '오손도손'과 '오순도순' 모두 표준어이다.
③ '동댕이쳤다'는 '냄비', '쟁이'와 같이 'ㅣ'모음 역행동화를 인정한 것이다.
④ '괴팍하다'는 '붙임성 없이 까다롭고 별난 성격'을 이르는 표준어이다.
⑤ '케케묵다'는 '일이나 지식 따위가 오래되어 낡음'을 뜻하는 표준어이다.

정답 01 ③　02 ①

03

다음 중 복수 표준어에 해당하지 <u>않는</u> 것은?

① (볕을) 쬐다/쪼이다

② (나사를) 죄다/조이다

③ (벌레가) 꼬다/꼬이다

④ (물이) 괴다/고이다

⑤ 쇠고기/소고기

> **해설** ● '벌레 따위가 한곳에 많이 모여들어 뒤끓다.'라는 의미를 가진 복수 표준어는 '꾀다'와 '꼬이다'이다.
> ① '볕이나 불기운 따위를 몸에 받다.'라는 의미를 가진 복수 표준어는 '쬐다'와 '쪼이다'이다.
> ② '느슨하거나 헐거운 것이 단단하거나 팽팽하게 되게 하다.'라는 의미를 가진 복수 표준어는 '죄다'와 '조이다'이다.
> ④ '물 따위의 액체나 가스, 냄새 따위가 우묵한 곳에 모이다.'라는 의미를 가진 복수 표준어는 '괴다'와 '고이다'이다.
> ⑤ '소의 고기'를 뜻하는 복수 표준어는 '쇠고기'와 '소고기'이다.

04

다음 밑줄 친 부분이 표준어가 <u>아닌</u> 것은?

① 그는 감자를 받아 <u>망태기</u> 한쪽에 넣고 길을 나섰다.

② 거실의 낡고 큰 의자를 없애니 <u>거치적거리는</u> 것이 없어서 좋았다.

③ 동생이 살며시 다가와 내 옆구리를 <u>간질이기</u> 시작했다.

④ 아내는 패물함에서 <u>석 돈</u>짜리 금반지를 꺼내어 놓았다.

⑤ 음식을 먹을 때는 <u>찌끼</u>가 생기지 않도록 다 먹어야 한다.

> **해설** ● '~돈, ~말, ~발, ~푼'은 '서'와 어울려 쓰이고 '~냥, ~되, ~섬, ~자'는 '석'과 어울려 쓰인다. 따라서 '서 돈'이 표준어이다.
> ① '망태기'와 '망태'는 모두 표준어이다.
> ② '거치적거리다'는 표준어이며 '걸리적거리다'도 추가로 표준어로 인정되었다.
> ③ '간질이다'는 표준어이며 '간지럽히다'도 표준어로 추가되었다.
> ⑤ '찌끼'는 '찌꺼기'의 준말로 모두 표준어이다.

05

다음 밑줄 친 부분이 표준어가 아닌 것은?

① 여름이면 처녀애들은 손톱에 <u>봉숭화</u> 물을 들이기에 바빴다.

② 그는 당황했는지 눈만 <u>씀벅씀벅</u>하며 나를 쳐다보았다.

③ 그는 한눈에 보기에도 <u>옹골차서</u> 섣불리 덤비기는 어려운 상대였다.

④ 물가가 <u>천정부지</u>로 치솟는 바람에 서민들의 삶이 어려워졌다.

⑤ 동생은 연신 <u>이기죽거리면서</u> 내 약을 올리고 있었다.

해설 ● '봉선화', '봉숭아'는 표준어이지만 '봉숭화'는 방언으로 표준어로 인정되지 않는다.
　② '씀벅씀벅'은 눈꺼풀을 움직이며 눈을 자꾸 감았다 떴다 하는 모양을 의미하는 말로 표준어이다.
　③ '옹골차다'는 '매우 실속이 있게 속이 꽉 차 있다.'라는 뜻의 표준어이다.
　④ '천장(天障)'은 표준어이고 '천정'은 비표준어이다. 하지만 '천정부지(天井不知)'는 '천정'으로 써야 한다.
　⑤ '이기죽거리다'와 '이죽거리다'는 '자꾸 밉살스럽게 지껄이며 짓궂게 빈정거림'을 뜻하는 표준어이다.

06

다음 밑줄 친 부분이 표준어인 것은?

① 그는 <u>시골나기</u>라 농사에 대한 관심이 많다.

② 그는 <u>미쟁이</u> 신분이지만 언제나 당당하다.

③ 그는 우리 마을의 <u>멋장이</u>로 통한다.

④ 저 집 담벽은 온통 <u>담쟁이</u> 넝쿨로 뒤덮였다.

⑤ 경제가 어렵지만 <u>자선남비</u>로 모금한 성금은 작년보다 많았다.

해설 ● '담쟁이'는 사람을 칭하는 것이 아니라 식물을 말하는 것으로 표준어이다.
　① 시골나기 → 시골내기 : '～내기'는 그 지역에서 태어나고 자라서 그 지역 특성을 지니고 있는 사람의 뜻을 더하는 접미사로 '시골내기'라고 해야 한다.
　② 미쟁이 → 미장이 : 기술자에 '～장이'가 붙는 것으로 '미장이'는 '건축 공사에서 벽이나 천장, 바닥 따위에 흙이나 회, 시멘트 따위를 바르는 기술자'를 의미하는 것으로 '미쟁이'가 아니라 '미장이'라고 해야 한다.
　③ 멋장이 → 멋쟁이 : 기술자의 '～장이' 외에는 '～쟁이'로 해야 하므로, '멋장이'가 아니라 '멋쟁이'로 표현해야 한다.
　⑤ 자선남비 → 자선냄비 : '냄비'는 '모음 역행 동화'가 일어난 말을 표준어로 삼는 것으로 '자선남비'가 아니라 '자선냄비'가 맞는 표현이다.

07

다음 밑줄 친 부분이 표준어가 아닌 것은?

① 어머니께서는 생인손으로 무척 고생하고 계셨다.

② 우리 마을에서는 멍게를 우렁쉥이라고 불렀다.

③ 길가에 담배꽁초를 함부로 버리면 벌금을 내야 한다.

④ 그녀는 약간 화가 난 기색으로 새치름하게 앉아 있었다.

⑤ 남편은 식사 후 설겆이를 하면서 아내를 도왔다.

> 해설 ◉ '설겆이'는 이미 어원에서 멀어진 형태이므로 '설거지'를 표준어로 삼는다.
> ① '생인손'은 손가락 끝에 종기가 나서 곪는 병을 뜻하는 표준어이다.
> ② '우렁쉥이'는 '멍게'의 표준어였는데 방언이던 '멍게'가 널리 쓰이게 되면서 '멍게'도 표준어로 삼게 된 것이다.
> ③ '담배꽁초'가 표준어이며 '담배꽁추', '담배공초'는 비표준어이다.
> ④ '새치름하다'가 원래 표준어이며 '새초롬하다'도 표준어에 추가되었다.

08

다음 밑줄 친 부분이 표준어가 아닌 것은?

① 나는 사고로 자식을 잃은 그녀가 가엽게 느껴졌다.

② 그의 이야기를 듣다보니 펀뜻 삼 년 전의 사건이 떠올랐다.

③ 그의 마술은 어린 우리의 눈에는 신기롭게 보였다.

④ 앞일은 아무도 모르는 것이니 입찬말만 늘어놓는 것은 좋지 않다.

⑤ 자식들이 돈을 흥청망청 써대니 재산도 어느새 꽤나 축나게 되었다.

> 해설 ◉ '펀뜻'은 '언뜻'과 같은 뜻으로 비표준어이다.
> ① '가엽다'와 '가엾다'는 모두 표준어이다.
> ③ '신기롭다'는 '신기하다'와 함께 표준어이다.
> ④ '입찬말'은 '자신의 지위나 실력을 믿고 지나치게 장담함'의 뜻을 가진 표준어이다.
> ⑤ '축나다'는 '일정한 수나 양에서 모자라다.'라는 뜻을 가진 표준어이다.

09

다음 밑줄 친 부분이 표준어가 아닌 것은?

① 집에 돌아온 뒤로 아내는 <u>연신</u> 눈물만 흘리고 있었다.

② 그는 말이 <u>되우</u> 빨라 좀처럼 알아듣기 어렵다.

③ 그는 <u>칠칠맞지</u> 못한 행동 때문에 늘 꾸중을 들어야 했다.

④ 그들은 처음 만나 서먹했던지 <u>맹숭맹숭</u> 쳐다보고만 있었다.

⑤ 말하는 폼을 보니 그녀도 <u>여간나기</u>는 아닌 것 같다.

해설 ⊙ '여간내기'는 보통 '∼아니다'와 함께 쓰여 '보통내기'의 뜻을 가진 표준어이다.
　① '연신'은 기존의 '연방'과 함께 추가된 표준어이다. '연방'은 '연속해서 자꾸'의 뜻으로 연속성을 강조하는 말이고 '연신'은 '잇따라
　　자꾸'라는 뜻으로 반복성이 강조된 말이다.
　② '되우'는 '매우'의 뜻을 지닌 말로 '된통', '되게'와 함께 표준어이다.
　③ '칠칠맞다'는 '일처리가 아무지고 깔끔하다.'라는 뜻이다. 주로 '∼못하다'와 함께 쓰여 '칠칠맞지 못하다.'라는 형태로 쓰인다.
　④ '맹송맹송'과 함께 '맹숭맹숭', '맹숭맹숭'은 모음의 차이로 어감의 차이를 가진 것으로 모두 표준어로 인정되었다.

10

다음은 어느 학생의 일기이다. 맞춤법이 바른 것은?

> 오늘 중간고사가 끝났다. 늦깎이 대학생인 나로서는 시험이 부담스럽기만 하다. ㉠ <u>오랫만에</u> 민속공연을 보러갔다. 무료로 표를 구했기 때문에 ㉡ <u>째째하다</u>는 생각도 있었지만 보고 싶었던 공연이기 때문에 공연장에 들어섰다. 그런데 공연장은 ㉢ <u>후텁지근한</u> 것이 ㉣ <u>눈쌀</u>을 찌푸리게 했다. 게다가 좁은 좌석이 나를 옴짝달싹하지 못하도록 해서 ㉤ <u>웬지</u> 기분이 상했다. 그러나 공연은 성공적이었고, 나는 만족했다.

① 오랫만에　　　　　　　　② 째째하다

③ 후텁지근한　　　　　　　④ 눈쌀

⑤ 웬지

해설 ⊙ '후텁지근하다'는 '조금 불쾌할 정도로 끈끈하고 무더운 기운이 있음'을 이르는 표준어이다.
　① 오랫만에 → 오랜만에 : 한글 맞춤법은 표준어를 소리대로 적되 어법에 맞도록 함을 원칙으로 하므로 '오랜만에'가 옳은 표현이다.
　② 째째하다 → 쩨쩨하다 : '너무 적거나 하찮아서 시시하고 신통치 않다.' 또는 '사람이 잘고 인색하다.'라는 뜻의 형용사는 '쩨쩨하다'
　　가 옳은 표기이다.
　④ 눈쌀 → 눈살 : 명사 또는 용언의 어간 뒤에 자음으로 시작된 접미사가 붙어서 된 말은 그 명사나 어간의 원형을 밝혀 적는다.
　⑤ 웬지 → 왠지 : '왜 그런지 모르게' 또는 '뚜렷한 이유도 없이'를 뜻하는 부사어는 '왠지'가 바른 표기이다.

11

다음 중 밑줄 친 부분의 쓰임이 올바른 문장은?

① 나는 석탑 서점을 <u>들려</u> 오후 세 시에 바닷가로 나왔었다.

② <u>두 살박이</u> 딸이 재롱을 떨었다.

③ 그는 <u>늦둥이</u>라 부모의 사랑을 독차지하면서 자랐다.

④ 아직도 불길 좋게 타고 있는 모닥불 위에 눈을 한 <u>웅큼</u>씩 덮었다.

⑤ 장을 <u>담을</u> 준비가 되었니?

해설 ○ '늦둥이'는 '나이가 많이 들어서 낳은 자식'을 뜻하는 말이다. 또한 '둥이'는 '그러한 성질이 있거나 그와 긴밀한 관련이 있는 사람'의 뜻을 더하는 접미사로 '귀염둥이, 막내둥이, 해방둥이, 바람둥이'와 같은 말을 만들기도 한다.
　① '들려(들리다)'는 '병이 걸리다.', '사람이나 동물이 소리를 감각 기관을 통해 알아차리다.'의 피동, '손에 가지다.'의 피동 등의 의미를 가지고 있다. '지나는 길에 잠깐 들어가 머무르다.'의 뜻을 가진 말은 '들르다'이다. 따라서 '나는 석탑 서점을 들러 오후 세 시에 바닷가로 나왔었다.'로 고쳐야 한다.
　② (어린아이의 나이를 나타내는 명사구 뒤에 붙어) '그 나이를 먹은 아이'의 뜻을 더하는 접미사는 '-배기'이다. 따라서 '두 살배기 딸이 재롱을 떨었다.'로 고쳐야 한다.
　④ '손으로 한 줌 움켜질 만한 분량을 세는 단위'를 나타내는 말은 '움큼'이다. 따라서 '아직도 불길 좋게 타고 있는 모닥불 위에 눈을 한 움큼씩 덮었다.'로 고쳐야 한다.
　⑤ '담다'는 '어떤 물건을 그릇 따위에 넣다.'라는 뜻을 가지고 있다. '김치·술·장·젓갈 따위를 만드는 재료를 버무리거나 물을 부어서, 익거나 삭도록 그릇에 넣어 두다.'라는 뜻을 가지고 있는 말은 '담그다'이다. 따라서 '장을 담글 준비가 되었니?'로 고쳐야 한다.

12

다음 중 복수 표준어가 <u>아닌</u> 것은?

① 가뭄 – 가물

② 고깃간 – 푸줏간

③ 댓돌 – 툇돌

④ 살고기 – 살코기

⑤ 벌레 – 버러지

해설 ○ '기름이나 힘줄, 뼈 따위를 발라낸, 순 살로만 된 고기'를 뜻하는 말은 '살코기'이다. '살고기'는 '살코기'의 잘못된 표기이다.
　① 가뭄, 가물 : 오랫동안 비가 내리지 않아 메마른 날씨를 이르는 말이다.
　② 고깃간, 푸줏간 : 예전에, 쇠고기나 돼지고기 따위의 고기를 끊어 팔던 가게를 이르는 말이다.
　③ 댓돌, 툇돌 : 집채의 낙숫물이 떨어지는 곳 안쪽으로 돌려 가며 놓은 돌을 이르는 말이다.
　⑤ 벌레, 버러지 : 곤충을 비롯하여 기생충과 같은 하등 동물을 통틀어 이르는 말이다.

13

다음 중 밑줄 친 부분이 표준어가 아닌 것은?

① 짙은 어둠 속에 차가운 바람이 부니 한층 <u>을씨년스러웠다.</u>

② 그 두 사람의 목재 다루는 실력은 <u>어금지금했다.</u>

③ 음악회에 모인 사람들이 <u>어림잡아도</u> 백 명은 되어 보인다.

④ 급해서 이것저것 <u>짜깁기</u>해 만들다보니 생각보다 오류가 많았다.

⑤ 내일은 장에 가서 <u>총각미역</u>을 좀 사기로 했다.

> **해설 ◉** '총각미역'은 비표준어이며 '꼭지미역'이 표준어이다.
> ① '을씨년스럽다'는 '보기에 날씨나 분위기 따위가 몹시 스산하고 쓸쓸한 데가 있다.'라는 뜻의 표준어이다.
> ② '어금지금하다'는 '정도나 능력이 서로 비슷하다.'라는 뜻으로 '어금버금하다'와 함께 표준어이다.
> ③ '어림잡다'는 '어림치다'와 함께 표준어이다.
> ④ '짜깁기'는 직물의 찢어진 곳을 그 감의 올을 살려 본디대로 흠집 없이 짜서 깁는 일을 가리키거나 기존의 글이나 영화 따위를 편집하여 하나의 완성품으로 만드는 일을 의미하는 표준어이다. '짜집기'는 비표준어이다.

14

다음 중 밑줄 친 부분이 표준어가 아닌 것은?

① 그녀는 삼 년 동안 집안의 온갖 <u>허드렛일</u>을 도맡아 해왔다.

② 그녀는 개를 무서워해서 <u>멀찌가니</u> 떨어져 걸어왔다.

③ 봄에는 산에 들에 <u>아지랑이</u>가 피어올랐다.

④ 지주는 소작농들의 간곡한 부탁을 <u>야멸차게</u> 거절하였다.

⑤ 그는 거듭된 실패에도 <u>오뚝이</u>처럼 다시 일어섰다.

> **해설 ◉** '허드렛일'이 표준어이다.
> ② '멀찌가니', '멀찌감치', '멀찍이'는 모두 표준어이다.
> ③ '아지랑이'는 표준어이고 '아지랭이'는 비표준어이다.
> ④ '야멸치다'는 '자기만 생각하고 남의 사정을 돌볼 마음이 거의 없다.' 혹은 '태도가 차고 야무지다.'라는 뜻의 표준어이다. 하지만 '야멸차다'도 표준어로 추가되었다.
> ⑤ '오뚝이'는 표준어이고, '오뚜기'는 비표준어이다.

15

다음 중 표준어가 <u>아닌</u> 것으로만 짝지어진 것은?

① 돌잔치, 덧니, 툇마루

② 강남콩, 사흘날, 꺽꽂이

③ 사글세, 숟가락, 셋방

④ 끄나풀, 여닫이, 아무튼

⑤ 털어먹다, 홑몸, 햇볕

> **해설** • 강남콩 → 강낭콩
> • 사흘날 → 사흗날
> • 꺽꽂이 → 꺾꽂이

16

다음 밑줄 친 부분이 표준어가 <u>아닌</u> 것은?

① 그 대학은 담쟁이 <u>덩쿨</u>이 건물의 벽을 뒤덮어 아름다웠다.

② 어느새 돈 냄새를 맡은 <u>장사치</u>들이 쇠파리처럼 달려들었다.

③ 그 일은 <u>남우세스러워서</u> 말하기가 어렵다.

④ 그녀는 이번에도 그의 <u>거짓부리</u>에 골탕을 먹었다.

⑤ 그가 <u>설령</u> 그 일을 안다고 해도 우리에게 어쩌지는 못할 것이다.

> **해설** '덩굴', '넝쿨'은 표준어이지만 '덩쿨'은 비표준어이다.
> ② '장사치'는 '장사아치'의 준말로 준말이 널리 쓰이므로 준말인 '장사치'가 표준어이다.
> ③ '남우세스럽다'는 '남에게 놀림과 비웃음을 받을 듯하다.'라는 뜻을 가진 표준어이다. 또한 '남사스럽다'도 표준어로 추가되었다.
> ④ '거짓부리'는 '거짓된 말'을 의미하는 표준어이다.
> ⑤ '설령'은 부정적인 의미의 문장에 사용된 표준어이다.

17

표준어에 대한 설명으로 가장 옳은 것은?

① 표준어는 서울의 중류사회에서 쓰는 말이다.

② 표준어는 방언에 비해 수준이 높은 말이다.

③ 표준어는 공용어의 자격을 부여받은 말이다.

④ 표준어는 국가가 정한 말이므로 어떤 자리에서든 꼭 사용해야 한다.

⑤ '미장이'는 표준어가 아니고 '미쟁이'가 표준어이다.

> **해설** 표준어란 한 국가의 정치·문화적 공용어로 맞춤법이나 표준 발음의 대상이 된다. 표준어의 사용은 국민 통합, 지식이나 정보 습득 및 문화생활의 향유, 국어순화에 기여한다.
> ① 표준어란 교양 있는 사람들이 두루 사용하는 현대 서울말이다.
> ② 표준어와 방언은 각각 나름의 가치를 지닌다.
> ④ 공식적인 자리에서 발표를 하거나, 대중매체의 보도, 책이나 신문의 편찬, 한글 교육에서는 표준어를 사용해야 하나 일률적으로 모든 상황에서 표준어만 사용해야 하는 것은 아니다.
> ⑤ '~장이'는 수공업적인 기술로써 물건을 만들거나 수리하는 사람을 이르는 말로 '대장장이, 미장이, 옹기장이, 땜장이' 등이 그 예다. 또한 '~쟁이'는 사람의 성질, 독특한 습관, 행동, 모양 등을 나타내는 말에 붙여서 그 사람을 이르는 말로 '고집쟁이, 겁쟁이, 미련쟁이, 허풍쟁이' 등이 여기에 속한다. 따라서 '미장이'가 표준어이다.

18

다음 중 밑줄 친 말이 표준어가 아닌 것은?

① 그는 <u>여직</u> 무얼 하고 안 오는 것일까?

② 그의 제안을 들은 뒤 그녀는 <u>곰곰</u> 생각에 잠겼다.

③ 그물이 너무 <u>성글어</u> 작은 물고기들을 잡을 수 없다.

④ 그는 그런 <u>허섭스레기</u> 같은 것들은 내다버려야 한다고 했다.

⑤ 뾰족한 <u>멧부리</u>들이 하늘을 찌를 듯이 솟아 있었다.

> **해설** 어떤 행동이나 일이 이미 이루어졌어야 함에도 그렇게 되지 않았음을 불만스럽게 여기거나 또는 바람직하지 않은 행동이나 일이 계속되어 옴을 나타낼 때 쓰는 말은 '여태'이다. '여직'은 비표준어이다.
> ② '곰곰'은 부사로 '곰곰이'와 같은 뜻의 표준어이다.
> ③ '성글다', '성기다'는 '사이가 뜨다.'라는 뜻으로 모두 표준어이다.
> ④ '허섭스레기'는 표준어이며, '허접쓰레기'도 표준어로 추가되었다.
> ⑤ 대부분의 경우 '산(山)'과 '멧' 중에서 '산'이 더 널리 쓰여 '멧누에', '멧줄기' 등은 비표준어로 처리되었으나 '멧부리', '멧돼지'는 '멧'의 형태가 널리 쓰이고 있으므로 표준어로 인정되었다.

정답 15 ② 16 ① 17 ③ 18 ①

19

다음 중 밑줄 친 말이 표준어가 <u>아닌</u> 것은?

① 그녀는 십 원이라도 물건값을 깎아야 성에 차는 <u>깍정이</u>다.

② 불도저가 휩쓸고 간 앞산은 어느새 <u>민둥산</u>이 되었다.

③ 세상에 상처를 입은 그가 터를 잡은 곳은 <u>외지고</u> 쓸쓸한 곳이었다.

④ 그는 <u>노상</u> 웃고 다니지만 속은 달랐다.

⑤ 아이들은 <u>짜장면</u>을 허겁지겁 먹고 있었다.

> **해설 ◉** '깍정이'는 비표준어이며 '깍쟁이'는 이미 모음의 발음이 변화하여 굳어진 것으로 표준어이다.
> ② '민둥산'은 '벌거숭이산'과 함께 표준어이다.
> ③ '외지다'는 '외따로 떨어져 으슥하고 후미지다.'라는 뜻을 지닌 표준어이다.
> ④ '노상'은 '언제나', '줄곧'의 뜻을 지닌 표준어이다.
> ⑤ '짜장면'은 원래 '자장면'만이 표준어였지만 '짜장면'도 표준어로 추가되었다.

20

다음 중 밑줄 친 부분이 표준어가 <u>아닌</u> 것은?

① 가을에는 <u>부지깽이</u>도 덤빈다고 할 만큼 일손이 모자랐다.

② 자식들이 설을 <u>쇠기</u> 위해 모두 내려왔다.

③ 그의 분노는 <u>좀체로</u> 가시지 않았다.

④ 아낙네들의 <u>광주리</u>에는 고추가 담겨 있었다.

⑤ 그는 늘 말을 <u>두루뭉술</u>하여 의미를 정확히 알 수 없다.

> **해설 ◉** '좀체로'는 비표준어이며, '좀처럼'이 표준어이다.
> ① '부지깽이'는 아궁이에 불을 땔 때 쓰는 막대기를 뜻하는 말로 표준어이다.
> ② '명절이나 생일 등을 맞이하여 보내다.'라는 뜻을 가진 표준어는 '쇠다'이다.
> ④ '광주리'는 대나 싸리 등으로 만든 그릇으로 표준어이다.
> ⑤ '두루뭉술하다'는 모음조화를 지킨 표현으로 표준어이며, '두리뭉실하다' 역시 표준어로 추가되었다.

〈새로 추가된 표준어1〉

국립국어원은 2011년 8월 31일 그동안 표준어로 인정되지 않았지만 많이 쓰이는 39개 낱말을 복수 표준어로 새롭게 인정했다.

(1) 기존의 표준어와 같은 뜻으로 추가로 인정한 표준어(11개)

추가된 표준어	현재 표준어	뜻
간지럽히다	간질이다	살갗을 문지르거나 건드려 간지럽게 하다.
남사스럽다	남우세스럽다	남에게 놀림과 비웃음을 받을 듯하다.
등물	목물	팔다리를 뻗고 엎드린 사람의 허리 위에서부터 목까지를 물로 씻어 주는 일.
맨날	만날	매일같이 계속하여서.
묫자리	묏자리	뫼를 쓸 자리. 또는 쓴 자리.
복숭아뼈	복사뼈	발목 부근에 안팎으로 둥글게 나온 뼈.
세간살이	세간	집안 살림에 쓰는 온갖 물건.
쌉싸름하다	쌉싸래하다	조금 쓴 맛이 있는 듯하다.
토란대	고운대	토란의 줄기.
허접쓰레기	허섭스레기	좋은 것이 빠지고 난 뒤에 남은 허름한 물건.
흙담	토담	흙으로 쌓아 만든 담.

(2) 기존의 표준어와 별도의 표준어로 추가로 인정한 것(25개)

추가된 표준어	현재 표준어	뜻 차이
~길래	~기에	• ~길래 : '~기에'의 구어적 표현. 예 무슨 일이길래 이렇게 시끄러워. • ~기에 : 원인이나 근거를 나타내는 연결 어미. 예 반가운 손님이 오셨기에 버선발로 달려 나갔다.
개발새발	괴발개발	• 개발새발 : '개의 발과 새의 발'이라는 뜻으로, 글씨를 아무렇게나 써 놓은 모양을 이르는 말. 예 개발새발 글씨를 쓰다. • 괴발개발 : '고양이의 발과 개의 발'이라는 뜻으로, 글씨를 아무렇게나 써 놓은 모양을 이르는 말. 예 담벼락에 괴발개발 아무렇게나 낙서가 되어 있었다.
나래	날개	• 나래 : 흔히 문학 작품 따위에서, '날개'를 이르는 말.'날개'보다 부드러운 어감을 준다. 예 황금빛으로 빛나는 나래를 풍선처럼 부풀려 올리더니 • 날개 : 새나 곤충의 몸 양쪽에 붙어서 날아다니는 데 쓰는 기관. 예 독수리가 날개를 퍼덕이며 날아올랐다.

추가된 표준어	현재 표준어	뜻 차이
내음	냄새	• 내음 : 코로 맡을 수 있는 향기롭거나 나쁘지 않은 기운. 주로 문학적 표현에 쓰인다. ㉑ 신록의 내음/바다 내음/고향의 내음 • 냄새 : 코로 맡을 수 있는 온갖 기운. ㉑ 구수한 냄새/역한 냄새
눈꼬리	눈초리	• 눈꼬리 : 귀 쪽으로 가늘게 좁혀진 눈의 가장자리. ㉑ 눈꼬리가 처지다/눈꼬리가 올라가다. • 눈초리 : 어떤 대상을 바라볼 때 눈에 나타나는 표정. ㉑ 매서운 눈초리/날카로운 눈초리/경멸에 찬 눈초리
떨구다	떨어뜨리다	• 떨구다 : '시선을 아래로 향하다.'라는 뜻 있음. ㉑ 그녀는 시선을 발끝에 떨구고 또 걷기 시작하였다. • 떨어뜨리다 : 위에 있던 것을 아래로 내려가게 하다. ㉑ 수저를 바닥에 떨어뜨리다.
뜨락	뜰	• 뜨락 : 앞말이 가리키는 것이 존재하거나 깃들어 있는 추상적 공간을 비유적으로 이르는 말. ㉑ 행복의 뜨락/내 영혼의 뜨락 • 뜰 : 집 안의 앞뒤나 좌우로 가까이 딸려 있는 빈터. ㉑ 뜰을 가꾸다/뜰을 거닐다.
먹거리	먹을거리	• 먹거리 : 사람이 살아가기 위하여 먹는 음식을 통틀어 이름. ㉑ 전통 먹거리/먹거리 문화 • 먹을거리 : 먹을 수 있거나 먹을 만한 음식 또는 식품. ㉑ 시장에 가서 먹을거리를 장만하다.
메꾸다	메우다	• 메꾸다 : '무료한 시간을 적당히 또는 그럭저럭 흘러가게 하다.'라는 뜻이 있음. ㉑ 입을 다문 채 시간을 메꾼다는 것도 지겨운 노릇이다. • 메우다 : '뚫려 있거나 비어 있는 곳이 막히거나 채워지다.'라는 의미를 가진 '메다'의 사동사 ㉑ 구덩이를 메우다/공란을 메우다.
손주	손자(孫子)	• 손주 : 손자와 손녀를 아울러 이르는 말. ㉑ 그는 요즘 손주들 보는 재미에 푹 빠졌다. • 손자 : 아들의 아들. 또는 딸의 아들. ㉑ 할머니가 어린 손자를 데리고 산책을 한다.
어리숙하다	어수룩하다	• 어리숙하다 : '어리석음'의 뜻이 강함. ㉑ 그는 어리숙한 푼수 연기를 잘 소화해 냈다. • 어수룩하다 : 겉모습이나 언행이 치밀하지 못하여 순진하고 어설픈 데가 있다. ㉑ 그는 어수룩해서 아무에게나 돈을 잘 빌려 준다.
연신	연방	• 연신 : 잇따라 자꾸. 반복성을 강조함. ㉑ 연신 눈을 깜박이다. • 연방 : 연속해서 자꾸. 연속성을 강조. ㉑ 그는 연방 담배만 빨고 있었다.

추가된 표준어	현재 표준어	뜻 차이

횡하니	힁허케	• 횡하니 : 중도에서 지체하지 아니하고 곧장 빠르게 가는 모양.
		  ㉞ 횡하니 밖으로 나가다.
		• 힁허케 : '횡하니'의 예스러운 표현.
		  ㉞ 쭈뼛 변명을 하고는 가던 길을 다시 힁허케 내걸었다.

걸리적거리다	거치적거리다	자음 또는 모음의 차이로 인한 어감 및 뜻 차이가 존재함.
끄적거리다	끼적거리다	
두리뭉실하다	두루뭉술하다	
맨숭맨숭/맹숭맹숭	맨송맨송	
바둥바둥	바동바동	
새초롬하다	새치름하다	
아웅다웅	아옹다옹	
야멸차다	야멸치다	
오손도손	오순도순	
찌뿌둥하다	찌뿌듯하다	
추근거리다	치근거리다	

(3) 두 가지 표기를 모두 표준어로 인정한 것(3개)

추가된 표준어	현재 표준어	뜻
택견	태견	우리나라 고유의 전통 무예 가운데 하나.
품새	품세	태권도에서 공격과 방어의 기본 기술을 연결한 연속 동작.
짜장면	자장면	중화요리의 하나로 고기와 채소를 넣어 볶은 중국 된장에 국수를 비벼 먹는다.

〈새로 추가된 표준어2〉

국립국어원은 국민들이 실생활에서 많이 사용하고 있으나 그동안 표준어로 인정되지 않았던 13항목의 어휘를 표준어로 인정한다는 내용의 「2014년 표준어 추가 사정안」을 발표하였다.

(1) 현재 표준어와 같은 뜻을 가진 표준어로 인정한 것(5개)

추가된 표준어	현재 표준어
구안와사	구안괘사
굽신*	굽실
눈두덩이	눈두덩
삐지다	삐치다
초장초	작장초

* '굽신'이 표준어로 인정됨에 따라, '굽신거리다, 굽신대다, 굽신하다, 굽신굽신, 굽신굽신하다' 등도 표준어로 함께 인정됨.

(2) 현재 표준어와 뜻이나 어감이 차이가 나는 별도의 표준어로 인정한 것(8개)

추가된 표준어	현재 표준어	뜻
개기다	개개다	• 개기다 : (속되게) 명령이나 지시를 따르지 않고 버티거나 반항하다. • 개개다 : 성가시게 달라붙어 손해를 끼치다.
꼬시다	꾀다	• 꼬시다 : '꾀다'를 속되게 이르는 말. • 꾀다 : 그럴듯한 말이나 행동으로 남을 속이거나 부추겨서 자기 생각대로 끌다.
놀잇감	장난감	• 놀잇감 : 놀이 또는 아동 교육 현장 따위에서 활용되는 물건이나 재료. • 장난감 : 아이들이 가지고 노는 여러 가지 물건.
딴지	딴죽	• 딴지 : (주로 '걸다, 놓다'와 함께 쓰여) 일이 순순히 진행되지 못하도록 훼방을 놓거나 어기대는 것. • 딴죽 : 이미 동의하거나 약속한 일에 대하여 딴전을 부림을 비유적으로 이르는 말.
사그라들다	사그라지다	• 사그라들다 : 삭아서 없어져 가다. • 사그라지다 : 삭아서 없어지다.
섬찟*	섬뜩	• 섬찟 : 갑자기 소름이 끼치도록 무시무시하고 끔찍한 느낌이 드는 모양. • 섬뜩 : 갑자가 소름이 끼치도록 무섭고 끔찍한 느낌이 드는 모양.
속앓이	속병	• 속앓이 : 1. 속이 아픈 병. 또는 속에 병이 생겨 아파하는 일. 2. 겉으로 드러내지 못하고 속으로 걱정하거나 괴로워하는 일. • 속병 : 1. 몸속의 병을 통틀어 이르는 말. 2. '위장병'을 일상적으로 이르는 말. 3. 화가 나거나 속이 상하여 생긴 마음의 심한 아픔.
허접하다	허접스럽다	• 허접하다 : 허름하고 잡스럽다. • 허접스럽다 : 허름하고 잡스러운 느낌이 있다.

* '섬찟'이 표준어로 인정됨에 따라, '섬찟하다, 섬찟섬찟, 섬찟섬찟하다' 등도 표준어로 함께 인정됨.

〈새로 추가된 표준어3〉

국립국어원은 국민들이 실생활에서 많이 사용하고 있으나 그동안 표준어로 인정되지 않았던 11항 목의 어휘와 활용형을 표준어 또는 표준형으로 인정한다는 내용의 「2015년 표준어 추가 결과」를 발 표하였다.

(1) 복수 표준어: 현재 표준어와 같은 뜻을 가진 표준어로 인정한 것(4개)

추가된 표준어	현재 표준어	비고
-고프다	-고 싶다	• 사전에서 〈-고 싶다'가 줄어든 말〉로 풀이함. 예 그 아이는 엄마가 보고파 앙앙 울었다.
마실	마을	• '이웃에 놀러 다니는 일'의 의미에 한하여 표준어로 인정함. '여러 집이 모여 사는 곳'의 의미로 쓰인 '마실'은 비표준어임. • '마실꾼, 마실방, 마실돌이, 밤마실'도 표준어로 인정함. 예 나는 아들의 방문을 열고 이모네 마실 갔다 오마고 말했다.

추가된 표준어	현재 표준어	비고
이쁘다	예쁘다	• '이쁘장스럽다, 이쁘장스레, 이쁘장하다, 이쁘디이쁘다'도 표준어로 인정함. ㉠ 어이구, 내 새끼 이쁘기도 하지.
찰지다	차지다	• 사전에서 〈'차지다'의 원말〉로 풀이함. ㉠ 화단의 찰진 흙에 하얀 꽃잎이 화사하게 떨어져 날리곤 했다.

(2) 별도 표준어: 현재 표준어와 뜻이 다른 표준어로 인정한 것(5개)

추가된 표준어	현재 표준어	뜻 차이
꼬리연	가오리연	• 꼬리연 : 긴 꼬리를 단 연. • 가오리연 : 가오리 모양으로 만들어 꼬리를 길게 단 연. 띄우면 오르면서 머리가 아래위로 흔들린다. ㉠ 행사가 끝날 때까지 하늘을 수놓았던 대형 꼬리연도 비상을 꿈꾸듯 끊임없이 창공을 향해 날아올랐다.
의론	의논	• 의론(議論) : 어떤 사안에 대하여 각자의 의견을 제기함. 또는 그런 의견. • 의논(議論) : 어떤 일에 대하여 서로 의견을 주고 받음. • '의론되다, 의론하다'도 표준어로 인정함. ㉠ 이러니저러니 의론이 분분하다.
이크	이키	• 이크 : 당황하거나 놀랐을 때 내는 소리. '이키'보다 큰 느낌을 준다. • 이키 : 당황하거나 놀랐을 때 내는 소리. '이끼'보다 거센 느낌을 준다. ㉠ 이크, 이거 큰일 났구나 싶어 허겁지겁 뛰어갔다.
잎새	잎사귀	• 잎새 : 나무의 잎사귀. 주로 문학적 표현에 쓰인다. • 잎사귀 : 낱낱의 잎. 주로 넓적한 잎을 이른다. ㉠ 잎새가 몇 개 남지 않은 나무들이 창문 위로 뻗어올라 있었다.
푸르르다	푸르다	• 푸르르다 : '푸르다'를 강조할 때 이르는 말. • 푸르다 : 맑은 가을 하늘이나 깊은 바다, 풀의 빛깔과 같이 밝고 선명하다. • '푸르르다'는 '으불규칙용언'으로 분류함. ㉠ 겨우내 찌푸리고 있던 잿빛 하늘이 푸르르게 맑아 오고 어디선지도 모르게 흙냄새가 뭉클하니 풍겨 오는 듯한 순간 벌써 봄이 온 것을 느낀다.

(3) 복수 표준형: 현재 표준적인 활용형과 용법이 같은 활용형으로 인정한 것(2개)

추가된 표준형	현재 표준형	비고
노랗네 동그랗네 조그맣네 …	노라네 동그라네 조그마네 …	• ㅎ불규칙용언이 어미 '-네'와 결합할 때는 어간 끝의 'ㅎ'이 탈락하기도 하고 탈락하지 않기도 함. • '그렇다, 노랗다, 동그랗다, 뿌옇다, 어떻다, 조그맣다, 커다랗다' 등등 모든 ㅎ불규칙용언의 활용형에 적용됨. ㉠ 생각보다 훨씬 노랗네/노라네. 　 이 빵은 동그랗네/동그라네. 　 건물이 아주 조그맣네/조그마네.

추가된 표준어	현재 표준어	비고
말아 말아라 말아요	마 마라 마요	• '말다'에 명령형어미 '-아', '-아라', '-아요' 등이 결합할 때는 어간 끝의 'ㄹ'이 탈락하기도 하고 탈락하지 않기도 함. 예) 내가 하는 말 농담으로 듣지 마/말아. 　　얘야, 아무리 바빠도 제사는 잊지 마라/말아라. 　　아유, 말도 마요/말아요.

〈새로 추가된 표준어4〉

국립국어원은 국민들이 실생활에서 많이 사용하고 있으나 그동안 표준어로 인정되지 않았던 6항목의 어휘를 표준어 또는 표준형으로 인정한다는 내용의 「2016년 표준어 추가 결과」를 발표하였다.

(1) 별도 표준어: 현재 표준어와 뜻이 다른 표준어로 인정한 것(4항목)

추가된 표준어	현재 표준어	뜻 차이
걸판지다	거방지다	• 걸판지다 [형용사] : 1. 매우 푸지다.　술상이 걸판지다 / 마침 눈먼 돈이 생긴 것도 있으니 오늘 저녁은 내가 걸판지게 사지. 2. 동작이나 모양이 크고 어수선하다.　싸움판은 자못 걸판져서 구경거리였다. / 소리판은 옛날이 걸판지고 소리할 맛이 났었지. • 거방지다 [형용사] : 1. 몸집이 크다. 2. 하는 짓이 점잖고 무게가 있다. 3. =걸판지다1.
겉울음	건울음	• 겉울음 [명사] : 1. 드러내 놓고 우는 울음.　꼭꼭 참고만 있다 보면 간혹 속울음이 겉울음으로 터질 때가 있다. 2. 마음에도 없이 겉으로만 우는 울음.　눈물도 안 나면서 슬픈 척 겉울음 울지 마. • 건울음 [명사] : =강울음. • 강울음 [명사] : 눈물 없이 우는 울음, 또는 억지로 우는 울음.
까탈스럽다	까다롭다	• 까탈스럽다 [형용사] : 1. 조건, 규정 따위가 복잡하고 엄격하여 적응하거나 적용하기에 어려운 데가 있다. '가탈스럽다1.'보다 센 느낌을 준다.　까탈스러운 공정을 거치다 / 규정을 까탈스럽게 정하다 / 가스레인지에 길들여진 현대인들에게 지루하고 까탈스러운 숯 굽기 작업은 쓸데없는 시간 낭비로 비칠 수도 있겠다. 2. 성미나 취향 따위가 원만하지 않고 별스러워 맞춰 주기에 어려운 데가 있다. '가탈스럽다2.'보다 센 느낌을 준다.　까탈스러운 입맛 / 성격이 까탈스럽다 / 딸아이는 사 준 옷이 맘에 안 든다고 까탈스럽게 굴었다. ※ 같은 계열의 '가탈스럽다'도 표준어로 인정함. • 까다롭다 [형용사] 1. 조건 따위가 복잡하거나 엄격하여 다루기에 순탄하지 않다. 2. 성미나 취향 따위가 원만하지 않고 별스럽게 까탈이 많다.

추가된 표준어	현재 표준어	비고
실뭉치	실몽당이	• 실뭉치 [명사] : 실을 한데 뭉치거나 감은 덩이. ㉠ 뒤엉킨 실뭉치 / 실뭉치를 풀다 / 그의 머릿속은 엉클어진 실뭉치같이 갈피를 못 잡고 있었다. • 실몽당이 [명사] : 실을 풀기 좋게 공 모양으로 감은 뭉치.

(2) 복수 표준형: 현재 표준적인 활용형과 용법이 같은 활용형으로 인정한 것(2항목)

추가된 표준형	현재 표준형	비고
엘랑	에는	• 표준어 규정 제25항에서 '에는'의 비표준형으로 규정해 온 '엘랑'을 표준형으로 인정함. • '엘랑' 외에도 'ㄹ랑'에 조사 또는 어미가 결합한 '에설랑, 설랑, -고설랑, -어설랑, -질랑'도 표준형으로 인정함. • '엘랑, -고설랑' 등은 단순한 조사/어미 결합형이므로 사전 표제어로는 다루지 않음. ㉠ 서울엘랑 가지를 마오. 　교실에설랑 떠들지 마라. 　나를 앞에 앉혀놓고설랑 자기 아들 자랑만 하더라.
주책이다	주책없다	• 표준어 규정 제25항에 따라 '주책없다'의 비표준형으로 규정해 온 '주책이다'를 표준형으로 인정함. • '주책이다'는 '일정한 줏대가 없이 되는대로 하는 짓'을 뜻하는 '주책'에 서술격조사 '이다'가 붙은 말로 봄. • '주책이다'는 단순한 명사+조사 결합형이므로 사전 표제어로는 다루지 않음. ㉠ 이제 와서 오래 전에 헤어진 그녀를 떠올리는 나 자신을 보며 '나도 참 주책이군' 하는 생각이 들었다.

〈새로 추가된 표준어5〉

국립국어원은 국민들이 실생활에서 많이 사용하고 있으나 그동안 표준어로 인정되지 않았던 5항목의 어휘를 표준어 또는 표준형으로 인정한다는 내용의 「2017년 표준어 추가 결과」를 발표하였다.

(1) 복수 표준어: 현재 표준어와 같은 뜻을 가진 표준어로 인정한 것(5개)

추가된 표준어	현재 표준어	비고
꺼림직하다	꺼림칙하다	마음에 걸려서 언짢고 싫은 느낌이 있다.
께름직하다	께름칙하다	마음에 걸려서 언짢고 싫은 느낌이 꽤 있다.
추켜올리다	추어올리다	'실제보다 과장되게 칭찬한다'의 의미로 쓰이는 '추켜올리다'를 표준어로 인정함.
추켜세우다	치켜세우다	'정도 이상으로 크게 칭찬하다'의 의미로 쓰이는 '추켜세우다'를 표준어로 인정함.
치켜올리다	추어올리다/ 추켜올리다	① 옷이나 물건, 신체 일부 따위를 위로 가뜬하게 올리다. ② 실제보다 과장되게 칭찬하다.

❸ 표준 발음법

⑴ 표준 발음법의 이해

'표준 발음법'은 1933년 '한글 맞춤법'이 공포된 뒤 55년이 지나고 나서야 고시되었다. 그만큼 발음의 표준에는 소홀했던 것이다. 하지만 우리가 글을 쓸 때 '한글 맞춤법'에 맞는 표준어를 써야 하는 것과 같이 말을 할 때 역시 표준어를 '표준 발음법'에 맞게 발음해야 한다.

⑵ 표준 발음법 사정 원칙

제 1 장 총 칙

제1항 | 표준 발음법은 표준어의 실제 발음을 따르되, 국어의 전통성과 합리성을 고려하여 정함을 원칙으로 한다.

1항에는 표준 발음법의 대상이 명시되어 있다. 우선 표준 발음법은 표준어를 대상으로 한다. 즉 방언이나 외래어는 표준 발음법으로 규정하지 않는다는 의미이다. 다음으로 표준 발음법의 원칙이 제시되어 있는데 이를 보여주는 것이 '실제 발음'이란 부분이다. 이는 언중의 실제 발음을 존중하겠다는 의미이다. 그러나 무조건 실제 발음을 따르는 것은 아니다. '국어의 전통성과 합리성을 고려한다.'라는 것은 국어의 전통과 합리성을 고려하여 실제 발음과 다르더라도 표준 발음으로 정할 수 있다는 것이다. 가령 서울 사람들이라도 각기 다르게 발음할 수 있으며 연령에 따라 발음의 차이가 날 수도 있고, 어법상 잘못된 발음이 널리 쓰일 수도 있으므로 이를 고려하여 표준 발음을 정하겠다는 일종의 보완 조건인 셈이다.

제 2 장 자음과 모음

제2항 | 표준어의 자음은 다음 19개로 한다.
ㄱ, ㄲ, ㄴ, ㄷ, ㄸ, ㄹ, ㅁ, ㅂ, ㅃ, ㅅ, ㅆ, ㅇ, ㅈ, ㅉ, ㅊ, ㅋ, ㅌ, ㅍ, ㅎ

표준어의 자음을 규정하고 있는데 위에 제시된 자음의 순서는 곧 사전의 단어 배열 기준이기도 하다.

제3항 | 표준어의 모음은 다음 21개로 한다.
ㅏ, ㅐ, ㅑ, ㅒ, ㅓ, ㅔ, ㅕ, ㅖ, ㅗ, ㅘ, ㅙ, ㅚ, ㅛ, ㅜ, ㅝ, ㅞ, ㅟ, ㅠ, ㅡ, ㅢ, ㅣ

표준어의 단모음과 이중 모음을 모두 제시한 것이다. 이 역시 자음과 마찬가지로 사전에서 단어 배열의 기준이 된다. 사전에서는 첫소리인 자음의 순서, 가운뎃 소리인 모음, 끝소리인 자음 순으로 고려하여 단어를 찾는다.

제4항 | 'ㅏ, ㅐ, ㅓ, ㅔ, ㅗ, ㅚ, ㅜ, ㅟ, ㅡ, ㅣ'는 단모음(單母音)으로 발음한다.
[붙임] 'ㅚ, ㅟ'는 이중 모음으로 발음할 수 있다.

표준어의 단모음을 규정한 것이다. 현대 국어의 단모음은 위에 제시된 10개인 셈이다. 단모음은 발음할 때 입술의 모양이나 혀의 위치가 변하지 않고 한번에 발음되는 모음을 말한다. 'ㅚ'와 'ㅟ'는 근대 국어 시기까지는 이중 모음이었지만 현대 국어에 와서는 단모음화 되었다. 다만, 현실적으로 이를 이중 모음으로 발음하는 경우가 많아 이중 모음으로 발음하는 것도 허용한 것이다.

＋ 더 알고가기   국어의 자음표, 국어의 단모음표   ☰

국어의 자음표

조음 방법 \ 조음 위치			두 입술	윗잇몸, 혀끝	센입천장, 혓바닥	여린입천장, 혀 뒤	목청 사이
안울림 소리	파열음	예사소리	ㅂ	ㄷ		ㄱ	
		된소리	ㅃ	ㄸ		ㄲ	
		거센소리	ㅍ	ㅌ		ㅋ	
	파찰음	예사소리			ㅈ		
		된소리			ㅉ		
		거센소리			ㅊ		
	마찰음	예사소리		ㅅ			ㅎ
		된소리		ㅆ			
울림 소리	비음		ㅁ	ㄴ		ㅇ	
	유음			ㄹ			

국어의 단모음표

혀의 앞뒤 \ 입술 모양 \ 혀의 높이	전설 모음		후설 모음	
	평순	원순	평순	원순
고모음	ㅣ	ㅟ	ㅡ	ㅜ
중모음	ㅔ	ㅚ	ㅓ	ㅗ
저모음	ㅐ		ㅏ	

제5항 | 'ㅑ, ㅒ, ㅕ, ㅖ, ㅘ, ㅙ, ㅛ, ㅝ, ㅞ, ㅠ, ㅢ'는 이중 모음으로 발음한다.

다만 1. 용언의 활용형에 나타나는 '져, 쪄, 쳐'는 [저, 쩌, 처]로 발음한다.

가지어 → 가져[가저]   찌어 → 쪄[쩌]   다치어 → 다쳐[다처]

다만 2. '예, 례' 이외의 'ㅖ'는 [ㅔ]로도 발음한다.

계집[계:집/게:집]   계시다[계:시다/게:시다]
시계[시계/시게](時計)   연계[연계/연게](連繫)
메별[메별/메별](袂別)   개폐[개폐/개페](開閉)
혜택[혜:택/헤:택](惠澤)   지혜[지혜/지헤](智慧)

다만 3. 자음을 첫소리로 가지고 있는 음절의 'ㅢ'는 [ㅣ]로 발음한다.

늴리리   닁큼   무늬   띄어쓰기   씌어
틔어   희어   희떱다   희망   유희

이중 모음에 관한 발음 규정이다. 이중 모음은 발음할 때 혀의 위치나 입술의 모양이 바뀌는 모음을 말한다. '다만 1'에서는 용언의 활용형에 나타나는 '져, 쪄, 쳐'는 [저, 쩌, 처]로 발음한다고 규정하고 있다. 우리말의 특성상 'ㅈ, ㅉ, ㅊ'과 같은 센입천장소리(경구개음) 다음의 'ㅕ'는 'ㅓ'와 구별하기 어렵기 때문이다. '다만 2'에서는 '예, 례'의 'ㅖ'를 [ㅔ]로 발음할 수 있음을 보이고 있다. 이는 언중이 '예, 례'를 [에, 레]로도 발음하고 있기 때문에 이를 인정한 결과이다. '다만 3'과 '다만 4'에서는 'ㅢ'의 발음에 대한 규정을 두고 있다. 우선 자음 뒤에 오는 'ㅢ'는 [ㅣ]로 발음할 수 있도록 허용하였다. 그러나 'ㅢ'를 'ㅡ'로 발음할 수는 없다. 또한 단어의 첫음절 이외의 'ㅢ'는 [ㅣ]로 발음할 수 있도록 하였는데 이는 뒤집어 보면 '의미'처럼 단어의 첫음절에 나타나는 '의'는 [의]로 발음해야 함을 의미하는 것이기도 하다. 또한 조사로 쓰이는 '의'는 [ㅔ]로 발음할 수 있도록 허용하였다. 이는 형태와 발음이 현저한 차이를 보이게 되는 문제점에도 불구하고 현실 발음을 존중한 결과이다.

Q 짚어보기 ▶ '민주주의의 의의'는 어떻게 발음할까?

'민주주의의 의의'는 '의'발음이 겹쳐서 나기 때문에 본음대로 모두 발음하기가 쉽지 않다. 따라서 이를 허용규정에 따라 발음하면 [민주주이에 의이]로 발음할 수 있다.

제 3 장 음의 길이

단어는 자음이나 모음과 같은 분절음은 아니지만 그 길이에 따라 의미 분화가 가능하므로 구별하여 쓰도록 한 규정이다. 아울러 긴소리는 단어의 첫 음절에서만 나타나고 둘째 음절 이하에서는 나타나지 않는 것을 원칙으로 하였다. 그러므로 '눈보라[눈:보라]'에서 '눈[雪]'은 첫음절이므로 길게 발음하지만 '첫눈[첫눈]'에서 '눈[雪]'은 첫음절이 아니므로 짧게 발음하는 것이다. 다만 합성어의 경우에는 예외적으로 둘째 음절 이하에서도 긴소리를 인정한다고 하였다. 한편 [붙임]에서는 용언의 단음절 어간과 어미 '-아/어'가 결합되어 축약될 때도 긴소리로 발음하도록 한 반면 '와, 져, 쪄, 쳐'는 제외하였다. '와'는 현실 발음상 긴소리로 나지 않기 때문이며 '져, 쪄, 쳐'는 5항에서 보았듯이 이미 [저, 쩌, 처]와 같이 단모음으로 발음될 수 있기 때문이다.

➕ 더알고가기   소리의 길이에 따른 의미 구분   ☰

- 가(家) – 가:(邊)
- 가장(家長) – 가:장(假裝, 假葬)
- 가정(家庭) – 가:정(假定)
- 개발(開發) – 개:발[犬足]
- 고문(拷問) – 고:문(古文)
- 고전(苦戰) – 고:전(古典)
- 과장(課長) – 과:장(誇張)
- 간부(幹部) – 간:부(奸婦, 姦婦)
- 감정(鑑定) – 감:정(感情)
- 경기(京畿) – 경:기(競技)
- 경비(經費) – 경:비(警備)
- 고목(枯木) – 고:목(古木)
- 고해(苦海) – 고:해(告解)
- 금주(今週) – 금:주(禁酒)
- 구(丘) – 구:(具)
- 굴[石花] – 굴:(窟)
- 내(나의) – 내:[川]
- 눌리다(눋게 하다) – 눌:리다(눌러지다)
- 눈[眼] – 눈:[雪]
- 돌집(아기의 생일집) – 돌:집[石造建物]
- 대사(臺詞) – 대:사(大事, 大使)
- 말(馬) – 말:[言語]
- 면직(綿織) – 면:직(免職)
- 무력(無力) – 무:력(武力)
- 부정(不正, 不淨) – 부:정(否定)
- 비단(非但) – 비:단(緋緞)
- 변(邊) – 변:(卞)
- 상품(商品) – 상품(上品)
- 새집[新屋] – 새:집[鳥巢]
- 서리[霜] – 서:리(署理)

- 가네[去] – 가:네[耕, 磨]
- 가재(家財) – 가:재[石蟹]
- 개성(開城) – 개:성(個性)
- 거리[街] – 거:리(距離)
- 고성(高聲) – 고:성(古城)
- 고도(高度) – 고:도(古都)
- 간(鹽) – 간:(肝)
- 감사(監査, 監事) – 감:사(感謝)
- 경계(境界) – 경:계(警戒)
- 경로(經路) – 경:로(敬老)
- 경주(傾注) – 경:주(慶州)
- 광주(光州) – 광:주(廣州)
- 과거(科擧) – 과:거(過去)
- 기생(寄生) – 기:생(妓生)
- 군정(軍政) – 군:정(郡政)
- 경상(經常, 經床) – 경:상(慶尙)
- 네 집(너의 집) – 네:집[四家]
- 노비(奴婢) – 노:비(路費)
- 대[竹] – 대:(代)
- 대목(설–) – 대:목(大木)
- 말다(밥을 물에–, 종이를–) – 말:다(그만두다)
- 면(綿) – 면:(面, 麵)
- 모자(帽子) – 모:자(母子)
- 부자(父子) – 부:자(富者)
- 병(瓶) – 병:(病)
- 부채[扇] – 부:채(負債)
- 사과(과일) – 사:과(謝過)
- 새소리(새로운 소리) – 새:소리(새의 소리)
- 시계(時計) – 시:계(視界)
- 섬(부피의 단위) – 섬:(島)

- 성인(成人) – 성:인(聖人)
- 사막(沙漠) – 사:막(四幕)
- 선발(先發) – 선:발(選拔)
- 안[內] – 안:(案)
- 여권(女權, 旅券) – 여:권(與圈)
- 오기[來] – 오:기(五期, 傲氣)
- 영리(營利) – 영:리(怜悧)
- 오산(烏山) – 오:산(誤算)
- 원시(原始) – 원:시(遠視)
- 자기(自己) – 자:기(磁器)
- 전기(前期, 轉記) – 전:기(電氣)
- 전통(傳統) – 전:통(典統)
- 전매(專賣) – 전:매(轉賣)
- 정(丁) – 정:(鄭)
- 정상(頂上) – 정:상(正常)
- 종(種) – 종:[奴]
- 장수(長壽) – 장:수(將帥)
- 줄[線] – 줄:(연장)
- 천명(天命, 千名) – 천:명(闡明)
- 천직(天職) – 천:직(賤職)
- 최고(催告) – 최:고(最高, 最古)
- 타력(他力) – 타:력(打力)
- 타도(他道) – 타:도(打倒)
- 파장(波長) – 파:장(罷場)
- 포기(풀 한—) – 포:기(抛棄, 暴棄)
- 한[一] – 한:(恨, 限, 漢, 韓)
- 한식(寒食) – 한:식(韓式, 韓食)
- 항구(恒久) – 항:구(港口)
- 한방[一房] – 한:방(韓方)
- 현(絃, 弦, 玄) – 현:(現)
- 화기(和氣) – 화:기(火氣)
- 화장(化粧) – 화:장(火葬)
- 회(灰) – 회:(膾, 會)

- 실패(失敗) – 실:패(絲卷)
- 선수(先手) – 선:수(選手)
- 솔[松] – 솔:[刷毛]
- 양가(良家) – 양:가(兩家)
- 열대(熱帶) – 열:대(十臺)
- 영동(嶺東) – 영:동(永東, 永同)
- 유(兪, 劉) – 유:(柳)
- 일(一) – 일:[事]
- 원인(原因) – 원:인(遠因)
- 재수(財數) – 재:수(再修)
- 전세(傳貰) – 전:세(戰勢)
- 전주(全州) – 전:주(電柱, 傳注)
- 조(曹) – 조:(趙)
- 정당(政黨) – 정:당(正堂)
- 정액(精液) – 정:액(定額)
- 장사(상인) – 장:사(壯士, 葬事)
- 준다[授與] – 준:다[減少]
- 천도(天道) – 천:도(遷都)
- 처형(妻兄) – 처:형(處刑)
- 총(銃) – 총:(總)
- 키[器, 身長] – 키:(key)
- 타살(他殺) – 타:살(打殺)
- 타성(他姓) – 타:성(惰性)
- 편지(片志) – 편:지(片紙)
- 하등(何等) – 하:등(下等)
- 한데(그런데, 한곳) – 한:데[露天]
- 한자[一字, 一尺] – 한:자(漢子)
- 하품(—이 나오다) – 하:품(下品)
- 향(香) – 향:(向)
- 호적(胡笛) – 호:적(戶籍)
- 화랑(花郎) – 화:랑(畵廊)
- 환상(環狀) – 환:상(幻想)
- 회의(懷疑) – 회:의(會議)

밑줄 친 '매'의 소리 길이가 긴 것은?

① 이른 봄에 핀 매화야 말로 가장 좋은 친구다.

② 그녀는 매력적인 여인이다.

③ 집이 매매가 잘 안 되서 걱정이다.

④ 하늘을 나는 매의 모습이 아름답다.

⑤ 아이들에게 자주 매를 드는 것은 좋지 않다.

● 해설

멧새과의 새들을 통틀어 이르는 말인 '매[매:]'는 길게 발음한다.
①, ②, ③, ⑤ '매화(梅花), 매력(魅力), 매매(賣買), 매(회초리)'의 '매'는 짧게 발음한다.

정답 ❹

제7항 | 긴소리를 가진 음절이라도, 다음과 같은 경우에는 짧게 발음한다.

1. 단음절인 용언 어간에 모음으로 시작된 어미가 결합되는 경우

감다[감:따] – 감으니[가므니]	밟다[밥:따] – 밟으면[발브면]
신다[신:따] – 신어[시너]	알다[알:다] –알아[아라]

　다만, 다음과 같은 경우에는 예외적이다

끌다[끌:다] – 끌어[끄:러]	떫다[떨:다] – 떫은[떨:븐]
벌다[벌:다] – 벌어[버:러]	썰다[썰:다] – 썰어[써:러]
없다[업:따] – 없으니[업:쓰니]	

2. 용언 어간에 피동, 사동의 접미사가 결합되는 경우

감다[감:따] – 감기다[감기다]	꼬다[꼬:다] – 꼬이다[꼬이다]
밟다[밥:따] – 밟히다[발피다]	

　다만, 다음과 같은 경우에는 예외적이다

끌리다[끌:리다]	벌리다[벌:리다]	없애다[업:쌔다]

[붙임] 다음과 같은 합성어에서는 본디의 길이에 관계없이 짧게 발음한다.

밀−물	썰−물	쏜−살−같이	작은−아버지

제7항에서는 긴소리를 가진 음절임에도 불구하고 짧게 발음하는 경우를 규정해 놓았다. 이를 정리하면 다음과 같다.

- 단음절 용언 어간 + 모음으로 시작된 어미
- 용언 어간 + 피동, 사동 접미사

'다만'에서는 예외적인 경우를 제시하였는데 1의 예외에 해당하는 것은 '끌어, 떫은, 벌어, 썰어, 없으니'이고, 2의 예외에 해당하는 것은 '끌리다, 벌리다, 없애다'이다. [붙임]에서는 본래 길이와 관계

없이 짧게 발음하는 예를 제시하였는데 '밀-, 썰-, 쏜-, 작은-'의 경우 활용을 할 때 [밀:다], [썰:다], [쏜:다], [작:다]와 같이 긴소리로 발음되지만 합성어를 이루는 경우에는 짧게 발음된다.

제 4 장 받침의 발음

> **제8항 | 받침소리로는 'ㄱ, ㄴ, ㄷ, ㄹ, ㅁ, ㅂ, ㅇ'의 7개 자음만 발음한다.**

이른바 음절의 끝소리 규칙과 관련된 발음 규정이다. 우리말에서는 자음들이 끝소리에 놓이게 되면 위에 제시된 일곱 자음으로 교체되어 발음되기 때문에 실제 발음에서 이들 일곱 자음으로만 발음하도록 규정하고 있다.

> **제9항 | 받침 'ㄲ, ㅋ', 'ㅅ, ㅆ, ㅈ, ㅊ, ㅌ', 'ㅍ'은 어말 또는 자음 앞에서 각각 대표음 [ㄱ, ㄷ, ㅂ]으로 발음한다.**
>
> | | | |
> |---|---|---|
> | 닦대[닥따] | 키읔[키윽] | 키읔과[키윽꽈] |
> | 옷[옫] | 웃대[욷:따] | 있다[읻따] |
> | 젖[젇] | 빚대[빋따] | 꽃[꼳] |
> | 쫓대[쫃따] | 솥[솓] | 뱉대[밷:따] |
> | 앞[압] | 덮대[덥따] | |

위에서 말한 대표음으로 교체되는 자음의 예를 들어 놓은 것이다. [ㄱ], [ㄷ], [ㅂ]으로 교체되어 발음되는 자음들을 제시해 놓았고, 이외의 'ㄴ, ㄹ, ㅁ, ㅇ'의 발음은 본음대로 발음하면 된다.

> **제10항 | 겹받침 'ㄳ', 'ㄵ', 'ㄼ, ㄽ, ㄾ', 'ㅄ'은 어말 또는 자음 앞에서 각각 [ㄱ, ㄴ, ㄹ, ㅂ]으로 발음한다.**
>
> | | | |
> |---|---|---|
> | 넋[넉] | 넋과[넉꽈] | 앉다[안따] |
> | 여덟[여덜] | 넓대[널따] | 외곬[외골] |
> | 핥대[할따] | 값[갑] | 없다[업:따] |
>
> 다만, '밟-'은 자음 앞에서 [밥]으로 발음하고, '넓-'은 다음과 같은 경우에 [넙]으로 발음한다.
>
> (1) 밟다[밥:따] 밟소[밥:쏘] 밟지[밥:찌]
>   밟는[밥:는 → 밤:는] 밟게[밥:께] 밟고[밥:꼬]
> (2) 넓-죽하다[넙쭈카다] 넓-둥글다[넙뚱글다]

겹받침의 발음을 규정한 것으로 시험에 자주 출제되므로 주의해야 한다. 우선 'ㄳ', 'ㄵ', 'ㄼ, ㄽ, ㄾ', 'ㅄ'은 어말이나 자음 앞에서 앞 자음인 'ㄱ, ㄴ, ㄹ, ㅂ'으로 발음된다고 규정하였다. 이는 우리말에서 같은 위치에서 두 개의 자음이 발음될 수 없기 때문인데 자음 앞에서는 두 자음 중 하나가 탈락하고 대표음으로 발음하지만 모음으로 시작되는 형식 형태소, 즉 조사나 어미가 올 경우에는 두 자음 중 뒤의 한 자음이 연음이 되어 발음이 된다. 예를 들면 '넋', '넋과'는 [넉], [넉꽈]처럼 'ㅅ'이 탈락하고 [ㄱ]으로 발음되지만 '넋이'의 경우는 [넉씨]와 같이 뒤의 자음인 'ㅅ'이 연음되어 발음된다.

특히 주의할 점은 '다만'의 규정인데 '밟'은 앞서 제시한 단어들과 달리 'ㄼ'받침을 가지고 있지만 예외적으로 뒤의 자음인 [ㅂ]으로 발음하여 '밥'과 같이 발음하고 '넓'은 '넓죽하다, 넓둥글다'의 경우 예외적으로 [넙]으로 발음한다. 물론, 모음으로 시작되는 어미가 오는 경우는 '밟아[발바]', '넓어[널버]'와 같이 앞의 자음인 'ㄹ'이 남고 뒤의 자음인 'ㅂ'이 연음되어 발음된다.

제11항 | 겹받침 'ㄺ, ㄻ, ㄿ'은 어말 또는 자음 앞에서 각각 [ㄱ, ㅁ, ㅂ]으로 발음한다.

닭[닥]	흙과[흑꽈]	맑다[막따]	늙지[늑찌]
삶[삼:]	젊대[점:따]	읊고[읍꼬]	읊대[읍따]

다만, 용언의 어간 발음 'ㄺ'은 'ㄱ' 앞에서 [ㄹ]로 발음한다.

맑게[말께]	묽고[물꼬]	얽거나[얼꺼나]

역시 겹받침에 대한 발음 규정으로 시험에 자주 출제되므로 주의해야 한다. 10항의 겹받침들이 주로 앞의 자음으로 발음된 것과 달리 11항의 겹받침은 어말 또는 자음 앞에서 뒤의 자음이 남고 앞의 자음이 탈락하여 각각 [ㄱ, ㅁ, ㅂ]으로 발음된다는 것이다. '다만'에서는 용언의 어간 발음인 'ㄺ'이 예외적으로 'ㄱ' 앞에서만 [ㄹ]로 발음하도록 규정하였다. 즉, '맑다'와 같이 'ㄷ'과 만났을 때는 [막따]로 발음하지만 '맑고'와 같이 'ㄱ'과 만났을 때는 [말꼬]로 발음해야 하는 것이다.

🔍 짚어보기 ▶ 겹받침의 발음

㉠ 'ㄳ', 'ㄵ', 'ㄼ, ㄽ, ㄾ', 'ㅄ' : 앞의 자음으로 발음 함. (단, 다음은 예외로 한다.)
- '밟' : 뒤의 자음으로 발음함.
- '넓' : '넓죽하다', '넓둥글다'의 경우만 뒤의 자음으로 발음함.

㉡ 'ㄺ, ㄻ, ㄿ' : 뒤의 자음('ㄿ'의 경우 'ㅂ'으로 발음)으로 발음함. (단, 다음은 예외로 한다.)
- 'ㄺ' : 'ㄱ' 앞에서는 'ㄹ'로 발음함.

🔷 기출유사문제 🔷

다음 중 표준 발음법에 맞지 <u>않는</u> 것은?

① 그는 풀을 <u>밟지</u>[밥찌] 않으려고 애썼다.

② 오늘 <u>닭이</u>[달기] 알을 낳았다.

③ 하늘이 <u>맑고</u>[막꼬] 푸르니 기분이 상쾌하다.

④ 인원을 헤아려보니 총 <u>여덟</u>[여덜] 명이다.

⑤ 그 물건은 매우 <u>넓죽하다</u>[넙쭈카다].

● 해설

'ㄺ' 받침의 발음은 'ㄱ' 앞에서는 [ㄹ]로 발음하고, 그 외에는 [ㄱ]으로 발음하므로 '맑고'는 [말꼬]로 발음해야 한다.
① '밟'은 [밥]으로 발음해야 하므로 '밟지'는 [밥찌]로 발음해야 한다.

② '닭이'는 '닭'과 조사 '이'가 결합한 것이므로 이 경우에는 뒤의 'ㄱ'을 연음시켜 [달기]로 발음해야 한다.
④ '여덟'은 어말 또는 자음 앞에서 [ㄹ]로 발음해야 하므로 [여덜]로 발음하는 것이 맞다.
⑤ '넓죽하다'는 [넙쭈카다]로 발음하도록 규정하였다.

정답 ❸

제12항 | 받침 'ㅎ'의 발음은 다음과 같다.
1. 'ㅎ(ㄶ, ㅀ)' 뒤에 'ㄱ, ㄷ, ㅈ'이 결합되는 경우에는, 뒤 음절 첫소리와 합쳐서 [ㅋ, ㅌ, ㅊ]으로 발음한다.

놓고[노코]   좋던[조:턴]   쌓지[싸치]
많고[만:코]   않던[안턴]   닳지[달치]

[붙임 1] 받침 'ㄱ(ㄹㄱ), ㄷ, ㅂ(ㄹㅂ), ㅈ(ㄵ)'이 뒤 음절 첫소리 'ㅎ'과 결합되는 경우에도, 역시 두 소리를 합쳐서 [ㅋ, ㅌ, ㅍ, ㅊ]으로 발음한다.

각하[가카]   먹히다[머키다]   밝히다[발키다]
맏형[마텽]   좁히다[조피다]   넓히다[널피다]
꽂히다[꼬치다]   앉히다[안치다]

[붙임 2] 규정에 따라 'ㄷ'으로 발음되는 'ㅅ, ㅈ, ㅊ, ㅌ'의 경우에는 이에 준한다.

옷 한 벌[오탄벌]   낮 한때[나탄때]   꽃 한 송이[꼬탄송이]   숱하다[수타다]

2. 'ㅎ(ㄶ, ㅀ)' 뒤에 'ㅅ'이 결합되는 경우에는, 'ㅅ'을 [ㅆ]으로 발음한다.

닿소[다:쏘]   많소[만:쏘]   싫소[실쏘]

3. 'ㅎ' 뒤에 'ㄴ'이 결합되는 경우에는, [ㄴ]으로 발음한다.

놓는[논는]   쌓네[싼네]

[붙임 3] 'ㄶ, ㅀ' 뒤에 'ㄴ'이 결합되는 경우에는, 'ㅎ'을 발음하지 않는다.

않네[안네]   않는[안는]   뚫네[뚤네 → 뚤레]   뚫는[뚤는 → 뚤른]

※'뚫네[뚤네 → 뚤레], 뚫는[뚤는 → 뚤른]'에 대해서는 제20항 참조.

4. 'ㅎ(ㄶ, ㅀ)' 뒤에 모음으로 시작된 어미나 접미사가 결합되는 경우에는, 'ㅎ'을 발음하지 않는다.

낳은[나은]   놓아[노아]   쌓이다[싸이다]
많아[마:나]   않은[아는]   닳아[다라]
싫어도[시러도]

'ㅎ'은 끝소리에서 다양한 음운현상을 보인다. 우선 1은 축약을 설명하고 있다. 'ㅎ'이 대립하는 거센소리를 가지고 있는 'ㄱ, ㄷ, ㅈ'과 만나면 'ㅋ, ㅌ, ㅊ'과 같이 거센소리로 축약하여 발음되는 것을 설명한 것이다. 이는 겹받침에서도 마찬가지이다. [붙임 1]은 선행 자음 'ㄱ, ㄷ, ㅂ, ㅈ'이 뒤의 'ㅎ'과 만났을 경우에도 역시 축약이 일어남을 규정한 것이다. [붙임 2]에서는 음절의 끝소리 규칙에 따라 [ㄷ]으로 교체된 뒤에 'ㅎ'을 만나더라도 역시 축약하여 발음하도록 규정하고 있다. 예를 들어 '숱하다'의 경우 [수타다]로 발음되는데 이 때, [타]는 '하'의 'ㅎ'이 탈락한 결과가 아니라 먼저 '숱'이 음절의 끝소리 규정에 따라 [숟]으로 바뀌고 다시 'ㅎ'과 결합하여 축약이 일어난 것으로 보아야 하는 것이다.

2는 'ㅎ'과 거센소리가 없는 'ㅅ'이 만났을 때 뒤의 'ㅅ'이 된소리로 발음됨을 규정한 것이다. 3은 'ㅎ' 뒤에 'ㄴ'이 결합하는 경우에 'ㅎ'은 [ㄴ]으로 발음하도록 규정한 것인데 이는 '놓는〉녿는〉논는'과 같이 음절의 끝소리 규칙이 적용되어 [ㄷ]으로 바뀐 뒤 다시 [ㄴ]으로 동화의 과정을 거치기 때문이다. [붙임 3]은 겹받침에 쓰인 'ㅎ'이 대표음으로 발음되면서 탈락하는 경우이다. 4 역시 겹받침에서 'ㅎ' 이 탈락하거나 'ㅎ' 뒤에 모음으로 시작되는 어미나 접사가 결합될 때 'ㅎ'이 탈락하는 경우이다.

제13항 | 홑받침이나 쌍받침이 모음으로 시작된 조사나 어미, 접미사와 결합되는 경우에는, 제 음가 대로 뒤 음절 첫소리로 옮겨 발음한다.

깎아[까까]	옷이[오시]	있어[이써]
낮이[나지]	꽂아[꼬자]	꽃을[꼬츨]
쫓아[쪼차]	밭에[바테]	앞으로[아프로]
덮이다[더피다]		

홑받침이나 쌍받침(ㄲ, ㅆ)이 모음으로 시작된 조사나 어미, 접사와 결합할 경우 연음하여 발음하도록 한 규정이다. 하지만 주의해야 할 것은 이러한 연음은 조사, 어미, 접사와 같은 형식 형태소와 결합했을 경우에만 가능하다는 점이다. 즉, 실질 형태소와 결합할 경우에는 그것이 모음으로 시작하더라도 바로 연음할 수 없다. 예를 들어 '꽃을'과 같이 '꽃'이 형식 형태소(조사)인 '을'과 만났을 경우 [꼬치]와 같이 연음을 하면 되지만 '꽃 안'과 같이 실질 형태소(명사)와 만났을 경우에는 [꼬찬]과 같이 연음할 수 없고 우선 음절의 끝소리 규칙을 적용하여 [꼳안]이 된 뒤에 연음이 이루어져 결국 [꼬단]으로 발음되는 것이다.

🔍 **짚어보기** ▶ 형식 형태소와 실질 형태소 결합 시 발음의 차이

- 자음 받침 + 모음으로 시작하는 형식 형태소(조사, 어미, 접사) : 연음함. 예) 꽃이[꼬치]
- 자음 받침 + 모음으로 시작하는 실질 형태소 : 음절의 끝소리 규칙 적용 후 연음함. 예) 꽃 앞[꼬답]

제14항 | 겹받침이 모음으로 시작된 조사나 어미, 접미사와 결합되는 경우에는 뒤엣것만을 뒤 음절 첫소리로 옮겨 발음한다. (이 경우, 'ㅅ'은 된소리로 발음함.)

넋이[넉씨]	앉아[안자]	닭을[달글]
젊어[절머]	곬이[골씨]	핥아[할타]
읊어[을퍼]	값을[갑쓸]	없어[업:써]

겹받침의 경우도 13항과 같이 적용하여 발음하도록 규정하고 있다.

제15항 | 받침 뒤에 모음 'ㅏ, ㅓ, ㅗ, ㅜ, ㅟ'들로 시작되는 실질 형태소가 연결되는 경우에는, 대표음 으로 바꾸어서 뒤 음절 첫소리로 옮겨 발음한다.

밭 아래[바다래]	늪 앞[느밥]	젖어미[저더미]	맛없다[마덥따]
겉옷[거돋]	헛웃음[허두슴]	꽃 위[꼬뒤]	

다만, '맛있다, 멋있다'는 [마싣따], [머싣따]로도 발음할 수 있다.

[붙임] 겹받침의 경우에는 그 중 하나만을 옮겨 발음한다.

넋 없다[너겁따]　　　닭 앞에[다가페]　　　값어치[가버치]　　　값있는[가빈는]

받침 뒤에 모음으로 시작되는 실질 형태소가 결합되는 경우 음절의 끝소리 규칙을 적용한 후에 연음해야 함을 밝히고 있다. [붙임]에서 겹받침의 경우에는 그 중 하나만을 옮겨 발음한다고 규정하였는데 이 때 연음되는 것은 당연히 대표음이 된다.

＋ 더알고가기　　　'맛있다, 멋있다'는 [마딛따], [머딛따]일까? [마싣따], [머싣따]일까?　　☰

원칙적으로 '맛있다, 멋있다'는 뒤에 결합한 '있다'가 실질 형태소이므로 15항의 규정에 따라 음절의 끝소리 규칙을 적용한 뒤에 연음이 이루어져야 하므로 [마딛따], [머딛따]가 맞는 발음이다. 이를 정리해 보면 아래와 같다.

- **맛있다** : [맏있다] – [마딛따]
- **멋있다** : [먿있다] – [머딛따]

그러나 실제 발음에서 음절의 끝소리 규칙을 적용하지 않고 연음하는 [마싣따], [머싣따]가 널리 쓰이므로 현실 발음을 존중하여 양쪽 모두를 표준 발음으로 인정하게 되었다. 즉, [마딛따], [머딛따]와 [마싣따], [머싣따] 모두가 표준 발음으로 인정되는 것이다.

제16항 | 한글 자모의 이름은 그 받침소리를 연음하되, 'ㄷ, ㅈ, ㅊ, ㅋ, ㅌ, ㅍ, ㅎ'의 경우에는 특별히 다음과 같이 발음한다.

디귿이[디그시]	디귿을[디그슬]	디귿에[디그세]
지읒이[지으시]	지읒을[지으슬]	지읒에[지으세]
치읓이[치으시]	치읓을[치으슬]	치읓에[치으세]
키읔이[키으기]	키읔을[키으글]	키읔에[키으게]
티읕이[티으시]	티읕을[티으슬]	티읕에[티으세]
피읖이[피으비]	피읖을[피으블]	피읖에[피으베]
히읗이[히으시]	히읗을[히으슬]	히읗에[히으세]

한글 자모의 이름에 대한 발음 규정이다. 주의할 점은 이들의 경우 뒤의 '-이, -을, -에'가 형식 형태소이므로 연음하여 [디그디], [지으지], [치으치], [키으키], [티으티], [피으피], [히으히]와 같이 되어야 맞지만 현실 발음을 반영시켜 예외적으로 [디그시], [지으시], [치으시], [키으기], [티으시], [피으비], [히으시]와 같이 발음하도록 규정하였다는 점이다.

제 5 장 음의 동화

제17항 | 받침 'ㄷ, ㅌ(ㄾ)'이 조사나 접미사의 모음 'ㅣ'와 결합되는 경우에는, [ㅈ, ㅊ]으로 바꾸어서 뒤 음절 첫소리로 옮겨 발음한다.

곧이듣다[고지듣따]	굳이[구지]	미닫이[미다지]
땀받이[땀바지]	밭이[바치]	벼훑이[벼훌치]

[붙임] 'ㄷ' 뒤에 접미사 '히'가 결합되어 '티'를 이루는 것은 [치]로 발음한다.

굳히다[구치다]　　　　닫히다[다치다]　　　　묻히다[무치다]

구개음화에 관한 규정이다. 혀끝소리인 [ㄷ, ㅌ]이 전설모음인 'ㅣ'와 결합하는 경우 센입천장소리 (경구개음)인 [ㅈ, ㅊ]으로 바뀌게 되는데 이를 센입천장소리 또는 구개음화라고 한다. [붙임]은 'ㄷ'이 '히'와 결합하여 축약되어 'ㅌ'이 된 경우도 구개음화를 인정한다는 규정이다. 다만, 구개음화는 조사나 접미사와 결합할 경우에만 일어나고 '밭이랑, 홑이불'과 같이 합성어인 경우에는 적용되지 않는다. 즉, '밭이랑'이나 '홑이불'은 먼저 음절의 끝소리 규칙을 적용하여 [받이랑], [혼이불]로 변화된 다음 연음이나 사잇소리현상이 일어나 [바디랑], [혼니불]과 같이 발음해야 하는 것이다.

➕ 더 알고가기　　구개음화　　　　　　　　≡

'구개음화'란 구개음이 아닌 말이 구개음이 된다는 의미이다. 이는 자음이 후행하는 'ㅣ'모음과 만나 'ㅣ'모음이 소리나는 자리와 유사한 자리에서 소리나는 자음으로 바뀌어 발음의 경제성을 높이려는 음운변동이다. 우리말의 구개음에는 연구개음과 경구개음이 있는데 'ㄱ, ㅋ'은 연구개음이고 'ㅈ, ㅊ'은 경구개음이다. 따라서 엄밀히 말하면 구개음화는 연구개음화와 경구개음화를 모두 말하는 것이다. 그런데 연구개음화의 경우 역사적으로 일어난 현상일 뿐 음운변동으로는 나타나지 않으며 나타난다 하더라도 방언에서만 볼 수 있으므로 실제적으로 표준 발음법에 해당하지는 않는다. 따라서 구개음화라고 하면 자연히 경구개음화만을 의미하게 된 것이다. 특히 구개음화는 음운변동면에서 특이한데 대부분 자음과 자음이 만나거나 모음과 모음이 만나 동화가 일어나지만 구개음화는 자음과 모음이 만나 동화가 일어난다는 특징이 있다.

제18항 | 받침 'ㄱ(ㄲ, ㅋ, ㄳ, ㄺ), ㄷ(ㅅ, ㅆ, ㅈ, ㅊ, ㅌ, ㅎ), ㅂ(ㅍ, ㄼ, ㄿ, ㅄ)'은 'ㄴ, ㅁ' 앞에서 [ㅇ, ㄴ, ㅁ]으로 발음한다.

먹는[멍는]	국물[궁물]	깎는[깡는]
키읔만[키응만]	몫몫이[몽목씨]	긁는[긍는]
흙만[흥만]	닫는[단는]	짓는[진:는]
옷맵시[온맵시]	있는[인는]	맞는[만는]
젖멍울[전멍울]	쫓는[쫀는]	꽃망울[꼰망울]
붙는[분는]	놓는[논는]	잡는[잠는]
밥물[밤물]	앞마당[암마당]	밟는[밤:는]
읊는[음는]	없는[엄:는]	

[붙임] 두 단어를 이어서 한 마디로 발음하는 경우에도 이와 같다.

책 넣는다[챙넌는다]　　흙 말리다[흥말리다]　　옷 맞추다[온마추다]
밥 먹는다[밤멍는다]　　값 매기다[감매기다]

비음화(鼻音化)에 관한 규정이다. 안울림 예사소리인 자음들이 'ㄴ, ㅁ'과 같은 비음(콧소리)과 결합하면 비음에 동화되어 [ㅇ, ㄴ, ㅁ]으로 발음된다는 것이다. 이러한 비음화는 우리말에서 필연적으로 일어나는 변동이므로 표준 발음으로 인정하는 것이다. [붙임]에서는 비음화가 이어진 어절 사이에서도 일어남을 규정하고 있다. 특히 '키읔만', '있는'과 같이 대표음이 아닌 자음과 만났을 경우에는 음절의 끝소리 규칙을 적용한 후에 동화가 일어나게 된다는 점도 유의해야 한다. 즉, '키읔만'은 [키윽만]을 거쳐 [키응만]이 되고 '있는' 역시 [읻는]을 거쳐 [인는]이 되는 것이다.

제19항 | 받침 'ㅁ, ㅇ' 뒤에 연결되는 'ㄹ'은 [ㄴ]으로 발음한다.

담력[담:녁]　　　　　　침략[침:냑]　　　　　　강릉[강능]
항로[항:노]　　　　　　대통령[대:통녕]

[붙임] 받침 'ㄱ, ㅂ' 뒤에 연결되는 'ㄹ'도 [ㄴ]으로 발음한다.

막론[막논 → 망논]　　　　석류[석뉴 → 성뉴]
협력[협녁 → 혐녁]　　　　범리[법니 → 범니]

역시 비음화에 관한 규정인데 비음 'ㅁ, ㅇ' 뒤의 'ㄹ'이 [ㄴ]으로 동화되는 경우이다. [붙임]에서는 'ㄱ, ㅂ' 뒤에 연결되는 'ㄹ'도 [ㄴ]으로 발음한다고 규정하였다. 이는 'ㄹ'을 첫소리로 가진 한자의 경우 'ㄴ, ㄹ' 받침 외의 받침 뒤에서는 언제나 'ㄹ'이 [ㄴ]으로 발음되기 때문이다. 이 때, 뒤의 [ㄹ]이 [ㄴ]으로 발음되면서 앞의 자음은 비음화를 겪게 된다는 점도 유의해야 한다. 가령 '백리'의 경우 뒤의 [ㄹ]이 [ㄴ]이 되어 [백니]가 된 뒤에 다시 앞의 [ㄱ]이 [ㄴ]에 동화되어 [뱅니]가 되는 것이다.

➕ 더 알고가기　　비음(鼻音)과 설측음(舌側音)　　　　　　　　≡

우리말에서 'ㄴ, ㅁ, ㅇ, ㄹ'은 모두 성대를 울려 소리 내는 유성음(有聲音)에 해당한다. 하지만 소리 내는 방법에 있어서 'ㄴ, ㅁ, ㅇ'은 코로 공기를 내보내어 소리 내므로 '비음(鼻音)'으로 분류하지만 'ㄹ'은 코로 공기를 내보내지 않고 혀의 양 옆으로 공기를 내보내며 소리를 내기 때문에 설측음(舌側音)이라고 한다.

제20항 | 'ㄴ'은 'ㄹ'의 앞이나 뒤에서 [ㄹ]로 발음한다.

(1) 난로[날:로]　　　신라[실라]　　　천리[철리]　　　광한루[광:할루]　　대관령[대:괄령]
(2) 칼날[칼랄]　　　물난리[물랄리]　　줄넘기[줄럼끼]　　할는지[할른지]

[붙임] 첫소리 'ㄴ'이 'ㄶ', 'ㄾ' 뒤에 연결되는 경우에도 이에 준한다.

닳는[달른]　　　　　　뚫는[뚤른]　　　　　　핥네[할레]

다만, 다음과 같은 단어들은 'ㄹ'을 [ㄴ]으로 발음한다.

의견란[의:견난]　　　　임진란[임:진난]　　　　생산량[생산냥]
결단력[결딴녁]　　　　　공권력[공꿘녁]　　　　동원령[동:원녕]
상견례[상견녜]　　　　　횡단로[횡단노]　　　　이원론[이:원논]
입원료[이뷘뇨]　　　　　구근류[구근뉴]

설측음화에 대한 규정이다. 비음인 'ㄴ'이 'ㄹ'의 앞뒤에서 설측음인 [ㄹ]로 발음되는 경우이다. 이 경우도 필연적인 변동이므로 표준 발음으로 인정한다. [붙임]은 'ㄴ'이 'ㄹ'을 포함하는 겹받침과 만났을 경우에도 설측음화를 인정한다는 규정이다. '다만'에서는 'ㄴ'과 'ㄹ'이 만났을 때 'ㄹ'이 'ㄴ'으로 동화되는 경우를 따로 규정한 것이다. 즉, '권력'은 [궐력]으로 발음하여 설측음화가 인정되지만 '공권력'의 경우 [공꿘녁]으로 발음하여 비음화를 인정하는 것이다. 이는 예외적으로 인정하고 있는 단

어들이므로 유의해서 그 발음을 익혀두어야 한다.

기출유사문제

다음 중 밑줄 친 부분이 표준 발음인 것은?

① 앞으로는 어떻게 <u>할는지[할는지]</u> 좀처럼 알 수가 없다.

② 서울에서 차로 세 시간 정도면 <u>대관령[대관녕]</u>에 도착한다.

③ 어머니는 <u>입원료[이뷘뇨]</u>가 비싸 걱정하셨다.

④ 남편에게 <u>옷감[옥깜]</u>을 사오라고 부탁했다.

⑤ 동물원에서 우리에 갇힌 <u>칡범[칠범]</u>을 보았다.

● 해설

'입원료'는 규정상 'ㄹ'을 [ㄴ]으로 발음해야 하므로 [이뷘뇨]가 맞다.

① '할는지'는 'ㄹ' 앞뒤에서 'ㄴ'이 'ㄹ'로 동화되므로 [할른지]가 바른 발음이다.

② '대관령'은 'ㄹ'앞뒤에서 'ㄴ'이 'ㄹ'로 동화되어야 하므로 [대괄령]으로 발음한다.

④ '옷감'은 비음화나 설측음화가 일어날 수 있는 조건이 아니므로 [옫깜]으로 발음하면 된다.

⑤ '칡범'은 'ㄱ, ㅂ, ㄷ' 뒤에서 'ㄱ, ㄷ, ㅂ, ㅅ, ㅈ'은 된소리로 발음해야 하므로 [칙뻠]으로 발음해야 한다.

정답 ❸

제21항 | 위에서 지적한 이외의 자음동화는 인정하지 않는다.

감기[감:기](×[강:기])　　옷감[옫깜](×[옥깜])　　있고[읻꼬](×[익꼬])

꽃길[꼳낄](×[꼭낄])　　젖먹이[전머기](×[점머기])

문법[문뻡](×[뭄뻡])　　꽃밭[꼳빧](×[꼽빧])

21항에서는 표준 발음에서 허용하지 않는 다양한 동화 발음을 제시하여 무리하게 동화시켜 발음하는 것을 막고 있다. 즉, '감기'는 충분히 [감기]로 발음할 수 있는데 경우에 따라 [강기]로 발음하여 [ㅁ]을 [ㅇ]으로 바꾸어 발음할 수 없다는 것이다. 따라서 유의해야 할 발음들이다.

제22항 | 다음과 같은 용언의 어미는 [어]로 발음함을 원칙으로 하되, [여]로 발음함도 허용한다.

되어[되어/되여]　　피어[피어/피여]

[붙임] '이오, 아니오'도 이에 준하여 [이요], [아니요]로 발음함을 허용한다.

모음으로 끝난 용언 어간에 모음으로 시작된 어미가 결합할 때의 발음을 규정한 것이다. 이 경우에는 충분히 본음대로 발음할 수 있음에도 불구하고 바꾸어 발음하는 것인데 이는 모음 충돌을 회피하려는 현상 때문이다. 따라서 '피어'의 경우 'ㅣ'와 'ㅓ'가 겹쳐 나므로 뒤의 'ㅓ'를 'ㅕ'로 바꾸어 발음하게 되는데 이러한 발음을 허용하고 있다.

제 6 장 경음화

제23항 | 받침 'ㄱ(ㄲ, ㅋ, ㄳ, ㄹ), ㄷ(ㅅ, ㅆ, ㅈ, ㅊ, ㅌ), ㅂ(ㅍ, ㄼ, ㄿ, ㅄ)' 뒤에 연결되는 'ㄱ, ㄷ, ㅂ, ㅅ, ㅈ'은 된소리로 발음한다.

국밥[국빱]	깎다[깍따]	넋받이[넉빠지]
삯돈[삭똔]	닭장[닥짱]	칡범[칙뻠]
뻗대다[뻗때다]	옷고름[옫꼬름]	있던[읻떤]
꽂고[꼳꼬]	꽃다발[꼳따발]	낯설다[낟썰다]
밭갈이[받까리]	솥전[솓쩐]	곱돌[곱똘]
덮개[덥깨]	옆집[엽찝]	넓죽하다[넙쭈카다]
읊조리다[읍쪼리다]	값지다[갑찌다]	

우리말에서 [ㄱ, ㄷ, ㅂ]으로 발음되는 받침 뒤에 안울림 예사소리가 결합할 때 필연적으로 이들 안울림 예사소리는 된소리로 발음되는데 이를 된소리되기(경음화)라고 한다. 이는 한 단어 안에서도 일어나며 용언의 활용에서 예외 없이 적용된다.

＋ 더 알고가기 | **'된소리되기(경음화)'와 '사잇소리 현상'의 구분** ☰

- **공통점** : 된소리되기와 사잇소리 현상은 모두 안울림 예사소리가 된소리가 된다는 것이 공통점이다.
- **차이점** : 사잇소리 현상은 반드시 합성어일 때만 가능하지만 된소리되기는 한 단어 안에서 일어난다는 점이 다르고 합성어일지라도 사잇소리 현상은 '울림소리 + 안울림 예사소리'의 환경에서 일어나는데 된소리되기는 '안울림 소리 + 안울림 예사소리'의 환경에서 일어난다는 점이 다르다.

제24항 | 어간 받침 'ㄴ(ㄵ), ㅁ(ㄻ)' 뒤에 결합되는 어미의 첫소리 'ㄱ, ㄷ, ㅅ, ㅈ'은 된소리로 발음한다.

신고[신ː꼬]	껴안대[껴안따]	앉고[안꼬]
얹대[언따]	삼고[삼ː꼬]	더듬지[더듬찌]
닮고[담ː꼬]	젊지[점ː찌]	

다만, 피동, 사동의 접미사 '-기-'는 된소리로 발음하지 않는다.

안기다	감기다	굶기다	옮기다

울림소리인 'ㄴ, ㅁ' 뒤에 안울림 예사소리가 결합하여 된소리로 발음되는 경우이다. 얼핏 사잇소리 현상과 유사하지만 사잇소리 현상이 합성어에서 일어나는 반면 위에 제시된 된소리되기는 용언의 어간과 어미의 결합에서 일어난다는 점에서 구별된다. '다만'에서는 '피동, 사동'의 접미사 '-기-'가 결합된 경우 된소리되기가 일어날 수 있는 환경임에도 불구하고 된소리로 발음하지 않음을 규정하고 있다.

제25항 | 어간 받침 'ㄼ, ㄾ' 뒤에 결합되는 어미의 첫소리 'ㄱ, ㄷ, ㅅ, ㅈ'은 된소리로 발음한다.

넓게[널께]	핥다[할따]	훑소[훌쏘]	떫지[떨ː찌]

어간의 겹받침 'ㄲ, ㄸ' 뒤에서 일어나는 된소리되기를 규정하고 있다. 이는 'ㄲ, ㄸ'이 대표음인 'ㄹ'로 발음되어 일어나는 현상인데 이를 용언에서 일어나는 현상으로 국한하고 있는 이유는 '여덟과[여덜과]'와 같이 체언과 조사가 결합하는 경우에는 된소리 발음이 나타나지 않기 때문이다.

제26항 | 한자어에서, 'ㄹ'받침 뒤에 결합되는 'ㄷ, ㅅ, ㅈ'은 된소리로 발음한다.

갈등[갈뜽]	발동[발똥]	절도[절또]
말살[말쌀]	불소[불쏘](弗素)	일시[일씨]
갈증[갈쯩]	물질[물찔]	발전[발쩐]
몰상식[몰쌍식]	불세출[불쎄출]	

다만, 같은 한자가 겹쳐진 단어의 경우에는 된소리로 발음하지 않는다.

허허실실[허허실실](虛虛實實)　　　　　절절-하다[절절하다](切切−)

한자어의 'ㄹ'받침 뒤에서 일어나는 된소리되기를 규정하고 있다. 또한 '다만'에서는 같은 한자어가 겹쳐진 단어의 경우에는 된소리로 발음할 수 있는 환경이라도 된소리로 발음하지 않도록 규정하고 있다. 한자어 중에서는 'ㄹ'받침 뒤에서라도 된소리로 발음되지 않는 예가 많으므로 이와 구별하여 주의해야 한다.

✚ 더 알고가기　　**한자어의 'ㄹ'받침 뒤에서 된소리되기가 일어나지 않는 예**　　≡

결과(結果), 물건(物件), 불복(不服), 설계(設計), 열기(熱氣), 절기(節氣), 출고(出庫), 팔경(八景), 활보(闊步) 등

제27항 | 관형사형 '−(으)ㄹ' 뒤에 연결되는 'ㄱ, ㄷ, ㅂ, ㅅ, ㅈ'은 된소리로 발음한다.

할 것을[할꺼슬]	갈 데가[갈떼가]	할 바를[할빠를]
할 수는[할쑤는]	할 적에[할쩌게]	갈 곳[갈꼳]
할 도리[할또리]	만날 사람[만날싸람]	

다만, 끊어서 말할 적에는 예사소리로 발음한다.

[붙임] '−(으)ㄹ'로 시작되는 어미의 경우에도 이에 준한다.

할걸[할껄]	할밖에[할빠께]	할세라[할쎄라]
할수록[할쑤록]	할지라도[할찌라도]	할지언정[할찌언정]
할진대[할찐대]		

관형사형 '−ㄹ, −(으)ㄹ' 다음에서는 'ㄱ, ㄷ, ㅂ, ㅅ, ㅈ'이 예외 없이 된소리로 발음된다. '−(으)ㄹ' 다음에 오는 것이 명사가 아니라 보조 용언일 경우에도 역시 그 다음 자음을 된소리로 발음해야 한다. '다만'에서는 끊어서 발음할 경우는 예사소리로 발음하도록 규정하였다. 끊어서 발음할 경우는 앞말의 영향을 받지 않기 때문이다. 한편 [붙임]에서는 '−(으)ㄹ' 뒤에 오는 말이 체언(의존 명사나 명사)이 아니라 어미일 때도 이에 준하여 발음하도록 하였다. 이와 달리 의문형의 경우에는 '−(으)ㄹ까, −(으)ㄹ꼬, −(으)ㄹ쏘냐'와 같이 된소리 발음 자체를 표기에 반영한다.

제28항 | 표기상으로는 사이시옷이 없더라도, 관형격 기능을 지니는 사이시옷이 있어야 할(휴지가 성립되는) 합성어의 경우에는, 뒤 단어의 첫소리 'ㄱ, ㄷ, ㅂ, ㅅ, ㅈ'을 된소리로 발음한다.

문-고리[문꼬리]	눈-동재[눈똥자]	신-바람[신빠람]
산-새[산쌔]	손-재주[손째주]	길-개[길까]
물-동이[물똥이]	발-바닥[발빠닥]	굴-속[굴쏙]
술-잔[술짠]	바람-결[바람껼]	그믐-달[그믐딸]
아침-밥[아침빱]	잠-자리[잠짜리]	강-개[강까]
초승-달[초승딸]	등-불[등뿔]	창-살[창쌀]
강-줄기[강쭐기]		

'표기상으로 사이시옷이 없더라도 관형격 기능을 지니는 사이시옷이 있어야 할 합성어'라는 제한은 일단 두 가지 조건을 만족해야 함을 보여주고 있다. 우선 합성어라도 가령 '달별'과 같이 대등한 관계로 결합된 경우는 허용하지 않고 '달밤'과 같이 관형격의 기능이 있어야 하는 경우에만 허용된다는 것이다. 결국 이는 합성어 중 종속합성어에만 해당함을 말하고 있는 것이라고 볼 수 있다. 다음 조건은 사이시옷이 있어야 할 자리라고 하였으며 사이시옷이 실현되는 음운환경 즉, 앞 말의 끝소리가 유성음이고 뒷말의 첫소리가 된소리를 가진 'ㄱ, ㄷ, ㅂ, ㅅ, ㅈ'인 경우에 해당한다. 따라서 이러한 조건이 충족된 경우에는 된소리로 발음할 수 있다는 것이다.

제 7 장 음의 첨가

제29항 | 합성어 및 파생어에서, 앞 단어나 접두사의 끝이 자음이고 뒤 단어나 접미사의 첫 음절이 '이, 야, 여, 요, 유'인 경우에는, 'ㄴ' 음을 첨가하여 [니, 냐, 녀, 뇨, 뉴]로 발음한다.

솜-이불[솜:니불]	홑-이불[혼니불]	막-일[망닐]
삯-일[상닐]	맨-입[맨닙]	꽃-잎[꼰닙]
내복-약[내:봉냑]	한-여름[한녀름]	남존-여비[남존녀비]
신-여성[신녀성]	색-연필[생년필]	직행-열차[지캥녈차]
늑막-염[능망념]	콩-엿[콩녇]	담-요[담:뇨]
눈-요기[눈뇨기]	영업-용[영엄뇽]	식용-유[시굥뉴]
백분-율[백뿐뉼]	밤-윷[밤:뉻]	

다만, 다음과 같은 말들은 'ㄴ' 음을 첨가하여 발음하되, 표기대로 발음할 수 있다.

이죽-이죽[이중니죽/이주기죽]	야금-야금[야금냐금/야그마금]
검열[검:녈/거:멸]	욜랑-욜랑[욜랑뇰랑/욜랑욜랑]
금융[금늉/그뮹]	

[붙임 1] 'ㄹ' 받침 뒤에 첨가되는 'ㄴ' 음은 [ㄹ]로 발음한다.

들-일[들:릴]	솔-잎[솔립]	설-익다[설릭따]
물-약[물략]	불-여위[불려우]	서울-역[서울력]
물-엿[물렫]	휘발-유[휘발류]	유들-유들[유들류들]

[붙임 2] 두 단어를 이어서 한 마디로 발음하는 경우에는 이에 준한다.

한 일[한닐]	옷 입대[온닙따]	서른여섯[서른녀섣]
3 연대[삼년대]	먹은 엿[머근녇]	할 일[할릴]
잘 입대[잘립따]	스물여섯[스물려섣]	1 연대[일련대]
먹을 엿[머글렫]		

다만, 다음과 같은 단어에서는 'ㄴ(ㄹ)' 음을 첨가하여 발음하지 않는다.

6 · 25[유기오]	3 · 1절[사밀쩔]	송별─연[송:벼련]	등─용문[등용문]

합성어 및 접두파생어에서 접두사나 앞말의 끝소리가 자음으로 끝나고 뒷말의 첫소리가 'ㅣ, ㅑ, ㅕ, ㅛ, ㅠ'인 경우에 'ㄴ'을 첨가시켜 발음하도록 규정하고 있다. 그러나 이 경우 'ㄴ'이 첨가되지 않고 연음이 일어나기도 하는데 가령, '검열'의 경우 'ㄴ'을 첨가시켜 [검:녈]로 발음할 수도 있지만 바로 연음시켜 [거:멸]로 발음할 수도 있는 것이다. 따라서 '다만'에서는 이렇게 연음시켜 발음하는 것을 허용하는 말들을 제시하였다. [붙임 1]의 경우는 'ㄹ' 받침 뒤에서 'ㄴ'이 첨가된 뒤에 다시 'ㄹ'에 동화되어 [ㄹ]로 발음하는 경우를 제시하고 있다. 한편 [붙임 2]에서는 이러한 음운변동이 두 단어 사이의 경계에서도 일어날 수 있고 이런 경우 앞의 규정에 따라 발음하도록 하고 있다. '다만'에서는 이러한 'ㄴ'이나 'ㄹ'의 첨가가 일어나지 않는 예외적인 경우를 제시하고 있다. 위의 규정은 비교적 뚜렷한 법칙이 존재하지 않으므로 그 발음을 주의 깊게 익혀두어야 한다.

➕ **더 알고가기** '이오?'의 발음 ☰

'이것은 책이오?'라고 할 때 '-이오?'를 줄여서 '-요?'라고 할 경우에는 'ㄴ'이나 'ㄹ'을 첨가하지 않고 연음하여 발음해야 한다. 예를 들어 '문요?', '담요?', '물요?'와 같은 경우 연음하여 발음하므로 [무뇨?] [다묘] [무료]와 같이 발음하게 된다.

● **기출유사문제** ●

다음 중 밑줄 친 단어의 발음이 표준 발음인 것은?

① 이번에 그가 입은 <u>정신적</u>[정신쩍] 피해는 말로 할 수 없다.

② 사장은 그를 <u>눈여겨</u>[눈녀겨] 보고 있었다.

③ 9 · 11[<u>구이릴</u>] 사태가 일어난 지 벌써 수 년이 지났다.

④ 그의 말은 <u>짧지만</u>[짭지만] 늘 정확하다.

⑤ 철 지난 물건들은 이제 <u>창고</u>[창꼬]에 넣어 두어라.

● 해설

합성어나 파생어에서 앞말의 끝이 자음이고 뒷말의 첫 음절이 '이, 야, 여, 요, 유'이면 'ㄴ' 소리를 첨가해야 한다. '눈여겨'는 이러한 조건과 일치하므로 'ㄴ'을 첨가시켜 [눈녀겨]로 발음하는 것이 맞다.
① '정신적'의 '적'은 조사나 어미가 아니므로 된소리로 발음할 수 없으며 [정신적]으로 발음해야 한다.
③ '9 · 11'은 [구일일]로 발음해야 한다. 뒷말의 '일'이 형식 형태소가 아니므로 [구이릴]처럼 연음할 수 없다.

④ 겹받침 'ㄼ'은 '밟[밥]'을 제외하고는 앞의 'ㄹ'로 발음한다. 따라서 [짧찌만]으로 발음해야 한다.

⑤ '창고'는 모두 한자어이므로 사잇소리현상이 일어날 수 없고, 'ㅇ' 받침 뒤에서 된소리가 나려면 사잇소리가 들어갈 만한 자리라고 생각되어야 하는데 '창고'는 종속합성어로 볼 수 없으며 된소리로 발음할 조건을 갖추고 있지 않으므로 [창고]로 발음한다.

정답 ❷

제30항 | 사이시옷이 붙은 단어는 다음과 같이 발음한다.

1. 'ㄱ, ㄷ, ㅂ, ㅅ, ㅈ'으로 시작하는 단어 앞에 사이시옷이 올 때는 이들 자음만을 된소리로 발음하는 것을 원칙으로 하되, 사이시옷을 [ㄷ]으로 발음하는 것도 허용한다.

냇가[내ː까/낻ː까]	샛길[새ː낄/샏ː낄]	빨랫돌[빨래똘/빨랟똘]
콧등[코뜽/콛뜽]	깃발[기빨/긷빨]	대팻밥[대ː패빱/대ː팯빱]
햇살[해쌀/핻쌀]	뱃속[배쏙/밷쏙]	뱃전[배쩐/밷쩐]
고갯짓[고개찓/고갣찓]		

2. 사이시옷 뒤에 'ㄴ, ㅁ'이 결합되는 경우에는 [ㄴ]으로 발음한다.

콧날[콛날 → 콘날]	아랫니[아랟니 → 아랜니]
툇마루[퇻ː마루 → 퇸ː마루]	뱃머리[밷머리 → 밴머리]

3. 사이시옷 뒤에 '이' 소리가 결합되는 경우에는 [ㄴㄴ]으로 발음한다.

베갯잇[베갣닏 → 베갠닏]	깻잎[깯닙 → 깬닙]
나뭇잎[나묻닙 → 나문닙]	도리깻열[도리깯녈 → 도리깬녈]
뒷윷[뒫ː늍 → 뒨ː늍]	

사이시옷의 발음에 대한 규정이다. 1은 뒷말의 첫소리가 된소리로 나는 경우인데 주의할 것은 사이시옷을 [ㄷ]으로 발음해도 되고 이를 발음하지 않아도 된다는 점이다. 원칙적으로 사이시옷은 발음 때문에 붙이는 것이지 사이시옷이 있어서 된소리로 발음되는 것은 아니다. 따라서 이를 형태소로 볼 수 없으므로 발음하지 않는 것을 원칙으로 삼은 것이다. 하지만 현실 발음과 국어의 음운변동에 따른 합리성을 고려하여 사이시옷을 [ㄷ]으로 발음하는 것도 허용하기로 한 것이다. 한편 2는 [ㄴ] 소리가 첨가되는 경우인데 이 경우에는 [ㄷ]이 첨가된 뒤 다시 뒤의 비음과 동화되므로 이를 [ㄴ]으로 발음하도록 한 규정이다. 3은 [ㄴㄴ]이 첨가되는 경우이다.

2장 문법 능력/표준 발음법
실전 대비 문제

01

다음 중 밑줄 친 부분이 표준 발음이 아닌 것은?

① 철수야 <u>넝쿨</u>[넝쿨] 이리오지 못하겠니?

② 하늘이 <u>맑게</u>[말께] 개니 기분까지 상쾌하다.

③ 금년에는 <u>물난리</u>[물날리]로 많은 수재민이 발생하였다.

④ 우리는 <u>선릉</u>[설릉]에서 내려 걸어가야 했다.

⑤ 세계적인 <u>금융</u>[그뮹] 위기로 많은 사람들이 고통을 받았다.

> **해설** '물'의 'ㄹ'과 '난'의 'ㄴ'이 동화가 일어나 [물랄리]로 발음해야 한다.
> ① 자음을 첫소리로 갖는 'ㅢ'는 'ㅣ'로 발음할 수 있다.
> ② 'ㄺ' 받침의 경우 뒤의 자음의 첫소리가 'ㄱ'일 경우 'ㄹ'로 발음한다.
> ④ '선릉'은 설측음화가 일어나 [설릉]으로 발음해야 한다.
> ⑤ '금융'은 [그뮹]과 [금늉] 모두 표준 발음으로 인정한다.

02

다음 중 밑줄 친 부분이 표준 발음이 아닌 것은?

① 길에 <u>밟히는</u>[발:피는] 것이 모두 그 회사를 비방하는 전단이었다.

② 그는 신문지를 <u>넓게</u>[널께] 펴서 자리를 만들었다.

③ 아기는 어머니의 <u>무릎 위</u>[무르뷔]에서 잠들었다.

④ <u>아니오</u>[아니요]. 그건 제가 한 일이 아닙니다.

⑤ 그의 이야기를 듣고 있으려니 <u>콧등</u>[코뜽]이 시큰해졌다.

> **해설** 'ㄼ'은 'ㄹ'로 발음하며 'ㅂ'과 'ㅎ'이 축약되어 [발피는]으로 발음해야 한다. 하지만 '밟'이 긴소리를 가진 용언이라도 어간에 피동, 사동
> 접미사가 결합되는 경우에는 짧게 발음해야 하므로 긴소리로 발음해서는 안 된다.
> ② '넓'의 'ㄼ'은 'ㄹ'로 발음해야 하므로 [널께]와 같이 발음해야 한다.
> ③ '무릎'과 '위'는 각각 실질 형태소이므로 음절의 끝소리 규칙을 적용하여 [무릅]으로 발음한 뒤 'ㅂ'을 연음하여 [무르뷔]로 발음해야
>   표준 발음이 된다.
> ④ '아니오는 [아니오]가 원칙이나 [아니요]로 발음하는 것도 허용한다.
> ⑤ '콧등'은 사잇소리 현상이 일어나 사이 'ㅅ'이 쓰였으므로 'ㅅ'을 된소리로 발음해도 되고 뒤의 자음만 된소리로 발음해도 된다. 따
>   라서 [코뜽] [콛뜽] 모두 표준 발음이다.

정답 01 ③   02 ①

03

다음 중 ( ) 안에 들어갈 단어로 적절한 것은?

> 제1항 표준 발음법은 표준어의 실제 발음을 따르되, 국어의 ( )과 합리성을 고려하여 정함을 원칙으로 한다.

① 적응성

② 명확성

③ 응용성

④ 현장성

⑤ 전통성

해설 표준 발음법은 표준어의 실제 발음을 따르되, 국어의 전통성과 합리성을 고려하여 정함을 원칙으로 한다. 〈표준 발음법 제1장 제1항〉

04

다음 중 밑줄 친 부분이 표준 발음이 아닌 것은?

① 예전에 학교에 가려면 못해도 십리[심리]는 걸어야 했다.

② 학창시절에는 국민윤리[궁민뉼리]가 가장 어려운 과목이었다.

③ 그녀는 그에게 받은 편지를 옷 안[오단]에 넣고 돌아왔다.

④ 한국 사회에서 계층 간의 갈등[갈뜽]이 점차 심화되고 있다.

⑤ 일본의 침략[침냑] 행위는 국제적으로 규탄을 받아 마땅하다.

해설 ① '십리'는 'ㅂ'과 'ㄹ'이 만나 자음동화가 일어나며 상호동화가 일어나므로 [심니]로 발음해야 한다.
② '국민윤리'는 우선 자음동화가 일어나 [궁민]이 되며 '윤리'를 연이어 발음하면서 'ㄴ'이 첨가되며 'ㄴ'과 'ㄹ'이 만나 설측음화가 일어나므로 [궁민뉼리]로 발음하는 것이 표준 발음이다.
③ '옷 안'은 실질 형태소끼리 결합하였으므로 음절의 끝소리 규칙을 적용한 뒤 연음시켜 [오단]으로 발음해야 한다.
④ '갈등'은 한자어로 된 어휘에서 'ㄹ' 뒤에 된소리가 나면 된소리로 발음하는 것이 원칙이므로 [갈뜽]으로 발음해야 한다.
⑤ '침략'은 'ㅁ'과 'ㄹ'이 만나 유음화가 일어나므로 [침냑]이 표준 발음이다.

05

다음 중 밑줄 친 부분이 표준 발음이 <u>아닌</u> 것은?

① 할머니께서는 매일 <u>들일</u>[들:릴]을 하느라 바쁘셨다.

② 약속 장소는 여기서 <u>학여울</u>[하겨울] 쪽으로 더 가야 한다.

③ 어머니께서 <u>솜이불</u>[솜니불]을 꺼내 수선하고 계셨다.

④ 아이들이 새로 산 신발을 <u>신고</u>[신:꼬] 세배를 하러 다녔다.

⑤ 그는 <u>갈 곳</u>[갈꼳]을 잃은 채 방황하고 있었다.

> **해설 ●** '학여울'은 'ㄴ'이 첨가된 뒤 'ㄱ'과 'ㄴ'이 만나 유음화가 일어나므로 [항녀울]로 발음해야 한다.
> ① '들일'은 'ㄴ'이 첨가되어 [들:닐]이 된 뒤 다시 동화가 일어나므로 [들:릴]로 발음해야 한다.
> ③ '솜이불'은 사잇소리 현상에 따라 'ㄴ'이 첨가되므로 [솜니불]로 발음하는 것이 표준 발음법에 맞다.
> ④ '신고'는 합성어에서 앞 말의 끝 자음이 유성음일 때 뒤의 말의 첫 소리인 무성자음이 된소리가 되는 사잇소리 현상에 따라 [신:꼬]로 발음해야 한다.
> ⑤ '갈 곳'은 연이어 발음할 경우 유성자음 'ㄹ' 뒤에서 무성자음 'ㄱ'이 된소리가 되는 사잇소리 현상이 일어나므로 [갈꼳]으로 발음해야 한다.

06

다음 중 밑줄 친 부분의 발음의 길이가 <u>다른</u> 하나는?

① 오늘 ○○동 <u>주</u>민들을 대상으로 투표가 실시됩니다.

② 그는 동창들과 학창시절 즐겨 찾던 <u>주</u>점에 들렀다.

③ 그는 <u>주</u>변머리가 없어 늘 남들에게 눈총을 산다.

④ 그녀는 차에 <u>주</u>유를 하는 동안 시동을 꺼 두었다.

⑤ 시내에는 <u>주</u>차할 공간이 만만치 않으니 대중교통을 이용해라.

> **해설 ●** 주점(酒店)은 [주점]과 같이 짧게 발음해야 한다.
> ①, ③, ④, ⑤ '주민(住民)'은 [주:민]으로, '주변머리'는 [주:변머리]로, '주유(注油)'는 [주:유]로, '주차(駐車)'는 [주:차]로 길게 발음해야 한다.

07

다음 중 밑줄 친 부분이 표준 발음이 아닌 것은?

① 산짐승이 밭 아래[바다래] 피를 흘리며 쓰러져 있는 것을 보니 안쓰러웠다.

② 오늘부터 대통령[대:통녕] 내외는 아시아 국가들을 순방한다.

③ 이름모를 예쁜 꽃들이 지천에 피어[피여] 있었다.

④ 이제는 그가 무엇을 어찌 할는지[할는지] 나도 예측하기 어려웠다.

⑤ 그 자료는 우리가 그렇게 공을 들일만한 값어치[가버치]가 없다.

해설 '할는지'는 자음동화에 의해 'ㄴ'이 'ㄹ'로 바뀌어 소리 나므로 [할른지]가 표준 발음이다.
　　① '밭 아래'는 연이어 발음할 경우 음절의 끝소리 규칙에 따라 [받아래]가 된 뒤 연음이 일어나므로 [바다래]로 발음해야 한다.
　　② '대통령'은 'ㅇ'과 'ㄹ'이 만나 비음화가 일어나므로 [대:통녕]이 표준 발음이다.
　　③ '피어'의 경우 [피어]로 발음하는 것이 원칙이지만 [피여]와 같이 이중 모음으로 발음하는 것도 허용하고 있다.
　　⑤ '값어치'는 음절의 끝소리 규칙에 따라 '값'이 [갑]으로 바뀐 뒤에 연음이 일어나 [가버치]로 발음하는 것이 맞다.

08

다음 중 표준 발음법에 어긋난 것은?

① 꽃 한 송이[꼬탄송이]　　　　　　② 맑다[막따]

③ 짧다[짤따]　　　　　　　　　　④ 의사[으사]

⑤ 우리의 목표[우리에 목표]

해설 의사[으사] → 의사[의사] : 'ㅑ, ㅒ, ㅕ, ㅖ, ㅘ, ㅙ, ㅛ, ㅝ, ㅞ, ㅢ'는 이중 모음으로 발음한다.
　　① 'ㅎ(ㄶ, ㅀ)' 뒤에 'ㄱ, ㄷ, ㅈ'이 결합되는 경우, 뒤 음절 첫소리와 합쳐져서 [ㅋ, ㅌ, ㅊ]으로 발음한다. 또한, 받침 'ㄱ(ㄺ), ㄷ, ㅂ(ㄼ), ㅈ(ㄵ)'이 뒤 음절 첫소리 'ㅎ'과 결합되는 반대의 경우에도, 두 음을 합쳐서 [ㅋ, ㅌ, ㅍ, ㅊ]으로 발음한다. 규정에 따라 'ㄷ'으로 발음되는 'ㅅ, ㅈ, ㅊ, ㅌ'의 경우에도 이에 준한다. 따라서 '꽃 한 송이'는 [꼬탄송이]로 읽는다.
　　② 겹받침 'ㄺ'은 어말 또는 자음 앞에서 'ㄱ'으로 발음하며 '맑다'는 [막따]로 읽는다.
　　③ 겹받침 'ㄼ'은 어말 또는 자음 앞에서 'ㄹ'로 발음하며 '짧다'는 [짤따]로 읽는다.
　　⑤ 'ㅑ, ㅒ, ㅕ, ㅖ, ㅘ, ㅙ, ㅛ, ㅝ, ㅞ, ㅠ, ㅢ'는 이중 모음으로 발음하는데, 조사 '의'는 [ㅔ] 발음도 허용한다. '우리의'에서 '의'는 조사이므로 [우리에]라고 읽는 것이 허용된다.

09

다음 중 밑줄 친 부분이 표준 발음이 <u>아닌</u> 것은?

① 그는 <u>밥 먹는</u>[밤멍는] 것이 싫은 사람처럼 행동하였다.

② 밤새 흰 눈이 내려 마당에 하얗게 <u>쌓여</u>[싸여] 있었다.

③ 옛날에는 동해바다를 보려면 반드시 <u>대관령</u>[대:괄령]을 넘어야 했다.

④ 그는 예산 부족으로 끝내 사업장을 <u>넓히지</u>[널피지] 못한 것을 아쉬워했다.

⑤ 그는 <u>옷맵시</u>[온맵씨]가 언제나 단정하여 사람들에게 호감을 준다.

해설 ◉ '옷맵시'는 우선 'ㅅ'과 'ㅁ'이 비음화가 일어나 [온맵시]가 되고 뒤의 'ㅂ'과 'ㅅ'이 만나 된소리되기가 일어나므로 [온맵씨]로 발음된다. 따라서 [온맵씨]가 표준 발음이다.
　① '밥 먹는'은 연이어 발음하면 '밥'의 'ㅂ'과 '먹'의 'ㅁ'이 만나 유음화가 일어나므로 'ㅂ'이 'ㅁ'이 되고 '먹는'의 'ㄱ'과 'ㄴ'도 유음화가 일어나 'ㄱ'이 'ㅇ'으로 바뀌게 된다. 따라서 [밤멍는]이 표준 발음이 된다.
　② '쌓여'의 'ㅎ'은 탈락되는데 이는 발음에 적용되므로 [싸여]로 발음하면 된다.
　③ '대관령'의 'ㄴ'은 'ㄹ'의 앞뒤에서 'ㄹ'로 바뀌므로 [대:괄령]으로 발음해야 한다.
　④ '넓'의 'ㄼ'은 '넓죽하다', '넓둥글다'를 제외하고는 'ㄹ'로 발음해야 하므로 [널]로 발음해야 하며 연음되는 'ㅂ'과 'ㅎ'이 축약되어 [널피지]로 발음된다.

10

다음 중 밑줄 친 부분이 표준 발음인 <u>아닌</u> 것은?

① 그녀는 저녁마다 <u>줄넘기</u>[줄럼끼]를 하고나서야 잠자리에 들었다.

② 그녀의 나이가 <u>스물 여섯</u>[스물려섣]이 되자 집안 어른들은 혼처를 알아보기 시작했다.

③ 졸업식장에는 <u>꽃다발</u>[꼳다발]을 손에 든 학생들이 환한 웃음을 짓고 있었다.

④ 그 일을 하려는 사람도 <u>많고</u>[만:코] 하니 별 걱정은 하지 않아도 될 듯 싶다.

⑤ 할머니 댁의 <u>툇마루</u>[퇻:마루]에 앉으면 어느새 마음이 진정되었다.

해설 ◉ '꽃다발'은 우선 음절의 끝소리 규칙에 따라 '[꼳다발]'이 된 뒤 'ㄷ' 뒤에서 된소리되기가 일어나므로 [꼳따발]로 발음해야 한다.
　① '줄넘기'는 'ㄴ'이 'ㄹ'의 앞이나 뒤에서 [ㄹ]로 발음되는 것이 원칙이므로 [줄럼끼]가 된다.
　② '스물 여섯'을 연이어 발음하면 '스물'의 'ㄹ' 뒤에 'ㄴ'이 첨가되는데 이 때 'ㄴ'은 [ㄹ]로 발음해야 하므로 [스물려섣]이 표준 발음이 된다.
　④ '많고'는 겹받침의 일부인 'ㅎ'과 'ㄱ'이 만나 축약이 일어나므로 [만:코]가 표준 발음이다.
　⑤ '툇마루'는 우선 음절의 끝소리 규칙에 따라 [퇻마루]가 된 뒤 'ㄷ'과 'ㅁ'이 만나 동화가 일어나므로 [퇸마루]로 발음해야 한다.

11

밑줄 친 단어의 소리의 길이가 바르게 표시되지 <u>않은</u> 것은?

① 우리는 늘 성인(聖人)[성:인]들의 가르침을 마음에 새겨야 한다.

② 오늘은 첫눈[첫눈]이 내릴 것이라는 보도가 있었다.

③ 그녀는 오랜 병마(病魔)[병:마]와 싸우느라 몸이 심하게 야위었다.

④ 공기업은 영리(榮利)[영:니]를 목적으로 하는 것은 아니므로 수익사업을 제한해야 한다.

⑤ 도서관에는 우리가 읽어볼 만한 책들이 많다[만:타].

> 해설 ◉ '영예와 이익'이라는 뜻의 '영리(營利)'는 [영니]와 같이 짧게 발음하고 '눈치가 빠르게 똑똑하다.'라는 뜻을 지닌 '영리(怜悧)'는 [영:니]
> 와 같이 길게 발음해야 한다.
> ① '성인(成人)'은 [성인]으로 짧게 발음하고 '성인(聖人)'은 [성:인]과 같이 길게 발음해야 한다.
> ② '눈[雪]'은 첫음절에서는 [눈:]과 같이 길게 발음해야 하나 둘째 음절 이하에서는 [첫눈]과 같이 짧게 발음한다.
> ③ 병(瓶)은 짧게 발음해야 하고 병(病)은 길게 발음한다.
> ⑤ 많다[만:타]와 같이 길게 발음해야 한다.

12

다음 단어들의 발음이 <u>잘못된</u> 것은?

① 밝고 → [발꼬]   ② 밟다 → [발따]

③ 짧지 → [짤찌]   ④ 넓다 → [널따]

⑤ 맑게 → [말께]

> 해설 ◉ 겹받침 'ㄼ'은 [ㄹ]로 발음하는 것이 일반적이지만, '밟–'은 자음 앞에서 [밥:]으로 발음되므로 [밥:따]로 발음해야 한다.
> ①, ⑤ 겹받침 'ㄺ'은 어말 또는 자음 앞에서 [ㄱ]으로 발음된다. 다만, 용언의 어간 말음'ㄺ'은 'ㄱ' 앞에서 [ㄹ]로 발음한다.
> ③, ④ 겹받침 'ㄼ'은 [ㄹ]으로 발음된다.

13

다음 중 밑줄 친 부분이 표준 발음이 <u>아닌</u> 것은?

① 여기는 이몽룡과 춘향이가 사랑을 나누던 <u>광한루</u>[광:할루]라는 곳이다.

② 어느새 <u>입원료</u>[이붠뇨]가 걷잡을 수 없이 불어나 있었다.

③ 동생이 <u>부엌에</u>[부어게] 들어가 음식을 찾고 있었다.

④ 어머니께서 해주신 요리는 언제 먹어도 <u>맛있다</u>[마딛따].

⑤ 그의 어처구니없는 대답에 말문이 막혀 <u>헛웃음</u>[허두슴]만 나왔다.

> **해설** '부엌'과 조사 '에'가 결합한 경우 음절의 끝소리 규칙을 적용하지 않고 바로 연음해야 하므로 [부어케]가 표준 발음이 된다.
> ① 'ㄴ'은 'ㄹ'의 앞이나 뒤에서 [ㄹ]로 발음해야 하므로 '광한루'는 [광:할루]로 발음해야 한다.
> ② '입원료'는 'ㅂ'이 연음되어 [이붠료]가 되지만 규정상 'ㄹ'을 'ㄴ'으로 발음해야 하므로 [이붠뇨]가 표준 발음이다.
> ④ '맛있다'는 원칙상 [마딛따]가 표준 발음이지만 언중들의 발음을 인정하여 [마싣따]도 표준 발음으로 인정하고 있다.
> ⑤ '헛웃음'은 '헛-'이 음절의 끝소리 규칙에 따라 [헏]이 된 후 'ㄷ'과 '-웃'의 'ㅅ'이 연음되어 [허두슴]으로 발음한다.

14

다음 중 밑줄 친 단어의 발음이 옳은 것은?

① 소년의 미소가 <u>밝고</u>[발꼬] 귀여웠다.

② 바야흐로 봄 동산에 <u>꽃이</u>[꼬시] 만개하였다.

③ <u>밭을</u>[바츨] 가는 황소의 몸이 무거워 보인다.

④ 한 시간 동안 벌을 서고 나니 <u>무릎이</u>[무르비] 저렸다.

⑤ 허수아비가 <u>들녘에서</u>[들려게서] 참새를 쫓고 있다.

> **해설** 'ㄹㄱ'은 어말 또는 자음 앞에서 [ㄱ]으로 발음하나, 'ㄱ' 앞에서는 [ㄹ]로 발음된다. 따라서 '밝고'는 [발꼬]로 발음한다. 홑받침이나 쌍받침이 모음으로 시작된 조사나 어미, 접미사와 결합되는 경우에는, 제 음가대로 뒤 음절 첫소리로 옮겨 발음한다.
> ② 꽃이[꼬시] → [꼬치]
> ③ 밭을[바츨] → [바틀]
> ④ 무릎이[무르비] → [무르피]
> ⑤ 들녘에서[들려게서] → [들려케서]

15

소리의 장단이 바르게 표시되지 <u>않은</u> 것은?

① 넓은 들판을 달리고 있는 말[말:]의 모습을 보니 마음까지 시원해졌다.

② 당시에는 <u>눈보라</u>[눈:보라]가 너무 거세게 몰아쳐서 앞을 볼 수 없었다.

③ 가정(家庭)[가정]의 행복을 지키기 위해서는 가족 모두의 노력이 필요하다.

④ 며칠 만에 머리를 <u>감으니</u>[가므니] 머릿속까지 시원해지는 느낌이었다.

⑤ 어미 새가 도착하자 새끼들은 일제히 입을 <u>벌리고</u>[벌:리고] 울어대기 시작했다.

해설 ◉ '말[馬]'은 짧게 발음하고 '말[言]'은 길게 발음해야 한다.
　② '눈보라'에서 '눈'이 첫음절에 쓰였으므로 [눈:보라]와 같이 길게 발음해야 한다.
　③ '한 가족이 생활하는 공간'의 의미를 지닌 '가정(家庭)'은 [가정]과 같이 짧게 발음하고 '분명하지 않은 것을 임시로 정함'의 뜻을 지닌 '가정(假定)'은 [가:정]과 같이 길게 발음해야 한다.
　④ 단음절 용언 어간에 모음으로 시작된 어미가 결합되면 비록 긴소리를 가진 말이라도 짧게 발음해야 하므로 [가므니]와 같이 짧게 발음해야 한다.
　⑤ '벌리다'는 [벌:리다]와 같이 첫소리에서는 길게 발음해야 한다.

16

다음 중 밑줄 친 부분이 표준 발음이 <u>아닌</u> 것은?

① 어제 누나가 사온 <u>옷이</u>[오시] 너무 작아 입을 수가 없었다.

② 어느 시대이건 <u>민주주의</u>[민주주이]를 지키기 위한 노력은 있어 왔다.

③ 그들은 그 일을 막을 수 <u>없으니</u>[업:쓰니] 네가 나서 주었으면 좋겠다.

④ <u>설익은</u>[서릭은] 과일을 먹으면 배탈이 나기 십상이다.

⑤ 제복을 입은 형의 모습이 무척 <u>멋있게</u>[머싣께] 보였다.

해설 ◉ '설익다'는 'ㄹ' 받침 뒤에 첨가되는 'ㄴ'을 [ㄹ]로 발음해야 하므로 [설리근]과 같이 발음해야 한다.
　① '옷이'는 '이'가 조사이므로 바로 연음시켜야 하므로 [오시]가 표준 발음이다.
　② '민주주의'에서 끝에 오는 '의'는 [이]로 발음하는 것도 허용하므로 [민주주이]로 발음할 수 있다.
　③ 단음절 용언 어간에 모음으로 시작된 어미가 결합되면 짧게 발음해야 하는데 '없으니'는 예외적으로 길게 발음해야 하며 'ㅂ'과 'ㅅ'이 만나 된소리되기가 일어나므로 [업:쓰니]와 같이 적어야 한다.
　⑤ '멋있다'는 원래 [머딛따]가 표준 발음이나 언중들의 발음 습관을 존중하여 [머싣따]도 표준 발음으로 인정하고 있다.

17

다음 중 밑줄 친 부분이 표준 발음이 아닌 것은?

① 그녀는 노래를 낮게 읊조리며[읍쪼리며] 오솔길을 걷고 있었다.

② 목이 마른 짐승들이 냇가[내ː까]를 찾아 목을 축이고 있었다.

③ 그는 사람들에게 꽃을[꼬츨] 선물하기로 마음먹었다.

④ 김부장은 송별연[송ː별련]에서 동료들에게 감사의 마음을 전했다.

⑤ 탐사대원들은 태극 깃발[긷빨]을 배경삼아 사진을 찍기로 했다.

해설 ● '송별연'은 'ㄴ'이나 'ㄹ'소리를 첨가하여 발음하지 않으므로 그냥 연음하여 [송버련]으로 발음하는 것이 표준 발음이다.
① '읊조리다'의 'ㄿ'은 'ㅍ'으로 발음하며 음절의 끝소리 규칙과 된소리되기가 실현되어 [읍쪼리다]로 발음해야 한다.
② 사이시옷의 경우 'ㄷ'으로 발음해도 되고 그냥 뒤의 자음만 된소리로 발음해도 되므로 [내ː까]와 [낻ː까] 모두 표준 발음이다.
③ '꽃을'은 조사 '을'이 결합한 것이므로 연음시켜 [꼬츨]로 발음해야 한다.
⑤ '깃발' 역시 사이시옷을 'ㄷ'으로 발음해도 되고 뒤의 자음만 된소리로 발음해도 되므로 [긷빨] [기빨] 모두 표준 발음이 된다.

18

다음 중 밑줄 친 부분이 표준 발음이 아닌 것은?

① 우리 사회에서 그런 몰상식[몰쌍식]한 행동은 이제 사라져야 한다.

② 그릇이 국물이나 물을 담기에는 너무 넓죽하다[넙쭈카다].

③ 어젯밤 잠자리[잠자리]가 뒤숭숭해선지 왠지 오늘은 불길한 예감이 들었다.

④ 진시황 역시 늙지[늑찌] 않는 명약을 찾지는 못했다.

⑤ 독재 정권 시절에는 검열[거멸]이 심해 마음 편히 기사를 쓸 수 없었다.

해설 ● '누워서 잠을 자는 곳'을 뜻하는 '잠자리'는 합성어로 [잠짜리]로 발음하고, '곤충의 한 종류'를 뜻하는 '잠자리'는 [잠자리]로 발음하여 구별해야 한다.
① 한자어에서 'ㄹ' 받침 뒤에 오는 'ㄷ, ㅅ, ㅈ'은 된소리로 발음해야 하므로 '몰상식'은 [몰쌍식]으로 발음해야 한다.
② 'ㄼ'은 원래 'ㄹ'로 발음하는 것이 원칙이나 '넓죽하다'와 '넓둥글다'의 경우 예외적으로 'ㅂ'으로 발음한다. 따라서 '넓죽하다'는 'ㅂ'으로 발음해야 하고 축약이 실현되어 [넙쭈카다]가 표준 발음이다.
④ 겹받침 'ㄺ'은 'ㄱ' 이외의 자음이 올 때 'ㄱ'으로 발음되므로 [늑찌]가 표준 발음이다.
⑤ '검열'은 '금융'과 같이 'ㄴ'을 첨가하여 발음해도 되고, 표기대로 발음해도 된다. 따라서 [거ː멸] [검ː녈] 모두 표준 발음이다.

19

다음 중 표준 발음법에 맞는 것은?

① 희망[희망]

② 넓다[널따]

③ 읊다[을따]

④ 핥다[할타]

⑤ 곬이[골시]

해설 겹받침 'ㄼ'은 어말 또는 자음 앞에서 'ㄹ'로 발음한다. 또한 어간 받침 'ㄼ, ㄾ' 뒤에 결합되는 어미의 첫소리 'ㄱ, ㄷ, ㅅ, ㅈ'은 된소리로 발음한다. 따라서 '넓다'는 [널따]로 읽는다.

① 'ㅢ'는 이중 모음으로 발음하는 것이 원칙이나, 자음을 첫소리로 가지고 있는 음절의 'ㅢ'는 [ㅣ]로 발음한다. 따라서 희망은 [히망]으로 읽는다.

③ 겹받침 'ㄿ'은 어말 또는 자음 앞에서 'ㅂ'으로 발음한다. 따라서 '읊다'는 [읍따]로 읽는다.

④ 겹받침 'ㄾ'은 어말 또는 자음 앞에서 'ㄹ'로 발음한다. 또한 어간 받침 'ㄼ, ㄾ' 뒤에 결합되는 어미의 첫소리 'ㄱ, ㄷ, ㅅ, ㅈ'은 된소리로 발음한다. 따라서 '핥다'는 [할따]로 읽는다.

⑤ 겹받침이 모음으로 시작된 조사나 어미, 접미사와 결합되는 경우에는, 뒤엣것만을 뒤 음절 첫소리로 옮겨 발음하며, 'ㅅ'은 된소리로 발음한다. 따라서 '곬이'는 [골씨]로 읽는다.

20

발음과 관련된 다음 사항 중 옳지 <u>않은</u> 것은?

① '씌어'는 [씨어]로 발음한다.

② '참말'의 '말'은 짧게 발음한다.

③ '지혜(知慧)'는 [지헤]로 발음해도 된다.

④ '맑게'는 [말께]로 발음한다.

⑤ '(신을) 신다'의 활용형 '신어'에서 '신'은 길게 발음한다.

해설 긴소리를 가진 음절이라도 단음절인 용언 어간에 모음으로 시작된 어미가 결합되는 경우에는 짧게 발음한다.

예 감다[감ː따] – 감으니[가므니], 밟다[밥ː따] – 밟으면[발브면], 신다[신ː따] – 신어[시너], 알다[알ː다] – 알아[아라]

① 'ㅢ'는 이중 모음으로 발음해야 하지만 자음을 첫소리로 가진 'ㅢ'는 [ㅣ]로 발음한다. 따라서 '씌어'는 [씨어]로 발음하는 것이 옳다.

② 모음의 장단은 구별하여 발음하되, 단어의 첫 음절에서만 긴소리를 내는 것이 원칙이다. 따라서 '참말'의 '말'은 짧게 발음하는 것이 옳다.

③ 'ㅖ'는 이중 모음으로 발음하는 것이 원칙이나 '예, 례' 이외의 'ㅖ'는 [ㅔ]로도 발음한다. 따라서 '지혜'는 [지헤]로 발음하는 것이 옳다.

④ 용언의 겹받침 'ㄺ'은 [ㄱ]으로 발음되나 어미가 'ㄱ'으로 시작되는 말 앞에서는 [ㄹ]로 발음한다. 그러므로 '맑게'는 [말께]로 발음하는 것이 옳다.

21

국어의 음운 현상에 대한 설명으로 바르지 <u>않은</u> 것은?

① 로인 → 노인 : 두음법칙

② 합리적[함니적] : 구개음화

③ 펑펑 : 모음조화

④ 요술장이 → 요술쟁이 : 음운동화

⑤ 꽃밭[꼳빧] : 음절 끝소리 규칙

해설 ◉ 표준 발음법 19항의 내용(받침 'ㅁ, ㅇ' 뒤에 연결되는 'ㄹ'은 [ㄴ]으로 발음한다.)으로, 자음동화에 해당한다.

22

다음 중 보기에 해당하지 <u>않는</u> 것은?

> 형태소 끝소리가 /ㄺ/인 것은 원칙적으로 대표음 /ㄱ/으로 실현된다. 그러나 뒤에 /ㄱ/으로 시작되는 어미가 이어질 때에는 /ㄹ/로 발음된다.

① 밝다[박따]   ② 읽고[익꼬]

③ 맑게[말께]   ④ 늙지[늑찌]

⑤ 긁다[극따]

해설 ◉ 표준 발음법 11항에 따라 용언의 어간 말음 'ㄹ'은 'ㄱ' 앞에서 [ㄹ]로 발음한다. 따라서 [일꼬]로 발음하는 것이 표준 발음이다.

❹ 외래어 표기법

(1) 외래어 표기법의 정의

현행 외래어 표기법은 1986년 1월 고시하여 1986년 3월부터 시행되고 있는 규정이다. 외래어를 우리말로 표기하는 방법을 규정한 것으로 한국인을 대상으로 한다. 따라서 외래어 표기는 무조건 외래어의 원음에 가깝게 적는 것보다 우리말의 언어실정에 맞도록 적는 것이 바람직하다. 또한 외래어는 우리말이 아니기 때문에 말하는 사람에 따라 다르게 쓰일 수 있으므로 일관된 표기 원칙을 규정하여 언어생활의 효율성을 꾀하려는 것이 외래어 표기법의 목적이다.

(2) 외래어 표기법의 주요 규정

외래어 표기법은 제1장 표기의 원칙과 제2장 표기 일람표, 제3장 표기세칙, 제4장 인명, 지명 표기의 원칙 등으로 구성되어 있다. 하지만 시험에 주로 출제되는 부분은 제1장의 표기의 원칙과 제3장의 표기세칙에서 1절 영어의 표기 부분, 그리고 제4장에서 인명, 지명의 표기 원칙이므로 이 부분을 중심으로 다루고자 한다.

제 1 장 표기의 원칙

> **제1항 |** 외래어는 국어의 현용 24 자모만으로 적는다.

제1항의 외래어를 '국어의 현용 24 자모만으로 적는다.'라는 규정은 외래어가 비록 우리말에 동화된 말이며 우리말의 일부로 자리 잡고 있지만 우리말과 완전히 일치하는 것은 아니기 때문에 이러한 차이를 해소하기 위해 외래어를 표기하기 위한 새로운 문자를 만들거나 고안하지 않겠다는 의미이다. 가령, 영어에서 [v]발음과 일치하는 우리말 자음이 없으므로 이를 표기하기 위해 'ㅸ'과 같은 음운을 만들거나 고안할 수 없다는 것이다. 이는 국어의 음운 체계에 혼란을 가져올 수 있을 뿐만 아니라 외래어가 우리의 음운현상에 동화된 어휘라는 점에서도 이치에 맞지 않는다.

> **제2항 |** 외래어의 1음운은 원칙적으로 1기호로 적는다.

제2항에서 외래어의 1음운을 원칙적으로 1기호로 적겠다는 것은 표기의 통일성을 기하기 위한 것이다. 외래어의 한 음운이 음운 환경에 따라 우리말의 여러 음운과 대응하게 되는 경우가 있을 수도 있으나 이를 무조건 허용하였을 경우 외래어 표기의 통일성을 이루기 어려워지기 때문에 1음운은 원칙적으로 1기호로 적는 것을 원칙으로 정한 것이다. 가령 [f]를 음운 환경에 따라 다르게 적어 'film'은 '휠름'으로 적고 'face'는 '페이스'로 적는다면 음운 환경에 따른 'f'의 표기를 기억하고 있어야 하는 문제가 생기므로 이를 일관된 1기호 'ㅍ'으로 적어 표기의 효율성을 높이고자 하는 것이다.

> **제3항 |** 받침에는 'ㄱ, ㄴ, ㄹ, ㅁ, ㅂ, ㅅ, ㅇ'만을 쓴다.

외래어 표기의 받침을 'ㄱ, ㄴ, ㄹ, ㅁ, ㅂ, ㅅ, ㅇ'만으로 쓰도록 한 것은 다른 받침을 가진 외래어들이 모음으로 시작되는 조사가 연결될 때에도 이들 받침으로 발음되는 경우가 없기 때문이다. 이는 외래어가 국어의 음절 끝소리 규칙에 준하여 발음되기 때문이기도 하다. 그런데 우리말에서 음절 끝소리 규칙에서 끝소리로 올 수 있는 자음은 사실 'ㅅ'이 아니라 'ㄷ'이다. 그럼에도 불구하고 'ㅅ'을 쓰도록 한 것은 실제 발음이 그렇지 않기 때문이다. 가령 'disket'이 조사 '이'와 결합하게 될 경우 [디스케디]가 아니라 [디스케시]로 발음되는 것이다. 이런 점을 고려할 때 외래어 표기에서 받침은 'ㄷ'이 아니라 'ㅅ'을 사용하는 것이 실제 발음과 가깝고 합리적이기 때문에 'ㅅ'을 끝소리로 인정한 것이다.

> **제4항 | 파열음 표기에는 된소리를 쓰지 않는 것을 원칙으로 한다.**

외래어 표기에서 된소리를 인정하지 않는 것은 우리말의 음운체계와 외국어의 음운체계가 일치하지 않기 때문이다. 우리말의 경우 '예사소리−된소리−거센소리'가 대립하는 3계열의 음운 체계를 갖추고 있는 반면 대부분의 외국어는 '안울림소리−울림소리'의 2계열 대립을 보이고 있다. 따라서 이러한 차이를 고려하여 외국어의 안울림소리는 국어의 거센소리에 대응시키고 울림소리는 국어의 예사소리에 대응시키기로 한 것이다. 따라서 자연히 외국어의 음운과 대응하지 않는 된소리는 표기에서 제외시켰다. 예를 들어 'Paris'의 경우 외국인들이 [빠리]라고 발음하더라도 외래어 표기법에서는 '파리'라고 적도록 했다.

✚ 더 알고가기   동남아시아 언어의 외래어 표기   ☰

현행 외래어 표기법에서는 된소리 표기를 할 수 없도록 되어 있다. 하지만 동남아시아 언어 표기의 경우 현지 발음과 너무 동떨어져 널리 사용되지 않기 때문에 동남아시아 언어 표기에 한해 현지 발음에 가깝도록 된소리 표기를 인정하였다. 이에 따라 '푸케트'는 '푸껫'으로 '호치민'은 '호찌민'으로 표기하도록 규정하였다.

> **제5항 | 이미 굳어진 외래어는 관용을 존중하되, 그 범위와 용례는 따로 정한다.**

어떤 언어든 관용으로 굳어진 것은 쉽게 바꾸기 어렵다. 따라서 외래어 표기에서도 관용으로 이미 굳어진 말들은 이를 존중하되 그 범위와 용례를 따로 정하여 관용의 한계를 명확히 함으로써 이로 인한 외래어 표기의 혼란을 최소화하고자 한 것이다. 대표적인 사례가 '라디오'이다. 이를 원음에 가깝게 발음하여 '레이디오'와 같이 적게 될 경우 이미 '라디오'에 익숙한 한국인들은 적지 않은 혼란을 겪게 될 것이 분명하다. 더욱이 외래어 표기법이 한국인들을 대상으로 한다는 점을 고려하면 이는 모순되는 상황이다. 따라서 이미 언중에게 널리 쓰여 굳어진 것이라면 관용을 존중하여 표기하는 것이 합리적이기 때문에 제5항과 같은 규정을 둔 것이다.

➕ 더알고가기 　관용적 표기의 사례　≡

- accent : 악센트
- banana : 바나나
- camera : 카메라
- cider : 사이다
- credit : 크레디트
- locker : 로커
- marathon : 마라톤
- omelet : 오믈렛
- perms : 파마
- socket : 소켓
- tomato : 토마토
- web : 웹

- announcer : 아나운서
- bargain–sale : 바겐세일
- carpet : 카펫
- cinema : 시네마
- family : 패밀리
- mania : 마니아
- model : 모델
- orange : 오렌지
- radio : 라디오
- stamina : 스테미나
- type : 타입
- yogurt : 요구르트

- bag : 백
- big : 빅
- catholic : 가톨릭
- condenser : 콘덴서
- gongfu : 쿵후
- mannequin : 마네킹
- nostalgia : 노스탤지어
- panda : 판다
- rocket : 로켓
- technology : 테크놀로지
- vitamin : 비타민

– 국립국어원 누리집 참고

기출유사문제

다음 중 밑줄 친 단어의 외래어 표기가 올바른 것은?

① 박사님은 지난주에 열린 식품 관련 심포지움에 불참하셨습니다.

② 영화 매니아들이 급증하고 있다.

③ 현대 사회의 테크놀로지는 정말 대단하다.

④ 그의 레퍼터리는 늘 하나뿐이다.

⑤ 어제 마네킨에 입혀져 있던 옷이 멋었었다.

● 해설

'technology'는 관용을 존중하여 '테크놀로지'로 적어야 한다.
① symposium : 심포지엄, ② mania : 마니아, ④ repertory : 레퍼토리, ⑤ mannequin : 마네킹

정답 ❸

제2장 표기 일람표

[표1] 국제 음성 기호	[표2] 에스파냐어	[표3] 이탈리아어	[표4] 일본어
[표5] 중국어	[표6] 폴란드어	[표7] 체코어	[표8] 세르보크로아트어
[표9] 루마니아어	[표10] 헝가리어	[표11] 스웨덴어	[표12] 노르웨이어
[표13] 덴마크어	[표14] 말레이인도네시아어	[표15] 타이어	[표16] 베트남어
[표17] 포르투갈어	[표18] 네덜란드어	[표19] 러시아어	

*본서에서는 [표1] 국제 음성 기호를 수록하였다.

[국제 음성 기호와 한글 대조표]

| 국제 음성 기호 | 한글 | | 반모음 | | 모음 | |
	모음 앞	자음 앞 또는 어말	국제 음성 기호	한글	국제 음성 기호	한글
p	ㅍ	ㅂ, 프	j	이*	i	이
b	ㅂ	브	ㅛ	위	y	위
t	ㅌ	ㅅ, 트	w	오, 우*	e	에
d	ㄷ	드			ø	외
k	ㅋ	ㄱ, 크			ɛ	에
g	ㄱ	그			ɛ̃	앵
f	ㅍ	프			œ	외
v	ㅂ	브			œ̃	욍
θ	ㅅ	스			æ	애
ð	ㄷ	드			a	아
s	ㅅ	스			ɑ	아
z	ㅈ	즈			ɑ̃	앙
ʃ	시	슈, 시			ʌ	어
ʒ	ㅈ	지			ɔ	오
ts	ㅊ	츠			ɔ̃	옹
dz	ㅈ	즈			o	오
tʃ	ㅊ	치			u	우
dʒ	ㅈ	지			ə**	어
m	ㅁ	ㅁ			ɚ	어
n	ㄴ	ㄴ				
ɲ	니*	뉴				
ŋ	ㅇ	ㅇ				
l	ㄹ, ㄹㄹ	ㄹ				
r	ㄹ	르				
h	ㅎ	흐				
ç	ㅎ	히				
x	ㅎ	흐				

제 3 장 표기 세칙

제16절 일본어　　　　제13절 스웨덴어　　　　제20절 네덜란드어

제7절 중국어　　　　　제14절 노르웨이어　　　　제21절 러시아어

*본서에서는 제1절 영어의 표기를 수록하였다.

제1절 영어의 표기

제1항 | 무성 파열음 ([p], [t], [k])

1. 짧은 모음 다음의 어말 무성 파열음([p], [t], [k])은 받침으로 적는다.

　　gap[gæp] 갭　　　　cat[kæt] 캣　　　　book[buk] 북

2. 짧은 모음과 유음·비음([l], [r], [m], [n]) 이외의 자음 사이에 오는 무성 파열음([p], [t], [k])은 받침으로 적는다.

　　apt[æpt] 앱트　　　setback[setbæk] 셋백　　act[ækt] 액트

3. 위 경우 이외의 어말과 자음 앞의 [p], [t], [k]는 '으'를 붙여 적는다.

　　stamp[stæmp] 스탬프　　　　　　　cape[keip] 케이프

　　nest[nest] 네스트　　　　　　　　　part[pɑːt] 파트

　　desk[desk] 데스크　　　　　　　　　make[meik] 메이크

　　apple[æpl] 애플　　　　　　　　　　mattress[mætris] 매트리스

　　chipmunk[tʃipmʌŋk] 치프멍크　　　　sickness[siknis] 시크니스

🔍 **짚어보기** ▶ [p], [t], [k]의 발음

구분		발음
[p], [t], [k]	• 짧음 모음 다음의 어말 • 짧은 모음과 무성 자음 사이	받침으로 적음.
	그 외 어말이나 자음 앞	'으'를 붙여 적음.

제2항 | 유성 파열음([b], [d], [g])

어말과 모든 자음 앞에 오는 유성 파열음은 '으'를 붙여 적는다.

bulb[bʌlb] 벌브　　　　　　land[lænd] 랜드　　　　　　zigzag[zigzæg] 지그재그

lobster[lɔbstə] 로브스터　　kidnap[kidnæp] 키드냅　　　signal[signəl] 시그널

제3항 | 마찰음([s], [z], [f], [v], [θ], [ð], [ʃ], [ʒ])

1. 어말 또는 자음 앞의 [s], [z], [f], [v], [θ], [ð]는 '으'를 붙여 적는다.

　　mask[mɑːsk] 마스크　　　jazz[dʒæz] 재즈　　　　　graph[græf] 그래프

　　olive[ɔliv] 올리브　　　　thrill[θril] 스릴　　　　　bathe[beið] 베이드

2. 어말의 [ʃ]는 '시'로 적고, 자음 앞의 [ʃ]는 '슈'로, 모음 앞의 [ʃ]는 뒤따르는 모음에 따라 '샤', '섀', '셔', '셰', '쇼', '슈', '시'로 적는다.

flash[flæ ʃ] 플래시 　　　shrub[ʃrʌb] 슈러브 　　　shark[ʃɑːk] 샤크

shank[ʃæ ŋ k] 섕크 　　　fashion[fæ ʃən] 패션 　　　sheriff[ʃerif] 셰리프

shopping[ʃɔpiŋ] 쇼핑 　　　shoe[ʃuː] 슈 　　　shim[ʃim] 심

3. 어말 또는 자음 앞의 [ʒ]는 '지'로 적고, 모음 앞의 [ʒ]는 'ㅈ'으로 적는다.

mirage[mirɑːʒ] 미라지 　　　vision[viʒən] 비전

Q **짚어보기** ▶ 유성 파열음, 마찰음의 표기

구분		적용
[b], [d], [g]	어말/자음 앞	'으'를 붙여 적음.
[s], [z], [f], [v], [θ], [ð]	어말/자음 앞	'으'를 붙여 적음.
[ʃ]	어말	'시'
	자음 앞	'슈'
	모음 앞	'샤, 셔, 섀, 셰, 쇼, 슈, 시'
[ʒ]	어말/자음 앞	'지'
	모음 앞	'ㅈ'

제4항 | 파찰음([ts], [dz], [tʃ], [dʒ])

1. 어말 또는 자음 앞의 [ts], [dz]는 '츠', '즈'로 적고, [tʃ], [dʒ]는 '치', '지'로 적는다.

Keats[kiːts] 키츠 　　　odds[ɔdz] 오즈 　　　switch[switʃ] 스위치

bridge[bridʒ] 브리지 　　　Pittsburgh[pitsbəːg] 피츠버그 　　　hitchhike[hitʃhaik] 히치하이크

2. 모음 앞의 [tʃ], [dʒ]는 'ㅊ', 'ㅈ'으로 적는다.

chart[tʃɑːt] 차트 　　　virgin[vəːdʒin] 버진

Q **짚어보기** ▶ 파찰음의 표기

구분		적용
[ts]	어말/자음 앞	'츠'
[dz]		'즈'
[tʃ]		'치'
[dʒ]		'지'
[tʃ]	모음 앞	'ㅊ'
[dʒ]		'ㅈ'

제5항 | 비음([m], [n], [ŋ])

1. 어말 또는 자음 앞의 비음은 모두 받침으로 적는다.

steam[stiːm] 스팀   corn[kɔːn] 콘   ring[riŋ] 링

lamp[læmp] 램프   hint[hint] 힌트   ink[iŋk] 잉크

2. 모음과 모음 사이의 [ŋ]은 앞 음절의 받침 'ㅇ'으로 적는다.

hanging[hæŋiŋ] 행잉   longing[lɔŋiŋ] 롱잉

Q 짚어보기 ▶ 비음의 표기

구분		적용
[m], [n], [ŋ]	어말/자음 앞	받침으로 적는다.
[ŋ]	모음과 모음 사이	받침 'ㅇ'으로 적는다.

제6항 | 유음([l])

1. 어말 또는 자음 앞의 [l]은 받침으로 적는다.

hotel[houtel] 호텔   pulp[pʌlp] 펄프

2. 어중의 [l]이 모음 앞에 오거나, 모음이 따르지 않는 비음([m], [n]) 앞에 올 때에는 'ㄹㄹ'로 적는다. 다만, 비음([m], [n]) 뒤의 [l]은 모음 앞에 오더라도 'ㄹ'로 적는다.

slide[slaid] 슬라이드   film[film] 필름   helm[helm] 헬름

swoln[swouln] 스월른   Hamlet[hæmlit] 햄릿   Henley[henli] 헨리

Q 짚어보기 ▶ 유음의 표기

구분		적용
[l]	어말/자음 앞	받침으로 적는다.
	모음 앞/모음 없는 비음 앞	'ㄹㄹ'로 적는다.
	비음 뒤	'ㄹ'로 적는다.

제7항 | 장모음

장모음의 장음은 따로 표기하지 않는다.

team[tiːm] 팀   route[ruːt] 루트

제8항 | 중모음([ai], [au], [ei], [ɔi], [ou], [auə])

중모음은 각 단모음의 음가를 살려서 적되, [ou]는 '오'로, [auə]는 '아워'로 적는다.

time[taim] 타임   house[haus] 하우스   skate[skeit] 스케이트

oil[ɔil] 오일   boat[bout] 보트   tower[tauə] 타워

Q 짚어보기 ▶ 장모음과 중모음의 표기

구분		적용
장모음	장음	표기하지 않는다.
중모음	[ou]	'오'
	[auə]	'아워'

● **기출유사문제** ●

다음 중 밑줄 친 외래어의 표기가 올바른 것은?

① 이번에 새로 컨텐츠를 개편하였다.

② 요새 사람들은 도넛을 즐겨 먹는다.

③ 사람들이 알미늄을 쓰는 이유는 가볍기 때문이다.

④ 그녀의 스캐줄을 확인하는 일은 불가능하다.

⑤ 그가 부저를 잘못 눌러서 사고가 났다.

● **해설**

[ou]는 '오'로 적는다고 규정하였으므로 '도넛'이 바른 표기이다.
① contents : 콘텐츠
③ aluminium : 알루미늄
④ schedule : 스케줄
⑤ buzzer : 버저

정답 ❷

제9항 | 반모음([w], [j])

1. [w]는 뒤따르는 모음에 따라 [wə], [wɔ], [wou]는 '워', [wɑ]는 '와', [wæ]는 '왜', [we]는 '웨', [wi]는 '위', [wu]는 '우'로 적는다.

   word[wəːd] 워드   want[wɔnt] 원트   woe[wou] 워

   wander[wɑndə] 완더   wag[wæg] 왜그   west[west] 웨스트

   witch[witʃ] 위치   wool[wul] 울

2. 자음 뒤에 [w]가 올 때에는 두 음절로 갈라 적되, [gw], [hw], [kw]는 한 음절로 붙여 적는다.

   swing[swiŋ] 스윙   twist[twist] 트위스트

   penguin[peŋgwin] 펭귄   whistle[hwisl] 휘슬   quarter[kwɔːtə] 쿼터

3. 반모음 [j]는 뒤따르는 모음과 합쳐 '야', '얘', '여', '예', '요', '유', '이'로 적는다. 다만, [d], [l], [n] 다음에 [jə]가 올 때에는 각각 '디어', '리어', '니어'로 적는다.

   yard[jɑːd] 야드   yank[jæŋk] 얭크   yearn[jəːn] 연

   yellow[jelou] 옐로   yawn[jɔːn] 욘   you[juː] 유

   year[jiə] 이어   Indian[indjən] 인디언   battalion[bətæljən] 버탤리언

   union[juːnjən] 유니언

🔍 짚어보기 ▶ 반모음의 표기

구분		적용
[W]	[wɔ],[wə],[wou]	'워'
	[wa]	'와'
	[wæ]	'왜'
	[we]	'웨'
	[wi]	'위'
	[wu]	'우'
	자음 뒤	두 음절로 갈라 적는다.
	[gw], [hw], [kw]	한 음절로 붙여 적는다.

제10항 | 복합어

1. 따로 설 수 있는 말의 합성으로 이루어진 복합어는 그것을 구성하고 있는 말이 단독으로 쓰일 때의 표기대로 적는다.

cuplike[kʌplaik] 컵라이크   bookend[bukend] 북엔드

headlight[hedlait] 헤드라이트   touchwood[tʌtʃwud] 터치우드

sit-in[sitin] 싯인   bookmaker[bukmeikə] 북메이커

flashgun[flæʃgʌn] 플래시건   topknot[tɔpnɔt] 톱놋

2. 원어에서 띄어 쓴 말은 띄어 쓴 대로 한글 표기를 하되, 붙여 쓸 수도 있다.

Los Alamos[lɔsæləmous] 로스 앨러모스/로스앨러모스

top class[tɔpklæs] 톱 클래스/톱클래스

제 4 장 인명, 지명 표기의 원칙

제1절 표기 원칙

제1항 | 외국의 인명, 지명의 표기는 제1장, 제2장, 제3장의 규정을 따르는 것을 원칙으로 한다.

제2항 | 제3장에 포함되어 있지 않은 언어권의 인명, 지명은 원지음을 따르는 것을 원칙으로 한다.

Ankara 앙카라   Gandhi 간디

제1항은 외국의 인명, 지명 표기는 앞 장의 규정에 따르고 이를 위해 새로운 표기법을 두지 않는다는 규정이다. 제2항은 제3장에서 제시한 언어권에 속해 있지 않은 경우는 아직 표기 원칙이 마련되지 않았으므로 원지음을 따르도록 한 것이다. 제시된 예는 '터키'와 '인도'의 지명과 인명이다. 따라서 제3장에서 제시되지 않은 언어권의 인명과 지명은 표기법과 관련된 규정이 마련될 때까지 현지의 발음에 따라 표기해야 한다. 그러나 외래어 용례의 표기 원칙 제8장에서는 기타 언어 표기의 일반 원칙을 규정하여 어느 정도 표기의 통일성을 기하고 있다.

＋ 더 알고가기 | **혼동하기 쉬운 인명 표기** ≡

- 고흐(Gogh)
- 더스틴 호프맨(Dustin Hofman)
- 모차르트(Mozart)
- 베토벤(Beethoven)
- 잭 니컬슨(Jack Nicholson)
- 처칠(Churchill)
- 콜럼버스(Columbus)
- 헤세, 헤르만(Hesse, Hermann)

- 뉴턴(Newton)
- 루스벨트(Roosevelt)
- 바흐(Bach)
- 아인슈타인(Einstein)
- 제임스 캐머런(James Cameron)
- 카이사르, 시저(Caesar)
- 페스탈로치(Pestalozzi)
- 히포크라테스(Hippocrates)

> **제3항** | 원지음이 아닌 제3국의 발음으로 통용되고 있는 것은 관용을 따른다.
> Hague 헤이그 Caesar 시저

네덜란드의 도시인 '헤이그'와 로마 공화정 말기의 인물인 '시저'는 마땅히 네덜란드어의 표기 원칙과 이탈리아어의 표기 원칙에 따라 표기해야 하지만 영어식 발음으로 굳어져 널리 통용되고 있으므로 이를 존중하여 '헤이그'와 '시저'로 적도록 규정하였다.

＋ 더 알고가기 | **영어식 표기와 원지음** ≡

영어식 표기	원지음
베니스(Venice)	베네치아(Venezia)
비엔나(Vienna)	빈(Wien)
코사크(Cossack)	카자흐스탄(Kazakhstan)
홀란드(Holland)	네덜란드(Netherlands)
플랜더스(Flanders)	플랑드르(Flandre)
코카서스(Caucasus)	캅카스(Kavkaz)

> **제4항** | 고유 명사의 번역명이 통용되는 경우 관용을 따른다.
> Pacific Ocean 태평양 Black Sea 흑해

중국이나 일본을 통해 들어온 고유 명사의 경우 한자어로 번역되어 들어온 경우가 많았으며 이들은 실제 외래어보다 먼저 한국에 들어와 우리말화되었으므로 우리말 속에서 깊게 뿌리내리고 있는 경우가 많다. 따라서 이러한 고유 명사의 경우 번역명이 널리 통용되고 있다면 관용에 따라 적을 수 있도록 하였다.

제2절 동양의 인명, 지명 표기

제1항 | 중국 인명은 과거인과 현대인을 구분하여 과거인은 종전의 한자음대로 표기하고, 현대인은 원칙적으로 중국어 표기법에 따라 표기하되, 필요한 경우 한자를 병기한다.

제2항 | 중국의 역사 지명으로서 현재 쓰이지 않는 것은 우리 한자음대로 하고, 현재 지명과 동일한 것은 중국어 표기법에 따라 표기하되, 필요한 경우 한자를 병기한다.

제3항 | 일본의 인명과 지명은 과거와 현대의 구분 없이 일본어 표기법에 따라 표기하는 것을 원칙으로 하되, 필요한 경우 한자를 병기한다.

제4항 | 중국 및 일본의 지명 가운데 한국 한자음으로 읽는 관용이 있는 것은 이를 허용한다.

東京 도쿄, 동경	京都 교토, 경도	上海 상하이, 상해
臺灣 타이완, 대만	黃河 황허, 황하	

중국과 일본의 인명과 지명에 관한 표기 원칙이다. 이들 나라는 역사적으로 우리나라와 오랜 세월 교류하여 왔으며, 일찍부터 이들 나라의 인명과 지명이 우리나라에 널리 알려진 상태였다. 특히 중국의 경우 우리나라에 알려진 과거 인물이나 지명이 많고 우리의 한자음대로 표기하였으므로 이제 와서 이를 되돌린다는 것은 불가능하다. '공자(孔子)', '맹자(孟子)'를 비롯하여 삼국지에 등장하는 수많은 인명과 지명을 현대 중국어 표기법으로 돌린다면 적지 않은 혼란이 예상되기 때문이다. 따라서 1항에서는 과거인과 현대인을 나누어 과거인들은 종전의 표기대로 표기하고 현대인들은 현대 중국어 표기법에 따라 표기하도록 하여 절충안을 제시한 것이다. 또한 2항에서는 중국의 역사 지명 중 현재 쓰이지 않는 경우는 우리 한자음대로 표기하고 현재 지명과 동일한 경우에는 중국어 표기법에 따라 적도록 함으로써 점진적으로 중국어 표기법에 따른 표기가 가능하도록 하였다. 그리고 필요한 경우 한자를 병기하여 혼란을 최소화하도록 하였다.

한편 3항은 일본의 인명과 지명에 대한 규정인데 과거에는 일본이 중국보다는 상대적으로 영향력이 적었으므로 일본의 인명과 지명은 과거인과 현대인 구별없이 일본어 표기 원칙에 따라 표기하도록 하고 있다. 또한 한자를 병기하여 혼란을 최소화하고자 하였다. 끝으로 4항에서는 중국이나 일본의 지명 중 한자음으로 읽는 관용이 있을 경우 이를 존중하여 허용하도록 하였다.

➕ 더 알고가기   중국 인명   ≡

- 과거인 : 공자(孔子), 노자(老子), 맹자(孟子), 제갈량(諸葛亮)
- 현대인 : 덩샤오핑(鄧小平, Deng Xiaoping), 마오쩌둥(毛澤東, Mao Zedong), 후진타오(胡錦濤, Hu Jintao), 장쩌민(江澤民), 청룽(成龍)

제3절 바다, 섬, 강, 산 등의 표기 원칙

> **제1항 |** 바다는 '해(海)'로 통일한다.
>
> 홍해　　　　　　　　발트해　　　　　　　　아라비아해
>
> **제2항 |** 우리나라를 제외하고 섬은 모두 '섬'으로 통일한다.
>
> 타이완섬　　　　　　　　　　　코르시카섬(우리나라 : 제주도, 울릉도)

제2항에서는 모두 '섬'으로 통일하여 통일성을 기하되 우리나라의 경우 '섬'에 해당하는 한자어 '도' 가 널리 쓰이고 있으므로 이를 인정하여 '도'로 쓰도록 규정하였다.

> **제3항 |** 한자 사용 지역(일본, 중국)의 지명이 하나의 한자로 되어 있을 경우, '강', '산', '호', '섬' 등은 겹쳐 적는다.
>
> 온타케산(御岳)　　　주장강(珠江)　　　도시마섬(利島)　　　하야카와강(早川)　　　위산산(玉山)
>
> **제4항 |** 지명이 산맥,산,강 등의 뜻이 들어 있는 것은 '산맥', '산', '강' 등을 겹쳐 적는다.
>
> Rio Grande 리오그란데강　　　　　　　Monte Rosa 몬테로사산
>
> Mont Blanc 몽블랑산　　　　　　　　　Sierra Madre 시에라마드레산맥

제3항에서는 한자 사용 지역의 지역명에 이미 '강, 산, 호, 섬'의 의미가 포함되어 있더라도 다시 이 를 겹쳐 적음으로써 지명의 성격을 분명히 하도록 규정하였다. 마찬가지로 제4항 한자 이외의 외래 어에서도 '산맥', '산', '강' 등을 겹쳐 적도록 하였다.

[틀리기 쉬운 외래어 표기]

외래어	바른 표기(○)	틀린 표기(×)
accent	악센트	액센트
accessory	액세서리	악세사리
agenda	어젠다	아젠다
alcohol	알코올	알콜
Allergie	알레르기	알러지
barbecue	바비큐	바베큐
battery	배터리	밧데리
body	보디	바디
bourgeois	부르주아	부르조아
British	브리티시	브리티쉬
brochure	브로슈어	브로셔
brooch	브로치	브로찌
buffet	뷔페	부페
cake	케이크	케익, 케잌
cameo	카메오	까메오
cardigan	카디건	가디건

외래어	바른 표기(○)	틀린 표기(×)
carpet	카펫	카페트
centimeter	센티미터	센치미터
chocolate	초콜릿	초콜렛
color	컬러	칼라
concept	콘셉트	컨셉
croissant	크루아상	크라상
cyber	사이버	싸이버
digital	디지털	디지탈
doughnut	도넛	도너츠
English	잉글리시	잉글리쉬
family	패밀리	훼밀리
fanfare	팡파르	팡파레
fighting	파이팅	화이팅
finale	피날레	휘날레
flash	플래시	후레쉬
flute	플루트	플롯
front	프런트	프론트
gips	깁스	기브스
gratin	그라탱	그라탕
leadership	리더십	리더쉽
leisure	레저	레져
makeup	메이크업	메이컵
mania	마니아	매니아
massage	마사지	맛사지
message	메시지	메세지
mystery	미스터리	미스테리
Nazi	나치	나찌
network	네트워크	네트웍
original	오리지널	오리지날
pamphlet	팸플릿	플렛
panda	판다	팬더
placard	플래카드	플랭카드
plaza	플라자	프라자
propose	프러포즈	프로포즈
rent-a-car	렌터카	렌트카
sausage	소시지	소세지
sofa	소파	쇼파
special	스페셜	스페샬
staff	스태프	스탭

외래어	바른 표기(○)	틀린 표기(×)
talent	탤런트	탈렌트
tape	테이프	테잎
total	토털	토탈
workshop	워크숍	워크샵

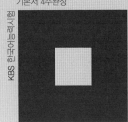

2장 문법 능력/외래어 표기법
실전 대비 문제

01

밑줄 친 부분의 순화 표현으로 적절하지 않은 것은?

> A : 오늘 ① 사시미가 참 좋군.
>
> B : 음, 정말 맛이 좋은걸.
>
> A : 그럼 식사나 할까? 아주머니 여기 바로 탕 좀 해 주시고요. 탕은 ② 지리로 해 주세요. 그리고 ③ 와리바시하고 ④ 요지도 같이 주시고요.
>
> B : 오늘은 자네 덕분에 맛있게 먹었네. 다음번엔 ⑤ 스키야키 잘하는 집으로 내가 안내하지.

① 사시미 → 생선회

② 지리 → 맑은탕

③ 와리바시 → 나무젓가락

④ 요지 → 이쑤시개

⑤ 스키야키 → 반찬

해설 '스키야키[鋤燒(すきやき)]'는 '일본전골(찌개)'로 순화할 수 있다.
① '사시미[刺身, さしみ]'는 '생선회'로 순화한다.
② '지리(じる)'는 '싱건탕'으로 순화한다.
③ '와리바시[割り箸, わりばし]'는 '나무젓가락'으로 순화한다.
④ '요지[楊枝, ようじ]'는 '이쑤시개'로 순화한다.

02

다음 〈안내문〉에서 외래어 표기가 옳지 <u>않은</u> 것은?

우리 시는 광복 67주년을 맞아 다음과 같은 문화 행사를 계획하고 있습니다. 시민 여러분의 많은 관심과 참여 바랍니다.
1. 행사 기간 : 2012. 8. 9. ~ 2012. 8. 15.
2. 행사 내용
    가. 아시아 문화 경제 심포지움
    나. 시민 문화 센터 개관 기념 '해방 전후 사진전'
    다. 뮤지컬 '안중근, 하얼빈에서 올린 축포' 상연
    라. 미니 플래카드에 통일 메시지 적어 달기

                    ○○시 시장 ○○○

① 심포지움   ② 센터

③ 하얼빈   ④ 플래카드

⑤ 메시지

해설 심포지움 → 심포지엄 : 특정한 문제에 대하여 두 사람 이상의 전문가가 서로 다른 각도에서 의견을 발표하고 참석자의 질문에 답하는 형식의 토론회를 뜻하는 'symposium'의 바른 외래어 표기는 '심포지엄'이다.
② 'center'의 바른 외래어 표기는 '센터'이다.
③ '哈爾濱(Harbin)'의 바른 외래어 표기는 '하얼빈'이다. 중국의 역사 지명으로서 현재 쓰이지 않는 것은 우리 한자음대로 하고, 현재 지명과 동일한 것은 중국어 표기법에 따라 표기하되, 필요한 경우 한자를 병기한다.
④ 긴 천에 표어 따위를 적어 양쪽을 장대에 매어 높이 들거나 길 위에 달아 놓은 표지물을 뜻하는 'placard'의 바른 외래어 표기는 '플래카드'이다.
⑤ 어떤 사실을 알리거나 주장하거나 경고하기 위하여 보내는 전언을 뜻하는 'message'의 바른 외래어 표기는 '메시지'이다.

03

다음 밑줄 친 단어의 외래어 표기가 올바른 것은?

① 가족들은 <u>텔레비젼</u>을 보며 단란한 시간을 보냈다.

② 거실에는 멋진 <u>카페트</u>가 깔려 있었다.

③ 우리는 저녁에 <u>바베큐</u>를 먹기로 하였다.

④ 그들은 <u>푸껫</u>으로 신혼여행을 떠났다.

⑤ 이 우유는 동네 <u>수퍼마켓</u>에서 산 것이다.

해설 태국의 수도 'Phuket'의 외래어 표기는 '푸껫'이다. 이는 동남아 3개국어(말레이인도네시아어, 태국어, 베트남어)에서는 된소리와 예사소리가 음성학적으로 구별되기 때문에 이를 우리 외래어 표기에서 수용한 것이다.
① 텔레비젼 → 텔레비전, ② 카페트 → 카펫, ③ 바베큐 → 바비큐, ⑤ 수퍼마켓 → 슈퍼마켓

정답 01 ⑤   02 ①   03 ④

04

다음 중 외래어 표기가 모두 바르게 된 것은?

① 뷔페 – 초콜렛 – 컬러

② 컨셉 – 서비스 – 윈도

③ 파이팅 – 악세사리 – 리더십

④ 플래카드 – 로봇 – 캐럴

⑤ 앙코르 – 레포트 – 바비큐

> **해설** ⦿ 'placard, robot, carol'의 바른 외래어 표기는 '플래카드, 로봇, 캐럴'이다.
> ① 초콜렛 → 초콜릿 : 'chocolate'의 영어 발음은 '초컬릿'이지만 둘째 음절을 'ㅗ'로 발음해온 경향을 존중해 외래어 표기법에서는 '초
> 콜릿'으로 표기하도록 한다.
> ② 컨셉 → 콘셉트 : 'concept'의 발음은 영국식 발음을 기준으로 하여 '콘셉트'로 표기한다.
> ③ 악세사리 → 액세서리 : 'accessory'의 바른 외래어 표기는 '액세서리'이다.
> ⑤ 레포트 → 리포트 : 'report'의 바른 외래어 표기는 '리포트'이다.

05

다음 밑줄 친 단어의 외래어 표기가 올바른 것은?

① 그 옷은 컬러가 화려하다.

② 수업시간에 선생님께서 슬레이드를 보여주셨다.

③ 그녀의 노래가 공연의 피날래를 장식했다.

④ 점원이 마네킨에 옷을 입히고 있었다.

⑤ 호치민은 베트남의 영웅이다.

> **해설** ⦿ 'color'의 바른 외래어 표기는 '컬러'이다.
> ② 슬레이드 → 슬라이드
> ③ 피날래 → 피날레
> ④ 마네킨 → 마네킹
> ⑤ 호치민 → 호찌민

06

다음 밑줄 친 말의 외래어 표기가 올바른 것은?

① 동물원에 <u>팬더</u>가 새로 들어왔다.

② 그 사건은 우리나라 경기 침체의 <u>시그날</u>이다.

③ 1965년 12월 15일 사상 최초의 우주 <u>랑데부</u>가 실현되었다.

④ 그가 갑자기 사라진 것은 아직까지 <u>미스테리</u>로 남아 있다.

⑤ 그의 딸은 <u>바이얼린</u> 연주자였다.

해설 'rendez-vous'는 프랑스어에서 온 말이며, 원지음에 따라 '랑데부'로 표기해야 한다.
① 팬더 → 판다
② 시그날 → 시그널
④ 미스테리 → 미스터리
⑤ 바이얼린 → 바이올린

07

다음 중 외래어 표기법이 맞는 것은?

① 엘레베이터(elevator)

② 액서서리(accessory)

③ 리포트(report)

④ 로보트(robot)

⑤ 핟라인(hot line)

해설 'report'는 '리포트'로 표기하는 것이 맞다.
① 엘레베이터 → 엘리베이터 : 'elevator'의 바른 표기는 '엘리베이터'이다.
② 액서서리 → 액세서리 : ' accessory'의 바른 표기는 '액세서리'이다.
④ 로봇 → 로봇 : 짧은 모음 다음의 어말 무성 파열음 [p], [t], [k]는 받침으로 적으며, 받침으로는 'ㄱ, ㄴ, ㄹ, ㅁ, ㅂ, ㅅ, ㅇ'을 쓰도록 정해져 있기 때문에 '로봇'이라고 표기한다.
⑤ 핟라인 → 핫라인 : 받침에서 'ㄷ'으로 소리 나는 자음은 'ㅅ'으로 표기하기로 한 규정에 따라 '핫라인'으로 표기한다.

08

다음 밑줄 친 말의 외래어 표기가 올바른 것은?

① 그 식품은 <u>알코올</u> 성분이 포함되어 있다.

② <u>쿵푸</u>는 중국의 오래된 무예이다.

③ 그녀는 <u>플룻</u> 연주를 아주 잘 했다.

④ 우리는 한적한 <u>까페</u>에서 이야기를 나누었다.

⑤ 차가 없는 사람들은 <u>렌트카</u> 회사에서 차를 빌렸다.

> **해설** 술에 포함된 화학성분을 일컫는 'alcohol'은 '알코올'이 맞는 표기이다.
> ② 쿵푸 → 쿵후
> ③ 플룻 → 플루트
> ④ 까페 → 카페
> ⑤ 렌트카 → 렌터카

09

다음 외래어 표기법에 대한 설명 중 틀린 것은?

① 1음운은 원칙적으로 1기호로 적는다.

② 파열음 표기에 된소리를 사용하지 않는다.

③ 외래어는 현용 28자모만으로 적는다.

④ 받침에는 'ㄱ, ㄴ, ㄹ, ㅁ, ㅂ, ㅅ, ㅇ'만 사용한다.

⑤ 이미 굳어진 외래어는 관용으로 존중하며 그 범위와 용례에 따라 지정한다.

> **해설** 외래어 표기의 기본 원칙에 '외래어는 국어의 현용 24 자모만으로 적는다.'라고 명시되어 있다.

10

외래어 표기가 옳은 것으로만 묶인 것은?

① 환타지, 초코렛, 토쿄

② 비젼, 게임, 몽골

③ 모짜르트, 도너츠, 베이징

④ 주스, 달러, 파리

⑤ 쥬니어, 텔레비전, 타월

해설 ◉ 'juice', 'dollar', 'Paris'의 바른 외래어 표기는 '주스', '달러', '파리'이다.
　① 환타지 → 판타지 : 외래어의 1음운은 원칙적으로 1기호로 적으므로 'fantasy'의 [f]는 'ㅎ'이 아닌 'ㅍ'으로 적는다. 또한 'fantasy'의 실제 발음은 '팬터지'에 가깝지만 관용(통용)을 인정하여 '판타지'로 표기한다.
　　초코렛 → 초콜릿 : 'chocolate'의 둘째 음절은 'ㅗ'로 발음하는 경향을 존중하여 '초콜릿'으로 적는다.
　　토쿄 → 도쿄(동경) : 일본어 표기는 말 첫머리에 거센소리(격음)가 오는 것을 허용하지 않으므로 '토쿄'가 아닌 '도쿄(로마자 표기는 Tokyo)'로 표기해야 한다. 또한 중국 및 일본의 지명 가운데 한국 한자음으로 읽는 관용이 있는 것은 이를 허용하므로 '동경(東京)'으로도 쓸 수 있다.
　② 비젼 → 비전 : 외래어 표기법에 따르면 'ㅈ, ㅊ' 뒤에 중모음이 붙는 형태는 허용되지 않는다. 따라서 'vision'은 '비전'으로 표기함이 옳다.
　③ 모짜르트 → 모차르트 : 파열음 표기에는 된소리를 쓰지 않는 것을 원칙으로 하므로 'Mozart'는 '모차르트'로 적는다.
　　도너츠 → 도넛 : 짧은 모음 다음의 어말 무성 파열음 [p], [t], [k]는 받침으로 적음을 원칙으로 한다. 따라서 'doughnut'은 '도넛'으로 표기하는 것이 옳다.
　⑤ 쥬니어 → 주니어 : 구개음인 'ㅈ, ㅊ' 뒤에 모음이 합쳐지면 '쟈, 져, 죠, 쥬, 챠, 쳐, 쵸, 츄'가 아닌, '자, 저, 조, 주, 차, 처, 초, 추'로 발음되므로, 'ㅈ, ㅊ' 다음에 'ㅑ, ㅕ, ㅛ, ㅠ'가 오는 외래어 표기는 인정하지 않는다.

11

다음 밑줄 친 단어의 외래어 표기가 올바른 것은?

① 그의 등장을 알리는 <u>팡파레</u>가 울려 퍼졌다.

② 그 대학은 <u>카톨릭</u> 재단에서 운영한다.

③ 사람들은 <u>오리지날</u>에 집착하는 경향이 있다.

④ 답을 아는 사람이 먼저 <u>버저</u>를 누르면 된다.

⑤ 그는 그녀에게 멋진 <u>프로포즈</u>를 했다.

해설 ◉ 'buzzer'의 바른 외래어 표기는 '버저'이다.
　① 팡파레 → 팡파르
　② 카톨릭 → 가톨릭
　③ 오리지날 → 오리지널
　⑤ 프로포즈 → 프러포즈

정답 08 ① 　09 ③ 　10 ④ 　11 ④

12

다음 밑줄 친 말의 외래어 표기가 올바른 것은?

① 새벽에 <u>앰블란스</u> 소리가 요란히 들려왔다.

② 지도자의 <u>리더쉽</u>은 조직의 운명을 좌우한다.

③ 생일에는 맛있는 <u>케잌</u>을 먹는다.

④ 방송국 <u>아나운서</u>들은 표준 발음법을 준수해야 한다.

⑤ 그 날에는 달콤한 <u>초콜렛</u>을 선물한다.

> **해설** 'announcer'의 바른 외래어 표기는 '아나운서'이다.
> ① 앰블란스 → 앰뷸런스
> ② 리더쉽 → 리더십
> ③ 케잌 → 케이크
> ⑤ 초콜렛 → 초콜릿

13

다음 중 외래어 표기법에 맞는 것은?

① 매스콤   ② 슈퍼마켓

③ 비젼   ④ 후라이팬

⑤ 커피샾

> **해설** '슈퍼마켓'이 바른 표기이지만, 일부는 미국에서 '수퍼마켓'으로 발음한다는 이유를 들어 그와 같이 적어야 한다고 주장하기도 한다. 그러나 현행 외래어 표기법에서, 영국식 발음과 미국식 발음이 있는 말은 영국식 발음에 따라 적도록 하고 있으므로 반드시 '슈퍼마켓'으로 적어야 한다. 또 'supermarket'에서 'ㄱ, ㄴ, ㄹ, ㅁ, ㅂ, ㅅ, ㅇ'만을 받침으로 쓸 수 있기 때문에 '켙'이 아닌 '켓'으로 쓰는 것이 옳다.
> ① 매스콤 → 매스컴
> ③ 비젼 → 비전 ; 초성의 'ㅈ' 다음에는 반드시 단모음으로 표기한다.
> ④ 후라이팬 → 프라이팬 ; 'frypan'에서 'f'는 'ㅍ'로 표기한다.
> ⑤ 커피샾 → 커피숍 ; 종성에는 ㄱ, ㄴ, ㄹ, ㅁ, ㅂ, ㅅ, ㅇ 등의 7개 받침만으로 표기하는 것이 옳다.

14

다음 중 밑줄 친 단어의 외래어 표기가 올바른 것은?

① 우리는 점심으로 <u>도우넛</u>을 먹었다.

② 그녀는 <u>째즈</u> 음악에 심취해 있었다.

③ 날이 따뜻해지자 <u>블라우스</u> 차림의 여성들이 많아졌다.

④ 우리는 내일 <u>토쿄</u>행 비행기를 탈 것이다.

⑤ 요즘 어디서나 <u>퓨젼</u> 상품이 인기다.

> **해설** 어중의 [l]이 모음 앞에 오거나, 모음이 따르지 않는 비음 [m], [n] 앞에 올 때 'ㄹㄹ'로 적는다.
> ① 도우넛 → 도넛
> ② 째즈 → 재즈
> ④ 토쿄 → 도쿄
> ⑤ 퓨젼 → 퓨전

15

다음 중 외국인의 인명표기가 잘못된 것은?

① 우리가 본 <u>고흐</u>(Gogh)의 그림은 진품이었다.

② <u>바흐</u>(Bach)의 노래는 정말 선율이 아름답다.

③ 천재 음악가 <u>모짜르트</u>(Mozart)의 생가를 보았다.

④ 제임스 <u>캐머런</u>(James Cameron) 감독의 영화는 흥행을 예고한다.

⑤ 아메리카 대륙을 발견한 것은 <u>콜럼버스</u>(Columbus)이다.

> **해설** 외래어를 표기할 때 마찰음, 파찰음, 파열음 표기에는 된소리를 쓰지 않는 것을 원칙으로 한다. 따라서 '모차르트'가 올바른 표기이다.

16

다음 중 밑줄 친 단어의 외래어 표기가 올바른 것은?

① 우리는 밀크쉐이크를 주문했다.

② 그녀는 보디 크림을 주문했다.

③ 언어는 메세지를 전달하는 수단이다.

④ 그는 스윗치를 찾지 못해 한참동안 곤란을 겪었다.

⑤ 쥬스를 냉장고에 보관했다.

해설 'body'는 '보디'와 '바디'로 모두 읽히나 관례상 '보디'라는 표기가 굳어져 '보디'로 쓰는 것이 옳다.
① 쉐이크 → 세이크
③ 메세지 → 메시지
④ 스윗치 → 스위치
⑤ 쥬스 → 주스

17

㉠~㉤ 중에서 외래어 표기가 바른 것은?

㉠ 디지탈 기술 + 일반 카메라의 조화 코닥 DC-4800
- 렌즈 : 광학 3배, 디지털 6배 줌
- 촬영 범위
  – 표준 : 0.5m~무한대(광각/망원)   – 매크로 : 0.2m~0.7m(광각/망원)
- 컬러 모드
  – 컬러 : 자연색   – 흑백 : 흑백, Y/R 필터 흑백
- 부속품 : 16MB ㉡ 콤팩트 ㉢ 플래쉬 카드, 리튬 이온 충전지, A/C ㉣ 아답터, 렌즈 덮개, 비디오 케이블, 설명서
- 크기 : 120 x 69 x 65mm
- 무게 : 320g (㉤ 밧데리 제외 시)

① ㉠ 디지탈

② ㉡ 콤팩트

③ ㉢ 플래쉬

④ ㉣ 아답터

⑤ ㉤ 밧데리

해설 'compact'의 외래어 표기는 '콤팩트'이다.
① 디지탈 → 디지털
③ 플래쉬 → 플래시
④ 아답터 → 어댑터
⑤ 밧데리 → 배터리

정답 16 ② 17 ②

⑥ 로마자 표기법

(1) 로마자 표기법의 특징

로마자 표기법은 우리말을 외국어로 표기하는 방식을 규정한 것으로 일반적으로 그 대상이 외국인이다. 따라서 국제적으로 널리 쓰이고 있는 로마자를 사용하여 표기하도록 규정하였으며, 이를 통해 국어 문화를 외국인에게 알리고 표기의 통일성을 추구하도록 하였다. 현재 쓰이는 로마자 표기법은 2000년 6월에 확정된 안으로 기존의 로마자 표기법의 문제점을 보완하여 공표되었다.

(2) 로마자 표기법의 주요 규정

로마자 표기법은 제1장 표기의 기본 원칙과 제2장 표기 일람표, 제3장 표기상의 유의점 이렇게 총 3장으로 구성되어 있다. 매번 출제되고 있는 영역이므로 표준 발음법에 따라 표기한다는 표기의 기본 원칙과 표기 일람을 먼저 학습해 두어야 이해가 쉽다. 주로 자연 지명이나 인물, 문화재명의 표기가 자주 출제되고 있으므로 집중적으로 학습한다.

제 1 장 표기의 기본 원칙

제1항 | 국어의 로마자 표기는 국어의 표준 발음법에 따라 적는 것을 원칙으로 한다.
제2항 | 로마자 이외의 부호는 되도록 사용하지 않는다.

제1항의 요점은 표준 발음법에 따라 발음 나는 대로 표기한다는 것이다. 외국인의 경우 우리말의 형태소 개념을 이해하기 어려울 뿐만 아니라 원형을 밝혀 적을 경우 이들의 표기와 발음상의 차이로 혼동을 일으킬 가능성이 높기 때문에 이를 고려하여 표준 발음법에 따라 소리 나는 대로 적는 것을 원칙으로 규정한 것이다. 다만 로마자 이외의 부호는 되도록 사용하지 않음으로써 표기상의 통일성을 유지하고 있다.

제 2 장 표기 일람

제1항 | 모음은 다음 각 호와 같이 적는다.

1. 단모음

ㅏ	ㅓ	ㅗ	ㅜ	ㅡ	ㅣ	ㅐ	ㅔ	ㅚ	ㅟ
a	eo	o	u	eu	i	ae	e	oe	wi

2. 이중 모음

ㅑ	ㅕ	ㅛ	ㅠ	ㅒ	ㅖ	ㅘ	ㅙ	ㅝ	ㅞ	ㅢ
ya	yeo	yo	yu	yae	ye	wa	wae	wo	we	ui

[붙임 1] 'ㅢ'는 'ㅣ'로 소리 나더라도 'ui'로 적는다.

(보기) 광희문 Gwanghuimun

[붙임 2] 장모음의 표기는 따로 하지 않는다.

로마자 표기법에서는 그 발음과 표기가 비교적 일치하도록 노력하였으나 'ㅓ', 'ㅡ', 'ㅐ', 'ㅚ', 'ㅟ'는 단모음임에도 한 글자로 표기할 수 없어 두 글자로 표기하였다는 점이 특징이다. [붙임 1]에서 로마자 표기법은 표준 발음법에 따라 적기 때문에 표준 발음의 규정상 'ㅢ'는 'ㅣ'로 소리 날 수 있으므로 그러한 경우 'i'로 적어야 하지만 그럴 경우 'ㅢ'와 'ㅣ' 사이에 혼동이 발생하므로 부득이하게 어원의 식을 존중하여 'ui'로 적는다는 예외를 둔 것이다.

제2항 | 자음은 다음 각 호와 같이 적는다.

1. 파열음

ㄱ	ㄲ	ㅋ	ㄷ	ㄸ	ㅌ	ㅂ	ㅃ	ㅍ
g, k	kk	k	d, t	tt	t	b, p	pp	p

2. 파찰음

ㅈ	ㅉ	ㅊ
j	jj	ch

3. 마찰음

ㅅ	ㅆ	ㅎ
s	ss	h

4. 비음

ㄴ	ㅁ	ㅇ
n	m	ng

5. 유음

ㄹ
r, l

[붙임 1] 'ㄱ, ㄷ, ㅂ'은 모음 앞에서는 'g, d, b'로, 자음 앞이나 어말에서는 'k, t, p'로 적는다. ([ ] 안의 발음에 따라 표기함.)

구미 Gumi	영동 Yeongdong	백암 Baegam
옥천 Okcheon	합덕 Hapdeok	호법 Hobeop
월곶[월곧] Wolgot	벚꽃[벋꼳] beotkkot	한밭[한받] Hanbat

[붙임 2] 'ㄹ'은 모음 앞에서는 'r'로, 자음 앞이나 어말에서는 'l'로 적는다. 단, 'ㄹㄹ'은 'll'로 적는다.

구리 Guri	설악 Seorak
칠곡 Chilgok	임실 Imsil
울릉 Ulleung	대관령[대괄령] Daegwallyeong

[붙임 1]의 규정에 따르면 결국 'ㄱ, ㄷ, ㅂ'은 첫소리에서는 'g, d, b'로 쓰고 끝소리에서는 'k, t, p'로 적도록 규정하고 있다. 이는 첫소리와 끝소리에서 나는 'ㄱ, ㄷ, ㅂ'의 발음이 그 성격상 확연히 차이가 나고 이를 언중이 충분히 인식하고 있기 때문에 이를 고려한 규정이라고 볼 수 있다.

[붙임 2]는 '설측음'의 표기 규정이다. 모음 앞에서는 'r'로 적지만 받침으로 적을 때는 'l'로 적는다고 규정하고 있다. 특히 'ㄹ'이 겹쳐나는 경우는 'll'로 적는다고 규정하였다. 이때 유의할 점은 설측음화이다. 설측음화가 일어난 어휘들은 'll'로 적게 된다. '대관령'은 [대괄령]이 표준 발음이다. 따라서 설측화가 일어난 [대괄령]에 충실하게 'Daegwallyeong'이 바른 로마자 표기가 되는 것이다.

> **＋ 더 알고가기** ┃ '백암'은 'Baekam'인가, 'Baegam'인가? ☰
>
> 여기서 유의할 점은 첫소리냐 끝소리냐를 판단하는 것은 표기가 아니라 발음이라는 점이다. 예를 들어 '백암'의 경우 그대로 쓰면 'Baek + am'이다. 따라서 이를 그대로 이어붙이면 'Baekam' [배캄]이 된다. 하지만 '백암'의 실제 발음은 '백'의 'ㄱ'이 뒤의 첫소리로 연음되어 [배감]이다. 따라서 이를 기준으로 로마자 표기를 하면 'Baegam'이 되는 것이다.

Q 짚어보기 ▶ 파열음 표기 정리

구분	모음 앞	자음 앞/어말
ㄱ	g	k
ㄷ	d	t
ㅂ	b	p

제 3 장 표기상의 유의점

제1항 ┃ 음운 변화가 일어날 때에는 변화의 결과에 따라 다음 각호와 같이 적는다.

1. 자음 사이에서 동화 작용이 일어나는 경우

백마[뱅마] Baengma	신문로[신문노] Sinmunno	종로[종노] Jongno
왕십리[왕심니] Wangsimni	별내[별래] Byeollae	신라[실라] Silla

2. 'ㄴ, ㄹ'이 덧나는 경우

학여울[항녀울] Hangnyeoul   알약[알략] allyak

3. 구개음화가 되는 경우

해돋이[해도지] haedoji	같이[가치] gachi	굳히다[구치다] guchida

4. 'ㄱ, ㄷ, ㅂ, ㅈ'이 'ㅎ'과 합하여 거센소리로 소리 나는 경우

좋고[조코] joko   놓다[노타] nota
잡혀[자펴] japyeo   낳지[나치] nachi

다만, 체언에서 'ㄱ, ㄷ, ㅂ' 뒤에 'ㅎ'이 따를 때에는 'ㅎ'을 밝혀 적는다.

묵호 Mukho   집현전 Jiphyeonjeon

[붙임] 된소리되기는 표기에 반영하지 않는다.

압구정 Apgujeong	낙동강 Nakdonggang	죽변 Jukbyeon
낙성대 Nakseongdae	합정 Hapjeong	팔당 Paldang
샛별 saetbyeol	울산 Ulsan	

동화가 일어난 경우 자음동화가 일어난 발음을 기준으로 로마자로 표기한다는 규정이다. 1은 비음

화와 설측음화의 예이고, 2는 'ㄴ, ㄹ'의 첨가가 일어나는 경우이다. 이들 역시 발음에서 첨가된 대로 적는다. 3은 구개음화를 적용하여 표기한 경우이고, 4는 자음 축약에 관한 표기 규정이다. 특히 4의 축약은 어간과 어미에서 인정하며 '다만'에서는 체언에서 일어나는 축약은 표기에 반영하지 않았다. 이는 어간과 어미의 경우는 혼동의 여지가 별로 없지만 고유명사와 같은 경우 자칫 표기와 발음의 혼동을 일으킬 가능성이 있으므로 이를 피하기 위해 표기에 반영하지 않기로 한 것이다. 가령 '묵호'를 [무코]로 발음하므로 이에 따라 'Muko'로 적을 경우 실제 명칭이 '무코'인지 '묵호'인지 혼동이 올 수 있기 때문이다. 따라서 체언, 특히 고유명사 안에서는 축약을 인정하지 않기로 한 것이다.

한편 [붙임]에서 된소리표기는 반영하지 않는다고 한 점에 유의해야 한다. 첫소리에서의 된소리 가령 '똑', '뚝' 등은 원래부터 된소리이므로 'ttok', 'ttuk'과 같이 쓸 수 있지만 음운과 음운이 만나 일어나는 된소리되기는 표기에 반영하지 않아야 한다.

기출유사문제

다음 중 로마자 표기가 옳지 않은 것은?

① 신선로 Sinseollo ② 떡국 Tteokguk

③ 비빔밥 Bibimbap ④ 식혜 Sikhye

⑤ 합정 Hapjjeong

해설

'합정'은 [합쩡]으로 소리 나더라도 된소리되기는 표기에 반영하지 않으므로 'Hapjeong'과 같이 써야 한다.
① 신선로[신설로]와 같이 설측음화가 일어나므로 설측음화가 일어난 대로 표기해야 맞다.
② '떡국'은 [떡꾹]으로 발음되지만 첫소리의 '떡'만 'tteok'으로 적을 수 있다. 반면 '국'은 '국'이 본래 표기이고 된소리되기 현상이므로 'guk'으로 적는 것이 맞다.
③ 비빔밥[비빔빱]은 뒤의 '밥'이 [빱]으로 나지만 이 역시 된소리되기이므로 'bap'으로 적어야 한다.
④ 식혜는 [시켸]로 발음되며 'ㄱ'과 'ㅎ'이 축약하여 'ㅋ'으로 발음되지만 체언 안에서의 축약은 표기에 반영하지 않으므로 'Sikhye'와 같이 'k'와 'h'를 구별하여 적어야 한다.

정답 ❺

제2항 | 발음상 혼동의 우려가 있을 때에는 음절 사이에 붙임표(-)를 쓸 수 있다.

중앙 Jung-ang   반구대 Ban-gudae   세운 Se-un   해운대 Hae-undae

붙임표 사용에 관한 규정이다. 'Jungang'의 경우 붙임표가 없으면 'Jun-gang'(준강)인지 'Jung-ang'(중앙)인지 혼동이 있을 수 있으므로 이를 피하기 위해 붙임표를 써서 이러한 혼동을 없앨 수 있도록 한 것이다.

제3항 | 고유 명사는 첫 글자를 대문자로 적는다.

부산 Busan   세종 Sejong

우리말에는 대문자와 소문자의 구별이 없지만 일반적으로 로마자를 이용하여 자국의 언어를 표기하는 언어권에서는 고유명사의 첫 글자를 대문자로 쓰고 있으므로 이에 따라 표기의 보편성을 고려한 것이다.

제4항 | 인명은 성과 이름의 순서로 띄어 쓴다. 이름은 붙여 쓰는 것을 원칙으로 하되 음절 사이에 붙임표(-)를 쓰는 것을 허용한다. [(   ) 안의 표기를 허용함.]

민용하 Min Yongha(Min Yong-ha)　　　　　　송나리 Song Nari(Song Na-ri)

(1) 이름에서 일어나는 음운 변화는 표기에 반영하지 않는다.

　한복남 Han Boknam(Han Bok-nam)　　　　홍빛나 Hong Bitna(Hong Bit-na)

(2) 성의 표기는 따로 정한다.

인명과 성은 고유명사이므로 앞의 3항의 규정을 적용받아 첫 글자는 대문자로 써야 한다. (1)에서 성과 이름의 순서로 쓰도록 하였는데 서양에서는 이름과 성의 순으로 쓰는 경우가 많아 우리와는 차이가 있다. 이러한 외국인들의 관습에 따라 쓰는 것이 타당할 수도 있지만 동양 삼국에서는 성이 먼저 온다는 것이 널리 알려진 사실이며 이를 한국인들의 실제 언어 사용과 차이를 두어 표기하면 오히려 혼란을 가중시킬 수 있으므로 일관되게 성과 이름의 순으로 쓰도록 한 것이다. 한편 이름 사이에 붙임표를 허용하는 것은 이름의 표기에 혼동을 없애고 정확히 표기하기 위한 것이다.

(1)의 경우 이름에서 음운 변화가 일어날 경우 이를 표기에 반영하게 되면 자칫 사람의 이름을 잘못 인식하거나 혼동할 우려가 있으므로 이를 막기 위해 이름 사이에서의 음운 변화는 표기에 반영하지 않기로 한 것이다. '한복남'은 [한봉남]으로 발음되고, '홍빛나'의 경우 [홍빈나]를 거쳐 [홍빈나]가 되지만 이를 표기에 반영하지 않는 것이다. (2)의 성의 표기는 문제가 많은 부분이다. 가령 예전에 'Kim'으로 써오던 것을 갑자기 'Gim'으로 바꿀 경우 발생할 수 있는 혼란이 있으며 신생아부터 적용한다면 아버지와 아들의 성이 달라지는 기현상도 감수해야 하기 때문이다. 더욱이 오랫동안 유교문화의 영향권에 있었던 우리나라의 경우 '성(姓)'의 문제를 국가에서 일괄적으로 적용하기에는 무리가 있으므로 충분한 의견 수렴을 거쳐 따로 정하도록 한 것이다.

제5항 | '도, 시, 군, 구, 읍, 면, 리, 동'의 행정 구역 단위와 '가'는 각각 'do, si, gun, gu, eup, myeon, ri, dong, ga'로 적고, 그 앞에는 붙임표(-)를 넣는다. 붙임표(-) 앞뒤에서 일어나는 음운 변화는 표기에 반영하지 않는다.

충청북도 Chungcheongbuk-do	제주도 Jeju-do	의정부시 Uijeongbu-si
양주군 Yangju-gun	도봉구 Dobong-gu	신창읍 Sinchang-eup
삼죽면 Samjuk-myeon	인왕리 Inwang-ri	당산동 Dangsan-dong
봉천 1동 Bongcheon 1(il)-dong	종로 2가 Jongno 2(i)-ga	퇴계로 3가 Toegyero 3(sam)-ga

[붙임] '시, 군, 읍'의 행정 구역 단위는 생략할 수 있다.

청주시(Cheongju)　　　　　　함평군(Hampyeong)　　　　　　순창읍(Sunchang)

행적 구역 단위와 '가'는 그 앞에 붙임표를 넣도록 하였다. 이는 실제 지명과 행정구역 단위를 구별하여 혼동을 없애기 위한 것이다. 이 사이의 음운 변화를 반영하지 않은 것 역시 행정구역 단위를 명확히 하여 혼동을 없애기 위한 것이다.

＋ 더 알고가기 | **우리나라 행정구역의 로마자 표기** ☰

시 · 도	로마자 표기
서울특별시	Seoul
부산광역시	Busan
대구광역시	Daegu
광주광역시	Gwangju
인천광역시	Incheon
대전광역시	Daejeon
울산광역시	Ulsan
경기도	Gyeonggi–do
강원도	Gangwon–do
충청북도	Chungcheongbuk–do
충청남도	Chungcheongnam–do
전라북도	Jeollabuk–do
전라남도	Jeollanam–do
경상북도	Gyeongsangbuk–do
경상남도	Gyeongsangnam–do
제주특별자치도	Jeju

🔍 짚어보기 ▶ **도로명 주소 표기**

새 주소 체계에서 기존 행정 구역 단위를 대체하는 '대로(大路)', '로(路)', '길'은 각각 'daero', 'ro', 'gil'로 적고, 그 앞에는 붙임표(–)를 넣도록 한다.

제6항 | 자연 지물명, 문화재명, 인공 축조물명은 붙임표(–) 없이 붙여 쓴다.

남산 Namsan	속리산 Songnisan	금강 Geumgang
독도 Dokdo	경복궁 Gyeongbokgung	무량수전 Muryangsujeon
연화교 Yeonhwagyo	극락전 Geungnakjeon	안압지 Anapji
남한산성 Namhansanseong	화랑대 Hwarangdae	불국사 Bulguksa
현충사 Hyeonchungsa	독립문 Dongnimmun	오죽헌 Ojukheon
촉석루 Chokseongnu	종묘 Jongmyo	다보탑 Dabotap

제7항 | 인명, 회사명, 단체명 등은 그동안 써 온 표기를 쓸 수 있다.

자연 지물명이나 문화재명, 인공 축조물의 경우 뒤에 오는 요소가 무엇인지 일률적으로 정하기 어

렵기 때문에 붙임표 없이 쓰도록 통일한 규정이다. 이는 후행요소가 다양하여 이들을 모두 구별하여 표기하거나 이해하는 것이 사실상 외국인들에게는 적합하지 않기 때문이다.

기출유사문제

다음 중 문화재 명의 로마자 표기가 틀린 것은?

① 경회루 Gyeonghoeru
② 의상대 Uisangdae
③ 은진미륵 Eunjinmireuk
④ 다보탑 Dabotab
⑤ 석굴암 Seokguram

● 해설

끝소리에 쓰이는 'ㅂ'은 'p'로 써야 한다. 따라서 'Dabotap'이 바른 표기이다.
① 'ㅚ'는 'oe'로 표기하는 것이 옳다.
② '의'는 'ui'로 표기하는 것이 옳다.
③ 'ㅡ'는 'Eu'로 표기하는 것이 옳다.
⑤ '석굴암'은 [석구람]으로 발음되므로 'Seokguram'으로 표기하는 것이 적절하다.

정답 ❹

제8항 | 학술 연구 논문 등 특수 분야에서 한글 복원을 전제로 표기할 경우에는 한글 표기를 대상으로 적는다. 이때 글자 대응은 제2장을 따르되 'ㄱ, ㄷ, ㅂ, ㄹ'은 'g, d, b, l'로만 적는다. 음가 없는 'ㅇ'은 붙임표(-)로 표기하되 어두에서는 생략하는 것을 원칙으로 한다. 기타 분절의 필요가 있을 때에도 붙임표(-)를 쓴다.

집 jib   짚 jip   밖 bakk   값 gabs
붓꽃 buskkoch   먹는 meogneun   독립 doglib   문리 munli
물엿 mul-yeos   굳이 gud-i   좋다 johda   가곡 gagog
조랑말 jolangmal 없었습니다 eobs-eoss-seubnida

학술 연구 논문의 경우 한글의 형태소를 분석해야 하는 경우가 많기 때문에 표준 발음법에 따라 적게 되면 형태소 분석 등 많은 면에서 불편함이 따른다. 따라서 이러한 특수 분야에서의 로마자 표기는 한글 표기에 따라 적을 수 있도록 한 것이다. 특히 음가가 없는 ㅇ의 경우 받침에 쓰이는 'ㅇ'즉, 'ng'와는 다르기 때문에 '-'를 넣어 그 자리를 표기하도록 하였다.

[로마자 표기 용례]

음식	로마자 표기	명절 · 풍습	로마자 표기
갈비	galbi	단오	dano
김치	gimchi	대보름	daeboreum
된장	doenjang	돌	dol
떡	tteok	무당	mudang

떡국	tteokguk	백일	baegil
막걸리	makgeolli	사주	saju
소주	soju	삼신각	samsingak
볶음밥	bokkeumbap	설날	seollal
불고기	bulgogi	솟대	sotdae
비빔밥	bibimbap	장승	jangseung
삼계탕	samgyetang	차례	charye
설렁탕	seolleongtang	추석	chuseok
송편	songpyeon	한가위	hangawi
식혜	sikhye		
약식	yaksik		
한식	hansik		

2장 문법 능력/로마자 표기법
실전 대비 문제

01

다음 로마자 표기법 중 옳은 것은?

① 국민 Kukmin 신라 Sinla

② 국민 Gungmin 신라 Shilla

③ 국민 Gungmin 신라 Silla

④ 국민 Gungmin 신라 Sinra

⑤ 국민 kungmin 신라 Sinra

> **해설** 국어의 로마자 표기는 국어의 표준 발음법에 따라 적는 것을 원칙으로 하며, 음운 변화가 일어날 때에는 변화의 결과에 따라 표기한다. 'ㄱ, ㄷ, ㅂ'은 모음 앞에서 'g, d, b'로, 자음 앞이나 어말에서 'k, t, p'로 표기해야 하기 때문에 국민의 'ㄱ'은 'g'로 적는다. 그리고 'ㄹ'은 모음 앞에서 'r'로, 자음 앞이나 어말에서 'l'로 적되 'ㄹㄹ'은 'll'로 적어야 한다. 따라서 국민과 신라는 [궁민]과 [실라]로 발음되며 [gungmin]과 [silla]와 같이 표기한다.

02

외래어 표기법과 로마자 표기법이 맞는 것으로만 묶인 것은?

① gas − 가스, 전주(지명) − Jeonjoo

② center − 센터, 서산(지명) − Seosan

③ frypan − 후라이팬, 원주(지명) − Wonju

④ jumper − 점퍼, 청계천(지명) − Chonggyechon

⑤ centimeter − 센티미터, 합덕(지명) − Haptteok

> **해설** 외래어 표기 용례에 따라 'center'는 '센터'로 적는다. 이때 '센타'로 적지 않도록 유의한다. 비슷한 예로 '로터리, 터미널' 등이 있다. 또한 로마자 표기법에 따라 모음 '어'는 'eo'로 표기하므로 '서산(지명)'의 로마자 표기는 'Seosan'이 옳다.
> ① Jeonjoo → Jeonju : 로마자 표기법에 따라 모음 '우'는 'u'로 표기함을 원칙으로 한다. 또한 고유명사는 첫 글자를 대문자로 적으며, '시, 군, 읍'의 행정 구역 단위는 생략 가능하다.
> ③ 후라이팬 → 프라이팬 : 외래어 표기법에 따라 [f, v]는 'ㅍ, ㅂ'로 적는 것을 원칙으로 한다.
> ④ Chonggyechon → Cheonggyecheon : 로마자 표기법에 따라 모음 '어'는 'eo'로 표기하므로 '청계천(지명)'의 로마자 표기는 'Cheonggyecheon'이 옳다.
> ⑤ Haptteok → Hapdeok : 로마자 표기는 국어의 표준 발음법에 따라 적는 것을 원칙으로 하며, 음운 변화가 일어날 때에는 변화의 결과에 따라 적지만, 된소리되기는 반영하지 않는다. 따라서 '합덕'이 [합떡]으로 발음된다고 해도 표기는 'Hapdeok'과 같이 해야 한다.

정답 01 ③ 02 ②

03

로마자 표기가 옳지 않은 것을 포함하고 있는 것은?

① Jeju(제주), Busan(부산), Daegu(대구)

② Daejeon(대전), Gimpo(김포), Yeouido(여의도)

③ haedoji(해돋이), joko(좋고), allyak(알약)

④ Nakddonggang(낙동강), Geumgang(금강), Yeongsangang(영산강)

⑤ saetbyeol(샛별), baengma(백마), boramae(보라매)

해설 ◉ Nakddonggang(낙동강) → Nakdonggang(낙동강) : '낙동강'의 발음은 [낙똥강]이나 로마자 표기에서는 된소리되기를 반영하지 않으므로 'Nakdonggang'이 옳은 표기이다.

04

다음 중 로마자 표기법이 옳지 않은 것은?

① 삼죽면 : Samjuk-myeon   ② 촉석루 : Chokseongnu

③ 홍길동 : Hong Gil-Dong   ④ 광희문 : Gwanghuimun

⑤ 대관령 : Daegwallyeong

해설 ◉ 성과 이름의 첫 글자만 대문자로 표시하는 것을 원칙으로 한다. 따라서 'Hong Gil-Dong'이 아니라 'Hong Gil-dong' 또는 'Hong Gildong'으로 표기하는 것이 맞는 표현이다.

① '도, 시, 군, 구, 읍, 면, 리, 동'의 행정 구역 단위나 길 이름을 나타내는 '가, 로, 길' 앞에는 반드시 (-)붙임표를 넣어야 한다. 음운 변화는 표기에 반영하지 않으므로 '삼죽면'의 표기는 'Samjuk-myeon'이 맞다.

② 문화재명은 고유명사이므로 첫 글자는 대문자로 적고, 우리말의 발음 그대로 표기하여야 한다. 따라서 '촉석루'의 로마자 표기법은 'Chokseongnu'가 맞는 표현이다.

④ 고유명사는 붙임표 없이 사용하며 모음 'ㅢ'가 'ㅣ'로 소리 나더라도 'ui'로 적도록 규정하고 있다. 그러므로 '광희문'의 로마자 표기는 'Gwanhuimun'이 맞다.

⑤ 'ㄹㄹ'로 발음되면 'll'로 적는다. '대관령'은 [대괄령]으로 소리 나기 때문에 'Daegwallyeong'으로 표기한다.

05

다음 중 로마자 표기가 올바른 것은?

① 종로 Jonglo

② 백암 Baekam

③ 별내 Byeolnae

④ 선릉 Sunneung

⑤ 묵호 Muk-ho

해설 ⊙ ① Jonglo → Jongno
② Baekam → Baegam
③ Byeolnae → Byeollae
④ Sunneung → sulleung

06

다음 중 로마자 표기가 올바르지 <u>않은</u> 것은?

① 강릉 Gangleung

② 대구 Daegu

③ 서울 Seoul

④ 부산 Busan

⑤ 울산 Ulsan

해설 ⊙ Gangleung → Gangneung

07

다음 중 로마자 표기가 올바른 것은?

① 속리산 Songrisan

② 한라산 Hallasan

③ 설악산 Seolaksan

④ 월악산 Weoraksan

⑤ 북한산 Bukansan

해설 ⊙ ① Songrisan → Songnisan
③ Seolaksan → Seoraksan
④ Weoraksan → Woraksan
⑤ Bukansan → Bukhansan

정답 03 ④   04 ③   05 ⑤   06 ①   07 ②

08

다음 중 로마자 표기가 올바르지 <u>않은</u> 것은?

① 충청북도 Chungcheongbuk-do　　② 제주도 Jeju-do

③ 전라남도 Jeollanam-do　　　　　④ 경기도 Gyeongi-do

⑤ 경상북도 Gyeongsangbuk-do

해설 ⊙ Gyeongi-do → Gyeonggi-do

09

다음 중 로마자 표기 규정에 맞지 <u>않는</u> 것은?

① 영동 – Yeongdong　　　　　　② 종로 – Jongno

③ 신라 – Silla　　　　　　　　　④ 여의도 – Yeoi-do

⑤ 오죽헌 – Ojukheon

해설 ⊙ 'ㅢ'는 광희문[Gwanghuimun]과 같이 '이' 소리가 나더라도 [i]가 아닌 [ui]로 적는다. 또한 '여의도'의 '도'는 행정구역이 아닌 섬을 뜻
　　하고 있기 때문에 붙임표를 쓰지 않는다. 따라서 '여의도'는 [Yeouido]로 표기함이 옳다.
　　① 'ㄱ, ㄷ, ㅂ'은 모음 앞에서 'g, d, b'로, 어말이나 자음 앞에서 'k, t, p'로 적는다. 또한 'ㅕ'는 'yeo'로 적는다. 따라서 '영동'은
　　　'Yeongdong'으로 표기함이 옳다.
　　② 음운 변화가 일어날 때에는 변화의 결과에 따라 소리 나는 대로 적는다. 따라서 'Jongno'로 표기한다.
　　③ 'ㄹㄹ'이 덧나는 경우에는 'll'로 적는다. 따라서 'Silla'로 표기한다.
　　⑤ 체언에서 'ㄱ, ㄷ, ㅂ' 뒤에 'ㅎ'이 따를 때에는 'ㅎ'을 밝혀 적는다. 그러므로 '오죽헌'은 'Ojukheon'이라고 표기해야 한다.

10

다음 중 로마자 표기가 <u>잘못된</u> 것은?

① 경복궁 – Gyeongbok-gung　　　② 낙성대 – Nakseongdae

③ 도봉구 – Dobong-gu　　　　　　④ 퇴계로 3가 – Toegyero 3(sam)-ga

⑤ 학여울 – Hangnyeoul

해설 ⊙ 로마자 표기법에서 자연 지물명, 문화재명, 인공 축조물 명은 붙임표(-) 없이 붙여 쓴다. 따라서 '경복궁'은 'Gyeongbokgung'으로 표
　　기해야 한다.
　　② 낙성대[Nakseongdae] : '낙성대'는 [낙썽대]로 소리 나지만 예사소리가 된소리되기로 소리 나는 것은 표기에 반영하지 않는다.
　　③, ④ 도봉구[Dobong-gu], 퇴계로 3가[Toegyero 3(sam)-ga] : '도, 시, 군, 구, 읍, 면, 리, 동'의 행정 구역 단위와 '가'는 각각 'do, si,
　　　gun, gu, eup, myeon, ri, dong, ga'로 적고, 그 앞에는 붙임표(-)를 넣는다. 붙임표(-) 앞뒤에서 일어나는 음운 변화는 표기에 반영
　　　하지 않는다.
　　⑤ 학여울[Hangnyeoul] : 'ㄴ, ㄹ' 소리가 덧나는 경우 학여울이 [항녀울]로 발음된다.

11

다음 중 로마자 표기가 올바르지 <u>않은</u> 것은?

① 광주 Gwangju

② 인천 Incheon

③ 대전 Daejeon

④ 전주 Jeonju

⑤ 경주 Geoyngju

해설 Geoyngju → Gyeongju

12

다음의 국어 로마자 표기 사례를 통해 알 수 있는 표기 원칙으로 옳지 <u>않은</u> 것은?

광희문 Gwanghuimun	독립문 Dongnimmun
거북선 Geobukseon	대관령 Daegwallyeong
경기도 Gyeonggi-do	

① 전자법(轉字法)이 아니라 전음법(轉音法)을 원칙으로 한다.

② 'ㅢ'가 'ㅣ'소리로 나면 소리대로 적는다.

③ 'ㄱ'은 자음 앞에서 'k'로 표기한다.

④ 'ㄹㄹ'로 소리 나면 'll'로 적는다.

⑤ 'ㅕ'는 'yeo'로 음절말의 'ㅇ'은 'ng'로 적는다.

해설 'ㅢ'는 'ui'로 적는다. 광희문의 '희'를 'hui'로 표기한 것을 보면 알 수 있다.
① 전자법(轉字法)은 한글 표기 그대로 적는 것을 말하며 '전음법(轉音法)'은 발음대로 쓰는 것을 말한다. 독립문은 [동님문] 발음대로 'Dongnimmun'으로 썼고, 대관령은 [대괄령] 발음대로 'Daegwallyeong'과 같이 표기한 것으로 보아 전음법을 원칙으로 한 것을 알 수 있다.
③ '거북선 Geobukseon'을 보면 'ㄱ'이 자음 'ㅅ' 앞에서 'k'로 표기된 것을 확인할 수 있다.
④ '대관령'을 'Daegwallyeong'으로 표기한 것처럼 'ㄹㄹ'은 'll'로 적는다.
⑤ '경기도'를 'Gyeonggi-do'로 표기한 것을 통해 알 수 있다.

13

다음 중 로마자 표기법이 옳은 것은?

① 경복궁 : Gyeongbok-gung

② 샛별 : saeppyeol

③ 속리산 : Songnisan

④ 을지로 : Eulji-lo

⑤ 독학 : dokkak

해설 ● 산이름, 자연 지물 명, 문화재 명 등은 고유명사이므로 붙임표 없이 적는다. '속리산'은 [송니산]으로 소리 나므로 'Songnisan'으로 표기한다.

① Gyeongbok-gung → Gyeongbokgung : 자연 지물 명, 문화재 명, 인공 축조물은 붙임표(-) 없이 붙여 쓰는 것이 원칙이다. 따라서 'Gyeongbok-gung'을 'Gyeongbokgung'으로 고쳐야 한다.

② saeppyeol → seatbyeol : 로마자로 표기할 때에는 예사소리가 된소리로 바뀌는 것을 표기하지 않는 것이 원칙이다. 따라서 'saeppyeol'을 'saetbyeol'로 표기하는 것이 옳다.

④ Eulji-lo → Eulji-ro : 길 이름은 'ro'로 표기하고 그 앞에 붙임표(-)를 넣는다. 붙임표(-) 앞뒤에서 일어나는 음운변화는 표기에 반영하지 않으므로 을지로는 'Eulji-ro'로 표기해야 한다.

⑤ dokkak → dokhak : 체언에서 'ㄱ, ㄷ, ㅂ' 뒤에 'ㅎ'이 따를 때에는 'ㅎ'을 밝혀 적는다. 그러므로 '독학'은 'dokhak'이라고 표기해야 한다.

14

다음 중 로마자 표기가 올바른 것은?

① 무당 mutang

② 삼짇날 samjitnal

③ 삼신각 samsinkag

④ 대보름 daeboreum

⑤ 한가위 hangaui

해설 ● ① mutang → mudang

② samjitnal → samjinnal

③ samsinkag → samsingak

⑤ hangaui → hangawi

15

다음 단어들 중 로마자 표기가 바르게 된 것은?

① 성주 – Songju

② 법문 – beopmun

③ 같이 – gachi

④ 백마 – Baekma

⑤ 낳지 – nahji

해설 ◉ 음운 변화가 일어날 때에는 변화의 결과에 따라 적는다. 구개음화가 되는 경우인 '같이'는 같이 – [가치] – gachi로 표기함이 옳다.

① Songju → Seongju : 'ㅓ'는 'eo'로 표기하므로 'Seongju'로 표기함이 옳다.

② beopmun → beommun : 음운 변화가 일어날 때에는 변화의 결과에 따라 적는다. 자음 사이에서 동화 작용이 일어나는 경우인 '법문'은 'beommun'으로 표기함이 옳다.

④ Baekma → Baengma : 음운 변화가 일어날 때에는 변화의 결과에 따라 적는다. 자음 사이에서 동화 작용이 일어나는 경우인 '백마'는 'Baengma'로 표기함이 옳다.

⑤ nahji → nachi : 음운 변화가 일어날 때에는 변화의 결과에 따라 적는다. 'ㅈ'이 'ㅎ'과 합하여 거센소리로 소리 나는 경우인 '낳지'는 'nachi'로 표기함이 옳다.

16

다음 차림표에 적힌 우리말의 로마자 표기법 중 알맞은 것은?

차림표	
비빔밥(Bibimbab) ······ 5,000	해장국(Hejangguk) ······ 6,000
불고기(Bulgogi) ······ 7,000	갈비탕(Kalbitang) ······ 6,000
우거짓국(Ugeojikuk) ······ 5,000	

① 비빔밥(Bibimbab)

② 불고기(Bulgogi)

③ 해장국(Hejangguk)

④ 갈비탕(Kalbitang)

⑤ 우거짓국(Ugeojikuk)

해설 ◉ ① Bibimbab → Bibimbap

③ Hejangguk → Haejangguk

④ Kalbitang → Galbitang

⑤ Ugeojikuk → Ugeojitguk

정답 13 ③ 14 ④ 15 ③ 16 ②

② 말소리

소리에는 바람소리, 강물소리, 파도소리, 쇠소리, 동물의 울음소리와 같이 분절적으로 인식되지 못하는 자연의 소리가 있는데 이를 '음향'이라 한다. 이와 달리 인간이 사용하는 말소리는 의미를 지니고 있으며 분절적으로 인식되는 것으로 '음성'과 '음운'이 여기에 해당한다. 이 가운데 문법 분야에서 주로 다루는 것은 '음운'이므로 이 장에서는 '음운'에 대해 살펴보도록 하겠다.

🔟 음성과 음운

'음성'과 '음운'은 모두 사람의 말소리라는 점에서는 동일하다. 하지만 '음성'은 사람마다 다르고 개별적인 소리이므로 문법과 같은 보편적 규칙으로 설명하기 어렵기 때문에 문법에서는 '음운'을 중심으로 다루게 된다. '음운'은 '음성'과 달리 보편적인 말소리이며, 사람들이 서로 다른 '음성'으로 말을 하더라도 이를 공통적으로 인식하게 하는 요소이므로 사실상 사람들 사이의 의사소통이 가능한 것은 우리들의 머릿속에 있는 '음운'에 대한 인식 때문이라고 할 수 있다.

'음운'은 말의 뜻을 구별해 주는 가장 작은 소리의 단위로 정의된다. 여기서 중요한 것은 '말의 뜻을 구별해 주는'이다. 결국 음운의 차이는 의미의 변별적 능력을 가지고 있다는 것이다. 예를 들어 '불, 물, 풀, 뿔'의 경우 이들 어휘들은 첫소리인 'ㅂ, ㅁ, ㅍ, ㅃ'을 제외한 나머지는 모두 같은 조건이다. 결국 이들 'ㅂ, ㅁ, ㅍ, ㅃ'의 차이로 인해 '불[火], 물[水], 풀[草], 뿔[角]'로 의미가 변별되는 것이다. 따라서 'ㅂ, ㅁ, ㅍ, ㅃ'은 의미를 변별해 주는 기능을 가지는 가장 작은 소리의 단위이므로 각각 음운이 되는 것이다. 이와 같은 최소대립쌍을 활용하여 음운을 구별해 나가는데, 결국 음운이란 일반적으로 '자음'과 '모음'을 의미하는 것이다.

한편 '음운'에는 위에서 말한 '자음'과 '모음'처럼 분절성을 지닌 음운이 있는가 하면 소리의 길이, 높낮이와 같이 분절성이 없는 음운도 있는데 이를 '비분절 음운'이라고 한다. 소리의 길이나 높낮이 등이 '음운'이 될 수 있는 이유는 결국 이들이 의미를 변별하는 기능을 하기 때문이다. 우선 '말[言]'과 '말[馬]'은 소리의 길이에 따라 뜻이 달라진다. 앞의 '말[言]'은 긴소리이고 뒤의 '말[馬]'은 짧은 소리이다. 한편 '밥 먹었어'라는 말도 끝을 높이면 의문문이 되고 끝을 내리면 평서문이 된다. 이처럼 소리의 길이나 높낮이는 의미의 변별적 기능을 가지고 있으므로 음운으로 보고 자음이나 모음처럼 분절되지 않기 때문에 비분절 음운이라고 따로 분류하는 것이다.

[음성/음운/음향]

음성/음운/음향		특징
음성	유의미	구체적, 개별적, 실제적 말소리
음운		추상적, 보편적, 분절적 인식 (자음과 모음으로 분화)
음향	무의미	의미가 없는 소리 또는 자연의 소리

'변이음'이란 두 음운이 의미와 기능 면에서 동일하지만 환경에 따른 상보적 분포(배타적 분포)를 보이는 것을 말한다. 가령 '부부[pubu]'라는 단어에서 첫 음절의 'ㅂ'과 둘째 음절의 'ㅂ'은 [p]와 [b]로 서로 성격이 다른 음운이다. 그러나 이 두 음운은 의미의 변별적 기능을 갖지 못한다. 이런 경우 [p]와 [b]는 상보적 분포를 보이고 있으므로 음운론적으로 대표성을 갖는 [b]를 대표음으로 처리하고 이와 상보적 분포를 보이는 [p]를 변이음으로 처리한다.

❷ 음운의 종류

음운은 크게 '자음'과 '모음'으로 나눌 수 있다. 먼저 자음은 장애음이고, 모음은 비장애음이다. 즉, 자음은 소리를 낼 때 공깃길을 막아 장애를 받고 나오는 소리이고, 반면 모음은 공깃길을 막지 않아 장애를 받지 않고 나오는 소리인 것이다.

[조음기관]

(1) 자음

자음은 통상 소리 내는 자리와 소리 내는 방법에 따라 분류되는데 우선 소리 내는 자리 즉, 조음 위치에 따라 두 입술을 붙였다 떨어뜨리며 내는 입술소리(脣音)와 윗잇몸과 혀끝이 닿았다가 떨어지며 소리 나는 혀끝소리(舌端音), 센입천장과 혀의 뒤가 닿았다가 떨어지며 소리 나는 센입천장소리(硬口蓋音), 여린입천장과 혀의 뒤가 닿았다가 떨어지며 소리 나는 여린입천장소리(軟口蓋音), 목청에서 나는 목소리(喉音)로 나뉠 수 있다.

한편 소리 내는 방법에 따라서는 크게 성대를 울려 소리를 내는 울림소리(有聲音)와 성대를 울리지 않고 소리를 내는 안울림소리(無聲音)로 나눌 수 있다. 울림소리는 다시 코로 공기를 내보내며 소리 내는 콧소리(鼻音)와 혀의 옆으로 공기를 내보내며 소리 내는 흐름소리(流音) 또는 혀옆소리(舌側音)로 나눌 수 있으며, 안울림소리는 공깃길을 닫았다가 터트리며 내는 터트림소리(破裂音), 공깃길을 좁게 하여 공기의 마찰을 통해 소리를 내는 갈이소리(摩擦音), 터트림과 마찰이 동시에 일어나는 붙갈이소리(破擦音)로 나눌 수 있다. 한편 안울림소리는 다시 소리의 세기에 따라 예사소리와 된소리, 거센소리로 더 나눌 수 있다.

이상에서 설명한 자음의 성격에 따라 이를 체계화하면 아래의 표와 같이 정리할 수 있다.

[자음의 종류]

조음 방법		조음 위치	두 입술	윗잇몸, 혀끝	센입천장, 혓바닥	여린입천장, 혀 뒤	목청 사이
안울림소리 (無聲音)	터트림소리 (破裂音)	예사소리	ㅂ	ㄷ		ㄱ	
		된소리	ㅃ	ㄸ		ㄲ	
		거센소리	ㅍ	ㅌ		ㅋ	
	붙갈이소리 (破擦音)	예사소리			ㅈ		
		된소리			ㅉ		
		거센소리			ㅊ		
	갈이소리 (摩擦音)	예사소리		ㅅ			ㅎ
		된소리		ㅆ			
울림소리 (有聲音)	콧소리(鼻音)		ㅁ	ㄴ		ㅇ	
	흐름소리(流音)			ㄹ			

(2) 모음

비장애음인 모음은 우선 혀의 위치와 입술의 모양에 따라 나눌 수 있는데 혀가 입의 앞쪽에 위치하여 소리 나는 전설(前舌)모음과 혀가 입의 뒤쪽에 위치하여 소리 나는 후설(後舌)모음으로 나눌 수 있고, 혀의 높낮이에 따라서는 고모음(高母音), 중모음(中母音), 저모음(低母音)으로 나눌 수 있다. 한편 입술의 모양에 따라서는 입술을 편평하게 하여 소리 내는 평순모음(平脣母音)과 입술의 모양을 둥글게 하여 소리 내는 원순모음(圓脣母音)으로 나눌 수 있다. 이러한 기준에 따라 우리말의 단모음을 체계화하면 다음 표와 같다.

[단모음 체계]

혀의 높이	혀의 앞뒤 입술 모양	전설모음		후설모음	
		평순	원순	평순	원순
고모음		ㅣ	ㅟ	ㅡ	ㅜ
중모음		ㅔ	ㅚ	ㅓ	ㅗ
저모음		ㅐ		ㅏ	

모음은 소리를 낼 때, 혀의 위치나 입술의 모양 변화 여부에 따라 다시 단모음과 이중 모음으로 나눌 수 있는데 위의 표에 제시된 단모음은 소리를 낼 때, 혀의 위치나 입술의 모양이 변하지 않고 한 번에 내는 소리이다. 반면 이중 모음은 소리를 낼 때, 혀의 위치나 입술의 모양이 변화하는 모음이다.

위의 표에 제시된 단모음을 제외한 'ㅑ, ㅒ, ㅕ, ㅖ, ㅘ, ㅙ, ㅚ, ㅝ, ㅞ, ㅟ, ㅢ'는 이중 모음에 해당한다.

➕ 더알고가기 | **단모음 'ㅚ/ㅟ'의 발음** ≡

우리말에서 'ㅚ', 'ㅟ'는 단모음으로 분류된다. 하지만 일반적으로 'ㅚ, ㅟ'는 이중 모음으로도 발음할 수 있고 그렇게 발음하는 경우가 있으므로 이중 모음으로 발음하는 것도 허용하고 있다. 가령 '참외'를 발음할 때의 'ㅚ'는 한번에 발음되며 혀의 위치나 입술의 모양이 바뀌지 않고 소리 나므로 단모음으로 발음하게 된다. 하지만 '외야수' 등의 '외'는 일반적으로 이중 모음으로 발음하고 있다. 따라서 이러한 경우에는 이중 모음으로 발음할 수 있도록 한 것이다.

● 예상문제

다음 중 국어의 모음체계에 대한 설명으로 옳지 않은 것은?

① 국어의 모음은 단모음 10개와 이중 모음 11개로 모두 21개이다.
② 발음하는 방법에 따라 단모음과 이중 모음으로 나뉜다.
③ 혀의 위치에 따라 전설모음과 후설모음으로 나뉜다.
④ 입술모양에 따라 원순모음과 평순모음으로 나뉜다.
⑤ 혀의 높이에 따라 양성 모음과 음성 모음으로 나뉜다.

● 해설

소리의 어감에 따라 음의 느낌이 밝고 작은 양성 모음, 음의 느낌이 어둡거나 큰 음성 모음으로 나누며, 혀의 높이에 따라 '고모음(폐모음), 중모음, 저모음(개모음)'으로 나눈다.

정답 ⑤

(3) 음절

음절이란 소리 낼 수 있는 최소의 단위로 정의된다. 음운의 경우 의미의 변별적 기능은 갖지만 그 자체로는 발음하기 어렵다. 따라서 이들 음운이 합쳐져야 비로소 발음이 가능한데 이처럼 발음이 이루어질 수 있는 최소의 단위가 곧 음절인 것이다. 국어의 경우 음절 단위로 모아쓰기를 하기 때문에 다른 언어에 비해 음절의 구분이 비교적 쉽다는 특징이 있다.

음절을 형성할 때 가장 중요한 것은 '모음'이다. 음절 구성에서 모음은 필수적인 요소이므로 모음의 여부가 음절 여부를 결정한다고 볼 수 있다. 이런 의미에서 모음을 '성절음(成節音)'이라고 하기도 한다. 즉, 하나의 음절은 최소한 하나의 모음을 포함해야 하는 것이다. 우리말의 음절 구성을 정리해 보면 다음과 같다.

모음	아, 어, 왜, 우 …
모음 + 자음	악, 온, 안, 음 …
자음 + 모음	가, 도, 패, 치 …
자음 + 모음 + 자음	강, 닥, 참, 판 …

❸ 음운의 변동

음운과 음운이 만날 때 음운이 다른 음운으로 교체되거나 탈락하기도 하며, 두 음운이 한 음운으로 줄거나 새로운 음운이 생겨나기도 한다. 이러한 현상을 음운의 변동이라 한다. 음운의 변동은 일반적으로 발음을 좀 더 편하게 하려는 경제성의 원리가 적용되는 것이지만 경우에 따라서는 의사 전달을 명확히 하기 위한 강화의 원리가 적용되는 경우도 있다.

(1) 교체

교체는 하나의 음운이 다른 음운으로 바뀌는 음운 현상이다. 이러한 교체에는 음절의 끝소리 규칙과 자음동화나 모음동화, 구개음화와 같은 동화가 있다.

① **음절의 끝소리 규칙** : 우리말에서 음절의 끝에서 발음될 수 있는 자음은 'ㄱ, ㄴ, ㄷ, ㄹ, ㅁ, ㅂ, ㅇ'의 7개뿐이다. 따라서 음절 끝에 이 7개 이외의 자음이 오는 경우 위의 7개 자음으로 교체되어 발음된다. 이를 음절의 '끝소리 규칙'이라 한다.

닥[닥], 닦[닥], 부엌[부억]	ㄱ, ㄲ, ㅋ → [ㄱ]
받[받], 밭[받], 뱃[받], 곶[곧], 꽃[꼳], 히읗[히은]	ㄷ, ㅌ, ㅅ, ㅈ, ㅊ, ㅎ → [ㄷ]
입[입], 잎[입]	ㅂ, ㅍ → [ㅂ]

② **자음동화** : 자음동화는 두 자음이 만나 하나의 자음이 다른 자음과 비슷해지는 음운 현상이다. 이러한 자음동화에는 비음화와 설측음화(유음화)가 있는데 이들은 필연적인 음운변동이므로 표준 발음으로 인정된다. 우선 비음화는 'ㄱ, ㄷ, ㅂ'이 'ㅁ, ㄴ'을 만나 'ㅁ, ㄴ, ㅇ'으로 교체되는 현상이다. 즉 무성자음인 'ㄱ, ㄷ, ㅂ'이 비음인 'ㅁ, ㄴ'을 만나 같은 비음인 'ㅁ, ㄴ, ㅇ'으로 교체되는 것이다. 예를 들어 '국물'의 경우 [궁물]로 발음되는데 이는 'ㄱ'이 비음인 'ㅁ'을 만나 같은 비음인 'ㅇ'으로 교체된 것이므로 비음화에 해당한다.

반면 설측음화는 비음인 'ㄴ'이 설측음(유음)인 'ㄹ'의 앞이나 뒤에서 같은 설측음(비음)인 'ㄹ'로 교체되는 현상이다. 가령 '신라'의 경우 발음하면 [실라]가 되는데, 이 경우 비음인 'ㄴ'이 설측음(유음)인 'ㄹ'을 만나 'ㄹ'로 교체된 것이므로 설측음화(유음화)에 해당한다.

[자음동화]

음운 변동	음운 규칙	
각목 → [강목]	ㄱ + ㅁ → ㅇ + ㅁ	비음화
맏며느리 → [만며느리]	ㄷ + ㅁ → ㄴ + ㅁ	
법문 → [범문]	ㅂ + ㅁ → ㅁ + ㅁ	
난로 → [날로]	ㄴ + ㄹ → ㄹ + ㄹ	유음화/설측음화
칼날 → [칼랄]	ㄹ + ㄴ → ㄹ + ㄹ	

한편 자음동화는 동화의 방향과 동화의 정도에 따라 나누어지는데 앞의 자음이 교체되는 경우를 역행동화, 뒤의 자음이 교체되는 경우는 순행동화, 두 자음이 모두 교체되는 경우는 상호동화라 한다. 또한 자음이 교체될 때 같은 자음으로 교체되는 경우를 완전 동화, 다른 자음으로 교체되는 경우는 불완전 동화라 하여 구별하기도 한다.

[동화의 방향에 따른 분류]

동화의 방향	내용	예
순행동화	앞의 음의 영향으로 뒤의 음이 변함.	칼날[칼랄], 종로[종노]
역행동화	뒤의 음의 영향으로 앞의 음이 변함.	국민[궁민], 밥물[밤물]
상호동화	서로 영향을 주고받아 앞뒤 음이 모두 변함.	백로[뱅노], 협로[혐노]

[동화의 정도에 따른 분류]

동화의 정도	내용	예
완전 동화	앞뒤 소리가 같은 소리로 바뀜.	칼날[칼랄], 밥물[밤물]
불완전 동화	앞뒤 소리가 비슷한 소리로 바뀜.	입는[임는], 학문[항문]

③ **모음동화** : 모음동화는 두 모음이 연달아 발음될 경우 하나의 모음이 다른 모음에 영향을 받아 비슷한 모음으로 바뀌는 현상이다. 이는 발음의 편이를 위한 것이라고 볼 수 있다. 대표적인 예는 'ㅣ'모음 역행동화가 있는데 '어미'를 '에미'로, '아기'를 '애기'로 발음하는 경우이다. 이 경우 선행하는 후설모음인 'ㅓ'와 'ㅏ'가 후행하는 모음 'ㅣ'의 영향을 받아 같은 전설모음인 'ㅔ'와 'ㅐ'로 바뀐 것이다. 그러나 이러한 모음동화는 표준 발음으로 인정하지 않는다. 다만, '-쟁이(장인)', '-내기', '동댕이치다', '(불을)댕기다', '냄비'의 경우는 예외적으로 인정하였다.

④ **구개음화** : 혀끝소리(설단음)인 'ㄷ, ㅌ'은 'ㅣ'모음과 만나면 센입천장소리(경구개음)인 'ㅈ, ㅊ'으로 교체된다. 이는 'ㅣ'모음과 센입천장소리인 'ㅈ, ㅊ'이 소리 내는 자리가 더 가깝기 때문에 발음의 편이를 위해 일어나는 현상이다. 즉 '굳이, 같이'는 '구디, 가티'가 된 뒤 [구지], [가치]로 발음되는 것이다. 이러한 구개음화는 특이하게 자음이 모음을 만나 모음에 동화되어 비슷한 음운으로 교체되는 현상이다.

음운 변동
굳이 → [구디] → [구지]
땀받이 → [땀바디] → [땀바지]
샅붙이 → [샅부티] → [샅부치]
굳히다 → [구티다](축약) → [구치다]

⑤ **모음조화** : 우리말은 양성 모음과 음성 모음으로 구분되며 이들은 같은 성질의 모음끼리 어울리려는 성질이 있는데 이것을 모음조화라고 한다. 현대 국어에서 모음조화는 많이 문란해졌지만

언중들이 아직까지는 이를 인식하여 일부 어간과 어미의 결합에서나 음성상징어 등에서 남아 있다. '깡충깡충', '오뚝이'와 같이 아예 모음조화가 지켜지지 않는 형태를 표준어로 삼은 것도 있고 '오순도순/오손도손'과 같이 양쪽 모두를 표준어로 삼은 경우도 있다.

⑥ **두음 법칙** : 우리말에서는 첫소리에 'ㄴ'이나 'ㄹ'이 오는 것을 꺼리는 경향이 있는데 이러한 음운 현상을 두음 법칙이라 한다. 이때 'ㄹ'은 'ㄴ'이나 'ㅇ'으로 교체되고, 'ㄴ'은 'ㅇ'으로 교체된다. 특히 두음 법칙은 말 그대로 어두(語頭), 즉 말의 첫머리에서 일어나는 현상이므로 둘째 음절 이하에서는 적용되지 않는다.

음운 변동	교체 현상
시론(時論) → 논리(論理)	[ㄹ] → [ㄴ]
이력(履歷) → 역사(歷史)	[ㄹ] → [ㅇ]
남녀(男女) → 여인(女人)	[ㄴ] → [ㅇ]

(2) 축약

음운의 축약은 두 개의 자음이나 모음이 만나 하나의 자음이나 모음으로 줄어드는 음운 현상이다. 자음 축약은 'ㅎ'과 'ㄱ, ㄷ, ㅂ, ㅈ'이 만나 'ㅋ, ㅌ, ㅍ, ㅊ'으로 줄어드는 경우이고, 모음 축약은 '오 + 아 〉 와'처럼 두 모음이 하나의 모음으로 줄어드는 경우이다.

음운 변동		축약된 형태
자음 축약	놓다 → [노타]	ㅎ + ㄷ → [ㅌ]
	접히다 → [저피다]	ㅂ + ㅎ → [ㅍ]
	젖히다 → [저치다]	ㅈ + ㅎ → [ㅊ]
모음 축약	비추- + -어 → [비춰]	ㅜ + ㅓ → [ㅝ]
	오- + -아서 → [와서]	ㅗ + ㅏ → [ㅘ]
	사리- + -어 → [사려]	ㅣ + ㅓ → [ㅕ]

(3) 탈락

음운의 탈락이란 두 자음이 만나 하나의 자음이 탈락하거나, 두 모음이 만나 하나의 모음이 탈락하는 음운 현상을 말한다. 자음이 탈락하는 경우는 비교적 명확하지만 모음이 탈락하는 경우는 축약과 혼동될 수 있으므로 주의해야 한다.

음운 변동		탈락한 음운
자음 탈락	불+나방 → [부나방]	/ ㄹ / 탈락
	울- + -시고 → [우시고]	/ ㄹ / 탈락
	놓- + -이다 → [노이다]	/ ㅎ / 탈락

	가- + -아서 → [가서]	/ ㅏ / 탈락
모음 탈락	배- + -어 → [배]	/ ㅓ / 탈락
	면하- + -지 → [면치]	/ ㅏ / 탈락
	멀- + -으면 → [멀면]	/ ㅡ / 탈락
	푸- + -어 → [퍼]	/ ㅜ / 탈락

⑷ 첨가와 된소리되기

국어에서 첨가가 일어나는 대표적인 현상은 사잇소리 현상이다. 사잇소리 현상은 된소리가 되거나 'ㄴ'이나 'ㄴㄴ'이 첨가되는 경우에 해당한다. 특히 사잇소리 현상은 발음이 어려워서 일어나는 현상이 아니기 때문에 수의적(임의적) 변동에 해당한다. 사잇소리 현상이 일어나는 조건은 첫째, 합성어이어야 하고, 둘째 앞말의 끝소리가 유성음이어야 한다. 셋째, 뒷말의 첫소리는 된소리가 되거나 'ㄴ' 또는 'ㄴㄴ'이 첨가되어야 하며, 넷째, 적어도 둘 중 하나는 고유어이어야 한다. 이 네 조건을 모두 만족해야 사잇소리 현상이라고 할 수 있다.

'국밥'의 경우를 살펴보면 합성어(첫째)이고, 뒷말의 첫소리가 된소리로 나며(셋째), '국'과 '밥' 모두 고유어(셋째)이지만 결국 앞말의 끝소리가 유성음이어야 한다는 둘째 조건을 만족시키지 못해 사잇소리로 볼 수 없고 된소리되기가 된다. 된소리되기는 교체 현상으로 볼 수 있으나 여기서는 사잇소리와 유사한 점이 많아 함께 묶어서 제시하기로 하였다. 반면 '산길'의 경우 합성어(첫째)이고, 앞말의 끝소리가 'ㄴ'(유성음)으로 끝나며(둘째), 두 말의 첫소리가 된소리로 발음되고(셋째), '山(산)'은 한자이지만 '길'은 고유어(넷째)이므로 모든 조건을 만족하고 있어 사잇소리 현상으로 볼 수 있다. '시냇물'의 경우 '시내 + 물'로 분석되는 합성어(첫째)이고, 앞말의 끝소리가 'ㅐ'로 모음(유성음)이며(둘째), 'ㄴ'이 첨가되어 발음되고(셋째), '시내'와 '물' 모두 고유어(넷째)이므로 사잇소리 현상의 조건을 만족한다. 다만, '시내'가 모음으로 끝났으므로 이 경우에는 사이시옷(ㅅ)을 모음 뒤에 첨가하여 표기한다.

사잇소리 현상이 일어나는 조건	
⑴ 합성어 [A + B]	한자어끼리 결합하였지만 사이시옷을 쓰는 예외 : 곳간(庫間) , 셋방(貰房), 숫자(數字), 찻간(車間), 툇간(退間), 횟수(回數)
⑵ 앞말(A)의 끝소리가 유성음[모음 포함]	
⑶ 뒷말의 첫소리가 바뀜 [된소리/ㄴ 첨가]	
⑷ 적어도 둘 중 하나 이상이 고유어	

예상문제

밑줄 친 부분과 같은 발음 현상이 생기지 않는 것은?

> 날씨가 추워지면 솜이불이 생각난다.

① 송별연

② 꽃잎

③ 한여름

④ 막일

⑤ 늑막염

해설

'ㄴ'의 첨가 현상으로 '솜이불'이 [솜니불]로 발음되는 현상이다. '송별연'은 'ㄴ'의 첨가 현상 없이 그대로 앞의 자음을 연음하여 [송:벼련]으로 발음한다.

② 꽃잎은 [꼳닙 → 꼰닙]으로 'ㄴ' 첨가 현상이 나타났다.

③ 한여름은 [한녀름]으로 'ㄴ' 첨가 현상이 나타났다.

④ 막일은 [막닐 → 망닐]로 'ㄴ' 첨가 현상이 나타났다.

⑤ 늑막염은 [능망념]으로 'ㄴ' 첨가 현상이 나타났다.

정답 ❶

③ 단어

1 형태소와 단어

형태소란 '뜻을 지닌 가장 작은 말의 단위'로 정의할 수 있으며 단어는 '자립할 수 있는 말이나 자립할 수 있는 형태소에 붙어서 쉽게 분리될 수 있는 말'로 정의할 수 있다. 이 두 요소는 우리말을 이해하는 데 가장 기초가 되는 개념이다. 특히 이들은 '품사'의 이해뿐만 아니라 음운의 변동 및 어문규정을 이해하는 기본 바탕이 되므로 특히 유념해야 한다.

(1) 형태소

앞에서 밝혔듯이 형태소란 뜻을 가진 가장 작은 말의 단위이다. 따라서 형태소인가 아닌가를 구분하는 것은 첫째 그것이 뜻을 지녔는지, 그렇지 않은지이다. 이때 '뜻'은 두 가지 의미를 지닌다. 우선 '책, 강, 먹-[食]' 등과 같이 실질적 의미를 지닌 것이 있고, '철수가'에서 '-가', '먹다'의 '-다와 같이 실질적 의미는 없지만 문법적 의미를 더해주는 것이 있다. 이처럼 실질적 의미를 지닌 형태소를 '실질 형태소라 하고 조사나 어미, 접사처럼 실질적인 의미는 없으나 문법적 의미를 더해주는 것을 '형식 형태소라고 한다. 따라서 형태소는 의미의 성격에 따라 '실질 형태소와 '형식 형태소로 나눌 수 있다.

한편, 형태소는 홀로 쓰일 수 있는 것과 그렇지 않은 것으로 나눌 수 있는데, '책, 강' 등과 같이 홀로 쓰일 수 있는 형태소를 '자립 형태소'라 하고 '먹-[食]', '가-', '-다'와 같이 홀로 쓰일 수 없는 형태소를 '의존(비자립) 형태소'라고 한다. 즉, 형태소는 그 자립성 유무에 따라 '자립 형태소'와 '의존(비자립) 형태소'로 나눌 수 있다.

➕ 더 알고가기　　'어간'의 형태소　　　　　　　　　　　　　　　　　　　　　　≡

어간은 용언에서 실질적인 의미를 지닌 부분으로 '먹다'의 '먹-', '곱다'의 '곱-' 등이 이에 해당한다. 이들은 용언에서 실질적인 의미를 나타내는 부분이므로 실질 형태소에 속한다. 그러나 어간 홀로 온전한 의미를 나타내기는 어렵고 항상 어미와 결합해야만 의미를 나타낼 수 있기 때문에 자립성을 인정하기는 어렵다. 따라서 의존 형태소로 분류하게 된다. 즉 어간은 의미 면에서는 실질 형태소이지만 자립성 면에서는 의존 형태소인 것이다. 이는 대부분의 의존 형태소(조사나 어미, 접사)가 일반적으로 형식 형태소인 점과 구별된다.

🔍 짚어보기　▶ 이형태(異形態)

하나의 형태소가 다른 형태소와 상보적 분포를 보이고, 의미가 기능 면에서 동일할 경우 이 두 형태소를 이형태라고 한다. 예를 들어 주격조사 '이/가'의 경우 자음 뒤라는 환경에서는 '바람이'와 같이 '-이'가 쓰이고 모음 뒤라는 환경에서는 '바다가'와 같이 '-가'가 쓰인다. 하지만 '-이/-가'는 의미나 기능 면에서 전혀 차이가 없으므로 음운적 환경에 따라 상보적인 분포를 보이는 것이다. 이런 경우를 이형태라 하고 특히 음운 환경에 따라 상보적 분포를 보이는 이형태를 음운론적 이형태라 한다. 한편 음운 환경이 아니라 앞의 형태소에 따라 상보적 분포를 보이는 경우도 있는데 '-았-/-었-'과 '-였-'이 이런 경우이다. '-았-/-었-'은 양성 모음과 음성 모음에 따른 이형태이므로 음운론적 이형태에 해당한다. 하지만 '-였-'은 이와 달리 '하-'라는 어간이 나올 때만 나타나는 이형태이다. 이처럼 결합하는 형태소에 따라 상보적 분포를 보이는 이형태를 형태론적 이형태라고 한다.

(2) 단어

단어는 자립할 수 있는 말이나 자립할 수 있는 형태소에 붙어서 쉽게 분리될 수 있는 말이다. 즉 단어의 첫째 기준이 '자립성'임을 알 수 있는데 우리가 '사람, 하늘, 땅' 등을 단어로 보는 것은 그것이 자립성을 지니고 있어서 단독으로 쓰여도 의미를 나타낼 수 있기 때문이다. 한편 단어는 더 이상 분석하면 그 의미를 잃어버리는 특성도 지니고 있다. 가령 '사과'라는 단어를 '사'와 '과'로 나눈다면 '사과'의 의미를 잃어버리게 되므로 '사과'가 하나의 단어가 되는 것이다. 또한 단어의 두 번째 특성은 '분리성'이다. 단어는 쉽게 다른 형태소와 분리될 수 있다는 특성이 있다. 특히 이 '분리성'은 '조사'를 염두에 둔 정의라고 볼 수 있는데 '조사'는 그 자체로 자립성이 있다고 볼 수는 없지만 늘 체언에 붙어서 체언과 쉽게 분리되므로 '분리성' 면에서 단어로 인정될 수 있는 것이다.

예상문제

다음 문장에서 형태소는 모두 몇 개인가?

> 빵을 사러 갔다.

① 3개   ② 4개   ③ 5개

④ 6개   ⑤ 7개

● 해설

빵 + 을 + 사- + -러 + 가- + -았- + -다 → (7개)

정답 ⑤

2 품사

품사란 단어를 일정한 기준에 따라 분류한 것을 말한다. 품사의 분류 기준은 '형태, 기능, 의미'의 세 가지이다. 따라서 품사를 분류할 경우 이와 같은 기준을 고려하여 분류하되 일반적으로 '형태 > 기능 > 의미'의 순으로 고려하여 분류가 이루어진다.

품사는 우선 형태에 따라 형태 변화를 하는 단어와 형태 변화를 하지 않는 단어로 분류되는데 형태 변화를 하는 단어를 '가변어'라 하고 이에는 용언과 조사의 일부가 포함된다. 한편 형태 변화를 하지 않는 단어는 '불변어'라 하는데 이에는 용언과 조사의 일부를 제외한 단어들이 포함된다. 불변어는 다시 그 기능과 의미를 고려하여 체언, 수식언, 관계언, 독립언으로 분류되고 이들은 다시 그 기능과 의미에 따라 분류된다.

[우리말의 품사 분류]

구분		기능과 의미에 따른 분류
불변어	체언	명사
		대명사
		수사
	수식언	관형사
		부사
	독립언	감탄사
	관계언	조사
		서술격 조사(-이다)
가변어	용언	동사
		형용사

(1) 체언

① **명사** : 명사는 사람이나 사물의 이름을 가리키는 말로 가리키는 범위에 따라 특정한 대상을 지칭하기 위한 고유명사와 특정한 속성을 공유하는 대상들에 두루 쓰이는 보통명사가 있다. 또한 자립성 여부에 따라 홀로 자립해 쓰일 수 있는 자립명사와 반드시 앞의 관형어의 수식을 받아야만 하는 의존명사로 분류할 수 있다. 특히 의존명사는 그 기능과 성격에 따라 다시 세분될 수 있다.

[명사의 종류]

- 지칭하는 범위에 따라 : 고유명사, 보통명사
- 자립성 유무에 따라 : 자립명사, 의존명사

Q 짚어보기 ▶ 의존명사의 분류

• **보편성 의존명사** : 다양한 문장성분으로 쓰일 수 있는 의존명사

  ⑩ 아는 것이 힘이다. (주어)

    원하는 것이 바로 이것이다. (서술어)

    아는 것을 말해라. (목적어)

• **서술성 의존명사** : 주로 서술어로 쓰이는 의존명사

  ⑩ 그 일은 그가 할 따름이다.

• **목적성 의존명사** : 주로 목적어로 쓰이는 의존명사

  ⑩ 그는 그것을 처리할 줄을 모른다.

• **부사성 의존명사** : 주로 부사어로 쓰이는 의존명사

  ⑩ 실내에는 모자를 쓴 채로 들어오면 안 된다.

• **단위성 의존 명사** : 수량의 의미를 가진 의존명사

  ⑩ 연필 열 자루, 나무 세 그루

② **대명사** : 대명사는 대상을 대신하여 가리키는 말이다. 대명사는 사물 혹은 장소, 시간을 대신하는 지시대명사와 사람을 대신하는 인칭 대명사로 나눌 수 있다. 지시 대명사의 경우 '이것, 그것, 저것' 등과 같이 사물을 대신하는 대명사와 '여기, 거기, 저기'와 같이 장소를 대신하는 대명사, '어느 때, 언제' 등과 같이 시간을 나타내는 대명사로 나눌 수 있다. 한편 사람을 대신하는 인칭 대명사는 대신하는 대상에 따라 1인칭, 2인칭, 3인칭, 미지칭, 부정칭, 재귀칭으로 나눌 수 있다.

[지시 대명사의 분류]

대명사의 종류	용례
사물 대명사	이것, 그것, 저것, 무엇, 아무것
공간 대명사	여기, 거기, 저기, 이곳, 그곳, 저곳, 어디
시간 대명사	언제

[인칭 대명사의 분류]

인칭 대명사	높임 정도	용례
1인칭 대명사	평칭	나, 본인(本人), 우리(복수)
	낮춤	저, 저희, 소인(小人), 과인(寡人), 저희
2인칭 대명사	평칭	너, 그대, 너희, 당신, 자네
	존대	여러분, 댁(宅), 귀하(貴下), 선생, 어른, 어르신, 선생님
	낮춤	이자, 그자, 저자, 이 애, 그 애, 저 애
3인칭 대명사	평대칭	그, 저, 이들, 그들, 저들, 자기, 자신, 저, 제, 저희
	존칭	이이, 그이, 저이, 이분, 그분, 저분
미지칭 대명사	평칭	누구
부정칭 대명사	평칭	아무
재귀 대명사	존칭	당신

지시대명사는 화자와 청자, 대상과의 물리적 거리나 심리적 거리에 따라 구별하여 사용하는데 내용을 정리해 보면 다음과 같다.

화자와 청자와의 거리	대명사의 종류
대상이 화자와 가까울 때	이것
대상이 청자와 가까울 때	그것
대상이 화자와 청자 모두와 거리가 멀 때	저

③ **수사** : 수사는 사물의 수량이나 순서를 가리키는 말로 사물의 수량을 나타내는 양수사와 사물의 순서를 나타내는 서수사로 나눌 수 있다. 수사는 체언이므로 조사가 붙을 수 있다.

- **양수사** : 하나, 둘, 셋, 넷 등
- **서수사** : 첫째, 둘째, 제일, 제이 등

(2) 관계언(조사)

조사는 체언 뒤에 붙어서 문법적 관계를 나타내거나 특별한 의미를 더하는 말이다. 조사는 기능과 의미에 따라 격조사와 보조사, 접속조사로 나눌 수 있다. 격조사의 경우 앞의 체언을 어떤 문장성분으로 만드는가에 따라 주격 조사, 목적격 조사, 부사격 조사, 관형격 조사, 보격 조사, 서술격 조사, 호격조사로 나눌 수 있으며 보조사는 그 의미와 기능에 따라 다양한 보조사로 나눌 수 있다.

① **격조사** : 앞에 오는 체언이 문장 안에서 일정한 자격을 갖도록 하는 조사이다.

[격조사의 분류]

구분	용례
주격 조사	이/가, 께서(높임), 에서(단체)
목적격 조사	을/를
보격 조사	이/가
서술격 조사	이다
관형격 조사	의
부사격 조사	에, 에서, 에게, (으)로
호격 조사	야, 아, 이여

+ 더 알고가기   서술격 조사 '-이다'   ≡

조사는 원래 불변어이다. 따라서 형태 변화를 하지 않는다. 하지만 서술격 조사의 '-이다'의 경우 체언과 결합할 때 용언의 어미처럼 다양한 형태로 변화한다. 즉 '이것은 책이다.', '이것은 책이니', '이것은 책이고' 등과 같이 활용을 하는 것이다. 이러한 점에서 조사 '-이다'를 조사로 보지 않는 견해도 있지만 일반적으로 '-이다'는 체언과 결합하며 분리성이 인정되므로 조사로 보고 있다. 하지만 '-이다'가 활용을 하는 서술격 조사인 반면 그와 반대되는 어휘인 '아니다'는 형용사로 처리하므로 유의해야 한다.

② **보조사** : 선행하는 체언에 특별한 의미를 더하여 주는 조사를 보조사라 한다.

[보조사의 의미 차이]

구분	용례
마저	이미 어떤 것이 포함되고 그 위에 더함의 뜻을 나타내는 보조사. 하나 남은 마지막임을 뜻한다. 예 너마저 나를 떠나는 구나/노인과 아이들마저 전쟁에 동원되고 있다.
까지	이미 어떤 것이 포함되고 그 위에 더함의 뜻을 나타내는 보조사. 그것이 극단적인 경우임을 나타낸다. 예 너까지 나를 못 믿겠니?/이 작은 시골에서 장관까지 나오다니.
조차	이미 어떤 것이 포함되고 그 위에 더함의 뜻을 나타내는 보조사. 일반적으로 예상하기 어려운 극단의 경우까지 양보하여 포함함을 나타낸다. 예 너조차 가지 않겠다는 것이냐?/그렇게 공부만 하던 철수조차 시험에 떨어졌다.
도	이미 어떤 것이 포함되고 그 위에 더함의 뜻을 나타내는 보조사. 극단적인 경우까지 양보하여, 다른 경우에는 더 말할 것도 없이 그러하다는 뜻을 나타낸다. 예 시간이 없어 세수도 못 하고 왔다/나도 이제는 늙었나 보다.

③ **접속조사** : 단어와 단어를 이어주는 기능을 하는 조사로 문어에서 주로 쓰이는 '와/과', 구어에서 주로 쓰이는 '랑, 하고'가 있다.

(3) 용언

① **동사** : 용언에 속하며 주체의 동작이나 행위의 과정을 나타내는 말을 동사라 한다. 동사는 동작이나 행위가 주체에만 관련되는 자동사와 동작이나 행위가 주체 이외의 다른 대상 즉, 객체(목적어)에 미치는 타동사로 나눌 수 있다. 이때 타동사는 반드시 목적어가 필요하다.

+ 더 알고가기   자동사와 타동사의 구분   ≡

• **자동사** : 그 움직임이 주체인 주어에만 미친다.
  예 영희는 놀이공원에 갔다. (자동사)
• **타동사** : 그 움직임이 주어 이외에 목적어에게까지 미친다.
  예 영희는 모기를 잡는다. (타동사)

② **형용사** : 용언에 속하며 주체의 성질이나 상태를 나타내는 말을 형용사라 한다. 형용사는 그 의

미와 기능에 따라 '예쁘다', '아름답다'와 같이 주체의 성질이나 상태를 나타내는 성상 형용사와 '이렇다', '저렇다'와 같이 지시성을 갖는 지시 형용사로 나눌 수 있다. 지시 형용사는 순서상 성상 형용사의 앞에 오는 특징이 있다.

＋ 더 알고가기   보조용언   ≡

보조용언이란 다른 용언 뒤에 붙어서 의미를 더하여 주는 말이다. 이와 구별하여 보조 용언 앞에서 주된 의미를 나타내는 용언을 본용언이라 하여 구별한다. 본용언은 보통 '-아/-어, -게, -지, -고'와 같은 연결어미와 결합한 뒤 보조용언과 결합하게 된다.

Q 짚어보기 ▶ 동사와 형용사의 구분

- 현재 시제 선어말 어미 '-는-/-ㄴ-'과 결합이 가능하면 동사이고, 불가능하면 형용사이다.
- 관형사형 어미 '-는'과 결합이 가능하면 동사이고, 불가능하면 형용사이다.
- 의도를 나타내는 어미 '-려', '-러'와 결합이 가능하면 동사이고, 불가능하면 형용사이다.
- 명령형 어미 '-(어)라', 청유형 어미 '-자'와 결합이 가능하면 동사이고, 불가능하면 형용사이다.

(4) 수식언

① 관형사 : 관형사란 주로 체언 앞에서 체언을 수식하는 말로 조사와 결합이 불가능하다. 관형사는 그 의미와 기능에 따라 성질이나 상태를 수식하는 성상 관형사와 어떤 대상을 가리키는 지시 관형사, 대상의 수량을 나타내는 수 관형사로 나누어진다.

[관형사의 분류]

구분	용례
성상 관형사	온갖, 새, 헌, 헛, 겨우, 진짜, 단지 등
지시 관형사	이, 그, 저, 이런, 그런, 저런, 다른, 무슨, 아무 등
수 관형사	한, 두, 세, 네, 첫, 둘째, 셋째, 제일, 제이, 몇몇, 여러 등

＋ 더 알고가기   '다른'의 품사   ≡

'다른'은 그 의미에 따라 관형사로 쓰이기도 하고 형용사로 쓰이기도 한다. 즉, '다른'이 '다르다[異]'의 뜻으로 쓰이면 형용사이고 '또 하나의'의 뜻으로 쓰이면 관형사이다.

 호랑이와 사자는 다르다. (형용사)

 다른 것 하나 보여주세요. (관형사)

Q 짚어보기 ▶ 관형사의 순서

여러 관형사가 겹쳐서 나타나는 경우에는 지시 관형사, 수 관형사, 성상 관형사의 순으로 배열한다.

㉠ 이 모든 새 집
　 지시 수 성상

　② **부사** : 용언이나 관형사를 꾸미거나 문장 전체를 꾸미는 말을 부사라고 한다. 부사는 조사와 결합할 수 없으며 문장에서의 역할에 따라 성분 부사와 문장 부사로 나눌 수 있다. 문장에서 특정 성분을 수식하는 성분 부사는 다시 성상 부사와 지시 부사, 부정문에 쓰이는 부정 부사, 음성상징어와 같은 의성 부사, 의태 부사로 나눌 수 있다.

[부사의 분류]

문장에서의 역할	의미		용례
성분 부사	성상 부사		잘, 바로, 겨우, 아주, 너무, 다, 참, 너무, 특히 등
	지시 부사	공간	이리, 그리, 저리, 이리저리, 요리조리, 어디, 여기저기 등
		시간	장차, 언제, 아까, 곧, 이미, 바야흐로, 문득, 매일 등
	부정 부사		못, 안(아니)
	의성 부사		쿵쿵, 철썩, 데굴데굴, 깡충깡충 등
	의태 부사		죽죽, 훨훨, 사뿐사뿐, 성큼성큼 등
문장 부사	양태 부사		과연, 미상불, 어찌, 도리어, 게다가, 확실히, 의외로 등
	접속 부사		그러나, 그러니까, 하지만, 곧, 즉, 또한 등

✚ 더알고가기 　**품사의 통용**　　　　　　　　　　　　　　　　　　☰

일부 품사는 하나의 품사로만 쓰이는 것이 아니라 문장 내에서의 기능과 의미에 따라 다양한 품사로 바뀌어 쓰이기도 한다. 이를 품사의 통용이라 한다.

㉠ • 이는 마땅히 우리가 해야 할 일입니다. (대명사)/이 새는 날지 못한다. (관형사)
　• 이번에 참가한 인원은 다섯이다. (수사)/먼저 다섯 명을 선발하였다. (관형사)
　• 여기가 어딘지 모르겠다. (대명사)/그것은 여기에 놓아라. (부사)
　• 네가 먹을 만큼 먹어라. (의존명사)/나도 너만큼 할 수 있다. (조사)

Q 짚어보기 ▶ 부사가 체언을 수식하는 경우

부사는 용언을 수식하는 것이 원칙이다. 그러나 경우에 따라 부사가 체언을 수식하는 경우도 있다. 가령, '우리집은 학교 바로 옆이다.'에서 '바로'는 의미상 '옆'이라는 체언(명사)를 수식하고 있다. 이 경우 '바로'는 부사이지만 체언을 수식하는 것이다.

밑줄 친 단어와 같은 품사인 것은?

> 이번에는 <u>가급적</u> 빠른 시일 안에 일을 끝내도록 해라.

① 서해의 장엄한 낙조의 감동은 동해 일출의 감동에 못지않다.

② 요즘의 청소년들은 <u>헌</u> 옷을 거의 입지 않는다.

③ 시간이 급하니 <u>어서</u> 다녀오너라.

④ <u>춤</u>을 추는 것은 정신 건강에 매우 좋다.

⑤ 동박새가 <u>아름다운</u> 목소리로 노래하고 있다.

● 해설

'가급적'은 형용사 '빠른'을 수식하는 부사이다. '시간이 급하니 어서 다녀오너라.'에서 '어서' 역시 '다녀오너라'라는 용언을 앞에서 꾸며주고 있으므로 부사이다.

① '장엄한'은 '낙조'를 꾸며주는 형용사이다.

② '헌'은 '옷'을 꾸며주는 관형사이다.

④ '춤'은 명사이다.

⑤ '아름다운'은 '목소리'를 꾸며주는 형용사이다.

정답 ❸

(5) 독립언(감탄사)

감탄사는 독립성이 있으므로 독립언이라고도 하며 화자의 부름이나 대답, 느낌, 놀람 등을 나타내는 데 쓰이는 말이다. 감탄사는 다른 품사에 비해 위치가 비교적 자유롭다는 특성이 있다.

❸ 용언의 활용

용언은 활용을 하는 말로 동사나 형용사가 이에 해당한다. '활용'이란 어간과 어미가 결합할 때 어미가 교체되는 현상을 말한다. 용언의 활용은 활용 시 용언의 어간이나 어미의 형태가 유지되거나 음운 규칙으로 설명할 수 있는 규칙용언과 용언이나 어미의 형태가 유지되지 않고 그러한 형태 변화를 음운 규칙으로 설명할 수 없는 불규칙 용언으로 나눌 수 있다. 예를 들어 '묻다[埋]'의 경우 '묻고, 묻으니, 묻어서, 묻으면, 묻어라' 등과 같이 활용 시 어간이나 어미의 형태 변화가 일어나지 않는다. '먹다' 역시 '먹고, 먹지, 먹자, 먹으면'처럼 활용하며 '먹으면'의 경우 '으'를 매개모음으로 볼 수 있다. 또한 '벌다'의 경우 '벌고, 벌어서, 벌면, 버니'와 같이 활용하며 '버니'의 경우 'ㄴ' 앞에서 'ㄹ'이 탈락하는 것은 보편적인 음운 규칙에 해당한다. 이와 같이 활용하는 경우를 규칙 활용이라고 한다. 반면, '묻다[問]'의 경우 '묻고, 묻지, 물으면, 물어서'와 같이 활용하면서 어간 '묻-'이 '물-'로 형태가 변화하는데 '묻다[埋]'와 비교할 때 '묻–'이 '물–'로 변화하는 현상을 음운 규칙으로 설명할 수가 없다. 이러한 활용을 불규칙 활용이라고 한다.

(1) 불규칙 활용의 종류

① 어간이 바뀌는 경우

갈래	내용(조건)	용례	규칙활용 예
'ㅅ' 불규칙	'ㅅ'이 모음 어미 앞에서 탈락 함.	• 잇 + 어 → 이어 • 짓 + 어 → 지어	벗어, 씻어 …
'ㄷ' 불규칙	'ㄷ'이 모음 어미 앞에서 'ㄹ'로 변함.	• 듣 + 어 → 들어 • 걷(步) + 어 → 걸어	묻어(埋), 얻어 …
'ㅂ' 불규칙	'ㅂ'이 모음 어미 앞에서 '오/우'로 변함.	• 눕 + 어 → 누워 • 줍 + 어 → 주워 • 돕 + 아 → 도와	잡아, 뽑아 …
'ㄹ' 불규칙	'ㄹ'가 모음 어미 앞에서 'ㄹㄹ' 형태로 변함.	• 흐르 + 어 → 흘러 • 이르 + 어 → 일러(謂,早) • 빠르 + 아 → 빨라	따라, 치러 …
'우' 불규칙	'우'가 모음 어미 앞에서 탈락함.	퍼(푸 + 어)	주어, 누어 …

② 어미가 바뀌는 경우

갈래	내용(조건)	용례	규칙활용 예
'여' 불규칙	'하–'뒤에 오는 어미 '–아/–어'가 '–여'로 변함.	• 공부하 + 어 → 공부하여 • '하다'와 '–하다'가 붙는 모든 용언	파 + 아 → 파 …
'러' 불규칙	어간이 '르'로 끝나는 일부 용언에서 어미 '–어'가 '–러'로 변함.	• 이르(至) + 어 → 이르러 • 누르(黃) + 어 → 누르러 • 푸르 + 어 → 푸르러	치르 + 어 → 치러 …
'너라' 불규칙	명령형 어미인 '–거라'가 '–너라'로 변함.	오 + 거라 → 오너라	가거라, 있거라 …
'오' 불규칙	'달–/다–'의 명령형 어미가 '–오'로 변함.	다 + 아 → 다오	주어라 …

③ 어간과 어미가 바뀌는 경우

갈래	내용(조건)	용례	규칙활용 예
'ㅎ' 불규칙	'ㅎ'으로 끝나는 어간에 '–아/–어'가 오면 어간의 일부인 'ㅎ'이 없어지고 어미도 변함.	• 하양 + 아서 → 하얘서 • 파랗 + 아 → 파래	좋 + 아서 → 좋아서 …

＋ 더 알고가기　어미의 종류　☰

㉠ **어말어미** : 단어의 끝에 위치하여 문법적 성격을 나타내는 어미이다.

- **종결어미** : 평서형(-다), 의문형(-(느)냐), 감탄형(-구나), 명령형(-(어)라), 청유형(-자)
- **연결어미** : 대등적 연결어미(-고, -며), 종속적 연결어미(-니, -어서, -게), 보조적 연결어미(-아/어, -게, -지, -고)
- **전성어미** : 명사형 전성어미(-(으)ㅁ, 기), 관형사형 전성어미(-(으)ㄴ, -는, -(으)ㄹ, -던), 부사형 전성어미(-이, -게, -도록, -(아)서)

㉡ **선어말어미** : 어간과 어말어미 사이에 놓여 문법적 성격을 나타내는 어미이다.

- **주체높임 선어말어미** : -시-
- **시제 선어말어미** : -는-(현재), -았/었-(과거), -겠-(미래,의지)
- **공손 선어말어미** : -(사)옵-
- **기타 선어말어미** : -리-(의지), -더-(회상)

❹ 단어의 형성

단어는 크게 하나의 어근으로 이루어진 단일어와 두 개 이상의 어근이 결합하여 이루어지는 복합어로 나누어진다. 복합어는 다시 그 형성 방법에 따라 합성어와 파생어로 나누어지는데 합성어는 어근과 어근이 결합하여 형성된 단어이며, 파생어는 어근과 접사가 결합하여 형성된 단어이다.

(1) 합성어

합성어는 접사의 개입 없이 어근과 어근의 결합으로 이루어진 말이다. 합성어의 경우 어근과 어근의 결합방식에 따라 통사적 합성어와 비통사적 합성어로 나누어지고, 어근과 어근이 결합할 때 의미 관계에 따라 대등합성어, 종속합성어, 융합합성어로 나누어진다.

① 합성어의 결합 내용에 따른 분류

갈래	구분	예
합성명사	명사 + 명사	앞뒤, 돌다리, 춘추
	관형사 + 명사	첫눈, 헌옷
	용언의 관형사형 + 명사	작은형, 큰물
	용언의 명사형 + 명사	디딤돌, 가림막
합성대명사	관형사 + 명사	이것, 여러분
합성수사	수사 + 수사	열일곱, 네다섯
	수사 반복	하나하나
합성동사	동사 + 동사	억누르다, 오르내리다
	형용사 + 동사	미워하다, 기뻐하다, 좋아하다
	명사 + 동사(구성 방법에 있어 차이)	힘들다, 잠자다
	부사 + 동사	잘되다, 못되다

갈래	구분	예
합성형용사	형용사 + 형용사	머나멀다, 좁디좁다
	동사 + 동사	깎아지르다
	명사 + 형용사	맛있다, 멋없다
	명사 + 동사	힘없다, 값없다
	부사 + 형용사	다시없다
	부사 + 동사	못나다
	관형사형 + 명사 + 형용사	보잘것없다
합성관형사	관형사 + 관형사	한두, 두세
	관형사 + 명사	온갖
	수사 + 동사	여남은
	형용사 + 형용사	기나긴, 굵디굵은
	부사 + 동사	몹쓸
합성부사	부사 + 부사	곧잘, 또다시
	명사 + 부사	하루빨리, 철없이
	대명사 + 부사	제각각
	관형사 + 명사	한바탕, 어느덧, 어느새
	명사 + 명사	밤낮, 조만간
	동사 + 명사	이른바
	부사 + 동사	가끔가다
	동사 + 동사	오락가락, 오르락내리락
	동사의 명사형 + 동사의 명사형	더듬더듬
	형용사 + 형용사	느릿느릿, 둥글둥글
	부사 반복	아슬아슬, 번쩍번쩍
합성감탄사	감탄사 + 감탄사	얼씨구절씨구
	감탄사 + 명사	아이참
	관형사 + 명사	웬걸
	동사 + 동사	자장자장
	대명사 + 동사	여보

② 합성어의 결합 방식에 따른 분류

ㅤㅤ㉠ **통사적 합성어** : 통사적 합성어에서 '통사적'이란 국어의 일반적인 문장이나 구, 절 등의 구성 방식과 일치함을 의미한다. 예를 들어 명사와 명사가 결합한 합성어의 경우 명사와 명사가 연결되는 '철수와 영희'에서 보듯 국어의 정상적인 단어 형성 방법과 일치하므로 통사적 합성어로 볼 수 있다.

ㅤㅤ㉡ **비통사적 합성어** : 비통사적 합성어에서 '비통사적'이란 국어의 일반적인 문장이나 구, 절 등의 구성 방식과 일치하지 않음을 의미한다. 예를 들어 '늦더위'와 같은 경우 '늦-'은 형용사의 어간이고, '더위'는 명사인데 우리말에서 용언의 어간은 반드시 어미와 결합하는 것이 정상적인 어순이므로 어간과 명사가 결합한 '늦더위'는 비통사적 합성어에 해당한다.

두 개의 단어가 결합하여 형성되었다는 점에서 합성어와 구는 변별하기 어려운 경우가 있다. 이를 구별하기 위해서는 합성어와 구의 특성에 대해 알아두어야 한다. 우선 합성어의 경우 두 어근 사이에 다른 성분이 들어갈 수 없으며, 합성어는 하나의 단어이므로 붙여 써야 하고, 두 단어가 합쳐져 특수한 의미가 형성된다는 특징이 있다. 반면 구의 경우 두 단어 사이에 다른 성분이 개입할 수 있으며, 두 단어이므로 띄어 써야 하고 두 단어가 자신의 의미를 유지하게 된다는 특징이 있다.

예) 작은집(아버지의 동생의 집), 작은 집(크기가 작은 집)
　　　합성어　　　　　　　　　구

(2) 파생어

파생어는 실질 형태소에 접사가 결합하여 하나의 단어가 된 말이다.

① 접두사에 의한 단어의 파생 : 명사, 동사, 형용사에 접두사가 붙어 어근의 뜻을 한정한다.

　ㄱ 명사에 붙는 접두사 : 군소리, 풋과일, 맨발, 대낮…

　ㄴ 동사에 붙는 접두사 : 되묻다, 휘날리다, 설익다…

　ㄷ 형용사에 붙는 접두사 : 새빨갛다, 드높다, 시퍼렇다, 싯누렇다…

② 접미사에 의한 단어의 파생 : 접미사에 의한 단어의 파생은 어휘적 파생법과 통사적 파생법으로 나눌 수 있다.

　ㄱ 어휘적 파생법 : 새로운 의미만 첨가시킨다.

　　예) 사냥꾼, 잠꾸러기, 잎사귀, 마음씨…

　ㄴ 통사적 파생법 : 문법적 성질(품사 등)을 바꾸어 준다.

　　예) 넓이, 놓치다, 덮개, 다행히…

예상문제

다음 중 단어의 형성 방법이 다른 하나는?

① 맨손　　　　　　　　② 손발
③ 부채질　　　　　　　④ 한여름
⑤ 울보

해설

손발은 명사인 '손'과 명사인 '발'의 합성어이다.
① 맨손은 접두사 '맨–'과 명사 '손'이 붙어 만들어진 파생어이다.
③ 부채질은 명사 '부채'와 접미사 '–질'이 붙어 만들어진 파생어이다.
④ 한여름은 접두사 '한–'과 명사 '여름'이 붙어 만들어진 파생어이다.
⑤ 울보는 접미사 '–보'가 결합하여 만들어진 파생어이다.

정답 ❷

(4) 문장

1 문장과 문장성분

생각이나 감정이 완결된 내용으로 표현된 최소의 언어 형식을 '문장'이라 하고 문장을 구성하는 요소들을 '문장성분'이라 한다.

(1) 주성분과 부속성분

문장성분 가운데 일반적인 문장에서 꼭 필요로 하는 문장성분을 주성분이라 하고 생략해도 되는 문장성분을 부속성분이라고 한다. 주성분에는 '주어', '서술어', '목적어', '서술어가 있고 부속성분에는 '부사어, 관형어가 있으며, 독립성분으로는 '독립어가 있다.

① 주어 : 주어는 '나는 웃는다.'라는 문장에서 '나는'과 같이 '누가', '무엇이'에 해당하는 성분으로 특정 행위나 성질의 주체가 되는 문장성분이다. 일반적으로 문장에서 필수적으로 요구되는 주성분이지만 문장에서 생략되는 경우도 있다. 특히 구어에서는 자주 생략된다.

② 목적어 : 목적어는 '나는 밥을 먹는다.'라는 문장에서 '밥을'과 같이 '누구를', '무엇을'에 해당하는 성분으로 특정 행위나 성질의 객체가 되는 문장성분이다. 일반적으로 문장에서 필수적으로 요구되는 주성분이며 청자와 화자가 충분히 인지하고 있거나 문맥상 충분히 추리가 가능할 경우 생략될 수도 있다.

③ 서술어 : 서술어는 '나는 노래한다.'라는 문장에서 '노래한다'와 같이 '어찌하다', '어떠하다'에 해당하는 성분으로 주체의 행위나 성질 등을 설명하는 문장성분이다. 일반적으로 문장에서 필수적으로 요구되는 주성분이며 청자와 화자가 충분히 인지하고 있거나 문맥상 충분히 추리가 가능할 경우 생략될 수도 있다.

④ 보어 : 보어는 '얼음이 물이 되다.'라는 문장에서처럼 '되다', '아니다' 앞에 오는 문장성분으로 '되다', '아니다'의 내용을 보충하는 기능을 한다. 보어 역시 문장에서 필수적으로 요구되는 주성분이며 문장에서 좀처럼 생략하기 어렵다.

⑤ 부사어 : 부사어는 '나는 바쁘게 걸었다.'라는 문장에서 '바쁘게'와 같이 문장에서 주로 서술어를 수식하는 성분으로 문장에서 필수적으로 요구되는 것은 아니므로 부속성분에 해당한다.

⑥ 관형어 : 관형어는 '나는 큰 집을 지었다.'라는 문장에서 '큰'과 같이 문장에서 주어나 목적어를 수식하는 성분으로 부사어와 같이 문장에서 필수적으로 요구되는 것은 아니므로 부속성분에 해당한다.

⑦ 독립어 : 독립어란 '흥, 이럴 수가'에서 '흥'과 같이 다른 문장성분과 직접적인 관계없이 사용되는 문장성분으로 독립성분에 해당한다.

➕ **더 알고가기** 　品사와 문장성분 ☰

품사와 문장성분에 대해 혼동하는 경우가 종종 있다. 우선 품사는 단어의 형태와 기능, 의미에 따라 결정된 단어 분류의 형태이다. 그러므로 한 단어의 품사는 대체로 단어의 탄생과 함께 정해진 것으로 볼 수 있다. 그러나 특정 품사에 속하는 단어라 하더라도 문장에서 하는 역할 또는 기능에 따라 문장성분은 변화할 수 있다. 이 점을 고려하여야 품사와 문장성분의 혼동을 피할 수 있다.

㉠ • 나는 예쁜 꽃을 보았다. [형용사/관형어]

　• 철수의 누나가 예쁘게 웃었다. [형용사/부사어]

　• 그 여배우는 예쁘다. [형용사/서술어]

(2) 서술어의 자릿수

'서술어의 자릿수'란 서술어가 문장에서 필수적으로 요구하는 문장성분의 수를 말한다. 예를 들어 '놀다'의 경우 '철수가 논다.'와 같이 필수적으로 요구되는 문장성분은 '철수가'(주어) 뿐이다. 따라서 이런 경우 한자리 서술어가 된다. 반면 '철수가 밥을 먹는다.'에서 '먹는다'는 주어인 '철수가', 목적어인 '밥을'과 같이 두 개의 문장성분을 필수적으로 요구하므로 두 자리 서술어가 된다. 한편 '그가 나에게 선물을 주었다.'에서 '주었다'는 주어인 '그가', 목적어인 '선물을' 외에 부사어인 '나에게'도 필수적으로 요구한다. 이렇게 '주었다'는 세 개의 문장성분을 필수적으로 요구하고 있으므로 세 자리 서술어가 된다. 특히 '나에게'처럼 부속성분인 부사어이지만 문장에서 필수적으로 요구되는 부사어를 필수부사어라 하고 서술어의 자릿수에 포함시킨다.

① 한 자리 서술어 : 철수가 간다/영희가 온다/개가 짖는다.

② 두 자리 서술어 : 철수가 국을 마신다/영희가 그림을 그린다/은희가 노래를 부른다.

③ 세 자리 서술어 : 민호가 나에게 선물을 주었다/주희가 철수를 친구로 여겼다.

➕ **더 알고가기** 　자릿수의 변동 ☰

동일한 서술어라 하더라도 문맥에 따라 서술어의 자릿수가 변동되기도 하다. 예를 들어 '논다'의 경우 '철수가 신나게 논다.'의 경우 부사어인 '신나게'를 제외하면 주어인 '철수가'를 필수적으로 요구하는 한 자리 서술어이다. 그러나 '철수가 윷을 논다.'에서의 '논다'는 주어인 '철수가' 이외에 '윷을'이라는 목적어를 필수적으로 요구하는 두 자리 서술어이다. 이처럼 서술어의 자릿수는 문맥에 따라 바뀔 수 있으므로 유의해야 한다.

⬤ **예상문제** ⬤

다음 문장에서 서술어의 자릿수는?

> 할아버지께서 설에 동생에게 인형을 주셨다.

① 한 자리   ② 두 자리

③ 세 자리   ④ 네 자리

⑤ 다섯 자리

● 해설

서술어의 자릿수는 문장이 기본 구조를 이루기 위해서 요구하는 필요 성분의 개수를 말한다. 제시문의 '주다'는 서술어가 주어, 목적어, 부사어 세 가지를 필요로 하므로 세 자리 서술어이다.

정답 ❸

---

❷ 문장의 짜임

문장은 하나의 문장으로 이루어진 홑문장과 두 개 이상의 문장으로 이루어진 겹문장으로 나눌 수 있다. 즉 홑문장은 주어와 서술어의 관계가 문장 내에서 한 번만 맺어지고 겹문장은 주어와 서술어의 관계가 문장 내에서 두 번 이상 맺어지는 것을 말한다. 예를 들어 '새가 높이 난다.'의 경우 문장에서 주어와 서술어가 한 번씩 나타나므로 홑문장이다. 한편 '철수가 노래하고 영희는 춤을 춘다.'라는 문장에서는 주어와 서술어의 관계가 두 번 맺어지고 있다. 즉 '철수가'(주어)와 '노래하다'(서술어), '영희는'(주어)과 춤을 '춘다'(서술어)의 관계가 이루어진 것이다. 이를 정리해 보면 아래와 같다.

철수가 노래한다. → 홑문장
 (주어)   (서술어)

철수는 노래하고 영희는 춤을 춘다. → 겹문장
(주어) (서술어) (주어)   (서술어)

이처럼 겹문장에서 결합된 문장들을 절이라 한다. 즉, 위의 겹문장은 '철수는 노래하다.'와 '영희는 춤을 춘다.'라는 두 개의 절로 이루어진 문장인 것이다. 한편, 겹문장은 다시 결합관계에 따라 이어진 문장과 안은 문장으로 나누어진다.

(1) 이어진 문장

이어진 문장은 연속된 두 절이 서로 독립적이거나 종속적인 관계로 결합된 문장이다. 따라서 두 절이 서로 독립적인 관계로 맺어진 문장을 대등하게 이어진 문장이라고 하고, 두 절이 밀접한 관계 즉 종속적인 관계로 맺어진 문장을 종속적으로 이어진 문장이라고 한다.

대등하게 이어진 문장은 '-고, -며, -요' 등과 같은 연결어미로 연결되며 앞의 절과 뒤의 절이 서로 독립적인 성격이 강하다. 예를 들어 '철수는 빵을 먹고, 영희는 물을 마신다.'라는 문장의 경우 '철수가 빵을 먹는다.'와 '영희는 물을 마신다.'라는 두 문장은 서로 독립적이며 철수가 빵을 먹지 않는다고 해서 영희가 물을 마시지 않거나 철수가 빵을 먹기 때문에 영희가 물을 마시는 것은 아니다. 이

와 같이 독립적으로 이어진 문장을 대등하게 이어진 문장이라고 한다.

반면, 종속적으로 이어진 문장은 두 절의 관계가 인과 관계나 조건 등의 관계로 긴밀히 연결되는 경우인데 예를 들어 '철수가 아파서 어머니께서 걱정하신다.'의 경우 '철수가 아프다.'와 '어머니께서 걱정하신다.'가 인과 관계로 결합되어 있다. 즉 철수가 아픈 것이 어머니께서 걱정하시는 것의 원인인 것이다. 이와 같이 결합된 두 문장이 종속적인 관계로 결합된 경우를 종속적으로 이어진 문장이라고 한다.

㉠ 대등하게 이어진 문장

- 정수는 학교에 가고, 인화는 유치원에 간다. (나열)
- 하늘도 맑고, 구름도 없다. (나열)
- 식물원에 가든지 놀이동산에 가든지 어서 결정하십시오. (대조)
- 열심히 공부하였지만 시험에 떨어졌다. (대조)

㉡ 종속적으로 이어진 문장

- 마감시간이 다 되어서 나는 되돌아갔다. (원인)
- 내일 비가 오면 소풍은 취소된다. (조건)
- 설악산의 단풍을 보려고, 우리는 서둘러 떠났다. (의도)
- 비록 눈이 내릴지라도, 우리는 변함없이 출근한다. (양보)

(2) 안은 문장

'안은문장'이란 하나의 절이 다른 한 문장 안에 문장성분으로 안겨 있는 것을 말한다. 예를 들어 '철수는 영희가 범인임을 알았다.'라는 문장은 '영희가 범인이다.'라는 문장이 '철수는 알았다.'라는 문장 속에 목적어로 안겨 있다. 이와 같은 구성으로 이루어진 문장을 안은 문장이라 하고 이는 안긴 문장이 문장 내에서 하는 기능에 따라 다시 명사절을 안은 문장, 관형절을 안은 문장, 부사절을 안은 문장, 서술절을 안은 문장, 인용절을 안은 문장으로 나누어진다.

우선 명사절을 안은 문장은 안긴 문장이 문장 내에서 주어나 목적어로 기능하는 경우인데 통상 '-음, -것, -기'등의 어미와 함께 쓰인다. 관형절을 안은 문장은 안긴 문장이 문장 내에서 명사를 수식하는 역할을 하는 경우이며, 부사절을 안은 문장은 안긴 문장이 문장 내에서 서술어를 수식하는 경우이고, 서술절을 안은문장은 안긴 문장이 문장 내에서 서술어의 기능을 하는 경우이다. 또한 인용절을 안은 문장은 안긴 문장이 '-고, -라고'와 같은 연결어미와 결합하여 인용문의 기능을 하는 경우이다.

> ㄱ. <u>철수가 범인임</u>이 밝혀졌다. (명사절을 안은문장)
> ㄴ. 철수는 <u>밝은</u> 빛을 보았다. (관형절을 안은문장)
> ㄷ. 철수는 <u>발이 아프도록</u> 돌아다녔다. (부사절을 안은문장)
> ㄹ. 철수는 <u>키가 크다.</u> (서술절을 안은문장)
> ㅁ. 민호는 "<u>영희가 집에 있다.</u>"라고 외쳤다. (인용절을 안은문장)

위의 예문에서 ㄱ은 절을 안은 문장인데 '철수가 범인임'는 '철수가 범인이다.'라는 문장이 명사절로 안기며 문장에서 주어의 역할을 하는 경우이다. ㄴ은 '철수가 빛을 보았다.'와 '빛이 밝다.'라는 두 문장이 결합되면서 '빛이 밝다.'에서 두 문장의 공통된 '빛이'가 생략되면서 '밝은 빛'이라는 관형절의 형태로 안긴 문장이다. ㄷ은 '발이 아프다.'가 '발이 아프도록'의 부사절로 안기면서 '돌아다녔다.'를 수식하게 된 경우이다. ㄹ에서 '키가 크다.'는 하나의 문장이면서 그 자체가 '철수는'이라는 주어와 결합하면서 서술어의 역할을 하는 경우이다. 끝으로 ㅁ은 "영희가 집에 있다."라는 문장이 '민호는 외쳤다.'와 결합하면서 인용절로 안긴 경우에 해당한다.

╋ 더 알고가기   관형절과 구의 구분 ☰

절과 구의 구분은 주어와 서술어가 갖추어져 있는가, 그렇지 않은가에 달려 있는데 절은 주어와 서술어를 갖추어야 하기 때문이다. 그런데 관형절로 안긴 문장에서 관형절과 구의 구분이 쉽지 않은 경우가 있다.

> ㄱ. 철수가 예쁜 집을 지었다.
> ㄴ. 철수가 새 차를 샀다.

위의 두 문장에서 ㄱ의 경우 '예쁜 집'을 어떻게 볼 것인가가 문제인데 이 경우 '집이 예쁘다.'와 같이 한 문장으로 재구성이 가능하고, 이 중 주어가 생략되고 관형절로 안긴 것으로 볼 수 있으므로 절로 보아야 한다. 하지만 ㄴ의 경우 ㄱ과 구조가 유사하지만 '차가 새다.'*와 같은 문장은 성립하지 않으므로 하나의 절로 보기는 어렵다. 이런 경우는 구로 보아야 한다.

---

❸ 문법요소

문법요소는 국어에서 중요한 문법 개념들을 의미한다. 여기서는 국어의 문법요소 가운데 가장 기본이 되고 중요한 개념들을 중심으로 살펴보기로 한다.

(1) 문장의 종결 표현

문장은 종결 표현에 따라 문장 전체의 의미가 달라지는데 이러한 종결 표현은 종결어미를 통해 드러나게 된다. 종결 표현은 단순하게 사실이나 의견을 진술하는 평서문, 물음을 통해 청자의 답변을 요구하는 의문문, 청자의 특정 행동을 요구하는 명령문, 청자에게 권유의 뜻을 전하는 청유문, 화자가 독백과 같이 자신의 심리나 감정 등을 표출하는 감탄문으로 나눌 수 있다.

① **평서문** : 평서문은 화자가 자신의 생각이나 느낌 등을 단순하게 진술하는 문장으로 일반적으로 평서형 종결어미 '-다'에 의해 실현된다.

  ㉘ 오늘은 하늘이 푸르다.

② **의문문** : 의문문이란 화자가 청자에게 답변을 요구하는 문장표현으로 '-냐/느냐, -니' 등의 어미에 의해 실현된다. 한편 의문문은 그 성격에 따라 설명 의문문, 판정 의문문, 수사 의문문으로 나눌 수 있는데 설명 의문문은 의문사가 포함되어 청자에게 구체적인 설명을 요구하는 의문문으로

특성상 '예', '아니오'로 답변할 수 없는 의문문이다. 또한 '판정 의문문'은 의문사가 없이 긍정이나 부정의 답변을 요구하는 의문문으로 '예', '아니오'로 답변이 가능한 의문문이다. 마지막으로 수사 의문문은 답변을 요구하는 것이 아니라 서술이나 명령의 효과를 가지고 있는 의문문이다.

예 • 푸른 바다가 넘실 거리고 있다. [평서문]

　• 너는 어제 언제 왔니? [설명 의문문]

　• 철수는 학교에 갔니? [판정 의문문]

　• 그렇게 한다면 얼마나 좋겠니? [수사 의문문]

③ **명령문** : 명령문은 화자가 청자에게 특정한 행동이나 반응을 요구하는 문장이다. 명령문에서 주어는 청자이다. 명령문은 다시 대면 상태에서 이루어지는 직접 명령문과 직접 대면하지 않고 매체를 통해 명령하는 간접 명령문으로 나누어 볼 수 있다.

예 • 어서 이리 와 보아라. [직접 명령문]

　• 정부는 금융 대책을 속히 시행하라. [간접 명령문]

④ **청유문** : 화자가 청자에게 어떤 일을 함께 하도록 요청하는 문장 종결 형식이다. 주어에는 화자와 청자가 함께 포함된다.

예 우리 내일 동물원에 가자. [청유문]

⑤ **감탄문** : 화자가 청자를 의식하지 않거나 독백 상태와 같이 자신의 느낌을 표현하는 문장 종결 형식이다.

예 아 봄이구나! [감탄문]

(2) **높임 표현**

우리말에서 화자가 청자에 대해 신분이나 서열 등에 따라 높이거나 낮추는 문장 표현 방식을 높임 표현이라 한다. 높임 표현은 선어말어미의 개입, 종결어미의 개입, 높임의 어휘 사용 등 다양한 방법에 의해 실현된다. 또한 높임의 대상이나 주어와 청자의 관계에 따라 주체 높임, 객체 높임, 상대 높임으로 나누어지기도 한다.

① **주체 높임** : 주체 높임은 문장의 주어를 높이는 방법이다. 주체 높임은 주어에 높임의 조사인 '께서', '께'를 결합하거나 주체 높임의 선어말어미 '-시-'의 결합, '계시다'와 같은 높임의 특수 어휘 사용 등을 통해서 실현된다.

한편 주체 높임은 높임의 방식에 따라 직접 높임과 간접 높임, 압존법으로 나누어지는데, 직접 높임은 주어를 직접 높이는 방법으로 주로 선어말어미 '-시-'의 결합을 통해 실현된다. 한편 간접 높임은 주어가 높임의 대상이 아니라 높이는 대상의 소유물이거나 신체의 일부인 경우에 사용되는 방법으로 '-으시-'를 결합하여 실현한다. 끝으로 압존법은 문장의 주어보다 청자가 서열이나 지위가 높아 주어에 대한 높임을 생략하는 경우이다.

종류	예문
직접 높임	할아버지께서 집에 오시었다. (오셨다) (주어)
간접 높임	아버지의 말씀이 있으셨다. (있으시었다) (주어)
압존법	할아버지, 아버지가 왔습니다. (청자) (주어) (높임 생략)

② **객체 높임** : 객체 높임은 문장의 목적어나 부사어 즉, 객체를 높이는 방법이다. 이 경우 어휘를 높임의 특수 어휘로 교체하여 높임을 표현한다.

종류	예문
부사어를 높임	철수가 아버지께 물을 드렸다. (부사어) (높임 어휘)
목적어를 높임	철수가 아버지를 모시고 갔다. (목적어) (높임 어휘)

③ **상대 높임** : 상대 높임은 국어의 높임법 가운데 가장 발달한 높임 방법으로 화자와 청자의 관계에 따라 다양하게 분화되어 있다. 우선 화자와 청자의 관계가 공식적이고 심리적 거리가 멀 경우 격식체를 사용하고, 화자와 청자의 관계가 비공식적이고 심리적 거리가 가까울 경우 비격식체를 사용한다.

한편 격식체의 경우 화자와 청자의 관계나 서열에 따라 아주 높임에 해당하는 '하십시오체(합쇼체)', 예사 높임에 해당하는 '하오체', 예사 낮춤에 해당하는 '하게체', 아주 낮춤에 해당하는 '해라체'로 나뉘며 비격식체의 경우 두루 높임에 해당하는 '해요체'와 두루 낮춤에 해당하는 '해체'로 나뉜다.

일반적으로 상대 높임은 종결어미에 의해 결정되는데 상대 높임에 따른 종결어미를 정리해 보면 아래의 표와 같이 정리할 수 있다.

구분	격식체				비격식체	
	해라체	하게체	하오체	합쇼체	해	해요
평서형	-는/ㄴ다.	-네.	-오.	-ㅂ니다.	-어.	-어요.
의문형	-느냐?	-는가?	-(으)오?	-습(ㅂ)니까?	-어?	-어요?
감탄형	-(는)구나!	-(는)구먼!	-(는)구려!	-	-군!	-군요!
명령형	-어라.	-게.	-오.	-ㅂ시오.	-어.	-어요.
청유형	-자.	-세.	(으)ㅂ시다	-시지요.	-	-

1
주

2
주

3
주

4
주

예상문제

우리말의 높임법(혹은 존대법) 체계에 비추어 볼 때 옳은 것은?

① 할아버지께서는 이빨이 참 좋으십니다.

② 교수님은 두 살 된 따님이 계신다.

③ 선생님, 제 말씀 좀 들어 주십시오.

④ 이 책은 우리 선생님이 준 책이야.

⑤ 어머니, 내가 먼저 들어가겠습니다.

● **해설**

'말씀'은 남의 말을 높여 이르는 말로 쓰이는 동시에 자기의 말을 낮추어 이르는 말로 쓰이기도 한다. '말씀을 올리다/말씀을 드리다.' 등과 같은 예가 자기의 말을 낮추어 쓴 경우이다. '선생님, 제 말씀 좀 들어 주십시오.'의 '말씀'은 '선생님'을 높이기 위해 자기의 말을 낮추어 이르는 말로 쓰였다.

① 이빨 → 치아 : '이빨'은 '이'를 낮잡아 이르는 말이다. 따라서 할아버지께는 '이'를 점잖게 이르는 말인 '치아'를 사용해야 한다.

② 따님이 계신다 → 따님이 있으시다 : 문장의 주체인 '교수님'을 높이는 것이 아니라 '교수님의 따님'을 높이고 있다. 따라서 직접 높임인 '계시다'를 간접 높임 '있으시다'로 고치는것이 옳다.

④ 선생님이 준 → 선생님께서 주신 : '선생님'이 높임의 대상이므로 주절과 같이 높임말을 써야 한다.

⑤ 내 → 제

정답 ❸

(3) 시간 표현

시간 표현은 발화나 행위가 시간과 맺는 관계를 표현하기 위한 문법 범주이다. 일반적으로 시제는 과거 시제, 현재 시제, 미래 시제로 나누어진다. 또한 행위나 사건이 현재 진행 중이냐 완료되었느냐에 따라 동작상과 완료상으로 나뉘기도 한다.

① **과거 시제** : 과거 시제는 사건시(사건이 발생한 시점)가 발화시보다 앞서는 경우에 해당한다. 이 경우 과거 시제 선어말어미 '–았/었–', '–더–' 등이나 '어제', '그제'와 같은 시간을 나타내는 부사어, 그리고 관형사형 어미 '–는–'에 의해 실현된다.

　㉑ 어제 비가 많이 왔다.

② **현재 시제** : 현재 시제는 발화시와 사건시가 일치하며 현재 시제 선어말어미 '–는–/–ㄴ–'과 관형사형 어미 '–는–', 또는 '오늘'과 같은 현재를 나타내는 부사어 등을 통해 실현된다.

　㉑ 오늘 길이 많이 막힌다.

③ **미래 시제** : 미래 시제는 사건시가 발화시 이후인 경우에 해당하며 선어말어미 '–겠–, –리–' 등이나 '–(으)ㄹ'과 같은 관형사형 어미, '내일'과 같이 미래를 나타내는 부사어를 통해 실현된다. 하지만 선어말 어미 '–겠–'은 단지 미래를 의미하는 것이 아니라 미래의 사건에 대한 추측의 의미가 강하고, '–리–'의 경우도 미래의 사건에 대한 화자의 의지라는 의미가 강하게 내포되어 있다.

　㉑ 내일 우리는 고궁에 가겠다.

④ **동작상** : 발화시를 기준으로 하여 동작이 진행되고 있는지 완료되었는지를 표현하는 방법이 동
작상이다. 동작상은 주로 보조 용언의 일부나 연결어미를 통해 실현된다. 동작상은 일정 시점에
서 특정 행위나 동작 등이 지속되고 있음을 표현하는 진행상과 일정 시점에서 동작이나 행위가
완료된 완료상으로 나누어진다. 완료상의 경우 '-어 버리다, -아 있다'와 같은 보조 용언이나 '-
고서'와 같은 연결어미에 의해 실현되며 진행상은'-고 있다, -어 가다'와 같은 보조 용언이나,
'-으면서'와 같은 연결어미를 통해 실현 된다.

> 예 • 그가 국을 다 <u>마셔 버렸다</u>/연희가 의자에 <u>앉아 있다</u>/그녀가 밥을 먹고 <u>집을나섰다.</u> [완료상]
> • 뜰에서 여학생들이 이야기를 <u>나누고 있다</u>/철수는 숙제를 다 <u>해 간다.</u> [진행상]

➕ 더 알고가기　절대 시제와 상대 시제　☰

시제는 발화시를 기준으로 하는 절대 시제와 사건시를 기준으로 하는 상대 시제로 나눌 수 있다. 다음의 문장을 보자.

> 철수는 어제 <u>노래하는</u> 누나를 <u>보았다.</u>

위의 문장에서 '보았다'는 발화시를 기준으로 하였을 때 어제 일어난 일이므로 선어말어미 '-았-'을 사용하여 과거 시제
로 표현하였다. 이 경우 발화시를 기준으로 하였으므로 '절대 시제'에 해당한다. 그러나 '노래하는'은 사건이 어제 일어난
과거의 사건임에도 불구하고 현재 시제로 표현하였다. 이것은 '노래하는'이 발화시가 아닌 '사건시'를 기준으로 하였기 때
문이다. 즉 누나를 보았다는 사건을 기준으로 할 때 누나는 그 시점에서 노래하고 있었으므로 사건시를 기준으로는 현재
가 되는 것이다. 이를 '상대 시제'라고 한다.

⑷ 능동표현과 피동표현

문장에서 동작이나 행위를 주체가 직접 하는 것을 능동표현이라 하고 주체가 다른 주체에 의해 동
작이나 행위를 당하게 되는 것을 피동표현이라고 한다. 다음 두 문장을 살펴보자.

> ㄱ. 경찰이 범인을 잡았다. [능동]
> ㄴ. 범인이 경찰에게 잡혔다. [피동]

'ㄱ'은 주체(주어)인 '경찰'이 '잡았다'라는 동작을 직접 행하고 있으므로 능동표현에 해당한다. 반면
'ㄴ'은 주체인 '범인'이 경찰에게 '잡다'라는 행위를 당하게 되는 경우이므로 피동표현에 해당한다.
두 문장을 비교해 보면 능동표현이 피동표현으로 바뀔 경우 능동표현의 주어는 피동표현의 부사어
가 되고 능동표현의 목적어가 피동표현의 주어가 됨을 알 수 있다.

한편 피동표현을 만드는 방법에는 접사를 결합시키는 파생적 피동표현과 문장 구성을 바꾸어 피동
표현을 만드는 통사적 피동표현이 있다.

파생적 피동표현은 접미사를 결합하여 피동표현을 만드는 경우이며 이 때 '-이-, -히-, -리-, -
기-와 같은 접미사를 결합하여 피동표현을 만든다. 반면 통사적 피동표현은 문장의 구성을 변화시

키는데 '~게 되다', '~어 지다와 같은 보조적 연결어미와 보조동사를 결합하여 피동표현을 실현하게 된다.

㉠ • 철수는 영희에게 밀렸다. (밀 + 리 + 었 + 다) [파생적 피동]
  • 철수는 시험에 떨어지게 되었다. [통사적 피동]

➕ **더 알고가기** | 상응하는 능동문이 없는 피동표현 | ☰

피동문의 형식을 띠고 있지만 동작의 주체가 분명하게 누구인지 알 수 없는 경우가 있다. 이 경우 피동문이기는 하지만 이에 상응하는 능동문이 없는 경우가 된다.
㉠ 날씨가 벌써 풀렸다/옷이 문에 걸렸다/어느새 마음이 진정되었다.

---

(5) 주동표현과 사동표현

주체가 어떤 동작이나 행위를 직접 행하는 것을 주동표현이라 하고 객체에게 어떤 동작이나 행위를 행하도록 하는 것을 사동표현이라 한다. 다음 두 문장을 보자.

> ㄱ. 어머니께서 옷을 입으셨다.
> ㄴ. 어머니께서 동생에게 옷을 입히셨다.

'ㄱ'은 주체인 어머니가 직접 옷을 입는 행위를 행하고 있으므로 주동표현에 해당한다. 한편 'ㄴ'은 어머니가 동생에게 옷을 입도록 시킨 경우에 해당하므로 사동표현에 해당한다. 두 문장을 비교해 보면 주동표현이 사동표현으로 바뀔 경우 주어와 목적어의 변동 없이 새로운 부사어가 개입되고, 서술어가 사동표현으로 바뀌게 됨을 알 수 있다.

사동표현을 실현하는 방법에는 접미사를 결합시키는 방법과 문장의 구성을 바꾸는 두 가지 방법이 있는데 전자를 파생적 사동이라 하고 후자를 통사적 사동이라 한다. 파생적 사동의 경우 접미사 '-이-, -히-, -리-, -기-, -우-, -구-, -추-'를 결합시켜 실현시키고, 통사적 사동의 경우 '-게 하다', '-게 시키다'와 같이 보조적 연결 어미와 보조 용언을 결합시켜 실현한다.

> ㄱ. 어머니께서 동생에게 옷을 입히셨다.
> ㄴ. 어머니께서 동생에게 옷을 입게 하셨다.

위의 두 문장에서 'ㄱ'은 파생적 사동표현이고, 'ㄴ'은 통사적 사동표현이다. 그런데 파생적 사동표현의 경우 다음의 두 가지 의미로 해석이 된다. 첫째, 어머니께서 동생에게 옷을 직접 입혀주셨다. 둘째, 어머니께서 동생에게 시켜서 스스로 옷을 입도록 하셨다. 즉, 파생적 사동의 경우 사동표현으로 인해 자연스럽게 중의성을 갖게 되는 것이다. 따라서 첫 번째 의미를 가질 경우를 직접 사동, 두 번째 의미를 가질 경우를 간접 사동으로 구별한다. 반면 통사적 사동의 경우 직접 사동의 의미는 사라지고 간접 사동의 의미만을 갖게 된다. 따라서 자연히 중의성이 사라지는 것이다.

+ 더 알고가기　대응하는 주동문이 없는 사동표현　≡

사동표현에 대응하는 주동표현이 없는 경우가 있는데 가령, '아버지께서는 소를 먹이셨다.'와 같은 문장에서 '먹이셨다'는 사동표현이기는 하지만 의미가 '먹게 하다'의 의미보다는 '사육하다'의 의미로 바뀌었다. 이런 경우 주동문으로 바꿀 수가 없다. 따라서 사동표현에 대응하는 주동문이 존재하지 않는 것이다.

(6) 부정표현

부정표현은 문장에 표현된 의미를 부정하는 문법 범주이다. 우리말에서 부정문은 부정 부사 '안'과 '못'을 활용하여 실현되며 이에 따라 '안'부정문과 '못'부정문으로 나눌 수 있다. 또한 '안'과 '못'을 서술어 앞에 위치시키는 짧은 부정문과 '아니하다', '못하다'를 개입시키는 긴 부정문으로 나누기도 한다.

① **'안'부정문** : 부정 부사 '안'을 개입하여 실현하는 '안'부정문은 '나는 그곳에 안 갔다.', '나는 집에 안 갔다.'와 같이 주체의 의지를 부정하는 부정문이다. 이 경우 '나는 그곳에 안 갔다.'와 같이 짧은 부정문으로 실현할 수 있으며 '나는 그곳에 가지 않았다.'와 같이 긴 부정문으로 실현할 수도 있다.

② **'못'부정문** : 부정 부사 '못'을 개입하여 실현하는 '못'부정문은 '나는 결혼식에 못 갔다.', '나는 학교에 못 갔다.'와 같이 주체의 능력을 부정하는 부정문이다. 즉, 상황이나 다른 주체에 의해 주체가 행위나 행동을 시행하지 못했음을 의미하는 부정문인 것이다. 이 역시 '나는 결혼식에 못 갔다.'와 같이 짧은 부정문으로 실현할 수 있으며 '나는 집에 가지 못했다.'와 같이 긴 부정문으로 실현할 수도 있다.

['안'부정문과 '못'부정문의 의미]

종류		예문
'안'부정문	상태 부정	오늘 비가 안 왔다.
	의지 부정	나는 학교에 안 갔다.
'못'부정문	다른 원인	아파서 글을 못 썼다.
	능력 부정	나는 아령을 못 들었다.

[짧은 부정문과 긴 부정문]

종류		예문
'안'부정문	짧은 부정	나는 빵을 안 먹었다.
	긴 부정	나는 빵을 먹지 않았다.
'못'부정문	짧은 부정	그는 집에 못 갔다.
	긴 부정	그는 집에 가지 못했다.

③ **부정문의 중의성** : 부정문은 부정어가 미치는 범위에 따라 여러 가지 의미를 갖게 된다. 또한

'다, 모두'와 같이 수량을 나타내는 부사와 함께 쓰이면 이 부사들이 부정의 범위에 포함되는가 그렇지 않은가에 따라 중의성을 띠게 된다.

> ㄱ. 나는 어제 기차를 타지 않았다.
>   a. 어제 기차를 타지 않은 것은 '나'이다.
>   b. 내가 기차를 타지 않은 것은 '어제'이다.
>   c. 내가 어제 타지 않은 것은 '기차'이다.
>   d. 나는 어제 기차를 타지 않고 바라보기만 했다.
>
> ㄴ. 회원들이 다 오지 않았다.
>   a. 회원들이 모두 오지 않았다.
>   b. 회원들이 일부만 왔다.

위의 문장에서 'ㄱ'은 부정이 미치는 범위에 따라 a~d와 같이 해석될 수 있으며 'ㄴ'의 경우 '다'를 부정에 포함하는 경우와 그렇지 않은 경우에 따라 a, b와 같이 해석될 수 있다.

+ 더알고가기   부정문의 중의성 해소 방법   ≡

• 어느 하나에 강세를 주어 읽는다.
  예) 나는 <u>어제</u> 집에 가지 않았다.
• 보조사 '는, 도, 만'을 넣어 해소한다.
  예) 나는 어제 집<u>에는</u> 가지 않았다.
• 문맥을 통해 해소한다.

④ 관용적으로 굳어진 부정표현

> ㄱ. 그렇게 행동하면 못쓴다. (바르지 않다.)
> ㄴ. 그는 나만 못하다. (능력 따위가 부족하다.)

Q 짚어보기 ▶ 부정표현의 제한

'모르다', '없다'를 사용한 부정표현은 긴 부정문에서는 가능하지만 짧은 부정문에서는 불가능하다. 이는 '모르다', '없다'가 이미 부정문인데다가 부정의 범위가 문장 전체이기 때문이다.
예) • 모르지 않다, 없지 않다. (○)
    • 안 모르다, 안 없다. (×)

⑤ 의미

단어는 기본적으로 자체의 의미를 가지고 있으며 한 단어가 문장 내에서 사용될 경우 문맥에 따라 다양한 의미를 나타내게 된다. 또한 의미는 언어적 원인, 사회적 원인, 심리적 원인 등 다양한 원인에 따라 변화를 겪게 되면서 의미가 확장되거나 축소 또는 전성되기도 한다.

■ 언어의 특성

언어는 형식과 내용의 결합으로 구성된다. 언어의 형식이란 말소리나 문자를 의미하며 내용이란 언어의 의미를 말한다. 이를 기호학적 차원에서 '기표(記標)'와 '기의(記意)'라고도 하며 프랑스의 언어학자 소쉬르*는 이를 '시니피앙(signifiant)'과 '시니피에(signifié)'로 구별하였다. 언어는 이러한 형식과 내용의 관계에 따라 다음과 같은 특성들을 나타낸다.

(1) 언어의 추상성(抽象性)

언어는 그 표현 형식 자체가 고도로 추상적이다. 구체적이고 물리적인 현실의 대상을 기호로 표현하는 자체가 이미 추상적인 것이다. 그뿐만 아니라 언어는 '사랑', '역사', '기쁨', '분노'등과 같이 구체적인 대상이 없는 개념도 표현할 수 있는데 이 역시 언어의 추상성을 뒷받침한다.

(2) 언어의 자의성(恣意性)

언어의 형식과 의미는 반드시 상호 간에 필연적인 관계를 가지고 있는 것은 아니다. 가령, 우리가 '꽃'이라고 부르는 대상을 미국에서는 'flower'라고 하며 중국에서는 '花'라는 형식으로 표현하는 것이다. 만일 그 대상을 '꽃'으로 표현해야 할 필연성이 존재한다면 그것은 세계 어디에서든 '꽃'으로 표현되어야 할 것이다. 그러나 언어권마다 표현은 다르고 심지어 우리말에서도 과거와 현재의 표현이 다르다. 이처럼 언어는 기표(형식)와 기의(내용) 사이에 필연적 관계가 성립하지 않으며 언어의 이러한 특성을 언어의 자의성(恣意性)이라고 한다. 그리고 언어의 자의성은 언어의 다른 특성들의 전제이기도 하다.

(3) 언어의 사회성(社會性)

언어는 자의성을 띠기 때문에 언중들이 서로 약속을 하지 않으면 각기 다른 표현으로 인해 의사소통이 어려울 수 있다. 따라서 같은 언어권의 언중들은 언어 표현에 대해 일정한 약속의 체계를 가지고 있고 언어의 이러한 특성을 사회성이라고 한다. 따라서 언어의 형식과 내용 간의 이러한 관계는 한 개인이 마음대로 바꿀 수 없는 것이다.

(4) 언어의 역사성(歷史性)

언어는 자의적이며 사회적인 약속의 체계이기 때문에 시간이 지남에 따라 약속의 체계가 변화하여 언어의 형식과 내용 사이의 관계가 바뀌기도 한다. 어떤 언어는 새로 생겨나고 어떤 언어는 널리 쓰이다 소멸하기도 한다. 이처럼 언어가 생성, 성장, 소멸하는 특성을 언어의 역사성이라고 한다. 예를 들어 중세 국어 시기에 있었던 'ᄀᆞ슬'이라는 말은 'ᄀᆞᅀᆞᆯ'을 거쳐 'ᄀᆞ을'이 되고 다시 '가을'로 변하여 현재에 이르고 있다. 한편 'ᄀᆞ름'이라는 말은 '강(江)'이라는 한자어로 대체되고 소멸한 어휘이며, 중세 국어에서 '어리석다'라는 뜻으로 쓰이던 '어린'은 현대 국어에 와서는 '나이가 적다.'라는 의미로 바뀌었다. 이처럼 언어는 시대에 따라 음운이 변화하거나 생성, 또는 소멸하는 역사성을 지니고 있다.

(5) 언어의 분절성(分節性)

우리가 살아가는 세계는 연속적인 세계이다. 그런데 언어는 이러한 연속적인 대상을 분절하여 표현함으로써 대상을 보다 명확하게 인식하도록 돕는 특성이 있다. 이러한 언어의 특성을 언어의 분절성이라 한다. 예를 들어 무지개의 일곱 빛깔은 실제로 경계가 나타나 있지 않지만 우리는 이들의 색깔을 빨강, 주황, 노랑, 초록, 파랑, 남색, 보라색으로 분절하여 인식함으로써 무지개를 보다 명확하게 인식할 수 있다. 또한 날짜나 시간은 연속적으로 경계가 없는 것인데도 우리는 연, 월, 일로 날짜를 분절하여 인식하고 시, 분, 초로 시간을 분절하여 인식함으로써 날짜와 시간을 보다 분명하게 인식할 수 있다.

＋ 더알고가기　　**소쉬르(1857~1913)**　　　　　　　　　　　　**☰**

스위스의 언어학자로 인도 및 유럽의 비교 언어학 분야에서 탁월한 업적을 남겼다. 또한 언어 일반의 성질에 관해서 깊이 연구하여 통시(通時) 언어학과 공시(共時) 언어학으로 구별하고, 랑그(langue)를 파롤(parole)에서 분리시켜 사회 습관으로 체계화된 언어를 언어학의 대상으로 결정하고, 체계에 속하는 요소는 상호 간의 대립에 의해서 가치를 지닌다고 주장하였다. 이는 구조 언어학, 나아가 언어학을 초월한 구조주의의 바탕이 되었다.

---

❷ 의미의 종류

(1) 중심적 의미와 주변적 의미

중심적 의미란 어휘의 가장 핵심적이고 기본적인 의미를 말한다. 예를 들어 '가다'라는 어휘는 '어떤 곳에서 다른 곳으로 이동하다.'라는 의미를 지니는데 이는 '가다'의 다양한 의미들 가운데 공통된 의미 요소이며 핵심적인 의미이다. 어휘의 이러한 의미를 중심적 의미라 하고 그 외 언어의 중심 의미를 바탕으로 하여 확장되어 사용되는 의미를 주변적 의미라 한다. 즉, '몸에 무리가 가다. (건강에 해가 되다.)', '생선이 물이 갔다. (상하거나 변질되다.)', '이 비누는 때가 잘 간다. (때나 얼룩이 빠지다.)'에서 '가다'의 의미는 주변적 의미가 되는 것이다.

(2) 사전적 의미와 함축적 의미

사전적 의미란 어떤 단어가 가지고 있는 가장 기본적이고 객관적인 의미로 사전에 등재되어 있는 의미를 말한다. 반면 함축적 의미는 사전적 의미를 기본으로 연상이나 관습 등에 의하여 혹은 문맥에 의하여 형성된 의미를 말한다. 함축적 의미는 비교적 사전적 의미와는 거리가 있는 새로운 의미를 형성하지만 기본적으로는 사전적 의미를 바탕으로 하여 파생된 의미이다. 예를 들어 '영희가 꽃처럼 웃는다.'에서 '꽃'은 식물을 의미하는 것은 아니다. 그것은 사전적 의미이고 함축적 의미는 '아름답게, 환하게'와 같은 의미로 볼 수 있다. 이는 전혀 다른 의미처럼 보이지만 사실상 '꽃'에 대해 사람들이 관습적으로 떠올리는 인상이 '아름다움'이나 '환함' 등이라는 점을 고려할 때 완전히 별개의 의미라고 볼 수는 없으며 사전적 의미를 바탕으로 파생된 의미라고 볼 수 있는 것이다. 특히 함축적 의미는 문학작품에서 널리 활용되고 있다.

(3) 사회적 의미와 정서적 의미

사회적 의미란 언어를 사용하는 사람의 사회적 환경을 드러내는 의미이고, 정서적 의미는 화자의 태도나 감정을 드러내는 의미이다. 우선 사회적 의미의 경우 이를 드러내는 요소는 연령, 직업, 지위, 친숙성, 장소, 시대, 지역 등 다양하다. 예를 들어 방언의 경우 그 사람의 지역적 특성을 드러내며, 특정 직업에서 사용하는 용어는 그 사람의 직업을 드러내는 의미 요소를 지니고 있다. 한편 정서적 의미를 드러내는 요소에는 어조나 세기, 부사나 감탄사 등이 있다. 예를 들어 화자가 강한 어조를 사용할 경우 화자의 의지가 드러나며 감탄사를 사용할 경우 놀람이나 후회 등 다양한 심리적 의미가 드러날 수 있다.

(4) 주제적 의미와 반사적 의미

주제적 의미란 화자나 필자의 의도를 나타내는 의미이며, 반사적 의미는 원래의 뜻과는 상관없이 특정한 반응을 일으키는 의미를 말한다. 먼저 주제적 의미는 화자나 필자가 어순을 바꾸거나 강조하여 발음함으로써 드러나게 된다. 예를 들어 '그는 지하철을 타지 않고 버스를 탔다.'라는 문장에서는 문장의 구조상 그가 타고 간 교통수단이 강조되고 있다. 반면 '그가 지하철을 타지 않고 버스를 탄 것이 아니라 철수가 버스를 탔다.'와 같은 문장에서는 앞 문장과는 달리 버스를 탄 주체가 강조되고 있다. 반면 반사적 의미는 발음의 유사성으로 인한 언어유희적 표현이나 완곡어법에 의한 표현을 통해 드러나는 의미이다. 예를 들어 '신학(神學)'은 귀신(鬼神)을 연구하는 학문이다.'와 같은 문장은 언어유희적 측면을 고려한 반사적 의미가 드러나며 '그 분이 어제 돌아가셨다.'에서 '돌아가다'는 '죽다'의 의미를 완곡하게 표현한 말로 역시 이에 따른 반사적 의미가 드러난다.

❸ 단어 간의 의미 관계

단어들은 의미적으로 일정한 관계를 맺고 있으며 이러한 의미적 관계에 따라 유의어, 다의어, 동음이의어, 반의어, 상위어 등으로 나누어진다. 단어들의 의미 관계와 이에 따른 체계에 대해 이해하는 것은 결국 우리의 어휘력을 풍부하게 하는 방법이기도 하다.

(1) 유의 관계

의미가 같거나 비슷한 둘 이상의 단어가 맺는 관계를 유의 관계라 하고, 그러한 관계에 있는 단어들을 '유의어'라고 한다. 이들은 대체로 개념적으로 동질성을 지니고 있다. 하지만 동의어와는 차이가 있다. 동의어는 어떤 환경에서도 서로 바꾸어 쓰일 수 있는 의미 관계를 말하는데 유의어는 언제 어디서나 바꾸어 쓸 수 있는 것은 아니다. 문맥에 따라 쓰임의 제한이 있기 때문이다. 어떤 언어에서든 두 단어의 의미가 완전히 동일하여 어떤 환경에서도 바꾸어 쓸 수 있는 경우는 발견하기 어렵다. 즉, 엄밀한 의미의 동의어는 존재하기 어려운 것이다. 우리말에서는 특히 고유어와 한자어의 유의 관계가 성립하는 경우가 많은데 대체로 고유어가 일상적이고 비공식적인 부분에서 쓰이는 반면 한자어는 학문적이고 공식적인 부분에서 쓰이는 경우가 많다. 예를 들어 '생각'이라는 어휘는 일상에서 자주 쓰이고 비공식적인 장면에서 자주 쓰이는 단어이지만 '사고(思考)'라는 한자어는 좀 더 학술적이고 공식적인 장면에서 자주 쓰이는 단어다. 또한 고유어와 한자어의 유의 관계에서 특기할 만한 것은 고유어에 비해 한자어가 높임의 의미를 갖는 경우가 많다는 점이다. '이/치아(齒牙)', '나이/연세(年歲)', '이름/성함(姓銜)' 등이 그러한 예이다.

➕ 더 알고가기 **우리말에서 유의어가 발달한 이유** ≡

㉠ 고유어와 한자어, 외래어가 함께 쓰이고 있다.
- (예) • 머리 – 모발 – 헤어
  - • 잔치 – 연회 – 파티
  - • 아내 – 부인 – 와이프

㉡ 높임법이 발달하였다.
- (예) • 이름 : 성명(姓名)/존함(尊銜)/함자(銜字)
  - • 아버지 : 춘부장(春府丈)/엄친(嚴親)/엄부(嚴父)/부친(父親)

㉢ 감각어가 발달하였다.
- (예) 노랗다/노르스름하다/노릇하다/노리끼리하다/노르무레하다

㉣ 국어 순화를 위해 정책적으로 말을 만들어 내었다.
- (예) 세모꼴 – 삼각형, 쪽 – 페이지, 성탄절 – 크리스마스, 참살이 – 웰빙

㉤ 금기어(禁忌語)가 발달하였다.
- (예) 죽다 – 돌아가다, 호랑이 – 산신령, 천연두 – 마마, 교미 – 짝짓기

---

(2) 반의 관계

둘 이상의 단어가 서로 짝을 이루어 대립하는 경우를 반의 관계에 있다고 한다. 반의 관계에 있는 어휘는 다른 모든 의미 요소들이 동일하고 단 하나의 의미 요소만 다를 때 성립한다. '총각'이라는 단어의 의미 요소를 생각해 보자. [+남자], [−결혼], [+성인]과 같이 분석될 수 있을 것이다. 반면

'처녀'라는 단어의 의미요소를 분석해 보면 [−남자], [−결혼], [+성인]과 같다. 이 경우 '총각'과 '처녀'라는 단어는 [+남자]/[−남자]의 의미 요소만 반대이고, 나머지 의미 요소는 동일하다. 따라서 '총각'과 '처녀'는 반의어로 볼 수 있다.

하나의 단어에 여러 의미 요소가 개입되어 있을 경우 이에 대한 반의어도 의미 요소에 따라 여럿일 수 있다. 예를 들어 '막다'의 경우 다음과 같은 반의어들을 가질 수 있다.

어휘	의미	반의어
막다	적의 역습을 잘 막아내었다. (방어하다)	공격하다
	시냇물을 막다. (차단하다)	트다
	그가 너의 앞길을 막았다. (방해하다)	돕다
	쥐구멍을 막았다. (봉하다)	뚫다

➕ 더 알고가기 　반의어의 종류　≡

- **상보 반의어** : 두 단어가 상호 보완적인 관계, 즉 배타적 분포를 보이는 반의어 (중간항이 없음.)
  예) 남자 – 여자, 죽다 – 살다, 가다 – 오다
- **정도 반의어** : 두 단어가 두 극단에 위치하여 정도의 차이를 나타내는 반의어 (중간항이 있음.)
  예) 차갑다 – 뜨겁다, 크다 – 작다, 멀다 – 가깝다
- **방향 반의어** : 맞선 방향을 전제로 하여 관계 또는 이동의 측면에서 대립을 이루는 반의어
  예) 위 – 아래, 앞 – 뒤, 남극 – 북극

● 예상문제 ●

다음 중 밑줄 친 단어와 대립되는 단어는?

> 동양화는 여백이 많아 <u>성긴</u> 듯한 느낌을 주지만, 그것은 주제를 돋보이게 할 뿐 아니라 동시에 화면의 의경(意境)을 확대시킨다.

① 엉성하다　　　　　　　　② 배다
③ 야무지다　　　　　　　　④ 푼푼하다
⑤ 느슨하다

● 해설

'성기다'는 '물건의 사이가 착 달라붙지 않아 틈이 생기다.'라는 뜻을 가지고 있으며, '배다'는 '물건의 사이가 비좁거나 촘촘하다.'라는 뜻을 가지고 있다.
① 꽉 짜이지 아니하여 어울리는 맛이 없고 빈틈이 있다. 빽빽하지 못하고 성기다.
③ 사람의 성질이나 행동, 생김새 따위가 빈틈이 없이 꽤 단단하고 굳세다.
④ 모자람이 없이 넉넉하다. 옹졸하지 아니하고 시원스러우며 너그럽다.
⑤ 마음이 풀어져 긴장됨이 없다.

정답 ❷

(3) 상하 관계

상하 관계는 의미의 계층구조상 한 단어가 다른 단어의 의미를 포함하거나 포함되는 관계를 말한다. 이때 보다 넓은 의미를 갖는 어휘를 상위어라 하고, 좁은 의미를 갖는 어휘를 하위어라 한다. 상하 관계의 단어에서는 상위어일수록 의미가 포괄적이고 추상적이며, 하위어일수록 의미가 한정적이고 구체적이다. 한편 상위어와 하위어는 단어의 계층구조에 따라 상대적이다. 즉 어떤 단어에 대해 상위어인 단어가 또 다른 단어와의 관계에서는 하위어가 될 수 있다. 예를 들어 '포유류'라는 단어는 '사람', '호랑이', '원숭이', '고래' 등의 단어와의 관계에서는 상위어이지만 '동물'이라는 단어와의 관계에서는 '양서류', '어류', 파충류'와 함께 하위어가 되기도 한다.

(4) 다의어와 동음이의어

어떤 단어가 여러 의미를 동시에 가지고 있을 때 이를 다의어(多意語)라고 한다. 예를 들어 '길'이라는 단어는 '도로(道路)'라는 의미 외에도 '방법'이나 '수단'이라는 의미도 가지고 있으며, '도리(道理)'라는 뜻도 가지고 있다. 한편 동음이의어(同音異議語)는 발음은 같지만 의미가 다른 어휘를 뜻한다. 이들은 발음이 같기 때문에 다의어와 혼동할 수 있다. 하지만 다의어는 하나의 어원에서 출발하여 여러 의미가 파생된 것이지만 동음이의어는 서로 다른 어원에서 출발하여 우연히 발음이 같아진 경우이므로 다의어와는 다르다. 예를 들어 '배(교통수단)', '배(신체 일부)', '배(과일)'의 경우 서로 다른 어원에서 출발하였으며 우연히 발음이 같아진 것이므로 이들 단어 간에는 의미상 연관성은 존재하지 않는다.

４ 의미 변화의 원인 및 양상

(1) 의미 변화의 원인

언어는 역사성을 가지고 있어 생성 · 성장 · 소멸의 단계를 거치게 된다. 단어의 의미 역시 이러한 역사성에 의해 변화한다. 이는 오랜 시간을 두고 서서히 변화하기도 하고 때로는 짧은 시간에 변하기도 한다. 이러한 단어의 의미 변화는 어느 날 갑자기 이루어지는 것은 아니고 언어 자체의 원인이나 심리적 원인, 역사적 원인, 사회적 원인 등의 다양한 원인에 의해 오랜 시간에 거쳐 변화하게 된다.

① **언어적 원인** : 특정한 단어가 인접한 단어와 연계되어 쓰이는 과정에서 한 단어의 의미가 다른 단어의 의미로 옮겨감으로써 의미 변화가 생기는 경우이다. 이러한 의미 변화는 전염이나 생략, 감염 등의 방식으로 일어나게 된다.

우선 전염은 '결코', '별로'와 같은 단어에서 볼 수 있다. '결코'는 '아니다'라는 부정어와 호응하면서 부정적 의미가 감염되어 '결코' 역시 부정적 의미로 쓰이게 된 경우이다. '별로' 역시 긍정과 부정에 다 쓰이던 말이지만 부정어와 빈번하게 호응하면서 부정적 의미가 감염되어 부정적 의미로만 쓰이게 되었다.

생략은 인접해 쓰이던 단어들 가운데 한 단어가 생략되고 그 의미가 남은 단어에 옮겨가는 경우이다. '코', '아침'이 그러한 예인데 '코'의 경우 '콧물'에서 '물'이 생략되고 '코'가 '콧물'의 의미를 갖게 된 경우이고 '아침' 역시 '아침밥'에서 '밥'이 생략되고 '아침'에 '아침밥'의 의미가 옮겨가게 된 경우이다.

민간어원에 의한 의미 변화는 민간에서 단어를 잘못 분석하거나 단어의 어원을 자의적으로 해석하여 의미가 뜻하지 않게 확대되는 경우로, '행주치마'를 예로 들 수 있다. '행주치마'의 '행주'는 원래 '힝ᄌ'에서 온 말인데 이는 임진왜란 이전부터 있던 말이다. 그러나 임진왜란 당시 행주산성 전투의 '행주'라는 지명과 '행주치마'를 연관지으면서 '행주치마'는 본래의 의미 와는 다른 의미를 추가로 얻게 되었다.

② **역사적 원인** : 역사적 원인은 실제 지시대상에 비해 언어 형식이 갖는 보수성으로 인해 발생하는 변화를 말한다. 언어의 의미, 즉 지시 내용은 변화하지만 언어 형식이 함께 변화하지 않아 언어의 의미가 변화하게 되는 것이다. '배'를 예로 들면 과거에 배라고 하면 '목선(木船)'을 의미하였으나 이후 배와 관련된 기술이 발전하면서 목선뿐만 아니라 증기선에서 항공모함, 잠수함에 이르기까지 다양한 배가 만들어졌고 자연히 '배'의 의미도 확장되었다. 이는 실제 사물의 변화에 비해 언어 형식이 보수적이어서 발생하는 의미 변화의 예이다.

③ **사회적 원인** : 사회적 원인에 의한 의미 변화는 특정 단어가 일반적으로 널리 쓰이다가 특정 계층에서 쓰이면서 의미가 변화되는 경우나 역으로 특정 계층의 언어가 일반화되면서 의미가 변화하는 경우를 말한다. '왕(王)'이란 단어가 대표적인 사례인데, 이 단어는 원래 봉건제도 아래에서 통치자에게만 쓰이던 단어였지만 봉건제도가 사라지고 일반화되면서 '암산왕, 줄넘기왕'과 같이 특정 분야에서 뛰어난 능력을 지닌 사람이라는 말로 의미가 확대되어 쓰이고 있다. 또한 '출혈'과 같은 단어는 본래 의학에서 '피를 흘린다.'라는 뜻으로 쓰였는데 경제용어로 쓰이면서 '손해를 본다.'라는 뜻으로 특수화하여 쓰이게 되었다.

④ **심리적 원인** : 심리적 원인에 의한 의미 변화는 대상에 대한 언중의 심리적 태도와 밀접하게 연관되어 있다. 주로 은유에 의한 것을 들 수 있는데 '곰'이 그 대표적인 예이다. '곰'의 생태와 관련하여 언중이 이를 '미련한 사람'으로 비유하면서 그 의미가 확대된 것이다. 한편 금기에 의한 것도 있는데 '마마'는 '천연두'를 가리키는 말로 과거에는 '천연두'가 매우 심각한 병이었기 때문에 이를 '마마'라는 높임 표현으로 완곡하게 표현하면서 의미가 변화한 것이다.

(2) 의미 변화의 양상

앞서 살펴본 원인들에 따라 단어의 의미가 변화하면서 단어의 의미는 확대되거나 축소되기도 하고 전혀 다른 뜻으로 전성되기도 한다.

① **의미의 확장** : 단어가 가진 본래의 의미보다 확장된 경우이다. '영감'이라는 단어는 과거에는 높은 관직에 오른 지체 높은 사람을 가리키는 단어였는데 현재는 '나이가 많은 사람'이라는 뜻으로

두루 쓰이면서 그 범위가 확대되었다. 또한 '지갑(紙匣)'의 경우 과거에는 '종이'로 만든 것만을 의미하였는데 만드는 소재가 다양해지면서 이제는 가죽이나 천으로 만든 것도 모두 '지갑'이라고 하여 그 의미가 확장된 단어이다. 이 외에도 '아침(아침밥)', '배', '왕' 등도 의미가 확장된 어휘에 속한다.

② **의미의 축소** : 단어가 본래 가졌던 의미보다 축소되는 경우인데 '놈'은 과거에는 '일반적인 사람들'을 의미하는 말이었으나 현재는 비하의 의미로만 쓰여 의미가 축소된 예이다. '계집' 역시 과거에는 아내를 의미하는 말이었으나 현재는 '여자'를 낮잡아 부르는 말로 그 의미가 축소되었다. '얼굴' 또한 의미가 축소된 경우이다. '얼굴'은 원래 몸 전체를 의미하는 말이었지만 시간이 지남에 따라 '안면(顏面)'만을 의미하게 되었다.

③ **의미의 전성** : 한 단어의 의미가 그와는 전혀 다른 의미로 바뀌는 것을 '전성'이라 한다. 예를 들어 우리말의 '어리다'는 과거에는 '어리석다'라는 뜻이었지만 지금은 '나이가 적다.'라는 뜻이 되었다. 또한 '어엿브다' 역시 과거에는 '불쌍하다'라는 뜻이었지만 현재는 '예쁘다'라는 뜻으로 변화하였다. '싁싁하다'도 과거에는 '엄하다'라는 뜻이었지만 현재는 '씩씩하다'라는 의미로 바뀌어 쓰이고 있다. 또한 '감투를 쓰다.' 역시 본래 의미에서 현재는 '벼슬이나 지위를 얻는다.'라는 의미로 변화하여 쓰이고 있다. 그밖에 이러한 의미 변화의 양상을 보이는 단어에는 '수작(酬酌)'[잔을 주고받다. → 말을 주고받다.], '내외(內外)'[안과 밖 → 부부], '인정(人情)'[뇌물 → 사람의 정] 등이 있다.

1편 어휘·문법 능력편

05

다음 중 밑줄 친 부분의 품사가 다른 하나는?

① 원하는 <u>대로</u> 이루어졌다.

② 예상한 바와 <u>같이</u> 주가가 떨어졌다.

③ 전에는 <u>더러</u> 갔지마는 요새는 그곳에 가지 못한다.

④ 방 안은 먼지 하나 <u>없이</u> 깨끗했다.

⑤ 놀고 싶을 때 <u>실컷</u> 놀아라.

> **해설** '~대로'가 용언의 관형형 뒤에 위치하는 것으로 보아, '의존명사'로 쓰인 것을 알 수 있다.
> ② 같이(부사) : '같이'는 부사와 조사로 쓰인다. 부사로 쓰일 경우, '어떤 상황이나 행동 따위와 다름이 없이', '둘 이상의 사람이나 사물이 함께'라는 뜻을 나타낸다. 조사로 쓰일 경우에는 체언 뒤에 붙어 '앞말이 보이는 전형적인 어떤 특징이나 앞말이 나타내는 그때'를 강조한다. ②에서는 '어떤 상황이나 행동 따위와 다름이 없다.'라는 뜻으로 사용되었으므로 부사이다.
> ③ 더러(부사) : '더러' 또한 부사와 조사로 쓰인다. 부사로 쓰일 경우, '이따금 드물게, 전체 가운데 얼마쯤'이란 뜻을, 조사로 사용될 경우에는 동물이나 사람을 나타내는 체언 뒤에 붙어서 '어떤 행동이 미치는 대상'을 나타낸다. ③에서는 '이따금 드물게'란 뜻으로 사용되었으므로 부사이다.
> ④ 없이(부사) : '없이'는 '어떤 사실이나 현상, 사람이나 사물 등이 어떤 곳에 자리나 공간을 차지하고 존재하지 않게'라는 뜻을 지닌 부사이다.
> ⑤ 실컷(부사) : '실컷'은 '마음대로 하고 싶은 대로' 또는 '아주 심하게'의 뜻을 가진 부사이다.

06

국어의 동사와 형용사에 대한 설명이다. 잘못된 것은?

① 둘 다 활용어미를 취하여 서술어를 만든다.

② 동사는 현재형 종결어미로 '-는다'나 '-ㄴ다'를 취한다.

③ 형용사는 현재형 관형사형 어미로 '-은'이나 '-ㄴ'을 취한다.

④ 동사로는 명령형과 청유형을 만드나 형용사로는 그럴 수 없다.

⑤ 형용사는 현재형 종결어미 '-ㄴ다'만을 취한다.

> **해설** 형용사는 현재형 종결어미, '-ㄴ다'가 붙을 수 없다.
> ① 동사와 형용사는 둘 다 주로 서술어로 쓰이고, 쓰임에 따라 활용어미를 변화시켜 각각 다른 의미를 지닌 서술어를 만들 수 있다.
> ②, ③, ④ 동사와 형용사는 활용을 한다는 점은 동일하나 활용방식은 차이를 보인다. 동사는 청유형 어미와 명령형 어미를 취할 수 있지만 형용사는 취할 수 없다. 또한 동사는 현재형, 종결어미로 '-는다'나 '-ㄴ다'를 취하지만 형용사는 '-다'를 취하며 동사는 현재형, 관형사형 어미로 '-는'을 취하지만 형용사는 '-은'이나 '-ㄴ'을 취한다.

07

다음 중 불규칙 용언이 <u>아닌</u> 것은?

① 푸다   ② 하다

③ 좋다   ④ 싣다

⑤ 이르다

해설 ◉ '좋다'는 '좋고[조코]', '좋아[조아]', '좋으니[조으니]'로 규칙 활용하며 'ㅎ'이 탈락되는 현상이 없다.
    ① '푸다'는 '우'불규칙 활용으로 어간 '푸─'의 'ㅜ'가 모음 어미 앞에서 탈락된다.
    ② '하다'는 '여'불규칙 활용으로 어간 '하─' 뒤에 모음 어미 '아'가 '여'로 바뀐다.
    ④ '싣다'는 'ㄷ'불규칙 활용으로 어간 'ㄷ'이 모음 어미 앞에서 'ㄹ'로 바뀐다.
    ⑤ '이르다'는 '러'불규칙 활용으로 '르'로 끝난 어간 위의 모음어미 '어'가 '러'로 바뀐다.

08

다음 중 두 가지 이상의 의미로 해석이 가능한 문장은?

① 어머니께서 사과와 귤 두 개를 주셨다.

② 시간이 10분밖에 남지 않았다.

③ 커피는 두 잔 이상 마시면 몸에 해롭습니다.

④ 그의 용감한 아버지는 적군을 향해 돌진했다.

⑤ 코스모스가 아주 아름답다.

해설 ◉ '어머니께서 사과와 귤 2개를 주셨다.'는 두 가지 의미로 해석할 수 있는 문장이다.
    • 어머니께서 사과 한 개와 귤 한 개를 주셨다.
    • 어머니께서 사과와 귤을 각각 두 개씩 주셨다.

정답 05 ①   06 ⑤   07 ③   08 ①

09

밑줄 친 부분의 문맥적 의미가 나머지와 다른 것은?

① 점령군의 편의를 위해 이루어진 약속이 결국 조국분단의 비극을 <u>낳았다</u>.

② 그의 행색이 남루함에도 불구하고 몸에 밴 어떤 위엄이 그런 추측을 <u>낳은</u> 것이다.

③ 계속되는 거짓과 위선이 불신을 <u>낳아</u> 협력관계가 흔들리고 말았다.

④ 소문이 소문을 <u>낳는다</u>.

⑤ 그는 우리나라가 <u>낳은</u> 세계적인 피아니스트이다.

> **해설** '어떤 환경이나 상황의 영향으로 어떤 인물이 나타나도록 하다.'라는 의미로 쓰였다.
> ①, ②, ③, ④ '어떤 결과를 이루거나 가져오다.'라는 의미로 쓰였다.

10

다음 중 압존법(壓尊法)의 사용이 바른 것은?

① 할머니께서 소설책을 읽으셨다.

② 할아버지, 어머니가 아직 안 왔습니다.

③ 교장 선생님, 여기 앉으십시오.

④ 나는 어머니를 모시고 학교로 갔다.

⑤ 막내 삼촌께서 병원에 다녀오셨다.

> **해설** 압존법이란 상대 높임의 한 가지로 문장의 주체가 화자보다는 높지만 청자보다는 낮아, 그 주체를 높이지 못하는 것을 말한다. '할아버지, 어머니가 아직 안 왔습니다.'를 분석해 보면 청자는 '할아버지', 주체는 '어머니'이다. 화자는 '어머니'보다 손윗사람인 '할아버지'를 고려하여 '어머니'를 높이지 않았다. 이처럼 청자와 주체가 모두 나타나야 압존법이 쓰인 것을 알 수 있다.
> ① '할머니'만 나오고 '화자'가 나오지 않아 주체 높임법이 쓰였다.
> ③ 청자인 '교장 선생님'을 높인 상대 높임법이다.
> ④ 객체인 어머니를 높인 객체 높임법이 쓰였다.
> ⑤ 주체인 '막내 삼촌'을 높인 주체 높임법이 사용되었다.

11

다음 중 주체 높임법이 <u>아닌</u> 것은?

① 할머니께서는 아직 귀가 밝으십니다.

② 나는 아버지를 모시고 집으로 왔다.

③ 선생님께서는 그 책을 읽으셨다.

④ 아버지께서는 집에 계신다.

⑤ 어머니는 지혜로운 분이십니다.

> **해설** '나는 아버지를 모시고 집으로 왔다.'에서 '나'가 주체이고 '아버지'가 객체이다. 객체인 아버지를 상대로 높임을 쓰고 있기 때문에 객
> 체 높임법이다.
> ① 귀가 밝으신 할머니(주체)를 높이고 있다.
> ③ 책을 읽고 계시는 선생님(주체)을 높이고 있다.
> ④ 집에 계시는 아버지(주체)를 높이고 있다.
> ⑤ 어머니(주체)를 높이고 있다.

12

다음 중 문장의 짜임새가 <u>다른</u> 것은?

① 그는 형과 달리 말을 잘한다.

② 그는 내가 생각했던 것과 달리 상냥하다.

③ 그는 우리가 돌아온 사실을 모른다.

④ 호랑이가 소리도 없이 다가왔다.

⑤ 그들은 우리가 입은 것과 똑같이 입고 있다.

> **해설** 관형절을 안은 문장이다.
> ①, ②, ④, ⑤ 부사절을 안은 문장이다.

13

다음과 같은 문제점으로 인해 바르지 <u>못한</u> 문장은?

> 요즘에는 재미있게 읽혀지는 책이 별로 없다.

① 선생님께는 돌 지난 손자가 계시지?

② 어제는 머리가 아프니까 결석을 하였다.

③ 열차가 곧 도착됩니다.

④ 내가 친구 한 명 소개시켜 줄게.

⑤ 공부를 끝내고 나니 열두 시가 넘겠다.

해설 ▶ 보기의 문장은 이중 피동 표현이 되었다. '읽혀지는'을 '읽히는'으로 고쳐야 한다. '열차가 곧 도착됩니다.' 또한 피동 표현이 과용된 경우이다. '도착됩니다'를 '도착합니다'로 고쳐야 한다.
　　① 높임법의 호응이 이루어지지 못한 경우이다. 직접적인 높임의 대상이 아니더라도, 전체 문장의 주어가 높임의 대상이면 '-시'를 붙여서 간접적으로 높인다. '계시다'는 주체를 직접 높이는 높임말이다.
　　　→ 선생님께서는 돌 지난 손자가 있으시지?
　　② 조사가 잘못 쓰인 경우이다. '아프니까'를 '아파서'로 고쳐야 한다. '-니까'는 후행절에 판단, 상태 등이 '-서'는 동작, 행동 등이 자연스럽게 연결된다.
　　　→ 어제는 머리가 아파서 결석을 하였다.
　　④ 부자연스러운 사동 표현
　　　→ 내가 친구 한 명 소개해 줄게.
　　⑤ 시제의 호응이 이루어지지 못한 경우
　　　→ 공부를 끝내고 나니 열두 시가 넘었다.

14

다음 중 중복된 표현이 <u>없는</u> 문장은?

① 과반수가 넘는 찬성으로 안건이 가결되었다.

② 미리 예습하는 것이 좋을 것 같다.

③ 그때 당시에는 모두가 힘들었습니다.

④ 어려운 난관을 뚫고 마침내 시험에 합격했다.

⑤ 그날 이후 우리는 돈독한 사이가 되었다.

해설 '그날 이후 우리는 돈독한 사이가 되었다.'에서는 의미가 중복되는 표현이 없다.
　　① '과반수(過半數)'의 '과(過)'와 '넘는(넘다)'의 의미가 중복된다.
　　② '예습(豫習)'의 '예(豫)'와 '미리'의 의미가 중복된다.
　　③ '당시(當時)'의 '시(時)'와 '그때'의 의미가 중복된다.
　　④ '난관(難關)'의 '난(難)'과 '어려운(어렵다)'의 의미가 중복된다.

15

다음에서 설명하는 언어의 성질은?

소리와 의미 사이에 어떤 필연적인 관계는 없다. 다시 말하면 코를 '코'라 하고 눈을 '눈'이라 하는 것은 우연적인 결합이다. 코를 '눈'이라 해서는 안 될 이유가 없고, 눈을 '코'나 '입술'이라고 해서 안 될 이유가 없다.

① 창조성 ② 역사성

③ 사회성 ④ 자의성

⑤ 법칙성

해설 '소리와 의미 사이에 어떤 필연적인 관계는 없다.'라는 부분을 통해서 언어의 자의성(恣意性)에 대한 설명임을 알 수 있다.
① 인간은 무한 수의 문장을 만들고 이해할 수 있으며, 언어를 통해서 상상의 산물이나 관념적이고 추상적인 개념까지도 무한하게 창조적으로 표현할 수 있다.
② 언어는 계속해서 신생·성장·사멸한다.
③ 언어는 한 언어 사회의 구성원들 간에 맺어진 사회적 약속이므로 어느 한 개인이 마음대로 바꿀 수 없다.
⑤ 언어에는 일정한 법칙(문법)이 있고, 이 법칙에 어긋난 표현은 말이 되지 않는다.

16

다음 중 제시된 단어가 ㉠의 의미로 사용된 문장은?

손
㉠ 다른 곳에서 찾아온 사람
㉡ 여관이나 음식점 따위의 영업하는 장소에 찾아온 사람
㉢ 지나가다가 잠시 들른 사람
㉣ 손님마마, 즉 천연두

① 그 초가삼간의 주인은 일시 지나가는 손마저도 극진히 대접하는 것으로 유명했다.

② 술손님들이 하나 둘 주막을 찾아들어, 내 옆방에도 와자하게 손이 들었다.

③ 점순네 막내를 시작으로 마을 아이들 대부분이 손을 앓기 시작했다.

④ 그 가게는 손이 제법 많다.

⑤ 무슨 좋은 소식이 있나 승지를 찾는 손들의 행렬은 밤이 이슥하도록 이어졌다.

해설 ① ㉢의 의미로 쓰였다.
②, ④ ㉡의 의미로 쓰였다.
③ ㉣의 의미로 쓰였다.

01. 아기가 책을 **(거꾸로, 꺼꾸로)** 보고 있다.

02. 소가 **(언덕배기, 언덕빼기)**에서 놀고 있구나.

03. **(딱다구리, 딱따구리)**가 쉴새없이 나무를 쪼고 있다.

04. 땀에서 **(짭잘한, 짭짤한)** 맛이 났다.

05. 오늘은 **(페품, 폐품)**을 내는 날이다.

06. 준호는 바쁘다는 **(핑게, 핑계)**로 모임에 참석하지 않았다.

07. 모집 공고가 **(게시판, 계시판)**에 붙어 있다.

08. 운동장으로 가면 국기**(게양대, 계양대)**가 있다.

09. 도서관 **(휴게실, 휴계실)**에서 만나자.

10. 한 살을 더 먹고 보니 **(씁슬한, 씁쓸한)** 기분이 들었다.

11. 준희와 준호는 **(연년생, 연연생)**으로 태어났다.

12. 그의 태도는 언제나 **(늠늠하고, 늠름하고)** 자신만만했다.

13. 귀에 걸면 **(귀거리, 귀걸이)**, 코에 걸면 **(코거리, 코걸이)**.

14. 니트 스웨터는 **(옷거리, 옷걸이)**에 걸면 안 된다.

15. 여름에는 **(어름, 얼음)**이 많이 팔린다.

16. 거리가 얼마나 될지 **(가늠해, 가름해)** 보았다.

17. 누구 말이 옳은지 **(가늠해 보자, 가름해 보자)**.

18. 천사의 손가락이 동쪽을 **(가르쳤다, 가리켰다)**.

19. 용기를 **(가르켜 주신, 가르쳐 주신)** 고마운 선생님이 계셨다.

20. 종이가 **(갈가리, 갈갈이)** 찢어졌다.

21. 그의 **(거름, 걸음)**이 몹시 느려 지각했다.

22. 구름이 **(거치자, 걷히자)** 맑은 하늘이 보였다.

23. 대구를 **(거친, 걷힌)** 기차가 부산에 도착했다.

24. 동족끼리 총을 **(겨누었던, 겨루었던)** 6·25의 비극을 잊어서는 안 된다.

25. 1팀과 2팀이 축구로 승부를 **(겨누었다, 겨루었다)**.

26. 무 (깍듯이, **깎듯이**) 나무를 (깍았다, **깎았다**).

27. 참 (깍듯한, **깎듯한**) (존대말, **존댓말**)을 듣는구나.

28. 조개 (**껍데기**, 껍질)을(**를**) 모아 보자.

29. 포도 (껍데기, **껍질**)은(**는**) 먹지 마라.

30. 갑자기 새들이 (날라갔다, **날아갔다**).

31. 이삿짐을 모두 (**날라라**, 날아라).

32. 우리 집 소가 오늘 아침 송아지를 (나았다, **낳았다**).

33. 병이 다 (**나은**, 낳은) 할머니를 뵈었다.

34. 우리는 힘들게 산을 (너머, **넘어**) 갔다.

35. 우리의 목적지는 산 (**너머**, 넘어)에 있다.

36. 고무줄을 아래로 (늘려, **늘여**) 보았다.

37. 돈을 한 푼 두 푼 (**늘려**, 늘여) 나갔다.

38. 어머니께서 옷을 (**다리고**, 달이고) 계시다.

39. 어머니께서 약을 (다리고, **달이고**) 계시다.

40. 줄을 힘껏 (**당기다**, 댕기다).

41. 아궁이에 불을 (당겼다, **댕겼다**).

42. 나는 넓은 (**대로**, 데로) 나가 살고 싶다.

43. 나는 들은 (**대로**, 데로) 말하고 있다.

44. 그 책은 내가 (**읽던**, 읽든) 책이고, 그 밥도 내가 (**먹던**, 먹든) 것이다.

45. (**먹든 말든**, 먹던 말던) 네 마음대로 해라.

46. 얼마나 (**놀랐던지**, 놀랐든지) 땀이 흠뻑 났다.

47. 내가 (가던지, **가든지**) (말던지, **말든지**) 상관하지 마라.

48. 자기 대신 밤을 새워 주는 것을 생각하면 (어쨋든, **어쨌든**) 고마운 일이다.

49. 그는 (오랜만에, **오랫만에**) 고향 사람을 만나자 무척 반가웠다.

50. 비에 젖어 (**으스스**, 으시시) 한기를 느꼈다.

51. 꿩을 보고 닭이라니 (어거지, **억지**)도 가지가지구나!

52. 이불이 (두껍다, **두텁다**).

53. 우리의 우정은 (두껍다, **두텁다**).

54. 약을 먹으니 효과가 (금새, **금세**) 나타났다.

55. 아기가 아빠의 (**넓다란**, 널따란) 품에 안겨 잠이 들었다.

56. 나의 마음을 (**드러낼**, 들어낼) 수밖에 없었다.

57. 사물함에서 책을 모두 (드러냈다, **들어냈다**).

58. 마트에 가는 길에 우리 집에 (**들렀다**, 들렸다) 가자.

59. 엄마의 공부하라는 (**등살**, 등쌀)에 괴롭다.

60. 남의 눈에 (**띄지**, 띄이지) 않게 놀러 갔다.

61. 대화는 열기를 (**띄기**, 띠기) 시작했다.

62. 재산(이라야, **이래야**) 집 한 채가 전부다.

63. 아이가 사탕을 한 (**움큼**, 웅큼) 집었다.

64. 그것은 교사(**로서**, 로써) 할 일이 아니다.

65. 쌀(로서, **로써**) 떡을 만든다.

66. 그는 오늘 일을 모두 (**마쳤다**, 맞혔다).

67. 주어진 문제를 모두 (마추었다, **맞추었다**).

68. 저 물건들 중 내 (**모가지**, 모가치)는 얼마나 될까?

69. 닭의 (**모가지**, 모가치)를 비틀어도 새벽은 온다.

70. 그녀는 나물을 맛있게 (**무친다**, 묻힌다).

71. 땅에 (무친, **묻힌**) 보물을 찾아라.

72. 평생을 과학 연구에 몸을 (**바치다**, 받치다).

73. 우산을 (바치고, **받치고**) 겨우 소나기를 피했다.

74. 자동차에 (바치고도, **받히고도**) 살아남았다.

75. 태희는 두 살(**박이**, 배기)이다.

76. 우리집 강아지는 (**점박이, 점배기**)다.

77. 내년에는 우리가 (**반드시, 반듯이**) 우승하고 말겠다고 다짐했다.

78. 그 아이는 코가 (**반드시, 반듯이**) 생겼다.

79. 그 녀석의 거짓말이 (**발가지고, 발개지고**) 말았다.

80. 그 녀석은 부끄러워 (**발가지고, 발개지고**) 있었다.

81. 벼 포기에 이삭이 벌써 (**배었다, 베었다**).

82. 낫으로 나무를 (**배고, 베고**) 있었다.

83. 베개를 왜 (**배지, 베지**) 않고 자니?

84. 줄 간격을 (**벌리다, 벌이다**).

85. 너는 쓸데없이 일을 많이 (**벌린다, 벌인다**).

86. 그는 세상 물정을 모르는 (**숙맥, 쑥맥**)이다.

87. (**꽃봉오리, 꽃봉우리**)가 탐스럽다.

88. 저 (**산봉오리, 산봉우리**)를 넘어 가면 소풍 장소가 나온다.

89. 짐을 외국으로 (**부치다, 붙이다**).

90. 식목일에 (**부치는, 붙이는**) 글.

91. 불우이웃을 돕자는 의견이 회의에 (**부쳐졌다, 붙혀졌다**).

92. 우표를 봉투에 (**부쳤다, 붙였다**).

93. 인용을 하면 반드시 각주를 (**부쳐야, 붙여야**) 한다.

94. 싸움을 (**부치는, 붙이는**) 것은 비겁하다.

95. 종이에 불을 (**부친다, 붙인다**).

96. 그는 도박으로 물려받은 재산을 몽땅 (**떨어, 털어**)먹었다.

97. 자기 전에 물을 많이 마셔서 몸이 (**붇고, 불고**) 말았다.

98. 채송화가 (**비스듬, 비스름**)하게 피어 있다.

99. 그녀는 어머니와 겉모습은 (**비스듬, 비스름**)했지만 성격은 아주 딴판이다.

100. 너에게 주어진 일을 (**가벼이, 가벼히**) 생각하지 마라.

01.	거꾸로	30.	날아갔다
02.	언덕배기	31.	날라라
03.	딱따구리	32.	낳았다
04.	짭짤한	33.	나은
05.	폐품	34.	넘어
06.	핑계	35.	너머
07.	게시판	36.	늘여
08.	게양대	37.	늘려
09.	휴게실	38.	다리고
10.	씁쓸한	39.	달이고
11.	연년생	40.	당기다
12.	늠름하고	41.	댕겼다
13.	귀걸이, 코걸이	42.	데로
14.	옷걸이	43.	대로
15.	얼음	44.	읽던, 먹던
16.	가늠해	45.	먹든 말든
17.	가름해 보자	46.	놀랐던지
18.	가리켰다	47.	가든지, 말든지
19.	가르쳐 주신	48.	어쨌든
20.	갈가리	49.	오랜만에
21.	걸음	50.	으스스
22.	걷히자	51.	억지
23.	거친	52.	두껍다
24.	겨누었던	53.	두텁다
25.	겨루었다	54.	금세
26.	깍듯이, 깎았다	55.	널따란
27.	깍듯한, 존댓말	56.	드러낼
28.	껍데기	57.	들어냈다
29.	껍질	58.	들렀다

미래를 향한 첫걸음,
시스컴과 함께 도전하세요~

여러분의 꿈을 향한 힘찬 도약에 시스컴이 항상 응원하겠습니다.

KBS
한국어능력시험
기본서 **4주완성** 상

- 수험생들이 가장 어려움을 느끼는 어휘·문법 영역을 따로 구성하여 보다 효율적으로 학습할 수 있도록 하였습니다.

- KBS 한국어능력시험의 5대 영역에서 요구하는 핵심 이론을 수록하였고, '더 알고가기'와 '짚어보기'를 통해서 혼자서도 쉽게 학습할 수 있도록 구성하였습니다.

- 기출문제를 세밀하게 분석한 '기출유사문제'와 '예상문제', 그리고 실전에 바로 적용할 수 있는 '실전 대비 문제'로 한국어 공부의 시작과 끝을 책임집니다.

KBS
한국어능력시험

하

4주완성
기 본 서

배성일 편저 | 이평천 · 주용춘 감수

국가공인자격  동영상
강의 제공

하권 | 이해 능력/표현 · 창안 능력/
국어 문화 능력 편

듣기 · 말하기 능력 실전 대비 문제
MP3 무료 다운로드

SISCOM 시스컴

핵심을 꿰뚫는 명쾌한 강의와 함께하는

KBS 한국어 능력시험 4주완성
▶ 동영상 강의 ▶

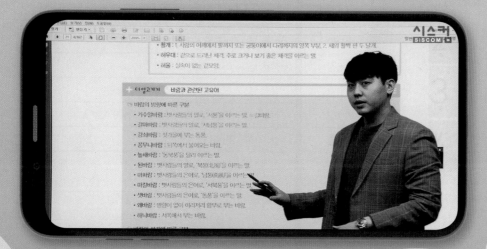

민상윤 교수

서울대학교 사범대졸업
前 중앙 LNC 재수학원 국어강사
前 이리온, 수능 국어영역 강사
現 아나키 - 특강, 수능 국어영역 강사
現 앤써 입시, 수능 국어영역 강사
미라오마 수능 블로그 운영

"올바른 한국어 사용의 능력을 기를 수 있는 기틀을 제공합니다"

"생생한 부가설명과 함께 최신경향을 파악합니다"

방대한 이론을 명쾌하게
정리하여 핵심만을 짚어줌

높은 등급을 받을 수 있는 출제경향
분석 및 문제풀이를 완벽하게 대비

국어를 아름답게 가꾸어 보전할
수 있는 "국어 교양"을 높임

동영상 강의 **커리큘럼**

구분		학 습 내 용
1주	1강	KBS 한국어능력시험 개요 상권 1장 어휘력1. 고유어(1)
	2강	상권 1장 어휘력1. 고유어(2)
	3강	상권 1장 어휘력1. 고유어(3)
	4강	상권 1장 어휘력2. 한자어(1)
	5강	상권 1장 어휘력2. 한자어(2)
	6강	상권 1장 어휘력3. 고사 성어/한자성어(1)
	7강	상권 1장 어휘력3. 고사 성어/한자성어(2)
	8강	상권 1장 어휘력4. 속담(1)
	9강	상권 1장 어휘력4. 속담(2) 어휘력5. 관용어
	10강	상권 1장 어휘력6. 외래어 · 순화어 어휘력 실전 대비 문제
2주	11강	상권 2장 문법 능력1. 어문규정[1] 한글 맞춤법(1)
	12강	상권 2장 문법 능력1. 어문규정[1] 한글 맞춤법(2)
	13강	상권 2장 문법 능력1. 어문규정[1] 한글 맞춤법(3) 맞춤법 실전 대비 문제
	14강	상권 2장 문법 능력1. 어문규정[2] 표준어 규정
	15강	상권 2장 문법 능력1. 어문규정[3] 표준 발음법
	16강	상권 2장 문법 능력1. 어문규정[4], [5] 문법 능력2. 말소리
	17강	상권 2장 문법 능력3. 단어(1)
	18강	상권 2장 문법 능력3. 단어(2)
	19강	상권 2장 문법 능력4. 문장(1)
	20강	상권 2장 문법 능력4. 문장(2) 문법 능력5. 의미(1)
	21강	상권 2장 문법 능력5. 의미(2) 문법 능력 실전 대비 문제

민상윤 교수님의
동영상 강의 커리큘럼

※ 강의 목차는 추후 변경될 가능성이 있습니다.

기관

GS홈쇼핑, KBS, 경찰청, 국민건강보험공단, 국민체육진흥공단, 국악방송, 근로복지공단, 농수산 홈쇼핑, 농심기획, 도로교통공단, 동작구청, 마포구청, 머니투데이, 서울신문사, 세계일보, 스포츠서울, 우리은행, 전주방송JTV, 파워킹시스템, 한겨레신문, 한국고전번역원, 한국교육방송공사, 한국남동발전, 한국농촌경제연구원, 한국농촌공사, 한국생산성본부, 한국석유관리원, 한국수자원공사, 한국일보, 한국자산공사, 한국전력, 한국지도자육성장학, 해외한국어방송인턴십 등

국방부

간부사관, 민간부사관, 여군부사관, 헌병부사관, 법무부사관, 군종부사관, 군악부사관, 현역부사관, 학사사관, 여군사관, 육군부사관 등

대학교

경기대, 경인교대, 경희대, 공주영상대, 군산대, 대구가톨릭대, 대구대, 대진대, 덕성여대법학과, 동신대, 서울대, 성균관대, 순천향대, 신라대, 아주대대학원, 안양대, 위덕대, 전주대, 청주대, 춘천교육대, 한국외대, 한양대 등

 본서에 수록된 내용은 KBS 한국어능력시험 홈페이지를 참고하였습니다. 추후 변경 가능성이 있으므로 반드시 확인 바랍니다.

KBS
한국어능력시험
기본서 4주완성

하권

배성일 편저 | 이평천 · 주용춘 감수

KBS 한국어 능력시험

기본서 4주완성 하권

인쇄일 2021년 4월 20일 7판 1쇄 인쇄	**발행처** 시스컴 출판사
발행일 2021년 4월 25일 7판 1쇄 발행	**발행인** 송인식
등 록 제17-269호	**편저자** 배성일
판 권 시스컴2021	**감수자** 이평천 · 주용춘

ISBN 979-11-6215-733-6 13320

정 가 30,000원

주소 서울시 금천구 가산디지털 1로 225, 514호(가산포휴) | **홈페이지** www.siscom.co.kr

E-mail master@siscom.co.kr | **전화** 02)866-9311 | **Fax** 02)866-9312

PREFACE

한 나라의 국민으로서 모국어를 정확하게 이해하고 사용하는 것은 매우 중요한 능력이다. 이러한 이유에서 한국어 사용 능력을 평가하는 다양한 시험들이 시행되고 있으며, 그 가운데 KBS 한국어능력시험은 가장 고급의 한국어 사용 능력을 평가하는 시험이라고 볼 수 있다. 따라서 다른 시험들에 비해 KBS 한국어능력시험은 수험생의 많은 노력과 학습이 요구된다.

KBS 한국어능력시험은 한국어의 정확한 이해 능력과 사용 능력을 객관적으로 평가하기 위해 시행되고 있으며 언어 사용의 기본 영역인 듣기, 말하기, 읽기, 쓰기 영역과 함께 한국어 사용의 토대가 되는 어휘, 어법 영역과 창조적인 언어 사용 능력을 평가하는 창안 능력, 한국어와 관련된 기본교양을 평가하는 국어 문화 영역 등을 아울러 평가하고 있다.

본서가 지닌 특징과 장점은 다음과 같다.

첫째, 현행 KBS 한국어능력시험에서 출제되고 있는 영역의 평가에 대비할 수 있도록 KBS 한국어능력시험의 평가 영역에 기초하여 구성하였다.
둘째, 출제 문항을 연습하는 것에 그치지 않고 문제 해결의 바탕이 되는 이론과 배경지식을 함께 수록하여 보다 깊이 있는 학습이 이루어질 수 있다.

본서가 KBS 한국어능력시험을 준비하는 수험생들에게 모국어에 대한 보다 깊이 있는 이해를 바탕으로 한국어 사용 능력을 높이는 길잡이가 되기를 바란다.

시험 안내

1. 시험 주관

주최 : KBS	주관 : KBS한국어진흥원	실시 : 전국 15개 도시

2. 시험 개요

KBS 한국어능력시험은 국어를 정확하고 교양(教養)있게 사용하여 국어를 아름답게 가꾸어 보전(保全)해야 할 선도적 사명과 책임이 있는 KBS가 궁극적으로 국민의 국어 사용 능력을 높이고 국어 문화를 발전시키는 데 기여하기 위해 시행하는 시험입니다.

3. 시험 특징

① 국가공인의 검정시험

　㉠ 자격기본법 제19조(민간자격의 공인) 제1항에 근거한 민간자격 국가공인 취득
　㉡ 국어기본법에 시행에 근거한 시험
　㉢ 국립국어원이 공공성을 인정하고 지원하는 시험

② 정밀한 언어 수행 능력 측정을 목표로 하는 시험

　㉠ 다양한 언어 사용 영역을 총체적으로 평가하는 시험
　㉡ 실제 언어 사용 환경을 적극 반영한 실용성 높은 시험

③ 등급제 반영으로 실제 언어 수행 능력을 측정할 수 있는 시험

　㉠ 실제 언어 수행 능력을 반영한 등급제 시스템(특허)을 보유한 시험
　㉡ 과학적인 결과 분석 시스템을 갖춘 시험

④ 등급표 (※국가공인 자격증은 1급에서 4+급까지 발급)

등급	검정 기준
1급	전문가 수준의 뛰어난 한국어 사용 능력을 가지고 있음
2+급	일반인으로서 매우 뛰어난 수준의 한국어 사용 능력을 가지고 있음
2-급	일반인으로서 뛰어난 수준의 한국어 사용 능력을 가지고 있음
3+급	일반인으로서 보통 수준 이상의 한국어 사용 능력을 가지고 있음
3-급	국어 교육을 정상적으로 이수한 일정 수준 이상의 한국어 사용 능력을 가지고 있음
4+급	국어 교육을 정상적으로 이수한 수준의 한국어 사용 능력을 가지고 있음
4-급	고교 교육을 이수한 수준의 한국어 사용 능력을 가지고 있음
무급	국어 사용 능력을 위해 노력해야 함

4. 시험 출제 방향

① 시험 구성

ㄱ) **효과성과 유창성** : 국민이 다양한 교육과 경험을 통하여 습득한 듣기, 말하기, 읽기, 쓰기 등의 우리말 사용 능력을 범교과적인 제재를 활용하여 측정합니다.

ㄴ) **정확성** : 유창한 언어 사용과 창의적 언어 사용의 기반이 되는 정확한 언어 사용을 측정하기 위해 문법(어휘, 어법) 영역 측정의 비중을 높였습니다.

ㄷ) **창의성** : 외국어능력시험보다 한 단계 더 높은 창의적 언어 능력과 우리 언어문화에 대한 교양적인 능력을 측정하기 위해 구성된 영역입니다.

② 출제 기준

ㄱ) **출제 방식** : 5지 선다형, 80~100문제

ㄴ) **출제 배점** : 문항마다 균일 배점이 원칙이나 필요시 차등 배점

ㄷ) **출제 수준** : 한국의 고교 수준의 국어교육을 정상적으로 받은 사람이 풀 수 있는 수준

ㄹ) **시험 시간** : 10:00~12:00(120분간, 쉬는 시간 없음)

- 듣기 · 말하기 시험 : 25분(10:00~10:25)
- 읽기 시험 : 95분(10:25~12:00)

ㅁ) **성적 유효기간** : 2년

③ 출제 영역

ㄱ) **문법 능력(어휘, 어법)** : 말하기, 듣기, 읽기, 쓰기 능력의 기초가 되는 능력입니다. 고유어, 한자어, 외래어에 대한 이해 및 표현 능력을 측정하며, 4대 어문 규정에 대한 이해 능력을 측정합니다. 또한 외국어가 범람하는 오늘날의 언어 현실을 반영하여 순화어 관련 문항과 한자(漢字)에 대한 이해 및 사용 능력도 측정하고 있습니다.

ㄴ) **이해 능력(듣기, 읽기)**

- **듣기 능력** : 인간의 의사소통에서 가장 기본이 되는 듣기 능력을 평가하기 위해 강의, 강연, 뉴스, 토론, 대화, 인터뷰 자료 등 다양한 구어 담화를 듣고 문제를 해결하는 방식으로 구성되어 있습니다.
- **읽기 능력** : 문예, 학술, 실용 텍스트를 제시하고 글에 대한 사실적 이해, 추론적 이해, 비판적 이해 능력을 측정합니다.

구분	문예 텍스트	학술 텍스트	실용 텍스트
종류	문학, 정서 표현의 글	인문, 사회, 과학, 예술 등	기사문, 보고서, 설명서, 편지글, 다매체 텍스트
평가 요소	추리 · 상상적 이해력	논리 · 비판적 이해력	사실 · 분석적 이해력

ⓒ 표현 능력(쓰기, 말하기)

- 쓰기 능력 : 다양한 글을 쓸 때 거치는 '주제 선정 → 자료 수집 → 개요(outline)작성 → 집필 → 퇴고'의 과정을 잘 이해하고 실습해 본 사람이면 누구나 풀 수 있도록 쓰기 과정별로 문항이 구성되어 있습니다.
- 말하기 능력 : 발표, 토론, 협상, 설득, 논증, 표준화법(언어 예절, 호칭어와 지칭어 사용 등) 등의 다양한 말하기 상황과 관련된 능력을 평가하며, 정확한 발음의 사용 능력 평가를 위한 표준발음법 관련 문항도 포함되어 있습니다.

ⓓ 창안 능력(창의적 언어 능력) : 창의적인 표어를 제작하거나, 글을 읽고 감동적이거나 인상적인 제목을 만들거나 추출할 수 있는 능력, 기타 창의적 사고력을 기반으로 각종 언어 사용에서 아이디어를 창안하는 능력, 비유법과 관련한 창의적 수사법, 고사 성어(故事成語)와 속담(俗談) 등을 활용한 표현 능력 등을 측정합니다.

ⓔ 국어문화 능력(국어 교과의 교양적 지식) : 기존 국어 시험들에서 배제되어 온 국어와 관련된 교양 상식에 대한 이해 능력과 국문학에 대한 지식들을 평가 · 측정합니다.

출제 영역	검정 수준
문법 (어휘 · 어법)	한글 맞춤법, 표준어 규정, 외래어 표기법, 로마자 표기법 등
이해 (듣기 · 읽기)	어휘력, 사실적 이해 능력, 추리 · 상상적 이해 능력, 비판적 이해 능력, 논리적 이해 능력 등
표현 (쓰기 · 말하기)	보고서 작성 및 발표 · 토론 능력, 협상 및 대인 설득 능력, 표준화법 등
창안 (창의적 언어 능력)	창의적 표어 제작, 제목 추출, 아이디어 창안, 수사법, 고사 성어, 속담 활용 능력 등
국어 문화 (국어 교과서의 교양 지식)	국어 상식 및 국어 문화에 대한 교양적 · 이해 능력

5. 원서접수 안내

① 시험 접수

KBS 한국어능력시험 홈페이지(www.klt.or.kr)

② 응시 대상

㉠ 대한민국 국적을 가진 국민

㉡ 외국인등록증 또는 국내거소신고증 중 한 가지를 소지하고 있는 외국인

③ 응시 지역

서울, 인천, 수원, 고양, 부산, 울산, 창원, 대구, 광주, 전주, 대전, 청주, 춘천, 강릉, 제주 등 15개 권역에서 실시되며, 접수 시 고사장을 선택해야 합니다.

④ 응시료 및 발급 수수료

㉠ 응시료 : 33,000원

㉡ 자격증 발급 수수료 : 5,000원(등기우편)

㉢ 성적표 발급 수수료 : 4,000원(등기우편), 2,000원(일반우편)

⑤ 접수기간

접수 시작일 00:00부터 접수마감일 22:00까지이며 일정은 KBS 한국어능력시험 홈페이지에서 확인 가능합니다.

6. 응시 절차

지원서 작성
(고사장 선택) ▶ 응시료 결제
(지원서 제출) ▶ 수험표 출력 ▶ 응시 ▶ 성적 발표

※ 응시 절차는 변동 가능하므로 반드시 KBS 한국어능력시험 홈페이지(www.klt.or.kr)를 확인하시기 바랍니다.

구성 및 특징

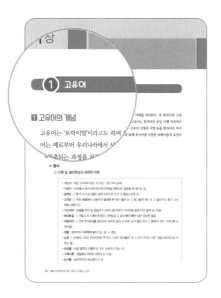

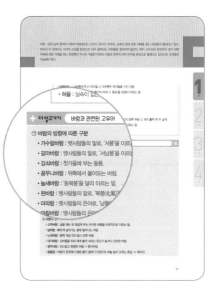

매 문제마다 상세한 해설을 달아 혼자서도 쉽게 문제를
해결 할 수 있습니다.

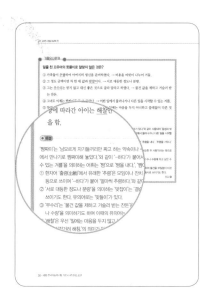

기출유사문제 · 예상문제

출제기준에 맞추어 시험에서 출제빈도가 높은 유형들을
엄선하여 과목별로 기출유사문제와 예상문제를 수록하였
습니다.

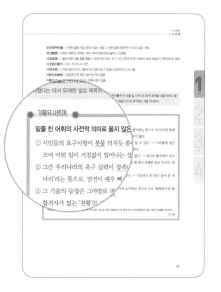

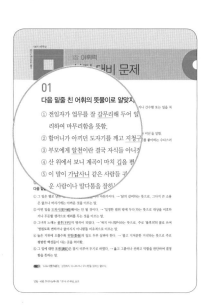

실전 대비 문제

기본 유형 익히기에 한 단계 더 나아가 고득점을 달성하
기 위한 보다 심화된 문제들을 수록했습니다.

목차

⬛ 효율적인 학습을 위한 STUDY PLAN

구분	학습 내용	학습 예상일	학습일	학습 시간
3주	하권 1장 듣기 · 말하기 능력(1)			
	하권 1장 듣기 · 말하기 능력(2)			
	하권 1장 듣기 · 말하기 능력(3)			
	하권 2장 읽기 능력(1) 이론			
	하권 2장 읽기 능력(2) 시문학			
	하권 2장 읽기 능력(3) 소설문학			
	하권 2장 읽기 능력(4) 비문학			
	하권 2장 읽기 능력(5) 실전 대비 문제			
	하권 1장 쓰기 능력(1)			
	하권 1장 쓰기 능력(2) 실전 대비 문제			
4주	하권 2장 창의적 언어 능력(1)			
	하권 2장 창의적 언어 능력(2) 실전 대비 문제			
	하권 1장 문학 이해 능력(1) 문학의 이해1			
	하권 1장 문학 이해 능력(2) 문학의 이해2			
	하권 1장 문학 이해 능력(3) 국어사			
	하권 1장 문학 이해 능력(4) 고전문학1			
	하권 1장 문학 이해 능력(5) 고전문학2			
	하권 1장 문학 이해 능력(6) 현대문학1			
	하권 1장 문학 이해 능력(7) 현대문학2			
	하권 2장 국어 문화 능력			

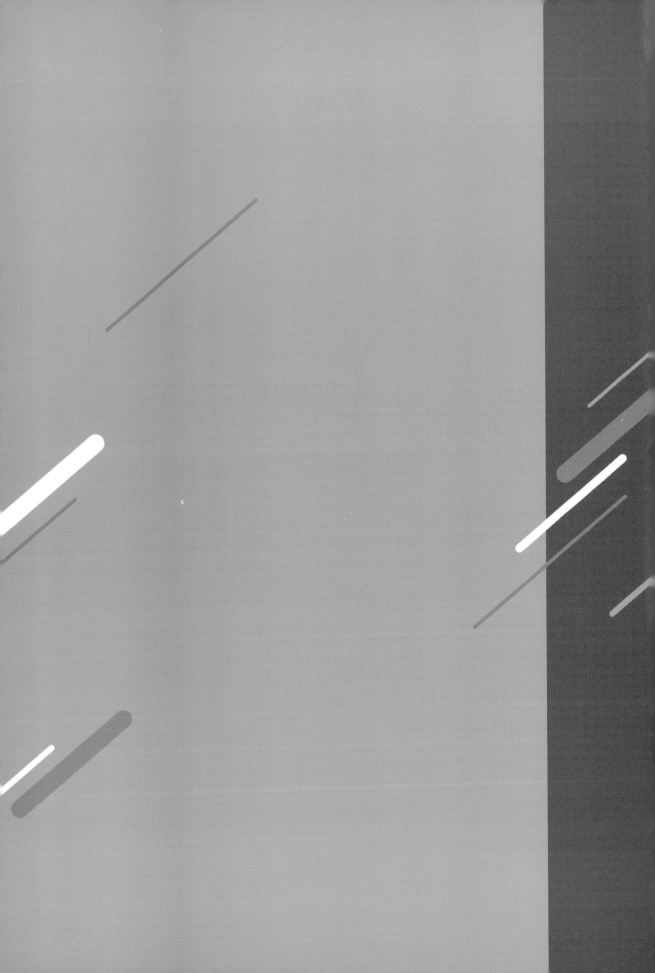

2편

이해 능력 편

KBS 한국어능력시험기본서 4주완성

1장 듣기 · 말하기 능력

① 사실적 사고로 듣기·말하기

사실적 사고 능력이란 글 속에 드러나 있는 내용 및 구조 속의 정보를 있는 그대로 정확하고 신속하게 이해할 수 있는 능력을 말한다. 사실적 사고를 요구하는 문항에서는 주관적 판단을 배제하고 주어진 정보를 정확하고도 객관적으로 파악하는 능력이 요구된다. 특히 듣기 문항에서 중요한 것은 제시된 내용의 정확한 이해이므로 들은 내용을 간략하게 메모하면서 듣거나 선지의 내용과 비교하며 듣는 것이 유리하다.

[듣기 능력을 구성하는 요소]

발음 식별력, 억양 · 휴지 및 강세, 구어의 특성, 어휘 · 숙어력, 문법 실력, 세부 내용 파악 능력, 중심 사고 파악 능력 등

1 정보의 확인

'정보의 확인'이란 결국 사실이나 현상이 들은 내용과 일치하는가, 일치하지 않는가를 판단하는 과정이며 이는 올바른 듣기 능력의 기본적인 과정이라고 할 수 있다. 이러한 유형의 문항은 주로 강연이나 이야기 형식의 텍스트에서 중심 내용을 파악할 수 있는지 묻는 형식으로 출제된다.

✚ 더 알고가기　발화 상황의 종류

대본 유형과 발화 상황을 이해하는 것은 듣기 문제를 해결하는 중요한 열쇠이다. 따라서 대본 유형과 발화 상황에 따라 듣는 초점을 달리 잡아야 한다. 듣기 문제에 출제되는 대표적인 말하기 유형은 대화, 대담, 토론, 토의 등과 같은 대화체 유형과 이야기, 연설, 강연, 강의, 보도 등 독화체 유형이 있다.

일상 언어생활의 대부분은 듣기와 말하기로 이루어 진다. 특히 미디어 매체가 발달하고 대외 활동이 많아짐에 따라 듣고 말하는 상황이 많아진 현대인들에게 듣기·말하기 능력은 무엇보다 중요한 언어 활동 영역이라고 할 수 있다.
듣기와 말하기 능력에 대한 문항들은 강의, 강연, 뉴스, 토론회, 인터뷰 자료 등 다양한 텍스트를 제시하고, 이에 대한 정확한 이해 능력을 평가할 수 있도록 구성되어 있다. 따라서 발화 상황이나 의도, 문맥 등을 고려하여 대화의 내용을 이해하는 능력과 함께 이해한 내용에 대해 효과적으로 말하는 능력을 학습해 두어야 한다.

※ 기출유사문제는 듣기 대본만 제공하며 MP3 파일은 실전 대비 문제만 제공합니다.

Q 짚어보기 ▶ '정보 확인'의 이해

㉠ 문제 유형
• ~에 대한 설명으로 옳지 않은 것은?
• ~에 대한 내용과 일치하지 않는 것은?
• 이 대화(강연, 대담 등)에서 알 수 있는 ~의 특징이 아닌 것은?

㉡ 해결 방법
• 문제 및 선택지의 내용을 우선 확인한다.
• 듣기 과정에서 선택지의 내용이 언급되는지 확인하면서 문제를 푼다.

● 기출유사문제 ●

이제 뉴스의 일부를 들려 드립니다. 잘 듣고 물음에 답하십시오.

진행자(여) : 애연가들의 입지가 앞으로 좁아질 전망입니다. 국제 암 연구소에서는 간접흡연 역시 폐암을 유발하는 요인이 된다는 연구 결과를 내놓았습니다. 이에 따라 담배 업계와 연구소 사이에서는 뜨거운 논쟁이 일고 있습니다. 취재 기자를 연결해서 좀 더 자세한 상황을 알아보도록 하겠습니다.

기 자(남) : 자신이 직접 흡연을 하지 않는다 하더라도, 담배 연기로 인해 암이 발생할 수도 있다는 연구 결과가 최근 발표되어 주목을 받고 있습니다. 지난 20일 국제 암 연구소는 간접흡연자라 할지라도 흡연자와 마찬가지로 발암 물질을 흡입하기 때문에, 간접흡연이 폐암 발생률을 20%가량 높일 수 있다는 연구 결과를 발표했습니다. 또한 국제 암 연구소는 담배 안의 화학 물질과 연기가 폐암을 비롯하여, 위암, 간암, 신장암, 자궁경부암, 백혈병 등 각종 암을 일으키는 요인이 될 수 있다고 경고하였습니다.

진행자(여) : 그렇군요. 이에 대한 일반 시민들과 담배 업계의 반응은 어떻습니까?

> 기　자(남) : 국제 암 연구소의 연구 결과에 대해 시민들은 새로울 것이 없다는 반응입니다. 시민
> 단체들은 직접 흡연이든 간접흡연이든 흡연이기는 마찬가지이므로 이러한 연구 결
> 과는 이미 예견된 것이었다고 입을 모았습니다. 한편 일부 시민단체에서는 이번 연
> 구 결과를 바탕으로 담배 자체를 향정신성의약품으로 분류하고 판매 자체를 금지시
> 켜야 한다는 강경론을 내놓았습니다. 반면, 담배 업계는 이번 연구 결과로 비상이 걸
> 렸습니다. 담배 업계 측은 서둘러 긴급 대책 회의를 열고 연구 발표 내용에 대해 이
> 의를 제기하는 한편, 전문가들의 자문을 바탕으로 국제 암 연구소에 법적 대응도 불
> 사하겠다는 입장입니다. 한때 기호품으로 여겨졌던 담배는 이제 암을 유발하는 주원
> 인으로 지목되면서 그 운명에 관심이 집중되고 있습니다.
>
> 진행자(여) : 연구 결과가 시민들과 담배 업계에 큰 반향을 불러일으키고 있군요. 앞으로 사태 추
> 이를 지켜보도록 하겠습니다. 계속 취재 바랍니다.

다음 뉴스의 내용과 일치하지 않는 것은?

① 국제 암 연구소의 연구 결과는 기존의 연구 결과를 지지하는 것이다.

② 간접흡연을 한 사람의 발병률은 그렇지 않은 사람에 비해 약 20% 정도 높을 수 있다.

③ 시민들은 간접흡연의 위험성에 대해 일반적으로 인식하고 있었다.

④ 현재 담배는 향정신성의약품으로 분류되어 있지 않다.

⑤ 담배 업계는 국제 암 연구소의 발표에 대해 강하게 반발하고 있다.

● 해설

제시된 텍스트만으로는 국제 암 연구소의 연구 결과 발표 전에 이와 관련된 연구가 있었는지 여부는 확인할 수 없다. 텍스트를 통해
서는 국제 암 연구소의 연구 결과가 처음 발표된 것이고, 그 결과가 시민들이 일반적으로 인식하고 있던 내용과 크게 다르지 않다는
점을 확인할 수 있다.
② 국제 암 연구소의 연구 결과에는 간접흡연이 폐암 발생률을 20%가량 높일 수 있다는 내용이 포함되어 있다.
③ 일반 시민들이나 시민단체는 국제 암 연구소의 연구 결과에 대해 새로울 것이 없다는 반응을 보이고 있다.
④ 담배를 향정신성의약품으로 분류하자는 제안은 흡연에 대해 강경론을 제시하는 시민단체의 제안 내용이지 시행되고 있는 것이 아니다.
⑤ 담배 업계는 국제 암 연구소의 연구 결과 발표에 대해 법적 대응도 불사하겠다는 강경한 입장을 취하고 있다.

정답 ❶

2. 정보의 요약

　　제시된 텍스트의 중심 내용을 요약하는 문항들도 듣기 문제의 단골 유형이다. 정보의 요약은 단순히 일
치 여부를 묻는 것이 아니므로 정보의 확인 문항과는 차이가 있다. 또한 핵심 내용을 중심으로 요약이
이루어져야 하므로 들은 내용들 가운데 핵심적인 내용과 부수적인 내용을 구별하는 능력도 요구된다.

＋ 더 알고가기　　의미 듣기와 의도 듣기　　　　　≡

• **의미 듣기** : 표현된 말의 단어나 문법을 통해 그 뜻을 해석한다.

• **의도 듣기** : 표현된 말을 넘어 숨겨진 메타메시지(meta-message)를 찾고 말하는 사람의 속마음을 해석한다.

🔍 **짚어보기** ▶ 듣기의 단계

- 1단계 : 상대방의 말을 무시하고, 전혀 듣지 않는다.
- 2단계 : 듣는 척만 하고 제대로 듣지 않는다.
- 3단계 : 특정 부분만을 선택적으로 듣는다.
- 4단계 : 주의를 기울여서 신중하게 경청한다.
- 5단계 : 가장 고도의 듣기 형태로 공감적인 경청을 한다.

기출유사문제

이번에는 강연의 일부를 들려 드립니다. 잘 듣고 물음에 답하십시오.

> 양성평등에 관한 내용은 최근 불합리한 법 개정이나 교육, 홍보 등으로 많이 시정된 것은 사실입니다. 하지만 아직까지도 이것은 남성이 해야 할 일이고, 저것은 여성이 해야 할 일이라는 식의 사고가 남아 있습니다. 가령 정치 분야에서 여성들의 모습이 자주 눈에 띄기는 하지만 여전히 대다수의 정치인은 남성들입니다. 더욱이 모범을 보여야 할 정치지도자들이 성차별적인 발언을 서슴없이 하는 것을 보면 양성평등이 아직 멀었구나 하는 생각도 듭니다. 그렇다고 무조건 남성과 여성을 동등하게 대우하려는 태도도 적절하지는 않습니다. 여성들과 남성들은 신체적인 조건과 생리적인 조건이 다릅니다. 이로 인해 남성과 여성의 차이가 생기는 것은 생물학적으로 불가피한 현상입니다. 이러한 차이를 무시한 채 남성과 여성을 모든 면에서 동등하게 대우해야 한다는 생각은 남성과 여성을 차별하는 것 못지않게 불합리한 생각인 것입니다. 중요한 것은 근대 사회가 남성성을 근간으로 진보해 온 세계라면 앞으로는 여성성을 바탕으로 한 가치가 이끌어 갈 시대라는 점입니다. 여성의 친환경성과 모성성 등은 앞으로의 세계가 추구해야 할 대표적인 가치인 것입니다. 따라서 남성과 여성의 차이를 인정하고 남성성과 여성성 가운데 사회발전에 기여할 수 있는 가치들을 발견하여 이를 사회정책에 적극적으로 활용하는 것이야말로 앞으로 우리가 추구해야 할 태도라고 생각합니다.

양성평등 정책에 대한 바람직한 방향을 가장 잘 요약하여 말한 것은?

① 앞으로의 세계는 여성성의 가치가 부각되고 있으므로 여성성의 가치를 중심으로, 남성성의 가치를 부분적으로 수용하여 이에 따른 정책을 수립해야 한다.

② 정치에서 여성들의 참여 비율을 늘리고 남성 중심의 사회 제도를 여성에게 동등한 기회를 부여하는 방향으로 개선해야 한다.

③ 남성과 여성의 차이를 인정하고 남성성과 여성성이 사회발전에 기여할 수 있는 가치들을 발견하여 적극적으로 정책에 활용해야 한다.

④ 남성과 여성의 차이를 인정하고 신체적으로 우월한 남성이 여성을 배려하여 상호 공존할 수 있는 사회적 분위를 만들 수 있도록 노력해야 한다.

⑤ 남성성을 근간으로 한 근대 사회의 문제점을 시정하고 여성성의 가치를 적극적으로 부각시켜 여성성이 사회정책에 전면적으로 반영될 수 있도록 여건을 마련해야 한다.

강연의 요점은 남성과 여성을 무조건적으로 동등하게 대우할 수는 없으며 남성과 여성의 생물학적 차이는 인정하되 남성성과 여성성이 지닌 각각의 장점을 살려 사회발전에 기여할 수 있는 가치들을 사회정책에 적극적으로 반영해야 한다는 것이다.

정답 ❸

3. 중심 내용 찾기

텍스트 전체에서 다루고 있는 논제나 화제를 파악하거나 문단의 중심 내용을 묻는 문항으로 구성된다. 주로 교훈이나 주제 등을 찾는 형식으로 제시되는데 이는 단순히 정보를 확인하는 수준을 넘어서 핵심 내용을 선별해 내고 그것과 관련된 교훈이나 주제 등을 파악하는 종합적인 사고가 요구된다. 단순한 자료의 확인과는 차이가 있는 영역이지만 대체로 주어진 자료에 대한 이해를 바탕으로 한다는 점에서 사실적 이해 능력에 포함된다고 볼 수 있다.

+ 더알고가기 　효율적인 듣기 　☰

ⓐ 내용 종합하며 듣기
- 이야기의 화제와 주제를 파악하며 듣는 연습을 한다.
- 핵심 내용과 주변 내용을 구별하고, 내용의 전체적인 구조를 파악해야 한다.
- 내용의 일관성이나 논리성에 유의하며 듣는다.

ⓑ 화자의 의도나 목적 파악하며 듣기
- 화자의 어조를 살필 수 있어야 한다. 말하는 의도나 목적에 따라 말하는 이의 어조가 달라지기 때문에 유의해야 한다.
- 이야기의 맥락과 상황을 고려하며 듣는다.
- 이야기 속에 담긴 속뜻을 생각하며 듣는다. 때때로 화자가 말하는 의도나 목적을 명료하게 드러내지 않고 비유나 풍자를 사용하여 말하기도 한다.
- 이야기 전체의 내용을 파악하며 듣는다. 전체적인 내용을 파악하면 못 들은 부분까지도 그 내용을 예상할 수 있다.

ⓒ 진실성과 타당성 비판하며 듣기
- 사실에 바탕을 둔 내용인지 살피며 듣는다. 지나치게 과장하거나 왜곡하지 않았는지 살펴야 한다.
- 제시하는 이유나 근거가 정확하고 타당한 것인지 생각하며 듣는다.
- 화자의 의견을 다른 각도에서 생각해 보며 듣는다.

Q 짚어보기 ▶ 중심 내용 찾기의 이해

ⓐ 질문 유형
- 이 강연에서 강조하고자 하는 바는?
- 이 시인이 독자에게 전하려고 하는 가장 중심된 생각은?

ⓑ 해결 방법 : 핵심 정보가 이야기의 끝 부분에 나오는 경우가 많고, 간혹 중간에 화자의 태도가 바뀌는 경우도 있으므로 대본 내용을 끝까지 잘 들어야 한다.

이규보의 괴토실설(壞土室說) 중 일부를 들려 드립니다. 잘 듣고 물음에 답하십시오.

> 10월 초하룻날 내가 밖에서 돌아오니 아이들이 토실을 만들었는데, 그 모양을 보니 무덤과 같았다. 나는 일부러 모르는 체하며, "어째서 집안에다 무덤을 만들었느냐." 하니, 아이들이 말하기를, "이것은 무덤이 아니라, 토실입니다." 했다. "어째서 이런 것을 만들었느냐." 하니, "겨울에 화초나 과일을 저장하기에 좋고, 길쌈하는 부인네들이 아주 추울 때도 훈훈한 봄날씨와 같아, 손이 얼어터지지 않습니다." 하였다. 나는 더욱 화를 내며, "여름은 덥고 겨울에 추운 것은 정상적인 이치인데, 만일 이와 반대가 된다면 괴이한 것이다. 옛 성인의 말씀에 겨울에는 털옷을 입고 여름에는 베옷을 입도록 하셨으니, 그만한 준비가 있으면 충분한데, 이제 토실을 만들어서 추위를 더위로 바꿔놓는다면 이것은 하늘의 이치를 거역하는 것이다. 사람이 뱀이나 두꺼비가 아닌데, 겨울에 굴에 엎드려 있는 것은 상서롭지 못한 일이다. 길쌈이란 할 때가 있는데, 하필 겨울에 한단 말이냐. 또한 봄에 피었다가 겨울에 시드는 것은 초목의 정상적인 이치인데, 만일 이와 반대가 된다면 이것은 자연의 순리를 어긴 것이다. 철을 어긴 물건을 길러서 제때가 아닐 때 구경거리로 삼는 것은 하늘의 권한을 빼앗는 것이니, 이것은 모두 나의 뜻과는 다르다. 빨리 헐어버리지 않는다면 너를 용서하지 않겠다." 하였더니, 아이들이 두려워하여 그것을 뜯어 내 땔나무를 하였다. 그런 뒤에야 나의 마음이 비로소 편안해졌다.

이야기에서 말하고자 하는 주제로 적절한 것은?

① 환경의 제약은 극복할 수 있다.　　② 자연의 순리에 따르는 삶이 바람직한 삶이다.
③ 잘못된 일은 빨리 바로잡아야 한다.　④ 집안의 법도를 세우면 마음이 편안해진다.
⑤ 고난을 두려워하면 큰일을 이루지 못한다.

● 해설

이야기 속의 '나'는 지금의 온실과 같은 '토실'이 자연의 순리에 어긋나므로 상서롭지 못하다 하여 이를 파괴하도록 명하고 있다. 이는 '자연의 순리에 따라 살아가는 것이 바람직한 삶'임을 의미한다.

정답 ❷

2편 이해 능력 편

② 분석적 듣기·말하기

분석적 듣기 · 말하기 능력이란 제시된 정보들의 관계를 파악하거나 이러한 관계를 바탕으로 내용을 재구성하여 이해하고 표현하는 능력을 말한다. 텍스트에서 제시된 내용을 정확히 파악함과 동시에 이들 정보들이 맺고 있는 다양한 논리적 관계를 파악하는 종합적인 사고가 요구되는 영역이다.

1 정보들 간의 관계 파악

텍스트에 나타난 정보들의 관계를 파악하고 이를 바탕으로 정보를 재구성하는 능력을 평가하는 문항들로 구성된다. 단순히 화제를 파악하는 수준을 넘어서 제시된 정보들이 맺는 인과성이나 선후 관계 등을 파악해야 한다. 따라서 제시된 정보들을 단순히 인지하는 것을 넘어서 정보들의 유기적 연관성을 고려하여 판단하는 것이 문항 풀이의 핵심이다.

기출유사문제

이번에는 '한국 사회의 현주소'에 대한 강연의 일부를 들려 드립니다. 잘 듣고 물음에 답하십시오.

현대 사회는 만인이 법 앞에 평등해야 하며, 행복을 추구할 수 있는 권리를 갖고 있다는 믿음에 기초하고 있습니다. 그러나 어떠한 경제 체제 속에서도 빈부의 격차가 드러나게 되는 것이 우리의 현실입니다. 따라서 우리는 최소한 삶의 출발선인 교육의 기회만은 평등하게 보장해 주기로 합의를 이룬 것입니다. 이것이 이른바 형평성의 원칙이라는 것이고, 우리는 이 원칙을 유지하기 위해 공교육 혹은 의무교육 제도를 만들었습니다. 이런 제도적 장치들을 통해서 부유한 집안이든 궁핍한 집안이든 관계없이 사람이라면 누구나 평등하게 동일한 출발선에서 인생을 시작할 수 있도록 해야 한다는 사회적 합의는, 공동체의 일원으로서 함께 살아가기 위한 가장 핵심적인 원칙입니다. 우리나라 또한 다르지 않았습니다. 건국 이후 교육만큼은 형평성의 원칙을 무너뜨리지 않기 위해 암묵적으로 사회 구성원들 간의 합의를 이루었던 것입니다.

하지만 10여 년 전부터 그러한 사회적 합의는 무너지기 시작했습니다. 이제는 더 이상 부자와 빈자들에게 같은 출발선에서 공평하게 시작할 수 있다고 말하기 힘들어졌고, 현실적으로 '신흥 귀족'이라는 계층의 사람들이 등장하기 시작하였습니다. 그와는 상반된 대다수 사람들이 이른바 '88만 원 세대'라고 할 수 있을 것입니다. 이와 같은 양극화가 심화되자, 우리 사회는 분열되기 시작하였습니다. 중산층의 상당수가 상류층으로 이동하고, 대부분의 사람들은 하류층으로 전락하여 상대적인 다수를 형성하고 있습니다. 이런 양극화 구도 속에서 많은 사람들은, 노력해도 벗어날 수 없는 열악한 삶의 질로 인해 절망하고 좌절감을 맛보게 되는 것입니다.

강연 내용을 바탕으로 한국 사회의 현주소를 형상화한 도형은?

①

②

③

④

⑤

● 해설

강연 내용에서 한국 사회는 상당수의 중산층이 상류층으로 향하고 대다수의 사람들이 하류층으로 전락하였다고 했으므로 소수의 상류층과 다수의 하류층으로 구성되는 한편 중산층이 소멸한 형상을 유추할 수 있다. 따라서 이러한 모습을 가장 잘 나타낸 것은 ① 이다.

정답 ❶

❷ 말하기의 의도 파악

화자의 발화는 특정한 의도를 전제하고 이루어지는 경우가 많은데 설명문의 경우 정보의 개념 이해나 절차 또는 특성을 소개하는 목적을 달성하기 위한 것이고, 논설문의 경우 특정한 주장을 내세워 청자 를 설득하려는 의도를 갖는다. 경우에 따라서는 특정 대상이나 현상을 비판하기 위한 의도 내지는 특 정 내용을 강조하기 위한 발화도 이루어지므로 이러한 점들을 고려하여 화자의 발화 의도를 파악해야 한다. 아울러 화자의 발화는 전후 문맥이나 발화 장면을 고려하여 이루어지므로 문맥과 발화 장면을 고려하여 의도를 파악하도록 주의를 기울여야 한다.

● 기출유사문제 ●

이번에는 졸업식에서 교사와 학생들의 대화를 들려 드립니다. 잘 듣고 물음에 답하십시오.

교 사 : 오늘 졸업을 하는 여러분들에게 마지막으로 하고 싶은 말이 있다. 그것은 늘 손해를 보면 서 살라는 것이다.

학생1 : 선생님 늘 손해를 보면 어떻게 세상을 살아요?

학생2 : 맞아요. 손해만 보다 보면 나중에는 아무것도 남지 않을걸요?

교 사 : 너희들 말은 반은 맞다. 손해를 본다는 것은 이 사회에서 결코 살아남기 힘들다는 뜻이 다. 따라서 너희는 지금까지 이 사회에서 살아남기 위해 손해를 보지 않는 법을 열심히 배워온 것이다. 하지만 그것 역시 반만 맞다.

학생1 : 그럼 손해를 보면 뭐가 좋다는 겁니까?

> 교 사 : 늘 손해를 본다는 생각으로 살라는 말이다. 그렇게 손해를 보겠다는 마음은 결국 타인을 배려하는 마음이다. 그렇게 타인을 배려하다 보면 때로는 손해를 보는 경우도 많을 것이다. 하지만 손해를 본 것으로 끝나는 것은 아니다.
>
> 학생2 : 그럼, 뭐가 더 있죠?
>
> 교 사 : 손해를 보겠다는 마음으로 타인을 배려하면 반드시 그 손해에 대한 보답이 돌아온다. 비록 지금은 내가 손해를 볼 수 있지만 멀리 보면 그 손해는 언젠가 이익으로 다시 돌아온다는 것이다. 그러니 손해를 보며 살겠다는 마음으로 살아가기를 바란다.

교사가 말하려는 의도로 가장 적절한 것은?

① 학교에서 배운 지식은 모두 잘못된 지식이다.

② 타인을 배려하는 마음으로 살아가야 한다.

③ 단기적인 이익보다 장기적인 이익을 고려해라.

④ 살아남기 위해 사는 것은 바람직한 삶은 아니다.

⑤ 손해와 이익이 상호 배타적인 것은 아니다.

● 해설

교사가 말하는 손해는 결국 '타인을 배려함으로써 발생하는 손해'이다. 따라서 교사가 말하고자 하는 요점은 타인을 배려하는 삶을 살라는 것이다.

정답 ❷

❸ 말하기의 전략 파악

화자는 일정한 목적을 달성하기 위해 자신이 말할 내용을 조직화하고 구조화하기 마련이다. 따라서 말하기의 목적을 달성할 수 있도록 전략을 세우게 된다. 이러한 말하기의 전략을 파악하기 위해서는 어떠한 내용들이 발화되었는가보다 말한 내용이 어떤 논리적 순서에 따라 전개되었는지, 어떤 설명 방식이나 논증 방식을 통해 전개되었는지를 이해하는 것이 관건이다. 또한 자신의 주장을 강조하거나 설명 대상을 부각시키기 위해 활용한 설명 방식 또는 논증 방식이나 어조, 태도 등도 이러한 말하기 전략에 포함시킬 수 있다.

➕ **더 알고가기**   토의와 토론   ☰

• **토의** : 어떤 공통된 문제에 대한 최선의 해결안을 얻기 위하여 여러 사람이 모여서 의논하는 말하기 양식.

• **토론** : 어떤 논제에 대하여 찬성자와 반대자가 각각 논리적인 근거를 제시하면서 자기 의견의 정당함과 상대방 의견의 부당함을 주장하는 말하기 형태.

짚어보기 ▶ 토의의 분류

구분	설명
심포지엄	어떤 논제에 대하여 여러 측면으로 나누어 각 측면의 전문가(토의자)가 각자의 의견을 발표하는 토의 형태.
패널 토의	3~6명의 전문가가 일반 청중 앞에서 토의 문제에 대하여 서로 의견을 주고받는 토의 방식.
포럼	공공 장소에서 전문가가 일반 청중 앞에서 토의 문제에 대하여 서로 의견을 주고받는 토의 방식.
회의	어떤 조직이나 공동체의 문제를 해결하고 의사결정을 하기 위한 토의 방식.
원탁 토의	10명 내외의 사람들이 원탁에 앉은 것과 같이 상하의 구별 없이 자유롭게 의견을 나누는 방식.
세미나	연구자가 학술 논문을 발표한 뒤 참석자와 질의응답 방식으로 자유롭게 의견을 나누는 토의 방식.
컬로퀴엄	세미나와 비슷하나 권위 있는 전문가를 초빙하여 다른 사람들의 그릇된 의견을 바로잡아 주는 토의 방식.
브레인 스토밍	참석자들이 새롭고 기발한 의견들을 자유롭게 제시한 뒤에 그것들 중에서 평가나 토의를 통해 선택하는 방식.

기출유사문제

이번에는 대학 강의실에서의 대화를 들려 드립니다. 잘 듣고 물음에 답하십시오.

교수 : 자, 김민호 학생. 질문하겠습니다. 김민호 학생은 완전한 사회 정의가 실현 가능하다고 생각합니까?

학생 : 저는 완전한 사회 정의가 실현되는 것은 불가능하다고 생각합니다.

교수 : 그래요? 이유는 무엇입니까?

학생 : 세상에 완벽한 것이란 존재하지 않는다고 생각합니다. 완벽만을 추구하면 잃게 되는 것도 많습니다. 가령 너무 완벽한 사람이 되려고 노력하다보면 차갑고 이해심이 없는 사람이 되기 쉽고 자기 자신에 대한 자책도 지나치게 되는 경우가 많습니다. 사회 역시 마찬가지라고 생각합니다. 너무 완벽한 사회를 만들려다 보면 사회 역시 안으로 곪게 된다고 생각합니다. 중요한 것은 지금보다 더 정의로운 사회로 나아가고자 하는 노력이라고 생각합니다.

교수 : 그럼 학생이 생각하는 정의로운 사회란 어떤 사회인가요?

학생 : 제 생각에 정의로운 사회란 공정한 경쟁이 이루어지고 그러한 경쟁에 대한 정당한 대가를 받는 사회라고 생각합니다. 요즘 뉴스에 나오는 각종 비리들은 결국 공정한 경쟁을 방해하는 큰 문제라고 생각합니다. 우선 이런 문제들을 적극적으로 해결해야 한다고 생각합니다.

교수 : 그런데 공정한 경쟁을 너무 강조하다 보면 기업의 활동이 위축되고 그만큼 경제 성장도 더디어지지 않을까요?

학생 : 당장은 그럴 수도 있을 것입니다. 하지만 장기적인 관점에서 볼 때, 공정한 경쟁 체제가 자리를 잡게 되면 사회가 투명해지고 결국 현재보다는 훨씬 빠른 경제 성장을 이룰 수 있을 것이라고 생각합니다.

학생의 답변 전략을 가장 정확하게 설명한 것은?

① 이상적 사고의 문제점을 지적하며 그에 대한 구체적인 실천 방안을 제시하고 있다.

② 상대방의 타당하지 않은 주장에 대해 일관성 있게 반박하고 있다.

③ 발생할 수 있는 문제점을 일부 인정하면서도 그러한 문제점이 극복될 수 있음을 주장하고 있다.

④ 지적한 문제가 문제의 핵심과는 거리가 멀다는 점을 지적하면서 자신의 주장을 옹호하고 있다.

⑤ 미래에 대한 비관적인 전망을 제시하며, 현재의 노력에 따라 이를 바꿀 수 있음을 강조하고 있다.

● 해설

대화에서 학생은 공정한 경쟁과 분배를 강조하였는데, 교수가 지적한 문제점이 발생할 수 있음을 인정하면서도 장기적인 관점에서 그러한 문제가 충분히 극복될 수 있다는 낙관적인 전망을 함께 제시하고 있다.

① 이상적 사고의 문제점은 지적하였지만 그에 대한 구체적인 실천 방안은 제시되어 있지 않다. 점진적인 노력을 구체적인 실천 방안으로 보기는 어렵다.

② 교수가 타당하지 않은 주장을 한 것도 없으며 학생 역시 교수의 주장에 대해 반박하기보다는 일부 인정하고 있다.

④ 문제의 핵심과 거리가 멀다는 점에 대한 지적은 대화에서 찾아볼 수 없다.

⑤ 학생은 미래에 공정한 사회가 실현될 수 있다는 낙관적인 기대를 가지고 있다. 따라서 비관적 전망은 타당하지 않다.

정답 ❸

❹ 공통 전제 찾기

여러 사람의 발화가 동시에 이루어지는 경우 각각의 가치관이나 입장에 따라 서로 다른 견해를 보이는 것이 일반적이다. 그러나 그러한 견해들이 서로 대립하는 경우라도 모든 면에서 상호 배타적인 주장을 펼치는 것은 아니다. 서로 대립적인 견해를 보이더라도 공통적으로 인정하고 있는 부분이 있을 수 있는 것이다. 이러한 내용을 이해하기 위해서는 발화자들이 어떤 면에서 의견 대립을 보이며 어떤 면에서 서로의 견해를 인정하고 있는지를 분석해 보는 것이 중요하다. 때로는 공통적인 전제가 숨겨져 있는 경우도 있으므로 제시된 발화 내용들을 검토하여 공통적으로 인정하고 있는 부분이 무엇인가를 찾는 노력이 필요하다.

● 기출유사문제 ●

이제 '착한 사마리아인의 법 도입'에 대한 토론의 일부를 들려 드립니다. 잘 듣고 물음에 답하십시오.

사 회 자 : 오늘은 '착한 사마리아인의 법' 도입 문제와 관련하여 토론을 진행하도록 하겠습니다. 먼저 반대 측부터 말씀해 주십시오.

반대(여) : 곤경에 처한 사람을 돕는다는 것은 개인의 양심이나 도덕성의 문제입니다. 따라서 이 문제를 법적으로 강제하겠다는 발상은 법의 남용이라고 생각합니다. 곤경에 처한 사람을 돕지 않았다는 이유로 처벌한다면 이것은 개인의 행위에 대한 선택권을 제한하는 것이며 기본권의 침해입니다.

찬성(남) : 물론 타인을 돕는 선한 행위는 기본적으로 개인의 도덕성과 관련된 문제라는 점을 부인하지는 않습니다. 다만 우리의 법이 자유주의적인 척도로만 사태를 바라볼 뿐 개인의 도덕성 문제에 대해 개입하려 하지 않는 것은 문제라고 볼 수 있습니다. 중요한 것은 개인이 도덕성을 발휘할 수 있도록 돕는 법과 원칙이라고 봅니다. 유럽에서 이를 도입하고 있는 것도 그런 이유가 아닐까요?

반대(여) : 유럽에서 실시했다고 우리나라도 반드시 실시해야 한다는 법은 없습니다. 각 나라들은 그 나라만의 특수한 사회적 환경이나 분위기가 존재합니다. 따라서 이를 무시한 채 일률적으로 적용하려 한다면 큰 혼란을 초래할 것입니다. 더군다나 우리나라는 전통적으로 남을 돕는 문화를 장려해 왔고 그러한 문제들을 법적인 강제보다 개인의 도덕성 속에서 발휘될 수 있도록 하는 것이 당연하다는 인식을 공유해왔습니다. 또한 이 법이 도입될 경우 가장 큰 문제는 법을 적용할 기준이 명확하지 않아 자칫 공정성이 심하게 훼손될 수 있다는 점입니다.

찬성(남) : 하지만 구더기 무서워서 장을 못 담글 수는 없습니다. 이 법의 시행은 곧 심각한 범죄나 곤경에 처한 사람을 방치하는 현대인의 태도를 바꿀 수 있습니다. 비록 강제나 의무와 같은 구속감이 드는 면이 있지만 이러한 방법을 통해서라도 사회 정의를 실현하는 것이 더 중요하다고 봅니다. 또한 법적 기준이 모호하다는 점은 엄격하고 공정한 기준을 세우고 확실한 증거에 따라 처벌하도록 한다면 극복될 수 있는 문제입니다.

토론의 내용으로 보아 두 토론자가 공통적으로 인정하고 있는 사항은?

① '착한 사마리아인 법'은 기준이 명확하지 않아 처벌 기준을 세우기 어렵다.

② 현재 법을 도입한 나라들에서도 큰 문제가 없이 시행되고 있다.

③ 우리나라는 '착한 사마리아인의 법'을 대체할 전통적인 제도가 있다.

④ '착한 사마리아인의 법'은 사람들의 태도를 변화시키는 데 큰 영향을 줄 것이다.

⑤ 위험에 처한 타인을 돕는 행위는 개인의 도덕성과 관련된 문제이다.

● 해설

찬성 측과 반대 측은 모두 위험에 처한 타인을 돕는 행위가 개인의 도덕성과 관련된 문제라는 점을 인정하고 있다. 다만 그것을 법으로 강제해야 하는가 아닌가의 문제에서 의견이 대립하고 있는 것이다.

① '착한 사마리아인의 법'의 기준이 명확하지 않아 처벌 기준을 세우기 어렵다는 것은 반대 측의 주장이다. 찬성 측에서는 모호하다는 점은 인정하지만 엄격하고 공정한 기준과 확실한 증거에 따른 처벌로 이를 극복할 수 있다고 보고 있다.

② 현재 유럽에서 도입하여 시행하고 있는 것은 맞지만 큰 문제 없이 시행되고 있다는 언급은 없다.

③ 우리나라는 남을 돕는 전통적인 문화가 있었고 그것은 남을 돕는 행위가 도덕적으로 발휘되는 것이 당연하다고 보았다는 것이지 법을 대체할 수 있는 제도가 있다고 말한 것은 아니다.

④ '착한 사마리아인의 법'이 사람들의 태도를 변화시킬 수 있다는 것은 찬성 측의 주장이지 공통된 견해로 보기는 어렵다.

정답 ❺

③ 비판적 듣기·말하기

비판적 사고란 언어 표현 및 이해의 과정에서 다양한 준거에 의해 분석된 내용을 바탕으로 적절성 또는 가치를 판단하는 것을 말한다. 텍스트를 제대로 평가하기 위해서는 우선 그에 대한 체계적인 분석을 선행해야 하며 다시 이를 종합해야 하는데 여기까지가 사실적 사고에 해당한다. 그리고 그 분석된 결과를 토대로 정보에 대한 해석과 평가에 이르는 것이 비판적 사고이다.

비판은 그런 판단을 내리게 된 객관적인 기준이 있어야 한다. 판단의 기준을 보통 준거(準據)라고 하는데, 기준이 내부에 있는 것을 '내적 준거', 외부에 있는 것을 '외적 준거'라 한다. 내적 준거는 언어 또는 사고 그 자체에 포함되어 있는 정확성과 적절성을 기준으로 하며, 외적 준거는 언어 사용의 외적 · 상황적 국면과 관련하여 그 타당성과 효용성을 기준으로 한다.

1 발화자의 태도 및 관점 비판

비판적 듣기와 말하기는 발화 내용 속에 전제되어 있는 발화자의 태도나 관점을 비판하는 데서 시작한다. 우선 발화자의 관점이나 태도가 명확히 정리되어야 하며 이를 바탕으로 그러한 태도나 관점이 어떤 문제점이나 모순을 안고 있는지 파악하는 데 주력해야 한다. 물론 제시된 비판이 핵심 내용과 관련되어 있는 것인지 논리적으로 타당한 비판인지에 대한 검토 역시 이루어져야 한다.

2 발화 내용의 타당성 비판

발화 내용은 나름대로의 논리를 가지고 전개된다. 따라서 발화된 내용, 특히 발화자의 견해나 주장은 일정한 논거들을 통해 뒷받침되게 된다. 이 경우 제시된 논거들이 발화 내용의 타당성을 뒷받침하는지를 따져보아야 하는데 이것이 곧 발화 내용의 타당성을 비판적으로 검토하는 과정이다. 또한 발화 내용의 타당성을 비판하기 위해서는 주장이나 근거가 보편적으로 받아들일 수 있는 것인지도 검토해 보아야 하며 근거들이 주장을 충분히 뒷받침하는지도 검토되어야 한다.

Q 짚어보기 ▶ 화자의 말하기 방식(태도) 파악 유형

ⓐ **문제 유형**
- 진행자(사회자)의 진행 방식으로 적절하지 않은 것은?
- 토론자의 말하기에 대한 평가로 가장 적절한 것은?

ⓑ **해결 방법** : 화자나 상대방이 처한 상황을 파악하고, 발언 속에 담긴 의미, 어조, 태도, 상대방의 반응 등을 종합적으로 파악해야 한다.

기출유사문제

이제 '내부 고발'과 관련된 강연을 들려 드립니다. 잘 듣고 물음에 답하십시오.

얼마 전 내부 고발자가 집단 따돌림을 받아 자살을 한 사례가 있었습니다. 부정과 부패는 우리 사회에서 반드시 뿌리 뽑아야 하는 문제입니다. 그럼에도 불구하고 이를 바로잡으려는 양심 있는 이들에게 오히려 돌을 던지는 사회 풍토가 만연해 있습니다. 이는 분명히 유교적 가족이기주의의 산물이라고 볼 수 있습니다. 가족이기주의가 상대적으로 약한 나라들이 비교적 청렴도가 높게 나타나는 것은 이를 반증하는 것이라고 볼 수 있습니다.

내부 고발의 유형은 신분의 공개 여부에 따라 익명형과 공개형으로 구분됩니다. 최근에는 다양한 매체가 발달하면서 공식적인 경로보다는 비공식적 경로를 통해 내부 비리를 고발하는 경우가 많아졌습니다. 한편 신고의 경로가 외부인가 내부인가에 따라 외부형 내부 고발과 내부형 내부 고발로 나눌 수 있습니다. 원래 내부 고발은 내부에 소속된 자가 외부의 대상에 신고하는 것의 의미가 강했지만 현재는 내부 통제가 엄격해 지고 전담 조직 등이 생기면서 이를 통해 문제를 해결하는 것까지도 포함하게 되었습니다. 내부형은 조직 내에서 해결이 가능하지만 외부형은 조직의 존립 여부를 좌우하거나 외부적인 평판에 막대한 영향을 끼칠 수 있습니다.

대부분 사람들은 내부 고발자에 대해서 부적응, 과시욕, 불만족, 충성도의 결여와 같은 부정적인 면을 떠올리기 쉽습니다. 그러나 한 연구에 따르면 내부 고발자는 교육 수준이나 직위, 성취도 등이 높은 경우가 더 많았다고 합니다. 더욱이 그들은 조직에 대한 헌신도가 높고 자신의 조직에 대해 공정성이 높다고 인식하고 있다는 것입니다. 우리 사회가 보다 건전한 사회로 가기 위해서는 이러한 내부 고발이 조직의 건전성을 높이는 유용한 수단이라는 인식이 뿌리내리도록 해야 합니다.

─── 보기 ───

A증권회사의 유 과장은 같은 부서에서 근무하는 정 과장과 강 대리가 투자 회사들의 경영과 관련된 정보를 몰래 입수한 뒤 이를 고객들에게 미리 알려 부당한 이득을 취한 것을 알고 관련 기관에 신고하였다. 이 일이 알려지자 상급자들은 유 과장이 보고도 없이 외부에 신고한 것을 질책하였고, 회사 동료들과 유 과장의 관계는 소원해졌다. 또한 부서 내의 분위기도 싸늘해졌다.

〈보기〉를 근거로 하여 강연자의 의견을 반박한 것으로 적절하지 <u>않은</u> 것은?

① 조직 내부에서 자체적으로 문제를 해결할 수 있는 기회를 박탈하게 되므로 내부 고발 제도의 도입을 재고해야 한다.

② 선량한 투자자들의 손실을 초래할 수 있으므로 내부 고발 제도 도입을 재고해야 한다.

③ 조직 구성원들 간의 신뢰와 단합을 해칠 수 있으므로 내부 고발 제도의 도입을 재고해야 한다.

④ 조직 내에서 내부 고발자의 위치가 불안정해지고 따돌림을 당할 우려가 있으므로 내부 고발 제도의 도입을 재고해야 한다.

⑤ 소수의 문제가 조직 전체의 문제로 비쳐 조직의 신뢰도에 치명적인 타격을 입힐 수 있으므로 내부 고발 제도의 도입을 재고해야 한다.

④ 추론적 듣기·말하기

추론이란 주어진 정보나 자료를 바탕으로 생략된 내용 및 이어질 내용 등을 추리하는 능력이며, 추론적 듣기란 결국 생략된 내용 및 이어질 내용 등을 추리하는 문항들로 구성된다. 이 경우 명시된 내용을 찾는 것이 아니기 때문에 추론과정이 논리적이고 타당해야 한다. 상상력에 의해 생략된 내용에 접근하는 것이 아니라 주어진 발화의 장면과 발화의 문맥을 고려하여 필연적으로 도출되는 내용을 추리해 내는 것이므로 추론과정의 논리적 타당성이 무엇보다 중요하다.

1 추론의 종류

(1) 연역 추론

① **추론의 방식** : 일반적인 주장으로부터 구체적이고 특수한 주장으로 나아가는 추론 방식이다.

② **한계** : 완전한 새로운 지식이 성립되지는 못한다.

(2) 귀납 추론

① **추론의 방식** : 구체적이고 특수한 근거로부터 일반적인 결론으로 나아가는 방식이다.

② **한계** : 모든 표본을 관찰한 결과가 아니므로 반론을 제기할 수 있는 사례가 없을 것이라고 확신할 수 없다.

(3) 변증법

① **추론의 방식** : 정(正)과 반(反)을 대립시키고 정과 반의 합(合), 즉 새로운 주장을 제시하는 방식이다.

② **한계** : 회피적 결과나 오류가 생길 수 있다.

[추론 방식의 도해]

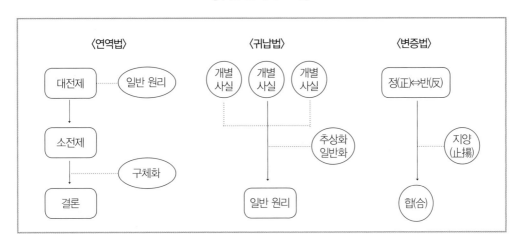

➕ 더알고가기　**듣기 영역 대비 전략**　　　　　　　　　　　　　　　≡

- 듣기 평가는 일회적이므로 핵심·세부 정보를 반드시 메모하며 듣는다.
- 시각 자료가 함께 제시될 경우, 청취한 정보를 시각 자료에서 확인하며 듣는다.
- 제시된 정보가 지니고 있는 의미를 정확하게 파악하고 구체적인 상황에 적용해 가며 듣는다.
- 주어진 정보의 전반적인 흐름으로 미루어, 전개될 내용 또는 결과에 대한 이유 등을 추리하며 듣는다.
- 발화의 밑바탕에 깔려 있는 화자의 입장이나 의도, 관점이나 태도 및 정서 등을 추리하며 듣는다.
- 주장과 그에 대한 논거의 적절성과 타당성, 정보의 정확성과 효용성 등을 평가하며 듣는다.
- 주장에 내포된 전제와 논리 전개상의 모순, 어법 사용상의 잘못 등을 파악하며 듣는다.
- 선입견이나 편견을 경계하며 마지막 정보가 주어질 때까지 집중력을 유지하며 듣는다.
- 사실적, 추론적, 비판적 듣기 방식 중 물음의 성격에 맞는 듣기의 방법을 설정하고 듣는다.
- 자료를 통해 문제를 해결해야 하는 경우에는 자료의 핵심 내용을 파악하고 들은 내용을 적용하거나 들은 내용과 관련하여 직접 활동해 본다.

🔍 짚어보기　▶ 추론적 듣기의 이해

ⓐ 문제 유형
- 강의 내용으로부터 추론해 알 수 있는 사실이 아닌 것은?
- 이 대담을 듣고 내릴 수 있는 판단으로 적절하지 않은 것은?
- 발표자의 마지막 질문에 대한 답으로 옳은 것은?

ⓑ 해결 방법 : 가장 먼저 발문을 통해 중심 화제가 무엇인지 짐작해 본 후 선지와 비교해 가면서 들려주는 내용을 객관적으로 파악한다. 그리고 어조나 비유 등을 통해 명시적으로 제공되지 않은 정보를 추리한다.

● 기출유사문제 ●

이제 '기부 문화 정착'이라는 주제로 강연을 들려 드립니다. 잘 듣고 물음에 답하십시오.

'노블레스 오블리주(noblesse oblige)'는 유럽의 귀족들이 자신들이 누리고 있는 특권에 걸맞은 도덕적 책임을 다해야 한다는 것을 의미하는 말입니다. 그런데 현대 사회에서는 귀족계층이 사라짐에 따라 이를 대신하는 사회 지도층의 도덕적 책임감을 의미하는 말로 변화하였습니다. 유럽의 귀족들은 국가가 위기에 처했을 때 누구보다 앞장서서 싸웠기 때문에 그에 합당한 존경을 받았습니다. 한편 이러한 전통은 미국으로 건너가면서 '기부문화'라는 새로운 개념으로 정착되었습니다. 카네기, 록펠러, 포드, 빌 게이츠, 워런 버핏 등으로 이어지는 부유층의 사회 환원 활동에 힘입어 미국에서는 어느 나라보다 자선 단체들이 활성화되어 있습니다.

이러한 미국 사회 지도층의 사회 환원 분위기는 사회 전반에 걸쳐 영향을 미쳤고, 대부분의 미국인들은 기부 문화를 삶의 일부로 받아들이고 적극적으로 동참하고 있습니다. 그러나 이와 달리 우리의 기부 문화는 아직 미미한 상태입니다. 무엇보다도 사회 지도층의 기부에 대한 잘못된 인식이 기부 문화 정착을 가로막는 가장 큰 걸림돌이 되고 있습니다. 재벌들의 경우 자신의 돈으로 기부하는 것이 아니라 회사의 돈을 자기 돈처럼 기부하고 있으며 그마저도 세금 혜택을 노린 경우가 많아 진정한 의미의 기부 문화로 보기에는 어려움이 있습니다. 이런 분위기 탓에 우리나라에서 기부를 실천하는 개인은 30% 정도 수준에 머물고 있습니다. 더욱이 일시적인 기부에 비해 정기적인 기부는 적으며 일회적이고 즉흥적인 기부가 대부분을 이루고 있습니다.

그렇다면 우리 사회에서 노블레스 오블리주 정신을 실천하고 이러한 문화가 정착하도록 할 수 있는 방안에는 어떤 것이 있을까요?

'기부 문화 정착'방안을 제시하며 마무리하고자 할 때 그 내용으로 가장 적절한 것은?

① 사회 지도층의 모범적 사례가 무엇보다 중요합니다. 사회 지도층의 솔선수범은 일반 시민들에게 기부 문화가 뿌리 내리는 데 촉매 역할을 하게 될 것입니다.

② 사회 지도층의 기부에 전적으로 의존하는 것은 문제입니다. 일반인들의 자발적 참여가 이루어지도록 하는 것이 기부문화가 정착하는 데 도움이 될 것입니다.

③ 훌륭한 기부 문화는 어느 날 갑자기 나타나는 것이 아니라 사회의 문화와 풍토가 만들어내는 것이라는 점을 알아야 합니다. 따라서 기부 문화가 정착될 수 있는 문화와 풍토가 만들어질 수 있도록 제도적인 뒷받침을 강화해야 합니다.

④ 기부에 대한 인식을 전환해야 합니다. 기부는 쓰고 남은 돈으로 하는 것이 아니라 남을 위해 남겨 놓은 돈으로 한다는 마음가짐이 필요합니다.

⑤ 기부 문화가 일상화될 수 있도록 해야 합니다. 특정한 시기에 집중되는 기부보다는 정기적이고 지속적으로 기부가 이루어질 수 있도록 해야 합니다.

● **해설**

강연의 내용에서 중심을 이루는 것은 '사회 지도층의 기부문화에 대한 실천이 기부 문화를 정착시키는 데 큰 영향력을 발휘할 수 있다.'라는 점이다. 따라서 이러한 점을 고려할 때 이어질 내용은 사회 지도층의 솔선수범을 강조하는 것 이어야 한다.

정답 ❶

➕ **더 알고가기** 말하기의 목적 ☰

- **정보 전달** : 어떤 대상에 대한 정보나 지식을 전달한다.
- **설득** : 주장을 내세워 듣는 이로 하여금 따르도록 한다.
- **친교 표현** : 다른 사람과의 친분을 돈독하게 한다.
- **정서 표현** : 말하는 이의 여러 가지 감정을 솔직하게 표현한다.

🔍 **짚어보기** ▶ 말하기(화법)의 유형

㉠ **말하는 이와 듣는 이 사이의 관계에 따른 유형**
- **공적인 화법과 사적인 화법**
  - 공적인 화법 : 격식을 갖춘 말하기로 시간과 공간, 목적 등을 고려하여 말해야 하며, 토의, 회의, 설명, 연설, 보고 등이 해당한다.
  - 사적인 화법 : 특별한 격식을 차리지 않아도 되는 말하기로 대화, 상담, 축하, 위로 등이 해당한다.
- **대화 · 대중 화법 · 집단 화법**
  - 대화 : 상대방과 직접 마주 대하여 이야기하는 것을 포괄하는 것으로 가장 널리 행해지고 있는 말하기 방식이다. 담소, 환담, 담화 등의 일상 대화와 회견, 면담, 면접 등의 공식 대화로 나누어진다.
  - 대중 화법 : 여러 사람 앞에서 단독으로 이야기하는 강연, 연설, 구두 보고 등과 같은 대중적 말하기를 말한다.
  - 집단 화법 : 토의나 토론 등을 말한다.
㉡ **의사소통의 목적에 따른 유형**
- **친교 활동 및 관계 유지의 목적** : 칭찬, 질책, 부탁, 거절, 충고, 위로, 설득, 격려, 축하 등이 해당한다.
- **특별한 목적을 위한 화법** : 방송 대담, 회견, 면담, 면접 등이 해당한다.
- **정보 전달을 위한 목적** : 보고, 묘사, 설명, 시범 보이기 등이 해당한다.

⑤ 효과적으로 말하기

1 상황에 맞게 말하기

상황에 맞게 말하기란 시간적·공간적 조건, 맥락, 말할 대상, 목적 등을 고려하여 말하는 것을 의미한다.

(1) 필요성

① 대화의 즐거움에 대해 알 수 있다.

② 원만한 인간관계를 유지할 수 있다.

③ 말하는 이가 전달하고자 하는 이야기를 분명하게 전달할 수 있다.

(2) 상황에 맞지 않는 말

① 장점 : 경우에 따라서 긴장을 풀게하고 웃음을 유발할 수 있다.

② 단점

㉠ 이야기의 흐름을 끊고 분위기를 흐릴 수 있다.

㉡ 듣는 이의 불쾌감을 유발시킬 수 있다.

㉢ 비웃음을 사거나 신뢰를 잃을 수 있다.

　예 회갑을 맞으신 어르신께 "삼가 명복을 빕니다."라고 말하는 경우.

　예 승진을 축하하기 위해 모인 자리에서 "제가 그 자리를 차지할 수도 있었는데 정말 아깝습니다."라고 말하는 경우.

(3) 상황에 맞게 말하기의 사례

① 축하와 감사의 말하기 : 생일, 졸업, 수상 등 의 상황에서 쓰인다.

② 위로와 격려의 말하기 : 병문안, 재해, 조문, 전학 등의 상황에서 쓰인다.

➕ 더 알고가기　　말하기의 상황　　　　　　　　　　　　　　　　　　　　☰

- **목적** : 정보 전달하기, 설득하기, 친교나 정서 표현하기 등
- **시간** : 시각, 날짜, 달, 계절, 해, 특정한 기념일, 행사일 등
- **공간** : 공적인 자리인지 사적인 자리인지의 여부, 장소가 실내인지 실외인지의 여부, 소음의 상태 등
- **청자** : 듣는 이의 수, 성별, 나이, 교육 정도, 직업, 취향, 사회적 지위, 경제적 형편, 감정 상태, 흥미와 관심사 등
- **이야기의 흐름** : 이야기의 중심 화제, 지금 하고 있는 말에 앞선 말과 뒤에 이어질 말 등

예상문제

다음 글을 발표할 때 발표자가 주의를 기울여야 할 사항으로 옳지 <u>않은</u> 것은?

> 지금부터 지난 수년 동안 진행된 '21세기 세종 계획'에 대한 연구 결과에 대해서 말씀드리도록 하겠습니다. 이번 프로젝트는 정부의 대규모 지원 아래 국어학과 국문학 연구와 관련된 학회, 대학의 연구소, 연구원 및 대학원생에 이르기까지 엄청난 인원이 참여한 대규모 사업이었습니다. 참여 인원이 대규모인 만큼 연구 분야 또한 대단히 포괄적인데 그 중에서 저는 말뭉치, 즉 코퍼스 관련 사업에 대해서 설명을 드리도록 하겠습니다. 일반적으로 말뭉치라고 하면 다양한 언어 자료를 전산화하여 축적한 것을 말합니다. 이러한 말뭉치는 유형에 따라 텍스트 말뭉치, 음성 말뭉치, 영상 말뭉치로 크게 분류할 수 있습니다.

① 쾌활한 인상으로 성의를 가지고 말하고 있는가?
② 청중의 반응에 따라서 자신의 생각을 바꿀 준비가 되어 있는가?
③ 정보를 청중에게 충분히 이해시킬 수 있는가?
④ 청중에게 도움이 되는 새로운 정보를 제공하고 있는가?
⑤ 발표시간을 잘 분배하여 이야기를 전달하는가?

● 해설

'세종 계획에 대한 연구 결과라는 객관적인 사실에 대해 발표하는 상황이므로 청중의 반응에 따라서 자신의 생각을 바꾸어서는 안 된다.
① 쾌활한 인상과 함께 청중들에게 성의를 가지고 말하는 것은 효과적인 말하기의 기본적인 사항이다.
③ 연구 결과를 발표할 때에는 청중에게 결과물을 충분히 이해시키는 것이 중요하다.
④ 발표의 목적 중 하나는 청중에게 도움이 되는 정보를 제공하는 것이다.
⑤ 발표 시간을 잘 분배하여야 효과적으로 정보를 전달할 수 있다.

정답 ❷

❷ 주어진 시간에 맞게 말하기

(1) 필요성

꼭 필요한 내용을 효과적으로 말할 수 있고, 시간을 효율적으로 사용할 수 있다. 또한 전체적인 의사 진행은 물론 여러 사람이 서로의 생각을 원활하게 주고받을 수 있다.

(2) 요령

① **주어진 시간이 길 때** : 구체적인 예나 상세한 사항을 내용에 포함시킨다.
② **주어진 시간이 짧을 때** : 요점만 간추려서 말하고자 하는 의도를 전달하도록 한다.

③ 주어진 시간에 비해 너무 길어졌을 경우 : 듣는 이의 주의가 흐트러져 지루한 느낌이 들고 집중이 되지 않는다.

④ 주어진 시간에 비해 너무 짧아졌을 경우 : 말하는 의도를 정확하게 파악하지 않으면, 성의 없는 말하기라고 느껴진다.

❸ 속도·어조·성량

말하는 상황과 내용의 강조 여부에 따라 속도 · 어조 · 성량을 조절할 줄 알아야 한다.

(1) 속도

말의 빠르고 느림을 뜻한다.

① 청중에 따라

㉠ 아이들이나 노인 : 평균 속도보다 느리게 말하며 이해를 돕는다.

㉡ 전문가 집단 : 평균 속도보다 빠르게 말하며 신속하게 요점만 말한다.

② 이야기의 내용에 따라

㉠ 쉬운 내용, 단순한 구성 : 빠르게 말하며 단조로움을 느끼지 않도록 한다.

㉡ 어려운 내용, 복잡한 사건 : 느리게 말하며 정확한 이해를 돕는다.

(2) 어조

말의 높고 낮음의 가락을 뜻한다. 긍정적 입장과 부정적 입장이 구별되도록 조절해야 하며 중요한 내용은 어조를 높여 말하면 강조의 효과를 얻을 수 있다.

(3) 성량

목소리의 크기를 뜻한다. 청자의 수, 장소, 주변 환경을 고려해야 하며 강조해야 할 부분은 다른 곳보다 큰 소리로 말한다.

❹ 보조 자료 이용하기

(1) 보조 자료의 필요성

① 배경 지식을 활성화 한다.

② 말하는 내용에 대한 이해도를 높여 준다.

③ 복잡한 내용을 간단히 제시할 수 있다.

(2) 보조 자료 이용 시 유의점

① 말하고자 하는 내용과 관련 있는 자료여야 한다.

② 말하는 장소, 청자의 수, 청자의 기대 수준에 따라 자료의 크기, 분량, 종류 등을 결정한다. 예를 들어 대강당에서 말하는 상황, 작은 강의실에서 말하는 상황, 여러 사람 앞에서 말하는 상황, 한 사람 앞에서 말하는 상황, 친구에게 말하는 상황, 웃어른에게 말하는 상황 등을 고려하여 보조 자료를 준비해야 한다.

③ 말하려는 전체 계획에 어울리는 자료여야 한다.

6 말하기의 오류

언뜻 보기에는 문제가 없는 것처럼 보이지만 논리적으로는 오류를 포함하고 있는 말하기 방식들이 있다. 이러한 말하기는 논리적으로 자신의 견해를 뒷받침하는 것처럼 보이지만 실제로는 비논리적인 말하기이다. 말하기의 오류를 구별하기 위해서는 주장과 논거가 필연성을 가지고 있는지, 논리적 추론과정에 비약이나 모순이 존재하지 않는지 잘 따져 보아야 한다. 이러한 논리적 오류에는 크게 형식적 오류와 비형식적 오류가 있다.

1 형식적 오류

형식적 오류란 전제로부터 결론을 이끌어 내는 과정에서 지켜야 할 논리적 규칙을 지키지 못한 경우에 발생하는 오류이다. 주로 삼단논법에서 필요한 전제들이 생략되어 발생하는 경우가 대부분이다.

(1) 순환 논증의 오류

결론에서 제시되어야 할 내용을 전제에서 제시함으로써 사실상 주장을 뒷받침할 만한 근거를 제시하지 않은 경우이다. 즉 전제는 결론에 의지하고, 결론은 전제에 의지함으로써 실질적인 논증은 이루어지지 않는다.

⑩ 개인이 자유롭게 살도록 돕는 것은 구성원 전체에게 이익이 된다. 개인의 자유를 보장하는 것은 공동체의 이익을 증진시키기 때문이다.

(2) 전건 부정의 오류

'A이면 B이다.'라는 논증에서 조건에 해당하는 A를 전건(前件)이라고 하고, B를 후건(後件)이라고 한다. 전건 부정의 오류는 전건을 부정함으로써 B의 부정이 타당하다고 생각하는 오류이다. 이때 B의 원인이 오직 A라면 타당하겠지만, B의 원인이 A 이외에도 존재한다면 A를 부정한다고 해서 반드시 B가 부정되는 것은 아니다.

예 명절이 되면 고속도로가 정체된다. 지금은 명절이 아니다. 따라서 고속도로가 정체되지 않을 것이다.

→ 고속도로 정체의 원인이 오로지 명절이라는 시기적 요소에만 있는지 판단하기에는 정보가 부족하다. 따라서 명절이 아니므로 고속도로가 정체되지 않을 것이라고 결론을 내리는 것은 타당한 논증이라고 보기 어렵다.

(3) 후건 긍정의 오류

전건 부정과 반대로 후건을 긍정함으로써 전건의 긍정을 타당하게 받아들이는 오류이다. 전건 부정의 오류처럼 전건이 후건의 유일한 원인이 아니라면 후건을 긍정한다고 해서 반드시 전건이 긍정되는 것은 아니라는 점에 문제가 있다.

예 직원들의 불만이 없으면 생산성이 높다. 우리 회사는 생산성이 높다. 따라서 직원들의 불만이 없는 것이다.

→ 생산성이 불만과 유일한 인과 관계를 형성하고 있다면 타당한 논증으로 볼 수 있지만 생산성에 영향을 미치는 요소는 다양할 수 있으므로 생산성이 높다고 해서 반드시 직원들의 불만이 없다고 단정할 수는 없다.

(4) 비정합성(자가당착)의 오류

제시된 전제와 결론 사이에 모순이 존재하는 오류이다. 논증이 타당하려면 제시된 전제와 결론 사이에 모순이 존재하지 않아야 하는데 이것이 지켜지지 않은 경우 논리적 오류가 발생한다.

예 사람들은 누구나 이상을 추구하며 살아가기 마련이다. 그러나 현실의 난관이 너무 크기 때문에 많은 사람들이 이상을 포기하고 현실에 안주하게 되는 것이다. 따라서 사람들은 이상을 지키기 위해 노력해야 한다.

→ 사람들은 누구나 이상을 추구하며 살아간다는 전제를 제시하고 이어서 많은 사람들이 이상을 포기하고 살아간다는 모순된 주장을 하고 있다.

❷ 비형식적 오류

(1) 심리적 오류

심리적 오류란 어떤 결론에 대해 타당한 논거를 제시하지 않은 채 상대방의 심리에 호소하는 오류를 말한다.

① 연민에 호소하는 오류 : 상대방의 연민을 불러일으켜 자신의 주장이 타당하다고 느끼도록 하는 오류로 실제로는 주장에 대한 타당한 근거가 제시되지 않았다는 점에서 논리적 오류에 해당한다.

ⓔ 폭행에 가담한 사람들은 대부분 소외된 계층에 속하는 사람들입니다. 만일 이들이 구속된다면 그들의 가족 또한 경제적으로 심각한 고통을 당할 것이 분명합니다. 따라서 그들을 구속해서는 안 됩니다.

→ 제시된 논증에서 중요한 것은 구속될 위기에 처한 사람들이 폭행에 가담하지 않았다거나 폭행이 정당하다는 논거를 제시하는 것이다. 하지만 제시된 논증에서는 폭행에 가담한 사람들이 가난하고 가족의 생계를 유지할 사람이 없다는 점을 논거로 들어 구속에 반대하고 있다. 이는 상대방의 연민은 불러일으킬 수 있지만 폭행을 정당화하는 논거로는 적합하지 않다.

② **공포에 호소하는 오류** : 정당한 논거를 제시하지 않고, 상대방의 공포심을 유발하여 자신의 주장을 받아들이도록 하는 오류이다.

ⓔ 그가 입을 열면 정치권이 엄청난 혼란에 빠질 것이다. 따라서 그가 입을 열지 않도록 막아야 한다.

→ 논거로 제시된 것은 '그가 입을 열면 혼란에 빠진다.'이다. 이는 상대방으로 하여금 그가 입을 열었을 때의 상황에 대한 공포심을 불러 일으키는 논증으로 실질적으로 그가 입을 열지 않아야 하는 타당한 논거는 제시되지 않았다.

③ **대중에 호소하는 오류** : 자신이 주장하는 것을 많은 대중들이 받아들이고 있으므로 자신의 주장이 타당하다고 보는 오류이다. 하지만 많은 대중이 선택했다고 해서 그 선택이 항상 옳거나 논리적으로 타당한 것은 아니다. 즉 논리적으로 타당한 것과 많은 사람들이 선택한 것에는 차이가 있기 때문이다.

ⓔ 이 제품은 품질이 매우 훌륭하다. 우리나라 사람들의 반 이상이 이 제품을 사용하고 있기 때문이다.

→ 제품의 품질이 훌륭하다는 것을 논증하기 위해서는 그 제품의 좋은 품질을 뒷받침할 수 있는 근거가 제시되어야 한다. '우리나라 사람들의 반 이상이 사용하고 있다.'라는 것은 품질이 좋을 개연성이 높다는 것뿐이며 훌륭한 품질을 확증하는 논거는 될 수 없다.

④ **인신공격의 오류** : 상대방의 주장을 반박하면서 그 주장이 지닌 논리적 결함을 지적하지 않고 주장과는 무관한 상대방의 도덕적 결함이나 약점을 지적하여 상대방의 주장을 반박하는 경우로 논리적인 오류에 해당한다.

ⓔ 정부의 부동산 정책이 잘못되었다는 그의 주장은 신빙성이 없다. 그는 과거 반정부 시위로 실형을 살았던 사람이기 때문이다.

→ 정부의 정책을 비판하는 것과 그가 반정부 시위로 실형을 살았던 과거의 경험은 논리적으로 인과성을 갖지 못한다. 올바른 반박이 되려면 그의 주장에서 논리적 결함을 지적해야 한다.

⑤ **피장파장의 오류** : 상대방이 자신과 유사한 문제점을 지니고 있으므로 상대방의 주장 역시 타당하지 못하다고 보는 오류이다.

ⓔ 그는 우리가 분리수거를 하지 않은 것에 대해 비판할 수 없다. 그도 얼마 전에 담배꽁초를 버려서 벌금을 냈지 않았는가?

→ 그가 담배꽁초를 버려 벌금을 낸 것은 비판의 대상이 되는 행동이지만 그렇다고 해서 우리가 분리수거를 하지 않는 행위가 정당화되는 것은 아니라는 점에서 오류가 발생하고 있다.

⑥ **부당한 권위에 호소하는 오류** : 해당 분야의 전문가나 권위자의 발언 또는 글 등은 논리적 근거로 활용될 수 있다. 해당 분야의 권위자는 그 분야에서 다른 사람들보다 훨씬 정확하고 다양한 정보

를 가지고 있다고 판단되기 때문에 신뢰성을 높여줄 수 있기 때문이다. 하지만 아무리 특정 분야에서 권위자라 해도 모든 분야에서 권위를 인정받는 것은 아니다.

> ㉔ 한국사회가 발전하려면 다문화 사회를 인정하고 다문화 가정에 대한 정책적 지원을 대폭 강화해야 한다. 컴퓨터 공학의 권위자인 김 모 교수도 어제 TV에서 그와 같은 주장을 했다.
>> → 전문가나 권위자의 주장이라 해도 그 전문 분야를 벗어났을 경우 논리적 근거로 받아들이는데 한계가 있다.

⑦ **원천봉쇄의 오류** : 자신의 주장에 대한 반박의 여지를 처음부터 제거해 버림으로써 반박 자체를 불가능하게 만드는 오류이다.

> ㉔ 오랜 역사와 전통을 가진 한민족에게 '민족'이란 그 무엇과도 바꿀 수 없는 절대적인 가치이다. '민족'의 실체를 거부하는 것은 이미 한민족이 아니라는 이야기이다. 따라서 '민족'이 단지 상상의 산물이라는 김 교수의 주장은 타당성이 없다.
>> → '민족의 실체를 인정하지 않는 것은 한민족이 아니다.'라는 명제를 통해 자신의 주장에 대해 반박하는 사람은 한민족의 자격이 없다는 주장을 하고 있다. 이는 '민족'이 실체임을 증명한 것이 아니라 '민족'의 실체를 인정해야 함을 전제로 제시함으로써 반박의 가능성만을 제거한 것이다.

⑧ **정황에 호소하는 오류** : 어떤 사람이 처한 정황을 논리적 근거로 삼거나 그 정황을 비난함으로써 자신의 주장이 타당함을 입증하려는 오류이다.

> ㉔ 그 의원은 노동계 인사들과 친분이 두텁다. 따라서 그는 노동시간을 연장하려는 법안에 대해 절대로 찬성하지 않을 것이다.
>> → '노동계 인사들과 친분이 두텁다.'라는 사실은 노동시간을 연장하려는 법안에 찬성하지 않을 개연성을 높일 수는 있지만 그것만으로 '노동시간 연장 법안에 찬성하지 않을 것이다.'라고 단정할 수는 없다.

(2) 자료적 오류

자료적 오류는 논리적 판단의 근거에 해당하는 자료를 잘못 해석하거나 왜곡하여 이해함으로써 발생하는 오류이다.

① **성급한 일반화의 오류** : 몇 가지 사례들을 바탕으로 이를 무리하게 일반화하여 주장의 타당성을 입증하려는 오류이다. 사례를 통해 일반화가 이루어지려면 충분한 사례가 제시되어야 하고, 그 사례들이 대표성을 띠어야 하는데 이러한 과정을 거치지 않고 몇 가지 자료에 근거해 일반화할 경우 논리적 타당성을 얻기 어렵다.

> ㉔ 모 가수는 얼마 전 사기죄로 구속되었고, 모 개그맨은 음주운전 사고로 구속되었다. 이로 보아 연예인들은 모두 준법의식이 부족하다.
>> → 두 연예인의 사례만으로 전체 연예인들의 준법의식을 판단하기에는 사례가 충분하지 않다.

② **합성의 오류/분할의 오류** : '합성의 오류'란 부분들의 특성이나 속성이 이들이 결합된 전체에서도 그대로 나타날 것이라고 믿는 오류이며, 반대로 '분할의 오류'는 전체의 특성이나 속성이 부분으로 분할되었을 때도 그대로 유지될 수 있을 것이라고 믿는 오류이다.

㉠ A사를 설립하면서 각 분야에서 최고의 실력을 지닌 직원들을 선발하였으므로 A사는 최고의 회사가 될 것이다. (합성의 오류)

㉠ 브라질 축구팀의 실력은 세계 최고 수준이다. 따라서 브라질 국가 대표팀에 소속된 선수들은 모두 세계 최고의 선수들이다. (분할의 오류)

→ 전체가 훌륭하다고 그 부분이 모두 훌륭한 것은 아니며, 구성 요소가 탁월하다고 해서 이들로 구성된 전체가 탁월하다고만은 할 수 없다. 구성 요소가 모여 전체를 이룰 때에는 구성 요소의 개별적 특성 외에도 이들의 조직 방법이나 구성 요소들의 관계에 따라 전혀 다른 속성이나 특성이 나타날 수 있기 때문이다.

③ 우연의 오류(거짓 인과의 오류) : '까마귀 날자 배 떨어진다'라는 속담과 같은 맥락의 오류이다. 원인은 결과에 앞서 발생하는 것이 필연적이지만 결과에 앞서 발생한다고 해서 모두 원인이라고 볼 수는 없다. 즉 선후의 문제를 인과의 문제로 볼 수 없는 것이다.

㉠ 태풍이 온 직후에 주식 가격이 폭락했다. 따라서 태풍과 주식 가격의 폭락은 밀접한 관계가 있다.

→ 단순히 먼저 일어났다고 해서 이후에 일어난 일의 원인이라고 판단할 수는 없다. 태풍이 온 후, 주식 가격이 폭락했다고 해도 태풍과 주식 가격의 폭락이 직접적인 인과 관계를 갖는다고 단정할 수 없다.

④ 무지에 호소하는 오류 : 증명이 불가한 것은 논증의 대상이 아님에도 불구하고 증명이 불가하다는 것을 근거로 자신의 주장을 정당화하는 오류이다.

㉠ 우주는 끝이 없다. 우주가 끝이 있다는 것을 증명할 수 없기 때문이다.

→ 우주가 끝이 있다는 것을 증명할 수 없지만 우주의 끝이 없다는 것도 증명할 수 없다. 그럼에도 불구하고 우주의 끝이 있다는 것을 증명할 수 없다는 것을 근거로 우주의 끝이 없다고 주장하는 것은 논리적으로 타당하지 않다.

⑤ 잘못된 유추의 오류 : 비유를 부당하게 적용하여 자신의 주장을 논리적으로 타당한 것처럼 받아들이도록 하는 오류이다.

㉠ 법은 사회를 보호하는 울타리이다. 하지만 급할 때는 울타리를 뛰어넘을 수도 있다. 따라서 법을 뛰어넘으려는 시도를 잘못되었다고 비난할 수는 없다.

→ 법을 울타리라고 표현한 것은 비유이며, 울타리의 속성이 법의 속성과 완전히 일치하는 것은 아니다. 따라서 울타리를 뛰어넘을 수도 있다는 점을 그대로 법에 적용하는 것은 논리적으로 타당하지 않다.

⑥ 논점 일탈의 오류 : 쟁점이 되는 논점에서 벗어난 이야기를 전개하거나 근거로 제시하는 오류이다.

㉠ 현대 사회는 점차 빈부의 격차가 심화되고 있다. 한편 과소비는 현대 사회를 병들게 하는 가장 큰 요인이므로 과소비를 줄이는 것은 현대 사회의 빈부 격차를 해소하는 중요한 방안이다.

→ 앞서 제시한 빈부 격차라는 논점으로부터 벗어난 내용이다.

⑦ 흑백 논리의 오류 : '모가 아니면 도다'라는 식의 논리적 오류이다. 이는 선택항을 단 두 가지로만 가정해 놓고 이 중 하나가 아니면 반드시 다른 하나가 되어야 한다는 논리이다.

㉠ 타인의 삶을 위해 자신의 삶을 희생하는 삶은 불행하다. 따라서 자신만을 위하는 것이 행복한 삶이다.

→ 타인을 위해 희생하는 삶과 자신을 위하는 삶이라는 두 가지 상황만을 전제하고 나서 타인을 위한 삶은 불행하기 때문에 자신을 위해 사는 것이 행복한 삶이라고 결론 내리고 있다.

⑧ 발생학적 오류 : 어떤 주장이나 사상 등의 기원이나 출신 등이 지닌 속성을 그 주장이나 사상 등에서도 그대로 적용된다고 보고 이를 근거로 논리적 타당성을 입증하려는 오류이다.

⑩ 이번 학회에서 발표된 A학자의 논문은 신뢰할 수 없다. 그는 체계적인 과학 교육조차 받기 힘든 후진국에서 태어난 학자이기 때문이다.

→ A학자가 태어난 국가의 교육 환경이 열악하다고 해서 A학자의 논문을 신뢰할 수 없다는 것은 타당하지 않다. A학자의 논문에 대한 신뢰성은 그의 연구 과정과 결과의 타당성에 따라 결정되어야 할 문제이기 때문이다.

(3) 언어적 오류

언어 사용의 문제로 인해 발생하는 오류로 언어의 다의성이나 모호한 언어 사용이 원인이 된다.

① **애매어의 오류** : 동음이의어나 다의어, 비유적 언어 사용 등으로 인해 명제의 의미가 모호해졌을 때 발생하는 오류이다.

⑩ 성경에 따르면 모든 인간은 죄인이다. 따라서 모든 인간은 범죄자이며 그에 따른 죗값을 치르면서 살아야 한다.

→ 앞에서 사용된 '죄인'이라는 단어는 기독교에서 인간이면 신에 대해 누구나 지게 되는 '원죄'를 의미하는 것이지 '범죄자'의 의미로 사용된 것은 아니므로 논리적으로 타당하지 않은 결론에 이르고 있다.

② **은밀한 재정의의 오류** : 논증 과정에서 사용한 용어의 개념을 재정의해서 사용함으로써 자신의 주장이 타당하다고 받아들이게 만드는 오류이다.

⑩ 양심이란 결국 자신의 마음에 비추어 행동하는 것이다. 비록 많은 사람들의 희생이 따르겠지만 그의 행동은 그의 마음에 비추어볼 때 떳떳한 일이므로 그를 비양심적이라고 비난할 수는 없다.

→ '양심'은 일반적으로 사회적 통념과 도덕에 따른 행동을 의미함에도 불구하고 이를 개인적인 문제로 재정의함으로써 비양심적이라는 비난을 반박하고 있다.

③ **강조의 오류** : 특정한 어휘나 명제의 한 부분을 부당하게 강조함으로써 발생하는 오류이다.

⑩ "속도 좀 낮춰. 터널 내 과속 금지라는 표지판이 있잖니?" "알았어. 이 터널만 빠져나가면 과속해 보자."

→ '터널 내'라는 단어만 강조하여 논리적 오류가 발생하고 있다.

④ **범주의 오류** : 논증 과정에서 단어의 범주를 잘못 인식해서 발생하는 오류이다.

⑩ 선생님, 저는 과학자가 아닌 물리학자가 되고 싶습니다.

→ '물리학'과 '과학'의 범주를 혼동하여 오류가 발생하고 있다.

Q 짚어보기 ▶ 논증방식

㉠ **연역 추론** : 일반적인 전제(대전제)에서 출발하여 소전제를 거쳐 구체적인 결론에 이르는 논증 방법.
- 모든 강은 흐른다. (대전제)
- 한강은 강이다. (소전제)
- 그러므로 한강은 흐른다. (결론)

㉡ **귀납 추론** : 구체적인 전제(개별 사례)를 바탕으로 일반적인 결론을 이끌어 내는 논증 방법.
- 한국의 새는 날개가 있다.
- 일본의 새는 날개가 있다.
- … (전제)
- 따라서 모든 새는 날개가 있다. (결론)

㉢ **변증법** : 대립하는 두 주장의 통합을 통해 새로운 합(合)에 이르는 논증 방법.

예상문제

밑줄 친 부분의 말하기 방식과 가장 유사한 것은?

> 형님 놀부 댁에서 쫓겨나 마을 어구에 당도하니 여러 아이놈들이 밥 달라는 소리가 귀를 찢는다. 그러더니 흥보 큰아들이 나앉으며,
> "아이고, 어머니!"
> "이 자식아, 너는 또 어찌허여 이상한 목소리를 내느냐?"
> "어머니 아버지, 날 장가 좀 들여주오. 내가 장가가 바뻐서 그런 것이 아니라 가만히 누워 생각허니 어머니 아버지 손자가 늦어 갑니다."
> 흥보 마누라가 이 말을 듣고 더욱 기가 막히더라.

① (지방의회 의원에 출마하면서 유권자에게) "저는 여러분의 충실한 대변인이 되고 싶지 출세에 관심 있는 사람이 아닙니다."

② (약속에 늦게 와서 기다리는 친구에게) "미안해, 난 일찍 출발했는데 길이 워낙 막혀서 말이야."

③ (자꾸 그릇을 깨는 동생에게) "아니, 너 혹시 그릇 집에 뭐 잘 보일 일이 있는 거 아니냐?"

④ (넘어져서 다리를 다친 친구에게) "그래도 걸을 수 있으면 되는 것 아니겠어?"

⑤ (화장품을 사려는 친구에게) 이 화장품이 얼마나 좋은 화장품인 줄 아니? 그 유명한 배우 김미녀도 이 화장품만 쓴다는 말 들어 봤지?

해설

제시문에서 흥보의 큰아들은 '자신이 장가가 가고 싶은 것이 아니라 부모님의 손자가 늦어지니 장가를 가야 한다.'라고 말하고 있다. 즉 자신의 의도나 욕망을 다른 사람을 위한 것처럼 핑계를 대며 속이고 있는 것이다. 지방의회 의원에 출마한 이유를 충실한 대변인이 되고 싶어서이지 출세에 관심 있어서가 아니라고 한 것도 자신의 출세욕(의도나 욕망)을 숨기고 유권자를 핑계로 삼는 말하기 방식으로 볼 수 있다.
② 다른 사람 또는 상황에 책임을 전가하는 말하기 방식이다.
③ 의도를 확대하여 해석하는 말하기 방식 또는 빈정거리는 말하기 방식이다.
④ 상대방을 위로하며 용기를 주는 말하기 방식이다.
⑤ 부적절한 권위에 호소하는 말하기 방식이다.

정답 ❶

1장 듣기·말하기 능력
실전 대비 문제

※ 실전 대비 문제의 MP3 파일은 시스컴 홈페이지(www.siscom.co.kr/)에서 제공하고 있습니다.

[01~13] 듣기 🎧

01

다음 강연을 듣고 강연자의 마지막 물음에 답변하고자 할 때 적절한 것은?

① 한번 생각해 봐. 나는 네가 늦은 이유를 모른 채 30분이나 기다려야 했어. 네가 내 생각을 조금이라도 했다면 이렇게 행동하지는 않을 거야.

② 약속 시간이 벌써 30분이 지났어. 너와 내가 아무리 친한 친구 사이라고 해도 늦은 이유를 말해주거나 사과를 하는 것이 마땅하다고 생각해.

③ 약속 시간에 늦으면 늦는다고 미리 연락을 해 주었으면 내가 이렇게 오래 기다리지 않았을 텐데. 너무 속상하다. 앞으로는 미리 연락을 주었으면 해.

④ 나는 지금 화가 나 있어. 네가 늦은 이유를 말해 주거나 사과를 해 주었으면 해. 그것이 친구 간에 마땅한 도리라고 생각해.

⑤ 나는 네가 약속 시간에 늦고도 사과나 이유를 말하지 않는 것은 나를 무시하는 것이라고 생각해. 그래서 지금 화가 나 있어.

> **해설** ◉ 61쪽의 〈대본 1 참고〉
> 강연자가 제시한 말하기 전략은 우선 상대방의 언행에 대해 자신이 어떻게 받아들이고 있으며 그로 인해 자신의 기분이나 마음이 어떻다고 말하는 것이다. 다시 정리해 보면 '상대방의 언행에 대한 자신의 생각' → '상대방의 언행으로 인한 자신의 느낌'순으로 말해야 한다.
> ① 상대방의 언행으로 인한 결과를 제시한 후 역지사지(易地思之)의 태도를 가질 것을 지적하고 있다.
> ② 상대방의 언행을 지적한 후 이에 대한 상대방의 마땅한 조치를 요구하고 있다.
> ③ 상대방에게 바라는 행동을 제시하고 자신의 심정을 밝힌 후 앞으로 바라는 행동을 강조하고 있다.
> ④ 자신의 심정을 먼저 밝히고 그것의 당위성을 제시하고 있다.

02

발표에서 말하기의 '불안 요인'으로 언급하지 않은 것은?

① 개인의 성격   ② 개인의 성장 과정
③ 청자와의 친밀도   ④ 청자의 반응
⑤ 주변의 도움

🔘 61쪽의 〈대본 2 참고〉
　　말하기의 불안을 극복하는 과정에서 필요한 요소로 제시되었을 뿐 말하기의 불안 요인으로 제시된 것은 아니다.
　　①, ②, ③, ④ 발표 내용에서 말하기에 대한 불안을 느끼게 하는 요인으로 지적한 것들이다.

03

라디오 방송에서 낭송한 글의 주제로 적절한 것은?

① 과거의 추억은 누구에게나 소중하다.

② 무심코 지나친 실수가 더 큰 손실을 가져온다.

③ 과도하게 긴장하면 일을 그르칠 수 있다.

④ 과거에만 얽매이는 것은 어리석은 행동이다.

⑤ 늦었다고 생각할 때가 가장 빠른 때다.

🔘 62쪽의 〈대본 3 참고〉
　　낭송된 글의 핵심은 무심코 지나쳐 버린 실수가 결국 공들여 쌓아올린 탑을 무너뜨린다는 것이다. 즉 별것 아닌 것이라도 꼼꼼하게
　　챙기고 살펴봐야 더 큰 손실을 막을 수 있다는 것이 주제이다.

04

다음 중 발표 내용과 일치하지 않는 것은?

① 제품에 표시된 '탄소발자국'은 제품을 가공하는 과정에서 배출한 이산화탄소의 양이다.

② 이산화탄소의 배출량은 지구 온난화와 관련이 깊다.

③ 한 사람이 한 달 동안 활동하면서 배출한 이산화탄소를 없애려면 10그루의 나무를 심어야 한다.

④ 탄소발자국 제도는 외국에서 먼저 시행된 제도이다.

⑤ 탄소발자국 제도는 환경문제에 관한 개인의 의식을 각성시킬 수 있다.

🔘 63쪽의 〈대본 4 참고〉
　　발표 내용을 바탕으로 할 때, '탄소발자국'은 제품의 가공 과정 뿐 아니라 재배 과정부터 생산하는 과정까지 배출되는 이산화탄소의
　　양을 표시한 것이다.

정답 01 ⑤　02 ⑤　03 ②　04 ①

05

토론에서 찬성 측과 반대 측 토론자들이 공통적으로 전제하고 있는 내용으로 적절한 것은?

① 사이버 공간은 실제의 사회 공간과는 차이가 있다.

② 공동체의 질서 유지를 위해 개인의 자유는 희생되어야 한다.

③ 표현의 자유로 인한 갈등은 객관적인 제3자의 입장에서 중재되어야 한다.

④ 개인의 자유가 충돌할 경우 자율적인 조정이 가능할 수 있다.

⑤ 사이버 공간에서의 표현의 자유를 제한하는 것은 자기 검열로 이어질 수 있다.

해설 63쪽의 〈대본 5 참고〉

찬성 측은 사이버 공간에서 개인의 자유가 충돌할 경우 자율적인 조정을 통해 해결하는 것이 바람직하다고 주장하였고, 반대 측 역시 자율적인 조정의 가능성은 인정하지만 그렇지 못한 경우에 외부 개입이 필요하다고 하였으므로 양측 모두 개인의 자유가 충돌할 경우 자율적인 조정이 가능할 수 있다는 점에 동의하고 있다고 볼 수 있다.

① 법의 개입을 주장한 찬성 측의 주장에 대한 반대 측의 의견이다.

② 찬성 측의 주장이다. 반대 측은 이에 대해 뚜렷하게 밝히고 있지 않다.

③ 찬성 측의 주장이며 반대 측은 제3자의 개입보다는 자율적인 조정 능력에 맡길 것을 주장하고 있다.

⑤ 반대 측의 주장이며 찬성 측은 이에 대해 언급하지 않았다.

06

다음 중 강연의 내용에 대해 〈보기〉를 바탕으로 반박한 내용으로 적절한 것은?

── 보기 ──

여성들이 회사에 취직을 하려고 할 때, 능력 있는 사람보다는 외모가 빼어난 사람이 채용되는 경우가 많습니다. 또한 텔레비전이나 신문·잡지 등의 광고에는 한결같이 성형미인들이 넘쳐나고 있습니다. 특히 날씬한 몸매와 아름다운 얼굴형을 선호하는 남성들의 여성에 대한 왜곡된 시선이 교정되지 않는 한 여성들의 외모에 대한 집착은 더욱 강화될 것입니다.

① 아름다운 외모의 경쟁력을 인정하고 이를 사회적으로 지원하는 정책이 필요하다.

② 외면과 내면의 아름다움을 함께 추구할 수 있도록 의식을 개혁하려는 노력이 필요하다.

③ 외모지상주의를 모든 여성의 문제로 일반화시키는 것은 잘못된 생각이다.

④ 여성들을 외모에 집착하게 만드는 한국 사회의 구조와 분위기가 먼저 개선되어야 한다.

⑤ 여성들의 성형이나 다이어트에 대한 비판은 현실을 외면한 이상적인 견해일 뿐이다.

해설 64쪽의 〈대본 6 참고〉

제시된 강연에서는 여성들의 외모지상주의에 대한 비판과 함께 그 원인을 내면적 아름다움을 외면한 여성들의 의식 문제로 돌리고 있다. 반면 〈보기〉에서는 여성들의 외모 지상주의의 근본적인 원인으로 취업과 같은 사회구조적인 문제와 외모지상주의를 부추기는 매스컴, 남성들의 왜곡된 시선과 같은 사회 분위기 문제를 들고 있다. 따라서 〈보기〉를 바탕으로 강연을 반박한다면 여성들의 외모 지상주의를 해결하기 위해서는 사회구조적인 개혁과 함께 사회 분위기의 변화가 전제되어야 함을 지적하는 것이 타당하다. 선택지의 내용이 타당하더라도 〈보기〉를 바탕으로 하라는 조건이 주어져 있으므로 비판은 〈보기〉의 내용과 관련 있어야 한다.

07

프레젠테이션의 핵심 내용을 잘 요약하여 말한 것은?

① 캐릭터 산업의 가치를 새롭게 인식하고 캐릭터를 개발하기 위한 인재 양성에 집중해야 한다.

② 우리나라 캐릭터 산업에 대한 투자와 정책적 지원을 통해 국산 캐릭터 산업을 활성화시켜야 한다.

③ 우리나라 캐릭터의 국내 점유율을 높이기 위해 국산 캐릭터에 대한 우리 국민들의 관심이 제고되어야 한다.

④ 캐릭터를 활용한 산업을 다양화하여 우리나라의 캐릭터 산업이 국내시장을 넘어 해외시장으로 진출할 수 있도록 해야 한다.

⑤ 국산 캐릭터에 대한 국민들의 선호도를 높일 수 있도록 국민들의 의식과 요구를 반영한 캐릭터의 개발이 시급하다.

해설 ◉ 64쪽의 〈대본 7 참고〉

프레젠테이션의 내용은 전반부에서 캐릭터 산업의 중요성을 언급한 뒤 이어서 우리나라의 캐릭터 산업의 현황을 제시하고 마지막으로 일본과 비교하여 앞으로 우리나라 캐릭터 산업이 나아가야 할 바를 간접적으로 제시하고 있다. 특히 우리나라 캐릭터 산업의 발전 가능성을 언급하면서 일본과 비교하여 정부의 정책적인 지원과 투자를 언급한 것은 결국 국산 캐릭터 산업을 발전시키기 위해 정책적 지원과 투자가 필요하다는 점을 강조하기 위한 것으로 볼 수 있다. 따라서 글의 핵심 내용을 잘 요약하여 제시한 것은 우리나라 캐릭터 산업에 대한 투자와 정책적 지원의 필요성을 언급한 ②이다.

08

강연자가 사용한 말하기 방식으로 옳은 것은?

① 상대방의 견해가 지닌 모순을 지적하여 반박하고 있다.

② 구체적인 사례를 들어 자신의 주장을 뒷받침하고 있다.

③ 예상되는 문제점을 지적하고 이에 대한 대안을 제시하고 있다.

④ 적절한 비유를 통해 자신의 주장에 대한 설득력을 강화하고 있다.

⑤ 대립되는 의견을 종합하여 절충안을 제시하고 있다.

해설 ◉ 65쪽의 〈대본 8 참고〉

강연에서는 보편적 복지의 실시로 인해 발생할 수 있는 문제점, 즉 도덕적 해이 현상을 지적하고 이를 해결할 수 있는 방안으로 '근로 복지'라는 대안을 제시하고 있다.

정답 05 ④ 06 ④ 07 ② 08 ③

09

대화에서 스승이 말하고자 하는 의도로 가장 적절한 것은?

① 본성에 따라 사는 것이 가장 바람직한 삶이다.

② 바라보는 관점에 따라 대상에 대한 판단은 달라질 수 있다.

③ 남의 허물이 자신에게는 오히려 교훈이 될 수 있다.

④ 겉모습만으로 대상을 판단해서는 안 된다.

⑤ 적극적으로 문제를 해결하려는 자세가 필요하다.

🔊 65쪽의 〈대본 9 참고〉
제시된 내용은 인간의 입장에서 보면 굽은 나무가 쓸모가 없어 안타깝지만 나무의 입장에서 보자면 오히려 굽음으로써 베임을 당하지 않고 산을 지킬 수 있을 뿐만 아니라 오히려 그 굽음 자체가 본성이 될 수 있음을 강조한 것이다. 따라서 보는 입장에 따라 대상의 가치나 판단이 상대적일 수 있음을 제자가 깨닫도록 하고 있다.

10

대화 내용을 듣고 참석자들이 최종적으로 결정했을 그림에 대한 묘사로 적절한 것은?

① 지구가 고통스러워하고 공장에서 나온 연기가 손이 되어 지구를 조르는 그림

② 지구가 고통스러워하고 공장, 자동차, 방사성 물질(기호)에서 나온 연기가 손이 되어 지구를 조르는 그림

③ 지구가 고통스러워하고 공장, 자동차, 종이컵(일회용 표시 없음)에서 나온 연기가 지구를 에워싸고 있는 그림

④ 지구가 고통스러워하고 공장, 자동차, 종이컵(일회용 표시 있음)에서 나온 연기가 지구를 에워싸고 있는 그림

⑤ 지구가 고통스러워하고 있고 공장, 자동차, 종량제 쓰레기봉투에서 나온 연기가 지구를 에워싸고 있는 그림

🔊 66쪽의 〈대본 10 참고〉
회의 내용을 종합해 보면 연기가 손으로 변해 지구를 조르는 그림은 섬뜩한 느낌을 주기 때문에 그냥 연기가 지구를 에워싸고 있는 그림으로 바꾸자고 하였고, 오염을 발생시키는 대상은 공장과 자동차 매연, 일회용 종이컵으로 바꾸어 다양한 오염원을 제시하고자 하였다. 또한 생활 오염을 강조하기 위해 종량제 쓰레기봉투를 넣자고 제안하였지만 종량제 봉투는 바람직한 이미지이므로 일회용 종이컵으로 대체하기로 하였고, 종이컵에는 〈일회용〉이라는 문구를 새겨 넣기로 하였다.

11

수화 강좌를 듣고 '무덥다'라는 단어를 나타내는 수화 동작을 고르면?

①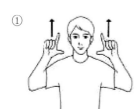

②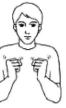

③

④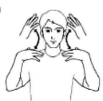

⑤

🎧 66쪽의 〈대본 11 참고〉
이 문제는 수화 동작을 알려주는 방송을 듣고, 수화 동작을 정확하게 찾아낼 수 있는가를 알아보는 문제이다. 오로지 청각에만 의존하여 동작을 유추해야 하므로 높은 집중력이 요구된다.
① '날씨'를 의미하는 수화 동작이다.
② '춥다'를 의미하는 수화 동작이다.
③ '덥다'를 의미하는 수화 동작이다.
⑤ '눈'을 의미하는 수화 동작이다.

정답 09 ② 10 ④ 11 ④

12

제주도의 돌하르방을 소개하는 안내원의 이야기를 듣고 '대정현 돌하르방'을 고르면?

①

②

③

④

⑤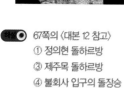

해설 67쪽의 〈대본 12 참고〉
① 정의현 돌하르방
③ 제주목 돌하르방
④ 불회사 입구의 돌장승
⑤ 부안의 상원주장군

13

현재 리포터가 위치한 길을 나타내는 지도는?

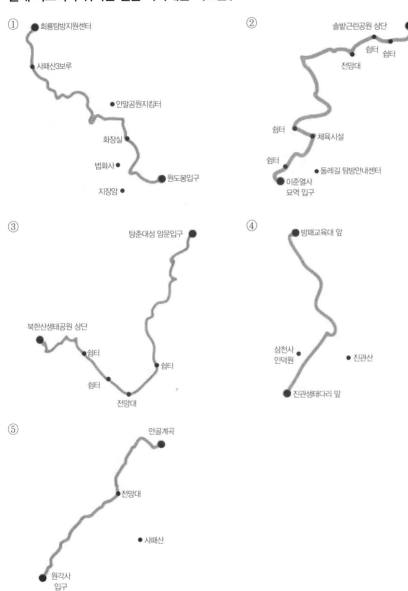

① 회룡탐방지원센터
사패산3보루
안말공원지킴터
화장실
법화사
원도봉입구
지장암

② 솔밭근린공원 상단
쉼터
쉼터
전망대
쉼터
체육시설
쉼터
둘레길 탐방안내센터
이준열사
묘역 입구

③ 탕춘대성 암문입구
북한산생태공원 상단
쉼터
쉼터
쉼터
전망대

④ 방패교육대 앞
삼천사
인덕원
진관산
진관생태다리 앞

⑤ 안골계곡
전망대
사패산
원각사
입구

68쪽의 〈대본 13 참고〉
리포터의 멘트 가운데 '회룡탐방지원센터', '사패산3보루터'를 통해서 보루길의 지도를 찾아낼 수 있다.

[14~17] 듣기 🎧 + 말하기 🎙️

14

대담에서 진행자의 역할로 바르지 <u>않은</u> 것은?

① 질문을 통해 대담자의 답변을 이끌어 내고 있다.

② 새로운 정보를 첨가하여 대담의 내용을 풍부하게 하고 있다.

③ 대담자의 말에 호응해 가면서 대담을 부드럽게 이끌고 있다.

④ 대담자의 말을 보충하여 설명하면서 청취자의 이해를 돕고 있다.

⑤ 다양한 화제로 분위기를 변화시켜 가면서 대담을 진행하고 있다.

🔘 68쪽의 〈대본 14 참고〉

다양한 화제로 분위기를 변화시켜 가면서 대담을 진행하기보다는 '웃음'이라는 일관된 화제에 관하여 대담을 진행하면서 '걱정 없이 밝게 웃으며 살자.'라는 대담자의 생각을 끝까지 보조하고 있다.

15

대담자의 생각과 통하는 속담으로 적절하지 <u>않은</u> 것은?

① 웃는 낯에 침 뱉으랴.

② 웃는 집에 복이 있다.

③ 배 안의 아이 아들 아니면 딸이다.

④ 웃느라 한 말에 초상난다.

⑤ 죽사발이 웃음이요 밥사발이 눈물이라.

🔘 68쪽의 〈대본 14 참고〉

화자의 의도를 추리하여 속담에 적용하는 문항으로 대담자는 스트레스를 받지 않고 걱정 없이 웃고 살자는 생각을 갖고 있다. 반면 '웃느라 한 말에 초상난다'는 농담으로 한 말이 듣는 사람에게 치명적인 영향을 줄 수 있음을 비유적으로 이르는 말이므로 적절하지 않다.

① 좋게 대하는 사람에게 나쁘게 대할 수 없음을 이르는 말이다.

② '집안이 화목하여 늘 웃음꽃이 피는 집에는 행복이 찾아들게 된다.'라는 말이다.

③ 쓸데없는 걱정을 하는 경우를 핀잔하는 말이다.

⑤ 먹을 것이 있어도 걱정하며 사는 것보다 가난하더라도 걱정 없이 사는 편이 낫다는 말로 대담자의 생각과 일치한다.

16

다음 중 뉴스의 내용과 일치하지 <u>않는</u> 것은?

① '반짝 스타'들은 시청자들에게 잘 알려진 사람들이다.

② 정통 연기자가 아니더라도 대중들의 인지도만 높다면 드라마의 주연을 맡고 있다.

③ 대형 기획사들은 '반짝 스타'들을 통해 이익을 추구하고 있다.

④ '반짝 스타'들은 출연한 작품의 시청률 상승을 보장한다.

⑤ 드라마에 나타난 비정상적인 가정의 모습은 출연료 문제와 관련 깊다.

🔊 69쪽의 〈대본 15 참고〉
'반짝 스타가 시청률을 보장해 주지 않음에도 불구하고 시청자들에게 인지도가 높은 스타를 캐스팅해야만 제작비 조달과 협찬이 용이한 현실 때문에 문제가 개선되지 못하고 있다.

17

앵커의 마지막 말을 〈보기〉와 같이 마무리할 때 밑줄 친 부분에 들어갈 속담으로 적절한 것은?

——— 보기 ———
제작자들의 입장에 대해 듣고 보니 _____ (이)라는 속담이 떠오르는군요.

① 울려서 아이 뺨 치기

② 울며 겨자 먹기

③ 말 타면 경마 잡히고 싶다

④ 산도 허물고 바다도 메울 기세

⑤ 날 샌 은혜 없다

🔊 69쪽의 〈대본 15 참고〉
'제작자들도 문제점을 느끼고 있지만, 시청자들에게 인지도가 높은 스타를 캐스팅해야만 제작비 조달과 협찬이 용이한 현실 때문에 어쩔 수 없다고 말하고 있습니다.'라는 기자의 마지막 말로 보아 제작자들 또한 하기 싫은 일을 억지로 마지못해 함을 알 수 있다. 이러한 상황에 적절한 속담은 '울며 겨자 먹기'이다.
① 아무렇지도 않은 일을 공연히 건드려서 걱정을 일으키는 것을 비유적으로 이르는 말이다.
③ 사람의 욕심이란 끝이 없음을 이르는 말이다.
④ 그 어떤 어려운 일도 해내려는 왕성한 기세를 비유적으로 이르는 말이다.
⑤ 은혜나 원한은 시일이 지나면 쉬이 잊게 됨을 비유적으로 이르는 말이다.

🔘 정답 14 ⑤   15 ④   16 ④   17 ②

[18~20] 말하기 🎤

18

다음 제시문의 오류로 알맞은 것은?

> 사장님, 제 남편의 월급을 올려주시는 것은 마땅합니다. 사장님이 주시는 월급으로는 도저히 제 아이들을 키울 수가 없습니다. 게다가 저의 막내아들이 지팡이 없이 걷기 위해서는 꼭 수술을 해야 합니다.

① 부적절한 권위에의 호소　　② 선결문제 요구의 오류

③ 연민에의 호소　　④ 성급한 일반화의 오류

⑤ 논점 일탈의 오류

해설 동정심에 호소하고 있으므로 '연민에의 호소'를 범하고 있다.
　① 부적절한 권위에의 호소 : 논지와 관련 없는 분야의 권위자의 견해를 근거로 들거나 논리적 타당성과 무관하게 권위자의 견해임을 내세워 자신의 주장을 정당화하려는 오류이다. 또한 사회적 통념, 관습, 전통, 제도 등에 호소하여 어떤 일을 정당화하려 할 경우에도 이 오류를 범할 수 있다.
　② 선결문제 요구의 오류 : 결론에서 증명하려는 주장이 이미 참임을 전제하기 때문에 발생하는 오류이다.
　④ 성급한 일반화의 오류 : 제한된 정보, 부적합한 증거, 대표성을 결여한 사례를 근거로 일반화하는 오류이다.
　⑤ 논점 일탈의 오류 : 어떤 논지를 뒷받침하기 위해 제시한 논거가 적절한 논거인 것 같지만 실제로는 부적절한 논거로 판명되는 오류이다.

19

다음 중 논리적으로 오류가 <u>없는</u> 것은?

① 이 옷은 값이 싸다. 값이 싼 것은 쉽게 떨어진다. 그러므로 이 옷은 쉽게 떨어진다.

② 글을 쓰는 것은 사고력을 기르는 길이다. 우리는 사고력을 길러야 한다. 그러므로 우리는 글을 써야 한다.

③ 우리는 외국에 있는 사람을 잘 모른다. 그런데 나는 친한 친구가 외국에 가 있다. 그러므로 나는 친한 친구를 잘 모른다.

④ 내가 이것을 주장한다고 해서 내 개인에 이익이 되는 것은 조금도 아닙니다. 다만 저 불쌍한 동포들, 헐벗고 굶주리는 사람들을 돕고자 하는 것입니다.

⑤ 성서의 글은 모두 하나님의 말씀이다. 성서가 하나님의 말씀인 것은 성서에 쓰여 있기 때문이다. 그러므로 성서가 하나님의 말씀인 것은 의심할 여지가 없다.

해설 '글을 쓰는 것은 사고력을 기르는 길이다.'의 '길'은 '방법'을 나타내는 말로 쓰인 것에 유념해야 한다. 따라서 이 문장은 '사고력을 기르려면 글을 써야 한다.'와 같이 고쳐도 문제가 없다. '우리는 사고력을 길러야 한다.' → '그러므로 우리는 글을 써야 한다.'로 이끌어 내면 타당한 추론이 된다.

① 앞의 '값이 싸다'는 '가격이 저렴하다.'라는 의미이고, 뒤에 '값이 싼 것'은 '싸구려(값이 싸거나 질이 낮은 물건)'라는 의미이다. 두 어구의 뜻이 다름에도, 같은 뜻으로 해석하였기 때문에 '은밀한 재정의의 오류'를 범하고 있다.

③ 전체에 관해서만 '참'인 것을 그것을 구성하는 부분에서도 역시 '참'이라고 주장한 데서 발생하는 '분할의 오류'를 범하고 있다.

④ 논리적인 근거를 들어 상대를 설득시키는 것이 아니라, 동정이나 연민을 통해 어떤 논지를 받아들이게 하는 데서 발생하는 '동정(연민)에 호소하는 오류'를 범하고 있다.

⑤ 이 논제의 증명은 '하나님의 존재'를 입증하는 것에서 시작해야 한다. 그런데 증명되어야 할 것을 증명하지 않은 채 그것을 논거로 하여 같은 내용을 표현만 바꾸어 되풀이하는 데서 발생하는 '선결문제 요구의 오류'를 범하고 있다.

20

토론과 토의에 대한 설명으로 적절하지 <u>않은</u> 것은?

① 토론은 정해진 규칙과 절차에 의해 전개된다.

② 토의는 정과 반의 대립을 전제로 하는 변증법적 담화이다.

③ 토론에서는 자신의 주장을 논리적으로 표현하는 것이 중요하다.

④ 토의는 주어진 문제에 대한 의논을 통해 해답을 찾아내는 과정이다.

⑤ 토의는 토론에 비해 사회자의 비중이 높은 편이다.

해설 대립을 전제로 하는 변증법적 담화는 토의가 아닌 토론이다.
① 토론은 엄격한 형식과 절차가 요구되는 반면 토의는 비교적 자유로운 형식이다.
③ 토론에서는 자신의 논리적 정당성과 상대방의 논리적 부당성을 입증해야 한다.
④ 토의는 우선성에 입각한 문제의 해결과정이다.
⑤ 토의는 사회자의 비중이 매우 높으며, 토론은 사회자의 비중이 거의 없다.

1장 듣기·말하기 능력
실전 대비 문제(대본)

※ 하권, 제1장 듣기 · 말하기 능력의 실전 대비 문제를 시작합니다. 1번부터 13번 문항은 듣기 문항이며, 14번부터 17번 문항은 듣기와 말하기 통합 유형입니다. 모든 문제는 한 번만 들려드립니다. 잘 듣고 물음에 답하십시오.

대본 01

이제 '배려하는 말하기'란 주제의 강연을 들려 드립니다. 잘 듣고 물음에 답하십시오.

살아가다 보면 타인의 행위나 발화로 인해 상처를 받는 경우가 종종 있습니다. 하지만 이러한 경우에 감정적으로 대처하다보면 상호 간에 상처는 더욱 깊어지고 돌이킬 수 없는 상황으로 치닫게 될 수도 있습니다. 만약 상대방이 잘못된 행동이나 발언을 하고 있을 때 그 행동이나 발언을 바로 지적하고 추궁을 하면 상대방은 자신의 행위의 옳고 그름을 생각하기 전에 수치심과 모멸감으로 감정이 상하게 될 수 있습니다. 그렇다면 이러한 경우에 어떻게 말하는 것이 바람직할까요? 이런 경우에는 상대방의 잘못된 언행을 지적하기에 앞서 자신의 심리와 생각을 먼저 표현하는 것이 도움이 될 수 있습니다. 즉 상대방의 이런 저런 언행에 대해 자신은 그러한 언행을 어떤 식으로 받아들이고 있으며 그로 인해 지금 자신의 기분이나 마음이 어떠하다고 말하는 것입니다. 이러한 말하기 방식은 상대방이 자신의 언행에 대한 직접적인 공격으로 받아들이지 않고 자신의 언행이 상대방에게 의도하지 않은 영향을 미칠 수 있음을 깨닫게 해줍니다. 그로 인해 타인과 자신의 관계에 부정적인 결과를 가져올 수 있다는 점을 순차적으로 이해하게 되면서 자신에 대한 지적에 보다 쉽게 동의하게 됩니다.

그럼 지금까지 설명한 원리를 구체적인 사례에 적용해 보도록 하죠. 친구와 정한 약속 시간에 맞추어 약속 장소에 갔다고 합시다. 이때 친구가 약속시간을 30분이나 어기고 늦게 나타나서도 미안하다는 말이나 늦은 이유에 대해서 설명해 주지 않는 상황입니다. 이때 당신은 어떻게 말하면 좋을까요?

대본 02

이제 '말하기의 불안 극복'이란 주제의 발표를 들려 드립니다. 잘 듣고 물음에 답하십시오.

말하기에 대한 불안은 대부분의 사람들이 느끼고 있는 것입니다. 사람들이 말하기에서 불안을 느끼게 되는 요인은 개인 특유의 성격이나 성장 과정이 주요한 요소입니다. 자신에 대해 비관적인 인식을 가지고 매사에 자신에 대한 신뢰가 부족할 때 일반적으로 말하기에서 불안을 느끼는 경우가 많습니다. 또한 성장하면서 교사나 부모님과 이야기할 기회가 많지 않았거나 자신의 말에 대한 문제점에 대해 지적을 많이 받은 사람일수록 말하기 불안이 보다 강화되는 경향이 있습니다.

하지만 말하기에 대한 불안이 모두 개인적 요인으로 발생하는 것은 아닙니다. 말하는 상황으로 인해 말하는 데 부담을 느끼는 경우도 있기 때문입니다. 특히 낯선 상황에서 낯선 상대와 이야기하는 것은 누구나 힘들어하는 부분이기도 합니다. 우리가 면접이나 오리엔테이션에서 말하기에 어려움을 호소하는 것 또한 바로 그런 이유 때문입니다. 한편 상황적인 요인 외에도 청중의 수나 청자의 반응, 상대방에 대한 정보의 부족 등도 말하기에서 부담을 가중시키는 요인이 됩니다.

이러한 말하기의 불안을 해결하기 위해서 무엇보다 중요한 것은 적극적인 노력입니다. 말하기에 불안을 느낀다고 해서 자꾸만 그것을 피하는 것보다는 직접 부딪쳐서 불안을 극복하도록 노력하는 것이 좋습니다. 물론 단박에 문제가 해결되는 것은 아니므로 적은 수의 청중에서 많은 수의 청중으로, 친한 사람부터 시작하여 낯선 사람에게 말하는 시도를 하여 점진적으로 말하기의 불안을 완화시켜 가는 것이 바람직할 것입니다. 필요에 따라서는 주변의 도움을 요청하는 것도 좋은 방법이 될 수 있습니다.

대본 03

이제 라디오 방송의 일부를 들려 드립니다. 잘 듣고 물음에 답하십시오.

(오프닝 음악)

DJ(남) : 낭송을 통해 좋은 글을 소개하고 삶에서 우러나는 교훈을 전달하는 '살며 생각하며' 시간입니다. 오늘은 좋은 소설로 우리들의 마음을 사로잡고 계신 소설가 이지영님께서 좋은 글 한 편을 들려주신답니다. 여러분도 함께 들어보시죠.

소설가(여) : 약속장소에서 만나기로 한 친구를 기다리다가 문득 성냥갑을 보았다. 친구는 약속 시간에 늦는 모양이다. 잠시 지루함을 달래기 위해 어릴 적 추억 속으로 들어가 보기로 했다. '성냥개비 쌓기', 나는 어느새 그리운 시절로 돌아가 성냥개비를 쌓고 있다. 성냥 한 개비를 쌓고 다시 또 한 개비를 쌓고 서로 엇갈리며 하나씩 하나씩 쌓아 올린다. 높이가 점점 높아지고 나는 어느새 손이 떨리고 눈에 힘이 들어가고 긴장감마저 느끼고 있다. 무너질 만한 데는 없는지 보수할 곳은 없는지 꼼꼼하게 살피면서 그렇게 어린 시절의 쾌감을 맛보고 있을 때였다. 한순간 성냥개비가 무너져 내린다. 별것 아니라고 지나쳐 버린 시간들이 안타깝기만 하다. 그 때 손을 보았어야 했는데. 그 때 좀 더 꼼꼼히 신경을 써야 했는데. 하지만 때는 늦었고 무너진 성냥개비들이 나를 원망스러운 눈길로 쳐다보고 있다.

DJ(남) : 네. 좋은 글 잘 들었습니다. 어떠십니까? 청취자 여러분들도 오늘 자신의 성냥개비를 확인해 보시는 것이 어떨까요?

대본 04

이제 고등학교 사회 수업 중 학생의 발표를 들려 드립니다. 잘 듣고 물음에 답하십시오.

처음 탄소발자국이라는 말을 들었을 때는, '그게 도대체 뭐지?'하고 생각했어요. 그런데 발표를 준비하면서 탄소발자국이 기후 변화와 관련이 있다는 것을 알게 되었어요. 탄소발자국이란 우리가 살아가면서 이산화탄소를 얼마나 발생시키는지를 계산하여 그것을 발자국으로 표시한 것입니다. 더 자세히 알아볼까요? 탄소발자국은 무게 단위나 우리가 심어야 하는 나무 그루 수로 표시합니다. 예를 들어 감자칩 포장지의 탄소발자국 마크에 75g이라고 표시되어 있다면, 감자 재배에서부터 감자칩 생산까지 제품당 75g의 이산화탄소가 배출되었다는 뜻입니다. 보통 한 사람이 한 달 동안 생활하면서 발생시키는 이산화탄소의 총량은 대략 50kg 정도인데, 이 정도의 발자국을 지우기 위해서는 10그루의 나무를 새로 심어야 한다고 합니다. 탄소발자국 제도는 영국이나 프랑스 등 외국에서 이미 실시하고 있는 제도인데요, 우리나라에서도 온실가스를 줄이기 위해 이와 유사한 탄소은행, 탄소마일리지 제도 등을 시범적으로 실시하고 있습니다. 발표를 준비하기 전에는 지구 온난화의 책임이 기업에만 있다고 생각했는데요, 이젠 한 사람 한 사람이 어떤 제품을 쓰느냐, 얼마나 쓰느냐에 따라 지구 온난화의 정도가 달라질 수 있다는 것을 알았습니다.

대본 05

이제 '사이버 공간에서의 표현의 자유 제한'이라는 주제로 토론을 들려 드립니다. 잘 듣고 물음에 답하십시오.

남 : 개인의 자유는 공동체의 질서를 침해하지 않는 선에서 보호되어야 합니다. 사회의 질서를 유지하는 것은 개인이 안정된 자유를 누리며 살아가기 위한 기본적인 전제이기 때문입니다. 사이버 공간이 비록 사적인 공간이라고 하더라도 그것으로 인해 사회 질서가 무너질 수 있다면 개인의 자유를 희생하는 것이 올바른 길이라고 생각합니다.

여 : 사이버 공간에서 개인적인 표현의 자유를 실현하는 과정에서 마찰이나 문제가 발생할 수는 있습니다. 하지만 그렇다고 해서 사이버 공간 속 개인의 자유를 억압하기 시작하면 언젠가는 개인의 자유로운 표현이 불가능한 공간이 되어버릴 것입니다. 사이버 공간은 개개인의 자유가 충돌하며 자율적으로 조정되는 공간입니다. 이런 자율적인 조정 능력을 무시하고 국가가 개입하여 이를 제한하는 것은 표현의 자유뿐만 아니라 건강한 사회 발전에도 저해가 될 것입니다.

남 : 사이버 공간에서의 표현의 자유를 제한하는 것은 자율적인 조정 능력을 무시하는 것이 아니라 자율적인 조정이 이루어지지 못할 경우 바람직한 방향으로 조정이 이루어지도록 돕는 것이라고 생각합니다. 사회의 모든 문제를 개인 간의 자율에 의해 해결할 수 있는 것은 아닙니다. 그래서 법이 존재하는 것이 아닐까요? 때로는 객관적인 입장에서 옳고 그름을 따져 결정해 주는 제3의 힘이 필요한 경우도 있으니까요.

여 : 사이버 공간을 일반적인 사회와 동일시하는 것은 문제가 있습니다. 일반적으로 사회는 개인의 선택과는 무관하게 소속되는 공동체인 반면 사이버 공간은 개인의 선택에 의해 형성되는 공간입니다. 사이버 공간에서 표현한 내용에 대해 수용하고 판단하는 것은 모두 개인의 선택에 의한 것입니다. 따라서 개인의 선택에 의한 정보의 수용과 판단에 대해서까지 법을 적용시키는 것은 옳지 못하다고 생각합니다. 더욱 중요한 것은 사이버 공간에서 표현의 자유가 제한될 경우 내부의 자기 검열로 인해 표현의 자유를 스스로 포기하게 될 수도 있다는 점입니다.

대본 06

이제 '외모지상주의에 빠진 한국 여성들'이란 주제의 강연을 들려 드립니다. 잘 듣고 물음에 답하십시오.

요즘 한국 의료계가 성형수술로 특수를 누리고 있다고 합니다. 이제 한국의 성형 기술은 한국을 넘어 외국에까지 그 명성을 떨치고 있습니다. 성형수술은 외모에 병적으로 집착하는 여성들의 어두운 내면을 그대로 반영하고 있는 현상입니다. 이러한 외모 집착에 따른 많은 부작용들이 발생하고 있는데 그 수준이 도를 넘어서고 있다는 느낌마저 듭니다. 우리는 매스컴을 통해 성형수술비를 마련하기 위해 무리하게 신용카드를 사용하거나 대출을 받아 빚더미에 앉게 되고 결국 파산하게 되는 경우를 종종 봅니다. 또한 무리한 성형수술이나 다이어트의 부작용으로 자신의 삶 전체를 잃어버리게 되고 급기야 극단적인 선택을 하게 되는 경우도 심심치 않게 접하고 있습니다.

이처럼 가히 병적이라 할 만한 한국사회의 외모 지상주의는 결국 아름다움에 대한 왜곡된 가치관에서 비롯된 것이라고 할 수 있습니다. 예부터 우리 선조들은 아름다움을 외면적인 것이 아닌 내면적인 것에서 찾아 왔습니다. 그리고 내면의 아름다움이야 말로 진정한 아름다움이라는 생각을 가지고 있었습니다. 하지만 근래에 와서는 내면의 아름다움은 무시한 채 외면의 아름다움에만 집착하는 왜곡된 가치관이 팽배해졌습니다. 아무리 아름다운 외모를 가지고 있더라도 그 내면이 추악하고 악취를 풍긴다면 과연 우리는 그 사람을 아름답다고 할 수 있을까요? 아닐 것입니다. 따라서 앞서 말한 왜곡된 가치관이 팽배해져 사회 전체가 병들기 전에 진정한 아름다움을 추구하는 건강한 가치관을 정립해야 할 것입니다.

지금부터 '국내 캐릭터 산업의 미래'란 주제의 프레젠테이션을 들려 드립니다. 잘 듣고 물음에 답하십시오.

캐릭터 산업이란 만화나 영화 등에 등장하는 주인공의 이미지나 개성적으로 창조된 캐릭터를 활용하여 파생 상품을 개발하거나 이를 유통하는 산업을 말합니다. 요즘의 캐릭터 산업은 경제적 효용이 커서 투자만 충분히 이루어진다면 다양한 분야에 활용하여 막대한 경제적 이익을 실현시킬 수 있습니다. 만화 영화의 캐릭터를 장난감이나 문구에 활용하기도 하고, 캐릭터 이용 자체에 대해 사용료를 받는 것이 바로 그러한 경우입니다. 우리나라의 캐릭터 산업 규모는 약 4조 원 정도입니다. 그중 국산 캐릭터가 차지하는 비중은 40% 전후라고 합니다. 현재 우리나라 캐릭터 산업은 영세성을 면치 못하고 있습니다. 심지어 외국에 판매한 국산 캐릭터를 역으로 수입하는 경우도 있을 정도입니다. 그러나 최근 들어 우리 캐릭터에 대한 국민 선호도가 높아지고 캐릭터 산업의 질도 높아지면서 점차 활성화되고 있는 추세이므로 우리나라 캐릭터 산업의 전망이 어둡기만 한 것은 아닙니다. 하지만 일본의 경우와 비교해 보면 아직 부족한 점이 많습니다. 캐릭터 산업에 대한 정부의 정책적인 지원과 투자 면에서 일본은 우리나라에 비해 월등하고, 그 결과 일본의 고유문화와 개성을 살린 캐릭터들이 전 세계적으로 인기를 끌고 있습니다. 그리고 그에 따른 경제적 이익도 막대합니다.

지금부터 '한국 사회의 복지'라는 주제의 강연을 들려 드립니다. 잘 듣고 물음에 답하십시오.

한국 사회에서도 복지에 대한 문제가 중요한 비중을 차지하게 되었습니다. 그만큼 한국 사회가 선진국으로 근접해가고 있다는 신호일 수 있습니다. 그간 경제성장에 치우쳐 미처 관심을 갖지 못했던 복지 문제가 이제 더 이상 미룰 수 없는 문제로 인식되고 있는 것입니다. 이에 따라 보편적인 복지를 시행해야 한다는 여론이 힘을 얻고 있습니다.

하지만 무조건 복지를 확대한다고 해서 우리 사회가 선진국이 되는 것은 아닙니다. 오히려 무분별한 복지의 확대가 우리 사회의 걸림돌이 될 수도 있는 것입니다. 아무런 조건 없이 제시되는 복지 혜택은 오히려 도덕적 해이를 조장할 수도 있습니다. 아무런 노력을 하지 않아도 삶이 보장된다는 점을 악용하는 사람들이 많아질 경우, 국민의 부양부담은 그만큼 커질 수 있습니다. 이러한 현상이 만연되면 이른바 복지병이 부상하면서 국가 경제를 전반적으로 침체시킬 수 있다는 점을 우리는 서구의 사례에서 충분히 짐작할 수 있을 것입니다.

그렇다고 이러한 부작용을 우려해 복지를 실시하지 않을 수도 없는 노릇입니다. 따라서 중요한 것은 복지 혜택의 효율성을 높이는 것이라고 볼 수 있습니다. 즉 근로 의욕이 있는 사람들에게 복지의 혜택을 부여하고, 실직자들에게 실업 수당을 지급하는 것보다 일자리를 만들어 취업을 가능하게 하는 쪽에 복지의 중심이 주어지는 것이 바람직하다는 것입니다. 이와 같은 근로 복지가 보편화된다면 복지 정책에 따른 부작용을 최소화할 수 있을 것입니다.

대본 09

이제 스승과 제자의 대화를 들려 드립니다. 잘 듣고 물음에 답하십시오.

제자 : 얼마 전 좋은 나무를 구하러 다니던 중에 저만치서 좋은 나무가 눈에 띄어 기쁜 마음으로 달려가 자세히 보았습니다. 그런데 제가 본 방향에서는 나무가 분명 곧고 튼튼하여 좋은 목재처럼 보였는데 막상 가까이 가 보니 이리 굽고 저리 굽어 좋은 목재의 모습은 아니었습니다. 때문에 크게 실망하고 돌아와 매우 안타까웠습니다.

스승 : 하지만 그 나무는 결국 그 굽은 것 때문에 자신의 생명을 보존했으니 나무의 입장에서 보면 그리 안타까운 일도 아닐 것이다. 만일 나무가 네가 본 대로 곧게 자랐다면 틀림없이 그 순간에 베임을 당해 지금은 어느 목수의 손에서 깎이고 잘리거나 어느 집 아궁이에서 불타고 있지 않겠느냐? 하지만 다행히 굽어서 너에게 베임을 면하고 아직도 푸른 자태로 산을 지키고 있을 테니 너의 입장에서야 안타까울지 몰라도 나무에게는 유감스러울 것이 아무것도 없는 것이다. 한편 나무의 입장에서 보자면 굽은 나무가 더 많고 곧은 나무는 찾기 힘드니 결국 나무의 본성이란 곧은 것이 아니라 굽은 것이 아니겠느냐? 그러니 더욱 나무로서는 아쉬울 것이 없을 것이 분명하다. 다만 네가 그것을 그리 안타까워하니 나는 그것이 안타까울 뿐이로구나.

대본 10

이제 '환경 공익 포스터'의 아이디어 회의 상황을 들려 드립니다. 잘 듣고 물음에 답하십시오.

남 : 지금까지 이루어진 논의를 정리해 보도록 하죠. 환경오염이 결국 지구를 질식사시킨다는 내용이었는데 이게 내용을 정리한 시안입니다. 이 그림에서 무엇을 더 보완해야 할까요?

여 : 예, 공장의 매연이 손이 되어 지구의 목을 조르는 장면인데 강렬함은 있지만 어쩐지 좀 섬뜩한 느낌이 들어 시민들에게는 혐오감을 줄 것 같습니다.

남 : 저도 그렇게 생각합니다. 사람 손을 그려 넣었더니 진짜 사람이 목을 조르는 듯한 느낌이 듭니다. 차라리 연기가 지구를 둘러싸고 지구가 고통스러워하는 모습을 담는 것이 어떨까요?

여 : 그것도 좋은 방법이군요. 그리고 공장 매연만 그려 넣은 점도 좀 단순하다는 생각이 듭니다. 지구를 병들게 하는 오염물질은 다양한데 말이죠. 오염의 원인이 되는 대상을 좀 더 이미지화해서 그려 넣는 것이 어떨까요?

남 : 하지만 너무 많은 이미지들이 들어가면 오히려 산만해질 수 있는데 어떻게 하지요?

여 : 오염원을 공장과 자동차 매연, 방사성 물질 정도로 압축하여 그려 넣는 것이 어떨까요?

남 : 그러면 일상생활 속에서의 오염이 부각되지 않을 수도 있으니 방사성 물질 대신 일상생활과 관련된 이미지를 추가하면 좋겠어요.

여 : 그럼 생활 속에서의 환경오염과 관련된 이미지를 무엇으로 잡는 것이 좋을까요?

남 : 음... 음식물 쓰레기는 어떨까요? 이를 표현하려면 종량제 봉투를 그려 넣는 것이 적절할 것 같습니다.

여 : 종량제 봉투의 사용은 건전한 쓰레기 배출 방법이니까 적절하지 않다고 생각해요. 대신 일회용 종이컵을 그려 넣는 것은 어떨까요? 종이컵에 '일회용'이라는 말을 집어넣으면 더 명확해질 것 같습니다.

남 : 괜찮은 생각 같습니다. 그럼 이대로 결정할까요?

여 : 네. 좋습니다.

대본 11

지금부터 '수화 강좌'의 일부를 들려 드립니다. 잘 듣고 물음에 답하십시오.

안녕하십니까? 시청자 여러분 '5분 수화시간'입니다. 오늘은 날씨와 관련된 수화를 배워보도록 하겠습니다. 가장 먼저 '날씨'라는 단어를 알아보도록 하죠. 우선 두 주먹의 엄지손가락과 집게손가락을 펴서 손바닥이 밖으로 집게손가락 끝이 위로 향하게 하여 턱 양옆에서 동시에 위로 올린 다음, 손끝이 위로 손바닥이 밖으로 향하게 편 두 손을 얼굴 앞에서 교차하게 하였다가 활짝 벌립니다.

다음으로 요즘 같은 날씨에 가장 많이 사용하는 '춥다'라는 단어를 배워 보겠습니다. 먼저 두 주먹을 가슴 앞으로 올려 떠는 동작을 하면 됩니다. 아주 간단하지요? '춥다'라는 단어를 배웠으니 반대어인 '덥다'도 알아봐야 겠죠. '덥다'라는 단어 역시 간단합니다. 두 손의 손가락을 자연스럽게 벌려 펴서 바닥이 아래로 향하게 하여 머리 양옆에서 동시에 두 번 상하로 흔들면 됩니다. 이를 응용하여 '무덥다'라는 단어 역시 표현할 수 있습니다. 오른손의 모든 손가락으로 코를 잡은 다음, '덥다'라는 표현을 이어서 하면 '무덥다'라는 뜻이 됩니다.

마지막으로 배워볼 단어는 많은 사람들이 좋아하는 하늘에서 내리는 '눈'입니다. 먼저 오른 주먹의 집게손가락을 펴서 끝으로 치아를 가리킨 다음, 손등이 위로 손끝이 밖으로 향하게 편 두 손의 손가락을 번갈아 움직이며 눈앞에서 아래로 내리면 됩니다.

오늘은 날씨와 관련된 수화를 배워봤습니다. 그럼 다음 시간에 찾아뵙겠습니다. 좋은 하루 되십시오.

지금부터 제주도를 방문한 관광객과 안내원 사이의 대화를 들려 드립니다. 잘 듣고 물음에 답하십시오.

안내원 : 자, 혹시 여러분 가운데 이 석상을 뭐라고 부르는지 아는 분 있으신가요?

관광객 : 돌하르방이라고 하지 않나요?

안내원 : 예, 맞습니다. 혹시 '하르방'이 무슨 뜻인지는 아세요?

관광객 : 제주도에서는 '할아버지'를 '하르방'이라고 부른다고 들었어요.

안내원 : 그렇죠. '하르방'은 '할아버지'의 제주 사투리예요. 그러니까 돌하르방은 '돌로 만든 할아버지'란 의미
죠. 지금 제주에는 이런 돌하르방이 모두 마흔다섯 개가 있는데, 제주 시내와 대정읍, 그리고 성읍리
등지에 있답니다.

관광객 : 어, 그런데 이 돌하르방은 사진에서 본 것과 많이 다른 것 같아요.

안내원 : 네, 여러분은 아마도 돌하르방이 모두 같은 모습이라고 생각하실 텐데요, 지역에 따라 돌하르방의 생
김새는 다르답니다. 제주 시내에 있는 제주목 돌하르방이 여러분이 기억하는 돌하르방의 이미지와 가
장 비슷할 거예요. 제주목 돌하르방은 부리부리한 눈, 이마의 주름과 볼의 근육이 두드러지고요, 몸집
이 커서 위엄 있게 보인답니다.

자, 여기를 보세요. 여러분들이 보고 있는 이것이 바로 정의현 돌하르방입니다. 이 돌하르방은 제주목
돌하르방과 비교할 때, 몸집에 비해 얼굴이 상대적으로 크고, 얼굴 형태는 둥글넓적하고 단순한 편이
죠. 또 두 손을 배 위에 공손히 얹고 있는데, 오른손이 왼손보다 살짝 위에 놓여 있죠. 가장 큰 특징은
눈꼬리가 조금 올라가 있다는 점입니다.

그 외 제주의 돌하르방에는 대정현 돌하르방도 있어요. 대정현 돌하르방의 특징은 안경을 쓴 것처럼
눈이 튀어 나왔다는 겁니다. 가지런히 펼친 양손을 가슴 위아래로 공손히 얹은 것이 일반적이지만, 개
중에는 두 손을 깍지 낀 듯이 보이는 것도 있어요.

이제 텔레비전 프로그램의 일부를 들려 드립니다. 잘 듣고 물음에 답하십시오.

안녕하세요? '화제의 현장' 시청자 여러분 오늘은 북한산 둘레길에 대해서 소개해 드리려고 합니다. 북한산
둘레길은 기존의 샛길을 연결하고 다듬어서 북한산 자락을 완만하게 걸을 수 있도록 조성한 저지대 수평 산책
로로 물길, 흙길, 숲길과 마을길 산책로의 형태에 각각 21가지 테마로 구성되어 있습니다.

그 가운데 제가 위치한 이곳은 바로 '보루길'입니다. 고구려 시대의 석축과 보루가 있어 보루길이라고 합니
다. '회룡탐방지원센터'를 지나 다락원 방향으로 가파르게 오르다 보면 '사패산3보루터'를 만날 수 있습니다. 중
랑천을 따라 남북을 잇는 고대 교통로를 통제하던 보루답게 보루터에서는 의정부시 호원동 일대가 한눈에 내
려다보입니다. 이 길은 조금 가파르게 오르내리기 때문에 난이도가 높지만 걷고 나면 상쾌한 기분을 느낄 수
있는 구간이기도 합니다. 이번 주말 가족 또는 연인과 함께 보루길 탐방에 오르는 건 어떨까요?

대본 14

이번에는 한 방송사의 신년 대담을 들려 드립니다. 14번은 듣기 문항, 15번은 말하기 문항입니다. 잘 듣고 14번과 15번의 두 물음에 답하십시오.

진행자 : 선생님께서는 오랫동안 강단에 서 오셨는데 참 밝게 사시는 것 같습니다. 무슨 비결이 있나요?

대담자 : 그런 말을 자주 듣습니다만, 별다른 비결은 없습니다. 살다 보면 걱정거리도 있고, 스트레스도 받게 마련이지만, 저는 가능하면 걱정하지 않고 스트레스도 받지 않으려고 노력합니다. 어느 학자가 우리가 하는 걱정에 대해 분석했는데, 절대로 발생하지 않는 사건에 대한 걱정이 40%, 이미 일어난 사건에 대한 걱정이 30%, 별로 신경 쓸 일이 아닌 것에 대한 걱정이 22%, 우리가 도무지 바꿀 수 없는 사건에 대한 걱정이 4%, 우리들이 해결해야 할 진짜 사건에 대한 걱정이 4%라고 했습니다. 말하자면 우리가 하고 있는 걱정의 96%는 쓸데없는 걱정이라는 거죠. 남들 걱정할 때 난 그렇지 않으니 밝게 살 수 있는 것 아닐까요? (허허허)

진행자 : 비가 오면 짚신 장수 아들을 걱정하고, 비가 오지 않으면 우산 장수 아들을 걱정한다는 이야기가 있던데, 선생님께서는 이런 경우 뒤집어 생각하는 편이시겠군요. 하기야 비가 오고 안 오는 것이야 우리가 걱정한다고 바꿀 수 있는 것도 아니니 말입니다. 그런데 선생님께서는 언제 주로 웃으세요?

대담자 : 늘 웃습니다. 밝게 살려면 잘 웃어야 합니다. 억지로라도 웃어야 해요. 초상집 아니고는 때와 장소를 가리지 않고 잘 웃습니다. 사람이 웃으면 통증을 가라앉히는 엔도르핀이라는 호르몬이 분비된다고 합니다. 이게 마약인 모르핀 이상의 진통 효과를 낸다고 하더라고요. 한 번 웃는 것은 걷기 운동을 30분 동안 하는 운동량과 같다고 합니다. 그래서 저는 자주 웃습니다. 내가 자주 웃으니까 제가 좀 잘못한 일이 있어도 꾸중을 덜 들어요. (허허허) 그런데 우리나라 사람들이 좀 심각한 면이 있고 엄숙하지요. 코미디를 보면서도 저 사람이 정말 제대로 웃기나 한번 보자는 식으로 보는 사람이 많아 보입니다. 우리가 코미디 프로그램을 볼 때는 그냥 웃으려고 보면 됩니다. 밤늦게까지 너무 심각한 프로그램은 보지 마세요. 꿈자리마저 뒤숭숭합니다. 잠들기 전에는 신나게 웃을 수 있는 프로그램을 보세요.

진행자 : 웃으면 동맥이 이완되어 혈액 순환을 좋게 하고 혈압도 낮춰 준다고 합니다. 그리고 많은 근육을 움직이게 되니까 운동 효과까지 있다고 하더군요.

대담자 : 맞습니다. 맞아요. 미소를 띠는 정도로만 웃지 말고 가능하면 크게 소리 내어 웃어보십시오. 마음을 진정시키고 눈물이 날 정도로 웃으세요. 그러면 기분이 아주 후련해집니다.

진행자 : 오늘 말씀 감사합니다. 저도 이제부터 열심히 웃어 보도록 하겠습니다.

대본 15

이번에는 '드라마 제작 현실'이라는 주제의 뉴스 보도를 들려 드립니다. 16번은 듣기 문항, 17번은 말하기 문항입니다. 잘 듣고 16번과 17번의 두 물음에 답하십시오.

앵커(남) : 드라마 제작 시, 일부 출연자에게 출연료가 집중되는 상황이 계속되면서 드라마 제작 현장에서 여러 가지 폐해가 속출하고 있다는 지적이 나오고 있습니다. 김선희 기자로부터 자세한 소식을 들어 보겠습니다.

기자(여) : 특정 스타 한두 명이 회당 수천만 원씩의 출연료를 챙기는 것이 드라마 제작 시 관행이 되어 가고 있습니다. 하지만 제작비는 한정되어 있기 때문에 간접 광고를 늘리거나 다른 연기자 몫의 출연료를 줄이는 현상이 발생하게 됩니다. 그런데 간접 광고도 쉬운 게 아니기 때문에 결국 제작자들은 제작비를 확보하는 가장 손쉬운 방법으로 출연자의 수를 줄이고 있습니다. 드라마 제작 현장의 폐해 이면에는 연기력이 아닌, 주로 다른 측면에서 대중의 관심을 끄는 연예인들과 그들이 소속된 거대 기획사들이 자리 잡고 있습니다. 기획사들은 연기력이 거의 없는 소속 연예인들을 단지 외모가 멋있거나, 예능 프로그램에서 특이한 춤을 추었다거나, 스캔들을 일으켜서 인지도가 높은 동안에 돈을 벌려는 목적으로, 이들을 '반짝 스타'로 가공하여 드라마에 출연시키는 것입니다. 따라서 이들에게 지급되는 거액의 출연료로 인해 중견 배우들과 보조 출연자들의 설 자리가 점점 좁아지고 있으며, 대부분의 드라마에서는 홀아버지나 홀어머니만 존재하는 비정상적인 가정이 나타나는 것입니다.

이런 '반짝 스타'들은 연기 외에도 다른 활동이 많기 때문에 촬영에 집중을 못하고, 어떤 경우에는 드라마의 줄거리까지 바꾼다는 비판이 있습니다. 더욱이 나이나 연기 경력이 훨씬 많은 선배 연기자들이 이런 '반짝 스타'들의 스케줄에 맞추어 끌려 다니는 형편이라 촬영장 분위기도 좋지 않다고 합니다.

앵커(남) : 이런 상황이라면 드라마 완성도가 떨어지게 마련일 텐데, 시청률은 높게 나오는 편인가요?

기자(여) : 아닙니다. 문제는 '반짝 스타'가 시청률을 보장해 주지 않음에도 불구하고 문제가 개선되지 않고 있다는 점입니다. 제작자들도 문제점을 체감하고 있지만, 시청자들에게 인지도가 높은 스타를 캐스팅해야만 제작비 조달과 협찬이 용이한 현실 때문에 어쩔 수 없다고 말하고 있습니다.

앵커(남) : 네. 잘 들었습니다. 제작자들의 입장에 대해 듣고 보니 _____라는 속담이 떠오르는군요.

2장 읽기 능력

① 사실적 읽기

사실적 읽기는 제시된 글을 있는 그대로 수용해 정보의 중요도나 정보 간의 관계를 파악하고 궁극적으로는 글쓴이가 전달하고자 하는 핵심 정보를 파악하는 것을 목적으로 한다. 따라서 지문의 내용에 주관적인 해석이나 비판의 과정을 가하지 않고 언급되어 있는 정보들을 사실 그대로 객관적으로 바라보도록 해야 한다.

1 정보의 확인

읽기 자료에 제시된 정보들과 선지 간의 일치 여부를 확인하는 문항이 주를 이룬다. 기본적인 정보를 확인하는 수준이므로 깊은 이해보다는 정보를 찾는 시간을 단축하는 요령이 필요한 문항들이 많이 출제된다. 대부분 선지의 내용들이 글의 중심 내용과 관련되어 있으므로 읽기 과정에서 중심 내용을 정확히 파악하며 읽는 능력이 요구된다.

- 글에 제시되어 있는 정보들을 정확히 파악하고 있는지 묻는다.
- 글의 개괄적인 정보 또는 세부적인 정보를 묻는다.
- 답지를 먼저 읽고 지문의 해당하는 부분에 밑줄을 긋는 것이 효과적이다.
- 글의 전반적인 흐름을 고려하여 문제에서 요구하는 정보가 무엇인지 정확하게 파악한다.

읽기 능력은 제시된 읽기 자료를 바탕으로 이해 능력을 평가하는 영역이다. 글 속에 제시된 정보를 확인하는 사실적 읽기 능력부터 정보들 간의 관계를 파악하는 분석적 읽기 능력, 글에 제시된 내용의 타당성이나 신뢰성 등을 비판하는 비판적 읽기 능력 및 논리적 전제나 생략된 내용을 추리하는 추론적 읽기 능력에 이르기까지 다양한 능력을 평가하게 된다. KBS 한국어능력시험에서 제시되는 읽기 자료는 시, 수필, 소설과 같은 문학적인 글에서 설명문이나 논설문, 기사, 공문, 광고문에 이르기까지 다양하다.

기출유사문제

다음 중 이 글의 내용과 일치하지 않는 것은?

영화에서 나타나는 화면의 깊이란 감독의 호흡에 의해 결정된다. 감독의 긴 호흡은 깊은 화면을 만들어내고, 감독의 짧은 호흡은 얕은 화면을 만들어낸다. 이것을 '거리두기'라고 말한다. 이는 관객에게 감독이 표현한 화면에 대해 심리적인 거리감을 주고 그 거리 즉, 깊이에 따라 관객에게 전혀 새로운 느낌을 주게 된다. 영화에서는 이를 '피사체 심도(深度)'라고 하는데 이는 결국 피사체와 감상자 사이에 존재하는 심리적 경계, 바로 피사체에 대한 심리적 시점(視點)을 결정하는 역할을 한다.

우리는 이광모 감독이 메가폰을 잡은 '아름다운 시절'이라는 영화에서 이점을 여실히 확인할 수 있다. 영화는 시작부터 종료 시점까지 고정된 카메라 앵글을 통해 거리두기를 시도한다. 롱테이크로 만들어진 화면은 시종일관 일정한 시점을 유지하면서 공간적, 시간적으로 거리두기를 시도하고 있다. 고정된 프레임 속으로 등장인물들이 들고 나는 장면은 긴 호흡으로 이어지는데 그러한 과정을 통해 관객은 중심 피사체를 둘러싼 주변 환경을 비교적 상세하게 바라보게 된다. 더욱이 이 영화에서는 영화에서 흔히 나타나는 클로즈업 기법이 쓰이지 않고 하이 앵글로 찍어서 애초에 앵글이 없는 것처럼 보이게 만들었으며, 처음부터 계속해서 깊은 화면을 추구함으로써 관객은 비교적 객관적인 관점을 확보하고 이러한 방식으로 영화를 바라봄으로써 객관적인 거리두기를 가능하게 한다. 이는 영화에 대한 몰입을 차단하고 비판적인 거리를 확보함으로써 '소격 효과'가 가능하게 한다. 이처럼 영화에 나타나는 화면의 깊이는 중심과 주변의 경계를 구별하고 나아가 주변과 상황과의 관계를 설정하게 된다.

발터 벤야민(Walter Beniamin)의 말을 빌리자면 깊은 화면은 중심보다 주변을 강화함으로써 관객들에게 지금까지 인식하지 못했던 상황들을 지각하게 한다. 예를 들어 심도가 얕은 화면, 혹은 클로즈업된 화면에서 생략된 배경들은 화면이 깊어짐에 따라 비로소 중심으로 복권되는 것이다. 영화 '아름다운 시절'은 그 전형적인 사례로 볼 수 있다. 이 영화에서 이광모 감독은 의도적으로 깊은 화면을 활용하여 관객으로 하여금 비판적 거리를 확보하게 한다.

깊이의 중요성은 독일 출신의 사진작가 안드레아스 구르스키(Andreas Gursky)의 사진 작품에서도 잘 드러난다. 구르스키가 사용하는 깊은 화면은 중심을 없애고 주변을 복권시키며 그래서 역으로 오직 주변만 존재하는 화면을 통해 철저히 피사체를 객관적으로 바라볼 수 있도록 한다. 피사체는 주변으로 물러나고 점차 축소되면서 오히려 중심에서 완전히 배제되는 역설적인 순간, 시점은 객관성을 띠게 된다. 이런 면에서 안드레아스 구르스키의 사진과 이광모 감독의 영화는 그동안 우리들이 얕은 피사체 심도에 의해 주변을 배제하고 오직 중심만을 보도록 강요되어 왔음을 자각하게 만든다. 사실 망원 렌즈나 줌 렌즈가 등장하면서 그동안 인간이 의지해왔던 육안으로서의 시각은 심각하게 훼손되어 왔다. 수전 손태그(Susan Sontag)가 말했듯이 장초점 렌즈는 모든 사물을 끌어당김으로써 그 속에 모든 인간적인 것들까지도 끌려가도록 만들어 버린 것이다. 이광모 감독과 안드레아스 구르스키의 깊은 화면은 결국 그동안 우리가 잃어버렸던 순수한 인간의 육안, 즉 시각을 되찾게 만든다는 점에서 의의가 있다.

① 클로즈업은 중심보다 주변에 주목하게 만드는 효과가 있다.

② 영화에서 사용되는 객관적인 거리두기는 소격효과를 만들어낸다.

③ 망원 렌즈나 줌 렌즈의 등장은 인간의 자연적인 시점을 훼손하였다.

④ '긴 호흡'을 통해 만들어진 영화나 사진 등은 관객에게 피사체를 객관적으로 경험하게 한다.

⑤ 이광모 감독의 '아름다운 시절'은 시종일관 고정된 프레임을 유지하고 있다.

● 해설

클로즈업은 주변보다 중심에 주목하도록 하는 얕은 피사체 심도를 나타내는 것이다. 중심보다 주변에 주목하게 만드는 것은 '롱 테이크', '깊은 피사체 심도'이다.

정답 ❶

❷ 중심 내용의 파악

단락의 중심 내용이나 글의 중심 내용을 묻는 문항이 주를 이루며 통상 주제를 파악하는 문항도 이에 포함된다. 새로운 내용을 생성해야 하는 문항이 아니므로 기본적으로 사실적 이해 영역에 포함되는 유형이다. 다만 중심 내용과 부차적인 내용을 선별하고 핵심적인 정보들을 중심으로 내용을 정리해 나가는 능력도 필요하다.

- 글 전체에서 다루고 있는 논제나 화제를 파악하거나 문단의 중심 내용을 묻는 문제가 출제된다.
- 제목과 부제, 화제를 찾는 형식이나 직접 문단의 중심 내용을 묻는 형식으로 출제된다.
- 논지 전개 과정에서 가장 중요한 단어를 찾는다.
- 주어진 글에서 반복적으로 나타나는 단어나 어구에 표시해가며 읽는다.
- 핵심 어휘, 글쓴이의 의도를 중심으로 각 문단의 중심 내용을 파악한다.
- 각 문단의 핵심 내용을 포괄하며 이를 유기적으로 연결할 수 있는 주제를 선택한다.

＋ 더 알고가기 | **사실적 읽기의 문제 형식** ☰

• 위 글의 중심 내용은?

• 위 글을 통해 알 수 없는 것은?

• (가)~(마)의 중심 화제로 적절하지 않은 것은?

• 위 글의 표제와 부제로 가장 적절한 것은?

• 위 글의 서술 방식으로 가장 적절한 것은?

Q 짚어보기 ▶ **사실적 읽기의 요점**

• 제시된 내용을 있는 그대로 정확하게 이해할 수 있어야 한다.

• 각 문단의 중심 내용과 부수적인 내용을 구분하여 읽는다.

• 단락별로 중심 내용을 요약하여 메모한다.

• 문단마다 공통적으로 나타나는 핵심 어구를 파악한다.

• 인과, 비교, 대조 등 서술 방식을 파악한다.

• 글 전체의 핵심 정보를 파악한다.

• 주관적 해석이나 판단을 배제한다.

● 기출유사문제 ●

이 글의 중심 내용으로 가장 적절한 것은?

왜 선진국의 기업들은 유전자에 관한 특허를 얻기 위해 치열한 전쟁을 벌이고 있는 것일까? 답은 명확하다. 유전자 특허는 우리가 상상할 수 없는 막대한 이윤을 가져다 줄 수 있기 때문이다. 기업들이 유전자의 기능을 해독하여 그에 대한 특허를 획득한다면 어떤 일이 발생하겠는가? 유전자를 재조합하는 기술 등은 우리 사회가 원하는 단백질을 대량 생산하는 것이 가능하도록 만들고 특정한 질환을 진단하고 치료하는 데에도 적극 활용할 수 있다. 따라서 어떤 이가 매우 중요한 의미를 갖는 유전자를 발굴하여 주요 국가에서 특허를 받는다는 것은 그 나라에서 토지나 건물을 확보하여 새로운 기업을 진출시키는 것보다 훨씬 더 중요한 고지를 확보하는 일이나 마찬가지이다. 특히 우리나라와 같이 자원의 제한으로 수출이 중심이 될 수밖에 없는 경우에는 이러한 유전자 특허야말로 경제적인 면에서 매우 중요한 가능성을 열어주는 것이 아닐 수 없다. 그렇다면 지금부터 유전자 연구에 국가의 역량을 집중하여 더 많은 유전자 특허를 획득하는 것이 국가 경쟁력을 높이는 첩경이 아니겠는가? 그러나 이 문제가 그처럼 간단한 문제는 아니다.

일반적으로 새롭게 개발한 물질 등에 대한 특허권을 획득하고 그에 대한 권리를 행사하는 것은 정당한 권리로 인정받을 수 있다. 그런데 과연 유전자가 '발명품인가?'라는 문제에 부딪히게 된다. 현재 특허법을 검토해 보면 생명체 또는 생명체의 일부분이라도 그것이 인위적인 과정에 의해 분리되고 확인된 것이라면 발명으로 간주하고 있다. 따라서 유전자 역시 자연 상태로부터 인위적으로 분리되어 정제되고 어떠한 방식으로든 이용 가능한 상태가 될 수 있다면 화학물질, 미생물, 기타 발명품들과 마찬가지로 특허 대상이 될 수 있을 것이다.

그러나 유전자 특허에 대해 반대하는 사람들은 자연 상태의 생명체나 그 일부분이라도 특허를 통해 그것이 독점될 수 있다는 발상은 근거가 없는 주장이라고 일축한다. 유전자는 오랜 인류의 진화를 통해 형성된 역사적인 산물이다. 이를 비록 실험실에서 인위적으로 분리하고 그것이 어떤 역할을 하는지 확인했더라도 그 이유만으로 특정 개인이나 국가에 독점적인 권리를 인정한다는 것은 마치 한 마을 사람들이 수백 년 동안 공유해왔던 숲에서 그 숲의 독특한 성격과 성분을 확인하였으니 그것을 최초로 발견한 개인에게 숲에 대해 독점권을 주어야 한다는 생각만큼 비합리적인 것이다.

이러한 반론은 물론 합리적인 것처럼 보이기도 한다. 하지만 유전자에 대한 특허를 포기하도록 할 만큼 강력한 반론이라고 볼 수는 없다. 사실 이 비유는 적절하지 않기 때문이다. 어떤 사람이 숲의 특성과 성분을 확인하여 이를 다른 용도로 가공한다면 그리고 이것을 위해 자신의 시간과 노력을 기울였다면 그러한 시간 투자와 노력의 대가로 권리를 인정받는 것은 정당한 것이다. 오히려 그러한 시간의 투자와 노력을 무시하고 이를 단지 오랫동안 공유했다는 이유만으로 그러한 투자와 노력을 강탈하려는 사고가 비합리적인 것이다. 더욱이 특허권이란 무한히 지속되는 것이 아니라 20년 이내로 규정되어 있어 영구적으로 독점하는 것이 아니라는 것은 특허로 인한 독점의 이익을 제한함으로써 일정 기간 이후 공동체의 소유로 만들어 그로 인해 발생하는 이윤을 사회로 다시 환원시킨다는 점에서 특허권의 인정을 뒷받침하는 근거이기도 하다.

① 유전자 특허에 대한 사회적 · 경제적 의미에 대해서는 다양한 견해들이 서로 대립하고 있다.

② 유전자를 인위적으로 분리하고 가공하여 그 기능을 확인한 경우 특허의 대상이 될 수 있다.

③ 유전자 특허를 향한 경쟁은 경제적 이윤 추구와 관련되어 있기 때문에 특허권의 정당성을 논하는 것은 의미가 없다.

④ 유전자 특허를 허용하더라도 그 권리의 독점 기간은 제한되어야 하고 일정 기간 이후 사회에 환원되어야 한다.

⑤ 유전자 특허는 유전자를 재조합하는 기술 또는 특정한 단백질의 생산과 관련된 경우에 한해 허용해야 한다.

● 해설

제시문은 유전자 특허의 효용을 밝힌 뒤 유전자 특허에 대한 독점권이 인정될 수 있는 법적 근거를 제시하고, 유전자 특허에 대한 반론을 비판함으로써 유전자 특허의 정당성을 밝히고 있는 글이다. 따라서 글의 중심 내용으로 적절한 것은 유전자 특허가 가능한 근거가 되어야 한다.

정답 ❷

② 분석적 읽기

분석적 읽기는 읽기 자료에 제시된 정보들의 관계를 파악하며 읽는 과정이라고 볼 수 있다. 정보를 단순히 확인하는 차원을 넘어서 정보들 간의 유기적 관련성이나 논리적 연관성을 염두에 두고 읽어야 한다. 이를 위해서는 글의 전체적인 흐름이나 문맥을 고려하는 능력과 함께 제시된 정보를 일정한 논리적 관계에 따라 재구성하는 능력이 요구된다.

■ 정보들 간의 관계 파악하기

유기적으로 조직된 글 속의 정보들은 일정한 관계를 맺고 있다. 이러한 관계를 파악하기 위해서는 정보들을 일정한 논리적 연관에 따라 재구성하는 능력이 필요하다. 즉 선후 관계나 인과관계, 비교나 대조의 관계, 주장과 근거의 관계 등에 따라 정보들을 재구성해야 하는 것이다. 이는 단어 수준뿐만 아니라 문장 수준, 문단 수준에서도 마찬가지이다.

(1) 정보들 간의 관계

① 원인과 결과의 관계 : 글 속에 담긴 모든 정보는 기본적으로 원인과 결과의 성격을 띠고 있다.

② 대립적 관계

   ㉠ 비교 : 같은 성질로 맞선 것(정보의 공통된 성질)을 뜻한다.

   ㉡ 대조 : 다른 성질로 맞선 것(정보의 대립적 성질)을 뜻한다.

③ 유추의 관계 : 이미 알고 있는 정보를 통해서 새로운 정보를 이해해 가는 사고 과정을 뜻한다.

④ 사실과 의견의 관계 : 논증적인 글이나 설득적인 글은 사실 정보와 의견 정보를 정확히 구분해서 필자의 의도를 구분해야 한다.

⑤ 선후(先後) 관계 : 발생 순서에 따라 이루어진 정보 간의 관계로 주로 어떤 순서로 사건이 발생했는가, 가장 먼저 일어난 행위나 사건은 무엇인가를 파악함으로써 정보 간의 선후관계를 밝힐 수 있다.

⑥ 예시(例示) 관계 : 일반적인 사실에 대해 특수한 사실을 예로 들어 보이는 정보 간의 관계이다. 일반적인 사실의 본질을 명백하게 하는 특수한 항목에는 무엇이 있는가를 파악함으로써 정보 간의 인과관계를 밝힐 수 있다.

(2) 정보의 파악 방법

① 정보는 주요 정보와 보조 정보로 나눌 수 있는데, 먼저 주제와 관계가 있는 주요 정보를 파악해야 한다.

② 정보의 파악은 상위 정보(일반적 정보)에서 하위 정보(특수 정보)의 순서에 따라 이루어져야 한다.

기출유사문제

이 글에서 ㉠, ㉡에 대한 설명으로 적절하지 않은 것은?

> 일반적으로 기억은 인간의 도덕적 판단이나 행동, 자아의 정체성을 확립하는 데 필수적이라는 점에서 긍정적으로 인식되지만 반복은 부정적인 의미를 지니기 마련이다. 다시 말해 인간은 기억을 통해 자신의 잘못된 행동을 반성하고 이를 반복하지 않도록 노력함으로써 도덕적인 행동을 할 수 있으며 이를 통해 도덕적으로 진보할 수 있는 가능성을 지니게 된 것이다.
>
> 그러나 기억과 반복에 관련된 이와 같은 통념은 최근 들어 변화하기 시작했다. 과거를 재구성하는 기억에 대한 불신이 커지는 반면 반복의 긍정적 측면이 계속 부각되고 있기 때문이다. 인간의 기억은 컴퓨터처럼 과거 경험을 그대로 불러내어 재현하는 것이 아니라 오히려 과거의 경험을 의도적으로 재구성하고 왜곡하여 허구적으로 구성해 내는 것이라는 생각이 점차 설득력을 얻고 있는 것이다. 즉, 우리의 기억이란 우리가 기억해야 할 것만을 기억하는 것이며 잊고 싶은 ㉠ 경험들은 기억의 저편으로 몰아내 버림으로써 자신의 소망과 기대, 선입견을 중심으로 가공된 ㉡ 기억이 현재의 기억이 된다는 것이다.
>
> 이처럼 과거의 경험을 재구성해 내는 기억의 기능은 있는 그대로 재현하는 것이 아니라는 점에서 그 중요성에 대한 회의가 강화되고 있는 반면 반복의 의미는 새롭게 평가되고 있다. 이전까지 반복이 동일한 것의 되풀이를 의미했다면 오늘날의 반복은 재현이나 되풀이를 의미하는 것이 아니다. 복고의 경우 그것은 단지 과거의 모습을 복원하는 것이 아니라 이를 패러디하거나 유희적으로 다루는 방식을 취하고 있는데 이는 복고라 하더라도 과거의 모습이 단순히 있는 그대로 재현되는 것은 아니기 때문이다. 이러한 의미에서 반복은 이전과는 전혀 다른 의미로 다가올 수밖에 없다.

① ㉠은 과거에 분명히 존재하였던 객관적 사실이다.

② ㉡은 ㉠을 바탕으로 한다.

③ ㉠만 있다고 해서 ㉡이 구성되는 것은 아니다.

④ ㉡은 진리를 판단하는 규범이 된다.

⑤ ㉡은 경우에 따라 왜곡되기도 한다.

● 해설

'기억은 과거를 그대로 재현하는 것이 아니라 주관적인 인식과 시대적 상황, 선입견 등에 의해 재구성되고 왜곡되기 때문에 진리를 판단하는 규범이라고 보기는 어렵다.

정답 ❹

❷ 구체적 상황에 적용하기

읽기 자료에 제시된 내용을 주어진 상황에 적용할 수 있는가를 묻는 문제들이 출제된다. 이러한 유형을 접했을 때 가장 요구되는 것은 읽기 자료의 내용과 주어진 상황의 핵심 내용을 동시에 파악하는 것이다. 따라서 주어진 상황의 흐름과 의미를 정확하게 파악하고 선지의 내용을 이해하여 관점, 발상, 원리의 공통점을 추출해 내도록 해야 한다.

● 기출유사문제 ●

이 글에 나타난 '베블런 효과'와 관련 있는 경우로 볼 수 있는 것은?

통상 경제학에서 재화의 가격 상승은 이에 대한 수요의 감소를 가져오는 원인이 된다. 그러나 이러한 일반적 현상과는 달리 가격이 상승했음에도 불구하고 그 재화에 대한 수요가 오히려 증가하는 경우가 발생하기도 한다. 이러한 현상을 '베블런 효과'라 하는데 이는 자신이 사회 내에서 차지하는 지위와 자신이 소유한 부를 과시하려는 욕망으로 인해 재화의 가격이 상승했음에도 불구하고 이를 소비하려는 수요가 증가하는 현상이다.

베블런은 상류층일수록 자신이 지닌 사회적 평판이나 지위, 또는 그에 따른 존경을 얻기 위해 재화를 소비하게 되는 경향이 있는데 이는 현대 사회에 지배적인 '금전 과시 문화' 때문이라고 지적하고 있다. 한편 베블런은 이러한 '금전 과시 문화'를 '현시적 소비'와 '현시적 여가'라는 개념으로 설명하였다. 베블런의 이러한 주장 뒤에는 현대 사회의 소비의 목적이 전통적인 의미에서 개인의 효용이나 사용가치의 소비라는 것에서 벗어나 평판이나 지위 등과 같은 사회적 기호의 소비로 변화했다는 전제가 내포되어 있다.

이 과정에서 하층민들은 이러한 소비의 과정에서 상류층을 적대시하기보다는 오히려 이들의 가치를 내면화하여 상류층의 형태를 모방하려는 욕망을 갖게 되는데 그로 인해 상류층이 인정하는 가치 이외의 것은 의미가 없다는 상류층의 사고가 하층민들에게도 퍼지게 되는 것이다.

물론 베블런의 이러한 주장이 오늘날까지 여전히 유효한 것은 아니다. 현대의 상류층들은 과거와 같은 '눈에 띄는 과시적 소비'를 하지 않기 때문이다. 현대 사회의 상류층들은 과시 자체가 타인에게 과시로 인식되는 것을 천박하게 여기고 이전보다는 좀 더 세련된 방식으로 자신들을 과시하게 된 것이다. 그들이 내보이는 겸손이나 검소는 그 자체가 하나의 차원 높은 과시로 받아들일 수 있는 것이다. 더욱이 상류층은 베블런이 살았던 시대와 같이 노동을 하지 않고 안락한 삶을 누리는 계층이 아니라는 점에서도 차이가 있다.

베블런의 이론이 현대 사회에 맞느냐 맞지 않느냐는 그리 중요한 문제는 아니다. 시대 상황은 지속적으로 변화하기 때문에 과거의 이론으로 현재를 재단할 수는 없기 때문이다. 중요한 것은 사회 속에서 드러나는 각 계층들의 욕망을 읽어내는 통찰력이라고 할 수 있다. 또한 이를 바탕으로 우리 눈앞에 놓인 다양한 사회 현상을 해석하고 이에 대한 대안이나 의미를 찾는 것도 중요한 의미를 갖는 것이다.

① 프림의 가격이 상승함에 따라서 커피의 가격도 상승한다.

② 백화점에서 세일을 하였더니 전체 매출은 늘었지만 이윤은 크게 변화가 없었다.

③ 명품 판매점에서는 제품 가격을 낮출 수 있음에도 전략적으로 고가 정책을 고수한다.

④ 주식 가격이 계속 오를 것이라고 생각하는 사람들이 집을 사려고 하여, 주식 가격이 높게 형성된다.

⑤ 할인마트에서는 몇몇 품목을 싸게 팔고 나머지 품목은 가격을 낮추지 않는다.

● 해설

베블런 효과는 재화의 가격이 오르더라도 수요가 증가하는 현상이다. ③에 나타난 명품 판매점의 전략은 제품의 가격이 고가이더라도 재화의 소비를 통해 사회적 평판이나 지위를 유지하려는 욕구로 인해 소비가 증가하는 현상을 활용한 전략이다.
① 연관된 재화의 가격이 상승하는 현상이다.
② 세일을 통해 이윤을 줄이고 매출을 늘리는 전략에 해당한다.
④ 기대 심리에 따른 가격 상승을 설명하고 있다.
⑤ 미끼 상품을 통해 매출을 올리는 전략에 해당한다.

정답 ❸

❸ 글의 서술상 특징 파악

서술상 특징 파악이란 글의 내용을 효과적으로 전달하기 위해서 구체적으로 어떤 글쓰기 전략을 동원하고 있는가를 파악하는 것이며, 제시된 정보들을 서술하는 방식이나 논지를 전개하는 방식을 파악하는 문항이 주를 이룬다. 이러한 유형의 문제를 해결하기 위해서는 글의 설명 방식이나 논지 전개 방식을 이해하는 능력이 요구된다.

서술 과정에서 주제를 효과적으로 전달하기 위해 활용된 표현방식이나 서술의 태도 및 글쓰기 전략 등이 모두 서술상 특징에 포함된다. 따라서 읽기 자료에 제시된 내용이 어떠한 기준에 따라 어떤 방식으로 전개되었는지를 염두에 두고 읽어야 한다.

● 기출유사문제 ●

이 글의 서술 전략에 해당하는 것을 〈보기〉에서 바르게 고른 것은?

칸트의 철학은 '우리가 대상을 어떻게 인식할 수 있는가?'라는 물음에서 출발한다. 지금 나무에서 사과가 떨어진다고 가정해보자. 데카르트는 이 사과에 작용하고 있는 물리적 법칙에 따라 사고하면 우리가 지닌 이성을 통해 이에 대해 명확하게 인식할 수 있다고 생각했다. 하지만 경험론에 따르면 우리가 이성을 통해 인식하는 것은 사과 그 자체가 아니라 낙하하고 있는 사과이며 그 장면을 통해 얻게 된 '인상'을 대상으로 하며 이러한 감각은 주관적이어서 결국 우리는 낙하하는 사과에 대한 타당한 법칙을 인식할 수 없다고 본다.

이와 관련하여 칸트는 다르게 접근한다. 칸트는 인식의 대상(질료)은 우리의 감각적 경험을 통해 외부에서 온다는 것을 인정한다. 그러나 우리가 경험하는 대상은 특정한 시점에서 바라본 하나의 현상에 불과하다고 생각하였다. 이것은 마치 우리가 영화를 연속된 장면으로 보는 것이 아니라 영화의 독립된 한 장면 한 장면을 보는 것과 마찬가지이다. 독립된 한 장면 한 장면을 연속하여 보게 되면 낙하하고 있는 사과를 인식할 수 있지만 이러한 인식의 영사기를 돌리는 것은 결국 우리 자신인 것이다.

칸트는 경험론의 한계가 경험적 지식을 단지 외부에서 온 것으로만 생각하는 것이라고 보았다. 하나의 사과가 나무에서 이탈하여 지상으로 떨어진다고 말하기 위해서는 외부의 인상만으로는 불가능하고 우리의 감성이 개입해야만 한다는 것이다. 분리된 사과의 인상들이 시간적으로 연속하여 나타났기 때문에 우리는 사과가 낙하운동을 하고 있는 것으로 인식할 수 있다는 것이다. 또한 우리의 감성에는 시간과 공간이라는 형식이 있으며 우리가 '본다'고 말할 때, 그것은 이러한 시간과 공간이 감성의 형식에 따라 이루어지는 것이라고 할 수 있다는 것이 칸트의 생각이다.

이처럼 칸트는 우리가 '본다'는 객관적인 경험은 단지 외부의 대상 자체만으로 이루어지는 것이 아니라 우리 내부의 주관적 인식이 결합하여 이루어지는 것으로 보았다. 즉, 칸트는 하나의 현상은 시간과 공간이라는 감성의 형식과 외부에서 유래한 대상 이 두 가지로 구성되어 있다고 본 것이다. 다시 말해 우리가 객관적이라고 보는 세계는 이미 인식 주체의 주관성을 포함하고 있는 것이다.

보기

가. 비유를 통해 독자의 이해를 돕고 있다.
나. 구체적인 근거를 통해 자신의 주장을 뒷받침함으로써 독자를 효과적으로 설득하고 있다.
다. 관점이나 견해를 비교하여 특정 관점을 보다 효과적으로 설명하고 있다.
라. 다양한 사례들을 검토하여 종합적으로 결론을 도출하고 있다.

① 가, 다   ② 나, 라   ③ 가, 라
④ 나, 다   ⑤ 가, 나

● 해설

제시문에서는 '떨어지는 사과'와 '영화'에 비유하여 칸트의 철학을 설명하는 한편, 데카르트의 합리론과 경험론을 칸트의 철학과 비교하여 칸트의 관점을 효과적으로 설명하고 있다.

정답 ❶

④ 문맥적 의미 파악

글을 읽고 의미를 얼마나 이해할 수 있느냐는 그 글을 이루고 있는 어휘의 이해에 달려 있다고 해도 지나치지 않다. 어휘의 이해는 단어의 의미를 아는 것, 단어들 사이의 의미 관계를 아는 것, 단어의 관용적 의미를 아는 것으로 나눌 수 있다. 우리가 글을 읽는 동안에는 각 단어의 개별적인 의미와 용법을 아는 것보다도 단어들이 다른 단어들과 결합할 때의 문맥적 의미를 파악하는 것이 가장 중요하다. 왜냐하면, 단어는 단독으로 존재하는 것이 아니라 글을 이루는 한 요소로 존재하기 때문이다. 문맥적 의미를 효과적으로 파악하기 위한 방법은 다음과 같다.

- 문장부호나 그림 자료가 제공하는 정보를 적극적으로 활용한다.
- 문맥이 제공하는 단서를 최대한 활용한다.
- 단어를 구성하는 형태소가 제공하는 정보를 적극 활용한다.
- 모르는 단어가 한자어인 경우, 그 단어를 구성하는 한자의 의미에 대한 지식을 최대한 활용하여 단어의 의미를 추론한다.
- 모르는 단어가 계속해서 나오거나 반복적으로 나올 때에는 글 읽기를 중도에서 그치지 말고 계속 읽어 나가면서 모르는 단어에 대한 정보를 쌓고, 그 단어의 의미에 익숙해지도록 한다.

밑줄 친 ㉠의 의미를 바르게 파악한 것은?

> 우리가 꽃을 아무리 완벽하게 그린다 하더라도 그림 속에 그려진 꽃이 실재의 대상은 아니므로 그림 속의 꽃을 꺾어서 향기를 맡을 수는 없다. 하나의 동일한 꽃을 대상으로 하여 열 명의 화가가 그림을 그릴 경우 열 개의 서로 다른 꽃들이 탄생하는 것과 같이 그림 속에 그려진 대상은 대상 그 자체가 아니라 대상의 한 부분 내지는 속성을 드러내는 것일 뿐이다. 그러므로 대상을 화폭에 사실 그대로 모사하려는 노력은 현실을 기만하는 셈이다. 더욱이 현실의 대상을 다수의 모사품과 섞어 더욱 모호하게 만드는 것이기도 하다. 이처럼 현실을 재현한다는 것이 회화에서 근본적인 한계를 지니고 있다면 회화는 오히려 이러한 현실의 모사라는 억압을 벗어 던지고 자유롭게 되는 편이 훨씬 나은 방법이 될 수 있다. 그것은 현실의 모사로서의 그림의 가치를 그러한 현실의 억압으로부터 해방시켜 회화의 궁극적인 가치에 이르는 길일 수 있을 것이다. 추상화는 바로 이러한 고민에서 출발한다.
>
> 추상화는 미술이 현실과의 오랜 종속 관계에서 벗어나 미술 자체가 지닌 ㉠ 자율성을 회복하려는 노력이다. 따라서 추상화는 자연 속에서 감지할 수 없는 새로운 질서를 제시하고 추상화된 세계의 아름다움을 나타내고자 하였다. 따라서 지금까지 경험과는 무관한 즉, 현실 모사라는 시각적 범주를 벗어나 그림 앞에서 관객들은 당황하지 않을 수 없는 것이다.

① 화가의 주관을 배제한 채 대상을 객관적으로 인식함을 의미한다.

② 선과 색을 바탕으로 한 전통 회화의 구속에서 벗어남을 의미한다.

③ 회화의 대상이나 표현기법을 자유롭게 선택하는 것을 의미한다.

④ 현실의 대상을 인식하는 화가 자신의 감각을 인정하지 않음을 의미한다.

⑤ 대상을 재현한다는 한계에서 벗어나 순수 창조의 예술을 추구함을 의미한다.

● 해설

제시문의 문맥상 '자율성'이란 현실의 모사라는 구속을 벗어나는 것이며, 이를 통해 순수한 예술을 추구하려는 추상화의 노력을 의미한다.

정답 ❺

③ 비판적 읽기

비판적 읽기란 제시된 읽기 자료를 수동적으로 받아들이지 않고 일정한 기준에 따라 비판적으로 검토하는 능동적인 읽기 과정을 뜻한다. 주로 제시된 정보들의 논리적 타당성을 비판적으로 검토하거나 일정한 기준에 따라 제시된 내용을 평가하는 능력 등이 요구되며, 제시된 정보들을 바탕으로 보일 수 있는 반응의 적절성 등을 검토하는 능력도 필요하다.

■ 주장 및 논거의 타당성 비판

글의 주장이나 제시된 논거가 타당한지 평가하는 유형이 출제된다. 이를 해결하기 위해서는 글쓴이의 의견이나 주장을 찾아 제시된 논거와의 연관성을 파악해야 하며 주장이 타당성이 있는지, 전개 과정에 오류가 없는지 파악해야 한다. 또한 선지에 제시된 내용이 지문의 내용을 바탕으로 한 것인지도 함께 고려하여 판단한다.

■ 관점 및 의도의 비판

글쓴이의 관점이나 의도를 파악하고 그것을 비판적으로 반박할 수 있는지 묻는 유형이 출제된다. 이러한 유형의 경우 먼저 글의 화제나 주제에 대한 글쓴이의 관점을 파악한 후, 글쓴이의 관점으로 보기에 제시된 사례를 파악한다. 그 다음 관점에 의문을 제기할 수 있는지, 다른 관점이 적용될 수 있는지를 판단하여 반론을 제기한다.

■ 반응의 적절성 비판

글이 독자에게 어떤 영향을 미칠 수 있는지, 독자가 글의 내용에 어떻게 반응할 수 있는지 묻는 유형이 출제된다. 이러한 유형을 해결하기 위해서는 정확성, 타당성, 합리성, 효용성 등을 준거로 하여 글의 가치를 파악하고 반응의 근거가 지문에 제시된 것인지 확인해야 하며, 답지 자체에 논리적 오류가 있는지 역시 함께 파악해야 한다.

> **＋ 더 알고가기** ｜ 비판적 읽기의 문제 형식 ≡
>
> • 위 글에 대한 반응으로 가장 적절한 것은?
> • ⓐ, ⓑ에 대한 글쓴이의 반론으로 적절한 것을 〈보기〉에서 골라 바르게 배열한 것은?
> • 〈보기〉가 ㉠에 대한 비평문이라고 할 때, 위 글의 논지와 다른 것은?

다음 제시된 글에 대한 반응으로 적절하지 <u>않은</u> 것은?

　　종교의 의미와 기능, 또는 종교에 대한 바람직한 태도, 종교와 자신의 관계 등에 대해 성찰하는 태도는 단순한 지적 호기심과는 다르다. 그것은 진실한 삶에 대한 성찰을 전제하는 것으로 모든 사람이 지녀야 하는 것이기도 하다.

　　그러나 이와 같이 실존적 측면에서의 성찰 과제로 종교를 바라보는 것은 오히려 자신의 자존을 훼손하는 것으로 보는 견해도 있다. 하지만 조금만 시각을 달리하면 그것이 적절하지 않다는 것을 쉽게 알 수 있다. 무엇보다 종교가 오랜 시간 동안 인류와 함께 성장해 왔다는 사실은 우리가 종교에 대해 진지한 성찰을 해야 하는 이유 중 하나이다.

　　어떤 사람이 오직 자신이 경험한 것에 의지해 절대적인 판단을 내리고, 엄연히 존재하는 현실을 거부한 채 충분한 성찰과 검토를 거치지 않은 판단이 마구 일어난다면 누구도 그 사람이 삶에 대한 총체적 인식에 도달했다고 말하지 않을 것이다. 교양인이라면 어떤 현상이나 대상이 자신의 삶과 직접적인 연관성을 가지고 있지 않더라도 성실한 태도로 그것을 성찰해야 하는 것처럼 종교에 대해서도 마찬가지의 태도를 가져야만 한다.

　　건전한 사고는 대상에 대한 비판적 인식에서 출발한다. 자기 자신만의 생각에 갇혀있거나 대상이나 객체에 함몰되어 있으면 올바른 인식에 도달할 수 없다. 그리고 그 결과 올바른 판단을 내릴 수 없게 되며 바람직한 삶 역시 요원한 것이 된다. 결국 교양인에게 종교에 대한 성찰은 기본적인 소양이라고 할 수 있는 것이다.

① 종교에 대한 긍정적인 관심을 가질 필요가 있다.

② 자신과 직접적인 연관이 없는 대상에 대해서도 성찰해야 한다.

③ 종교의 가장 근본적인 의미는 인간 구원의 가능성이다.

④ 타인의 종교를 인정하지 못하는 것은 건강한 소양이 부족한 것이다.

⑤ 경험의 한계를 인식하면 종교를 더욱 바르게 성찰할 수 있다.

● 해설

제시문은 종교에 대한 진지한 성찰이 교양인에게 필요한 이유를 설명하고 있는 글이다. 보기 ③의 경우 종교의 근본적 의미와 인간 구원의 가능성을 연관시켰는데 이는 글에 언급되어 있지 않은 내용이며 구원의 문제가 글에서 중심적으로 부각되지도 않았으므로 적절한 반응이 아니다.

정답 ❸

④ 추론적 읽기

 추론적 읽기란 제시된 읽기 자료의 내용을 토대로 하여 생략된 전제나 생략된 내용, 또는 이후에 이어질 내용 등을 추론하는 능력이 요구되는 영역이다. '추론'은 '상상'과는 다르다. '추론'은 논리적인 과정을 거쳐 도출된 결과이지만 '상상'은 논리적 과정 없이 도출된 결과이기 때문이다. 따라서 읽기 영역에서 강조되는 것은 '추론 능력'이다. 이러한 추론 능력에서는 논리적인 추론 방식도 중요하지만 추론의 결과가 타당한지도 검토되어야 한다.

■ 생략된 전제의 추론

어떤 주장이나 결론은 그러한 주장이나 결론을 뒷받침하는 전제나 근거를 가지고 있어야 한다. 그런데 이러한 전제나 근거는 생략되는 경우가 종종 있다. 따라서 생략된 전제나 근거를 추론하는 문항이 자주 출제되며 이를 해결하기 위해서는 필자의 주장이나 결론을 정확하게 정리한 후에 그러한 주장이나 결론에 도달하기 위해 전개된 과정을 점검하여 논리적으로 꼭 필요하지만 생략된 전제나 근거를 추론해 내야 한다.

기출유사문제

㉠의 전제로 가장 적절한 것은?

> 길이 든다는 것은 주어진 환경이나 조건에 충실하여 자신의 내면에서 일어나는 자연스러운 본성 또는 욕망에 의해 행동하는 것을 의미한다. 그것은 일종의 조건 반사와 마찬가지이다. 따라서 길들기를 거부하는 것은 동물의 본능을 거스르는 최고의 반역이며 ㉠ 인간이 된다는 것은 이러한 반역에 성공하였음을 의미한다. 그런데 고통스러운 인간이 되기보다 행복한 동물로 남기를 바랄 때에는 자연스럽게 순응하고, 길들기를 선택하게 된다.
> 플라톤이 동굴의 비유를 통해 보여주고자 했던 것이 무엇일까? 그것은 사람들이 살아가는 현실이 이렇게 길들은 공간이라는 점이다. 따라서 길드는 것은 무엇이나 동굴이고, 길드는 자는 죄수일 수밖에 없다. 이유 없이 억압에 길들어 버리는 것, 모순과 타협하고 좌절하는 것, 이것이야말로 우리가 극복해야 하는 원초적인 죄악이다.

① 인간과 자연의 관계는 중요하다.
② 동물은 환경에 빠르게 적응한다.
③ 행복을 추구하는 것은 동물과 인간이 공유하는 가치이다.
④ 인간은 주체적으로 행동하는 존재이다.
⑤ 길들기 유무에 따라 인간과 동물을 구별할 수 있다.

제시문의 앞부분에서 길드는 것은 자연의 본성이며 일종의 조건반사라고 하였고 ㉠은 이를 거스르는 반역이라고 하였다. 따라서 ㉠에서 말한 '이러한 반역'은 결국 자연의 본성을 거스르는 것이라고 볼 수 있다. 따라서 인간이 자연의 본성을 거스를 수 있다면 인간이 자연 환경에 수동적으로 반응하는 존재가 아니라 이를 거스를 수 있는 주체적인 존재라는 것을 전제하고 있다고 보아야 한다.

정답 ❹

❷ 생략된 내용 및 정보의 추론

글의 일부 내용이 생략되거나 이후에 이어질 내용을 생략한 후 이를 추리하는 것 역시 추론적 읽기의 한 유형이다. 이 경우 무엇보다 중요한 것은 앞뒤의 문맥이다. 즉 앞뒤에 배치된 정보들의 성격을 확인하고 그들의 관계에서 논리적으로 적절한 내용을 추론해야 하는 것이다. 이 때, 접속어나 지시어를 적극적으로 활용하여 내용을 추론하는 방법이 효과적이며, 전체적인 글의 흐름을 고려하여 생략된 내용을 추론하는 것이 바람직하다. 한편 제시된 읽기 자료의 정보를 바탕으로 추론 가능한 내용을 찾는 유형 역시 이러한 추론 과정을 통해 답을 찾아내야 한다.

● 기출유사문제 ●

글의 내용으로 미루어 ㉠에 들어갈 내용으로 타당한 것은?

모든 인간은 쾌적한 환경을 영위하며 살아갈 권리를 가지고 있다. 쾌적한 환경은 인간의 생존뿐만 아니라 양질의 삶을 유지하고 행복을 추구하는 데 필수적인 요소이기 때문이다. 하지만 급속한 산업화와 도시화는 자연환경을 심각하게 오염시켜 그에 따른 각종 질병과 환경 문제들을 유발시켜 왔다.

유해한 환경에 노출된 정도에 따라 환경오염으로 인한 피해의 정도에도 차이가 나게 되는데 특히 도시 저소득층에게는 환경오염으로 인한 피해의 정도가 상대적으로 현저하게 나타나고 있다. 이는 사회나 경제적 요인과 도시 지역 저소득층이 경험하는 환경오염으로 인한 피해 사이에 모종의 관련이 있음을 의미한다.

[㉠   ] 환경오염뿐 아니라 환경 개선으로 인한 혜택에도 소득별 차이가 발생하고 있다. 특히 공공 부문에서 자원의 개발이나 이용 및 환경의 개선을 통한 혜택이 영향을 미치는 여러 환경 정책에서도 형평성이 고려되어야 한다는 사회적인 요구가 높아지고 있다. 이러한 현상은 결국 환경 부분에서도 소득 격차에 따른 차이가 실재한다는 점을 반증하는 것이라고 볼 수 있다.

① 환경오염의 피해는 저소득층이 주로 겪는 문제이지만 장기적으로는 전 세계적인 문제이다.

② 선진국에서는 계층 간 환경 피해의 차이에 주목하여 이에 대한 대응 정책을 추진하고 있다.

③ 환경 피해와 환경 혜택을 둘러싼 양극화 현상을 완화하기 위한 정책의 도입이 필요하다.

④ 소득 계층 간 환경 불평등은 환경 피해라는 측면에만 국한되는 현상은 아니다.

⑤ 저소득층에 환경 피해가 주로 발생하는 것은 낮은 사회 · 경제적 지위로 인해 환경 정책 결정 과정에서 소외되었기 때문이다.

● 해설

㉠의 앞부분에서는 환경 피해 면에서 소득 계층 간 불평등을 서술하였고, ㉠의 뒷부분에서는 환경오염에 관한 정책적 측면과 그 혜택에서의 불평등을 언급하였다. ④의 내용은 환경 피해 측면에서의 불평등을 언급하고 여기서 불평등이 끝나지 않음을 밝혀 이후 정책 면에서의 불평등 문제를 언급할 수 있도록 연결해 주는 역할을 하고 있다.

정답 ❹

❸ 추론적 읽기의 세부 유형 및 해법

(1) 미루어 알기

① 지문에 제시된 여러 가지 정보를 종합하고 이를 바탕으로 새로운 정보를 구성하거나, 구체적인 사례를 추리할 수 있는가를 묻는 문제이다.

② 글에 드러난 내용을 토대로 새로운 정보를 구성해 본다.

③ 답지의 내용을 추론할만한 근거가 지문에 제시되었는지 확인한다.

(2) 생략된 내용의 추리

① 글의 생략된 일부분에 들어갈 내용을 묻는 문제이다.

② 글의 전체적인 짜임과 생략된 부분의 전후 문맥을 파악하여 답을 선택해야 한다.

(3) 구체적 상황에의 적용

① 지문의 내용을 주어진 상황에 적용할 수 있는가를 묻는 문제이다.

② 지문의 내용과 주어진 상황의 핵심 내용을 동시에 파악할 수 있어야 한다.

③ 주어진 상황의 흐름과 의미를 정확하게 파악하며 답지의 내용을 이해하여 관점, 발상, 원리의 공통점을 추출해 낸다.

(4) 의도와 관점 파악 및 적용

① 화제에 대한 글쓴이의 관점과 글을 쓴 구체적인 의도를 파악하는 문제이다.

② 직접적으로 관점을 묻거나 지문의 관점과 다른 글의 관점을 비교하는 문제가 출제된다.

③ 글쓴이가 핵심 화제를 어떻게 설명하는지 파악한다.

④ 특정 구절이나 부분에 지나치게 집착하면 글쓴이의 입장이나 태도를 오해할 수 있으므로 전체를 관통하는 관점을 파악한다.

⑤ 전체적인 글의 논조를 파악하여 글쓴이의 태도나 입장, 의도나 관점을 추리한다.

(5) 논지 전개 방식 추론

① 글쓴이가 자신의 주장을 효과적으로 펴기 위해 쓰는 논리적인 내용 전개 방식을 묻는 문제이다.

② 글쓴이가 제시하는 논거와 주장이 무엇인지 이해한다.

③ 어떻게 논거를 제시하고 결론을 이끌고 있는지 파악한다.

(6) 전제 추론

① 결론을 이끌어 내기 위해 필요한 전제를 추론해 보는 문제 유형이다.

② 글의 결론이 무엇인지 파악하고 글에 제시된 주장과 근거를 바탕으로 전제를 추론한다.

＋ 더알고가기   추론적 읽기의 문제 형식   ☰

• 위 글을 읽고 〈보기〉로부터 추론한 내용으로 적절하지 않은 것은?

• ㉠의 입장에서 〈보기〉의 (가)로부터 (나)를 이끌어 내려 할 때, ⓐ의 내용으로 가장 적절한 것은?

• 위 글로 보아 〈보기〉에 이어질 과정으로 가장 적절한 것은?

• ㉠이 전제하고 있는 것은?

• 위 글에 담긴 글쓴이의 관점과 상통하는 것을 〈보기〉에서 골라 바르게 묶은 것은?

⑤ 문학 제재 읽기

1 시문학

(1) 시어 및 시구의 의미 파악

시에서 시어 및 시구의 의미를 파악하는 것은 곧 함축적 의미를 파악하는 것이다. 함축적 의미란 시어나 시구가 내포하고 있는 의미로 시어나 시구가 쓰인 문맥에 의해 결정된다. 이는 시가 주로 비유적 표현이나 상징적 표현을 바탕으로 의미를 형성하기 때문이다. 따라서 시어나 시구의 의미를 파악하기 위해서는 시어나 시구가 놓인 앞뒤 문맥을 고려하여 비유적 의미나 상징적 의미를 이끌어내야 한다.

기출유사문제

㉠ ~ ㉤에 대한 설명으로 적절하지 않은 것은?

저무는 ㉠ 역두(驛頭)에서 너를 보냈다.
비애야!

개찰구에는 ㉡ 못 쓰는 차표와 함께 찍힌 청춘의 조각이 흩어져 있고
㉢ 병든 역사(歷史)가 화물차에 실리어 간다.

대합실에 남은 사람은
아직도
누굴 기다려

나는 ㉣ 이곳에서 카인을 만나면
목놓아 울리라.

㉤ 거북이여! 느릿느릿 추억을 싣고 가거라.
슬픔으로 통하는 모든 노선(路線)이
너의 등에는 지도처럼 펼쳐 있다.

① ㉠ 이별이 이루어지는 공간이다.
② ㉡ 못 쓰는 차표와 화자의 청춘을 연관시켜 늙음에 대한 탄식을 드러내었다.
③ ㉢ 타락하고 왜곡된 역사와 단절하고자 하는 화자의 의지가 드러나 있다.
④ ㉣ 화자와 같이 원죄의식을 지닌 존재를 의미한다.
⑤ ㉤ 거북이는 화자의 슬픔을 실어 나르는 매개물이다.

밑줄 친 ©은 시효가 지나버린 '못 쓰는 차표'와 화자가 잃어버린 '청춘'을 연관시켜 슬픈 과거의 삶에 대한 안타까움을 드러내는 것이지 '늙음에 대한 탄식'이라고 보기는 어렵다.

오장환, 〈The Last Train〉

일제 강점기라는 어둡고 왜곡된 역사 속에서 비애를 느껴야 했던 시적 화자의 잃어버린 청춘에 대한 탄식이 담긴 작품이다. 제목인 'The Last Train'은 한 번 가면 다시 올 수 없는 과거의 삶에 대한 은유이며, 다시 돌아오지 않을 대상을 기다리고 있는 화자의 아이러니한 상황을 비유하고 있다고 볼 수 있다. 다른 측면에서 보자면 '기차'는 '역사'를 의미하는 것으로도 볼 수 있으며 그것은 결국 과거의 왜곡된 역사를 떠나보냄으로써 왜곡된 역사 속에 고뇌했던 과거의 절망과 좌절로부터 벗어나고자 하는 화자의 의지를 형상화한 것으로 볼 수 있다.

정답 ❷

(2) 시의 표현상 특징 파악

시는 다른 문학 장르와 달리 다양한 표현 방법을 통해 주제를 전달한다. 우선 시는 산문과 달리 일정한 운율을 형성하는데 이때 겉으로 드러나는 외재율이나 겉으로 드러나지 않는 내재율을 활용한다. 또한 다양한 수사법을 동원하여 시적 표현의 아름다움을 살리는 한편, 주제를 보다 효과적으로 형상화한다. 이 밖에도 이미지(심상, 心象)를 통해 추상적인 주제를 감각적으로 표현하여 의미를 구체화하기도 한다.

시인은 시인의 내면세계를 구체적으로 형상화한다. 이는 대상을 감각적인 이미지를 통해 전달하기 때문이다. 따라서 시에는 다양한 감각적 이미지들이 동원된다. 특히 하나의 이미지를 다른 이미지로 전이시켜 표현하는 공감각적 이미지가 사용되기도 하는데 이는 시에서 독창적인 표현 효과를 높이는 데 도움을 준다. 시에서 사용되는 이미지의 종류는 다음과 같다.

[시의 이미지]

종류	예시
시각적 이미지(보이는 것)	불타는 태양, 아른거리는 바다
청각적 이미지(소리)	새들의 노래, 바람의 울림
후각적 이미지(냄새)	향기로운 꽃, 구수한 옥수수
미각적 이미지(맛)	소태처럼 쓰다, 초콜릿처럼 달콤하다.
촉각적 이미지(피부로 느끼는 감각)	차가운 바람, 따가운 햇살
공감각적 이미지(=감각의 전이)	배춧잎 같은 발소리, 흔들리는 종소리의 동그라미

㉠ 비유법

표현법의 종류	예시
은유 : A는 B이다/A의 B	오월은 계절의 여왕
직유 : ~처럼, ~듯이, ~인 양, ~같이 등	내 누님같이 생긴 꽃이여
대유 : 사물의 한 부분 또는 특징으로 전체를 나타냄.	빼앗긴 들(조국)에도 봄은 오는가?
의인 : 사물에 인격성을 부여함.	돌담에 속삭이는 햇살
풍유 : 속담, 격언 등을 인용함.	도마에 오른 고기/빈 수레가 요란하다
중의법 : 두 가지 의미를 가짐.	청산리 벽계수야 수이 감을 ~/수양산 바라보며 이제를 한하노라.

*원관념과 보조관념 : 비유를 통해 표현하고자 하는 대상이 원관념이고, 원관념을 비유하기 위해 끌어온 대상이 보조관념이다.

  예 오월은 계절의 여왕 : 원관념(오월), 보조관념(여왕)

㉡ 변화법

표현법의 종류	예시
설의법 : 답변을 전제한 물음, 동의를 구함.	그야말로 용감한 청년이 아닌가!
도치법 : 어순을 도치시켜 표현함.	생겨났으면, 나보다도 더 나를 사랑하는 이
대구법 : 통사 구조(문장구조)를 반복함.	범은 죽어서 가죽을 남기고, 사람은 죽어서 이름을 남긴다.
문답법 : 묻고 답하는 형식	무엇이 중요한가?/그것은 꿈이다.

㉢ 강조법

표현법의 종류	예시
반복법 : 구, 절, 어휘, 문장 등을 반복함.	산에는 꽃 피네, 꽃이 피네, 갈 봄 여름 없이 꽃이 피네.
과장법 : 실제보다 크거나 작게 표현함.	산더미와 같은 파도
영탄법 : 어미나 감탄사를 통해 감정을 드러냄.	어이할꺼나, 나는 사랑을 가졌어라!
점층법 : 점점 크거나 작게 하여 심화시킴.	마음은 바위가 되고, 산이되고, 하늘이 되고
현재법 : 과거의 일을 현재 일처럼 표현함.	나폴레옹은 개선문을 들어선다.
미화법 : 아름다운 사물을 통해 미화시킴.	거리의 천사(거지)/밤손님(밤도둑)
열거법 : 대상을 나열함.	뛰고, 노래하고, 춤추고, 마구 웃어댔다.
비교법/대조법 : 공통점과 차이점을 제시함.	강낭콩보다 더 푸른 물결
억양법 : 칭찬하다가 비난하거나 또는 그 반대 상황	백제는 뛰어난 예술 문화를 지녔던 나라지만, 무력을 기를 줄 몰랐다.
연쇄법 : 꼬리를 물고 이어짐.	바람이 나무를 흔들고, 나무는 새를 흔들고, 새는 꽃을 흔들고

(가), (나)의 공통점으로 가장 적절한 것은?

(가) 죽는 날까지 하늘을 우러러
　　한 점 부끄럼이 없기를,
　　잎새에 이는 바람에도
　　나는 괴로워했다.
　　별을 노래하는 마음으로
　　모든 죽어 가는 것을 사랑해야지
　　그리고 나한테 주어진 길을
　　걸어가야겠다.

　　오늘밤에도 별이 바람에 스치운다.

　　　　　　　　　　　　　　　　－ 윤동주, 〈서시〉

(나) 돌에　　　　　　　　　여울 지어
　　그늘이 차고,　　　　　수척한 흰 물살,

　　따로 몰리는　　　　　갈갈이
　　소소리 바람.　　　　　손가락 펴고.

　　앞섰거니 하여　　　　멎은 듯
　　꼬리 치날리어 세우고,　새삼 돋는 빗낱

　　종종 다리 까칠한　　　붉은 잎 잎
　　산(山)새 걸음걸이.　　소란히 밟고 간다.

　　　　　　　　　　　　　　　　－ 정지용, 〈비〉

① 시간의 흐름에 따라 시상을 전개하고 있다.

② 원경에서 근경으로 시선을 이동하여 원근감을 드러내고 있다.

③ 동일한 호흡 단위를 반복하여 리듬감을 형성하고 있다.

④ 명사형 종결을 통해 시상을 집약시키는 느낌을 준다.

⑤ 감각의 전이를 통해 참신성을 살리고 있다.

● **해설**

(가)는 '과거–미래–현재'로 이어지는 시간의 흐름에 따라 시상이 전개되고 있고, (나)는 비가 오기 직전부터 비가 오고 멈추었다 다시
이어지는 과정을 시간의 흐름에 따라 전개하고 있다.
② 먼 경치에서 가까운 경치로의 이동은 (가), (나)에서 모두 나타나지 않는다.
③ 동일한 호흡 단위의 반복은 곧 음보율을 의미한다. (가)에서는 음보율이 느껴지지 않는다.
④ 명사형으로 시행을 종결하여 시상을 집약시키는 방식은 (나)에서 부분적으로 드러난다. 그러나 (나) 역시 마무리를 동사로 하고
있다.
⑤ 감각의 전이는 (가), (나)에서 모두 드러나지 않는다.

● **작품해설**

정지용, 〈비〉
절제된 감정과 정제된 시어, 그리고 짧은 행과 규칙적인 연 구분으로 인한 자연스러운 휴지와 여백의 미를 통해 비 내리는 모습을
마치 한 폭의 산수화와 같이 그려낸 작품이다. 시적 화자는 비 내리는 모습을 감각적 시어의 유기적 결합 방법과 순차적 시간의 질
서에 따라 섬세하게 묘사하고 있을 뿐, 그 어떤 감정 표출도 드러내지 않는다.
모두 8연으로 이루어진 작품이지만, 규칙적으로 두 개의 연이 하나의 단락을 이루어 모두 네 장면을 펼쳐 보여 주고 있다. 1·2연은
비가 내리기 직전 돌에 그늘이 차고 어지럽게 바람이 부는 모습을, 3·4연은 빗방울이 여기저기 앞다투어 떨어지는 모습을, 5·6연
은 빗물이 모여 여울지어 흘러가는 모습을, 7·8연은 빗방울이 나뭇잎에 떨어지는 모습을 묘사하고 있다.

정답 ❶

---

(3) 시적 화자의 이해

시에서 말하는 이를 시적 화자라고 한다. 시적 화자는 시인 자신일 수도 있고, 시인이 설정한 대리
인일 수도 있다. 또한 시적 화자는 시의 표면에 드러날 수도 있고 시의 표면에 드러나지 않을 수도
있다. 이러한 시적 화자는 시적 상황 속에서 정서적 반응을 드러내게 되고, 이를 바탕으로 상황이나
대상에 대해 특정한 태도를 드러내게 된다. 따라서 시를 보다 효과적으로 이해하기 위해서는 시적
화자의 상황과 정서, 태도 등에 유의해야 한다. 시적 화자의 상황을 이해하기 위해서는 시적 화자가
언제, 어디서, 무엇을, 어떻게 하였는가에 대해 살펴보아야 한다. 시간과 공간 및 대상, 화자의 행위
등이 종합적으로 시적 화자의 상황을 형성하기 때문이다.

화자의 정서는 특정한 상황 속에서 시적 화자가 느끼는 심리 상태라고 볼 수 있는데 어떤 경우 시적
화자는 기쁨을 느끼기도 하고, 슬픔이나 비애를 느끼기도 한다. 그리고 이러한 시적 화자의 정서는
시의 표면에 드러나 있는 경우도 있으나 그렇지 않은 경우도 있다. 시의 표면에 화자의 정서가 드러
나지 않았을 경우 상황을 통해 유추할 수 있지만 시적 화자의 정서가 배제된 경우도 많이 있다. 이처
럼 화자의 정서가 배제되었을 때 일반적으로 화자가 감정을 절제하고 상황이나 대상을 객관적으로
바라보는 경우가 많다. 그 밖에 시적 화자가 주어진 상황을 극복하려는 적극적인 태도를 보이는 경
우 의지적으로 볼 수 있고, 감정을 절제하고 객관성을 유지할 경우에는 관조적으로 볼 수 있다. 또
한 시적 화자가 주어진 상황 속에서 좌절하고 절망하나 이를 극복하려는 적극성을 보이지 않을 경우
체념적 태도로 볼 수 있다.

기출유사문제

각 연에 대한 설명으로 적절하지 않은 것은?

(가) 산산이 부서진 이름이여!
허공 중에 헤어진 이름이여!
불러도 주인 없는 이름이여!
부르다가 내가 죽을 이름이여!

(나) 심중(心中)에 남아 있는 말 한 마디는
끝끝내 마저 하지 못하였구나,
사랑하던 그 사람이여!
사랑하던 그 사람이여!

(다) 붉은 해는 서산 마루에 걸리었다.
사슴의 무리도 슬피 운다.
떨어져 나가 앉은 산 위에서
나는 그대의 이름을 부르노라.

(라) 설움에 겹도록 부르노라.
설움에 겹도록 부르노라.
부르는 소리는 비껴 가지만
하늘과 땅 사이가 너무 넓구나

(마) 선 채로 이 자리에 돌이 되어도
부르다가 내가 죽을 이름이여!
사랑하던 그 사람이여!
사랑하던 그 사람이여!

– 김소월, 〈초혼〉

① (가)에서 화자가 처한 상황을 짐작할 수 있다.

② (나)에서는 안타까운 화자의 심정이 잘 드러나 있다.

③ (다)에서는 화자의 감정을 자연물에 이입하여 표현하였다.

④ (라)에서는 현실을 극복하려는 화자의 의지가 드러나 있다.

⑤ (마)에서는 시적 대상에 대한 시적 화자의 태도를 느낄 수 있다.

해설

(라)에서 '하늘과 땅 사이'는 시적 화자와 대상 간의 심리적 거리로 결코 극복할 수 없는 거리이다. 즉, 화자의 의지가 아닌 절망감이 드러나 있으며 체념적 태도가 드러나 있는 것이다.

(가) '불러도 주인 없는 이름'을 통해 사랑하는 대상의 부재 또는 죽음의 상황을 짐작할 수 있다.

(나) 사랑한다는 말을 끝내 하지 못한 채 떠나보낸 화자의 안타까운 정서가 잘 드러나 있다.

(다) 배경과 시적 화자의 정서가 조화를 이루며 '사슴의 무리도 슬피 운다.'라는 표현을 통해 화자의 감정을 '사슴'에 이입시켜 표현하였다.

(마) 죽어도 잊지 못하지만 결코 돌아올 수 없는 임에 대한 화자의 그리움과 체념의 태도가 드러나 있다.

정답 ❹

② 소설

(1) 소설의 내용 파악

소설은 일정한 스토리를 가지고 전개된다. 이러한 전개 과정에서 소설에 담긴 다양한 정보를 파악하는 것을 소설의 내용 파악이라고 한다. 소설 속의 정보들을 주의 깊게 살펴 이 정보들의 관계를 고려하면 소설의 내용을 보다 효과적으로 파악할 수 있게 된다.

● 기출유사문제 ●

글을 통해 알 수 있는 내용과 거리가 먼 것은?

성북동(城北洞)으로 이사 나와서 한 대엿새 되었을까, 그날 밤 나는 보던 신문을 머리맡에 밀어 던지고 누워 새삼스럽게,

"여기도 정말 시골이로군!"

하였다.

무어 바깥이 컴컴한 걸 처음 보고 시냇물 소리와 쏴— 하는 솔바람 소리를 처음 들어서가 아니라 황수건이라는 사람을 이날 저녁에 처음 보았기 때문이다.

그는 말 몇 마디 사귀지 않아서 곧 못난이란 것이 드러났다. 이 못난이는 성북동의 산들보다 물들보다, 조그만 지름길들보다 더 나에게 성북동이 시골이란 느낌을 풍겨 주었다.

서울이라고 못난이가 없을 리야 없겠지만 대처에서는 못난이들이 거리에 나와 행세를 하지 못하고, 시골에선 아무리 못난이라도 마음놓고 나와 다니는 때문인지, 못난이는 시골에만 있는 것처럼 흔히 시골에서 잘 눈에 뜨인다. 그리고 또 흔히 그는 태고 때 사람처럼 그 우둔하면서도 천진스런 눈을 가지고, 자기 동리에 처음 들어서는 손에게 가장 순박한 시골의 정취를 돋워 주는 것이다.

그런데 그날 밤 황수건이는 열시나 되어서 우리집을 찾아왔다.

그는 어두운 마당에서 꽉 지르는 소리로,

"아, 이 댁이 문안서……."

하면서 들어섰다. 잡담 제하고 큰일이나 난 사람처럼 건넌방 문 앞으로 달려들더니,

"저, 저 문안 서대문 거리라나요, 어디선가 나오신 댁입쇼?"

한다.

보니 합비는 안 입었으되 신문을 들고 온 것이 신문 배달부다.

"그렇소, 신문이오?"

"아, 그런 걸 사흘이나 저, 저 건너쪽에만 가 찾었습죠. 제기……."

하더니 신문을 방에 들이뜨리며,

"그런뎁쇼, 왜 이렇게 죄꼬만 집을 사구 와 곕쇼. 아, 내가 알었더면 이 아래 큰 개와집도 많은 걸입쇼……."

한다. 하 말이 황당스러워 유심히 그의 생김을 내다보니 눈에 얼른 두드러지는 것이 빡빡 깎은 머리로되 보통 크다는 정도 이상으로 골이 크다. 그런데다 옆으로 보니 장구 대가리다.

"그렇소? 아무튼 집 찾느라고 수고했소."

하니 그는 큰 눈과 큰 입이 일시에 히죽거리며,

"뭘입쇼, 이게 제 업인뎁쇼."

하고 날래 물러서지 않고 목을 길게 빼어 방 안을 살핀다. 그러더니 묻지도 않는데,

"저는입쇼, 이 동네 사는 황수건이라 합니다……."

하고 인사를 붙인다. 나도 깍듯이 내 성명을 대었다. 그는 또 싱글벙글하면서,

"댁엔 개가 없구먼입쇼."

한다.

"아직 없소."

하니,

"개 그까짓 거 두지 마십쇼."

한다.

"왜 그렇소?"

물으니, 그는 얼른 대답하는 말이,

"신문 보는 집엔입쇼, 개를 두지 말아야 합니다."

한다. 이것 재미있는 말이다 하고 나는,

"왜 그렇소?"

하고 또 물었다.

"아, 이 뒷동네 은행소에 댕기는 집엔입쇼, 망아지만한 개가 있는뎁쇼, 아, 신문을 배달할 수가 있어얍죠."

"왜?"

"막 깨물랴고 덤비는 걸입쇼."

한다. 말 같지 않아서 나는 웃기만 하니 그는 더욱 신을 낸다.

"그눔의 개 그저, 한번, 양떡을 멕여대야 할 텐데……."

하면서 주먹을 부르대는데 보니, 손과 팔목은 머리에 비기어 반비례로 작고 가느다랗다.

"어서 곤할 텐데 가 자시오."

하니 그는 마지못해 물러서며,

"선생님, 참 이선생님 편안히 주뭅쇼. 저이 집은 여기서 얼마 안 되는 걸입쇼."

하더니 돌아갔다.

— 이태준, 〈달밤〉

① 나는 사대문 안에 살다가 성북동으로 이사하였다.

② 황수건은 신문을 배달하는 일을 맡고 있다.

③ 나는 황수건에 대해 호기심을 가지고 있다.

④ 황수건은 개에게 물릴 뻔한 경험이 있다.

⑤ 황수건은 주먹을 잘 써서 주변에서 경계하는 인물이다.

● 해설

황수건이 주먹을 먹이겠다고 한 대상은 '개'이며 전체 내용을 고려할 때 황수건은 못난이에 순박한 인물임을 알 수 있다. 즉 개에게 주먹을 먹이겠다는 말도 허세로 볼 수 있다.

정답 ❺

(2) 인물의 성격 및 심리 파악

소설 속의 인물은 자신이 놓인 상황 속에서 일정한 방식으로 행동을 취하게 되는데 이는 소설 속의 인물이 성격을 갖고 있기 때문이다. 인물의 성격은 소설 속에서 사건을 일으킨다. 즉, 인물의 성격을 통해 등장인물의 행동이 결정되고, 이를 통해 다시 소설의 갈등이 형성되는 것이다. 인물을 캐릭터 (character)라고 하는 이유도 여기에 있다. 고전 소설에서는 주로 전형적인 인물이 등장하여 관습적인 성격을 나타내는 반면 현대 소설에서는 개성적 인물들이 등장하여 독특한 행동과 갈등을 형성한다.

한편 전지적 작가 시점의 소설인 경우 인물의 심리를 서술자가 상세하게 서술하는 경우도 있지만 그렇지 않은 경우 인물의 심리를 독자가 추리해야 하는데 이때 심리는 대화나 행동을 통해 추리하게 된다. 따라서 인물의 심리를 추리해야 하는 경우 인물의 행동과 대화를 면밀히 분석해야 한다.

기출유사문제

㉠, ㉡에 나타난 인물의 심리나 의도를 적절하게 설명한 것은?

남편은 적삼이 찢어지고 얼굴에 생채기를 내었다. 그리고 두 팔을 걷고 먼 산을 향하여 묵묵히 앉았다.

수재는 흙에 박혔다 나왔는지 얼굴은커녕 귓속드리 흙투성이다. 코 밑에는 피딱지가 말라붙었고 아직도 조금씩 흘러내린다. 영식이 처를 보더니 열적은 모양 고개를 돌리어 모로 떨어지며 입맛만 쩍쩍 다신다.

금을 캐라니까 밤낮 피만 내다 말라는가. 빚에 졸리어 남은 속을 볶는데 무슨 호강에 이 지랄들인구. 아내는 못마땅하여 눈가에 살을 모았다.

"산제 지낸다구 꿔 온 것은 언제나 갚는다지유우."

뚱하고 있는 남편을 향하여 말끝을 꼬부린다. 그러나 ㉠ 남편은 눈섭하나 까딱하지 않는다. 이번에는 어조를 좀 돋우며,

"갚지도 못할 걸 왜 꿔오라 했지유."

하고 얼추 호령이었다.

이 말은 남편의 채 가라 앉지도 못한 분통을 다시 건드린다. 그는 벌떡 일어서며 황밤주먹을 쥐어 창망할 만큼 아내의 골통을 후렸다.

"계집년이 방정맞게......."

다른 것은 모르나 주먹에는 아찔이었다. 멋없게 덤비다간 골통이 부서진다. 암상을 참고 바르르 하다가 이윽고 아내는 등에 업은 어린아이를 끌러 들었다. 남편에게로 그대로 밀어 던지니 아이는 까르르 하고 숨 모으는 소리를 친다.

그리고 아내는 돌아서서 혼잣말로,

"콩밭에서 금을 딴다는 숙맥도 있담."

하고 빗대 놓고 비양거린다.

"이년아 뭐."

남편은 대뜸 달겨들며 그 볼치에다 다시 울찬 황밤을 주었다. 적이나하면 계집이니 위로도 하여 주련만 요건 분만 폭폭 질러 놓려나, 예이 빌어 먹을 거 이판사판이다.

"너허구 안 산다. 오늘루 가거라."

아내를 와락 떠다밀어 논둑에 젖혀놓고 그 허구리를 발길로 퍽 질렀다. 아내는 입을 헉하고 벌린다.

"네가 허라구 옆구리를 쿡쿡찌를 제는 언제냐. 요 집안 망할 년."

그리고 다시 퍽 질렀다. 연하여 또 퍽.

이 꼴을 보니 수재는 조바심이 일었다. 저러다가 그 분풀이가 다시 제게로 슬그머니 옮아올 것을 지레채었다. 인제 걸리면 죽는다. 그는 비슬비슬하다 어느 틈엔가 구덩이 속으로 시나브로 없어져 버린다.

볕은 다스로운 가을 향취를 풍긴다. 주인을 잃고 콩은 무거운 열매를 둥글둥글 흙에 굴린다. 맞은쪽 산밑에서 벼들을 베며 기뻐하는 농군의 노래.

"ⓒ 터졌네, 터져."

수재는 눈이 휘둥그렇게 굿문을 뛰어나오며 소리를 친다. 손에는 흙 한 줌이 잔뜩 쥐었다.

"뭐."

하다가,

"금줄 잡았어, 금줄."

"응!"

하고, 외마디를 뒤남기자 영식이는 수재 앞으로 살같이 달려들었다. 허겁지겁 그 흙을 받아 들고 샅샅이 헤쳐보니 만은 재래에 보지 못하던 불그죽죽한 향토이었다. 그는 눈에 눈물이 핑돌며,

"이게 원 줄인가."

"그럼 이것이 곱색줄이라네. 한 포에 댓 돈씩은 넉넉 잡히지."

영식이는 기쁨보다 먼저 기가 탁 막혔다. 웃어야 옳을지 울어야 옳을지. 다만 입을 반쯤 벌린 채 수재의 얼굴만 멍하니 바라본다.

"이리 와 봐 이게 금이래."

이윽고 남편은 아내를 부른다. 그리고 내 뭐랬어. 그러게 해 보라고 그랬지 하고 설면 설면 덤벼 오는 아내가 한결 예뻤다. 그는 엄지 가락으로 아내의 눈물을 지워 주고 그리고 나서 껑충거리며 구덩이로 들어간다.

"그 흙 속에 금이 있지요?"

영식이 처가 너무 기뻐서 코다리에 고래 등 같은 집까지 연상할 제,

수재는 시원스러이,

"네, 한 포대에 오십 원씩 나와유."

하고, 오늘밤에는 정녕코 달아나리라 생각하였다. 거짓말이란 오래 못 간다. 뽕이 나서 뼈다귀도 못추리기 전에 훨훨 벗어나는 게 상책이겠다 라고 생각했다.

– 김유정, 〈금따는 콩밭〉

① ㉠에는 매사에 무뚝뚝한 전형적인 가부장적 남성의 모습이 나타나 있고, ㉡에는 현실을 타개할 기회를 잡은 기쁨이 드러나 있다.

② ㉠에는 일이 뜻대로 이루어지지 않은 답답함이 나타나 있고, ㉡은 난처한 상황을 모면하려는 궁여지책이다.

③ ㉠에는 자신의 마음을 몰라주는 아내에 대한 서운함이 나타나 있고, ㉡에는 미래의 상황 변화에 대한 기대가 드러나 있다.

④ ㉠에는 아내에 대한 인물의 미안함이 나타나 있고, ㉡에는 현실을 긍정적으로 받아들이고 극복하려는 인물의 의지가 담겨 있다.

⑤ ㉠에는 현실의 암담함으로 인한 인물의 절망적 심정이 드러나 있고, ㉡에는 현실과 괴리된 상상을 통해 스스로를 위안하려는 처절함이 드러나 있다.

● **해설**

㉠에는 밭에서 금을 찾겠다고 농사도 짓지 않고 보내버린 시간들과 그로 인해 늘어난 빚 등으로 인한 인물의 착잡하고 답답한 심정이 드러나 있다. 한편 ㉡에서는 밭에서 금이 나온다는 허황된 말로 부부를 꾀어 한 해 농사를 망쳐놓은 수재가 현실의 난처한 상황을 거짓말로 모면하려는 의도가 드러나 있다. 밤에 달아나려는 수재의 생각으로 미루어 볼 때 ㉡에 나타난 수재의 의도는 잠시나마 부부를 안심시키고 자신은 도망갈 기회를 엿보려는 것이다.

● **작품해설**

김유정, 〈금따는 콩밭〉

1935년 《개벽(開闢)》 3월호에 발표된 김유정의 소설이다. 무지하고 가난한 농민 '영식'이 '수재'의 꾐으로 자신의 콩밭에서 금줄을 찾으려다가 한 해 농사를 망친다는 줄거리로, 김유정 소설의 현실 인식과 해학성이 잘 드러난 작품이다. 성실하게 살고자 했던 한 인간이 어리석게 유혹에 빠지는 과정을 통하여 당시 농촌 사회의 열악한 모습과 그 구조적 모순도 함께 제시하고 있다.

정답 ❷

(3) 소설의 서술상 특징 파악

소설은 다른 문학 작품들과는 구별되는 특징적인 서술방식이 있다. 따라서 서술방식의 특징을 이해하는 것은 소설을 보다 효과적으로 이해하는 바탕이 된다. 소설의 시점이나 인물 제시 방법, 배경의 기능, 소재의 기능, 구성 단계의 특징 등이 소설의 서술상 특징이라고 할 수 있으며, 이에 대한 이해를 통해 소설의 내용을 보다 효과적으로 파악할 수 있다.

① **소설의 시점** : 소설에서 서술자의 위치와 태도를 시점이라고 한다. 시점에 따른 특징과 제약이 작용하기 때문에 소설가는 주제를 형상화하기 위해 특정한 시점을 전략적으로 선택하게 된다.

[소설의 시점상 특징]

시점의 종류	서술자의 위치	서술자의 태도	특징
1인칭 주인공 시점	소설 내부(안)	주관적	• 주인공의 심리를 서술하는 데 용이함. • 인물의 육성(肉聲)을 들을 수 있어 친근감을 줌. • 사건을 서술하는 데 제약이 따름.
1인칭 관찰자 시점	소설 내부(안)	객관적	• 1인칭 주인공 시점에 비해 객관적임. • 사건을 서술하는 데 제약이 따름. • 주인공의 심리를 숨겨 경이감을 줌.
전지적 작가 시점	소설 외부(밖)	전지적	• 서술자가 모든 것을 알고 서술함. • 사건 서술의 제약이 없음. • 독자의 상상력을 제한함.
3인칭 관찰자 시점	소설 외부(밖)	객관적	• 등장인물들의 내면 심리 서술이 제한됨. • 독자는 관찰자로 객관적인 정보만 서술함.

*서술자가 특정 인물의 입장에서 서술하는 경우 : 최근 많이 등장하는 시점 관련 내용이다. 소설의 주제를 효과적으로 전달하기 위해 서술자가 특정인물을 선택하여 그 인물의 입장에서 서술을 하는 것이다. 이 경우 시점이 바뀌는 것은 아니며, 특정 인물의 입장에서 사건을 바라보게 됨으로써 해당 인물에 대해 좀 더 구체적으로 이해할 수 있게 된다.

✚ 더 알고가기   시점에 따른 거리

거리/시점	1인칭 관찰자	1인칭 주인공	전지적 작가	3인칭 관찰자
독자 – 서술자	멀다	가깝다	가깝다	멀다
독자 – 등장인물	가깝다	멀다	멀다	가깝다

② **소설의 배경**

㉠ 배경의 기능

- 사건의 필연성을 부여하고, 현장감과 사실성을 부여한다.
- 인물의 내면 심리를 대변한다.
- 사건과 갈등의 전개 방향을 암시한다.
- 주제를 상징한다.

ⓛ 배경의 종류와 특징

배경의 종류	특징
공간적 배경	• 주로 묘사를 통해 형상화되며 구체성과 현장성을 강화하는 역할을 함. • 구체적인 사건이 발생하는 자연환경이나 물리적 공간을 의미함. • 공간적 배경은 사건의 원인이 되기도 하며 사건 전개에 필연성을 부여하기도 함. • 공간적 배경 자체가 상징성을 띠는 경우도 있음. 　예 이청준, 〈눈길〉 : 눈길 　　황석영, 〈삼포가는 길〉 : 길, 삼포
시간적 배경	• 사건이 전개되는 시대나 시간 • 계절이나 아침, 저녁 등의 시간적 배경은 인물의 심리와 조응하기도 함. • 시대적 배경의 경우 이를 짐작할 수 있는 표지에 유의해야 함.
사회적 배경	• 사건이 벌어지게 되는 사회적 분위기나 사회적 환경으로 사건에 필연성을 부여함. • 갈등 상황 및 주제와 밀접한 연관을 지니고 있음. • 현대 소설의 경우 일제 치하, 해방 직후, 6·25 전쟁, 산업화, 독재정치 등이 주요 사회적 배경이 됨. 　예 윤흥길, 〈장마〉 : 6·25 전쟁 　　염상섭, 〈두 파산〉 : 해방 직후
심리적 배경	• 인물의 내면 의식을 상징하는 배경으로 주로 방이나 굴과 같은 폐쇄적 공간과 연관됨. • 심리적 배경을 통해 인물이 처한 심리적 억압이나 갈등을 효과적으로 전달함. 　예 이상, 〈날개〉 : 방 　　최인훈, 〈광장〉 : 굴, 바다

③ 소설의 소재

[소재의 기능과 의미]

구분	내용	예시
소재의 기능	• 특정 인물을 환기시키는 객관적 상관물 • 인물의 심리를 암시함. • 복선과 암시의 기능	• 〈노새 두 마리〉의 '노새' : 아버지 • 〈배반의 여름〉의 '여름' : 나의 고통, 성장 • 〈장마〉의 '장명등'이 꺼짐 : 삼촌의 죽음
소재의 의미	• 인물의 지향이나 주제를 상징함. • 시대 상황을 암시함.	• 〈연〉의 '연' : 아버지의 이상, 자유 • 〈유예〉의 '눈' : 전쟁의 비정성

④ 소설의 구성

[구성의 종류와 특징]

구성의 종류	특징
평면적 구성	• 시간의 흐름에 따른 순행적 구성으로 일반적 구성 형태임. • 사건의 전개나 인과 구성을 파악하기에 용이함. 　예 김승옥, 〈서울, 1964년 겨울〉
입체적 구성	• 사건의 흐름이 역순행적으로 구성된 형태(회상 구조) 예 이청준, 〈눈길〉 • 사건의 흐름이 과거·현재·미래를 오가는 경우 예 오상원, 〈유예〉 • 이야기 속에 이야기가 삽입된 액자식 구성의 형태 예 김동리, 〈무녀도〉

＋ 더 알고가기 ｜ 소설의 구성 단계와 특징 ｜ ≡

㉠ **발단**
  • 배경과 인물이 소개된다.
  • 사건의 실마리가 제시된다.

㉡ **전개**
  • 갈등이 본격화되기 시작한다.
  • 사건이 얽히고 분규가 시작된다.

㉢ **위기**
  • 갈등이 고조된다.
  • 극적 반전의 계기를 마련한다.

㉣ **절정**
  • 갈등이 최고조에 이른다.
  • 사건 해결의 실마리를 제시한다.

㉤ **결말**
  • 갈등이 해소된다.
  • 주인공의 운명이 결정된다.

⑤ **인물의 제시**

  ㉠ **말하기 방식(직접 제시, telling) :** 서술자가 직접 인물의 성격을 제시하는 방법을 말한다.

> 젊은 시절에는 알뜰하게 벌어 돈푼이나 모아 본 적도 있기는 하였으나, 읍내에 백중이 열린 해 호탕스럽게 놀고 투전을 하고 하여 사흘 동안에 다 털어 버렸다. 나귀까지 팔게 된 판이었으나 애끓는 정분에 그것만은 이를 악물고 단념하였다. 결국 도로아미타불로 장돌이를 다시 시작할 수밖에는 없었다. 짐승을 데리고 읍내를 도망해 나왔을 때에는, 너를 팔지 않기 다행이었다고 길가에서 울면서 짐승의 등을 어루만졌던 것이었다. 빚을 지기 시작하니 재산을 모을 염은 당초에 틀리고, 간신히 입에 풀칠을 하러 장에서 장으로 돌아다니게 되었다. 호탕스럽게 놀았다고는 하여도 계집 하나 후려 보지 못하였다. 계집이란 쌀쌀하고 매정한 것이었다. 평생 인연이 없는 것이라고 신세가 서글퍼졌다. 일신에 가까운 것이라고는 언제나 변함없는 한 필의 당나귀였다.
>
> – 이효석, 〈메밀꽃 필 무렵〉

  ㉡ **보여주기 방식(간접 제시, showing) :** 인물의 대화나 행동을 통해 성격을 제시하는 방법을 말한다.

> 형무소에서 병보석으로 가출옥되었다는 중환자가 업혀서 왔다. 휑뎅그런 눈에 앙상하게 뼈만 남은 몸을 제대로 가누지도 못하는 환자. 그는 간호원의 부축으로 겨우 진찰을 받았다. 청진기의 상아 꼭지를 환자의 가슴에서 등으로 옮겨 두 줄기의 고무줄에서 감득되는 숨소리를 감별하면서도, 이인국 박사의 머릿속은 최후 판정의 분기점을 방황하고 있었다.
> 입원시킬 것인가, 거절할 것인가…….

환자의 몰골이나 업고 온 사람의 옷매무새로 보아 경제 정도는 뻔한 일이라 생각되었다. 그러나 그것보다도 더 마음에 켕기는 것이 있었다. 일본인 간부급들이 자기 집처럼 들락날락하는 이 병원에 이런 사상범을 입원시킨다는 것은 관선 시의원이라는 체면에서도 떳떳치 못할뿐더러, 자타가 공인하는 모범적인 황국 신민(皇國新民)의 공든 탑이 하루아침에 무너지는 결과를 가져오는 것이라는 생각이 들었다.

순간 그는 이런 경우의 가부 결정에 일도양단하는 자기 식으로 찰나적인 단안을 내렸다. 그는 응급 치료만 하여 주고 입원실이 없다는 가장 떳떳하고도 정당한 구실로 애걸하는 환자를 돌려보냈다.

－ 전광용, 〈꺼삐딴 리〉

＋ 더알고가기　서술의 속도

㉠ **빠른 서술**
- 과거 사건을 서술자가 요약하여 제시하는 경우
- 과감한 생략을 통해 시간을 비약시키는 경우

㉡ **느린 서술**
- 묘사의 양을 늘려 특정 장면을 구체화(전면화/극대화)하는 경우
- 대화를 중심으로 전개하는 경우

● 기출유사문제 ●

제시된 작품에 대한 설명으로 적절하지 <u>않은</u> 것은?

조선달과 동이는 각각 제 나귀에 안장을 얹고 짐을 싣기 시작하였다. 해가 꽤 많이 기울어진 모양이었다.

드팀전 장돌림을 시작한 지 이십 년이나 되어도 허 생원은 봉평장을 빼논 적은 드물었다. 충주 제천 등의 이웃 군에도 가고, 멀리 영남지방도 헤매기는 하였으나 강릉쯤에 물건 하러 가는 외에는 처음부터 끝까지 군내를 돌아다녔다. 닷새만큼씩의 장날에는 달보다도 확실하게 면에서 면으로 건너간다. 고향이 청주라고 자랑삼아 말하였으나 고향에 돌보러 간 일도 있는 것 같지는 않았다. 장에서 장으로 가는 길의 아름다운 강산이 그대로 그에게는 그리운 고향이었다. 반날 동안이나 뚜벅뚜벅 걷고 장터 있는 마을에 거지반 가까왔을 때 거친 나귀가 한바탕 우렁차게 울면 －－ 더구나 그것이 저녁녘이어서 등불들이 어둠 속에 깜박거릴 무렵이면 늘 당하는 것이건만 허생원은 변치 않고 언제든지 가슴이 뛰놀았다.

젊은시절에는 알뜰하게 벌어 돈푼이나 모아 본 적도 있기는 있었으나, 읍내에 백중이 열린 해 호탕스럽게 놀고 투전을 하여 사흘 동안에 다 털어 버렸다.

나귀까지 팔게 된 판이었으나 애끓는 정분에 그것만은 이를 물고 단념하였다. 결국 도로아미타불로 장돌림을 다시 시작할 수밖에는 없었다. 짐승을 데리고 읍내를 도망해 나왔을 때에는 너를 팔지 않기 다행이었다고 길가에서 울면서 짐승의 등을 어루만졌던 것이었다. 빚을 지기 시작하니 재산을 모을 염은 당초에 틀리고 간신히 입에 풀칠을 하러 장에서 장으로 돌아다니게 되었다.

호탕스럽게 놀았다고는 하여도 계집 하나 후려보지는 못하였다. 계집이란 쌀쌀하고 매정한 것이었다. 평생 인연이 없는 것이라고 신세가 서글퍼졌다. 일신에 가까운 것이라고는 언제나 변함없는 한 필의 당나귀였다.

그렇다고는 하여도 꼭 한번의 첫일을 잊을 수는 없었다. 뒤에도 처음에도 없는 단 한번의 괴이한 인연! 봉평에 다니기 시작한 젊은 시절의 일이었으나 그것을 생각할 적만은 그도 산 보람을 느꼈다.

"달밤이었으나 어떻게 해서 그렇게 됐는지 지금 생각해도 도무지 알 수 없어."

허생원은 오늘밤도 또 그 이야기를 끄집어내려는 것이다. 조선달은 친구가 된 이래 귀에 못이 박히도록 들어왔다. 그렇다고 싫증을 낼 수도 없었으나 허생원은 시치미를 떼고 되풀이할 대로는 되풀이하고야 말았다.

"달밤에는 그런 이야기가 격에 맞거든."

조선달 편을 바라는 보았으나 물론 미안해서가 아니라 달빛에 감동하여서였다. 이지러는 졌으나 보름을 갓 지난 달은 부드러운 빛을 흐뭇이 흘리고 있다. 대화까지는 팔십리의 밤길, 고개를 둘이나 넘고 개울을 하나 건너고 벌판과 산길을 걸어야 된다. 길은 지금 긴 산허리에 걸려 있다. 밤중을 지난 무렵인지 죽은 듯이 고요한 속에서 짐승같은 달의 숨소리가 손에 잡힐 듯이 들리며, 콩포기와 옥수수 잎새가 한층 달에 푸르게 젖었다. 산허리는 온통 메밀밭이어서 피기 시작한 꽃이 소금을 뿌린 듯이 흐뭇한 달빛에 숨이 막힐 지경이다. 붉은 대궁이 향기같이 애잔하고 나귀들의 걸음도 시원하다. 길이 좁은 까닭에 세 사람은 나귀를 타고 외줄로 늘어섰다. 방울소리가 시원스럽게 딸랑딸랑 메밀밭께로 흘러간다. 앞장선 허생원의 이야기소리는 꽁무니에 선 동이에게는 확적히는 안 들렸으나, 그는 그대로 개운한 제멋에 적적하지는 않았다.

– 이효석, 〈메밀꽃 필 무렵〉

① 전반부에서는 요약적 서술을 통해 인물의 삶을 압축하여 드러내었다.

② 후반부에서는 서정적 묘사를 통해 서술의 속도가 느려진다.

③ 뚜렷한 사건 전개 없이 의식의 흐름에 따라 내용을 전개하고 있다.

④ '나귀'는 '허생원'과 동일시되며 허생원이 애정을 느끼고 있는 대상이다.

⑤ 소설의 배경이 전개될 이야기의 내용과 조화를 이루어 분위기를 형성하고 있다.

● 해설

'의식의 흐름'이란 사건의 인과관계가 제시되지 않은 채 서술자의 머릿속에 떠오르는 의식을 그대로 서술하는 방식이다. 이러한 서술 방식의 대표적인 작품으로는 이상의 〈날개〉, 오상원의 〈유예〉, 박태원의 〈소설가 구보씨의 일일〉 등이 있다.

정답 ❸

⑷ 소설의 주제

작품을 통해 작가가 표현하고자 한 의도를 소설의 주제라고 한다. 작가는 인물과 사건 및 배경을 통해 구체적으로 주제를 형상화한다. 일반적으로 소설의 주제는 인물들 간의 갈등을 통해 드러나므로 소설의 주제를 파악하기 위해서는 인물 간의 갈등을 정리해야 한다. 갈등 구조가 정리되면 그러한 갈등이 발생하게 된 원인을 파악해야 하는데 이러한 원인은 소설의 주제와 밀접하게 연관되어 있다.

기출유사문제

작가가 전달하고자 하는 핵심적인 내용으로 가장 적절한 것은?

일인의 재산을 조선 사람에게 판다. 이런 소문이 들렸다. 사실이라고 한다면 한생원은 그는 일곱 마지기를 돈을 내고 사지 않고서는 도로 차지할 수가 없을 판이었다. 물론 한생원에게는 그런 재력이 없거니와 도대체 전의 임자가 있는데 그것을 아모나에게 판다는 것이 한생원으로 보기에는 불합리한 처사였다.

한생원은 분이 나서 두 주먹을 쥐고 구장에게로 쫓아갔다.

『그래 일인들이 죄다 내놓구 가는 것을 백성들더러 돈을 내구 사라구 마련을 했다면서?』

『아직 자세힌 모르겠어두 아마 그렇게 되기가 쉬우리라구들 하드군요.』

팔일오 후에 새로 난 구장의 대답이었다.

『그런 놈의 법이 어딧단 말인가? 그래 누가 그렇게 마련을 했는구?』

『나라에서 그랬을 테죠.』

『나라?』

『우리 조선 나라요.』

『나라가 다 무어 말라비틀어진 거야? 나라 명색이 내게 무얼 해준게 있길래 이번엔 일인이 내놓구 가는 내 땅을 저이가 팔아먹으려구 들어? 그게 나라야?』

『일인의 재산이 우리 조선 나라 재산이 되는 거야 당연한 일이죠.』

『당연?』

『그렇죠.』

『흥 가만 뒤두면 저절루 백성의 것이 될껄 나라명색은 가만히 앉았다 어디서 툭 튀어나와 가지구 걸 뺏어서 팔아먹어? 그따위 행사가 어딧다든가?』

『한생원은 그 논이랑 메같이랑 길천이한테 돈을 받구 파셨으니깐 임자로 말하면 길천이지 한생원인가요.』

『암만 팔았어두 길천이가 내놓구 쫓겨갔은간 도루 내것이 돼야 옳지 무슨 말야. 걸 무슨 탁에 나라가 뺏으령으루 들어?』

『한생원한테 뺏는게 아니라 길천이한테 뺏는 거랍니다.』

『흥 돌려다 대긴 잘들 허이. 공동묘지 가 보게나 핑계 없는 무덤 있던가? 저 ── 병신년에 원놈(郡守) 김가가 우리 논 열두 마지기 뺏을제두 핑겐 다 있었드라네.』

『좌우간 아직 그렇게 지레 염렬 하실 게 아니라 기대리구 있느라면 나라에서 다 억울치 않두룩 처단을 하겠죠.』

『일 없네. 난 오늘버틈 도루 나라 없는 백성이네. 제 — — 길 삼십육년두 나라 없이 살아 왔을려드냐. 아 — — 니 글쎄 나라가 있으면 백성한테 무얼 좀 고마운 노릇을 해 주어야 백성두 나라를 믿구 나라에다 마음을 붙이구 살지. 독립이 됐다면서 고작 그래 백성이 차지한 땅 뺏어서 팔아먹는게 나라 명색야?』

그러고는 털고 일어서면서 혼잣말로

『독립 됐다구 했을제 만세 안 부르기 잘했지.』

– 채만식, 〈논이야기〉

① 봉건적 질서에 대한 저항과 극복 의지

② 일제 강점기의 혹독한 시련

③ 해방 직후의 왜곡된 사회상과 혼란한 가치관

④ 해방에 대한 올바른 역사의식

⑤ 농민들의 해학적 삶과 건전한 삶의 모습

● 해설

한생원은 자신의 이익에 따라 역사를 평가하고 판단하는 왜곡된 가치관을 가진 인물이다. 하지만 이 소설에서는 그러한 왜곡된 가치관 또는 가치관의 혼란뿐만 아니라 일인들에게서 몰수한 토지를 백성들에게 다시 매매함으로써 결국 가난한 백성들이 실질적으로 강탈당한 토지를 매입할 수 없도록 만들고 지주들의 배를 불려 주었던 해방 후의 국가 정책을 비판하고 있다. 따라서 이 소설의 주제는 해방 후의 혼란한 사회상과 그 속에서 살아가는 인물들의 혼란한 가치관의 단면을 보여주고 있는 것이다.

정답 ❸

6 비문학 제재 읽기

비문학 독해에서는 통합적인 사고 능력을 측정하는 것에 중점을 두고 있다. 즉, 글을 읽고 내용을 사실적으로 이해하는 능력, 글에 드러나지 않은 내용을 추론하는 능력, 일정한 기준을 바탕으로 글의 내용이나 표현에 대해 비판하는 능력, 주어진 상황을 조건에 맞게 재구성하는 창의적 능력을 함께 평가하는 것이다. 따라서 문제를 해결하기 위해서는 통합적 사고력을 갖추고 독해의 모든 과정을 고려해야 한다. 즉, 글을 읽을 때 풍부한 어휘력을 바탕으로 주어진 정보를 정확히 이해하고, 이를 통해 글쓴이의 생각을 추론해 보고 그것이 합리적인지 판단하며 여기에 상황을 설정하여 글 자체를 재구성해 볼 수 있어야 한다.

① 유형별 비문학 제재

(1) 인문 제재

① **출제 유형** : 인문 제재란 역사, 철학, 윤리, 종교, 사상, 심리학 등의 분야를 주제로 한 것으로 주로 원론적인 글이 많이 등장한다. 제재의 성격상 형이상학적인 내용을 다루면서 보편성을 추구하고 내용의 추상성도 강해서 독해가 쉽지 않다.

② **독해 전략** : 인문 지문은 글의 서술 방식이나 논지 전개 방식에 유념하여 읽고, 글쓴이의 견해 · 주장 · 입장을 파악하는 것이 중요하다. 또한 이를 뒷받침하는 근거를 정확하게 찾고 그 근거가 타당한지를 비판적으로 사고하며 독해해야 한다.

예상문제

다음 글의 밑줄 친 부분에 알맞은 내용은?

> 이십 세기 한국 지성인의 지적 행위는 그들이 비록 한국인이라는 동양 인종의 피를 받고 있음에도 불구하고 대체적으로 서양이 동양을 해석하는 그러한 틀 속에서 이루어졌다. 그러나 그 역방향 즉 동양이 서양을 해석하는 행위는 실제적으로 부재해 왔다.
> 이러한 부재 현상의 근본 원인은 매우 단순한 사실에 기초한다. 동양이 서양을 해석한다고 할 때에 그 해석학적 행위의 주체는 동양이어야만 한다. "동양은 동양이다."라는 토톨러지나 "동양은 동양이어야 한다."라는 당위 명제가 성립하기 위해서는 ＿＿＿＿＿＿＿＿＿＿＿＿＿＿＿＿＿.
> 우리는 동양을 너무나 몰랐다. 동양이 왜 동양인지, 왜 동양이 되어야만 하는지 아무도 대답을 할 수가 없었다. 동양은 버려야 할 그 무엇으로서만 존재 의미를 지녔다. 즉, 서양의 해석이 부재한 것이 아니라 서양을 해석할 동양이 부재했다.

① 동양인인 나는 동양을 알아야 한다.

② 동양이 서양을 해석해야 한다.

③ 서양이 동양을 해석할 때 동양의 관점에서 보아야 한다.

④ 동양인이 서양인에게 동양에 대해 알려야 한다.

⑤ 서양인도 동양인을 알아야 한다.

해설

글의 흐름을 쫓아가면 '한국 지성인의 지적 행위는 서양이 동양을 해석하는 틀 안에서 이루어짐 → 동양이 서양을 해석하는 행위는 부재 → 동양이 서양을 해석할 때 그 해석학적 행위의 주체는 동양이어야 함 → "동양은 동양이어야 한다."라는 당위 명제가 성립되기 위해서는 ＿＿＿. → 우리는 동양을 너무나 몰랐다.'의 흐름이다. 이 흐름을 살펴볼 때 밑줄 친 부분에 들어갈 적절한 문장은 '동양인인 나는 동양을 알아야 한다.'이다. 이러한 유형은 글의 문맥상 필요한 문장을 찾는 유형으로 앞뒤 문맥만 파악하면 쉽게 풀 수 있는 문제이다.

정답 ❶

(2) 사회 제재

① **출제 유형** : 사회학 및 사회와 관련된 여러 이론이나 주제를 다룬 글로 정치, 경제, 사회, 인류, 법, 문화, 언론(대중매체), 지리 등을 포괄한다. 사회 제재는 시대적 흐름의 영향을 많이 받으므로 이에 대한 대비는 시사 이슈에 대한 관심에서 출발해야 한다.

② **독해 전략** : 사회 제재의 글은 글쓴이가 어떠한 개념을 소개하고, 그에 따른 자신의 견해를 덧붙이는 형식으로 구성된 글이 많으므로 사실과 주장을 구분하며 읽어야 한다. 또한 제시된 현상은 글쓴이의 해석이 아닌 다른 관점으로도 해석될 수 있음을 염두에 두고, 글쓴이의 관점을 비판적으로 수용해야 한다. 뿐만 아니라 사회 문제와도 밀접하기 때문에 다양한 매체를 통해 배경 지식을 쌓는 것이 중요하다.

예상문제

다음 중 글의 내용과 일치하지 <u>않는</u> 것은?

시민사회는 1990년대 이후 세계화의 물결을 타고 새롭게 진화하고 있다. 그것이 바로 세계시민사회(global civil society)이다. 일각에서는 세계시민사회에 조응하는 '세계국가'가 존재하지 않기 때문에 세계시민사회는 불가능하다고 주장한다. 하지만 세계국가가 부재하더라도 국가 간 체제(inter-state system)에 대응하는 지구적 비정부조직, 사회운동, 공론장이 존재한다는 점에서 세계시민사회의 성립은 가능하다. 《세계시민사회 연감》을 펴내고 있는 헬무트 안하이어 등에 따르면, 세계시민사회는 '가족, 국가, 시장 사이에 존재하고, 일국적 정치, 경제, 사회를 초월해 작동하는 아이디어, 가치, 기구, 조직, 네트워크, 개인들의 영역'을 지칭한다.

국민국가를 넘어선 지구적 차원에서 의사 결정의 민주적 정당성을 확보하는 것은 중요한 문제이다. 위르겐 하버마스가 지적하듯 국제적 협상에 비정부조직이 참여하는 것은 지구적 수준에서 국가적 공론장과 풀뿌리 공론장을 연결시킴으로써 절차와 내용의 정당성을 강화해 준다. 글로벌 거버넌스(global governance)가 요청되는 지점이 바로 여기다. 글로벌 거버넌스는 주권적 권위가 부재하는 지구적 차원에서 정부 및 비정부 행위자가 상호 협력을 통해 문제들을 풀어가는 방식들을 통칭한다.

지구적 공론장은 세계시민사회의 주요 부분 중 하나이다. 정보사회의 도래와 인터넷의 보급은 현실 공간과 가상 공간에서 지구적 공론장을 확장해 왔다. 세계사회포럼(WSF)은 세계경제포럼(WEF, 다보스포럼)에 맞서 출범한 세계시민사회의 토론장이다. 이 포럼은 선진국이 주도하는 세계화를 거부하고, '또 다른 세계가 가능하다.'라는 반세계화의 세계화, 즉 인간적 세계화의 메시지를 던져 왔다. 한편 진보통신연합은 온라인상의 다양한 네트워크를 통해 정보의 자유를 주장하는 동시에 오프라인 사회운동들을 지원한다.

9 · 11 테러 이후 세계시민사회에는 명암이 교차한다. 미국의 일방주의와 비서구사회 근본주의의 갈등은 세계시민사회에 어두운 그림자를 드리우고, 심화되는 지구적 불평등은 세계시민사회의 우울한 이면을 이룬다. 상황이 이렇다고 해서 지구적 유토피아의 에너지가 고갈된 것은 아니다. 울리히 벡은 '인간은 대지의 구부러진 나무'라는 칸트의 말을 빌려 세계시민에 대한 열망을 피력한다. 인간은 자신이 속한 공동체에의 편향성을 가질 수밖에 없는 존재다. 그러나 동시에 인간은 하늘을 향해 자라는 나무와 같이 인권과 민주주의라는 이상을 포기할 수 없는 존재이기도 하다. 국민국가를 넘어서는 세계화 시대에 보편적 인간주의와 지구적 민주주의가 인류 공통의 목표라면, 세계시민사회는 그 집합 의지의 수원지(水源池)라 하지 않을 수 없다.

① 글로벌 거버넌스는 정부 및 비정부 행위자가 상호 협력을 통해 문제들을 풀어가는 방식들을 통칭한다.

② 세계국가가 부재하더라도 지구적 비정부조직, 사회운동, 공론장이 존재한다는 점에서 세계시민사회는 성립 가능하다.

③ 세계사회포럼(WSF)은 세계경제포럼(WEF, 다보스포럼)에 맞서 오프라인 사회운동들을 지원하며, 온라인의 다양한 네트워크를 통해 정보의 자유를 주장한다.

④ 국민국가를 넘어선 지구적 차원에서 의사 결정의 민주적 정당성을 확보하는 것은 중요한 문제이다.

⑤ 국제적 협상에 비정부조직이 참여하는 것은 지구적 수준에서 국가적 공론장과 풀뿌리 공론장을 연결시킴으로써 절차와 내용의 정당성을 강화해 준다.

● 해설

제시문에서 온라인의 다양한 네트워크를 통해 정보의 자유를 주장하는 동시에 오프라인 사회운동들을 지원하는 것은 진보통신연합이라고 언급되었다.

〈제시문의 문단별 주제〉
• 1문단 : 세계시민사회의 개념
• 2문단 : 글로벌 거버넌스의 필요성과 의의
• 3문단 : 세계시민사회의 주요 부분 중 하나인 지구적 공론장의 역할
• 4문단 : 인간이 갖는 세계시민사회로의 이상과 지향

정답 ❸

(3) 과학 · 기술 제재

① **과학 제재** : 수학, 물리학 등 개별 과학 영역에서 자주 언급되는 개념에 대한 설명을 비롯하여 과학 자체의 개념 규정, 과학의 발달사, 과학 철학 등의 전문적인 내용을 다룬 글이다.

② **기술 제재** : 기술 제재는 자연 현상과 사물의 규칙성을 탐구하는 과학의 결과를 이용하여 구체적인 물건을 만드는 기능이나 방법에 관해 서술한 것을 대상으로 한다.

다음 중 제시문의 내용과 일치하는 것은?

복제인간은 체세포 제공자를 어느 정도나 닮게 될까? 우리는 그 실마리를 일종의 '복제인간'이라 할 만한 일란성 쌍둥이에서 찾을 수 있다. 쌍둥이를 연구하는 과학자들에 따르면, 일란성 쌍둥이의 경우 키나 몸무게 같은 생물학적 특징뿐 아니라 심지어 이혼 패턴과 같은 비생물학적 행동까지도 유사하다고 한다. 그렇다면 아인슈타인을 복제하면 복제인간도 아인슈타인과 똑같은 천재가 될까? 과학자들은 이 같은 질문에 대부분 '아니다'라고 말한다. 일란성 쌍둥이는 비슷한 환경에 놓이는 반면 복제인간과 체세포 제공자는 완전히 다른 환경에 놓일 수 있기 때문에, 복제인간의 경우 환경의 영향이 일란성 쌍둥이에 비해 훨씬 크게 작용할 것이다. 물론 그 경우에도 복제인간은 다른 사람보다는 체세포 제공자를 많이 닮을 것이다. 그러나 과학자들은 환경이 동일하더라도 복제인간이 체세포 제공자와 똑같지는 않을 것이라고 예상한다. 어쩌면 복제인간은 외모마저 체세포 제공자와 다를지 모른다. 최근 국내 연구팀은 복제동물이 체세포 제공자와 다른 외모를 보일 수 있다는 사례를 보고하였다. 흑갈색 돼지를 체세포 복제방식으로 복제한 돼지 다섯 마리 가운데 한 마리가 흰색으로 태어난 것이다. 연구팀은 미토콘드리아 유전자의 차이 때문에 복제돼지가 흰색이 되었다고 추정하고 있다.

유전자에는 핵 속의 DNA에 있는 것 말고도 미토콘드리아 DNA에 있는 것이 있고, 이 '미토콘드리아 유전자'는 전체 유전자의 약 1%를 차지한다. 연구팀이 미토콘드리아 유전자를 원인으로 지목하는 이유는 이 유전자가 세포질 속에만 존재하는 것으로서 수정 과정에서 난자를 통해 어미로부터만 유전되기 때문이다. 다섯 마리의 복제돼지는 각각 다른 난자를 이용해 복제됐고, 따라서 다른 미토콘드리아의 영향을 받았을 것으로 추측하고 있다.

① DNA 구조만을 고려한다고 할 때, 일란성 쌍둥이는 복제인간과 같다.

② 복제인간과 난자 제공자는 동일한 미토콘드리아 DNA를 가지고 있다.

③ 체세포 제공자와 복제인간의 유전자는 항상 일란성 쌍둥이 간의 유전자보다 서로 유사하다.

④ 체세포와 난자를 한 사람으로부터 제공받더라도, 복제인간은 체세포 제공자와 다른 DNA를 갖는다.

⑤ 복제인간이 환경의 영향으로 체세포 제공자와 여러 가지 면에서 다른 특성을 보이며 성장할 가능성은 없다.

해설

①, ③ 제시문과 일치하지 않는다. 일란성 쌍둥이와는 달리, 복제인간은 난자 제공자가 다른 경우 각기 다른 미토콘드리아 DNA를 가지게 된다.

④ 제시문과 일치하지 않는다. 복제인간이 체세포와 난자를 한 사람으로부터 제공받으면, 핵 속의 DNA와 미토콘드리아 DNA를 모두 물려받아 체세포 제공자와 동일한 DNA를 갖는다.

⑤ 제시문과 일치하지 않는다. 복제인간의 경우 환경의 영향이 일란성 쌍둥이에 비해 훨씬 크게 작용할 수 있다.

정답 ❷

(4) 문화 · 예술 제재

① 출제 유형

ⓐ 문화 제재 : 문화 · 예술적 속성이 나타나는 게임이나 만화, 스포츠, 영화, 사진 등을 대상으로
하며 대중문화의 다양한 영역을 포괄적으로 다루고 있다. 근래에는 여가 활용에 대한 관심이
증대되고 있어 이를 반영한 다양한 내용이 출제되고 있다.

ⓑ 예술 제재 : 일반적인 예술론을 다루는 원론적인 성격의 글과 음악, 미술, 연극, 무용, 건축 등
구체적인 예술 장르나 작품에 대한 비평과 해설을 다룬 실제적인 글이 있다.

② 독해 전략 : 예술 제재의 경우 출제 범위가 넓으므로 예술 전반에 관하여 배경 지식이 될 수 있는
글들을 읽어두는 것이 좋다. 또한 사진이나 디지털 매체에 의한 예술 등 실생활과 관련된 지문이
나 대중 예술에도 관심을 가지고 공부할 필요가 있다. 글을 읽을 때는 예술 사조나 작품을 보는
여러 시각을 정확하게 파악해 이해의 폭을 넓힌다. 제시되는 시각 자료도 그림, 사진, 악보 등 점
점 다양해지고 있는데 이러한 자료를 글과 관련지어 이해하는 것이 중요하며, 낯선 용어가 제시
되는 경우도 많으므로 생소한 용어의 개념 파악에도 주의를 기울여야 한다.

예상문제

다음 중 밑줄 친 ㉠과 가장 가까운 것은?

풍속화란 말할 것도 없이 인간의 풍속을 그린 그림을 의미한다. 따라서 한국 풍속화는 한국의
풍속을 묘사한 그림으로서 이에 대해서는 광의와 협의에서 생각해 볼 수 있다.

넓은 의미에서 풍속화는 인간의 여러 가지 행사, 습관이나 인습, 그 밖의 생활 속에 나타나는
일체의 현상과 실태를 표현한 것을 뜻한다. 즉, 왕실이나 조정의 각종 행사, 사대부들의 여러 가
지 문인 취미의 행위나 사습(士習), 일반 백성들의 다양한 생활상이나 전승놀이, 민간신앙, 관혼
상제와 세시풍속 같은 것들을 묘사한 그림들이 모두 이 개념 속에 포괄된다고 볼 수 있다.

반면에 좁은 의미의 풍속화는 소위 '속화'라고 하는 개념과 상통한다고 하겠다. 이때의 '속(俗)'
이라는 것은 단순히 풍속이라는 뜻이 아니라 '저급한 세속사'라는 의미를 내포하고 있으며, 이러
한 개념의 풍속화는 지체 높은 사대부들의 품위 있는 생활과는 다른, 이른바 '속된 것'을 묘사한
그림이라는 뜻을 지니고 있는 것이다. 이러한 풍속화는 ㉠ 속인배(俗人輩)에게 환영받던 시정사
(市井事), 서민의 잡사(雜事), 경직(耕織)의 점경(點景) 등을 묘사한 그림으로서 조선 후기의 김홍
도나 신윤복의 작품들이 그 대표적인 예라고 할 수 있다.

풍속화는 인간의 생활상을 적나라하게 표현해야 하므로 무엇보다 먼저 사실성을 중시하지 않
을 수 없다. 또한 인간 생활의 단면을 사실적으로 다루어야 하므로 자연히 많든 적든 기록적 성
격을 지니게 된다. 그러므로 이 사실성과 넓은 의미에 있어서의 기록성은 풍속의 일차적 요건이
며 생명이라고 할 수 있다. 이 두 가지 중에서 어느 한 가지만 결여되어도 진실한 풍속화라고 보
기 어렵다. 또한 풍속을 추상적으로 표현한다거나, 현대의 화가가 현대의 풍속을 외면하고 조선
시대의 풍습을 상상해서 그린다면 그러한 그림들도 풍속화로서의 생명력을 지닐 수 없게 된다.
그러므로 풍속화는 사실성, 기록성과 함께 시대성이 언제나 중요함을 알 수 있다.

이 밖에도 풍속화는 보는 이에게 공감과 감동을 불러일으킬 수 있도록, '정취', '시정(詩情)', '감각미' 같은 것을 드러낼 수 있어야 한다.

이러한 요건들을 모두 갖춘 풍속화는 어느 분야의 회화보다도 보는 이의 피부와 가슴에 와 닿는 호소력을 지니게 된다. 김홍도나 신윤복의 풍속화가 당시의 조선 시대만이 아니라 현대를 살고 있는 우리에게까지도 많은 공감과 즐거움을 느끼게 해주는 이유는 그들의 작품이 사실성, 기록성, 시대성과 함께 한국적 정취를 구비하고 있기 때문이다.

① 정월(正月)이라 십오일에 새해로다 새해로다.

　찬란한 오색 옷을 갖추갖추 갈아입고

　떼를 지어 노니는 정월이라 새해로다.

② 새끼 꼬아 모디여서 벼도 묶고 짚도 묶고

　짚 멍석 맨드러서 나락 널고 서속 널자.

　빼야 온 뿌리광솔 무덕무덕 불을 놓고

　여기저기 느러안자 저녁마다 얼거낸다.

③ 한 잔 먹세그려, 또 한 잔 먹세그려, 꽃 꺾어 수(數) 놓고 무진 무진 먹세그려.

　이 몸 죽은 후면 지게 위에 거적 덮어 졸라매 메고 가나 오색실 화려한 휘장에 만인이 울며 가나, 억새풀, 석새풀, 떡갈나무, 백양 속에 가기만 하면, 누런 해, 흰 달, 가는 비, 굵은 눈, 회오리바람 불 제 뉘 한 잔 먹자 할꼬.

　하물며 무덤 위의 원숭이 휘파람 불 때야 뉘우친들 어찌 하리.

④ 바람도 쉬어 넘는 고개 구름이라도 쉬어 넘는 고개

　산(山)진이 수(水)진이 해동청(海東靑) 보라매 쉬어 넘는 고봉(高峰) 장성령(長城嶺) 고개

　그 너머 님이 왔다 하면 나는 아니 한 번도 쉬어 넘어 가리라.

⑤ 두터비 파리를 물고 두험 우희 치다라 안자

　건넛 산 바라보니 백송골(白松骨)이 떠 잇거늘

　가슴이 금즉하여 풀덕 뛰여 내닷다가 두험 아래 자빠지거고

　모쳐라 날낸 낼시망정 애헐질 번 하괘라.

● 해설

밑줄 친 ㉠은 속인배(俗人輩)에게 환영받던 시정사(市井事), 서민의 잡사(雜事), 경직(耕織)의 점경(點景) 등을 묘사한 그림이므로, 이와 상통하는 것은 서민들의 일상생활을 나타낸 ②라 할 수 있다.

● 작품해설

• 경직(耕織) : 농사짓는 일과 갈쌈하는 일.
• 점경(點景) : 산수화에서 사람·동물·사물 따위를 화면에 곳곳에 그려 넣는 일.

정답 ❷

(5) 언어 제재

① **출제 유형** : 국어사, 국어의 특징이나 언어 일반에 관한 지문이 단골 출제되며 주로 설명적인 성격의 글이 많다. 글의 내용을 개괄적으로 이해하고, 핵심 개념을 어떤 용어로 설명하고 있는지를 파악하고 이를 실제 사례에 구체적으로 적용하는 유형의 문제를 눈여겨 보아야 한다.

② **독해 전략** : 언어 지문은 생소한 이론이 출제된다고 해도 대부분 이론을 소개하며 구체적 사례를 덧붙이고 있으므로 글을 꼼꼼히 읽고 세부적인 정보를 확인하는 것이 중요하다.

➕ 더 알고가기 | 언어 제재의 읽기

- **언어 일반론** : 언어의 기능, 체계, 특질 등 언어의 일반적인 성격을 해설하는 글이 해당된다. 언어에 대한 일반적인 지식은 언어 분야의 다른 글을 이해하기 위해서도 반드시 습득해야 하는 지식들이므로 언어 일반을 다룬 글을 꾸준히 읽을 필요가 있다.
- **국어 전반** : 국어의 특질, 역사, 성격 등과 관련된 글이 해당된다. 언어의 일반적 성격과 관련하여 국어의 특수성을 이해할 필요가 있으며, 평소 국어 관련 용어와 다양한 지식들을 점검해 둘 필요가 있다.
- **언어 현상** : 사람들이 일상생활에서 경험할 수 있는 문법적 · 어휘적 · 구조적인 언어 현상들을 다룬 글이 해당된다. 특히 일반화된 언어 지식들을 다양한 실제 언어 현상에 직접적으로 적용해 보는 지문들이 다루어질 수 있다.

제시문을 읽고 ㉠보다 ㉡을 적용하는 것이 더 적합한 경우만을 〈보기〉에서 있는 대로 고른 것은?

언어들의 친족 관계가 증명되면 각 어족에 속한 언어들을 상호 비교하여 조어를 추정할 수 있다. 인도−유럽 어족에 속하는 언어들에서 '아버지'를 뜻하는 단어의 예를 보자.

산스크리트어 pitár

라틴어 pater

고대 영어 fæder

이들을 비교해 보면 첫 자음이 산스크리트어와 라틴어에서는 /p/로, 고대 영어에서는 /f/로 나타난다. 일반적으로 오래된 형태가 더 조어와 가까우므로 이들의 기원은 /p/였을 것으로 추정할 수 있다. 이와 같은 방식으로 나머지 음들을 추정하여 언어학자들은 이 단어의 조어가 'patèr' 였을 것으로 결론을 내렸다. 이와 같이 비교 방법을 사용하여 조어를 추정하는 것을 ㉠ 외적 재구라 한다.

한편 한 언어의 자료만을 가지고 그 언어의 옛 모습을 추정하는 것을 ㉡ 내적 재구라 한다. 언어는 변화 과정에서 시간적·공간적 흔적을 남기게 되는데, 이 흔적을 통해 언어의 변화 과정을 복원하여 그 변화가 일어나기 전의 어형을 추정할 수 있다. 이때 일반적으로 시간적 흔적은 문헌을 통해, 공간적 흔적은 방언을 통해 확인된다. 한 언어 안에서 어떤 단어의 어형이 시간적으로나 공간적으로 다양하게 존재할 때 외적 재구보다 내적 재구를 사용하게 된다.

─── 보기 ───

가. 단어들의 방언형이 다양하게 나타나는 경우

나. 다른 언어와의 친족 관계가 증명되지 않은 경우

다. 조어로부터 갈라져 나온 지 얼마 되지 않은 경우

① 가   ② 나

③ 다   ④ 가, 나

⑤ 나, 다

● 해설

가 : '한 언어 안에서 어떤 단어의 어형이 시간적으로나 공간적으로 다양하게 존재'하는 경우에도 외적 재구보다 내적 재구를 사용한다고 하였으므로 단어들의 방언형이 다양하게 나타나는 경우에도 내적 재구를 적용하는 것이 적합하다.

나 : 내적 재구는 '한 언어의 자료만을 가지고 그 언어의 옛 모습을 추정하는 것'이므로 다른 언어와의 친족 관계가 증명되지 않은 경우에는 내적 재구를 사용할 수 있다.

정답 ❹

2장 읽기 능력
실전 대비 문제

[01~02] 다음 글을 읽고 물음에 답하시오.

의회는 대의 민주주의 제도의 핵심이다. 하지만 의회가 지닌 양면성에도 주목해야 한다. 의회는 의회가 지향하는 가치나 원리가 무엇인가에 따라 민주주의 제도를 발달시킬 수도 있고 반대로 민주주의의 발전을 제한할 수도 있기 때문이다.

자유주의적 대의 민주주의는 사회 구조가 복잡해지고 다양한 관계들이 충돌하는 상황 아래에서는 그 기능을 제대로 발휘하기 어렵다. 왜냐하면 복잡하고 다양한 이해관계가 충돌하는 상황에서 상호 간의 이익을 조정하거나 절충하는 일은 쉬운 일이 아니기 때문이다. 결국 의회는 이익집단들 간의 이견을 조정하거나 절충하지 못하고 오히려 정부의 정책 추진을 방해하거나 특정한 이익집단의 편을 들어줌으로써 제도적 모순을 드러낼 수도 있다.

이와는 달리 토의 민주주의는 이익의 통합을 목표로 하고 있기 때문에 자유주의적 대의 민주주의와는 차별성을 갖게 된다. 토의 민주주의에서는 이익이 상충하더라도 비교적 오랜 토의의 과정을 통해 상대방을 설득하기 위한 노력을 경주하게 된다. 이럴 경우 국민들은 상호 간의 이견을 존중하고 절충하는 토의 과정에서 의회의 결정에 대한 신뢰감을 가지게 된다. 따라서 토의 민주주의의 모델에서는 의회가 내린 결론이 비록 국민들의 이익을 충분히 반영하지 못하더라도 국민들이 토의 과정 자체에 대해 충분히 공감하고 신뢰함으로써 지지를 받게 된다.

결국 토의란 그 결과가 늘 이익이 되기 때문에 신뢰하는 것이 아니라 토의 과정을 통해 상호 간에 충분한 설득과 협의가 이루어졌다고 인식하게 되고 이러한 신중한 과정을 통해 내려진 결정을 수용하고 받아들이게 되는 것이다. 따라서 오늘날 대의 민주주의가 대중의 지지를 확보하기를 원한다면 반드시 토의 민주주의가 정착되어야 한다.

일각에서는 토의 민주주의에 대해 과정에 과도한 의미를 부여하여 정작 결과에 대해서는 책임을 지지 않음으로써 오히려 약자에게 불리한 사회 구조를 고착화시킬 수 있다는 비판이 제기되기도 한다. 그러나 그러한 비판이 가능하려면 지금까지 유지해 온 자유주의적 대의 민주주의가 약자에게 유리하게 진행되었다는 점을 먼저 입증해야 한다. 하지만 지금까지 자유주의적 대의 민주주의는 지속적으로 계층 간 격차를 심화시켜왔다는 것은 주지의 사실이다. 또한 현대 사회의 재편 속에서 자유민주적 대의제 민주주의의 효율성이 떨어진다는 점도 부인할 수 없는 사실이다.

따라서 이제는 새로운 사회의 정치적 대안으로서 토의 민주주의를 신중하게 검토해 보아야 한다. 모든 이익 집단에게 공평무사한 대안이 불가능하다면 오히려 그러한 불공평한 결정을 사회 구성원들이 인정하고 수용할 수 있는 신뢰를 형성해야 하며 이를 통해 대중들의 지지를 획득하는 토의 민주주의는 현대 사회에서 필수적인 제도적 대안임이 분명하다.

01

윗글의 내용과 일치하지 <u>않는</u> 것은?

① 복잡하고 다양한 가치의 충돌은 대의 민주주의의 한계를 드러낸다.

② 토의 민주주의가 대의 민주주의와 다른 점은 이익의 통합을 목표로 한다는 점이다.

③ 대중의 신뢰가 전제되지 않는다면 토의 민주주의는 성립되기 어렵다.

④ 토의의 결과가 항상 이익이 되는 방향으로 진행되는 것은 아니다.

⑤ 지금까지 대의 민주주의는 계층 간의 격차를 심화시켜 왔다.

해설 ◉ 토의 민주주의에 대중의 신뢰가 전제되어야 하는 것이 아니라 토의 민주주의의 도입을 통해 대중의 신뢰를 얻을 수 있다고 밝히고 있다.

02

윗글의 서술상 특징으로 적절한 것은?

① 대상들 간의 장단점을 비교 분석하여 이를 절충하고 있다.

② 대상의 논리적 결함을 지적한 후 개선 방향을 제시하고 있다.

③ 대상의 한계를 지적하고 보다 효과적인 대안을 제시하고 있다.

④ 일반적 통념의 한계를 지적하고 이를 반박하고 있다.

⑤ 유사한 상황을 활용하여 현상의 원인을 분석하고 있다.

해설 ◉ 위 글은 대의 민주주의의 한계를 지적한 뒤에 이에 대한 효과적인 대안으로 토의 민주주의 모델을 제시하고 있다.
　① 주로 대의 민주주의의 한계를 지적하고 토의 민주주의의 장점을 제시하고 있으므로 두 대상의 장단점을 비교한 것은 아니다.
　② 대상이 지닌 논리적 결함보다는 현실적인 한계 제시가 주를 이루고 있으며, 이에 대한 개선이 아닌 대안적 제도를 제시하고 있다.
　④ 통념은 제시되어 있지 않으며 예상되는 반론을 제시하고 반박하고 있을 뿐이다.
　⑤ 유사한 상황에 적용한 부분은 없으며 현상의 원인을 분석한 것도 아니다.

[03~04] 다음 글을 읽고 물음에 답하시오.

전통적으로 '정의'에 대해 어떻게 접근하는가에 따라 서로 다른 견해들 간의 논쟁이 있어왔다. 그 대표적인 견해가 공리주의와 자유주의이다. 공리주의는 벤담의 주장대로 '최대 다수의 최대 행복'을 정의의 기본 원칙으로 삼고 있으며 결국 사회의 모든 정책은 사회 전체의 공리를 증진시키는 방향으로 진행되어야 한다고 보았다. 반면에 자유주의는 개인의 자유를 전제로 하며, 따라서 모든 정책은 개인의 자유로운 선택에 따라 진행되어야 하고 개인이 동의하지 않은 정책이나 개인의 자유를 침해하는 정책은 정의롭지 못한 것으로 간주하였다.

벤담은 결국 사회 구성원의 행복의 총합이 가장 크다면 소수의 희생에도 불구하고 정의롭다고 생각하며 그러한 정책을 펴는 것이야말로 국가가 정의를 실현하는 길이라고 보았다. 반면 노직과 같은 자유주의자들은 개인의 자유, 특히 소유권은 기본적으로 제한될 수 있는 성격의 것이 아니므로 사회 전체의 공익을 증진시킨다는 이유로 개인의 자유와 권리를 침해하는 행위는 정의롭지 못한 것이라고 생각하였다.

그러나 공리주의의 경우 사회 전체의 공리 또는 행복이라는 것이 계량화되기 어려운 것이므로 최대 다수의 최대 행복이라는 개념이 모호해지는 약점이 존재하며 양적인 행복을 강조함으로써 행복의 질적인 측면을 간과하였다는 한계를 지닌다. 또한 다수의 행복을 중시함으로써 소수의 권리 침해를 정당화한다는 점도 한계로 지적할 수 있다.

자유주의의 경우도 적지 않은 한계를 노정하기는 마찬가지이다. 개인의 자유를 정의의 전제 조건으로 삼음으로써 결국 개인적 차원의 정의와 사회 전체적 차원의 정의가 충돌할 경우에는 개인의 자유를 우선시하게 되는데 이럴 경우 사회 공동체 내에서의 조화나 타협의 가능성이 극도로 제한되며 적절한 합의를 도출하기 어렵게 된다.

이러한 전통적인 관점과는 달리 롤스는 소득의 재분배를 통한 평등의 실현을 정의의 핵심으로 제기함으로써 정의에 대한 새로운 관점을 제시하고 있다. 롤스 역시 개인의 자유로운 선택을 전제하고 있는 점은 자유주의와 일치한다. 따라서 롤스는 정의에 대한 전제 조건으로 '무지의 베일'을 제시한다. 롤스는 사회 구성원들이 자신이 속하게 될 계층을 알지 못하는 '㉠ 무지의 베일'의 배후에서 합리적인 사회 정책을 선택하게 할 경우 일반적으로 사회적 약자나 소수자를 소외시키지 않는 사회 제도를 선택할 것이라고 보았다. 따라서 롤스의 정의란 사회의 최소 수혜자에게 최대의 이익이 돌아가도록 하는 것이라고 볼 수 있다. 노직이 양도할 수 없는 개인의 권리를 전제로 사회적 불평등에 대한 불가피한 수용을 주장한 반면 롤스는 '무지의 베일'이라는 전제를 통해 불평등을 최소화하는 사회 체제의 정당성을 주장하였다는 점에서 양자는 차이를 보인다.

03

윗글에 제시된 각각의 견해에서 〈보기1〉의 상황에 대해 보일 반응으로 적절한 것을 〈보기2〉에서 모두 골라 묶은 것은?

─── 보기1 ───

정부는 아파트 재건축 시 서민용 임대아파트를 일정 비율 의무적으로 건축하도록 제한하고 있다. 하지만 재건축 조합원들은 이러한 강제적인 임대아파트 건축 규정에 대해 거세게 반발하고 있어 이를 둘러싼 갈등이 예상된다.

─── 보기 2 ───

㉠ 벤담의 입장에서 볼 때 〈보기〉와 같은 정부의 조치는 어느 쪽이 사회 전체의 행복을 증진시킬 수 있는지 고려하여 시행되어야 한다.

㉡ 노직의 입장에서 볼 때 〈보기〉에 나타난 정부의 정책은 개인의 권리를 침해하고 있으므로 정의롭지 못하다.

㉢ 롤스의 견해에서 볼 때 〈보기〉에 나타난 정부의 정책은 사회적 약자를 배려한 것이므로 정의롭다고 할 수 있다.

㉣ 노직의 입장에서 볼 때 〈보기〉의 갈등이 심화될 경우 개인의 이익과 사회의 이익 중 어느 쪽이 우선 인가를 신중하게 검토해 보아야 한다.

㉤ 롤스의 견해에서 볼 때 〈보기〉의 갈등이 심화될 경우 사회적 통합을 저해하므로 양쪽의 이익을 절충 하는 방안을 모색해야 한다.

① ㉠, ㉡, ㉤
② ㉠, ㉡, ㉢
③ ㉡, ㉢, ㉣
④ ㉠, ㉢, ㉤
⑤ ㉡, ㉣, ㉤

해설 ㉣ 노직의 입장에서 볼 때는 개인의 자유와 권리가 우선이므로 〈보기〉의 갈등이 심화될 때 개인의 이익과 사회의 이익의 우선성을 검토하는 것은 가능하지 않다.
㉤ 롤스의 경우 '최소 수혜자의 최대 이익'을 보장하는 것이 정의이므로 양쪽의 이익을 절충하는 방안보다는 서민들의 이익이 최대가 되도록 하는 방향으로 정책이 진행되어야 한다.

04

롤스가 ㉠을 전제한 이유로 타당한 것은?

① 사회 구성원들의 자유로운 선택을 보장하기 위해

② 소외된 계층과 기득권 계층의 조건을 동일하게 하기 위해

③ 사회에 내재하는 불평등 요소를 최소화하기 위해

④ 편견에 좌우되지 않고 객관적이고 합리적인 판단을 내리기 위해

⑤ 사회 체제에 대한 선택 과정에서 각 계층들 간의 충돌을 완화하기 위해

해설 '무지의 베일'이라는 가정은 결국 자신이 속하게 될 계층을 예측할 수 없는 상황 속에서 사회 체제를 선택하게 함으로써 편견을 없애고 객관적이고 합리적인 판단을 내리도록 하는 전제이다. 롤스는 이러한 '무지의 베일'의 뒤에서 선택한 것이야 말로 객관적이고 합리적인 선택이므로 최선의 사회 체제가 될 것이라고 생각했다.

정답 03 ② 04 ④

[05~06] 다음 글을 읽고 물음에 답하시오.

워홀(A. Wahol)이 비누의 포장 상자와 유사하게 제작한 나무 상자를 작품으로 전시하자 이에 대한 찬사와 혹평이 엇갈렸다. 하지만 단토(A. Danto)는 이러한 현상에 대해 예술에 대한 새로운 인식이 필요함을 느꼈다. 단토는 상점의 비누 포장 상자와 〈브릴로 상자〉 사이에는 외관적 차이가 없음에도 불구하고 〈브릴로 상자〉에 대해서는 예술 작품이라고 말할 수 있는가에 대한 의문에서 예술 비평을 시작하였다.

단토는 예술 작품과 일상의 대상들 간의 분명한 차이는 그 외관이 아니라 단지 지각으로만 파악할 수 없는 것이 있다고 생각했고 그러한 차이는 대상이 자체적으로 지니고 있는 속성 때문이 아니라 대상에 대한 감상자들의 인식 혹은 해석 때문이라고 생각했다. 즉 예술 작품이 되기 위해서는 예술가가 그것을 예술로 규정할 수 있는 독특한 ㉠ 심리적 상태 아래 놓여 있어야 하는 것이다. 그러나 예술가가 자신의 작품에 대해 '이것은 예술이다.'라고 선언한다고 해서 바로 예술 작품이 되는 것은 아니다. 거기에는 감상자가 그것을 나름대로 감상하고 인식하여 해석에 이를 수 있는 어떤 ㉡ 의미가 부여되어야 하기 때문이다. 이 경우 예술가는 아무렇게나 표현하면 되는 것이 아니라 그가 속한 예술의 유파나 집단에서 통용되고 있는 이론이나 규칙 등을 따르게 되거나 제한을 받기 마련이다. 한편 감상자는 예술가가 감상자에게 전달하고자 했던 의미를 작품을 통해 해독해야 하는데 이 과정에서 무엇보다 중요한 역할을 담당하는 것은 작품의 제목이다. 제목은 감상자에게 이 작품이 무엇에 관한 것이며 무엇을 전달하려고 했는지에 대한 중요한 단서를 포함하고 있기 때문이다.

㉢ 예술 작품이 어떤 메시지를 전달하게 되는 것은 결국 대상의 ㉣ 해석 과정을 거친다는 것이며 그렇게 함으로써 예술 작품이 갖는 일반적인 정체성을 획득하게 된다. 따라서 해석은 예술 작품에 대한 이해와 감상의 태도를 바꿔 놓기 마련이다. 이는 일종의 번역 과정이기도 한데 이러한 번역 과정에 오류가 발생하면 결국 예술가와 감상자 사이의 소통은 실패하게 된다. 물론 해석이 달라진다면 예술 작품도 달라지는데 그때마다 예술 작품은 새로운 작품으로 재탄생하게 되는 것이다. 하지만 해석의 다양성을 인정한다고 해서 어떠한 해석이든 다 가능하다는 것은 아니다. 다양한 해석은 기존의 예술 이론이나 체계에 의해 규정되어야 하며 그 과정에서 해석의 타당성도 인정을 받아야 하기 때문이다.

단토의 입장에서 미적 대상을 단지 실체로 지각하는 것에 그쳤던 예술의 역사는 워홀의 작품으로 인해 끝이 났다. 그에 따르면 이제 더 이상 예술은 표현 자체가 목적이 아니라 예술 자신의 ㉤ 정체성을 발견하기 위한 성찰의 수단이 되고 그에 따라 예술은 다양한 양상으로 변모하며 그것 자체가 예술의 정체성이 된다. 그러므로 단토는 워홀의 작품 발표 이후 예술은 더 근원적인 예술은 존재하지 않으며 예술이 반드시 어떠해야 한다는 존재방식에 대한 엄격한 규정 역시 존재하지 않게 되었다고 믿었다.

05

윗글의 필자가 〈보기〉의 그림을 보고 보일 반응으로 적절하지 <u>않은</u> 것은?

— 보기 —

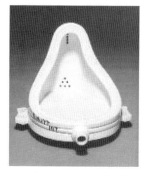

뒤샹, 〈샘(Fountain)〉

이 작품은 1917년 뉴욕의 '독립미술가전'에 출품한 뒤샹의 작품이다.
그러나 당시에는 비윤리적이고 경박하다는 이유로 전시가 거절되었다.

① 뒤샹이 〈보기〉의 작품을 전시 공간에 예술 작품으로 전시했다고 해서 바로 예술이 되는 것은 아니다.

② 감상자들이 〈보기〉의 작품을 접했다면 관람객들은 '샘'이라는 작품의 제목에서 해석의 단서를 얻었을 것이다.

③ 〈보기〉의 작품이 다른 공간에서 전시되었다면 감상자들은 작품의 메시지를 수용할 수 없었을 것이다.

④ 〈보기〉의 작품이 거부된 것은 뒤샹의 의도에 대한 번역 과정에서 오류가 발생한 것으로 볼 수 있다.

⑤ 워홀의 입장에서 볼 때 〈보기〉의 작품은 예술 작품의 정체성에 대한 성찰의 과정이라고 볼 수 있다.

해설 ● 감상자들이 전시되는 공간에 따라 작품이 지닌 메시지의 수용 여부를 결정한다는 내용은 글에 제시되어 있지 않다.

06

㉠~㉤과 관련된 내용으로 타당하지 <u>않은</u> 것은?

① ㉠은 ㉢이 되기 위한 전제 조건이다.

② ㉡은 ㉣의 과정을 통해 형성되는 것이다.

③ ㉢은 ㉣을 거쳐 ㉤을 발견하게 된다.

④ ㉠과 ㉡이 일치해야만 ㉢으로 받아들여질 것이다.

⑤ ㉣에 오류가 발생한다면 ㉤의 발견으로 이어지기 어렵다.

해설 ● 예술 작품의 경우 예술가가 자신의 작품을 예술이라고 부를 수 있는 '심리적 상태' 즉, 전달하고자 하는 메시지와 감상자들에 의해 해석된 의미가 반드시 일치하는 것은 아니다. 감상자들에 의해 해석된 의미는 예술가의 '심리적 상태'와 달리 다양할 수 있으며 해석의 타당성 여부를 점검하게 되는데 이 때 예술가의 '심리적 상태와 감상자들에 의해 해석된 '의미' 사이의 일치 여부가 기준이 되는 것은 아니다.

정답 ● 05 ③   06 ④

[07~08] 다음 글을 읽고 물음에 답하시오.

앞서가는 기업들이 시장에서 자신들이 지닌 선도적 지위를 잃어버리게 되는 과정에 대한 연구는 클레이튼 크리스텐슨의 연구에서 비롯되었다. 그는 혁신적 기술을 몇 가지 유형으로 분류하였는데, 우선 기존의 제품에 실현된 성능을 이전보다 향상시키는 존속성 기술이 있다. 초기 단계에서 기존 제품의 성능을 향상시킨 존속성 기술은 혁신적 기술보다 우위에 있게 된다. 그러나 일정 시간이 지나면 존속성 기술은 시장에서 급격하게 외면을 당하게 되는데 이때의 혁신적 기술을 크리스텐슨은 와해성 기술이라고 불렀다. 그런데 문제는 선도적 기업들이 존속성 기술에 치중하여 와해성 기술에 대해서는 평가절하하게 된다는 점인데 이는 기존 제품의 성능을 향상시켜야 한다는 시장의 요구에 대해서 외면할 수 없기 때문이다.

[　　　　　　　　⊙　　　　　　　　] 시장에서는 많은 기술들이 경쟁을 하고 소비자 역시 기존 기술에 대한 충성도가 낮아지면서 최초의 기술은 점차 이익률이 하락하기 때문에 이전보다 높은 수준의 시장으로 진출하지 않으면 안된다는 시장의 압력을 받기 때문이다. 하지만 소비자들은 기업의 기술 수준에 대해 익숙해질 시간이 필요하다. 즉 기업이 제시한 기술 수준을 수용하여 일상에서 무리 없이 활용하는 데까지 시간이 소요되는 것이다.

기존 기술 발전의 궤도는 대중적 시장의 요구 수준보다 조금 낮은 곳에서 시작하지만 시간이 지날수록 기업은 대중적 시장이 기대하는 정도보다 빠르게 기술 수준을 진보시켜 결국에는 고가 시장을 겨냥하게 된다. 기술의 수준이 높아짐에 따라 제품의 가격도 높아지므로 대중적 시장이나 저가 시장의 소비자는 별로 사용하지 않는 기술에 값을 더 치르게 된다고 생각할 수 있다. 이 경우 소비자들은 자신이 필요로 하지도 않는 높은 기술 수준의 제품을 높은 가격에 구입하거나 아예 사지 않고 지낼 수밖에 없을 것이다.

하지만 어떤 시점에서 어떤 기업이 단순한 기술을 가지고 저가 시장을 공략하면 원래의 기술 발전 궤도보다 오른쪽에 새로운 직선이 위치하게 된다. 물론 이것 역시 시장이 기대하는 정도보다 더 가파른 기울기를 가지고 있다. 이 궤도가 발전을 거듭하면 마침내 기존 기술보다는 훨씬 낮은 가격에 대중적 시장의 수요를 충족시킬 수 있게 된다. 이쯤 되면 기존 기술로 고가 시장만을 겨냥하던 기업들은 그들이 너무 저가라서 쳐다보지도 않았던 시장에서 다른 기업들이 매우 높은 매출을 올리고 있음을 알게 될 것이며, 그 시장이 더 이상 외면해도 좋을 저가 시장이 아님을 깨달을 것이다.

와해성 기술은 존속성 기술에 비해 그 성능이 미흡하지만 색다른 가치의 측면을 높이 평가받는 특징이 있다. 이 기술을 응용한 제품은 일반적으로 더 싸고 더 작고 더 단순하고 더 편리하다. 이러한 와해성 기술 역시 자체적으로 성능이 향상되어 당초의 존속성 기술 시장이 요구하던 수준에 도달하면, 그때부터 소비자를 급속히 흡수함으로써 존속성 기술이 가졌던 시장을 '와해'시키게 된다. 예컨대 개인용 컴퓨터가 처음 소개되었을 때 당시의 중형 컴퓨터에 비해 그 성능은 장난감 수준이었지만 가격은 '더' 쌌으며, 무엇보다도 '개인'이 소유하면서 마음대로 사용할 수 있다는 '색다른 가치' 때문에 급속히 보급되기 시작했던 것이다.

기업들은 고객이 원하기 시작할 때 와해성 기술에 자원을 투자할 수 있으며, 그 이전에 투자하기에는 어려움이 크다는 것을 잘 알고 있다. 그러나 불행하게도 그러한 고객의 신호가 전달된 후에 비로소 와해성 기술에 관심을 갖는다면 이미 실기(失機)한 것이다. 선도 기업들이 와해성 기술에서 성공을 거두고 선도적 지위를 유지하기 위한 유일한 방안은 와해성 기술을 중심으로 새로운 사업 단위를 설정하여 기존 고객의 압력으로부터 자유로운 조직을 갖는 것이다.

07

윗글을 바탕으로 〈보기〉의 그림을 설명한 내용으로 적절하지 <u>않은</u> 것은?

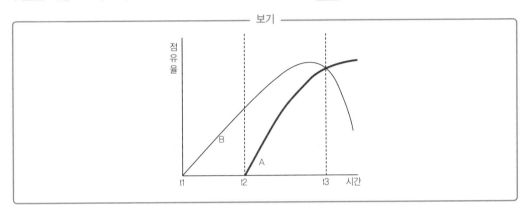

① 그림에서 A는 와해성 기술, B는 존속성 기술에 해당한다.

② t1과 t2 사이에서는 아직 와해성 기술이 나타나지 않았다.

③ A와 B 기술의 경쟁이 시작되는 지점은 t3이다.

④ t3부터는 B 기술의 시장이 급속하게 와해되기 시작한다.

⑤ B가 선도성을 유지하려면 A를 중심으로 새로운 사업 단위를 구성해야 한다.

해설 ● A와 B의 경쟁이 시작되는 시점은 t2부터이다. t3는 이미 경쟁이 심화되어 A에 의해 B시장이 와해되는 시점이다.

08

㉠의 빈칸에 들어갈 알맞은 말은?

① 기술은 소비자의 기술에 대한 수용 능력보다 느리게 발전한다.

② 기술은 소비자의 기술에 대한 수용 능력에 비례하여 발전한다.

③ 기술은 소비자의 기술에 대한 수용 능력이 있어야 발전한다.

④ 기술은 소비자의 기술에 대한 수용 능력이 없어도 발전한다.

⑤ 기술은 소비자의 기술에 대한 수용 능력보다 빠르게 발전한다.

해설 ● 기술들의 경쟁이 심화되고 소비자들의 충성도가 낮아지면서 기술은 이전보다 높은 수준의 시장으로 진출해야 한다는 압력을 받아 빠르게 발전하지만 소비자들이 기술 수준에 익숙해져서 이를 활용하기까지는 시간이 소요된다. 따라서 기술은 시장의 압력으로 빠르게 발전하지만 소비자의 수용 능력은 이를 따라가는데 시간이 걸리므로 기술이 소비자의 수용 능력보다 빠르게 발전한다는 ⑤의 내용이 들어가는 것이 타당하다.

[09~10] 다음 글을 읽고 물음에 답하시오.

우주에 빅뱅(Big Bang)으로 불리는 대폭발이 일어나고, 그 이후 우주는 지속적으로 팽창해 왔다. 이에 따라 과학자들은 빅뱅을 우주의 시작으로 간주하고 우주의 나이를 연구하기 시작했다. 이러한 연구에 불을 지핀 것은 허블이었다. 허블은 은하가 우주의 중심으로부터 멀어지는 속도와 거리의 상관관계를 조사하였고 그 결과 우주의 중심에서 멀어지는 속도는 거리에 비례한다는 사실을 발견하였다. 이 비례상수를 허블의 이름을 붙여 허블상수라고 한다. 결국 ㉠ 허블상수의 역수는 그대로 우주의 나이가 된다.

우주의 나이에 대한 정보는 다른 곳에서도 구할 수 있다. 우주에서 가장 오래된 천체로 알려진 구상성단의 나이는 약 140억 년이다. 구상성단의 생성은 빅뱅 이후일 것임으로 결국 우주의 나이는 구상성단의 나이 이상이 된다. 그런데 허블상수에 의해 구해진 우주의 나이는 약 115억 년 정도인데 비해 구상성단의 나이는 140억 년이므로 모순이 발생한다. 이것이 이른바 '우주의 나이 문제'다.

이 모순의 유일한 해결책은 우주의 팽창 속도가 일정하다는 가설을 포기하는 것이다. 우주의 팽창 속도가 처음에는 느렸지만 점차 증가하여 현재의 우주 팽창 속도에 이르렀다면 모순은 자연스럽게 해결되기 때문이다. 이에 따라 과학자들은 보다 정교한 팽창 속도에 대한 이론을 만들어내었고 이를 바탕으로 계산한 우주의 나이는 약 145~155억 년 정도이다. 이는 구상성단의 나이와도 맞아떨어지므로 성공적으로 문제를 해결한 셈이다.

이제 현재 우주론은 우주 속의 은하와 같은 거대한 구조가 어떤 과정을 거쳐 생성되었는가 하는 것이다. 이 문제는 단지 우주의 팽창 이론만으로는 해결하기 어렵기 때문이다. 과학자들은 가장 작은 은하를 구성하는 별들에 대해 모든 정보를 조사한 뒤 이 별들을 공간에 무작위로 흩어 놓은 뒤 우주 생성의 초기 조건을 만들어내고 은하가 생겨나는 과정을 컴퓨터로 시뮬레이션하였다. 그러나 그 결과는 오히려 과학자들을 당혹스럽게 만들고 있는데 시뮬레이션으로 얻어진 은하 생성의 시간이 현재 우주의 나이에 비해 약 100배나 되었기 때문이다.

09

윗글의 내용을 토대로 할 때 ㉠의 전제로 가장 적절한 것은?

① 우주의 팽창 속도는 현재까지 일정하다.

② 우주의 팽창 방향은 현재까지 일정하다.

③ 우주의 팽창은 끝이 존재한다.

④ 우주는 팽창과 수축을 주기적으로 반복한다.

⑤ 우주가 팽창하기 시작한 시점은 정확하다.

해설 '속도는 거리에 비례한다.'라고 하였으므로 허블상수의 역수가 그대로 우주의 나이가 되려면 우주의 팽창 속도는 현재까지 동일하다는 전제가 필요하다. 그러나 이러한 가정이 모순을 일으키게 되었고 세 번째 문단에서는 결국 우주의 팽창 속도가 일정하지 않다고 가정을 바꿈으로써 모순을 해결하였다.

10
윗글의 제목으로 가장 적절한 것은?

① 현대 천문학의 복병, 구상성단

② 현대 천문학의 전제, 빅뱅

③ 현대 천문학의 새로운 방법, 시뮬레이션

④ 현대 천문학의 과제, 우주의 나이

⑤ 현대 천문학과 인문학의 만남

해설 ◉ 글의 내용은 줄곧 우주의 나이 문제를 언급하고 있으며, 허블로부터 시작된 우주의 나이 측정 문제와 모순의 해결과정을 제시하고 있다.

① 구상성단은 우주의 나이 측정에서 모순을 발견하고 이론을 수정하는 계기가 되었을 뿐 글 전체의 중심 내용으로 보기는 어렵다.

② 빅뱅은 글의 기본적인 전제일 뿐 그것이 중심 내용은 아니다.

③ 시뮬레이션은 우주의 나이를 알기 위한 과학자들의 노력의 일환이다.

⑤ 인문학과 관련된 내용은 글에 언급되어 있지 않다.

[11~12] 다음 글을 읽고 물음에 답하시오.

영국 경험주의 철학에서는 미(美)에 대해 취미론을 제기하였는데 취미론은 미(美)를 철저히 객관적인 관점에서 형식적 요소에 초점을 맞추어 평가한다. 그러나 취미론이 고대 그리스 예술론에서 보았던 것처럼 완벽한 비례나 완전성 등의 기준을 제시하는 것은 아니다. 취미론은 오히려 기존의 예술 이론과는 본질적인 차이를 보인다. 물론 취미론자들 사이에서도 미(美)에 대한 관점은 각자의 취향에 따라 차이가 있지만 그래도 공통점은 존재하였다.

우선 취미론이 기본적으로 전제하고 있는 것은 미를 판단하는 감각기관의 존재다. 미를 직접 느끼는 감각기관이 존재하지 않는다면 형식적 특성을 중시하는 취미론은 성립할 수 없기 때문이다. 그러나 취미론에서 말하는 감각기관이 우리가 통상적으로 말하는 오감(五感) 그 자체라고 말하기는 어렵다. 특정한 감각 능력이 없는 사람들도 미(美)는 지각할 수 있기 때문이다.

가령 취미론자들의 경우 우리가 어떤 꽃을 보고 '아름답다'고 느꼈다면 그것은 단순히 '아름답다'는 외적 실체 그 자체를 지시하는 것이 아니라 꽃을 통해 우리가 '아름답다'고 느끼고 있는 느낌이나 쾌감을 지시하고 있다고 생각한다. 따라서 취미론의 입장에서 볼 때 미(美)란 주관적일 수밖에 없다. 더 나아가 취미론은 미(美)를 인간의 마음속에서 발현되는 하나의 관념으로 간주하기도 하였는데 이 말은 결국 미(美)가 객관적으로 존재하는 것을 지각하는 데 그치는 것이 아니라 대상을 수용할 때 환기되는 특수한 성격이나 즐거움을 지시하는 것이라고 생각했다. 이것은 미학 이론에서 ㉠_____에 비견할 만한 중대한 변화였다.

그러나 취미론의 관점을 견지한다면 식욕이나 물욕, 성욕, 또는 권력욕 등도 쾌감과 관련되어 있으므로 '미(美)'라고 규정할 수밖에 없는 오류를 감수해야 한다. 취미론자들은 이러한 오류로부터 벗어나기 위해 '미적 무관심성'이라는 개념을 도입하였는데 이는 대상과 관련된 모든 이해관계를 떠나 대상을 그 자체로 인식하는데서 얻게 되는 쾌감이야 말로 본질적인 미적 쾌감이라는 것이다. 즉 '성욕'이나 '소유욕' 등은 그 자체로 쾌감으로 수용되는 것이 아니며 그것이 내부의 욕망을 충족시켜줄 수 있기 때문에 미의 범주에 연관되는 것이 아니라 성적 욕망이나 소유에 대한 욕망을 충족시켜줄 수 있기 때문에 쾌감을 느끼는 것이므로 미(美)로 볼 수 없다는 것이다.

취미론은 여기서 한 걸음 더 나아가 대상에 대해 아름다움을 느끼게 하는 공통된 경험적 요소를 찾기 위해 노력하였는데 그 결과 제시된 것들이 바로 '비례'나 '통일성' 등의 요소들이었다. 하지만 이러한 견해는 주관적 측면이 있을 뿐 아니라 그 경계를 명확하게 확정하기 어렵다는 점에서 보편적 원칙으로 제시되기에는 한계가 있었다.

11

다음 〈보기〉의 작품을 '취미론'의 관점에서 비평한 내용으로 가장 적절한 것은?

─── 보기 ───

① 그림을 통해 감상자들은 작가의 고뇌와 고독에 찬 내면을 들여다볼 수 있다.

② 그림에 나타나는 강한 터치는 역동적인 인상을 주어 감상자에게 활력을 준다.

③ 화면에 배치된 소의 모습은 비례와 균형을 통해 안정감을 준다.

④ 전통적으로 우리 민족과 가까운 대상을 선택하여 친근감을 주는 장점이 있다.

⑤ 소의 자세에서 마치 현실의 벽을 넘어서려는 강한 의지를 느끼게 된다.

해설 '취미론'의 관점에서는 감상자에게 어떤 효용을 주거나 외부적인 요소와의 관련 때문에 아름다운 것이 아니라 그림 자체의 형식적인 면에서 느껴지는 아름다움이 본질적인 아름다움이므로 이에 적합한 비평은 ③의 내용이다.

12

⊙에 들어갈 알맞은 어구는?

① 악어의 눈물　　　　　② 코페르니쿠스적 전환　　　③ 부메랑 효과

④ 루비콘 강을 건넌 것　　⑤ 양날의 검

> **해설** '중대한 변화'라는 단서를 고려할 때 '코페르니쿠스적 전환'이 적절한 어구이다.
> ① '악어의 눈물'은 가식적인 행위를 의미한다.
> ③ '부메랑 효과'는 어떤 효과가 대상에 되돌아오는 것을 의미한다.
> ④ '루비콘 강을 건넌 것'은 돌이킬 수 없는 상황을 의미한다.
> ⑤ '양날의 검'은 장점과 단점을 모두 지닌 것을 의미한다.

[13~14] 다음 글을 읽고 물음에 답하시오.

(가)

처마 끝에 서린 연기 따러
포도(葡萄) 순이 기어 나가는 밤, 소리 없이,
가믈음 땅에 스며든 더운 김이
등에 서리나니, 훈훈히,
아아, 이 애 몸이 또 달아 오르노나.
가쁜 숨결을 드내 쉬노니, 박나비처럼,
가녀린 머리, 주사 찍은 자리에, 입술을 붙이고
나는 중얼거리다, 나는 중얼거리다,
<u>① 부끄러운 줄도 모르는 다신교도(多神教徒)와</u>
같이.
아아, 이 애가 애자지게 보채노나!
불도 약도 달도 없는 밤,
아득한 하늘에는
<u>ⓒ 별들이 참벌 날으듯 하여라.</u>

　　　　　　　　　　　　－ 정지용, 〈발열〉

(나)

살구나무 그늘로 얼굴을 가리고, 병원 뒤뜰에 누워, 젊은 여자가 흰 옷 아래로 하얀 다리를 드러내 놓고 일광욕을 한다. 한나절이 기울도록 가슴을 앓는다는 이 여자를 찾아오는 이 나비 한 마리도 없다. 슬프지도 않은 ⓒ 살구나무 가지에는 바람조차 없다.

나도 모를 아픔을 오래 참다 못해 처음으로 이 곳을 찾아 왔다. 그러나 나의 늙은 의사는 젊은이의 병을 모른다. ㄹ 나한테는 병이 없다고 한다. 이 지나친 시련, 이 지나친 피로, 나는 성내서는 안된다.

여자는 자리에서 일어나 옷깃을 여미고 화단에서 ㅁ 금잔화 한 포기를 따 가슴에 꽂고 병실 안으로 사라진다. 나는 그 여자의 건강이… 아니 나의 건강이 속히 회복되길 바라며 그가 누웠던 자리에 누워 본다.

　　　　　　　　　　　　－ 윤동주, 〈병원〉

13

(가)와 (나)의 공통점으로 적절한 것은?

① 문장부호를 활용하여 긴박한 상황을 간접적으로 드러내고 있다.

② 시구의 반복을 통해 시적 화자의 절박한 심정을 강조하고 있다.

③ 어순을 도치시켜 시적 의미를 강화하고 있다.

④ 시적 대상에 대한 연민의 정서가 드러나 있다.

⑤ 대상에 대해 관조적인 태도로 일관하고 있다.

해설 (가)에는 열이 올라 고통스러워하는 아이의 모습을 속수무책으로 바라보아야 하는 화자의 안타까움과 연민의 정서가 드러나 있고 (나)에는 병원 뒤뜰에 누워 있는 여자 환자의 모습을 바라보며 연민을 느끼는 화자의 모습이 드러나 있다.
①, ②, ③ (가)에 해당하는 설명이다.
⑤ (나)에 해당하는 설명이다.

14

㉠~㉤에 대한 설명으로 적절하지 않은 것은?

① ㉠ 아이의 열이 내리기를 비는 화자의 절박한 심정을 느낄 수 있다.

② ㉡ 화자의 내면을 감각적 이미지로 형상화하고 있다.

③ ㉢ 여인의 외롭고 고독한 처지가 투영된 대상이다.

④ ㉣ 시적 화자의 고통이 내면적인 것임을 암시한다.

⑤ ㉤ 병든 여인과 시적 화자를 연계하는 매개체이다.

해설 '금잔화'는 회복과 소생이라는 상징적 의미를 지니고 있는 소재이다.
㉠ 아이의 고통을 없애기 위해서라면 모든 신들에게 기원하고자 하는 화자의 절박한 심정이 드러나 있다.
㉡ 감각적 이미지를 통해 막막한 화자의 심정을 드러내고 있다.
㉢ '살구나무'는 바람조차 찾지 않는 것으로 보아 아무도 찾지 않는 여인의 외로움과 고독을 투영하고 있다고 볼 수 있다.
㉣ 의사의 말로 외관상 병이 없다는 것은 결국 시적 화자가 겪고 있는 고통의 근원이 내면적인 것임을 의미한다.

[15～17] 다음 글을 읽고 물음에 답하시오.

편연(便姸) 백설이 경쾌한 ⓐ 윤무(輪舞)를 가지고 공중에서 편편히 지상에 내려올 때, 이 순치(馴致)할 수 없는 고공(高空)무용이 원거리에 뻗친 과감한 분란(紛亂)은 이를 보는 사람으로 하여금 거의 처연한 심사를 가지게까지 하는데, 대체 이들 흰 생명들은 이렇게 수많이 모여선 어디로 가려는 것인고? 이는 자유의 도취 속에 ⓑ 부유(浮遊)함을 말함인가? 혹은 그는 우리의 참여하기 어려운 열락(悅樂)에 탐닉하고 있음을 말함인가? 백설이여! 잠시 묻노니, 너는 지상의 누가 유혹했기에 이곳에 내려오는 것이며, 그리고 또 너는 공중에서 무질서의 쾌락을 배운 뒤에, 이곳에 와서 무엇을 시작하려는 것이냐? 천국의 아들이요, 경쾌한 족속이여, 바람의 희생자인 백설이여! 과연 뉘라서 너희의 ⓒ 무정부주의를 통제할 수 있으랴? 너희들은 우리들 사람까지를 너희의 혼란 속에 휩쓸어 넣을 작정인 줄을 알 수 없으되 그리고 또 사실상 그 속에 혹은 기꺼이, 혹은 할 수 없이 휩쓸려 들어가는 자도 많이 있으리라마는 그러나 사람이 과연 그러한 혼탁한 와중(渦中)에서 능히 견딜 수 있으리라고 너희는 생각하느냐?

백설의 이 같은 ⓓ 난무(亂舞)는 물론 언제까지나 계속되는 것은 아니다. 일단 강설(降雪)의 상태가 정지되면, 눈은 지상에 쌓여 실로 놀랄 만한 통일체를 현출(現出)시키는 것이니, 이와 같은 완전한 질서, 이와 같은 화려한 장식을 우리는 백설이 아니면 어디서 또다시 발견할 수 있을까? 그래서 그 주위에는 또한 하나의 신성한 정밀(靜謐)이 진좌(鎭座)하여, 그것은 우리에게 우리의 마음을 엿듣도록 명령하는 것이니, ㉠ 이때 모든 사람은 긴장한 마음을 가지고 백설의 계시(啓示)에 깊이 귀를 기울이지 않을 수 없는 것이다. 보라! 우리가 절망 속에서 기다리고 동경하던 계시는 참으로 여기 우리 앞에 와서 있지는 않는가? 어제까지도 침울한 암흑 속에 잠겨 있던 모든 것이, 이제는 백설의 은총(恩寵)에 의하여 문득 빛나고 번쩍이고 약동하고 웃음치기를 시작하고 있기 때문이다. 말라붙은 풀포기, 앙상한 나뭇가지들조차 ⓔ 풍만한 백화(百花)를 달고 있음을 물론이요, 벗은 전야(田野)는 성자의 영지(領地)가 되고, 공허한 정원은 아름다운 선물로 가득하다. 모든 것은 성화(聖化)되어 새롭고 정결하고 젊고 정숙한 가운데 소생되는데, 그 질서, 그 정밀은 우리에게 안식을 주며 영원의 해조(諧調)에 대하여 말한다. 이때 우리의 회의(懷疑)는 사라지고, 우리의 두 눈은 빛나며, 우리의 가슴은 말할 수 없는 무엇을 느끼면서, 위에서 온 축복을 향해서 오직 감사와 찬탄을 노래할 뿐이다.

— 김진섭, 〈백설부〉

15

윗글에 대한 설명으로 적절하지 않은 것은?

① 다양한 비유를 활용하여 대상을 주관적으로 묘사하고 있다.

② 대상에 대한 필자의 내면 심리가 잘 드러나 있다.

③ 시간의 흐름에 따라 대상에 대한 필자의 태도가 변화하고 있다.

④ 한자어를 적절히 활용하여 글의 품위를 더하고 있다.

⑤ 공간의 이동에 따른 대상의 변화를 대조적으로 묘사하고 있다.

해설 ● 시간의 흐름은 직접적으로 드러나 있지 않으며 대상에 대한 필자의 예찬적 태도는 변화하지 않았다.
  ① 이 글은 다양한 비유와 화려한 수사를 통해 대상을 주관적으로 묘사하고 있다.
  ② 필자는 '눈'에 대해 예찬적 태도를 적극적으로 드러내고 있다.
  ④ 한자어가 많이 사용되고 있으나 적절한 한자어의 활용으로 글의 품격을 높이고 있다.
  ⑤ 첫 문단은 어지럽게 흩날리는 허공의 눈을 동적으로 묘사한 반면 두 번째 문단은 지상에 내려앉은 눈의 정적인 모습을 묘사하고 있다.

16

ⓐ~ⓔ 중 가리키는 대상이 다른 하나는?

① ⓐ   ② ⓑ   ③ ⓒ

④ ⓓ   ⑤ ⓔ

해설 ● ⓐ~ⓓ는 눈이 허공에서 어지럽게 흩날리는 모습을 비유한 것이며 ⓔ는 나뭇가지에 내려앉은 눈을 비유한 것이다.

17

㉠의 구체적인 의미로 적절한 것은?

① 대상에 탐닉하는 시간   ② 객관적 관조의 시간

③ 내면적 성찰의 시간   ④ 과거를 회상하는 시간

⑤ 현실을 자각하는 시간

해설 ● 문맥을 고려할 때 '이때'는 자신의 마음을 엿듣는 시간으로 내면의 소리에 귀 기울이는 시간이다. 즉 내면적 성찰의 시간이다.

[18~19] 다음 글을 읽고 물음에 답하시오.

현(玄)은 평양이 십여 년 만이다. 소설에서 평양 장면을 쓰게 될 때마다 이번에는 좀 새로 가 보고 써야, 스케치를 해 와야지 하고 벼르기만 했지, 한 번도 그래서 와 보지는 못하였다. 소설을 위해서 뿐 아니라 친구들도 가끔 놀러 오라는 편지가 있었다. 학창 때 사귄 벗들로, 이 곳 부회 의원이요 실업가인 김(金)도 있고, 어느 고등 보통 학교에서 조선어와 한문을 가르치는 박(朴)도 있건만, 그들의 편지에 한 번도 용기를 내어 본 적은 없었다. 이번에 받은 박의 편지는 놀러 오라는 말이 있던 편지보다 오히려 현의 마음을 끌었다. ― 내 시간이 반이 없어진 것은 자네도 짐작할 걸세. 편안하긴 허이. 그러나 전임으론 나가 주고 시간으로나 다녀 주기를 바라는 눈칠세. 나머지 시간이라야 그리 오래 지탱돼 나갈 학과 같지 않네. 그것마저 없어지는 날 나도 그 때 아주 손을 씻어 버리려 아직은 지싯지싯 붙어 있네. ―― 하는 사연을 읽고는 갑자기 박을 가 만나 주고 싶었다. 만나야만 할 말이 있는 것은 아니지만 ㉠ 손이라도 잡아 주고 싶어 전보만 한 장 치고 훌쩍 떠나 내려온 것이다.

정거장에 나온 박은 수염도 깎은 지 오래어 터부룩한 데다 버릇처럼 자주 찡그려지는 비웃는 웃음은 전에 못 보던 표정이었다. 그 다니는 학교에서만 지싯지싯 붙어 있는 것이 아니라 ㉡ 이 시대 전체에서 긴치 않게 여기는, 지싯지싯 붙어 있는 존재 같았다. 현은 박의 그런 지싯지싯함에서 선뜻 자기를 느끼고 또 자기의 작품들을 느끼고 그만 더 울고 싶게 괴로워졌다.

한참이나 붙들고 섰던 손목을 놓고, 그들은 우선 대합실로 들어왔다. 할 말은 많은 듯하면서도 지껄여 보고 싶은 말은 골라 낼 수 없었다. 이내 다시 일어나 현은,

"나 좀 혼자 걸어 보구 싶네."

하였다. 그래서 박은 저녁에 김을 만나 가지고 대동강가에 있는 동일관(東一館)이란 요정으로 나오기로 하고 현만이 모란봉으로 온 것이다.

오면서 자동차에서 시가도 가끔 내다보았다. 전에 본 기억이 없는 새 빌딩들이 꽤 많이 늘어섰다. 그 중에 한 가지 인상이 깊은 것은 어느 큰 거리 한 뿌다귀에 벽돌 공장도 아닐 테요 감옥도 아닐 터인데 시뻘건 벽돌만으로, 무슨 큰 분묘(墳墓)와 같이 된 건축이 웅크리고 있는 것이다. 현은 운전수에게 물어 보니, 경찰서라고 했다.

또 한 가지 이상하다 생각한 것은, 그림자도 찾을 수 없는, ㉢ 여자들의 머릿수건이다. 운전수에게 물으니 그는 없어진 이유는 말하지 않고,

"㉣ 거, 잘 없어졌죠. 인제 평양두 서울과 별루 지지 않습니다."

하는, 매우 자긍(自矜)하는 말투였다.

현은 평양 여자들의 머릿수건이 보기 좋았다. 단순하면서도 흰 호접과 같이 살아 보였고, 장미처럼 자연스런 무게로 한 송이 얹힌 댕기는, 그들의 악센트 명랑한 사투리와 함께 '피양내인'들만이 가질 수 있는 독특한 아름다움이었다. 그런 아름다움을 그 고장에 와서도 구경하지 못하는 것은, ㉤ 평양은 또한 가지 의미에서 폐허(廢墟)라는 서글픔을 주는 것이었다.

현은 을밀대로 올라갈까 하다 비행장을 경계함인 듯, 총에 창을 꽂아 든, 병정이 섰는 것을 발견하고는 그냥 강가로 내려오고 말았다. 마침 놀잇배 하나가 빈 채로 내려오는 것을 불렀다. 주암산까지 올라갔다가 내려오자니까 거기는 비행장이 가까워 못 올라가게 한다고 한다. 그럼 노를 젓지는 말고 흐르는 대로 동일관까지 가기로 하고 배를 탔다.

나뭇잎처럼 물 가는 대로만 떠나는 배는 낙조가 다 꺼져 버리고 강물이 어두워서야 동일관에 닿았다. 이 요릿집은 강물에 내민 바위를 의지하고 지어졌다. 뒷문에 배를 대고 풍악 소리 높은 밤 정자에 오르는 맛은, 비록 마음 어두운 현으로도 저윽 흥취 도연해짐을 아니 느낄 수 없다.

'먹을 줄 모르는 술이나 이번엔 사양치 말고 받아 먹자! 박을 위로해 주자!' 생각했다.

박은 김을 데리고 와 벌써 두 기생으로 더불어 자리를 잡고 있었다. 김의 면도 자리 푸른 살진 볼과 기생들의 가벼운 옷자락을 보니 현은 기분이 다시 한 번 개인다.

– 이태준, 〈패강랭〉

18

윗글에 대한 설명으로 적절하지 않은 것은?

① 서술자가 특정 인물에 밀착하여 서술을 이끌어가고 있다.

② 편지의 내용을 삽입하여 등장인물의 행위에 개연성을 부여하고 있다.

③ 인물의 관찰에 따른 묘사와 그에 따른 내면 서술이 조화를 이루고 있다.

④ 특정 공간에서 촉발된 등장인물의 심리가 효과적으로 드러나 있다.

⑤ 인물과 현실 간의 갈등이 첨예하게 드러나 있다.

> **해설** ◉ 글의 전반에 걸쳐 우울한 시대 분위기를 느낄 수 있는 것은 사실이지만 인물과 현실의 갈등이 극단으로 치닫고 있는 것은 아니다.
> ① 서술자는 중심 인물인 현에게 밀착하여 현의 입장에서 관찰하고, 현의 내면을 주로 서술하고 있다.
> ② 편지의 내용은 현이 평양을 찾게 된 이유를 설명하고 있다.
> ③ 현의 눈에 비친 평양의 모습과 그에 따른 현의 내면 심리 서술이 조화를 이루고 있다.
> ④ 평양이라는 공간에서 중심 인물이 느끼는 바가 효과적으로 드러나 있다.

19

㉠~㉤에 대한 설명으로 적절하지 않은 것은?

① ㉠을 통해 박에 대한 현의 심리를 짐작할 수 있다.

② ㉡은 당대 지식인들의 자기인식이라고 볼 수 있다.

③ ㉢은 현이 향수를 느끼는 대상이다.

④ ㉣에서는 현실에 대한 체념적 태도를 발견할 수 있다.

⑤ ㉤은 평양에 대한 현의 인식이 단적으로 드러나 있다.

> **해설** ◉ ㉣ 전근대적인 대상에 대한 거부감과 근대화에 대한 긍정적 인식이 드러나 있다. 따라서 체념적 인식이라기보다는 근대화된 평양의 모습에 대한 자긍심이 담겨 있는 말이다.
> ㉠ 박에 대해 위로를 전하려는 현의 심리가 드러나 있다.

ⓒ 현실에 영합하지 못하지만 그렇다고 현실과 과감히 결별하지도 못하는 당대 지식인의 소극적 태도를 '지싯지싯'이라는 의태어를 활용하여 드러내고 있다.

ⓒ 현이 보고 싶었던 대상이며 향수를 느끼고 있는 대상이다.

ⓜ 현은 평양이라는 공간을 '폐허'로 인식하고 있다.

20

다음 제시문의 밑줄 친 부분에 들어갈 문장으로 가장 적절한 것은?

웰즈의 소설 〈타임머신〉을 보면, 타임머신을 만든 발명가가 과거로 여행을 하는 도중에 나비를 밟음으로써 역사를 변화시키는 대목이 나온다. 시간 여행을 다룬 다른 소설에 등장하는 주인공들도 역사를 바꾸는 위험에 대해 걱정하곤 한다. 그러나 만약 역사가 그렇게 바뀔 수 있다면 시간 여행자에 의한 모순이 생겨난다. 어떤 시간 여행자가 시간을 거슬러 그의 할아버지가 소년이었던 과거로 여행을 왔다고 가정해 보자. 그런데 어떤 이유로 인하여 이 시간 여행자가 자신의 할아버지를 총으로 살해했다고 하자. 이 경우 할아버지가 자식을 보지 못하고 사망한다면 그 손자 역시 존재할 수 없기 때문에, 손자인 시간 여행자가 쏜 총 한방은 바로 그 사건의 발생을 위한 필요조건을 제거해 버리는 결과를 낳고 만다. 이러한 모순으로 인하여 시간 여행은 논리 법칙과 양립할 수 없다는 결론을 내릴 수 있다. 반면 시간 여행의 가능성을 옹호하는 사람은 위의 반론에서 벗어나기 위하여 다음과 같은 요지의 주장을 한다. _____.

① 비교적 가까운 과거로의 여행은 논리 법칙에 어긋나지 않는다.

② 역사는 시간 여행 중에 발생하는 사건에 의해 변화하지 않는다.

③ 과거로의 시간 여행자는 나비를 발로 밟지 않도록 조심해야 한다.

④ 시간 여행자가 과거로 시간 여행을 한다면 자신의 할아버지를 만날 수 있을 것이다.

⑤ 스티븐 호킹 박사를 과거로 데려가 아인슈타인과 공동 연구를 시킨다면 더욱 많은 업적을 남길 것이다.

해설 만약 시간 여행 중에 발생하는 사건으로 인해 역사가 바뀌지 않는다면 시간 여행의 모순은 존재하지 않을 것이므로 시간 여행과 논리 법칙은 서로 어긋나지 않을 것이다.

① 시간 여행이 논리 법칙에 어긋난다고 하는 이유는 거슬러 올라가는 시간의 길이에 있지 않다. 만약 시간 여행자가 과거를 여행하는 도중 미래에 영향을 끼칠 행동을 한 경우, 이 영향이 시간 여행자의 행동 자체에 미쳐 모순이 발생할 수 있다. 바로 이 모순 때문에 시간 여행이 논리 법칙과 양립할 수 없다는 결론이 나오는 것이다.

③ 시간 여행자가 나비를 밟아 역사를 변화시켰다는 것은 웰즈의 소설 〈타임머신〉에 등장하는 내용이다. 제시문에서 이것은 시간 여행과 관련된 모순을 설명하기 위한 하나의 예일 뿐, 모든 모순이 나비를 밟는 것으로 인해 발생하는 것은 아니므로 ③은 설득력을 갖지 못한다.

④ 과거로의 시간 여행자가 자신의 할아버지를 만나 살해하는 내용은 시간 여행이 갖는 모순을 설명하기 위한 예로 사용되었을 뿐이다. 그러므로 과거로 시간 여행을 하는 시간 여행자가 자신의 할아버지를 만날 수 있다는 내용은 제시문에서 말하고자 하는 바와 아무런 연관성을 갖지 못한다.

⑤ 호킹박사를 과거로 데려가 아인슈타인과 공동 연구를 시킬 경우 더 많은 업적을 남긴다는 것은 과거로의 시간 여행을 옹호하는 내용으로 보인다. 그러나 '더 많은 업적'은 과거로의 시간 여행이 미래에 영향을 끼친 결과 발생한 것으로, 제시문에 따르면 이것은 모순에 해당하여 논리 법칙과 양립할 수 없다.

정답 18 ⑤   19 ④   20 ②

3편

표현·창안 능력 편

KBS 한국어능력시험기본서 4주완성

1장 쓰기 능력

① 글쓰기의 일반

■ 글쓰기와 말하기

(1) 글쓰기

① 공간적 제약을 뛰어 넘는다.

② 기록성과 보존성이 강한 문자를 수단으로 한다.

③ 언어 이외의 요소가 거의 개입되지 않는다.

④ 적절한 어휘의 선택, 문법, 문장 사이의 맥락과 의미 요소까지 세심하게 주의해야 한다.

⑤ 글의 목적 및 형식에 충실해야 하며 분명하게 의사전달을 할 수 있는 표현을 써야 한다.

(2) 말하기

① 시 · 공간적 제약을 받아 일시적 · 제한적이다.

② 비언어적인 수단을 보조적으로 활용한다.

③ 인간의 언어활동 중 대부분을 차지하는 중요한 활동이다.

■ 글쓰기의 목적

글을 통해 나타내려는 의도나 목적은 다양하다. 어떤 지식이나 정보를 알려 주기 위해 글을 쓰기도 하고, 자신의 의견을 주장하기 위해 쓰기도 하며, 정서나 느낌을 표현하기 위해 쓰기도 한다. 이때 어떤 의도나 목적으로 글을 썼는지 명확하지 않을 경우 좋은 글이라고 할 수 없다.

(1) 정보를 전달하는 글

① 어떤 사물이나 현상에 대한 정보를 알리고 설명하기 위하여 쓴 글이다.

② 사실을 전달하며 객관성을 지닌 글이다.

③ 분명한 목적을 지니고 있어야 하며 명확히 표현해야 한다.

④ 대표적인 유형으로는 보고문, 기사문, 설명문이 있다.

쓰기 능력의 평가는 계획하기, 표현하기, 고쳐쓰기로 나누어지는 글쓰기의 전 단계에 걸쳐서 출제된다. 객관식이라는 문항 형식의 제약으로 문자로 표기되기 직전까지의 사고 과정과 구상, 글감 선정 등이 주요 출제 대상이며, 최근에는 실제 글쓰기와 관련된 문항들도 적극적으로 개발되고 있다. 또한 삽화 또는 만화 등의 시각적 자료를 이용한 문제가 포함되고 있어 문자 언어와 시각 자료의 결합에 집중하고 있음을 알 수 있다. 이와 함께 맞춤법과 같은 언어 지식 문제 역시 꾸준히 출제되고 있는 것도 주목해야 한다.

(2) 설득하는 글

① 독자에게 자기의 주장을 펴서 이해시키고 더 나아가 그 주장대로 믿고 따르게 할 목적으로 쓴 글이다.

② 글의 주제나 논점과 함께 그에 대한 주장을 명확하게 제시해야 한다.

③ 자신의 주장에 대한 근거를 밝혀 주장의 타당함을 보여야 한다.

④ 논설문, 연설문, 건의문, 광고문 등이 해당한다.

(3) 정서 표현의 글

① 인간의 심미적인 마음을 움직이고자 하는 목적을 갖는 글이다.

② 정서 표현의 글은 근본적으로 개인의 체험을 바탕으로 하며, 그에 대한 느낌이나 감정을 진솔하게 표현하는 데 중점을 둔다.

③ 기행문 · 감상문이나, 시 · 소설 · 희곡과 같은 문학 작품이 대표적이다.

(4) 친교를 위한 글

① 안부를 묻거나 의견을 교환하거나, 부탁 또는 협조를 구하는 등 일상생활과 깊은 관계를 가지고 있는 실용적인 글을 말한다.

② 형식에 구애받지 않는 편이며 진솔하게 표현하는 데 주안점을 두어야 한다.

③ 일기문과 편지글이 대표적인 유형이다.

✚ 더 알고가기　　**기사문의 이해**　　　　　　　　　　　　　　　　　　　　　　≡

㉠ **정의** : 생활 주변에서 일어난 사건을 신속 · 정확하게 전달하기 위해 육하원칙에 의해 객관적으로 적은 글이다.

㉡ **특징**

• 사실을 객관적으로 쓰고 가급적 주관적인 요소는 피한다.

• 결과를 거짓 없이 써야 하며 될 수 있는 대로 추측은 하지 않도록 한다.

• 보도성, 사실성, 공정성, 간략성, 신속성의 특징을 갖는다.

㉢ **형식** : 표제 → 부제 → 전문 → 해설의 역피라미드형 형식을 취한다.

• **표제** : 내용의 전모를 간결하게 나타낸 것으로 제목(title)이라고도 한다.

• **부제** : 표제를 뒷받침하는 내용을 좀 더 구체적으로 표시한다.

- **전문** : 기사의 핵심 내용을 육하원칙에 따라 요약한다.
- **본문** : 기사 내용을 구체적으로 자세히 서술하는 부분이다.
- **해설** : 본문 뒤에 덧붙여 사건의 전망·분석·평가 등을 다루며, 필자의 주관성이 드러날 수 있다.

➕ 더 알고가기   좋은 글의 요건   ☰

- **충실성** : 내용이 알차고 밀도 있어야 한다.
- **정확성** : 적합한 어휘로써 어법과 기타 부대조건에 맞도록 써야 한다.
- **경제성** : 필요한 자리에서 필요한 만큼의 말만 쓰도록 한다.
- **정직성** : 자신이 독창적으로 쓴 글인가, 남이 쓴 글의 일부를 따왔는가, 개념을 인용했는가를 분명히 밝힌다.
- **명료성** : 무엇을 쓰고 있는가를 분명히 알 수 있도록 써야 한다.
- **일관성** : 문맥의 호응과 내용의 일관성이 지켜져야 한다.
- **완결성** : 본디 의도한 감정과 뜻을 온전하게 표현, 전달해야 한다.
- **독창성** : 소재, 제재, 주제, 구성, 문체 등이 독창적이고 참신해야 한다.

예상문제

다음 중 감화적 기능에 속하지 <u>않는</u> 것은?

① 서울 시민은 깨끗합니다. (공익성 광고)

② 그는 유능한 정치인이며 훌륭한 인격자입니다. (선거 연설)

③ 오늘 날씨가 참 좋군요. (아내가 남편에게 말한 간접적 표현)

④ 오늘은 날씨가 참 사납군요. (폭풍이 치는 창밖을 보며)

⑤ 이 제품은 값이 싸면서 최고의 품질을 지니고 있습니다. (광고)

● 해설

감화적 기능(지령적 기능)이란 말하는 사람이 상대방에게 지시를 하여 특정 행위를 하게 하거나, 하지 않도록 함으로써 자신의 목적을 달성하려는 기능이다. 그런데 '오늘은 날씨가 참 사납군요.'는 친교적(사교적) 기능에 속하는 대화이다. 이것은 상대방과 친교를 확보하거나 확인하여 서로 의사소통의 통로를 열어주는 기능으로, 특별한 의미를 부여하지 않고 사용하는 언어이며, 논리적으로 옳고 그름을 판단할 수 없다.

① '서울 시민은 깨끗하다.'라는 표현 속에는, 서울 시민들에게 환경을 깨끗하게 유지하도록 지시하는 의도가 담겨 있다. 서울시는 이 광고를 통해서 서울의 환경을 깨끗하게 만들기 위한 목적을 달성하려고 하는 것이다.

② '유능한 정치인이며 훌륭한 인격자'라는 표현 속에는, 청자가 '그'를 향해 호감을 가지게 하여 '그'를 지지하도록 만들려는 의도가 담겨 있다. 화자는 이 연설을 통해서 '그'가 대중의 지지를 받아 선거에서 당선되게 하려는 것이다.

③ 보통 이와 같은 대화는 친교적 기능에 속하지만, 이 문장에서는 '아내가 남편에게 말한 간접적 표현'이라는 조건을 고려해야 한다. 따라서 아내가 남편에게 날씨가 좋다고 이야기한 것은 간접적인 표현을 통해 함께 외출할 것을 제안한 것으로 파악할 수 있다. 아내는 남편과 함께 즐거운 시간을 보내면서 서로의 관계를 돈독하게 하려는 것이다.

⑤ '값이 싸면서 최고의 품질을 지니고'라는 표현 속에는 소비자에게 제품에 대한 장점을 인식하게 하여 구매하도록 하는 의도가 담겨 있다. 이 제품을 제조한 회사는 이와 같은 광고를 통해서 제품을 알리고 판매율을 높이려는 것이다.

정답 ❹

② 글쓰기의 과정

[글쓰기의 과정]

계획하기 → 내용 창안하기 → 내용 구성하기 → 표현하기 → 고쳐쓰기

❶ 계획하기

(1) 주제 선정하기

글쓰기 과정에서 가장 먼저 수행되어야 할 단계는 글의 주제와 목적을 정하는 과정이다. 일반적으로 글을 읽을 때는 주제 파악을 가장 나중에 하게 되지만 글을 쓰는 과정에서는 주제 선정이 가장 먼저 이루어져야 한다. 주제가 선정이 되어야 글의 방향이나 전략이 결정되고, 그에 따른 내용 생성이 이루어질 수 있기 때문이다.

① 주제의 기능

　㉠ 글의 내용을 하나로 모아준다. (통일성 부여)

　㉡ 소재 선택의 기준이 된다.

　㉢ 글쓴이의 생각과 의도를 명확하게 만들어 준다.

　㉣ 글의 짜임이 주제에 따라 결정된다.

② 주제의 종류

　㉠ 표현하는 방식에 따라 : 설명적인 주제(실용문), 상징적인 주제(문학작품)로 나누어 진다.

　㉡ 주제의 수에 따라 : 단일 주제, 복합 주제로 나누어 진다.

③ 주제의 분류

　㉠ 사회 일반의 문제 : 정치, 경제, 사회, 교육, 문화, 예술, 기타 분야 중에서 발견할 수 있는 정책, 사실 또는 가치 명제로 근본적으로 문제가 되거나 의미(intention)를 간직한 것이 해당한다.

　㉡ 학문 전반의 문제 : 인문 과학, 사회 과학, 자연 과학, 예술, 기타 분야 중에서 발견할 수 있는 정책, 사실, 가치 명제로 이치나 원리 또는 현상 등이 해당한다.

④ 주제 설정의 기준

　㉠ 범위가 너무 넓거나 추상적인 것이 아니어야 한다.

　㉡ 글을 쓰는 사람의 역량에 맞는 것이어야 한다.

　㉢ 독자가 관심과 흥미를 가질 수 있는 것을 고른다.

예상문제

다음 자료를 바탕으로 쓸 수 있는 글의 주제로서 가장 적절한 것은?

> • 몸이 조금 피곤하다고 해서 버스나 전철의 경로석에 앉아서야 되겠는가?
> • 아무도 다니지 않는 한밤중에 붉은 신호등을 지킨 장애인 운전기사 이야기는 우리에게 감동을 주었다.
> • 개같이 벌어 정승같이 쓴다는 말이 정당하지 않은 방법까지 써서 돈을 벌어도 좋다는 뜻은 아니다.

① 인간은 자신의 신념을 지키기 위해 일관된 행위를 해야 한다.
② 민주 시민이라면 부조리한 현실을 외면하지 말고 그에 당당히 맞서야 한다.
③ 도덕성 회복이야말로 현대 사회의 병폐를 치유할 수 있는 최선의 방법이다.
④ 개인의 이익과 배치된다 할지라도 사회 구성원이 합의한 규약은 지켜야 한다.
⑤ 공공질서의 확립은 개인의 양심에 달려있다.

● 해설

구체적인 사례를 제시해 놓고 이를 추론하여 주제를 찾는 유형으로 주어진 자료들이 공통적으로 말하고자 하는 바를 찾으면 된다. 첫 번째 문장은 '경로석에 앉지 않기로 한 사회적 규약 준수', 두 번째 문장은 '교통신호 준수', 세 번째 문장은 '정당한 수단의 재화 획득'을 말하고 있다. 이 세 문장이 공통적으로 말하고 있는 것은 '사회적 규약은 지켜야 하며, 수단과 과정이 모두 정당해야 한다.'라는 것이다. 따라서 이를 모두 포함할 수 있는 주제로 '개인의 이익이 배치된다 할지라도 사회 구성원이 합의한 규약은 지켜야 한다.'가 적절하다.
①, ②, ③, ⑤ 세 문장이 말하고자 하는 바를 포괄하지 못하고 있다.

정답 ❹

(2) 제목 붙이기

① **제목이 갖추어야 할 요건** : 글의 제목은 사람의 얼굴이 그 사람의 인상을 말하여 주듯이 주제를 함축적, 즉각적으로 알려 주어 그 글이 어떤 내용을 담고 있는지 예상하게 한다.

② **제목의 유형**

㉠ **주제와 관련된 제목** : 글의 핵심이 뚜렷이 부각되는 장점이 있으나 반면 글의 내용을 쉽게 노출할 수 있다.

　　예 〈가난한 날의 幸福〉, 〈山情無限〉, 〈약이 무섭다〉

㉡ **목적과 관련된 제목** : 글의 은근한 맛이 적고 다소 선동적이고 실리적인 면이 두드러진다.

　　예 〈보통사람을 두려워 마시오〉, 〈작은 모임을 많이 갖자〉, 〈대학축제… 철저한 놀자판이 좋다〉

㉢ **쓸거리와 관련된 제목** : 함축미가 모자라는 단점이 있다.

　　예 〈허생전〉, 〈축소 지향의 일본인〉, 〈눈물 없는 여자의 눈물〉, 〈고향의 아내에게〉

✚ 더 알고가기　표제·부제·주제·제목

㉠ **표제(標題)**
- 서책의 겉에 쓰는 그 책의 이름
- 연설이나 담화 따위의 제목

㉡ **부제(副題)** : 서적, 논문, 문예 작품 따위의 제목에 덧붙여 그것을 보충하는 제목

㉢ **주제(主題)** : 예술 작품에서 지은이가 나타내고자 하는 기본적인 사상

㉣ **제목(題目)** : 작품이나 강연, 보고 따위에서 그것을 대표하거나 내용을 보이기 위하여 붙이는 이름

● 예상문제 ●

다음 글의 제목으로 가장 적절한 것은?

> 보통 알코올 도수가 높은 술은 증류주(蒸溜酒)에 속한다. 중국의 바이주(白酒), 러시아의 보드카, 영국의 위스키, 프랑스의 브랜디가 모두 증류주다. 최근에야 알코올 도수가 20~30%까지 낮아졌지만, 원래 증류주는 40%가 넘었다. 증류를 하는 대상은 주로 양조주(釀造酒)다. 중국의 바이주는 쌀이나 수수로 만든 양조주인 청주나 황주(黃酒)를 먼저 만든 후, 그것을 증류하면 된다. 가오량주(高粱酒)는 그 재료가 수수라서 생긴 이름이다. 위스키는 주로 보리로 양조주인 맥주를 만든 후 그것을 증류해서 만든다. 브랜디는 포도를 원료로 만든 와인을 증류한 술이다. 그렇다면 한국의 소주는 과연 증류주인가. 당연히 증류주라고 해야 옳다. 다만 시중에서 즐겨 마시는 '국민 대중의 술' 소주는 온전한 증류주라고 말하기 어렵다. 상표를 자세히 살펴보면 '희석식 소주'라고 표시돼 있다. 도대체 무엇에 무엇을 희석했다는 것인가. 고구마나 타피오카 같은 곡물을 알코올 분해해 정제시킨 주정(酒精)에 물과 향료를 희석시킨 것이 바로 이 술이다. 주정은 그냥 마시면 너무 독해서 치명적이기에 물을 섞어야 한다. 이와 같은 주정은 결코 전래의 증류방식이 온전하게 도입된 것이 아니다. 밑술인 양조주를 굳이 만들지 않고 발효균을 원료에 넣어 기계에서 연속으로 증류시켜 만든다. 당연히 양조주가 지닌 원래의 독특한 향기도 수성에는 없다.

① 소주의 유래(由來)　　② 전통주의 미학(美學)

③ 소주의 정체(正體)　　④ 소주의 인지도

⑤ 소주와 청주

● 해설

제시문은 한국의 '소주'가 진정한 증류주인지 의문을 제기하면서 그 제조과정과 특징을 통해 '소주의 정체'를 밝히고 있다.
- 첫 번째 단락 : '증류주'를 정의하고, 그 종류를 설명하고 있다.
- 두 번째 단락 : '희석식 소주'의 제조 과정과 그 특성을 설명하고 있다.

①, ②, ④, ⑤ 제시문의 내용을 포괄하는 제목으로는 부적절하다.

정답 ❸

2 내용 창안(생성)하기

글을 쓰기 위해서는 글의 내용을 뒷받침할 수 있는 자료를 수집하고 이를 적절히 활용하는 과정이 필요하다. 이 때 통계자료를 비롯하여 다양한 시각자료들이 활용될 수 있다. 이 경우 중요한 것은 자료의 내용과 활용방안이 논리적으로 타당성을 갖는 것이다. 따라서 제시된 자료들 간의 연관성을 고려하여 이를 바탕으로 활용하는 것이 바람직하며 제시된 자료를 통해 논리적으로 이끌어낼 수 없는 내용을 무리하게 추리하거나 확대 또는 축소 해석하는 것은 바람직하지 않다.

(1) 글감의 정의 및 요건

① **정의** : 주제를 효과적으로 나타내기 위한 글의 재료를 뜻한다.

② **글감의 요건**

㉠ 풍부하고 다양해야 한다.

㉡ 주제를 뒷받침할 수 있어야 한다.

㉢ 근거가 확실해야 한다.

㉣ 독창적이고 새로워야 한다.

(2) 내용 생성 방법

① **자유롭게 쓰기(자유 연상)** : 주제와 소재에 관련된 내용들을 생각나는 대로 계속 적어 봄으로써 머릿속에 들어 있는 다양한 생각을 자유롭게 이끌어 내는 방법이다.

② **연관 짓기** : 특정한 주제나 소재에 관히여 머릿속에 떠오른 생각들을 자유롭게 연결해 가면서 생각을 발견해 가는 방법이다.

③ **토론하기** : 주제 또는 소재와 관련하여 다른 사람들과 이야기를 나눔으로써, 자신이 미처 생각하지 못했던 생각들을 발견해 나가는 방법이다.

④ **질문하기** : 주제나 소재와 관련된 내용들에 대해 스스로에게 질문하고 그에 대한 답을 찾아가는 과정을 통해 생각들을 발전시켜 나가는 방법이다.

예상문제

〈보기〉는 체육 대회 때 사용할 현수막 문구에 대한 학급 회의 결과이다. 〈보기〉의 조건을 모두 충족한 것은?

─── 보기 ───

• 협동심을 드러내는 내용을 담는다.
• 자연물을 이용해 비유한다.
• 현수막에 넣을 색채 이미지의 특성을 살린다.

① ㉠ 색채 특성 : 정열(붉은색)

   ㉡ 문구 : 우승을 향한 나의 일념, 뜨겁게 불타오르는 가슴!

② ㉠ 색채 특성 : 생명(초록색)

   ㉡ 문구 : 한 그루 두 그루 모여 초록 숲, 신록처럼 넘실대는 우리들의 함성!

③ ㉠ 색채 특성 : 희망(파란색)

   ㉡ 문구 : 바다 위를 자유로이 날아가는 새처럼, 드넓은 운동장에서 펼치는 승리의 날개!

④ ㉠ 색채 특성 : 순수(하얀색)

   ㉡ 문구 : 맑고 깨끗한 흰 구름처럼, 정정당당하게 높은 곳을 향하여!

⑤ ㉠ 색채 특성 : 승리(노란색)

   ㉡ 나 혼자 승리하면 은메달! 우리가 승리하면 금메달!

● 해설

'한 그루 두 그루 모여 초록 숲'이란 문구에서는 협동심을 드러내는 내용이 담겨 있고, '초록 숲', '신록처럼'에서 색채(초록색) 이미지의 특성이 드러나 있으며, 체육대회에 참여하는 학급 친구들을 '초록 숲'에, '우리들의 함성'을 '신록처럼 넘실대는'에 비유하여 '자연물을 이용해 비유하라'는 조건을 충족하고 있다.

정답 ❷

Q 짚어보기 ▶ 자료수집 및 활용의 실제

(가) OECD 국가 주요 도시의 대기오염도(2002)

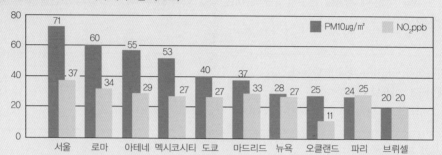

(나) 우리나라 차종별 차량 등록 대수

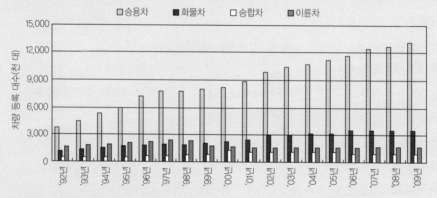

(다) 우리나라의 연도별 환경보호 지출액 및 지출율

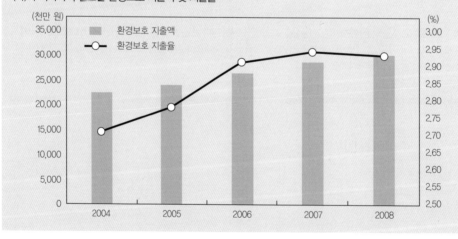

(라) 우리나라의 연도별 온실가스 배출량

구분		1998	1999	2000	2001	2002	2003	2004	2005	2006	2007
총 배출량		459.3	502.6	534.4	534.4	574.6	586.3	593.9	596.6	602.7	620.0
부문별	에너지	375.3	409.2	438.8	438.8	473.4	481.6	489.4	498.9	505.9	525.4
	산업공정	45.6	54.9	58.3	58.3	64.5	68.2	68.5	64.8	63.7	60.9
	농업	22.1	21.4	20.6	20.6	19.8	19.5	20.0	18.2	17.5	18.4
	폐기물	16.3	17.1	16.7	16.7	16.9	17.0	16.0	14.7	15.6	15.3

● **자료해석**

(가) 제시된 그래프는 OECD 국가의 도시들과 서울의 대기 오염도를 비교한 자료이다. 이를 통해 서울의 미세먼지 농도가 다른 도시들에 비해 높고, 이산화질소의 농도도 높은 것을 알 수 있다. 따라서 이 자료는 우리나라의 대기 오염도가 심각함을 보여주는 자료로 활용할 수 있다.

(나) 제시된 그래프는 우리나라의 차종별 차량 등록 대수의 변화이다. 자료를 분석해 보면 차종 중 승용차의 증가율이 매우 높다는 것을 알 수 있으며 이를 활용하여 대기오염의 원인 가운데 승용차로 인한 대기오염이 심각하다는 점을 지적하는 자료로 활용할 수 있다.

(다) 우리나라의 환경보호를 위한 지출액과 비율을 나타낸 그래프로 지출비율의 증가는 둔화되었지만 지출액은 지속적으로 증가하였음을 알 수 있다. 이는 대기오염이나 환경오염이 경제적 부담으로 작용할 수 있음을 지적하는 자료로 활용할 수 있다.

(라) 우리나라의 부문별 온실가스 배출량을 나타낸 표이다. 에너지 부분에서 가장 높은 배출량을 보이는 것을 통해 에너지 소비량을 줄이는 것이 온실가스 배출을 줄이는 방안이 될 수 있음을 지적하는 자료로 활용할 수 있다.

→ 각 자료를 따로 해석함과 동시에 묶어서 활용할 수도 있다. 가령 (나)와 (라)를 활용할 경우 에너지 부문에서 온실가스 배출이 높게 나타나는데 에너지 부분에 속한 자동차 증가량을 고려하면 결국 승용차의 증가가 온실가스 배출의 중요한 요인 중 하나임을 지적할 수 있다. 따라서 자연스럽게 승용차 요일제의 실시를 통한 승용차 배출가스 감축이 대안으로 제시될 수 있다.

(가)와 (다)를 연계하여 살펴보면 우리나라의 대기오염이 세계적으로 심각한 수준인 점과 이에 대한 환경 보호 지출액이 증가하고 있는 점을 파악할 수 있고 결국 환경 문제가 우리나라의 경제적인 부담이 될 수 있으며 국가 경쟁력을 약화시키는 요인이 될 수 있음을 지적할 수 있다.

❸ 내용 구성하기

⑴ 구성

글의 주제를 효과적으로 드러내기 위하여 내용을 일정한 질서에 따라 배열하는 것을 구성이라 한다. 다시 말해 주제에 따라 창안한 내용을 적재적소에 배열하여, 글의 주제가 명확하게 드러날 수 있도록 조직하는 것이다. 구성이 잘 되지 않은 글은 아무리 각각의 문장이 뛰어나도 글이 의도하는 바를 효율적으로 전달하기 힘들다.

⑵ 구성의 일반 원리

① **통일성** : 글의 다양한 부분들이 하나의 주제를 향해 통일되어야 한다. 이를 위해서는 단일한 주제, 논지의 통일성, 목적의 통일성, 문체의 통일성 등이 이루어져야 한다.

② **단계성** : 글의 '처음 – 중간 – 끝'이 단계별로 분명하게 제시되어야 한다.

③ **응집성** : 글 전체를 이루는 요소나 성분은 유기적으로 얽혀야 한다. 응집성이 있는 글이 되려면 서론 – 본론 – 결론 등의 각 단계가 그 나름의 독자성을 가지면서도 논리적으로 긴밀하게 얽혀 있어야 하며, 문장과 문장 사이의 관계 역시 긴밀해야 한다.

➕ 더 알고가기   구성의 분류   ≡

㉠ **전개식 구성(자연적 구성)**
- 시간적 순서에 따른 구성 ⑩ 일기
- 공간적 순서에 따른 구성 ⑩ 기행문

㉡ **종합적 구성(논리적 구성)**
- **단계적 구성**
  - 삼단 구성 : '서론 – 본론 – 결론'의 3단 구조
  - 사단 구성 : '기 – 승 – 전 – 결'의 4단 구조
  - 오단 구성 : 3단 구성을 보강한 구조
- **포괄식 구성**
  - 두괄식 구성 : 주제문 + 뒷받침 문장의 연역적 구성으로 결론이 글 앞에 옴.
  - 미괄식 구성 : 뒷받침 문장 + 주제문의 귀납적 구성으로 결론이 글 끝에 옴.
  - 쌍괄식 구성 : 주제문 + 뒷받침 문장 + 주제문의 구성으로 결론이 글 앞뒤에 옴.
- **열거식 구성** : 상호 관련성이 적은 사항들을 간결하게 진술할 때 쓰이는 구성
- **점층식 구성** : 내용의 중요성이 덜한 것에서 더한 것으로 진행되는 구성
- **인과식 구성** : 원인과 결과 또는 결과와 원인으로 진행되는 구성

짚어보기 ▶ 보고서 작성 계획

'보고서 작성 계획'은 매회 빠지지 않고 출제되는 문항이다. 보고서를 작성할 때에는 주제에 맞는 연구 목적을 설정하고 이에 따른 연구 내용을 선정한 뒤, 연구 방법이나 조사 항목들을 계획해야 한다. 이 때 주의할 점은 연구 목적과 내용, 연구 방법 및 조사 항목 등이 서로 유기적으로 연관되어 있어야 하며 주제로부터 벗어나지 않아야 한다는 점이다. 이에 유의하여 보고서 작성 계획과 관련한 문항을 풀이하면 손쉽게 문제를 해결할 수 있다.

보고서의 주제가 선정되었다면 이를 작성하기 위한 계획을 수립하게 되는데 이 계획에서는 연구의 목적과 연구의 내용, 연구 방법과 조사 항목 선정의 단계를 거치게 된다. 보고서 작성 문항은 이러한 보고서 계획의 적절성이나 타당성을 검토하는 문항이다. 이 때 유의할 점은 다음과 같다.

첫째, 보고서의 계획이 주제로부터 벗어나서는 안 된다. 즉 연구의 목적이나 연구 내용, 연구 방법 및 조사 항목들은 모두 주제와 통일성을 가지고 계획되어야 한다. 둘째, 각 내용들 역시 상호 유기적으로 연관되어야 하며 상호 모순이 생기거나 통일성을 벗어나면 안 된다. 이러한 점을 고려하여 보고서 계획하기 문항에 접근하면 실수 없이 문항을 해결할 수 있을 것이다.

[보고서 계획하기의 실제]

연구 주제	가정 및 직장 내에서의 양성 불평등 실태와 이와 관련한 정부 정책의 실효성
연구 목적	가정이나 직장에서 여성이나 남성이 겪고 있는 불평등 실태를 정확하게 파악하고 정부의 정책이 실효성을 거두고 있는지를 알아본다.
연구 내용	• 가정에서 이루어지는 가사 분담 실태 조사를 통해 가정 내에서 양성평등이 어느 정도 실현되고 있는지 파악한다. • 직장에서 이루어지고 있는 업무 분담의 실태를 조사하여 직장 내에서 양성평등이 어느 정도 실현되고 있는지 파악한다. • 직장에서 남녀의 성별에 따른 진급 실태를 파악하여 직장 내에서 양성평등이 실현되고 있는지 파악한다. • 가정 및 직장에서의 양성평등 실현을 위한 정부의 정책이 시행되고 있는지 조사하여 양성평등 실현을 위한 정부의 노력 여부를 파악한다. • 가정 및 직장에서의 양성평등 실현을 위한 정부의 정책이 실제 가정과 직장에서 적용되고 있는지 파악하여 정부 정책의 실효성 여부를 파악한다.

연구 방법 및 조사 항목	• 연구 방법
	  – 설문조사의 대상과 선정 이유를 인구 구성과 관련된 기초 자료와 함께 제시한다.
	  – 설문 내용의 타당성과 적절성을 제시한다.
	• 조사 항목
	  – 중산층 가정의 남녀를 대상으로 가정 내에서 가사 분담 실태를 조사한다.
	  – 맞벌이 부부의 경우와 그렇지 않은 경우 조사 내용의 차이가 있는지 비교한다.
	  – 직장에서 시행되고 있는 업무분담 사례와 설문 내용을 제시한다.
	  – 직장에서 성별에 따른 진급률의 차이를 조사하여 제시한다.
	  – 양성평등과 관련된 정부 정책을 조사하여 제시한다.
	  – 양성평등 관련 정부 정책에 대한 기업의 인식을 조사하여 제시한다.
	  – 양성평등 관련 정부 정책이 직장 내에서 구체적으로 적용되고 있는지 조사하여 제시한다.

→ 제시된 보고서를 살펴보면 연구 주제가 '가정 및 직장 내에서의 양성 불평등 실태와 이와 관련한 정부 정책의 실효성'이다. 따라서 뒤에 이어지는 내용은 모두 이러한 주제에 맞게 구성되어 통일성을 확보해야 한다. 예를 들어 연구 내용에서는 '가정'과 '직장'이라는 두 공간을 대상으로 연구가 진행되어야 하며, 그 외의 공간에 대한 연구는 주제와 일치하지 않으므로 의미가 없다. 또한 정부 정책의 실효성도 주제에 제시되어 있으므로 이와 관련된 내용이 반드시 포함되어야 한다. 한편 연구의 방법 및 조사 항목은 주제에서 벗어나지 않아야 하며 연구 내용을 충분히 설명할 수 있어야 한다. 설문조사의 내용과 대상 선정의 타당성과 적절성에 대한 내용은 연구 방법이 설문에 의해 진행되므로 이에 대한 표본 선정이 타당성과 적절성을 가지고 있는지를 제시하여 연구 내용의 타당성과 적절성을 뒷받침하는 것이라고 볼 수 있다. 또한 설문 조사 및 현황 조사는 역시 '가정'과 '직장'에서의 양성 평등과 관련하여 이루어져야 하며 아울러 정부의 정책에 대한 조사도 '가정'과 '직장'이라는 공간에 국한하여 진행되어야 한다. 이처럼 보고서의 계획은 주제로부터 벗어나지 않아야 하며 각 항목들이 유기적으로 연관되어 있어야 한다. 연구 내용에 포함되지 않은 내용을 연구 방법에 포함시키는 것은 바람직하지 않으며 연구 내용에서 제시된 내용이 연구 방법에서 구체적으로 제시되지 않는 것도 바람직하지 않다.

기출유사문제

다음은 보고서를 작성하기 위하여 계획한 내용이다. 내용상 적절하지 않은 것은?

연구 목적	소득 격차에 따른 아동 비만 실태를 영양 섭취와 식습관의 두 측면에서 정확하게 파악하고, 이에 대한 정부 정책을 알아본다.
연구 내용	• 저소득층 아동들의 비만 수준을 실제 조사를 통해 파악한다. • 조사된 통계자료를 바탕으로 아동의 비만 수준이 부모의 소득 수준에 따라 유의미한 차이가 있는지 파악한다. • 부모의 소득 수준에 따라 아동의 영양 섭취에 차이가 있는지 조사한다. ·············· ① • 부모의 소득 수준에 따라 아동의 식습관에 차이가 있는지 조사한다. • 아동들의 비만에 대한 정부의 정책이 마련되어 있는지 조사한다. ·············· ②

연구 방법 및 조사 항목	• 실제 설문조사
	   – 조사 대상의 선정 방법 및 이유를 도시지역 아동들의 비만 실태와 함께 제시한다. ·············· ③
	   – 부모의 소득 수준에 따른 아동들의 식단과 이에 따른 영양 섭취 현황을 함께 제시한다.
	• 실제 설문조사 및 현황 조사
	   – 소득 계층별로 아동들의 주간, 월간 식단을 조사한다.
	   – 소득 계층별로 아동들의 식사 시간, 식사 방법 등의 식습관을 조사한다. ·············· ④
	   – 소득 계층별로 아동들의 영양 섭취에 대한 부모의 관심도를 조사한다.
	   – 소득 수준에 따른 식재료 구입 방법과 경로를 조사한다.
	   – 저소득층 아동들에 대한 정부의 영양 섭취 및 식습관 지도에 관한 지원 정책을 조사한다.
	   – 부모의 교육 수준에 따른 아동의 영양 섭취에 대한 기초지식 및 관심도를 조사한다. ·········· ⑤

부모의 교육 수준이 아동의 영양 섭취에 대한 기초지식의 차이를 만들고 이에 따라 아동의 영양 섭취에 대한 관심도의 차이를 만들 수 있다는 가설을 세울 수는 있다. 그러나 연구 목적에서 '부모의 교육 수준'이 아니라 '부모의 소득 수준'에 따른 연구를 진행하기로 하였으므로 연구 목적에 맞도록 '부모의 교육 수준'에 따른 아동의 영양 섭취는 삭제하고 보고서를 작성하는 것이 바람직하다. 보고서 작성에서는 연구의 목적과 연구의 내용 및 연구 방법, 조사 항목들이 모두 유기적으로 연관되어 있어야 하기 때문이다.

정답 ❺

⑶ 개요 작성하기

① **개요의 정의** : 글의 주제와 목적에 맞게 글감, 중심 내용, 강조 내용 등을 효과적으로 일관성 있게 배치하는 글의 설계도를 말한다.

② **개요의 역할**

㉠ 글 전체의 일람표가 된다.

㉡ 주제를 벗어나지 않게 도와준다.

㉢ 중요한 내용을 빠뜨리지 않게 해준다.

㉣ 쓸데없는 중복을 막아 준다.

㉤ 글 전체의 균형을 잡아 준다.

③ **개요의 구성** : 개요는 서론과 본론, 결론의 구성이 유기적으로 연관되고 주제를 효과적으로 나타낼 수 있도록 구성된다.

④ **개요 작성의 순서**

구상 메모	쓸거리나 주제에 대해 떠오르는 생각을 순서 없이 간단하게 메모한 것을 말하며, 개요 작성의 기초 작업이다.
화제식 개요	구상 메모를 기초로 하여 다루고자 하는 글의 내용을 간단한 주제나 글감으로 정리한 것이다. 이 때 서론 – 본론 – 결론의 윤곽이 드러나며 주제나 글감을 어떻게 배열할 것인가를 결정해야 한다.
문장식 개요	화제식 개요를 좀 더 구체화하여 각 항목을 문장(주제문)으로 작성하는 작업을 말한다.

✚ 더알고가기 개요 작성의 실제 ≡

㉠ **주제** : 환경오염 문제와 대책

㉡ **구상 메모**

> 1. 심각해지는 환경오염
> 2. 대기오염
> 3. 수질오염
> 4. 소음 · 진동
> 5. 환경오염이 인류에게 미치는 영향
> 6. 환경오염의 방지 대책

㉢ **화제식 개요**

> 1. 서론 : 인류를 위협하는 환경오염
> 2. 환경오염의 실태
>   (1) 대기오염
>   (2) 수질오염
>   (3) 소음 · 진동
> 3. 환경오염이 인류에게 미치는 영향
> 4. 환경오염 방지 대책
> 5. 결론

㉣ **문장식 개요**

> 1. 서론 : 무분별한 개발로 인한 환경오염이 인류를 위협하고 있다.
> 2. 환경오염의 실태
>   (1) 대기 오염은 산업혁명 후 공장의 증가와 인간 생활을 위한 에너지 이용 과정에서 발생한 각종 매연에 의해서 발생한다.
>   (2) 수질 오염은 공업의 발달. 인간의 도시 집중 등에 의해 오염된 물이 하천에 흘러 들어 정화능력을 초과한 데서 발생한다.
>   (3) 문명의 발달은 생활의 편리를 가져왔고, 그 속에서 탄생된 교통기관의 증가, 기계의 대형화 및 공장의 주택가 접근으로 발생된 소음과 진동은 도시 공해 문제의 가장 중요한 요인이 되었다.
> 3. 환경오염이 인류에게 미치는 영향 : 환경오염은 인류의 건강을 해치고 생활을 황폐하게 만든다.
> 4. 환경오염 방지 대책 : 각종 공해를 유발하는 물질의 사용을 억제하고, 대기오염. 수질오염 등을 줄일 수 있는 여러 시설을 마련한다.
> 5. 결론 : 환경오염은 인류의 생존을 위협하고 생활환경을 황폐하게 하므로 환경보존에 힘써야 한다.

서론 : 지구 온난화로 인한 이상 기후 현상의 발생과 피해

본론

1. 온실가스 배출 현황

   ⑴ 연도별 온실가스 배출량 증가 현황

   ⑵ 부문별 온실가스 배출량 현황

2. 온실가스 배출의 문제점

   ⑴ 개인적 측면 – 다양한 호흡기 질병 유발

   ⑵ 경제적 측면 – 환경 개선 비용 증가

   ⑶ 환경적 측면 – 지구 온난화 가속화 및 이상기후 현상 증가

3. 온실가스 배출의 원인

   ⑴ 난방 및 온수, 요리 등

   ⑵ 산업 공정

   ⑶ 운송 수단

4. 온실가스 감축 방법

   ⑴ 실내 온도 줄이기 또는 온수 사용 자제

   ⑵ 산업 공정에서의 온실 가스 배출 규제 강화

   ⑶ 자동차 배출 가스 기준 강화 및 승용차 요일제 실시

결론 : 온실 가스를 감축하기 위해 개인, 산업, 정부가 협조해야 한다.

→ 시험에 자주 출제되는 개요의 수정 및 보완 문항은 제시된 개요를 수정하고 보완하는 능력을 평가한다. 이 경우 주제를 바탕으로 서론, 본론, 결론의 유기적 관계를 고려해야 한다. 특히 상위 항목과 하위 항목의 범주가 일치하는지 여부를 잘 따져보아야 하며, 주제로부터 이탈하지 않았는지도 꼼꼼하게 검토해 보아야 한다.

제시된 개요는 온실가스의 문제점과 원인을 지적하고 이에 대한 대안을 제시하고 있다. 우선 서론에서는 온실가스의 증가로 인해 세계적으로 문제가 되고 있는 이상 기후 현상을 들어 주의를 환기하고 있다. 본론1에서는 온실가스 배출 현황을 제시하여 문제의 심각성을 제시한 뒤 본론2에서는 온실가스 배출의 문제점을 개인적 측면과 경제적 측면, 환경적 측면으로 나누어 제시하였다. 본론3에서는 온실가스 배출의 원인을 온실가스 배출원별로 제시하였다. 이에 따라 본론4에서는 본론3에 맞추어 대안이 제시되고 있다. 즉 본론3에서 지적한 문제의 원인에 따라 본론4의 대안을 제시한 것이다. 이와 같이 개요에서는 본론의 각 내용이 유기적으로 연관되어 제시되어야 한다. 끝으로 결론에서는 대안에 제시된 내용을 종합하여 개인, 산업, 정부의 협력을 강조하며 마무리하고 있다. 이처럼 결론은 대안으로 제시된 내용을 종합하여 제시할 수 있어야 한다.

예상문제

개요를 작성할 때, ㉠~㉤을 구체화한 내용으로 적절하지 않은 것은?

서론 : ( ) ┄┄┄┄┄┄┄┄┄┄┄┄┄┄┄┄ ㉠

본론
1. 국내 아동 성범죄 현황
   (1) 연도별 아동 대상 성범죄 발생 빈도의 증가
   (2) 아동 대상 성범죄 재범률의 증가
2. 아동 성범죄의 문제점
   (1) 피해 아동의 치명적인 정신적 상처
   (2) 비교적 가벼운 처벌 ┄┄┄┄┄┄┄┄┄┄┄┄┄┄┄┄ ㉡
3. 아동 성범죄 대응 방안
   (1) 아동 성범죄자의 신상 공개 및 전자 발찌 착용 강화 ┄┄┄┄ ㉢
   (2) 아동 성범죄와 관련된 범행의 형량 강화
   (3) 아동 성범죄 전담반 구성을 통한 전문적 대응
   (4) 성범죄자의 출소 후 지속적 감시 및 관리로 재발 방지 노력 ┄ ㉣

결론 : ( ) ┄┄┄┄┄┄┄┄┄┄┄┄┄┄┄┄ ㉤

① ㉠ 아동의 정신적·신체적 특성상 성범죄로 인한 피해가 성인에 비해 훨씬 심각함을 제시하며 주의를 환기시킨다.

② ㉡ 아동 성범죄자들의 평균 형량과 국민들이 원하는 형량의 차이를 제시하여 범죄의 심각성에 비해 현재의 형량이 매우 가볍다는 점을 지적한다.

③ ㉢ 아동 성범죄자들의 신상을 주변의 주민들에게 알림으로써 주민들 스스로 이를 경계하여 아동 성범죄를 미연에 방지할 수 있는 다양한 방법을 강화시킬 필요가 있음을 강조한다.

④ ㉣ 아동 성범죄자들의 재범률이 높다는 점을 고려하여 성범죄자들이 출소 후에 사회로 복귀하여 자리를 잡을 수 있도록 지속적으로 추적, 관리하여 재범을 막아야 함을 제시한다.

⑤ ㉤ 아동 성범죄를 근절하기 위해서 다양한 제도적 노력이 이루어져야 함을 강조한다.

● 해설

아동 성범죄자들을 추적, 관리하는 것은 이들이 사회에 적응하지 못하여 범행을 반복하는 것을 막기 위한 것이 아니라 재범 확률이 높기 때문에 이를 막기 위한 것이다.

정답 ❹

④ 내용 표현하기

(1) 서론 쓰기

서론은 글의 도입부로 관련된 사례를 제시하거나 문제를 제기하면서 시작하기도 하고, 경우에 따라 핵심이 되는 개념을 정의하면서 시작하는 것이 일반적이다. 서론 쓰기에서 유의할 점은 서론의 내용이 주제와 관련 있어야 한다는 점이다. 또한 이후 내용 전개의 출발점이므로 전체 내용과의 연관성도 고려해야 한다.

> • 서론의 핵심 요소는 화제 제시이다.
> • 논의의 배경, 문제 제기, 화제 제시 등이 포함되어야 한다.

(2) 본론 쓰기

본론에서는 제시한 문제에 대해 분석하고 대안을 검토하는 과정을 거치게 되는데 일반적으로 문제점 제시, 문제의 원인 제시, 문제의 해결 방안 제시의 세 부분으로 구성된다. 이때 제시된 문제점과 문제의 원인, 문제 해결 방안은 유기적으로 연결되어야 하는데 가령 문제점으로 제시된 것은 그에 따른 원인 제시도 있어야 하며 해결 방안으로 이어져야 한다. 문제의 원인만 제시하고 해결 방안이 제시되어 있지 않거나 해결 방안은 있는데 문제의 원인 분석이 이루어지지 않았을 경우 올바른 내용 전개라고 보기 어렵다. 결국 본론 쓰기는 문제점, 원인, 대안이 하나로 묶여 유기적인 관계를 맺고 작성되어야 하는 것이다.

> • 제기된 문제를 분석하여 주제를 전개시킨다.
> • 적절한 논거를 제시하여 자신의 견해에 대한 타당성을 확보한다.
> • 자신과 대립되는 견해를 내세워 자신의 의견과의 차이를 부각시킨다.

(3) 결론 쓰기

결론은 글을 통해 주장하고자 하는 핵심 내용이다. 또한 결론은 서론과 본론에서 검토된 내용을 종합하여 필자의 주장을 명료하게 정리해야 하는 부분이다. 따라서 결론은 추상적인 것보다 구체적일수록 좋다. 일반적으로 결론은 주제나 제목과 일치해야 하며 특히 본론에서 대안으로 제시된 내용들의 종합에 해당하므로 본론의 대안들을 포괄적으로 포함하고 있어야 한다.

> • 쟁점에 대한 최종 판단을 내린다.
> • 자신의 주장에 의의와 가치를 부여한다.
> • 앞으로의 전망과 새로운 과제를 제시한다.
> • 독자에게 결심을 촉구하고 행동 유도를 설득한다.
> • 서론과 본론의 내용을 종합하여 핵심을 확인한다.

⑤ 고쳐 쓰기(퇴고)

글을 쓰고 난 후 이를 검토하여 잘못된 부분을 수정하는 것을 퇴고(推敲)라고 한다. 퇴고하기는 적절하고 어문규정에 맞는 어휘를 사용하였는가를 판단하는 어휘 수준의 퇴고로부터 글의 전체적인 내용을 검토하는 수준의 퇴고하기까지 단계적으로 이루어진다. 특히 이 과정에서는 어문규정과 관련된 지식뿐만 아니라 문법적 적절성을 판단하는 능력, 전체 내용을 검토하여 글의 내용 구조를 다듬는 수준의 능력까지 요구된다.

＋ 더알고가기 ┃ **퇴고의 원칙**

- **부가 원칙** : 쓰고자 한 바를 충분히 썼는지 파악하고 부족한 부분을 보충한다.
- **삭제의 원칙** : 불필요한 내용, 과장, 허식적 내용, 불충실한 내용은 삭제한다.
- **구성의 원칙** : 글의 순서를 바꾸어 효과를 높일 수 있는 것은 그 순서를 바꾼다.

---

(1) 어휘 수준에서 퇴고하기

어휘 수준에서 이루어지는 퇴고는 적절한 어휘의 선택, 어문규정에 맞는 어휘의 선택 등이 포함된다. 따라서 문맥에 맞는 적절한 어휘가 선택되었는지, 그리고 어문규정에 맞는 어휘가 선택되었는지 등을 검토하여 이를 수정하고 내용에 반영해야 한다.

① 불필요한 단어는 빼고, 빠뜨린 단어는 보충한다.

② 의미가 불분명하거나 적절하지 않은 단어를 바꾼다.

③ 어려운 한자어나 외국어 등은 쉬운 우리말로 바꾼다.

④ 표기법에 어긋난 단어나, 띄어쓰기가 잘못된 곳을 바르게 고친다.

Q 짚어보기 ▶ 어휘 수준의 퇴고

- 배추와 무는 이미 간이 맞게 절여진 것이므로 **김치 속**의 간을 소금이나 액젓 등으로 잘 맞춰야 한다. (×)
  → 배추와 무는 이미 간이 맞게 절여진 것이므로 **김치 소**의 간을 소금이나 액젓 등으로 잘 맞춰야 한다. (○)
- **6월** 동안 비가 전혀 오지 않았다. (×)
  → **6개월** 동안 비가 전혀 오지 않았다. (○)
- 한국에 **게시는** 동안에라도 편히 지내세요. (×)
  → 한국에 **계시는** 동안에라도 편히 지내세요. (○)
- 언젠가는 **로보트가** 노동을 대신하는 날이 올 것이다. (×)
  → 언젠가는 **로봇이** 노동을 대신하는 날이 올 것이다. (○)

(2) 문장 수준에서 퇴고하기

문장 수준에서 이루어지는 퇴고는 주어와 서술어의 호응, 목적어와 서술어의 호응, 부사어와 서술어의 호응 등 문장 성분들 간의 호응과 관련된 내용이 많다. 또한 우리말의 문장 구성 원리에 맞게 서술되었는지, 외래어법식의 표현이 아닌지 또한 검토 대상이 된다.

주어와 서술어, 목적어와 서술어는 서로 호응이 이루어져야 하며 주어와 목적어에 맞는 서술어가 존재해야 한다. 이처럼 문장은 짝이 되는 주어 또는 목적어와 서술어가 서로 호응을 이루어야 비문이 되지 않는다. 특히 부사어는 특정 서술어와만 호응하는 것이 있으므로 유의해야 한다.

> • 문장의 뜻이 분명한지 살펴본다.
> • 어법에 맞는 문장인지 살펴본다.
> • 문장의 호응 관계가 올바른지 살펴본다.
> • 지나치게 길거나 짧지 않은지 확인한다.

① 주어와 서술어의 호응

> 우리가 당부하고 싶은 말은 아직 끝나지 않았으니 새롭게 시작하기를 바란다.
> → 우리가 당부하고 싶은 말은 아직 끝나지 않았으니 새롭게 시작하기를 바란다는 것이다.

② 주어와 목적어의 호응

> 고된 훈련이 끝난 뒤 우리는 음식과 물을 마셨다.
> → 고된 훈련이 끝난 뒤 우리는 음식을 먹고, 물을 마셨다.

③ 부사와 서술어의 호응

　　㉠ 부정어와 호응하는 부사 : 여간, 결코, 절대로, 도무지, 차마, 너무

　　㉡ 긍정어와 호응하는 부사 : 역시, 적이, 조금, 제법, 겨우, 매우, 응당

　　㉢ 가정 · 추측의 말과 호응하는 부사 : 만일, 만약, 혹시, 자칫, 설마

　　㉣ 당부 · 부탁 · 소원의 말과 호응하는 부사 : 제발, 바라건대, 부디, 아무쪼록

> 그녀는 너무 아름다워서 눈이 부셨다.
> → 그녀는 매우 아름다워서 눈이 부셨다.

④ 관형어와 체언의 호응

> 선생님이라면 누구나 많은 여러 분야의 지식을 갖추어야 할 것이다.
> → 선생님이라면 누구나 여러 분야의 많은 지식을 갖추어야 할 것이다.

⑤ 피동 · 사동문의 호응

> 기술을 발전시켜야 한다.
> → 기술을 개발해야 한다.

예상문제

다음은 밑줄 친 부분을 국어 순화의 입장에서 고쳐 쓴 것이다. 바르게 고쳤다고 볼 수 없는 것은?

① 김 과장은 은행 <u>구좌</u>를 개설하려고 <u>수순</u>을 밟았다.

　→ 김 과장은 은행 <u>계좌</u>를 개설하려고 <u>절차</u>를 밟았다.

② 영희는 <u>포스트잇</u>에 담긴 내용을 <u>이모티콘</u>으로 다시 정리했다.

　→ 영희는 <u>붙임쪽지</u>에 담긴 내용을 <u>그림말</u>로 다시 정리했다.

③ 가수들은 <u>생방송</u>을 마치자 <u>가건물</u>을 통해 나가버렸다.

　→ 가수들은 <u>직접 방송</u>을 마치자 <u>임시 건물</u>을 통해 나가버렸다.

④ 검찰에서는 악덕 상인들의 <u>매점</u> 행위를 집중 단속하고, <u>미제</u> 사건을 수사하기로 했다.

　→ 검찰에서는 악덕 상인들의 <u>사재기</u> 행위를 집중 단속하고, <u>해결 안 된</u> 사건을 수사하기로 했다.

⑤ 준희는 새로 산 <u>곤색</u> 가방에 <u>기스</u>가 나서 기분이 상했다.

　→ 준희는 새로 산 <u>감색</u> 가방에 <u>흠</u>이 나서 기분이 상했다.

해설

직접 방송 → 현장 방송 : '생방송'은 미리 녹음하거나 녹화한 것을 재생하지 않고 프로그램의 제작과 방송이 동시에 이루어지는 방송을 뜻하는 일본식 용어이다. 따라서 '생방송'을 '현장방송'으로 순화하는 것이 바람직하다.
① '구좌'나 '수순'은 모두 일본식 한자어이므로 '계좌'나 '절차, 단계, 차례'로 순화해야 한다.
② '포스트잇'은 '붙임쪽지'로, '이모티콘'은 '그림말' 또는 '감정기호'로 순화해야 한다.
④ '매점'은 '사재기'로 순화해야 한다.
⑤ '곤색'은 '감색'으로 '기스'는 '흠, 상처'로 순화해야 한다.

정답 ❸

＋ 더 알고가기　　외래어 번역 투 문장의 순화　　　　　　　　　　　　　　　≡

㉠ 일본어 번역 투 문장의 순화

• 인내심은 바둑<u>에 있어서</u> 가장 중요한 덕목이다.

　→ 인내심은 바둑<u>에서</u> 가장 중요한 덕목이다.

• 우리는 환경문제에 관심을 <u>기울여야 한다.</u>

　→ 우리는 환경문제에 관심을 <u>두어야 한다.</u>

• 낯선 고장<u>에서의</u> 생활은 쉽지 않았다.

　→ 낯선 고장<u>에서</u> 생활하는 것은 쉽지 않았다.

• 그것은 우리 사회의 기초<u>에 다름 아니다.</u>

　→ 그것은 우리 사회의 기초<u>나 다름이 없다.</u>

• 그의 노래는 그러한 주목<u>에 값하는 것이었다.</u>

　→ 그의 노래는 <u>주목할 만하다.</u>

ⓒ 영어식 표현

- 시험장은 목동에 **위치하고 있습니다**. ('be located in'의 영향)

  → 시험장은 목동에 있습니다.

- 모든 권력은 국민**으로부터 나온다**. ('from'의 영향)

  → 모든 권력은 국민에게서 나온다.

- 내일 12시에 부서별 회의를 **갖도록 하자**. ('have'의 영향)

  → 내일 12시에 부서별로 회의를 하자.

- 안전은 **아무리 강조해도 지나침이 없다**. ('It is not too much too …'의 영향)

  → 안전은 계속 강조해도 지나치지 않다.

- 지금 열차가 **도착하고 있습니다**. ('be ~ing'의 영향)

  → 지금 열차가 **도착합니다**.

Q 짚어보기 ▶ 중의적인 문장

중의적인 문장이란 표면적으로는 동일한 단어들의 결합인 동시에 두 가지 이상의 서로 다른 의미와 계층 구조를 가지는 것을 뜻한다. 이를 해결하기 위해서는 의미를 해치는 지나친 생략을 피하고, 휴지와 강세를 이용하여 의미를 명확하게 해야 한다.

㉠ 어휘적 중의성

- **다의어에 의한 중의성** : 그녀는 손이 크다.
  - 손의 크기가 크다.
  - 씀씀이가 크다.
- **동음이의어에 의한 중의성** : 이 큰 배를 보아라.
  - 복부(腹), 선박(船), 배(果)

ⓛ 구조적 중의성

- **수식어의 중복** : 착실한 건도와 도영이가 공부를 하고 있다.
  - 건도는 착실하다.
  - 건도와 도영이는 모두 착실하다.
- **주어 범주의 모호함** : 남자친구는 나보다 축구를 더 좋아한다.
  - 남자친구는 내가 축구를 좋아하는 것보다 축구를 더 좋아한다.
  - 남자친구는 나를 좋아하는 것보다 축구를 더 좋아한다.
- **부정 범위에 따른 모호함** : 친구들이 다 오지 않았다.
  - 친구들이 한 명도 오지 않았다.
  - 친구 중 일부만 왔다.
- **수식 범위의 모호함** : 키가 큰 선희의 동생이 농구부에 들어왔다.
  - 선희의 키가 크다.
  - 선희 동생의 키가 크다.

- **주체에 의한 중의성** : 선생님이 보고 싶은 학생이 많다.
  - 선생님을 보고 싶어 하는 학생이 많다.
  - 선생님께서 보고 싶어 하시는 학생이 많다.
ⓒ 비유적 중의성
- **사동사에 의한 중의성** : 어머니께서 동생에게 옷을 입히셨다.
  - 어머니께서 동생에게 직접 옷을 입히셨다.
  - 어머니께서 동생에게 옷을 입으라고 시키셨다.
- **보조관념으로 인한 중의성** : 태우는 곰이다.
  - 태우는 몸집이 곰처럼 크다.
  - 태우는 곰처럼 행동이 둔하다.

(3) 문단 수준에서 퇴고하기

문단 수준에서 이루어지는 퇴고는 문단의 통일성이 갖추어져 있는지 살펴보는 것이다. 즉 문단이 중심내용으로부터 벗어난 내용은 없는지 살펴보아야 하며, 문장과 문장의 관계가 논리적으로 타당한지도 살펴보아야 한다. 또한 문장과 문장을 연결하는 접속어가 적절하게 사용되었는지도 검토의 대상이 된다.

① 한 문단에 하나의 중심 생각만 있는지 살펴본다.
② 중심 생각이 주제문으로 잘 표현되었는지 살펴본다.
③ 전체의 주제를 뒷받침할 수 있는지 살펴본다.
④ 문단의 길이는 적당한지 살펴본다.

➕ 더 알고가기 | 문단(단락) | ≡

㉠ **정의** : 넓은 의미에서 주제를 전개하는 분절적 구성 단위를 말하며, 좁은 의미에서는 소주제에 의하여 통일된 하나의 마무리된 덩이를 말한다.
㉡ **보조 단락**
- **도입 단락** : 집필의 목적이나 과제 등을 제시한다.
- **전개 단락** : 앞 단락의 내용에 대해 깊이 나아간다.
- **요약 단락** : 결론을 맺거나 글을 마무리한다.
- **전제 단락** : 주장을 이끌어 내기 위한 논거 따위를 제시한다.
- **상술 단락** : 앞 단락의 내용에 대해 알기 쉽게 풀어 표현한다.
- **예시 단락** : 예를 들어 구체적으로 설명한다.
- **첨가, 부연 단락** : 앞에 진술된 내용을 보충한다.
- **연결 단락** : 두 단락 사이의 내용을 자연스럽게 이어 준다.
- **강조 단락** : 의도적으로 단락을 나누어 내용을 특히 강조한다.

Q 짚어보기 ▶ **접속어의 분류**

- **순접 관계의 접속어** : 앞과 뒤의 문장이 서로 순순히 이어질 때 사용하는 접속어

  예 그리고, 그러므로, 그러니, 그래서, 이와 같이, 그리하여

- **역접 관계의 접속어** : 앞과 뒤의 문장이 서로 상반되는 내용일 때 사용하는 접속어

  예 그러나, 그렇지만, 하지만, 그래도, 반면에

- **인과 관계의 접속어** : 앞 문장이 뒤에 오는 문장의 원인이 되고, 뒤의 문장이 결과가 되도록 이어주는 접속어

  예 그러므로, 따라서, 그래서, 왜냐하면

- **예시 관계의 접속어** : 앞 문장을 설명하기 위해 예를 들 때 사용하는 접속어

  예 예컨대, 예를 들어, 가령

- **첨가 관계의 접속어** : 뒤의 문장에 보충 설명을 덧붙일 때 사용하는 접속어

  예 그리고, 뿐만 아니라, 더구나, 또, 또한, 게다가, 덧붙여, 더욱

- **전환 관계의 접속어** : 앞 문장과 화제가 바뀌어 연결될 때 사용하는 접속어

  예 그런데, 한편, 그러면, 아무튼

- **대등 관계의 접속어** : 앞 내용과 뒤의 내용이 대등하게 이어질 때 사용하는 접속어

  예 그리고, 및, 한편

- **환언 관계의 접속어** : 앞의 내용을 바꾸어 말하거나, 전체 문장을 간략하게 요약할 때 사용하는 접속어

  예 요컨대, 즉, 곧, 결국, 따라서, 바꾸어 말하면, 다시 말하면

⑷ 글 수준에서 퇴고하기

글 수준에서 퇴고하기는 글의 주제를 바탕으로 일관성을 유지하고 있는지 각 문단의 배치가 적절한지 등을 고려하여 이루어진다.

① 제목이 적절한지 살펴본다.

② 글 전체가 하나의 주제로 통일되었는지 살펴본다.

③ 주제나 목적을 잘 드러내도록 체계적으로 구성되었는지 살펴본다.

④ 문단의 연결 관계가 자연스러운지 살펴본다.

＋ 더 알고가기 **바른 글쓰기**

- **목적과 대상에 맞는 글** : 글을 쓸 때 대상을 정하는 것은 글쓰기의 목적을 정하는 것과 함께 꼭 거쳐야 하는 단계이다. 대상에 맞는 어휘와 문체를 구사하고, 대상에 맞는 자료를 제시할 때 그 글은 '대상 부합성'이 있다고 할 수 있다.
- **충실하고 정확한 글** : 좋은 글은 내용이 충실하고 정확하며 분명해야 한다. 내용의 충실도와 정확도를 높이기 위해 제시한 주요 정보는 그 근거를 밝혀야 한다.
- **통일성 있는 글** : 글에서 말하는 '통일성'은 글의 각 대목이 내용상 전체적인 주제와 밀접하게 연결되는 특성이다. 글에서는 특히 본문과 제목 간의 유관성, 문장 간의 긴밀성, 접속 부사의 적정성을 유지해야 한다.

기출유사문제

밑줄 친 ㉠~㉤의 수정방안으로 바르지 않은 것은?

한국 사회에서 점차 심화되고 있는 양극화 문제는 더 이상 방치하기 어려운 상황에 이르렀다. 상위 10%의 상위층이 전체 부의 50%를 차지하는 한국 사회에서는 사회 정의도 공동체의 통합도 기대하기 어렵다.

양극화의 가장 큰 문제점은 양극화로 인한 계층 간의 분열과 갈등이다. ㉠ 계층 간 부의 차이를 인정할 수 없는 사회 구조는 계층 간 불평등 문제에 대한 합의가 어렵다. 이러한 상황이 심화된다면 결국 계층 간 반목과 갈등으로 사회는 급속도로 붕괴될 것이 불을 보듯 뻔한 일이다.

또한 양극화는 사회적 부의 재분배를 막고 사회 계층을 ㉡ 안착화시킴으로써 효율적인 사회 체제 유지를 어렵게 만들며 부의 편중으로 인한 비효율과 경기 침체를 가져올 수 있다. ㉢ 그러므로 사회 계층의 고착화가 심화되면서 폐쇄적이고 고립적인 사회로 후퇴할 우려도 있다.

이와 같은 문제들의 원인은 결국 부의 편중을 방치하는 사회 시스템에 있다. 불공정한 경쟁과정과 불합리한 재화의 분배는 부의 편중을 가속시키는 양극화의 주된 원인이다. 또한 부의 합리적인 재분배로 함께 성장할 수 있는 기반을 조성하기 위한 사회적 노력의 부재도 문제를 심화시키고 있는 요인이다. ㉣ 물론 개인별로 소유한 부를 강제적으로 재분배하는 것은 개인의 자유를 제한한다는 점에서 문제가 있다. 그러나 사회적 부의 재분배에 합의하고 이를 통해 함께 성장하고자 하는 사회 분위기가 형성되지 못하는 한 ㉤ 양극화로 인한 문제점은 지속될 수 밖에 없다.

이러한 양극화 문제를 해결하기 위해서는 우선 공정한 경쟁을 통한 부의 축적이 가능하도록 정부가 감시하면서 불합리한 재화의 분배가 차단될 수 있는 제도를 마련해야 한다. 또한 부의 재분배에 대해 사회적 합의를 이끌어 내야 한다. 정부가 합리적인 설득 과정과 효율적인 재분배를 통해 사회 전체의 부를 증진시킬 수 있는 상생의 모델을 제시해야 하는 것이다.

① ㉠ 주어와 서술어의 호응을 고려하여 '사회 구조는'을 '사회 구조 속에서는'으로 수정한다.

② ㉡ '안착'은 어떤 곳에 편안히 자리를 잡는다는 뜻이므로 문맥을 고려하여 '고착화'로 수정한다.

③ ㉢ 앞뒤 문장의 내용으로 보아 접속어가 어색하므로 '그러므로'를 '그러나'로 수정한다.

④ ㉣ 글의 전체적인 주제를 고려할 때 통일성에 벗어난 문장이므로 삭제한다.

⑤ ㉤ '밖에'가 '그것 말고는'의 의미로 쓰일 때는 조사이므로 '수밖에'로 붙여 쓴다.

● 해설
㉢은 문맥상 앞의 내용과 첨가 관계에 있으므로 '또한', '아울러' 등의 접속어가 들어가는 것이 적절하다.

정답 ❸

(5) 문장 바르게 쓰기의 실제

① 문장 성분의 호응

01. 지금 내가 원하는 것은 안정적인 직장과, 돈을 많이 벌고 싶다.

→ 지금 내가 원하는 것은 안정적인 직장을 얻고, 돈을 많이 버는 것이다.

02. 문학은 삶의 다양한 측면을 보여주는 언어 예술 장르로서, 문학을 향유하는 예술적 본능을 지닌다.

→ 문학은 삶의 다양한 측면을 보여주는 언어 예술 장르로서, 인간은 문학을 향유하는 예술적 본능을 지닌다.

03. 그런 당신이 내 눈엔 자신의 정해진 운명을 피하려고만 하는 겁쟁이였습니다.

→ 그런 당신이 내 눈엔 자신의 정해진 운명을 피하려고만 하는 겁쟁이로 보였습니다.

04. 우리가 처음으로 볼 수 있었던 것은 광화문과 흥례문 사이에서 재현되는 궁성문 개폐 및 수문장 교대의식을 볼 수 있었다.

→ 우리가 처음으로 볼 수 있었던 것은 광화문과 흥례문 사이에서 재현되는 궁성문 개폐 및 수문장 교대의식이었다.

05. 나는 당신이 모든 상황을 그대로 받아들였으면 하는 게 내 바람이오.

→ 내 바람은 당신이 모든 상황을 그대로 받아들였으면 하는 것이오.

06. 화성의 축성 동기는 조선 시대 정조대왕이 아버지 사도세자가 당쟁으로 인해 뒤주 속에서 참혹히 죽음을 당한 것을 애도하고 아버지의 고혼을 위로하기 위해 이루어진 것이다.

→ 화성의 축성 동기는 조선 시대 정조대왕이 아버지 사도세자가 당쟁으로 인해 뒤주 속에서 참혹히 죽음을 당한 것을 애도하고 아버지의 고혼을 위로하기 위한 것이다.

07. 대학가요제는 30년의 역사만 자랑할 것이 아니라 대학가 가요 제전으로서 보여주고자 하는 음악의 미래를 제시할 시점이다.

→ 대학가요제는 30년의 역사만 자랑할 것이 아니라 대학가 가요 제전으로서 보여주고자 하는 음악의 미래를 제시할 시점에 와 있다.

08. 그러나 위험한 것은 실패의 원인을 자신의 능력으로 돌릴 때 우리는 학습된 무기력에 빠지게 됩니다.

→ 그러나 위험한 것은 실패의 원인을 자신의 능력으로 돌릴 때 우리는 학습된 무기력에 빠지게 된다는 점입니다.

09. 카드뮴은 뼈가 약해지고 쉽게 부서지는 '이타이이타이병'에 걸릴 수도 있다.

→ 카드뮴은 뼈가 약해지고 쉽게 부서지는 '이타이이타이병'에 걸리게 할 수도 있다.

10. 14년 만에 다시 국경일로 제정된 한글날, 그 560번째 돌을 맞이해 여러 가지 작업물이 한글을 추억한다.

→ 14년 만에 다시 국경일로 제정된 한글날, 그 560번째 돌을 맞이해 여러 가지 작업물이 한글을 추억하게 한다.

11. 마치 겨울나무들이 잎사귀를 모두 떨어뜨리고 모든 것을 가라앉힙니다.

→ 마치 겨울나무들이 잎사귀를 모두 떨어뜨리고 모든 것을 가라앉히는 것 같습니다.

12. 한 나라의 영화 정책은 당연히 자기 나라 영화의 보호와 진흥을 목적으로 그 방향에 따라 정책을 수행한다.

→ 한 나라의 영화 정책은 당연히 자기 나라 영화의 보호와 진흥이란 목적에 따라 수행된다.

② 조사

01. 더운 여름은 바다로 사람들이 몰린다.

→ 더운 여름에는 바다로 사람들이 몰린다.

02. 어쩌면 그대의 그런 운명을 신이 아닌, 나와 그대가 만든 것일지도 몰라요.

→ 어쩌면 그대의 그런 운명은 신이 아닌, 나와 그대가 만든 것일지도 몰라요.

03. 보물이라고 하기엔 초라하다는 생각을 들게 하는 종이었다.

→ 보물이라고 하기엔 초라하다는 생각이 들게 하는 종이었다.

04. 왜 그때 조금의 이상한 느낌도 들지 않았을까.

→ 왜 그때 조금도 이상한 느낌이 들지 않았을까.

05. 이러한 결과가 초래한 데에는 그의 부주의도 무시할 수 없기 때문이다.

→ 이러한 결과를 초래한 데에는 그의 부주의도 무시할 수 없기 때문이다.

06. 경주로 도착한 나는 그를 만나게 되었다.

→ 경주에 도착한 나는 그를 만나게 되었다.

07. 나는 그대가 좀 더 솔직하지 못했던 것에 안타까워 한숨이 나올 따름입니다.

→ 나는 그대가 좀 더 솔직하지 못했던 것이 안타까워 한숨이 나올 따름입니다.

08. 그런 진실이 밝혀가는 과정에서 그대는 어렴풋이 느꼈을 것이오.

→ 그런 진실을 밝혀가는 과정에서 그대는 어렴풋이 느꼈을 것이오.

09. 이제는 내 죄가 용서받을 수 있을까?

→ 이제는 내 죄를 용서받을 수 있을까?

10. 그는 죄를 짓지 않았으므로 국법의 어긋남이 없다.

→ 그는 죄를 짓지 않았으므로 국법에 어긋남이 없다.

11. 김 원장은 수술 이후 항암 치료를 받으면서 입안이 헐고 몸무게가 줄자, 담당 의사는 항암제 용량을 줄일 것을 권했다.

→ 김 원장이 수술 이후 항암 치료를 받으면서 입안이 헐고 몸무게가 줄자, 담당 의사는 항암제 용량을 줄일 것을 권했다.

12. 그저 조그마한 보탬이라도 되고자 하는 뜻에 행한 일이다.

→ 그저 조그마한 보탬이라도 되고자 하는 뜻에서 행한 일이다.

13. 현 종묘는 그 특수성에 알맞는 건축미와 구성미가 세계적으로 뛰어났음을 인정받아 세계문화유산으로 등재됐다.

  → 현 종묘는 그 특수성에 알맞은 건축미와 구성미가 세계적으로 뛰어났음을 인정받아 세계문화유산으로 등재됐다.

14. 원시 시대부터 인간은 끊임없는 발전을 거듭해 온 것은 우리가 인정해야 하는 사실이다.

  → 원시 시대부터 인간이 끊임없는 발전을 거듭해 온 것은 우리가 인정해야 하는 사실이다.

15. 정부는 이 문제를 일본에게 강력히 항의하였다.

  → 정부는 이 문제를 일본에 강력히 항의하였다.

16. 버릇없고 참을성 없는 요즘 어린이들에 초등학교에서 생활 습관 교육을 실시한다고 한다.

  → 버릇없고 참을성 없는 요즘 어린이들에게 초등학교에서 생활 습관 교육을 실시한다고 한다.

17. 그렇다고 해서 나에게서 불만이 아주 없는 것은 아니다.

  → 그렇다고 해서 나에게 불만이 아주 없는 것은 아니다.

18. 가장 괴로웠던 것은 친한 친구와 헤어져 있어야 했다라는 것이었습니다.

  → 가장 괴로웠던 것은 친한 친구와 헤어져 있어야 했다는 것이었습니다.

19. 그는 신기록 제조기다라는 평을 받고 있습니다.

  → 그는 신기록 제조기라는 평을 받고 있습니다.

20. 삼촌은 나만 보면 커서 뭐가 되겠느냐고 묻곤 하셨다.

  → 삼촌은 나만 보면 커서 뭐가 되겠느냐고 묻곤 하셨다.

③ 접속 구성

01. 그는 딸을 보려 학교에 갔다.

  → 그는 딸을 보러 학교에 갔다.

02. 그가 나를 좋아함으로 나도 그를 좋아한다.

  → 그가 나를 좋아하므로 나도 그를 좋아한다.

03. 기재 사항의 정정 또는 금융 기관의 수납인 및 취급자인이 없으면 무효입니다.

  → 기재 사항의 정정이 있거나 또는 금융 기관의 수납인 및 취급자인이 없으면 무효입니다.

04. 인간은 자연을 지배하기도 하고 복종하기도 한다.

  → 인간은 자연을 지배하기도 하고 자연에 복종하기도 한다.

05. 걸음걸이가 부자연스럽고 위태롭게 보인다면 근육 감소증에 의한 허약일 수도 있는데, 노쇠 상태에 대한 전반적인 점검이 필요하다.

  → 걸음걸이가 부자연스럽고 위태롭게 보인다면 근육 감소증에 의한 허약일 수도 있으므로, 노쇠 상태에 대한 전반적인 점검이 필요하다.

06. 즐거운 중추절을 맞아 넉넉하고 풍요로움이 가득하시길 기원합니다.

  → 즐거운 중추절을 맞아 넉넉함과 풍요로움이 가득하시길 기원합니다.

07. 박 선생님은 그동안 좋았던 시절도 있었고 힘든 시절도 있었다고 했다.

→ 박 선생님은 그동안 좋았던 시절도 있었고 힘들었던 시절도 있었다고 했다.

08. J전자가 지난해 말 이미 발화 가능성이 있는 자사 배터리의 문제점을 파악했으면서도 은폐하거나 미온적 대응으로 사태를 악화시켰다는 비판이 제기됐다.

→ J전자가 지난해 말 이미 발화 가능성이 있는 자사 배터리의 문제점을 파악했으면서도 은폐하거나 미온적으로 대응해 사태를 악화시켰다는 비판이 제기됐다.

09. 한국 방송 보도국 임 기자와 보도 영상부 기자 4명은 마침 서울행 비행기인 801편을 타기 위해 공항에 나와 있다 사고를 접했다 소형 비디오 카메라에 현장을 담았다.

→ 한국 방송 보도국 임 기자와 보도 영상부 기자 4명은 마침 서울행 비행기인 801편을 타기 위해 공항에 나와 있다 사고를 접하고 소형 비디오 카메라에 현장을 담았다.

④ **피동법**

01. 나는 네가 다른 부모 아래에서 키워지면 편안할 것이라고 생각했다.

→ 나는 네가 다른 부모 아래에서 자라나면 편안할 것이라고 생각했다.

02. 이것들은 지금까지 나에게 남겨져 있는 것들이다.

→ 이것들은 지금까지 나에게 남아 있는 것들이다.

03. 사람은 자신을 태어나게 해 준 부모님께 효도해야 한다.

→ 사람은 자신을 낳아주신 부모님께 효도해야 한다.

04. 그런 악습은 극복되어야 한다.

→ 그런 악습은 극복해야 한다.

05. 그 연극은 배우들의 연기가 정말 좋았다고 생각된다.

→ 그 연극은 배우들의 연기가 정말 좋았다고 생각한다.

06. 소심한 성격 때문에 당해지는 손해가 여간 크지 않았다.

→ 소심한 성격 때문에 당하는 손해가 여간 크지 않았다.

07. 내일 아침이면 또 마음이 변해지겠구나.

→ 내일 아침이면 또 마음이 변하겠구나.

08. 열차가 곧 도착됩니다.

→ 열차가 곧 도착합니다.

09. 그것이 요즈음 학생들에게 많이 읽혀지는 책이다.

→ 그것이 요즈음 학생들에게 많이 읽히는 책이다.

10. 이러한 문제들이 지금껏 민주적 방법으로 해결되어지지 못했기 때문에 갈등과 불만이 싹텄다.

→ 이러한 문제들이 지금껏 민주적 방법으로 해결되지 못했기 때문에 갈등과 불만이 싹텄다.

⑤ **동어의 반복 사용**

01. 현대 시대의 부부들은 집안의 대소사를 서로 의논해 가면서 결정한다.

→ 현대의 부부들은 집안의 대소사를 의논해 가면서 결정한다.

02. 식목일 날, 우리 조는 한옥마을에 다녀왔다.

→ 식목일, 우리 조는 한옥마을에 다녀왔다.

03. 남은 여생을 가족과 함께 평온하게 지내시길 바랍니다.

→ 여생을 가족과 함께 평온하게 지내시길 바랍니다.

04. 페이지 10쪽을 보면

→ 10쪽을 보면

05. 이를 위해서 국민적 합의를 모아야 하고, 유력 대선 후보들과도 한반도의 장래를 위해 사심 없이 대화해야 한다.

→ 이를 위해서 국민적 합의를 이끌어내야 하고, 유력 대선 후보들과도 한반도의 장래를 위해 사심 없이 대화해야 한다.

06. 여의도 벚꽃 축제가 개막한 6일, 서울 여의도 윤중로에는 봄 정취를 만끽하려는 상춘객 발길이 종일 이어졌다.

→ 여의도 벚꽃 축제가 개막한 6일, 윤중로에는 봄 정취를 만끽하려는 사람들의 발길이 종일 이어졌다.

07. 돌이켜 회고해 보건대 우리는 형극의 가시밭길을 걸어 왔습니다.

→ 돌이켜 보건대 우리는 가시밭길을 걸어 왔습니다.

08. 미리 자료를 예비한 분은 별도의 자료를 따로 만들 필요가 없습니다.

→ 자료를 예비한 분은 별도의 자료를 만들 필요가 없습니다.

⑥ 기타

01. 내가 이런 저런 소소한 생각들을 하는 사이에 강연은 시작되었다.

→ 내가 이런 저런 소소한 생각을 하는 사이에 강연은 시작되었다.

02. 어떤 일이 주어졌을 때 최선을 다하는 그의 모습들은 정말 인상적이었다.

→ 어떤 일이 주어졌을 때 최선을 다하는 그의 모습은 정말 인상적이었다.

03. 내리실 때는 벨을 눌러 주십시오.

→ 내리실 분은 미리 벨을 눌러 주십시오.

04. 너의 행동은 아무리 생각해 보아도 나에게는 이해가 가지를 않는다.

→ 너의 행동은 아무리 생각해 보아도 나에게는 이해되지 않는다.

05. 그 사람은 참 훌륭하다고 생각이 듭니다.

→ 그 사람은 참 훌륭하다고 생각합니다.

06. 다라니경의 발견은 세계의 과학자들의 주목에 값하는 사건이다.

→ 다라니경의 발견은 세계의 과학자들이 주목할 만한 사건이다.

07. 오는 토요일 설악산으로 여행 갈 계획이 있습니다.

→ 오는 토요일 설악산으로 여행 갈 계획입니다.

08. 그의 나에 대한 평가는 참으로 어떠한지 궁금하다.

→ 나에 대한 그의 평가는 참으로 어떠한지 궁금하다.

1장 쓰기능력
실전 대비 문제

[01~03] 문제를 읽고 물음에 답하시오.

01

보고서를 작성하기 위하여 계획한 내용이다. 내용상 적절하지 않은 것은?

연구 목적	우리나라의 고속 탈산업화에 따른 대안을 모색한다.
연구 내용	• 탈산업화의 의미와 일반적 과정을 조사한다. • 우리나라의 산업 구조 현황을 조사한다. • 조사된 산업 구조 현황 자료를 토대로 우리나라의 탈산업화가 유의미한 변화를 보이고 있는지 조사한다. ················· ① • 다른 나라와 비교하여 우리나라의 탈산업화 과정에 차이가 있는지 조사한다. • 탈산업화 과정에서 서비스업의 비중 변화를 조사한다. • 국내 서비스업과 외국 서비스업의 경쟁력을 비교 조사한다. • 우리나라의 탈산업화가 이루어지는 원인을 조사하여 분석한다. • 우리나라의 탈산업화 과정에서 예상되는 문제점을 조사한다. ································· ② • 우리나라의 탈산업화 과정에서 발생하는 문제를 해결하기 위한 대안은 마련되어 있는지 조사한다.

연구 방법
및
조사 항목
	• 통계자료 조사
	  – 우리나라의 산업 구조 변동에 대한 통계를 조사한다.
	  – 외국의 경우와 비교하여 우리나라의 탈산업화 과정의 특징을 제시한다.
	  – 중국의 산업화 과정의 특징을 조사한다.
	  – 우리나라의 탈산업화에 대한 국민들의 인식을 조사한다. ································· ③
	• 통계자료 분석
	  – 우리나라의 산업별 구조 변동의 특징을 분석한다.
	  – 우리나라의 탈산업화 과정의 특징을 분석한다. ································· ④
	• 문제점과 대안 제시
	  – 탈산업화의 보편적인 문제점을 분석한다. ································· ⑤
	  – 문제점 극복을 위한 외국의 사례를 조사한다.
	  – 문제점 극복을 위한 정부의 대책이 있는지 정부의 정책자료를 조사한다.

해설 ● 보고서의 주제는 우리나라의 탈산업화가 고속으로 진행되는 것에 대한 대안 모색이다. 여기서 유의할 점은 탈산업화 자체가 문제가 되는 것이 아니라 우리나라의 탈산업화 속도가 빠르다는 것이 문제라는 점이다. 즉, 탈산업화의 보편적인 문제점은 주제로부터 벗어나 있다. 따라서 '탈산업화의 보편적 문제점'보다는 '고속 탈산업화에 따른 문제점'이 적절한 조사 항목이다.

02

〈보기〉를 참고하여 개요의 내용을 구체화한 것으로 적절하지 <u>않은</u> 것은?

─── 보기 ───

서론 : 탈산업화의 개념 소개 ·· ㉠

본론
1. 우리나라의 탈산업화 현황
　(1) 우리나라의 제조업 구조 변화
　(2) 우리나라의 서비스업 구조 변화 ······································ ㉡
2. 탈산업화의 문제점
　(1) 경제 성장률 둔화
　(2) 노동력 공급 불균형
　(3) 외국과의 경쟁 심화
3. 탈산업화의 원인
　(1) 급격한 세계화의 진행
　(2) 개발도상국과의 경쟁 심화 ·· ㉢
4. 탈산업화의 대안
　(1) 제조업과 서비스업의 비율 유지 ····································· ㉣
　(2) 신규 노동력 확보
　(3) 고부가가치 산업 창출

결론 : (　　　　　　　　　　　　　　) ································· ㉤

① ㉠ 탈산업화의 일반적 의미와 함께 탈산업화의 일반적 과정을 제시한다.

② ㉡ 탈산업화로 인해 전체 산업에서 서비스업의 비중이 높아지고 있음을 나타내는 통계 자료를 제시한다.

③ ㉢ 중국의 경제 성장에 따른 제조업 경쟁력 강화를 구체적 사례로 들어 우리나라가 제조업에서 경쟁력이 약화되고 있음을 보여준다.

④ ㉣ 서비스업과 제조업의 비율을 균일하게 유지하여 전체 산업이 고르게 성장할 수 있도록 해야 함을 제시한다.

⑤ ㉤ 탈산업화에 따라 예상되는 문제점을 해소하기 위해 정부의 다양한 제도적, 정책적 지원이 필요함을 강조한다.

해설 ◉ 탈산업화의 과정을 겪고 있는 우리나라가 서비스업과 제조업의 비율을 인위적으로 맞추는 것이 올바른 해결 방안이라고 볼 수는 없다. 문제점에 제시된 내용을 바탕으로 이에 대한 대안을 모색하는 것이 개요의 구조상 적절하다.

03

다음은 보고서를 작성하기 위하여 수집한 자료들이다. 자료의 활용 방안으로 적절하지 <u>않은</u> 것은?

(02번 개요 참고)

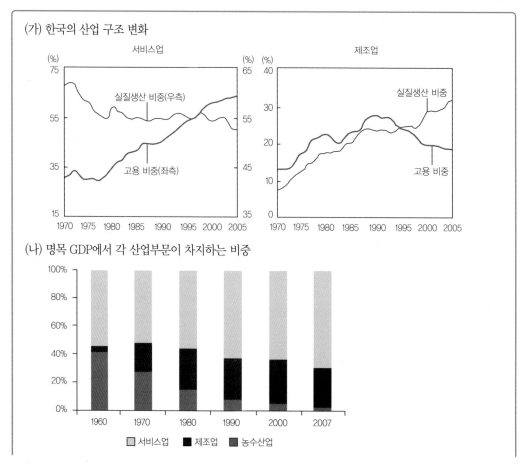

(가) 한국의 산업 구조 변화

(나) 명목 GDP에서 각 산업부문이 차지하는 비중

(다) 국가별 노동생산성 및 성장률 비교

(단위 : 달러, %)

국가	제조업 평균 노동생산성				2000 – 2008년 연평균 성장률
	2000	2003	2006	2007	
말레이시아	17,886	–	20,861	–	2.60
멕시코	41,156	20,430	–	–	−20.82
태국	8,272	–	12,157	–	6.63
중국	–	8,478	–	17,913	20.56
브라질	25,650	–	–	40,908	6.90
인도네시아	6,151	–	11,858	–	11.56
필리핀	12,910	–	12,163	–	−0.99

(라) 대외 경제정책 연구원에서는 '직접투자의 탈산업화에 대한 영향 분석'보고서에서 한국의 탈산업화가 너무 빠르게 진행되고 있다는 분석 결과를 소개하고 지금과 같은 급격한 산업 구조 변화의 문제를 최소화하기 위해서는 고부가가치 산업을 중점 육성하고 외국인의 직접투자 유치를 위해 노력을 경주해야 한다고 밝혔다. 또한 1989년을 기준으로 최근 10년 동안의 제조업 연평균 비중은 27.8%였으나 이후 10년의 제조업 연평균 비중은 19.8%로 8.0% 하락하였는데 이는 미국이나 일본, 영국 등의 하락폭보다 훨씬 크고 빠르게 진행되고 있다는 점을 강조하였다.

– 출처 : tomato TV 2007. 2. 6.

① (가)를 본론1에서 활용하여 생산 및 고용 효과 면에서 제조업보다 서비스업의 비중이 높다는 점을 제시한다.

② 본론1에서 (나)를 제시하여 점차 서비스업의 비중이 증가하고 제조업의 비중이 감소하고 있음을 제시한다.

③ (다)를 본론3-(2)에 제시하여 탈산업화로 인해 제조업 분야에서 우리나라의 경쟁력이 약화되고 있음을 제시한다.

④ 본론2-(2)에서 (가)를 제시하여 제조업 분야에서 국내 노동자의 비중보다 외국인 노동자의 비중이 증가하고 있는 문제점을 지적한다.

⑤ 본론4에서 (라)를 활용하여 고부가가치 산업의 육성과 외국인 투자 유치를 문제 해결 방안으로 제시한다.

해설 (가)에서 제조업의 고용 비중이 하락하고 있는 것은 제조업의 성장 자체가 둔화되고 있음을 의미하며 이에 따라 제조업에서의 고용 능력이 약화되고 있음을 의미한다. 이러한 문제의 원인은 제조업의 해외 이전이나 제조업의 침체 등으로 다양하게 볼 수 있다. 그러나 제조업의 고용 비중 하락이 외국인 노동자의 비중 증가와 관련되어 있다는 명확한 근거는 (가)에서 확인할 수 없다.

정답 03 ④

04

다음 중 밑줄 친 ㉠~㉤의 수정 방안으로 적절하지 <u>않은</u> 것은?

> 경제 발전 초기, 농·어업에 종사하던 노동력은 경제가 발전하면서 제조업 분야로 이동한다. ㉠ 이런 산업화 과정에는 제조업의 빠른 성장이 경제 전체의 성장을 이끈다. 하지만 산업화가 어느 정도 진전되면 제조업이 고부가가치 업종 위주로 재편되면서 노동집약적인 제조업의 비중은 감소한다. 그 결과 제조업의 고용 창출 능력이 현저하게 줄어들어 노동력은 제조업에서 서비스업으로 이동하게 되는데, 이것이 탈산업화다. ㉡ 우리나라의 탈산업화는 다른 선진국들이 경험했던 것에 비해 매우 이른 시점에 훨씬 빠른 속도로 이루어짐을 보여준다. 주된 이유는 세계화가 급격하게 진전되는 데다 ㉢ 개발도상국과의 경쟁 때문이다. 특히 우리 이웃에는 유례를 찾아볼 수 없을 정도로 대규모의 산업화를 진행하고 있는 중국이 있다. 중국이 부상함에 따라 우리 경제에서 중국과 경쟁 관계에 있는 노동집약형·저기술 제조업이 빠르게 비교 우위를 상실했고, 우리 제조업은 고부가가치·고기술 산업으로 재편성되도록 강요당했다. 이러한 변화는 산업 발전 과정에서 필연적이다. 문제는 탈산업화 과정에서 경제성장률의 급격한 하락을 막는 것이다. ㉣ 그러자면 절대로 서비스업이 동반 성장해야 한다. 서비스업에서 고부가가치 산업이 등장해 ㉤ 제조업 못지않은 빠른 생산성 향상을 이루려면 신규 노동력의 준비가 필요하다.

① ㉠ 서술어와의 호응을 고려하여 '과정에는'을 '과정에서는'으로 고친다.

② ㉡ 무리한 명사화 구성은 바람직하지 않으므로 '이루어짐을 보여준다.'는 '이루어지고 있다.'로 수정한다.

③ ㉢ 문장의 의미를 구체화하기 위해 '개발도상국과의 경쟁이 심화되고 있기 때문이다.'로 수정한다.

④ ㉣ '절대로'는 부정어와 호응하는 어휘이므로 '반드시'로 바꾼다.

⑤ ㉤ '못지않다'는 한 단어가 아니므로 '못지 않다'로 띄어 써야 한다.

해설 ⊙ '못지않다'는 '일정한 정도나 수준에 도달하다.'라는 뜻을 가진 단어이며, 한 단어이므로 붙여 써야 한다. 그러나 일반적으로 '가지 않다'와 같이 실질적 의미를 가진 용언과 함께 어울려 쓰여 부정의 의미를 지닌 경우에는 띄어 쓴다.

05

다음 중 밑줄 친 ㉠~㉤의 수정 방안으로 적절하지 않은 것은?

태양광 산업의 본격적인 성장이 기대되면서 국내 대기업의 투자도 크게 늘고 있다. H 중공업은 프랑스 알자스 주의 유리·건축 자재 업체인 생고뱅 그룹과 합작 법인을 세우고 2012년까지 ㉠ 국내에 박막 태양 전지 공장을 설립키로 했다고 10일 밝혔다. 홍길동 H 중공업 회장은 8일(현지시간) 프랑스 파리 생고뱅 그룹 본사에서 드 샬렌다 생고뱅 회장과 함께 ㉡ 공장 설립을 위한 계약 서명식을 가졌다. 양 사는 총 투자금액 2,200억 원 가운데 절반씩 투자해 국내 외국인 투자 지역에 공장을 세울 계획이다.

박막 태양 전지는 유리 기판을 주원료로 얇은 화합물을 입혀 만든 태양 전지다. ㉢ 현재 태양 전지 시장은 폴리실리콘을 원료로 하는 결정형 태양 전지가 약 80%를 차지하고 있으나 박막 태양 전지의 시장 점유율은 2017년 40%까지 높아질 전망이다. H 중공업은 2012년 공장을 완공한 직후에는 연간 100MW 규모의 박막 태양 전지를 생산하고 2015년까지 연간 400MW로 생산량을 늘려 국내 생산 에너지양을 충분히 확보할 방침이다.

㉣ 다른 대기업도 태양광 에너지 사업을 위한 투자를 늘여 가는 중이다. Y 그룹 계열사 Y L&C는 지난달 29일 5,000억 원을 투자해 2015년까지 충북 음성에 태양광 전지 핵심 소재인 'EVA 시트'를 5만 톤 생산할 수 있는 공장을 짓는다고 밝혔다. S 그룹은 계열사인 S 솔라를 통해 국내외에서 태양광 사업을 강화하고 있다. S 솔라는 300억 원의 유상 증자를 통해 생산 설비를 현재의 60MW에서 180MW로 3배 확대할 예정이라고 7월 밝혔다. W 그룹도 지난달 전 부총리를 영입하며 태양광 에너지 분야에 진출할 기회를 노리고 있는 것으로 알려졌다. ㉤ 따라서 관련 전문가들은 태양광 산업은 다른 산업에 비해 장기적인 투자가 필요하므로 결과에 성급하게 매달리지 말아야 한다고 조언했다.

① ㉠에서 '설립키로'는 '설립하기로'의 준말로 무성자음 'ㄱ, ㄷ, ㅂ' 뒤에서 '하다'가 줄 때는 '하'가 완전히 준 형태로 써야 하므로 '설립기로'로 바꿔 써야 한다.

② ㉡은 외래어의 번역 투이므로 '공장 설립을 위한 계약서에 서명하였다.'로 수정한다.

③ ㉢은 주어가 명확히 드러나지 않으므로 '2017년 40%까지 높아질 것으로 전망하고 있다.'로 수정한다.

④ ㉣의 경우 양과 관련된 개념이므로 '늘여'를 '늘려'로 바꿔야 한다.

⑤ ㉤은 문맥상 앞 문장의 내용과 인과 관계를 맺고 있지 않으므로 접속어를 '그러나', '하지만'으로 바꾼다.

해설 ◉ '점유율은'이 주어이기 때문에 '전망하고 있다.'를 쓸 수 없다. '전망하고 있다.'는 전망하는 주체를 주어로 삼아야 한다.

06

다음은 대학 입학 자기소개서이다. 이 글에서 가장 큰 문제점은?

> **요구 사항 :** 지원동기와 진로계획을 중심으로 대학이 지원자를 선발해야 하는 이유에 대해서 띄어쓰기를 포함하여 1,000자 이내로 기술하여 주십시오.
>
>   중1 어린 나이에 A 영재원을 다닌 적이 있습니다. 당시 10 : 1의 높은 경쟁률을 뚫고 들어간 영재원이었지만 막상 수업이 진행되면 수업을 이해하지 못해 난감한 경우가 많았습니다. 나중에 돌이켜 생각해 보니 그 수업 내용의 절반 이상이 철학과 관련된 내용이었는데, 그 당시 철학과 관련된 기본 지식이 거의 없던 저는 철학의 중요성에 대해 깨닫게 되었습니다. 이후 중학교 3학년 때 철학 공부를 시작한 후 늘 철학책을 들고 다니며 시간이 날 때면 철학 공부를 했습니다. 그렇게 열심히 공부한 결과 기대 이상의 좋은 결과를 거두었고, 저는 철학에 대한 자신감을 얻게 되었습니다. 그렇게 좋아하게 된 철학 공부를 계속 이어나갔습니다. 하지만 고등학교 때는 내신을 관리해야 했기 때문에 마음속에 항상 철학에 대한 갈증이 남아 있었습니다. 그렇게 거의 1년 동안 철학 공부를 제대로 하지 못한 한을 풀기 위해 S 대학교 철학과에 진학하고 싶습니다. 만약 제가 철학과에 진학하게 된다면 그 누구보다도 철학 공부를 열심히 할 자신이 있습니다.
>
>   제가 철학과에 진학해야 하는 이유는 단지 제가 철학을 좋아하기 때문은 아닙니다. 저는 매우 뛰어난 리더십을 갖고 있습니다. 1학년 2학기, 2학년 1학기 때 학급회장을 맡고, 제가 속해 있던 방송반의 장을 맡았으며, 모든 동아리의 총 책임자를 맡았습니다. 이렇게 리더가 되기를 즐기는 저이지만, 앞에서 친구들을 이끄는 리더보다는 뒤에서 밀어주고, 도와주고 힘을 실어줄 수 있는 리더가 되고 싶습니다. 하지만 그런 뛰어난 리더가 되기 위해서는 어떤 분야에서든 높은 실력을 쌓을 필요가 있다는 것을 느꼈습니다. 그래서 철학과에 진학하여 철학 분야에서 진정한 실력자가 되고 싶습니다.

① 단락 간의 비중이 균등하지 않다.

② 지원자의 능력이 부각되지 않았다.

③ 띄어쓰기와 맞춤법이 잘못된 부분이 있다.

④ 강조하고자 하는 바가 분명히 드러나지 않았다.

⑤ 지원서가 요구하는 항목을 충족시키지 못하였다.

해설 지원서는 '지원 동기'와 '진로 계획'이라는 두 가지 항목을 요구하고 있다. 그러나 첫 번째 문단과 두 번째 문단 모두 지원 동기에 해당할 뿐 향후 진로 계획에 대한 언급이 나타나 있지 않다. 또한 1,000자 이내로 기술하라는 조건도 충족하지 못했다.
① 단락 간의 비중이 반드시 균등하게 배분되어야 하는 것은 아니다.
② 지원자는 두 번째 문단에서 자신의 능력으로 '리더십'을 제시하였다.
③ 띄어쓰기와 맞춤법에 어긋난 부분은 없다.
④ 글에서 지원자가 강조한 것은 철학과에 지원하게 된 동기이다. 철학 공부를 좋아하고 진정한 리더가 되기 위해 높은 실력을 쌓겠다는 것이 주요 동기이다.

07
다음 그림을 바탕으로 연상된 내용을 기초로 글을 쓰려고 한다. 연상한 내용이 타당하지 <u>않은</u> 것은?

조건 1. 대상의 속성을 활용할 것.
조건 2. 추상화 또는 일반화의 방향으로 진행할 것.

① 높이 : 자신의 높은 꿈을 향해 도전하는 것이 진정한 삶의 의미이다.

② 도구 : 높은 이상을 추구하기 위해서는 이상에 맞는 수단을 갖추어야 한다.

③ 단계 : 아무리 간절히 추구하는 것이라도 단계를 밟지 않으면 도달할 수 없다.

④ 연결 : 서로가 신뢰할 수 있기 위해서는 먼저 마음을 잇는 것이 필요하다.

⑤ 곧음 : 이것저것 욕심내지 않고 목표를 세워 한 길로 매진하는 것이 성공의 가장 **빠른** 지름길이다.

해설 제시된 그림에서는 사다리가 구름을 향해 뻗어 있을 뿐 무엇과 무엇을 연결한다는 연상의 고리가 드러나 있지 않다. 또한 사다리의 기본적인 속성은 '연결'과는 거리가 멀다.

08

보고서를 작성하기 위하여 계획한 내용이다. 내용상 적절하지 <u>않은</u> 것은?

연구 목적	인구 과잉의 전 지구적 현실과 생산 가능 인구 감소라는 한국사회 현실 간의 모순 해결 방안 모색
연구 내용	• 전 지구적 인구 과잉 현황을 조사한다. • 우리나라의 인구 변동 추이를 조사한다. • 선진국, 개발도상국, 한국의 인구 변동 차이점을 조사한다. • 인구 과잉으로 예상되는 전 지구적 문제점을 조사한다. ·· ① • 한국 사회의 생산 가능 인구 감소로 예상되는 문제점을 조사한다. • 바람직한 한국 사회의 인구 구성비를 조사한다. ·· ② • 한국 사회의 생산 가능 인구 감소 현상을 해결할 수 있는 방법을 조사한다. • 생산 가능 인구 감소 현상을 해결하기 위한 정부의 정책적 노력을 조사한다. • 저출산, 고령화 문제를 해결하기 위한 국제사회의 노력을 조사한다. ····························· ③
연구 방법 및 조사 항목	• 통계자료 조사 　– 최근 20~30년간 우리나라 인구 구성 변동 추이를 보여주는 통계를 조사한다. 　– 최근 100년간 전 세계적 인구 변동 추이를 보여주는 통계를 조사한다. 　– 인구 과잉으로 예상되는 문제의 사례를 조사한다. 　– 향후 인구 과잉이 지속될 경우 발생할 수 있는 문제의 심각성을 조사한다. 　– 향후 생산 가능 인구 감소로 발생할 수 있는 문제들을 구체적으로 조사한다. 　– 생산 가능 인구 감소를 막기 위한 외국의 사례를 조사한다. ································· ④ 　– 정부의 향후 인구 구성 전망과 그에 따른 대안을 조사한다. 　– 세계적 추세와 모순되는 한국 사회의 인구 구성 특성을 해결할 수 있는 방안에 관한 전문가의 인터뷰나 기고문을 조사한다. ··· ⑤

해설 ● 보고서 계획에 따르면 저출산, 고령화 문제는 한국 사회만의 문제이며 세계적으로는 인구가 과잉인 상태다. 따라서 저출산, 고령화 문제에 대한 국제사회의 노력을 기대하기는 어렵다. 국제사회는 오히려 과잉 인구를 억제하고 적정선에서 유지할 수 있는 방안에 대해 공조해 나갈 것이기 때문이다.

09

다음 자료들을 바탕으로 하여 '세계 인구 과잉과 한국의 생산 가능 인구 감소 문제를 해결하기 위한 정부의 대책 마련 촉구'라는 주제로 글을 쓰려고 한다. 자료를 활용하기 위한 방안으로 적절하지 <u>않은</u> 것은?

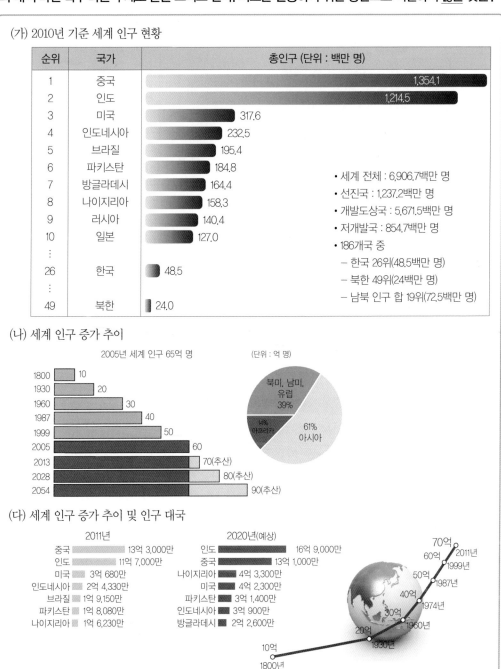

(가) 2010년 기준 세계 인구 현황

순위	국가	총인구 (단위 : 백만 명)
1	중국	1,354.1
2	인도	1,214.5
3	미국	317.6
4	인도네시아	232.5
5	브라질	195.4
6	파키스탄	184.8
7	방글라데시	164.4
8	나이지리아	158.3
9	러시아	140.4
10	일본	127.0
⋮		
26	한국	48.5
⋮		
49	북한	24.0

- 세계 전체 : 6,906.7백만 명
- 선진국 : 1,237.2백만 명
- 개발도상국 : 5,671.5백만 명
- 저개발국 : 854.7백만 명
- 186개국 중
  - 한국 26위(48.5백만 명)
  - 북한 49위(24백만 명)
  - 남북 인구 합 19위(72.5백만 명)

(나) 세계 인구 증가 추이

2005년 세계 인구 65억 명

(단위 : 억 명)

연도	인구
1800	10
1930	20
1960	30
1987	40
1999	50
2005	60
2013	70(추산)
2028	80(추산)
2054	90(추산)

북미, 남미, 유럽 39%
14% 아프리카
61% 아시아

(다) 세계 인구 증가 추이 및 인구 대국

2011년
- 중국 13억 3,000만
- 인도 11억 7,000만
- 미국 3억 680만
- 인도네시아 2억 4,330만
- 브라질 1억 9,150만
- 파키스탄 1억 8,080만
- 나이지리아 1억 6,230만

2020년(예상)
- 인도 16억 9,000만
- 중국 13억 1,000만
- 나이지리아 4억 3,300만
- 미국 4억 2,300만
- 파키스탄 3억 1,400만
- 인도네시아 3억 900만
- 방글라데시 2억 2,600만

70억 2011년
60억 1999년
50억 1987년
40억 1974년
30억 1960년
20억 1930년
10억 1800년

(라) 한국 인구 변동 추이

출생아 수 및 사망자 수

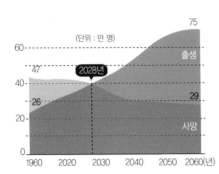

생산 가능 인구와 고령인구 추계

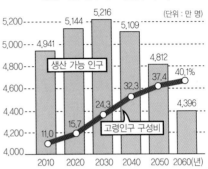

(마) 인구 증가는 자연적 인구 증가와 사회적 인구 증가로 나누어 볼 수 있는데 자연적 인구 증가는 출산을 통한 자체적인 인구 증가를 의미하며, 사회적 인구 증가는 입양이나 외국인의 국내 귀화 또는 취업, 체류로 인한 인구 증가를 의미합니다. 따라서 인구 감소가 전반적 추세라면 이를 억지로 변화시키려는 것보다는 사회적 인구 증가를 유도하는 것이 바람직한 인구 정책이 될 수 있습니다.

— ○○○ 박사, 인터뷰

① (가)~(다)를 활용하여 세계 인구의 현황과 그에 따라 발생할 수 있는 문제 상황을 언급하면서 한국의 출산장려 정책이 세계적인 추세와 모순된다는 점을 문제로 제기한다.

② (나)를 활용하여 세계 인구 증가 문제에 대해 지역별로 차이가 있으므로 전 세계적으로 획일화된 인구 정책을 펼칠 수는 없음을 지적한 뒤 한국 사회의 특수성을 고려한 인구 정책이 필요함을 강조한다.

③ (다)를 활용하여 세계 인구의 증가 추세가 과거에 비해 급격하게 진행되고 있음을 제시하되 인구 증가 문제가 주로 저개발 국가들을 중심으로 진행되고 있음을 고려하여 한국 사회의 인구 정책은 이들 국가와는 차별화되어야 함을 지적한다.

④ (라)를 토대로 하여 한국의 인구가 2028년을 분수령으로 급격히 감소할 것이라는 점과 이에 따라 생산 가능 인구 역시 2030년을 정점으로 급격하게 감소할 것임을 지적하여 문제의 심각성을 환기시킨다.

⑤ (마)를 활용하여 생산 가능 인구의 감소에 따라 외국인 노동자가 증가할 것에 대비하여 내국인의 고용 불안 문제에 대한 대안을 마련해야 함을 강조한다.

해설 주제와 자료를 고려할 때 (마)의 인터뷰 자료는 정부가 외국인 노동자를 적극적으로 유치하여 향후 생산 가능 인구의 감소에 대비해야 함을 강조하고 있다. 따라서 외국인 노동자를 유치하기 위한 적극적인 정부의 대책이 필요하다는 내용을 결론부에 제시할 수 있을 것이다. 반면 ⑤의 내용은 외국인 노동자 유입에 따른 부정적 영향을 강조하고 있으므로 자료의 활용으로 적절하지 않다.

10

다음 중 의미가 가장 정확하게 드러난 문장은?

① 남편은 나보다 비디오를 더 좋아한다.

② 어머니께서 사과와 귤 두 개를 주셨다.

③ 그의 용감한 아버지는 적군을 향해 돌진하였다.

④ 산책을 하다가 우연치 않게 준성이를 만났습니다.

⑤ 커피 한 잔은 되지만 한 잔 이상 마시면 해롭습니다.

해설 '용감한'은 '아버지'를 꾸며주는 관형어이다.
① 비교 대상이 '남편과 나'인지 '나와 비디오'인지 모호하다.
② '사과 한 개와 귤 두 개'를 의미하는지 '사과와 귤을 합쳐 두 개'라는 의미인지 모호하다.
④ '우연하다'는 계획에 없이 갑자기 마주침을 의미하므로 '우연치 않다'는 것은 계획을 하고 만났다는 의미가 되어 이중 부정 표현이 되었다.
⑤ '한 잔 이상'에는 한 잔이 포함되어 있으므로 앞의 '커피 한 잔은 되지만~'과 모순된다.

11

다음 제시된 글에서 가장 문제가 되는 것은?

> 그네뛰기는 단순한 놀이가 아니다. 그네를 탈 때, 그넷줄을 놓치지 않으려면 팔에 계속 힘을 주어야 한다. 그리고 좀 더 높이 차오르기 위해서는 온몸의 탄력을 이용하여 빠르고 힘차게 발을 굴러야 한다. 그네뛰기는 예로부터 주로 여성들이 즐겨온 대표적인 민속놀이 중 하나이다. 이처럼 그네뛰기는 근육을 강화하고 민첩성을 기르는 데 적합한 운동이라 할 수 있다.

① 중심 문장이 제시되어 있지 않다.

② 동일한 의미를 지닌 구절이 중복되었다.

③ 글의 통일성을 약화시키는 부분이 있다.

④ 필요한 문장 성분을 빠트렸다.

⑤ 문장의 호흡이 너무 길어 산만하다.

해설 제시된 글의 중심 문장은 '그네뛰기는 단순한 놀이가 아니다.'이다. 따라서 '그네뛰기는 예로부터 주로 여성들이 즐겨온 대표적인 민속놀이 중 하나이다.'라는 문장은 글의 중심 내용과는 거리가 멀고 통일성을 약화시키는 내용이므로 삭제하는 것이 적절하다.

12

다음 중 글의 제목과 구성 방식이 적절하지 않은 것은?

① 제주도 지방의 음식 – 공간적 구성

② 집단 식중독 사건의 진상 – 인과적 구성

③ 자본주의의 본질 – 점층식 구성

④ 공공예절 지키기 – 단계식 구성

⑤ 한류를 이끈 K-POP 스타 – 열거식 구성

해설 ● 자본주의의 본질에 대한 주제는 두괄식, 미괄식, 양괄식 등의 포괄식 구성이 적당하다. '자본주의의 본질은 ∼하다, ∼이다.'라는 형식의 결론이나 주제를 어느 한 문단에 넣고 이를 뒷받침하는 진술들을 효과적으로 배열하는 것이 좋다.

13

다음 〈보기〉의 내용을 서론, 본론, 결론으로 알맞게 짝지어 나눈 것은?

보기

ㄱ. 청소년 문화의 중요성 강조

ㄴ. 청소년 비행의 뜻을 밝힘.

ㄷ. 향락적 분위기에 빠진 현실

ㄹ. 청소년 비행의 실태

ㅁ. 전인 교육 강화의 중요성

ㅂ. 뚜렷한 가치관이 부재한 청소년

ㅅ. 청소년에 대한 사랑과 관심의 촉구

ㅇ. 퇴폐 문화로부터 청소년을 보호해야 함.

	서론	본론1	본론2	결론
①	ㅅ	ㄴ, ㄷ	ㄱ, ㄹ	ㅁ, ㅇ
②	ㄴ, ㄷ	ㄱ, ㅁ	ㅂ, ㅇ	ㄹ, ㅅ
③	ㄴ, ㄹ	ㄷ, ㅂ	ㅁ, ㅇ	ㄱ, ㅅ
④	ㄴ, ㄹ	ㄷ, ㅇ	ㅁ, ㅂ	ㄱ, ㅅ
⑤	ㄷ, ㅂ	ㄹ	ㅁ, ㅅ, ㅇ	ㄱ

해설 ● 일반적으로 서론에는 주제 및 문제를 제시하고 본론에는 제기한 문제에 대하여 근거를 들어서 자신의 주장과 견해를 서술한다. 즉 본론에서는 구체적인 설명을 통해 지식과 정보를 전달하는 것이다. 결론에서는 주제를 요약하고, 본문을 정리하며 서론에서 제시한 문제에 대해서 답을 제시한다.

보기의 내용을 보면 글의 화제가 '청소년 비행'임을 알 수 있다. 위에서 설명한 것으로 〈서론〉의 내용을 찾는다면 청소년의 비행과 비행의 실태를 밝힌 'ㄴ, ㄹ'이 적당하다. 〈본론〉에서는 원인과 해결책을 제시하는 것이 적당하므로 〈본론1〉에는 원인에 해당하는 'ㄷ, ㅂ'이 〈본론2〉에는 해결책에 해당하는 'ㅁ, ㅇ'이 들어가야 한다. 마지막으로 〈결론〉에는 강조와 촉구의 내용인 'ㄱ, ㅅ'이 들어가는 것이 적당하다.

14

다음은 한국소비자원의 홈페이지에 올리기 위한 글이다. 이를 고쳐 쓴 것으로 적절하지 <u>않은</u> 것은?

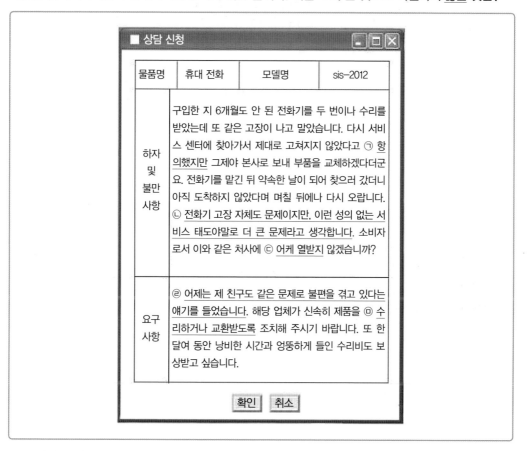

물품명	휴대 전화	모델명	sis-2012

하자 및 불만 사항	구입한 지 6개월도 안 된 전화기를 두 번이나 수리를 받았는데 또 같은 고장이 나고 말았습니다. 다시 서비스 센터에 찾아가서 제대로 고쳐지지 않았다고 ㉠ 항의했지만 그제야 본사로 보내 부품을 교체하겠다더군요. 전화기를 맡긴 뒤 약속한 날이 되어 찾으러 갔더니 아직 도착하지 않았다며 며칠 뒤에나 다시 오랍니다. ㉡ 전화기 고장 자체도 문제이지만, 이런 성의 없는 서비스 태도야말로 더 큰 문제라고 생각합니다. 소비자로서 이와 같은 처사에 ㉢ 어케 열받지 않겠습니까?

요구 사항	㉣ 어제는 제 친구도 같은 문제로 불편을 겪고 있다는 얘기를 들었습니다. 해당 업체가 신속히 제품을 ㉤ 수리하거나 교환받도록 조치해 주시기 바랍니다. 또 한 달여 동안 낭비한 시간과 엉뚱하게 들인 수리비도 보상받고 싶습니다.

확인 취소

① ㉠ 앞뒤 문맥이 자연스럽도록 '항의했더니'로 수정한다.

② ㉡ 전체를 개괄하는 진술이므로 글의 서두로 옮긴다.

③ ㉢ 표준어로 인정되지 않는 비속어이므로 '어찌 화가 나지'로 수정한다.

④ ㉣ '요구 사항'이 아니므로 생략한다.

⑤ ㉤ 주어와의 호응을 고려하여 '수리하거나 교환해 주도록'으로 수정한다.

해설 ⊙ ㉡의 '이런 성의 없는 서비스 태도'에 관한 내용을 앞부분에서 서술하고 있으므로 ㉡을 글의 맨 앞으로 옮기면 '이런'이 가리키는 말이 무엇인지 알 수 없게 되어 적절하지 않다.

2장 창의적 언어 능력

① 연상하여 내용 생성하기

글의 주제가 선정되고 계획이 수립되면 실제로 써야 할 내용을 생성해야 한다. 이 때 주로 활용되는 방법이 연상하기이다.

1 연상하기의 개념

'연상'이란 주제와 관련된 내용을 머릿속에 떠올리는 과정으로 다양하고 창의적인 내용을 생성하는 것이 가능하다. KBS 한국어능력시험에서는 자료를 바탕으로 주제를 연상하는 문항들이 자주 출제된다. 이러한 문항의 풀이에서 유의할 점은 연상의 내용이 주어진 자료와 충분한 연관성을 지녀야 한다는 점이다. 연상의 성격상 다양한 추리와 상상이 가능하지만 문항에서 제시될 경우 일정한 연관성을 염두에 두고 출제되기 때문에 그러한 연관성을 충분히 고려해야 한다.

2 연상하기의 실재

제시된 자료는 시냇물에 징검다리가 놓여 있는 사진이다. 이 사진을 보고 연상할 경우 무엇보다 중요한 것은 핵심이 '징검다리'라는 점이다. 따라서 '징검다리'의 기능과 특성에 주목하여 연상을 해야 한다. 즉 건너기 힘든 곳을 건너게 해 주는 징검다리의 핵심 기능에 유의해야 하는 것이다. 이런 점을 고려하여 연상한다면 '험한 세상을 살아갈 수 있도록 도와주는 것'이나 '타인의 어려움을 돕는 것' 정도일 것이다. 하지만 이 자료를 보고 비본질적인 부분에 집착하게 되면 올바른 연상에 도달하기 어렵다. 가령, 징검다리의 중간 중간 틈이 있다는 점에 착안하여 '비록 빈틈이 있어도 목적만 달성하면 된다.' 또는 징검다리가 곧게 놓여 있지 않다는 점에 착안하여 '삶이란 굴곡이 있기 마련'이라는 식의 연상을 할 경우 문제의 본질에서 벗어날 가능성이 높다.

창의적 언어 능력이란 주어진 상황과 조건에 맞게 제시된 언어 자료를 변형하거나 새롭게 표현하는 고차원적 언어 활동이다. KBS 한국어능력시험의 창의적 언어 능력 영역에서는 글을 읽고 새로운 정보를 생성하고 효과적으로 응용하는 능력을 평가하고 있다.

창의적 사고가 제시된 글을 있는 그대로 받아들이는 것에서 더 나아가 자신의 창의력을 동원해 새로운 상황으로 확장해 나가는 과정이라고 해도, 어디까지나 주어진 자료 안에서 타당하게 도출될 수 있는 사고를 요구한다는 점을 염두에 두고 문제를 해결해야 한다.

● 기출유사문제 ●

다음 그림을 보고 연상한 내용으로 가장 적절한 것은?

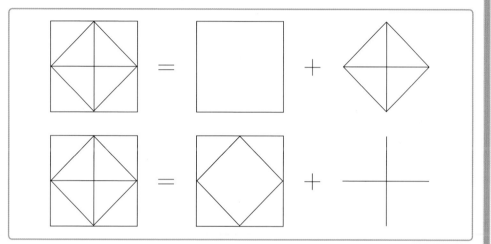

① 보이는 것과 사실이 항상 일치하는 것은 아니다.

② 목적을 달성하는 효과적인 방법은 여러 가지이다.

③ 다수의 의견이 일치하는 것이 보편적 진실이다.

④ 결과가 같다고 해서 과정이 동일한 것은 아니다.

⑤ 전체를 구성하는 요소는 결국 하나이다.

● 해설

제시된 자료를 통해서 동일한 도형이라도 도형을 이루는 구성 요소는 다를 수 있음을 알 수 있다. 이에 따라 결과(전체 도형)가 같다고 해서 과정(부분 도형의 결합)이 동일한 것은 아님을 유추할 수 있다.

정답 ❹

➕ 더 알고가기 **창안자료 _ 광고문** ≡

㉠ **정의** : 상품, 각종 정보, 사업 내용 등을 여러 매체를 통하여 널리 알리고 동시에 행동적인 실천을 유도하거나 권유하는 글이다. 흡인력 · 설득력 · 호소력을 지니고 있어야 한다.

㉡ **유형**

- **상업 광고** : 특정 기업의 상품, 서비스, 아이디어 등의 판매를 촉진하여 이윤을 올리려는 목적의 광고를 말한다.
- **비상업 광고** : 공익 광고, 공익 표어, 모집 광고, 광고문, 해명서, 성명서 등이 해당한다.

㉢ **광고문 작성 시 유의점**

- 간결하면서도 인상적인 내용을 담는다.
- 정확한 의미 전달을 위해 문법이나 맞춤법에 맞게 쓴다.
- 과장이나 거짓 표현, 선정적 · 외설적 표현을 삼간다.
- 권위주의적 · 극단적 표현 또는 배타적인 표현을 하지 말아야 한다.
- 특정 계층 · 인종을 비방하는 광고를 하지 말아야 한다.

㉣ **광고문의 구성**

- **표제(중심 문안)** : 독자의 관심과 흥미를 끌기 위해 핵심적인 내용을 간결하고 명확하게 드러내는 부분이다.
  - 인상적으로 기억에 남을 만한 호소력이 강한 문안을 짧은 문장으로 작성하도록 한다.
  - 강조하는 내용을 압축적으로 제시하도록 한다.
  - 독자의 관심과 흥미를 끌기 위해 비유적인 방법을 적극적으로 활용하도록 한다.
- **본문(보조 문안)** : 독자의 이해를 돕기 위해 정보를 제공하는 부분이다.
  - 중심 문안의 보충 설명이 되는 해설 문단의 형태로 제시하도록 한다.
  - 표제에서 압축한 내용을 설명하는 형태로 제시하도록 한다.
  - 충분한 내용 제시를 통해 글의 정보 전달력과 설득력을 높이도록 한다.
  - 시각적인 제재인 사진, 도표, 그림 등을 이용하여 전달 효과를 높인다.

㉤ **아이드마(AIDMA)의 원칙**

- A : 주의(attention)
- I : 흥미(interest)
- D : 욕구(desire)
- M : 기억(memory)
- A : 행위(action)
- "주의를 끌고, 흥미를 느끼게 하고, 욕구를 일게 하고, 마음에 새겨 두었다가 결국은 사게 만든다."라는 의도의 광고 제작이 가장 유효한 광고물을 탄생시킨다는 것이다.

② 생략된 내용 추리하기

생략된 내용 추리하기는 제시된 내용을 바탕으로 새로운 결론이나 사실을 추리해 내는 과정으로 '어떤 사실을 미루어 아는 것'과 이미 알고 있는 지식을 서로 다른 상황에 '적용해 보는 것'으로 구분할 수 있다.

(1) 미루어 알기

주어진 글을 바탕으로 하여 그 이상의 내용을 논리적인 추리나 문학적인 상상력을 동원하여 재구성하는 것을 의미한다. 글을 읽고 그 글에 나타나 있지 않은 내용을 미루어 알거나, 함축적, 비유적 표현에 담긴 내포적 의미를 이해하는 것 등이 해당한다.

① 설명문, 논설문과 같이 논리성을 중시하는 글에서는 논리적 구조에 입각하여 내용을 파악해야 한다.

② 시나 소설 등 문학 작품에서는 고도의 상상력을 동원하여 문학적 표현에 내포된 의미나 정황을 찾아내야 한다.

(2) 적용하기

배경 지식 또는 주어진 자료에 대한 추론을 통해 얻은 지식을 그 맥락을 벗어난 다른 상황에 대입하여 의미, 표현 효과, 효용성 등의 변화 여부를 확인하는 과정을 말한다. 이러한 변화는 두 대상 사이의 보편성이나 일반성을 전제로 하기 때문에 적용의 적절성에 대한 판단은 적용할 내용과 대상에 대한 명확한 이해와 함께 둘 사이의 공통적 기반, 대등성에 대한 검증을 필요로 한다.

+ 더 알고가기   생략된 내용 추리하기 문제 유형

㉠ 글의 주제와 화제 추리
- 글의 주제 : 글의 내용을 요약하고 집약할 수 있는 핵심 어구를 찾는다.
- 글의 화제 : 이야깃거리, 논제, 진술 대상, 서술 대상과 관련하여 추리한다.

㉡ 글의 내용 추리 : 문맥이나 논지의 흐름, 구조 등을 통하여 생략된 내용을 추리한다.
- 생략된 문장 추리 : 앞 문장과 뒤 문장의 논리적 흐름과 정보 관계를 파악하여 추리한다.
- 생략된 단락 추리 : 앞 단락과 뒤 단락의 요지를 파악하고 각 단락의 역할을 파악하여 종합적인 추리를 한다.

㉢ 어구 내용 추리하기 : 앞뒤 문장의 의미를 가장 잘 연결할 수 있도록 문항을 대입하여 풀되, 글의 정보 관계 및 지시어나 접속어에 의한 논리적 연결에 유의한다.

● 기출유사문제 ●

글의 내용으로 미루어 볼 때 ㉠에 들어갈 내용으로 가장 적절한 것은?

　　이번 조사의 목적은 전 지구적으로 발생하고 있는 이상 기후 현상의 주요인으로 지목되고 있는 온실가스 배출에 관한 자료를 바탕으로 이에 대비하는 방안을 모색하는 것이었다. 자료는 환경부의 공식 발표 내용을 바탕으로 하였으며 문제가 있다고 가정한 부문의 자료를 집중적으로 활용하는 방안으로 진행하였다. 이번 조사를 통해 알 수 있는 내용은 크게 세 가지이다.

　　첫째, 환경 문제는 정부 재정의 효율적 운용과 관련 있다. 우리나라의 경우 OECD 국가들 가운데 대기오염도가 상대적으로 높은 편으로 나타났다. 그런데 이러한 대기오염의 증가는 이를 해소하기 위한 다양한 비용을 발생시킨다. 환경부에 요청한 환경오염 비용 자료를 보면 최근까지 환경오염을 정화하기 위한 비용이 지속적으로 증가하였으며 그 비용이 적지 않음을 확인할 수 있었다. 따라서 대기오염이 지속될 경우 정부는 지속적으로 환경비용을 지불해야 하며 이로 말미암은 재정 부담이 커질 것으로 전망할 수 있다.

　　둘째, [　　　　㉠　　　　] 우선 환경부의 자료를 보면 2009년까지 육상 운송 수단 중 가장 큰 증가율을 보인 것은 승용차이다. 자동차 배출 가스의 경우 온실가스가 많이 포함되어 있으므로 승용차의 증가는 온실가스 배출 증가를 의미한다고 볼 수 있다. 따라서 승용차의 운행에 대한 정부의 획기적인 대안이 마련되지 않는다면 온실가스 배출의 증가를 막을 수 없다는 점을 알 수 있다. 이에 대한 대안으로 승용차 요일제를 실시하여 승용차 운행을 줄이는 방법뿐만 아니라 승용차에 온실가스 저감 장치를 의무화하는 방안도 검토해야 한다.

　　셋째, 산업 분야에서의 온실가스의 배출뿐만 아니라 실생활에서의 온실가스 감축도 중요한 문제임을 알 수 있다. 에너지 부분이 온실가스 배출의 가장 큰 부분을 차지하고 있는데 에너지 부분에서는 자동차 운행뿐만 아니라 전기, 난방, 온수 사용으로 인한 온실가스 배출도 무시할 수 없다. 이를 고려한다면 정부의 온실가스 감축에 대한 노력 못지않게 산업 부문과 개인 부문에서의 온실가스 감축 노력도 함께 이루어져야 한다.

① 정부의 승용차 생산 억제 정책이 필요하다는 점이다.

② 우리나라의 승용차 관련 환경 정책에 변화가 필요하다는 점이다.

③ 온실가스 배출을 최소화한 하이브리드 자동차의 정책적 지원이 필요하다는 것이다.

④ 온실가스 배출을 최소화하려는 개인의 노력이 무엇보다 중요하다.

⑤ 승용차뿐만 아니라 화물차 및 철도 등에서의 온실가스 감축이 시급하다는 점이다.

● 해설

㉠에 이어지는 내용을 살펴보면 승용차의 온실 가스 배출 증가를 집중적으로 제시하면서 이를 막기 위한 정책으로 승용차 요일제를 실시하고 저감 장치 의무화 방안을 검토해야 한다고 말하고 있다.
① 온실가스 배출을 줄이자는 것이지 승용차의 생산 자체를 억제하자는 이야기는 아니므로 적절한 내용이 아니다.
③ 하이브리드 자동차의 지원은 적절한 방안이기는 하지만 이후에 이에 대해 언급하지 않았으므로 이를 생략된 내용으로 보기는 어렵다.
④ 개인의 노력은 넷째 단락에서 언급되어 있으므로 ㉠에서 언급될 내용은 아니다.
⑤ 화물차, 철도 등의 사례는 이후 이어지는 내용에서 제시되지 않았으므로 적절하지 않은 내용이다.

정답 ❷

③ 조건에 맞게 선택하기

조건에 맞게 선택하는 문항은 주로 제시된 조건과의 일치 여부를 판별하는 것이 관건이다. 조건으로 제시되는 내용은 내용적인 측면과 관련된 것과 표현적인 측면과 관련된 것으로 나눌 수 있다. 우선 내용적인 측면과 관련된 조건은 내용의 연관성이나 포함해야 할 내용을 주로 제시하며, 표현적인 측면과 관련된 것은 수사법이나 표현의 방법이 주로 제시된다.

기출유사문제

제시된 〈조건〉을 모두 반영한 책의 홍보문구로 가장 적절한 것은?

〈조건〉
- 역설적 표현을 활용할 것
- 감각적인 표현을 활용할 것
- 책의 주제를 반영할 것

〈책의 주제〉
함께하면 아름다운 여행지

① 산들산들 부는 바람과 향기로운 풀밭의 한 때

   이제 일상을 벗어나 삶을 되돌아볼 여행을 떠나보는 것이 어떨까요?

② 산길과 물길을 따라가는 고된 여행길은 고된 길이 아닙니다.

   신록의 푸르름과 맑은 계곡물 속에서 나를 발견하는 시간은 무엇보다 소중합니다.

③ 여행을 떠나는 것은 떠나는 길이 아닙니다.

   아름다운 대자연의 품속으로 되돌아가는 길입니다.

④ 혼자 아름다운 곳을 보았다면 아름다움을 본 것이 아닙니다.

   반짝반짝 빛나는 조약돌 하나라도 함께 보면 더 아름답습니다.

⑤ 혼자 보다 둘이, 둘 보다는 셋이 함께 하는 여행길.

   함께 떠나는 여행길에 만나는 새소리 물소리 그것은 행복입니다.

● 해설

'혼자 아름다운 곳을 보았다면 아름다움을 본 것이 아닙니다.'는 역설적 표현이다. 또한 '반짝반짝 빛나는'은 감각적 표현이며, '함께 보면 더 아름답습니다.'는 책의 주제를 반영하고 있다.

① 감각적 표현은 활용되었지만 역설적 표현이 반영되지 않았고, 책의 주제 또한 반영되지 않았다.

② 역설적 표현이 활용되었고 감각적 표현도 활용되었다. 그러나 책의 주제가 반영되지 않았다.

③ 역설적 표현이 활용되었다. 그러나 감각적 표현이나 책의 주제는 반영되지 않았다.

⑤ 감각적 표현과 책의 주제가 반영되었으나 역설적 표현이 반영되지 않았다.

정답 ❹

자료 활용하여 창안하기

자료를 활용하여 창안하는 영역은 주어진 통계자료나 시각자료를 바탕으로 타당한 진술이나 추론 가능한 진술을 판단하는 문항으로 이루어져 있다. 따라서 이 영역에서는 자료를 정확히 이해하는 능력과 함께 주어진 자료를 활용하여 논리적으로 타당한 대안이나 추론을 도출하는 능력이 요구된다. 여기에서 주의할 점은 자료의 수치나 증감 등을 정확히 확인하고 이해해야 하며, 제시된 해석 내용이 논리적으로 타당한 것인지 주어진 자료를 통해 충분히 도출될 수 있는 추론인지 판단해야 한다는 것이다.

■ 자료해석의 과정

⑴ 제시된 자료의 기본 가정을 파악해야 한다.

통계자료의 경우 조사 단계부터 기본적인 가정이 전제되어 있다. 예를 들어 학력과 체력이 관계가 있다는 가정에서 출발할 경우 자료의 수집 자체가 학력과 체력에 맞추어 이루어지게 된다. 따라서 통계자료의 기본 가정을 파악하는 것은 통계자료가 의미하는 바를 정확하게 이해하는 중요한 요소가 된다.

[예시] 성별 가사노동 시간량

(단위 : 시간)

구분	남성			여성			가정주부		
	평일	토요일	일요일	평일	토요일	일요일	평일	토요일	일요일
전체 가사 노동 시간	0.14	0.25	0.38	2.23	2.27	2.20	5.36	5.22	4.06
취사	0.01	0.01	0.01	0.56	0.53	0.51	2.10	2.01	1.43
청소	0.02	0.04	0.07	0.26	0.28	0.28	1.01	0.59	0.41
세탁	0.01	0.01	0.01	0.15	0.16	0.17	0.35	0.39	0.28
재봉 편물	0.00	0.00	0.00	0.01	0.01	0.01	0.03	0.03	0.02
일용품 구입	0.02	0.05	0.10	0.18	0.23	0.17	0.49	0.45	0.29
자녀 돌보기	0.01	0.02	0.02	0.08	0.08	0.06	0.23	0.22	0.16
가정 잡일	0.08	0.13	0.19	0.20	0.20	0.21	0.38	0.37	0.28

위의 자료가 전제하고 있는 기본 가정은 결국 성별에 따라 가사노동 시간이 다르다는 점이다. 따라서 이 자료를 해석할 때에는 성별에 따라 가사노동 시간이 어떤 차이점을 보이고 있는지에 초점을 두어야 한다. 물론 세부적으로 가사노동의 종류와 요일이 제시되어 있지만 그것 자체에 주목하기 보다는 가사노동의 종류가 성별에 따라 어떻게 다른지, 그리고 요일별로 성별 가사노동 분담이 어떻게 달라지는지를 고려해야 하는 것이다.

⑵ 제시된 자료의 지표를 정확히 파악해야 한다.

'지표'란 제시된 자료의 수치가 의미하는 것, 즉 가로축과 세로축이 의미하는 바를 말한다. 자료를 정확히 해석하기 위해서는 이러한 수치 즉, 지표가 의미하는 것이 무엇인지 정확히 이해해야 한다. 그렇지 않을 경우 자료해석의 왜곡이나 오류가 발생할 수 있기 때문이다. 따라서 자료의 세로축이 무엇에 대한 수치인지 가로축이 무엇에 대한 수치인지 파악하는 것은 무척 중요한 과정이다.

[예시] 국가별 시장 점유율 현황과 전망(15인치 모니터)

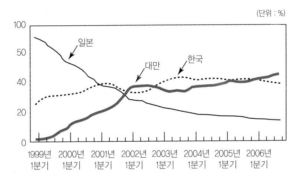

제시된 자료의 가로축 지표는 연도와 분기를 나타내며 세로축 지표는 점유율을 나타낸다. 이 경우 자료를 통해 알 수 있는 것은 결국 연도별로 제시된 국가의 15인치 모니터의 점유율 현황이다. 하지만 점유율이기 때문에 이것이 바로 매출이나 순익을 의미하는 것은 아니다. '점유율'이란 단지 시장에서 팔리고 있는 비율을 의미할 뿐이기 때문이다. 따라서 이 자료를 통해 어느 나라의 15인치 모니터가 가장 많은 매출을 올리는지 얼마나 많은 순익을 내었는지는 알 수 없다. 또한 자료가 연도별로 이루어져 있으므로 제시된 연도 이외의 내용은 확인할 수 없을 뿐만 아니라 어느 시장에서 어느 정도 판매가 되었는지도 확인할 수 없다. 결국 이 자료를 통해 파악할 수 있는 것은 전체 시장을 기준으로 세 국가의 15인치 모니터의 판매 점유율에 국한된다.

⑶ 제시된 수치의 성격과 단위를 정확히 파악해야 한다.

자료가 제시될 때 수치로만 제시될 수도 있고 시각화된 그림으로 제시되는 경우도 있다. 이 때 제시된 수치가 어떤 성격의 것이며, 어떤 단위로 이루어졌는가를 파악하는 것도 자료 해석에서 매우 중요한 요소이다. 제시된 자료의 수치가 퍼센트인지 도수인지 등에 따라 그 해석이 완전히 달라질 수 있기 때문이다. 또한 수치나 퍼센트로 제시된 경우 그것이 전년 대비인지 아니면 기준 연도가 따로 정해져 있는지도 전혀 다른 해석을 가능하게 하는 요소이므로 주의해야 한다. 가령 한국에 대한 외국 기업의 투자를 다룬다고 할 때 외국 기업의 투자 비율이 전 년 대비 줄어들었다고 해서 외국 기업의 투자가 절대적으로 줄어든 것으로 볼 수는 없다. 외국 기업이 전 해에 100% 증가하였다면 올해 외국 기업의 투자가 전 년 대비 10% 줄었다고 해도 기준 연도에 비해서는 외국 기업의 투자는 증가한 것이기 때문이다.

[예시] 전년 대비 손익 증감률

구분	2006	2008	2009	2010	2011
A사	30%	−4%	−2%	−2%	−1%
B사	2%	−30%	4%	3%	3%

위의 자료를 보면 A사의 경우 2006년에 30% 이익이 증가하였고 이후 4%, 2%, 2%, 1%의 감소를 보였다. 하지만 전년 대비 증감률이기 때문에 이것이 A사가 전년에 비해 이익이 감소하였다는 것이지 적자를 의미하는 것은 아니다. 따라서 2011년 A사는 2006년을 기준으로 흑자를 이어가고 있다고 볼 수 있다. 반면, B사의 경우 2006년에 2%의 증가를 보였지만 2008년에 30%의 이익이 감소하였고, 이후 4%, 3%, 3%의 이익이 증가하였지만 이는 2008년을 기준으로 할 때 흑자로 전환하였음을 의미하는 것은 아니다. 아울러 자료 시작 연도인 2006년 당시의 회사 수익이 제시되어 있지 않기 때문에 A사나 B사 모두 적자나 흑자를 판단할 수는 없다.

⑷ 제시된 해석이 자료와 일치하는지 확인해야 한다.

자료 해석의 대부분은 자료와 제시된 내용이 일치하는가를 확인하는 과정이다. 따라서 자료가 제시된 내용과 일치하는지 파악하는 것은 자료 해석의 가장 기본적인 과정이라고 볼 수 있다. 이때 증감의 확인뿐만 아니라 비교 대상이 되는 두 대상에 대한 설명이 정확하게 이루어졌는지도 확인해야 한다. 단순히 거시적인 관점에서 자료의 흐름을 파악하기 보다는 자료에 대한 꼼꼼한 분석이 요구된다.

실업자와 실업률의 추세

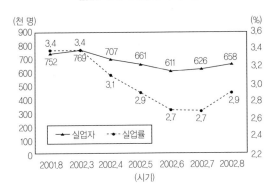

① 자료와 일치하는 사항

  ㉠ 2002년 3월 이후 6월까지 실업자 수와 실업률은 지속적으로 감소하였다. (실업자 수 : 158,000명 감소, 실업률 : 0.7% 감소)

  ㉡ 2001년 8월부터 2002년 3월까지 실업자 수는 증가하였다. (17,000명 증가)

  ㉢ 2001년 8월부터 2002년 3월까지 실업률은 변화가 없다. (3.4%로 동일)

  ㉣ 2002년 6월부터 2002년 7월까지 실업자 수는 증가하였다. (15,000명 증가)

  ㉤ 2002년 6월부터 2002년 7월까지 실업률은 변동이 없다. (2.7%로 동일)

  ㉥ 2002년 5월부터 2002년 7월까지 감소된 실업률은 2002년 7월부터 2002년 8월까지의 증가된 실업률과 같다. (0.2%)

  ㉦ 2002년 7월 이후 2002년 8월까지 실업자 수는 증가하였다.

  ㉧ 2002년 7월을 기점으로 실업률은 다시 증가하고 있다.

② 자료와 일치하지 않는 사항

  ㉠ 실업자 수의 증감과 실업률의 증감은 일치한다. (2001. 8 ~ 2002. 3, 2002. 6 ~ 2002. 7 사이는 일치하지 않음.)

  ㉡ 실업자 수가 가장 급격히 감소한 시기는 2002년 5월부터 2002년 6월이다. (2002. 3 ~ 2002. 4 감소한 실업자 수는 62,000명이고, 2002. 4 ~ 2002. 5 감소한 실업자 수는 46,000명임.)

⑸ 제시된 해석이 논리적 타당성이 있는지 확인해야 한다.

단순히 자료와 제시된 내용의 일치를 확인하는 것을 넘어 제시된 자료를 바탕으로 추론이 이루어지는 경우도 있다. 즉, 주어진 자료를 바탕으로 제시된 자료에서 나타나는 변화나 차이를 설명하는 경우도 있고, 주어진 자료에서 나타나는 문제점을 파악하여 이에 대한 대안을 제시하는 경우도 있는 것이다. 이때 무엇보다 중요한 것은 원인과 대안이 올바른가 그렇지 않은가의 문제가 아니라 제시된 자료를 통해 충분히 뒷받침될 수 있는 논리적 타당성을 갖추었는가의 문제이다. 아무리 주제에 맞는 대안이라 해도 그것이 제시된 자료를 통해 충분히 도출될 수 없는 것이라면 올바른 자료해석이라고 볼 수 없다.

○○년도 도시근로자 가구주의 연령별 가계수지 항목 증감률(전년 대비)

(단위 : %)

구분	24세 이하	25~29	30~34	35~39	40~44	45~49	50~54	55세 이상
소비지출 전체	9.9	12.6	7.9	4.9	0.7	3.1	4.0	−0.3
식료품	6.7	6.7	4.5	4.4	4.7	3.6	3.7	2.1
주거	−32.6	10.2	10.4	−7.5	−0.1	12.5	22.5	9.7
광열/수도	8.3	−4.0	4.4	3.4	1.3	−0.8	0.1	4.7
가구/가사 용품	99.3	−2.0	21.0	3.1	11.1	−4.7	36.0	−13.2
피복/신발	12.8	13.5	3.9	4.6	1.6	5.3	8.6	−3.0
보건/의료	−6.4	13.7	5.8	3.7	4.5	1.2	−8.0	−6.0
교육	29.6	11.5	22.9	9.6	7.9	5.2	−9.4	−11.5
교양/오락	28.7	9.9	7.9	4.6	−1.9	−6.3	−11.2	21.7
교통/통신	9.8	41.0	4.6	−4.3	0.4	−3.7	7.7	−1.3
기타 소비	16.5	7.2	10.6	12.8	−3.3	3.9	5.8	−1.0
잡비	22.3	4.9	13.1	14.7	−5.6	4.7	5.7	−0.1

위의 자료를 바탕으로 추론할 수 있는 내용은 우선, 교통/통신비의 전년 대비 증감률이 가장 큰 연령층이 25~29세라는 것이다. 따라서 전년도의 교통/통신 관련 산업에서 가장 큰 이익을 본 업체는 25~29세의 고객층을 많이 확보한 기업이라는 점을 추론할 수 있다. 이는 전체 가계수지 증감에서도 가장 크게 증가한 분야이고, 다른 연령층에 비해 월등히 증가한 분야이며 전체 소비 지출의 증가율보다 훨씬 높기 때문에 타당한 추론이라고 할 수 있다.

또한 교육의 경우 24세 이하에서 가장 큰 증가율을 보이는데 이는 학생 계층이 속해 있기 때문이며, 30~34세의 교육비 증가율이 높게 나타난 것은 재취업을 위한 준비나 여가활용, 자기 개발 등의 욕구가 강화되었기 때문이라는 점을 추론해 볼 수 있다. 덧붙여서 전반적으로 볼 때 전년 대비 가구/가사 용품 소비에서 가장 큰 증가율은 보인 것은 24세 이하이므로 가구 및 가사 용품은 24세 이하의 기호에 맞추어 신제품을 개발하는 것이 전략적으로 성공할 가능성이 높다는 점도 타당한 추론이다. 반면, 위 도표에서 보건이나 의료 항목의 경우 24세 이하에서 6.4% 감소하였는데 이러한 감소의 이유는 의료나 보건에 대한 지출 심리가 위축된 것일 수도 있고, 국민 건강이 그만큼 나아졌을 수도 있으며 병에 대한 예방 등이 효과적으로 이루어졌기 때문일 수도 있으므로 이에 대한 특정 원인을 지적하는 것은 타당성이 부족하다. 또한 피복/신발의 증감율을 볼 때 24세 이하와 25세~29세의 증가율이 두드러지는데 이를 통해서 이들 계층이 외모에 관심이 많다는 해석은 논리적으로 타당성을 갖지만 만일 이들이 과소비를 하고 있다고 해석한다면 논리적인 해석으로 볼 수는 없다. 전체 지출에서 피복과 신발에 지출하는 비중이 늘었을 뿐이지 피복과 신발에 대한 지출 비용이 절대적으로 증가한 것은 아니기 때문이다.

② 자료해석의 실제

(1) 자료1. 학력별 임금 격차

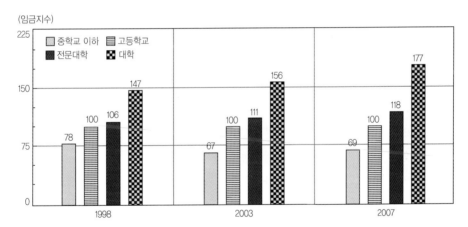

제시된 자료는 우리나라의 학력별 임금 격차를 그래프로 나타낸 것이다. 이를 바탕으로 해석할 수 있는 내용은 다음과 같다.

① 학력이 높을수록 임금이 높다.

② 중학교 이하의 경우 2003년에 비해 2007년 상대적으로 임금이 높아졌지만 1998년의 수준에는 미치지 못하고 있다.

③ 고등학교의 경우 1998년 이후 상대적 임금에 변화가 없다.

④ 전문대학의 경우 조사기간 동안 지속적으로 상대적 임금이 상승하고 있다.

⑤ 대학의 경우 조사기간 동안 지속적으로 상대적 임금이 상승하고 있다.

⑥ 고등학교와 전문대학의 상대적 임금 격차가 갈수록 커지고 있다.

⑦ 전문대학과 대학의 경우 조사기간 동안 상대적 임금 격차가 커지고 있다.

⑧ 조사기간 동안 상대적 임금 격차가 가장 커진 것은 중학교 이하와 대학 간 격차이다.

⑨ 조사기간 동안 고등학교와 전문대학 간의 상대적 임금 격차도 계속 벌어지고 있다.

⑵ 자료2. 관광지 방문객 현황

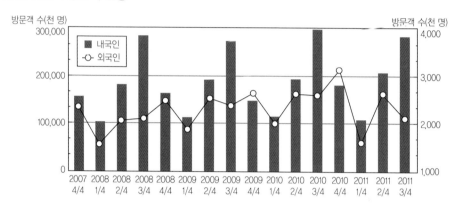

제시된 자료는 우리나라의 관광지 방문객 현황을 나타낸 그래프이다. 이를 바탕으로 해석할 수 있는 내용은 다음과 같다.

① 조사기간 동안 외국인 관광객 수는 2010년 4/4분기에 최고치를 기록하였다.

② 조사기간 동안 외국인 관광객 수는 2011년 1/4분기에 최저치를 기록하였다.

③ 조사기간 동안 내국인 관광객 수는 2010년 3/4분기에 최고치를 기록하였다.

④ 조사기간 동안 내국인 관광객 수는 2008년 1/4분기에 최저치를 기록하였다.

⑤ 내국인의 경우 1년 중 1/4분기의 관광객 수가 가장 적은 편이다.

⑥ 내국인의 경우 1년 중 3/4분기의 관광객 수가 가장 많은 편이다.

⑦ 외국인의 경우 1년 중 1/4분기의 관광객 수가 가장 적은 편이다.

⑧ 외국인의 경우 1년 중 4/4분기의 관광객 수가 가장 많은 편이다.

⑨ 조사기간 중 외국인 관광객을 대상으로 하는 여행사가 호황을 누렸을 시기는 2010년 4/4분기이다.

⑩ 조사기간 중 내국인 관광객을 대상으로 하는 여행사가 호황을 누렸을 시기는 2010년 3/4분기이다.

⑪ 여행사 측에서 볼 때, 일년 중 1/4분기에는 전반적으로 매출이 부진할 것이다.

⑫ 여행사 측에서 볼 때, 3/4분기에는 주로 내국인을 대상으로 한 마케팅이 효과적일 것이다.

(3) 자료3. 정보 격차 지수

(단위 : 점)

구분	종합 격차 지수	접근 격차 지수	역량 격차 지수	양적 활용 격차 지수	질적 활용 격차 지수
2004년	55.0	36.3	72.5	65.8	70.4
2005년	46.7	29.0	65.8	57.8	62.3
2006년	38.0	19.8	57.1	49.7	53.6
2007년	34.1	13.5	55.5	47.2	52.0
2008년	32.0	10.3	54.3	45.6	49.0
2009년	30.3	9.0	51.1	44.3	47.7
2010년	28.9	8.2	49.2	42.5	45.9

제시된 도표는 연도별 정보 격차를 지수화한 것이다. 이를 통해 해석할 수 있는 내용은 다음과 같다.

① 종합적으로 볼 때 정보화 격차는 점차 완화되고 있는 추세이다.

② 정보 접근 면에서 대체로 격차가 사라지고 있다.

③ 양적인 부문보다 질적인 부문의 정보 격차가 더욱 크다.

④ 정보 격차가 가장 크게 나타나는 것은 역량 부문이다.

⑤ 2004년에 비해 2010년 정보 격차 지수 완화가 가장 잘 이루어진 것은 정보 접근 부문이다.

⑥ 종합적으로 볼 때 정보 격차 개선 속도는 2007년을 기점으로 둔화되었다.

2장 창의적 언어 능력
실전 대비 문제

01

다음 공익 포스터를 바탕으로 짧은 글을 쓸 때, 조건에 맞추어 가장 적절하게 쓴 것은?

조건 1. 포스터의 내용을 고려할 것
조건 2. 장애인에 대한 인식 전환의 내용을 담을 것
조건 3. 조건문의 형태를 활용할 것

① 장애인이 좀 더 편하게 살아갈 수 있도록 배려해 주세요.

② 장애인을 위한 작은 배려가 세상을 바꿀 수 있습니다.

③ 장애인에 대한 편견을 접으면 장애인의 능력이 보입니다.

④ 장애인의 생각이 뒤집히면 세상이 달라집니다.

⑤ 장애인의 생각을 읽으면 장애인들이 가깝게 느껴집니다.

> **해설** ● 제시된 포스터에서는 종이를 접어서 다른 메시지를 보여주고 있으므로 이러한 특성을 고려할 때, '접으면'이라는 술어가 들어가는 것
> 이 적절하다. 또한 장애인에 대한 인식 전환의 메시지가 담겨 있고, 조건문의 형식이므로 제시된 조건을 모두 충족하고 있다.
> ①, ② 조건문의 형태를 활용하라는 조건을 지키지 않았다.
> ④ '장애인 스스로의 인식 전환'을 요구하는 내용이 되어 조건과 일치하지 않는다.
> ⑤ '생각을 읽다', '가깝다'의 내용을 뒷받침할 만한 근거를 제시된 포스터에서 찾을 수 없다.

02

글의 내용을 고려할 때 빈칸에 들어갈 내용으로 알맞은 것은?

> 이이의 '십만양병설'은 제자 김장생이 이이 사후에 쓴 《율곡행장》에 기록되어 있다. 이는 임진왜란을 앞두고 국방을 튼튼히 해야 한다는 선견지명(先見之明)에서 나온 충언(忠言)이었을 것이다. 그러나 당대의 기록 어디에도 이이의 십만양병설에 대한 내용은 없다. 단지 이이가 병조판서로 재직하던 시절 변방의 소요에 대해 방비를 튼튼히 해야 한다는 건의를 한 적이 있을 뿐이다.
>
> 당대의 인구나 경제 규모는 십만이나 되는 병력을 양성할 여력이 없었다. 실제 효종이 어영청의 삼만 군사를 양성할 때도 국가 재정이 고갈되어 결국 실패하였다는 점을 고려할 때 십만양병설은 설득력을 잃는다.
>
> 또한 김장생의 《율곡행장》에는 동인이었던 유성룡이 서인과 가깝게 지냈던 이이에 반대하여 십만양병설을 반박한 뒤 훗날 실제로 임진왜란이 닥치자 "이문성은 과연 성인이다."라며 한탄했다는 말이 적혀 있는데 문제는 이이의 시호인 '문성공'은 인조 때 정한 것이므로 유성룡이 이이를 '이문성'으로 불렀을 가능성은 전혀 없는 것이다.
>
> 이런 점을 종합해 볼 때 이이의 십만양병설은 (   ).

① 교훈적 의미는 가질 수 있지만 역사적인 신빙성은 약하다.

② 존경하는 스승에 대한 제자들의 과도한 미화의 산물이다.

③ 역사적으로 인정할 수도 인정하지 않을 수도 없는 말이다.

④ 후세에 유전되는 과정에서 다소 그 수가 과장되었을 가능성이 높다.

⑤ 불가능한 주장을 통해 역으로 국방의 중요성을 강조한 말이다.

해설 첫 문단에서 이이의 십만양병설이 국방을 튼튼히 해야 한다는 교훈적 의미로는 받아들일 수 있음을 인정하면서도 다음 문단에서는 이이의 십만양병설이 현실적으로 불가능할 뿐만 아니라 《율곡행장》에 기록된 내용에 대한 신뢰성을 비판하고 있다. 따라서 빈칸에는 교훈적 의미는 일부 인정하더라도 역사적 신뢰성을 가진 것은 아니라는 점을 지적하면서 마무리하는 내용이 들어가는 것이 적절하다.

03

다음과 같이 행사 홍보를 하려고 한다. 빈칸에 들어갈 내용을 한 문장으로 가장 적절히 표현한 것은?

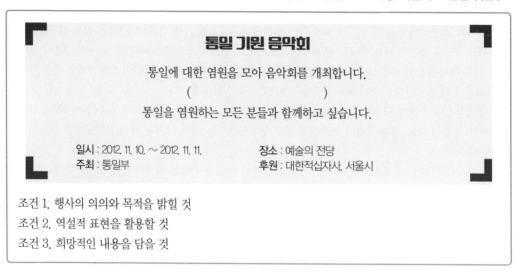

통일 기원 음악회

통일에 대한 염원을 모아 음악회를 개최합니다.
(   )
통일을 염원하는 모든 분들과 함께하고 싶습니다.

일시 : 2012. 11. 10. ~ 2012. 11. 11.　　　장소 : 예술의 전당
주최 : 통일부　　　　　　　　　　　　　후원 : 대한적십자사, 서울시

조건 1. 행사의 의의와 목적을 밝힐 것
조건 2. 역설적 표현을 활용할 것
조건 3. 희망적인 내용을 담을 것

① 아름다운 음악에 통일을 향한 여러분의 염원을 모아 민족 통일의 첫 걸음을 내딛고자 합니다.

② 소박하지만 화려한 통일에 대한 염원이 우리들 마음속에서 고동치고 있습니다. 이제 여러분의 숨겨진 열정을 발산해 보십시오.

③ 우리에게 분단은 통일의 과정일 뿐입니다. 음악을 통해 분단을 넘어 통일로 여러분과 함께 걸어가고 싶습니다.

④ 통일을 위해서는 앞으로 넘어야 할 난관이 많습니다. 아직도 이루지 못한 한민족의 한을 음악에 담았습니다.

⑤ 음악에는 국경도 없고 철조망도 없습니다. 한민족이 하나 되는 감동의 순간을 느껴보십시오.

해설 ◉ '분단은 통일의 과정'이라는 표현에서 역설적 표현이 활용되었고, 음악을 통해 통일로 걸어가자는 메시지는 음악회의 목적과 의의에 부합하며 희망적인 내용을 담고 있다.

①, ④, ⑤ 역설적 표현이 활용되지 않았고, 특히 ④는 희망적인 내용보다는 '민족의 한'이 강조되어 있다.

② 역설적 표현이 활용되었지만 음악회의 취지가 관중의 열정을 발산하는 것이 아니라는 점에서 적절하지 않다.

04

다음 자료를 해석한 내용으로 적절하지 <u>않은</u> 것은?

국내 여객 · 화물 수송량 및 분담률

단위 : 여객(천 인), 화물(천 톤), 분담률(%)

구분			2005	2006	2007	2008	2009	2010
여객	철도	수송량	950,995	969,145	989,294	1,018,977	1,020,319	1,060,926
		분담률	8.1	8	7.8	7.8	8	8.2
	지하철	수송량	2,020,360	2,079,961	2,090,290	2,141,872	2,182,346	2,273,086
		분담률	17.1	17.2	16.6	16.5	17	17.5
	공로	수송량	8,801,839	9,014,747	9,518,760	9,798,410	9,588,133	9,646,404
		분담률	74.6	74.5	75.4	75.4	74.8	74.1
	해운	수송량	11,099	11,574	12,634	14,162	14,868	14,312
		분담률	0.1	0.1	0.1	0.1	0.1	0.1
	항공	수송량	17,156	17,181	16,848	16,990	18,061	20,216
		분담률	0.1	0.1	0.1	0.1	0.1	0.2
화물	철도	수송량	41,669	43,341	44,562	46,805	38,898	39,217
		분담률	6.1	6.3	6.2	6.4	5.1	5
	공로	수송량	526,000	529,278	550,264	555,801	607,480	619,530
		분담률	76.5	76.6	76.9	76.2	79.2	79.6
	해운	수송량	119,410	117,805	120,079	126,964	120,031	119,022
		분담률	17.4	17.1	16.8	17.4	15.7	15.3
	항공	수송량	372	355	316	254	268	262
		분담률	0.1	0.1	0.1	0.1	0.1	0.1

*공로 : 자가용을 제외한 도로교통 수단

① 철도 · 지하철의 여객 수송량은 2005년 이후 지속적으로 증가하는 추세를 보여, 2010년에도 전년에 비해 증가하였다.

② 여객과 화물의 수송 분담률에서 가장 높은 비중을 차지하는 것은 공로 수송이다.

③ 항공 여객의 수송량은 2010년에는 전년 대비 20% 이상 상승하였다.

④ 화물의 해운 수송량은 2006년부터 2008년까지 증가하다가 다시 2009년부터 감소하기 시작했다.

⑤ 여객의 해운 수송량은 2005년 이후 2009년까지 꾸준히 증가하였으나 수송 분담률에는 변화가 없다.

해설 2010년 항공 여객 수송량의 전년 대비 상승률은

$$\frac{20,216(천\ 명) - 18,061(천\ 명)}{18,061(천\ 명)} \times 100 = 11.931786\ldots(\%)$$이므로 항공 여객 수송량은 2009년에 비해 2010년 약 12% 상승했다.

정답 03 ③ 04 ③

05

다음 자료들을 모두 활용하여 이끌어 낼 수 있는 주제로 가장 적절한 것은?

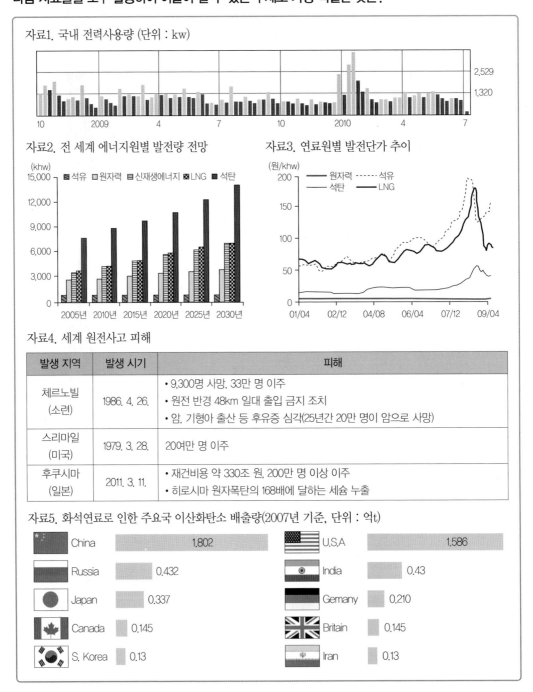

자료1. 국내 전력사용량 (단위 : kw)

자료2. 전 세계 에너지원별 발전량 전망

자료3. 연료원별 발전단가 추이

자료4. 세계 원전사고 피해

발생 지역	발생 시기	피해
체르노빌 (소련)	1986. 4. 26.	• 9,300명 사망, 33만 명 이주 • 원전 반경 48km 일대 출입 금지 조치 • 암, 기형아 출산 등 후유증 심각(25년간 20만 명이 암으로 사망)
스리마일 (미국)	1979. 3. 28.	20여만 명 이주
후쿠시마 (일본)	2011. 3. 11.	• 재건비용 약 330조 원, 200만 명 이상 이주 • 히로시마 원자폭탄의 168배에 달하는 세슘 누출

자료5. 화석연료로 인한 주요국 이산화탄소 배출량(2007년 기준, 단위 : 억t)

China	1,802	U.S.A	1,586
Russia	0.432	India	0.43
Japan	0.337	Gemany	0.210
Canada	0.145	Britain	0.145
S. Korea	0.13	Iran	0.13

자료6. 신재생에너지 정부지원 규모와 보급률

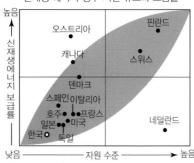

신재생 에너지 정부 지원 규모와 보급률

① 전력생산의 효율성과 전력사용량을 고려하여 원자력 발전의 안정성을 강화하려는 정부의 노력과 의지가 필요하다.

② 전력사용량을 줄이고 화석에너지나 원자력에너지에 의존한 발전에서 벗어나 대체에너지 개발을 위해 정책적 지원을 확대해야 한다.

③ 전력공급의 불균형을 해소하기 위해 화석연료와 원자력 발전 외에 전력 발전 방식을 다변화해야 한다.

④ 국가별 화석연료 사용과 원자력 발전을 억제하고, 신재생에너지 개발을 위해 전 세계가 함께 협력해 나가야한다.

⑤ 무분별한 전력사용에 대한 강력한 정부의 대응과 안정적인 전력수급을 위한 정부의 정책적 노력이 필요하다.

해설 〈자료1〉에서는 우리나라 전력사용량의 급격한 증가 추세를 확인할 수 있다. 전력사용량이 특정 시기(겨울)에 집중되고 있는 점을 감안하여 전력사용량을 줄이려는 노력이 필요하다는 점을 시사하고 있다. 〈자료2〉와 〈자료3〉은 원자력과 석탄을 활용한 발전이 경제적이고 효율적이라는 점을 보여주고 있다. 그러나 〈자료4〉와 〈자료5〉는 원전사고의 심각성과 화석연료로 인한 이산화탄소 배출량의 심각성을 보여줌으로써 〈자료2〉, 〈자료3〉에서 제시된 화석연료와 원자력 발전의 효율성이나 경제성을 내세우는 것이 장기적으로는 바람직하지 않다는 점을 보여주고 있다. 한편 〈자료6〉은 신재생에너지의 보급과 지원이 아직 부족하다는 점을 보여주는 자료이다. 이를 종합해 보면 우선 전력소비량을 줄여야 하며, 아울러 화석연료와 원자력 발전에 의존하고 있는 기존의 발전 방식에서 벗어나 신재생에너지의 개발이 시급하며 이에 대한 정책적 지원이 절실하다는 결론을 도출할 수 있다.
① 대안으로서의 신재생에너지에 대한 언급이 없다.
③ 전력소비량을 줄여야 한다는 결론이 제시되지 않았고, 쟁점인 화석연료와 원자력 발전의 문제점에 대한 고려가 없이 발전 방식 다변화라는 결론에 이르고 있다.
④ 국내 전력소비량 급증에 대한 언급을 찾아 볼 수 없다.
⑤ 쟁점이 정부의 전력수급에 맞춰져 신재생에너지의 개발 필요성과 화석연료 및 원자력에너지의 한계와 관련된 내용이 포함되지 않았다.

정답 05 ②

06

다음은 공익광고 포스터이다. 조건을 고려하여 제목으로 가장 적절한 문구를 작성한 것은?

조건1. 대조의 효과를 살린 표현을 사용할 것
조건2. 의문형으로 끝맺어 경각심을 부각시킬 것
조건3. 포스터의 내용을 충분히 드러낼 것

① 친환경 제품을 사용하는 것이 자연을 사랑하는 길입니다.

② 하나의 휴지가 곧 한 그루의 나무가 됩니다.

③ 휴지를 만들기까지 도와주시는 분들께 감사해야 하는 것 아닙니까?

④ 단 한 번을 쓰기 위해 50년을 키웠습니까?

⑤ 모든 물건은 제자리에 있을 때 가치를 발하는 것이 아닐까요?

해설 ● 제시된 포스터는 휴지걸이에 휴지 대신 나무가 걸려있는 모습으로 휴지의 낭비로 나무가 훼손되고 있음을 전달하고 있다. ④의 경우
'한 번'과 '50년'이 대조를 이루어 대조의 효과를 살리고 있고, 의문형으로 끝맺으며, 자원 낭비에 대한 경각심을 일깨우고 있다.
① ② 의문형 문장이 아니다.
③ 의문형을 취하고 있으나 대조의 효과를 살리지 못했다.
⑤ 포스터의 내용과 동떨어진 표현이다.

07

〈보기〉의 삼행시를 〈조건〉에 맞게 창작한 것은?

─── 보기 ───

친 _____	조건 1. 인간과 자연의 공생을 추구하는 내용을 담을 것
환 _____	조건 2. 비유를 활용할 것
경 _____	조건 3. 대구의 표현방식을 활용할 것

① 친구처럼 늘 곁에 있어 준 자연
　　환한 태양처럼 늘 변함없는 자연
　　경쟁하지 않고 서로 도우며 살아가리

② 친한 이웃처럼 늘 변함없는 자연
　　환자를 보살피듯 우리를 보살펴 주었네
　　경망한 인간이 그 마음을 모르는구나

③ 친구와 함께 뛰놀던 들판
　　환하게 함께 뒹굴던 언덕
　　경포호 물에 비치는 그리운 얼굴

④ 친근하고 포근한 자연의 품에서
　　환하게 웃으며 한평생 살아가리
　　경주하듯 살아온 삶은 잊으리

⑤ 친척들이 모두 한 자리에 모여
　　환한 미소로 인사를 나누니
　　경사스러운 날 더욱 즐겁구나

해설 ② 자연과의 공생의 내용을 담고 있으며 비유적 표현(의인화)이 쓰였지만 대구는 이루어지지 않았다.
③ 대구의 조건을 지켰지만 자연과의 공생을 추구하는 내용이 포함되지 않았다.
④ 자연과의 공생을 추구하는 내용이지만 대구가 쓰이지 않았다.
⑤ 자연과의 공생이라는 내용과는 무관하다.

08

다음 두 자료를 바탕으로 작성한 표어로 가장 적절한 것은?

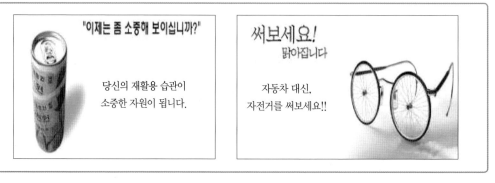

① 버려진 캔을 재활용하고 자전거를 타고 출근하는 것. 풍족한 삶을 위한 투자입니다.

② 일회용 캔이 돈으로 보인다면, 자전거 바퀴 사이로 맑은 하늘이 보인다면 당신은 이미 실천하는 환경운동가입니다.

③ 일회용품을 재활용하고 자전거를 타고 다니는 삶. 부자가 되는 첫걸음입니다.

④ 고철로만 보았던 캔, 힘겹게만 느껴졌던 자전거. 새로운 시각으로 보아야 경제를 살릴 수 있습니다.

⑤ 버려진 캔을 재활용하는 마음. 자전거로 이산화탄소를 줄이는 마음. 절약은 습관입니다.

해설 ● 일회용 캔을 재활용하는 것은 자원을 절약하는 것이고, 자전거를 타는 만큼 맑은 하늘을 볼 수 있다는 것은 환경을 위한 실천적 행위이다. 따라서 이 두 내용을 결합하여 자원절약과, 환경을 살리는 일상에서의 작은 실천을 동시에 강조하는 ②가 표어로 적절하다.
①, ③ 두 자료의 초점이 경제적인 부의 축적에 있지 않다는 점에서 적절하지 않다.
④, ⑤ 경제적 관점에서 접근하고 있으므로 두 자료가 의미하는 바를 모두 충족하지 못하고 있다.

09

독서의 방법에서 '바람직한 교우 관계'에 대하여 유추한 내용으로 적절하지 <u>않은</u> 것은?

	대상		속성		구체화
①	다독	→	다양한 책을 경험하게 된다.	→	다양한 친구들을 만나면서 다양한 인생의 경험을 얻을 수 있다.
②	정독	→	내용을 깊이 있게 이해하게 된다.	→	마음에 드는 친구와 진지하고 깊이 있는 만남을 통해 서로 깊이 이해하게 된다.
③	속독	→	정보를 빠르게 습득할 수 있다.	→	사교성이 뛰어나면 친구를 빨리 사귀게 되어 친구를 빨리 이해할 수 있게 된다.
④	선독	→	필요하거나 좋은 정보를 발췌하여 습득할 수 있다.	→	좋은 친구를 구별하여 사귐으로써 좋은 점을 배울 수 있다.
⑤	묵독	→	조용히 집중하여 읽을 수 있다.	→	친구를 표면적으로 이해하기보다는 마음 속 깊이 이해해 주는 것이 중요하다.

해설 묵독은 소리 내지 않고 읽는 방법으로 조용하게 집중하여 읽을 수 있는 장점이 있다. 하지만 묵독을 통해 '표면적인 만남'이나 '깊이 있는 이해'를 유추하여 연관 짓기는 어렵다.

10

다음 자료를 해석한 내용으로 적절하지 <u>않은</u> 것은?

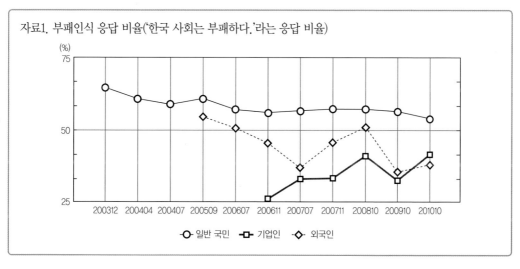

자료1. 부패인식 응답 비율('한국 사회는 부패하다.'라는 응답 비율)

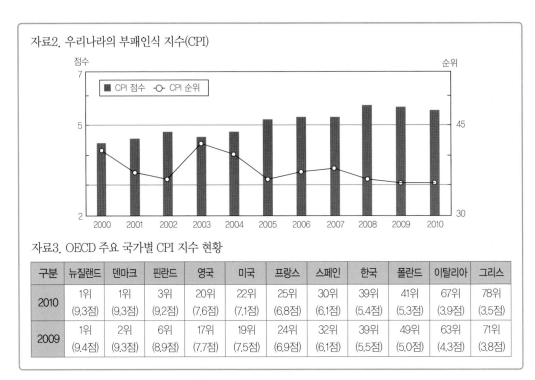

자료2. 우리나라의 부패인식 지수(CPI)

자료3. OECD 주요 국가별 CPI 지수 현황

구분	뉴질랜드	덴마크	핀란드	영국	미국	프랑스	스페인	한국	폴란드	이탈리아	그리스
2010	1위 (9.3점)	1위 (9.3점)	3위 (9.2점)	20위 (7.6점)	22위 (7.1점)	25위 (6.8점)	30위 (6.1점)	39위 (5.4점)	41위 (5.3점)	67위 (3.9점)	78위 (3.5점)
2009	1위 (9.4점)	2위 (9.3점)	6위 (8.9점)	17위 (7.7점)	19위 (7.5점)	24위 (6.9점)	32위 (6.1점)	39위 (5.5점)	49위 (5.0점)	63위 (4.3점)	71위 (3.8점)

① 외국인에 비해 내국인이 한국에 대해 부패하다고 생각하고 있다.

② 한국은 2000년 이후 2008년에 가장 부패하다고 인식되었다.

③ 한국의 CPI 지수가 처음으로 5점을 초과한 것은 2005년이다.

④ 외국인들이 한국인이나 기업인들보다 부패에 민감하게 반응하는 경향이 있다.

⑤ OECD 국가들 중 CPI점수가 9점을 넘은 국가는 2009년보다 2010년에 증가하였다.

해설● 제시된 자료1에 따르면 외국인은 한국인에 비해 한국의 부패 정도가 심하지 않다고 생각하고 있다. 물론 한국인이 한국의 부패 정도에 대한 인식의 변화가 크지 않은 반면 외국인은 조사 시기에 따라 한국의 부패 정도에 대한 인식의 변화가 상대적으로 크다. 하지만 이것은 '부패하다'라는 응답률이 변화한 것이고 한국의 부패 정도에 대한 인식의 변화이지 부패 자체에 대한 민감성을 반영한 것이라고 보기는 어렵다.

11

다음은 어느 화가가 쓴 편지이다. 이 내용과 가장 어울리는 그림은?

"때때로 너무나 강렬한 감정에 사로잡혀 스스로 지금 작업을 하고 있는지조차 의식하지 못한 채 작업할 때가 있어… 마치 말할 때나 편지 쓸 때 단어들이 거침없이 줄줄 튀어나오듯 붓놀림이 이뤄지고 있는 거지…."

"그게 전부야. 이 밀폐된 방 속에는 닫힌 문 말고는 아무 것도 없어. 가구를 굵은 선으로 만들어 누구도 방해할 수 없는 휴식을 표현해야 하거든. 벽에는 초상화 하나가 걸려 있고 거울 한 개와 수건 그리고 옷 몇 벌뿐이야…."

①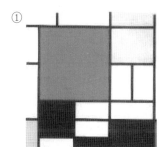

②

③

④

⑤

해설 ● 제시된 그림은 인상파 화가인 빈센트 반 고흐의 작품 〈고흐의 방〉이다. 인상주의 화가들은 전통적인 주제나 기교에 얽매이지 않고 일상에서 그림의 동기와 대상을 찾았으며 빛과 강렬한 색채의 활용이 뛰어났다.
  ① 몬드리안(Piet Mondrian), 〈황적청과 흑〉
  ② 모딜리아니(Amedeo Modigliani), 〈큰 모자를 쓴 잔 에뷔테른〉
  ③ 쿠르베(Gustave Courbet), 〈만남(안녕하세요 쿠르베씨)〉
  ④ 보티첼리(Sandro Botticelli), 〈비너스의 탄생〉

12

다음 제시된 시조를 통해 연상할 수 있는 그림으로 가장 가까운 것은?

> 동짓달 기나긴 밤을 한 허리 버혀 내어
> 춘풍 이불 아래 서리서리 넣었다가
> 어룬님 오신 날 밤이어든 구뷔 구뷔 펴리라

①

②

③

④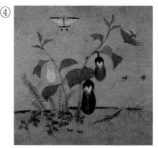

⑤

해설 ● 제시된 시조는 남녀 간의 정한(情恨)과 기다림을 다룬 황진이의 시조 〈동짓달 기나긴 밤〉이다. 따라서 이와 가장 잘 어울리는 그림은 달빛 아래에서 만나고 있는 남녀의 모습을 담은 혜원 신윤복의 〈월하정인〉이다.
　② 김홍도, 〈서당〉
　③ 김홍도, 〈무동〉
　④ 신사임당, 〈초충도〉
　⑤ 신윤복, 〈닭〉

13

어떤 대상에서 추출한 의미를 바탕으로 성공에 관한 글을 쓰고자 한다. 추출한 의미를 통해 연상한 내용으로 옳지 <u>않은</u> 것은?

대상	추출한 의미	연상한 내용
섭씨 25도 = 화씨 77도	똑같은 현상도 기준에 따라 다르게 표현될 수 있다.	① 성공한 사람들 대부분이 같은 문제도 다르게 접근할 줄 아는 폭넓은 시각을 지니고 있었다.
초침 60바퀴 = 한 시간	작은 변화가 누적되면서 큰 변화를 이룬다.	② 작은 습관의 변화가 모여서 성공을 부르는 습관을 만든다.
$(3 + 4) \times 5 = 35$ $3 + (4 \times 5) = 23$	어떤 것끼리 묶느냐에 따라 결과가 달라진다.	③ 성공은 혼자 힘으로 이룰 수 없으며 많은 사람의 노력이 합쳐져야 한다.
$2\underline{6} = 20$을 의미함. $2\underline{60} = 200$을 의미함. $2\underline{600} = 2,000$을 의미함.	어느 위치에 있는가에 따라 그 가치가 달라진다.	④ 같은 능력을 가진 인물이라도 자신의 능력을 십분 발휘할 수 있는 위치에 있는 인물이 더 빨리 성공한다.
순서대로 비밀번호 입력	정해진 순서를 따라야 목표를 이룰 수 있다.	⑤ 성공을 이루기 위해서는 서두르기 보다는 순리에 맞게 단계를 차근차근 밟아나가야 한다.

해설 ◉ 제시된 자료를 통해 연상한 내용으로는 '어떤 사업 파트너를 만나느냐에 따라 성공할 수도 실패할 수도 있다.'라는 내용이 들어가는 것이 적절하다.

14

다음 제시된 만화 에피소드의 대화 내용과 상황에 대한 진술로 옳지 <u>않은</u> 것은?

① 풍자적인 성격을 보이는 만화이다.

② 사회에 대한 저항의 가치를 평가절하하는 물타기 전략의 사례로 볼 수도 있다.

③ 숭고한 가치를 앞세우는 사람들일수록 위선적일 수 있음을 보여준다.

④ 모든 사람들은 개인의 이익보다 질서를 앞세운다.

⑤ 목적의식 없이 맹목적인 저항만 하는 군중들을 비판한다고 볼 수 있다.

해설 ● 제시된 자료는 숭고한 가치를 추구한다는 명분 아래 개인의 이익만 꾀하려는 사람들을 비판하는 풍자만화이다.

15

'조삼모사(朝三暮四)'를 패러디한 다음 만화가 다루고 있는 주제를 보는 관점이 <u>다른</u> 하나는?

① 미란 : 올림픽이나 월드컵 기간이라고 해서 모든 국민이 올림픽이나 월드컵을 시청할 필요는 없지. 단독중계를 한다면 최소한 채널 선택의 자유는 보장이 되겠군.

② 효선 : 스포츠에 관심 없는 일반 시청자도 무조건 경기를 봐야 하는 것은 부당하다고 봐.

③ 예림 : 한 방송사의 단독 중계가 까다로운 요새 시청자들의 욕구를 충족시킬 수 있을지는 의문이야.

④ 정아 : 오히려 여러 방송사의 중복 편성을 막아서 시청자들의 채널 선택권이 보장되는 결과를 낳았다고 생각해.

⑤ 혜연 : 방송사들 간의 과열 중계 경쟁보다 중요한 것은 시청자가 자유롭게 시청할 권리의 확보야.

> **해설 ●** 올림픽 또는 월드컵 경기의 단독 중계 문제에 대하여 부정적인 입장을 취하고 있다.
> ①, ②, ④, ⑤ 올림픽 또는 월드컵 경기의 단독 중계를 시청자의 입장에서 '채널 선택권의 보장'이라는 측면에서 긍정적으로 보고 있다.

16

다음 자료를 바탕으로 도출한 '능률적인 학습 방법'에 대한 결론으로 가장 적절한 것은?

① 자아 성찰을 통해 근본적인 학습 태도의 문제점을 바로 잡아야 한다.

② 계획을 세워 시간을 적절하게 안배하는 방식으로 학습 능률을 높여야 한다.

③ 끈기 있게 노력하지 않고도 좋은 결과를 바라는 학습 태도를 개선하도록 한다.

④ 고정된 사고의 틀을 벗어나 새로운 문제 해결 방안을 모색하는 학습 태도를 갖는다.

⑤ 흥미 있는 분야를 찾아서 집중적으로 학습하여 학습 능률을 최대화한다.

> **해설 ⊙** 제시된 자료는 점선 안에만 집착하면 문제를 해결할 수 없음을 보여준다. 이를 학습 태도와 관련지어 심화시키면 '고정된 사고의 틀을 벗어나는 창의적 발상이 필요하다.'라는 결론을 도출할 수 있다.
> ①, ②, ③, ⑤ 모두 '능률적인 학습 태도'와 관련 있는 내용들이지만 제시된 자료를 통해 연상할 수 있는 내용과는 거리가 멀다.

17

명함에 넣을 문구를 작성하려고 한다. [A]에 들어갈 문구로 제시된 조건을 모두 충족하는 것은?

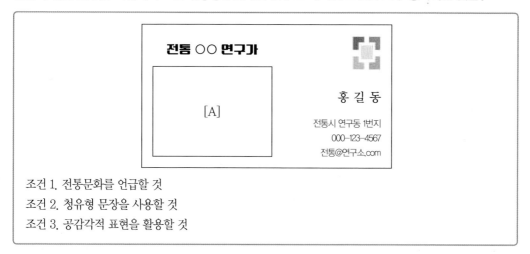

조건 1. 전통문화를 언급할 것
조건 2. 청유형 문장을 사용할 것
조건 3. 공감각적 표현을 활용할 것

① 가야금 곡조 따라 광한루까지. 춘향의 마음과 어우러지는 옥빛 소리 한 자락, 우리 연구소에서 즐겨봅시다.

② 학을 품은 달 항아리, 자라 모양 청자연적. 둥근 곡선 따라 흐르는 영롱한 빛을 당신의 마음에 새겨드립니다.

③ 옷이 아닌 멋을 입는다. 저고리, 마고자, 외씨버선, 우리 맵시 찾아 10년. 이제 당신의 것이 됩니다.

④ 우리 부엌으로 오세요. 진정한 우리의 맛을 느껴봅시다. 고향의 된장 뚝배기가 당신을 기다립니다.

⑤ 여기 주목하세요. 따사로운 햇살의 속삭임이 머무는 공간. 우리의 몸과 마음을 쉬게 합시다.

> 해설 ◉ '가야금 곡조 따라 광한루까지. 춘향의 마음과 어우러지는 옥빛 소리 한 자락'에는 전통문화에 대한 언급이, '옥빛 소리 한 자락'에는 공감각적 표현이, '즐겨봅시다.'에는 청유형 표현이 제시되어 있어 제시된 조건을 모두 충족하고 있다.

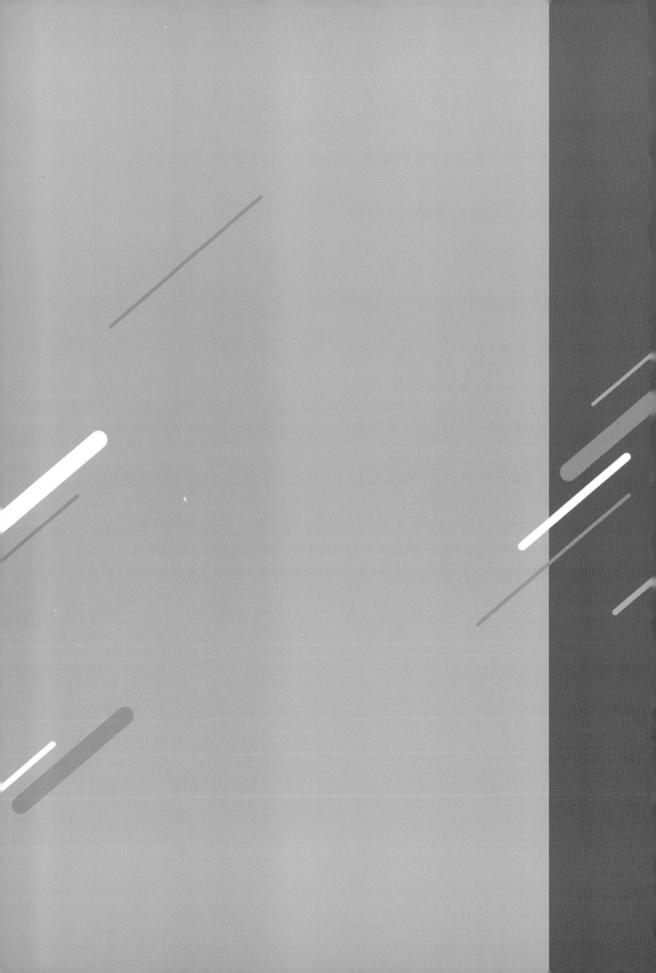

4편

국어 문화 능력 편

KBS 한국어능력시험기본서 4주완성

문학 이해 능력

① 문학의 이해

1 문학 일반

(1) 문학의 개념

오늘날 우리가 말하는 예술로서의 문학이란 '작가의 체험과 사상, 감정을 상상을 통하여 표현한 언어 예술로서 인생을 탐구하고 표현하는 창조의 세계'를 뜻한다.

① **언어 예술** : 문학은 언어를 표현 매체로 하며 동시에 그것이 예술적으로 가다듬어진 것을 말한다.

② **개인적 체험의 표현** : 문학은 개인의 특수한 체험인 동시에 인간의 보편적 삶과 합일하는 체험이어야 한다.

③ **사상과 정서의 표현** : 문학은 미적(美的)으로 정화되고 정서화된 사상의 표현이다.

④ **상상의 세계** : 문학은 작가의 상상에 의해 허구화(虛構化)한 세계의 표현이다.

⑤ **통합된 하나의 구조** : 문학 작품은 여러 요소들이 유기적으로 결합하여 이루어진다.

(2) 문학의 특성

① **항구성(恒久性)** : 위대한 문학 작품은 시대를 초월한 인간의 정서를 다루어 감동을 준다.

② **보편성(普遍性)** : 위대한 문학 작품은 공간을 초월하여 모든 인류에게 보편적 감동을 준다.

③ **개성(個性)** : 문학은 주관적 체험이며, 그 표현이므로 개성적이며 독창적이다.

(3) 문학의 요소

① **미적 정서** : 정서는 '희로애락애오욕(喜怒哀樂愛惡欲)'과 같은 순화된 인간의 감정을 말하는 것으로서, 문학을 문학답게 해 주는 근본적인 요소가 된다.

② **상상과 창조** : 문학에서 상상의 요소는 이미지를 형성하고 독창성을 만들어 주는 역할을 한다.

③ **문학의 사상** : 문학의 사상이란 작가의 인생관이나 세계관에 의해서 작품 속에 숨겨진 의미를 뜻한다.

④ **문학의 형식** : 문학의 형식은 내용과 유기적으로 결합되어 구체적으로 작품을 형성하는 요소로서, 예술적인 아름다움을 꾸며 주는 요소이다.

문학 이해 능력 영역에서는 문학 전반에 대한 이해와 기초 지식이 요구된다. 미처 준비하지 않은 상태에서 문제를 풀게 되면 가장 어려움을 느낄 수 있는 영역이지만 기본 이론을 중심으로 익혀 두면 쉽게 점수를 얻을 수 있는 영역이기도 하다.

문학 기원설, 현대 문학 갈래(시, 소설, 수필, 희곡 등)의 특성 및 각 갈래의 공통점과 차이점, 문예사조의 특성과 문학 유파의 흐름, 문체의 특성, 수사법 등은 반드시 알아두도록 하자.

➕ 더 알고가기 | **개연성(蓋然性, probability)** | ☰

문학은 역사처럼 한 번 있었던 일을 다루지 않고 있음직한 일, 있을 수 있는 개연적인 일을 다루므로 인생의 보편적 진실을 다룬다. 따라서 문학은 역사보다 훨씬 가치 있는 진실을 다룬다. 이런 의미에서 문학은 인생의 진실, 즉 개연성을 모방한다고 하는 것이다.

⬤ 예상문제 ⬤

문학의 특징이라고 할 수 <u>없는</u> 것은?

① 언어의 예술　　　　　　　　② 정서와 사상의 결합

③ 상상의 세계　　　　　　　　④ 실제 생활의 모사

⑤ 가치 있는 체험의 반영

⬤ 해설

문학은 실제 생활을 있는 그대로 모사하는 것이 아니라, 현실을 창조적으로 형상화하여 작품 세계에 반영한다는 특징을 가진다.

정답 ❹

---

❷ 문학의 갈래

　문학의 갈래란 장르(genre)라고도 하며 작품의 형식, 내용, 표현 등의 객관적 구성에서 공통성을 가지는 무리들로 구분하여 체계화한 일종의 '틀'을 뜻한다.

　문학 작품은 시대와 장소에 따라 매우 다양하므로 이들을 하나씩 분석하고 이해하는 것은 무척 번거로운 일이다. 따라서 이들을 체계적으로 유형화하여 살피는 것이 작품의 질서나 구조를 이해하는 데 매우 편리하고 효과적이기 때문에 갈래를 설정하는 것이다.

(1) 언어의 형태에 따른 갈래

　① **운문 문학(韻文文學)** : 일반적으로 언어에 리듬감을 부여하여 정서적이며 감성적인 효과를 주는 문학이다. 예 시

　② **산문 문학(散文文學)** : 운문 문학과 달리 언어에 리듬감이 주어지지 않은 산문으로 된 문학이다. 예 소설, 희곡, 수필

더 알고가기 운문 문학과 산문 문학의 비교

구분	운문 문학	산문 문학
개념	언어의 배열에 일정한 규칙이 있음.	언어의 배열에 일정한 규칙이 없음.
발달 시기	고대부터 존재함.	근대에 이르러 발달함.
중심점	리듬	의미 전달
효과	정서적, 감상적	논리적, 이지적
정신	주관성과 서정성	객관성과 사실성
대표 갈래	시	소설

(2) 언어의 전달방식에 따른 갈래

① **구비 문학(口碑文學)** : 기록 수단인 문자가 발명되기 이전, 입에서 입으로 구전된 문학으로 구연(口演)되는 것이 특징이다.

② **기록 문학(記錄文學)** : 구비 문학을 기록하는 데서 출발하여, 본격적인 개인의 창의성이 반영되는 문학으로 발전되었으며 현대 문학의 대부분을 이룬다.

더 알고가기 구비 문학과 기록 문학의 비교

구분	구비 문학	기록 문학
개념	말로 전달함.	문자 기록으로 전달함.
전달 매체	말	글
발생 시기	고대부터 발생함.	문자 발명 후 발생함.
작자	특정한 작자가 없음. (공동작)	특정한 작자가 있음.
전승방법	구전(口傳)	문헌
내용	보편적, 민족적	특수적, 개인적
형식	단순하고 기억하기 쉬움.	복잡하고 기억하기 어려움.
향유 계층	주로 평민층, 무지층(과거)	주로 상류 계층, 지식층(과거)
역사적 위치	기록 문학의 모태	구비 문학보다 나중에 발생함.
특성	본능적, 감성적, 현실주의적	이성적, 지적, 이상주의적

(3) 표현 양식에 따른 갈래

① **3분법** : 문학의 갈래를 서정, 서사, 극 양식으로 나눈다.

　㉠ **서정 양식** : 객관적인 세계와 작가의 체험을 정서화하여 표현한 것으로 대표적인 갈래는 시이다.

　㉡ **서사 양식** : 일련의 사건을 객관적으로 서술하여 전달하고자 하는 것으로 대표적인 갈래는 소설이다.

　㉢ **극 양식** : 인간의 행위와 사건의 전개를 직접 눈앞에서 연출하여 보여 주는 것으로 대표적

인 갈래는 희곡이다.

② **4분법** : 문학의 갈래를 서정, 서사, 극, 토의(교술) 양식으로 나눈다.

+ 더 알고가기   문학의 갈래   ☰

- 2대 갈래 : 운문(시), 산문(소설)
- 3대 갈래 : 서정(시), 서사(소설), 극(희곡)
- 4대 갈래 : 서정(시), 서사(소설), 극(희곡), 교술(수필)
- 5대 갈래 : 시, 소설, 희곡, 수필, 평론
- 6대 갈래 : 시, 소설, 희곡, 수필, 평론, 시나리오

---

③ 문학의 표현기법

(1) 수사법

글쓴이의 사상과 감정을 보다 효과적으로 나타내기 위한 표현의 기교로 비유법, 강조법, 변화법
으로 구분할 수 있다.

① **비유법** : 표현하려는 대상을 그와 비슷한 다른 사물과 비겨서 표현하는 방식이다.

> 직유법, 은유법, 의인법, 활유법, 의성법, 의태법, 풍유법, 대유법, 중의법, 상징법

ㅤㄱ **직유법** : 원관념을 보조관념에 직접적으로 연결시키는 방법으로 '마치, 흡사, 같이, 처럼, ~
ㅤㅤ양, ~듯' 등의 연결어를 사용한다.

ㅤㅤ㉖ 밤중을 지난 무렵인지 죽은 듯이 고요한 속에서 <u>짐승같은 달의 숨소리</u>가 손에 잡힐 듯이 들리며, 콩포기
ㅤㅤㅤ와 옥수수 잎새가 한층 달에 푸르게 젖었다.ㅤㅤㅤㅤㅤㅤ ‒ 이효석, 〈메밀꽃 필 무렵〉

ㅤㄴ **은유법** : 원관념과 보조관념을 직접적으로 연결시키지 않고 간접적으로 연결시키는 방법으
ㅤㅤ로 '암유(暗喩)'라고도 한다. "A(원관념)는 B(보조관념)이다."라는 형태로 나타난다.

ㅤㅤ㉖ 소년은 나라의 꽃이다.

ㅤㅤㅤ계절의 여왕 오월의 여신이여!

+ 더 알고가기   사은유(deadmetaphor)   ☰

언중(言衆)에 의하여 이해가 될 만큼 일상화되어 버린 즉, 참신성을 잃어버리고 관용어구로 쓰이는 은유를 사은유라고 한
다. ㉖ 내 마음은 호수요/시간은 돈이다

ㅤㄷ **의인법** : 사람이 아닌 무생물이나 동식물에 인격적 요소를 부여하여 사람의 의지, 감정, 생
ㅤㅤ각 등을 지니도록 하는 방법이다.

ㅤㅤ㉖ 바다여

ㅤㅤㅤ날이면 날마다 속삭이는

너의 수다스런 이야기에 지쳐

해안선의 바위는

베에토벤처럼 귀가 멀었다.   – 신석정, 〈바다에게 주는 시〉

ㄹ **활유법** : 무생물에 생물적 특성을 부여하여 살아 있는 생물처럼 나타내는 방법이다.

  예 청산이 깃을 친다.

    대지가 꿈틀거리는 봄이 소리도 없이 다가오면…

➕ 더 알고가기   **의인법과 활유법의 구분**   **☰**

단순히 생물적 특성을 부여하여 나타내면 '활유법'이고, 인격적 속성을 부여하여 나타내면 '의인법'이다.

예 아침부터 봄비가 조용히 속살거린다. → 의인법

   꼬리를 감추며 멀어져 가는 기차 → 활유법

ㅁ **의성법** : 어떤 상이나 사물의 소리를 흉내 내 나타내는 방법으로써 '사성법' 또는 '성유법'이라고도 한다. 이는 청각적 이미지를 살리는 방법이다.

  예 이 골 물이 주룩주룩 저 골 물이 콸콸 열에 열 골 물이 한데 합수하여 천방저 지방저 소크라지고 펑퍼져 넌출지고 방울저 저 건너 병풍석으로 으르렁 콸콸 흐르는 물결이 은옥(銀玉)같이 흩어지니   – 〈유산가〉

ㅂ **의태법** : 어떤 대상을 실감나게 표현하기 위하여 사물의 형태나 동작을 시늉하여 나타낸 기교로서 시각적인 효과를 나타내기 위해 사용하는 방법이다.

  예 해는 오르네

    둥실둥실 둥실둥실

    어어 내 절믄 가슴에도 붉은 해 떠오르네

    둥실둥실 둥실둥실   – 김해강, 〈출범의 노래〉

ㅅ **풍유법** : 표현하고자 하는 내용을 직접적으로 나타내지 않고 그 내용을 다른 이야기나 속담, 격언, 문장 등으로써 간접적으로 나타내는 방법으로, 이를 '우의법(寓意法)' 또는 '우유법(寓喩法)'이라고도 한다.

  예 남의 잔치에 배 놓아라 감 놓아라 하는구나!

    빈 수레가 더 요란하다고 했지?

ㅇ **대유법** : 직접 그 사물의 명칭을 쓰지 않고, 그 일부분으로써 혹은 그 사물의 특징으로써 전체를 나타내는 방법으로 '제유법'과 '환유법'이 여기에 해당한다.

  • 제유법 : 같은 종류의 사물 중에서 어느 한 부분으로써 전체를 알 수 있게 표현하는 방법이다.

    예 빼앗긴 들에도 봄은 오는가 → '들'은 국토를 의미함.   – 이상화, 〈빼앗긴 들에도 봄은 오는가〉

  • 환유법 : 표현하고자 하는 사물의 특징으로써 전체를 나타내는 방법이다.

    예 금수강산 (대한민국) → 대한민국을 의미함.

ㅈ **중의법** : 하나의 말을 가지고 두 가지 이상의 의미를 나타내는 방법이다.

  예 수양산 바라보며 이제를 한하노라. → '수양산'은 중국의 산 이름과 '수양대군(세조)'이라는 의미가 있음.

청산리 벽계수야 수이감을 자랑 마라. → '벽계수'는 '푸른 시냇물'과 인물 '벽계수'라는 의미가 있음.

ⓒ **상징법** : 원관념은 겉으로 드러나지 않아 암시에만 그치고 보조관념만 글에 드러난다.

> 例 해야 솟아라, 말갛게 씻은 얼굴 고운 해야 솟아라. — 박두진, 〈해〉

② **강조법** : 문장에 힘을 주어 강조함으로써 짙은 인상을 주는 방식이다.

> 과장법, 반복법, 열거법, 점층법, 점강법, 비교법, 대조법, 억양법, 예증법, 미화법, 영탄법

㉠ **과장법** : 사물의 수량, 상태, 성질 또는 글의 내용을 실제보다 더 늘리거나 줄여서 표현하는 방법이다.

> 例 쥐꼬리만한 월급 봉투
>
> 내 한 해는 다 가고 말아 삼백 예순 날 하냥 섭섭해 우옵내다. — 김영랑, 〈모란이 피기까지는〉

㉡ **반복법** : 같은 단어나 구절, 문장을 반복시켜 뜻을 강조하는 방법이다.

> 例 잔디 잔디 금잔디, 심심산천에 금잔디
>
> 문 열어라, 문 열어라, 정 도령님아.

㉢ **열거법** : 비슷하거나 같은 계열의 구절 또는 그 내용을 늘어놓음으로써 서술하는 내용을 강조하려는 수사법이다.

> 例 별 하나에 추억과, 별 하나에 사랑과, 별 하나에 동경과, 별 하나에 시와, 별 하나의 어머니…. 어머니, 벌써 아기 어머니 된 계집애들의 이름과 가난한 이웃 사람들의 이름과, 강아지, 토끼, 노새, 노루, '프랑시스 쟘', '라이나 마리아 릴케'의 이런 시인의 이름을 불러 봅니다. — 윤동주, 〈별 헤는 밤〉

㉣ **점층법** : 내용의 비중이나 정도를 한 단계씩 높여서 뜻을 점점 강하게, 높게, 깊게 층을 이루어 독자의 감정을 자연스럽게 절정으로 이끌어 올리는 표현 방법이다.

> 例 가족은 사회에, 국가에 대한 의무가 있습니다.

㉤ **점강법** : 점층법과 반대로 한 구절 한 구절의 내용이 작아지고 좁아지고 약해져서 고조된 감정으로부터 점점 가라앉게 하는 표현 방법이다.

> 例 천하를 다스리고자 하는 자는 먼저 그 나라를 다스리고, 그 나라를 다스리고자 하는 자는 먼저 그 집을 가지런히 하여야 한다.

㉥ **비교법** : 성질이 비슷한 두 가지의 사물이나 내용을 서로 비교하여 그 차이로서 어느 한 쪽을 강조하는 방법이다.

> 例 봄날 뻐꾹새 노래가 이 목소리마냥 가슴 죄게 했을까?

➕ 더 알고 가기   비교와 직유의 차이   ≡

- **비교** : ⓐ를 ⓑ에 비유한 것이 아니고, 서로 대등한 자격으로서의 비교이다.

  > 例 영희는 순희처럼 예쁘다.
  >   ⓐ   ⓑ

- **직유** : ⓐ와 ⓑ의 관계처럼 전혀 다른 사물 간의 공통적 속성을 연결시켜 나타내는 방법이다.

  > 例 영희는 꽃처럼 예쁘다.
  >   ⓐ   ⓑ

ⓐ **대조법** : 서로 반대되는 내용을 맞세워 강조하거나 선명한 인상을 주려는 방법이다.

　　예 인생은 짧고, 예술은 길다.

　　　푸른 버들에 노랑 꾀꼬리가 운다. → 푸른색과 노란색의 대조

ⓞ **억양법** : 처음에는 올렸다가 다음에 내리거나, 먼저 낮추었다가 나중에 올리는 수사법이다.

　　예 얼굴은 곱지만, 속이 얕다.

　　　사람은 착하지만 변변치 못해.

ⓩ **예증법** : 말하고자 하는 바로 그러한 사물 중의 몇 가지를 예로 드는 수사법이다.

　　예 배, 사과, 감 등은 한국에서 많이 나는 과일이다.

ⓩ **미화법** : 상대에게 불쾌감을 주지 않으려고 대상이나 내용을 의식적으로 미화시켜서 나타내는 방법이다.

　　예 양상군자 → 도둑, 거리의 천사 → 거지

㉠ **영탄법** : 슬픔, 기쁨, 감동 등 벅찬 감정을 강조하여 표현하는 방법이다.

　　예 아! 아름다운 하늘이여!

③ **변화법** : 단조로움과 지루함을 피하려고 변화를 적절히 주는 방식이다.

> 도치법, 대구법, 설의법, 인용법, 반어법, 역설법, 생략법, 문답법, 명령법, 돈호법

㉠ **도치법** : 문장의 순서를 바꾸어서 내용을 강조하는 기교로 '환서법'이라고도 한다.

　　예 죽어도 아니 눈물 흘리오리다.

　　　나는 아직 기다리고 있을 테요, 찬란한 슬픔의 봄을.

㉡ **대구법** : 비슷한 가락을 병립시켜 대립의 흥미를 일으키는 기교이다.

　　예 범은 죽어서 가죽을 남기고, 사람은 죽어서 이름을 남긴다.

㉢ **설의법** : 처음에는 일반적인 서술문으로 표현해 나가다가 결론이나 단정 부분에서 의문 형식으로 강조하는 방법이다.

　　예 어디 닭 우는 소리 들렸으랴.

　　　님 향한 일편단심이야 가실 줄이 이시랴?

㉣ **인용법** : 자기의 이론을 증명하거나 주장을 강조하기 위하여 속담이나 격언, 다른 사람의 말을 인용하여 논지의 타당성을 뒷받침하는 기교이다.

　　• 직접인용 : 따옴표로 인용한 부분을 분명히 나타내는 법을 말한다.

　　　예 공자는 "나도 말이 없고자 한다(余歌無言)."라고 하였다. 대자연은 그대로 말 없는 스승인 것이다.

　　• 간접인용 : 따옴표 없이 문장 속에 숨어 있게 표현하는 인용법을 말한다.

　　　예 아버지께서는 늘 게으른 사람은 고생을 하게 마련이라고 말씀하신다.

㉤ **반어법(irony)** : 겉으로 표현할 내용과 속에 숨어 있는 내용을 서로 반대로 나타내어 독자에게 관심을 갖게 하는 방법이다.

　　예 규칙도 모르는 사람이 심판을 하였으니 시합이 오죽이나 공정했겠소.

ⓗ **역설법(paradox)** : 표면적으로는 이치에 안 맞는 듯하나, 실은 그 속에 절실한 뜻이 담기도록 하는 수사법이다.

> ㉖ 아아, 님은 갔지마는 나는 님을 보내지 아니하였습니다.
> 찬란한 슬픔의 봄을.

ⓧ **생략법** : 글의 간결성, 압축성, 긴밀성을 위하여 어구를 생략함으로써 여운을 남기는 기교이다.

> ㉖ 왔노라, 보았노라, 이겼노라 모든 것을 잊고 싶어졌다고…

ⓞ **문답법** : 글 속의 어느 일부의 문장을 문답 형식을 빌려서 전개시켜 나가는 방법이다.

> ㉖ 그렇다면 그 둘의 관계는 무엇일까? 그것은 병립의 관계다.

ⓩ **명령법** : 평범한 서술로 해도 무방할 것을 더욱 뜻을 강조하기 위하여 또는 변화를 주기 위하여 독자의 주의를 환기시키는 방법이다.

> ㉖ 보게나, 저 외로운 하일랜드 아가씨를.

ⓩ **돈호법** : 어떤 사물을 의인화시키거나 대상의 이름을 불러서 주의를 환기시키는 방법이다.

> ㉖ 해야 솟아라, 해야 솟아라, 말갛게 씻은 얼굴 고운 해야 솟아라. 산 너머 산 너머서 어둠을 살라 먹고, 산 너머서 밤새도록 어둠을 살라 먹고, 이글이글 애띤 얼굴 고운 해야 솟아라.   – 박두진, 〈해〉

예상문제

01. 다음 중 표현 방법이 <u>다른</u> 것은?

① 결별이 이룩하는 축복에 싸여

② 죽어도 아니 눈물 흘리오리다.

③ 날과 밤으로 흐르고 흐르는 남강은 가지 않습니다.

④ 복종하고 싶은 데 복종하는 것은 아름다운 자유보다 달콤합니다.

⑤ 현재의 시간과 과거의 시간은 모두 틀림없이 미래의 시간 속에 존재하고, 미래의 시간은 과거의 시간 속에 존재한다.

● **해설**

표현의 말과는 반대의 뜻을 나타내는 반어법이 쓰였다.
①, ③, ④, ⑤ 언뜻 보기에는 어긋나는 말이나 모순되는 말인 것 같으나, 사실은 그 속에 진리를 담고 있는 역설법이 쓰였다.

정답 ❷

02. 다음 표현 중 환유법이 사용된 것은?

① 어떤 사람이 순하다고 해서 그를 바지저고리 취급해서는 안 된다.

② 머리 위에 외로이 매달린 흐릿한 전등은 놀란 듯 비웃는 듯 내려다보고 있다.

③ 두 볼에 흐르는 빛이 정작으로 고와서 서러워라.

④ 생각해 보면, 나는 약 마시는 것을 희극으로 안다. 그러나 아내는 내가 약을 마시지 않으면 비극이 된다고 안다.

⑤ 나는 지금도 설날이 되면, 어머님 옆에서 설빔이 되기를 기다리던 그 초조한 기쁨, 엿을 고고, 강정을 만들고, 수정과를 담그고, 흰떡을 치던 모습, 빈대떡 부치던 냄새……

● 해설

대유법 가운데 환유법은 부분적인 특징으로 전체를 나타내며 부분과 전체의 속성이 다르다는 특징이 있다. '바지저고리'는 '못난 사람'을 뜻하므로 환유법이 사용되었다.
② 직유법 ③ 역설법 ④ 대조법 ⑤ 열거법

정답 ❶

---

(2) 문체

① **정의** : 개인의 특수한 경험을 문자로 표현해 내는 문장 표현 양식을 문체라 한다.

② **문체의 분류**

　　㉠ **길이에 따른 분류**
　　　• 간결체 : 간결하고 선명한 인상을 주는 문체.
　　　• 만연체 : 접속어나 유사어 등의 많은 어구를 동원하여 길게 쓴 문체.

　　㉡ **어조에 따른 분류**
　　　• 강건체 : 문장의 기세가 도도하며 거세고 탄력 있는 문체.
　　　• 우유체 : 고아하고 부드러우며 여성적인 문체.

　　㉢ **수식에 따른 분류**
　　　• 화려체 : 비유나 수식이 많아 찬란하고 화려한 문체.
　　　• 건조체 : 수식이 적고 전달 위주의 침착하고 냉정한 문체.

　　㉣ **용어에 따른 분류**
　　　• 구어체 : 말하듯 쓴 언문일치의 문체.
　　　• 문어체 : 고대 한문체나 신문화 초기의 문체.

　　㉤ **표기 형식에 따른 분류**
　　　• 국문체 : 한문 문구나 외래어가 적고, 한글이 주가 된 문체.
　　　• 국한문체 : 한문 문구가 많이 섞여 있는 문체.

　　㉥ **운율에 따른 문체**
　　　• 운문체 : 3·3조, 3·4조, 4·4조, 3·3·4조, 7·5조 등의 음수율을 가진 향가, 속요, 가사 등의 문체.
　　　• 산문체 : 고전 문학의 설화, 내간 소설 등과 현대 문학의 소설, 수필, 희곡, 평론 등과 같이 외형적인 음수율을 가지지 않는 모든 문체.

4 시·소설·수필·희곡

(1) 시(운문 문학)

시는 인간의 사상과 정서를 운율적인 언어로 압축하여 표현한 언어 예술이다.

+ 더알고가기   시의 특성

- **함축성** : 절제된 언어와 압축된 형태로 사상과 감정을 표현한다.
- **운율성** : 시는 운율로서 음악적 효과를 나타낸다.
- **정서성** : 독자에게 특정한 정서를 환기시킨다.
- **사상성** : 의미 있는 내용으로서 시인의 인생관·세계관이 깔려 있다.
- **고백성** : 시는 내면화된 세계의 주관적·고백적 표현이다.

① 시의 요소

㉠ 구성 요소

- 음악적 요소 : 시의 운율[음성, 리듬(rhythm)].
- 회화적 요소 : 시의 심상[이미지(image)].
- 의미적 요소 : 시의 사상과 정서.
- 분위기와 느낌의 요소 : 어조[말투].

㉡ 내용 요소

- 주제 : 시에 담긴 중심 사상.
- 제재 : 가장 중심이 되는 소재.
- 소재 : 시의 내용을 이루는 중요한 재료.
- 이미지 : 시를 읽거나 들을 때, 마음속에 떠오르는 감각적 인상.

㉢ 형식 요소

- 시어 : 시인의 사상·감정을 표출한 함축적 의미의 언어.
- 시행 : 시어들이 모여 이루어진 한 줄.
- 연 : 몇 개의 시행이 모여 이루어진 의미와 이미지의 결합 단위.
- 운율 : 시를 읽을 때 느낄 수 있는 소리의 가락.

② 시의 갈래

㉠ 형식에 따른 갈래

- 정형시 : 한시나 시조처럼 일정한 운율적 형식의 제약을 받는 시.
- 자유시 : 정형시가 지닌 형식적 제약에서 벗어난 자유로운 형식의 시.
- 산문시 : 외형상 산문과 다름없이 연과 행의 구별이 없는 시.

㉡ 내용에 따른 갈래

- 서정시 : 개인의 주관적 정서를 표현한 시.

- 서사시 : 일정한 사건을 서술하는 장편의 서사적 구조의 시.

- 극시 : 운문으로 표현된 희곡 형태의 시.

ⓒ 문예 사조에 따른 갈래

- 낭만시 : 전통에 대한 반발로 개인의 자유로운 정서를 중요시한 시.

- 상징시 : 언어가 지닌 모호성, 상징성, 음악성에 깊은 관심을 보인 시.

- 주지시 : 냉철한 지성을 바탕으로 씌어진 시.

- 초현실시 : 인간의 내면세계를 중시하여 자동 기술법을 바탕으로 씌어진 시.

ⓔ 작품 경향에 따른 갈래

- 순수시 : 개인의 주관적 정서나 언어의 아름다움에 집착한 시.

- 경향시(목적시) : 특정한 이념이나 목적을 뚜렷이 나타낸 시.

ⓜ 주제의 내용에 따른 갈래

- 주정시 : 인간의 감정이나 정서를 주된 내용으로 한 시.

- 주지시 : 인간의 지적인 면을 주된 내용으로 한 시.

- 주의시 : 인간의 의지적인 측면을 주된 내용으로 한 시.

③ 시의 표현

㉠ 이미지(image, 심상)

- 개념 : 시를 읽을 때 마음속에 떠오르는 느낌이나 상(象), 즉 체험을 바탕으로 감각 기관을 통하여 형상화된 사물의 감각적 영상.

- 기능 : 함축적 의미 전달, 시적 대상의 구체화, 심리 상태의 효과적 표현.

＋ 더 알고가기   이미지의 갈래

- **시각적 이미지** : 색깔, 모양, 명암, 동작 등의 눈을 통한 감각의 묘사

  ㉠ 어두운 방 안엔/바알간 숯불이 피고

- **청각적 이미지** : 소리, 음성, 음향 등을 제시한 이미지

  ㉠ 머리맡에 찬물을 쏴아 붓고는

- **후각적 이미지** : 냄새의 감각을 이용한 이미지

  ㉠ 매화 향기 홀로 아득하니

- **미각적 이미지** : 혀를 통한 맛의 감각

  ㉠ 집집 끼니마다 봄을 씹고 사는 마을

- **촉각적 이미지** : 살갗을 통한 감촉의 감각

  ㉠ 젊은 아버지의 서느런 옷자락에

- **공감각적 이미지** : 동시에 두 감각을 느끼게 하는 이미지

  ㉠ 분수처럼 흩어지는 푸른 종소리(청각의 시각화)

매운 계절의 채찍에 갈겨(촉각의 미각화)
향기로운 님의 말소리(청각의 후각화)

ⓒ 비유
- 개념 : 말하고자 하는 사물이나 의미를 다른 사물에 빗대어 표현하는 방법으로, 두 사물의 유사점에 근거하여 원관념과 보조관념의 결합으로 이루어짐.
- 기능 : 이미지를 형성하는 수단, 추상적인 대상을 구체적으로 표현하게 함.

ⓒ 상징
- 개념 : 어떤 사물이 그 자체의 뜻을 유지하면서 더 포괄적이고 내포적인 다른 의미까지 나타내는 표현 방법.
- 특성 : 상징은 원관념이 생략된 은유의 형태를 띠지만, 그 뜻을 완벽하게 밝히지는 않음.

예상문제

다음 시에서 느낄 수 있는 미의식은?

남(南)으로 창(窓)을 내겠소.
밭이 한참갈이
괭이로 파고
호미론 풀을 매지요.
구름이 꼬인다 갈 리 있소.
새 노래는 공으로 들으랴오.
강냉이가 익걸랑
함께 와 자셔도 좋소.
왜 사냐건
웃지요

① 우아미   ② 숭고미
③ 골계미   ④ 비장미
⑤ 해학미

● 해설

김상용의 〈남으로 창을 내겠소〉는 전원 지향의 정신적 여유를 잘 드러내는 시로 '우아미'가 돋보이는 작품이다.

② 숭고미 : 자연을 인식하는 '나'가 자연과의 조화를 현실에서 추구하고 실현하고자 하는 태도를 보일 때와 같이 일상에서 벗어나 크고 위대한 것을 추구하는 데서 오는 아름다움이다.

③, ⑤ 골계미(해학미) : 낙천적인 세계관을 통해 일상에서 접하는 주변에 건강한 웃음과 현실에 대한 풍자적 인식을 느끼게 한다.

④ 비장미 : 자연을 인식하는 '나'의 의지가 현실적 여건으로 인해 좌절될 때, 삶의 부당한 제약을 거부하고 높은 이념을 긍정하려는 투쟁에서 오는 아름다움이다.

정답 ❶

Q 짚어보기 ▶ 비유법/강조법/변화법

- **비유법** : 표현하려는 대상(원관념)을 그와 공통점을 가지고 있는 다른 대상(보조관념)에 빗대어 표현함으로써 그 자체의 성질, 모양 등을 뚜렷하고 선명하게 하여 내용을 쉽게 이해시키기 위한 표현 방법
  - 예 철수는 걸어다니는 백과사전
    (원관념)   (보조관념)
- **강조법** : 표현하고자 하는 바를 보다 강력하게 드러냄으로써, 뜻을 한층 더 강하고 절실하게 나타내는 표현 방법
- **변화법** : 문장이 단조롭고 평범하게 흘러가지 않도록 표현 방법에 변화를 주어 독자의 새로운 관심을 불러일으키고 글의 뜻을 인상 깊게 하기 위한 표현 방법

(2) 소설

소설은 허구적인 이야기와 서술적인 산문으로 인생을 표현하는 창작 문학의 한 갈래이다.

① 소설의 특성
  - ㉠ **허구성** : 자연과 인생을 모방 · 반영한 가공적 사실로 이루어진다.
  - ㉡ **진실성** : 가공한 사실을 통하여 인생의 참 모습을 추구한다.
  - ㉢ **예술성** : 예술적인 새로운 세계를 창조한다.
  - ㉣ **서사성** : 소설은 문학으로 일정한 시간의 흐름에 따라 전개된다.
  - ㉤ **산문성** : 소설은 주로 서술 · 묘사 · 대화 등으로 표현되는 대표적인 산문 문학이다.

② 소설의 3요소
  - ㉠ **주제(theme)** : 작자의 인생관이 용해된 작품의 중심 사상이다.
  - ㉡ **문체(style)** : 작품에 구체적으로 나타나는 작가의 개성적인 문장의 특성을 뜻한다.
  - ㉢ **구성(plot)** : 필연적인 인과관계에 따라 사건을 유기적으로 배열하는 것을 가리킨다.

+ 더 알고가기   구성의 단계   ≡

- **발단** : 인물과 배경 제시, 사건의 실마리와 주제의 암시
- **전개** : 사건의 발전, 인물의 갈등, 인물의 성격 변화
- **절정** : 갈등과 분규의 분기점, 사건 전개의 정점, 주제의 선명한 노출
- **결말** : 갈등과 분규의 해결, 인물의 운명 결정, 이야기의 종결

③ 소설 구성의 3요소
  - ㉠ **인물(character)** : 행동의 주체로 개성, 전형성, 보편성 등을 지녀야 한다.

+ 더 알고가기   소설 속 인물의 유형   ≡

㉠ 역할에 따른 분류
- **주동 인물** : 작품의 주인공으로 주동적 역할을 수행함.
- **반동 인물** : 주인공과 대립되는 인물로 갈등을 일으키는 부정적 성격의 인물

ⓒ 성격 변화에 따른 분류

- **평면적 인물** : 한 작품에서 성격이 변하지 않는 인물
- **입체적 인물** : 한 작품에서 성격이 발전하고 변화하는 인물

ⓒ 성격에 따른 분류

- **전형적 인물** : 사회의 어떤 집단이나 계층을 대표하는 전형성을 지닌 인물
- **개성적 인물** : 독창성과 특이성을 지닌 인물

ⓒ **사건(story)** : 소설에서 전개되는 이야기로 복선이나 암시에 의해 인과성·필연성이 따라야 한다.

ⓒ **배경(setting)** : 소설의 시간적·공간적 환경으로, 인물의 심리와 사건, 전개에 대한 암시적 역할을 담당한다.

④ **소설 구성의 유형**

ㄱ **이야기 수에 따라**

- **단순 구성** : 단일한 사건으로 구성되며, 주로 단편 소설에 쓰인다.
- **복합 구성** : 둘 이상의 사건이나 플롯이 서로 교차하면서 진행되는 구성으로, 주로 중편이나 장편 소설에 쓰인다.

ㄴ **구성 밀도에 따라**

- **극적 구성** : 사건과 사건이 유기적 연결 속에서 긴장감 있게 전개되는 구성이다.
- **삽화적 구성** : 사건들이 밀접한 관련 없이 각각 독립적으로 산만하게 연결된 구성이다.

ㄷ **사건의 진행 방식에 따라**

- **평면적 구성** : 시간적 흐름에 따라 소설이 진행되어 가는 구성이다.
- **입체적 구성** : 시간의 흐름에 관계없이 소설이 진행되어 가는 구성이다.

ㄹ **이야기 틀에 따라**

- **액자식 구성** : 소설 속에 또 하나의 내용이 포함되어 있는 구성이다.
- **피카레스크식 구성** : 독립할 수 있는 여러 개의 이야기를 모아 전체적으로 보다 큰 통일성을 갖도록 구성하는 방식이다.

⑤ **소설의 시점** : 소설에서 대상·사건을 바라보는 서술자의 시각·관점으로, 소설의 진행이 어떤 인물의 눈을 통해 보여지는가 하는 관찰의 각도와 위치를 말한다.

ㄱ **1인칭 주인공(서술자) 시점** : 주인공이 자신의 이야기를 하는 시점으로 '나는 이렇게 하였다.' 라는 식으로 진술하여 독자에게 깊은 신뢰감을 준다.

예 최학송의 〈탈출기〉, 이상의 〈날개〉, 알퐁스 도데의 〈별〉, 유진오의 〈창랑정기(滄浪亭記)〉, 서간체 소설, 일기체 소설, 자전적 소설, 심리 소설 등

ㄴ **1인칭 관찰자 시점** : 작품 속에 등장하는 부인물인 '나'가 주인공의 이야기를 서술한다.

예 주요섭의 〈사랑 손님과 어머니〉, 김동인의 〈붉은산〉, 현진건의 〈빈처〉·〈고향〉 등

ⓒ **전지적 작가 시점** : 작가는 전지전능한 위치에서, 각 인물의 심리상태나 행동의 동기, 감정, 의욕 등을 서술한다.

　　⑩ 심훈의 〈상록수〉, 호손의〈큰 바위 얼굴〉 등

ⓒ **작가 관찰자 시점** : 작가가 외부 관찰자의 위치에서 객관적 태도로 서술하는 방법이다.

　　⑩ 황순원의 〈소나기〉, 염상섭의 〈임종〉·〈두 파산〉 등

⑥ **소설의 표현 방법**

　㉠ **서사** : 시간의 흐름에 따라 사건의 상황이나 경과를 서술하는 방식이다.

　㉡ **묘사** : 어떤 사물의 모습이나 상황을 눈에 보이듯이 자세하게 그려내는 방식이다.

　㉢ **설명** : 작가가 풀이해서 알려 주는 방식이다.

　㉣ **대화** : 등장인물들이 주고받는 말을 통해 표현한다.

예상문제

01. 내부 이야기와 외부 이야기로 이루어진 통합식 구성 형식을 취하고 있는 소설을 무엇이라고 하는가?

① 액자 소설　　　　　　　　　② 역사 소설

③ 피카레스크 소설　　　　　　④ 1인칭 소설

⑤ 대화체 소설

● 해설

이야기 속에 또 하나의 이야기가 들어 있는, 내부 이야기와 외부 이야기로 이루어진 소설을 액자 소설이라고 한다. 바깥의 이야기(외화)와 안의 이야기(내화)가 있는데, 내화가 더 중요한 의미를 담고 있거나 비중이 더 큰 경우가 보통이다. 액자 소설은 독자의 관심을 유도할 수 있고 내부의 이야기를 객관화하여 신뢰성을 부여한다는 장점을 가지고 있다. 또한 내부 이야기와 외부 이야기 속 주인공들의 특성을 통해서 주제에 쉽게 다가갈 수 있게 한다.

② 역사적 사건이나 인물을 제재로 한 소설을 역사 소설이라고 한다.

③ 서로 독립된 이야기들이 동일한 주제 아래 통일되어 엮어진 소설을 피카레스크 소설이라고 한다.

④ 소설 속의 주인공이 자기 자신의 이야기를 하는 것을 1인칭 소설이라고 한다.

⑤ 작품의 대부분이 대화로 이루어진 소설을 대화체 소설이라고 한다.

정답 ❶

02. 다음 밑줄 친 부분의 한자와 그것이 의미하는 소설의 속성이 바르게 연결된 것은?

> 자왈, 소설이라 하는 것은 매양 빙공착영으로 인정에 맞도록 편집하여 풍속을 교정하고 사회를 경성하는 것이 제일 목적인 중, 그와 방불한 사람과 방불한 사실이 있고 보면 애독하시는 열위(列位) 부인 신사의 진진한 재미가 일층 더 생길 것이요, 그 사람이 회개하고 그 사실을 경계하는 좋은 영향도 없지 아니할지라. 고로 본 기자는 이 소설을 기록함에 스스로 그 재미와 그 영향이 있음을 바라고 바라노라.

① 憑控捉暎 : 사실성   ② 憑控捉影 : 흥미성

③ 憑控捉榮 : 효용성   ④ 憑空捉影 : 허구성

⑤ 憑空捉暎 : 모방성

● **해설**

憑空捉影(빙공착영) : 허공에 의지해 그림자를 잡는다는 뜻으로, 허망한 언행 또는 이루어질 가망이 없음을 비유한 한자성어이다. 지문은 이해조의 신소설 〈화(花)의 혈(血)〉 후기에 나온다. 이해조는 소설을 '허공에 의지해 그림자를 잡는 허구적인 것'이면서도 '사실에 기초한 거울과도 같은 것'으로 비유하였다. 이런 이유로 '빙공착영'은 소설의 허구성을 가리키는 용어로도 쓰인다.

정답 ❹

(3) 수필

수필은 인생이나 자연에 대하여 느낀 바를 마음의 여유를 가지고 부담 없이 산문으로 쓴 글이다.

① 수필의 특징

  ㉠ **자유로운 형식** : 수필은 구성의 제약이 없이 자유롭게 쓰는 산문이다.

  ㉡ **다양한 소재** : 인생이나 자연 등 소재를 어디에서나 구할 수 있다.

  ㉢ **개성적·고백적인 글** : 수필은 글쓴이의 개성과 적나라한 심성이 생생하게 드러나는 문학으로 그 내용이 다분히 주관적, 주정적이고, 독백에 가까운 것이 많다.

  ㉣ **심미적·철학적인 글** : 수필은 글쓴이의 심미적 안목과 철학적 사색의 깊이가 드러나는 글이다.

② 수필의 종류

  ㉠ **태도상의 종류**

    • 경수필 : 감성적, 주관적 성격을 지니되, 일정한 주제보다 사색이 주가 되는 서정적 수필이다.

    • 중수필 : 직감, 통찰력이 주가 되는 비평적인 글로서 논리적, 지적인 문장이다.

  ㉡ **내용상의 종류**

    • 사색적 수필 : 인생의 철학적 문제를 다룬 글이나 감상문 등을 말한다.

    • 비평적 수필 : 작가에 관한 글이나, 문학·음악·미술 등 예술작품에 대한 글쓴이의 소감을 밝힌 글이다.

    • 기술적 수필 : 주관을 배제하고 실제의 사실만을 기록한 글이다.

    • 담화 수필 : 시정(市井)의 잡다한 이야기나 글쓴이의 관념 따위를 다룬 글이다.

    • 개인적 수필 : 글쓴이 자신의 성격이나 개성, 신변잡기 등을 다룬 글이다.

    • 연단적 수필 : 실제의 연설 초고는 아니나, 연설적, 웅변적인 글이다.

    • 성격 소묘 수필 : 주로 성격의 분석·묘사에 역점을 둔 글이다.

    • 사설 수필 : 개인의 주관이나 의견이긴 하지만, 사회의 여론을 유도하는 내용의 글이다.

(4) 희곡

무대 상연을 전제로 한 연극의 대본으로 허구적 사건을 다루는 점에서 소설과 같으나, 소설처럼 사건을 묘사하거나 서술하지 않고 대화와 행동을 통하여 그것을 제시 하는 산문 문학이다.

① 희곡의 특성

    ㉠ **무대 상연을 전제로 한 문학** : 희곡은 무대 상연을 전제로 한 문학, 즉 연극의 각본이다.

    ㉡ **대사의 문학** : 희곡은 대사를 표현 방법으로 하는 문학이다.

    ㉢ **행동의 문학** : 희곡은 인간 행동을 표현하는 문학으로 배우의 연기를 지시하여 무대 위에서 인간의 행동을 표출하게 한다.

    ㉣ **현재화된 인생 표현** : 희곡은 무대 위에서 직접적으로 인생을 표현하는 문학으로 모든 이야기를 현재화시켜서 표현하고, 작가와 독자와의 의사소통을 즉석에서 이루어지게 한다.

    ㉤ **희곡의 컨벤션(convention, 인습, 관습)** : 희곡은 무대라는 제한된 공간에서 대사와 행동으로만 표현하기 때문에 관객이나 독자들과 일정한 묵계가 이루어진다.

② 희곡의 구성 요소

    ㉠ **형식적 구성 요소**

      • 해설 : 희곡의 처음에 나오는 일종의 지시문으로 등장인물, 장소, 무대 등을 설명해 주는 부분이다.

      • 지문 : 대화 사이에 짤막하게 넣어 인물의 동작, 표정, 심리 상태 등을 설명하거나 조명, 효과음 등을 지시하는 글이다.

      • 대사

        – 대화 : 등장인물들이 서로 간에 주고받는 말이다.

        – 독백 : 한 인물이 혼자서 하는 말로 자기 반성적 · 설명적 성격을 띤다.

        – 방백 : 어떤 장면에서 한 인물이 다른 인물에게는 들리지 않는 것으로 약속하고 하는 독백이다.

    ㉡ **내용적 구성 요소**

      • 인물

        – 의지적 · 전형적 · 개성적이어야 한다.

        – 집중화되고 압축된 성격을 지닌 인물을 통해 인생의 단면을 집약적으로 그려야 한다.

        – 갈등과 의지의 투쟁을 보여 주는 인물을 등장시켜 극적인 효과를 뚜렷이 드러내야 한다.

      • 행동

        – 주제를 향해서 행동(사건의 줄거리)을 통일해야 한다.

        – 생략, 압축, 집중, 통일된 행동이어야 한다.

        – 갈등과 긴장을 동반하는 행동이어야 한다.

• 주제 : 인생의 단면(斷面)을 압축, 집중시켜야 한다.

③ 희곡의 갈래

㉠ 성격상 갈래

• 희극(喜劇) : 명랑하고 경쾌한 분위기 속에 인간성의 결점이나 사회적 병폐를 드러내어 비판하며, 주인공의 행복이나 성공을 주요 내용으로 삼는 것으로, 대개 행복한 결말로 매듭지어진다.

• 비극(悲劇) : 주인공이 실패와 좌절을 겪고 불행한 상태로 전락하는 결말을 지닌 극이다.

• 희비극(喜悲劇) : 비극과 희극이 혼합된 형태의 극으로 불행한 사건이 전개되다가 나중에는 상황이 전환되어 행복한 결말을 얻게 되는 구성 방식을 가진다.

㉡ 내용상 갈래 : 제재나 주제에 따라 심리극, 운명극, 사회극, 영웅극, 계몽극, 종교극, 사극 등으로 나누어진다.

㉢ 형식상 갈래

• 단막극 : 한 개의 막으로 이루어진 극이다.

• 장막극 : 여러 개의 막으로 이루어진 극이다.

㉣ 기타

• 소화(笑話) : 희극과 비슷한 결말을 갖고 있지만, 인물의 성격, 행동의 동기가 거의 드러나지 않는 극이다. 단지 과장되고 강렬한 방법으로 웃음을 자아내는 희곡을 말한다.

• 레제드라마(lesedrama) : 무대 상연을 전제하지 않고, 읽기만을 위해 쓴 희곡이다.

• 멜로드라마(melodrama) : 관객의 오락성을 위하여 쓴 통속극을 말한다.

• 모노드라마(monodrama) : 등장인물이 한 사람인 1인극을 말한다.

• 키노드라마(kinodrama) : 연극과 영화를 결합시킨 희곡을 말한다.

➕ 더 알고가기   희곡과 시나리오의 비교

구분	희곡	시나리오
공통점	• 극적인 사건을 대사와 지문으로 제시함. • 종합 예술(영화와 연극)의 대본, 즉 다른 예술을 전제로 함. • 문학 작품으로 작품의 길이에 어느 정도 제한을 받음. • 직접적인 심리 묘사가 불가능함. (간접적 묘사)	
차이점	• 연극의 대본(연극 공연) • 시간 · 공간의 제한을 받음. • 등장인물의 수에 제한이 있음. • 막과 장이 단위 • 집약미(集約美)를 추구함. • 무대를 통해서 상연함. • 상연으로 소멸하는 순간예술	• 영화의 대본(영화 상연) • 시간 · 공간의 제한을 덜 받음. • 등장인물의 수에 제한 없음. • 시퀀스와 신이 단위 • 유동미(流動美)를 추구함. • 스크린을 통해서 상연함. • 필름으로 보존하는 영구예술

차이점	• 무대적 효과 • 행동의 예술 • 입체적	• 기계조작적 효과 • 영상(이미지)의 예술 • 평면적

예상문제

다음이 설명하는 희곡의 특성은?

- 독백과 방백은 다른 등장인물은 듣지 못한다.
- 무대는 가공의 장소이지만, 희곡에서는 이를 현실로 받아들인다.
- 희곡의 등장인물은 분장을 한 인물이지만 실제 인물로 간주하고, 배우의 행동 또한 실제의 행동으로 간주한다.

① 희곡은 약속의 문학이다. ② 희곡은 현재 진행형의 문학이다.

③ 희곡은 무대 상연의 문학이다. ④ 희곡은 행동의 문학이다.

⑤ 희곡은 갈등의 문학이다.

● 해설

일종의 예술적 관례(convention) 또는 약속으로 극을 효과적으로 감상하기 위해 관객과 배우 사이에 이루어지는 묵계에 관한 설명이다.

② 희곡은 무대 위에서 직접적으로 인생을 표현하는 문학이므로 모든 이야기를 현재화시켜서 표현하고, 작가와 독자와의 의사소통을 즉석에서 이루어지게 하는 특징이 있다.

③ 희곡이란 무대 상연을 목적으로 꾸며 쓴 연극의 대본으로 작가의 생각을 등장인물의 대사와 동작, 표정 등을 통해 관객에게 보여 주기 위해 꾸며낸 이야기이다.

④ 희곡에서의 행동은 압축과 생략, 집중과 통일이 이루어져야 하며, 배우의 연기에 의해 무대에서 직접 형상화된다.

⑤ 희곡은 인물의 성격과 의지가 빚어내는 극적 대립과 갈등을 주된 내용으로 한다.

정답 ❶

5 문학을 바라보는 관점

(1) 작품의 외적 요소들로부터 작품에 접근하는 방법

① 표현론적(생산론적) 관점

㉠ 정의 : 작품을 특정 작가의 사상이나 감정, 체험, 의도의 표현으로 보는 관점으로 비평 방법 중 역사·전기적 비평에 가깝다.

《홍길동전》은 적서 차별이라는 당대 현실에 비판적이었던 허균이 작품을 통해서 그의 그러한 의도와 사상을 표현한 작품이다. 따라서 《홍길동전》을 바르게 감상하기 위해서는 허균의 가정환경, 성장 과정, 학력, 독서 경험, 취미, 종교, 교우 관계 등을 알아야 한다.

ⓒ 표현론적 관점의 전제

- 인간은 누구나 무엇을 표현하고자 하는 욕구가 있다.
- 작품은 어떤 특정인의 창작이며, 그 작품 속에는 작가의 개성적 체험이 들어 있을 수밖에 없다.

ⓒ 표현론적 관점의 방법

- 작품을 창작한 작가의 의도에 대해 연구한다.
- 작가의 전기(傳記)에 대한 연구, 즉 성장 배경, 가계(家系), 학력, 교우 관계, 생활환경, 취미, 주로 영향을 받은 사상, 종교 등에 대해 연구한다.
- 작가의 심리 상태, 특히 복합 심리(Complex)에 대해 연구한다.

ⓔ 장단점

- 장점 : 작가에 대한 정보가 전혀 없는 상태에서 작품을 이해하는 것보다는 좀 더 정확한 이해가 가능하다.
- 단점 : 작가의 의도가 고스란히 작품에 반영된다는 보장이 없다는 한계가 있다.

② **효용론적(수용론적) 관점** : 작품과 독자의 관계를 중심으로 파악하는 방법이다.

ⓐ 정의 : 작품을 독자에게 미적 쾌감, 교훈, 감동 등의 효과를 주기 위해 만들어진 것으로 보고, 작품의 가치를 독자가 받는 교훈이나 감동의 양으로 평가하려는 관점이다.

> 《홍길동전》을 읽은 독자가 당대 현실의 불합리성을 새롭게 인식하고 홍길동의 행위에서 깊은 감동을 받았기 때문에 《홍길동전》은 좋은 작품이다.

ⓒ 전제

- 독자는 작품을 읽고 그 의미를 획득하는 주체이다.
- 독자가 작품을 읽는 것은 가치 있는 체험을 나누어 가짐으로써 삶에 대해 새로운 인식을 하기 위한 것이다.

ⓒ 방법

- 독자가 감동받는 요소는 무엇이며, 그것이 구체적으로 작품의 어떤 면에서 촉발되는가를 검토한다.
- 그 시대의 최고의 지성과 정신 등 객관적이고 타당한 기준이 도입되어야 한다.

ⓔ 장단점

- 장점
  - 독자가 문학 작품이 창작되고 향유되는 데 있어서 수동적인 객체가 아니라 능동적인 주체가 된다.
  - 좋은 작품은 독자에게 큰 감동을 주며 독자를 좋은 방향으로 이끈다.

- 단점 : 감정의 오류에 빠지기 쉽다.

③ **반영론적(모방론적) 관점** : 작품과 세계의 관계를 중심으로 파악하는 방법이다.

　㉠ 정의 : 작품과 세계의 관계를 작품 이해의 중심으로 감상하는 관점이다.

> 《홍길동전》은 적서 차별이라는 당대 사회 제도와 이를 개혁하려는 의식의 반영이자 그 산물이다.

　㉡ 전제

- 작품은 항상 인간이 살아가는 모습을 그 내용으로 한다.
- 실제로 인간의 삶은 현실 세계에서 영위되고 있으므로 작품은 인간의 삶을 그 대상으로 삼는다.
- 작품과 그 내용이 대상으로 삼는 현실 세계 사이에 일정한 관계가 성립될 수 있다.

　㉢ 방법

- 작품이 대상으로 삼은 현실 세계에 대해 연구한다.
- 작품에 반영된 세계와 대상 세계를 비교 검토한다.
- 작품이 대상 세계의 진실한 모습과 전형적 모습을 반영했는가를 검토한다.

　㉣ 장단점

- 장점
  - 문학이 단순한 상상력의 산물이 아니라 구체적 현실에서 출발한다는 점을 일깨워 준다.
  - 문학 작품에 대한 이해가 구체적 삶의 현실이나, 사회, 역사, 문화 전반에 대한 이해로까지 확대될 수 있다.
- 단점 : 작품을 개연성 있는 허구보다는 현실 자체의 모사(模寫)로 오해할 우려가 있다.

(2) 작품의 내적 요소로부터 작품에 접근하는 방법(절대주의적 관점)

① **정의** : 문학작품을 오직 독자적으로 존재하는 것으로 보며, 작품 이해의 모든 정보를 작품 내부에서 찾으려는 관점이다.

② **전제** : 작품을 이해하는 데 필요한 자료는 작품 밖에 없으며 작품 속에 모든 것이 갖추어져 있다.

③ **방법**

　㉠ 작품을 작가나 시대, 환경으로부터 독립시켜 이해한다.

　㉡ 작품 속에서 작품을 이해하고 평가하는 데 필요한 요소들을 찾아낸다.

　㉢ 작품 속 언어의 함축적 의미를 찾아낸다.

　㉣ 작품 속 언어, 이미지, 비유, 상징 등에 주목한다.

④ **장단점**

　㉠ 장점 : 시는 언어에 가장 민감한 갈래이며, 절대주의적 관점은 문학의 언어 연구에 주력하므로 시 분석에서 좋은 성과를 보인다.

ⓒ 단점

- 장편 소설의 경우 현실 반영이 더 비중이 크므로 절대주의적 관점은 잘 적용되지 않는다.
- 문학의 언어는 궁극적으로 역사성을 배제할 수 없다.

(3) 종합주의적(綜合主義的) 관점

① 정의 : 작품의 총체적이고도 통일된 의미를 추구하기 위해 표현론적 · 반영론적 · 효용론적 · 분석주의적 관점을 통합하여 연구하는 관점이다.

② 전제

ⓐ 작품을 어떤 하나의 관점으로만 바라보면 그 작품의 부분적 의미만을 볼 가능성이 높다.

ⓑ 작품은 다양한 의미를 갖고 있고, 이것을 총체적으로 이해하기 위해서는 다각도의 접근이 필요하다.

③ 방법

ⓐ 표현론적 관점, 반영론적 관점, 효용론적 관점, 분석주의적 관점을 통합한다.

ⓑ 이 네 가지 관점을 부분적으로 적용하는 것이 아니라 상호 유기적으로 통일시켜야 한다.

ⓒ 주관성을 배제하고 객관성을 유지해야 한다.

④ 장단점

ⓐ 장점

- 특정 관점의 편견을 극복할 수 있다.
- 작품의 총체적 의미에 접근할 수 있다.

ⓑ 단점 : 작품을 분석할 때 각 관점을 적당하게 절충하려는 경향이 생길 수 있다.

예상문제

〈보기〉에 적용할 수 있는 비평적 관점으로 적절한 것은?

─ 보기 ─

이 시는 현세적 삶을 살아가는 젊고 어여쁜 여성의 번뇌 위에 종교적 지향성을 포갬으로써 번뇌의 종교적 극복과 지양이라는 주제를 밀도 있게 제시하려는 시인의 내면이 또렷이 드러나 있다.

① 반영론　　　　　　　　　② 표현론
③ 효용론　　　　　　　　　④ 객관론
⑤ 형태론

● 해설

'시인의 내면이 또렷이 드러나 있다.'라는 부분에서 작가의 내면에 비평의 초점이 맞추어져 있다는 것을 알 수 있다. 이는 작품이 작가의 체험과 사상의 반영물로써 시인의 내면을 표현한다고 보는 표현론에 의한 것이다.

정답 ❷

② 국어사

🔍 짚어보기 ▶ 국어사의 시대 구분

시대구분	시기	언어의 중심 지역	특징
고대 국어	~ 통일 신라	경주	우리가 현재 사용하는 말의 근간이 된다. 한자를 빌려 우리말을 표기했다. 임신서기석체, 이두, 구결, 향찰 등이 있다.
중세 전기 국어	고려 ~ 훈민정음 창제 이전	개성	현대 중부방언(서울말)의 모태가 된다. 우리말을 살려 쓰려는 의지의 약화로 한자만 쓰였다.
중세 후기 국어	훈민정음 창제 이후 ~ 임진란	한양(서울)	훈민정음이 창제되어 우리 문자를 사용하게 되었다.
근대 국어	17세기 초 ~ 19세기 말	서울	언어생활이 양란(임진/병자)을 겪고 난 후 간편하고 실용적인 방향으로 바뀌었다.
현대 국어	개화기 이후	서울	한자어뿐만 아니라 일본어와 서구 외래어가 많이 들어왔다.

1 고대 국어

고대 국어는 우리 민족이 한반도에 정착한 이후 통일 신라 때까지의 국어를 말한다. 우리말의 기원에 관해서는 다양한 의견이 존재하지만 일반적으로 알타이어족에 속한다고 보고 있다. 그러나 이는 정확한 비교언어학적 연구가 이루어지기 힘드므로 하나의 가설에 불과하다. 특히 이 시기는 우리 문자가 창제되기 이전이며, 이후 한자의 유입으로 인해 언문불일치의 상황이 지속되던 시기이기도 하다. 또한 이 시기에 대한 문헌 자료가 많이 남아 있지 않은 상태여서 당시의 정확한 언어 실태를 알기는 어렵다.

➕ 더 알고가기 **알타이어족**

19세기 말 국어의 계통에 관한 연구에 따라 국어와 알타이어족 간의 문법적 유사성을 바탕으로 알타이어족설이 제기되었다. 비교언어학적 연구가 충분히 뒷받침 되어야 하나 비교언어학적 연구를 뒷받침할 만한 충분한 자료가 부족하기 때문에 아직 가설 단계에 머물러 있다. 알타이어족의 공통된 특질은 다음과 같다.

• 모음조화 현상이 있다.
• 두음 법칙 현상이 있다.
• 교착성(조사의 활용)을 보인다.
• 모음교체 및 자음교체가 없다.
• 관계 대명사나 접속어가 없다.
• 꾸미는 말은 꾸밈을 받는 말 앞에 놓인다.
• 명사의 성(性) 구별이 없다.
• 주어, 목적어, 서술어 순이다.

교착어란 조사나 어미와 같은 형식 형태소들이 결합하여 문법적 성질을 드러내는 언어를 말한다. 단어 자체에는 변화가 없이 형식 형태소만 덧붙는다는 점에서 문법적 성질이 바뀌면 어형 자체가 변화하는 영어와 같은 굴절어나 문법적 성질과 관계없이 단어 자체가 고정되어 있는 한자어 같은 고립어와 차이를 보인다.

(1) 고유명사 표기

고대 국어 시기에 우리말을 표현해야 하는 현실적 욕구에 의해 처음으로 도입된 표기 방식은 고유명사 표기이다. 이는 기본적으로 인명이나 지명에 관한 것이었으며 일상적, 행정적 욕구에 의해 도입되었을 것으로 추측된다. 아직 우리 문자가 없던 시기이므로 한자를 빌린 차자표기(借字表記)의 형태로 이루어졌는데 즉, 한자의 음과 뜻을 빌려 인명이나 지명을 표기한 것이다.

> 素那(或云金川) 白城郡蛇山人也
> [소나(혹은 금천)는(은) 백성군 사산 사람이다.　　　　　　　－《삼국사기》

위의 자료에서 '소나(素那) 또는 금천(金川)'이라는 표기는 결국 '소나(素那)'로 표기하기도 하며 '금천(金川)'으로 표기하기도 한다는 뜻이다. 더욱이 이는 인명(人名)으로 한 사람을 두 가지 방식으로 부를 수는 없으므로 결국 동일하게 발음되었을 것이다. 결국 하나의 인명에 대해 두 가지 표기방식이 존재했던 것으로 볼 수 있다.

> 소나(素那) = 금천(金川)
> [素 흴 소, 那 어찌 나]　[金 쇠 금, 川 내 천]

위의 내용을 종합해 보면 '소나'는 한자의 뜻과는 무관하게 음을 빌린 표기이고, '금천'은 한자의 음과는 무관하게 뜻을 빌린 표기로 볼 수 있다. 이렇게 되면 '소나'와 '금천'은 같은 발음으로 동일인을 지칭하는 것이 된다.

하지만 이러한 표기방식은 신라 경덕왕 대에 와서 큰 변화를 겪게 된다. 경덕왕은 인명과 지명의 표기를 한자식으로 통일하도록 하였고 이로 인해 이전까지의 표기방식은 점차 사라지고 한자식 표기방식이 자리를 잡게 되었다. 다음을 살펴보면 이를 좀 더 구체적으로 확인할 수 있다.

> 永同郡 本吉同郡 景德王改名 今因之
> [영동군은 본래 길동군인데 경덕왕이 개명하여 지금에 이르고 있다.]　　　　－《삼국사기》

위의 내용은 경덕왕이 중국식으로 지명을 개명하였다는 것인데 원래 '길동군'이 '영동군'으로 개명되었다는 것이다. 여기서 '길'과 '영'은 처음에는 같은 지명이므로 동일하게 발음하였을 것이다.

> 영(永) = 길(吉)
> [永 길 영]　[吉 길할 길]

위의 내용을 보면 결국 '永同'은 뜻으로 읽은(釋讀) 것이고, '吉同'은 음으로 읽은(音讀) 것임을 알 수 있다. 따라서 처음에는 이들을 모두 '길동'으로 읽다가 점차 한자음으로 읽는 방법이 보편화되면서 점차 '길동'이 '영동'으로 바뀌어 읽히게 되고, 본래의 '길동'은 소멸된 것이다. 이와 같은 경덕왕의 인명과 지명에 대한 개정은 이후 고유어가 위축되고, 한자어 중심으로 인명과 지명이 자리를 잡게 되는 결정적인 역할을 하게 된다.

(2) 이두, 구결, 서기체 표기

① **서기체 표기** : 서기체 표기는 신라의 두 화랑이 맹세한 내용을 기록한 임신서기석(壬申誓記石)에 나타난 표기 형태를 이르는 말이다. 임신서기석에서는 한자를 사용하면서도 그 배열은 우리말 어순에 따른 것을 볼 수 있다. 즉 한자의 어순을 무시한 채 한자를 우리말 어순에 따라 배열함으로써 우리말화된 한문을 사용한 것이다. 임신서기석의 일부를 보면 다음과 같다.

> 今自三年以後 忠道執持 過失牙誓 若此事失 天大罪得誓
> [지금부터 삼 년 이후 충도를 집지(보전)하고 과실이 없기를 맹세한다.
> 만약 이 사실을 잃으면(어기면) 하늘에 큰 죄를 얻을 것을 맹세한다.]

위의 내용은 임신서기석의 한 부분인데 조사나 어미와 같은 형식 형태소는 보이지 않으나 한자의 배열이 우리말 어순에 따라 이루어져 있음을 알 수 있다. 즉, 서술어가 앞에 오고 목적어가 뒤에 오는 것이 한자어의 일반적 어순인데 임신서기석에서는 서술어가 뒤에 오고 목적어가 앞에 와 있음을 확인할 수 있다.

② **이두(吏讀)** : 이두란 서기체 표기와 같이 표기된 것에 문법 형태소가 보충된 형태이다. 즉 우리말 어순으로 배열한 한자에 우리말의 조사나 어미에 해당하는 요소를 첨가한 것이다. 다음은 이두의 한 예로 경주 남산의 신성비에 나와 있는 내용이다.

> 如法以作
> [같은 법으로 만들다.]

위의 내용을 보면 결국 우리말 어순으로 배열된 것에 '以'가 추가되었는데 이는 '으로'라는 조사에 해당한다. 이처럼 이두는 서기체 표기와 같이 우리말 어순에 따라 배열된 한자어에 조사나 어미를 결합하여 기록한 차자표기(借字表記)의 한 형태이다. 이두는 다양한 명칭으로 불려 왔으며 주로 하급관리인 서리(胥吏)들 사이에 뿌리를 깊이 내리고 19세기 말까지 사용되었다.

③ **구결(口訣)** : 구결은 '입겿'의 차자표기로 '토(吐)'와 같은 의미이다. 구결은 이두와 달리 한문을 읽을 때 문법적 요소를 보충하기 위하여 삽입하는 요소이며, 그 표기는 약자(略字)를 사용하였다. 예를 들면 주격조사 '이'에 해당하는 '伊'는 '亻'으로 썼다.

> 天地之間 萬物之中崖 唯人<u>伊</u>
> [천지지간 만물 중에 오직 사람<u>이</u>]

위에서 밑줄 친 부분은 모두 형식 형태소를 보충해 놓은 것으로 구결에 해당하는 부분이다. 위와 같이 구결은 한문에 토를 달아 읽기의 능률을 높인 것으로 볼 수 있다.

(3) 향찰 표기

'향찰(鄕札)'은 신라 시대 '향가(鄕歌)'를 표기하던 방식으로 이전 시대와 마찬가지로 우리 문자가 없던 시대에 한자의 음과 뜻을 빌려 표기하는 방식이었다. 그러나 향찰 표기가 이전의 표기와 다른 점은 문법적 의미를 나타내는 조사와 어미를 표기할 수 있어 문장 전체를 표기할 수 있는 가장 종합적인 차자표기 형태라는 점이다. 이러한 향찰 표기는 대체로 고려 초까지 사용되다가 소멸되었다.

① **향찰 표기의 원리** : 향찰 표기의 원리는 크게 실질 형태소를 표기하는 방법과 형식 형태소를 표기하는 방법으로 나누어 볼 수 있다. 우선 실질 형태소를 표기할 경우에는 뜻을 빌리는(釋讀) 것이 원칙이었다. 한편 형식 형태소 즉, 조사나 어미 등을 표기할 때는 음을 빌리는(音讀) 것이 원칙이었다. 그러나 그 안에서도 더욱 세분화된 표기 원칙이 적용되었으므로 모두 이 원칙으로만 읽힌 것은 아니다.

② **일반적인 향찰의 音讀字(음독자)**

- 阿(언덕 아) : 호격조사, 감탄사 '아'
- 伊(저 이) : 주격조사 '이'
- 良(좋을 량) : 어미 '라, 아/어'
- 叱(꾸짖을 질) : 음절 말의 'ㅅ' 표기
- 只(다만 지) : 어미 '기'
- 尸(주검 시) : 어미 'ㄹ'
- 隱(숨을 은) : 보조사 '은'
- 矣(어조사 의) : 조사 '에, 의'
- 衣(어조사 의) : 관형격조사 '의'
- 乙(새 을) : 어미 '을, '-ㄹ'
- 盻(흘겨보다 혜) : '-ㄹ'

③ **향찰 표기의 실제**

㉠ 〈서동요(薯童謠)〉

善化公主主隱	선화공주니믄
他密只嫁良置古	눔 그스지 얼어 두고
薯童房乙	맛둥바올
夜矣卯乙抱遣去如	바미 몰 안고 가다

〈서동요〉에서는 조사나 어미에 해당하는 '隱(은), 古(고), 乙(을)' 등이 쓰였는데 이들은 음독(音讀)되었다. 한편 실질 형태소에 해당하는 부분들은 석독(釋讀)되었다. 하지만 이러한 원칙에 어긋난 표현이 있는데 4구의 마지막에 놓인 '如'이다. 이는 '같다'의 뜻이며 음은 '여'이

다. 향찰 표기의 원리에 비추어 볼 때 이는 종결어미에 해당하므로 음독(音讀)하는 것이 합당하다. 그러나 '如'의 경우 뜻의 일부로 읽어야 한다. 이를 통해 앞서 밝힌 향찰의 대원칙 이외에도 세부적인 원칙들이 더 존재함을 알 수 있다.

ⓒ 〈처용가(處容歌)〉

東京明期月<u>良</u>	시볼 불긔 드래
夜入<u>伊</u>遊行<u>如何</u>	밤드리 노니다가
入<u>良</u>沙寢見<u>昆</u>	드러아 자리 보곤
脚<u>鳥伊</u>四<u>是良羅</u>	가루리 네히어라
二<u>兮隱</u>吾<u>下於</u>叱<u>古</u>	둘흔 내해엇고
二<u>兮隱</u>誰支<u>下焉古</u>	둘흔 뉘해언고
本矣吾<u>下</u>是<u>如</u>馬<u>於隱</u>	본딕 내해다마룬
奪叱<u>良乙</u>何<u>如</u>爲理<u>古</u>	아아눌 엇디ᄒ릿고

〈처용가〉의 향찰 표기이다. 위에서 밑줄 친 부분은 조사나 어미에 해당하는 부분으로 음독(音讀)된 표기이다. 즉 한자의 음만 빌려 우리말의 형식 형태소를 표기했던 것이다.

✚ 더 알고가기   고대 국어의 자료   ≡

고대 국어의 모습을 짐작할 수 있는 자료로는 고려 시대 일연이 쓴 《삼국유사(三國遺事)》와 역시 고려 시대 김부식이 쓴 《삼국사기(三國史記)》가 대표적이다.

● **기출유사문제** ●

〈보기1〉의 밑줄 친 ㉠과 ㉡의 방식으로 사용된 글자를 〈보기2〉에서 찾아 바르게 짝지은 것은?

──── 보기 1 ────

㉠ 노래가 <u>singga</u>   ㉡ 이사짐은 485 − <u>8282</u>(빨리빨리)

──── 보기 2 ────

生死路<u>隱</u>	生死의 길은
<u>此矣</u>有阿米次肹伊遣	예 있으매 머뭇거리고,
吾<u>隱</u>去內如辭叱都	나는 간다는 말도
毛如云遣去內尼叱<u>古</u>	못다 이르고 어찌 갑니까
於內秋察早<u>隱</u>風未	어느 가을 이른 바람에
<u>此矣</u>彼矣浮良落尸葉如	이에 저에 떨어질 잎처럼
一等<u>隱</u>枝良出古	한 가지에 나고
去奴<u>隱</u>處毛冬乎丁	가는 곧 모르온저
阿也彌陀刹良逢乎吾	아아, 彌陀刹(미타찰)에서 만날 나
道修良待是古<u>如</u>	道(도) 닦아 기다리겠노라

	㉠	㉡		㉠	㉡
①	此, 去, 如	隱, 古, 矣	②	此, 去, 隱	古, 矣, 如
③	去, 如, 古	此, 隱, 矣	④	隱, 古, 矣	此, 去, 如
⑤	去, 隱, 矣	此, 如, 古			

● 해설

'隱(숨을 은)'은 '길은'에서 조사 '은'을 나타내며 음차(音差)된 것이다. '此(이 차)'는 '이에'에서 대명사 '이(여기)'에 해당하며 훈차(訓借)된 것이다. '古(옛 고)'는 '가는고'에서 어미 '고'에 해당하며 음차된 것이다. '矣(어조사 의)'는 '이에'에서 어미 '에'에 해당하며 음차된 것이다. '去(갈 거)'는 '가는'에서 어간에 해당하며 훈차된 것이다. '如(같다 여)'는 '기다리겠다'에서 어미 '다'에 해당하는 것이며 이는 뜻의 일부를 빌려 훈차된 것이다.

정답 ❶

❷ 중세 국어

중세 국어는 고려가 건국된 10세기부터 임진왜란이 일어나던 16세기 말까지의 국어를 말한다. 이 시기는 다시 전기와 후기로 구분하기도 하는데 일반적으로 전기 중세 국어의 경우 고려 건국부터 한글이 창제되던 15세기까지를 말하며, 후기 중세 국어는 한글이 창제된 15세기를 전후하여 임진왜란이 일어나던 16세기 말까지의 국어를 가리킨다.

(1) 전기 중세 국어

전기 중세 국어 시기는 고려가 건국되고 난 이후부터 훈민정음이 창제되는 15세기 무렵까지이다. 고려의 건국으로 인해 수도가 개성으로 이동하게 되는데 이는 신라의 수도였던 경주와 지리적으로 상당한 거리가 있다. 결국 전기 중세 국어는 고구려 지역의 언어가 영향을 미치기는 하였지만 근본적으로는 신라어를 바탕으로 성립하였을 것으로 추정된다. 그러나 이후 점차 개성을 중심으로 한 중부 지방의 언어가 중심이 되어 발전하게 되었을 것이다. 반면 조선의 건국은 수도를 한양으로 옮겨 놓았지만 개성과 한양의 지리적 근접성으로 인해 조선 건국이 바로 언어의 변화로 이어지지는 않았을 것으로 예측할 수 있다.

① 전기 중세 국어의 일반적 특징 : 전기 중세 국어는 당시의 문헌들을 통해 그 모습을 유추해 볼 수 있으나 자료가 충분하지 않고 대부분 한자로 기록된 것이어서 정확한 모습을 알기에는 한계가 있다. 그러나 이들 자료를 토대로 할 때 전기 중세 국어는 대체로 다음과 같은 특징을 보인다.

㉠ 된소리의 등장 : 전기 중세 국어 이전에도 'ㅅ'이나 'ㄹ' 뒤에 오는 어두 자음 'ㄱ, ㄷ, ㅂ, ㅅ, ㅈ' 등은 된소리로 발음되었을 것으로 추정되지만 이 시기에 이르러 어두에서도 된소리가 나타남으로써 음운체계 내에서 된소리가 자리를 잡게 되었다. 이에 따라 우리말은 비로소 삼 계열 체제 즉, '예사소리 – 거센소리 – 된소리'의 대립을 갖추게 되었다.

ⓒ 어두자음군이 형성되지 않음 : 《계림유사》를 통해 볼 때 전기 중세 국어에는 후기 중세 국어에서 나타나는 'ㅄ, ㅳ' 등과 같은 어두자음군은 아직 형성되지 않았던 것으로 추정된다. 즉 '쌀[米]'과 같은 경우 어두자음군으로 발음 한 것이 아니라 'ㅂ슬'과 같이 모음이 매개한 두 개의 음절로 발음했을 가능성이 높다. 즉 'ㅂ슬[米]', 'ㅂ뜰[女兒]'로 발음하다가 후기 중세 국어 시기에는 앞 음절의 모음 'ㆍ'가 탈락하고 어두자음군이 되어 '쌀, 딸'로 바뀌게 된 것으로 추정하고 있다.

ⓒ 'ㅿ(반치음)'의 존재 : 《계림유사》와 《향약구급방》에서는 '아ᅀᅡ[兒]'와 '마ᅀᆞᆫ[四十]' 등에서 'ㅿ[z]'의 존재가 확인된다.

ⓔ 'ㅸ(순경음)'의 존재 : 《계림유사》와 《향약구급방》 등을 통해 볼 때 'ㅸ'의 존재가 뚜렷하게 확인되는 것은 아니지만 'ㅸ'이 존재하였음은 간접적으로 추정할 수 있는데 이는 'ㅸ'을 차자표기로 나타내기가 어려웠기 때문인 것으로 보인다.

ⓜ 음절 말에서 자음의 중화가 일반화되지 않음 : 음절 말에서는 자음들이 중화가 일어나 후기 중세 국어에서는 8개의 자음으로, 근대 국어에서는 7개의 자음으로 받침을 쓰도록 규정하고 있는데 전기 중세 국어에서는 이러한 중화가 완전히 일어나지 않아 'ㄱ, ㄴ, ㄷ, ㄹ, ㅁ, ㅂ, ㅅ, ㅿ, ㅇ, ㅈ, ㅎ' 등의 자음이 음절 말에서 사용되어 의미 분화의 기능을 하였을 것으로 추정된다.

ⓗ 몽골어 · 여진어의 유입과 한자어의 급증 : 고려 시대에는 몽고와 여진과의 접촉에 따라 외래어 유입이 활발했으며 과거제도의 시행과 유학의 보급 등으로 한자 어휘가 급증하는 특징을 보인다.

② 전기 중세 국어의 문헌들 : 전기 중세 국어의 모습을 알 수 있는 자료로는 송나라 손목이 쓴 《계림유사》, 우리나라의 전통 의약서인 《향약구급방》, 전기 중세 국어의 수사의 쓰임을 엿볼 수 있는 《이중력》, 고려 가요를 싣고 있는 《악장가사》와 《악학궤범》, 인명이나 지명 등에 관한 자료와 차용어를 살펴볼 수 있는 《고려사》 등이 있다.

➕ 더 알고가기   중세 국어의 문헌자료   ☰

- 《계림유사(鷄林類事)》 : 고려 숙종(肅宗) 때 손목이 서장관(書狀官)으로 개성에 왔다가 당시(1103~1104년) 고려인들이 사용하던 언어 353개를 추려 설명한 책이다. 본래는 3권으로 이루어졌던 것으로 추정되나 오늘날 원본은 전하지 않고 명나라 때 편찬된 《설부(說郛)》, 청나라 때의 《고금도서집성(古今圖書集成)》 등에 일부가 전할 뿐이다.
- 《향약구급방(鄕藥救急方)》 : 우리나라의 의학서 중의 하나로 태종 7년(1417년)에 중간본이 전하고 있다. 이 책에는 당시 약재로 쓰이던 180여 종의 식물과 동물 등에 대한 설명이 실려 있는데 차자표기로 명칭이 실려 있어 당시 국어의 모습을 연구하는 데 중요한 자료가 된다.
- 《이중력(二中曆)》 : 12세기 초에 편찬된 회중력(懷中曆)과 장중력(掌中曆)의 내용을 모아 놓은 것으로 편찬자는 알 수 없으나 당대(12세기 초)의 국어 모습을 살펴볼 수 있는 중요한 자료이다.

다음 중 전기 중세 국어의 모습을 알 수 있는 문헌이 <u>아닌</u> 것은?

① 계림유사

② 향약구급방

③ 이중력

④ 악학궤범

⑤ 소학언해

● 해설

《소학언해》는 아이들을 위해 주자의 《소학》 내용을 우리말로 번역한 책으로 1586년 선조 19년에 처음 간행되었다. 따라서 《소학언해》는 후기 중세 국어의 모습을 알 수 있는 자료이다.

정답 ⑤

(2) 후기 중세 국어

후기 중세 국어는 훈민정음이 창제된 15세기 무렵부터 임진왜란이 일어난 16세기 말까지의 국어를 말한다. 특히 15세기를 기점으로 전기와 후기의 구분이 일어나는 것은 단지 문자의 창제 때문만은 아니다. 이 시기에 모음추이가 일어나 우리말의 체계에 큰 변화가 일어난 것으로 추정되기 때문이다. 특히 이 시기부터 우리말 자료들이 많이 남아 있어 이전 시기에 비해 비교적 구체적인 모습을 확인할 수 있다.

① 후기 중세 국어의 일반적 특징

㉠ 성조(聲調) : 15세기에는 우리말에도 성조가 존재하였는데 이는 소리의 높낮이를 나타내는 일종의 비분절 음운에 해당한다. 이러한 성조를 표기하는 수단으로 방점이 존재하였는데 글자의 왼쪽에 점을 찍어 구별하였으므로 좌가점(左加點)이라고도 한다. 성조는 평성, 상성, 거성, 입성의 네 가지 성조가 존재하였다.

➕ 더알고가기   **사성점(四聲點)**   ≡

성조	방점	성격	설명
평성(平聲)	0	항상 낮은 소리	안이화(安而和)
거성(去聲)	1(·)	항상 높은 소리	거이장(擧而壯)
상성(上聲)	2(:)	처음에는 낮았다가 높아지는 소리	화이거(和而擧)
입성(入聲)	0, 1, 2	빨리 끝맺는 소리	촉이색(促而塞)

㉡ 'ㆆ, ㆅ, ㅇㅇ, ㅸ, ㅿ, ㆁ, ·' 등의 음운 : 현재는 쓰이지 않는 음운들이지만 당시에 사용되던 음운들이다. 'ㆆ'은 사실상 음가가 없으며 한자어에서만 사용되었다. 보통은 어두에 잘 쓰이지 않고, 어말에서 사용되었다. 특히 'ㅸ(순경음 ㅂ)'은 이후 '오/우'로 변화하게 된다.

⑩ 訓훈民민正정音흠 / 혈물 〉썰물 / 히여(하여금) / 수ᄫᅵ(쉽게) / ᄆᆞ술(마을) / 밍ᄀᆞ노니(만드니)

ⓒ **모음조화 현상** : 모음에서 'ㅏ, ㅑ, ㅗ, ㅛ, ㆍ'와 같은 양성 모음은 양성 모음끼리 어울려 쓰이고 'ㅓ, ㅕ, ㅜ, ㅠ, ㅡ'와 같은 음성 모음은 음성 모음끼리 어울려 쓰이려는 경향이 있는데 이를 모음조화라고 한다. 이러한 모음조화는 중세 국어 시기에 비교적 철저하게 지켜졌으며 이는 의성어, 의태어와 같이 한 단어 안에서 일어나기도 하지만 조사나 어미의 결합에서도 적용되었다. 가령 '수'와 목적격 조사가 결합하려면 '수'의 'ㅜ'가 음성 모음이므로 목적격 조사 '룰' 대신 '를'이 와야 하는 것이다.

예 나룰 /너를 (목적격 조사)

예상문제

01. 다음과 같은 특징이 가장 잘 나타난 국어의 시기는?

- 모음조화 현상이 잘 지켜짐
- 성조가 있어서 방점으로 표기됨
- 연철(이어 적기) 표기 방식이 보편적임

① 원시 국어 　　　　　② 고대 국어

③ 중세 국어 　　　　　④ 근대 국어

⑤ 현대 국어

● 해설

임진왜란 전후인 후기 중세 국어(15, 16세기)의 특징에 해당한다.
- 모음조화 현상 : 중세 국어에서는 모음조화를 철저하게 지켰다. 한 단어 안에서도 지켜지고, 명사와 조사와의 결합, 동사나 형용사의 어간과 어미의 결합에서도 지켜졌다. 그러나 모음조화 규칙은 임진왜란 후 문란해지기 시작하여 현대에는 의성어, 의태어, 연결 어미(어/아), 명령형 어미(아라/어라), 과거 시제 선어말 어미(었/았) 등에서만 지켜지고 있다.
- 성조 : 중세 국어에서는 성조(聲調)가 존재하여 방점이 쓰였다. 이는 임진왜란 때까지 사용되었고 그 이후 소멸되었다.
- 연철(이어 적기) 표기 방식 : 띄어쓰기를 하지 않고 어절을 모두 붙여 썼으며 표음 위주로 음절의 끝소리가 뒤 음절에 이어져 발음될 때, 뒤 음절의 첫소리로 이어 적었다.
① 원시 국어 : 국어는 알타이어족에서 나온 말로 원시 한국어를 형성한 것으로 알려져 있다.
② 고대 국어(원시 시대 ~ 통일신라) : 우리가 현재 사용하는 말의 근간이 되며, 한자를 빌려 우리말을 표기했던 시기이다.
④ 근대 국어(17세기 초 ~ 19세기 말) : 임진왜란과 병자호란을 겪고 난 후 언어 생활이 간편하고 실용적인 방향으로 바뀌기 시작한 시기이다.
⑤ 현대 국어(개화기 이후) : 한자어뿐만 아니라 일본어와 서구 외래어가 많이 들어왔다.

정답 ❸

02. 다음 중 사성법에 대한 설명 중 옳지 않은 것은?

① 평성은 처음과 끝이 다 낮은 소리로 방점을 찍지 않고, 후대에 단음으로 변한다.

② 상성은 처음은 낮으나 끝이 높은 소리로 2점을 찍고, 후대에 장음으로 변한다.

③ 거성은 처음과 끝이 다 높은 소리로 1점을 찍고, 후대에 장음으로 변한다.

④ 사성점은 글자의 오른쪽에 점을 찍는 방법으로 소리의 높낮이를 나타내었다.

⑤ 16세기 말엽에 소멸되었으며, 현대어로 오면서 소리의 길이로 변화되었다.

● 해설

사성법은 글자의 왼쪽에 점을 찍는 방법으로 소리의 높낮이를 나타냈다.

정답 ❹

＋ 더 알고가기   **모음의 성격**   ≡

양성 모음	음성 모음	중성 모음
ㅏ, ㅑ, ㅗ, ㅛ	ㅓ, ㅕ, ㅜ, ㅠ	ㅣ

＋ 더 알고가기   **모음조화에 따른 목적격 조사의 선택**   ≡

음운 환경	양성 모음 뒤	음성 모음 뒤
모음 뒤	룰	를
자음 뒤	올	을

ⓔ **표음 위주의 표기법** : 한자는 뜻을 표기하는 표의주의 방법인데 반해 우리말은 표음 위주의 표기법을 사용하였다. 즉 발음 나는 대로 쓰는 것이 원칙인 것이다. 따라서 형태소를 밝히지 않고 음절의 끝 자음이 다음 음절의 첫 자음으로 옮겨 적는 이어적기가 일반적이었다. 표음 위주의 표기법은 쓰기에는 용이하지만 읽기에서는 형태소나 원형을 떠올려야 하므로 비교적 비효율적인 면이 있다.

예 시·미 기·픈·므·른· ㄱ 무·래 아·니그·츨·씨

　　[심＋이／깊＋은／믈＋은／ ㄱ 물＋애／아니／그츨씨]

ⓜ **어두자음군** : 중세 국어에는 'ㅂ'계, 'ㅅ'계, 'ㅄ'계의 세 계열의 어두자음군이 존재하였다. 먼저 'ㅂ'계 어두자음군으로는 'ㅴ, ㅳ' 등이 있으며 'ㅼ, ㅽ' 등의 'ㅅ'계 어두자음군이 존재하였고, 끝으로 'ㅵ'과 같이 'ㅄ'계 어두자음군이 존재하였다. 이들은 된소리와는 달랐을 것으로 추정되나 구체적인 발음을 확인하기에는 어려움이 있다.

예 날로 뿌메, 뿔, 뜨들

ⓗ **구개음화, 두음 법칙** : 이 시기에는 'ㅣ'모음 앞에서 'ㄷ, ㅌ'이 'ㅈ, ㅊ'으로 바뀌는 구개음화나 첫소리에 'ㄹ'이나 'ㄴ'음이 오지 못하는 두음 법칙은 일어나지 않았다.

예 디ᄂᆞᆫ(지는), 됴다(좋다), 니르고쟈(이르고자)

ⓢ **8종성법** : 중세 국어에서는 음절 끝에서 중화가 일어나 오직 8개의 자음만 발음되었다. 초기에는 첫소리를 끝소리에 다시 사용하는 '종성부용초성(終聲復用初聲)'이 원칙이었으나 이후 '팔종성가족용야(八終聲可足用也)'라 하여 8종성법이 굳어졌다. 종성부용초성(終聲復用

初聲)은 〈용비어천가〉에 약간 존재할 뿐이다. 8종성에 해당하는 것은 'ㄱ, ㄴ, ㄷ, ㄹ, ㅁ, ㅂ, ㅅ, ㆁ'이다.

　예 곶(곳) 〈용비어천가〉 : 종성부용초성

　　ᄉᄆᆺ다(기본형) → ᄉᄆᆺ디(8종성) 〈훈민정음〉 : 8종성법

◎ **동국정운식 표기** : 우리말 표기에서 한자의 경우 이상적 한자음에 가깝게 적기 위해 '동국정운(東國正韻)식 표기'가 사용되었다. 이는 한자어에서만 활용되는 표기법이며 초성에 'ㆆ'을 쓰거나 된소리를 쓰는 경우가 이에 해당한다. 또한 초성, 중성, 종성의 체제를 갖추기 위해서 한자의 종성이 없는 경우 'ㅇ'을 붙여 주기도 하였다. 그러나 이러한 동국정운식 표기는 점차 소멸되어 16세기에 이미 현실 한자음으로 대체되는 모습을 보였다.

　예 便뼌安ᅙᅡᆫ킈(《훈민정음》 정인지 서문) → 각자병서나 첫소리에 'ㆆ'을 사용할 수 있었다.

　　내 이롤 爲윙ᄒᆞ야(《훈민정음》 정인지 서문) → 받침이 없는 한자 표기에 'ㅇ'을 붙여 주었다.

　　孔공子ᄌᆞ직 ᄀᆞᄅᆞᄉᆞ샤듸(《소학언해》 16세기) → 동국정운식 표기가 사라지고 현실 한자음이 사용되었다.

➕ 더 알고가기　《동국정운(東國正韻)》　≡

조선 세종 30년(1448)에 신숙주, 최항, 성삼문, 박팽년, 이개 등의 집현전 학자들이 중국의 운서인 《홍무정운》 등을 참고하여 우리나라의 한자음을 새로운 체계로 정리한 최초의 음운서이다. 《훈민정음》의 창제 원리 및 배경 연구에 매우 귀중한 자료이다.

㉒ **중세 특유의 높임 표현** : 중세 국어에서는 현대 국어에 쓰이지 않는 높임법이 존재하였다. 우선 주체높임에서는 음운 환경에 따라 '시'와 '샤'가 구별하여 쓰였는데, '시'는 현대 국어에도 존재하지만 '샤'는 현대 국어에서는 사용하지 않는다. 한편 객체높임의 경우 '습, 줍, 습'의 객체높임 선어말 어미가 사용되었는데 현대 국어에서는 어휘가 교체될 뿐 객체높임에 선어말 어미를 개입시키지는 않는다.

　예 묻ᄌᆞᆸ샤 · 딘 므 · 스게 · 쓰시 · 리 《월인석보》

　　→ 묻 + 줍(객체높임 선어말 어미) + ᄋᆞ + 샤(주체높임 선어말 어미) + 딘

➕ 더 알고가기　《월인석보(月印釋譜)》　≡

세조 5년(1459)에 간행된 책으로 현재 12권이 전하고 있으며, 이 중 권(卷)1에 '훈민정음언해'가 실려 있다. 세종이 지은 《월인천강지곡》과 세조의 《석보상절》을 합본한 책으로 석가의 일대기를 언해한 책이다.

🔍 짚어보기 ▶ **객체높임 선어말 어미의 선택**

습	줍	습
어간 끝소리가 ㄱ, ㅂ, ㅅ, ㅎ일 때	어간 끝소리가 ㅈ, ㅊ, ㄷ, ㅌ일 때	어간 끝소리가 유성음일 때

　예 이 — 杯만 잡습소 《첩해신어》

　　부모ᄭᅴ 받ᄌᆞᄫᆞᆯ 거시라 《소학언해》

예상문제

다음 〈보기〉의 글을 통해 알 수 있는 내용으로 적절하지 않은 것은?

> 불·휘기·픈남·ᄀ᷇ ᄇᄅ·매아·니 :뮐·씨곶 :됴·코여·름 ·하ᄂ·니
> :ᄉ·미기·픈·므·른 ·ᄀᄆ·래아·니그·츨·씨 :내·히이·러바·ᄅ·래·가ᄂ·니

① '기픈', 'ᄇᄅ매'에서 보듯이 앞 음절의 끝소리를 뒷 음절의 첫소리로 적는 이어적기가 사용되고 있다.

② '남ᄀ', '내히'와 같이 체언과 조사가 연결될 때 형태가 변화하는 곡용어를 확인할 수 있다.

③ '곶'에서 보듯이 끝소리에는 한정된 자음만이 쓰일 수 있었음을 알 수 있다.

④ '므른'에서 보는 것과 같이 원순모음화가 아직 일어나지 않았음을 확인할 수 있다.

⑤ 글자의 좌측에 점을 찍어 소리의 높낮이를 나타내는 성조를 표시하였음을 알 수 있다.

● 해설

'곶'은 당시의 종성 표기에 첫소리에 쓰이는 자음이 끝소리에도 모두 쓰일 수 있었음을 알 수 있는 표기로 당시에 '종성부용초성' 규정이 적용되었음을 알 수 있다. 그러나 이러한 표기는 《용비어천가》의 일부에서 발견될 뿐이고 일반적으로 끝소리에는 'ㄱ, ㄴ, ㄷ, ㄹ, ㅁ, ㅂ, ㅅ, ㅇ(*옛이응)'의 여덟 개 자음만 쓸 수 있었다.

정답 ❸

② **훈민정음(訓民正音)** : 훈민정음에는 두 가지 의미가 있다. 먼저 세종대왕이 1443년에 창제하여 1446년에 반포한 문자 체계의 이름이기도 하고, 이후 훈민정음을 설명하기 위해 만든 《훈민정음 해례본》을 가리키는 것이기도 하다.

ㄱ **창제 배경** : 훈민정음은 세종과 정인지, 권제, 안지 등의 집현전 학자들이 참여하여 만든 문자이다. '정인지 서문'에 따르면 훈민정음은 백성들이 자신의 뜻을 문자로 표현하여 현실 생활을 이롭게 하기 위해서 창제되었음을 밝히고 있다.

ㄴ **창제 정신** : 훈민정음의 창제 정신은 크게 세 가지로 나눌 수 있는데 첫째는 자주정신이다. 즉, 중국의 문자와 우리말이 맞지 않으므로 우리 문자를 만들어 우리말과 일치시키려는 노력의 일환이었던 것이다. 이는 당대 지배적인 가치관과는 거리가 먼 것이었으며, 최만리의 반대 상소문에도 중화의 문자를 버리고 새로운 문자를 만드는 것은 오랑캐의 습속이라 비판할 정도로 혁신적인 조치였다고 볼 수 있다.

둘째는 애민 정신이다. 이는 당시 백성들이 말하고자 하는 바가 있어도 제대로 자신의 뜻을 표현할 수 없기 때문에 현실 생활에서 많은 불이익을 경험하고 있었으므로 이를 해소하기 위한 것으로 볼 수 있다.

셋째는 실용 정신이다. 이는 훈민정음 서문의 말미에서 날마다 써서 백성들의 언어생활을 편안하게 하면 된다는 부분에서 잘 드러나 있다.

ⓒ **창제 원리** : 훈민정음의 창제 원리는 크게 세 가지이다. 우선 가장 기본적인 문자는 상형의 원리로 창제되었다. '상형(象形)'이란 모양을 본뜬다는 것인데 자음의 기본자와 모음의 기본자는 모두 이 상형의 원리로 창제되었다. 이 때 자음의 기본자는 'ㄱ, ㄴ, ㅁ, ㅅ, ㅇ'으로 발음기관을 상형하여 만들었으며 모음의 기본자는 'ㆍ, ㅡ, ㅣ'로 천지인(天地人)의 삼재(三才)를 상형하여 만들었다. 이처럼 해당 문자의 발음과 발음기관을 연결시켜 창제한 것은 당시 창제자들의 발음 구조에 대한 지식이 상당한 수준이었음을 보여준다. 이로 인해 한글이 문자의 모양과 발음기관을 연관시켜 보다 쉽게 배울 수 있는 이점이 있는 과학적인 문자 체계가 된 것이다.

구분	기본자	상형의 원리
자음	ㄱ(牙音 ; 어금닛 소리)	혀뿌리가 목구멍을 막는 모양
	ㄴ(舌音 ; 혓소리)	혀끝이 윗잇몸에 닿는 모양
	ㅁ(脣音 ; 입술소리)	두 입술 모양
	ㅅ(齒音 ; 잇소리)	이의 모양
	ㅇ(喉音 ; 목소리)	목구멍의 모양
모음	ㆍ	하늘의 둥근 모양(天)
	ㅡ	땅의 평평한 모양(地)
	ㅣ	사람이 서 있는 모양(人)

상형의 원리에 따라 기본자를 만든 후 획을 더하여 가획자가 만들어지는데 이를 가획의 원리라고 한다. 자음의 경우 기본자에 획을 더 그어 만들었으나 모음자의 경우 가획으로 볼 수도 있지만 합용으로 보는 견해도 있다. 가령 'ㄱ'에 획을 더하여 'ㅋ'이 만들어지고 'ㄴ'에 획을 더하여 'ㄷ'이 만들어지는 식이다. 이 부분이 중요한 것은 문자와 발음기관을 연관시켜 창제한 것도 과학적이지만 획을 더하여 문자를 창제한 것은 결국 같은 음운적 성질을 갖는 문자들을 유사한 모양으로 만들고 여기에 차이가 나는 '자질'을 가획이라는 원리로 표시하였다는 점에서 더욱 과학적이기 때문이다. 이는 다른 문자에서 찾아보기 힘든 특징으로 우리 문자가 일정한 '자질'을 문자 자체에 표현할 수 있었음을 의미하는 것이다.

[자음의 가획자]

자음	ㄱ	ㄴ	ㅁ	ㅅ	ㅇ
기본자		ㄷ	ㅂ	ㅈ	ㆆ
가획자	ㅋ	ㅌ	ㅍ	ㅊ	ㅎ

[모음의 가획자]

성격	모음
기본자	ㆍ, ㅡ, ㅣ

초출자(初出字)	ㅏ, ㅓ, ㅗ, ㅜ
재출자(再出字)	ㅑ, ㅕ, ㅛ, ㅠ

끝으로 합용의 원리가 있다. 이는 글자를 겹쳐 쓰는 것으로 같은 글자를 겹쳐 쓰는 각자병서와 다른 글자를 겹쳐 쓰는 합용병서가 있다.

각자병서	ㄲ, ㄸ, ㅃ, ㅆ, ㅉ, ㆀ, ㆅ	
합용병서	ㅂ계	ㅄ, ㅷ 등 例 ᄠ들
	ㅅ계	ㅺ, ㅼ, ㅼ 등 例 ᄢ
	ㅄ계	ㅲ, ㅳ 등 例 ᄣ

한편 이런 원리와는 달리 이체자(異體字)가 있었는데 이는 상형이나 가획의 원리와는 다른 기준에서 만들어진 글자로 'ㄹ, ㅿ, ㆁ'이 해당한다.

╋ 더 알고가기   훈민정음의 자음(초성) 체계   ☰

구분	예사소리(全清)	거센소리(次清)	된소리(全濁)	울림소리(不清不濁)
어금닛소리(牙音)	ㄱ	ㅋ	ㄲ	ㆁ
혓소리(舌音)	ㄷ	ㅌ	ㄸ	ㄴ
입술 소리(脣音)	ㅂ	ㅍ	ㅃ	ㅁ
잇소리(齒音)	ㅈ, ㅅ	ㅊ	ㅆ, ㅉ	
목구멍소리(喉音)	ㆆ	ㅎ	ㆅ	ㅇ
반혓소리(半舌音)				ㄹ
반잇소리(半齒音)				ㅿ

ㄹ **문자 운용법** : 창제된 문자로 글자를 만들어 쓰는 과정에서 다음과 같은 원칙들이 적용되었다. 먼저 자음과 모음을 따로 쓰지 않고 붙여 쓰는 부서법(附書法)이 적용되었다. 즉 자음과 모음이 합쳐져야 글자가 되므로 자음과 모음을 영어와 같이 풀어쓰기를 하지 않고 모아쓰기를 하도록 한 것이다. 이는 한자와 병용해야 하는 현실적 여건 때문이기도 하지만 음절단위로 모아쓰도록 하여 실제 발음과 글자가 일치하도록 하려는 배려로 볼 수 있다. 다음으로 자음을 겹쳐 쓸 경우 나란히 쓰도록 한 병서법(竝書法)이 적용되었는데 이는 위에서 말한 각자병서와 합용병서에 적용되었다. 끝으로 순경음(脣輕音)을 만드는 경우 자음 아래 'ㅇ'을 붙여 만들도록 하였다. 즉 'ㅸ, ㅱ, ㆄ'과 같은 방식으로 글자를 운용하였다.

╋ 더 알고가기   곡용(종성체언)   ☰

명사는 원래 불변어이므로 조사가 결합할 때 형태가 변화하지 않는다. 하지만 중세 국어에서는 체언과 조사가 결합할 때 형태가 변화하는 어휘가 존재하였다. 중세 국어의 곡용에는 'ㄱ'곡용과 'ㅎ'곡용이 존재하였는데 이를 'ㄱ'종성체언 또는 'ㅎ'종성체언이라고 하기도 한다.

> ㉠ 'ㄱ'곡용
> - 나모[木 ; 단독형] : 나모와, 나모도, 남ㄱᆫ, 남기, 남ᄀᆯ, 남기라
> - 녀느[他人 ; 단독형] : 년기, 년글
> - 구무[穴 ; 단독형] : 구무도, 굼기, 굼글, 굼긔
> ㉡ 'ㅎ'곡용 : '하늘[天], 바다[海], 나래[國], 안[內], 돌[石], 수[雌], 암[雄]' 등 100여개 어휘

🔍 짚어보기 ▶ 《훈몽자회(訓蒙字會)》

종래의 《천자문》 등이 어린아이들이 익히기에는 적절하지 못한 면이 있어 이를 보완하기 위해 한글로 한자의 음과 뜻을 달아놓은 책으로 1527년 최세진이 지었다. 이 책에서는 범례에 훈민정음의 자모의 명칭이나 순서가 나타나 있다. 훈민정음 해례에서는 자모의 명칭이 나타나지 않으며 자모의 순서 또한 아(牙)·설(舌)·순(脣)·치(齒)·후(喉)의 순으로 기록되어 있었으나 최세진의 《훈몽자회》에 와서는 자모의 명칭이 나타나 있을 뿐만 아니라 자모의 순서 또한 오늘날의 것과 유사하여 국어학사의 중요한 연구 자료가 되고 있다. 우선 《훈몽자회》는 'ㆆ'이 없어진 27자로 정리되어 있으며 자음 순서는 초성과 종성에 모두 쓰이는 8자(ㄱ, ㄴ, ㄷ, ㄹ, ㅁ, ㅂ, ㅅ, ㆁ)를 먼저 배치하고 나머지를 나중에 배치하는 방식으로 정해 놓았다. 이들의 명칭은 현대와 유사하기는 하나 차이점이 있다. 즉 《훈몽자회》에서 자음의 명칭은 앞의 8자는 두 글자로 되어 있는 반면 나머지 글자들은 한 글자로 되어 있다. 이는 《훈몽자회》의 자음의 명칭이 사실상 자음의 용례를 보인 것이기 때문이다. 즉 앞의 8자는 초성과 종성에 모두 쓰이므로 '디귿'과 같이 초성에 쓰일 때와 종성에 쓰일 때를 모두 명칭으로 삼았지만 'ㅊ'의 경우 종성에 쓰이지 않으므로 '치'와 같이 초성에 쓰인 용례만을 명칭으로 삼은 것이다. 모음의 배열은 현대 국어와 같이 'ㅏ, ㅑ, ㅓ, ㅕ, ㅗ, ㅛ, ㅜ, ㅠ, ㅡ, ㅣ, ·'순이며, '·'의 존재만 현대 국어와 차이가 난다.

예상문제

01. 다음 중 '훈민정음'에 대한 설명으로 바르지 않은 것은?

① 자음의 기본자는 'ㄱ, ㄴ, ㅁ, ㅅ, ㅇ'으로 발음기관을 상형한 것이다.

② 모음의 기본자는 '·, ㅡ, ㅣ'로 천지인(天地人)의 삼재(三才)를 상형한 것이다.

③ 《훈민정음 언해본》은 훈민정음의 창제 과정과 운용에 대한 해설을 담고 있는 책이다.

④ 자음과 모음은 기본자에 획을 더하는 가획의 원리와 글자를 합하여 쓰는 합용의 원리로 창제되었다.

⑤ 훈민정음은 획을 더하여 '거셈'과 같은 소리의 자질을 표현할 수 있는 자질문자의 특성을 지니고 있다.

● 해설

《훈민정음 해례본》에 대한 설명으로 한문본이며 훈민정음의 원본에 해당하는 책이다. 《훈민정음 해례본》은 일제 시대 간송 전형필이 획득하여 현재 간송 박물관에 소장되어 있다. 또한 《훈민정음 언해본》은 세조 때 《월인석보》에 실린 훈민정음 어제 서문과 예의(본문) 부분을 한글로 번역한 책을 말한다.

정답 ❸

02. 다음 〈보기〉의 설명에 해당하는 책은?

--- 보기 ---

　　1527년 최세진이 지은 책으로 한글로 한자의 음과 뜻을 달아놓은 책이다. 이 책에서는 당대의 자음과 모음에 대한 설명과 함께 자음과 모음의 명칭을 정해 놓았으며 자모의 순서는 현대 국어의 그것과 대부분 일치한다.

① 용비어천가　　　　　　　　② 훈몽자회

③ 언문지　　　　　　　　　　④ 노걸대언해

⑤ 동국정운

● 해설

〈보기〉의 설명은 최세진의 《훈몽자회》에 대한 설명이다.
① 《용비어천가》는 1443년 훈민정음을 시험한 책이며 이성계를 비롯한 육조의 업적을 노래한 영웅서사시이다.
③ 《언문지》는 조선 순재 때 유희가 쓴 어학서로 '성조 폐지론'이 제기되어 있다.
④ 《노걸대언해》는 조선 후기의 중국어 회화책을 우리말로 번역해 놓은 책으로 근대 국어 연구에 귀중한 자료이다.
⑤ 《동국정운》은 우리나라에서 통용되는 한자 발음을 이상적 한자음으로 통일하기 위해 지은 책이다.

정답 ❷

❸ 근대 국어

근대 국어는 임진왜란이 일어난 16세기 말 이후부터 근대화가 진행되던 갑오개혁 시기까지의 국어를 말한다. 이 시기에는 임진왜란과 병자호란이라는 국가적 전란으로 인한 언중들의 의식 변화와 서민의식의 대두 등으로 국어의 음운이나 문법, 어휘 등에서 많은 변화들이 일어났다.

(1) 근대 국어의 일반적 특징

① **성조의 소멸** : 후기 중세 국어 시기에 존재하였던 성조는 이후 우리 언어 현실과 맞지 않아 유희의 《언문지》에서 무용론이 제기되는 등의 과정을 겪으며 결국 소멸하였다. 따라서 성조를 표시하던 방점 또한 사라지게 되었다. 다만, 주로 긴소리로 나는 말들은 상성(上聲)이 되었는데 높낮이를 나타내던 성조가 사라지면서 긴소리의 성질만 남아 지금까지 긴소리로 남아 있다. 즉 현재 긴소리로 발음하는 '눈:[雪], 말:[言]' 등은 모두 상성이었던 성조가 소멸하고 긴소리의 성질만 남은 것이다.

② **'ㆁ', 'ㆆ', 'ㅿ' 소멸** : 후기 중세 국어까지 쓰이던 'ㆁ'과 'ㆆ', 'ㅿ' 등은 완전히 소멸되었는데 'ㆁ', 'ㆆ'은 'ㅇ'으로 통일되고, 'ㅿ'은 'ㅅ'이나 'ㅇ'으로 변화하였다.

③ **음운 'ㆍ'의 음가 소실** : 'ㆍ'의 음가는 원래 'ㅏ'와 'ㅗ'의 중간 정도 되는 것이었다. 그런데 근대 국어 시기에 이르면서 음가가 순차적으로 소멸되었는데 우선 1단계 소멸은 2음절 이하에서 이루어졌다. 즉 '바룰'의 경우 2음절에 쓰인 '룰'의 'ㆍ' 음가가 소멸했는데 대체로 'ㅏ', 'ㅗ', 'ㅡ' 등

으로 변화하였다. 2단계 소멸은 첫 음절에서 일어났으며 'ᄀᄅᆞᆷ'의 경우 '가람'으로 바뀌게 되었다. 한편 'ᆞ'의 음가 소멸은 많은 변화를 동반하게 되는데 가장 큰 영향은 모음조화의 문란이다. 모음 체계상 양성 모음으로 분류되었던 'ᆞ'는 'ㅏ, ㅡ, ㅗ' 등으로 음가가 변화되면서 한 단어 안에서나 체언과 조사의 결합, 어간과 어미의 결합에서 이루어졌던 모음조화들이 문란하게 된 것이다. 또한 'ᆞ'의 음가는 근대 국어 시기에 이미 소멸하였지만 문자는 소멸하지 않고 지속되었으며, 1933년 제정된 〈한글 맞춤법 통일안〉에서야 비로소 소멸하게 된다.

④ 'ㅅ'계 합용병서로 통일 : 후기 중세 국어 시기에 'ㅂ'계, 'ㅅ'계, 'ㅄ'계 등의 합용병서는 근대 국어 시기에 이르면서 'ㅅ'계로 통일되는 양상을 보이고 이는 후에 대부분 된소리로 변화하였다.

   예 ᄠᅳᆮ(중세 국어) 〉 ᄯᅳᆮ(근대 국어)

⑤ 구개음화와 원순모음화 진행 : 근대 국어 시기에 이르면 'ㅣ' 모음 앞에서 'ㄷ', 'ㅌ'이 'ㅈ'이나 'ㅊ'으로 바뀌는 구개음화가 진행되고 'ㅡ'와 같은 평순모음이 'ㅜ'와 같은 원순모음으로 변화하는 원순모음화가 진행되기에 이른다.

   예 ᄯᅩ 미워홈을 免(면)치 못ᄒᆞ리라. (면티〉면치) – 《신정심상소학》

⑥ 끊어 적기(분철) 확대와 거듭 적기(중철) 출현 : 근대 국어 시기에 이르자 한글 문헌이 증가하고 독해의 효율성에 대한 욕구가 증가하면서 종전의 이어 적기 대신 끊어 적기가 점차 확대되었는데 이는 단어의 원형을 밝혀 적으려는 욕구에 따라 형태적 표기를 취하게 된 것이며, 현대 국어에 와서는 완전히 끊어 적기가 정착된 양상을 보인다. 한편 거듭 적기가 출현하게 되는데 이는 자음을 한 번 더 쓰게 되는 일종의 오기로 볼 수 있으나 이 역시 근대 국어에서 빈번하게 출현하는 과도기적 현상의 하나였다.

   예 스승 앒픠셔 글을 강ᄒᆞ노라(거듭적기) – 《노걸대언해》

      이글이 죠션 글이니 죠션 인민들이 알어셔(끊어적기) – 〈독립신문 창간사〉

⑦ 주격조사 '가'의 등장 : 중세 국어에서 주격조사는 '이'밖에 존재하지 않았다. 이것이 음운 환경에 따라 'ㅣ'(모음 뒤), '이'(자음 뒤), 'zero'('ㅣ'모음 뒤)의 형태로 쓰였다. 그러나 근대 국어에 들어서 주격조사 '가'가 새로 등장하고 비교적 보편화되기에 이른다.

   예 국문을 이러케 구절을 ᄶᅦ여 쓴즉 아모라도 이 신문 보기가 쉽고 – 〈독립신문 창간사〉

⑧ 명사형 어미 '-기'의 보편화 : 중세 국어의 명사형 어미는 '-옴/-움'이 존재하였다. 이는 앞의 모음에 따라 비교적 규칙적으로 사용되었는데 근대 국어 시기에 이르면 새로운 명사형 어미 '-기'가 등장하여 보편화되기 시작한다.

   예 ᄆᆞᆯ고 통낭하기ᄂᆞᆫ 호박도곤 더 곱더라 – 《동명일기》

⑨ 'ㅔ, ㅐ'의 단모음화 : 중세 국어의 단모음은 'ㅏ, ㅓ, ㅗ, ㅜ, ㅡ, ㅣ, ᆞ'였다. 그러나 근대 국어 시기에 오면 'ᆞ'가 소멸하고 대신 'ㅔ, ㅐ'가 단모음화되기 시작한다. 따라서 근대 국어의 단모음은 'ㅏ, ㅓ, ㅗ, ㅜ, ㅡ, ㅣ, ㅔ, ㅐ'가 되었다. 현대 국어에서 단모음화된 'ㅚ, ㅟ'는 근대 국어 시기에는 단모음화되지 않고 이중 모음으로 남아 있었다.

⑩ **재음소화 표기** : 재음소화 표기는 하나의 음소를 분석하여 두 개의 음소로 분리하는 것을 말하는데 가령 'ㅋ'을 'ㄱ'과 'ㅎ'으로 분석하는 것이다. 근대 국어 시기에는 이러한 재음소화 표기가 종종 있었다. 예를 들어 '높이'의 경우 '높+이'가 결합하여 이어적기 원칙에 따라 표기하면 '노피'가 된다. 그러나 근대 국어 시기에 언중들은 'ㅍ'을 'ㅂ+ㅎ'으로 분석하여 끊어적기를 실현하게 되는데 그 결과 '놉히'와 같은 형태가 나타나게 되었다. 이를 재음소화 표기라 한다.

　　예 이랑이 소리를 <u>놉히</u> ᄒ야 외거늘 – 《동명일기》

⑪ **단모음화 진행** : 중세 국어 시기까지만 해도 이중 모음이 자주 사용되었다. 가령 '죻다, 쇼' 등에서와 같이 이중 모음 표기가 널리 쓰였던 것이다. 그러나 발음의 구별이 쉽지 않고 발음의 간이화 현상에 따라 '좋다, 소'와 같이 단모음화 되어 가는 양상을 보이게 되었다.

⑫ **7종성법** : 후기 중세 국어 시기까지는 8종성법이 지켜졌으나 근대 국어에 와서는 8종성 중 'ㄷ'과 'ㅅ'의 변별적 기능이 상실되고, 'ㅅ'으로 통일되어 7종성법이 적용되었다.

　　예 만 권 셔칙을 못 불 것이 업시 – 믹일신문(1898. 6. 17.)

(2) 근대 국어의 실제

①
> 이물겸은빗도곱고드리기도쉬운샹등물감이니사다드려보시오
> 이물겸은ᄲᅡ라도ᄲᅡ지지도안코벗지도아니ᄒᄂ참죠흔물겸이오　　　　　 – 만세보(1907. 6. 27.)의 광고

㉠ 띄어쓰기를 하지 않았다.

㉡ 7종성법이 적용되었다. (빗도)

㉢ 명사형 어미 '-기'가 사용되었다. (드리기도)

㉣ 'ㆍ' 표기가 존재했다. (물겸, ᄒᄂ)

㉤ 'ㅅ'계 합용병서가 사용 되었다. (ᄲᅡ라도 ᄲᅡ지지도)

㉥ 끊어적기가 보편화 되었다. (물겸은, 물겸이오)

㉦ 구개음화가 진행 되었다. (죠흔)

㉧ 이어적기와 끊어적기가 병행하고 있다. (ᄲᅡ라도, 물겸이니)

②
> ### 한영 ᄌᆞ뎐 한영 문법
> 죠선 사름이 영국말을 비호랴면 이 두 축보다 더 긴흔 거시 업ᄂ지라 이 두 축이 미국인 원두우 ᄆᆞᄃᆞᆫ것시니 한영 ᄌᆞ뎐은 영국말과 언문과 한문을 합ᄒᆞ야 ᄆᆞᄃᆞᆫ 축이오 한영 문법은 영국 문법과 죠선 문법을 서로 견주엇시니 말이 간단ᄒᆞ야 영국말을 자셰히 비호랴면 이 축이 잇서야 홀 거시니라
>
> 갑손 한영 ᄌᆞ뎐 ᄉᆞ 원
> 한영 문법 삼 원
> 빗지 학당 한미화 활판소에 와 사라
>
> 　　　　　　　　　　　　　　　　　　 – 독립신문(1896)

㉠ 단모음화가 완전히 이루어지지 않았다. (죠션, 자셰히)

㉡ 끊어적기가 확대되었다. (영국말과, 칙이오)

㉢ 모음조화가 매우 문란해졌다. (영국말을, 업ᄂᆞᆫ지라)

㉣ 띄어쓰기를 했다.

㉤ 음가가 사라진 'ㆍ' 표기가 남아 있다. (사름이, 긴혼)

㉥ 거듭적기가 사용되고 있다. (것시니, 엇시니)

㉦ 구개음화가 일어나지 않은 어휘가 있다. (ᄌᆞ뎐은)

㉧ 문어적 표현이 사용되고 있다. (업ᄂᆞᆫ지라, 거시니라)

기출유사문제

〈보기〉는 근대 신문에 실린 만평이다. 이에 대한 설명으로 옳지 않은 것은?

--- 보기 ---

人間(인간)의살님이 하도쌕쌕하여지닛가 自然(자연)에돌어가자! 하는 불으지짐이 일여낫다 멀이털도 나오는대로두어라 수염도길너라 人事體面(인사체면)은 찰여무엇하리 이러한思想(사상)이 近日(근일)의反抗的氣分(반항적기분)과 合流(합류)한곳에 이러한 風俗(풍속)도유행하는 것이다.

① '쌕쌕하여'에서 ㅅ계 병서가 계속 쓰이고 있음을 확인할 수 있다.

② '나오는대로두어라'에서 의존 명사를 띄어쓰지 않았음을 발견할 수 있다.

③ '돌어가자'에서 어미에서 모음조화가 파괴되고 있음을 확인할 수 있다.

④ '찰여'에서 형태소를 구별하여 적는 끊어 적기가 적용되고 있음을 확인할 수 있다.

⑤ '일여낫다'에서 아직 받침에는 7개의 자음만 사용할 수 있음을 확인할 수 있다.

● 해설

'일여낫다'의 형태소로 분석해 보면 '일 + 여 + 나 + 앗 + 다'이다. 여기에 개입된 '앗'은 과거시제 선어말 어미이다. 따라서 이 경우 7종성법이 적용되었다고 말할 수는 없다.

① 〈보기〉의 '쌕쌕하다'에서는 'ㅆ'과 같이 ㅅ계 병서가 사용되었음을 확인할 수 있다. 근대 국어 시기에는 ㅂ계 병서와 ㅄ계 병서가 모두 ㅅ계 병서로 통일되는 양상을 보인다.

② '나오는대로두어라'에서 '나오는'은 관형어이고 '대로'는 의존 명사이다. 따라서 현대 국어에서는 '나오는'과 '대로'를 띄어 써야 한다. 하지만 〈보기〉의 글에서는 이러한 띄어쓰기 규정이 적용되지 않고 있다.

③ '돌어가자'에서 '돌'은 어간이고 '어'는 어미이다. 단음절의 어간과 어미가 결합할 경우 현대 국어에서는 '돌아'와 같이 모음조화를 지켜야 하며 중세 국어서도 비교적 잘 지켜졌다. 하지만 〈보기〉의 '돌어'는 이러한 단음절의 어간과 어미에서 모음조화를 지키지 않고 있다.

④ 중세 국어에서 이어적기가 보편적이었으나 근대 국어에서는 형태소를 밝혀 적으려는 끊어적기가 확대된다. '찰여'는 이어적기로 쓰면 '차려'가 되고 이는 현대 국어에서도 마찬가지이다. 그러나 〈보기〉에서는 '찰여'와 같이 형태소를 분리하여 표기 하였다.

정답 ❺

예상문제

01. 다음 중 근대 국어의 특징이 <u>아닌</u> 것은?

① 실학 사상의 영향으로 음운, 문법, 표기 방식 등이 간편하고 실용적으로 변하였다.

② 성조가 완전히 소멸되고 상성은 점차 긴소리로 바뀌었다.

③ 간이화 현상이 일어나고, 된소리되기, 거센소리되기 등이 약화되는 현상이 일어났다.

④ 낱말의 형태는 유지하되 뜻이 바뀌는 현상이 나타난다.

⑤ 한글 소설이 대중에게 인기를 모으고, 한글을 사용하는 계층의 사회 참여가 활발해진다.

● 해설

근대 국어에 이르러 중세 국어의 강력한 음운 규칙이었던 모음조화가 무너지고 된소리되기, 거센소리되기 등의 강화 현상이 일어났다.

정답 ❸

02. 다음 중 가장 나중에 소실된 문자는?

① ㆍ   ② ㆁ

③ ㅿ   ④ ㆆ

⑤ ㆀ

● 해설

소실 순서 및 시기

ㆆ, ㅸ, ㆅ, ㆀ	조선 세조 이후에 소실
ㅿ, ㆁ	임진왜란 직전 · 후에 소실
ㆍ	1933년 한글 맞춤법 통일안에 의해 완전 소실

정답 ❶

③ 고전 문학

고전 문학이란 상고 시대부터 개화기까지의 문학을 말한다. 우리나라의 고전 문학은 자생적인 문학적 토양에 한문학의 영향을 받으면서 삼국 시대와 고려 시대를 거쳐 조선 시대로 계승되었다. 여기에 한국문학의 특수성이 결합되면서 중국문학이나 일본문학과는 다른 독자적인 문학이 형성되었다. 한국 고전 문학의 일관된 형식적 특징이나 내용적 특징이 존재했던 것은 아니지만 시대별로 당대의 현실과 요구를 수용하면서 시대 상황에 맞는 형식 또는 양식을 발전시키며 이어져 왔다.

■ 고대 문학

일반적으로 고대 문학은 우리 민족이 한반도에 자리를 잡기 시작하면서부터 신라 시대까지의 문학을 일컫는다. 초기의 문학은 시가문학과 서사문학 등의 갈래가 구분되지 않은 채 원시종합예술의 형태로 발전해왔다. 그러나 시간이 흐름에 따라 점차 시가문학과 서사문학이 분화되는 양상을 보인다. 시가의 경우 집단 서사시에서 점차 개인 서정시가로 발전해 가는 양상을 보였으며, 서사문학은 무가에서 비롯하여 점차 신화, 전설, 민담 등의 설화로 발전해갔다. 이 시기의 문학들은 처음에는 구전되다가 한자의 유입 이후 한역되어 정착되는 과정을 거쳤으며 일부는 구비 전승 과정을 통해 후대에까지 이어졌다.

(1) 고대 시가

고대 시가는 원시종합예술에서 출발하여 집단 서사시의 단계를 지나 개인 서정시로 발전해 온 삼국 시대까지의 문학을 말한다. 이 시기의 문학은 집단 서사시로부터 개인 서정시로 발전해 가는 양상을 보인다. 특히 이 시기는 우리 문자가 존재하지 않았던 때이므로 시가들은 구비 전승 과정을 거치다가 한자 유입 이후 한역되어 전승되거나 한글 창제 이후에 문자로 정착되었다. 대표적인 시가로는 〈공무도하가〉, 〈황조가〉, 〈구지가〉가 있으며 현전하는 유일한 백제 가요로 〈정읍사〉가 있다.

① 〈공무도하가(公無渡河歌)〉 : 백수광부(白首狂夫)가 물에 빠져 죽는 광경을 지켜보던 아내가 부른 노래를 고조선의 진졸(津卒)이었던 '곽리자고'가 그의 아내 '여옥(麗玉)'에게 전하고, 여옥(麗玉)이 공후라는 악기를 타며 이 노래를 불렀다고 전한다. 이 노래의 작가에 대해서는 백수광부(白首狂夫)의 처라는 견해나 여옥(麗玉)이라는 견해 등 의견이 분분하다. 내용 면에서는 사랑하는 이의 죽음을 지켜보면서 체념해야 하는 여인의 한이 '물'이라는 소재를 통해 형상화된 개인 서정시다. 이 작품에서 '물'은 삶과 죽음의 경계이며, 이별의 공간이라는 상징적 의미를 갖는다. 노래의 가사는 송대의 《악부시집(樂府詩集)》에 한역되어 전하며 기록된 창작 연대만으로 보면 현전 최고(最古)의 노래라고 볼 수 있다.

② 〈황조가(黃鳥歌)〉 : 기원전 17년 경 고구려의 유리왕이 사랑하는 아내를 붙잡지 못하고 돌아오던 길에 부른 노래라고 알려져 있다. '화희(禾姬)'와 '치희(雉姬)'라는 두 부인의 갈등 속에서 치희가 떠나버리자 유리왕이 이를 회유하기 위해 국경까지 쫓아갔지만 결국 발길을 돌리지 못한 채 홀로 돌아오면서 부른 개인 서정의 노래이다. 정답게 노니는 '황조(黃鳥)'를 자신의 처지와 대비시켜 사랑하는 아내를 잃은 슬픔을 형상화하였다. 일각에서는 화희로 상징되는 농경부족과 치희로 상징되는 수렵부족 간의 갈등 속에서 이들 간의 화해에 실패한 부족장의 심정을 노래한 서사시로 보는 견해도 있다.

③ 〈구지가(龜旨歌)〉 : 가락국 김수로왕 신화에 실려 전하는 집단 서사시이다. 군왕(君王)을 맞이하는 과정에서 부른 노래이므로 〈영신군가(迎神君歌)〉라는 별칭을 가지고 있다. 부족 연맹체로 유지돼 오던 가락국의 아홉 부족장인 '구간(九干)'과 이를 따르는 2~3백 명의 사람들이 구

지붕에서 이 노래를 불러 김수로왕을 맞이하였다. 고대인들에게 신령스러운 존재로 여겨졌던 '거북'을 청자로 설정하고 '환기(부름) – 명령 – 가정 – 위협'의 단순한 구조 속에서 군왕을 상징하는 '머리'를 내 놓지 않으면 구워먹겠다는 위협적 언사를 통해 왕을 맞이하려는 고대인들의 강렬한 소망을 주술적(呪術的)으로 표현하였다. 따라서 이 노래는 부족 연맹체에서 부족국가 단계로 발전하는 과정에서 파생된 주술적 집단 서사시라고 볼 수 있다.

④ 〈정읍사(井邑詞)〉 : 어느 행상의 아내가 불렀다는 노래로 행상 나간 남편의 무사귀환을 비는 내용으로 구성되어 있는 현전 유일의 백제가요이다. 내용 면에서는 광명의 상징인 '달'에 의탁하여 행상 나간 남편의 귀갓길에 '즌데'로 상징되는 이수지오(泥水之汚) 혹은 야행침해(夜行侵害)를 걱정하는 전통적인 여인의 모습이 드러나 있다. 형식적인 면에서는 후렴구를 기준으로 3단 구성으로 이루어져 있으며 후렴구를 제외하면 시조 형식의 원형이라고 할 만하다. 후렴구가 존재한다는 점은 고려가요와 연관되는데 이는 고려가요와 함께 조선 시대 궁중음악으로 편입되는 과정에서 삽입되었을 것으로 추정된다. 한편 이 노래는 조선 성종 대에 남녀상열지사(男女相悅之詞)로 분류되어 사리부재(詞俚不載 ; 가사가 저속한 것은 싣지 않음)의 원칙에 따라 삭제되었다.

예상문제

다음 작품에 대한 설명으로 옳지 <u>않은</u> 것은?

翩翩黃鳥	펄펄 나는 꾀꼬리는
雌雄相依	암수 서로 정다운데
念我之獨	외로운 이 내 몸은
誰其與歸	뉘와 함께 돌아갈꼬.

① 이 노래는 처음부터 한자로 표기된 것이므로 한국문학에 있어 한문학의 시초로 보아야 할 것이다.
② 개인적인 서정을 표출한 노래이다.
③ 꾀꼬리를 보고 지었다는 설과 배경 설화에 근거해 죽은 왕비를 그리워하고 있다고 보는 설이 있다.
④ 서정문학이 서사문학에 대하여 우위를 점하는 단계로 접어들 때 지어진 노래이다.
⑤ 《삼국사기》에 배경 설화와 함께 전하는 노래이다.

● 해설

〈황조가〉와 같은 고대 시가들은 구전되다가 후대에 와서 한역되어 문자로 기록되었다. 따라서 처음부터 한자로 표기된 것이 아니므로 한문학이라 할 수 없다.
② 이 작품은 우리나라 최초의 서정시이다.
③ 배경 설화 : 유리왕 3년(기원전 17년) 겨울에 왕후가 죽자 대왕은 다시 두 여자들을 후처로 삼았다. 한 사람은 '화희'인데 골천인(鶻川人)의 딸이고, 또 한 사람은 '치희'인데 한(漢)나라 사람의 딸이다. 그런데 두 여자가 서로 남편에게 사랑을 받으려고 다투어 사이가 좋지 못했다. 어느 날 대왕이 사냥을 나가 7일 동안 돌아오지 않자, 두 여자가 서로 다투었다. 화희가 치희를 꾸짖어 "너는

한가(漢家)의 비첩으로 무례함이 어찌 이리 심한가?"라고 하자, 이 말을 들은 치희가 부끄럽고 한스러워 도망쳐 돌아갔다. 대왕은 그 말을 듣고 말을 채찍질하여 쫓아갔으나 치희는 돌아오지 않았다. 이에 대왕은 나무 밑에서 쉬다가 꾀꼬리가 날아와 모여드는 것을 보고 느끼는 바가 있어 노래하였다.

④ 이 작품은 연대가 확실한 시가로, 집단 가요에서 개인적 서정시로 넘어가는 단계에서 등장 하였다.

⑤ 《삼국사기》 권 13, '고구려 본기'에 유리왕과 관련된 설화와 함께 수록되어 전한다.

정답 ❶

(2) 향가

향가는 최초로 양식화된 서정시가 갈래를 이르는 명칭으로 '사뇌가(詞腦歌)'라 하기도 한다. 현재 전하는 향가 작품은 모두 25수로 《삼국유사》에 설화와 함께 전하는 14수와 《균여전(均如傳)》에 전하는 11수가 남아 있다. 작가 계층은 주로 승려, 화랑이었다. 불교적인 내용이 주를 이루며 〈안민가(安民歌)〉와 같이 유교적인 작품도 있다. 진덕여왕 대에 각간 위홍이 편찬하였다는 향가집으로 《삼대목(三代目)》이 있었다는 기록은 있지만 현재 전하지는 않는다.

① **향가의 형식** : 향가는 민요가 정착한 것으로 보이는 4구체부터 이것이 확장된 8구체, 그리고 여기에 2구의 낙구가 추가된 10구체의 세 가지 형식이 전한다. 《균여전》의 '최행귀 서문'에는 향가의 형식을 '삼구육명(三句六名)'이라 하였지만 정확한 의미는 확인되지 않았다. 4구체와 8구체는 민요에서 파생되어 이것이 확장, 발전된 것으로 볼 수 있으나 통일 신라 시대 전후에 나타난 10구체 향가는 여기에 2구의 낙구가 덧붙여지면서 완성된 형식으로 자리 잡았다. 즉, 10구체 향가는 전형적인 '4 + 4 + 2' 구조를 보이며 이러한 3단 구성은 후대 시가들에 영향을 미쳤다. 특히 낙구는 주제가 집약되는 부분이며 일반적으로 감탄사가 등장하는데 이러한 감탄사는 이후 시조와 가사에까지 영향을 미쳤다.

② **향가의 표기** : 향가는 한자를 이용한 향찰(鄕札)로 표기되었다. 향찰은 한자의 음과 뜻을 빌려 우리말을 표현한 표기 방식으로 이전 차자표기(借字表記) 방식과는 달리 문장 전체를 표기할 수 있었던 종합적 표기 체계이다. 일반적으로 의미가 있는 부분은 한자의 뜻을 빌려 훈차(訓借)하고, 문법적 의미를 가지는 조사나 어미 등은 음차(音借)하는 방식으로 표기하였다.

③ **향가 작품 일람** : 《균여전》에 실린 〈보현십원가〉(11수)는 불교적 색체가 강하지만 《삼국유사》에 실린 14수는 다양한 창작 계층에 의해 창작되어 다채로운 내용을 담고 있다. 여기서는 《삼국유사》에 실린 14수의 내용을 정리하였다.

주요 작품	작가	내용	형식
〈서동요〉	백제 무왕	선화공주를 아내로 맞이하고자 부른 참요	4구체
〈풍요〉	작자 미상	절을 짓기 위해 동원된 남녀가 흙을 나르며 부른 노래	
〈헌화가〉	견우 노옹	소를 몰고 가던 노인이 수로부인에게 꽃을 꺾어 바치며 부른 노래	
〈도솔가〉	월명사	두 개의 해가 나타난 변괴를 되돌리고자 부른 주술요	

〈처용가〉	처용	아내를 침범한 역신을 퇴치하기 위한 축사의 노래	8구체
〈모죽지랑가〉	득오	죽지랑이 죽은 뒤 그를 추모하며 부른 노래	
〈찬기파랑가〉	충담사	기파랑의 인품을 자연물에 비유하여 표현한 예찬의 노래	10구체
〈제망매가〉	월명사	누이의 죽음을 정신적으로 극복하고자 하는 의지적인 노래	
〈안민가〉	충담사	백성을 평안케 하는 치국의 도리를 깨우치는 교훈적 노래	
〈도천수대비가〉	희명	아들의 눈을 뜨게 하고자 하는 어머니의 간절한 소망의 노래	
〈원가〉	신충	자신을 잊은 임금을 잣나무에 의탁하여 원망하는 노래	
〈우적가〉	영재	도적들을 교화하여 깨닫게 하기 위한 노래	
〈혜성가〉	충담사	갑자기 나타난 혜성을 물리치기 위해 부른 주술요	
〈원왕생가〉	광덕	극락왕생의 소망을 달에 의탁하여 표현한 노래	

④ 주요 작품 해제

㉠ 〈서동요(薯童謠)〉 : 현전하는 향가 중 가장 오래된 〈서동요〉는 후에 백제의 무왕이 되는 '서동'이 신라의 '선화공주'를 얻기 위해 아이들에게 가르쳐 부르게 하여 소망을 성취하였다고 전한다. 내용은 서동과 선화공주가 밤에 은밀하게 사랑을 나눈다는 것으로 선화공주를 모함하는 참요(讖謠)의 성격을 띠고 있다. 단순한 구조와 아이들이 불렀던 점으로 미루어 민요나 동요적 성격이 강하였던 것으로 보인다.

㉡ 〈헌화가(獻花歌)〉 : 수로부인이 남편을 따라 바닷가를 지나고 있을 때 절벽에 핀 철쭉꽃을 갖고 싶어 하자 지나가던 견우노옹(牽牛老翁)이 이를 꺾어다 바치며 불렀다는 일종의 사랑 고백 노래이다. 내용 면에서 전통적 소재인 '꽃'과 강렬한 자줏빛 색채감을 통해 수로부인에 대한 화자의 강렬한 사랑을 표현하였다는 특징이 있다. 이후 '꽃'이라는 상징물에 사랑의 감정을 투영하여 표현하는 발상은 〈진달래꽃〉과 같은 현대 시가로까지 이어졌다.

㉢ 〈처용가(處容歌)〉 : 신라 헌강왕 대에 창작된 향가이다. 설화 내용에 따르면 처용은 동해 용왕의 아들로 전해지고 있으나 생김새 및 기타 상황을 고려할 때 귀화한 아라비아 상인으로 보는 견해도 있다. 어느 날 처용이 밤늦게 집에 돌아와 아내를 침범한 역신(疫神)을 보고 이 노래를 불러 역신을 퇴치하였다는 설화의 내용과 함께 전한다. 이런 점에서 처용가는 주술적(呪術的) 성격을 가진 노래로 분류한다. 이후 고려 시대를 거쳐 조선 시대까지 이어지며 '처용무'와 함께 전승되었다.

노래의 내용은 전반부는 역신의 침범을 확인하는 내용으로 이루어져 있고, 후반부는 이러한 상황에서 역신을 용서하고 체념하는 내용으로 이루어져 있다. 결과적으로 노래가 역신을 퇴치하기 위한 노래였다는 점에서 작품에 나타난 체념적 태도는 궁극적으로는 역신을 퇴치하고자 한 의도로 해석할 수 있다. 이와 같은 처용가의 내용은 사악한 기운을 쫓고 복을 불러들이고자 하는 벽사진경(辟邪進慶)의 전통과 관련이 깊다. 한편 〈처용가〉를 신라 헌강왕 대의 문란했던 사회상을 민중들의 입장에서 그려낸 노래로 보는 견해도 있다.

㉣ 〈제망매가(祭亡妹歌)〉 : 월명사(月明師)가 요절한 누이를 추모하여 부른 노래로 사랑하는 혈

육의 죽음 앞에서 느낀 무상감(無常感)과 절망적 심정을 종교적 기다림으로 극복하는 정신적 경지를 보여주고 있다. 특히 혈육 관계를 나뭇가지와 낙엽 등의 자연물에 비유하여 표현한 점은 향가의 백미(白眉)로 꼽힐 만큼 탁월함을 보여준다.

ⓜ 〈찬기파랑가(讚耆婆郞歌)〉 : 신라 경덕왕 대의 승려 충담사(忠談師)가 화랑 기파랑(耆婆郞)을 예찬하고 추모하는 내용의 노래이다. 기록을 통해 '기파랑'이 어떤 인물인지를 확인할 수는 없으나 내용상 인품이 고매하였고, 지조가 강했던 인물임을 짐작해 볼 수 있다. 특히 기파랑의 인품을 '구름', '냇물', '잣나무' 등의 다양한 자연물에 비유하여 표현한 점이나 시련을 상징하는 '눈'과 '잣나무'를 대비하여 시련에 굴하지 않는 기파랑의 고고한 정신적 경지를 예찬적으로 노래하였다는 점에서 〈제망매가〉와 함께 향가의 백미로 손꼽히는 작품이다.

ⓗ 〈안민가(安民歌)〉 : 충담사가 경덕왕의 명에 따라 치국(治國)의 도(道)를 담아 노래하였다는 유교적 가치관의 노래이다. 군신민(君臣民)의 관계를 부모자(父母子)의 관계에 비유하면서 백성들이 편안히 살 수 있도록 하는 것이 곧 태평성대(太平聖代)의 근간임을 밝히고 있다. 낙구에서 제시한 '임금답게', '신하답게', '백성답게'라는 표현은 자신의 본분을 다하는 삶을 강조하고 있다.

ⓢ 〈원왕생가(願往生歌)〉 : 신라 문무왕 때의 승려 광덕(廣德)이 극락왕생을 기원하며 지은 노래라고 전한다. 신라의 불교가 기복신앙(祈福信仰)에서 아미타신앙으로 발전해가는 단계에 창작된 것으로 보인다. 이 노래는 특히 극락왕생(極樂往生)이라는 화자의 소망을 '달'이라는 초월자를 매개로하여 전달하려는 욕망이 나타나 있다. 이 시가에서 '달'은 단순한 자연물이 아니라 천상과 지상을 연결하는 매개자로서, 화자의 종교적 소망을 초월세계에 전달하는 역할을 하고 있다.

● 기출유사문제 ●

다음 중 민요에 가까운 4구체 향가로 볼 수 없는 것은?

① 모죽지랑가　　　　　　　② 서동요

③ 풍요　　　　　　　　　　④ 헌화가

⑤ 도솔가

● 해설

〈모죽지랑가〉는 4구체에서 10구체로 변해가는 과정에서 생긴 8구체 향가이다. 또 다른 8구체 향가로는 〈처용가〉가 있다.
②, ③, ④, ⑤ 모두 4구체 향가이다.

정답 ❶

예상문제

다음 중 향가에 관한 설명으로 잘못된 것은?

① 현재 25수가 전해진다.

② 향찰로 표기되어 전한다.

③ 〈도솔가〉가 모태가 되었다.

④ 《삼국유사》와 《삼대목》에 수록된 작품들이 남아 있다.

⑤ 4 · 8 · 10구체에서 10구체가 완성형이다.

● 해설

《삼대목》은 한국 최초의 가집(歌集)으로, 신라 진성여왕 때 각간 위홍과 대구화상이 향가를 수집하여 엮은 것이다. 향찰이 발명되기 이전의 작품은 구전되다가 소멸되기도 하였고, 향찰로 표기된 것 중에서도 소멸된 것은 전승되지 못하기도 했다. 《삼대목》도 실전되어 이름만 전해지고 있다.

① 향가는 신라 진평왕 때의 〈서동요〉에서부터 고려 광종 때 균여의 〈보현십원가〉 11수까지 약 370여 년 동안 성행하였으나, 《삼국유사》에 14수, 《균여전》에 11수 총 25수만이 현존하고 있다.

② 우리 글로 표현되지 못하고 한자의 음과 훈을 빌린 향찰 및 이두로 표기되었다.

③ 〈도솔가〉는 신라 유리왕 때 만들어진 노래이자 우리나라 최초의 정제된 정형시로, 향가의 모태가 되었다.

⑤ 4구체에서 과도기 형태의 8구체를 거쳐 10구체 단계에서 향가의 형식이 거의 완성되었다.

정답 ❹

(3) 한시

삼국 시대에 전래된 한자의 영향으로 한문학이 형성되었다. 이 시기의 한시에서 주목할 만한 작품과 작가로는 고구려 을지문덕의 〈여수장우중문(與隋將于仲文)〉과 통일 신라 말 최치원(崔致遠)의 한시 작품들이 있다. 특히 최치원은 당나라에 유학하여 당나라 조정에서 〈토황소격문〉 등의 명문장으로 널리 알려진 인물로 후에 신라에 귀국하였으나 골품제도라는 신분질서 속에서 6두품이라는 신분적 한계로 인해 자신의 뜻을 펼치지 못하고 만년에는 가야산에 은거하여 지낸 인물이다. 그 과정에서 그가 지은 한시들은 신라 시대의 한시를 대표하는 작품들로 손꼽히고 있다.

① 〈여수장우중문(與隋將于仲文)〉 : 이 작품은 고구려의 장군이었던 을지문덕이 수나라의 대군을 이끌고 침략해 온 수나라 장수 우중문에게 보낸 시로 먼저 상대방을 칭찬하다 조롱으로 이어지는 수법인 억양법을 활용하여 궁극적으로 수나라 장수를 조롱하고 퇴각을 권유한 시이다.

② 최치원의 한시

㉠ 〈추야우중(秋夜雨中)〉 : 최치원의 작품 가운데 가장 널리 알려진 작품으로 창작 시기에 대해서는 당나라 유학시절이라는 설과 고국에 돌아온 뒤라는 설이 분분하여 정확하지는 않다. 비가 내리는 가을밤을 배경으로 고향을 그리워하는 마음을 절묘하게 표현한 작품이다.

㉡ 그 밖의 주요 작품들

작품	내용
〈강남녀(江南女)〉	중국 강남에 사는 여인들의 대조적인 삶을 통해 모순에 찬 현실을 비판적으로 노래함.
〈제가야산독서당 (題伽倻山讀書堂)〉	가야산에 은거하며 세속과 단절하려는 의지를 나타냄. '물'을 단절의 이미지로 활용하여 세속과 거리를 유지하려는 화자의 의도를 형상화 함.
〈촉규화(蜀葵花)〉	황량한 들판에 핀 접시꽃에 자신의 처지를 투영하여 능력이 있음에도 이를 인정받지 못하는 자신의 모습을 비감 어린 어조로 노래함.

예상문제

다음 한시에 대한 설명 중 바른 것은?

狂奔疊石吼重巒	첩첩한 바위 사이를 미친 듯 달려 겹겹의 봉우리에 울리니
人語難分咫尺間	지척에서 하는 사람의 말소리도 분간키 어려워라.
常恐是非聲到耳	사람의 시비하는 소리 귀에 들릴까 두려워하여,
故敎流水盡籠山	짐짓 흐르는 물을 시켜 온 산을 둘러싸네.

– 최치원, 〈제가야산독서당〉

① 비유와 상징을 사용하여 함축적 의미를 드러내고 있다.

② 동일한 시어를 반복적으로 사용하여 작자의 내면 정서를 표출하고 있다.

③ 현실을 좀 더 적극적으로 살려는 의지를 노래하고 있다.

④ 대립적인 이미지를 지닌 시어를 사용하여 주제를 형상화하고 있다.

⑤ 오언절구 형식의 한시이다.

● 해설

자연의 물소리(기구, 결구)와 세상 사람들의 소리(승구, 전구)를 제시하여 서로 대조시키고 있다. 시비의 소리를 듣고 싶지 않아, 물소리를 통해 스스로를 세상과 격리시키고 있는데 이는 현실을 대하는 작자의 의식을 형상화하고 있다.

① 물이 가지는 상징적인 표현은 있으나 구체적인 비유는 나타나 있지 않다.

② 작자의 심리를 표현하기 위해 사용된 수사법은 대조법이다.

③ 현실적으로 패배한 작자 최치원의 내면적 갈등이 잘 나타나 있지만 세상과 자신을 격리시키려고 할 뿐, 적극적으로 살려는 의지는 찾아볼 수 없다.

⑤ 칠언절구 형식의 한시이다.

정답 ❹

(4) 건국신화

삼국은 부족국가에서 벗어나 국가 체계를 형성하면서 왕권을 강화하고 정당성을 얻기 위해 스스로를 천제(天帝)의 후손으로 인식시키기 위한 신화들을 만들었다. 남방계의 대표적인 신화가 신라의 〈혁거세 신화〉, 가락국의 〈김수로왕 신화〉이고, 북방계의 대표적인 신화는 고구려의 〈주몽 신화〉이다. 남방계 신화들은 새로운 세계를 상징하는 '알'을 통해 출생하는 난생신화(卵生神話)의 유형을 보이며 비교적 평화로운 등극 과정을 거치게 된다. 반면 대표적인 북방계 신화인 〈주몽 신화〉는 등극의 과정에서 투쟁의 과정이 강조되고 있으며 다른 북방계 신화들과는 달리 남방계 신화처럼 난생설화(卵生說話)를 보이지만 인생란(人生卵)이라는 점에서는 남방계 신화와 또 다른 차이를 보인다.

① **신화의 특징** : 신화는 신성성을 특징으로 한다. 내용 자체가 신성한 인물의 일대기를 바탕으로 할 뿐만 아니라 전승집단 내에서도 신성한 이야기로 인식되는 특징이 있다. 신화의 세계에서는 신과 인간의 구분이 명확하지 않으며 신의 의지가 인간계에 실현되는 과정이 주로 그려져 있다. 〈단군 신화〉나 남방계 신화가 비교적 투쟁의 과정 없이 신의 의지가 인간계에 관철되는 양상을 보이는 반면 〈주몽 신화〉와 같은 북방계 신화들은 투쟁의 과정이 강조되어 있다는 점에서 차이를 보인다. 신화에는 내용에 따라 창세신화와 건국신화 등이 있으나 창세신화는 극히 제한적으로 전해지며 건국신화가 주를 이룬다. 특히 주몽 신화와 같은 영웅신화에서는 이후 한국 서사문학에 자주 등장하는 영웅의 일생구조를 확인할 수 있다.

② **주요 신화 작품 일람**

작품	국가	주요내용	특징
단군 신화	고조선	환인의 아들 환웅이 강림하여 금기를 극복한 웅녀와 혼인하여 단군을 낳아 고조선의 시조가 됨.	농경사회를 배경으로 하여 민족적 금기가 다수 드러남.
주몽 신화	고구려	해모수와 유화와의 사이에서 태어난 주몽이 이후 시련을 극복하고 고구려를 건국함.	• 인생란 설화 • 천신과 수신의 결합
혁거세 신화	신라	하늘에서 내려온 알에서 탄생한 혁거세가 부족국가였던 신라의 6부를 통합하여 국가를 형성하게 됨.	• 난생설화 • 천부지모형 신화
김수로왕 신화	가락국	구지봉에서 구간과 백성들이 노래를 부르자 하늘에서 알이 내려와 부화된 뒤 가락국의 왕이 됨.	• 난생설화 • 천부지모형 신화

③ **주요 건국신화 해제**

㉠ **단군 신화(檀君神話)** : 천신(天神)인 환인의 아들 환웅이 지상계에 내려와 웅녀와 화합하여 단군을 낳고 고조선이 건국되는 과정을 그린 건국신화이다. 단군의 탄생과정과 건국과정을 그린 신화적 가치 외에도 고조선이 건국되던 시기의 사회상을 간접적으로 짐작할 수 있는 역사적 가치도 지니고 있다. 우선 환웅이 지상으로 내려올 때 동행한 '풍백, 우사, 운사'의 존재는 당대 사회가 농경사회였음을 짐작케 한다. 한편 '거울, 방울, 검'의 천부인의 존재는 제정일치(祭政一致)의 사회상과 관련지을 수 있다. 또한 굴에서 100일 동안 호랑이와 곰 사이에서 펼쳐진 금기(禁忌) 대결은 토템부족 간의 경합 과정으로 보기도 한다. 이 과정에 나타난 삼칠일(三七日)의 금기는 이후 민족적 금기로 자리 잡아 전승되고 있다.

무엇보다 단군 신화는 우리 민족의 기원과 관련된 신화로 민족이 위기에 처할 때마다 재발견되며 민족의 자긍심을 고취시키고 민족이 단합하는 구심점이 되어주었다는 점에서 가치와 의의를 발견할 수 있다. 고려 시대에 기록된 일연의 《삼국유사》와 이승휴의 《제왕운기》

에 실려 전하고 있다.

ⓒ **주몽 신화** : 천신(天神)인 해모수와 수신(水神)의 딸인 유화 사이에서 태어난 주몽이 시련을 극복하고 고구려를 건국하는 과정을 그린 신화이다. 천신과 수신의 결합 양상을 보이며 북방계 신화이면서도 난생(卵生)신화의 구조를 보이고 있다. 특히 난생(卵生)신화 가운데서도 드문 인생란(人生卵) 신화라는 점도 특징적이다. 고려 시대에는 이규보가 〈동명왕편(東明王篇)〉이라는 서사시를 통해 민족적 자부심을 고취시키기 위해 전승하였다.

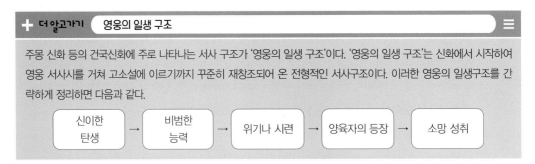

➋ 고려 시대의 문학

고려 시대의 문학은 이전 시대의 문학적 전통을 계승·발전하면서도 당대의 사회와 문화적 기반 위에서 고려 시대의 독특한 문학을 발전시켜 왔다. 또한 과거제도의 시행 등으로 다양한 한문학이 발전하게 된 것도 이 시대 문학의 특징이다. 특히 이 시기는 조선 시대에 융성하게 되는 시조가 발생하여 그 형식이 완성된 때이기도 하다.

고려 시대의 설화문학은 《삼국유사》, 《수이전》 등의 설화집이 등장하여 설화문학의 수준을 성숙시켰으며 '가전(假傳)'이 등장하여 조선 시대 소설 발생의 밑받침이 되었다. 또한 현대의 문학 갈래상 수필에 해당하는 '설(設)'이나 '전(傳)' 등이 등장하여 수필문학이 발전하기도 하였다.

(1) 향가계 여요

신라 시대를 대표하였던 향가는 고려 시대에 접어들면서 자연스럽게 쇠퇴하였다. 하지만 향가가 하루아침에 소멸한 것은 아니다. 고려 초기에는 고려노래이면서도 향가의 영향을 받은 작품들이 등장하는데 이들을 '향가계 여요(麗謠)'라 한다.

① 〈**도이장가(悼二將歌)**〉 : 고려 제 16대 왕 예종이 팔관회에서 고려의 시조인 태조 왕건을 위해 목숨을 버린 김낙과 신숭겸을 추모하여 예찬한 노래라고 전한다. 향찰로 표기되었으며 형식 또한 8구체 향가 형식이다.

② 〈**정과정곡**〉 : '과정'은 정서의 호이다. 정서가 유배가기 전 임금이 다시 부르겠노라고 약속하였지만 10여 년이 지나도록 소식이 없자 이를 원망하며 부른 노래이다. '잔월효성(殘月曉星)'을 심판자로 내세워 자신의 결백을 호소하고 있는 노래이다. 후반부에서는 임의 사랑을 회복하기

를 간절히 염원하는 화자의 심리를 보여주고 있다. 향찰로 표기되지는 않았으나 11행의 시가 형식과 후반부에 나타난 감탄사 등을 고려할 때 향가의 영향을 짐작해 볼 수 있다.

✚ 더 알고가기　김낙, 신숭겸　　　　　　　　　　　　≡

고려의 시조인 태조 왕건이 지금의 대구 지역 팔공산에서 후백제군의 공격을 받아 위기에 처했을 때 왕건을 구하고 목숨을 버린 장수 여덟 명에 속해 있던 장군들이다. 〈도이장가〉는 불교행사였던 '팔관회'에서 이들의 용맹한 행위를 재연하던 과정에서 예종이 이를 보며 지은 노래이다. '도이장가'의 뜻은 '두 명의 장수를 추모하는 노래'라는 뜻이다.

---

(2) 고려속요

고려 시대의 노래 중 서민들 사이에서 널리 불린 노래이다. 《시용향악보》, 《악장가사》, 《악학궤범》에 실려 전하며 민요에서 출발하여 작자는 대부분 알 수 없으며 비교적 소박한 내용을 특징으로 한다. 형식 면에서는 정형적 형식이 존재하는 것은 아니지만 일정한 공통 형식을 바탕으로 하고 있다. 연이 구분되는 분연체 또는 분절체의 형식을 갖추고 있으나 각 연의 내용이 유기적으로 연관되지 않고 독립적 구성을 보인다는 점에서 한 작가의 일관된 창작물이라기보다는 구전되는 과정에서 첨삭이 이루어진 적층(積層)성을 짐작할 수 있다.

① **고려속요의 형식** : 고려속요는 정형적인 율격이나 형식을 가지고 있는 것은 아니다. 그러나 일반적으로 3음보를 바탕으로 하고 있고 3 · 3 · 2조의 율격과 분절체(분연체)의 구조, 후렴구의 반복 등은 고려속요가 일반적으로 공유하고 있는 형식적 특성이다.

② **고려속요의 후렴구** : 고려속요의 후렴구가 무엇을 의미하는지는 정확히 알 수 없다. 다만 고려속요의 후렴구는 대부분 악기소리를 흉내 낸 의성어라는 것이 일반적 견해이다. 특히 후렴구의 내용은 본사의 내용과는 무관하다는 점에서 조선 시대에 궁중음악으로 정착되는 과정에서 첨가되었을 가능성이 크다. 고려속요의 후렴구는 매 연마다 반복되어 형식적 통일성을 유지시키면서 운율감을 살리는 역할을 하고 있다.

[주요 작품의 후렴구]

작품	후렴구
〈정읍사〉	어긔야 어강됴리 아으 다롱디리
〈서경별곡〉	위 두어렁셩 두어렁셩 다링디리
〈청산별곡〉	얄리얄리 얄라셩 얄라리 얄라
〈가시리〉	위 증즐가 대평성대(大平聖代)
〈동동〉	아으 동동(動動)다리
〈사모곡〉	위 덩더둥셩
〈이상곡〉	다롱디우셔 마득사리 마두너즈세 너우지

③ **주요 작품 해제**

ⓐ 〈청산별곡(靑山別曲)〉 : 총 8연으로 구성된 작품으로 〈서경별곡〉과 함께 고려속요의 백미로 손꼽히는 작품이다. 작자에 대해서는 유랑민, 지식인, 실연당한 여인 등 다양한 견해가 있다. 청산에 살고자 하는 욕망과 속세에 대한 미련이 교차하는 가운데 삶의 비애와 고독을 상징적 수법으로 형상화하고 있다. 특히 5연과 6연의 순서를 바꾸면 전반부의 '청산(靑山)' 노래와 후반부의 '바다' 노래로 안정된 대칭구조를 보이고 있다.

ⓑ 〈서경별곡(西京別曲)〉 : 고려 시대 제2의 도시였던 서경(西京 ; 지금의 평양)의 대동강을 배경으로 이별의 정한을 노래한 작품이다. 임이 사랑만 해준다면 모든 것을 버리고 좇겠다는 강한 의지를 보이는 1연의 내용에 이어 2연에서는 천 년이 지나도 변함이 없는 사랑을 노래하는가 하면 3연에서는 이별을 막아보려는 적극적인 화자의 목소리를 들을 수 있다. 또한 이별의 원인을 비유한 '꽃'을 꺾어 임을 되찾겠다는 강렬한 의지를 드러냄으로써 한국 문학의 이별시가에서 보이는 전형적인 여성의 모습과는 다른 적극적인 여인상을 볼 수 있다는 점 또한 이 작품의 특징이다. 한편 2연의 내용은 이 작품뿐만 아니라 〈정석가〉 등의 다른 고려속요에도 반복되어 나타난다는 점에서 구전성(口傳性)과 적층성(積層性)을 짐작할 수 있다.

ⓒ 〈동동(動動)〉 : 월별로 이루어진 월령체(月令體) 문학의 효시(嚆矢)로 평가받고 있는 작품이다. 송축의 내용을 담은 1연과 정월(正月)부터 십이월까지 총 13연으로 구성되어 있다. 내용 면에서는 이별의 정한과 임에 대한 예찬 및 송축의 내용을 담고 있으며 각 연의 내용은 상호 독립적이다. 특히 월별로 행해지던 세시풍속을 묘사하고 있어 당시의 풍속을 짐작할 수 있는 작품이기도 하다. 다양한 비유를 통해 임에 대한 사랑과 이별의 정한 및 송축의 내용을 드러내고 있다는 점에서 높은 작품성을 엿볼 수 있다.

ⓓ 〈정석가(鄭石歌)〉 : 제목인 '정석(鄭石)'이 무엇을 의미하는가에 대해서는 의견이 분분하다. 사랑하는 임의 이름이라는 견해도 있고 징과 돌을 의인화한 표현이라는 견해도 있으나 정확한 사실은 확인하기 어렵다. 궁중음악으로 편입되는 과정에서 추가되었을 것으로 보이는 1연의 내용과 〈서경별곡〉과 공유되고 있는 6연을 제외한 대부분의 연은 불가능한 상황을 제시한 후 그러한 상황이 이루어지면 임과의 이별을 받아들이겠다는 역설과 반어의 구조가 반복되고 있다.

ⓔ 〈사모곡(思母曲)〉 : 아버지와 어머니의 사랑을 농경사회에서 흔히 볼 수 있는 호미와 낫에 비유한 작품이다. 비교 방법을 통해 어머니의 사랑이 아버지의 사랑보다 낫다는 주제를 드러내고 있다. 대부분의 고려속요가 연 구분이 존재하는 반면 이 작품은 연 구분이 없는 단연으로 된 시이다.

ⓕ 그 외 작품들 : '쌍화(만두)'가게 주인, 절의 주지 등과 정을 통하는 여인의 심정을 노래한 〈쌍화점〉이나 남녀 간의 노골적인 사랑을 노래한 〈만전춘〉을 통해서는 고려 시대의 자유분방한 남녀관계를 엿볼 수 있으며, 〈유구곡(維鳩曲)〉과 같은 작품은 비둘기와 뻐꾸기를 간

신과 충신에 비유하여 바른 말을 듣고자 하는 임금의 소망을 담고 있다. 또한 〈이상곡(履霜曲)〉은 다가올 이별을 경계하고 이를 막고자 하는 작품이며, 〈처용가〉는 신라 시대의 향가인 〈처용가〉를 확장시킨 작품이다.

＋ 더알고가기   남녀상열지사(男女相悅之詞)   ≡

고려 시대의 속요들은 조선 시대에 들어서 일부 궁중음악으로 편입되었다. 그러나 이후 조선 성종 대에 와서 남녀상열지사(男女相悅之詞), 즉 '남녀 간의 애정을 다룬 노래들은 음란하여 싣지 않는다.'는 원칙을 세우고 이들을 제외하였는데 이 과정에서 많은 고려속요들이 망실되었다.

🔍 짚어보기 ▶ 소악부(小樂府)

이제현과 민사평이 당시 유행하던 우리말 노래를 한역해 놓은 것이다. 비교적 짧은 시 형식을 사용하여 '소악부'라고 하였다. 이제현의 《익재난고》에 11편, 민사평의 《급암선생시고》에 6편이 전한다. 주요 작품으로는 어머니의 늙음을 역설과 반어로 표현하여 효성을 드러낸 〈오관산〉, 탐관오리를 참새에 비유하여 가렴주구(苛斂誅求)를 풍자한 〈사리화〉 등이 있다.

⬤ 기출유사문제 ⬤

┌───┐

다음 고려속요 중 향가의 잔존 형태인 것은?

① 동동(動動)   ② 사모곡(思母曲)

③ 정과정(鄭瓜亭)   ④ 가시리

⑤ 헌화가(獻花歌)

● 해설

향가가 고려속요로 넘어가면서 향가의 형식이 남아 있는 작품이 생겨났는데 10구체 형식의 〈정과정(鄭瓜亭)〉이 그런 특성을 보이고 있다. 10구체 향가의 형식은 '전 4구 – 후 4구 – 낙구 2구'로 낙구에 감탄사가 있는데 〈정과정〉 역시 낙구에 감탄사가 있어 10구체 향가의 잔존 형태가 보인다.

① 우리 문학에서 월령체 노래의 효시로 첫머리 서장을 제외하고는 다달이 변화하는 자연과 풍습에 따라서 임에 대한 사랑을 나타내었다.

② 작자 미상의 속요로 비연시이다. 어머니와 아버지의 사랑을 호미와 낫에 비유하여 어머니의 사랑이 큼을 예찬한 노래이다.

④ 분절체로 사랑하는 사람과의 이별의 한을 노래한 것으로 그 정서가 김소월의 〈진달래꽃〉으로 이어진다.

⑤ 4구체의 향가 작품으로 구전되어 오던 동요나 민요를 바탕으로 만들어진 것이다.

정답 ❸

└───┘

⬤ 예상문제 ⬤

┌───┐

다음 작품에 대한 설명으로 알맞은 것은?

> 가던새 가던새 본다 믈 아래 가던새 본다
> 잉 무든 장글란 가지고 믈 아래 가던새 본다
> 얄리 얄리 얄라셩 얄라리 얄라

└───┘

① 4음보 정형시이다

② 시적 자아는 현실 세계에 만족하고 있다.

③ 주로 귀족이 지어 불렀던 노래로 궁중에서 연주되었다.

④ 'ㄹ'과 'ㅇ'음을 반복하여 음악적 리듬감을 잘 살리고 있다.

⑤ 각 장 앞에 후렴구가 위치하고 있다.

● 해설

제시문은 고려가요 〈청산별곡〉의 3연으로, 'ㄹ'과 'ㅇ' 음의 반복으로 인하여 음악성이 살아나고 있다.
① 〈청산별곡〉은 3음보의 비정형시이다.
② 전란과 내적 혼란으로 고통을 겪는 유랑민의 처지를 노래한 것으로, 시적 자아는 이상향을 추구하고 있다.
③ 고려 속요는 평민들이 민요적 가락에 맞추어 불렀던 노래이다.
⑤ 각 장 끝에 후렴구가 위치하고 있다.

정답 ❹

(3) 경기체가

경기체가(景幾體歌)는 고려 시대 귀족계층이나 신흥사대부들이 향유하였던 갈래로 '경 긔 엇더하니 잇고'의 후렴구가 있어 '경기하여가(景幾何如歌)'라는 별칭이 붙어 있다. 조선조 무신정권 아래에서 비호를 받던 사대부들의 자부심과 자신감을 반영한 경기체가는 한자어의 나열이라는 점에서 문학성이 다소 떨어진다는 평가를 받는다. 이황은 이를 '퇴폐적이고 향락적'이라 하여 폄하하기도 하였다. 한편 문학사적 측면에서 경기체가는 이후 조선 시대 활발하게 창작되었던 가사의 형식을 탄생시켰다는 점에서 그 의의를 찾을 수 있다.

① **경기체가의 형식** : 3음보의 호흡 단위와 3 · 3 · 2조의 글자 수 및 분연체로 구성되어 있고 후렴구가 존재한다는 점 등에서 고려속요와 공통된 형식적 특성을 보인다. 하지만 경기체가는 후렴구를 중심으로 전대절(前大節)과 후소절(後小節)의 2단 구성을 보인다는 점에서 고려속요와 구별된다. 특히 전대절에서 한자어의 나열이 이루어지며 후소절에서는 전대절에서 나열된 소재들에 대한 자부심이나 과시의 내면이 드러난다.

② **경기체가 작품 일람**

작품명	작가	연대	내용
〈한림별곡〉	한림제유	고려 고종	문장, 서적, 명필, 비단, 꽃, 음악, 누각, 추천
〈관동별곡〉	안축	고려 충숙왕	관동지방의 절경을 노래함.
〈죽계별곡〉	안축	고려 충숙왕	순흥의 절경을 노래함.

③ **주요 작품 해제**

㉠ 〈한림별곡(翰林別曲)〉 : 한림제유(翰林諸儒)에 의해서 창작된 이 작품은 총 8연으로 구성되어 있다. 전반부의 각 연은 문장, 책, 꽃, 산, 술 등의 소재들을 나열하여 퇴폐적이고 향락

적인 모습을 보여주고 있으며, 후반부에서는 설의적 표현을 통해 자신감과 자부심을 드러내고 있다. 한자어로 소재를 단순하게 나열했다는 점에서 문학성은 떨어지지만 8연의 경우 추천(鞦韆)을 소재로 출세에 대한 욕망과 타인에 대한 시기 등을 비유한 점에서 다른 연과는 달리 문학성이 있다고 평가 받는다.

ⓛ 〈관동별곡(關東別曲)〉 : 안축이 지금의 강원도 지방을 다스리는 관리가 되어 순시하며 백성들의 삶을 살피는 한편 그곳의 경치를 묘사하고 예찬하는 내용으로 이루어져 있다.

ⓒ 〈죽계별곡(竹溪別曲)〉 : 안축이 벼슬에서 물러나 자신의 고향인 순흥을 무대로 즐기며 공부하는 흥취와 고장의 경치 예찬을 주된 내용으로 하고 있다. '죽계'는 순흥을 가로지르며 흐르는 개울을 말한다.

(4) 한시

고려 시대는 과거제도의 실시와 중국 한문학의 유입 등으로 이전 시기에 비해 상대적으로 한문학이 융성했던 시기이다. 당시의 대표적인 한시 작품으로는 이규보의 작품을 들 수 있다.

① 〈송인(送人)〉 : '동방의 이소'라 절찬할 만큼 뛰어난 작품으로 인정받았던 정지상의 한시이다. 대동강변을 무대로 하여 자연과의 대조를 통해 이별의 심정을 부각시킨 노래로 자신의 눈물 때문에 대동강물이 마르지 않는다는 과장된 표현을 적절히 활용하여 시적 정서를 강화하고 있다. 송나라 왕유의 〈송원이사안서(送元二使安西)〉에 견줄 정도로 빼어난 작품으로 평가받고 있다.

② 〈부벽루(浮碧樓)〉 : 고려 시대 한시의 대표적인 작품 중 하나이다. 광개토왕이 지은 사찰 중의 하나인 영명사와 대동강변에 위치한 부벽루에서 고구려의 시조인 동명왕을 추모하며 쇠락한 평양성의 모습과 과거의 고구려의 영화를 비교하며 느낀 무상감(無常感)을 표현하였다. 원나라의 오랜 간섭으로 쇠약한 국운 앞에서 고구려의 옛 영화를 회고하는 모습을 통해 민족의식을 가진 지식인의 쓸쓸한 감회가 잘 드러나고 있다.

(5) 시조

현재 전하는 기록들을 고려할 때 시조는 고려 중엽에 발생하여 고려 말엽에 완성된 것으로 보인다. 시조는 현재까지 창작되고 있는 우리 문학의 유일한 정형시로 4음보를 바탕으로 3·4조, 4·4조의 음수율을 보인다. 초장, 중장, 종장의 3단 구성은 〈정읍사〉 등의 작품과 연계하여 그 연원을 짐작해 볼 수 있으며 종장의 첫 어절은 3음절로 글자 수가 고정되어 있다. 특히 종장의 첫 어절에 감탄사가 오는 경우가 많은데 이는 10구체 향가로 그 연원을 거슬러 올라간다.

① **시조의 형식** : 시조는 4음보라는 비교적 안정된 호흡 단위를 보이고 있으나 음보가 정해져 있을 뿐 그 안에서의 글자 수는 더하고 뺄 수 있어 자율성을 지니고 있다. 또한 종장의 첫 어절이 3음절이라는 점은 시조가 정형시로 분류되는 중요한 부분이다. 한편 종장 첫 어절의 감탄사는

〈제망매가〉나 〈찬기파랑가〉에서 보이는 10구체 향가의 전통을 잇고 있다는 점에서 국문학의 전통을 형성하였다고 볼 수 있다.

② **고려 말 시조의 내용** : 고려 중기에 싹튼 시조는 고려 말에 와서 완성된 형태를 보이는데 이 시기 시조는 주로 '탄로(歎老)'나 '우국(憂國)'의 내용이 주를 이루고 있다. 대표적인 작품으로 고려 왕조에 대한 변함없는 충절을 나타내는 〈단심가(丹心歌)〉를 비롯하여 우탁의 〈탄로가(歎老歌)〉, 인생무상(人生無常)과 맥수지탄(麥秀之嘆)을 노래한 길재의 시조 등이 있다.

③ **주요 작품 해제**

　㉠ **정몽주의 〈단심가(丹心歌)〉와 이방원의 〈하여가(何如歌)〉** : 고려 말 충신 정몽주를 회유하기 위하여 이방원이 정몽주에게 건넨 시가 〈하여가〉라고 알려져 있다. 내용은 '칡넝쿨'에 비유하여 현실과 타협하기를 권유하는 내용이다. 한편 이에 대한 답가로 정몽주가 제시한 것이 〈단심가〉이다. 과장법을 적절히 활용하여 자신이 죽더라도 고려 왕조에 대한 충심(忠心)은 변함이 없음을 노래하고 있다.

　㉡ **〈탄로가(歎老歌)〉** : 늙음을 막고자 하는 자신의 마음을 '가시'와 '막대'에 비유하여 이를 막고자 하였지만 결국 '지름길'로 오는 '늙음'을 막을 수는 없다는 한탄을 해학적으로 표현한 시조이다.

　㉢ **〈우국시조(憂國時調)〉** : 고려 말 왕조의 몰락 앞에서 오백 년 왕조의 쇠락에 대한 탄식과 함께 변함없는 자연과 인간사를 대비하여 새 왕조에 타협할 수 없는 지식인의 정신적 방황을 노래한 시조이다.

➕ 더 알고가기　　고려 시가 문학의 전개　　　　　≡

- 귀족 문학 : 경기체가
- 평민 문학 : 고려 속요
- 귀족 + 평민 문학 : 시조

● 기출유사문제 ●

시조에 대한 설명으로 옳은 것은?

① 경기체가의 붕괴 이후 생겨났다.

② 조선 시대 처음으로 등장한 문학 갈래이다.

③ '시조'의 명칭은 '시절가조(詩節歌調)'에서 유래되었다.

④ 3음보의 율격을 지닌 형태가 일반적이다.

⑤ 정형시이며, 현대 시조로 계승되었다.

● 해설

시조는 한국 고유의 정형시로 형식이 일정하게 정해져 있다. 고전 시가 중 유일하게 현대까지 내려와 현대 시조로 계승되어 전해진다.

(6) 설화

고려 시대에는 일연의 《삼국유사》와 균여대사의 행적을 기록한 《균여전》 등이 전하며, 박인량이 지었다고 전해지는 《수이전》은 현재 전하지 않고 다른 설화집에 일부가 수록되어 전할 뿐이다. 한편 고려 후기에 등장한 시화(詩話)는 설화의 양상을 변화시켰다고 볼 수 있는데 이는 이른바 시를 짓는 과정에서 부수되는 흥미로운 이야기들을 수록한 것들이다. 대표적인 작품으로는 이인로의 《파한집》, 최자의 《보한집》, 이제현의 《역옹패설》 등이 있다.

(7) 가전

가전(假傳)은 명칭 그대로 '거짓으로 꾸며낸 전기'를 의미한다. 주로 객관적 관념론자들이었던 사대부들의 사물에 대한 관심이 양식화된 갈래가 곧 가전이다. '전(傳)'의 특성상 사물의 출생부터 죽음에 이르기까지 일생을 그린 갈래이다. 사물의 연원과 특성 등을 바탕으로 창작된 가전은 의인화된 특성과 함께 계세징인(戒世懲人)의 주제의식을 바탕으로 하고 있다. 특히 후반부에는 '사신(史臣)은 말한다.'로 시작하는 논평을 실어 놓았는데 이는 직접적으로 교훈을 전달하는 방식이다. 한편 이러한 가전은 갈래 자체가 소설이 되기는 어렵지만 조선 시대에 출현한 소설과의 교량 역할을 한다는 데 의의가 있다. 최초의 작품으로 알려진 것은 설총이 지었다는 〈화왕계(花王戒)〉이다.

① 가전 작품 일람

작품	작가	내용
〈국선생전〉	이규보	술을 의인화하여 바람직한 처세의 길을 밝힘.
〈국순전〉	임춘	술을 의인화하여 부정한 삶의 방식을 경계함.
〈공방전〉	임춘	돈을 의인화하여 탐욕과 부정부패를 경계함.
〈청강사자현부전〉	이규보	거북을 의인화하여 올바른 삶의 태도를 제시함.
〈죽부인전〉	이곡	대나무를 의인화하여 여성의 도리를 밝힘.
〈정시자전〉	석식영암	지팡이와 식영암의 대화를 통해 사람의 분수를 알고 도를 지킬 것을 경계함.
〈저생전〉	이첨	종이를 의인화하여 타락한 선비의 도를 경계함.

② 주요 작품 해제

ⓙ 〈화왕계(花王戒)〉 : 설총이 지은 최초의 가사작품으로 꽃을 의인화하고 있다. 화왕(花王)인 모란꽃에게 두 명의 신하가 찾아오는데 하나는 '백두옹(할미꽃)'이고 하나는 '장미'이다. 화왕은 두 인물의 말을 모두 듣고 망설이고 있는데 '백두옹'은 내면이 아닌 외면을 보고 신하

를 선택하고자 하는 화왕을 오히려 꾸짖고, 화왕이 뒤늦게 자신의 잘못을 뉘우치게 된다는 내용을 담고 있다. 장미로 상징되는 간신을 멀리하고 백두옹으로 상징되는 충신을 가까이 해야 한다는 주제로 왕의 도리를 훈계하고 있다.

ⓛ 〈국순전(麴醇傳)〉: 술을 의인화한 작품이다. 국순은 도량이 크고 남의 기운을 즐겁게 해주는 뛰어남이 있어 임금의 부름을 받지만 이후 왕의 마음을 혼미하게 하여 지탄을 받다가 하루아침에 병을 얻어 죽는다는 내용이다.

ⓒ 〈국선생전(麴先生傳)〉: 이 작품 역시 술을 의인화한 작품이다. 주인공 국성(麴聖)은 어려서 덕성을 인정받아 임금의 부름을 받고 총애를 받았지만 정사를 어지럽힌다는 이유로 다른 신하들의 지탄을 받아 벼슬에서 물러난다. 하지만 이후 도적이 일어나자 국성이 나아가 평정한 뒤 다시 돌아간다는 내용이다. 〈국순전〉의 내용과 차이가 나는 것은 〈국선생전〉에서는 '국성'이 자신의 분수를 알고 벼슬에서 스스로 물러나 천수(天壽)를 누리게 된다는 점이다.

ⓔ 〈공방전(孔方傳)〉: '돈(엽전)'을 의인화한 작품으로 돈이 권세를 잡고 뇌물을 거두어 들이며 온갖 횡포를 저지르게 되는 과정을 비판하고 풍자하면서 농사가 근본이라는 중농주의적 시각을 드러내고 있는 작품이다. 당대의 정치 풍토를 우회적으로 비판한 작품이라고 볼 수 있다.

(8) 수필(설)

고려 시대의 수필류에는 다양한 형태의 글들이 존재하였지만 가장 두드러진 갈래는 '설(設)'이다. 설은 현대 문학의 갈래로 보면 중수필에 해당하는 것으로 전반부에서는 자신의 경험을 제시하고, 후반부에는 이를 통해 유추해낸 교훈을 제시하는 안정된 형식으로 구성되어 있는 갈래이다.

[주요 설(設) 일람]

작품	작가	내용
〈차마설〉	이곡	말을 빌려 탄 경험을 바탕으로 소유욕을 경계함.
〈이옥설〉	이규보	집을 수리한 경험을 바탕으로 잘못을 빨리 바로잡아야 한다는 통치자의 도리를 전달함.
〈경설〉	이규보	흐린 거울을 보는 거사와의 대화를 통해 사물의 상대적 인식과 사물의 본질을 보아야 한다는 주제를 전달함.
〈슬견설〉	이규보	'개'와 '이'의 비교를 통해 모든 사물의 본성은 같다는 주제를 전달함.
〈괴토실설〉	이규보	토실을 허물게 한 경험을 통해 자연의 순리에 따라야 한다는 주제를 전달함.

⑧ 조선 전기의 문학

(1) 악장

악장은 조선 초기에 주로 새로운 왕조의 송축과 왕조의 정당성을 널리 알리기 위해 창작된 문학 갈래이다. 초기의 악장은 일정한 형식이 존재하지 않아 고려속요나 한시, 경기체가 등의 형식을 빌려 표현하다가 한글 창제 이후 〈용비어천가〉에 이르러 독자적인 양식을 완성하였다. 하지만 과도한 목적성과 향유계층의 제한으로 후대에까지 계승되지는 못하였다.

① 악장의 형식 : 전절과 후절의 2절 양식에 각 절을 이분한 4구의 형식을 취하고 있으며, 전절과 후절은 대구의 형태를 보인다.

② 악장 작품 일람

작품	작가	내용
〈화산별곡〉	변계량	경기체가의 형식을 빌려 한양과 조선 왕조를 예찬한 노래
〈상대별곡〉	권근	경기체가의 형식을 빌려 사헌부의 위엄과 왕조를 예찬한 노래
〈신도가〉	정도전	고려속요의 형식을 빌려 조선 왕조와 창업 군주인 태조를 예찬한 노래
〈납씨가〉	정도전	한시 형식을 빌려 이성계가 동북방에 침입한 원나라 장수 나하추를 물리친 무공을 예찬한 노래
〈정동방곡〉	정도전	한시 형식을 빌려 이성계의 위화도 회군을 예찬한 노래
〈봉황음〉	윤회	한시 형식을 빌려 왕가의 태평과 조선의 문물을 예찬한 노래
〈용비어천가〉	정인지 외	2절 4구의 형식으로 이성계의 사적과 육조의 업적을 예찬한 노래
〈월인천강지〉	세종	석가의 공덕을 예찬한 노래

③ 용비어천가(龍飛御天歌) : 〈용비어천가〉는 훈민정음 창제 후에 훈민정음을 시험하는 작품이었다는 의의와 함께 악장의 독립된 양식이 정착되었다는 의의도 지니고 있다. 전체는 독립적인 내용을 지닌 125장으로 구성되어 있다. 1장과 2장은 서사에 해당하고, 3장부터 109장까지는 육조(六祖)의 용맹과 뛰어난 사적을 중국 사적과 비교하여 왕조의 정당성을 강화하였으며 주된 내용은 이성계를 중심으로 하고 있다. 특히 110장에서 125장은 후대 임금을 권계(勸戒)하는 내용으로 일명 '계왕훈(戒王訓)'이라 한다. 이와 같은 내용상 특징을 고려할 때 결국 이성계를 중심으로 한 육조(六祖)의 사적을 예찬하는 노래라는 점에서 영웅서사시로 분류하기도 한다. 제목의 '용(龍)'은 1장에서 '해동(海東) 육룡(六龍)이 ᄂᆞᄅᆞ샤'에서 볼 수 있는 것처럼 '육조(六祖)'를 의미한다. 특히 '뿌리 깊은 나무는'으로 시작하여 일명 '근심장(根深章)'으로 불리는 2장은 비유와 상징이 뛰어나고 우리말 구사가 탁월하여〈용비어천가〉125장 중 가장 문학성이 뛰어나다고 평가받고 있다.

+ 더 알고가기 〈용비어천가〉 ≡

㉠ 연대
• 완성 : 세종 27년(1445)
• 간행 : 세종 29년(1447)
㉡ 문종
• 형식상 : 악장(각 장이 2절 4구의 대구 형식, 125장의 연장체)

- 성격상 : 서사시
- 내용상 : 송축가
ⓒ 문체 : 악장체, 운문체
ⓔ 출전 : 《만력본》(광해군 4년, 1612)
ⓜ 창작 동기
- 내적 동기 : 조선 건국의 합리화 · 정당성, 후대 왕에 대한 권계 및 귀감
- 외적 동기 : 훈민정음의 실용성 여부 시험, 국자(國字)의 권위 부여

서사	1장~2장	개국송(開國頌)
본사	3장~109장	사적찬(事蹟讚)
결사	110장~125장	계왕훈(契王訓) / 물망장(物望章)

예상문제

다음 중 〈용비어천가〉에 대한 설명으로 잘못된 것은?

① 갈래상 악장에 속한다.

② 2절 4구의 형식을 취하고 있다.

③ 전체의 구성은 서사, 본사, 결사 125장으로 이루어져 있다.

④ 한문으로 된 본가에 국역시를 덧붙이고 국문의 주해를 단 체제이다.

⑤ 세종 27년인 1445년에 완성되었고 주해와 간행은 세종 29년인 1447년에 이루어졌다.

● 해설
한글로 된 본가에 한문으로 한역시를 덧붙였다.

정답 ❹

(2) 시조

고려 말 형식이 완성된 시조는 조선 시대에 이르러 본격적으로 자리를 잡기 시작했는데 조선 전기에는 주로 풍류와 강호한정(江湖閑情)의 정서를 드러낸 작품들이 많았다. 한편 단종의 폐위를 둘러싼 세조에 대한 반감은 이른바 사육신(死六臣)들의 지조와 절개를 노래한 시조로 나타났다. 이밖에도 황진이와 같은 뛰어난 여성 작가의 작품도 등장했다.

① 〈강호사시가(江湖四時歌)〉 : 최초의 연시조로 맹사성이 지었으며 계절별로 이루어진 시조이다. 자연 속에서 한가롭게 즐기는 화자의 정취와 '역군은(亦君恩)이샷다.'로 마무리되는 유교적 발상의 시구가 어울리며 조선 전기의 전형적인 시조의 모습을 확인할 수 있는 작품이다.

② **사육신의 시조** : 세조의 왕위 찬탈에 반발하여 세조를 축출하고자 했던 사육신의 시조들이다. 세조에 대한 비판과 함께 단종에 대한 충절과 지조를 지키고자 하는 내용이 주를 이룬다. 성삼문, 박팽년, 유응부, 이개 등의 시조가 이에 속한다.

③ 황진이의 시조 : 황진이는 기녀의 신분에도 불구하고 뛰어난 문학적 소양을 겸비하고 있었기에 많은 시조 작품을 남겼다. 스스로를 서경덕, 박연폭포와 함께 '송도 삼절'이라 일컬을 정도로 자부심이 대단하였을 뿐 아니라 임과의 이별을 안타까워하는 연정시부터 자연경관의 아름다움을 호방하게 노래한 작품, 향락을 권유하는 작품에 이르기까지 다양한 시조를 창작하였다.

(3) 가사

가사는 조선 시대를 대표하는 시가 양식으로 경기체가의 붕괴로 파생되었다는 것이 일반적인 견해이다. 조선 전기의 가사는 강호가도(江湖歌道)의 전통을 잇는 작품들이 주류를 이룬다. 고려 말 승려들이 포교의 수단으로 사용하며 탄생하였지만 본격적인 가사는 조선 시대 사대부들에 의해 시작되었다고 볼 수 있다. 최초의 가사 작품은 정극인의 〈상춘곡(賞春曲)〉으로 알려져 있다.

① 가사의 형식 : 가사는 다른 시가들에 비해 비교적 장형화(長形化)된 형식을 갖는다. 한편 율격 면에서는 3·4조를 기본으로 한 4음보의 형태인데, 시조와 마찬가지로 글자 수가 고정된 것은 아니다. 정격가사의 경우 3·4조가 우세하며 낙구는 시조의 종장과 같은 율격을 나타낸다. 특히 낙구에서는 향가 이후 문학적 전통으로 자리 잡은 감탄사가 등장하는 점도 특징이다.

② 가사 작품 일람

작품	작가	내용 구분
〈상춘곡〉	정극인	자연 속에서 사는 삶에 대한 자부심과 봄을 맞은 기쁨을 노래한 은일가사
〈면앙정가〉	송순	면앙정에서 자연과 더불어 즐기는 삶의 기쁨을 노래한 은일가사
〈성산별곡〉	정철	박성원의 은거지인 성산의 식영정에서 주변 경치의 아름답고 한가로운 삶의 모습을 담은 은일가사
〈관동별곡〉	정철	관동지방의 관찰사로 부임되어 부임지로 가는 여정과 부임지를 순시하는 여정에서 느낀 감회를 노래한 기행가사
〈사미인곡〉	정철	화자를 선녀에 비유하여 임에 대한 변함없는 사랑을 노래한 충신연주지사
〈속미인곡〉	정철	두 여인(선녀)의 대화체로 임에 대한 변함없는 사랑을 노래한 충신연주지사
〈관서별곡〉	백광홍	평안도 지방을 여행하며 아름다운 경치를 즐기는 감회를 노래한 기행가사
〈만분가〉	조위	유배생활의 비참함과 고달픔을 하소연한 유배가사
〈강촌별곡〉	차천로	벼슬에서 물러나 자연에서 은거하며 사는 삶의 여유를 노래한 은일가사
〈규원가〉	허난설헌	자신을 돌아보지 않는 남편을 원망하며 자신의 신세를 한탄하는 내용의 규방가사

③ 주요 작품 해제

㉠ 〈상춘곡(賞春曲)〉 : 정극인이 벼슬에서 물러나 낙향하여 고향인 전라도의 태안에서 만년을 보내는 동안 창작한 작품으로 산림에 묻혀 사는 작가의 한가로운 삶의 정취와 자부심을 봄의 정경과 함께 표현하였다. 부귀공명(富貴功名)을 멀리하고 만년을 보내고자 하는 작가의 삶의 태도가 잘 드러나 있는 작품이다.

㉡ 〈면앙정가(俛仰亭歌)〉 : 송순이 만년에 벼슬에서 물러나 고향인 전라도 담양에서 여러 문인

들과 교류하고 풍류를 즐기며 창작한 작품이다. 작가가 특별한 정치적 격변을 겪지 않았기 때문에 〈상춘곡〉에서 시작된 강호가도(江湖歌道)의 전통을 잇고 있는 작품이다. 은일가사(隱逸歌辭)의 대표적인 작품으로 손꼽히면서도 '이 몸이 이렁굼도 역군은(亦君恩) 이샷다.'라는 유교적 발상의 표현으로 마무리를 짓고 있다.

ⓒ 〈성산별곡(星山別曲)〉 : 작가인 정철이 김성원의 식영정(息影亭)에 머물면서 그곳의 사계절의 경치와 그 아름다움을 화려한 문체로 표현한 가사이다. 송순의 〈면앙정가〉를 잇는 것으로 평가받는 작품이다.

ⓔ 〈만분가(萬憤歌)〉 : 조위의 작품으로 무오사화로 귀양을 떠난 작가가 유배지인 전라도 순천에서 자신의 원통한 귀양살이를 하소연하는 내용으로 이루어져 있다. 최초의 유배가사라는 점에서 주목받는 작품이기도 하다. 귀양을 온 자신의 처지를 천상에서 쫓겨난 신인으로 비유하여 자신의 애절한 사연을 효과적으로 표현하였다.

ⓜ 〈관동별곡(關東別曲)〉 : 정철이 관동지방의 관찰사로 임명을 받고 은거지인 담양을 떠나 부임지를 거쳐 관내를 순시하고 돌아오는 동안 보고 들은 경치와 자신의 감회를 적은 기행가사로 가사문학의 백미로 꼽히는 작품이다. 관리로서의 자아와 인간으로서의 자아가 충돌하며 우국, 연군, 선정의 포부 등 다양한 작가의 이상이 표현되어 있으며, 현실적 한계로 인해 되돌아가야 하는 화자의 아쉬운 심정을 꿈으로 달래는 내용을 포함하고 있다.

ⓗ 〈사미인곡(思美人曲)〉 : 충신연주지사(忠臣戀主之詞)의 대표적인 작품으로 고려 시대 〈정과정곡〉의 맥을 잇는 작품이며 조위의 〈만분가〉를 모델로 삼고 있다. 천상의 선녀가 지상계로 쫓겨난 상황에 자신의 처지를 비유하여 임에 대한 변함없는 사랑과 그리움을 표현하였다. 본사는 계절별로 이루어져 있으며 각 계절별로 화자의 임에 대한 그리움과 애절한 사랑을 객관적 상관물에 빗대어 표현한 점이 탁월하다. 특히 낙구에서는 죽어서 범나비가 되어 임의 곁에 가고자 하는 마음을 표현하여 생사를 초월한 변함없는 사랑을 노래하고 있다.

ⓢ 〈속미인곡(續美人曲)〉 : 〈사미인곡〉의 속편에 해당하는 작품으로 형식 면에서는 천상에서 쫓겨난 을녀와 이를 위로하는 갑녀의 대화체로 구성되어 있다. 주로 을녀의 하소연으로 이루어져 있으며 과거와 현재의 상황을 대비하며 애절한 화자의 심정을 탁월한 우리말에 담아 표현한 작품이다.

ⓞ 〈규원가(閨怨歌)〉 : 허균의 누이인 허난설헌의 작품으로 여성 특유의 섬세한 내면이 잘 드러난 가사이다. 자신을 돌보지 않는 남편을 원망하며 홀로 규방에서 외로움과 고독 속에 생을 보내고 있는 자신의 처지를 과거와 현재를 대비하여 한탄하고 있는 작품이다.

기출유사문제

다음 내용에 해당하는 문학 작품은?

계절에 따라 변하는 주변의 풍경과 '식영정(息影亭)'의 주인 김성원(金成遠)의 풍류를 그리고 있는 작품이다.

① 성산별곡   ② 관동별곡

③ 사미인곡   ④ 속미인곡

⑤ 장진주사

◉ 해설

〈성산별곡(星山別曲)〉은 전남 담양에 있는 성산의 풍경과, 서하당(棲霞堂)과 식영정(息影亭)을 중심으로 사계절의 변화를 읊으면서 그 누각을 세운 김성원의 풍류를 칭송한 노래이다.

② 정철이 강원도 관찰사로 있을 때 관동팔경(금강산과 동해 쪽)의 아름다움과 연군(戀君), 애민(愛民)의 정을 읊은 가사이다.

③ 정철이 정계에서 물러나 고향에서 은거할 때, 선조 임금을 그리워하는 심정을 읊은 가사이다.

④ 사미인곡의 속편으로 임금을 그리워하는 연군지정(戀君之情)을 두 여인의 대화 형식으로 읊은 노래이다.

⑤ 조선 선조 때 정철이 지은 사설시조로 인생은 덧없는 것이니 술이나 마시자는 권주가이다. 이백의 〈장진주〉에서 영향을 받은 작품이다.

정답 ❶

✛ 더 알고가기   김만중의 정철 가사에 대한 예찬

김만중은 그의 평론집인 《서포만필(西浦漫筆)》에서 '좌해(左海) 진문장(眞文章)은 이 세 편뿐이다.'라고 하여 〈관동별곡〉, 〈사미인곡〉, 〈속미인곡〉을 높이 평가하였고, 이 중 〈속미인곡〉은 우리말 구사가 탁월하여 이 세 편 중 단연 으뜸이라고 하였다.

(4) 소설

조선 전기에는 중국의 〈태평광기〉나 〈전등신화〉의 영향을 받아 최초의 소설인 〈금오신화〉가 창작되었다. 이후 다양한 한문 소설들이 등장하게 되는데 꿈속의 일을 기록하는 형식의 '몽유록(夢遊錄)'계 소설과 동식물이나 사물을 의인화한 의인소설(擬人小說)이 등장하며 발전하였다.

① 조선 전기 소설 일람

작품	작가	내용
〈천군전(天君傳)〉	김우옹	천군소설의 효시(曉示)로 천군(天君) 즉, 마음을 의인화한 작품

〈수성지(愁城誌)〉	임제	마음을 의인화하여 인간의 내면세계를 형상화한 작품
〈천군연의(天君演義)〉	정태제	사람의 내면에서 일어나는 심리적 갈등을 충신형 인물과 간신형 인물로 의인화한 작품
〈화사(花史)〉	임제	꽃을 의인화하여 나라의 흥망성쇠에 대한 작가의 의식을 반영한 작품
〈대관재몽유록 (大觀齋夢遊錄)〉	심의	'대관재'는 심의의 호이다. 최치원, 을지문덕, 이규보 등의 역대 이상적 문인들이 등장하여 이상사회를 건설한다는 내용의 작품
〈원생몽유록 (元生夢遊錄)〉	임제	원생이 꿈속에서 단종과 사육신을 만나 그들과 울분을 나누다 꿈에서 깬다는 내용의 작품
〈부벽몽유록 (浮碧夢遊錄)〉	작자 미상	주인공 '여(予)'가 부벽루에서 경치를 즐기다 잠이 들어 꿈에서 역사적 미인들을 만나 그들의 한을 들어주고 위로하다가 잠에서 깬다는 내용의 작품
〈운영전〉	작자 미상	안평대군의 시녀 운영과 시객이었던 김진사가 사랑을 나누다 신분적 제약을 뛰어넘지 못하고 죽음에 이른다는 비극적 내용의 작품

② 〈금오신화(金鰲新話)〉 : 최초의 한문 소설로 김시습의 작품이다. 김시습은 세종의 총애를 받았으나 세조의 왕위찬탈 이후 세상을 등지고 유랑 생활을 하다가 경주의 금오산에서 〈금오신화〉를 집필하였다. 이는 일종의 소설집으로 이 안에는 전기적(傳奇的) 내용을 지닌 여러 작품들이 수록되어 있는데 현재 전하는 것은 모두 다섯 편이다. 각 작품의 내용을 간략히 살펴보면 다음과 같다.

㉠ 〈만복사저포기〉 : 좋은 배필을 만나 혼인을 원하던 노총각 '양생'이 만복사에서 부처님과 저포 놀이를 하여 이긴 후 죽은 처녀의 혼을 만나 즐거운 시간을 보낸다. 이후 여인의 당부대로 그녀의 무덤에 부장품으로 넣은 은 그릇을 가지고 그녀의 부모를 만나 둘 사이의 인연을 확인한다는 내용의 명혼소설(冥婚小說)이다.

㉡ 〈이생규장전〉 : 고려 시대를 배경으로 사대부인 이생이 귀족가문의 딸 최랑과 만나 연분을 맺지만 이생의 행실에 노한 아버지가 이생을 멀리 떠나보내 최랑은 상사병을 얻는다. 이를 안 최랑의 부모가 주선하여 이생과 최랑의 혼인이 성사된다. 그러나 이후 홍건적의 침입으로 가족들이 뿔뿔이 흩어지고 최랑은 정조를 지키려다가 결국 죽음을 맞이한다. 홍건적이 물러가고 최랑의 죽음 앞에 절망하던 이생 앞에 죽은 최랑의 혼령이 찾아와 남은 인연을 맺게 된다. 시간이 흘러 이승에서의 연이 끝난 후 최랑은 다시 죽음의 세계로 돌아가고 이생 역시 얼마 되지 않아 저승으로 떠난다는 줄거리이다. 만남과 이별이 반복되는 과정을 거치며 세계와 자아의 갈등을 보여주는 작품으로 명혼소설이다.

㉢ 〈취유부벽정기〉 : 홍생이 평양에 있는 부벽정에서 잠든 뒤 기자의 딸과 만나 고금의 역사를 논하고 깨어난다는 몽유록의 성격을 띤 작품이다.

㉣ 〈남염부주지〉 : 박생이 꿈속에서 염라대왕을 만나 불교와 유학에 관한 문답을 나눈 뒤 염라대왕이 박생의 학식에 탄복하여 이후 염라대왕의 자리를 잇게 한다는 내용의 작품이다. 김시습이 평소에 관심을 가지고 있던 문제들을 문답 속에 풀어내어 김시습의 종교관을 엿볼

수 있는 작품이기도 하다.

    ㉤ **〈용궁부연록〉** : 한생이 용왕의 초청으로 용궁에 가서 용왕의 딸을 위해 지은 건물의 상량문을 지어주고 용궁의 후한 대접을 받은 뒤 돌아온다는 내용이다. 비상한 재주를 가진 한생이 인정받지 못하다가 꿈속에서 용궁에 가 자신의 재능을 인정받는다는 내용은 김시습 자신의 처지를 빗댄 것으로도 볼 수 있다.

③ **몽유록계 소설** : 몽유록계 소설은 꿈속의 내용을 기록하는 형식의 소설로 대표적인 작품으로는 〈원생몽유록〉이 있다. 어느 날 원생은 꿈속에서 단종과 그를 추종하는 사육신들을 만나게 되는데 이들의 한스러운 이야기를 듣던 중 문신들의 무능을 꾸짖던 유응부의 호통 소리에 놀라 꿈을 깬다는 내용으로 이루어져 있다. 한편 중종 때 심의가 지었다는 〈대관재몽유록〉도 몽유록계 소설이다.

④ **의인소설(擬人小說)** : 조선 전기에는 동식물이나 사물을 의인화한 소설들이 등장하였는데, 이는 삼국 시대 〈구토지설〉과 고려 시대 '가전'을 통해 조선조 의인소설로 이어진 것으로 보인다. 대표적인 작품으로는 임제의 〈수성지(愁城志)〉가 있다. 이 작품은 마음을 비유하는 천군(天君)과 유교적 통치 원리였던 '인의예지(仁義禮智)', 인간의 감정을 비유하는 '희로애락(喜怒哀樂)'이 신하로 등장하며 감정의 동요로 인해 근심이 생긴 것을 '술'이 장군이 되어 평정한다는 내용이다.

예상문제

01. 금오신화 중 다음 보기의 내용이 들어 있는 작품은?

- 전반부는 현실적인 남녀 간의 연애와 결혼을 다룸.
- 후반부는 주인공이 난리 중에 죽은 아내인 최씨 낭자와 재회하는 인귀 교환 설화의 내용
- 현실적인 고뇌와 갈등을 예술적으로 승화시켜 보인 점에서 높이 평가 받음.

① 이생규장전   ② 남염부주지
③ 용궁부연록   ④ 만복사저포기
⑤ 취유부벽정기

● 해설

매월당 김시습의 《금오신화》는 우리나라 소설의 효시로 보고 있으며 최초의 한문소설이다. 현재 원본은 전하지 않고 5편의 단편만 남아 있으며 제시된 설명에 해당하는 작품은 〈이생규장전〉이다.

정답 ❶

02. 다음 중 작가가 다른 작품은?

① 구운몽   ② 서포만필

③ 윤씨행장   ④ 계축일기

⑤ 사씨남정기

 해설

〈계축일기〉는 인목대비를 모시던 나인이 지은 조선 시대의 궁중소설이며, 〈한중록〉, 〈인현왕후전〉과 함께 3대 궁중소설의 하나로, 〈서궁록(西宮錄)〉이라고도 한다.
①, ②, ③, ⑤ 김만중의 작품들이다.

정답 ❹

❹ 조선 후기의 문학

조선 후기 문학의 특징은 임진왜란과 병자호란의 양란을 거치면서 대두된 서민의식과 실용주의적 사고의 확산 등으로 점차 산문화되는 한편 양반 사대부와 일부 기녀층으로 국한되었던 문학 담당층이 서민계층으로 확대되었고 여성 문인들이 대거 등장했다는 점이다. 문학 작품의 내용 면에서도 두 번의 전쟁 자체가 소재가 되는 경우가 많고 양란 이후의 의식 변화로 인해 관념적이고 이상적이었던 전기의 문학과 대비되는 구체적이고 현실적인 작품들이 주를 이룬다.

(1) 시조

후기 시조는 전기 시조의 강호가도(江湖歌道)나 연모(戀慕)의 정서를 노래한 시가에서 탈피하여 구체적이고 현실적인 내용 및 전란의 울분을 바탕으로 한 비분강개(悲憤慷慨)의 노래와 같이 다양하게 전개되었다. 특히 풍자와 해학을 바탕으로 한 현실 비판적인 내용의 시가들이 많이 등장했다는 점도 특징으로 볼 수 있다. 그러나 무엇보다 가장 큰 변화는 서민 의식과 산문 의식을 바탕으로 전기의 정형화된 시조와는 달리 형식적인 파격을 동반한 장형화된 사설시조가 등장한 것이다. 사설시조는 종장을 제외한 두 구 이상이 길어진 시조 형식으로 문학적 소양과 훈련을 거쳐 짧은 시 형식 속에 자신의 정서와 사상을 충분히 담아낼 수 있었던 사대부들과는 달리 짧은 시 형식 속에 자신들의 삶의 모습을 구체화하기 힘들었던 서민들의 사고가 반영된 것으로 볼 수 있다.

① **사설시조의 등장** : 최초의 사설시조로 알려진 것은 정철의 〈장진주사(將進酒辭)〉이다. 사설시조는 관념적이고 이상적인 세계관에서 벗어나 구체적이고 현실적인 소재를 바탕으로 일상에 밀착한 현실주의적 작품들이 많으며 그동안 억눌려왔던 인간의 본성을 노래한 시조들도 대거 등장하였다. 한편 풍자와 해학을 통해 현실의 모순을 고발하거나 비판하는 내용들도 많았다. 이러한 사설시조의 양상은 중세의 관념적이고 이상적인 세계관에서 벗어나 근대 문학으로 이행하는 과도기적 양상으로 파악할 수 있다.

② **전문 가객의 등장** : 시조(時調)라는 명칭은 일반적으로 이세춘의 시절가조(時節歌調)에서 왔다는 것이 정설인데 시조는 원래 가창을 목적으로 하였던 만큼 이를 전문적으로 노래하는 가객

들이 등장하였다. 이러한 움직임은 주로 중인 계층에서 활발하게 진행되었는데 역대 시조를
모아 시조집이 편찬된 것도 이 시기이다. 당시의 대표적인 시조집을 정리해 보면 다음과 같다.

작품	작가	분류 기준
《청구영언(靑丘永言)》	김천택	곡조별
《해동가요(海東歌謠)》	김수장	작가별
《가곡원류(歌曲源流)》	박효관, 안민영	곡조별

시조집을 편찬한 김천택, 김수장 등은 서리 출신이었는데 이처럼 이전에는 주목받지 못했던
중인 계층이 문학 담당층으로 새롭게 등장하며 조선 후기 문학에 새로운 활력을 불어넣었다.
이러한 문학을 위항문학(委巷文學)이라 하기도 하며, 이들은 '승평계'나 '경정산가단'과 같은 가
단을 형성하여 왕성하게 활동하였다.

➕ 더 알고가기 '승평계'와 '경정산가단'

• 〈승평계〉 : 조선 고종 때, 박효관과 안민영을 중심으로 형성된 가단
• 〈경정산가단〉 : 조선 영조 때, 김천택과 김수장을 중심으로 형성된 가단

③ **강호가도의 전통** : 조선 전기에 주류를 형성하였던 강호가도(江湖歌道)의 전통은 후기에도 지
속되었는데 이 중 가장 대표적인 것이 〈어부사(漁父詞)〉, 〈어부가(漁夫歌)〉에 이어 창작된 윤
선도의 〈어부사시사(漁父四時詞)〉이다.

➕ 더 알고가기 〈어부사시사(漁父四時詞)〉

윤선도가 창작한 〈어부사시사〉는 총 40수에 이르는 장편 연시조이다. 전체적으로는 계절별로 각 10수씩 이루어져 있으
며, 계절별로는 다시 출항에서 정박까지의 과정을 담고 있다. 〈어부사시사〉는 자연에 은거하며 살아가는 어부의 삶을 예
찬한 노래이다. 형식적으로는 시조의 형식을 준수하면서도 후렴구의 존재나 종장의 파격 등을 통해 전기 시조에서 볼 수
없었던 변형을 볼 수 있다. 특히 시조에는 등장하지 않던 후렴구가 등장한 것이 큰 특징인데 이 작품의 후렴구는 두 종류
이다. 첫 번째 후렴구는 1수부터 10수까지의 진행 상황을 알려주는 것이고, 두 번째 후렴구는 '지국총 지국총 어사와'로 일
관되는데 이는 노 젓는 소리를 흉내 낸 의성어로 알려져 있으며 40수에 걸쳐 일관되게 유지되어 시조 전체의 통일성을
유지시키고 있다.

🔍 짚어보기 ▶ 윤선도의 주요 작품 일람

작품	내용	출전
〈만흥(漫興)〉	자연 속에서 은거하며 사는 삶을 노래함.	
〈오우가(五友歌)〉*	자연을 벗으로 의인화하여 자연의 불변성을 예찬함.	《고산유고》 중 〈산중신곡〉
〈몽천요(夢天謠)〉	임금에 대한 그리움과 간신들로 인해 뜻을 이룰 수 없는 자신의 처지를 한탄함.	

*오우(五友) : 수(水), 석(石), 송(松), 죽(竹), 월(月)

④ 유교적 가치관의 전승 : 조선 후기에는 양란으로 무너진 유교적 가치관과 이념을 재건하기 위한 노력이 꾸준히 이루어지는 한편 사대부들의 관념적 유학 세계를 지속적으로 확대 · 심화시킨 작품들이 창작되었다. 〈훈민가(訓民歌)〉나 〈오륜가(五倫歌)〉가 유교적 가치관을 재건하기 위한 노력의 일환이었다면 이이의 〈고산구곡가(高山九曲歌)〉나 이황의 〈도산십이곡(陶山十二曲)〉은 유학의 세계와 은일(隱逸)사상을 결합한 대표적인 작품들로 볼 수 있다.

(2) 후기 가사

가사 역시 양란 이후 많은 변화를 겪게 된다. 내용 면에서 강호가도(江湖歌道)에서 벗어나 구체적이고 일상적인 현실에 근접한 작품들이 많이 등장하여 현실주의적 가치관을 반영하게 되었고, 작자층도 서민에서 여성 작가들로 확대되어 훨씬 다양한 작품들이 등장하였다. 형식 면에서도 전기의 정격 가사와 대비되는 변격가사들이 등장하였고 점차 장형화된 양상을 보인다.

① 후기 가사 주요 작품 일람

작품	작가	내용
〈고공가〉	허전	나랏일을 주인과 머슴에 비유하여 주인의 입장에서 부정부패와 당파싸움을 끝내고 나라를 재건하는 일에 힘쓸 것을 머슴에게 훈계하는 내용의 작품
〈고공답주인가〉	이원익	〈고공가〉에 대한 답변으로 책임을 서로 미루는 풍토를 비판하는 내용의 작품
〈선상탄〉	박인로	임진왜란 뒤 배 위에서 왜적에 대한 적개심과 무인다운 기개를 보이며 태평성대(太平聖代)를 갈구하는 내용의 작품
〈누항사〉	박인로	이덕형의 물음에 대한 답변으로 임란 뒤 각박해진 농촌의 삶과 인심을 사실적으로 드러내면서 유교적 가치관으로 회귀하는 내용의 작품
〈일동장유가〉	김인겸	일본 통신사로 가는 과정에서 보고 느낀 점을 사실적으로 기록한 장편 기행가사
〈북천가〉	김진형	명천에서의 귀양살이를 노래한 작품
〈농가월령가〉	정학유	농가의 해야 할 일을 월별로 기록한 월령체의 가사 작품
〈용부가〉	작자 미상	용렬한 부인의 행실을 개탄하는 계녀가사
〈연행가〉	홍순학	청나라의 사신으로 북경에 다녀오면서 보고 들은 문물을 기록한 장편 기행가사

② 주요 작품 해제

㉠ 〈선상탄(船上嘆)〉 : 박인로의 작품으로 임란 직후에 창작되었다. 전반부는 박인로가 수군통제사가 되어 전운이 가시지 않은 바다를 바라보며 왜적에 대한 적개심을 가지고 배를 만들고, 동남동녀를 보내 왜에 문명을 전수한 진시황 등 왜적의 침입에 동인을 제공한 중국의 인물들을 원망하는 내용으로 이루어져있다. 이와 함께 후반부에서는 태평성대에 대한 희구를 드러내며 시상을 마무리하고 있다. 임란을 겪은 충성스러운 신하로서의 충정심과 왜구에 대한 비분강개(悲憤慷慨)에 젖은 무인의 기개를 엿볼 수 있는 작품이다.

㉡ 〈누항사(陋巷詞)〉 : 박인로가 벼슬에서 물러나 있을 때 그곳에서의 삶을 노래한 가사이다. '누항(陋巷)'은 누추한 시골마을을 뜻하는데 농촌 현실에 적응하지 못하는 사대부의 한계가 드러난 작품이기도 하다. 특히 소를 빌리러 갔다가 주인에게 수모만 당하고 돌아오는 화자

의 심정을 대화체를 곁들여 표현한 본사 부분은 야박해진 당대 농촌 인심을 구체적으로 느낄 수 있게 한다. 그러나 이러한 구체성과 현실성에도 불구하고 체질화된 사대부의 한계를 벗어버리지 못한 화자는 결국 유교적 충의사상과 은일사상으로 회귀해 버리는 한계를 보인다.

ⓒ 〈일동장유가(日東壯遊歌)〉 : 김인겸의 작품으로 작가가 사신으로 일본에 건너갔다 오는 과정을 생생하게 기록한 장편 기행가사이다. 한양에서 출발하여 부산을 거쳐 일본에 체류한 뒤 다시 돌아오기까지의 과정 속에서 일본의 풍속을 구체적으로 묘사하여 놓은 점이 특징이다. 일본 문물에 대한 주관적 감정을 배제하지는 못했지만 새로운 풍물에 대한 인상을 비교적 사실적으로 묘사하였다는 점에서 후기 기행가사의 전형이 되는 작품이다.

ⓔ 〈연행가(燕行歌)〉 : 청에 사신으로 갔다 오는 과정을 묘사한 기행가사로 청으로 가는 과정에서 보고 느낀 점을 상세히 묘사하여 당대 청의 문물을 간접적으로 경험할 수 있는 장편 기행가사이다. 청에 대한 울분이 채 가시지 않은 상태인 탓에 명에 대한 향수와 청에 대한 반감이 곳곳에 드러나지만 청의 문물을 비교적 객관적인 관점에서 보고자 했던 작가의 노력을 읽을 수 있는 작품이다.

ⓜ 〈고공가(雇工歌)〉와 〈고공답주인가(雇工答主人歌)〉 : 〈고공가〉는 당대 상급 관리였던 허전이 하급 관리들을 고공으로 비유하여 당파 싸움을 그만두고 전란으로 피폐해진 국가 재건에 힘써야 한다는 점을 훈계하듯 표현한 작품이다. 임금을 주인에 비유하고 하급 신하들을 머슴에 비유하여 왕조의 역사와 현실을 표현하였다. 한편 〈고공답주인가〉는 허전의 〈고공가〉에 대한 답변의 형식을 띤 작품으로 하급 관리들의 무지를 비판하는 한편 임금과 상급 관리들이 하급 관리들을 믿고 공평하게 정사를 돌보아야 한다는 내용을 담고 있다.

ⓑ 계녀가사 : 일반적으로 여인의 행실과 도리를 깨우칠 목적으로 창작된 가사들을 '계녀가사'라고 하는데 여성에 대한 특별한 교육기관이나 수단이 없었던 시대에 여성에 대한 교육의 기능을 담당하고 있었던 가사 작품들로 볼 수 있다. 대표적인 작품으로는 용렬한 부인의 행실을 비판하여 역으로 올바른 아녀자의 행실을 강조한 〈용부가(庸婦歌)〉가 있다.

예상문제

다음 작품들을 시대 순서대로 바르게 나열한 것은?

① 서동요 – 청산별곡 – 사미인곡 – 어부사시사 – 일동장유가

② 서동요 – 사미인곡 – 청산별곡 – 어부사시사 – 일동장유가

③ 서동요 – 어부사시사 – 청산별곡 – 사미인곡 – 일동장유가

④ 청산별곡 – 서동요 – 사미인곡 – 어부사시사 – 일동장유가

⑤ 청산별곡 – 서동요 – 찬기파랑가 – 어부사시사 – 일동장유가

● **해설**

서동요 – 청산별곡 – 사미인곡 – 어부사시사 – 일동장유가
- 서동요(향가) : 신라 진평왕 때의 향가
- 청산별곡(고려속요) : 고려 시대의 속요
- 사미인곡(조선 전기 가사) : 조선 선조(1585), 송강 정철이 지은 가사
- 어부사시사(연시조) : 조선 효종(1651), 고산 윤선도가 지은 연시조
- 일동장유가(조선 후기 가사) : 조선 영조(1763), 김인겸이 지은 장편 기행가사

정답 ❶

(3) 한글소설

조선 후기에는 한글로 창작된 소설들이 대거 등장하여 한글소설의 전성기를 이루었다. 최초의 한글 소설로 알려진 작품은 허균의 〈홍길동전〉이다. 이후 한글소설은 영웅소설, 가문소설, 군담소설 등 다양한 내용과 형식을 가진 소설들로 분화·발전되어 갔다.

➕ **더 알고가기** **한글소설(고소설)의 일반적 특징** ☰

㉠ **주제**
- 권선징악(勸善懲惡)의 전형적인 주제
- 충군(忠君), 효(孝) 등의 전형적 유교적 가치관이 주를 이룸.

㉡ **구성**
- 영웅의 일대기적 구성
- 전기적(傳奇的) 요소
- 사건의 필연성이 결여된 우연적(偶然的) 구성
- 선악구조나 갈등구조가 뚜렷함.

㉢ **문체**
- 운문체와 산문체 혼용
- 문어체 사용
- 상층의 언어와 하층의 언어가 공존함. (언어의 이중성)

㉣ **인물** : 재자가인(才子佳人)형의 전형적 인물

㉤ **배경**
- 주로 중국이 배경
- 구체적인 장소가 언급되지 않은 경우가 많음.

㉥ **전승**
- 주로 평민층이 향유하나 양반계층까지 공유함.
- 설화에서 발전하여 구비전승(口碑傳承)되다 조선 시대에 소설로 발전함.

① 주요 한글소설 일람

분류	작품	내용
영웅소설	〈홍길동전〉	적서차별을 배경으로 홍길동의 영웅적 면모를 통해 탐관오리를 징벌하고 '율도국'이라는 이상국을 건설한다는 내용의 작품
	〈전우치전〉	'전우치'라는 영웅적 인물이 등장하여 백성을 구휼한다는 내용의 작품
	〈조웅전〉	'조웅'이라는 영웅적 인물이 아버지의 정적을 축출하고 천자를 구한다는 내용의 작품
군담소설	〈유충렬전〉	유충렬이 천자를 해하려는 정한담 일파와 맞서 천자를 구하고 아버지의 원수를 갚는다는 내용의 적강소설
	〈박씨전〉	이시백의 처 박씨가 인고의 세월을 견디고 변신하여 청나라군과 맞서 승리한다는 내용의 작품
	〈임진록〉	임진왜란에서 다양한 인물들의 활약상을 옴니버스식으로 엮은 작품
	〈홍계월전〉	남장을 한 여주인공이 여성의 지위와 한계를 과감히 탈피하여 영웅적 활약을 통해 남성보다 우월한 지위에 오르는 내용의 작품
환몽소설	〈구운몽〉	선계의 '성진'이 세속적 가치에 번민한 죄를 얻어 육관대사에 의해 세속으로 쫓겨와 양소유로 환신한 뒤 부귀영화를 누린 후 다시 깨달음을 얻어 다시 천상계로 돌아간다는 내용의 작품으로 몽자류 소설의 효시
가정소설	〈창선감의록〉	대가족 내의 복잡한 가계 속에서 벌어지는 암투와 갈등을 그린 작품
	〈사씨남정기〉	선인의 전형인 사씨와 악인의 전형인 교씨와의 갈등 속에서 사씨가 쫓겨난 뒤 갖은 고생 끝에 다시 복귀하여 교씨를 처단하는 내용의 작품
	〈장화홍련전〉	계모에 의해 억울한 죽음을 당한 장화와 홍련이 원귀가 되어 원님에게 호소하여 억울함을 씻는다는 신원(伸寃)소설
	〈숙향전〉	천상에서 죄를 짓고 쫓겨난 숙향과 이선이 지상으로 쫓겨와 갖은 고생 끝에 재회하여 선계로 돌아간다는 내용의 적강소설
우화소설	〈서동지전〉	의인화된 다람쥐와 쥐(서대주)의 소송 문제를 호랑이를 의인화한 백호산군이 공평하게 처결하여 권선징악을 이룬다는 내용의 의인소설이자 송사소설
	〈장끼전〉	장끼와 까투리를 통해 가부장제 속에서 억압당하는 여성의 현실을 비판하고 풍자하는 내용의 작품

② 주요 작품 해제

㉠ **가정소설** : 가정소설은 조선 시대 주요 생활 무대였던 가정, 혹은 가문을 바탕으로 가정 내의 암투를 그리거나 가문의 몰락과 부흥을 다룬 작품들을 말한다. 대표적인 작품으로는 현모양처인 '사씨'와 악인의 전형인 후처 '교씨'와의 갈등 속에서 사씨가 갖은 고생 끝에 복귀하고 교씨를 처단한다는 내용으로 구성된 김만중의 〈사씨남정기〉가 있다. 특히 〈사씨남정기〉는 당대 문제가 되었던 인현왕후와 장희빈의 관계를 빗대어 숙종의 마음을 돌리려는 의도가 담겨 있었다고 전한다. 그 외에도 〈숙향전〉, 〈창선감의록〉 등이 가정소설에 속한다.

㉡ **영웅소설** : 〈홍길동전〉을 필두로 하여 영웅의 일생을 다루며 민중들의 열망이 영웅에 투영된 작품이다. 영웅소설들은 대부분 〈주몽신화〉에서 비롯한 영웅의 일생구조를 차용하여 신이한 탄생을 보인 영웅이 시련을 겪게 되고 양육자를 만나 이를 극복하고 소망을 성취하는

일관된 구조에서 다소의 변형을 거쳐 창작되었다. 〈홍길동전〉 이외에도 〈전우치전〉, 〈조웅전〉 등이 이 부류에 속하는 작품들이다.

ⓒ **군담소설** : 군담소설은 전쟁을 배경으로 한 소설로 다른 작품들에 비해 박진감 넘치는 전투장면의 묘사나 영웅을 중심으로 펼쳐지는 정치적 격변이 독자들의 관심을 끌었던 것으로 보인다. 특히 임진왜란과 병자호란을 배경으로 한 작품들이 다수를 차지하는데 대표적인 작품으로는 병자호란을 배경으로 임경업 장군의 활약상을 담은 〈임경업전〉, 배경은 비록 중국으로 되어 있지만 병자호란의 실세 계층의 복권 열망을 담은 〈유충렬전〉, 실존인물을 등장시켜 소설의 사실성을 더하는 한편 여성 영웅을 등장시켜 당대의 성숙한 여성의식을 간접적으로 확인할 수 있는 〈박씨전〉, 임진왜란 당시 다양한 인물들의 활약상을 옴니버스 형식으로 구성한 〈임진록〉 등이 있다. 특히 임진왜란과 병자호란을 배경으로 한 군담소설들은 양란의 패배라는 역사적 현실을 승리한 전쟁으로 미화하여 정신적 보상을 받으려는 당대 민중들의 잠재의식이 반영되어 있다.

ⓔ **우화소설** : 동식물이나 사물을 의인화한 우화소설들은 특유의 풍자성과 해학성을 바탕으로 영역을 꾸준히 확대해 나갔다. 우화소설의 시초가 되는 작품으로는 삼국 시대의 〈구토설화〉가 있으며 이후 가전과 전기의 〈수성지〉 등을 거치며 계승되어 왔다. 후기 우화소설의 대표 작품으로는 토끼와 거북을 의인화한 〈토끼전〉, 장끼와 까투리를 의인화하여 당대의 가부장적 사회 체제와 여성에게 억압적인 사회 체제를 비판적으로 바라본 〈장끼전〉, 후기에 새롭게 성장한 상인계층에 대한 반감과 몰락한 양반계층의 허세에 대한 비판의식을 반영하고 있는 〈서동지전〉 등이 있다.

(4) 한문소설

조선 후기 한문소설을 대표하는 작가는 박지원이다. 박지원은 그의 한문 단편들에서 전근대와는 다른 근대적 인물상을 제시하는 한편 조선 후기의 현실적 모순을 신랄하게 풍자함으로써 근대소설로 이행하는 과정의 변모 양상을 보여주고 있다. 특히 실학적 인식이 강했던 박지원은 그의 작품에서 북벌의 허위나 당시 양반계층의 허위의식을 통렬하게 비판함으로써 근대정신을 드러내고 있다. 특히 박지원을 비롯하여 양반사회의 모순을 비판했던 한문소설 작가들에게 정조가 시행한 이른바 '문체반정(文體反正)'은 박지원을 비롯한 진취적인 문사들의 비판정신이 당대 사회로부터 얼마나 경계의 대상이었는가를 짐작케 한다.

[박지원의 한문소설 일람]

작품	주제	출전
〈호질〉	성이 다른 아들을 둔 '동리자'와 선비로 알려진 '북곽선생'의 위선을 호랑이의 질책을 통해 풍자하는 내용의 소설	《열하일기》
〈허생전〉	집권층의 무능과 북벌의 허위를 풍자하는 내용의 소설	

〈양반전〉	가난한 양반의 신분을 사려는 부자의 행실을 통해 당대의 신분거래 세태의 비판과 함께 양반매매 증서를 통해 양반사회의 모순을 신랄하게 풍자한 소설	〈방경각외전〉
〈광문자전〉	어리숙하지만 거짓 없고 순수한 '광문'이라는 근대적 인간형을 내세워 당대 사회를 간접적으로 풍자한 소설	
〈예덕선생전〉	똥거름을 지는 '예덕선생'을 통해 지향해야 할 삶의 태도와 인간형을 제시한 소설	
〈민옹전〉	'민옹'의 재치 있고 현명한 말들을 통해 당대 세태를 풍자한 소설	
〈김신선전〉	신선세계의 허무맹랑함을 비판하는 내용의 소설	
〈마장전〉	말 장수들을 통해 참된 벗을 사귀는 것의 어려움과 위선적인 선비들의 사귐을 풍자한 소설	

➕ 더 알고가기   문체반정(文體反正)   ☰

박지원의 한문소설과 당대의 유행하던 소설들이 양반 사회를 조롱하는 잡문체라 하여 이에 대한 반발이 커지자 정조는 정통적인 고문의 문장을 모범으로 삼아 이를 따르도록 하고, 박지원을 비롯한 관련자들에게는 순정 고문으로 글을 지어 올려 반성하도록 하였다. 이를 이른바 정조의 문체반정이라 한다. 이 문체반정은 당대에 싹터 발전해가던 근대적 문학의 맹아를 차단하는 결정적인 사건으로 평가되고 있다.

(5) 판소리

판소리는 전문 창자에 의해 전승되어 왔으며 조선 후기에 신재효에 의해 다섯 마당으로 집대성되었다. 특히 판소리는 창자와 고수로 구성된 공연을 전제로 한 구비문학으로 확정된 판본이나 대본이 존재하지 않아 창자에 따라 조금씩 변형되는 전형적인 적층문학이다. 신재효에 의해 집대성된 판소리 다섯 마당은 〈춘향가〉, 〈토별가〉, 〈심청가〉, 〈홍보가〉, 〈적벽가〉이며, 이중 〈적벽가〉는 〈삼국지연의〉의 '적벽대전'을 바탕으로 한 것으로 판소리 다섯 마당 중 유일하게 설화에서 파생되지 않은 작품이다.

① **판소리의 종합예술적 성격** : 판소리에는 서사문학적 요소뿐만 아니라 음악적 요소와 연극적 요소가 결합된 종합예술적 성격을 띤다. 우선 이야기 구성을 갖는 점에서 서사문학의 특징을 발견할 수 있지만 창자의 발림과 같은 요소는 연극적 요소로 볼 수 있다. 특히 고수의 추임새는 무가에서 무당과 고수가 말을 주고받던 양상과 유사하다. 한편 창자의 창으로 이루어진 부분은 음악적 요소가 결합된 것으로 볼 수 있다. 하지만 일반적으로 판소리는 서술자의 존재라는 특성으로 인해 서사문학으로 분류된다.

② **판소리의 구성 요소** : 판소리는 일반적으로 '창', '아니리', '발림'으로 구성된다. '창'은 창자가 노래를 하는 부분으로 이 부분은 장단의 빠르기에 따라 가장 느린 장단인 '진양'에서 가장 빠른 장단인 '휘모리'까지 다양하게 존재한다. 한편 '아니리'는 창자가 이야기를 구사하는 대목이다. 또한 '발림'은 창자가 적절한 대목에서 자신의 행동을 추가하여 흥미를 돋우는 대목으로 연극적인 요소가 결합된 것으로 볼 수 있다.

③ **판소리의 형성과 전승** : 판소리는 〈적벽가〉를 제외하고는 일반적으로 설화에서 발전한 것으로

보고 있다. 즉 설화의 내용을 바탕으로 이에 첨삭이 이루어지며 판소리로 자리를 잡은 것이다. 한편 판소리는 이후 판소리계 소설로 정착되며, 다시 근대 초 이해조의 신소설로 개작되기에 이른다. 판소리 작품과 배경설화 및 판소리계 소설, 신소설의 영향 관계를 정리해 보면 다음과 같다.

설화	판소리	판소리계 소설	이해조의 신소설
구토설화	〈토별가〉	〈토끼전〉	〈토(兎)의 간(肝)〉
열녀설화 암행어사설화 도미설화	〈춘향가〉	〈춘향전〉	〈옥중화 (獄中花)〉
방이설화 동물보은설화	〈흥보가〉	〈흥보전〉	〈연(燕)의 각(却)〉
효녀지은설화 인신공희설화	〈심청가〉	〈심청전〉	〈강상련 (江上蓮)〉

기출유사문제

판소리계 소설의 특징으로 알맞은 것은?

① 인물의 성격이 개성적이다.　　　　② 관찰자의 입장에서 서술한다.

③ 개인적 상상에 의해 꾸며 낸 이야기다.　④ 주로 묘사에 의해 내용이 전개된다.

⑤ 낭독하기에 좋은 운문체로 되어 있다.

● 해설

판소리계 소설은 운문체와 산문체가 혼용된 경우도 있지만 대체로 운문체로 되어 있다.
① 판소리계 소설에서는 서민적 인물의 전형적인 모습을 살펴볼 수 있다.
② 판소리계 소설은 대부분 전지적 작가 시점을 취하고 있다.
③ 일반적으로 판소리계 소설은 근원 설화를 바탕으로 하고 있다.
④ 판소리계 소설은 설화로부터 발전한 것으로, 서사성을 지니고 있다.

정답 ❺

(6) 탈춤

탈춤은 원래 농촌의 마을 굿에서 시작되었으나 점차 제의적 성격이 사라지고 연희의 일종으로 정착된 것으로 보인다. 한편 농촌에서 시작된 탈춤은 조선 후기 상업을 기반한 도시의 발달에 따라 도시탈춤으로 발전하였다. 농촌탈춤의 대표적인 작품으로는 〈하회별신굿놀이〉가 있으며, 〈봉산탈춤〉이나 〈송파산대놀이〉, 〈수영야류〉 등은 도시탈춤의 대표적인 예이다.

탈춤의 내용 구조는 여러 과장으로 구성되면서도 각 과장이 독립적이라는 특성이 있다. 이렇게 독립적인 과장들은 전체적으로는 당대 지배계층에 대한 풍자와 조롱 또는 세속화된 현실 세태를 비판하는 내용으로 이루어지며 '말뚝이'나 '초랭이' 등으로 대표되는 민중의식의 대변자와 '양반'들의 대결구도 속에서 당대 지배계층을 조롱하고 풍자하는 특징을 보인다. 한편 대부분 마지막 과장에 등장하는 '미얄'과장에서는 낡은 생산 양식을 대표하는 '미얄'이 가부장적 사회 속에서 희생되는 모습을 통해 당대 남성 중심 사회를 비판하는 모습을 보인다. 탈춤은 주로 중인계층들에 의해 세습적으로 전수되었으며 여성 공연자는 존재하지 않았다.

① 주요 작품 일람

작품	설명
〈봉산탈춤〉	황해도 지방에서 전승되던 탈춤의 하나로써 총 7과장으로 구성되어 있음.
〈하회 별신굿 탈놀이〉	경상북도 안동에서 전승되어 오는 탈놀이로 별신굿이라는 종합적인 마을굿에 포함되면서도 연극적인 독립성을 가지고 있음.
〈통영오광대〉	경상남도 통영시에서 전승되고 있는 탈놀이
〈북청 사자놀음〉	함경남도 북청군에서 정월 대보름에 행하는 탈놀이
〈송파 산대놀이〉	서울특별시 송파구 송파지역에서 전승되던 탈놀이
〈수영야류〉	부산 수영구 수영동에서 전승되어 오는 탈놀이

② 주요 작품 해제

㉠ 〈봉산탈춤〉 : 봉산탈춤은 황해도 봉산지방에서 발생한 전형적인 도시탈춤으로 총 8과장으로 이루어진 옴니버스식 구성의 탈춤이다. 특히 '말뚝이'는 서민의식을 대변하는 인물로 시종일관 양반을 조롱하며 권위에 도전하는 인물이며, '양반들'은 말뚝이의 조롱에 속수무책으로 권위가 붕괴되는 상황을 맞이한다. 하지만 말뚝이는 신분적 한계를 극복하지 못하고 번번이 양반들과 타협하는 모습을 보인다. '춤'은 이들이 융화되는 화합의 장을 마련하는 장치이다. 미얄과장에서는 '미얄'과 '덜머리집' 사이의 갈등을 통해 당대 여성의식의 성장과 함께 가부장적 제도의 모순을 폭로하는 한편 미얄의 죽음을 통해 남성 중심 사회에서 희생당하는 여성의 처지를 비판적으로 폭로하고 있다.

➕ 더 알고가기   **〈봉산탈춤〉의 이해**   ☰

과장	춤	주요 내용
제1과장	사상좌춤	탈춤의 시작을 알리고 사방신에게 제를 올리는 의식무
제2과장	팔목중춤	여덟 목중이 신분을 파계하여 음주가무를 즐기며 추는 춤
제3과장	사당춤	사당이 거사의 등에 업혀 등장하고 홀아비 거사가 사당의 뒤를 따르며 희롱하자 거사들이 홀아비 거사를 내쫓음.
제4과장	노장춤	소무가 노장스님을 꾀어 춤을 추다 신장수가 나타나 노장스님을 내쫓고 소무를 차지함.
제5과장	사자춤	여덟 목중과 취발이 노장스님이 파계하여 세속에 전념하니 부처님이 노하여 사자를 보내 벌을 줌.
제6과장	양반춤	양반과 말뚝이의 대화를 통해 양반의 무능과 무지를 폭로하여 풍자하고 비판함.
제7과장	미얄춤	미얄과 덜머리집과의 갈등을 통해 가부장제 사회에서 처첩 간의 갈등을 비판하고 미얄의 죽음 이후 정화를 위하여 탈을 태우는 의식으로 끝맺음.

– 봉산탈춤보존회 참고

ⓒ 하회 별신굿 놀이 : 경북 안동 하회마을에서 전승되어 오는 대표적인 농촌탈춤으로 풍자적이고 해학적인 내용을 통해 당대 양반계층의 위선과 허위를 신랄하게 풍자하고 비판하고 있다. 무동 마당, 주지 마당, 백정 마당, 할미 마당, 파계승 마당, 양반 선비 마당으로 구성되어 있으며 특히 양반 선비 마당에서는 '부네'를 사이에 둔 양반과 선비의 갈등 및 양반사회의 위선을 신랄하게 풍자하고 있다.

Q 짚어보기 ▶ 탈춤의 연희상 특징

탈춤은 특별한 무대장치가 없다. 따라서 언제 어디서든 공연이 가능하며 무대와 객석의 구분이 존재하지 않기 때문에 그 경계가 매우 유동적이다. 이로 인해 관객과 배우들은 서로 호흡하며 구분 없이 교감을 나눌 수 있다. 또한 공연 장소는 곧 극중 장소이기도 하다. 배우들의 대기실도 따로 존재하지 않기 때문에 하나의 마당에서 서로 다른 장면이 전개되거나 다음에 등장할 인물들이 미리 마당에 들어서 있는 경우도 많다.

(7) 인형극

우리 극문학에서 인형극은 크게 발전된 양상을 보이지는 않는다. 대표적인 작품이 〈꼭두각시놀음〉인데 주로 남사당패를 통해 전승되었다. 이 작품에 등장하는 주요 인물은 '박첨지'와 '홍동지', '평양감사', '꼭두각시', '돌머리집'인데 '평양감사'는 무능한 당대의 지배계층 내지 관료계층을 상징하는 인물이며, '박첨지'를 중심으로 한 '꼭두각시'와 '돌머리집'의 대립이 보여주는 처첩 간의 갈등은 봉산탈춤의 미얄과장과 큰 차이가 없다. 다만 탈춤에서는 '미얄'이 죽게 되는 반면 〈꼭두각시놀음〉에서는 아무도 죽지 않은 채 파탄을 맞이함으로써 남성들의 횡포를 더욱 강화시킨다.

(8) 여성 작가의 수필

조선 후기에는 문학 작자층이 확대되면서 여성 작가들의 등장이 활발해졌다. 이들이 가장 두드러진 활약을 보인 부분은 수필이다. 섬세한 여성 특유의 문체와 세밀한 관찰력을 바탕으로 한 작품들은 조선 시대 수필의 새로운 지평을 열어 놓았다. 한편 궁중 내의 비화를 다룬 궁중수필 역시 조선 후기의 수필을 대표하는 작품으로 자리 잡았다. 사도세자의 죽음을 다룬 혜경궁 홍씨의 〈한중록〉, 광해군의 횡포로 폐위된 인목대비의 삶을 다룬 〈계축일기〉, 병자호란 당시 남한산성으로 피란했던 시기의 모습을 담은 〈산성일기〉가 궁중수필의 대표적인 작품으로 손꼽힌다. 한편 동해안 지방을 여행하며 견문을 기록한 의유당 김씨의 〈동명일기〉는 기행수필의 대표적인 작품이며, 규방의 침선 도구를 의인화하여 여성들의 삶을 다룬 작품으로는 〈규중칠우쟁론기〉와 〈조침문〉이 대표적이다.

① 주요 작품 일람

작품	작가	내용
〈한중록〉	혜경궁 홍씨	사도세자가 죽음에 이르는 과정을 서술한 작품
〈동명일기〉	의유당 남씨	남편을 따라 여행지에서의 감상을 기록한 작품
〈조침문〉	유씨 부인	아끼던 바늘을 잃은 슬픔을 제문 형식으로 기록한 작품

〈규중칠우쟁론기〉	작자 미상	규중 부인의 침선도구들을 의인화하여 규방 여성들의 삶을 다룬 작품
〈산성일기〉	어느 궁녀	병자호란 당시 남한산성으로 피란한 뒤 그곳에서의 일을 기록한 작품
〈계축일기〉	어느 궁녀	인목대비 폐위사건을 기록한 작품

② 주요 작품 해제

ⓐ 〈한중록〉 : 영조가 아들인 사도세자를 뒤주에 가두어 죽이는 비극적인 정황을 기록한 것으로 저자는 사도세자의 아내이자 정조의 생모인 혜경궁 홍씨이다. 남편의 죽음을 다룬 글이라는 점에서 비교적 주관적 요소가 개입되어 사도세자의 죽음을 미화한 면이 있을 수 있다는 점을 감안하더라도 궁중 용어의 사용을 통한 고아한 문체와 섬세하고 사실적인 묘사는 남편의 죽음을 목도해야 하는 여인의 통한의 심정을 충실하게 담아내고 있다고 평가되고 있다.

ⓑ 〈동명일기〉 : 의유당 남씨가 남편을 따라 여행하면서 보고 들은 견문을 기록한 《관북유람일기》에 수록된 기행수필의 전형으로 여성 특유의 세밀한 관찰력이 돋보이며 섬세한 비유와 묘사를 통해 여행지에서의 견문을 효과적으로 표현하고 있는 작품이다. 특히 이 작품에서 일출 광경을 묘사한 부분은 뛰어난 묘사력과 비유 등으로 높이 평가 받고 있다.

ⓒ 〈규중칠우 쟁론기〉 : 규방의 침선도구인 '바늘', '실', '자', '울(다리미)', '인화(다리미)', '가위', '골무'를 의인화하여 이들이 서로 옷을 만드는 공을 다투는 과정에서 당대 여성들의 행실에 대한 비판과 함께 규방 속 삶의 애환을 해학적으로 다룬 작품이다.

ⓓ 〈조침문〉 : 유씨부인이 쓴 〈조침문〉은 제문의 형식을 띠고 있으며 오랫동안 몸에 지녀 정들었던 바늘이 부러진 뒤 이를 조문하는 내용이다. 정든 바늘을 잃은 작가의 심정이 다소 과장되게 표현된 이 작품을 통해 당대 규방 여성의 애환을 느낄 수 있다. 일반적인 제문의 양식을 따르면서 바늘을 얻게 된 경위부터 바늘의 품질을 예찬하는 부분과, 바늘이 부러진 경위와 그에 대한 애도의 심정까지 구조적으로 잘 짜여진 구성으로 높이 평가받고 있는 작품이다. 한편 이 작품의 바늘에 대한 과장된 애도 속에는 남편을 잃은 작가의 슬픔이 투영되어 있다고 보는 견해도 있다.

기출유사문제

다음 글의 성격으로 적절하지 않은 것은?

아깝다 바늘이여, 어여쁘다 바늘이여, 너는 미묘한 품질과 특별한 재치를 가졌으니 물 중의 명물이요, 철 중의 쟁쟁이라. 민첩하고 날래기는 백대의 협객이요, 굳세고 곧기는 만고의 충절이라. 추호 같은 부리는 말하는 듯하고 두렷한 귀는 소리를 듣는 듯한지라. 능라와 비단에 난봉과 공작을 수놓을 제, 그 민첩하고 신기함은 귀신이 돕는 듯하니, 어찌 인력이 미칠 바리요.

① 글의 소재와 형식이 자유롭다.

② 다양한 구성법을 활용할 수 있다.

③ 행동이나 사건이 구조의 중심을 이룬다.

④ 관조적인 자세로 자아와 사물을 통찰하는 글이다.

⑤ 긴밀한 내적 통일성을 갖추고 있다.

● 해설

제시된 작품은 고전수필인 〈조침문〉이다. 행동이나 긴밀한 사건이 구조의 중심을 이루는 것은 수필이 아닌 소설의 특징이다.

① 수필은 다른 어느 문학 갈래보다 형식의 구애를 받지 않는 자유로운 형식의 문학이다. 또한 수필의 소재는 신변잡기에서 사회, 역사적 사실, 자연 현상에 이르기까지, 작가가 체험하고 사고할 수 있는 모든 것이 다 그 대상이 될 수 있다.

② 수필은 직렬적인 구성, 병렬적인 구성, 혼합적인 구성 등 다양한 구성법을 활용할 수 있는 장르이다.

④ 수필에는 자연에 대한 관조로써 체득한 삶의 의의, 가치와 같은 생활인의 철학이 담겨 있다.

⑤ 수필은 정해진 형식은 없지만, 각각의 작품 내에서는 주제를 구현하기 위해 각 요소들이 긴밀하게 구성되어야 한다.

정답 ❸

④ 현대 문학

한국 현대 문학은 일반적으로 개화기부터 현재까지의 문학을 말한다. 현대 문학은 고전 문학의 토양 위에서 근대로의 이행기를 거쳐 현대 소설로 계승되어 정착되었다. 그러나 한국 현대 문학은 한국 고전 문학을 계승·발전시킬 만한 충분한 자양분이 성숙되기 이전에 일본을 통해 들어온 서구 문학이 자리를 잡으면서 연속성 면에서 심한 도전을 받아 왔다. 즉, 한국 현대 문학이 고전 문학과 단절된 서구 문학의 이식문학사(利殖文學史)라는 임화의 주장이 있은 이후 전통 계승론이 대두되어 논쟁이 있었지만 뚜렷한 결론을 내지 못하였던 것도 근대 초기의 정치적 격변이 고전 문학이 안정적으로 근대 문학을 태동시킬 기회를 박탈했기 때문이다.

🞑 갑오개혁~1910년대 문학(개화기 문학)

개화기 문학은 서구 열강의 침입에 대한 저항과 근대화라는 두 가지 과제를 안게 된 한국 현대사의 상황을 고스란히 담고 있다. 따라서 내용적인 면에서는 반외세, 반봉건 의식이 주를 이루었고, 이를 바탕으로 창작된 다수의 시가와 소설이 나타나기 시작하였다. 형식 면에서는 고전 문학으로부터 벗어나 새로운 형식을 실험하고자 하였으나 새로운 문학 형식을 고안해낼 만한 충분한 시간적 여유가 없었던 탓에 고전 문학의 형식에서 크게 벗어나지 못하는 한계를 보였다.

(1) 개화가사

개화가사는 갑오개혁 이후 나타난 근대 의식을 이전의 문학 형식을 빌려 표현한 작품으로 내용적인 면에서는 근대화와 자주독립에 대한 민중들의 열망을 담고 있으며, 형식적인 면에서는 4·4조, 4음보의 가사 형식을 크게 벗어나지 못하였으나, 길이가 비교적 짧아지고 연이 구분되어 있다는 점에서 이전의 가사와는 차이를 보인다. 최초의 가사는 최제우의 〈용담유사〉이며 대부분 작가가 분명치 않거나 작가가 있더라도 투고에 의한 것이므로 정확한 작가에 대한 정보를 알기 어렵다. 이러한 작품들은 주로 〈대한매일신보〉, 〈독립신문〉 등의 신문을 통해 발표되었다.

① 주요 작품 일람

작품	작가	내용 및 특징
〈동심가〉	이중원	개화의 필요성을 강조하며 문명 개화를 이루기 위한 협력과 화합을 강조한 노래
〈애국가〉	김철영	자주독립 사상과 부국강병을 바탕으로 한 애국심을 강조한 노래
〈애국하는 노래〉	이필균	자주독립과 부국강병을 바탕으로 한 근대화를 강조한 노래로 합가 부분이 있어 민요의 선후창 형식을 차용함.
〈가요풍송〉	작자 미상	애국심과 자주독립 사상을 강조한 노래

② 주요 작품 해제

ⓛ 〈동심가(同心歌)〉: 〈독립신문〉에 실린 작품으로 4·4조, 4음보의 운율에 개화사상을 강조한 계몽주의 작품이다. 봉건상태를 '잠'과 '꿈'으로 비유하였으며 개화를 '범', '봉', '못의 고기'로 비유하였다. 또한 실상을 구체적으로 알지 못한 왜곡된 개화를 '개'와 '닭'으로 비유하여 표현하였다. 한편 이러한 근대 문명 개화를 이루기 위해서는 상하계층이 동심(同心)하여야 한다는 주제를 강조하고 있다.

ⓛ 〈가요풍송(歌謠諷誦)〉: 〈대한매일신보〉에 실린 작품으로 자주독립 사상을 바탕으로 애국심 고취를 주제로 삼고있다. 10연으로 구성되었으며 각 연마다 국채보상운동이나 군대 해산, 친일행위에 대한 비판 등 당대 사회현실을 담고 있는 점이 특징이다.

➕ 더 알고가기 《용담유사(龍膽遺詞)》 ☰

조선 후기 최제우가 포교를 위해 지은 가사집이다. 주로 1860~1861년에 지은 작품들이 수록되어 있으며, 개화기의 문제를 다룬 개화가사 최초의 작품으로 평가되고 있다.

(2) 창가

개화가사를 이어받아 발전시킨 문학 갈래로 가사를 중심으로 주제를 전달하는데 주력하였던 개화가사와는 달리 가창을 전제하여 창작되었다. 내용 면에서는 개화가사와 크게 다르지 않으나 형식 면에서는 4·4조의 가사 형태를 벗어나 7·5조를 중심으로 다양한 율격을 시험하며 변모된 양상을 보인다. 이후 신체시로 이어지는 교량 역할을 하였으며, 최초의 창가는 최남선의 〈경부철도가〉로 알려져 있다.

① 주요 작품 일람

작품	작가	내용 및 특징
〈경부철도가〉	최남선	경부철도의 역을 차례로 열거하며 철도로 대변되는 신문명에 대한 예찬적 태도를 보이는 노래
〈세계 일주가〉	최남선	기차와 선박을 통해 세계 여러 지역을 돌아다니는 내용의 노래로 각 나라의 역사와 문물을 소개하고 있는 작품

② 〈경부철도가〉 : 최남선이 지은 최초의 창가로 개화가사와 달리 7 · 5조의 율격을 보이며 서양 민요의 가락에 가사를 담아 가창되었다. 경부선 철도의 여러 역들을 차례로 열거하면서 철도로 상징되는 근대 문명에 대한 정신적 충격을 예찬적 태도로 노래하고 있다. 총 67연의 장편 시가이며, 사해동포주의 사상과 개화에 대한 열망이 강하게 나타나 있는 작품이다.

(3) 신체시

신체시는 개화 가사와 창가의 뒤를 이어 출현한 근대 시가의 형태로 내용 면에서 근대 문명에 대한 계몽의식을 담고 있다. 형식 면에서는 이전의 시가와 달리 정형적 율격을 탈피한 면모를 보인다는 점에서 자유시에 한층 근접한 시가 형태이지만 기본적인 율격을 반복하는 점과 각 연과 행의 구조가 반복되고 있다는 점에서 완전히 정형성을 벗어났다고 보기는 어렵다. 최초의 신체시 작품은 일반적으로 최남선의 〈해(海)에게서 소년(少年)에게〉로 보고 있다. 이 작품은 '해(海)'로 상징되는 근대 문명의 위력을 과시하면서 이를 거부하는 조선의 현실을 비판하고 근대 문명의 주역이 될 '소년(少年)', 즉 새로운 세대에 대한 애정을 담고 있다.

(4) 신소설

신소설은 고전 소설과 현대 소설을 잇는 교량 역할을 하는 소설 형식으로 당대의 화두였던 반봉건 의식과 반외세 의식을 다룬 작품들이 주를 이루고 있다. 고전 소설에서 탈피하여 현실적이고 사실적인 면모를 보이는 점은 현대 소설에 기여한 바가 크지만 고전 소설의 우연적 구성이나 전형적 인물의 등장 등은 신소설의 한계로 지적된다. 문체 면에서도 문어체에서 어느 정도 탈피하기는 하였지만 완전한 언문일치에는 도달하지 못한 점이 과도기 문학 형식의 한계를 보여준다.

① 주요 작품 일람

작품	작가	내용
〈혈(血)의 누(淚)〉	이인직	청일전쟁을 배경으로 옥련과 가족들의 삶을 통해 신교육사상, 자유 결혼 등의 문제를 다룬 작품
〈귀(鬼)의 성(聲)〉	이인직	가정 내 처첩 간의 갈등을 다룬 작품

〈치악산(稚岳山)〉	이인직	양반계층의 타락과 부패를 폭로한 작품
〈은세계(銀世界)〉	이인직	관리들의 부패상과 부도덕성을 다룬 작품으로 원각사에서 공연하여 근대극의 효시가 된 작품
〈금수회의록(禽獸會議錄)〉	안국선	동물을 의인화하여 당대의 현실과 인간의 삶을 풍자한 정치소설
〈자유종(自由種)〉	이해조	부녀자들이 모여 이야기를 나누는 형식으로 여성문제를 비롯한 애국 등의 당대 현실을 다룬 토론체의 작품
〈추월색(秋月色)〉	최찬식	민란으로 가족과 헤어진 주인공 '정임'이 일본 유학 중 영국유학생 '영창'을 만나 귀국하여 가족과 상봉하게 된다는 내용으로 해외유학과 자유연애 등의 사상이 드러난 작품

② 주요 작품 해제

㉠ 〈혈(血)의 누(漏)〉 : 이인직이 쓴 최초의 신소설이다. 청일전쟁을 배경으로 총을 맞고 부상당하여 가족과 이별하게 된 옥련이 일본 군의관의 도움으로 일본으로 건너가게 되고, 일본 군의관의 죽음 이후 계모의 학대를 피해 떠돌던 중 구완서의 도움으로 미국 유학길에 오르게 된다. 이곳에서 옥련은 마침 미국에 와 있던 아버지 김관일과 상봉하게 되고 평양에서 딸이 죽은 줄 알고 살던 어머니는 딸의 편지를 받고 기쁨을 감추지 못한다. 내용 전개상 우연적 요소들의 개입이 적지 않고 언문일치가 확립되지 않았으며 옥련이 영웅의 일생 구조를 따르는 등 고전 문학에서 완전히 벗어나지 못한 한계가 드러난다. 특히 일본 군의관의 도움으로 살아나는 옥련의 모습이나 구완서가 꿈꾸는 동아시아 공영권 사상은 친일적 요소로 주목되기도 한다. 하지만 작품의 내용 면에서는 근대 문명에 대한 동경과 계몽주의 등의 근대 사상이 잘 드러나 있다.

㉡ 〈금수회의록(禽獸會議錄)〉 : 주인공인 '나'가 꿈속에서 동물들의 회의에 참관한다는 내용으로 액자식 구성의 작품이다. 의인화된 동물들이 차례로 나와 연설을 하게 되는데 동물들의 연설 내용은 주로 인간 사회를 풍자하는 정치소설적 성격이 강하다. 동물들의 연설 속에 당대 사회를 비판적으로 바라보는 작가의 시선이 느껴지는 작품으로 일제 시대에는 금서(禁書)로 분류되었다.

㉢ 〈자유종(自由種)〉 : 이해조의 작품으로 부녀자들이 모여 토론하는 내용을 담은 신소설이다. 토론체로 구성되었으며 부녀자들의 토론 과정을 통해 당대 사회의 모습을 직설적으로 드러내는 한편 반봉건, 반외세와 계몽주의 등 다양한 사회 문제를 다루고 있다.

+ 더 알고가기 〈금수회의록〉에 등장하는 동물들과 연설 내용

동물	관련 성어	내용
까마귀	반포지효(反哺之孝)	인간사회에 효(孝)가 없음을 비판함.
여우	호가호위(狐假虎威)	외세에 의존해 개인의 부귀영화를 추구하는 것을 비판함.
개구리	정와어해(井蝸語海)	좁은 식견으로 잘난척하는 것을 비판함.

벌	구밀복검(口蜜腹劍)	겉으로는 감언이설을 내뱉고, 뱃속에는 칼을 품고 있는 인간의 이중성을 비판함.
게	무장공자(無腸公子)	썩은 창자를 가진 것처럼 지조를 잃어버린 사람들을 비판함.
파리	영영지극(營營之極)	자기의 이익만을 추구하며 다투는 인간 사회를 풍자함.
호랑이	가정맹어호(苛政猛於虎)	인간의 포악한 측면을 비판함.
원앙	쌍거쌍래(雙去雙來)	음란한 사람들의 현실을 비판함.

기출유사문제

01. 다음 〈보기〉의 설명에 해당하는 작품은?

─── 보기 ───

청일전쟁을 배경으로 김관일과 그의 처, 딸 옥련의 이별과 만남을 그린 작품으로 계몽주의적 근대 사상이 드러나는 작품이다. 작품 내에서 옥련과 함께 유학을 떠나 결혼을 약속한 구완서가 대동아 공영권을 꿈꾸는 내용은 친일적 요소가 드러나기도 한다.

① 혈(血)의 누(淚) ② 금수회의록

③ 자유종 ④ 은세계

⑤ 추월색

● 해설

〈보기〉는 최초의 신소설인 이인직의 〈혈(血)의 누(淚)〉에 대한 설명이다.
② 〈금수회의록〉은 꿈속에서 짐승들의 회의 모습을 통해 당대의 사회상을 비판하고 있는 정치적 신소설이다.
③ 〈자유종〉은 이해조의 작품으로 부녀자들이 모여 토론하는 내용을 담은 것으로 부국강병과 문명개화의 내용을 담고 있는 신소설이다.
④ 〈은세계〉는 관리들의 부패상을 담은 이인직의 신소설이다.
⑤ 〈추월색〉은 최찬식의 작품으로 해외유학과 자유연애 사상이 드러난 작품이다.

정답 ❶

02. 다음 중 〈금수회의록〉에 나타난 동물의 표현과 해당 동물이 바르게 연결되지 않은 것은?

① 반포지효(反哺之孝) – 까마귀 ② 무장공자(無腸公子) – 게

③ 구밀복검(口蜜腹劍) – 벌 ④ 쌍거쌍래(雙去雙來) – 원앙

⑤ 영영지극(營營之極) – 여우

● 해설

'영영지극(營營之極)'은 세력이나 이익을 얻기 위해 악착같이 왕래하는 모양을 일컫는 말로 '파리'를 표현한 한자성어이다.

정답 ❺

❷ 1910년대 문학(근대 문학 태동기)

1910년대는 과도기 문학 시대를 넘어서 근대 문학이 태동한 때이다. 특히 이 시기를 2인 문단 시기라 부를 만큼 시가에서는 최남선의 창작활동이, 소설에서는 이광수의 창작활동이 눈부시게 전개되었다. 특히 이광수의 〈무정〉은 최초의 근대 장편소설로서 내용 면이나 형식 면에서 근대 소설의 출발점으로 평가받고 있다.

(1) 〈무정〉과 근대 소설

1910년대 소설사에서 가장 뚜렷한 특징은 바로 근대 소설의 태동이다. 이광수가 쓴 〈무정〉은 근대 장편소설의 효시로 평가받는 작품으로 1917년 〈대한매일신보〉에 126회에서 걸쳐 연재되었다. 주인공 이형식과 영채, 선영이 보여주는 삼각관계는 봉건사회와 근대 사회 사이에서 갈등하는 당대 현실의 반영으로 볼 수 있다. 〈무정〉의 줄거리는 다음과 같다.

> 형식은 자신을 길러준 스승의 딸인 영채와 정혼을 한 사이이지만 경성에서 교사로 근무하던 중 김장로의 딸 선영을 만나 사랑하게 된다. 아버지의 죽음 이후 생계가 어려워 기생이 되었다가 형식을 찾아온 영채는 배학감에게 정조를 잃고 유서를 남긴 채 평양으로 떠나버린다. 평양으로 영채를 찾아간 형식은 대동강에서 영채가 죽었다고 생각하고 발길을 돌려 경성으로 돌아오고 선영과 약혼한 뒤 미국 유학길에 오른다. 한편 영채는 병욱의 도움으로 함께 유학을 떠나게 되는데 이들은 유학을 가는 기차에서 만나게 되고 삼랑진에서 수해를 입은 민중들을 보며 음악회를 열어 자선모금을 도운 뒤 민족의 근대화에 대한 사명감을 각성하고 유학길에 오르게 된다.

후반부에서 다소 우연적 요소를 보이고 계몽주의적 색체가 강하게 드러나 현대 소설에서 다소 멀어진 면이 있지만 전반적으로 봉건과 근대 사이에서 갈등하는 우유부단한 인물인 형식이 새로운 근대적 인간형으로 창조되었고, 사건 전개나 묘사가 치밀하여 근대 소설로 손색이 없는 작품이다.

(2) 〈불놀이〉와 근대 시

일반적으로 최초의 근대 자유시는 1919년 〈창조〉 창간호에 실린 주요한의 〈불놀이〉로 평가되고 있다. 사월 초파일 밤, 대동강을 무대로 대동강변에 모인 흥겨운 사람들의 모습과 임을 잃은 슬픔으로 좌절하는 시적 화자가 대조되면서 불꽃놀이가 계기가 되어 각성한 화자가 현실의 절망을 극복하는 과정을 형상화한 시이다. 형식 면에서 이전 시가들이 보여주었던 규칙적인 글자 수의 배열이나 음보의 반복에서 벗어나 산문적으로 서술하여 자유로운 율격을 보이고 있다는 점에서 근대 시적 요소를 충분히 갖추고 있다. 반면 어조에서는 신파조의 격정적인 어조가 드러난다.

> **+ 더 알고가기**   **김억 (1896년~)**   ☰
>
> 시인 김소월의 스승으로 알려진 김억은 1910년대부터 시작 활동을 전개하여 1918년 《태서문예신보》에 프랑스 상징주의 시의 번역과 함께 자신의 창작시를 발표하면서 본격적인 작품 활동을 시작하였고, 1923년에는 최초의 개인 근대 시집인 《해파리의 노래》를 발표하였다. 최초의 번역 시집인 《오뇌의 무도》도 김억의 업적이다. 한편 김억은 1920년대에 《창조》와 《폐허》의 동인으로 활동하면서 왕성한 창작활동을 벌였다.

❸ 1920년대 문학(동인지 문학시대)

1920년대는 3 · 1 운동의 실패로 인한 좌절로 병적 퇴폐주의에 빠져들었던 시기이다. 하지만 3 · 1 운동 이후 일제가 문화정치로 방향을 선회하면서 시작된 신문의 창간과 동인지의 출간은 문학 작품의 발표 공간을 확대하여 한국 현대 문학이 본격화되는 계기가 되었다. 특히 동인지 문학시대라고 할 만큼 많은 동인지들이 창간되었고, 이를 통해 많은 문인들이 작품을 발표하게 되었다. 한편 1920년대 중반 이후에는 현실을 직시하고 3 · 1 운동의 좌절이라는 아픔을 극복한 작품들이 등장하게 되었다. 무엇보다 이 시기에 주목할 만한 것은 KAPF(조선 프롤레타리아 예술 동맹)가 결성되어 계급문학이 대두되었다는 점이다. 일제 치하에서도 많은 세력을 확보하며 발전해가던 KAPF는 일제의 탄압으로 해체되었지만 이후에도 계속해서 이와 유사한 경향의 작품들이 발표되었다.

(1) 1920년대의 시

1920년대 초에는 3 · 1 운동의 좌절로 인한 감상성과 퇴폐주의 문학이 주된 경향으로 자리 잡았다. 이상화의 〈나의 침실로〉나 박영희의 〈월광으로 짠 침실〉 등은 이러한 분위기를 잘 반영해 주는 작품들이다. 그러나 1920년대 중반 이후에는 퇴폐적이고 허무주의적인 경향에서 벗어나 적극적으로 이를 극복하려는 경향이 나타나는데 이상화의 〈빼앗긴 들에도 봄은 오는가〉와 같은 작품이 대표적이다. 한편 이 시기에 등장한 작가들 중 김소월은 민요적 서정시의 경지를 개척하였고 한용운은 여성적 저항시의 경향을 보임으로써 다채로운 양상을 보였다. 또한 서구 문예사조의 영향이 일시에 반영되면서 현실주의부터 낭만주의, 상징주의 등 서구 문예사조가 반영된 시들도 나타나게 되었다. 또 다른 측면에서는 KAPF에 대한 반발로 민족문학의 전통을 잇는 시조 부흥운동이 일어나고 최남선, 이병기 등이 현대 시조를 개척하기도 했다.

① 주요 작품 일람

주요 작가	주요 작품
오상순	〈아시아의 밤〉
황석우	〈벽모의 묘〉
이상화	〈나의 침실로〉, 〈빼앗긴 들에도 봄은 오는가〉
변영로	〈논개〉

박영희	〈월광으로 짠 침실〉
홍사용	〈나는 왕이로소이다〉
이장희	〈봄은 고양이로다〉
김동환	〈국경의 밤〉
이병기	〈난초〉, 〈매화〉
김소월	〈진달래 꽃〉, 〈산유화〉
한용운	〈님의 침묵〉, 〈알 수 없어요〉

② 주요 작품 해제

㉠ 〈빼앗긴 들에도 봄은 오는가〉: 1920년대 중반 현실에 대한 새로운 자각과 극복의지를 다룬 작품이다. 국권 상실의 현실을 '빼앗긴 들'로 국권회복을 '봄'으로 비유하여 현실과 이상의 괴리를 노래하면서도 이를 극복하려는 의지를 드러낸 작품이다. 시적 화자는 봄을 맞은 들판에서 만물이 생동하는 계절에 국토애를 느끼고 그 감상에 젖지만 곧 국권 상실의 현실을 직시하고 이상과 현실의 모순을 깨닫게 된다. 그리하여 '절뚝거리며' 걷는 정신적 불균형에도 불구하고 극복의지와 함께 반어적 표현을 통해 국권 회복의 의지를 드러내고 있다.

㉡ 〈국경의 밤〉: 최초의 장편 서사시이다. 총 3부로 이루어져 있으며 1부는 두만강변을 배경으로 소금 밀수출을 나간 남편을 걱정하는 '순이'라는 여인의 모습을 담고 있고, 2부는 과거 회상으로 고향마을에서의 글 아는 선비와 순이의 안타까운 사랑이야기가 펼쳐진다. 3부는 다시 현재로 돌아와 순이를 찾아온 선비의 사랑을 순이가 거절한 뒤 남편의 시신이 돌아온다는 내용으로 구성되어 있다.

㉢ 〈진달래꽃〉: 가장 널리 알려진 김소월의 작품이다. 진달래꽃을 소재로 임과의 이별을 가정한 상황에서의 체념과 안타까운 심정을 드러내는 한편 임과 이별하고 싶지 않다는 화자의 마음을 반어적 표현을 동원하여 효과적으로 표현했다. 7·5조 3음보의 민요적 율격을 바탕으로 각운의 효과를 잘 살린 서정시이다.

㉣ 〈님의 침묵〉: 한용운의 대표작으로 불교적 가치관을 바탕으로 님과의 이별로 인한 심리적 충격과 이를 정신적으로 극복하려는 의지를 상징과 역설적 표현을 통해 효과적으로 형상화한 작품이다. '님의 침묵'이라는 상징적 표현을 통해 당대의 암울한 상황을 잘 드러내고 있다.

㉤ 〈난초〉: 시조 부흥 운동에 앞장섰던 가람 이병기의 작품이다. 난초의 생태를 바탕으로 한 절제된 묘사와 함께 화자의 내면적 세계를 잘 조화시키고 있다. 특히 난초의 순결한 생태에 고결한 정신세계를 투영하여 화자의 삶의 태도를 효과적으로 드러내었다. 이병기는 KAPF에 대한 반동으로 민족 전통의 시가 양식을 계승하고자 했던 국민문학파의 인물답게 작품에서 전통 시 형식에 충실하면서도 현대적 세련미를 보여주었다.

시조 부흥운동 ≡

계급문학에 대한 반동으로 최남선과 이광수 등이 중심이 되어 일어난 운동이다. 전통 문학을 계승하고 민족의식을 고취시키기 위해 시조를 창작하였고 이은상의 양장시조를 비롯한 형식적 실험들이 진행되었다. 이은상과 이병기 등이 참여하면서 현대 시조로 계승·발전할 수 있는 발판을 마련하였다.

(2) 1920년대의 소설

1920년대는 1910년대까지 소설들이 보였던 계몽의식의 과잉을 극복하고 본격적인 소설의 시대를 열어가던 시기로 근대 단편 소설을 확립한 김동인과 염상섭, 현진건 등의 작가들이 출현하여 사실주의, 유미주의, 자연주의 등 다양한 문예사조를 실험하였다. 한편 KAPF의 등장과 함께 경향소설들이 발표되면서 강한 목적의식을 바탕으로 민중들의 비극적인 삶을 다루기 시작했다. 초기의 경향소설은 목적의식의 과잉으로 문학적 완성도가 문제되었으나 자신의 생생한 체험을 바탕으로 한 작품들을 선보인 최서해의 등장은 경향소설의 새로운 전기를 마련해 주었다.

① 주요 작품 일람

주요 작품	작가	내용 및 특성
〈감자〉	김동인	'복녀'라는 여주인공이 환경에 의해 타락해 가는 과정을 그린 작품
〈배따라기〉	김동인	두 형제의 오해로 인한 비극적 운명과 이의 수용을 담은 작품
〈광염쏘나타〉	김동인	천재 예술가의 이면에 숨겨진 흉포성을 통해 예술지상주의를 표방한 작품
〈운수 좋은 날〉	현진건	인력거꾼의 운수 좋은 하루와 아내의 죽음을 반어적으로 형상화한 작품
〈만세전〉	염상섭	아내의 부음을 듣고 귀국한 주인공이 비참한 조선의 현실을 목도하고 절규하는 내용의 작품
〈표본실의 청개구리〉	염상섭	정신이상자 '김창억'을 통해 당대 지식 청년들의 우울과 무력감을 형상화한 대표적인 자연주의 작품
〈벙어리 삼룡〉	나도향	벙어리 '삼룡'이라는 인물이 주인댁 아씨를 연모하면서 파국으로 치닫는다는 낭만주의 계열의 작품
〈물레방아〉	나도향	세력가와 바람이 난 아내를 되찾기 위해 노력하는 하층민의 처절한 노력과 그 좌절을 그린 비극적인 낭만주의 작품
〈화수분〉	전영택	재물이 자꾸 생겨 줄지 않는다는 '화수분'이라는 이름을 가진 가난한 하층민의 비극적 삶과 그들의 비극적인 죽음을 형상화한 작품
〈인력거꾼〉	주요섭	중국 상하이에서 8년 동안 인력거꾼으로 일해 온 하층민의 죽기 전 하루의 이야기를 담은 작품
〈탈출기〉	최서해	조국을 떠나 간도로 이주한 주인공이 궁핍한 현실을 벗어나지 못한 채 절망 속에서 민족을 위한 길을 자각하고, 그 길로 뛰어든다는 내용을 서간체 형식으로 표현한 작품

② 주요 작품 해제

　㉠ 〈감자〉: 주인공 복녀(福女)는 가난한 선비 집안 태생으로 예의범절을 아는 여자였으나 가난한 빈민굴에 시집을 와 현실에 적응하면서 점차 타락해 간다. 복녀는 동네 지주인 왕서방과

바람이 나고 남편은 이를 모른 체한다. 왕서방이 다른 여인과 혼인을 하던 날 낫을 휘두르던 복녀는 결국 왕서방에 의해 죽게 되고 남편과 왕서방은 복녀의 시신을 놓고 돈거래를 한다. 이 소설은 한 인간이 환경을 극복하지 못하고 환경에 의해 몰락해 가는 과정을 그린 작품이라는 점에서 자연주의 소설로 분류되기도 한다.

ⓛ 〈배따라기〉 : 바닷가에 살던 두 형제는 동네에서 부러울 것이 없이 의좋게 살던 중 동생과 형의 아내가 쥐를 잡기 위해 방에서 난리를 피우던 과정을 목격한 형이 두 사람의 관계를 의심하면서 결국 형의 아내는 집을 떠나 시체로 발견되고 동생은 그 길로 떠나버리고 만다. 이후 형은 속죄하는 마음으로 동생을 찾아 유랑하게 되고 딱 한 번 만나게 된 동생에게서 모든 것이 운명이라는 이야기를 듣게 된다.

ⓒ 〈운수 좋은 날〉 : 인력거꾼인 김첨지는 비가 내리는 날 손님이 끊이질 않는 운수 좋은 날을 맞이한다. 하지만 김첨지는 아픈 아내에 대한 불길한 예감이 들고 점차 불안이 커진다. 집으로 돌아오는 길에 술집에 들러 술을 마시며 그의 불안한 마음을 달래보지만 쉬 가라앉지 않고 결국 집에 돌아온 김첨지는 싸늘한 아내의 시신을 맞이하게 된다. 김첨지는 아내가 먹고 싶다던 설렁탕을 옆에 둔 채 아내의 시신을 안고 절규한다. 도시 하층민의 비극적인 삶을 그린 대표적인 사실주의 소설로 김첨지에게 행운과 불운의 두 가지 사건이 동시에 진행된다는 점에서 상황의 아이러니 구조를 볼 수 있으며 '운수 좋은 날'은 반어적인 제목이 된다.

ⓔ 〈만세전〉 : 주인공 이인화는 일본에서 유학 도중 아내의 부음을 듣고 장례에 참석하기 위해 귀국한다. 귀국 도중에 조선의 농민들을 꾀어 일본에 팔아먹는다는 일본인들의 이야기를 들으며 서서히 민족의식을 각성하기 시작한 이인화는 아내의 장례식을 마치고 조선의 현실을 직시하며 조선 천지가 무덤이라는 비관적 인식으로 절규한다. 배경이 3·1 운동 전인 이 작품은 민중들 속에 내재해 있는 3·1 운동의 에너지를 발견하지 못했다는 한계를 보이나 당대 조선의 현실을 지식인의 눈으로 객관적으로 형상화했다는 점에서 높이 평가되고 있다.

ⓜ 〈화수분〉 : 본래 '화수분'은 써도 써도 재물이 줄지 않는다는 뜻이다. 그러나 소설 속 인물 '화수분'은 궁핍한 하층민이다. 행랑살이를 하던 화수분은 형편이 어려워 큰 딸을 어쩔 수 없이 남의 집에 보내기로 한다. 형님을 돕기 위해 잠시 집을 떠난 화수분이 앓아 누워 보름이 지나도록 소식이 없자 아내는 편지를 쓴 뒤 화수분을 찾아 떠난다. 뒤늦게 편지를 받아 본 화수분은 아내를 만나기 위해 걸음을 재촉하고 길에서 마주친 부부는 어린 아들을 부둥켜안은 채 숨을 거둔다. 이튿날 죽은 부모 사이에 남겨진 아이를 나무장수가 데려간다. 하층민의 비극적인 삶을 사실적으로 그려낸 작품이다.

ⓑ 〈탈출기〉 : 조국에서 생계를 유지하기 어려워지자 '나'는 가족들을 데리고 간도로 이주한다. 그러나 간도로 이주한 뒤에도 형편은 나아지지 않고 급기야 임신한 아내가 몰래 귤껍질을 먹는 모습을 목격한 나는 이 모든 것이 개인의 탓이 아니라 제도와 사회의 탓이라 여기고

가출하여 XX단에 가입하게 된다. 최서해의 작품으로 직접적인 가난의 체험을 바탕으로 구체성을 획득하고 있다는 점에서 관념적이고 추상적인 초기 KAPF의 경향소설과는 차별성을 갖는 작품이다.

➕ 더알고가기   카프(KAPF)   ≡

'조선 프롤레타리아 예술가 동맹(Korea Artista Proleta Federacio)'의 약자로 이적효, 이호, 심훈, 송영 등이 속해 있던 '염군사'와 '파스큘라(1923)'가 합동하여 결성되었다. 이후 최서해, 이기영, 조명희 등이 가담하면서 점차 확대되었으며 계급 지향의 목적의식이 뚜렷한 작품들을 발표하였다. 점차 정치적 성향이 뚜렷해지면서 일제의 탄압이 강화되다가 1934년 대대적 검거가 시작되면서 해체되었다.

(3) 동인지 문학의 시대

1920년대는 일제의 유화정책 속에서 많은 동인지들이 쏟아져 나온 시기이며, 많은 문인들이 동인지를 통해 자신의 작품 공간을 확보하였다는 점에서 이 시기의 동인지는 문학이 꽃을 피울 수 있었던 훌륭한 토양이 되었다.

동인지	작가	특징
《창조》	김동인, 주요한, 전영택, 김환, 최승만 등	최초의 동인지
《폐허》	김억, 염상섭, 오상순, 황석우, 민태원 등	퇴폐적 허무주의
《개벽》	김소월, 이상화, 현진건 등	신경향파 문학 소개
《백조》	홍사용, 박종화, 이상화, 나도향, 박영희, 현진건 등	낭만주의 경향
《장미촌》	박종화, 변영로, 노자영 등	최초의 시 동인지
《금성》	양주동, 이장희 등	낭만주의 경향
《해외문학》	김진섭, 김광섭, 정인섭, 이하윤 등	외국 문학의 번역 및 소개
《조선문단》	이광수, 이은상, 박화성 등	경향파에 대한 반동

● 기출유사문제 ●

다음 〈보기〉에서 설명하고 있는 문예 동인지는?

─── 보기 ───

1920년대의 동인지로 낭만주의 경향의 작품들을 발표하였으며 홍사용, 박종화, 이상화, 나도향 등이 동인으로 참여하였다.

① 창조   ② 폐허
③ 백조   ④ 장미촌
⑤ 조선문단

● 해설

1920년대 낭만주의를 표방한 문예동인지로 홍사용, 박종화, 이상화, 나도향 등이 참여한 것은 《백조》이다.

① 《창조》는 최초의 동인지로 김동인, 주요한, 전영택 등이 참여한 동인지이다.
② 《폐허》는 3·1운동 이후의 좌절감을 반영한 퇴폐적 허무주의의 작품들이 발표된 동인지로 김억, 염상섭, 오상순, 황석우 등이 참여하였다.
④ 《장미촌》은 최초의 시 동인지로 박종화, 변영로, 노자영 등이 참여한 문예 동인지이다.
⑤ 《조선문단》은 이광수, 이은상, 박화성 등이 참여한 문예 동인지로 경향파 문학에 대한 반동으로 등장하였다.

정답 ❸

⑷ 1920년대의 희곡

이인직의 신소설이 원각사에서 공연된 이후 점차 일본 색체의 신파극으로 기울어갈 무렵 현대 희곡의 개척자로 등장한 것이 '토월회'이다. 이와 함께 일본에서 김우진, 조명희 등을 중심으로 결성된 '극예술협회'가 탄생하여 한국 현대 희곡의 기틀을 다지기 시작하였다.

① 주요 작품 일람

작품	작가	내용
〈이영녀〉	김우진	'이영녀'의 삶을 통해 당대 빈곤한 민중들의 현실을 사실적으로 드러낸 작품
〈산돼지〉	김우진	동학군에 가담하여 처형당한 부모 대신 양부모 밑에서 자란 주인공이 청년기에 이르러 갖게 되는 내면적 갈등을 통해 사회 개혁과 인습의 타파라는 주제의식을 드러내고 있는 작품
〈김영일의 사〉	조명희	관념적 인도주의에 휩쓸려 있던 당시 도쿄 유학생들의 사상적 갈등, 가난과 인간성의 문제 등을 제기하고 있는 작품

② 〈산돼지〉: 주인공 '원봉'의 부친은 동학군에 가담하였다가 죽임을 당하는데 아들에게 탐관오리들과 대결하여 원수를 갚아야 산돼지 탈을 벗겨주겠다는 유언을 남긴다. 이후 원봉은 최주사 부부의 손에서 자라게 되는데 최주사는 원봉과 자신의 딸 영순을 결혼시키라는 유언을 남긴다. 하지만 영순은 차혁과 사랑에 빠지고 원봉은 신여성을 대변하는 정숙과 사랑에 빠진다. 정숙은 다른 남자와 사랑에 빠져 일본까지 갔다가 돌아오지만 원봉은 결국 자신이 안주할 곳이 정숙이라고 생각한다. 이 작품에서는 부모가 맺어준 원봉과 영순의 관계를 부정하고 각자의 사랑을 추구한다는 점에서 당대의 사회적 과제이기도 했던 인습의 타파와 함께 동학군의 후예로서 원봉이 대변하는 사회개혁이라는 주제의식이 잘 드러나 있다. 작품 속에서 '산돼지'는 결국 사회 개혁과 인습 타파라는 시대적 과제를 상징하는 것으로 볼 수 있다.

➕ 더 알고가기   토월회(土月會)   ≡

1923년 동경에서 조직된 극단으로 김기진, 이서구, 홍사용 등이 참여하였다. 해외 작품을 소개하며 신극운동을 전개하였고, 학생극운동으로부터 전문극단으로 발전한 근대극 초기 단계의 대표적인 극단이다.

4 1930년대 문학

1930년대는 1920년대 본격화되기 시작한 일제의 토지수탈과 식량수탈 등으로 소작농으로 전락한 농민들의 소작쟁의가 심화되는 한편 유입민들이 증가하면서 농촌 공동체의 붕괴가 가속화되었다. 이와 동시에 자본주의적 체제와 도시문화가 자리를 잡아가던 시기이기도 하다. 1930년대 문학은 이러한 토양에서 창작되었으며 작가들은 당대의 현실을 작품에 반영하는 한편 새롭게 유입된 문예사조를 실험하는 등 한국 근대 문학의 다양한 가능성을 보여주었다.

(1) 1930년대의 시

1930년대에는 점차 심화되는 식민지 침탈 속에서 농촌붕괴로 인한 고향 상실 의식이나 도시민의 고독과 소외 등에 대한 관심이 작품에 반영되는 한편 식민지 지식인으로서의 고뇌를 드러낸 작품들도 창작되었다. 특히 1920년대를 풍미하였던 목적문학이 일제의 탄압에 의해 해체되면서 순수시의 지향이 두드러지게 되었다. 이는 종전의 목적문학에 대한 반발인 동시에 목적문학이 간과해왔던 문학의 본령에 대한 반성이기도 했다. 한편 민족이 처한 현실을 보다 객관적인 관점에서 담담하게 형상화한 현실주의 시들도 꾸준히 창작되었다. 하지만 1930년대 시문학에서 무엇보다 중요한 것은 서구 문예사조의 지속적인 유입에 따라 모더니즘이 새롭게 등장하였다는 점이다. 모더니즘 계열의 시는 도시적 감수성을 바탕으로 하여 이전과는 다른 시 세계를 구축함으로써 당대의 시단에 커다란 충격을 주었다. 아울러 갈수록 심화되는 일제의 폭압 속에서도 굴하지 않고 적극적인 저항의지를 표출하는 시들도 창작되어 식민지 현실을 살아가는 시인들의 강인한 내면세계와 함께 해방에 대한 낭만적 전망을 드러내기도 하였다.

① 순수시 : 1920년대 보여주었던 퇴폐적 허무주의에서 벗어난 1930년대 시인들은 이전 시기에 과잉되었던 목적주의와 민족의식의 중압감으로부터 벗어나 순수한 서정 세계를 노래한 순수시의 창작에 집중하였다. 이는 목적의식을 과도하게 추구했던 이전 시기의 시문학에 대한 반성이며, 인간의 순수한 서정의 세계를 탐구하고자 한 욕망의 표출이었다. 이 시기의 순수시를 이끌었던 것은 박용철, 김영랑 등이 주도하였던 시문학파와 유치환을 중심으로 강렬한 생명에의 갈망을 담았던 생명파이다.

㉠ 주요 작품 일람

작가	작품
박용철	〈떠나가는 배〉
김영랑	〈모란이 피기까지는〉, 〈내마음 아실이〉, 〈끝없는 강물이 흐르네〉, 〈돌담에 속삭이는 햇발 같이〉, 〈오월〉, 〈북〉
유치환	〈생명의 서〉, 〈깃발〉, 〈바위〉
서정주	〈국화 옆에서〉, 〈추천사〉, 〈동천〉, 〈신부〉
노천명	〈사슴〉, 〈남사당〉

ⓛ 주요 작품 해제

- 〈떠나가는 배〉 : 1920년대 식민지 지식인 청년의 현실과 내적 갈등을 형상화한 작품으로
  암담한 현실 앞에서 미래지향적 의지를 가지고 떠나려는 심정과 차마 고향땅과 조국을 버
  리지 못하고 미련을 두게 되는 심정 사이에서 갈등하는 화자의 모습이 잘 드러나 있다.
- 〈모란이 피기까지는〉 : 모란으로 상징되는 시적 화자의 삶에 대한 보람과 희망이 잘 드러
  나 있는 작품으로 모란이 피고 지는 계절의 순환을 토대로 시적 화자가 느끼는 절망과 고
  뇌 그리고 기다림의 정서를 효과적으로 형상화한 작품이다. 한편 일제의 폭압 속에서 은
  둔해야 했던 시인의 내적 고뇌와 소망이 '모란'이라는 자연물을 매개로 잘 표현된 작품이
  기도 하다.
- 〈생명의 서〉 : 생명파 시인인 작가가 생명에 대한 강렬한 의지와 생명의 본성에 대한 애착
  을 드러내고 있는 작품으로 진정한 자아와 대면하기 위해 사막의 고통마저도 견뎌내겠다
  는 굳은 의지를 느낄 수 있다.
- 〈깃발〉 : '푸른 해원'으로 상징되는 이상향에 대한 동경과 '이념의 푯대'로 상징되는 현실적
  한계 속에서 갈등하는 인간 본연의 운명적 고뇌를 '깃발'이라는 상징적 소재에 투영하여
  형상화한 작품이다. 비교적 단순한 시 형식 속에서도 확장 은유와 같은 세련된 수사를 통
  해 시의 품격을 높이고 있으며 인간이라면 누구나 지니고 있는 보편적인 본성을 효과적으
  로 표현하였다.
- 〈국화 옆에서〉 : 표면적으로는 시련과 고통을 이겨낸 국화의 개화를 맞이한 시적 화자의
  경이로움과 감탄이 드러나 있으며 이를 완숙한 여인의 모습에 비유하여 국화의 성숙미를
  강조하였다. 특히 한 송이의 국화꽃을 피우기 위해 자연의 모든 만물들이 관여하게 된다
  는 시적 발상은 불교의 연기설(緣起說)에 바탕을 두고 있는 심오한 불교 철학적 인식과 맞
  닿아 있기도 하다.
- 〈추천사〉 : 고전 소설의 주인공인 '춘향'을 시적 화자로 설정하여 현실의 고뇌와 번민을 벗
  어나 이상세계에 도달하고자 하는 춘향의 의지와 좌절을 통해 인간이 지닌 숙명적 한계와
  극복이라는 보편적 정서를 담아내고 있다. 특히 내용 자체를 그네의 왕복운동과 연관시켜
  상황에 따른 시적 화자의 감정 변화를 구조적으로 형상화한 점이 이 시의 탁월함이다.
- 〈사슴〉 : 노천명의 대표작으로 먼 산을 바라보는 사슴의 우아한 모습에 이상향을 동경하
  는 인간들의 보편적인 정신적 지향을 효과적으로 표현하였다. 비교적 짧은 시 형식 속에
  서 압축적이고 묘사적인 이미지를 통해 이상향을 동경하는 인간 본연의 모습을 사슴에 투
  영하여 환상적이고 낭만적인 분위기를 연출하였다.

② **전원적 목가시** : 전원적 목가시는 도시 문명을 바탕으로 한 모더니즘과는 달리 자연에 귀의하
여 낭만적 이상향을 추구하려는 특징을 보여주었다. 이에 해당하는 작가로는 김상용과 신석

정, 김동명이 있다. 특히 신석정은 전원적 목가시 속에 일제강점기 현실에 대한 저항의식을 담아내었다.

㉠ 주요 작품 일람

작가	작품
김상용	〈남으로 창을 내겠소〉
신석정	〈들길에 서서〉, 〈그 먼 나라를 알으십니까〉, 〈대숲에 서서〉, 〈슬픈 구도〉, 〈아직 촛불을 켤 때가 아닙니다〉, 〈임께서 부르시면〉
김동명	〈파초〉, 〈북청 물장수〉, 〈내 마음은〉

㉡ 주요 작품 해제

• 〈남으로 창을 내겠소〉 : 전원에 묻혀서 자연과 일체가 되어 안빈낙도(安貧樂道)하며 살아가는 시적 화자의 삶의 태도가 잘 드러난 작품이다. 간결한 시 형식이지만 시적 화자가 추구하는 삶의 모습이 구체적으로 형상화되어 있으며 마지막 연의 '웃지요'는 현실적 이해관계를 초탈한 모습으로 이백의 〈산중문답〉의 분위기를 느낄 수 있다.

• 〈그 먼 나라를 알으십니까〉 : 대표적인 저항시인 중 한 명인 신석정의 작품으로 시적 화자가 추구하는 이상 세계를 함축한 '그 먼 나라'의 모습을 구체적 이미지로 형상화하면서 이상향에 대한 시적 화자의 갈망을 잘 드러내고 있다.

• 〈파초〉 : 조국을 떠나 살아가는 시적 화자가 남국을 떠나 온 파초의 모습에 정서를 투영하여 떠나온 조국에 대한 강력한 갈망을 드러내고 있다. 시적 화자와 궁극적으로 유사한 상황에 놓인 파초를 동일시의 대상으로 삼고 인격을 부여하는 수법으로 시의 주제를 효과적으로 전달하고 있다.

③ 현실주의 시 : 1930년대는 점차 일제의 수탈이 고도화되고 이로 인한 농촌 공동체의 붕괴가 급속하게 진행되던 시기이다. 이와 함께 가혹한 일제의 토지 수탈 속에서 고향을 버리고 떠나는 유이민들이 급격히 증가하던 시기이기도 하다. 이러한 상황에서 시인들은 농촌 붕괴와 피폐한 민족의 현실에 주목하면서 잃어버린 과거 공동체의 모습을 복원하거나 유이민들의 비극적인 삶을 담담하게 형상화한 작품들을 창작했다.

㉠ 주요 작품 일람

작가	작품
백석	〈여승〉, 〈오랑캐꽃〉, 〈팔원〉, 〈서행시초〉, 〈고향〉, 〈여우난 곬족〉
이용악	〈우라지오 가까운 항구에서〉, 〈풀벌레 소리 가득차 있었다〉, 〈그리움〉, 〈낡은 집〉
오장환	〈고향 앞에서〉, 〈성씨보〉

㉡ 주요 작품 해제

• 〈여승〉 : 남편이 가출한 뒤 광산에서 옥수수를 팔던 여인이 딸마저 잃고 입산하여 여승이

되는 과정을 객관적이고 담담한 어조로 그린 작품이다. 역순행적 구성을 통해 여인이 여승이 되는 과정을 담은 한편 담백한 표현으로 시적 화자의 시 세계를 잘 드러내고 있다. 특히 일제 식민지 치하에서 한스럽게 살아가던 우리 민족의 한 단면을 여승을 통해 드러내고 있다는 점에서 높이 평가 받는 작품이다.

- 〈여우난 곬족〉: 백석이 추구하던 가치인 전통적인 공동체의 모습을 담고 있는 시이다. 설날에 모인 일가친척들에 대한 내력과 가족들이 모두 모인 정감있는 장면에 대한 묘사를 통해 일제 식민통치의 과정에서 상실한 공동체 복원을 꿈꾸는 시적 화자의 지향이 잘 드러나 있다. 현실주의 시답게 과잉된 감정의 표출이 자제되었고, 다양함 감각적 이미지를 동원하여 잃어버린 공동체적 삶의 모습을 추구하고 있다.

- 〈낡은 집〉: 궁핍한 현실 속에서 생활고를 견디지 못한 털보네가 자신의 집을 비워둔 채 유이민의 삶을 선택하게 된 비극적 상황을 관찰자의 입장에서 담담하게 전달하고 있는 전형적인 현실주의 시이다. 털보네가 떠나버린 채 남겨진 '낡은 집'은 결국 당대 우리 민족의 삶의 모습을 상징적으로 대변하는 공간이다.

- 〈우라시오 가까운 항구에서〉: 러시아의 얼어붙은 항구에서 고향에 돌아가지 못하는 유이민의 심정을 노래한 작품이다. 두껍게 얼어붙은 항구를 통해 냉혹하고 암담한 현실을 상징적으로 표현하였으며, 과거 러시아에 대한 어머니의 이야기를 회상구조로 연계시키며 안온했던 유년기의 경험과 오도 가도 못하는 시적 화자의 현실 사이의 괴리감을 극대화시킨 작품이다.

④ 모더니즘 시 : 1930년대 새롭게 등장한 중요한 시적 경향이 바로 모더니즘이다. 구인회를 중심으로 전개된 모더니즘 시는 새롭게 성장한 도시적 감수성과 세련된 언어 구사 등을 바탕으로 민족적 현실을 노래하거나 개인의 서정을 노래한 시들이 다수였다. 기존의 시 형식과 관습을 뒤엎는 초현실주의 작품들도 등장하였다. 1930년대 모더니즘은 대체로 세 방향으로 전개되었는데 첫째는 시의 이미지를 강조하면서 다양한 이미지를 활용하여 시의 감각적 경향을 강화한 이미지즘 계열이고, 둘째는 지식인의 내면세계를 그려낸 주지주의 계열의 시다. 셋째는 기존의 관습을 철저히 부정하며 산문시 등의 과감한 형식적 실험을 전개하거나 시인의 무의식 세계를 표출하는 초현실주의 계열의 시이다. 이러한 모더니즘 시들의 등장은 결과적으로 한국시의 다양한 가능성을 실험하며 1930년대 시단을 풍성하게 만들었다.

㉠ 주요 작품 일람

작가	작품
정지용	〈카페 프란시스〉, 〈향수〉, 〈백록담〉, 〈고향〉 등
김광균	〈와사등〉, 〈외인촌〉, 〈추일서정〉 등
김기림	〈바다와 나비〉, 〈기상도〉

이상	〈오감도〉, 〈가정〉, 〈거울〉

ⓒ 주요 작품 해제

• 〈향수〉 : 고향의 풍경을 각 연마다 묘사하여 시적 화자의 내면에 자리하고 있는 과거 고향에 대한 짙은 그리움을 효과적으로 전달하고 있는 시이다. 매 연마다 반복되는 후렴구는 시적 화자의 향수를 보다 효과적으로 강조하면서 시의 전체적 통일성을 유지시켜주는 장치 역할을 하고 있다.

• 〈와사등〉 : 와사등에서 촉발된 시상을 전개하여 지향점을 잃어버린 채 무의미한 도시의 군중들 속에서 소외되고 고독한 식민지 지식인의 내면 풍경을 감각적으로 형상화한 작품이다. 도시적 감수성을 바탕으로 근대화된 도시의 내부에 도사리고 있는 피할 수 없는 고독감과 소외감을 시각적 이미지를 통해 표현한 이미지즘 시의 대표적인 작품이다.

• 〈외인촌〉 : 이국적 이미지의 외인촌 풍경이 잘 드러난 이미지즘 시의 전형적인 작품이다. 도시적 감수성을 담은 이미지들 속에 근대 문명의 고독감이 짙게 드러난 작품이다.

• 〈오감도〉 : 13인의 아해를 내세워 식민지 근대인들이 안고 있는 근원적인 소통 부재와 소외된 모습을 형상화한 작품이다. 13인의 아해에 대한 다양한 견해와 함께 난해시의 대표적인 작품이기도 하다. 이상 특유의 모순된 상황과 진술, 초현실주의기법을 통해 시인의 무의식과 자의식 세계를 나타내고 있다.

• 〈거울〉 : 거울에 비친 시적 화자의 모습을 통해 내적 자아와 외적 자아의 분열된 상황을 효과적으로 표현한 작품이다. 자신과는 반대인 거울 속 자아의 모습은 결국 현실과 괴리된 내적 자아의 지향을 상징하고 있는 것으로 볼 수 있으며, 이들 간의 극단적 의사소통의 부재는 내적 자아를 진찰하고자 하는 극도로 객관화된 자아의 모습을 통해 형상화되고 있다.

⑤ 저항시 : 1930년대에는 가속화된 일제의 수탈에 강렬한 저항의식을 표출한 시들도 창작되었는데 이들은 고도의 상징성을 바탕으로 하고 있다. 대표적인 시인으로는 윤동주와 이육사를 들 수 있다. 윤동주의 경우 정신적 순결의식과 치열한 자기반성을 토대로 일제 치하에 고뇌하는 지식인의 내면세계를 드러내었고, 이육사의 경우 강렬한 저항의식을 바탕으로 남성적이고 대륙적인 풍모의 저항시들을 창작하였다.

㉠ 주요 작품 일람

작가	작품
이육사	〈광야〉, 〈청포도〉, 〈절정〉, 〈꽃〉, 〈교목〉 등

ⓒ 주요 작품 해제

• 〈청포도〉 : 청포도가 익어가는 고향의 풍경 묘사를 통해 식민통치로 잃어버린 고향의 모습을 복원하는 한편 시적 화자가 고대하는 광복에의 희망을 '손님'으로 상징한 작품이다.

색채 대비를 통한 선명한 이미지를 바탕으로 시적 화자가 소망하는 고향의 모습을 효과적으로 형상화하였다는 점과 상징적 수법을 통해 시적 화자가 기다리고 있는 세계에 대한 간절함을 담고 있다는 점에서 높이 평가받는다.

• 〈광야〉: 우리 민족의 시원인 광야를 무대로 광야의 형성 과정과 문명의 태동을 지나 현실의 고뇌를 딛고 '천고의 뒤'에 올 민족의 희망적인 미래에 이르기까지의 과정을 시간의 흐름에 따라 형상화한 작품이다. '눈'과 '매화'를 대조시켜 현실의 암담함과 함께 독립에 대한 염원을 상징적인 수법으로 표현하면서 희생양 모티브를 동원하여 독립된 민족의 미래를 위해 희생하고자 하는 시적 화자의 의지를 남성적 어조에 담아 강렬하게 노래했다.

＋ 더 알고가기   1930년대 주요 동인지

동인지	주요 동인	특징
《시문학》(1930)	김영랑, 박용철, 정지용, 정인보, 이하윤	순수 문학 중심의 시 동인지
《문예월간》(1931)	박용철, 김진섭, 이은상, 유진오	해외문학파 중심의 순수 문예 종합지
《시와 소설》(1936)	구본웅, 박팔양, 김상용, 정지용, 김기림, 박태원, 김유정, 김환태, 이상	구인회(九人會)의 동인지
《시원》(1935)	김광섭, 김상용, 모윤숙, 노천명	순수시 전문지
《시인부락》(1936)	서정주, 김동리, 오장환, 함형수	생명파 시인들의 시 동인지
《자오선》(1937)	민태규, 서정주, 김광균, 이육사, 신석초, 이상, 윤곤강, 함형수	1937년 11월 창간호로 종간됨.
《삼사문학》(1934)	신백수, 이시우, 정현웅, 조풍연, 장서언, 황순원	모더니즘 성격의 격월간 문예 동인지
《문장》(1939)	김연만, 이태준, 김용준, 길진섭	전 문단인을 망라한 친일적 색채가 없는 순수 문학을 지향하였으며 청록파 시인 등의 신인을 발굴함.

(2) 1930년대 소설

① **농민소설** : 1930년대는 1920년대에 실시된 일제의 토지조사령으로 대변되는 식민지 수탈 속에서 많은 농민들이 소작농으로 전락하는 한편 만주나 간도로 떠나 새로운 삶을 모색하는 유이민들이 증가하였다. 그 결과 소작쟁의가 급증하며 농촌현실에 대한 관심이 고조되었다. 이에 따라 농촌의 현실에 바탕을 두고 농민들의 비극적인 현실을 고발하거나 고달픈 일상 속에서도 삶의 건강함을 잃지 않는 농민들의 강한 에너지를 담은 작품들이 창작되었다. 한편 농촌 현실의 극복을 계몽으로 보고 농촌 계몽을 전제로 한 소설들도 등장하였다. 또한 1920년대 활발히 전개되었던 계급주의 문학을 계승하여 농민들의 계급투쟁을 바탕으로 사회주의적 전망을 드러낸 작품들도 등장하였다.

㉠ **주요 작품 일람**

작품	작가	내용
〈제1과 제1장〉	이무영	문학도를 꿈꾸던 주인공 '수택'이 어렵게 구한 기자직에 회의를 느끼고 이를 청산한 뒤 고향에 내려와 정착해 살아가는 모습을 그린 작품으로 힘겹지만 점진적으로 농촌 생활에 적응해 나가는 지식인의 모습과 지주들의 수탈 아래 가혹하게 살아가는 농촌 현실을 그린 작품
〈모범 경작생〉	박영준	'길서'라는 인물을 통해 일제의 식민지 농촌 정책의 허구성을 폭로한 작품으로 '모범 경작생'으로 뽑혀 일본 시찰을 비롯한 여러 혜택을 받던 길서가 점차 이기적인 인간으로 변모해 가면서 세를 경감해 달라는 마을 사람들의 부탁을 외면하고 일제의 농업 정책에 이용당하다가 분노한 마을 사람들에 의해 쫓겨 도망치게 된다는 내용을 담고 있음.
〈봄봄〉	김유정	'나'를 이용하기 위해 '점순'이와의 결혼을 이용하는 교활한 장인과 그 속내를 알아채지 못하고 우직하게 일만하는 '나' 사이의 갈등을 해학적으로 그린 작품
〈동백꽃〉	김유정	'나'가 점순네의 수탉을 죽이고 나서 점순이와 화해하게 된다는 줄거리로 농민들의 삶의 건강성을 해학적으로 그린 작품
〈만무방〉	김유정	매팔자로 야반도주에 사고만 치는 형 '응칠'이와 성실하게 농사를 짓지만 보람이 없는 동생 '응오'를 중심으로 식민지 농촌의 피폐한 현실과 자기 논의 벼를 자기가 훔쳐야만 하는 아이러니한 상황에 이른 농민들의 비극적인 삶의 모습을 그린 작품
〈메밀꽃 필 무렵〉	이효석	봉평 일대를 중심으로 장돌뱅이 삶을 살고 있는 '허생원'과 그의 아들로 짐작되는 '동이'의 만남을 그린 작품으로 서정적 문체와 낭만적 분위기의 묘사가 특징임.
〈상록수〉	심훈	브나로드 운동의 영향을 받은 작품으로 주인공 '영신'과 '동욱'이 농촌으로 내려가 일제의 탄압과 억압을 꿋꿋하게 이겨내고 농촌 계몽운동을 전개하는 모습을 담은 작품
〈고향〉	이기영	동경 유학을 마친 김희준이 귀향하여 농민운동을 주도하는 과정에서 고장 노동자 출신의 갑숙과 결합하여 수탈의 상징인 마름 안승학과 맞서 안승학의 양보를 얻어낸다는 긍정적 전망을 내세운 작품
〈사하촌〉	김정한	절의 땅을 소작하며 살아가는 사하촌 사람들의 비참한 삶을 그린 소설로 결국 지주와 일제의 수탈을 견디지 못하고 절을 불태우러 떠나는 농민들의 비장한 모습을 통해 식민지 농민들의 비참한 현실을 그린 작품

ⓛ 주요 작품 해제

- 〈동백꽃〉 : 마름의 딸인 점순의 사랑을 알아채지 못한 '나'의 어수룩함으로 인해 점순이는 '나'의 닭과 자신의 닭 사이에 연일 닭싸움을 붙인다. 점순과 나의 대리전을 치르는 동안 나의 닭이 번번이 점순네 닭에게 패하여 상처를 입게 되면서 점순이에 대한 나의 증오는 점차 커져간다. 그러던 중 또 다시 닭싸움을 목격한 나는 점순네 수탉을 단매에 때려눕히지만 이내 마름네 닭을 죽였다는 당혹감에 울음을 터뜨린다. 그러자 점순이는 닭이 죽은 건 염려 말라며 슬쩍 동백꽃 속으로 쓰러진다. 이 소설은 마름과 소작농의 신분적 차이를 배경으로 하고 있지만 이를 중심적인 갈등으로 놓지 않고 농촌의 순박한 남녀 간의 애

정을 해학적으로 그리고 있다. 이는 식민지 농촌의 비참함을 외면하였다기 보다는 비참한 농민들의 현실 속에 내재한 우리 민족의 건강함을 해학성을 바탕으로 표현한 것으로 볼 수 있다.

• 〈만무방〉 : 매팔자에 사고뭉치인 응칠이 오랜만에 성실한 농군인 동생 응오를 찾아오지만 소작농인 동생의 절박한 사정을 외면하는 지주의 모습에 분노를 느낀 응칠이 지주를 찾아가 오히려 일을 키우고 만다. 이후 응오의 논에서 벼가 사라지는 일이 벌어지자 자연스럽게 응칠이 의심을 사고 응칠은 누명을 벗기 위해 매복하여 도둑을 잡는다. 하지만 잡은 도둑은 다름 아닌 동생 응오였다. 이 소설에서는 김유정 특유의 해학성보다는 비참한 농촌 소작농의 현실이 더욱 사실적으로 그려져 있다는 점이 특징이다. 특히 자기 논의 벼를 자기 스스로 훔치지 않으면 살아갈 수 없는 소작농의 절박한 심정과 현실을 여실히 보여줌으로써 식민지 농촌의 현실을 극명하게 드러내고 있다.

• 〈메밀꽃 필 무렵〉 : 장돌뱅이로 나귀와 함께 반평생을 전전한 허생원은 충줏집을 사이에 두고 어린 동이와 대립하지만 이내 화해 하고, 다음 장으로 이동하던 중 허생원이 잊지 못하는 과거 성서방네 처녀와의 사랑이야기가 펼쳐진다. 이어 동이 어머니의 이야기가 전개되면서 허생원은 동이가 자신의 아들일지도 모른다는 생각을 갖게 되고 동이와 자신이 동일한 왼손잡이라는 사실에 이를 확신한 뒤 동이와 동이의 어머니가 있는 제천으로 향한다. 이효석 특유의 서정적 문체의 아름다움과 함께 달빛이 쏟아지는 메밀밭의 풍경을 낭만적으로 묘사한 대목은 이 소설의 가치를 더욱 빛나게 만드는 요소이다.

• 〈상록수〉 : 신문사의 위로회에서 만나 동지가 된 박동혁과 채영신이라는 두 남녀 지식인이 각자 농촌으로 돌아가 농촌 계몽 운동을 펼치는 과정을 담은 작품이다. 이 작품에는 일제의 탄압에도 굴하지 않고 목숨을 걸고 사명을 완수하려는 주인공들의 농촌 계몽 의지가 감동적으로 드러나 있다. 결국 채영신은 병을 얻어 죽게 되고 동욱은 영신을 묻고 돌아오는 길에 상록수를 보며 지속적인 농촌 계몽 의지를 다짐하는데 이 부분에서 소설을 관통하는 주제의식이 드러난다. 특히 이 소설은 1930년대 동아일보사를 중심으로 진행된 '브나로드 운동'의 정신을 계승한다는 점에서 의의가 크며 심훈 자신의 체험을 바탕으로 한 작품으로 알려져 있다.

• 〈고향〉 : 초기 KAPF 계열의 작품은 목적의식의 과잉으로 인해 문학적 형상화 능력이 떨어지고 살인, 방화 등의 극단적인 결말 구조를 택함으로써 뚜렷한 전망을 제시하지 못했다는 한계를 안고 해체되었다. 이러한 초기 KAPF 계열 작품의 한계를 극복한 대표적인 작품이 바로 〈고향〉이다. 이 작품에서는 일본 유학을 마친 지식인 김희준이 귀향하여 농민들을 계몽하는 한편 이들을 조직화하여 현실의 문제를 극복해 나가기 위해 노력하는 과정이 사실적으로 그려져 있다. 특히 공장 노동자 출신의 갑숙과 함께 수탈의 상징인 마름

안승학과 대결하는 모습에서는 농촌 노동자와 공장 노동자들의 연대를 통해 현실 극복의 전망을 보여주고 있다. 또한 이들이 결국 안승학과의 대결에서 승리하여 안승학의 양보를 얻어내는 과정은 이전의 KAPF 계열 작품이 보여주지 못했던 전망을 제시했다는 점에서 높이 평가받고 있다.

② **현실주의 소설** : 1930년대에는 도시 빈민의 삶이나 식민지 지식인이 처한 현실을 사실적으로 형상화한 작품들이 창작되었다. 이 시기의 현실주의 소설은 단순히 현실의 모순을 드러내는데 그치지 않고 한국 사회에 내재한 세대 간의 갈등 및 자본주의적 모순을 형상화함으로써 식민지 현실을 모습을 한층 성숙하게 드러내는 미덕을 보여주었다. 또한 1920년대에 성숙한 문학 창작 역량을 바탕으로 다양한 소재와 형식을 가진 장편 소설들이 대거 등장하여 한국소설의 지평을 넓혔다.

㉠ 주요 작품 일람

작품	작가	내용
〈삼대〉	염상섭	봉건적 가치관을 가진 거부 조의관과 얼치기 근대 지식인인 아들 상훈, 그리고 중도적 입장에서 우유부단함을 드러내는 손자 덕기로 이어지는 삼대의 삶을 통해 1930년대 식민지 현실의 모습과 세태를 사실적으로 형상화한 가족사 소설
〈탁류〉	채만식	가난한 집안의 딸인 초봉의 인생 역정을 그림으로써 당대의 혼란스러운 사회상과 추악한 세태를 사실적으로 풍자한 작품
〈태평천하〉	채만식	봉건사회에 대한 거부감을 가지고 돈을 모아 부자가 된 윤직원을 중심으로 그의 돈에 대한 집착과 가족들까지 이용하여 일제에 빌붙어 자신의 안위를 지켜가려는 이기적 욕망을 통해 당대 세태를 풍자한 가족사 소설
〈치숙〉	채만식	일본에서 유학했다가 사회주의 경력으로 인해 구속된 후 풀려나 폐병을 앓고 있는 아저씨를 한심한 눈으로 바라보는 '나'의 관점을 통해 역으로 일본 여자에게 장가들어 잘 살아보겠다는 기회주의적 인물인 나를 비판하고 있는 작품

㉡ 주요 작품 해제

• 〈삼대〉 : 이 작품은 부호인 조부 조의관과 근대 지식인 행세를 하면서도 축첩 등 왜곡된 삶으로 점철된 위선적 인물인 조의관의 아들 상훈, 동경 유학생으로 중도적이지만 우유부단하여 뚜렷한 신념을 지니지 못한 조의관의 손자 덕기에 이르는 삼대의 가족사를 통해 1930년대 가치관의 충돌과 혼란한 세태를 그려낸 작품이다. 조부인 조의관은 기독교인이자 지식인으로 행세하며 제사도 받들지 않고 죽은 친구의 딸 홍경화를 임신시키는 등 위선적 행동을 일삼는 아들 상훈과 마찰을 빚고 재산을 손자인 덕기에게 물려주려 한다. 하지만 이를 눈치 챈 후처 수원댁의 계략으로 조의관은 비소 중독으로 죽게 되고, 이 과정에서 덕기에게 모든 재산이 돌아가자 이를 가지고 도망한 아버지 상훈의 모습을 통해 일그러진 1930년대의 세태를 사실적으로 제시하고 있다.

• 〈탁류〉 : 가난한 정주사의 딸인 초봉은 자신이 사랑하는 사회주의자이자 의사 지망생인 승재와의 사랑을 이루지 못하고 돈에 눈먼 아버지의 권유에 따라 방탕한 삶을 사는 은행원 고태수와 결혼 한다. 초봉은 장형보의 계략에 휘말려 불운한 삶을 이어가며 재호를 거쳐 다시 형보와 살게 되지만 이후 악독한 형보의 손아귀에서 벗어나기 위해 결국 형보를 살해하고 자수하게 된다. 군산에서 서울로 이어지는 초봉의 삶은 당시 사회를 지배하던 돈의 흐름을 따르는 과정이라고 볼 수 있다. 결국 초봉의 비극적인 삶과 운명은 자본주의 사회의 추악한 단면을 보여주고 있다고 볼 수 있다. 특히 제목인 '탁류'는 당대 사회의 모습을 탁한 물의 흐름에 비유한 것이다.

• 〈태평천하〉 : 자린고비이자 친일적 사고를 가진 윤직원은 자신에게 철저하게 피해를 주었던 봉건 사회를 거부하고 자신이 부를 축적할 수 있게 된 일제 치하를 태평천하로 인식하는 인물이다. 그는 자신의 자식과 손자들을 이용하여 일제에 기생하여 자기 가문의 안위를 더욱 확고히 하고자 한다. 특히 손자 종학에 대한 기대가 커서 종학을 경찰서장으로 만들겠다고 마음먹고 있었다. 하지만 종학이 사회주의 운동에 가담하여 투옥되면서 윤직원의 꿈은 산산이 깨지게 된다. 이 소설은 왜곡된 가치관을 지닌 윤직원을 중심으로 가문의 흥망성쇠를 그린 가족사 소설로 1930년대의 세태를 사실적으로 보여주고 있다. 특히 반어적 제목을 통해 당대의 왜곡된 가치관을 지닌 인물을 풍자하는 한편 판소리 문체를 활용하여 풍자성을 강화하고 있다.

③ 모더니즘 소설 : 1930년대 유입된 모더니즘의 산물로 창작된 모더니즘 계열의 소설들은 기존의 소설들과는 다른 실험적 형식과 문체로 1930년대 소설을 보다 풍성하게 만들어 주었다. 특히 의식의 흐름 기법을 통한 지식인의 자아와 내면세계에 대한 탐구는 소설의 새로운 기법 실험을 넘어서 당대 지식인들의 비뚤어지고 암담한 내면세계를 보다 효과적으로 표출하는 수단이었다. 특히 비정상적인 인물 관계를 바탕으로 자아 분열적 세계를 표출한 초현실주의적 작품이 등장하면서 모더니즘의 스펙트럼을 한층 다양하게 만들었다.

㉠ 주요 작품 일람

작품	작가	내용
〈날개〉	이상	감금이나 다름없는 삶을 살고 있는 무기력한 '나'와 유곽에서 일하는 아내의 동거를 통해 당대 지식인의 억압된 의식세계를 의식의 흐름기법으로 형상화한 초현실주의 계열의 작품
〈소설가 구보씨의 일일〉	박태원	소설가 '구보'가 하루 동안 경성을 돌아다니며 보게 된 풍경과 이로 인해 파생된 내면의식을 의식의 흐름수법을 통해 서술한 작품
〈천변풍경〉	박태원	특별한 줄거리 없이 1년간 청계천 주변에서 살아가는 소시민들의 모습을 담은 피카레스크식 구성의 세태소설

㉡ 주요 작품 해제

- 〈날개〉 : '나'는 유곽에서 일하는 아내와 동거하지만 아내와 동침하지 못하고 각자의 방에서 생활한다. '나'는 점차 아내의 방을 거쳐 외출을 시도하고 아내는 이런 나에 대한 억압을 강화한다. 급기야 아내가 자신에게 아달린(수면제)을 먹였다고 생각한 '나'는 집을 떠나 백화점 옥상에서 잃어버린 자아를 확인하고 정오의 사이렌 소리에 각성하며 '날자'라고 외친다. 〈날개〉는 비정상적인 상황 설정과 뚜렷한 인과 관계가 성립하지 않는 사건 전개를 통해 의식의 흐름기법을 실험하고 있다. 특히 소설속에서 '방'은 식민지 지식인이 갇혀버린 폐쇄적 심리 공간을 상징하며, 제목인 '날개'는 잃어버린 자아를 상징하는 것으로 볼 수 있다. 결국 이 소설은 억압된 지식인인 '나'가 외출을 통해 점차 자아를 확인해 나가는 과정을 상징적으로 형상화한 작품으로 볼 수 있다.
- 〈소설가 구보씨의 일일〉 : 소설가 소설의 전형적인 작품으로 소설가 구보가 하루 동안 경성을 돌아다니며 자신의 눈에 비친 풍경을 마치 카메라의 눈처럼 형상화하고 이에 대한 자신의 내면의식을 일정한 인과성 없이 서술하는 의식의 흐름기법을 활용하여 드러내고 있는 소설이다. 구보는 1930년대 지식인의 무력감을 대변하는 인물이며 당시의 세태를 마치 카메라처럼 담아내는 관찰자적 인물이기도 하다.

➕ 더 알고가기 구인회(九人會) ☰

1933년 경향파 문학에 대한 반동으로 순수문학을 표방하며 결성된 문학 동인회로 김기림, 이효석, 이종명, 김유영, 유치진, 조용만, 이태준, 정지용, 이무영 등 9명의 문인이 주축이 되어 결성하였다. 이후 이효석, 이종명, 김유영이 탈퇴하고 박태원, 이상, 박팔양이 가입하였으며 유치진, 조용만이 탈퇴한 후 김유정, 김환태가 가입하여 항상 9명의 회원을 유지하였다. 《시와 소설》이라는 동인지를 출간하였으며 1930년대 중반 해체되었다.

➕ 더 알고가기 동반자 작가 ☰

공산주의 혁명운동이나 KAPF 등에 직접 참가하지는 않으나 이에 동조적인 태도를 취했던 작가들을 일컫는 말이다. 유진오, 이효석, 이무영, 채만식, 조벽암, 유치진, 박화성 등이 이에 해당한다. 작품으로는 이효석의 〈노령근해〉, 유진오의 〈여직공〉, 박화성의 〈하수도 공사〉 등이 있다. 박영희의 전향 선언 이후 의미가 상실되었으며, 이효석은 순수문학으로 귀환하기도 하였다.

🔍 짚어보기 ▶ 1930년대 역사소설

1930년대 소설의 특징 중 하나는 역사소설이 대거 등장했다는 점이다. 이는 민족의 역사를 바탕으로 하여 역사의식과 민족의식을 제고하려는 목적의식이 강하게 작용한 결과이다. 최초의 작품으로는 신숙주의 아내가 자살한 역사적 사실을 다룬 박화성의 〈목메이는 여자〉(1923)로 보고 있다.

㉠ 1930년대 발표된 주요 역사소설

작가	작품
김동인	〈젊은 그들〉, 〈운현궁의 봄〉, 〈대수양〉

이광수	〈허생전〉, 〈이순신〉, 〈단종애사〉, 〈원효대사〉, 〈마의태자〉
홍명희	〈임꺽정〉
박종화	〈금삼의 피〉, 〈대춘부〉, 〈전야〉, 〈다정불심〉
윤백남	〈대도전〉, 〈흑두건〉
이태준	〈황진이〉
홍효민	〈인조반정〉
현진건	〈무영탑〉, 〈흑치상지〉, 〈선화공주〉

ⓛ 이후의 주요 대하 역사소설

작가	작품	내용
안수길	〈북간도〉 (1959~1967)	조선 후기부터 일제 시대를 거쳐 광복까지 민족의 수난사를 북간도로 이주한 이창윤 일가의 4대에 걸친 고난과 투쟁을 통해 형상화한 대하소설
박경리	〈토지〉 (1969~1994)	경남 하동군 평사리와 간도의 용정, 서울 등을 무대로 주인공 서희를 중심으로 최씨 가문의 흥망성쇠를 통해 우리 민족의 수난사를 그린 작품
황석영	〈장길산〉 (1974~1984)	조선 숙종조 실존 인물인 장길산을 주인공으로 봉건사회의 질서 속에 소외된 민중들의 지배층에 대한 저항을 다룬 작품

(3) 1930년대의 희곡

1920년대 〈토월회〉, 〈극예술연구회〉를 통해 뿌리 내리기 시작한 희곡은 1930년대에 들어서면서 한층 발전된 모습을 보인다. 1920년대까지의 작품이 추구했던 계몽주의적 성격에서 벗어나 사실주의적 희곡이 자리를 잡게 되고, 식민지 민중들의 현실을 비판하는 희곡들 또한 등장했다.

① 주요 작품 일람

작품	작가	내용
〈토막〉	유치진	일본에 유학을 보낸 아들의 싸늘한 백골을 받아들게 되는 명서 가족의 비극적 현실을 통해 식민지 민족의 비참한 삶을 사실적으로 형상화한 작품
〈소〉	유치진	아끼는 소를 마름에게 빼앗겨야만 하는 농민의 비극적 상황을 통해 일제 치하 농민들의 삶을 현실적으로 그린 작품
〈산허구리〉	함세덕	바다에서 왼쪽 다리를 잃고 첫째 아들과 큰 사위, 둘째 아들 마저 잃게 된 후 아내마저 실성해 버린 늙은 어부의 비극적 삶을 통해 식민지 궁핍한 민중들의 현실을 사실적으로 그린 작품

② 〈토막〉 : 토막에 사는 명서와 명서의 처는 일본에 간 아들 명수가 소식이 없자 아들을 기다리며 하루하루 조급해 한다. 하지만 기다리던 아들은 결국 일본 경찰에 검거되어 싸늘한 백골로 돌아온다. 명서와 명서의 처는 아들의 백골 앞에서 오열하며 시대를 저주하고 명서의 딸 금녀는 의지적인 태도를 보이며 오빠의 죽음을 헛되이 하지 않아야 한다고 다짐한다. 작품의 제목이자 주된 공간적 배경인 '토막'은 일제 치하 우리 민족의 피폐한 삶의 현실을 상징하고 있다.

＋ 더 알고가기　**신파극**　☰

1910년대 도입되어 붐을 이루며 전파된 일본식 연극이다. 특히 초창기는 일본에서 바로 도입한 신파극이 공연되면서 왜색이 짙었으나 점차 한국적 색채를 띠기 시작했다. 1920년대 근대적 의식의 자각 속에 잠시 주춤하였으나 1930년대 '동양극장'이 설립되면서 다시 한 번 전성기를 이루었고 1940년대 해방 직후의 문화적 혼란기에 성행하였다. 대표작으로 이수일과 심순애의 사랑을 다룬 〈장한몽〉이 있다.

● **기출유사문제** ●

〈보기〉에서 설명하고 있는 우리 문학사의 유파는?

─── 보기 ───

1930년대 동인지 《시인부락》을 중심으로 활동한 문학 유파이다. 서정주와 유치환, 김동리, 김광균 등이 주요 동인이다. 이들은 삶 자체의 여러 현상에서 시의 가치를 찾아내었기 때문에 '인생파'라고 불리기도 했다. 대표적 작품으로는 서정주의 〈화사(花蛇)〉가 있다.

① 이미지즘　　　　　　　　② 시문학파

③ 생명파　　　　　　　　　④ 청록파

⑤ 낭만파

● **해설**

서정주, 유치환 등이 참여하였고 《시인부락》을 중심으로 활동하였던 유파는 생명파이다.

정답 ❸

● **예상문제** ●

〈보기〉에서 설명하고 있는 시인은 누구인가?

─── 보기 ───

1930년대 시문학 동인으로 순수시 창작을 통해 우리 시를 발전시킨 인물이다. 우리 민족 내면에 흐르는 순수한 서정을 아름다운 언어에 담아 순수시의 정수를 보여주고 있다. 대표작으로 〈모란이 피기까지는〉, 〈오월〉 등의 작품이 있다.

① 오장환　　　　　　　　　② 김광균

③ 서정주　　　　　　　　　④ 정지용

⑤ 김영랑

● **해설**

1930년대 순수시의 대표적인 작가로 탁월한 언어의 조탁과 세련된 언어미로 각광을 받았던 작가는 김영랑이다.

정답 ❺

⑤ 1940년대 문학

1940년대는 우리 문학의 암흑기라고 할 만큼 일제의 거센 탄압 속에서 문학 활동이 위축되었던 시기이다. 해방 이전에는 현실을 등진 채 자연으로 귀의한 작품들이 등장하였고, 해방 이후에는 혼란한 사회상을 비판한 작품들이 등장하였다. 한편 윤동주의 시와 같이 도덕적 순결성을 바탕으로 일제 치하 지식인의 고뇌를 그린 작품이 창작되기도 하였다.

(1) 1940년대의 시

1940년대 초반의 시에서 무엇보다 주목할 작가군은 청록파 시인들이다. 조지훈, 박목월, 박두진으로 이루어진 이들 청록파 시인들은 자연으로 회귀하여 자연을 노래함으로써 일제의 폭압을 인내하는 모습을 보여주었다.

① 주요 작품 일람

작가	작품
조지훈	〈승무〉, 〈고풍의상〉, 〈봉황수〉, 〈완화삼〉 등
박목월	〈나그네〉, 〈청노루〉, 〈이별가〉, 〈하관〉 등
박두진	〈향연〉, 〈해〉, 〈어서 너는 오너라〉 등
윤동주	〈서시〉, 〈별헤는 밤〉, 〈참회록〉, 〈쉽게 쓰여진 시〉, 〈십자가〉 등

② 주요 작품 해제

　㉠ 〈승무〉 : 승무라는 춤을 소재로 하여 승무를 추는 여인의 한과 예술적 승화를 형상화한 작품이다. '나빌레라', '파르라니'와 같이 시인의 언어 선택과 변용의 탁월한 면을 확인할 수 있는 작품이다.

　㉡ 〈나그네〉 : 민요조의 율격에 당대 식민지 현실을 살아가는 우리 민족의 뿌리 뽑힌 삶의 총체를 '나그네'에 투영한 작품으로 향토적 배경을 바탕으로 나그네의 외로우면서도 유유자적한 삶을 구름에 가는 달에 비유하여 표현하였다.

　㉢ 〈십자가〉 : 작가가 지향하는 삶의 태도를 형상화한 작품으로 자신을 십자가로 상징되는 희생양으로 삼아 타인을 구원하고자 하는 시적 화자의 의지가 드러나 있다.

　㉣ 〈참회록〉 : 구리 거울을 통한 시적 화자의 역사 의식을 바탕으로 지나온 자신의 삶에 대한 참회의 심정과 앞으로의 삶에 대한 각오를 담은 작품이다. 특히 과거의 삶에 대한 반성뿐만 아니라 현재의 삶에 대한 반성을 통해 치열한 자기 반성의 모습이 구리 거울을 닦는 행위로 드러나 있다.

　㉤ 〈해〉 : 8 · 15 광복의 벅찬 감격과 함께 해방 이후 혼란스러움이 공종하던 시기에 창작된 작품이다. 시인은 '해'를 새로운 창조와 탄생의 근원으로 삼아 화합과 평화의 세계가 확립되기를 염원하고 있다.

＋ 더 알고가기 　　**윤동주 유고 시집《하늘과 바람과 별과 시》**　　☰

윤동주 사후, 1948년에 윤동주가 창작한 31편의 시를 모아 편찬한 시집으로 〈서시〉, 〈별 헤는 밤〉 등의 작품이 수록되어 있다. 윤동주가 연희전문대 졸업을 기념하기 위해 만들어 스승인 이양하와 후배 정병욱에게 한 부씩 나누어 주고 간직하였던 것을 해방 후 출간한 것으로 알려져 있다.

Q 짚어보기 ▶ **청록파**

1939년《문장》지의 추천으로 등단한 조지훈, 박목월, 박두진을 말한다. 각자의 시적 성향은 다르지만 일제 말의 암흑기에 자연을 바탕으로 한 시들을 발표하여 1946년 해방 직후에《청록집》을 함께 출간하면서 '청록파'라는 이름으로 불리게 되었다.

(2) 1940년대 소설

1940년대는 일제 말기의 폭압적인 억압이 자행되던 시기인 동시에 해방의 환희가 찾아온 때이기도 하다. 그리고 해방 후에 찾아온 혼란과 정치적 불안이 엄습하던 시기이기도 하다. 이러한 복잡한 시대 상황은 1940년대 소설에도 그대로 반영되었다. 따라서 이 시기의 소설은 일제 말기의 폭압 속에서 참혹했던 민족의 실상을 드러내거나 해방 이후 귀향하는 민족의 모습을 그린 작품, 이데올로기의 대립과 분단으로 인한 불안감을 드러낸 작품이 많다.

① 주요 작품 일람

작품	작가	작품
〈논 이야기〉	채만식	일제 시대 일본인에게 논을 빼앗긴 한생원의 기대와 달리 진행되는 해방 후 토지 정책을 통해 해방 후의 모순된 현실을 풍자한 작품
〈민족의 죄인〉	채만식	해방 후의 혼란 속에서 친일 행위에 대한 처리 문제를 객관적인 시각에서 비판적으로 접근한 작품
〈목넘이 마을의 개〉	황순원	'나'가 중학생 때 목넘이 마을에 가서 들은 이야기를 서술하는 액자 구성의 소설로 간난이 할아버지의 생명에 대한 애정 덕분에 신둥이가 살아남고, 신둥이의 자식들이 목넘이 마을에 가득하게 되었다는 내용의 작품
〈삼팔선〉	염상섭	작가 자신의 월남 체험을 바탕으로 한 소설로 신의주에서 시작하여 소련군 초소를 지나 남쪽에 와 미군들을 만나 월남하기까지 피난민의 현실을 구체적으로 담은 작품
〈혈거부족〉	김동리	해방을 맞이하여 고국으로 돌아와 방공굴에 거처를 마련한 전재민*들의 삶과 그들의 눈에 비친 당대의 혼탁한 정치 상황을 비판적으로 바라본 작품
〈해방전후〉	이태준	작가 자신의 자전적 소설로 주인공 '현이' 해방을 전후하여 보여주는 인식의 전환과 적극적인 행동주의자로의 전환 과정을 그리고 있는 작품

*전재민(戰災民) : 전쟁으로 재난을 입은 사람

② 주요 작품 해제

ⓐ 〈논 이야기〉 : 일제의 수탈과 억압 속에서 일본인에게 토지를 매각한 한생원은 일본인들이 돌아가면 그 토지가 자신에게 되돌아올 것이라는 희망을 가지고 살아간다. 마침내 해방이

찾아왔으나 새로 들어선 정부는 일본인에게서 몰수한 토지를 다시 매각한다는 정책을 실시하고 한생원은 해방되었을 때 만세를 안 부르기 잘했다며 독립된 정부에 대해 반감을 드러낸다. 왜곡된 가치관을 지닌 인물을 등장시켜 일제의 토지 수탈과 해방 후의 모순된 토지 정책에 대한 비판과 풍자를 보여주고 있는 작품이다.

ⓒ 〈목넘이 마을의 개〉 : '나'는 목넘이 마을에 가서 간난이 할아버지로부터 신둥이에 대한 이야기를 듣게 된다. 어느날 유랑민이 버린 것으로 추정되는 신둥이가 목넘이 마을에 나타나고 동네를 돌아다니며 다른 개들이 먹다 남긴 밥을 먹으며 살아간다. 하지만 마을 사람들은 미친 개로 몰아부쳐 신둥이를 마을에서 쫓아내려 한다. 결국 마을 사람들에게 포위된 신둥이는 위기를 맞이하지만 신둥이가 새끼를 배었다는 사실을 눈치 챈 간난이 할아버지의 도움으로 무사히 위기를 넘긴다. 신둥이는 무사히 새끼를 낳고 이후 신둥이의 후손이 마을에 퍼지게 된다. 작가는 신둥이를 통해 우리 민족이 지닌 강인한 생명력을 상징적으로 드러내는 한편 간난이 할아버지의 행위를 통해 생명에 대한 외경심을 드러내고 있다.

ⓒ 〈해방전후〉 : 일제 말 소극적인 지식인인 '현'은 일제의 감시를 피해 산골로 들어가 낚시로 소일하던 중 김직원을 만나게 된다. 문인들의 궐기 대회에 참석하지만 연설할 차례가 되자 대회장을 빠져나오며 여전히 소극적 태도를 보이는 현과 달리 김직원은 유생들의 집회와 관련하여 투옥되고 현은 친구의 전보를 받고 상경하던 도중 독립의 소식을 듣게 된다. 현은 상경 후 조선 문학 단체의 발기인으로 서명하고 이후 자기비판을 통해 사회주의 문학 운동에 뛰어들게 된다. 하지만 좌우익의 갈등 속에 김직원이 나타나 대화를 나누지만 봉건적 사고를 고수하여 영친왕을 모셔야 한다는 김직원과의 이념적 차이를 극복하지 못하고 김직원은 서울을 떠나게 된다. 일제 말기와 해방을 전후하여 소극적인 지식인이 적극적인 현실 참여로 인식의 변화를 겪는 과정을 그린 소설로 해방 이후의 혼란한 이념적 대립상을 잘 드러내고 있는 소설이다.

(3) 1940년대 희곡

1940년대 희곡은 일제의 억압 속에 친일 희곡이 창작되는 한편 해방 직후에는 좌익 계열의 경향성을 띤 희곡과 이에 대항하는 민족주의 계열의 계몽적 민족극이 동시에 창작되었다.

① 주요 작품 일람

작품	작가	내용
〈조국〉	유치진	광복 후 일제의 탄압으로 억압을 받았던 민족 현실을 증언 형식으로 그리며 아버지와 아들에 걸친 반일 항쟁을 다룬 작품
〈자명고〉	유치진	고구려가 한사군의 가장 강력했던 낙랑을 멸망시킨 역사적 사실을 바탕으로 낙랑공주와 호동왕자의 사랑을 다룬 희곡
〈고목〉	함세덕	친일 지주 집안의 고목이라는 상징적 소재를 통해 해방 후 친일 지주의 파렴치한 행각과 이와 대립하는 마을 사람들의 갈등을 그린 희곡으로 함세덕의 이념적 지향이 드러나 있는 작품

〈맹진사댁 경사〉	오영진	무남독녀를 시집보내 집안의 세력을 키우려는 맹진사의 욕망과 몰락을 그린 해학극으로 봉건사회의 왜곡된 가치관과 인습을 풍자한 작품
〈혈맥〉	김영수	해방 직후 성북동 방공호를 배경으로 살아가는 도시 빈민들의 현실적 갈등과 화해를 다룬 작품

② 주요 작품 해제

ⓐ 〈자명고〉 : 고구려가 한사군의 낙랑을 멸망시킨 역사적 과정을 배경으로 삼은 희곡으로 낙랑공주가 조국을 배신하고 호동왕자를 위해 자명고를 찢고 죽음에 이르는 과정이 주된 내용이다. 이 작품은 이면적으로 해방 후 남북한에 진주한 외세를 비판하는 한편 민족의식을 고취시키려는 의도가 담겨 있다.

ⓑ 〈맹진사댁 경사〉 : 가문의 권세를 위해 딸을 대가집에 시집보내려는 맹진사의 왜곡된 구시대적 욕망을 다룬 작품으로 '뱀신랑 설화'를 바탕으로 창작되었다. 맹진사는 권세를 얻기 위해 한 번도 본 적 없는 김 대감댁 자제를 사위로 삼기로 결정하지만 사위가 절름발이라는 소문을 듣고 자신의 딸과 몸종 이쁜이를 바꾸어 혼인시키려 한다. 하지만 혼인날 사위가 멀쩡한 사실을 알게 되어 절망한다. 신랑인 김 대감댁 아들은 마음이 고운 부인을 얻기 위해 자신이 소문을 퍼뜨린 것임을 밝히고 몸종인 이쁜이를 아내로 맞아들인다. 봉건적 가치관을 위해 물불을 가리지 않는 구시대적 욕망의 무모함과 봉건적 결혼제도의 모순을 풍자하고 있는 작품이다.

ⓒ 〈고목〉 : 친일 지주 박거복은 해방 후에도 자신의 부를 유지하기 위해 안간힘을 쓰는 인물이다. 홍수가 한 차례 휩쓸고 간 뒤 수해 복구를 위해 집 뒤뜰의 고목을 헌납하라는 마을 사람들의 요구도 무시하며 박거복은 자신의 이익을 추구하기 위해 애국투사 오각하에게 잘 보이려 한다. 하지만 박거복의 욕망은 마을 사람들이 오각하에 대해 회의하기 시작하면서 좌절되기 시작하고 마침내 거복은 압력을 이기지 못하고 고목을 내어 놓게 된다. 해방 후 친일 지주에 대한 처리 문제에서 나타난 모순에 대한 비판과 함께 함세덕의 이념적 지향이 강하게 드러난 작품이다. 한편 이 희곡에서 고목은 구시대를 상징하는 것으로 고목을 내어 놓는 것은 곧 박거복의 몰락인 동시에 친일 지주와 왜곡된 과거의 청산을 의미한다.

예상문제

다음 〈보기〉에서 설명하고 있는 작품은?

보기

1940년대 동인지 《문장》의 추천으로 등단하여 해방 후 작품 경향이 유사한 조지훈, 박두진과 함께 《청록집》을 간행한 박목월의 작품으로 조지훈의 〈완화삼〉에 대한 답시이기도 하다. 짙은 향토적 색체를 띠고 있으며 우리 민족의 총체적인 모습을 상징적으로 묘사한 작품이다.

① 청노루 　　　　　　　　　　② 고풍의상

③ 봉황수 　　　　　　　　　　④ 나그네

⑤ 향수

● 해설

〈보기〉의 설명은 박목월의 〈나그네〉에 대한 설명이다. 〈나그네〉는 일제 치하 정착하지 못하고 떠도는 우리 민족의 총체적인 모습을 '나그네'를 통해 상징적으로 형상화한 작품이다.

① 〈청노루〉는 실재하지 않는 청노루의 모습을 통해 탈속적 세계의 이미지를 정제된 시 형식 속에 형상화한 박목월의 작품이다.

② 〈고풍의상〉은 한복을 입은 여인의 모습에 대한 묘사를 통해 전통적 세계에 대한 동경을 담고 있는 조지훈의 작품이다.

③ 〈봉황수〉는 황량한 궁궐의 모습을 통해 나라를 빼앗긴 식민지 지식인의 울분과 정신적 방황을 그린 조지훈의 작품이다.

⑤ 〈향수〉는 청록파 시인들을 등단시킨 정지용의 작품으로 고향에 대한 그리움을 감각적으로 표현한 작품이다.

정답 ❹

⑥ 1950년대 문학

1950년대는 한국전쟁의 소용돌이가 몰아쳤던 시기이다. 따라서 이 시기의 문학은 전쟁에 대한 불안의식과 이데올로기의 대립으로 인한 비극적인 현실의 모습, 그리고 전쟁이 남긴 상처에 초점이 맞추어져 있다. 이 시기의 문학은 크게 전쟁 이전의 문학과 전쟁 이후의 문학으로 나누어 볼 수 있다. 전쟁 이전의 문학이 사회적 혼란과 불안감을 바탕으로 하였다면 전쟁 이후의 문학은 전쟁으로 인한 참혹한 현실과 그 속에서 상처 입은 인간의 모습을 중심으로 담고 있다. 특히 이데올로기의 대립을 넘어선 휴머니즘 혹은 실존주의를 바탕으로 한 문학이 창작되면서 인간에 대한 진지한 탐구가 진행되는 한편, 전쟁의 소용돌이 속에서 인간과 이성의 무기력함을 체험한 것을 바탕으로 한 허무주의 문학도 양산되었다. 한편 현실에 대한 비판과 개혁 의지를 담은 참여문학 또한 등장하여 한국 사회의 전망을 제시하였다.

(1) 1950년대의 시

1950년대의 시는 전쟁 이전의 혼란과 불안의식을 표출하는 동시에 전쟁 중의 충격과 상처를 즉각적으로 반영하고 있다. 또한 전쟁 이후에는 전쟁이 남긴 상흔과 이에 대한 극복 등을 주제로 한 작품들이 등장하였다.

① **전쟁 중의 시** : 한국전쟁의 영향에서 시인들 역시 자유로울 수는 없었다. 특히 전쟁에 직접 종군하면서 자신이 체험한 전쟁의 참상을 작품에 반영한 시인들도 다수 등장했다.

　　㉠ **주요 작품 일람**

작가	작품
유치환	〈보병과 더불어〉
조지훈	〈다부원에서〉
구상	〈적군 묘지 앞에서〉, 〈초토의 시〉

ⓒ 주요 작품 해제

- 〈다부원에서〉 : 6 · 25 전쟁의 격전지였던 다부동을 다시 찾은 시적 화자가 느낀 감회를 담은 작품이다. 자유를 지키기 위한 고귀한 희생에 대한 숙연함을 느끼면서도 살아 있는 자도 죽은 자도 결코 안식을 취할 수 없는 현실에 안타까움을 표출하고 있다.
- 〈적군 묘지 앞에서〉 : 적군을 매장한 묘지 앞에서 전쟁의 비참함을 느끼며 적군에 대한 증오심을 넘어 죽음이 가져다주는 이데올로기의 초월을 통해 분단을 극복하고자 하는 소망을 담은 시이다.

② **전쟁 이후의 시** : 전쟁이 끝나면서 등장한 시들은 대체로 전쟁의 상처로부터 벗어나 새로운 사회로 나아가야 한다는 의식 아래 다양한 길을 모색하게 되는데 일반적으로 전쟁을 통해 확인된 인간 이성의 몰락과 이로 인한 허무주의적 색채를 담은 시들이 창작되는 한편 근대화에 맞서 전통을 지향하고 이를 재발견 하고자 하는 전통 지향의 시들이 창작되었다. 또한 주지주의적이고 관념적인 시들과 함께 현실 비판과 이를 통한 현실 개혁을 추구하는 시들도 창작되었다.

㉠ 주요 작품 일람

작가	작품
이형기	〈낙화〉, 〈풍선심장〉
박용래	〈가을의 노래〉, 〈황톳길〉
김현승	〈플라타너스〉, 〈눈물〉, 〈가을의 기도〉
신동집	〈목숨〉
김춘수	〈꽃〉, 〈꽃을 위한 서시〉
김수영	〈공자의 생활난〉, 〈폭포〉
박인환	〈목마와 숙녀〉, 〈살아 있는 것이 있다면〉
박남수	〈새〉, 〈아침이미지〉
서정주	〈추천사〉, 〈무등을 보며〉, 〈춘향유문〉
유치환	〈바위〉, 〈울릉도〉
김상옥	〈사향〉, 〈백자부〉
조지훈	〈낙화〉, 〈민들레꽃〉, 〈마음의 태양〉
김종길	〈성탄제〉
김종삼	〈민간인〉, 〈12음계〉
정한모	〈가을에〉
김규동	〈나비와 광장〉
이호우	〈살구꽃 핀 마을〉

✛ 더 알고가기　　**후반기 동인**　　　　　　　　　　　　　　　　　　　　≡

1951년 전쟁 중 피란지인 부산에서 결성된 동인으로 박인환, 김수영, 김규동 등이 참여하였다. 이들은 《평화에의 증언》, 《현대의 온도》를 발간하며 새로운 언어 형식의 모더니즘 기법을 실험하였다.

ⓛ 주요 작품 해제

- 〈낙화〉: 낙화에서 촉발된 시상을 바탕으로 이별을 통해 성숙하는 인간의 내면을 그린 작품이다. 자연현상을 통해 이별이 단지 슬픔의 원천이 아니라 결실을 맺기 위한 과정이며 이를 통한 성숙의 과정임을 깨닫는 구조로 이루어져 있다.

- 〈목숨〉: 6·25 전쟁의 참상을 지켜본 시인이 느낀 목숨 즉, 생명에 대한 강렬한 애착과 영원한 삶에 대한 의지를 그린 작품으로 죽은 이들에 대한 애도와 산 자의 삶에 대한 경건함을 강조한 시이다.

- 〈꽃〉: 호명의식을 통해 무의미한 존재가 유의미한 존재로 재탄생하는 과정을 형상화함으로써 대상에 대한 존재론적 접근을 시도하고 있는 철학적 주지시이다. 서로에게 의미 있는 존재로의 전환이 사회적으로 확산되기를 소망하는 시적 화자의 소망이 담겨 있다.

- 〈폭포〉: 폭포의 수직적 이미지와 강렬한 청각적 이미지를 바탕으로 암울한 시대속에서 곧은 삶을 살고자 하는 시적 화자의 의지와 선구자적 역할을 통해 현실의 나태함과 안락한 삶을 일깨우고 민중들을 각성시키는 과정을 담고 있는 시이다.

- 〈목마와 숙녀〉: 전후 세대의 허무의식을 표출한 대표작으로 '술'이라는 소재가 연상시키는 페시미즘(염세주의)적 정서와 모든 떠나는 것들을 상징하는 '목마'를 통해 떠나가는 것들에 대한 애상적 심리와 허무감을 강렬하게 드러내고 있다. 상징적인 소재들의 연쇄 속에서 전후 지식인들이 경험했던 허무와 무기력한 내면을 엿볼 수 있다.

- 〈새〉: '새'로 상징되는 자연과 '포수'로 상징되는 문명의 대립 속에서 결국 문명이 자연을 파괴하여 얻는 것이란 순수가 아닌 '피에 젖은 상한 새' 즉, 파괴된 허상뿐임을 강조한 시이다.

- 〈추천사〉: '춘향'을 시적 화자로 내세워 인간이 도달하고자 하는 이상 세계에 대한 염원과 인간으로서 갖는 현실적 한계로 인한 좌절을 그네의 왕복 운동과 연관하여 표현한 작품이다. 시적 화자로 제시된 춘향은 단순히 고전 소설의 주인공이 아니라 보편적인 인간의 모습을 담고 있다는 점에서 이상과 현실 사이에서 갈등하는 보편적인 인간의 모습을 담았다.

- 〈사향〉: 회상 구조를 통해 정겹고 아름다운 고향의 모습을 묘사하는 한편 잃어버린 세계(고향)에 대한 애틋한 심정을 시조의 형식으로 표현한 연시조이다. 각 연이 독립적으로 존재하는 기존의 연시조와는 달리 제시된 각 수들이 유기적 구조로 연관되도록 하는 형식적 실험이 돋보이는 작품이다.

- 〈나비와 광장〉: 비정한 전쟁의 폭력성을 상징하는 불모의 활주로와 그 속에서 방향성을 잃고 상처받는 연약한 인간의 모습을 상징하는 흰 나비의 대립구조를 통해 6·25 전쟁 이후의 파괴된 삶의 조건을 담은 작품으로 전후의 황폐화된 삶을 극복하고 인간성을 회복하려는 휴머니즘을 추구한 시이다.

(2) 1950년대의 소설

1950년대 소설 역시 전쟁으로 인한 황폐함과 인간성 상실의 비참한 현실과 부조리한 현실을 비판하며 시대 상황을 적극적으로 반영하였다. 특히 전쟁을 배경으로 한 소설들이 주로 창작되면서 실존주의를 바탕으로 한 휴머니즘 소설들이 다수 등장하게 되었다. 또한 이 시기에는 전쟁의 참상과 비정성을 고발하는 작품 외에도 전후의 황폐화된 삶 속에서 민족이 나아가야 할 길을 적극적으로 모색하는 작품들도 등장했다.

① 주요 작품 일람

작품	작가	내용
〈카인의 후예〉	황순원	이데올로기의 대립 속에서 적극적이고 폭력적으로 변해가는 인간의 모습을 통해 적극적인 휴머니즘을 추구하는 삶의 모습을 그린 작품
〈학〉	황순원	친구이던 '성삼'이와 '덕재'가 전쟁이라는 이데올로기의 대립 속에서 호송자와 포로로 만난 뒤 우정을 회복하는 과정을 통해 이데올로기를 초월한 휴머니즘의 전망을 제시한 작품
〈모반〉	오상원	이데올로기의 비정성과 맹목성을 휴머니즘으로 극복한다는 주제의식을 담은 작품
〈유예〉	오상원	포로가 된 '나'의 의식세계와 전쟁의 비정함 속에서도 인간으로서의 신념과 존엄함을 잃지 않으려는 의지를 통해 인간의 숭고함을 강조하고 있는 작품
〈쇼리킴〉	송병수	전쟁 고아인 주인공이 미군 부대를 전전하며 겪게 되는 삶과 사랑을 사실적으로 형상화하여 전후 세대들의 왜곡된 삶과 현실을 다룬 작품
〈불꽃〉	선우휘	이데올로기의 대립 속에서 갈등하고 있던 '현'이 동료의 부친이 인민재판에 회부되어 죽어가는 모습을 지켜보며 각성하고, 자신의 할아버지를 죽이고 투항을 종용하던 친구를 향해 방아쇠를 당기며 강렬한 생명의 의지를 느끼고 적극적인 저항을 다짐한다는 내용의 작품
〈바비도〉	김성한	영국을 무대로 영어 성경을 금지했던 시대 상황 속에서 영어 성경을 읽은 바비도가 이단 심문에서 자신의 정당함과 현실의 부조리를 비판하며 자신의 신념을 지킨 채 화형장의 재로 사라져 가는 모습을 그린 작품
〈잉여인간〉	손창섭	치과를 무대로 현실에 적응하지 못하는 인물 군상들의 모습을 통해 당대 현실과 모순을 묘사한 작품
〈비오는 날〉	손창섭	전쟁으로 불구가 된 여동생 '동옥'과 목사 지망생의 꿈을 포기해야 했던 오빠 '동욱'의 삶을 동욱의 친구인 '원구'의 시선으로 그려낸 작품
〈수난이대〉	하근찬	아버지 '만도'와 아들 '진수'로 이어지는 수난사를 통해 우리 민족의 수난의 역사를 상징적으로 드러내는 한편 이러한 수난에 대한 극복의지를 담고 있는 작품
〈흰 종이 수염〉	하근찬	전쟁에서 불구가 된 아버지가 흰 종이 수염을 붙이고 극장 공연 안내자의 직업을 맡아 살아가는 모습을 통해 전쟁이란 민족적 비극을 극복해 나가는 긍정적 삶의 태도가 드러난 작품
〈오발탄〉	이범선	월남한 소시민 '철호'의 가족을 통해 당대의 혼란한 가치관과 소시민들이 부조리한 현실 속에서 갈등하고 좌절하는 모습을 그린 작품
〈학마을 사람들〉	이범선	토속적 신념을 바탕으로 학의 생태와 마을의 역사적 운명을 연관시키며 해방 전후로부터 6·25 전쟁에 이르기까지 역사적 현실을 학마을에 집약하여 형상화한 작품

〈제3인간형〉	안수길	전쟁을 겪으며 현실과 타협한 인물과 사명을 끝까지 지키려는 생각을 가진 인물의 갈등과 함께 어느 쪽에도 속하지 못하는 제3의 인간형을 제시한 작품
〈암사지도〉	서기원	뚜렷한 전망 없이 하루하루 생계를 이어가는 세 인물의 동거와 무절제한 성생활을 통해 전후 세대의 전도된 가치관과 일그러진 사회의 어두운 단면을 묘사한 작품
〈갯마을〉	오영수	갯마을을 배경으로 바다에서 남편을 잃은 해순이 재혼한 뒤 뭍에 나가지만 남편이 징용에 끌려가 다시 갯마을로 돌아와 해녀로 살아가는 모습을 통해 삶에 대한 의지와 자연에 대한 애정을 담은 작품
〈사수〉	전광용	어린 시절부터 대결해 왔던 친구와의 지속적 대결 모습과 마지막 대결인 친구의 사형집행 과정에서 허공에 총을 쏘아버린 나의 행동을 통해 휴머니즘의 회복을 강조한 작품
〈요한시집〉	장용학	포로수용소의 인물을 중심으로 그가 자살에 이르는 과정과 그의 어머니를 만나 느끼게 된 절망감과 비참함을 우화와 함께 제시하여 주제를 강조한 실존주의적 소설
〈흥남철수〉	김동리	'흥남 철수'라는 전쟁 중의 사건을 배경으로 비극적 인간의 운명을 그린 작품

② 주요 작품 해제

㉠ 〈카인의 후예〉 : 일제 말 고향에서 야학을 하던 주인공 박훈과 토지개혁과 숙청으로 인한 위협 속에서 충직한 마름이었다가 농민위원장이 된 도섭 영감의 갈등이 심화된다. 이 와중에 도섭 영감의 딸인 오작녀는 훈을 돌보며 사랑에 빠진다. 가혹한 숙청의 회오리 속에서 위험에 처한 훈을 오작녀가 구원하고 이후 도섭에 대한 적개심을 불태우는 사촌동생 혁을 대신하여 도섭을 제거하려던 훈은 오히려 죽음의 위험에 빠지게 되는데 오작녀의 동생 삼득이 나타나 훈을 살려주고 오작녀와 함께 떠날 것을 권한다. 살아난 훈은 오작녀에게로 달려간다. 제목이 암시하는 바와 같이 분단과 이데올로기의 극한 대립 속에서 인간 본성에 내재한 악의 본성이 드러나고 그 때문에 변해가는 인간의 모습을 그려내고 있다는 점에서 이데올로기의 대립 자체보다는 인간성에 대한 진지한 접근이 시도되고 있는 소설이다. 특히 이데올로기의 대립과 오작녀의 순수한 사랑이 대비되면서 이데올로기를 초월한 남녀 간의 순수한 사랑이 작품을 관통하는 주제 의식으로 부각되고 있다.

㉡ 〈유예〉 : 전쟁 중에 낙오된 '나'는 공산군의 포로가 된 사람이 총살당하는 장면을 목격하고 방아쇠를 당겨 오히려 포로가 된다. 음침한 구덩이 속에서 죽음을 기다리던 '나'는 체념하는 심정으로 죽는 순간까지 인간으로서의 존엄성을 지키려는 의지를 다진다. 죽음 앞에서 주인공의 내면세계를 의식의 흐름 기법을 통해 서술하면서 전쟁의 비정성과 그 안에서 인간으로서의 존엄성을 지키고자 하는 인간의 신념을 극명하게 대비시킨 소설이다. 특히 전쟁의 비정성을 상징하는 차갑고 흰 눈을 통해 주제의식을 명확하게 드러내고 있다.

㉢ 〈불꽃〉 : 3·1 운동에 연루되어 아버지를 여읜 현은 할아버지와 어머니 밑에서 성장하고 학도병을 거쳐 소련군의 만행을 경험하는 일련의 과정을 거치며 정신적 혼란에 휩싸이게 된

다. 전쟁이 터지자 친구인 연호가 돌아와 현과의 갈등이 시작되고 급기야 인민재판이 벌어지던 날 동료 조 선생의 부친이 처형당하는 모습을 목도한 현은 돌변하여 연호를 때린 후 아버지가 죽음을 맞이했던 동굴로 피한다. 연호는 할아버지를 인질로 현의 투항을 권유하고 할아버지는 투항을 만류하다 연호에 의해 죽음을 맞이한다. 현은 연호를 향해 방아쇠를 당기고 현은 그 순간 생명의 불꽃을 느끼며 현실과 맞설 것을 결심하게 된다. 연호를 향해 방아쇠를 당기는 현의 결단은 결국 작가가 추구했던 이데올로기에 대한 휴머니즘적 저항으로 볼 수 있다.

ⓒ 〈잉여인간〉 : 치과라는 공간을 배경으로 원장인 서만기와 건물 여주인의 남편이자 간호사 홍인숙을 사랑하는 천봉우, 현실에 적응하지 못하고 늘상 불의한 현실에 대해 울분을 토해 내는 채익준이라는 인물 군상이 보여주는 삶의 모습을 담은 소설이다. 천봉우의 부인은 건물 임대 조건을 무기로 서만기를 유혹하는 인물로 당시 세태를 극명하게 보여준다. 어느 날 서만기에게 채익준의 아들이 찾아와 어머니의 죽음을 알리고 찾을 길 없는 채익준을 대신하여 서만기는 봉우의 처에게 돈을 빌려 장례를 치른다. 결국 서만기는 건물을 비우라는 봉우 처의 통보를 받게 되고 뒤늦게 돌아온 채익준은 상복을 입은 아들을 바라보며 당혹해 한다. 이 소설에 등장하는 봉우와 익준은 제목이 의미하는 잉여인간에 해당한다. 작가는 이들의 삶을 통해 전쟁으로 인한 인물들의 '불구의식'과 함께 정의롭게 살고자 했던 당대 인간들이 겪어야 했던 소외를 비판적으로 표현하고 있다.

ⓓ 〈수난이대〉 : 일제 치하 징용에서 폭발 사고로 한 팔을 잃은 만도와 6 · 25 전쟁에 참전하여 한 다리를 잃은 아들 진수의 모습을 통해 일제의 수탈과 해방 후 전쟁으로 이어지는 민족사의 수난을 상징적으로 그린 작품이다. 특히 외나무다리에서 한 팔을 잃은 만도가 한 다리를 잃은 진수를 등에 업고 건너는 모습은 전후 우리 민족이 극복해야 할 과제와 나아가야 할 방향을 제시하고 있다는 점에서 다른 전후 소설들과 차이점을 보인다.

ⓔ 〈오발탄〉 : 철호의 가족은 전쟁 중에 월남하여 정착한 사람들이다. 가난한 소시민으로 살아가고 있는 철호를 중심으로 유복한 가정에서 태어나 음대까지 나온 아내, 정신 이상이 되어 '(북으로) 가자!'만 되풀이하는 어머니, 부조리한 사회에 적응하지 못하고 방황하다 끝내 강도가 되어버리는 동생 영호, 양공주가 되어 버린 여동생 명숙. 한 마디로 철호의 가족은 전쟁으로 인한 가치관의 혼란과 이로 인한 혼탁한 사회상을 축소해 놓은 것이라고 볼 수 있다. 이 가운데 영호가 겪게 되는 현실의 고통은 당대 소시민들에게 닥친 현실의 부조리와 이 속에서 겪게 되는 혼란을 고스란히 담고 있다. 강도가 된 동생으로 인해 절망적 심정으로 경찰서를 나선 철호는 아내가 위독하다는 소식을 듣고 여동생 명숙이 전해준 돈을 받아 병원으로 가지만 아내는 이미 주검이 되어 있었다. 극도의 절망감 속에서 삶의 의미를 상실한 철호는 의사의 만류에도 불구하고 충치를 모두 뽑아버리고 입에서 피를 흘린 채 택시를

타지만 방향 감각을 잃고 목적지를 정확하게 지적하지 못한다. 즉 결말부에 나타난 철호의 행위는 제목인 '오발탄'이 상징하듯 방향 감각을 잃어버린 전후 소시민들의 모습을 상징적으로 보여주는 것이다.

ⓐ 〈제3인간형〉: 한때 문학작가를 꿈꾸다 피란지인 부산에서 교편을 잡고 있던 '석'은 과거 함께 문학 활동을 했던 친구 '조운'을 만난다. 조운은 술자리에서 과거 '미이'와의 이야기를 전해준다. 조운과 석, 미이는 문학을 꿈꾸던 순수한 시절을 같이 보냈다. 하지만 전쟁이 터지고 조운은 사업가로 변신하고 미이는 가정 형편이 기울어 궁핍한 삶을 살아가게 된다. 피란지에서 조운은 미이와 다시 만나게 되고, 조운은 과거의 순수함을 잃은 채 미이를 돕기 위해 다방을 차려주려고 한다. 하지만 미이는 변해버린 조운에게 실망한 채 과거 순수했던 시절의 사명감을 상기시키는 검은 넥타이를 조운에게 전달하고 간호장교가 되어 전쟁터로 나간다. 석은 사명에 충실한 미이와 적극적인 현실주의자가 되어버린 조운 사이에서 이러지도 저러지도 못하는 자신이야말로 제3인간형이 아닌가라는 자괴감에 빠진다. 이 소설은 전란 속에서 사명이나 순수한 꿈을 포기한 채 현실에 순응해 가는 삶과 사명을 잃지 않고 순수한 삶을 살아가는 적극적인 삶의 모습, 그리고 그 속에서 갈피를 잡지 못하고 방황하는 다양한 인간형을 제시하여 전후 삶의 모습을 압축적으로 제시하고 있다.

ⓑ 〈사수〉: '곰'이라는 별명을 가진 선생님의 비인간적 처벌인 뺨때리기에서 '나'와 'B'의 대결이 시작되고 첫 대결에서는 나는 코피를 흘려 지게 된다. 그렇게 시작된 나와 B의 대결은 이후 중학교에서의 학업 경쟁을 거쳐 '경희'라는 여학생을 놓고 절정에 다다르게 된다. 결국 나와 B는 경희를 놓고 또 다시 공기총으로 대결을 벌이고 B의 총알이 내 귓바퀴에 상처를 내면서 나는 경희를 차지한다. 하지만 전쟁으로 경희와 헤어졌던 나는 B의 아내가 된 경희를 우연히 만나게 되고 B에 대한 배신감과 패배의식을 느끼게 된다. 하지만 B가 모반 혐의로 구속되고, 나는 B의 구명 운동을 벌이지만 이루어지지 않는다. 결국 나는 B의 사형 집행일날 사수로 지목되어 사형장에 나간다. 나는 끝없는 B와의 경쟁을 떠올리면서 내면적 갈등을 겪다가 허공에 총을 쏘고 의식을 잃게 된다. 이 소설은 나와 B의 지속적인 대결의식을 부각시킴으로써 인간의 의지와는 무관하게 인간의 삶을 조건 짓는 환경과 운명에 대한 탐구를 보여주고 있다.

ⓒ 〈요한시집〉: 깊은 굴속에 살고 있던 토끼가 빛을 따라 바깥세상으로 나온 뒤 눈이 멀어버렸고 그 토끼가 죽은 자리에서는 자유의 버섯이 생겼다는 우화를 삽입하고 있다. 전쟁포로였던 누혜는 수용소 내의 비인간적 행위에 좌절하여 자살을 하게 되고 누혜의 유서에는 자신이 타율을 벗어나 자율을 얻었을 때 더 큰 타율이 자신을 지배하였다는 고백이 담겨 있다. 이후 동호는 누혜의 어머니를 찾아갔다가 고양이가 잡아온 쥐를 먹으며 연명하는 누혜의 어머니를 보며 분노를 느끼게 되고 노인의 죽음을 지켜보게 된다. 우화의 삽입, 현재와 과

거를 넘나드는 소설 기법과 같은 다양한 형식적 시도를 통해 인간의 자유와 실존에 대한 철학적 성찰을 담고 있는 소설이다.

(3) 1950년대의 희곡

1950년대에는 한국전쟁 이후 분단현실에 대한 고발과 이에 대한 극복을 다룬 작품들이 발표되는 한편 전쟁의 상처와 빈궁의 문제를 다룬 희곡작품들도 등장하였다. 특히 여성작가와 신인작가들이 다수 등장하여 연극의 지평을 넓힌 시기이다.

① 주요 작품 일람

작품	작가	내용
〈살아 있는 이중생 각하〉	오영진	친일행위를 일삼던 '이중생'이 해방 후에도 파렴치한 행각을 벌이다 몰락하게 된다는 내용의 작품
〈불모지〉	차범석	전후의 불안한 사회 분위기를 한 가족의 삶의 모습을 통해 형상화한 작품
〈성난 기계〉	차범석	아내의 죽음보다 돈을 더 중시하는 남편을 보며 기계와 같이 냉철하던 주인공이 인간적으로 변화해 가는 모습을 그린 작품

② 주요 작품 해제

　㉠ 〈살아 있는 이중생 각하〉 : 친일 반민족주의자 '이중생'은 해방 후에도 기회주의적 태도로 일관하며 가족을 희생시키면서까지 자신의 권세와 부를 지키기 위해 안간힘을 쓰는 인간이다. 이중생은 자신의 재산을 지키기 위해 급기야 살아 있는 자신의 장례까지 꾸미고 어수룩한 의사 사위에게 재산을 양도한다. 하지만 사위가 이중생의 전 재산을 이중생의 의사와 관계없이 사회사업에 써버림으로써 몰락하게 된다. 당대의 혼란한 가치관과 사회상을 잘 드러낸 풍자극으로 반민족주의자의 처벌 문제를 정면에서 다루고 있는 작품이다.

　㉡ 〈불모지〉 : 혼구 대여점을 하는 최노인의 가족을 중심으로 전후의 불안하고 암담한 현실을 그린 작품이다. 집을 팔자는 가족들의 제안을 거부하며 낡은 집에 집착하는 최노인, 가족들 간의 갈등이 심화되면서 강도질을 하다 검거된 경수, 배우를 꿈꾸다 사기를 당해 자살하는 경애 등 가족의 몰락이 이어진다. 전후 고층 빌딩과 대조되는 낡은 집에 집착하는 최노인은 구세대를 대변하는 인물들이며 가치관의 혼란 속에 희생당하는 최노인의 자녀들은 아직 확고한 기반을 다지지 못한 새로운 세대의 모습을 대변하는 인물들로 볼 수 있다. 돈에 의해 몰락하는 가족의 모습은 배금주의적 가치관 속에서 방황하는 전후의 암울한 모습을 대변하고 있으며 이러한 세태를 작가는 '불모지'라는 제목을 통해 전면적으로 비판하고 있다.

　㉢ 〈성난기계〉 : 미국 유학에서 돌아와 폐전문의가 된 '회기'는 수술비를 감당할 가망이 없는 가난한 '인옥'의 수술을 거부하는 냉정한 기계와 같은 모습을 보인다. 하지만 인옥의 남편이 찾아와 인옥의 생명보다 돈을 우선시하는 모습을 지켜보면서 심경의 변화를 일으키고 인옥

의 수술을 결심하면서 인간성을 회복한다는 내용을 담고 있는 희곡이다. 전후 물질만능주의 현실에 매몰된 인간의 모습을 대변하는 회기가 변화해 가는 과정을 통해 인간성 회복에 대한 전망을 제시하고 있는 작품이다.

● **기출유사문제** ●

〈보기〉에서 설명하고 있는 작품은 무엇인가?

── 보기 ──

황순원의 대표작으로 1953년 《신천지》에 발표된 작품이다. 성삼이와 덕재라는 단짝 친구가 이데올로기의 대립 속에서 갈등하게 되는 비극적인 상황에서도 우정이나 인간적 휴머니즘을 바탕으로 이를 극복하는 과정을 그려낸 작품으로 전쟁의 상처를 치유할 수 있는 방향을 제시한 작품이다.

① 목넘이 마을의 개   ② 카인의 후예
③ 병신과 머저리   ④ 학
⑤ 유예

● 해설

〈보기〉에서 설명하고 있는 작품은 〈학〉이다.
① 〈목넘이 마을의 개〉는 '신둥이'라는 개와 이를 보살피는 간난이 할아버지를 통해 우리 민족의 끈질긴 생명력과 생명에 대한 존중 의식을 드러낸 소설이다.
② 해방 후 북한에서 벌어진 숙청과정에서 주인공들이 겪게되는 이데올로기적 갈등과 인간적 본성 사이에서의 갈등을 그린 황순원의 소설이다.
③ 6·25 전쟁의 상처를 안고 살아가는 형과 전후 세대로 무기력에 젖어 있는 아우의 갈등을 그린 이청준의 소설이다.
⑤ 전쟁 중 포로가 된 '나'의 내면의식 세계를 통해 인간의 존엄성을 지키려는 의지와 이를 말살하는 전쟁의 냉혹함을 대비한 오상원의 소설이다.

정답 ❹

▮ 1960~1970년대 문학

1960~1970년대는 4·19 혁명이라는 정치적 격동을 거치며 민중의 열망을 대변할 수 있는 정치 세력의 부재라는 혼란을 겪은 시기이다. 결국 5·16 군사 쿠데타로 인해 민중의 열망이 좌절되고 군사 독제에 기반한 상황으로 이어졌다. 이러한 정치적·사회적 격변 속에서 1960~1970년대의 문학은 암울한 시대 분위기와 지식인의 방황과 좌절을 그리는 한편 억압적 현실에 대한 강한 비판의식이 담은 참여시들이 다수 창작되었다. 또한 전쟁으로 인한 정신적 공황과 상처에서 일정한 거리를 두고 객관적인 시각에서 전쟁을 반성하는 작품들이 등장하면서 한층 객관적인 관점에서 진일보된 면모를 보이기 시작하였다. 한편 근대화의 물결 속에서 마음의 근원인 고향에 대한 상실감을 대변하거나 도시인의 소외를 비롯한 문명 비판적 작품들도 다수 등장하면서 문학의 내적 역량이 한층 강화되었다. 특히 이 시기

에 촉발된 순수참여 논쟁은 문학의 본질에 대한 논의와 함께 증폭되어 당대의 문단을 뜨겁게 달구기도 하였다.

(1) 1960년~1970년대의 시

4·19 혁명의 좌절과 군부 쿠데타로 인한 정치적 좌절은 당대 지식인들의 내면에 짙은 그림자를 드리웠고, 작가들의 어두운 내면이 작품에 투영되기 시작했다. 한편 폭압적인 정권 아래에서 고통 받던 민중들의 편에서 비판적 기능을 수행하던 이른바 현실참여시와 민중시의 창작도 활발히 진행되었고 작가들의 현실 참여도 활발했다. 또한 정치와는 일정한 거리를 두고 시의 본령에 충실하고자 했던 순수시의 창작도 꾸준히 이루어졌다. 특히 김춘수의 무의미시의 등장은 새로운 실험으로 시단에 충격을 주었다. 또한 산업화와 문명화로 인한 자연 파괴와 고향 상실에 대한 안타까움을 노래한 시도 이 시기에 다수 등장했다.

① **현실참여시와 민중시** : 1960년대의 현실에 대해 현실 비판적 관점을 취하던 참여시는 이후 군부 독제의 억압 속에서 점차 민중시로 발전해 나갔다. 민중시는 이전 시기의 관념적인 참여시와는 달리 현실에 더욱 깊숙하게 뿌리를 내리고 민중들의 삶을 통해 현실을 통렬하게 비판하는 길을 걸었다.

㉠ 주요 작품 일람

작가	작품
신동엽	〈껍데기는 가라〉, 〈산에 언덕에〉
김수영	〈풀〉, 〈푸른 하늘을〉, 〈어느 날 고궁을 나오며〉, 〈거대한 뿌리〉
신경림	〈농무〉, 〈파장〉, 〈목계장터〉
김지하	〈타는 목마름으로〉, 〈오적〉, 〈새〉
고은	〈문의 마을에 가서〉, 〈눈길〉, 〈화살〉
이성부	〈벼〉, 〈봄〉
정희성	〈저문 강에 삽을 씻고〉, 〈답청〉

㉡ 주요 작품 해제

• 〈껍데기는 가라〉 : '껍데기'와 '알맹이'의 대립구조를 활용하여 역사적 허위와 분단의 극복을 노래한 작품이다. 반복되는 구조 속에 강렬한 현실 극복의 의지를 나타내고 있으며 상징적인 시어들을 잘 활용하여 허위에 찬 역사의 정화와 분단을 극복한 새로운 세상에 대한 강렬한 염원이 드러나 있다.

• 〈풀〉 : 바람이 불면 곧 쓰러지고 다시 일어나는 '풀'의 생태적 특성을 활용하여 시련이나 고난에 굴하지 않는 강인하고 끈질긴 민중들의 생명력을 표현한 시이다. 특히 시적 화자는 바람이 불면 누구보다 빨리 눕지만 결국 바람이 지나고 이를 극복하는 모습을 통해 민중들의 건강한 생명력이 결국 부당한 현실을 몰아내고 새로운 세계를 창조할 것이라는 강

한 신념을 드러내고 있다.

- 〈어느 날 고궁을 나오며〉: 고궁을 나오며 느낀 시적 화자의 울분과 분노가 그려진 소설이다. 특히 시적 화자는 힘 있는 자들에게는 굴복하고 힘없는 자들에게는 분노하는 소시민적 근성을 신랄하게 비판하고 있다.

- 〈농무〉: 농촌에서 전승되어온 연희인 '농무'를 바탕으로 가설무대에서 장거리, 도수장으로의 공간 이동 속에서 당대 정책의 실패로 인한 농민들의 한과 울분을 표출하고 있다. 특히 '도수장'에서는 농민들의 운명이 소의 운명과 겹치면서 농민들의 절망이 극도에 달하고 '신명이 난다.'와 같은 반어적 표현을 통해 농촌 붕괴의 현실을 극명하게 다루었다.

- 〈타는 목마름으로〉: 민주주의에 대한 간절한 열망을 갈증에 비유하여 표현한 시로 어두운 시대 현실이 감각적으로 드러나는 한편 '민주주의여 만세'라는 강렬한 메시지를 전달하고 있는 시이다.

- 〈눈길〉: 오랜 방황 끝에 맞이한 눈 속에서 깨달음을 얻는다는 내용으로 이루어진 시이다. 내리는 흰 눈과 대비하여 내면의 무념무상의 경지를 '어둠'으로 표현하여 깨달음의 경지를 효과적으로 표현하고 있다.

- 〈벼〉: 여름을 견디고 가을에 들판을 떠나는 벼의 모습을 통해 공동체적 삶의 특징과 인간이 갖추어야 할 덕성을 전달하는 시이다. 화자가 소망하는 공동체적 삶의 모습이 벼에 투영되어 주제를 효과적으로 전달하고 있다.

- 〈저문 강에 삽을 씻고〉: 하루의 고단한 노동을 마치고 가난한 마을로 돌아가는 늙은 노동자의 모습을 형상화한 시로 노동에 지친 소외된 사람들의 한을 포용하는 '강'의 이미지를 통해 소외된 이들의 한과 서글픔을 담고 있다.

② 순수시 : 현실 비판적인 참여시와 민중시와는 대척점에서 시의 본령을 인간의 순수한 내면의 표출이라는 점에 둔 순수시가 꾸준히 창작되었다. 다양한 이미지의 효과적인 활용을 비롯하여 무의미시에 이르기까지 이 시기의 순수시 역시 내용과 형식 면에서 이전과는 구별된다.

㉠ 주요 작품 일람

작가	작품
문덕수	〈선에 대한 소묘의 이미지〉, 〈벽〉
서정주	〈신부〉, 〈신선 재곤이〉, 〈해일〉
김춘수	〈처용단장〉, 〈꽃의 소묘〉
김남조	〈정념의 기〉, 〈설일〉
박성룡	〈과목〉, 〈가을에 잃어버린 것들〉, 〈교외〉
김광림	〈산〉, 〈풍경A〉
황동규	〈즐거운 편지〉, 〈풍장〉, 〈나는 바퀴를 보면 굴리고 싶어진다〉
김광섭	〈성북동 비둘기〉, 〈동경〉, 〈마음〉

ⓒ 주요 작품 해제

- 〈신부〉 : 설화를 바탕으로 하여 첫날밤 신랑의 오해로 50여 년을 앉은 채로 신랑을 기다리다 초록과 다홍의 재가 되어버린 신부의 한을 담은 시로 유교적 정절의 가치를 강조한 설화의 내용을 신부의 입장에서 재해석하여 여인의 한을 효과적으로 그리고 있다.

- 〈처용단장〉 : 총 4부로 구성된 연작시로 이른바 무의미시를 개척했다고 평가받는 작품이다. 각 연의 내용은 유기적인 관계를 맺고 연관된 것이 아니라 시적 화자가 바라본 세계의 이미지를 구체적으로 제시하였을 뿐 뚜렷한 관념이나 의미를 내포하고 있지는 않다. 따라서 시에 제시된 이미지를 따라갈 뿐 이해나 해석 자체는 어렵다.

- 〈정념의 기〉 : 인간의 근원적 그리움을 '기(旗)'에 비유한 작품으로 내면적 갈등과 고뇌를 정화하는 과정과 절대자를 그리는 화자의 심정 및 삶의 태도가 정갈한 시 형식 속에 투영된 작품이다.

- 〈과목〉 : 과일이 익는 지극히 일상적인 사건에 새로운 의미를 부여하여 이를 새로운 시각에서 접근한 시로 과일이 열리는 과정의 깨달음을 통해 삶에 대한 새로운 인식에 도달한 화자의 놀라움과 경탄을 표현하고 있다.

- 〈산〉 : 눈이 내리는 가야산 해인사의 모습을 배경으로 눈 속에 피어나는 매화 봉오리와 면벽한 노승의 입가에 떠도는 미소 즉, 해탈의 경지를 절묘하게 연계하여 표현한 시로 이미지의 병치만으로 불교적 해탈의 경지를 훌륭히 표현하고 있다.

- 〈풍장〉 : 자연 속에 그대로 시신을 방치하여 자연의 일부가 되어가도록 하는 장례 풍속인 풍장에 대한 소망을 통해 자연과 일체가 되려는 화자의 정신적 지향과 삶의 태도가 잘 드러난 시이다.

- 〈성북동 비둘기〉 : 성북동의 개발에 따른 자연 훼손과 이로 인한 인간과 자연의 불화를 '비둘기'라는 상징적 소재를 통해 비판하고 있는 시이다. 특히 문명의 파괴 현장을 '돌깨는 산울림', '금', '채석장 포성'과 같은 구체적인 이미지로 제시하여 자연 파괴의 참상을 보다 선명하게 느낄 수 있도록 하고 있다. 또한 자연의 파괴와 함께 소외되어 가는 인간의 모습을 '쫓기는 새'로 표현하여 문명의 현주소를 구체적으로 제시하였다.

➕ 더 알고가기   **무의미시**   ≡

김춘수의 후기 시 경향을 일컫는 말로 시에서 관념적인 요소를 모두 제거하고 사물의 본질 자체에 대한 인식에 주목하여 이미지의 제시만을 통해 시적 형상화를 실험한 작품이다. 대표적인 무의미시 작품으로는 〈처용단장〉, 〈샤갈의 마을에 내리는 눈〉 등이 있다.

Q 짚어보기 ▶ 순수 참여 논쟁

1960년대 정치적 격변 속에서 사회 현실에 대한 문학과 작가의 태도에 관하여 촉발된 논쟁으로 참여문학과 순수문학을 지지한 다수 문인들이 논쟁에 참여했다. 문학의 본령이 사회적 실천이며 작가는 현실의 문제에 민감하게 반응하고 적극적으로 이를 개선하기 위해 노력해야 한다는 참여문학 측의 주장과 문학의 본령은 결국 순수한 인간의 탐구이며 정치적이고 사회적인 문제에 개입하여 문학의 순수성을 왜곡하는 것은 문학의 본령에서 벗어난 것이라는 순수문학 측의 주장이 팽배하게 맞서면서 진행되었으나 뚜렷한 결론을 맺지는 못했다.

● **예상문제**

다음 〈보기〉에서 설명하는 작품은?

─ 보기 ─

1973년 발표된 신경림의 대표 작품으로 농촌 붕괴와 정책의 실패로 인해 고통 받는 농민들의 울분과 저항을 '춤'이라는 소재를 통해 역설적 상황 설정과 반어적 표현으로 형상화한 작품이다.

① 풀   ② 껍데기는 가라

③ 농무   ④ 타는 목마름으로

⑤ 벼

● **해설**

〈보기〉의 설명은 신경림의 대표작인 〈농무(農舞)〉에 대한 설명이다.
① 〈풀〉은 바람과 풀의 관계에 대한 묘사를 통해 '풀'로 상징되는 민중들의 끈질긴 생명력과 저항정신을 담은 김수영의 대표작이다.
② 〈껍데기는 가라〉는 신동엽의 작품으로 '껍데기'로 상징되는 허위와 불의를 몰아내고 분단의 극복을 추구하고자 하는 시인의 열망이 담긴 작품이다.
④ 〈타는 목마름으로〉는 독재 정권의 폭압 속에서 민주주의를 열망하는 화자의 간절한 소망을 '목마름'이라는 생리적 현상에 비유하여 표현한 저항시이다.
⑤ 〈벼〉는 벼를 의인화하여 벼의 덕성을 통해 올바른 인간의 삶의 모습을 제시한 이성부의 작품이다.

정답 ❸

(2) 1960~1970년대 소설

1960~1970년대 소설은 4 · 19 혁명의 좌절과 독재정권으로 인한 지식인들의 내적 고뇌와 방황, 어두운 내면을 그린 소설들이 등장한 시대이다. 당시의 소설들은 독재정치에 피폐해져 가는 인간의 모습을 우회적으로 그리는 한편 급속하게 진행된 산업화와 도시화 속에서 소외되는 소시민의 모습을 담고 있다. 또한 소멸되어 가는 전통적인 세계에 대한 아쉬움과 안타까움을 그린 작품들도 등장하였다.

① 주요 작품 일람

작품	작가	내용
〈닳아지는 살들〉	이호철	월남할 때 두고 온 맏딸을 기다리는 가족들의 모습을 통해 전쟁과 분단의 상처를 형상화한 작품

〈광장〉	최인훈	분단 현실에서 고뇌하는 지식인 이명준의 관점에서 전쟁과 이데올로기의 문제를 객관적으로 다룬 작품
〈등신불〉	김동리	등신불에 얽힌 이야기를 통해 자기희생의 깨달음을 전달하고 있는 소설
〈무진기행〉	김승옥	현대 물질주의 사회에서 소외되어 가는 나약한 인간의 모습을 그린 작품
〈서울, 1964년 겨울〉	김승옥	1960년대 소외된 인물 군상의 모습과 도시화와 근대화 속에서 단절되어 가는 인간관계의 현실을 비판한 작품
〈장마〉	윤흥길	장마를 배경으로 할머니와 외할머니의 갈등을 통해 이데올로기의 대립과 그 화해를 다룬 작품
〈아홉 켤레의 구두로 남은 사내〉	윤흥길	지식인의 자존심을 유지하려 하나 현실적 제한 속에서 몰락해 갈 수밖에 없는 도시 빈민의 비극적인 삶을 그린 작품
〈삼포 가는 길〉	황석영	근대화와 산업화 속에서 소외된 인물들의 고향 상실의 현실을 그린 작품
〈난장이가 쏘아 올린 작은공〉	조세희	실험적 기법을 통해 도시 빈민들의 소외된 삶과 비극적인 삶의 모습을 환상적인 수법을 동원하여 연작 형태로 다룬 작품
〈병신과 머저리〉	이청준	6·25 전쟁의 낙오병으로 전쟁의 참상을 체험하고 상처를 안고 살아가는 형과 알 수 없는 내면의 무력감과 상처를 안고 살아가는 전후 세대의 내면적 갈등을 액자 소설의 형태로 담아낸 작품
〈서편제〉	이청준	소리꾼 가족의 삶을 통해 한국적 정한의 세계와 한의 예술적 승화를 담은 작품
〈매잡이〉	이청준	매잡이라는 전통적인 삶의 방식을 고수하는 인물을 통해 근대화에 밀려 소멸되어 가는 전통적인 가치와 삶의 방식에 대한 안타까움을 형상화한 작품
〈나목〉	박완서	전쟁의 참혹한 현실을 딛고 이를 예술로 승화시킨 화가의 삶과 이것을 뒤늦게 깨닫는 주인공의 관점을 통해 분단의 상처 극복을 휴머니즘의 관점에서 접근한 작품
〈꺼삐딴 리〉	전광용	일제 치하와 해방 후의 혼란 및 전쟁과 분단의 현대사 속에서 이기적 욕망을 쫓아 기회주의적 삶을 살아온 주인공의 삶을 풍자한 작품

② 주요 작품 해제

㉠ 〈광장〉 : 해방 후 남한 사회의 모습에 환멸을 느낀 이명준은 아버지를 따라 월북하지만 정치만 존재하는 북한 사회의 모순에 또다시 환멸을 느끼고 좌절한다. 그러던 중 전쟁을 맞이하고 낙동강 전선에서 사랑하는 애인 은혜를 만나지만 결국 은혜는 이명준의 아이를 밴 채 죽음을 맞이한다. 이명준은 삶의 모든 의욕을 상실한 채 전쟁 포로가 되지만 휴전 협정 후 포로 송환 과정에서 남도 아니고 북도 아닌 제3국행을 선택한다. 이후 제3국으로 향하는 배 안에서 이명준은 푸른 바다를 바라보며 투신한다. '광장'이라는 이상향을 찾아 헤매던 한 인간이 결국 더 이상 갈 곳이 없는 상황에 놓여버린 아이러니를 통해 전쟁의 비극과 함께 남북한 사회를 객관적으로 비판하였다는 점에서 1950년대의 분단소설과는 차별성을 갖는 소설이다. 또한 객관적이고 비판적인 시각에서 전쟁과 분단을 냉철하게 분석하였다는 점에서 분단 소설의 한 획을 긋는 작품이다.

㉡ 〈꺼삐딴 리〉 : 일제 시대에는 일본인에게 빌붙어 개인적 영달을 누리고, 분단 상황에서는 소

련, 미국으로 차를 갈아타며 개인의 부귀영화만을 추구하던 의사 이인국의 삶을 비판적으로 보여주는 소설이다. 자신의 영달과 처세를 위해 자식들마저 희생시키는 모습을 보이는 이인국 박사의 모습을 통해 일제 말에서 해방 전후에 이르는 혼란스러운 현대사와 그 속에서 잉태된 왜곡된 가치관의 단면을 보여주고 있다.

ⓒ 〈무진기행〉: 제약회사 전무로의 승진을 앞둔 '나'는 아내의 권유로 잠시 고향인 무진에 내려오게 된다. 그곳에서 나는 과거의 친구들을 만나고 자신의 출세로 달라진 친구들의 태도를 느낀다. 또한 도시의 삶을 동경하는 하인숙이라는 여인을 만나 잠시 사랑을 나누지만 나는 아내의 전보를 받고 하인숙과의 약속을 저버린 채 서울로 떠나게 된다. '무진'이라는 상징적인 공간과 '안개'라는 상징적 자연물을 통해 근대 사회 도시인들의 내면에 자리한 탈일상의 욕망을 형상화하는 한편 결국 일상으로부터 탈출하지 못하고 일상으로 회귀해야 하는 한계를 보여주고 있는 소설이다. 특히 문체 혁명이라 할 만큼 새로운 감각적 문체를 선보이며 현대 소설을 한 단계 성숙시킨 작품으로 평가되고 있다.

ⓔ 〈서울, 1964년 겨울〉: 1964년 겨울, 서울에서 만난 세 남자의 이야기를 통해 1960년대 젊은 이들의 암울한 내면 풍경을 그린 작품이다. 대학원생이지만 뚜렷한 희망이나 목표를 상실한 지식인 '안'과 구청 병사계에 다니는 평범한 소시민인 '나', 그리고 수술비가 없어 아내의 시신을 병원에 기증하고 돈을 받아 나오며 절망과 부끄러움에 빠진 '사내', 이 세 사람은 우연히 포장마차에서 만나 함께 이야기를 나누다 거리로 나와 여관에 묵게 된다. 각자의 방에서 하룻밤을 보낸 다음날 '안'은 '사내'가 자살했음을 '나'에게 알리고 '안'의 권유에 따라 '나'는 여관을 황급히 빠져나와 헤어진다. 1964년 겨울이라는 시간적 배경과 서울이라는 공간적 배경을 설정하여 무기력에 빠진 당대 지식인층의 어두운 내면과 진정한 유대감이 단절된 도시민들의 황량한 내면을 표현한 작품이다.

ⓜ 〈장마〉: 전쟁으로 인해 할머니댁으로 피란온 외할머니와 할머니는 서로 좋은 관계를 유지하였지만 어느 날 국군에 간 아들의 전사 통지서를 받은 외할머니가 장맛비 속에서 빨갱이를 저주하면서 빨치산 아들을 둔 할머니와 갈등이 증폭된다. 이후 대대적인 빨치산 소탕 속에 아들의 생존이 불확실한 가운데 할머니는 소경 점쟁이의 말을 믿고 모월 모일 아들을 기다린다. 집안 식구들을 볶아대며 아들을 기다린 할머니의 기대는 때마침 나타난 구렁이로 인해 산산조각이 난다. 구렁이가 죽은 아들의 현신이라고 생각한 할머니는 졸도하고 외할머니 역시 구렁이를 삼촌으로 대하며 집안에서 몰아낸다. 이후 할머니와 외할머니의 화해가 이루어진다. 전쟁을 상징하는 장마를 배경으로 할머니와 외할머니의 혈육에 대한 애정을 통해 이데올로기의 대립과 화해를 그린 작품으로 토속적 샤머니즘 세계에 내재한 민족 동질성 회복의 가능성을 통해 분단 극복의 실마리를 제시하고 있는 작품이다.

ⓗ 〈삼포 가는 길〉: 일거리를 찾아 떠도는 정씨와 교도소에서 출소한 영달이 동행하던 중 술집

에서 도망친 백화를 만나게 된다. 백화와 동행하게 되면서 영달과 백화 사이에 애정이 싹튼다. 하지만 고향에 함께 가자는 백화의 제안을 영달은 거절하고 정씨와 영달은 다시 정씨의 고향인 삼포로 향하게 된다. 그러나 정씨는 삼포에 도착하기도 전에 삼포가 개발이 되어 옛날의 모습을 찾아보기 어렵게 되었다는 이야기를 전해 듣고 발길을 돌린다. 소외된 떠돌이 노동자의 애환 속에서 도시화와 산업화로 인해 고향을 잃어버린 이들의 상실감을 비판적 시각에서 담아내고 있는 소설이다.

ⓧ 〈난장이가 쏘아 올린 작은 공〉 : 난쟁이 아버지와 그 가족들의 삶을 통해 도시 빈민들의 비극적인 삶과 이들의 삶을 위협하는 권력과 부의 힘을 대조하여 당대 사회의 문제를 극명하게 비판하고 있는 작품이다. 총 12편의 연작 소설로 다양한 시점에서 전개되는 플롯이나 환상적인 상황의 설정 등에서 이 소설의 실험성을 엿볼 수 있다.

ⓞ 〈서편제〉 : 어머니를 죽게 한 의붓아비에 대한 증오심과 한을 품고 도망치는 아들과, 소리에 집착하여 딸의 눈을 멀게 하면서까지 소리의 완성을 꿈꾸던 아버지, 그리고 아버지의 행위에 한을 품으면서도 소리로 이를 극복하려는 딸의 이야기를 통해 전통적인 소리를 매개로 한 한의 세계와 이를 뛰어 넘는 예술적 승화의 경지를 보여주는 이청준의 연작소설이다.

ⓩ 〈나목〉 : 전쟁으로 두 오빠를 잃은 이경과 어머니가 삶의 의욕을 상실하고 살아가던 집에 화가 옥희도가 들어오고 이경과 옥희도 사이에 애정이 싹트기 시작한다. 그러나 이경과 옥희도는 사랑을 이루지 못하고 이경은 현실을 좇아 태수와 결혼하게 된다. 훗날 옥희도의 유작전을 찾아간 이경은 과거 고목으로만 여겼던 옥희도의 그림이 실은 나목이었다는 것을 깨닫게 된다. '고목'과 '나목'의 인식의 차이를 깨닫는 과정을 통해 전쟁의 폐허와 상처에 매몰되는 '고목'의 삶이 아니라 이를 견디고 극복하는 '나목'의 삶을 깨닫게 된 것이다. 결국 〈나목〉은 한 화가의 삶을 통해 성숙해가는 인간의 내면을 형상화하고 있다.

(3) 1960~1970년대의 희곡

① 주요 작품 일람

작품	작가	내용
〈태〉	오태석	세조의 왕위 찬탈 과정을 배경으로 세조의 내면적 고뇌와 사육신과의 갈등 과정을 그린 작품
〈춘풍의 처〉	오태석	고전소설 〈이춘풍전〉의 내용을 바탕으로 하여 〈봉산탈춤〉의 미얄과장 형식을 빌려 새롭게 구성한 작품
〈산불〉	차범석	6·25 전쟁 중 산골 과부 마을을 무대로 탈출한 빨치산 규복과 점례, 사월의 삼각관계와 비극적 결말을 통해 전쟁의 비극을 사실적으로 표현한 작품
〈원고지〉	이근삼	교수의 집안 풍경을 통해 물질 만능주의에 소외된 현대인들의 모습과 전도된 가치관을 실험적 기법으로 표현한 작품

〈국물 있사옵니다〉	이근삼	소심하고 어수룩하지만 상식적으로 살아가려던 김상범이 현실의 모순 속에서 상처 입고 현실에 적응하는 새 상식을 바탕으로 기회주의적 인물로 변모해가는 모습을 통해 일그러진 현대 사회를 풍자한 작품
〈만선〉	천승세	만선을 향한 어부의 집념과 현실의 횡포, 대자연의 위협 속에서 비극적 상황을 맞이하는 모습을 그린 작품
〈파수꾼〉	이강백	이리떼로부터 마을을 지키기 위해 세운 망루의 파수꾼이 촌장의 거짓말을 눈치채지만 촌장의 설득으로 다시 망루에서 거짓말을 하게 되는 과정을 통해 당대의 정치적 모순을 우회적으로 풍자한 작품
〈결혼〉	이강백	한 사기꾼이 결혼을 하기 위해 모든 것을 대여하여 거짓 구혼을 하게 되고 시간이 지남에 따라 대여한 물건들을 하나씩 빼앗기면서 물질적 소유의 한계와 진실한 사랑의 의미를 깨닫게 되는 과정을 그린 작품
〈옛날 옛적에 훠어이 훠이〉	최인훈	아기장수 설화를 모티프로 하여 용마를 부르는 자신의 아이를 죽여야 하는 말더듬이 아버지와 그 일로 자살하는 어머니의 비극적 상황, 그리고 아기장수의 탄생을 거부하는 마을 사람들의 모습을 통해 당대 억압적 현실 속에서 민중들이 겪는 비극적 삶의 모습을 우회적으로 형상화한 작품
〈둥둥 낙랑둥〉	최인훈	호동왕자와 낙랑공주의 이야기를 바탕으로 하여 사랑하는 이를 죽음으로 내몰았다는 자책감에 시달리던 호동이 고국에 돌아와 죽음에 이르게 되는 과정을 그린 작품

② 주요 작품 해제

ⓐ 〈태〉 : 수양대군이 왕위에 오르고 세조와 사육신 간의 갈등이 증폭된다. 세조는 사육신과 그들의 가족을 멸족하도록 명하지만 사육신의 한 명인 박팽년의 아내가 아이의 해산을 허락해달라고 간청한다. 세조는 결국 아들일 경우 죽이고 딸일 경우 살리라고 명한다. 이후 단종을 사사하라는 신숙주의 청을 거부하지만 신숙주는 세조 몰래 단종을 죽인다. 그 뒤 한 종이 신숙주에게 나아가 박팽년의 아들이 살아 있고, 자신의 아들을 대신 죽였다고 고백하고 세조는 박팽년의 후손에게 대를 잇게 하고 호를 내린다. 조카를 죽이고 왕위에 올라 피비린내 나는 정치적 숙청을 단행한 냉혈한 임금 세조의 인간적인 고뇌에 초점을 맞추어 역사적 사실을 재해석한 작품이다.

ⓑ 〈산불〉 : 6·25 전쟁 중 과부들이 많이 사는 어느 산골 마을에 빨치산에서 도망쳐 나온 규복이 숨어들고 점례는 규복을 몰래 돕게 된다. 그러나 사월이 이 사실을 알게 되고 함께 규복을 돕던 중 임신을 하게 된다. 하지만 국군이 마을에 들이닥치고 빨치산의 은신처가 될 수 있는 산에 불을 놓으려 한다. 마을 사람들은 이를 완강히 거부해 보지만 결국 작전대로 국군은 산에 불을 놓게 되고 규복은 죽음을 맞이한다. 이후 사월은 자살하게 되고 모든 비난이 점례에게 집중되면서 점례는 마을을 떠나게 된다. 전쟁의 비극을 남녀 간의 애정이라는 인간 본연의 욕망을 바탕으로 극적으로 형상화한 사실주의적 작품이다.

ⓒ 〈원고지〉 : 과거의 희망과 열정을 상실한 채 물질적 가치에 내몰려 소외된 교수의 삶과 그 가족들의 모습을 그리고 있는 작품이다. 교수는 원고 독촉에 몰리며 시간도 잊어버리고 반

복되는 일상에 매몰되어 있는 인물이고 그의 아내는 전형적인 금전만능주의를 신봉하는 인물이다. 한편 교수의 집안에서는 부모와 자식들의 관계가 전도되어 나타나기도 한다. 이 작품은 내면의 이상과 꿈을 상징하는 천사와 현실의 억압을 상징하는 감독관의 등장이라는 비현실적 설정, 현실의 억압을 상징하는 쇠사슬의 착용, 몇 년 전 신문이나 오늘 신문이나 내용에 변함이 없다는 점을 통한 반복적 일상의 표현, 기사 내용을 통해 현실이 전도된 가치들을 풍자하는 것과 같은 실험적 수법을 통해 주제를 효과적으로 드러낸 전형적인 부조리극이다.

ⓔ 〈만선〉 : 곰치는 전통적인 방법으로 고집스럽게 고기를 잡으며 만선을 꿈꾸는 인물로 선주 임제순의 빚 독촉 속에서도 만선에 대한 집념을 버리지 않고 바다로 향한다. 바다로 향한 곰치의 배는 풍랑을 만나게 되고 딸 슬슬이의 애인인 연철과 아들 도삼이 실종된다. 아들을 잃은 곰치의 처 구포댁은 실성을 하고 돈으로 슬슬이를 데려가려던 범쇠의 의도가 노골화되면서 슬슬이는 자살을 하게 된다. 한편 구포댁은 어린 아들마저 바다에 잃기 싫다며 아들을 바다에 띄어 뭍으로 보내게 된다. '만선'이라는 욕망에 집착하는 곰치의 삶을 통해 서민들의 욕망과 집착을 사실적으로 드러내는 한편 이들을 절망으로 내모는 현실의 냉혹함을 그린 비극이다.

ⓜ 〈파수꾼〉 : 마을을 습격하는 이리떼로부터 마을을 지키기 위해 망루를 지키던 한 파수꾼이 이리떼의 정체가 사실은 흰구름이라는 사실을 알게 되고 이를 마을 사람들에게 알리려 한다. 하지만 촌장은 마을의 질서 유지와 평온을 위해 사실을 알리지 않도록 설득하고 파수꾼은 다시 망루로 돌아가 거짓말을 하게 된다. 이 작품은 사회의 질서와 안녕을 유지하기 위해 거짓을 통용시키는 사회 현실을 우회적으로 풍자하고 있는 작품이다. 당대의 시대 상황을 고려할 때 이데올로기의 대립을 이용하여 현실을 왜곡하고 국민을 통제하던 당대의 현실과 밀접하게 연관되어 있는 작품이다.

➕ 더 알고가기   부조리극/서사극   ☰

세계2차대전 이후에 등장한 전위적인 작품 유형으로 희곡의 전통적인 구조를 파괴하는 반연극적인 설정과 대사들을 통해 근대적 합리주의에 대한 비판과 풍자를 지향하였다. 대표작으로는 사무엘 베케트의 〈고도를 기다리며〉가 있으며 이러한 작품 경향이 한국 문학에 반영되어 이근삼, 오태석 등의 작품들에 영향을 주었다.

🔍 짚어보기 ▶ 소격효과

배우와 관객의 심리적인 거리를 뜻하는 말로 독일 표현주의 작가 베르톨트 브레히트(Bertolt Brecht)에 의해서 제시되었다. 그에 따르면 관객이 극 중 상황이나 인물에 몰입하는 것은 작품을 올바로 이해하는 데 방해가 되므로 이를 차단하기 위해 극 중에 돌발적인 상황이나 대사, 또는 비연극적인 요소를 개입하여 독자가 작품에 몰입하는 것을 차단하고 객관적 거리를 유지하도록 해야 한다.

예상문제

다음 〈보기〉에서 설명하고 있는 작가는?

— 보기 —

1960년대 감수성이 풍부한 문체를 통해 새로운 소설의 방향을 제시한 작가로 근대화의 흐름 속에 개인이 겪게 되는 고독과 소외감 또는 고향상실 의식을 주로 다루었다. 주요 작품으로는 〈서울, 1964년 겨울〉, 〈누이를 이해하기 위하여〉, 〈무진기행〉 등이 있다.

① 이청준
② 김승옥
③ 박완서
④ 윤흥길
⑤ 최인훈

● 해설

〈보기〉에서 설명하고 있는 작가는 김승옥이다.

① 이청준은 붕괴한 전통적 세계에 대한 향수를 바탕으로 그 안에 담긴 민족의 얼과 전통 문화의 향기를 표현한 작품이나 4 · 19 혁명 이후 좌절에 빠진 전후 세대들의 정신적 고뇌를 담은 작품을 발표한 작가로 〈병신과 머저리〉, 〈서편제〉, 〈줄〉, 〈매잡이〉 등의 주요 작품이 있다.

③ 박완서는 늦깎이로 등장한 소설가이지만 분단을 바탕으로 하여 그 속에서 상처 입은 민족의 모습을 섬세한 문체로 담아내며 〈나목〉, 〈엄마의 말뚝〉 등의 작품을 발표하였다.

④ 윤흥길은 〈장마〉를 통해 민족 분단의 비극을 한 가족의 갈등과 화해 속에 담아내는 한편 〈아홉 켤레의 구두로 남은 사내〉와 같은 작품에서는 도시 빈민의 궁핍하고 서글픈 삶의 모습을 담아내었다.

⑤ 최인훈은 그의 대표작 〈광장〉을 통해 이데올로기의 허구성과 그 한 가운데에서 갈등하는 지식인의 고뇌를 형상화하였는데 특히 남과 북에 대한 객관적인 시선을 통해 분단문학의 새로운 길을 개척했다.

정답 ❷

1장 문학 이해 능력
실전 대비 문제

01

다음 〈보기〉의 설명에 해당하는 작품은?

─── 보기 ───

이 노래는 가락국 수로왕 신화에 실려 전하는 집단적 서사시로 군왕을 맞이하기 위해 부른 주술성이 강한 노래이다. 일명 〈영신군가(迎神君歌)〉라는 별칭을 가진 이 노래는 가락국이 부족 연맹체에서 중앙 집권 국가로 발전해 가는 과정을 보여주는 작품으로 볼 수 있다.

① 공무도하가(公無渡河歌) 　　② 황조가(黃鳥歌)

③ 구지가(龜旨歌) 　　④ 해가(海歌)

⑤ 헌화가(獻花歌)

해설 〈보기〉에서 설명하고 있는 시가는 '거북'이라는 상징적이고 주술적인 대상을 청자로 설정하여 위협적인 어조로 '머리'를 요구하는 내용을 가진 〈구지가〉이다.
　① 생사의 경계인 '물'을 배경으로 이별의 정한을 노래한 고대 노래이다.
　② 고구려 유리왕이 떠나간 부인을 잡지 못하고 돌아오는 길에 자신의 외로운 심정을 '황조'에 의탁하여 부른 노래이다.
　④ 수로부인을 약탈한 동해 용왕을 상대로 많은 사람들이 수로부인을 돌려보내 줄 것을 노래한 주술적인 내용의 노래이다.
　⑤ 견우노옹이 수로부인에게 절벽에 핀 꽃을 바치며 사랑을 고백한 노래이다.

02

다음 중 향가와 관련이 없는 것은?

① 향찰(鄉札) 　　② 낙구(落句)

③ 삼대목(三代目) 　　④ 후렴구(後斂句)

⑤ 사뇌가(詞腦歌)

해설 '후렴구(後斂句)'는 고려속요에서 발달한 것으로 매연 반복되면서 작품의 통일성과 음악성을 강화하는 요소이다. 반면 향가에는 후렴구가 존재하지 않는다.
　① '향찰'은 향가의 표기수단이다.
　② '낙구'는 10구체 향가에서 9구와 10구를 말하는 것으로 주제가 집약되는 부분이다.
　③ 《삼대목》은 각간 위홍과 대구화상이 만들었다고 전하지만 현전하지 않는 신라 말의 향가집이다.
　⑤ '사뇌가'는 10구체 향가를 말하는 향가의 별칭이다.

03

다음 〈보기〉에서 설명하는 갈래와 관련이 없는 작품은?

─── 보기 ───

대체로 3음보, 3·3·2조의 운율과 연의 구분이 있는 분연체 형식을 띠고 있다. 또한 매연 반복되는 후렴구를 바탕으로 전체의 통일성을 유지하는 한편 음악성이 강화되어 있다. 특히 후렴구는 의미가 없으며 대부분 악기의 구음(口音)으로 보고 있다. 소박한 민중성을 바탕으로 남녀 간의 애정이나 진솔한 삶의 모습을 담고 있는 것도 특징 중의 하나이다.

① 청산별곡　　　　　　　　　　② 서경별곡

③ 가시리　　　　　　　　　　　④ 만전춘

⑤ 찬기파랑가

해설 〈보기〉는 고려속요에 대한 설명이다. 〈청산별곡〉, 〈서경별곡〉, 〈가시리〉, 〈만전춘〉은 모두 고려속요 작품이다. 그러나 ⑤의 〈찬기파랑가〉는 '기파랑'(화랑)의 고매한 인품을 예찬하며 추모한 충담사의 향가 작품이다.

04

다음에 설명하고 있는 작품의 제목은?

─── 보기 ───

이 노래는 월명사가 죽은 누이의 죽음을 애통해하며 지은 것으로 혈육의 정을 자연물에 비유하여 혈육을 잃은 절망적 심정과 이를 종교적으로 혹은 정신적으로 극복하는 시적 화자의 의지적 태도가 드러난 10구체 향가 작품이다.

① 도천수대비가　　　　　　　　② 제망매가

③ 원왕생가　　　　　　　　　　④ 모죽지랑가

⑤ 안민가

해설 〈보기〉에서 설명하고 있는 작품은 월명사의 〈제망매가〉이다.
① 〈도천수대비가〉는 아들의 눈을 뜨게 하려는 어머니의 간절한 기원이 담긴 노래이다.
③ 〈원왕생가〉는 광덕이 생전에 극락왕생의 소망을 달에 의탁한 노래이다.
④ 〈모죽지랑가〉는 화랑이었던 '죽지랑'을 추모하는 노래이다.
⑤ 〈안민가〉는 신라 경덕왕의 명을 받고 승려 충담사가 치국(治國)의 도리를 노래한 작품이다.

05

다음 〈보기〉에서 설명하는 대상은?

───── 보기 ─────

우리나라의 신화로부터 현대 소설에 이르기까지 지속적으로 이어져 오는 서사문학적 전통 중의 하나로 신이한 탄생과 위기, 그리고 조력자의 출현 및 이의 극복 과정이 드러나 있는 서사구조를 말한다.

① 영웅의 일대기   ② 난생(卵生) 설화
③ 삼대기(三代記) 구조   ④ 변신 모티프
⑤ 통과제의적 화소

해설 〈보기〉에서 설명하고 있는 내용은 '영웅의 일대기 구조'이다. 이러한 '영웅의 일대기 구조'는 주몽 신화로부터 조선 시대의 《홍길동전》과 같은 영웅소설과 《박씨전》, 《유충렬전》과 같은 한글 군담소설을 거쳐 근대 초기의 신소설인 《혈의 누》 그리고 현대 소설까지 이어지는 국문학적 전통이다.
② 남방계 신화에서 자주 등장하는 모티프이다.
③ 《단군신화》로부터 《삼대》, 《태평천하》에 이르는 가족사 소설의 기본 구조를 형성하고 있다.
④ 변신을 통해 새로운 탄생의 과정을 겪는 것으로 《박씨전》과 같은 소설에서 자주 등장하는 모티프이다.
⑤ 소망을 성취하기 위해 반드시 거쳐야 하는 과정을 상징적으로 제시하는 모티프이다.

06

다음 〈보기〉에서 설명하고 있는 작품은?

───── 보기 ─────

'동방의 이소'라 격찬할 만큼 뛰어난 작품으로 대동강변을 배경으로 하여 자연과 인간사를 대조하여 이별의 정한을 과장과 설의, 도치 등의 수사를 통해 표현한 대표적 한시이다. 송나라 왕유의 〈송원이사안서(送元二使安西)〉에 비견될 만큼 수작(秀作)으로 평가받는다.

① 추야우중   ② 송인
③ 부벽루   ④ 사모곡
⑤ 서경별곡

해설 〈보기〉에서 설명하고 있는 작품은 정지상의 《송인》이다.
① 《추야우중》은 가을비를 배경으로 외로움과 향수를 그린 최치원의 대표 작품이다.
③ 《부벽루》는 고구려의 왕궁터에서 자연과 인간의 대조를 통해 인생무상을 노래한 이색의 한시이다.
④ 《사모곡》은 호미와 낫에 비유하여 어머니의 사랑을 노래한 고려가요이다.
⑤ 《서경별곡》은 대동강을 배경으로 임과의 이별을 거부하는 적극적인 여인상을 그려낸 고려속요의 대표작이다.

07

다음 중 가전 작품과 의인화 대상이 잘못 연결된 것은?

① 〈국순전〉 – 술　　　　　　　　　② 〈공방전〉 – 엽전

③ 〈청강사자현부전〉 – 호랑이　　　④ 〈죽부인전〉 – 대나무

⑤ 〈정시자전〉 – 지팡이

해설 〈청강사자현부전〉은 '거북'을 의인화하여 올바른 삶의 태도를 제시한 가전 작품이다.

08

다음 〈보기〉에서 설명하고 있는 작품은?

───── 보기 ─────

　　훈민정음을 시험한 작품으로 전체 125장으로 구성된 악장의 대표작이다. 태조를 중심으로 한 육조(六祖)의 업적을 찬양한 영웅 서사시로 볼 수 있으며, 특히 110장에서 125장은 후대 임금에 대한 경계의 내용을 담고 있는 계왕훈(啓王訓)이다. 2절 4구의 대구 형식으로 내용 면에서 육조의 업적과 중국 임금들의 업적을 비교하여 왕조의 정당성을 강조한 작품이다.

① 용비어천가　　　　　　　　② 월인천강지곡

③ 한림별곡　　　　　　　　　④ 훈민가

⑤ 상춘곡

해설 〈보기〉의 내용은 〈용비어천가〉에 대한 설명이다.
　　② 〈월인천강지곡〉은 부처의 사적을 예찬한 노래이다.
　　③ 〈한림별곡〉은 신흥 사대부들의 풍류를 담은 경기체가이다.
　　④ 〈훈민가〉는 사람들에게 인간의 도리를 알리는 교훈적 의도의 연시조이다.
　　⑤ 〈상춘곡〉은 봄의 경치를 노래한 최초의 가사 작품이다.

09

다음 중 정철의 작품이 아닌 것은?

① 관동별곡　　　　　　　　　② 성산별곡

③ 속미인곡　　　　　　　　　④ 사미인곡

⑤ 면앙정가

해설 〈면앙정가〉는 송순의 작품으로 사계절에 걸친 면앙정 주변 경치의 아름다움을 노래한 가사이다.

정답　05 ①　06 ②　07 ③　08 ①　09 ⑤

10

다음 〈보기〉에서 설명하고 있는 작품은?

───── 보기 ─────

〈금오신화〉에 실린 작품으로 좋은 배필을 만나 혼인하기를 원하던 주인공이 부처님과의 내기에서 이겨 죽은 처녀의 영혼을 만나 즐거운 시간을 보냈으나 여인이 저승으로 떠나게 되면서 '은그릇'을 가지고 자신의 부모를 만나도록 부탁하고, 처녀의 영혼이 부탁한 대로 그녀의 부모를 만나 제를 올리게 된다는 내용의 명혼소설(冥婚小說)이다.

① 이생규장전   ② 만복사저포기
③ 취우부벽정기   ④ 용궁부연록
⑤ 남염부주지

해설 ◉ 〈보기〉에서 설명한 작품은 〈만복사저포기〉이다.
① 〈이생규장전〉은 이생과 최랑이 현실적인 장벽을 넘어 생사를 초월한 사랑을 나누지만 결국 명부의 법칙을 어기지 못하고 이별하게 된다는 내용의 소설이다.
③ 〈취우부벽정기〉는 홍생이 부벽정에서 잠든 뒤 기자의 딸과 만나 고금의 역사를 논하고 다시 꿈에서 깨어난다는 내용의 작품이다.
④ 〈용궁부연록〉은 한생이 용궁에 가서 용왕의 딸을 위한 건물의 상량문을 지어주고, 용왕에게 인정받고 후한 대접을 받은 뒤 돌아온다는 내용의 작품이다.
⑤ 〈남염부주지〉는 박생이 꿈에서 염왕을 만나 종교와 철학, 역사, 정치에 관해 토론을 한 뒤 염왕의 인정을 받아 염왕의 자리에 오르게 된다는 내용의 작품이다.

11

다음 〈보기〉에서 설명하고 있는 작품은?

───── 보기 ─────

총 40수에 이르는 장편 연시조로 계절별로 각 10수씩 이루어져 있으며 계절별로는 다시 출항에서 정박까지의 과정에 따라 창작되었다. 후렴구의 존재나 종장의 율격적 파격 등을 통해 시조 형식의 새로운 실험을 시도하고 있다는 점에서 참신한 작품이다. 이 작품의 후렴구는 두 가지인데 초장과 중장 사이의 후렴구는 배의 진행 상황을 간접적으로 알려주는 역할을 하며 중장과 종장 사이의 후렴구는 노 젓는 소리를 흉내 낸 의성어로 현장감을 더해준다.

① 해가   ② 어부가
③ 어부사시사   ④ 농가월령가
⑤ 처용가

해설 ◉ 〈보기〉의 설명은 윤선도의 연시조인 〈어부사시사〉를 설명한 내용이다.
① 〈해가〉는 수로부인을 되찾기 위해 부른 고대 가요이다.
② 〈어부가〉는 고려 시대의 〈어부사〉를 이어 이현보가 지은 작품이다.
④ 〈농가월령가〉는 정약용의 아들인 정학유의 작품으로 각 달에 농부들이 해야 할 일을 알려주는 월령체의 가사 작품이다.
⑤ 〈처용가〉는 아내를 침범한 역신을 퇴치한다는 내용의 주술적 항가 작품이다.

12

다음 〈보기〉에서 설명하고 있는 작품과 관련이 <u>없는</u> 것은?

─── 보기 ───

　선계에서 불도를 수행하던 성진이 세속적 욕망으로 번민하자 스승인 육관대사가 성진을 세속으로 쫓아내 양반가에 환생하여 양소유로서의 삶을 살도록 한다. 양소유는 세상에서 온갖 부귀영화를 누리며 대승상의 지위에 올라 2처 6첩을 거느리며 행복한 나날을 보내던 중 깨달음을 얻게 되어 불교에 귀의하고자 한다. 이에 육관대사는 꿈을 깨도록 하고 꿈에서 깨어난 성진은 크게 뉘우쳐 육관대사의 뒤를 잇는다.

① 인생무상(人生無常)　　　　② 환몽(幻夢) 구조

③ 몽자류 소설　　　　　　　④ 한문소설

⑤ 조신 설화

해설 ◉ 〈보기〉는 김만중이 지은 〈구운몽〉의 줄거리이다. 이 작품의 주제는 '인생무상(人生無常)'이며 '조신설화'를 근원설화로 하고 있다. 한편 〈구운몽〉은 이후 꿈을 모티프로 한 몽자류 소설의 효시이며 현실과 꿈을 넘나드는 환몽 구조를 지닌다. 하지만 이 작품은 한글로 쓰여진 한글소설이다.

13

다음 중 박지원의 작품이 <u>아닌</u> 것은?

① 호질(虎叱)　　　　　　　② 허생전(許生傳)

③ 양반전(兩班傳)　　　　　④ 광문자전(廣文者傳)

⑤ 창선감의록

해설 ◉ 〈창선감의록〉은 가정 내 가부장적 권력관계를 두고 벌어지는 암투와 갈등을 그린 전형적인 가정소설로 작자는 미상이다.

14

다음 〈보기〉에 설명하고 있는 〈봉산탈춤〉의 인물은?

─── 보기 ───

민중들의 의식을 대변하는 인물로 양반들의 권위의식에 도전하는 한편 그들의 위선과 허위를 폭로하는 인물이다.

① 말뚝이
② 노장
③ 소무
④ 샌님
⑤ 미얄

해설 ◉ 〈보기〉에서 설명하는 인물은 '말뚝이'이다.
② 노장은 파계한 스님으로 종교적 권위를 상징하는 인물이다.
③ 소무는 노장을 유혹하는 세속적 인물이다.
④ 샌님은 말뚝이에 의해 조롱당하는 양반 계층을 대변하는 인물이다.
⑤ 미얄은 가부장제 사회에서 희생당하는 인물이다.

15

다음 중 여성 작가의 작품이 <u>아닌</u> 것은?

① 한중록
② 동명일기
③ 박씨전
④ 조침문
⑤ 산성일기

해설 ◉ 〈박씨전〉은 병자호란을 배경으로 여성인 박씨 부인의 활약상을 담은 군담소설로 작자 미상의 작품이다.
① 〈한중록〉은 사도세자의 부인인 혜경궁 홍씨가 후일 사도세자의 죽음과 관련된 내용을 기록한 궁중수필이다.
② 〈동명일기〉는 의유당 남씨가 남편을 따라 보고들은 내용을 기록한 기행수필이다.
④ 〈조침문〉은 유씨 부인이 쓴 제문 형식의 작품으로 규방의 필수품인 바늘을 의인화하여 이를 부러뜨린 슬픔을 애절하게 표현한 작품이다.
⑤ 〈산성일기〉는 병자호란 당시 남한산성에서의 피란 과정을 기록한 궁녀의 작품이다.

16

다음 〈보기〉에서 설명하고 있는 작품은?

───── 보기 ─────

우리나라 최초의 근대 장편 서사시로 총 3부로 이루어져 있다. 소금 밀수출을 떠난 남편을 기다리는 여인의 초조한 심정과 신분적 한계로 이루어지지 못한 과거 선비와의 사랑, 그리고 다시 찾아온 선비의 사랑을 거절한 뒤 남편의 시신이 돌아온다는 내용으로 이루어진 작품이다.

① 님의 침묵　　　　　　　　　② 국경의 밤

③ 귀촉도　　　　　　　　　　　④ 금강

⑤ 오랑캐꽃

해설 ◉　〈보기〉에서 설명하는 작품은 김동환의 서사시 〈국경의 밤〉이다.
　① 〈님의 침묵〉은 한용운의 작품으로 '님'을 상징화하여 불교의 역설적 진리를 담고 있는 작품이다.
　③ 〈귀촉도〉는 서정주의 작품으로 사랑하는 이의 죽음으로 인한 슬픔과 한을 '귀촉도'에 투영하여 형상화한 작품이다.
　④ 〈금강〉은 1960년대 신동엽의 장편 서사시이다.
　⑤ 〈오랑캐꽃〉은 백석의 시로 오랑캐꽃과의 동일시를 통해 민족의 한과 울분을 우회적으로 표현한 작품이다.

17

〈보기〉에서 설명하고 있는 문예 동인지는?

───── 보기 ─────

서정주, 김동리, 오장환, 함형수 등 이른바 생명파 시인들이 참여한 시 동인지로 1936년에 창간되었다.

① 시인부락　　　　　　　　　　② 자오선

③ 삼사문학　　　　　　　　　　④ 창조

⑤ 백조

해설 ◉　〈보기〉는 〈시인부락〉에 대한 설명이다.
　② 〈자오선〉은 김광균, 이육사, 신석초, 이상 등이 참여한 문예 동인지이다.
　③ 〈삼사문학〉은 모더니즘 성격의 격월간 문예 동인지로 신백수, 이시우, 황순원, 장서언 등이 참여하였다.
　④ 〈창조〉는 주요한, 전영택, 김동인 등이 참여한 1920년대의 최초 문예 동인지이다.
　⑤ 〈백조〉는 홍사용, 나도향, 박종화, 이상화, 박영희 등이 참여한 낭만주의 경향의 1920년대 문예 동인지이다.

정답　14 ①　15 ③　16 ②　17 ①

18

〈보기〉에서 설명하고 있는 문예 동인지는?

─── 보기 ───

　1939년에 창간되었으며 전 문단의 작가들을 망라한 친일적 색체가 없는 순수문학을 지향했던 문예동인지로 청록파 시인들을 발굴하였다. 이태준, 김용준, 김진섭 등이 참여하였다.

① 시문학　　　　　　　　　　　② 문예월간

③ 장미촌　　　　　　　　　　　④ 시와 소설

⑤ 문장

해설 〈보기〉는 《문장》지에 대한 설명이다.
　　① 《시문학》은 김영랑, 박용철, 정지용, 이하윤 등이 참여한 순수문학 중심의 시 동인지이다.
　　② 《문예월간》은 박용철, 김진섭, 이은상, 유진오 등이 참여한 문예 종합지로 해외문학파 중심으로 구성되었다.
　　③ 《장미촌》은 1920년대 시 전문 동인지이다.
　　④ 《시와 소설》은 구본웅, 박팔양, 김상용, 정지용, 박태원, 김유정, 이상이 속했던 구인회(九人會)의 동인지이다.

19

다음 〈보기〉에서 설명한 작품과 관련이 깊은 것은?

─── 보기 ───

　주인공 영신과 동욱이 농촌으로 내려가 계몽운동을 전개하면서 일본의 탄압과 억압을 꿋꿋하게 이겨내며 자신들의 신념을 지켜나가는 모습을 그린 심훈의 장편 소설이다.

① 카프(KAPF)　　　　　　　　② 브나로드 운동

③ 동반자 문학　　　　　　　　④ 소작쟁의

⑤ 유미주의

해설 〈보기〉의 설명은 심훈의 장편 소설인 《상록수》에 관한 설명이다. 이 작품은 러시아에서 시작된 농촌 계몽운동인 '브나로드 운동'의 영향을 받은 작품이다.
　　① 카프(KAPF)는 계급주의 문학을 표방하며 조직된 문예 조직이다.
　　③ 동반자 문학이란 카프(KAPF)에 직접 참여하지는 않으면서도 이에 동조하는 태도로 창작활동을 했던 작가들의 작품을 일컫는 말로 이러한 일군의 작가들을 동반자 작가라고 한다. 이러한 경향의 작가로는 유진오, 이효석, 이무영, 채만식 등이 있다.
　　④ 소작쟁의는 1930년대부터 본격화된 지주와 소작농들 간의 갈등을 말한다.
　　⑤ '유미주의'란 오로지 미의식만을 추구하는 작품 경향으로 김동인의 《광염소나타》, 《광화사》 등이 이에 속한다.

20

다음 〈보기〉에서 설명하고 있는 작품은?

─── 보기 ───

금강의 하류인 군산과 서울 등을 배경으로 가난한 집안의 딸인 초봉이를 중심으로 그녀의 인생 역정을 그림으로써 당대의 혼란스러운 사회상과 추악한 세태를 사실적으로 풍자한 작품이다.

① 태평천하
② 탁류
③ 삼대
④ 치숙
⑤ 천변풍경

해설 ● 〈보기〉에서 설명하고 있는 작품은 채만식의 〈탁류〉이다.
　① 〈태평천하〉는 1930년 일제 치하를 배경으로 윤직원을 중심으로 한 윤직원 일가의 왜곡된 가치관을 풍자한 채만식의 작품이다.
　③ 〈삼대〉는 조의관과 조상훈, 조덕기로 이어지는 삼대의 삶을 통해 1930년대 중산층의 가치관 갈등을 그린 염상섭의 대표작이다.
　④ 〈치숙〉은 일본 유학을 하고도 사회주의 운동을 하다가 옥살이를 하고 폐병까지 얻어 힘겹게 살고 있는 아저씨를 비판하면서 일본인과 결혼하여 개인의 안락함을 추구하고자 하는 '나'를 반어적으로 풍자한 채만식의 작품이다.
　⑤ 〈천변풍경〉은 1930년대 청계천변의 소시민들의 삶의 모습을 그려낸 박태원의 세태소설이다.

21

다음 〈보기〉에서 설명과 관련이 깊은 것은?

─── 보기 ───

1931년 결성된 단체로 극예술의 이론적 연구와 함께 신극을 정착시키려는 목적으로 창설되었다. 유치진(柳致眞), 김진섭(金晉燮) 등이 참여하였으며 사실주의 연극의 도입에 공헌하였다.

① 극예술 연구회
② 토월회
③ 해외문학파
④ 구인회
⑤ 극예술협회

해설 ● 〈보기〉의 설명은 '극예술 연구회'에 대한 설명이다.
　② '토월회'는 신파극에 반발하여 현대 희곡을 개척한 1920년대에 등장하였다.
　③ '해외문학파'는 해외 문학을 소개할 목적으로 1926년 일본에서 결성된 문예단체이다.
　④ '구인회'는 모더니즘을 추구하는 아홉 명의 작가들이 모여 결성한 문학 동인이다.
　⑤ '극예술협회'는 1920년대 일본에서 김우진과 조명희 등을 중심으로 결성된 단체이다.

정답 18 ⑤　19 ②　20 ②　21 ①

22

다음 〈보기〉에서 설명하고 있는 작가는?

―――――― 보기 ――――――

　1951년 피란지인 부산에서 결성된 〈후반기〉 동인으로 참여하였으나 모더니즘 기법의 실험과 함께 당대 현실에 대한 저항적이고 비판적인 시를 발표하면서 참여문학적 성격을 강하게 드러낸 시인이다. 주요 작품으로는 〈폭포〉, 〈풀〉, 〈어느 날 고궁을 나오며〉 등이 있다.

① 신동엽　　　　　　　　　② 서정주
③ 조지훈　　　　　　　　　④ 김수영
⑤ 김춘수

해설 〈보기〉는 김수영에 대한 설명이다.

23

다음 〈보기〉에서 설명하고 있는 작가는?

―――――― 보기 ――――――

　전쟁에서 희생된 인물을 내세워 전쟁의 참혹함과 함께 이에 대한 건강한 극복 의지를 담은 작품을 창작하였다. 대표작으로 〈흰 종이 수염〉, 〈수난이대〉가 있다.

① 손창섭　　　　　　　　　② 하근찬
③ 이범선　　　　　　　　　④ 전광용
⑤ 선우휘

해설 〈보기〉는 하근찬에 대한 설명이다.
① 손창섭은 〈비오는 날〉, 〈잉여인간〉 등의 작품에서 전후의 우울한 삶과 현실에 적응하지 못하는 인물들을 통해 현실의 모순을 형상화한 작가이다.
③ 이범선은 〈오발탄〉을 통해 분단 직후 가치관의 혼란 속에서 방향 감각을 잃은 현대인들의 자화상을 보여주었다.
④ 전광용은 〈꺼삐딴 리〉에서 현대사의 질곡 속에서 자신의 안위를 위해 수단과 방법을 가리지 않는 이인국 박사의 삶을 통해 왜곡된 가치관과 당대에 팽배해 있던 기회주의적 속성을 풍자했다.
⑤ 선우휘는 〈불꽃〉, 〈테러리스트〉 등의 작품을 통해 이데올로기의 대립 속에서 갈등하는 인물과 인간성의 회복 의지를 다루었다.

24

다음 〈보기〉의 설명과 가장 관련이 깊은 작가는?

─── 보기 ───

시에서 일체의 관념적인 요소를 제거하고 사물의 본질 자체에 대한 인식에 주목하여 이미지만을 제시함으로써 시적 형상화의 가능성을 실험한 것으로 일명 '무의미시'라고 한다.

① 이상   ② 신경림
③ 김춘수   ④ 김남조
⑤ 김광섭

해설 〈보기〉는 무의미시에 대한 설명이다. 이와 같은 경향을 추구하였던 작가는 김춘수로 대표작인 작품으로는 〈처용단장〉이 있다.

25

다음 〈보기〉에서 설명하고 있는 작품은?

─── 보기 ───

　실험적 기법을 통해 1960~1970년대 도시 빈민들의 소외된 삶과 비극적인 삶의 모습을 환상적인 수법을 동원하여 연작 형태로 다룬 조세희의 대표적인 작품이다. 다양한 인물들의 관점에서 내용이 전개된다는 특징이 있다.

① 난장이가 쏘아 올린 작은 공   ② 장마
③ 아홉 켤레의 구두로 남은 사내   ④ 병신과 머저리
⑤ 서울, 1964년 겨울

해설 〈보기〉는 조세희의 대표작인 《난장이가 쏘아 올린 작은 공》에 대한 설명이다.
　②《장마》는 윤흥길의 작품으로 6·25 전쟁을 배경으로 할머니와 외할머니의 혈육애와 갈등을 통해 이데올로기의 대립과 이를 초월한 화해의 길을 토속적 샤머니즘의 세계를 통해 모색한 작품이다.
　③《아홉 켤레의 구두로 남은 사내》는 외판원으로 구두를 소중히 여겨 자신의 자존심을 지켜온 권씨의 몰락을 그림으로써 각박한 현실과 도시 빈민들의 소외된 삶을 그리고 있는 작품이다.
　④《병신과 머저리》는 이청준의 작품으로 6·25 전쟁 속에서 정신적 상처를 입은 형과 뚜렷한 정체성을 찾지 못하고 아픔의 이유를 모른 채 방황하는 동생의 이야기를 통해 당대의 혼란과 정체성 회복을 위한 노력을 다룬 작품이다.
　⑤《서울, 1964년 겨울》은 김승옥의 작품으로 포장마차에서 만나 함께 어울려 하룻밤을 보낸 인물의 자살 앞에서도 이를 방관하는 1960년대 도시인들의 비정함과 젊은이들의 정신적 방황을 그린 작품이다.

정답 22 ④　23 ②　24 ③　25 ①

26

다음 작품 속에서 형상화된 '나'에 대한 비판적 평가로 가장 적절한 것은?

───── 보기 ─────

"장인님! 인젠 저……."

내가 이렇게 뒤통수를 긁고, 나이가 찼으니 성례를 시켜 줘야 하지 않겠느냐고 하면, 그 대답이 늘 "이 자식아! 성례구 뭐구 미처 자라야지!" 하고 만다.

이 자라야 한다는 것은 내가 아니라 내 안해가 될 점순이의 키 말이다.

내가 여기에 와서 돈 한 푼 안 받고 일하기를 삼 년 하고 꼬박이 일곱 달 동안을 했다. 그런데도 미처 못 자랐다니까 이 키는 언제야 자라는 겐지 짜장 영문 모른다. 일을 좀 더 잘해야 한다든지, 혹은 밥을 (많이 먹는다고 노상 걱정이니까) 좀 덜 먹어야 한다든지 하면 나도 얼마든지 할 말이 많다.

허지만, 점순이가 안죽 어리니까 더 자라야 한다는 여기에는 어째 볼 수 없이 고만 벙벙하고 만다.

(중략)

난 사람의 키가 무럭무럭 자라는 줄만 알았지 붙배기 키에 모로만 벌어지는 몸도 있는 것을 누가 알았으랴. 때가 되면 장인님이 어련하랴 싶어서 군소리 없이 꾸벅꾸벅 일만 해 왔다.

① 불한당 같은 사람이다. ② 각다귀 같은 사람이다.
③ 팔불출 같은 사람이다. ④ 어릿광대 같은 사람이다.
⑤ 오그랑이 같은 사람이다.

해설 제시된 작품은 김유정의 〈봄봄〉이다. 주인공 '나'는 마름의 딸 '점순이'와 혼인하기 위해서 3년이 넘도록 데릴사위로서 머슴노릇을 한다. '나'는 점순이의 아버지에게 노동력을 교묘히 착취당하지만 이를 눈치채지 못하는 우직하고 바보스러운 인물로 이를 잘 표현한 어휘는 몹시 어리석은 사람을 이르는 말인 '팔불출'이다.
① '불한당(不汗黨)'은 떼를 지어 돌아다니며 재물을 마구 빼앗는 사람들의 무리를 이르는 말이다.
② '각다귀'는 남의 것을 뜯어먹고 사는 사람을 비유적으로 이르는 말이다.
④ '어릿광대'는 무슨 일에 앞잡이로 나서서 그 일을 시작하기 좋게 만들어 주는 사람을 비유적으로 이르는 말이다.
⑤ '오그랑이'는 마음씨가 바르지 못한 사람을 비유적으로 이르는 말이다.

27

다음 제시된 글에 대한 설명으로 옳지 <u>않은</u> 것은?

보기

'박제(剝製)가 되어 버린 천재'를 아시오? 나는 유쾌하오. 이런 때 연애까지가 유쾌하오.

육신이 흐느적흐느적하도록 피로했을 때만 정신이 은화(銀貨)처럼 맑소. 니코틴이 내 횟배 앓는 뱃속으로 스미면 머릿속에 으레 백지가 준비되는 법이오. 그 위에다 나는 위트와 패러독스를 바둑포석처럼 늘어놓소. 가공할 상식의 병이오.

나는 또 여인과 생활을 설계하오. 연애 기법에마저 서먹서먹해진, 지성의 극치를 흘깃 좀 들여다본 일이 있는, 말하자면 일종의 정신 분일자(精神奔逸者) 말이오. 이런 여인의 반(半)─그것은 온갖 것의 반이오─만을 영수(領受)하는 생활을 설계한다는 말이오. 그런 생활 속에 한 발만 들여 놓고 흡사 두 개의 태양처럼 마주 쳐다보면서 낄낄거리는 것이오. 나는 아마 어지간히 인생의 제행(諸行)이 싱거워서 견딜 수가 없게끔 되고 그만둔 모양이오. 굿바이.

굿바이. 그대는 이따금 그대가 제일 싫어하는 음식을 탐식(貪食)하는 아이러니를 실천해 보는 것도 좋을 것 같소. 위트와 패러독스와….

그대 자신을 위조하는 것도 할 만한 일이오. 그대의 작품은 한 번도 본 일이 없는 기성품에 의하여 차라리 경편(輕便)하고 고매(高邁)하리라.

19세기는 될 수 있거든 봉쇄하여 버리오. 도스토예프스키 정신이란 자칫하면 낭비인 것 같소. 위고를 불란서의 빵 한 조각이라고는 누가 그랬는지 지언(至言)인 듯싶소. 그러나 인생 혹은 그 모형에 있어서 디테일 때문에 속는다거나 해서야 되겠소? 화(禍)를 보지 마오. 부디 그대께 고하는 것이니…

(테이프가 끊어지면 피가 나오. 생채기도 머지않아 완치 될 줄 믿소. 굿바이.)

감정은 어떤 포즈. [그 포즈의 소(素)만을 지적하는 것이 아닌지 나도 모르겠소] 그 포즈가 부동자세에까지 고도화할 때 감정은 딱 공급을 정지합네다.

나는 내 비범한 발육을 회고하여 세상을 보는 안목을 규정하였소.

여왕봉(女王蜂)과 미망인 ─ 세상의 하고많은 여인이 본질적으로 이미 미망인 아닌 이가 있으리까? 아니! 여인의 전부가 그 일상에 있어서 개개 '미망인'이라는 내 논리가 뜻밖에도 여성에 대한 모독이 되오? 굿바이.

① '박제(剝製)'란 생명력을 상실한 지식인 즉, 화자 자신을 의미한다.

② 독자를 상정하는 등 엄격한 전략을 사용하여 프롤로그를 서술하고 있다.

③ 자신을 '박제가 되어 버린 천재'라고 하면서 이야기 속 '나'의 입장을 토로하고 있다.

④ 일상어를 사용하여 앞으로 전개될 내용을 비논리적으로 소개하고 있다.

⑤ 화자는 자신을 '정신 분일자'라고 조롱하면서 이야기를 시작하고 있다.

해설 이상의 작품 〈날개〉의 프롤로그로 일상어보다는 생소한 낱말을 써서 글의 내용을 파악하는 데 어려움을 주고 있다.

2장 국어 문화(생활 국어) 능력

① 언어와 사고

❶ 언어의 일반적 특성

(1) 기호성(記號性)

언어는 기호를 사용하여 일정한 내용(의미)을 일정한 형식(음성, 문자)으로 나타낸다. 이중 어느 하나라도 결여되면 언어라고 할 수 없다. 소쉬르는 이를 '시니피앙(signifiant)'과 '시니피에(signifié)'로 나누고 이들이 결합하여 언어 형식을 이룬다고 보았다.

(2) 분절성(分節性)

언어는 연속적인 자연의 세계를 불연속적으로 끊어서 표현한다. 단어와 단어 사이가 분절된다는 것이나 자음과 모음이 나누어지는 것 등이 그 예이다. 또한 무지개의 색깔이 일곱 가지인 것은 우리가 색깔을 표현하는 말이 일곱 가지이기 때문이며, 시간적 연속성 위에 있는 연도와 일자 등을 구분하여 표현하는 것도 언어가 가진 분절성을 보여주는 예이다.

(3) 자의성(恣意性)

언어의 형식과 내용 사이에는 아무런 필연성이 없다. 즉 어떤 대상을 특정 언어 형식으로 표현해야 하는 필연적인 이유는 없는 것이다. 의성어나 의태어 등에서 필연성이 존재한다고 생각할 수도 있으나 이 역시 나라마다 다르다는 점을 감안하면 결국 언어에서 형식과 내용 사이에 필연성이 존재한다고 말하기는 어렵다. 특히 언어의 자의성은 대부분의 언어적 특성이 나타나는 근본적인 이유가 된다. 언어의 형식과 내용 사이에 필연적 관계가 없기 때문에 하나의 언어 형식을 언어 내용과 연관시키기 위해서는 사회적 약속이 필요하고 이 약속이 변하면 언어도 변할 수 있는 것이다.

국어 문화(생활 국어) 영역은 최근 새롭게 부각되고 있는 출제 유형이므로 직장 및 가정에서의 언어 예절과 바른 호칭어·지칭어의 사용 등을 실제 사례에 적용하며 정확하게 알아두도록 하자.

예상문제

다음 글에서 설명하는 언어의 성질은?

— 보기 —

소리와 의미 사이에 어떤 필연적인 관계는 없다. 다시 말하면 코를 '코'라 하고 가슴을 '가슴'이라 하는 것은 우연적인 결합이다. 코를 '가슴'이라 해서는 안 될 이유가 없고, 가슴을 '코'나 '엉덩이'라고 해서 안 될 이유가 없다.

① 창조성 ② 역사성
③ 사회성 ④ 자의성
⑤ 법칙성

● 해설

'소리와 의미 사이에 어떤 필연적인 관계는 없다.'라는 부분을 통해서 언어의 자의성에 대한 설명임을 알 수 있다.
① 인간은 무한 수의 문장을 만들고 이해할 수 있으며, 언어를 통해서 상상의 산물이나 관념적이고 추상적인 개념까지도 무한하게 창조적으로 표현할 수 있다.
② 언어는 계속해서 신생·성장·사멸한다.
③ 언어는 한 언어 사회의 구성원들 간에 맺어진 사회적 약속이므로 어느 한 개인이 마음대로 바꿀 수 없다.
⑤ 언어에는 일정한 법칙(문법)이 있고, 이 법칙에 어긋한 표현은 원활한 의사소통을 불가능하게 한다.

정답 ❹

(4) 사회성(社會性)

언어는 사회적 약속이므로 개인이 임의로 고칠 수 없다. 이를 언어의 불역(不易)성이라고도 한다. 언어에 필연성이 있다면 특정한 대상을 특정한 언어 형식으로 표현할 수밖에 없으므로 사회 구성원들이 합의해야할 이유는 없다. 하지만 특정한 대상을 특정한 언어 형식으로 불러야 할 이유가 없으므로 사회 구성원들은 언어의 형식과 내용 사이의 관계를 약속으로 공식화하고, 이를 준수해야 사회적 의사소통이 가능해진다.

(5) 역사성(歷史性)

사회적 약속에 의해 성립된 언어이지만 시대의 흐름에 따라 형태와 의미가 생겨나고 성장하다가 사라진다. 이를 언어의 역사성이라고 한다. 한 언어는 사회적 필요성 또는 합의에 따라 탄생하고 보편화되어 성장하다가 사회적 필요성이 감소하고 언중들이 사용하지 않게 되면서 소멸하게 된다. 'ㄱ름(江)'이나 '뫼(산)'와 같은 어휘들이 점차 소멸하게 된 것도 이러한 언어의 역사성으로 설명할 수 있다.

(6) 창조성(創造性)

한정된 음운이나 어휘를 가지고 무한한 단어와 문장을 만들어 낼 수 있다. 따라서 언어는 무한히 새로운 내용을 만들어낼 수 있고 이를 활용하여 다시 재창조할 수도 있다.

(7) 법칙성(法則性)

모든 언어에는 일정한 규칙(문법)이 있다. 이러한 언어의 법칙성이 성립하지 않는다면 개인적으로는 의미이해가 가능할 수 있어도 사회적인 의사소통은 불가능할 것이다. 각각의 어휘들을 어떠한 방식으로 결합하여 의미를 형성할 것인지에 대한 사회적 규칙이 존재하지 않는다면 사회적 의사소통은 이루어지기 어려울 것이기 때문이다.

❷ 언어와 사고

언어와 사고 가운데 어느 것이 우위에 있는지에 대한 논의는 지속적으로 논쟁이 되어 왔다. 특히 각각의 입장은 이에 대한 구체적인 사례들에 의해 뒷받침되고 있어 그 진위를 가리기가 쉽지 않다. 결국 언어와 사고에 관한 관점들을 종합해 보면 인간의 삶은 때로는 언어가 사고보다 우위에서 인간의 사고를 지배하고, 때로는 인간의 사고가 언어보다 우위에서 언어를 지배하는 상호작용의 과정을 통해 형성된다고 볼 수 있다.

(1) 언어 우위론적 관점

> 언어에 의해 사고방식이 달라진다.

언어가 생각을 표현하는 도구일 뿐만 아니라 사고를 형성하는 도구라는 관점이다. 즉 우리는 일정한 규칙에 의해 자연을 분석하고 선택적으로 바라보는 것이지, 자연을 있는 그대로 인지하는 것은 아니라는 말이다. 따라서 이러한 관점에서는 언어가 사고를 주조(鑄造)한다고 본다.

이 관점은 에스키모어가 그들이 자주 접하는 '눈'이나 '물개' 등에 대하여 다른 언어에 비해 상대적으로 많은 단어를 가지고 있는 점이나, 서구에서 일곱 가지 색으로 구별하는 무지개 색을 우리는 다섯 가지 색으로 구분하고, 쇼나(Shona)인들은 세 가지 색으로만 구분하는 것을 통해 뒷받침된다. 이는 특정한 언어의 형식에 따라 그 언어를 사용하는 언중의 사고가 결정된다는 것을 보여주는 사례이다. 또한 우리가 언어로 표현할 수 없는 대상에 대해 모호함을 느끼거나 그 대상에 대해 사고하기가 어려운 것도 이런 언어 우위론적 관점을 뒷받침하는 근거이다.

(2) 사고 우위론적 관점

> 사고가 언어를 지배한다.

인간의 의식 속에는 언어화되지 않은 사고의 영역이 있다고 보는 관점이다. 즉 언어화되지 않은 대상이라고 하더라도 사고는 가능하다고 보는 것이다. 예를 들어 어린아이들의 언어 발달 과정을 관찰한 결과 어린아이들의 언어 발달은 지각이나 사고의 발달보다 늦게 이루어진다는 점이 밝혀진 것은 결국 사고가 언어에 앞서 존재한다는 것을 의미하므로 사고 우위론적 관점을 뒷받침하게 된다. 또한 예술 분야에서 언어 없이 생각을 표현할 수 있는 추상예술의 경우도 이러한 사고 우위론적 관점을 뒷받침할 수 있으며 사물이나 개념의 이름이 생겨나기 전에 이미 새로운 개념이나 물건이 생겨난다는 점에서도 이 주장은 설득력을 갖는다. 더욱이 구체적인 실체가 존재하지 않는 추상어들을 활용하여 의사소통을 할 수 있다는 것도 사고 우위론적 관점을 뒷받침하는 사례로 볼 수 있다.

예상문제

다음 〈보기〉에 나타난 언어의 특성은?

--- 보기 ---

- '강(江)'은 원래 'ᄀᆞ름'이었으나 'ᄀᆞ름'은 점차 소멸하고 '강(江)'이 대체하게 되었다.
- '어리다'의 뜻은 본래 '어리석다'였지만 지금은 '나이가 적다.'라는 뜻으로 쓰인다.

① 자의성 ② 기호성
③ 사회성 ④ 역사성
⑤ 분절성

● 해설

보기에서 설명하고 있는 언어의 특성은 언어가 시간의 흐름에 따라 생성 · 성장 · 소멸하며 형식이나 의미가 변화한다는 '언어의 역사성'을 뒷받침하는 사례이다.

정답 ❹

② 국어와 우리 민족의 사고

언어와 사고는 긴밀한 관계를 갖는 만큼 국어는 우리 민족이 가진 사고의 바탕을 이룬다고 할 수 있다. 다시 말하면 국어의 특징 속에는 국어를 사용하는 우리 민족의 사고방식이나 문화 또는 관습이 내재해 있다는 것이다.

① 미괄식 어순

국어는 영어 등 대부분의 인구어(印歐語)와 어순이 다르다. 즉 대체로 종속절이 주절 앞에 오고, 또 한 절 안에서는 주어 다음에 모든 성분들이 배치되고 서술어로 끝을 맺는다. 서술어에는 문장 내에서 가장 중요한 정보가 담겨 있으므로 결국 중요한 내용을 가장 나중에 이야기하게 되는 셈이다. 이러한 구문상의 특징은 결론을 말하기 전에 그것을 순리적으로 이끌어 낼 수 있는 일화나 사례 등과 같은 예비적 언술을 늘어놓는 미괄식 접근방식에 해당한다. 이 방식은 청자가 거부감 없이 말을 듣도록 하며 주변적인 것에서부터 시작해 분위기를 고조한 뒤 마지막에 가장 중요한 내용을 전달함으로써 절정감을 불러일으키는 효과가 있다. 또한 이러한 미괄식 구성은 부차적인 것으로부터 핵심적인 것으로, 주변적인 것에서 중심적인 것으로 발전시켜가는 점층적인 사고방식이 반영된 것으로 볼 수도 있다. 반면, 말의 논지가 분명하게 전달되지 않아 오해를 사거나, 주장을 제시하고 명확한 논거를 제시하는 논리적인 사고에는 불리하다는 단점도 있다.

② 문장 성분의 생략

국어는 의사소통에 지장이 없는 한, 문장 구성에 필수적이라고 여겨지는 요소마저도 상황에 따라 과감하게 생략하는 경우가 많다. 특히, 주어를 중심으로 하는 인구어와는 달리 국어에서는 주어의 생략이 두드러지는 술어 중심의 언어적 특성을 보이고 있다. 이는 영어가 문장 성분의 생략이 자유롭지 못하여 문장 성분을 명시해야 문장이 구성되는 것과는 달리 국어는 행위의 주체보다는 그 동작과 양상(樣相)을 중시하기 때문으로 볼 수 있다. 이렇게 생략이 불가능한 인구어의 구성을 '선의 논리'로, 생략이 자유로운 우리말의 구성을 '점의 논리'로 이해하기도 한다. 한편 이러한 국어의 특징은 국어 문장 구조의 간결성, 함축성, 경제성에 기여하는 긍정적 효과가 있다. 반면, 글을 쓸 때 성분이 과도하게 생략되어 비문이 될 가능성이 많다는 단점도 있다.

③ 높임말의 발달

국어는 사회 계급, 지위, 연령, 친소(親疎)정도에 따라 화법이 엄격하게 구분되는 특성을 보인다. 따라서 동작의 주체, 화자와 청자의 관계나 친숙한 정도도 세밀하게 신경써야 한다. 이러한 국어의 높임법 체계는 서양의 언어에서는 찾아보기 힘든 부분이므로, 서양인들이 우리말을 배우는 과정에서 가장 많은 어려움을 호소하는 부분이기도 하다. 우리말의 정교한 높임법 체계는 결국 오랫동안 우리의 삶 깊숙이 자리한 유교 문화의 영향으로 볼 수 있으며, 상하 관계를 중시했던 민족의 사고를 반영하는 것으로 볼 수 있다.

❹ 친족어의 발달

국어에서는 장인과 시아버지를 구별하고 삼촌과 오촌을 구별하며, 사촌과 육촌 형제를 구별한다. 이와 달리 개인을 중심으로 한 영어권에서는 혈연관계를 표시하는 단어가 뭉뚱그려지는 경향이 있다. 이처럼 국어에서 영어권 언어에 비해 친족어가 발달한 것은 예로부터 가부장제를 중심으로 한 혈연 관계를 중시해온 한국인의 사고가 반영되었기 때문으로 보인다.

❺ 감각어의 발달

국어의 어휘 체계에서는 감각어가 매우 발달되어 있다. 색채어에서도 단순히 빨간색만 존재하는 것이 아니라 '새빨갛다, 시뻘겋다, 붉으스름하다' 등 다양한 색채어의 분화가 이루어지고 있을 뿐만 아니라 의성어나 의태어가 다른 언어에 비해 발달해 있는 것도 특징이다. 이러한 국어의 특징은 대상의 객관적인 존재 자체보다 대상에 대한 인간의 느낌, 즉 정서를 중시하는 한국인의 사고방식과 밀접한 관계가 있다고 볼 수 있다.

예상문제

01. 다음 중 우리말의 특성에 대한 설명으로 적절하지 않은 것은?

① '철수가 오늘 떠났다.'와 같이 서술어가 맨 마지막에 위치하여 중요한 내용을 마지막에 전달함으로써 청중의 주의를 끝까지 붙잡아두는 효과가 있다.

② '노랗다, 샛노랗다, 싯누렇다'와 같이 색채어가 세분화되고 '알록달록, 올망졸망, 쿵쾅쿵쾅'과 같이 음성 상징어가 다양하게 쓰이는 것으로 보아 감각어가 발달하였다.

③ '안녕히 주무셨습니까?', '어서 오십시오.', '물 좀 드릴까요?'에서 보듯 상하 관계에 따른 높임법이 발달하였다.

④ '너는 언제 어디서 무엇을 했느냐?'와 같이 명확한 논거를 요청하는 말하기에 유리하며 논리적 성격이 강하다.

⑤ '너는 언제 왔느냐?', '오늘이요.'에서 보듯이 문장 성분의 생략이 비교적 자유로운 특성이 있다.

● 해설

명확한 논거를 통해 논리적 말하기의 특성이 강한 것은 인구어의 특징에 해당한다. 우리말은 중요한 내용을 끝에 배치하는 미괄식 구성으로 말의 논지가 분명하게 전달되지 않는다는 단점을 지닌다.

정답 ❹

02. 다음 중 국어의 어휘상의 특징으로 알맞은 것은?

① 꾸준한 국어 순화 운동으로 인해 한자어보다 고유어를 많이 사용한다.

② 평등사상의 영향으로 경어법이 발달하였다.

③ 단어에 성과 수의 구별이 있어, 친족 관계를 나타내는 어휘가 발달하였다.

④ 감각어가 발달하여 정서적 유사성에 의한 비유적 표현으로 사용되기도 한다.

⑤ 음상의 차이로 인하여 어감이 달라지고 의미가 분화되는 경우가 있다.

● 해설

국어는 감각어가 매우 발달했는데, '노랗다, 노르께하다, 노르스름하다, 노릇노릇하다…'등의 색채어가 발달했는가 하면, '그 사람 참 싱겁다(짜다, 차다, 가볍다)'처럼 정서적 유사성에 의한 비유적 표현도 발달했다.

① 다량의 한자어가 유입되어 사용이 확대된 까닭에 한자어가 많이 사용되고 있다.

② 상하 관계가 중시되던 사회 구조의 영향으로 높임법이 발달하였다.

③ 단어에 성과 수의 구별은 없으나, 친족 관계를 나타내는 어휘가 발달해 있다.

⑤ 국어의 특징에 해당하나, 어휘상의 특징이 아니라 음운상의 특징에 해당한다.

정답 ❹

Q 짚어보기 ▶ **한국어의 특징**

⊙ 음운상 특징

- 두음 법칙, 구개음화, 음절의 끝소리 규칙, 모음조화, 자음동화, 동화작용, 활음조, 연음현상 등
- 파열음과 파찰음은 예사소리, 된소리, 거센소리의 삼지적 상관속을 이룸.
- 음의 장단이나 음상의 차이로 뜻이나 어감이 달라지며, 의미 분화가 일어남.

⊙ 어휘상 특징

- 외래어 중 한자어가 많음.
- 높임법이 발달함.
- 감각어, 의성어, 의태어 등 상징어가 발달함.

ⓒ 문법상 특징

- 문법적 관계를 나타내는 조사와 어미가 발달함.
- 수식어는 피수식어 앞에 위치함.
- 서술어가 문장의 맨 끝에 위치함.
- 문장 요소를 생략하는 일이 많음.
- 단어에 성과 수의 구별이 없음.
- 관계대명사, 관사, 접속사 등이 없음.

③ 국어 생활과 문화

언어는 사회적 약속이다. 따라서 한 민족의 사회와 문화는 언어를 매개로 하여 고스란히 나타나게 된다. 언어를 통해 이해할 수 있는 문화는 어휘뿐만 아니라 어조, 문체, 문장 구조 등 모든 측면에서 나타난다. 따라서 국어에 대한 이해는 한국 문화의 특성과 수준을 가늠하는 중요한 열쇠가 된다.

1 국어와 계층

국어에는 특정 계층과 특정 환경에서만 통용되는 어휘가 있다. 가령 과거의 궁중용어는 일반적으로 통용되는 용어와 달랐으며, 양반과 상민이 사용하는 언어에도 차이가 있었다. 그리고 용어의 차이를 통해 계층이 엄격히 구분되었다. 물론 이러한 언어의 차이는 사회 변화에 따른 계층 변화에 따라 많이 바뀌어왔다.

> • **수라(水刺)** : 궁중에서 임금에게 올리는 밥을 높여 이르던 말.
> • **용루(龍淚)** : 임금의 눈물을 이르던 말.
> • **용안(龍顔)** : 임금의 얼굴을 높여 이르던 말.
> • **지밀(至密)** : 지극히 은밀하고 비밀스럽다는 뜻에서, 임금이 늘 거처하던 곳을 이르던 말.

╋ 더 알고가기   계층별 언어의 차이

"그대를 상등 양반의 밥 먹기를 가르치리라. 종이 진지를 고하거든 '올리라' 말고 '들이라'하고, 숭늉을 먹으려 하거든 '가져오라' 말고 '진지하라'하느니라."   – 박두세, 〈요로원야화기〉中

위의 내용은 박두세가 쓴 〈요로원야화기〉의 한 대목이다. 위 글에서는 양반의 경우 '들이라', '진지하라'의 말을 사용하고 상민의 경우 '올리라', '가져오라'의 말을 사용한다고 하고 있다. 이는 계층에 따른 언어의 차이를 잘 보여주는 사례이다.

2 국어와 성별

국어에는 성별에 대한 사회적 인식의 차이가 두드러진다. 과거 유교적 가부장제 아래에서 남성 중심적 사고가 지배적인 가치관으로 자리를 잡으면서 여성에 대한 어휘들은 비교적 비하의 과정을 겪거나 여성을 지칭하는 어휘가 남성을 지칭하는 어휘에 대해 부수되는 특징을 보여준다. 가령 어떤 대상을 지칭하는 어휘는 그 자체가 남성을 전제하고 있는 반면 여성에 대해서는 앞쪽에 여성임을 나타내는 표지를 통해 구별하는 것이다. 이때 남성을 지칭하는 어휘를 무표항이라고 하고 여성을 지칭하는 어휘를 유표항이라 하며 이러한 유표항이 만들어지는 과정을 유표화라고 한다. 이는 남성 중심의 어휘 체계에서 여성 어휘가 파생되면서 발생한 것으로 볼 수 있는데 이러한 경향은 남성과 여성의 지위와 의식이 변화하면서 점차 완화되고 있다.

> • **여성의 유표화** : 여교수/교수, 외할머니/할머니, 여류작가/작가 등
> • **여성 비하적인 표현** : 암탉이 울면 집안이 망한다. 미망인(未亡人) 등

3 국어와 연령

국어의 사용에는 연령이나 세대 역시 영향을 미친다. 특히 사회변동이 급격히 이루어지는 시기에는 기

성세대와 신세대의 언어 사용 차이가 사회문제가 되기도 한다. 즉 세대적인 차이가 어휘에서 드러나는 경우인데 특히 인터넷 보급과 더불어 사이버공간에서 사용하는 통신어휘들은 기성세대와 신세대를 구별하는 중요한 기준이 되고 있다. 이러한 경향은 단지 어휘적 측면에 그치지 않고 축약과 생략을 통한 어휘 변형으로 나타나기도 한다. 연령과 세대에 따른 어휘 사용의 차이가 심화되면 세대 간 의사소통의 단절로 이어질 가능성도 있다.

Q 짚어보기 ▶ 신조어(新造語)

㉠ **정의** : 새로 생긴 말. 또는 귀화한 외래어를 뜻한다.

㉡ **배경** : 인터넷으로 대표되는 정보기술(IT)의 발달은 신어가 폭발적으로 늘어나는 촉매가 되었다. 인터넷, 메신저, SNS 같은 새 매체들은 엄청난 복제력과 전파력을 무기로 신어의 확산에 기여하고 있다.

㉢ **특징**

- **말을 줄인 축약어의 사용 증가**
  - ㉙ – 엄친아·엄친딸 : 엄마 친구 아들 또는 딸. 흔히 엄마가 자신의 자녀와 비교하는 모범적인 인물
  - – 쩍벌남 : 지하철 좌석에서 다리를 벌린 채 앉은 남자 승객
  - – 솔까말 : '솔직히 까놓고 말해서'의 줄임말
  - – 볼매 : '볼수록 매력 있음'의 줄임말
  - – 지못미 : '지켜주지 못해 미안해'의 줄임말
  - – 차도남 : '차가운 도시 남자'의 줄임말
- **합성어, 혼종어의 사용 증가** : 기원이 같은 말끼리 결합하는 게 일반적이었는데 최근엔 기원이 다른 단어끼리 결합하는 혼종어가 늘고 있다.
  - ㉙ – 베이글녀 : 아기(베이비)와 같은 얼굴에 글래머러스한 몸매를 지닌 여성(女)
  - – 초콜릿 복근 : 초콜릿처럼 근육이 뚜렷하게 갈라진 복근
  - – 건어물녀 : 직장에서는 세련된 능력자지만 집에서는 트레이닝복을 입고, 건어물을 즐겨 먹는 여성(女)
  - – 초식남 : 여성 못지않게 자신을 꾸미는 데 집중하는 남성(男)

---

④ 국어와 언어 예절

언어 예절이란 언어에 마음을 담아내는 방식이 사회적으로 관습화된 것이다. 언어 예절은 화자와 청자 사이의 관계를 고려한 격식과 절차를 중시하는 것으로 공식적이고 격식을 갖추어야 하는 의사소통을 위해 꼭 필요하다. 현대 사회에서는 과거의 연령, 친족, 남녀 관계에 바탕을 둔 언어 예절보다는 친소(親疎), 직장에서의 상하 관계 등에 의한 언어 예절, 상황에 맞는 자연스러운 언어 예절을 보다 중시한다. 특히 인터넷 사용이 급증하면서 과거에 없었던 인터넷 통신 예절 또한 강조되고 있다.

친분이 있는 사람들을 만나 나누는 인사말은 대체로 주어진 상황에 따라 관습화된 형식이 존재한다.

따라서 이러한 관습에 맞추어 인사말을 건내는 것이 사회 통념상 바람직하다고 볼 수 있다. 반면 이러한 관습을 무시한 말하기는 아무리 그 속에 진정어린 마음을 담고 있더라도 무례함으로 인식될 수 있으며 사회적 관계를 악화시킬 수도 있다. 따라서 상황에 따른 인사 예절을 익혀 두는 것은 원만한 사회생활을 위해 필수적이다. 한편 이러한 인사 예절은 항구적인 것은 아니며 시대에 따라 변화하기도 한다. 가령 과거에는 남의 집을 방문하였을 때 '이리 오너라.'라고 하였지만 현대 사회에서 이러한 말하기 방식은 유머로 통용될 뿐 올바른 인사 예절로 받아들여지지는 않는다.

❶ 인사 예절

구분	상황	전통적인 인사말	요즘의 인사말
평상시	집안에서 부모님께	• 아침 : 간밤에 춥지 않으셨습니까? • 밤 : 편안히 주무십시오.	• 아침 : 안녕히 주무셨어요? • 밤 : 안녕히 주무세요.
	밖에서 매일 만나는 사람에게	• 평안하십니까? • 밤새 안녕하십니까? 진지 잡수셨습니까?	안녕하십니까? 안녕하세요?
	처음 만나는 사람에게	• 초면에 실례합니다. • 통성명이나 하고 지냅시다.	처음 뵙겠습니다.
	여러 날 만에 만났을 때	그간 별고 없으십니까?	그동안 안녕하셨어요?
	길에서 만났을 때	어디 출타하십니까?	어디 가세요?
	근무 중에 만났을 때	• 고생이 많으십니다. • 물러가겠습니다.	• 수고하십니다. • 안녕히 계세요.
	남이 떠날 때	살펴 가십시오.	안녕히 가십시오.
	작별할 때	• 안녕히 다녀오십시오. • 잘 다녀오너라.	• 안녕히 다녀오세요. • 잘 다녀 와.
	손님을 맞을 때	어서 (사랑으로) 드시지요.	어서오세요.
	어른이 돌아오셨을 때	안녕히 다녀오셨습니까?	잘 다녀오셨어요?
경사 때	새해에	• (손아랫사람이)과세 안녕하십니까? • (손윗사람이) 새해 복 많이 받게	새해 복 많이 받으세요.
	혼인 때	• 좋은 연분을 만나서 얼마나 즐거우십니까? • 현부를 얻으시니 경사스럽습니다. • 서랑을 잘 얻으셔서 얼마나 기쁘십니까?	결혼을 축하합니다. 경축합니다.
	출산의 경우	• 아들 : 농장지경(弄璋之慶)을 축하합니다. • 딸 : 농와지경(弄瓦之慶)이 어떠십니까?	축하합니다. 순산하셨다니 축하합니다.
	생일 축하(어른)	만수무강하십시오.	생신 축하합니다. 내내 건강하시기 바랍니다.
애사 때	상사	상사 말씀 무어라 드릴 말씀이 없습니다.	무어라 위로의 말씀을 드려야 할지 모르겠습니다.
	문병	• 얼마나 고생이 되십니까? • 잘 조섭하십시오.	좀 어떠십니까?
	재화를 당했을 때	무어라 여쭐 말씀이 없습니다.	그래도 그만하기 다행입니다. 쾌차하시기 바랍니다.

예상문제

다음 중 언어 예절에 맞게 표현된 것은?

① 제가 드리는 말씀에 무슨 잘못이 있습니까?

② 고객님, 죄송하지만 전화번호가 몇 번이세요?

③ 우리 친정 어머님께서는 음식 솜씨가 매우 뛰어나십니다.

④ 교수님께서 회의를 진행하시고 계셔서 전화를 받으실 수 없으셨습니다.

⑤ 저희 나라 국민들은 은근과 끈기로 시련을 이겨내는 힘이 매우 강합니다.

해설

'말씀'은 '윗사람의 말'을 높이어 이르는 말이지만, 상대방을 높이어 그에게 하는 자신의 말을 겸손하게 이르는 뜻도 있다.

② 몇 번이세요? → 몇 번입니까?/이에요?

　상대와 관련된 사물이라도 인격적으로 관련이 없는 사물에는 주체 높임법을 사용하지 않는다.

③ 친정 어머님 → 친정 어머니

　자신의 살아 계신 부모를 가리켜 말할 때 '-님'자를 붙여 말하는 것은 옳지 않으며, 자신의 가족을 남에게 높여 말하는 것 역시 예의에 어긋난다.

④ 진행하시고 계셔서 → 진행하고 있으셔서

　여러 개의 서술어가 연달아 있을 때, 맨 마지막 부분에 존대를 적용하는 것이 자연스럽다.

⑤ 저희 나라 → 우리나라

　'나라'와 같이 주권을 가진 주체에 대하여 '우리'의 겸양어인 '저희'를 쓰는 것은 옳지 않다.

정답 ❶

➕ 더 알고가기　　"수고하세요."의 쓰임　　≡

어린이들이 동사무소나 은행 같은 곳에서 볼일을 마치고 돌아올 때 "수고하십시오.", "수고하세요."와 같은 인사말을 쓰지 않도록 잘 가르쳐야 한다. 이 말은 '고생하라'는 말이기 때문에 보통 아랫사람이 윗사람에게는 쓰기 어려운 말이다. 볼일을 마치고 돌아올 때는 "고맙습니다. 안녕히 계십시오."라고 인사하는 것이 가장 올바른 표현이다.

🔍 짚어보기　▶ 봉투 및 단자의 인사말

• 생일 : '祝 壽宴(축 수연)'과 같이 쓰고 뒷면에 이름을 쓴다. 한글로 써도 무방하며 가로쓰기를 할 수도 있다. 종종 환갑 이상의 생일잔치에는 봉투 인사말을 어떻게 쓰는지 몰라 고민하기도 하는데 이 경우에도 '수연'이라고 하면 된다. '壽宴(또는 壽筵)'은 회갑뿐만 아니라 그 이상의 생일잔치에 두루 쓸 수 있는 말이다. 물론 생일에 따라 '祝 還甲(축 환갑), 祝 回甲(축 회갑), 祝 華甲(축 화갑, 61세 이상), 祝 古稀宴(축 고희연), 祝 稀宴(축 희연, 70세 이상), 祝 喜壽宴(축 희수연, 77세), 祝 米壽宴(축 미수연, 88세), 祝 白壽宴(축 백수연, 99세)' 등을 쓸 수 있다. 한편 단자는 반드시 넣는 것이 예의이다. 단자에는 봉투의 인사말을 써도 되고 '수연을(결혼을) 진심으로 축하합니다.'와 같이 문장으로 인사말을 써도 된다. 그리고 '금 ○○○○○원'처럼 물목을 적은 다음 날짜와 이름을 쓴다.

- **결혼식** : '祝 婚姻(축 혼인), 祝 結婚(축 결혼), 祝 華婚(축 화혼), 祝儀(축의), 賀儀(하의)' 등을 인사말로 쓸 수 있다.

- **문상** : '賻儀(부의), 謹弔(근조)' 등을 쓴다. '삼가 조의를 표합니다.'라는 문장 형식의 인사말은 단자에는 써도 봉투에는 쓰지 않는다. 생일, 결혼, 문상 등 정형화된 단어의 인사말이 있는 경우 문장으로는 봉투의 인사말을 쓰지 않는 것이다. 한편 소상(小祥)이나 대상(大祥)의 경우 부조를 하게 되면 봉투에 '奠儀(전의)' 또는 '香燭代(향촉대)'라고 쓴다.

- **정년퇴임 또는 병문안** : '謹祝(근축), 頌功(송공), (그동안의)공적을 기립니다.'처럼 쓸 수 있다. 병문안의 위로금을 건넬 경우에는 '祈 快癒(기 쾌유), (조속한) 쾌유를 바랍니다.'로 쓴다. 정년퇴임이나 병문안의 경우처럼 단어의 인사말이 그리 보편화되지 못한 경우 봉투에도 문장의 인사말을 쓸 수 있다.

② 전화 예절

전화가 보편화되면서 전화를 걸고 받는 예절도 중요한 언어 예절이 되었다. 전화 통화의 경우 상대방과 직접 대면하지 않는 상황에서 이루어지며 시간이나 통화 상황에 제약을 받는다는 특징이 있다. 최근에는 유선전화보다 휴대전화의 이용도가 높아지면서 점차 휴대전화 사용 상황에 맞는 예절이 보편화되고 있다.

(1) 전화를 건 사람

전화를 받은 사람을 확인한 후, 자기를 소개하고, 통화하고자 하는 사람을 찾는다. 찾는 사람이 없을 때에는 전하고자 하는 말을 간단명료하게 남겨야 하는데 이 때 중요한 것은 본인의 신분을 밝히는 것이다. 용건은 정확하고 명료하게 말하고 말투나 억양에도 신경을 써야 한다. 혹시 잘못 걸었을 때는 정중히 사과하고 끊는다.

(2) 전화를 받은 사람

우선 어디의 누구라고 자신을 소개한다. 다른 사람을 찾을 경우에는 잠시 기다려 달라는 말과 함께 전화를 바꿔주면 되고, 찾는 사람이 없을 경우에는 메모 여부를 물어본 뒤 잘 기록해 두었다가 전해야 한다.

예상문제

다음 중 상황과 그에 따른 올바른 말하기가 바르게 연결되지 <u>않은</u> 것은?

① 상사(喪事) – 무어라 위로의 말씀을 드려야할지 모르겠습니다.
② 문병(問病) – 잘 조섭하십시오.
③ 재화(災禍) – 그래도 그만하기 다행입니다.
④ 득남(得男) – 농와지경(弄瓦之慶)이 어떠십니까?
⑤ 생신(生身) – 만수무강하십시오.

● 해설
농와지경(弄瓦之慶)은 득녀(得女)의 상황에 맞는 인사말이다.

정답 ❹

---

❸ 편지 예절

(1) 편지 쓸 때 주의해야 할 형식적 요건

서두, 서명란, 봉투쓰기가 있다. 서두는 '아버님 보(시)옵소서, (○○○) 선생님께 올립니다, ○○○ 님께, ○○○ 선생께, ○○에게, ○○ 보아라, ○○주식회사 귀중'과 같이 다양하게 쓸 수 있다. '○○님'의 '님'은 원래 고유명사 뒤에 붙는 말이 아니지만 널리 쓰이는 현실을 인정한 것이다.

(2) 서명란

'○○○ 올림, ○○○ 드림'이 표준이다. 아랫사람에게는 '○○ 씀'이라고 할 수 있다. 집안 사람에게 보내는 편지에는 성(姓)을 쓰지 않고 '○○ 올립니다, ○○ 드림'처럼 쓴다. 참고로 '○○로부터'라는 것은 외국어의 직역이므로 쓰지 않도록 해야 한다. 주의할 것은 직함을 넣을 때이다. 예를 들어 '○○주식회사 사장 ○○○ 올림'이라고 해야지, '○○주식회사 ○○○ 사장 올림'처럼 이름 뒤에 직함을 써서는 안 된다. 이것은 남에게 자신을 높이는 표현이기 때문이다.

(3) 봉투를 쓸 때

'○○○ + 직함 + 님(께), ○○○ 좌하, ○○○ 귀하, ○○○ 님(에게), ○○○ 앞, ○○주식회사 귀중, ○○주식회사 ○○○ 사장님, ○○주식회사 ○○○ 귀하' 등과 같이 쓴다. 주의할 것은 직함 뒤에 다시 '귀하'나 '좌하' 등을 쓰지 않는다는 것이다. '○○○ 사장님 귀하'는 바르지 못한 보기이다. 예의가 지나쳐 오히려 비례(非禮)가 된 것이다. 과거에 고향의 부모님께 편지를 보낼 때 부모님의 함자를 쓰기 어려워 자신의 이름 뒤에 '본제입납(本第入納), 본가입납(本家入納)'이라고 쓰기도 하였으나 오늘날에는 집을 제대로 찾기 어려운 경우가 많지 않아 적절하지 못한 표현이다. 부모님 성함을 쓰고 '○○○ 귀하, ○○○ 좌하'라고 하거나, 집을 찾기 쉬울 때는 자신의 이름을 쓰고 '○○○의 집'과 같이 쓸 수 있다.

예상문제

편지 봉투에서 받는 사람 또는 단체 다음에 쓰는 용어이다. 잘못된 것은?

① 본가입납 : 자신의 집으로 보낼 때

② 귀중 : 존경하는 사람에게 보낼 때

③ 친전 : 다른 사람에게 보이지 않기를 바랄 때

④ 좌하 : 부모님이나 스승 등 공경하는 사람에게 보낼 때

⑤ 즉견 : 손아랫사람에게 즉시 보라는 의미로 보낼 때

● 해설

'貴中(귀중)'은 편지나 물품 따위를 받을 단체나 기관의 이름 아래에 쓰는 높임말이다. 또한 편지글에서 상대편을 높일 경우 이름 다음에 '貴下(귀하)'라는 말을 쓴다.
① 本家入納(본가입납) : '本第入納(본제입납)'이라고도 하며 본집으로 들어가는 편지라는 뜻으로, 자기 집으로 편지할 때에 편지 겉봉에 자기 이름을 쓰고 그 밑에 쓰던 말이다.
③ 親展(친전) : '편지를 받을 사람이 직접 펴 보라고 편지 겉봉에 적는 말'로써 다른 사람들이 보지 않기를 원할 때 쓰는 말이다.
④ 座下(좌하) : 편지 글에서 받는 사람을 높여 그의 이름이나 호칭 아래 붙여 쓰는 말을 뜻한다.
⑤ 卽見(즉견) : 편지 글에서, 즉시 보라는 뜻으로 덧붙이는 말. 손아랫사람에게 편지할 때 그 이름 밑에 쓴다.

정답 ❷

⑤ 호칭어와 지칭어

호칭어란 어떤 사람을 부를 때 쓰는 말로 대화의 상대방을 가리키는 말이다. 이에 비해 지칭어는 대화의 상대방에게 다른 사람을 가리킬 때 쓰는 말이다. 국어에서는 높임말이 발달한 것과 동시에 높임 대상에 대한 호칭어와 지칭어도 발달했다.

🔟 부모에 대한 호칭어와 지칭어

대상자		호칭어	지칭어	
		대상자를 부를 때	대상자를 남에게 일컬을 때	남의 대상자를 일컬을 때
부	살아 계실 때	아버지, 아빠	엄친(嚴親), 가친(家親)	춘부장(椿府丈), 대인(大人), 어르신, 어르신네
	돌아가셨을 때	현고(顯考)	선친(先親), 선고(先考)	선고장(先考丈), 선대인(先大人)
모	살아 계실 때	어머니, 엄마	모친(母親), 자친(慈親)	대부인(大夫人), 자당(慈堂)
	돌아가셨을 때	현비(顯妣)	선비(先妣)	선대부인(先大夫人)

② 부부간의 호칭어와 지칭어

구분	호칭어	지칭어
남편	• 신혼 초 : 여보, ○○씨 • 자녀가 있을 때 : 여보, ○○아버지 • 장노년기 : 영감, ○○아버지, ○○할아버지	• 시부모에게 : 아비, 아범, 그이(이이, 저이) • 친정부모에게 : ○서방
아내	• 신혼 초 : 여보, ○○씨 • 자녀가 있을 때 : 여보, ○○엄마 • 장노년기 : 여보, 임자, ○○어머니, ○○할머니	• 친부모에게 : (○○)어미(어멈), 그사람 • 장인, 장모에게 : ○○어미(어멈, 엄마), 집사람, 안사람

➕ 더 알고가기 결혼기념일을 뜻하는 용어 ≡

• 1주년 : 지혼식(紙婚式)	• 15주년 : 동혼식(銅婚式)
• 2주년 : 고혼식(藁婚式)	• 20주년 : 도혼식(陶婚式)
• 3주년 : 과혼식(菓婚式)	• 25주년 : 은혼식(銀婚式)
• 4주년 : 혁혼식(革婚式)	• 30주년 : 진주혼식(眞珠婚式)
• 5주년 : 목혼식(木婚式)	• 35주년 : 산호혼식(珊瑚婚式)
• 7주년 : 화혼식(花婚式)	• 45주년 : 홍옥혼식(紅玉婚式)
• 10주년 : 석혼식(錫婚式)	• 50주년 : 금혼식(金婚式)
• 12주년 : 마혼식(麻婚式)	• 60 · 75주년 : 금강혼식(金剛婚式)

Q 짚어보기 ▶ 호칭어와 지칭어

㉠ **호칭어** : 언어 예절에서 남을 부르는 말로 '부름말'이라고도 한다. 상대방과의 관계에 따라 다양한 양상을 보인다.
　　예) "<u>어머니</u>, 학교 다녀오겠습니다." (호칭어로 쓰인 경우)

㉡ **지칭어** : 언어 예절에서 남을 가리키는 말로 '가리킴말'이라고도 한다.
　• **직접 지칭어** : 대화 당사자끼리 가리킬 때 쓰는 말
　• **간접 지칭어** : 대화 당사자가 아닌 제3자를 가리킬 때 쓰는 말
　　예) "너의 <u>어머니</u>는 지금 무얼 하시니?" (지칭어로 쓰인 경우)

● 예상문제 ●

다음 중 지칭하는 대상의 성격이 <u>다른</u> 것은?

① 엄친(嚴親)　　　　　　　　　② 춘부장(春府丈)

③ 자당(慈堂)　　　　　　　　　④ 대인(大人)

⑤ 가친(家親)

● 해설 ●

'엄친(嚴親), 가친(家親)'은 살아계신 자신의 아버지를, '춘부장(春府丈), 대인(大人)'은 살아계신 남의 아버지를 지칭하는 말이다. 한편 '자당(慈堂)'은 살아계신 남의 어머니를 일컫는 지칭어이다. 따라서 ③만 어머니에 대한 지칭어이다.

정답 ❸

❸ 친인척 관련 호칭어와 지칭어

구분		호칭어	지칭어	비고
아버지의 형		큰아버지	큰아버지, 백부(伯父)	백부는 아버지의 맏형에게만 사용
아버지의 형의 아내		큰어머니	큰어머니, 백모(伯母)	백모는 백부의 아내에게만 사용
아버지의 남동생		삼촌, 아저씨, 작은 아버지	삼촌, 아저씨, 작은아버지, 숙부(叔父), 사숙(舍叔)	
아버지의 동생의 아내		작은어머니	작은어머니, 숙모(叔母)	
조카	친조카	이름을 부름, 조카	조카(남자), 조카딸, 질녀(姪女)	• 조카의 아내 : 조카며느리, 질부(姪婦) • 조카사위 : 질서(姪壻)
	누이의 자녀	이름을 부름, 조카	생질(甥姪)(남자), 생질녀(甥姪女)(여자)	• 사촌 형제의 아들 : '당질(堂姪)' • 사촌 형제의 딸 : 당질녀(堂姪女)
처의 부모		• 장인어른, 아버님 • 장모님, 어머님	• 장인어른, 아버님 • 장모님, 어머님	다른 사람의 처부모를 높이는 말 : 빙장 어른, 빙모님
사위		○서방, 여보게	사위, ○서방, 가서(佳壻)	상대편의 사위를 높임 : 교객(嬌客)
남편의 동생		• 도련님 : 미혼 • 서방님 : 기혼	시동생, 도련님, 서방님, ○○ 작은아버지	친정 쪽 사람에게 : 시동생, ○○삼촌, ○○작은아버지
아내 오빠의 부인		아주머니	처남댁, ○○외숙모	―
아내 남동생의 부인		처남댁	처남댁, ○○외숙모	―

367

＋ 더 알고가기 촌수(寸數) ≡

촌수란 친족 상호 간의 혈통관계를 따질 때 그 멀고 가까움을 나타내는 거리의 척도를 말한다. 세계의 다양한 친족 호칭 체계들 중에서도 우리나라와 같이 친족 성원을 촌수로 따지고, 그것을 친족 호칭으로도 사용하고 있는 경우는 발견하기가 어렵다. 촌수 계산의 원칙은 부부간은 0촌, 부모 자녀 간은 1촌, 형제간은 2촌이다.

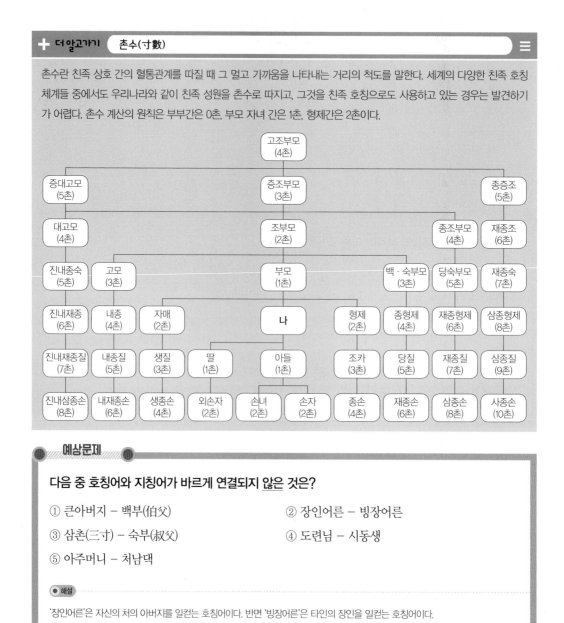

● **예상문제** ●

다음 중 호칭어와 지칭어가 바르게 연결되지 <u>않은</u> 것은?

① 큰아버지 – 백부(伯父) ② 장인어른 – 빙장어른

③ 삼촌(三寸) – 숙부(叔父) ④ 도련님 – 시동생

⑤ 아주머니 – 처남댁

● **해설** ●

'장인어른'은 자신의 처의 아버지를 일컫는 호칭어이다. 반면 '빙장어른'은 타인의 장인을 일컫는 호칭어이다.

정답 ❷

❹ 사회에서의 호칭어와 지칭어

(1) 직장

① 일반적으로 직장에서는 직함에 '–님'을 붙이는데, 동료나 아래 직원일 경우는 직함 그대로 '○○ 과장'처럼 사용하기도 한다.

② '○선생(님)', '○선배(님)', '○○○씨', '○형', '○○언니', '○여사'라는 명칭을 동료나 상사에게 사용할 수 있고, 아래 직원에게는 직함 외에 '○○○씨', '○형', '○선생', '○군', '○양'으로 부르기도 한다.

🔍 짚어보기 ▶ 직장에서의 공손법

- 공식적인 상황이거나 덜 친밀한 관계에서는 직급에 관계없이 '하십시오체'로 말하는 것이 바람직하다. 친소 관계와 상황에 따라 적절히 높여 쓸 수 있지만 '해라체'는 쓰지 않는 것이 옳다.
- 집에서 어른에 관하여 말할 때처럼 직장에서도 '잡수시다'와 같은 높임말이나 '뵙다'와 같은 겸양의 말을 적절히 골라 써야 한다. 다만 집에서는 "할아버지 진지 잡수셨습니까?"처럼 '밥'에 대하여 '진지'를 쓰지만 직장이나 일반 사회에서는 "과장님, 점심 잡수셨습니까?"처럼 '점심'이나 '저녁'으로 쓰는 것이 좋다. 이때 흔히 "식사하셨어요?"라고 말하기도 하는데 "과장님이 편찮으셔서 식사도 못 하신대."와 같은 경우가 아니고 직접 맞대면하여 말할 때는 쓰지 말아야 한다.

(2) 기타

① 친구의 아내를 호칭하는 경우에는 '아주머니', '○○씨', '○여사(님)'로, 아이가 있을 경우에는 '○○어머니'로 부른다. 지칭할 경우에는 '○○씨 부인', '○○어머니'와 같이 부른다. 친구의 남편은 '○○씨', '○선생님', '○○아버지'처럼 호칭하거나 지칭하고 '○○남편'이라 지칭하기도 한다.

② 부모의 친구는 '(지역 이름)아저씨', '(지역 이름)아주머니'나 '○○아버지', '○○어머니'로 호칭하거나 지칭한다.

③ 친구의 부모는 친구의 이름을 사용하여 '○○아버지', '○○어머니'처럼 사용한다.

④ 선생님의 남편은 '사부님'이고, 선생님의 아내는 '사모님'인데, '사모님'이란 말은 일반적으로 높은 분의 아내를 호칭하거나 지칭하는 말로 통용되기도 한다.

6 단위어

모든 사물이나 동식물, 심지어는 무생물까지도 단위어를 수반하지 않는 것은 없다. 단위어는 고대 사회부터 자연발생적으로 발생해서 점점 정교하게 발전하였으며 대부분은 그 뜻이 변하지 않고 사용되었으나 시대의 변천에 따라 쓰임이 달라진 것도 있다. 따라서 단위어에는 사회의 전통과 문화가 고스란히 담겨 있는 경우가 많다.

① 길이를 재는 단위어

미터법의 기본 단위는 'm'이며 정도에 따라 'km, cm, mm' 등이 사용된다. 이 밖에 길이를 재는 전통적인 단위어로 자(尺), 치(寸), 푼(分)이 있다. 한 자는 30.3cm이며, 10치, 100푼에 해당한다. 비교적 긴 거리는 약 0.4km에 해당하는 '리(里)'를, 10리 혹은 5리가 되지 못하는 거리를 말할 때에는 '마장'을 쓸 수 있다. 그 밖에 양팔을 벌렸을 때의 길이인 '발'과 사람의 키에 해당하는 '길'이란 단위어도 있다.

② 넓이를 재는 단위어

넓이를 재는 미터법의 기본 단위는 'm²'와 'a(아르)'이다. 1a는 100m², 1ha는 10,000m²에 해당한다. 또한 넓이를 재는 전통적인 단위로는 평(坪)이 있다.

③ 부피를 재는 단위어

부피를 재는 미터법의 기본 단위는 'm³'와 'ℓ'이다. 1ℓ는 1,000cm³에 해당한다. 전통적인 단위로는 주로 '섬(石), 말(斗), 되(升)와 홉(合)'이 있는 데 '한 되'는 약 1.8ℓ 정도의 부피, 한 말은 10되, 한 섬은 100되, 한 홉은 10분의 1되의 양을 나타낸다. 이 밖에 '병', '바구니', '바가지', '지게' 등 물건을 담을 수 있는 모든 용기가 부피를 나타내는 단위어로 사용될 수 있다.

④ 무게를 재는 단위어

무게를 재는 미터법의 기본 단위는 'kg'과 't(톤)'으로 1t은 1,000kg에 해당한다. 무게를 재는 전통적인 단위어로 가장 많이 사용되어 온 것은 '근(斤)'이다. '근'은 열여섯 냥인 600g이나 100돈중에 해당하는 375g의 두 가지로 사용된다. '관(貫)'은 375g인 '근'의 10배이다. '냥(兩)'은 16분의 1근, '돈'은 10분의 1냥, '푼(分)'은 10분의 1돈에 해당한다.

⑤ 전통 단위어

- **가웃** : 되·말·자의 수를 셀 때, 그 단위의 약 반에 해당하는 분량의 뜻을 더하는 접미사.
- **갓** : 말린 식료품의 열 모숨을 한 줄로 엮은 단위.
- **거리** : 가지나 오이 50개. 반 접을 이르는 단위.
- **꾸러미** : 달걀 10개. 꾸리어 싼 물건을 세는 단위.
- **동** : 한 동은 먹 10장, 붓 10자루, 생강 10접, 피륙 50필, 백지 100권, 곶감 100접, 볏짚 100단, 조기 1,000마리, 비웃 2,000마리를 이르는 말.
- **두름** : 생선 20마리를 10마리씩 두 줄로 엮은 단위. 산나물 열 모숨을 엮은 단위.
- **땀** : 실을 꿴 바늘로 한 번 뜬 자국을 세는 단위.

- **마투리** : 한 가마니나 한 섬에 차지 못하고 남은 양을 이르는 말.
- **매** : 젓가락 한 쌍을 세는 단위.
- **모숨** : 한 줌 안에 드는 가늘고 긴 물건의 수량을 세는 단위.
- **모태** : 떡판에 놓고 한 차례 칠 만한 떡 덩이를 세는 단위.
- **뭇** : 생선 10마리, 미역 10장, 장작이나 잎나무를 작게 한 덩이씩 만든 묶음을 세는 단위.
- **바리** : 소나 말에 잔뜩 실은 짐을 세는 단위.
- **사리** : 국수 같은 것을 사리어 놓은 것을 세는 단위.
- **손** : 한 손에 잡을 만한 분량을 세는 단위.
- **쌈** : 바늘 24개, 금의 무게를 나타내는 단위. (한 쌈은 금 백 냥쭝이다.)
- **연** : 종이 전지 500장을 세는 단위.
- **오리** : 실, 가는 대 같은 것을 세는 단위.
- **우리** : 기와 2,000장을 세는 단위.
- **잎** : 가마니처럼 납작한 물건을 세는 단위.
- **자밤** : 양념이나 나물 같은 것을 두 손가락 끝으로 집을 만한 정도의 분량.
- **접** : 채소나 과일 따위를 묶어 세는 단위. 한 접은 채소나 과일 100개.
- **제** : 한약의 분량을 나타내는 단위로 한 제는 탕약 20첩.
- **죽** : 버선이나 그릇 등의 열 벌을 묶어 이르는 말.
- **첩** : 약봉지에 싼 약의 뭉치를 세는 단위.
- **축** : 오징어를 묶어 세는 단위로 한 축은 오징어 20마리.
- **켤레** : 신, 양말, 버선, 방망이 따위의 짝이 되는 두 개를 한 벌로 세는 단위.
- **코** : 뜨개질할 때 눈마다 생겨나는 매듭을 세는 단위.
- **쾌** : 북어를 묶어 세는 단위로 한 쾌는 북어 20마리.
- **타래** : 실이나 새끼 등을 감아서 틀어놓은 분량의 단위.
- **토리** : 실몽당이를 세는 단위.
- **톨** : 밤이나 곡식의 낱알을 세는 단위.
- **톳** : 김을 묶어 세는 단위로 한 톳은 김 100장.
- **필(疋)** : 일정한 길이로 말아 놓은 피륙을 세는 단위.
- **필(匹)** : 말이나 소를 세는 단위.
- **필(筆)** : 구획된 논이나 밭, 임야, 대지 따위를 세는 단위.

예상문제

다음 중 단위어와 그 수효가 일치하지 않는 것은?

① 오이 한 거리 – 50개

② 약 한 제 – 20첩

③ 북어 한 쾌 – 20마리

④ 마늘 한 접 – 100개

⑤ 오징어 한 축 – 10마리

● 해설

'축'은 오징어를 세는 단위로 오징어 20마리를 의미한다.

정답 ❺

⑦ 금기어와 완곡어

❶ 금기어

금기어는 어떤 대상을 표현할 때 언중이 심리적 거부감이나 혐오감 등을 느끼게 되어 그 대상을 언어로 직접 표현하는 것 자체를 꺼리거나 어떤 행위를 금지하고자 하는 경우에 발생하게 된다. 이런 금기어가 발생하는 이유는 다양하며 관습적이고 문화적인 측면이 강하다. 특히 금기어 가운데 어휘적 금기어에 해당하는 것들은 다른 어휘로 대체하는 경우가 있는데 이 때 사용되는 어휘를 '완곡어'라 한다. 완곡어는 언중들의 심리적 부담을 완화시키는 효과가 있다.

(1) 금기 · 금기어의 발생 원인

금기어는 일반적으로 심리적 원인에 의해 발생한다. 심리적으로 꺼리는 대상을 회피하려 하거나 특정 행위를 금지할 목적으로 발생하기 때문이다. 이러한 심리적 금기가 발생하게 되는 이유를 살펴보면 대체로 다음과 같다.

① **공포나 회피** : 어떤 대상을 표현하기 꺼릴 경우 그 이면에는 대상에 대한 공포나 회피의 심리가 자리 잡고 있는 경우가 많다. 예를 들어 과거 사람들에게 '호랑이'는 그 대상 자체가 공포였으므로 금기어 목록에 포함된 것이며 '성기'의 경우는 '회피'의 심리가 반영되어 언급이 금기시된 것이다.

② **문화 · 관습적 원인** : 문화 또는 관습에 의해서 금기어가 탄생하기도 한다. '암탉이 울면 집안이 망한다.'와 같은 금기어의 경우 남성 중심의 가부장제 문화를 반영하는 대표적인 금기 가운데 하나이다. 한편 '태어난 아이는 삼칠일 동안 외부 사람과 접촉해서는 안 된다.'라는 금기어는 '삼칠일'이라는 문화적 금기를 반영하고 있는 것이다.

③ **종교적 원인** : 신앙의 대상은 신성시되고 그만큼 침범해서는 안 되는 금기를 형성하게 된다. 이는 신성한 대상의 영역을 침범하여 화를 입지 않으려는 심리에서 발생한 현상이라고 볼 수 있다. 이러한 예로 우리의 무속신앙에서 '신(귀신)'을 뜻하는 말로 '대감'이라는 어휘를 사용하는 경우가 있는데 이는 '신(귀신)'은 신성한 대상이므로 직접 호명할 경우 화를 입을 것을 두려워하여 꺼리는 심리에서 나온 것이다.

④ **특정 행위의 금지** : 금기어는 특정 행위를 부도덕하거나 부정하다고 여겨 이를 금지하려는 심리를 반영하고 있는 것이 많다. 이는 그러한 행위를 금지함으로써 사회적 질서를 유지하려는 욕구에서 발생한 것으로 볼 수 있다. 이러한 금기어에는 '밤에 여자가 거울을 보면 소박맞는다.', '다리를 흔들면 복이 나간다.', '상여를 맬 때에는 무겁다고 하지 않는다.' 등이 있다.

(2) 금기어의 종류

금기어는 그 형식에 따라 어휘 형식의 금기어와 문장 형식의 금기어로 나누어 진다. 어휘 형식의 금기어는 특정 어휘를 금기시하는 것으로 통상 이를 대신하는 완곡어로 대체된다. 한편 문장 형식의 금기어는 '~하면 ~한다.'의 형식을 띠고 있는데 주로 조건문으로 이루어진 경우가 대부분이며 금기 행위와 금기의 방법이 제시된다.

예상문제

밑줄 친 곳에 들어갈 단어로 적당한 것은?

> '호랑이'를 '산신령'으로 '천연두'를 '마마'로 칭하는 것은 이들 대상에 대한 공포감에서 기인한 것으로 이는 이들 _____를 무해한 대용어, 곧 완곡어로 바꾸어 표현하려는 노력이라고 할 수 있다.

① 반의어 　　　　　　　　② 동의어
③ 유의어 　　　　　　　　④ 금기어
⑤ 합성어

해설

금기어(禁忌語)는 불쾌하고 두려운 것을 연상하게 하여 입 밖에 내기를 꺼려하는 말을 뜻하며, 일상적인 언어생활에서는 거의 사용되지 않는다. 금기어 대신 불쾌감이나 두려움을 덜 수 있도록 만든 말을 완곡어(婉曲語)라고 한다.
① 뜻이 서로 정반대의 관계에 있는 말을 의미한다. 두 개의 말 사이에 서로 공통되는 의미 요소가 존재하는 동시에 서로 다른 한 개의 의미 요소도 있다.
② 어형(語形)은 다르지만 가리키는 뜻이 같은 말을 의미한다.
③ 뜻이 서로 비슷한 말을 의미한다.
⑤ 둘 이상의 실질 형태소가 결합하여 하나의 단어가 된 말을 의미한다.

정답 ❹

➕ 더 알고가기　　　금기어로 혼동하기 쉬운 경우　　　　　　　　≡

• **전조어** : 전조어는 앞으로 어떤 일이 일어날 것을 제시하는 것으로 예언적인 성격을 띤다. 가령, '꿩이 몹시 울면 지진이 일어난다.'거나 '겨울에 개나리꽃이 피면 나라에 큰 혼란이 일어난다.' 등이 전조어에 해당한다. 그런데 이런 전조어의 경우 '꿩이 우는 것', '겨울에 개나리꽃이 피는 것'을 금지할 수 없으며 금기의 방법이 나타나 있지 않다는 면에서 금기어로 볼 수 없다.

- **당연한 일** : '환절기가 되면 감기를 조심해야 한다.'나 '여름에는 물을 조심해야 한다.'와 같은 말들은 금기어의 형식을 띠고 있기는 하지만 사실상 일상에서 당연히 조심해야 하는 일을 서술한 것일 뿐이며 금기 행위라고 볼 수는 없다.
- **꿈과 관련된 것** : 일종의 해몽(解夢)에 관한 것으로 이는 꿈을 통해 앞으로 일어날 일을 예언하는 성격이 짙어 전조어의 구실을 하는 것이므로 금기어로 보기는 어렵다. 즉 '꿈에 거울이 깨지면 좋지 않은 일이 일어난다.'의 경우 해몽에 관한 것이 되므로 금기어가 아닌 것이다.

2 완곡어

우리가 일상적으로 사용하는 언어 표현 중에는 의도하지 않았어도 누군가를 차별하거나 상처를 주는 말들이 있다. 또한 비객관적 표현을 사용함으로써 원활한 의사소통에 어려움을 겪는 경우도 있다. 한 사회에서 사용되는 언어는 그 구성원의 의식과 사고를 반영하므로 누군가를 차별하거나 상처를 줄 수 있는 말을 쓰지 않고, 비객관적인 언어 표현을 개선하려는 노력이 필요하다.

(1) 장애 관련 완곡어

장애인의 손상된 부분만 강조하고, 다른 능력은 간과하거나, 장애인을 별개의 집단으로 보는 언어의 사용은 자제해야 한다.

차별어	완곡어
불구자, 심신장애자, 신체장애자	장애인
맹인, 소경, 장님, 애꾸눈, 외눈박이, 사팔뜨기	시각장애인
벙어리, 귀머거리, 언청이	청각 및 언어장애인
앉은뱅이, 절름발이, 지체부자유자, 외팔이	지체장애인
저능아, 정신박약아	지적장애인

(2) 직업 관련 완곡어

직업을 나타내는 차별적인 표현은 직업에 대한 부정적인 이미지로 연결되어 그 직업에 종사하는 사람의 이미지까지 훼손되는 경우가 있다.

- 간호원 → 간호사
- 교환수 → 안내원
- 구두닦이 → 구두미화원
- 노가다 → 건설 노동자
- 보모 → 보육교사
- 보험아줌마 → 생활설계사
- 수위 → 경비원, 관리원
- 신문팔이 → 신문 가두판매원
- 우체부 → 우편집배원
- 운전수 → 운전사
- 점쟁이 → 역술가
- 집달리 → 집달관
- 청소부 → 환경미화원
- 파출부 → 가사도우미

(3) 양성 불평등 관련 완곡어

양성 불평등과 관련된 단어로 '미혼모'는 모든 책임과 어려움을 여성에게만 돌리고 상대 남성에 대한 명칭은 거의 사용되지 않는다는 점에서 성차별적이다. 또한 '미망인'이란 단어 역시 남편이 사망한 여성에 대한 존칭으로 잘못 알고 있지만 '아직 따라 죽지 못한 사람'이라는 봉건시대적인 가치관이 숨어있다는 점에서 문제가 있다. 필요한 정보가 아님에도 여성임을 특별히 드러내는 '여성 예술가', '여성 과학자', '여대생', 여성의 성적·신체적 측면을 이용한 '처녀작', '처녀출전', '처녀생식', 남녀에 대한 고정관념을 드러내는 '시집가다', '바깥어른', '집사람', '학부형', 여성을 비하하는 '여편네', '마누라', '여시' 또한 양성 불평등 관련 표현이다.

➕ 더 알고가기 미망인(未亡人)에 담긴 뜻 ☰

남편과 사별한 여자를 가리키는 일반 명사 미망인의 본뜻은 '아직 따라 죽지 못한 사람'이다. 이는 과거 남편을 따라 죽음을 택하는 것을 지조 있는 행동으로 여겼던 봉건적인 가치관이 바탕에 깔려있다. 또한 여성을 남성에게 종속된 존재로 바라보는 시각이 담긴 단어이므로 가려서 사용하는 것이 좋다.

(4) 인종·국적 및 지역 관련 완곡어

백인 중심적인 사고를 담고 있는 '유색인종', 혼혈인을 하나의 인격적 개체로 바라보지 않고 타 인종 간에 이루어진 결합의 결과로만 여기는 '혼혈아', 동남아시아 출신 이주 여성들과 그 혼혈 자녀를 차별하고 낙인찍는 '코시안' 등은 특정 인종을 비하하거나 차별하는 표현들이다. 이와 함께 자국 중심적인 사고를 드러내는 '동포/교포/한국계'의 자의적 선택이나 '외국인 노동자', '탈북자' 등의 표현, 서울 중심적인 사고를 드러내는 '서울로 올라가다', '지방으로 내려가다', '여의도 면적의 몇 배'와 같은 표현도 자제하는 것이 좋다.

➕ 더 알고가기 살색? 살구색! ☰

'살색'이라는 색명은 특정한 색만이 피부색이라는 인식을 전달하고 황인종과 피부색이 다른 사람들에 대한 차별적인 인식을 조장하므로 '살구색'이라는 표현의 사용이 권장되고 있다.

2장 국어 문화(생활 국어) 능력
실전 대비 문제

01

다음 〈보기〉에 나타난 언어의 특성은?

───── 보기 ─────

• 무지개의 색깔은 뚜렷한 구별이 없지만 우리들은 이를 일곱 가지 혹은 다섯 가지 색깔로 구분하여 인식하고 있다.

• 뺨, 턱, 이마, 볼 등은 뚜렷한 경계선이 없지만 사람들은 이를 구분하여 인식한다.

① 자의성 　　　　　　　② 사회성

③ 역사성 　　　　　　　④ 분절성

⑤ 창조성

해설 ◉ 뚜렷한 경계가 없이 연속적인 대상을 불연속적으로 인식하게 하는 언어의 특성은 언어의 분절성이다.

02

다음 〈보기〉의 밑줄 친 부분에 해당하지 않는 것은?

───── 보기 ─────

국어는 인구어(印歐語)와 달리 서술어가 마지막에 배치되는 특성을 지닌다. 이렇게 서술어가 마지막에 놓이는 국어의 어순으로 인해 우리말은 인구어(印歐語)와는 다른 다양한 특성을 갖게 된다.

① 청자가 거부감 없이 말을 들을 수 있다.

② 말의 절정감을 느낄 수 있도록 한다.

③ 대화를 끝까지 경청하도록 한다.

④ 청자의 심리적 충격을 완화시켜준다.

⑤ 청자의 논리적 판단을 돕는다.

해설 ◉ 서술어가 뒤에 놓이는 말하기 방식은 핵심적인 정보를 지연시킴으로써 청자에게 논리적인 판단을 할 수 있는 시간을 충분히 제공하지 않아 논리적 사고를 저해하는 단점이 있다.

03

다음 〈보기〉의 설명과 관련된 어휘가 <u>아닌</u> 것은?

보기

우리말에서 남성을 지칭하는 어휘는 무표항으로서 보편성을 갖는 반면 여성을 지칭하는 유표화된 어휘는 일반적으로 부수적인 느낌이나 특수화된 느낌을 준다. 이는 남성 중심의 사회 문화가 어휘 체계에 반영된 것으로 볼 수 있다.

① 여교수   ② 외할머니

③ 여류 작가   ④ 미망인

⑤ 여의사

해설 ● '미망인(未亡人)'은 〈보기〉에서 설명하고 있는 유표항의 사례가 아니라 여성을 비하하는 표현에 해당한다. '여교수', '여류 작가', '여의사'는 직업에 '여'라는 표지를 붙인 유표항의 예로 볼 수 있으며, '외할머니'는 '할머니'에 대비되는 말로 여성쪽 친족에 대해 '외'라는 표지를 붙여 유표화한 경우에 해당한다.

04

다음 중 인사예절에 어긋난 표현은?

① 새해에 인사를 드릴 때 – 새해 복 많이 받으세요.

② 처음 만나는 사람에게 – 안녕하세요?

③ 남아를 출산 했을 때 – 농장지경(弄璋之慶)이 어떠십니까?

④ 상사를 당했을 때 – 무어라 위로의 말씀을 드려야할지 모르겠습니다.

⑤ 문병을 갔을 때 – 잘 조섭하십시오.

해설 ● 처음 만났을 경우에는 '초면에 실례합 I다.', '처음 뵙겠습니다.' 정도가 적절한 인사말이다. '안녕하세요?'는 매일 만나는 사람에게 건네는 인사말로 적절하다.

05

다음 중 친족 관계의 호칭어로 적절하지 <u>않은</u> 것은?

① 누이의 자녀 – 조카   ② 처의 아버지 – 장인어른

③ 남편의 미혼인 동생 – 서방님   ④ 아내 오빠의 부인 – 아주머니

⑤ 아내 남동생의 부인 – 처남댁

해설 ● '서방님'은 남편의 기혼인 동생에 대한 호칭어이다. 남편의 미혼인 동생은 도련님이라고 한다.

정답 01 ④   02 ⑤   03 ④   04 ② 05 ③

06

다음 중 호칭어에 대한 설명으로 적절하지 <u>않은</u> 것은?

① 축문에서 돌아가신 어머니에 대한 호칭어는 '현고(顯考)'이다.

② 신혼 초에 남편에 대한 호칭어로 '여봐요'를 쓸 수 있다.

③ 자녀가 있을 경우 부인에 대한 호칭어로 '○○엄마'를 쓸 수 있다.

④ 아버지의 형에 대한 호칭어는 '큰아버지'이다.

⑤ 아버지의 남동생에 대한 호칭어는 '삼촌'이다.

해설 ◉ '현고(顯考)'는 축문에서 돌아가신 아버지에 대한 호칭어이다. 돌아가신 어머니에 대한 호칭어는 '현비(顯妣)'이다.

07

다음 중 호칭어의 연결이 바르지 <u>못한</u> 것은?

① 아내 오빠의 부인 – 아주머니

② 처의 어머니 – 빙모님

③ 사위 – 여보게

④ 남편의 기혼인 동생 – 서방님

⑤ 아버지의 동생의 아내 – 작은어머니

해설 ◉ '빙모님', '빙장어른'은 남의 처부모를 높이는 말이다. 처의 어머니는 '장모님', 또는 '어머님'이 맞다.

08

다음 중 부모에 대한 지칭어의 연결이 바르지 <u>않은</u> 것은?

① 살아계신 남의 아버지 – 춘부장(春府丈)

② 살아계신 나의 아버지 – 엄친(嚴親)

③ 돌아가신 나의 어머니 – 선비(先妣)

④ 돌아가신 남의 아버지 – 선대인(先大人)

⑤ 돌아가신 남의 어머니 – 자당(慈堂)

해설 ◉ '자당(慈堂)'은 살아계신 남의 어머니를 지칭하는 말이다. 돌아가신 남의 어머니를 지칭하는 말은 '선대부인(先大夫人)'이다.

09

다음 중 친족 지칭어에 대한 설명이 적절하지 않은 것은?

① 아버지의 형을 지칭하는 말은 백부(伯父)이며 이는 아버지의 맏형에게만 사용한다.

② 아버지의 남동생을 지칭하는 말은 '삼촌(三寸)', '숙부(叔父)', '사숙(舍淑)'등이 있으며 이 중 '삼촌(三寸)'은 미혼일 경우에만 사용한다.

③ 누이의 아들에 대한 지칭어는 '당질(堂姪)'이며, 사촌 형제의 아들은 '생질(甥姪)'이다.

④ 자신의 사위를 지칭하는 말은 가서(佳婿)이며, 남의 사위를 높이는 지칭어는 '교객(嬌客)'이다.

⑤ 남편의 동생에 대한 지칭어는 '시동생', '도련님', '서방님' 등이 있으며 '도련님'은 미혼인 경우 '서방님'은 기혼인 경우에 사용한다.

해설 ● 누이의 아들에 대한 지칭어는 '생질(甥姪)'이며, 사촌 형제의 아들에 대한 지칭어는 '당질(堂姪)'이다.

10

다음 중 무게와 관련된 단위어가 아닌 것은?

① 근(斤)　　　　　　　② 관(貫)

③ 냥(兩)　　　　　　　④ 푼(分)

⑤ 홉(合)

해설 ● '홉(合)'은 부피를 재는 단위어로 '되(升)'의 10분의 1에 해당한다. '근(斤)'은 열여섯 냥으로 600g에 해당하며 '관(貫)'은 '근(斤)'의 10배에 해당한다. '냥(兩)'은 근의 16분의 1에 해당하고, '푼(分)'은 냥의 10분의 1인 '돈'의 10분의 1이다.

11

다음 길이를 나타내는 단위어 가운데 가장 작은 단위를 나타내는 어휘는?

① 자(尺)　　　　　　　② 치(寸)

③ 푼(分)　　　　　　　④ 리(里)

⑤ 마장

해설 ● '리(里)'는 미터법으로 약 0.4km에 해당한다. '마장'은 10리 또는 5리가 되지 못하는 거리에 사용하는 단위어이다. 한편 한 자는 30.3cm이다. 한 자는 곧 10치이며, 100푼에 해당한다. 따라서 '푼(分)'은 '자(尺)'의 100분의 1에 해당므로 가장 작은 단위이다.

정답 ● 06 ① 07 ② 08 ⑤ 09 ③ 10 ⑤ 11 ③

12

다음 중 대상과 그 대상에 대한 단위어의 연결이 바르지 않은 것은?

① 마늘 – 접   ② 고등어 – 손

③ 달걀 – 꾸러미   ④ 쾌 – 북어

⑤ 연 – 옷감

> **해설** '연'은 종이(전지) 500장을 나타내는 단위어이며, 옷감을 나타내는 단위어로는 '필'이 있다. 한 필은 약 40자 정도의 옷감을 나타낸다.
> ① 접은 마늘 100개를 나타내는 단위어이다.
> ② 손은 고등어 2마리를 나타내는 단위어이다.
> ③ 꾸러미는 달걀 10개를 나타내는 단위어이다.
> ④ 쾌는 북어 20마리를 나타내는 단위어이다.

13

다음 중 금기어에 대한 설명으로 적절하지 않은 것은?

① '태어난 아이는 삼칠일 동안 외부 사람과 접촉해서는 안 된다.'라는 금기어는 문화적이고 관습적으로 형성된 금기어에 해당한다.

② '성기'가 금기어가 된 것은 대상에 대한 '회피'의 심리 때문이다.

③ '암탉이 울면 집안이 망한다.'라는 금기어는 가부장제 문화와 관련이 깊다.

④ '귀신'을 '대감' 등의 말로 대치하는 것은 대상에 대한 공포심이 원인이다.

⑤ '밤에 여자가 거울을 보면 소박맞는다.'라는 것은 행위를 금지하여 사회적 질서를 유지하려는 심리가 반영되어 있다.

> **해설** '귀신'을 '대감'으로 부르는 것은 무속신앙에서 신성한 대상에 대해 직접 호명할 경우 화를 입을 것을 경계하는 것으로 공포심보다는 종교적인 원인에서 비롯된 것이다.

14

다음 중 금기어로 볼 수 있는 것은?

① 겨울에 개나리꽃이 피면 나라에 큰 혼란이 일어난다.

② 환절기가 되면 감기에 조심해야 한다.

③ 거울이 깨지는 꿈을 꾸면 좋지 않은 일이 일어난다.

④ 여름에는 물을 조심해야 한다.

⑤ 상여를 맬 때에는 무겁다고 해서는 안 된다.

해설 금기어이다.
① 앞으로 일어날 일을 제시하여 예언적 성격을 띠는 전조어에 해당한다.
② 사실상 일상에서 당연히 해야 하는 일을 제시한 것에 불과하다.
③ 일종의 해몽에 관한 것으로 전조어와 유사한 기능을 지닌다.
④ 당연한 일을 제시한 것이다.

15

다음 중 나를 기준으로 나와 가장 먼 혈족 관계는?

① 고모   ② 당숙

③ 백부   ④ 숙부

⑤ 외종형

해설 친족의 호칭과 촌수에 관한 문제이다. 당숙은 종숙과 같은 의미로 쓰이는 호칭이며, 할아버지 형제의 아들, 아버지의 사촌 형제이다. 아버지와 나는 1촌, 아버지와 종숙은 4촌이므로 나를 기준으로 당숙과는 5촌 간이다.
① 아버지의 누이를 고모라고 부른다. 아버지와 나는 1촌, 아버지와 고모는 2촌이므로 고모와 나는 3촌 간이다.
③ 백부는 아버지의 형을 말하는 것으로 '큰아버지'라고 부르기도 한다. 아버지와 나는 1촌, 아버지와 백부는 2촌이므로 백부와 나의 관계는 3촌 간이다.
④ 숙부는 아버지의 결혼한 남동생을 말하는 것으로 '작은아버지'라고 부르기도 한다. 아버지와 나는 1촌, 아버지와 숙부는 2촌이므로 나와 숙부의 관계는 3촌 간이다.
⑤ 외종형은 이종사촌 관계인 형을 뜻한다. 외종형은 나와 4촌 간이다.

16

다음 〈보기〉의 단위를 모두 계산한 결과는?

보기

오징어 한 축 + 바늘 한 쌈 + 낙지 한 코

① 60

② 64

③ 68

④ 70

⑤ 72

해설 ◉ 오징어 한 축은 오징어 20마리이며, 바늘 한 쌈은 바늘 24개, 낙지 한 코는 낙지 20마리이다. 따라서 20 + 24 + 20 = 64이다.

17

다음 중 금기어와 완곡어의 연결이 바르지 <u>않은</u> 것은?

① 천연두 – 마마

② 쥐 – 서생원

③ 호랑이 – 산신령

④ 구렁이 – 대감

⑤ 뱀 – 업

해설 ◉ '구렁이'의 완곡어는 '지킴이'이다. '대감'은 '신'이나 '귀신'에 해당하는 완곡어이다.

18

다음 중, 사물을 세는 단위어가 바르지 <u>않은</u> 것은?

① 감초 너 돈

② 황금 열쇠 석 냥

③ 비단 넉 자

④ 막걸리 한 되

⑤ 난초 한 대

해설 ◉ 난초의 포기를 세는 단위는 '촉'이다.
① '돈'은 무게의 단위로 귀금속이나 한약재 따위의 무게를 잴 때 쓴다.
② '냥'은 무게의 단위로 귀금속이나 한약재 따위의 무게를 잴 때 쓴다.
③ '자'는 길이의 단위로 한 자는 약 30.3cm에 해당한다.
④ '되'는 부피의 단위로 곡식, 가루, 액체 따위의 부피를 잴 때 쓴다.

19

다음 중 〈보기〉의 '이것'에 해당하는 것이 <u>아닌</u> 것은?

보기

우리말에서는 심리적으로 표현하기 꺼리는 어휘들이 있는데 이러한 어휘는 '이것'으로 대체하여 심리적 거부감을 완화시키는 특성이 있다.

① 산신령   ② 업

③ 환경미화원   ④ 마마

⑤ 왕초

해설 〈보기〉의 밑줄 친 '이것'은 완곡어를 뜻하는 것이다. '산신령', '업', '환경미화원', '마마'는 각각 '호랑이', '뱀', '청소부', '천연두'의 완곡어이다. 그러나 '왕초'는 우두머리를 뜻하는 비속어이다.

20

의식어를 말할 때, 주의사항으로 알맞지 <u>않은</u> 것은?

① 문병을 가서는 마음에서 우러나오는 희망적인 말을 사용하여 환자에게 용기를 주어야 한다.

② 웃어른께 새해 세배를 드릴 때는 아무 말도 하지 않고 절만 하는 것이 예의이다.

③ 문병 시, 환자의 질병 상태에 상관없이 아픈 정도를 질의하여, 자신과 환자의 유대 관계를 돈독히 한다.

④ 문상 시 굳이 말을 사용해야 할 상황이면 '삼가 조의를 표합니다.', '얼마나 슬프십니까?' 정도의 표현이 좋다.

⑤ 문상 시 고인에게 재배를 하고 상주에게 절한 후 아무 말도 하지 않고 물러나오는 것이 예의이다.

해설 문병을 가서 환자에게 이런저런 말을 하거나 물어보는 것은 모두 예의에 어긋난다. 따라서 아픈 사람이 궁금해야 할 만한 일 가운데 밝은 내용으로 화제를 삼아 조용히 이야기 하는 것이 좋다.

정답 16 ②   17 ④   18 ⑤   19 ⑤   20 ③